釋譜詳節과 月印釋譜의 同義語 研究

南星祐 著

지식과교양

序文

이 저서는 『釋譜詳節』과 『月印釋譜』에 등장하는 語彙 중 同義語를 共時的 관점에서 연구한 것이다. 다시 말하면 이 저서는 1450년대 국어의 동의어를 연구한 것이다.

이 저서를 만드는 데 큰 도움을 준 사람들이 있다. 한국외국어대학교 대학원에서 국어학을 전공한 李鐘恩 석사와 대학원 박사과정에 재학 중인 安宣泳 그리고 국제지역대학원 한국학과 박사과정에 재학 중인 金珉旭이 이 저서의 원고를 컴퓨터 작업으로 정리해 주었다.

2017年 丁酉年은 내가 喜壽를 맞는 해이다. 喜壽의 해에 이 저서를 刊行하게 되어 기쁘기 한량없다.

어려운 出版 사정에도 불구하고 이 저서를 흔쾌히 刊行해 주신 尹 사장님께, 그리고 편집을 훌륭하고 멋지게 해 주신 尹禮美 과장님께 謝意를 표한다.

2017년 9월 9일

한국외국어대학교 명예교수실에서

著者 씀

차 례

제1장

序 論

제 1 절
研究 目的과 範圍

이 저서는 『釋譜詳節』(1447)과 『月印釋譜』(1459)에 등장하는 語彙 중 同義語를 共時的 관점에서 實證的으로 究明하는 데 그 목적이 있다. 다시 말하면 이 저서는 1450년대 국어의 동의어를 연구한 것이다.

『釋譜詳節』과 『月印釋譜』의 동의어를 확인하는 데 가장 좋은 방법은 두 문헌과 『法華經諺解』(1463)를 對比하는 것이다. 세 문헌의 대비를 통해 同義語가 克明하게 확인된다.

『法華經諺解』와 內容이 일치하는 『월인석보』은 권11부터 권19까지이고 『석보상절』은 권13부터 권21까지이다. 현재 『법화경언해』와 대비가 가능한 『월인석보』는 권11, 권12, 권13, 권14, 권15, 권17, 권18 그리고 권19이다. 그리고 『법화경언해』와 대비가 가능한 『석보상절』은 권13, 권19, 권20 그리고 권21이다. 『월인석보』와 『법화경언해』가 내용상 일치하는 것을 나타내면 〈표 1〉과 같다.

제2장에서는 固有語간의 同義가 논의된다. 이 동의는 크게 넷으로 나누어 고찰할 수 있다. 첫째는 名詞類에서의 동의 관계이고 둘째는 動詞類에서의 동의 관계이고 셋째는 副詞類에서의 동의 관계이고 넷째는 冠形詞類에서의 동의 관계이다.

〈표 1〉『월인석보』와『법화경언해』의 대비

月印釋譜	法華經諺解	비 고
권11	1. 序品, 2. 方便品	釋譜詳節 권13은 法華經諺解와 내용이 같다.
권12	3. 譬喩品	
권13	4. 信解品, 5. 藥草喩品, 6. 授記品	
권14	7. 化城喩品	
권15	8. 五百弟子授記品, 9. 授學無學人記品, 10. 法師品, 11. 見寶塔品	
권17	16. 如來壽量品, 17. 分別功德品, 18. 隨喜功德品, 19. 法師功德品, 20. 常不輕菩薩品	釋譜詳節 권19는 法華經諺解의 18. 隨喜功德品부터 21. 如來神力品과 내용이 같다.
권18	21. 如來神力品, 22. 囑累品 23. 藥王菩薩本事品, 24. 妙音菩薩品	釋譜詳節 권20은 法華經諺解 22. 囑累品부터 24. 妙音菩薩品과 내용이 같다.
권19	25. 觀世音菩薩普門品, 26. 陀羅尼品, 27. 妙莊嚴王本事品, 28. 普賢菩薩勸發品	釋譜詳節 권21은 法華經諺解와 내용이 같다.

제3장에서는 固有語와 漢字語 간의 同義가 논의된다. 이 동의는 크게 다섯으로 나누어 고찰할 수 있다. 첫째는 名詞類에서의 동의 관계이고 둘째는 動詞類에서의 동의 관계이고 셋째는 副詞類에서의 동의 관계이고 넷째는 冠形詞類에서의 동의 관계이고 다섯째는 感歎詞에서의 동의 관계이다.

제4장에서는 漢字語간의 同義가 논의된다. 이 동의는 크게 셋으로 나누어 고찰할 수 있다. 첫째는 名詞에서의 동의 관계이고 둘째는 動詞類에서의 동의 관계이고 셋째는 副詞類에서의 동의 관계이다.

제 2 절

研究 方法

同義는 Ullmann(1957:108)에 의하면 '여러 개의 이름을 가진 하나의 뜻'이고 Lyons(1968: 466)에 의하면 '두 語辭가 같은 뜻을 가지는 경우'이다. 동의는 包攝關係에 의해서도 정의될 수 있다. Lyons(1977:466)에서 동의는 '兩面的 또는 對稱的 包攝關係'라고 정의된다. 다시 말하면 x가 y의 포섭어이고 y가 x의 포섭어이면 x와 y는 동의이다.

동의 관계는 크게 두 개의 관점에서 논의될 수 있다. 첫째는 形式的 觀點이고 둘째는 內容的 觀點이다. 형식적 관점에서 동의 관계에 있는 단어들이 相異한지 아니면 相似한지를 判別할 수 있고 내용적 관점에서 동의어들이 完全 同義인지 部分 同義인지를 확인할 수 있다.

형식적 관점에서 동의어들은 크게 相異型과 相似型으로 나눌 수 있다. 상사형은 音韻論的 관점과 形態論的 관점에서 분류될 수 있는데 음운론적 관점에 따르면 音韻 交替와 音韻 脫落, 音韻 添加 그리고 音韻 縮約이 있고 형태론적 관점에 따르면 合成과 派生이 있다.

내용적 관점에서 동의 관계에 있는 단어들이 완전 동의일 수도 있고 부분 동의일 수도 있다.

자연어에 완전 동의가 극히 드물게 존재한다는 것은 하나의 公理처럼 되어 있지만 동의 관계에 있는 단어들의 의미 범위가 완전히 일치할 때는 완전 동의이다. 다시 말하면 주어진 문맥에서 認識的 또는 感情的 의미를 조금도 변화시키지 않고 서로 교체 가능한 단어들이 존재할 수 있는데 이런 경우가 완전 동의이다. 따라서 완전 동의는 두 개의 基準을 완전히 충족시켜

야 한다. 첫째 기준은 인식적 및 감정적 의미의 동의성이고 둘째 기준은 모든 문맥에서의 交替可能性이다. Lyons(1968:448)는 첫째 기준을 Complete Synonymy라 하고 둘째 기준을 Total Synonymy라 한다.

부분 동의는 동의 관계에 있는 단어들의 의미 범위가 부분적으로 일치하는 경우이다. 다시 말하면 부분 동의는 위에 언급된 완전 동의의 두 기준을 완전히 충족시키지 못하는 경우이다. 부분 동의에는 包含(Inclusion)과 重疊(Overlapping)이 있다. 포함은 동의 관계에 있는 단어들 중의 하나가 다른 것에 포함되는 것이다. 중첩은 동의 관계에 있는 단어들의 의미 범위의 일부분이 중첩되는 것이다. 이론상 중첩 관계는 중첩의 정도에 따라 여러 경우가 가능하다. 아주 많은 부분의 중첩과 아주 적은 부분의 중첩 사이에 細分化가 이론상 가능하다. 그러나 실제에 있어서 중첩 정도를 판별하기란 쉬운 일이 아니다. Nida(1975:15~17)에 의하면 두 동의어 A와 B의 포함 관계는 〈그림 1〉과 같이 나타낼 수 있고 그것들의 중첩 관계는 〈그림 2〉와 같이 나타낼 수 있다.

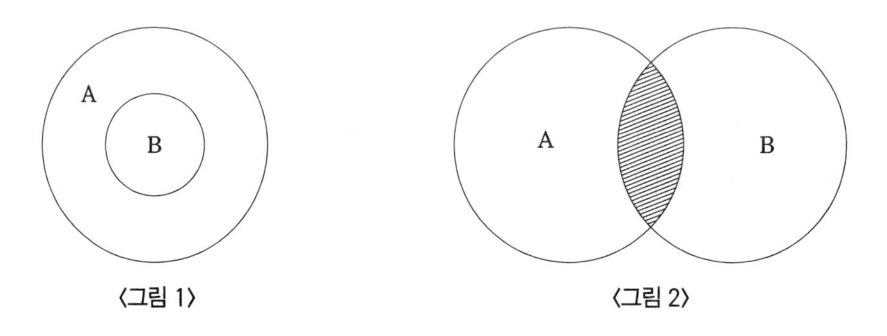

〈그림 1〉 〈그림 2〉

완전 동의 관계에 있는 명사류로 [影] 즉 '그림자'의 뜻을 가진 '그르메'와 '그리메', [塵] 즉 '티끌'의 뜻을 가진 '드틀'과 '듣글' 그리고 [杖] 즉 '막대'의 뜻을 가진 '막다히'와 '막대'가 있다.

동사류에서 완전 동의를 보여 주는 것으로 [如]와 [同] 즉 '같다'의 뜻을 가진 'ᄀᆞᆮᄒᆞ다'와 'ᄀᆞᇀ다', [至] 즉 '이르다'의 뜻을 가진 '니를다'와 '니르다' 그리고 [堪] 즉 '이기다'의 뜻을 가진 '이긔다'와 '이기다'가 있다.

완전 동의 관계에 있는 부사류로 [卽] 즉 '즉시, 곧'의 뜻을 가진 '즉자히'와 '즉재' 그리고 [復] 즉 '다시'의 뜻을 가진 'ᄂᆞ외야'와 'ᄂᆞ외'가 있다.

동의어 분석법은 Ullman(1957:109~110)과 Ullman(1962:143~144)에 의하면 代置檢査

(Substitution Test), 反義語 사용법 및 羅列法이 있다.

최선의 방법은 대치 검사이다. 주어진 문맥에서의 교체 가능성 여부에 의해 두 단어의 同義性이 확인된다. 그리고 두 단어의 대치에서 생기는 인식적 및 감정적 차이가 명백해진다.

대치 검사의 보완적 절차로 반의어 사용법이 있다. 둘 또는 그 이상의 단어가 한 단어와 반의 관계를 가질 때 그것들은 동의어라고 판정될 수 있다.

동의 관계를 확인하는 방법으로 羅列法이 있다. 동의어들을 일렬로 나열하면 그것들의 의미 차이가 뚜렷이 드러난다.

이 저서에 援用된 동의어 분석법은 대치 검사이다. 동일한 原文이 『석보상절』, 『월인석보』 및 『법화경언해』에서 어떻게 번역되는가를 고찰해 보면 둘 또는 그 이상의 단어들이 同義 관계를 가지는지를 명백히 확인할 수 있다. 세 문헌의 번역을 통해 확인되는 동의어들은 서로 交替 가능한 것이다.

명사 'ᄯᅡㅎ'와 '곧'이 [處] 즉 '곳'의 뜻을 가지고 동의 관계에 있다는 것은 동일 원문의 번역인 다음 예문들에서 잘 확인된다. 원문 중 '惡處'가 '머즌 ᄯᅡㅎ'로도 번역되고 '구즌 곧'으로도 번역된다. 따라서 두 명사 'ᄯᅡㅎ'와 '곧'의 동의성은 명백히 입증된다.

(1) a. 됴ᄒᆞᆫ ᄯᅡ 머즌 ᄯᅡ해 나미 〈釋十九 23a〉
  b. 됴ᄒᆞᆫ 곧 구즌 고대 나미 〈月十七 70b〉
  c. 됴ᄒᆞᆫ 곧 구즌 고대 나미(生善處惡處ㅣ) 〈法華六 57b〉

명사 '빋'과 '값'이 [價] 즉 '값'의 뜻을 가지고 동의 관계에 있다는 것은 동일 원문의 번역인 다음 예문들에서 잘 확인된다. 원문 중 '價直'가 '비디 ᄊᆞ다'로도 번역되고 '갑시 ᄊᆞ다'로도 번역된다. 따라서 두 명사 '빋'과 '값'의 동의성은 명백히 입증된다.

(2) a. 비디 百千兩金 ᄊᆞ니ᄅᆞᆯ 글어 〈釋二十一 17a〉
  b. 갑시 百千兩金 ᄊᆞ니ᄅᆞᆯ 글어 〈月十九 39b〉
  c. 갑시 百千兩金 ᄊᆞ닐 그르샤(解…價直百千兩金ᄒᆞ샤) 〈法華七 82a〉

명사 '엄'과 '니'가 [牙] 즉 '어금니'의 뜻을 가지고 동의 관계에 있다는 것은 동일 원문의 번역인 다음 예문들에서 잘 확인된다. 원문 중 '利牙'가 '어미 ᄂᆞᆯ캅다'로도 번역되고 '니 ᄂᆞᆯ캅다'로도 번역된다. 따라서 두 명사 '엄'과 '니'의 동의성은 명백히 입증된다.

(3) a. 어미 ᄂᆞᆯ카ᄫᆞ며 토비 므싀엽고도 〈釋二十一 4b〉
b. 니 ᄂᆞᆯ캅고 토비 므싀여ᄫᅥ도 〈月十九 45a〉
c. 엄과 톱과 ᄂᆞᆯ카와 저퍼도(利牙爪可怖ㅣ라도) 〈法華七 90a〉

명사 '적'과 'ᄣᅳ'가 [時] 즉 '때, 적'의 뜻을 가지고 동의 관계에 있다는 것은 동일 원문의 번역인 다음 예문들에서 잘 확인된다. 원문 중 '現…時'가 '나토ᇙ 적'으로도 번역되고 '나토실 ᄣᅳ'로도 번역된다. 따라서 두 명사 '적'과 'ᄣᅳ'의 동의성은 명백히 입증된다.

(4) a. 神力 나토ᇙ 저기 〈月十八 6a〉
b. 神力 나토실 ᄣᅵ(現神力時ㅣ) 〈法華六 102a〉

동작동사 '내다'와 '나토다'가 [現] 즉 '나타내다'의 뜻을 가지고 동의 관계에 있다는 것은 동일 원문의 번역인 다음 예문들에서 잘 확인된다. 원문 중 '現…神變'이 '神奇ᄒᆞᆫ 變化ᄅᆞᆯ 내다'로도 번역되고 '神變 나토다'로도 번역된다. 따라서 두 동작동사 '내다'와 '나토다'의 동의성은 명백히 입증된다.

(5) a. 種種앳 神奇ᄒᆞᆫ 變化ᄅᆞᆯ 내야 〈釋二十一 37a〉
b. 種種 神變 나토아 〈月十九 77b〉
c. 種種 神變 나토아(現種種神變ᄒᆞ야) 〈法華七 134a〉

동작동사 '다ᄃᆞᆮ다'와 '니를다'가 [至] 즉 '다다르다, 이르다'의 뜻을 가지고 동의 관계에 있다는 것은 동일 원문의 번역인 다음 예문들에서 잘 확인된다. 원문 중 '至此頓門'이 '이 頓門에 다ᄃᆞᆮ다'로도 번역되고 '이 頓門에 니를다'로도 번역된다. 따라서 두 동작동사 '다ᄃᆞᆮ다'와 '니를다'의 동의성은 명백히 입증된다.

(6) a. 이 頓門애 다ᄃᆞ라 〈月十三 31b〉
b. 이 頓門에 니르러(至此頓門ᄒᆞ야) 〈法華二 225b〉

동작동사 '뫼호다'와 '모도다'가 [會]와 [集] 즉 '모으다'의 뜻을 가지고 동의 관계에 있다는 것은 동일 원문의 번역인 다음 예문들에서 잘 확인된다. 원문 중 '會三'이 '세흘 뫼호다'로도 번역되고 '세흘 모도다'로도 번역된다. 그리고 '集此衆生'이 '이 衆生올 모도다'로도 번역되고 '이 衆生 뫼호다'로도 번역된다. 따라서 두 동작동사 '뫼호다'와 '모도다'의 동의성은 명백히 입증된다.

(7) a. 세흘 뫼화 ᄒᆞ나해 가게 ᄒᆞ시릴ᄊᆡ 〈月十一 97b〉
b. 세흘 모도샤 ᄒᆞ나해 가게 ᄒᆞ시릴ᄊᆡ(會三歸一이실ᄊᆡ) 〈法華一 137b〉

(7) c. 이 衆生올 모도아 法化ᄅᆞᆯ 펴아 〈釋十九 3b〉
d. 즉재 이 衆生올 모도아 法化ᄅᆞᆯ 펴 〈月十七 47b〉
e. 즉재 이 衆生 뫼하 法化ᄅᆞᆯ 펴(卽集此衆生ᄒᆞ야 宣布法化ᄒᆞ야) 〈法華六 8a〉

동작동사 '부르다'와 '펴다'가 [演] 즉 '자세하게 설명하다'의 뜻을 가지고 동의 관계에 있다는 것은 동일 원문의 번역인 다음 예문들에서 잘 확인된다. 원문 중 '演說'이 '불어 니ᄅᆞ다'로도 번역되고 '펴 니ᄅᆞ다'로도 번역된다. 따라서 두 동작동사 '부르다'와 '펴다'의 동의성은 명백히 입증된다.

(8) a. 能히 ᄒᆞᆫ 句 ᄒᆞᆫ 偈ᄅᆞᆯ 불어 닐(24a)어 〈釋十九 24b〉
b. 能히 ᄒᆞᆫ 句 ᄒᆞᆫ 偈ᄅᆞᆯ 불어 닐오ᄃᆡ 〈月十七 73a〉
c. 一句 一偈ᄅᆞᆯ 能히 펴 닐오ᄃᆡ(能演說一句一偈호ᄃᆡ) 〈法華六 63a〉

상태동사 '굵다'와 '크다'가 [大] 즉 '크다'의 뜻을 가지고 동의 관계에 있다는 것은 동일 원문의 번역인 다음 예문들에서 잘 확인된다. 원문 중 '大比丘衆'이 '굴근 比丘衆'으로도 번역되고 '큰 比丘衆'으로도 번역된다. 따라서 두 상태동사 '굵다와 '크다'의 동의성은 명백히 입증된다.

(9) a. 굴근 比丘衆 萬二千 사ᄅᆞᆷ과 ᄒᆞᆫᄃᆡ 잇더시니 〈月十一 15a〉
b. 큰 比丘衆 萬二千人과 ᄒᆞᆫᄃᆡ 잇더시니(與大比丘衆萬二千人과 俱ᄒᆞ얫더시니) 〈法華一 22b〉

상태동사 '두립다'와 '저프다'가 [怖畏] 즉 '두렵다'의 뜻을 가지고 동의 관계에 있다는 것은 동일 원문의 번역인 다음 예문들에서 잘 확인된다. 원문 중 '怖畏'가 '두립다'로도 번역되고 '저프다'로도 번역된다. 따라서 두 상태동사 '두립다'와 '저프다'의 동의성은 명백히 입증된다.

(10) a. 두리ᄫᅳ며 어려ᄫᅳᆫ ᄉᆞᅀᅵ예 〈釋二十一 14a〉
b. 저픈 時急ᄒᆞᆫ 어려ᄫᅳᆫ ᄉᆞᅀᅵ예 〈月十九 39a〉
c. 두리운 時急ᄒᆞᆫ 어려운 中에(於怖畏急難之中에) 〈法華 81a〉

상태동사 '하다'와 '만ᄒᆞ다'가 [多] 즉 '많다'의 뜻을 가지고 동의 관계에 있다는 것은 동일 원문의 번역인 다음 예문들에서 잘 확인된다. 원문 중 '多嗔恚'가 '嗔心이 하다'로도 번역되고 '嗔恚 만ᄒᆞ다'로도 번역된다. 따라서 두 상태동사 '하다'와 '만ᄒᆞ다'의 동의성은 명백히 입증된다.

(11) a. ᄒᆞ다가 嗔心이 하거든 〈釋二十一 7a〉
b. ᄒᆞ다가 嗔恚 만ᄒᆞ야도 〈月十九 27b〉
c. ᄒᆞ다가 嗔恚 하도(若多嗔恚ᄒᆞ야도) 〈法華七 60b〉

부사 '곧'과 '즉재'가 [卽] 즉 '곧, 즉시'의 뜻을 가지고 동의 관계에 있다는 것은 동일 원문의 번역인 다음 예문들에서 잘 확인된다. 원문 중 '卽見'이 '곧 보다'로도 번역되고 '즉재 보다'로도 번역된다. 따라서 두 부사 '곧'과 '즉재'의 동의성은 명백히 입증된다.

(12) a. 곧 普賢을 보ᅀᆞᄫᆞ니 〈月十九 124a〉
b. 즉재 普賢 보ᅀᆞ와ᄂᆞᆯ(卽見普賢ᄒᆞᅀᆞ와ᄂᆞᆯ) 〈法華七 189b〉

부사 '당다이'와 '반ᄃᆞ기'가 [必] 즉 '반드시'의 뜻을 가지고 동의 관계에 있다는 것은 동일 원문의 번역인 다음 예문들에서 잘 확인된다. 원문 중 '必淸淨'이 '당다이 淸淨ᄒᆞ다'로도 번역되고 '반ᄃᆞ기 淸淨ᄒᆞ다'로도 번역된다. 따라서 두 부사 '당다이'와 '반ᄃᆞ기'의 동의성은 명백히 입증된다.

(13) a. ᄆᆞᅀᆞ미 당다이 淸淨ᄒᆞ야 〈釋二十一 36b〉

b. ᄆᆞᅀᆞ미 당다이 淸淨ᄒᆞ야 〈月十九 77a〉

c. ᄆᆞᅀᆞ미 반ᄃᆞ기 淸淨ᄒᆞ야(心必淸淨ᄒᆞ야) 〈法華七 133b〉

부사 'ᄇᆞᆯ셔'와 'ᄒᆞ마'가 [已] 즉 '벌써'의 뜻을 가지고 동의 관계에 있다는 것은 동일 원문의 번역인 다음 예문들에서 잘 확인된다. 원문 중 '已通達'이 'ᄇᆞᆯ셔 通達ᄒᆞ다'로도 번역되고 'ᄒᆞ마 通達ᄒᆞ다'로도 번역된다. 따라서 두 부사 'ᄇᆞᆯ셔'와 'ᄒᆞ마'의 동의성은 명백히 입증된다.

(14) a. ᄇᆞᆯ셔 오래 通達ᄒᆞ며 〈釋二十一 40b〉

b. 오래 ᄒᆞ마 通達ᄒᆞ며 〈月十九 81b〉

c. 오래 ᄒᆞ마 通達ᄒᆞ며(久已通達ᄒᆞ며) 〈法華七 139a〉

부사 'ᄉᆞᆫ지'와 '오히려'가 [猶] 즉 '오히려'의 뜻을 가지고 동의 관계에 있다는 것은 동일 원문의 번역인 다음 예문들에서 잘 확인된다. 원문 중 '猶…足'이 'ᄉᆞᆫ지 足ᄒᆞ다'로도 번역되고 '오히려 足ᄒᆞ다'로도 번역된다. 따라서 'ᄉᆞᆫ지'와 '오히려'의 동의성은 명백히 입증된다.

(15) a. ᄆᆞᅀᆞ매 ᄉᆞᆫ지 足디 몯ᄒᆞ니 〈釋二十 17b〉

b. ᄆᆞᅀᆞ미 오히려 足디 몯ᄒᆞ니 〈月十八 40b〉

c. ᄆᆞᅀᆞ매 ᄉᆞᆫ지 足디 몯ᄒᆞ니(心猶未足ᄒᆞ니) 〈法華六 155b〉

부사 '어드리'와 '엇뎨'가 [云何] 즉 '어떻게'의 뜻을 가지고 동의 관계에 있다는 것은 동일 원문의 번역인 다음 예문들에서 잘 확인된다. 원문 중 '云何…度'가 '어드리 濟渡ᄒᆞ다'로도 번역되고 '엇뎨 濟度ᄒᆞ다'로도 번역된다. 따라서 두 부사 '어드리'와 '엇뎨'의 동의성은 명백히 입증된다.

(16) a. 이런 사ᄅᆞᆷ돌ᄒᆞᆯ 어드리 濟渡ᄒᆞ려뇨 ᄒᆞ다니 〈釋十三 57b〉

b. 이 ᄀᆞᄐᆞᆫ 等類ᄅᆞᆯ 엇뎨 어루 濟度ᄒᆞ려뇨 ᄒᆞ다니(如斯之等類ᄅᆞᆯ 云何而可度ㅣ어뇨 ᄒᆞ다니) 〈法華一 233b〉

부사 'ᄒᆞᆫᄢᅴ'와 'ᄒᆞᆫᄃᆡ'가 [俱] 즉 '함께'의 뜻을 가지고 동의 관계에 있다는 것은 동일 원문의 번역인 다음 예문들에서 잘 확인된다. 원문 중 '俱來'가 '흔쁴 오다'로도 번역되고 '흔딕 오다'로도 번역된다. 따라서 두 부사 '흔쁴'와 '흔딕'의 동의성은 명백히 입증된다.

(17) a. 妙音菩薩와 흔쁴 오신 八萬四千 사르미 〈釋二十 51b〉
　　b. 妙音菩薩와 흔딕 오신 八萬四千人이(與妙音菩薩와 俱來者八萬四千人이) 〈法華七 33b〉

관형사 '녀느'와 '녀나몬'이 [餘] 즉 '다른 남은, 그 밖의 다른'의 뜻을 가지고 동의 관계에 있다는 것은 동일 원문의 번역인 다음 예문들에서 잘 확인된다. 원문 중 '餘處'가 '녀느 곧'으로도 번역되고 '녀나몬 곧'으로도 번역된다. 따라서 두 관형사 '녀느'와 '녀나몬'의 동의성은 명백히 입증된다.

(18) a. 녀느 고대 가 〈釋十九 1b〉
　　b. 녀나몬 고대 가 〈月十七 45a〉
　　c. 녀나몬 고대 가(至於餘處ᄒᆞ야) 〈法華六 4a〉

관형사 '믈읫'과 '여러'가 [諸] 즉 '여러'의 뜻을 가지고 동의 관계에 있다는 것은 동일 원문의 번역인 다음 예문들에서 잘 확인된다. 원문 중 '諸暗'이 '믈읫 어드븜'으로도 번역되고 '여러 어드븜'으로도 번역되고 '여러 暗'으로도 번역된다. 따라서 두 관형사 '믈읫'과 '여러'의 동의성은 명백히 입증된다.

(19) a. 日天子ㅣ 믈읫 어드부믈 잘 더ᄂᆞ니 〈釋二十 22a〉
　　b. 日天子ㅣ 여러 어드부믈 能히 더듯 ᄒᆞ야 〈月十八 48a〉
　　c. 日天子ㅣ 能히 여러 暗 더듯 ᄒᆞ야(如日天子ㅣ 能除諸暗ᄐᆞᆺ ᄒᆞ야) 〈法華六 165b〉

제 3 절 先行 研究

『月印釋譜』와 『法華經諺解』에서 발견되는 同義語에 대한 先行 硏究로 李崇寧(1971), 南星祐(1993), 南星祐(1996), 南星祐(1997), 朴杞璿(1998), 南星祐(1998a), 南星祐(1998b), 南星祐(1998c), 南星祐(2001a) 그리고 南星祐(2001b)가 있다.

李崇寧(1971:9~10)은 『월인석보』와 『법화경언해』에서 발견되는 固有語간의 동의 관계를 고찰한다.

南星祐(1993)는 『月印釋譜』와 『法華經諺解』의 대비에서 확인되는 동의 관계를 固有語간의 同義, 固有語와 漢字語 간의 同義 그리고 漢字語간의 同義로 나누어 고찰하고 있다. 南星祐(1996)는 『月印釋譜』 권13과 『法華經諺解』의 대비에서 확인되는 동의 관계를 固有語간의 同義, 固有語와 漢字語 간의 同義 그리고 漢字語간의 同義로 나누어 고찰하고 있다. 南星祐(1997)는 『月印釋譜』 권11과 『法華經諺解』의 대비에서 확인되는 동의 관계를 固有語간의 同義, 固有語와 漢字語 간의 同義 그리고 漢字語간의 同義로 나누어 고찰하고 있다.

朴杞璿(1998)은 『月印釋譜』 권15와 『法華經諺解』의 대비에서 확인되는 동의 관계를 固有語와 漢字語 간의 同義, 固有語간의 同義 그리고 漢字語간의 同義로 나누어 고찰하고 있다.

南星祐(1998a)는 『月印釋譜』 권12와 『法華經諺解』의 대비에서 확인되는 동의 관계를 固有語간의 同義, 固有語와 漢字語 간의 同義 그리고 漢字語간의 同義로 나누어 고찰하고 있다. 南

星祐(1998b)는 『月印釋譜』 권17과 『法華經諺解』의 대비에서 확인되는 동의 관계를 固有語간의 同義, 固有語와 漢字語 간의 同義 그리고 漢字語간의 同義로 나누어 고찰하고 있다. 南星祐(1998c)는 『釋譜詳節』 권21과 『法華經諺解』의 대비에서 확인되는 동의 관계를 固有語간의 同義, 固有語와 漢字語 간의 同義 그리고 漢字語간의 同義로 나누어 고찰하고 있다.

南星祐(2001a)는 『月印釋譜』 권18과 『法華經諺解』의 대비를 통해 확인되는 동의 관계를 固有語간의 同義, 固有語와 漢字語 간의 同義 그리고 漢字語간의 同義로 나누어 고찰하고 있다.

南星祐(2001b)는 『月印釋譜』(1459)와 『釋譜詳節』(1447) 그리고 『法華經諺解』(1463)의 대비를 통해 확인되는 동의 관계를 固有語간의 同義, 固有語와 漢字語 간의 동의 그리고 漢字語간의 同義로 나누어 고찰하고 있다.

南星祐(2001c)는 『釋譜詳節』 권24와 『月印釋譜』 권25에서 확인되는 동의 관계를 固有語간의 同義, 固有語와 漢字語 간의 동의 그리고 漢字語간의 동의로 나누어 고찰하고 있다.

『月印釋譜』와 『法華經諺解』에 대한 종합적 연구로 權和淑(2010)이 있다. 權和淑(2010)은 『月印釋譜』와 『法華經諺解』을 國語學的으로 비교 연구하고 있다. 두 문헌의 表記法을 비롯하여 意譯과 直譯, 번역되지 않는 부분, 語彙的 差異 그리고 文法的 比較가 논의되고 있다.

제2장

固有語간의 同義

『석보상절』과 『월인석보』에 등장하는 固有語들이 어떤 양상의 同義 關係를 형성하고 있는지를 名詞類, 動詞類, 副詞類 그리고 冠形詞類에서 고찰해 보고자 한다.

제 1 절

名詞類에서의 同義

固有語의 名詞類에서 발견되는 동의 관계는 크게 두 개의 관점에서 고찰할 수 있다. 첫째는 形式的 관점이고 둘째는 內容的 관점이다. 形式的 觀點에서 동의 관계에 있는 고유어들이 相異한지 아니면 相似한지를 판별할 수 있고 內容的 관점에서 동의 관계에 있는 고유어들이 完全同義인지 部分 同義인지를 확인할 수 있다.

形式的 관점에서 同義語들은 相異型과 相似型으로 크게 나눌 수 있다. 相似型은 음운론적 관점과 형태론적 관점에서 분류될 수 있는데 음운론적 관점에 따르면 音韻 交替, 音韻 脫落 및 音韻 添加가 있고 형태론적 관점에 따르면 合成과 派生이 있다. 서술의 편의상 다음과 같이 네 유형으로 나누고자 한다 : 第Ⅰ型 相異型, 第Ⅱ型 音韻 交替型, 第Ⅲ型 音韻 脫落型과 音韻 添加型, 第Ⅳ型 合成型과 派生型.

1. 相異型

서로 다른 形式을 가진 둘 또는 그 이상의 名詞類들이 同義 關係를 가질 수 있다. 이 경우가 곧 相異型이다.

고유어의 名詞類에서 확인되는 相異型에는 [所]와 [處] 즉 '곧, 데'의 뜻을 가진 '곧'과 'ᄃᆡ'를 비롯하여 [時] 즉 '때, 적'의 뜻을 가진 'ᄢᅴ'와 '제', [人] 즉 '남, 사람'의 뜻을 가진 'ᄂᆞᆷ'과 '사ᄅᆞᆷ', [頂] 즉 '정수리, 머리'의 뜻을 가진 '뎡바기'와 '머리', [頷] 즉 '턱'의 뜻을 가진 '며개'와 'ᄐᆞᆨ', [海] 즉 '바다'의 뜻을 가진 '바다'와 'ᄇᆞᄅᆞᆯ', [中] 즉 '속, 안'의 뜻을 가진 '솝'과 '안ㅎ', [牙] 즉 '어금니'의 뜻을 가진 '엄'과 '니', [故]와 [由] 즉 '까닭, 탓'의 뜻을 가진 '젼ᄎᆞ'와 '닷' 그리고 [疣] 즉 '혹, 사마귀'의 뜻을 가진 '혹'과 '보도롯' 등 100여 항목이 있다.

〈1〉 가ᄉᆞᆷ 對 안

두 명사가 '가슴'의 뜻을 가지고 동의 관계에 있다는 것은 동일 원문의 번역인 다음 예문들에서 잘 확인된다. 원문 중 '悶亂'이 '가ᄉᆞᆷ 닶기다'로도 번역되고 '안 닶기다'로도 번역되므로 두 명사 '가ᄉᆞᆷ'과 '안ㅎ'의 동의성은 명백히 입증된다.

(1) a. 藥이 發ᄒᆞ야 가ᄉᆞᆷ 닶겨 〈月十七 16b〉
   b. 藥이 發ᄒᆞ야 안 닶겨(藥發悶亂ᄒᆞ야) 〈法華五 151b〉

〈2〉 각시 對 겨집

두 명사가 [女]와 [女子] 즉 '여자, 계집'의 뜻을 가지고 동의 관계에 있다는 것은 다음 예문들에서 잘 확인된다. (1a)는 (1c)의 번역이고 (1b)는 (1d)의 번역이다. 원문 중 '妓女'가 '풍류ᄒᆞ는 각시'로도 번역되고 '풍류ᄒᆞ는 겨집'으로도 번역된다. '婇女'의 자석이 'ᄉᆞ뮨 각시'이다. 그리고 '童女'의 자석이 '아ᄒᆡ 겨집'이고 '女子'의 자석이 '겨집'이다. 따라서 '각시'와 '겨집'의 동의성은 명백히 입증된다.

(2) a. 풍류ᄒᆞ는 각시ᄅᆞᆯ 다 善容ᄋᆡ그에 가 풍류ᄒᆞ라 ᄒᆞ고 〈釋二十四 27a〉
   b. 네 엇뎨 내 풍류ᄒᆞ는 겨지블ᄃᆞ려다(27a)가 노ᄂᆞ다 〈月二十五 27b〉
   c. 勅諸妓女 各自嚴莊 至善容所 共相娛樂 〈釋迦譜 卷3 25. 阿育王弟出家造石塔記〉
   d. 王子 何爲將吾妓女 妻妾 恣意自娛 〈釋迦譜 卷3 25. 阿育王弟出家造石塔記〉

(2) e. 婇女는 ᄉᆞ뭇 각시라 〈月二 28b〉
f. 童女는 아ᄒᆡ 겨지비니 〈月二 28a〉
g. 女子는 겨지비라 〈月一 8a〉

두 명사의 意味 範圍에 큰 차이가 있다. '겨집'은 [女子 일반]을 뜻하고 '각시'는 [美女]를 뜻한다. 『月印千江之曲』 70의 '각시 ᄯᅩ ᄇᆡ옌 큰 벌에 骨髓옌 효ᄀᆞᆫ 벌에 미틔ᄂᆞᆫ 얼윈 벌에러니'에서 '각시'는 釋迦太子의 正覺을 막으려는 '魔王의 예쁘게 꾸민 딸'이다.

〈3〉 갓 對 겨집

두 명사가 [妻] 즉 '아내, 처'의 뜻을 가지고 동의 관계에 있다는 것은 다음 예문들에서 잘 확인된다. '妻'의 자석이 '갓'이다. 그리고 (b)는 『月印千江之曲』부분이고 (c)는 (b)에 상당하는 『釋譜詳節』 부분이다. [妻]를 뜻하는 명사가 『月印千江之曲』에서는 '갓'인데 『釋譜詳節』에서는 '겨집'이다. 따라서 '갓'과 '겨집'의 동의성은 명백히 입증된다.

(3) a. 妻는 가시라 〈月一 12a〉

(3) b. 가ᄉᆡ 樣 무르시고 눈먼 납 무러시ᄂᆞᆯ 〈月曲 17a〉
c. 부톄 ᄯᅩ 무르샤ᄃᆡ 네 겨지븨 양ᄌᆞ 이 獼猴와 엇더뇨 〈月七 10b〉

〈4〉 것 對 ᄀᆞᄉᆞᆷ

두 명사가 [具] 즉 '器物'의 뜻을 가지고 동의 관계에 있다는 것은 동일 원문의 번역인 다음 예문들에서 잘 확인된다. 원문 중 '娛樂之具'가 '즐겂 것'으로도 번역되고 '즐길 ᄀᆞᄉᆞᆷ'으로도 번역되므로 '것'과 'ᄀᆞᄉᆞᆷ'의 동의성은 명백히 입증된다.

(4) a. 다 諸佛ㅅ 禪定解脫 等 즐겂 거슬 주시니 〈月十二 48b〉
b. 다 諸佛ㅅ 禪定解脫 等 즐길 ᄀᆞᄉᆞ몰 주ᄂᆞ니(悉與諸佛ㅅ禪定解脫等娛樂之具ᄒᆞᄂᆞ니) 〈法華二 99b〉

(4) c. 諸佛ㅅ 禪定解脫 즐귏 거슬 주시니 〈月十二 49a〉

d. 諸佛ㅅ 禪定解脫 娛樂앳 ᄀᆞᅀᆞ미 一相 一種인 淨妙ᄒᆞᆫ 樂ᄋᆞᆯ 주시ᄂᆞ니(與之諸佛ㅅ 禪定解脫娛樂之具ㅣ 一相一種인 淨妙之樂ᄒᆞ시ᄂᆞ니) 〈法華二 100b〉

한편 '具'가 『月印釋譜』와 『法華經諺解』에서 모두 '것'으로 번역되기도 하고 모두 'ᄀᆞᅀᆞᆷ'으로 번역되기도 한다는 것은 동일 원문의 번역인 다음 예문들에서 잘 확인된다.

(4) e. 娛樂홀 거시 〈月十二 32a〉

f. 즐길 껏(娛樂之具) 〈法華二 75a〉

(4) g. 諸子ㅣ 各各 種種 珍異 翫好앳 거슬 뒷더니 〈月十四 14b〉

h. 諸子ㅣ各各 種種앳 珍異 玩好앳 거슬 뒷더니(諸子ㅣ 各有種種珍異玩好之具ᄒᆞ더니) 〈法華三 96b〉

(4) i. 實로 블 닐윓 ᄀᆞᅀᆞ미라 〈月十二 41b〉

j. 實로 블 닐위욜 ᄀᆞᅀᆞ미니(實致火之具也ㅣ니) 〈法華二 89a〉

〈5〉 것 對 ᄃᆞ

두 명사가 [者] 즉 '것'의 뜻을 가지고 동의 관계에 있다는 것은 동일 원문의 번역인 다음 예문들에서 잘 확인된다. 원문 중 '非…所解者'가 '아디 몯홇 것'으로도 번역되고 '아롤 띠 아니롬'으로도 번역된다. 따라서 '것'과 'ᄃᆞ'의 동의성은 명백히 입증된다. '띠'는 의존명사 'ᄃᆞ'와 주격조사 '-ㅣ'의 결합이다.

(5) a. 眞實로 思量分別의 아디 몯홇 거시 그 ᄉᆞᅀᅵ예 잇ᄂᆞ니 〈月十一 94b〉

b. 眞實로 思量分別의 아롤 띠 아니로미 그 ᄉᆞᅀᅵ예 잇ᄂᆞ니(信有非思量分別의 所解者ㅣ 存乎其間ᄒᆞ니) 〈法華一 133b〉

〈6〉 것 對 바

두 의존명사가 [所] 즉 '것, 바'의 뜻을 가지고 동의 관계에 있다는 것은 동일 원문의 번역인 다음 예문들에서 잘 확인된다. 원문 중 '所…解'가 '아ᄅᆞᇙ 바'로도 번역되고 '아ᄅᆞᆯ 껏'으로도 번역된다. 따라서 '것'과 '바'의 동의성은 명백히 입증된다.

(6) a. 能히 아디 몯ᄒᆞᇙ 거시라 〈月十一 95b〉
b. 能(135a)히 아디 몯ᄒᆞᆯ 빼라(所不能知니라) 〈法華一 135b〉

(6) c. 思量分別의 能히 아ᄅᆞᇙ 배 아니니 〈月十一 110a〉
d. 思量ᄒᆞ야 ᄀᆞᆯᄒᆡ요ᄆᆡ 能히 아ᄅᆞᆯ 꺼시 아니니(非思量分別之所能解니) 〈法華一 176b〉

한편 '所'가 『월인석보』와 『법화경언해』에서 모두 '바'로 번역된다는 것은 동일 원문의 번역인 다음 예문들에서 잘 확인된다. 원문 중 '所不…及'이 '믿디 몯ᄒᆞᇙ 바'와 '믿디 몯ᄒᆞᆯ 빠'로 번역된다.

(6) e. 能히 믿디 몯ᄒᆞᇙ 배라 ᄒᆞ거시뇨 〈月十一 104a〉
f. 能히 믿디 몯ᄒᆞᆯ 빼라 ᄒᆞ시거뇨(所不能及이라 ᄒᆞ시거뇨) 〈法華一 160a〉

〈7〉 것 對 이

두 의존명사가 [者] 즉 '것'의 뜻을 가지고 동의 관계에 있다는 것은 동일 원문의 번역인 다음 예문들에서 잘 확인된다. 원문 중 '不美者'가 '아ᄅᆞᆷ답디 아니ᄒᆞᆫ 것'으로도 번역되고 '美티 아니ᄒᆞ니'로도 번역된다. 그리고 '所得者'가 '得ᄒᆞ샨 것'으로도 번역되고 '得ᄒᆞ샤니'로도 번역된다. 따라서 두 의존명사 '것'과 '이'의 동의성은 명백히 입증된다. '아니ᄒᆞ니'는 '아니ᄒᆞ-+-ㄴ # 이+ø'로 분석되고 '得ᄒᆞ샤니'는 '得ᄒᆞ-+-시-+-아-+-ㄴ#이'로 분석될 수 있다. 여기서 의존명사 '이'의 存在가 확인된다.

(7) a. 아ᄅᆞᆷ답디 아니ᄒᆞᆫ 거시 업스며 〈釋十九 20b〉
b. 美티 아니ᄒᆞ니 업스리라 〈月十七 67b〉
c. 美티 몯ᄒᆞ니 업스리라(無不美者ᄒᆞ리라) 〈法華六 52a〉

(7) d. 道場애 得ᄒᆞ샨 거시오 〈月十八 11a〉
e. 道場애 得ᄒᆞ샤니오(道場所得者ㅣ시고) 〈法華六 109a〉

(7) f. 이 經이 一切 衆生을 能히 救ᄒᆞᄂᆞᆫ 거시며 〈月十八 50b〉
g. 이 經은 能히 一切 衆生을 救ᄒᆞᄂᆞ니며(此經은 能救一切衆者ㅣ며) 〈法華六 170a〉

(7) h. 魔 들인 거시어나 〈釋二十一 52a〉
i. 魔ᄋᆡ 著홈 ᄃᆞ외니며(若爲魔所著者ㅣ며) 〈法華七 167a〉

한편 '者'가 『월인석보』 권18과 『법화경언해』에서 모두 의존명사 '것'으로 번역된다는 것은 동일 원문의 번역인 다음 예문들에서 잘 확인된다. 원문 중 '不可傳者'가 '몯 傳ᄒᆞᇙ 것'과 '傳티 몯ᄒᆞᆯ 껏'으로 번역된다.

(7) j. ᄆᆞᅀᆞ미 몯 傳ᄒᆞᇙ 거시니 〈月十八 11b〉
k. ᄆᆞᅀᆞ미 傳티 몯ᄒᆞᆯ 꺼시니(心之不可傳者ㅣ시니) 〈法華六 109a〉

〈8〉 곧 對 ᄯᅡㅎ

두 명사가 [處] 즉 '곳'의 뜻을 가지고 동의 관계에 있다는 것은 다음 예문들에서 잘 확인된다. 원문 중 '無量義處'가 '無量義處'로 번역되고 '處'의 자석이 '곧'이다. 그리고 '空處'의 자석이 '뷘 ᄯᅡㅎ'이다. 따라서 '곧'과 'ᄯᅡㅎ'의 동의성은 명백히 입증된다.

(8) a. 無量義處三昧예 드르샤 [處는 고디라] 〈釋十三 12a〉
b. 無量義處三昧예 드르샤 [處는 고디라] 〈月十一 33a〉
c. 無量義處三昧예 드르샤(入於無量義處三昧ᄒᆞ샤) 〈法華一 103b〉

(8) d. 有所疑處ㅣ 어든 [疑ᄂᆞᆫ 疑心이오 處는 고디라] 〈月序 20a〉

(8) e. 이 우희 ᄯᅩ 四空處에 [四空處는 네 뷘 ᄯᅡ히라] 〈月一 35b〉

〈9〉 곧 對 ᄃᆞ

두 의존명사가 [所以] 즉 '것'의 뜻을 가지고 동의 관계에 있다는 것은 동일 원문의 번역인 다음 예문들에서 잘 확인된다. 원문 중 '所以…成就'가 '일우옳 ᄃᆞ'로도 번역되고 '일우시ᄂᆞᆫ 곧'으로도 번역된다. 그리고 '無…障碍'가 'ᄀᆞ린 것 업순 곧'으로도 번역되고 '마ᄀᆞᆫ ᄃᆡ 업슨 ᄃᆞ'로도 번역된다. 따라서 의존명사 '곧'과 'ᄃᆞ'의 동의성은 명백히 입증된다.

(9) a. 업디 아니ᄒᆞᄂᆞᆫ 거시 잇ᄂᆞᆫ 고ᄃᆞᆯ 미더 〈釋二十 12a〉
b. 아니 주긇 거시 잇ᄂᆞᆫ ᄃᆞᆯ 미더 〈月十八 32b〉
c. 업디 아니ᄒᆞᄂᆞᆫ 것 이쇼ᄆᆞᆯ 미더(恃有不亡者ㅣ 存ᄒᆞ야) 〈法華六 145a〉

(9) d. 큰 ᄆᆞᅀᆞᄆᆞᆯ 너펴 萬德을 일우옳디니 〈月十二 8a〉
e. 큰 ᄆᆞᅀᆞᄆᆞᆯ 너펴 萬德을 일우시ᄂᆞᆫ 고디니(所以廓其大心ᄒᆞ야 成就萬德이시니) 〈法華二 33b〉

(9) f. ᄂᆞ외야 ᄀᆞ린 것 업순 고ᄃᆞᆯ 보고 〈月十二 28b〉
g. ᄂᆞ외야 마ᄀᆞᆫ ᄃᆡ 업슨 ᄃᆞᆯ 보고(見……無復障礙ᄒᆞᆫ ᄃᆞᆯ 코) 〈法華二 70a〉

한편 '所以'가 『월인석보』와 『법화경언해』에서 모두 의존명사 '곧'으로 번역된다는 것은 동일 원문의 번역인 다음 예문들에서 잘 확인된다. 원문 중 '所以勝'이 모두 '더으샨 곧'으로 번역된다.

(9) h. 이 世間音에셔 더으샨 고디라 〈月十九 49b〉
i. 이 世間音에 더으샨 고디시니라(此ㅣ 所以勝世間音也ㅣ시니라) 〈法華七 98a〉

〈10〉 곧 對 ᄃᆡ

두 명사가 [所]와 [處] 즉 '곳, 데'의 뜻을 가지고 동의 관계에 있다는 것은 동일 원문의 번역인 다음 예문들에서 확인된다. 원문 중 '所畏'가 '저픈 곧'으로도 번역되고 '저픈 ᄃᆡ'로도 번역된다. 그리고 '說…處'가 '니ᄅᆞᇙ ᄃᆡ'로도 번역되고 '니ᄅᆞᆯ 꼳'으로도 번역된다. 따라서 두 명사 '곧'과

'듸'의 동의성은 명백히 입증된다.

(10) a. 무수매 저픈 고디 업스니 〈釋十九 33b〉
b. 무수매 저픈 듸 업더니(心無所畏ᄒᆞ더니) 〈法華六 85b〉

(10) c. 法會홇 듸 아니라 〈月十七 31a〉
d. 法會ㅅ 고디 아닐 씨니라(非法會所ㅣㄹ씨니라) 〈法華五 181a〉

(10) e. 이ᄂᆞᆫ 五百 由旬 디나 보비 잇ᄂᆞᆫ 듸 다ᄃᆞ로미라 〈月十四 75a〉
f. 이ᄂᆞᆫ 五百 由旬 디나 보빗 고듸 다ᄃᆞ로미라(是ᄂᆞᆫ 過五百由旬ᄒᆞ야 到寶所也ㅣ라) 〈法華三 172a〉

(10) g. 十方國土애 法華經 니롫 듸 잇거든 〈月十五 67b〉
h. 十方國土애 法華經 니ᄅᆞᆯ 고디 잇거든(於十方國土애 有說法華經處이어든) 〈法華四 113b〉

한편 '所'가 『월인석보』와 『법화경언해』에서 모두 '듸'로 번역된다는 것은 동일 원문의 번역인 다음 예문들에서 잘 확인된다. 원문 중 '所附'가 '브톯 듸'와 '브툴 띄'로 번역된다.

(10) i. 미티 ᄒᆞ마 업슬씨 그티 브톯 듸 업스니 〈月十四 37a〉
j. 本이 ᄒᆞ마 잇디 아니ᄒᆞᆯ씨 그티 브툴 띄 업스니(蓋本旣不存ᄒᆞᆯ씨 末無所附ᄒᆞ니) 〈法華三 139a〉

〈11〉 골와라 對 골

두 명사가 [螺] 즉 '소라'의 뜻을 가지고 동의 관계에 있다는 것은 다음 예문들에서 잘 확인된다. 원문 중 '螺鼓聲'이 '골와랏 소리 갓붑 소리'로 번역된다. 그리고 '螺'의 자석이 『석보상절』에서는 '골와라'이고 『월인석보』에서는 '골'이다. 따라서 '골와라'와 '골'의 동의성은 명백히 입증된다.

(11) a. 골와랏 소리 갓붑 소리 쇠붑 소리 바옰 소리 〈釋十九 14b〉
b. 螺聲 鼓聲 鍾聲 鈴聲 〈月十七 60b〉
c. 鍾鈴螺鼓聲과 (鍾鈴螺鼓聲) 〈法華六 37a〉
d. 螺ᄂᆞᆫ 골와래라 〈釋十三 26b〉

(11) e. 螺ᄂᆞᆫ 골이오 〈月十一 40b〉

〈12〉 ᄣᅳ 對 제

두 명사가 [時] 즉 '때, 적'의 뜻을 가지고 동의 관계에 있다는 것은 동일 원문의 번역인 다음 예문들에서 잘 확인된다. 원문 중 '爾時'가 '그 ᄣᅳ'로도 번역되고 '그 제'로도 번역된다. 그리고 '彼時'가 '뎌 ᄣᅳ'로도 번역되고 '뎌 제'로도 번역된다. 따라서 두 명사 'ᄣᅳ'와 '제'의 동의성은 명백히 입증된다.

(12) a. 그 ᄣᅳᆺ 이 菩薩 므더니 너기던 四衆은 〈釋十九 35a〉
b. 그 젯 四衆이 샹녜 이 菩薩 업시우더닌 〈月十七 91b〉
c. 그 ᄣᅴ 四衆이 이 菩薩 샹녜 업시우더닌(爾時四衆常輕是菩薩者ᄂᆞᆫ) 〈法華六 89a〉

(12) d. 그 ᄣᅴ ᄒᆞᆫ ᄒᆞᆼ(14a)졍바지 아ᄃᆞ리 〈釋二十四 14b〉
e. 그 제 ᄒᆞᆫ ᄒᆞᆼ졍바지 아ᄃᆞ리 〈月二十五 76b〉
f. 爾時商主之子 〈釋迦譜 卷5 31. 阿育王造八萬四千塔記〉

(12) g. 그 ᄣᅴ 王과 上座와 比丘ᄃᆞᆯ히 〈釋二十四 48a〉
h. 그 제 王과 上座와 比丘僧괘 〈月二十五 126b〉
i. 時王上座及比丘僧 〈釋迦譜 卷5 31. 阿育王造八萬四千塔記〉

(12) j. 그 ᄣᅴ 부톄 겨샤ᄃᆡ 〈月十四 6b〉
k. 그 제 부톄 겨샤ᄃᆡ(爾時예 有佛ᄒᆞ샤ᄃᆡ) 〈法華三 84a〉

(12) l. 그 제 世尊ᄭᅴ 〈月十一 32b〉
m. 그 ᄢᅴ 世尊ᄭᅴ(爾時世尊ᄭᅴ) 〈法華一 54b〉

(12) n. 뎌 ᄢᅵᆺ 〈月十七 91a〉
o. 뎌 젯(彼時옛) 〈法華六 88a〉

(12) p. 이 ᄢᅴ 長者ㅣ 〈月十二 28b〉
q. 이 제 長者ㅣ(是時長者ㅣ) 〈法華二 69b〉

(12) r. 이 ᄢᅴ 大樂說菩薩이 〈月十五 69b〉
s. 이 제 大樂說菩薩이(是時예 大樂說菩薩이) 〈法華四 116b〉

한편 '時'가 『월인석보』와 『법화경언해』에서 모두 'ᄢᅳ'로 번역된다는 것은 동일 원문의 번역인 다음 예문들에서 잘 확인된다. 원문 중 '爾時'가 모두 '그 ᄢᅳ'로 번역된다.

(12) t. 그 ᄢᅴ 忉利諸天이 〈月十四 12a〉
u. 그 ᄢᅴ 忉利諸天이(爾時忉利諸天이) 〈法華三 93a〉

〈13〉 그듸 對 너

두 대명사가 [汝] 즉 '그대, 너'의 뜻을 가지고 동의 관계에 있다는 것은 동일 원문의 번역인 다음 예문들에서 잘 확인된다. 원문 중 '汝身'이 '그딋 몸'으로도 번역되고 '네 몸'으로도 번역된다. 따라서 '그듸'와 '너'의 동의성은 명백히 입증된다. '그듸'는 [+존칭]이고 '너'는 [-존칭]이다.

(13) a. 그딋 모미 긔라 〈月十一 92b〉
b. 네 모미 이라(汝身이 是也ㅣ라) 〈法華一 114b〉

〈14〉 그지 對 그슴

두 명사가 [期] 즉 '한정, 한도'의 뜻을 가지고 동의 관계에 있다는 것은 동일 원문의 번역인 다음 예문들에서 잘 확인된다. 원문 중 '未來之期'가 '未來옛 그지'로도 번역되고 '未來옛 그슴' 으로도 번역된다. 따라서 '그지'와 '그슴'의 동의성은 명백히 입증된다.

(14) a. 未來옛 그지 알ᄑᆡᆺ 塵劫에 가ᄌᆞᆯ비건댄 이 數에셔 디나디 아니홇 ᄃᆞᆯ 엇뎨 알리오 〈月十四 56b〉
b. 未來옛 그스ᄆᆞ로 알ᄑᆡᆺ 塵劫을 가ᄌᆞᆯ비건댄 ᄯᅩ 이 數에 더으디 아니홀 ᄯᆞᆯ 엇뎨 알리오(安知未來之期로 比前塵劫건맨 不復過於是數耶ㅣ리오) 〈法華三 165b〉

〈15〉 그지 對 다옴

명사 '그지'와 동작동사 '다ᄋᆞ다'의 명사형 '다옴'이 [窮] 즉 '끝, 다함'의 뜻을 가지고 동의 관계에 있다는 것은 동일 원문의 번역인 다음 예문들에서 잘 확인된다. 원문 중 '無窮'이 '그지 없다'로도 번역되고 '다옴 없다'로도 번역되므로 '그지'와 '다옴'의 동의성은 명백히 입증된다. 현재 '窮'은 '끝'의 뜻과 '다하다'의 뜻을 가지고 있다.

(15) a. 利히 ᄉᆞᄆᆞ초미 그지 업게 코져 ᄒᆞ실ᄊᆡ 〈月十八 13a〉
b. 利히 ᄉᆞᄆᆞ차 다옴 업게 코져 ᄒᆞ실ᄊᆡ(欲使…利達無窮ᄒᆞ실ᄊᆡ) 〈法華六 118a〉

〈16〉 그지 對 다ᄋᆞᆯ

명사 '그지'와 동작동사 '다ᄋᆞ다'의 명사형 '다ᄋᆞᆯ'이 [窮] 즉 '끝, 다함'의 뜻을 가지고 동의 관계에 잇다는 것은 동일 원문의 번역인 다음 예문들에서 잘 확인된다. 원문 중 '無窮'이 '그지 없다'로도 번역되고 '다ᄋᆞᇝ 없다'로도 번역된다. 따라서 '그지'와 '다ᄋᆞᆯ'의 동의성은 명백히 입증된다. 현재 '窮'은 '끝'과 '다하다'의 뜻을 가지고 있다.

(16) a. 日月燈 ᄀᆞᆮᄒᆞ야 서르 니ᅀᅥ 그지 업스며 〈月十七 90a〉
b. 日月燈ㅅ 서르 니ᅀᅥ 다ᄋᆞᇝ 업스샴 ᄀᆞᆮᄒᆞ시며(如日月燈ㅅ 相繼無窮ᄒᆞ시며) 〈法華六 86b〉

〈17〉 ᄡᅩᆷ 對 쇳구무

명사 ‘ᄡᅩᆷ’과 합성명사 ‘쇳구무’가 [鑰孔] 즉 ‘자물쇠 구멍’의 뜻을 가지고 동의 관계에 있다는 것은 동일 원문의 번역인 다음 예문들에서 잘 확인된다. 원문 중 ‘門鑰孔’이 ‘門 ᄡᅩᆷ’으로도 번역되고 ‘門ㅅ 쇳구무’로도 번역된다. 그리고 ‘從鑰孔中入’이 ‘ᄡᅵᄆᆞ로 들다’로도 번역되고 ‘쇳굼그로 들다’로도 번역된다. 따라서 ‘ᄡᅩᆷ’과 ‘쇳구무’의 동의성은 명백히 입증된다. 합성명사 ‘쇳구무’는 명사 ‘쇠’ [鑰]와 명사 구무 [孔]의 합성이다.

(17) a. 迦葉이 닐오ᄃᆡ ᄒᆞ마 無學ᄋᆞᆯ 得호라 ᄒᆞ거든 門 ᄡᅵᄆᆞ로 들라 ᄒᆞ야ᄂᆞᆯ 阿難이 즉자히 ᄡᅵᄆᆞ로 드러 大衆ᄭᅴ 禮數ᄒᆞᆫ대 〈釋二十四 3a〉
b. 迦葉이 닐오ᄃᆡ 내 여디 아니호리니 無學ᄋᆞᆯ 得ᄒᆞ야ᄃᆞᆫ 네 門ㅅ 쇳굼그로 오라 阿難이 즉재 쇳굼그로 드러 大迦葉ᄭᅴ 懺悔ᄒᆞ고 ᄂᆞ외 외다 마ᄅᆞ쇼셔 〈月二十五 9a〉
c. 迦葉言 我不與開門 汝從門鑰孔中來 阿難卽從鑰子中入懺悔 〈大智論 第二卷〉

〈18〉 ᄀᆞᆯᄫᆞ니 對 편

명사구 ‘ᄀᆞᆯᄫᆞ니’와 명사 ‘편’이 [敵] 즉 ‘필적할 것’의 뜻을 가지고 동의 관계에 있다는 것은 동일 원문의 번역인 다음 예문들에서 잘 확인된다. 원문 중 ‘成敵’이 ‘ᄀᆞᆯᄫᆞ니 ᄃᆞ외다’로도 번역되고 ‘펴니 ᄃᆞ외다’로도 번역되므로 ‘ᄀᆞᆯᄫᆞ니’와 ‘편’의 동의성은 명백히 입증된다. ‘ᄀᆞᆯᄫᆞ니’는 ‘ᄀᆞᆲ -+-ᄋᆞᆫ#이’로 분석될 수 있는 명사구이다.

(18) a. 物와 나왜 ᄀᆞᆯᄫᆞ니 ᄃᆞ욀ᄊᆡ 〈月十九 26b〉
b. 物와 나왜 펴니 ᄃᆞ외니어니와(物我ㅣ 成敵거니와) 〈法華七 59a〉

〈19〉 ᄀᆞᇫ 對 겯

두 명사가 [側] 즉 ‘가, 겯’의 뜻을 가지고 동의 관계에 있다는 것은 동일 원문의 번역인 다음 예문들에서 잘 확인된다. 원문 중 ‘其側’이 ‘그 ᄀᆞᇫ’으로도 번역되고 ‘그 겯’으로도 번역되므로 ‘ᄀᆞᇫ’과 ‘겯’의 동의성은 명백히 입증된다.

(19) a. 그 ᄀᆞ새 느리고 〈月十二 9a〉
b. 그 겨틔 느리며(以界其側ᄒᆞ며) 〈法華二 34b〉

〈20〉 년ㄱ 對 나ᄆᆞ니

명사 '년ㄱ'과 명사구 '나ᄆᆞ니'가 [餘] 즉 '남은 것'의 뜻을 가지고 동의 관계에 있다는 것은 동일 원문의 번역인 다음 예문들에서 잘 확인된다. 원문 중 '餘表'가 '년근 表ᄒᆞ다'로도 번역되고 '나ᄆᆞ닌 表ᄒᆞ다'로도 번역된다. 따라서 '년ㄱ'과 '나ᄆᆞ니'의 동의성은 명백히 입증된다. 명사구 '나ᄆᆞ니'는 동작동사 '남다'의 관형사형 '나ᄆᆞᆫ'과 의존명사 '이'의 결합이다.

(20) a. 년근 一乘大根의 德用ᄋᆞᆯ 表ᄒᆞ시니라 〈月十二 30b〉
b. 나ᄆᆞ닌 一乘大根ᄋᆡ 德用ᄋᆞᆯ 表ᄒᆞ시니라(餘ᄂᆞᆫ 表一乘大根之德用也ᄒᆞ시니라) 〈法華二 74a〉

한편 '餘'가 『月印釋譜』 권12와 『法華經諺解』에서 모두 명사구 '나ᄆᆞᆫ 것'으로 번역된다는 것은 동일 원문의 번역인 다음 예문들에서 잘 확인된다. 원문 중 '無餘'가 모두 '나ᄆᆞᆫ 것 없다'로 번역된다.

(20) c. 기리 다아 나ᄆᆞᆫ 것 업서 〈月十二 35b〉
d. 기리 다아 나ᄆᆞᆫ 것 업서(永盡無餘ᄒᆞ야) 〈法華二 81a〉

〈21〉 년ㄱ 對 녀나ᄆᆞ니

명사 '년ㄱ'과 명사구 '녀나ᄆᆞ니'가 [餘] 즉 '남은 것'의 뜻을 가지고 동의 관계에 있다는 것은 동일 원문의 번역인 다음 예문들에서 잘 확인된다. 원문 중 '餘…表'가 '년근 表ᄒᆞ다'로도 번역되고 '녀나ᄆᆞ니ᄂᆞᆫ 表ᄒᆞ다'로도 번역된다. 따라서 '년ㄱ'과 '녀나ᄆᆞ니'의 동의성은 명백히 입증된다. 명사구 '녀나ᄆᆞ니'는 관형사 '녀나ᄆᆞᆫ'과 의존명사 '이'의 결합이다.

(21) a. 년근 各各 이 經의 ᄒᆞᆫ 德을 表ᄒᆞ니라 〈月十一 23a〉
b. 녀나ᄆᆞ니ᄂᆞᆫ 各各 이 經엣 ᄒᆞᆫ 德을 表ᄒᆞ니라(餘ᄂᆞᆫ 各表此經之一德也ᄒᆞ시니라) 〈法華一

43a〉

〈22〉 ᄂᆞᆷ 對 다ᄅᆞᆫ 사ᄅᆞᆷ

명사 'ᄂᆞᆷ'과 명사구 '다ᄅᆞᆫ 사ᄅᆞᆷ'이 [他人] 즉 '남, 다른 사람'의 뜻을 가지고 동의 관계에 있다는 것은 동일 원문의 번역인 다음 예문들에서 잘 확인된다. 원문 중 '爲他人'이 'ᄂᆞᆷ 爲ᄒᆞ다'로도 번역되고 '다ᄅᆞᆫ 사ᄅᆞᆷ 爲ᄒᆞ다'로도 번역되므로 'ᄂᆞᆷ'과 '다ᄅᆞᆫ 사ᄅᆞᆷ'의 동의성은 명백히 입증된다. 명사구 '다ᄅᆞᆫ 사ᄅᆞᆷ'은 상태동사 ' '다ᄅᆞ다'[他]의 관형사형 '다ᄅᆞᆫ'과 명사 '사ᄅᆞᆷ'[人]의 결합이다.

(22) a. ᄒᆞ다가 ᄀᆞᆯ히야 ᄂᆞᆷ 爲ᄒᆞ야 닐오(66a)려 ᄒᆞᇙ뎬 〈月十七 66b〉
b. ᄒᆞ다가 ᄀᆞᆯ(43a)히야 다ᄅᆞᆫ 사ᄅᆞᆷ 爲ᄒᆞ야 니ᄅᆞ고져 ᄒᆞ야도(若欲分別ᄒᆞ야 爲他人說ᄒᆞ야도) 〈法華六 43b〉

한편 '他人'이 『월인석보』와 『법화경언해』에서 모두 'ᄂᆞᆷ'으로 번역된다는 것은 동일 원문의 번역인 다음 예문들에서 잘 확인된다. 원문 중 '爲他人'이 모두 'ᄂᆞᆷ 爲ᄒᆞ다'로 번역된다.

(22) c. ᄂᆞᆷ 爲ᄒᆞ야 니ᄅᆞᇙ 사ᄅᆞᄆᆞᆫ 〈月十五 40b〉
d. ᄂᆞᆷ 爲ᄒᆞ야 니ᄅᆞᄂᆞᆫ 사ᄅᆞᄆᆞᆫ(爲他人說者ᄂᆞᆫ) 〈法華四 88a〉

〈23〉 ᄂᆞᆷ 對 사ᄅᆞᆷ

두 명사가 [人] 즉 '남, 사람'의 뜻을 가지고 동의 관계에 있다는 것은 동일 원문의 번역인 다음 예문들에서 잘 확인된다. 원문 중 '使人'이 'ᄂᆞᆷ ᄒᆞ다'로도 번역되고 '사ᄅᆞᆷ 브리다'로도 번역된다. 그리고 '欺誑人'이 'ᄂᆞᆷ 소기다'로도 번역되고 '사ᄅᆞᆷ 소기다'로도 번역된다. 따라서 'ᄂᆞᆷ'과 '사ᄅᆞᆷ'의 동의성은 명백히 입증된다. 현재 '人'은 '사람'의 뜻과 '남, 他人'의 뜻을 가지고 있다.

(23) a. ᄂᆞᆷ ᄒᆞ야 쓰거나 ᄒᆞ면 〈釋二十 25b〉
b. ᄂᆞᆷ ᄒᆞ야 쓰거나 〈月十八 52a〉
c. 사ᄅᆞᆷ 브려 쓰면(若使人書ᄒᆞ면) 〈法華六 171b〉

(23) d. 말와 저울로 ᄂᆞᆷ 소기ᄂᆞᆫ 罪 곧ᄒᆞ며 調達ᄋᆡ 즁 ᄇᆞ야ᄇᆞ린 罪 곧ᄒᆞ야〈釋二十一 31a〉
e. 말와 저울로 ᄂᆞᆷ 소기ᄂᆞᆫ 사ᄅᆞᆷ과 調達이 僧 헌 罪 곧ᄒᆞ야〈月十九 68a〉
f. 말와 저울로 사ᄅᆞᆷ 소기ᄂᆞ니와 調達의 즁 헌 罪 곧ᄒᆞ야(如…斗秤으로 欺誑人과 調達의 破僧罪ᄒᆞ야)〈法華七 119b〉

(23) g. ᄒᆞᄆᆞᆯ며 大衆 中에 너비(45b) ᄂᆞᆷ 爲ᄒᆞ야 닐오미ᄯᆞᆫ녀〈月十五 46a〉
h. ᄒᆞᄆᆞᆯ며 大衆 中에 너비 사ᄅᆞᆷ 爲ᄒᆞ야 닐오미ᄯᆞᆫ녀(何況於大衆에 廣爲人說이ᄯᆞᆫ녀)〈法華四 76b〉

(23) i. 모로매 모미 잇ᄂᆞᆫ ᄃᆡ 이셔ᅀᅡ 能히 ᄂᆞᄆᆞᆯ 便安케 ᄒᆞ며〈月十五 57a〉
j. 모로매 모미 處ᄒᆞᆫ ᄃᆡ 이신 後에ᅀᅡ 能히 사ᄅᆞᄆᆞᆯ 便安케 ᄒᆞ며(必己有所處然後에ᅀᅡ 能安人ᄒᆞ며)〈法華四 90a〉

(23) k. ᄂᆞᆷ ᄀᆞᄅᆞ쳐 디니거나〈月十七 33b〉
l. ᄒᆞ다가 사ᄅᆞᆷ ᄀᆞᄅᆞ쳐 디니며(若教人持ᄒᆞ며)〈法華五 196a〉

(23) m. 사ᄅᆞᆷ 爲ᄒᆞ야 불어 니르더니〈月十一 90b〉
n. ᄂᆞᆷ 爲ᄒᆞ야 펴 니ᄅᆞ더니(爲人演說ᄒᆞ더니)〈法華一 112a〉

한편 '人'이 세 문헌 즉 『석보상절』 권19, 『월인석보』 권17 및 『법화경언해』에서 모두 'ᄂᆞᆷ'으로 번역된다는 것은 동일 원문의 번역인 다음 예문들에서 잘 확인된다. 원문 중 '爲人'이 'ᄂᆞᆷ 위ᄒᆞ다'와 'ᄂᆞᆷ 爲ᄒᆞ다'로 번역된다.

(23) o. ᄂᆞᆷ 위ᄒᆞ야 닐오ᄆᆞᆯ 즐기며〈釋十九 8b〉
p. ᄂᆞᆷ 爲ᄒᆞ야 닐오ᄆᆞᆯ 깃그며〈月十七 44a〉
q. ᄂᆞᆷ 爲ᄒᆞ야 닐오ᄆᆞᆯ 깃그며(喜爲人說ᄒᆞ며)〈法華六 3a〉

〈24〉 ᄯᅡㅎ 對 곧

두 명사가 [處] 즉 '곳'의 뜻을 가지고 동의 관계에 있다는 것은 동일 원문의 번역인 다음 예문들에서 잘 확인된다. 원문 중 '惡處'가 '머즌 짜ㅎ'로도 번역되고 '구즌 곧'으로도 번역된다. 그리고 '所在之處'가 '잇는 짜ㅎ'로도 번역되고 '잇는 곧'으로도 번역된다. 따라서 두 명사 '짜ㅎ'와 '곧'의 동의성은 명백히 입증된다. '짜ㅎ'는 原義가 '天'과 대립 관계에 있는 [地]인데(예 : 地는 짜히라〈月序 18a〉) 특수화되어 '地'의 일부분인 [處]의 뜻으로 사용된다.

(24) a. 됴흔 짜 머즌 짜해 나미 〈釋十九 23a〉
b. 됴흔 곧 구즌 고대 나미 〈月十七 70b〉
c. 됴흔 곧 구즌 고대 나미(生善處惡處ㅣ) 〈法華六 57b〉

(24) d. 여러 가짓 어려븐 고대 〈釋二十 48b〉
e. 한 어려븐 짜들해 〈月十八 86b〉
f. 또 한 어려운 고대(及衆難處에) 〈法華七 28b〉

(24) g. 物 어둟 짜 아니라 호믄 〈月十三 15a〉
h. 物 得홀 꼳 아니는(非得物處는) 〈法華二 197b〉

(24) i. 經卷 잇는 짜흔 다 七寶塔올 셰요딕 〈月十五 50b〉
j. 經卷 잇는 고대 다 七寶塔을 셰오딕(若經卷所在之處에 皆應起七寶塔호딕) 〈法華四 89a〉

한편 '處'가 세 문헌, 즉 『석보상절』 권19, 『월인석보』 권17 및 『법화경언해』에서 모두 '곧'으로 번역된다는 것은 동일 원문의 번역인 다음 예문들에서 잘 확인된다. 원문 중 '餘處'가 '녀느 곧'과 '녀나믄 곧'으로 번역된다.

(24) k. 녀느 고대 가 〈釋十九 1b〉
l. 녀나믄 고대 가 〈月十七 45a〉
m. 녀나믄 고대 가(至於餘處호야) 〈法華六 4a〉

〈25〉 짜ㅎ 對 딕

두 명사가 [處]와 [所] 즉 '곳, 데'의 뜻을 가지고 동의 관계에 있다는 것은 동일 원문의 번역인 다음 예문들에서 잘 확인된다. 원문 중 '淺處'가 '녀튼 ᄯᅡᇂ'로도 번역되고 '녀튼 ᄃᆡ'로도 번역된다. 그리고 '所在'가 '잇ᄂᆞᆫ ᄯᅡᇂ'로도 번역되고 '잇ᄂᆞᆫ ᄃᆡ'로도 번역된다. 따라서 두 명사 'ᄯᅡᇂ'와 'ᄃᆡ'의 동의성은 명백히 입증된다. 'ᄃᆡ'는 의존명사이다.

(25) a. 즉자히 녀튼 ᄯᅡ홀 어드리어며 〈釋二十一 3a〉
b. 즉재 녀튼 ᄯᅡ홀 어드리며 〈月十九 22a〉
c. 즉재 녀튼 ᄃᆡᆯ 어드리며(卽得淺處ᄒᆞ리며) 〈法華七 50a〉

(25) d. 帝釋 앗ᄂᆞᆫ ᄯᅡ히어나 梵王 앗ᄂᆞᆫ ᄯᅡ히어나 〈釋十九 6a〉
e. 帝釋 앉ᄂᆞᆫ ᄃᆡ어나 梵王 앉ᄂᆞᆫ ᄃᆡ어나(帝釋坐處ㅣ어나 若梵王坐處ㅣ어나) 〈法華六 12a〉

(25) f. 맛ᄃᆞᇙ ᄯᅡ히 업스리로다 ᄒᆞ야 〈月十三 10a〉
g. 맛ᄃᆞᆯ ᄯᆡ 업스리로다 ᄒᆞ야(無所委付ㅣ로다 ᄒᆞ야) 〈法華二 189b〉

(25) h. 잇ᄂᆞᆫ ᄃᆡᄅᆞᆯ 알리니 〈釋十九 19b〉
i. 잇ᄂᆞᆫ ᄯᅡ홀 알리니 〈月十七 66a〉
j. 잇ᄂᆞᆫ ᄃᆡᆯ 알리니(知其所在ᄒᆞ리니) 〈法華六 43a〉

한편 '所'가 『월인석보』와 『법화경언해』에서 모두 의존명사 'ᄃᆡ'로 번역된다는 것은 동일 원문의 번역인 다음 예문들에서 잘 확인된다. 원문 중 '所付'가 '맛ᄃᆞᇙ ᄃᆡ'와 '맛ᄃᆞᆯ ᄯᆡ'로 번역된다.

(25) k. 이제 맛ᄃᆞᇙ ᄃᆡ 잇거다 〈月十三 15a〉
l. 이제 맛ᄃᆞᆯ ᄯᆡ 잇도다(今有所付ㅣ로다) 〈法華二 198b〉

〈26〉 ᄯᅡᇂ 對 한ᄃᆡ

두 명사가 [露地] 즉 '한데'의 뜻을 가지고 동의 관계에 있다는 것은 동일 원문의 번역인 다음 예문들에서 잘 확인된다. 원문 중 '露地而坐'가 'ᄯᅡ해 앉다'로도 번역되고 '한ᄃᆡ 앉다'로도 번역되므로 'ᄯᅡᇂ'와 '한ᄃᆡ'의 동의성은 명백히 입증된다.

(26) a. 네 거릿길 가온ᄃᆡ 싸해 안자 〈月十二 28b〉
b. 다 네 거(69b)릿 길 가온ᄃᆡ 한ᄃᆡ 안자(皆於四衢道中에 露地而坐ᄒᆞ야) 〈法華二 70a〉

한편 '露'가 『月印釋譜』 권12와 『法華經諺解』에서 모두 '한ᄃᆡ'로 번역된다는 것은 동일 원문의 번역인 다음 예문들에서 잘 확인된다. 원문 중 '露坐'가 모두 '한ᄃᆡ 앉다'로 번역된다.

(26) c. 네 거리예 한ᄃᆡ 안조ᄆᆞᆫ 〈月十二 29a〉
d. 네 거리예 한ᄃᆡ 안좀ᄃᆞᆯᄒᆞᆫ(四衢露坐等은) 〈法華二 70a〉

〈27〉 다ᄅᆞ니 對 ᄂᆞᆷ

명사구 '다ᄅᆞ니'와 명사 'ᄂᆞᆷ'이 [他] 즉 '남, 다른 사람'의 뜻을 가지고 동의 관계에 있다는 것은 동일 원문의 번역인 다음 예문들에서 잘 확인된다. 원문 중 '他身'이 '다ᄅᆞᄂᆡ 몸'으로도 번역되고 'ᄂᆞᄆᆡ 몸'으로도 번역된다. 그리고 '他事'가 '다ᄅᆞᄂᆡ 일'로도 번역되고 'ᄂᆞᄆᆡ 일'로도 번역된다. 따라서 '다ᄅᆞ니'와 'ᄂᆞᆷ'의 동의성은 명백히 입증된다. 명사구 '다ᄅᆞ니'는 상태동사 '다ᄅᆞ다'의 관형사형 '다ᄅᆞᆫ'과 의존명사 '이'의 결합으로 '다ᄅᆞ－＋－ㄴ#이'로 분석될 수 있다.

(27) a. 시혹 다ᄅᆞᄂᆡ 모ᄆᆞᆯ 니ᄅᆞ며 〈月十七 10b〉
b. 시혹 ᄂᆞᄆᆡ 몸 니ᄅᆞ며(或說他身ᄒᆞ며) 〈法華五 140b〉

(27) c. 시혹 다ᄅᆞᄂᆡ 이ᄅᆞᆯ 뵈야 〈月十七 11a〉
d. 시혹 ᄂᆞᄆᆡ 일 뵈나(或示他事ᄒᆞ나) 〈法華五 140a〉

〈28〉 다른 줄 對 달옴

명사구 '다른 줄'과 명사형 '달옴'이 [異] 즉 '다른 것, 다름'의 뜻을 가지고 동의 관계에 있다는 것은 동일 원문의 번역인 다음 예문들에서 잘 확인된다. 원문 중 '無異'가 '다ᄅᆞᆫ 줄 없다'로도 번역되고 '달옴 없다'로도 번역된다. 따라서 '다ᄅᆞᆫ 줄'과 '달옴'의 동의성은 명백히 입증된다. '다ᄅᆞᆫ 줄'은 명사구로서 상태동사 '다ᄅᆞ다'의 관형사형 '다ᄅᆞᆫ'과 의존 명사 '줄'의 결합이다. '달옴'

은 상태동사 '다ᄅᆞ다'의 명사형으로 '달-('다ᄅᆞ-'의 이형태)+-옴'으로 분석될 수 있다.

(28) a. 正히 ᄀᆞᆮᄒᆞ야 다ᄅᆞᆫ 줄 업서 〈釋二十一 19b〉
b. 正히 ᄀᆞᆮᄒᆞ야 달오미 업서 〈月十九 30b〉
c. 正히 ᄀᆞᆮᄒᆞ야 달옴 없서(正等無異ᄒᆞ야) 〈法華七 68b〉

〈29〉 데엋 對 바ᇧ

두 명사가 [外] 즉 '밖'의 뜻을 가지고 동의 관계에 있다는 것은 동일 원문의 번역인 다음 예문들에서 잘 확인된다. 원문 중 '外財'가 『석보상절』 권20에서는 '데어쳇 쳔량'으로 번역되고 『월인석보』 권18과 『법화경언해』에서는 '밧 쳔량'으로 번역되므로 두 명사 '데엋'과 '바ᇧ'의 동의성은 명백히 입증된다. 그리고 '데엋'의 용례는 『석보상절』 권20의 字釋 '迹은 자최니 데어쳇 보논 이ᄅᆞᆯ 迹이라 ᄒᆞᄂᆞ니라'〈38b〉에서도 발견할 수 있다.

(29) a. 데어쳇 쳔랴이니 〈釋二十 11b〉
b. 밧 쳔량애 넘디 아니ᄒᆞ니 〈月十八 31a〉
c. 밧 쳔량애 남디 몯ᄒᆞ니(不過外財ᄒᆞ니) 〈法華六 144a〉

(29) d. 다 얼구를 데어체 혜여 〈釋二十 12a〉
e. 다 能히 얼구를 밧만 너겨 〈月十八 32a〉
f. 다 能히 얼구를 밧 사ᄆᆞ며(皆能外形骸ᄒᆞ며) 〈法華六 144b〉

〈30〉 뎡바기 對 머리

두 명사가 [頂] 즉 '정수리, 머리'의 뜻을 가지고 동의 관계에 있다는 것은 동일 원문의 번역인 다음 예문들에서 잘 확인된다. 원문 중 '摩頂'이 '뎡바기ᄅᆞᆯ 문지다'로도 번역되고 '머릴 문지다'로도 번역된다. 따라서 '뎡바기'와 '머리'의 동의성은 명백히 입증된다.

(30) a. 내 그 사ᄅᆞᆷ과 暗中에 뎡바기ᄅᆞᆯ 문져 〈月十九 108b〉

b. 내 그 사룸과 어두운 中에 머릴 몬져(我與其人과 暗中에 摩頂ᄒᆞ야) 〈法華七 173a〉

한편 '頂'이 『월인석보』와 『법화경언해』에서 '뎡바기'로도 번역되고 '머리'로도 번역된다는 것은 동일 원문의 번역인 다음 예문들에서 잘 확인된다. 원문 중 '摩其頂'이 '뎡바기 므니다'와 '그 뎡바기 몬지다'로 번역된다. 그리고 '摩頂'이 '머리 므니다'와 '머리 몬지다'로 번역된다.

(30) c. 다 뎡바기 므니샤몬 〈月十八 16b〉
d. 다 그 뎡바기 몬지샤몬(皆摩其頂ᄒᆞ샤몬) 〈法華六 121a〉

(30) e. 如來 머리 몬져 印證ᄒᆞ샤미 ᄃᆞ외리라 〈月十九 112a〉
f. 如來ㅅ 머리 몬지샤 印證ᄒᆞ샤미 ᄃᆞ외요미라(爲如來ㅅ 摩頂印證이니라) 〈法華七 175b〉

(30) g. 머리 므니샤몬 〈月十九 116b〉
h. 머리 몬지샤몬(摩頂은) 〈法華七 180b〉

〈31〉 동 對 ᄃᆞ

두 의존명사가 '것, 줄'의 뜻을 가지고 동의 관계에 있다는 것은 동일 원문의 번역인 다음 예문들에서 잘 확인된다. 원문 중 '云何爲失'이 '어느 왼 동'으로도 번역되고 '어느 왼 ᄃᆞ'로도 번역된다. 따라서 '동'과 'ᄃᆞ'의 동의성은 명백히 입증된다.

(31) a. 또 어늬 브린 동 어늬 지빈 동 어늬 왼 동 몰라 〈月十二 26a〉
b. 또 어늬 이 브리며 어늬 지비며 어(64b)늬 왼 ᄃᆞᆯ 아디 몯ᄒᆞ고(亦復不知何者ㅣ 是火ㅣ며 何者ㅣ 爲舍ㅣ며 云何ㅣ 爲失인 ᄃᆞᆯ 코) 〈法華二 65a〉

〈32〉 두드레 對 소내 믹는 나모

명사 '두드레'와 명사구 '소내 믹는 나모'가 [杻械] 즉 '쇠고랑'의 뜻을 가지고 동의 관계에 있다는 것은 다음 예문들에서 잘 확인된다. '杻械'의 字釋이 '두드레'와 '소내 믹는 나모'이다. 따라서 '두드레'와 '소내 미는 나모'의 동의성은 명백히 입증된다.

(32) a. 杻械는 소내 미는 남기오 〈釋二十一 5a〉
b. 杻械는 두드레라 〈月十九 25a〉
c. 杻는 소냇 두드레오 械는 바랫 두드레오 〈法華七 56b〉

〈33〉 드르ㅎ 對 미ㅎ

두 명사가 [郊] 즉 '들'의 뜻을 가지고 동의 관계에 있다는 것은 동일 원문의 번역인 다음 예문들에서 잘 확인된다. 원문 중 '荒郊'가 '거츤 드르ㅎ'로도 번역되고 '거츤 미ㅎ'로도 번역된다. 따라서 두 명사 '드르ㅎ'와 '미ㅎ'의 동의성은 명백히 입증된다.

(33) a. 淤膿올 거츤 드르헤 누이며 〈月十八 39b〉
b. 얼읜 고로믈 거츤 미해 뉘이며(以臥淤膿於荒郊ᄒᆞ며) 〈法華六 154b〉

〈34〉 드틀 對 몬지

두 명사가 [塵] 즉 '티끌, 먼지'의 뜻을 가지고 동의 관계에 있다는 것은 다음 예문들에서 잘 확인된다. 원문 중 '塵坌'이 '드틀 묻다'로도 번역되고 '몬지 묻다'로도 번역된다. 따라서 '드틀'과 '몬지'의 동의성은 명백히 입증된다.

(34) a. 셩가싀오 드틀 무두믄 〈月十三 22b〉
b. 시들며 듣글 무두믄(瘦悴塵坌은) 〈法華二 210b〉

(34) c. 쏭 몬지 무더 〈月十三 21b〉
d. 쏭 홀기 듣글 무더(糞土ㅣ 塵坌ᄒᆞ야) 〈法華二 209b〉

〈35〉 ᄠᅳᆮ 對 므ᄅᆞ

두 명사가 [旨] '뜻'의 뜻을 가지고 동의 관계에 있다는 것은 동일 원문의 번역인 다음 예문들에서 잘 확인된다. 원문 중 '得旨'가 'ᄠᅳ들 得ᄒᆞ다'로도 번역되고 'ᄆᆞᄅᆞᆯ 得ᄒᆞ다'로도 번역되므로 'ᄠᅳᆮ'과 'ᄆᆞᄅᆞ'의 동의성은 명백히 입증된다.

(35) a. ᄠᅳ들 得ᄒᆞ야 불휘예 가면 므스기 다ᄅᆞ리오 〈月十五 80a〉
b. ᄆᆞᄅᆞᆯ 得ᄒᆞ야 불휘예 가면 엇뎨 다ᄅᆞ리오(得旨歸根ᄒᆞ면 未何異也ㅣ리오) 〈法華四 127a〉

〈36〉 ᄠᅳᆮ 對 ᄆᆞᅀᆞᆷ

두 명사가 [想] 즉 '뜻, 마음'의 뜻을 가지고 동의 관계에 있다는 것은 동일 원문의 번역인 다음 예문들에서 잘 확인된다. 원문 중 '下劣想'이 '사오나ᄫᅵ 너긇 ᄠᅳᆮ'으로도 번역되고 '사오나온 갓 ᄆᆞᅀᆞᆷ'으로도 번역되므로 'ᄠᅳᆮ'과 'ᄆᆞᅀᆞᆷ'의 동의성은 명백히 입증된다.

(36) a. 네 뎌 나라ᄒᆞᆯ 므던히 너겨 사오나ᄫᅵ 너긇 ᄠᅳ들 내디 말라 〈釋二十 36b〉
b. 네 뎌 나라 업시워 사오나온 갓 ᄆᆞᅀᆞᄆᆞᆯ 내디 말라(汝ㅣ 莫輕彼國ᄒᆞ야 生下劣想라) 〈法華七 11b〉

〈37〉 듣글 對 몬ᄌᆡ

두 명사가 [塵] 즉 '티끌, 먼지'의 뜻을 가지고 동의 관계에 있다는 것은 동일 원문의 번역인 다음 예문들에서 잘 확인된다. 원문 중 '塵坌'이 '몬ᄌᆡ 묻다'로도 번역되고 '듣글 묻다'로도 번역된다. 따라서 '몬ᄌᆡ'와 '듣글'의 동의성은 명백히 입증된다.

(37) a. ᄯᅩᇰ 몬ᄌᆡ 무더 〈月十三 21b〉
b. ᄯᅩᇰ ᄒᆞᆯᄀᆡ 듣글 무더(糞土ㅣ 塵坌ᄒᆞ야) 〈法華二 209b〉

〈38〉 ᄯᆞᄅᆞᆷ 對 ᄲᅮᆫ

두 의존명사가 [已]와 [耳] 즉 '따름, 뿐'의 뜻을 가지고 동의 관계에 있다는 것은 동일 원문의 번역인 다음 예문들에서 잘 확인된다. 원문 중 '示現而已'가 '뵈실 ᄯᆞᄅᆞᆷ'으로도 번역되고 '뵈야 나토실 ᄲᅮᆫ'으로도 번역된다. 그리고 '稱耳'가 '일ᄏᆞᄅᆞᆯ ᄯᆞᄅᆞᆷ'으로도 번역되고 '일ᄏᆞᄅᆞ실 ᄲᅮᆫ'으로도 번역된다. 따라서 'ᄯᆞᄅᆞᆷ'과 'ᄲᅮᆫ'의 동의성은 명백히 입증된다.

(38) a. 下根을 應ᄒᆞ야 뵈실 ᄯᆞᄅᆞ미라 〈月十四 11b〉
b. 下根을 應ᄒᆞ샤 뵈야 나토실 ᄲᅮ니시니(乃應下根ᄒᆞ샤 示現而已시니) 〈法華三 92b〉

(38) c. 救ᄒᆞ야 濟度ᄒᆞ실 ᄯᆞᄅᆞ미라 〈月十八 87a〉
d. 救ᄒᆞ야 건디실 ᄲᅮ니시니라(救濟而已시니라) 〈法華七 29a〉

(38) e. 달이 일ᄏᆞᄅᆞᆯ ᄯᆞᄅᆞ미라 〈月十八 17b〉
f. 달이 일ᄏᆞᄅᆞ실 ᄲᅮ니시니라(異稱耳시니라) 〈法華六 123a〉

한편 '已'가 『월인석보』와 『법화경언해』에서 모두 'ᄯᆞᄅᆞᆷ'으로 번역된다는 것은 동일 원문의 번역인 다음 예문들에서 잘 확인된다. 원문 중 '在龍而已'가 모두 '龍애 이실 ᄯᆞᄅᆞᆷ'으로 번역된다.

(38) g. 變호미 龍애 이실 ᄯᆞᄅᆞ미라 〈月十四 21b〉
h. 變호미 龍애 이실 ᄯᆞᄅᆞ미라(所變이 在龍而已니라) 〈法華三 108b〉

(38) i. 그 宗要ᄂᆞᆫ 다 生死ㅅ 本ᄋᆞᆯ 그처…本來 ᄇᆞᆯᄀᆞᆫ 妙性에 도라가긔 홀 ᄯᆞᄅᆞ미니 〈月十四 38b〉
j. 그 要ᄂᆞᆫ 다 生死本ᄋᆞᆯ 그츠며…本來 ᄇᆞᆯᄀᆞᆫ 微妙ᄒᆞᆫ 性에 도라가게 ᄒᆞ샤ᄆᆞᆯ 爲ᄒᆞ실 ᄯᆞᄅᆞ미시니(其要ᄂᆞᆫ 皆爲斷生死本ᄒᆞ며…使復還本明妙性而已시니) 〈法華三 140a〉

〈39〉 ᄃᆞᆺ온 ᄠᅳᆮ 對 ᄃᆞᆺ온 ᄆᆞᅀᆞᆷ

두 명사구가 [愛] 즉 '사랑하는 뜻, 사랑하는 마음'의 뜻을 가지고 동의 관계에 있다는 것은 다음 예문들에서 잘 확인된다. 원문 중 '生愛'가 'ᄃᆞᆺ온 ᄠᅳᆮ내다'로 번역된다. 그리고 '愛…捨'가 'ᄃᆞᆺ온 ᄆᆞᅀᆞ미…ᄇᆞ룜'으로 번역된다. 따라서 'ᄃᆞᆺ온 ᄠᅳᆮ'과 'ᄃᆞᆺ온 ᄆᆞᅀᆞᆷ'의 동의성은 명백히 입증된다. 명사구 '둧온 쁟'은 동작동사 '둧오다'의 관형사형 '둧온'과 명사 '쁟'의 결합이고 명사구 '둧온 ᄆᆞᅀᆞᆷ'은 동작동사 '둧오다'의 관형사형 '둧온'과 명사 'ᄆᆞᅀᆞᆷ'의 결합이다.

(39) a. ᄒᆞ다가 貪著ᄒᆞ야 둧온 쁟 내면 〈月十四 41a〉
b. ᄒᆞ다가 貪著(88b)ᄒᆞ야 둧오ᄆᆞᆯ 내면(若貪着生愛ᄒᆞ면) 〈法華二 89a〉

(39) c. 둧온 ᄆᆞᅀᆞ미 믄득 ᄇᆞ료미 어려ᄫᅳᆯᄊᆡ니라 〈月十四 15a〉
d. 愛 믄득 ᄇᆞ료미 어려울ᄊᆡ라(以愛難遽捨也라) 〈法華二 97b〉

〈40〉 둧온 쁟 對 둧옴

명사구 '둧온 쁟'과 명사형 '둧옴'이 [愛] 즉 '사랑하는 뜻, 사랑함'의 뜻을 가지고 동의 관계에 있다는 것은 다음 예문들에서 잘 확인된다. 원문 중 '生愛'가 '둧온 쁟 내다'로도 번역되고 '둧오ᄆᆞᆯ 내다'로도 번역된다. 따라서 '둧온 쁟 '과 '둧옴'의 동의성은 명백히 입증된다. 명사구 '둧온 쁟'은 동작동사 '둧오다'의 관형사형 '둧온'과 명사 '쁟'의 결합이다. 그리고 명사형 '둧옴'은 동작동사 '둧오다' [愛]의 명사형으로 '둧오-+-옴'으로 분석될 수 있다.

(40) a. ᄒᆞ다가 貪著ᄒᆞ야 둧은 쁟 내면 〈月十二 41a〉
b. ᄒᆞ다가 貪著(88b)ᄒᆞ야 둧오ᄆᆞᆯ 내면(若食者生愛ᄒᆞ면) 〈法華二 89a〉

〈41〉 ᄃᆡ 對 게

두 명사가 '곳에'와 '것에'의 뜻을 가지고 동의 관계에 있다는 것은 동일 원문의 번역인 다음 예문들에서 잘 확인된다. 원문 중 '向大'가 '큰 ᄃᆡ 向ᄒᆞ다'로도 번역되고 '큰 게 向ᄒᆞ다'로도 번역되므로 'ᄃᆡ'와 '게'의 동의성은 명백히 입증된다.

(41) a. 져근 거슬 두르혀 큰 ᄃᆡ 向홀ᄊᆡ 옷 바사 부텨 供養ᄒᆞᅀᆞ바 〈月十二 17a〉
b. 져구믈 두르혀 큰 게 向ᄒᆞ야 이런 ᄃᆞ로 옷 바사 부텻긔 供養ᄒᆞᅀᆞ와(遂迴小向大ᄒᆞ야 是以로 脫衣供佛ᄒᆞᅀᆞ와) 〈法華二 46b〉

〈42〉 ᄣᅵ 對 버므롬

명사 'ᄣᅵ'와 명사형 '버므롬'이 [累] 즉 '때, 얽매임'의 뜻을 가지고 동의 관계에 있다는 것은 동일 원문의 번역인 다음 예문들에서 잘 확인된다. 원문 중 '去累'가 'ᄣᅵ를 앗다'로도 번역되고 '버므롬 앗다'로도 번역된다. 그리고 '物累'가 '物의 ᄣᅵ'로도 번역되고 '物 버므롬'으로도 번역된다. 따라서 'ᄣᅵ'와 '버므롬'의 동의성은 명백히 입증된다. '버므롬'은 동작동사 '버믈다'의 명사형으로 '버믈- + -옴'으로 분석된다.

(42) a. 情을 여희여 ᄣᅵ를 아ᅀᅡ 正覺애 가시ᄂᆞᆫ 表ㅣ라 〈月十一 47a〉

b. ᄠᅳ들 여희시며 버므롬 아ᅀᆞ샤 正覺애 가시논 表ㅣ라(離情去累ᄒᆞ샤ᅀᅡ 乃趣正覺之表也ㅣ라) 〈法華一 101b〉

(42) c. 物의 ᄣᅵ를 몯 免ᄒᆞ실 씨오 〈月十一 47a〉

d. 物 버므로ᄆᆞᆯ 免티 몯ᄒᆞ실 씨라(未免物累也ㅣ라) 〈法華一 101b〉

(42) e. 사ᄅᆞ미 能히 시름 ᄣᅵ의 젼ᄎᆞᄅᆞᆯ 알며 〈月十四 39b〉

f. 사ᄅᆞ미 眞實로 能히 시름 버므로ᄆᆡ 다ᄉᆞᆯ 알며(人者ㅣ 苟能悟患累之由ᄒᆞ며) 〈法華三 141a〉

한편 '累'가 『월인석보』와 『법화경언해』에서 모두 '버므롬'으로 번역된다는 것은 동일 원문의 번역인 다음 예문들에서 잘 확인된다. 원문 중 '患累'가 '시름 버므롬'으로 번역되고 '患累'의 자석이 '시름 버므롬'이다.

(42) g. 塵垢患累예 버서나고져 ᄒᆞ논 젼ᄎᆞ라 〈月十八 32b〉

h. 듣글 ᄣᅵ 시름 버므로ᄆᆞᆯ 벗고져 求ᄒᆞᄂᆞᆫ 젼ᄎᆞ라(蘄脫乎塵垢患累故也ㅣ라) 〈法華六 145a〉

i. 患累ᄂᆞᆫ 시름 버므로미라 〈月十八 32b〉

〈43〉 ᄣᅵ 對 허믈

두 명사가 [累] 즉 '때'의 뜻을 가지고 동의 관계에 있다는 것은 동일 원문의 번역인 다음 예문들에서 잘 확인된다. 원문 중 '爲累'가 '삐 ᄃᆞ외다'로도 번역되고 '허믈 ᄃᆞ외다'로도 번역된다. 따라서 '삐'와 '허믈'의 동의성은 명백히 입증된다.

(43) a. 上根이 오직 四大 삐 ᄃᆞ욀 ᄯᆞᄅᆞᆷ인 ᄃᆞᆯ 表ᄒᆞ시고 〈月十四 15a〉
b. 上根은 오직 四大 허믈 ᄃᆞ욀 ᄯᆞᄅᆞᆷ인 ᄃᆞᆯ 表ᄒᆞ시고(表上根은 唯四大ㅣ 爲累而已ᄒᆞ시고) 〈法華三 97a〉

〈44〉 마리 對 터리

두 명사가 [髮] 즉 '머리털'의 뜻을 가지고 동의 관계에 있다는 것은 다음 예문들에서 잘 확인된다. (a)는 『석보상절』 부분이고 (b)는 그것에 상당하는 『月印千江之曲』 부분이다. (a)의 '마리와 손톱' 그리고 (b)의 '톱과 터리'에서 '마리'와 '터리'가 [髮]을 뜻하고 동의 관계에 있다는 것이 명백히 확인된다.

(44) a. 부텨 마리와 손톱과를 바텨 주신대 〈釋六 44b〉
b. 須達이 그리ᅀᆞᆸ더니 世尊ㅅ긔 ᄉᆞᆯᄫᅡ 톱과 터리를 바다 ᄀᆞ초ᅀᆞᄫᆞ니 〈月曲 174〉

〈45〉 막다히 對 매

두 명사가 [杖木] 즉 '막대, 매'의 뜻을 가지고 동의 관계에 있다는 것은 동일 원문의 번역인 다음 예문들에서 잘 확인된다. 원문 중 '杖木瓦'가 '막다히며 디새'로도 번역되고 '매며 디새'로도 번역되므로 두 명사 '막다히'와 '매'의 동의성은 명백히 입증된다.

(45) a. 막다히며 디새며 돌ᄒᆞ로 텨든 〈釋十九 31a〉
b. 막다히며 디새며 돌ᄒᆞ로 텨든 〈月十七 85a〉
c. 시혹 매며 디새 돌ᄒᆞ로 티거든(或以杖木瓦石으로 以打擲之커든) 〈法華六 80b〉

〈46〉 며개 對 톡

두 명사가 [頷] 즉 '턱'의 뜻을 가지고 동의 관계에 있다는 것은 동일 원문의 번역인 다음 예문들에서 잘 확인된다. 원문 중 '頷有'가 '며개예 잇다'로도 번역되고 'ᄐᆞ개 잇다'로도 번역된다. 그리고『법화경언해』권1의 '如意者頸有此珠故'〈51a〉라는 解說에서 '頷'과 '頸'이 동의이다. 따라서 '며개'와 'ᄐᆞᆨ'의 동의성은 명백히 입증된다.

(46) a. 如意ᄂᆞᆫ 며개예 如意珠 이실 씨라 〈月十一 32a〉
b. 如意ᄂᆞᆫ ᄐᆞ개 이 구스리 잇ᄂᆞ니라(如意ᄂᆞᆫ 頷有此珠ᄒᆞ니라) 〈法華一 52a〉

그리고 명사 '목'이 [頸] 즉 '목, 멱'의 뜻을 가지고 있다는 것은 동일 원문의 번역인 다음 예문들에서 잘 확인된다. 따라서 '목'이 [頸] 즉 '멱'의 뜻을 가진 '며개'와 동의 관계에 있다는 것이 명백히 입증된다.

(46) c. 모ᄀᆞᆺ 한 寶珠瓔珞이 〈釋二十一 16b〉
d. 모ᄀᆞᆺ 衆寶珠瓔珞이 〈月十九 39b〉
e. 모ᄀᆞᆺ 衆寶珠瓔珞이(頸엣 衆寶珠瓔珞이) 〈法華七 82a〉

〈47〉 몬져 對 앒

두 명사가 [前] 즉 '먼저, 앞'의 뜻을 가지고 동의 관계에 있다는 것은 동일 원문의 번역인 다음 예문들에서 잘 확인된다. 원문 중 '前旋'이 '몬졋 旋'으로도 번역되고 '알ᄑᆡᆺ 旋'으로도 번역된다. 따라서 '몬져'와 '앒'의 동의성은 명백히 입증된다.

(47) a. 몬졋 旋은 物을 옮규미니 〈釋二十一 54a〉
b. 알ᄑᆡᆺ 旋은 物을 두르ᅘᅧ미니(前旋은 爲轉物이니) 〈法華七 170b〉

〈48〉 몸 對 저

명사 '몸'과 대명사 '저'가 [己] 즉 '자기'의 뜻을 가지고 동의 관계에 있다는 것은 동일 원문의 번역인 다음 예문들에서 잘 확인된다. 원문 중 '迷己'가 'ᄆᆞᄆᆞᆯ 모ᄅᆞ다'로도 번역되고 '저를 모르다'로도 번역되므로 '몸'과 '저'의 동의성은 명백히 입증된다.

(48) a. 오직 모ᄆᆞᆯ 몰라 物을 조차 〈月十二 26a〉
b. 오직 저ᄅᆞᆯ 모ᄅᆞ고 物을 조차(但迷己逐物ᄒᆞ야) 〈法華二 65a〉

〈49〉 무디 對 모돔

명사 '무디'와 동작동사 '모도다'의 명사형 '모돔'이 [聚] 즉 '무더기, 모음'의 뜻을 가지고 동의 관계에 있다는 것은 동일 원문의 번역인 다음 예문들에서 잘 확인된다. 원문 중 '苦聚'가 '受苦 모돔'으로 번역되고 '苦聚'의 字釋이 '受苦ㅅ 무디'이므로 '모돔'과 '무디'의 동의성은 명백히 입증된다. 명사형 '모돔'은 '모도-+-옴'으로 분석된다.

(49) a. 五趣의 受苦 모도ᄆᆞᆯ 가ᄌᆞᆯ비시니라 〈月十二 21a〉
b. 五趣 苦聚ᄅᆞᆯ 가ᄌᆞᆯ비시니라(譬五趣苦聚也ᄒᆞ시니라) 〈法華二 55b〉
c. 苦聚ᄂᆞᆫ 受苦ㅅ 무디라 〈法華二 55b〉

〈50〉 므스것 對 므슥

두 대명사가 [何] 즉 '무엇'의 뜻을 가지고 동의 관계에 있다는 것은 동일 원문의 번역인 다음 예문들에서 잘 확인된다. 원문 중 '以何爲要'가 '므스거스로 조ᅀᆞᄅᆞᄫᆡᆫ 거슬 삼다'로도 번역되고 '므스그로 要ᄅᆞᆯ 삼다'로도 번역된다. 따라서 '므스것'과 '므슥'의 동의성은 명백히 입증된다. '므스것'은 관형사 '므스'와 의존명사 '것'의 合成이다.

(50) a. 滅코져 ᄒᆞᇙ딘댄 므스거스로 조ᅀᆞᄅᆞᄫᆡᆫ 거슬 사ᄆᆞ료 〈月十四 36b〉 〈月二 22c〉
b. 쟝ᄎᆞ 滅코져 ᄒᆞᇙ뎬 므스그로 要ᄅᆞᆯ 사ᄆᆞ료(將欲滅之ㄴ댄 以何爲要耶오) 〈法華三 139a〉

〈51〉 ᄆᆞᅀᆞᆷ경 對 ᄠᅳᆮ

두 명사가 [情] 즉 '뜻, 心境'의 뜻을 가지고 동의 관계에 있다는 것은 동일 원문의 번역인 다음 예문들에서 잘 확인된다. 원문 중 '何情'이 '므슴 ᄆᆞᅀᆞᇝ경'으로도 번역되고 '엇던 ᄠᅳᆮ'으로도 번역되므로 'ᄆᆞᅀᆞᇝ경'과 'ᄠᅳᆮ'의 동의성은 명백히 입증된다. 金英培(1972:264)에서는 'ᄆᆞᅀᆞᇝ경'이 '마음의 景況'이라고 해석되어 있다.

(51) a. 므슴 ᄆᆞᅀᆞᇝ경으로 貪欲ᄋᆞᆯ 펴리잇고 〈釋二十四 29a〉
b. 엇던 ᄠᅳ드로 五欲애 著ᄒᆞ리잇고 〈月二十五 133b〉
c. 當有何情 著於五欲耶 〈釋迦譜 卷3 25. 釋迦髮爪塔緣記〉

〈52〉 ᄆᆞᄎᆞᆷ 對 내죵

두 명사가 [終] 즉 '마지막, 나중'의 뜻을 가지고 동의 관계에 있다는 것은 동일 원문의 번역인 다음 예문들에서 잘 확인된다. 원문 중 '始終'이 '始作과 ᄆᆞᄎᆞᆷ'으로도 번역되고 '처ᅀᅥᆷ 내죵'으로도 번역된다. 따라서 두 명사 'ᄆᆞᄎᆞᆷ'과 '내죵'의 동의성은 명백히 입증된다. 'ᄆᆞᄎᆞᆷ'은 語根 'ᄆᆞᆾ-'과 명사 형성 접미사 '-ᄋᆞᆷ'의 결합으로 생긴 전성명사이다.

(52) a. 서르 始作과 ᄆᆞᄎᆞᆷ괘 ᄃᆞ외실 ᄯᆞᄅᆞ미라 그럴ᄊᆡ 〈釋二十一 20b〉
b. 서르 처ᅀᅥᆷ 내죵 ᄃᆞ외실 ᄯᆞᄅᆞ미실ᄊᆡ(相爲始終耳실ᄊᆡ 故로) 〈法華七 41b〉

(52) c. 이 서르 始作과 ᄆᆞᄎᆞᆷ괘 ᄃᆞ외샤미라 〈釋二十一 20b〉
d. 이에 서르 처ᅀᅥᆷ 내죵 ᄃᆞ외샤ᄆᆞᆯ 아ᅀᆞ오리로다(是知相爲始終也ㅣ 샷다) 〈法華七 41b〉

〈53〉 바 對 ᄃᆞ

두 의존명사가 [所] 즉 '바, 것'의 뜻을 가지고 동의 관계에 있다는 것은 동일 원문의 번역인 다음 예문들에서 잘 확인된다. 원문 중 '所能'이 '能히 ᄒᆞᇙ 배'로도 번역되고 '能히 홀 ᄯᅵ'로도 번역되는데 '배'는 '바+ -ㅣ(주격 조사)'로 분석되고 'ᄯᅵ'는 'ᄃᆞ+ -ㅣ(주격 조사)'로 분석될 수 있다. 따라서 '바'와 'ᄃᆞ'의 동의성은 명백히 입증된다.

(53) a. 能히 ᄒᆞᇙ 배 아닐ᄊᆡ 〈月十八 43b〉
b. 能히 ᄒᆞᆯ ᄯᅵ 아닐ᄊᆡ(非…所能故로) 〈法華六 158b〉

한편 '所'가 『월인석보』와 『법화경언해』에서 모두 '바'로 번역된다는 것은 동일 원문의 번역인 다음 예문들에서 잘 확인된다. 원문 중 '所…轉'이 '轉티 ᄒᆞᇙ 바'와 '轉티 ᄒᆞᆯ 빠'로 번역된다.

(53) c. 녀나ᄆᆞᆫ 世間ᄋᆡ 能히 轉티 몯ᄒᆞᇙ 배니 〈月十四 32b〉
d. 녀나ᄆᆞᆫ 世間ᄋᆡ 能히 轉티 몯ᄒᆞᆯ 빼니(餘世間의 所不能轉이니) 〈法華三 131b〉

〈54〉 바 對 일

두 명사가 [所] 즉 '바, 일'의 뜻을 가지고 동의 관계에 있다는 것은 다음 예문들에서 잘 확인된다. 원문 중 '教戒所行'이 '教戒 行ᄒᆞ시논 바'로 번역되고 '所成就'가 '일운 일'로 번역된다. 따라서 '바'와 '일'의 동의성은 명백히 입증된다. '바'는 의존명사이다.

(54) a. 教戒 行ᄒᆞ시논 배 安隱快善ᄒᆞ도소이다 〈月十九 90b〉
b. 教戒 行ᄒᆞ샤미 便安코 훤히 됴ᄒᆞ시니(教戒所行이 安隱快善ᄒᆞ시니) 〈法華七 149a〉

(54) c. 教戒 行ᄒᆞ시논 배 〈月十九 91a〉
d. 教戒 行호미(教戒所行이) 〈法華七 149b〉

(54) e. 일우오ᄆᆞᆯ 慶賀ᄒᆞ시니라 〈月十九 91a〉
f. 일운 이ᄅᆞᆯ 慶賀ᄒᆞ샤미라(慶所成就也ㅣ라) 〈法華七 149a〉

한편 '所'가 『월인석보』와 『법화경언해』에서 모두 의존명사 '바'로 번역된다는 것은 동일 원문의 번역인 다음 예문들에서 잘 확인된다. 원문 중 '所護念'이 모두 '護念ᄒᆞ시논 바'로 번역된다.

(54) g. 부텨 護念ᄒᆞ시논 배라 〈月十九 33a〉

h. 부텨 護念ᄒᆞ시논 배라(佛所護念이라) 〈法華一 54b〉

〈55〉 바다 對 바ᄅᆞᆯ

두 명사가 [海] 즉 '바다'의 뜻을 가지고 동의 관계에 있다는 것은 동일 원문의 번역인 다음 예문들에서 잘 확인된다. 원문 중 '大海'가 '큰 바다'로도 번역되고 '큰 바ᄅᆞᆯ'로도 번역되므로 '바다'와 '바ᄅᆞᆯ'의 동의성은 명백히 입증된다.

(55) a. 큰 바닷 內예 十寶山이 이쇼ᄃᆡ 〈釋二十 21b〉
b. 큰 바ᄅᆞᇌ 안해 十寶山이 이쇼ᄃᆡ(大海之內예 有十寶山호ᄃᆡ) 〈法華六 164b〉

한편 '海'가 『석보상절』 권20, 『월인석보』 권18 및 『법화경언해』에서 모두 명사 '바ᄅᆞᆯ'로 번역된다는 것은 동일 원문의 번역인 다음 예문들에서 잘 확인된다. 원문 중 '得海'가 모두 '바ᄅᆞᆯ 얻다'로 번역된다.

(55) c. 賈客이 바ᄅᆞᆯ 어둠 ᄀᆞᆮᄒᆞ며 〈釋二十 25a〉
d. 賈客이 바ᄅᆞᆯ 얻ᄃᆞᆺ ᄒᆞ며 〈月十八 51b〉
e. 댱ᄉᆞᄒᆞ리 바ᄅᆞᆯ 어둠 ᄀᆞᆮᄒᆞ며(如賈客이 得海ᄒᆞ며) 〈法華六 170b〉

〈56〉 바회 對 ᄣᅵ

두 명사가 [輪] 즉 '바퀴'의 뜻을 가지고 동의 관계에 있다는 것은 동일 원문의 번역인 다음 예문들에서 잘 확인된다. 원문 중 '車輪'이 '술윗 바회'로도 번역되고 '술윗 ᄣᅵ'로도 번역된다. 따라서 '바회'와 'ᄣᅵ'의 동의성은 명백히 입증된다.

(56) a. 모샛 蓮花ㅣ ᄏᆡ 술윗 바회만 호ᄃᆡ 〈月七 64b〉
b. 모샛 蓮花ㅣ ᄏᆡ 술윗 ᄣᅵ ᄀᆞᆮ호ᄃᆡ(池中蓮華ㅣ 大如車輪호ᄃᆡ) 〈阿彌 8a〉

두 명사의 동의성은 다음의 字釋들에서도 잘 확인된다. '輪'의 자석이 '바회'이고 '輪'의 자석이 '술윗 ᄣᅵ'이다.

(56) c. 輪은 바회라 〈月二 38b〉
　　d. 輪은 술위 ᄣᅵ니 〈月一 19b〉

〈57〉 발측 對 밠뒤축

두 명사가 [足跟] 즉 '발꿈치, 발뒤꿈치'의 뜻을 가지고 동의 관계에 있다는 것은 다음 예문들에서 잘 확인된다. 『법화경언해』의 '足跟' 〈法華二 10a〉이 『월인석보』에서는 '발측'으로 번역되고 『법화경언해』에서는 '밠뒤축'으로 번역된다. 따라서 '발측'과 '밠뒤축'의 동의성은 명백히 입증된다. '발측'은 [足] 즉 '발'의 뜻을 가진 명사 '발'과 [跟] 즉 '뒤꿈치'의 뜻을 가진 명사 '측'의 합성이다. '밠뒤축'은 명사 '발'과 [跟] 즉 '뒤꿈치'의 뜻을 가진 명사 '뒤축'의 合成으로 '발+ -ㅅ # 뒤축'으로 분석될 수 있다.

(57) a. 발츠기 두려브(40a)시며 〈月二 40b〉
　　b. 밠 뒤추기 넙고 기르시고 圓滿ᄒᆞ샤 밠등과 서르 마ᄌᆞ샤미 第六이시고 〈法華二 12a〉

명사 '발측'은 『解例本 訓民正音』(1446)의 '발측爲跟' 〈解例 用字〉에서도 확인된다.

〈58〉 방하 對 ᄒᆞ왁

두 명사가 [臼] 즉 '절구, 확'의 뜻을 가지고 동의 관계에 있다는 것은 동일 원문의 번역인 다음 예문들에서 잘 확인된다. 원문 중 '臼中'이 '방하애'로도 번역되고 'ᄒᆞ와개'로도 번역된다. 따라서 '방하'와 'ᄒᆞ왁'의 동의성은 명백히 입증된다.

(58) a. 방하애 디허 〈釋二十四 15b〉
　　b. ᄒᆞ와개 디터니 〈月二十五 77b〉

c. 著臼中以杵擣之 〈釋迦譜 卷5 31. 阿育王造八萬四千塔記〉

〈59〉 버텅 對 서흐레

두 명사가 [陛] 즉 '섬돌, 궁전에 오르는 계단'의 뜻을 가지고 동의 관계에 있다는 것은 다음 예문들에서 잘 확인된다. '陛下'의 자석이 '버텅 아래'이고 '陛道'의 자석이 '버텂 길ㅎ'이다. 그리고 원문 중 '爲陛'가 '버텅 삼다'로 번역되고 '陛'의 자석이 '서흐레'이다. 따라서 '버텅'과 '서흐레'의 동의성은 명백히 입증된다.

(59) a. 陛下ᄂᆞᆫ 버텅 아랫니 〈月二 65b〉
b. 陛道ᄂᆞᆫ 버텂 길히라 〈月七 57b〉

(59) c. 나(105a)ᄆᆞᆫ 緣으로 버텅 사ᄆᆞ니(餘緣으로 爲陛ᄒᆞ니) 〈法華二 105b〉
d. 基陛(103b) ㅣ [···陛ᄂᆞᆫ 서흐레라] 〈法華二 104a〉

〈60〉 번게 對 즐에

두 명사가 [電] 즉 '번개'의 뜻을 가지고 동의 관계에 있다는 것은 다음 예문들에서 잘 확인된다. 원문 중 '雷電'이 '울에 번게'로 번역되고 『월인천강지곡』에는 '울에 즐에'로 되어 있다. 따라서 '번게'와 '즐에'의 동의성은 명백히 입증된다.

(60) a. 구루메 울에 번게 ᄀᆞ장ᄒᆞ며 무뤼와 한비 브ᅀᅥ도 〈月十九 45b〉
b. 구루메 울에 번게 鼓掣ᄒᆞ며 무뤼 ᄂᆞ리오며 큰 비 브ᅀᅥ도(雲雷鼓掣電ᄒᆞ며 降雹澍大雨ㅣ라도) 〈法華七 90b〉

(60) c. 울에 번게 맛가보미 常이오 〈月十九 45b〉
d. 울에 번게 맛가오미 常이오(雷電이 調適이 爲常이오) 〈法華七 91a〉

(60) e. 울에 즐에와 무뤼 한비라도 〈月曲 330〉 〈月十九 3a〉

〈61〉 붓ㄱ 對 씨

두 명사가 [種] 즉 '씨, 혈통'의 뜻을 가지고 동의 관계에 있다는 것은 동일 원문의 번역인 다음 예문들에서 잘 확인된다. '釋種'의 자석이 '어딘 붓ㄱ'이다. 그리고 '種'의 자석이 'ᄡᅵ'이다. 따라서 '붓ㄱ'과 'ᄡᅵ'의 동의성은 명백히 입증된다.

(61) a. 釋은 어딜 씨니 釋種은 어딘 붓기라 ᄒᆞ논 마리라 〈月二 7a〉
b. 種은 ᄡᅵ라 혼 마리니 釋種은 釋氏ㅅ 一門이라 〈月二 2b〉

두 명사의 출현 빈도수를 비교해 보면 'ᄡᅵ'가 압도적으로 우세하다. (a)는 '붓ㄱ'의 唯一例이다. 'ᄡᅵ'의 用例는 많다. 예컨대, 'ᄡᅵ'는 '됴ᄒᆞᆫ ᄡᅵ 심거든 〈月一 12a〉'에서 目的語 구실을 하고 '善ᄒᆞᆫ ᄡᅵ 업디 아니ᄒᆞ야 〈月十八 58b〉'에서 主語 구실을 하고 '業識이 ᄡᅵ ᄃᆞ외야(業識이 爲種ᄒᆞ야) 〈法華一 190a〉'에서 補語 구실을 한다.

〈62〉 빋 對 값

두 명사가 [價] 즉 '값'의 뜻을 가지고 동의 관계에 있다는 것은 동일 원문의 번역인 다음 예문들에서 잘 확인된다. 원문 중 '價直'가 '비디 ᄊᆞ다'로도 번역되고 '갑시 ᄊᆞ다'로도 번역된다. 그리고 '無價'가 '빋 없다'로도 번역되고 '값 없다'로도 번역된다. 따라서 두 명사 '빋'과 '값'의 동의성은 명백히 입증된다.

(62) a. 비디 百千兩金 ᄊᆞ니를 글어 〈釋二十一 17a〉
b. 갑시 百千兩金 ᄊᆞ니를 글어 〈月十九 39b〉
c. 갑시 百千兩金이 ᄊᆞᆫ닐 그르샤(解…價直百千兩金ᄒᆞ샤) 〈法華七 82a〉

(62) d. 빋 업슨 오ᄉᆞ로 〈釋十三 22b〉
e. 값 업슨 오ᄉᆞ로(無價衣) 〈法華一 82b〉

〈63〉 ᄇᆞᆯ 對 겹

두 명사가 [重] 즉 '겹'의 뜻을 가지고 동의 관계에 있다는 것은 동일 원문의 번역인 다음 예문들에서 잘 확인된다. '七重'의 자석이 '닐굽 ᄇᆞᆯ'이다. 그리고 원문 중 '重城'이 '겹 城'으로 번역된다. 따라서 'ᄇᆞᆯ'과 '겹'의 동의성은 명백히 입증된다.

(63) a. 七重ᄋᆞᆫ 닐굽 ᄇᆞ리오 〈月七 63b〉
　　b. 겹 城이 郭이니(重城이 爲郭이니) 〈法華三 195b〉

〈64〉 ᄇᆞᆯ 對 디위

두 명사가 [匝] 즉 '번'의 뜻을 가지고 동의 관계에 있다는 것은 다음 예문들에서 잘 확인된다. 원문 중 '遶…三匝'이 '세 ᄇᆞᆯ 값돌다'로 번역되고 '遶百千匝'이 '百千 디위 값돌다'로 번역되므로 두 명사 'ᄇᆞᆯ'과 '디위'의 동의성은 명백히 입증된다. 두 명사는 동작동사 '값돌다'와 共起 관계에 있다.

(64) a. 부텻긔 세 ᄇᆞᆯ 값도ᅀᆞᆸ고 〈釋二十一 41b〉
　　b. 부텨씌 세 ᄇᆞᆯ 값돌오 〈月十九 83a〉
　　c. 부텻긔 세 ᄇᆞᆯ 값도ᅀᆞᆸ고(遶佛三匝ᄒᆞᅀᆞᆸ고) 〈法華七 141a〉

(64) d. 닐굽 ᄇᆞᆯ 값도ᅀᆞᆸ고 〈釋二十一 50a〉
　　e. 올ᄒᆞᆫ 녀ᄀᆞ로 닐굽 ᄇᆞᆯ 값도ᄅᆞ시고 〈月十九 100b〉
　　f. 올ᄒᆞᆫ 녀그로 닐굽 ᄇᆞᆯ 값도ᄅᆞ시고(右遶七匝ᄒᆞ시고) 〈法華七 162a〉

(64) g. 百千 디위 값도ᅀᆞᆸ고 〈月十四 20b〉
　　h. 百千 匝 값도ᅀᆞᆸ고(繞百千匝ᄒᆞᅀᆞᆸ고) 〈法華三 108a〉

〈65〉 사ᄅᆞᆷ 對 이

두 명사가 [者]와 [人] 즉 '사ᄅᆞᆷ'의 뜻을 가지고 동의 관계에 있다는 것은 동일 원문의 번역인 다음 예문들에서 잘 확인된다. 원문 중 '持…者'가 '디니ᄂᆞᆫ 사ᄅᆞᆷ', '디닗 사ᄅᆞᆷ' 및 '디니리'로 번역된다. '受持…者'가 '受持ᄒᆞᇙ 사ᄅᆞᆷ' 및 '受持ᄒᆞ리'로 번역된다. 그리고 '受持…人'이 '受持ᄒᆞᇙ 사ᄅᆞᆷ', '受持ᄒᆞᆯ 싸ᄅᆞᆷ' 및 '受持ᄒᆞ리'로 번역된다. 따라서 '사ᄅᆞᆷ'과 '이'의 동의성은 명백히 입증된다. '디니리'는 '디니-[持]' + -ㄹ#이[者]'로 분석된다. 그리고 '受持ᄒᆞ리'는 '受持ᄒᆞ-+-ㄹ#이[人]'로 분석될 수 있는데 여기서 의존명사 '이'의 存在가 확인된다.

(65) a. 아뫼나 이 觀世音菩薩ㅅ 일후믈 디니ᄂᆞᆫ 사ᄅᆞ믄 큰 브레 드러도 〈釋二十一 2b〉
b. ᄒᆞ다가 이 觀世音菩薩ㅅ 일훔 디닗 사ᄅᆞ믄 비록 큰 브레 드러도 〈月十九 21b〉
c. ᄒᆞ다가 이 觀世音菩薩 일훔 디니린 비록 큰 브레 드러도(若有持是觀世音菩薩名者ᄂᆞᆫ 設入大火ᄒᆞ야도) 〈法華七 50a〉

(65) d. 이 經 受持ᄒᆞᇙ 사ᄅᆞᆷ 보아든 〈釋二十 31a〉
e. ᄒᆞ다가 이 經 受持ᄒᆞ리ᄅᆞᆯ 보아(59b)든 〈月十八 60a〉
f. ᄒᆞ다가 이 經 受持ᄒᆞ리 보아든(若見有受持是經者ᄒᆞ야든) 〈法華六 181a〉

(65) g. 辟支佛 求ᄒᆞ리 위ᄒᆞ샨 〈釋十九 27b〉
h. 辟支佛 求ᄒᆞᇙ 사ᄅᆞᆷ 爲ᄒᆞ샨 〈月十七 80b〉
i. 辟支佛 求ᄒᆞ리 爲ᄒᆞ샨(爲求辟支佛者ᄒᆞ샨) 〈法華六 75a〉

(65) j. 受持讀誦ᄒᆞ야 ᄠᅳᆮ 아ᇙ 사ᄅᆞ미 〈月十一 128a〉
k. 바다 디녀 닐거 외와 ᄠᅳᆮ(193a) 알리(受持讀誦解義者ㅣ) 〈法華一 193b〉

(65) l. 安 몯ᄒᆞ니ᄅᆞᆯ 安케 ᄒᆞ며 〈月十三 49a〉
m. 便安티 몯ᄒᆞᆫ 사ᄅᆞᄆᆞᆯ 便安케 ᄒᆞ며(未安者ᄅᆞᆯ 令安ᄒᆞ며) 〈法華三 16a〉

(65) n. ᄒᆞᆫᄃᆡ 梵行ᄒᆞᄂᆞᆫ 사ᄅᆞᄆᆞᆯ ᄀᆞ장 饒益ᄒᆞᄂᆞ니 〈月十五 5b〉
o. ᄒᆞᆫ가지로 梵行ᄒᆞᄂᆞ닐 ᄀᆞ장 饒益게 ᄒᆞᄂᆞ니(大饒益同梵行者ᄒᆞᄂᆞ니) 〈法華四 8a〉

(65) p. ᄒᆞᄃᆞ가 이 法華經을…닷가 니겨 쓸 사ᄅᆞ미 이시면 〈月十九 115b〉
q. ᄒᆞᄃᆞ가…이 法華經을 닷가 니겨 쓰리 이시면(若有…修習書寫是法華經者ㅣ면) 〈法華七 179b〉

(65) r. 이 經典 受持ᄒᆞᇙ 사ᄅᆞᆷ 보아ᄃᆞᆫ 〈釋二十 31b〉
s. 이 經典 受持ᄒᆞ리 보아ᄃᆞᆫ 〈月十八 60b〉
t. 이 經典 受持ᄒᆞᆯ ᄊᆞᄅᆞᆷ 보아ᄃᆞᆫ(見有受持是經典人ᄒᆞ야ᄃᆞᆫ) 〈法華六 181a〉

〈66〉 샤옹 對 샤님

두 명사가 [夫] 즉 '남편'의 뜻을 가지고 동의 관계에 있다는 것은 동일 원문의 번역인 다음 예문들에서 잘 확인된다. '夫'의 자석이 '샤옹'이다. 그리고 원문 중 '不白其夫'가 '샤님ᄃᆞ려 아니 니르다'로 번역된다. 따라서 '샤옹'과 '샤님'의 동의성은 명백히 입증된다.

(66) a. 夫ᄂᆞᆫ 샤오이오 妻ᄂᆞᆫ 가시라 〈月一 12a〉

(66) b. 그 ᄯᆞ리 죠고맛 일로 샤님ᄃᆞ려 아니 니르고 〈月二十二 56〉
c. 其婦小事出行 不白其夫 〈大方便佛報恩經 卷第四 惡友品 第六〉

〈67〉 솝 對 안ㅎ

두 명사가 [中] 즉 '속, 안'의 뜻을 가지고 동의 관계에 있다는 것은 동일 원문의 번역인 다음 예문들에서 잘 확인된다. 원문 중 '宅中'이 '집 솝'으로도 번역되고 '집 안ㅎ'으로도 번역되므로 '솝'과 '안ㅎ'의 동의성은 명백히 입증된다.

(67) a. 그 집 소배 잇더니 〈月十二 22b〉
b. 그 집 안해 잇더니(在此宅中ᄒᆞ더니) 〈法華二 57b〉

〈68〉 ᄡᅵ 對 가지

두 명사가 [種] 즉 '씨, 가지'의 뜻을 가지고 동의 관계에 있다는 것은 동일 원문의 번역인 다음 예문들에서 잘 확인된다. 원문 중 '種有差別'이 'ᄡᅵ 제여곰이다'로도 번역되고 '가지 달오미 잇다'로도 번역된다. 따라서 'ᄡᅵ'와 '가지'의 동의성은 명백히 입증된다.

(68) a. ᄢᅵ 제여고밀ᄊᆡ 〈月十三 37b〉

b. 가지 달오미 이실ᄊᆡ(種有差別故로) 〈法華三 3a〉

〈69〉 시름 對 분별

두 명사가 [憂慮]와 [憂] 즉 '근심, 걱정'의 뜻을 가지고 동의 관계에 있다는 것은 동일 원문의 번역인 다음 예문들에서 잘 확인된다. 원문 중 '勿…憂慮'가 '시름 말다'로도 번역되고 '분별 말다'로도 번역된다. 그리고 '勿憂'가 '시름 말다'로도 번역되고 '분별 말다'로도 번역된다. 따라서 두 명사 '시름'과 '분별'의 동의성은 명백히 입증된다.

(69) a. 내 네 아비 ᄀᆞᆮᄒᆞ니 ᄂᆞ외야 시름 말라 〈月十三 23b〉

b. 내 네 아비 ᄀᆞᆮᄒᆞ니 ᄂᆞ외 분별 말라(我如汝父호니 勿復憂慮ᄒᆞ라) 〈法華二 211b〉

(69) c. 몯 됴ᄒᆞᆶ가 시름 말라 〈月十七 20b〉

d. 됴티 몯홀까 분별 말라(勿憂不差ᄒᆞ라) 〈法華五 157a〉

〈70〉 ᄉᆞ 對 곧

두 명사가 [所] 즉 '것'의 뜻을 가지고 동의 관계에 있다는 것은 동일 원문의 번역인 다음 예문들에서 잘 확인된다. 원문 중 '所同'이 'ᄀᆞᄐᆞᆯ ᄉᆞ'로도 번역되고 'ᄀᆞᆮᄒᆞᆫ 곧'으로도 번역되므로 'ᄉᆞ'와 '곧'의 동의성은 명백히 입증된다. 두 명사는 의존명사이다.

(70) a. 因行이 ᄀᆞᄐᆞ실 ᄊᆡ니라 〈月十二 10a〉

b. 因行ᄋᆡ ᄀᆞᆮᄒᆞ샨 고디라(蓋因行所同也ㅣ라) 〈法華二 36b〉

(70) c. ᄯᅩ 因行이 ᄀᆞᄐᆞᆯ ᄊᆡ니라 〈月十二 10b〉

d. ᄯᅩ 因行ᄋᆡ ᄀᆞᆮᄒᆞᆫ 고디라(亦因行所同也ㅣ라) 〈法華二 36b〉

〈71〉 ᄉᆞ 對 ᄃᆞᆺ

두 명사가 [故]와 [由] 즉 '까닭'의 뜻을 가지고 동의 관계에 있다는 것은 동일 원문의 번역인 다음 예문들에서 잘 확인된다. 원문 중 '發明…故'가 '發明홀 ᄊᆞ'로도 번역되고 '發明혼 닷'으로도 번역된다. 그리고 '由 …宣流'가 '펴 흘릴 ᄊᆞ'로도 번역되고 '펴 흘린 닷'으로도 번역된다. 따라서 'ᄉᆞ'와 '닷'의 동의성은 명백히 입증된다.

(71) a. 이 道ᄅᆞᆯ 發明홀 씨니라 〈月十二 7b〉
b. 이 道ᄅᆞᆯ 發明혼 다시라(發明是道故也ㅣ라) 〈法華二 33b〉

(71) c. 法音을 펴 흘릴 씨니라 〈月十五 31a〉
d. 法音을 펴 흘린 다시라(爲由法音을 宣流也ㅣ라) 〈法華四 52a〉

(71) e. 法藏을 펴 傳持ᄒᆞ욘 因力이 멀 씨니라 〈月十五 31b〉
f. 法藏 펴 傳持ᄒᆞ야 因力이 니ᅀᅥ 먼 다시라(由其宣傳法藏ᄒᆞ야 因力이 緜遠也ㅣ라) 〈法華四 53a〉

〈72〉 ᄉᆞ 對 젼ᄎᆞ

두 명사가 [故] 즉 '까닭'의 뜻을 가지고 동의 관계에 있다는 것은 동일 원문의 번역인 다음 예문들에서 잘 확인된다. 원문 중 '勝故'가 '爲頭홀 ᄊᆞ'로도 번역되고 '勝ᄒᆞᆫ 젼ᄎᆞ'로도 번역된다. 그리고 '同故'가 'ᄀᆞᆮᄒᆞ실 ᄊᆞ'로도 번역되고 'ᄀᆞᆮᄒᆞ샨 젼ᄎᆞ'로도 번역된다. 따라서 두 명사 'ᄉᆞ'와 '젼ᄎᆞ'의 동의성은 명백히 입증된다.

(72) a. 供養ㅅ 中에 法供養이 爲頭홀 씨니라 〈月十七 38a〉
b. 諸供養 中에 法供養이 勝ᄒᆞᆫ 젼치라(諸供養中에 法供養이 勝故也ㅣ라) 〈法華五 201b〉

(72) c. 道ㅣ ᄀᆞᆮᄒᆞ실 씨니 〈月十七 82a〉
d. 道ㅣ ᄀᆞᆮᄒᆞ샨 젼치시니라(爲道同故ㅣ라) 〈法華六 76b〉

(72) e. 어루 다 몯 니ᄅᆞ릴 씨니라 〈月十八 10b〉

f. 니ᄅᆞ 다ᄋᆞ디 몯ᄒᆞᆯ 젼ᄎᆡ라(不可勝窮故也ㅣ라) 〈法華六 107b〉

(72) g. 根이 利ᄒᆞᆯ ᄊᆡ니라 〈月十八 50a〉
h. 根이 利ᄒᆞᆫ 젼ᄎᆡ며(以根利故ㅣ며) 〈法華六 168b〉

(72) i. 時와 劫과로 더으며 損티 아니ᄒᆞᆯ ᄊᆡ니라 〈月十一 88a〉
j. 時와 劫과의 더으며 듀미 ᄃᆞ외디 아니ᄒᆞᄂᆞᆫ 젼ᄎᆡ라(不爲時劫의 加損故也ㅣ라) 〈法華一 107a〉

(72) k. 곧 究竟ᄒᆞ야 阿(47b)耨多羅三藐三菩提ᄅᆞᆯ 得ᄒᆞᆯ ᄊᆡ니라 〈月十五 48a〉
l. 곧 究竟 阿耨多羅三藐三菩提ᄅᆞᆯ 得ᄒᆞᆯ 젼ᄎᆡ라(卽得究竟阿耨多羅三藐三菩提故ㅣ니라) 〈法華四 79b〉

〈73〉 ᄉᆞᅀᅵ 對 덛

두 명사가 [間]과 [頃] 즉 '시간적인 간격'의 뜻을 가지고 동의 관계에 있다는 것은 동일 원문의 번역인 다음 예문들에서 잘 확인된다. 원문 중 '須臾間'이 '아니한 ᄉᆞᅀᅵ'로도 번역되고 '아니한 덛'으로도 번역된다. 그리고 '食頃'이 '밥 머글 ᄊᆞᅀᅵ'로도 번역되고 '밥 머글 덛'으로도 번역된다. 따라서 두 명사 'ᄉᆞᅀᅵ'와 '덛'의 동의성은 명백히 입증된다. '덛'은 의존명사이다.

(73) a. 아니한 ᄉᆞᅀᅵ를 드러도 〈釋十九 6b〉
b. 아니한 덛 드로매 니르러도 〈月十七 51b〉
c. 아니한 더디나 드로매 니르러도(乃至須臾間이나 聞ᄒᆞ야도) 〈法華六 12b〉

(73) d. 아니한 ᄉᆞᅀᅵ를 드러도 〈釋十九 5b〉
e. 아니한 덛 드러 受ᄒᆞ면 〈月十七 50b〉
f. 아니한 ᄉᆞᅀᅵ어나 드러 受ᄒᆞ면(須臾ㅣ나 聽受ᄒᆞ면) 〈法華六 11a〉

(73) g. 밥 머글 ᄊᆞᅀᅵ만 너겨 〈釋十三 34a〉 〈月十一 87b〉
h. 밥 머글 덛만 너기더니(謂如食頃ᄒᆞ더니) 〈法華一 106b〉

한편 '頃'이 『월인석보』 권11과 『법화경언해』에서 모두 의존명사 '덛'으로 번역된다는 것은 동일 원문의 번역인 다음 예문들에서 잘 확인된다. 원문 중 '食頃'이 '밥 머긇 덛'과 '밥 머글 덛'으로 번역된다.

(73) i. 밥 머긇 덛만 너기고 〈月十一 87b〉
j. 밥 머글 덛만 너기며(謂如食頃ᄒᆞ며) 〈法華一 107a〉

〈74〉 ᄉᆞᅀᅵ 對 서리

두 명사가 [間] 즉 '공간적 간격'의 뜻을 가지고 동의 관계에 있다는 것은 다음 예문들에서 잘 확인된다. '間'의 자석이 'ᄉᆞᅀᅵ'이고 '人間'의 자석이 '사ᄅᆞᆷ 서리'이다. 그리고 두 명사가 명사 '곶'[花]과 동작동사 '흐르다' [流]와 共起 관계에 있다. 따라서 'ᄉᆞᅀᅵ'와 '서리'의 동의성은 명백히 입증된다.

(74) a. 間ᄋᆞᆫ ᄉᆞᅀᅵ라 〈月七 19b〉
b. 人間ᄋᆞᆫ 사ᄅᆞᆷ 서리라 〈月一 19b〉

(74) c. 몸 아래셔 므리 나아 곳 ᄉᆞᅀᅵ(33a)예 흘로ᄃᆡ 〈月七 33b〉
d. 그 摩尼水 곳 서리예 흘러 즘게를 조차 오ᄅᆞᄂᆞ리니 〈月八 13b〉

두 명사가 [間] 즉 '공간적 간격'의 뜻을 共有하는 同義語에는 틀림이 없으나 그것들의 意味範圍는 차이가 있다.

첫째로 'ᄉᆞᅀᅵ'는 주로 [兩者間]을 가리키지만 [三者 이상의 사이]를 가리킬 때도 사용된다. [兩者間]을 가리킬 때 사용되는 'ᄉᆞᅀᅵ'의 用例를 보이면 다음과 같다 : 두 놀개 ᄊᆞᅀᅵ 〈月一 14b〉, 두 눈섭 ᄉᆞᅀᅵ예 〈月二 41b〉, 두 鐵圍山 ᄊᆞᅀᅵ 〈月一 28b〉, 舍衛國과 摩竭國 ᄉᆞᅀᅵ예 〈釋六 41b〉, 欲界 色界 두 하ᄂᆞᆳ ᄉᆞᅀᅵ예 〈釋六 45b〉. 'ᄉᆞᅀᅵ'가 [三者 이상의 사이]를 가리키는 경우는 (74c)와 (74d)의 對比에서 즉 '곳 ᄉᆞᅀᅵ예'와 '곳 서리예'의 대비에서 명백해진다. '곳'은 전후의 문맥을 고려해 볼 때 '두 송이의 꽃'을 가리키는 것이 아니라 '여러 송이의 꽃'을 가리킨다.

둘째로 '서리'는 [三者 이상의 사이]를 가리키는 경우에만 사용된다. '한 부텻 서리예 아바님 아라 보실씨 〈月曲 137〉'에서 '한 부텻 서리'가 좋은 예다. '서리'와 共起하는 單語로 '草木, 숲, 무덤'이 있다 : 草木 서리예 겨샤 〈月曲 124〉, 그 숩 서리예 므리 잇ᄂᆞ니 〈月一 24a〉, ᄒᆞ오사 무덦 서리옛 나모 아래 이셔도 〈月七 5b〉.

이상의 論議에서 알 수 있듯이 'ᄉᆞᅀᅵ, 서리'는 [공간적 간격]을 뜻하는 경우에만 同義 關係에 있고 그 중에서도 [三者 이상의 사이]를 가리키는 경우에 同義性을 가진다.

'ᄉᆞᅀᅵ'는 [공간적 간격]을 가리킬 뿐만 아니라 '無間ᄋᆞᆫ 쉴 ᄊᆞᅀᅵ 업슬 씨니 〈月一 48a〉'에서 [時間的 간격]을 뜻하기도 한다.

위에서 논의된 'ᄉᆞᅀᅵ, 서리'의 意味 範圍의 차이를 표로 보이면 다음과 같다.

의미범위 / 명사	공간적 간격		시간적 간격
	二者	三者 이상	
ᄉᆞᅀᅵ	+	+	+
서리	-	+	-

〈75〉 아래 對 녜

두 명사가 [昔]과 [宿] 즉 '옛날'의 뜻을 가지고 동의 관계에 있다는 것은 동일 원문의 번역인 다음 예문들에서 잘 확인된다. 원문 중 '自昔'과 '從昔'이 '아래브터'로도 번역되고 '녜브터'로도 번역된다. 그리고 '宿福'이 '아랫 福'으로도 번역되고 '녯 福'으로도 번역된다. 따라서 '아래'와 '녜'의 동의성은 명백히 입증된다.

(75) a. 내 아래브터 〈月十一 104b〉
b. 내 녜브터 오매(我自昔來예) 〈法華一 161b〉

(75) c. 내 아래브터 〈月十二 4b〉
d. 내 녜브터 오매(我從昔來예) 〈法華二 7b〉

(75) e. 모로매 부텨 供養ᄒᆞᅀᆞᄫᆞᆫ 아랫 福(43a)과 큰 願을 븓ᄂᆞ니라 〈月十五 43b〉

f. 모로매 부텨 供養ᄒᆞᅀᆞ온 녯 福과 ᄯᅩ 큰 願을 브트니라(必由供佛宿福과 及大願也ㅣ니라) 〈法華四 73a〉

〈76〉 아모 對 사ᄅᆞᆷ

대명사 '아모'와 명사 '사ᄅᆞᆷ'이 [人] 즉 '사람'의 뜻을 가지고 동의 관계에 있다는 것은 동일 원문의 번역인 다음 예문들에서 잘 확인된다. 원문 중 '人有病'이 '아뫼나 病이 잇다'로도 번역되고 '사ᄅᆞ미 病이 잇다'로도 번역된다. 따라서 '아모'와 '사ᄅᆞᆷ'의 동의성은 명백히 입증된다.

(76) a. ᄯᅩ 아뫼나(20b)…阿羅漢ᄋᆞᆯ 供養ᄒᆞ야도 〈釋二十 21a〉
b. ᄯᅩ 사ᄅᆞ미…阿羅漢ᄋᆞᆯ 供養ᄒᆞ야도 〈月十八 46a〉
c. ᄯᅩ 사ᄅᆞ미…阿羅漢ᄋᆞᆯ 供養ᄒᆞ야도(若復有人이…供養…阿羅漢ᄒᆞ야도) 〈法華六 162a〉

(76) d. 아뫼나 病이 이셔 이 經을 드르면 〈釋二十 30b〉
e. ᄒᆞ다가 사ᄅᆞ미 病이 이셔 이 經(59a)을 드르면 〈月十八 59b〉
f. ᄒᆞ다가 사ᄅᆞ미 病ᄒᆞ야셔 이 經 시러 드르면(若人이 有病ᄒᆞ야셔 得聞是經ᄒᆞ면) 〈法華六 181a〉

(76) g. 아뫼나 이 法華經 듣고 〈月十八 52a〉
h. ᄒᆞ다가 사ᄅᆞ미 이 法華經을 시러 드러(若人이 得聞此法華經ᄒᆞ야) 〈法華六 171b〉

〈77〉 안ㅎ 對 솝

두 명사가 [中間] 즉 '안, 속'의 뜻을 가지고 동의 관계에 있다는 것은 동일 원문의 번역인 다음 예문들에서 잘 확인된다. 원문 중 '於其中間'이 '그 안해'로도 번역되고 '그 소배'로도 번역된다. 따라서 '안ㅎ'과 '솝'의 동의성은 명백히 입증된다.

(77) a. 그 안해 사ᄅᆞᆷ 罪 줄 연자ᄋᆞᆯ 地獄 ᄀᆞ티 ᄆᆡᇰᄀᆞ니라 〈釋二十四 13b〉
b. 그 소배 罪 줋 法을 地獄 ᄀᆞ티 ᄆᆡᇰᄀᆞ라늘 〈月二十五 76b〉

c. 於其中間作治罪之法 狀如地獄 〈釋迦譜 卷5 31. 阿育王造八萬四千塔記〉

〈78〉 양ᄌᆞ 對 양

두 명사가 [狀] 즉 '모습'의 뜻을 가지고 동의 관계에 있다는 것은 동일 원문의 번역인 다음 예문들에서 잘 확인된다. 원문 중 '醜狀'이 '더러ᄫᅳᆫ 양ᄌᆞ'로도 번역되고 '더러운 양'으로도 번역된다. 따라서 '양ᄌᆞ'와 '양'의 동의성은 명백히 입증된다.

(78) a. 업시워 우스면 더러ᄫᅳᆫ 양ᄌᆞᄅᆞᆯ 얻ᄂᆞ니 손바리 곱고 뷔틀며 누니 비오 흘긔요미 다 더러ᄫᅳᆫ 양ᄌᆡ라 〈月十九 121b〉

(78) b. 업시워 우ᅀᅳᆫ 사ᄅᆞᄆᆞᆫ 더러운 양ᄋᆞᆯ 어드리니 손바ᄅᆡ 곱고 뷔트롬과 누늬 비오 흘긔유미 다 더러운 양이라(輕笑之者ᄂᆞᆫ 則獲醜狀ᄒᆞ리니 若手脚之繚曲乖戾와 眼目之角擘倒視ㅣ 皆醜狀也ㅣ라) 〈法華七 186b〉

〈79〉 양ᄌᆞ 對 얼굴

두 명사가 [形]과 [形體] 즉 '모습, 형체'의 뜻을 가지고 동의 관계에 있다는 것은 동일 원문의 번역인 다음 예문들에서 잘 확인된다. 원문 중 '其形'이 '양ᄌᆞ'로도 번역되고 '그 얼굴'로도 번역된다. 그리고 '形體'가 '양ᄌᆞ'로도 번역되고 '얼굴'로도 번역된다. 따라서 '양ᄌᆞ'와 '얼굴'의 동의성은 명백히 입증된다. 南豊鉉(1968:62)에서는 '양ᄌᆞ'를 中國系 借用語로 보고 있으나 그것의 한자 표기 '樣子'가 많지 않고 그것의 正音 표기가 대부분이므로 이 저서에서는 '양ᄌᆞ'를 고유어의 범주에 넣어 다루었다.

(79) a. 菩薩衆ᄃᆞᆯ히 양ᄌᆞ도 젹거늘 〈釋二十 37a〉
b. 菩薩衆도 양ᄌᆡ ᄯᅩ 젹거든 〈月十八 71a〉
c. 諸菩薩衆도 그 얼구리 ᄯᅩ 젹거든(諸菩薩衆도 其形이 亦小커든) 〈法華七 12a〉

(79) d. 양ᄌᆡ 됴코 〈月十二 30a〉

e. 얼구리 고ᄋᆞ며(形體ㅣ 姝好ᄒᆞ며) 〈法華二 73a〉

(79) f. 양ᄌᆡ 됴호ᄆᆞᆫ 〈月十二 31b〉
g. 얼굴리 고오ᄆᆞᆫ(形體姝好ᄂᆞᆫ) 〈法華二 74b〉

〈80〉 양ᄌᆞ 對 즈ᇫ

두 명사가 [形]과 [相] 즉 '표정, 외모'의 뜻을 가지고 동의 관계에 있다는 것은 다음 예문들에서 잘 확인된다. 원문 중 '其形'이 '제 양ᄌᆞ'로도 번역되고 '그 즈ᇫ'으로도 번역된다. 그리고 예문 (f)는 『月印千江之曲』 부분이고 (『월인석보』 권7에서는 189曲임) 예문 (e)는 (f)에 상당하는 『석보상절』 부분이다. 두 명사 '양ᄌᆞ'와 '즈ᇫ'은 상태동사 '골없다'와 共起하고 서로 교체 가능하다. 따라서 '양ᄌᆞ'와 '즈ᇫ'의 동의성은 명백히 입증된다.

(80) a. ᄯᅩ 보ᄃᆡ 野叉ㅣ 제 양ᄌᆡ 各各 달아 〈月二十一 23b〉
b. 又見夜叉其形 各異 〈地藏菩薩本願經〉

(80) c. 그 즈ᅀᅵ 一萬 가지라 〈月二十一 24a〉
d. 其形萬類 〈地藏菩薩本願經〉

(80) e. 다ᄉᆞᆺ 羅刹女ㅣ 골업슨 양ᄌᆞᄅᆞᆯ 지ᅀᅥ 〈月七 35a〉
f. 다ᄉᆞᆺ 羅刹女ㅣ 골업슨 즈ᇫ을 지ᅀᅡ 〈月曲 188〉

〈81〉 엄 對 니

두 명사가 [牙] 즉 '어금니'의 뜻을 가지고 동의 관계에 있다는 것은 동일 원문의 번역인 다음 예문들에서 잘 확인된다. 원문 중 '利牙'가 '어미 ᄂᆞᆯ캅다'로도 번역되고 '니 ᄂᆞᆯ캅다'로도 번역되므로 '엄'과 '니'의 동의성은 명백히 입증된다.

(81) a. 어미 ᄂᆞᆯ카ᄫᆞ며 토비 므ᅀᅴ엽고도 〈釋二十一 4b〉

b. 니 놀캅고 토비 므싀여버도 〈月十九 45a〉
c. 엄과 톱괘 놀카와 저퍼도(利牙爪可怖ㅣ라도) 〈法華七 90a〉

〈82〉 여러 가지 對 가지 가지

명사구 '여러 가지'와 합성명사 '가지 가지'가 [種種] 즉 '여러 가지, 여러 종류'의 뜻을 가지고 동의 관계에 있다는 것은 다음 예문들에서 잘 확인된다. '種種'의 자석이 '여러 가지'이다. 그리고 '有種種'이 '가지 가지 겨시다'로 번역된다. 따라서 '여러 가지'와 '가지 가지'의 동의성은 명백히 입증된다. 명사구 '여러 가지'는 관형사 '여러'와 명사 '가지'의 결합이고 '가지 가지'는 명사 '가지'와 명사 '가지'의 合成이다.

(82) a. 一切 種種 智慧를 일워 〈月一 10b〉
b. 種種은 여러 가지라 ᄒᆞᄂᆞᆫ ᄠᅳ디라 〈月一 10b〉

(82) c. 說法이 種種 겨샤미 〈月十七 9b〉
d. 說法이 가지 가지 겨샤미시니(說法이 有種種이시니) 〈法華五 137b〉

〈83〉 올미 對 아ᄒᆡ

두 명사가 [小兒] 즉 '아이'의 뜻을 가지고 동의 관계에 있다는 것은 동일 원문의 번역인 다음 예문들에서 잘 확인된다. 원문 중 '語一小兒'가 '번 올미…ᄃᆞ려 닐오ᄃᆡ'로도 번역되고 '번 아ᄒᆡ ᄃᆞ려'로도 번역된다. 따라서 '올미'와 '아ᄒᆡ'의 동의성은 명백히 입증된다.

(83) a. 제 번 올미 毗闍耶ㅣ라 호리ᄅᆞᆯ ᄃᆞ려 닐오ᄃᆡ 내 네 우희 올아 부텨씌 布施ᄒᆞᅀᆞ바지라 ᄒᆞ야늘 〈釋二十四 8a〉
b. 번 아ᄒᆡ ᄃᆞ려 네 우희 올아 布施ᄒᆞᅀᆞ바지라 ᄒᆞ야늘 〈月二十五 65a〉
c. 語一小兒 我登汝上以穀布施 〈釋迦譜 卷5 32. 釋迦獲八萬四千塔宿緣記〉

〈84〉 올미 對 죠고맛 아ᄒᆡ

명사 '올미'와 명사구 '죠고맛 아ᄒᆡ'가 [小兒] 즉 '조그마한 아이'의 뜻을 가지고 동의 관계에 있다는 것은 동일 원문의 번역인 다음 예문들에서 잘 확인된다. 원문 중 '一小兒'가 'ᄒᆞᆫ 올미'로도 번역되고 'ᄒᆞᆫ 죠고맛 아ᄒᆡ'로도 번역된다. 따라서 '올미'와 '죠고맛 아ᄒᆡ'의 동의성은 명백히 입증된다. 金英培(1972:259-260)에 의하면 '올미'가 '어린이, 小兒'의 뜻을 가진 명사이다. 명사구 '죠고맛 아ᄒᆡ'는 관형사 '죠고맛'[小]과 명사 '아ᄒᆡ'[兒]의 결합이다.

(84) a. ᄒᆞᆫ 올미 闍耶ㅣ라 호리 부텨 오시거늘 보ᄉᆞᆸ고 〈釋二十四 7b〉
b. ᄒᆞᆫ 죠고맛 아ᄒᆡ 부텨 오시거늘 ᄇᆞ라ᄉᆞᆸ고 〈月二十五 65a〉
c. 有一小兒 遙見佛來 〈釋迦譜 卷5 32. 釋迦獲八萬四千塔宿緣記〉

〈85〉 이에 對 예

두 대명사가 [此中] 즉 '여기에'라는 뜻을 가지고 동의 관계에 있다는 것은 동일 원문의 번역인 다음 예문들에서 잘 확인된다. 원문 중 '入此中'이 '이에 들다'로도 번역되고 '예 들다'로도 번역된다. 따라서 '이에'와 '예'의 동의성은 명백히 입증된다.

(85) a. 닐오ᄃᆡ 이에 든 사ᄅᆞᄆᆞᆫ 죽디ᄫᅵ 나디 몯ᄒᆞᄂᆞ니라 ᄒᆞ야ᄂᆞᆯ 〈釋二十四 14b〉
b. 닐오ᄃᆡ 예 든 사ᄅᆞ미 낧 줄 업스니 예셔 주그리라 〈月二十五 77a〉
c. 言入此中者 無有得出於此而死 〈釋迦譜 卷5 31. 阿育王造八萬四千塔記〉

〈86〉 이제 對 오ᄂᆞᆯ

두 명사가 [今] 즉 '이제'의 뜻을 가지고 동의 관계에 있다는 것은 동일 원문의 번역인 다음 예문들에서 잘 확인된다. 원문 중 '今之機'가 '이젯 機'로도 번역되고 '오ᄂᆞᆳ 機'로도 번역된다. 그리고 '今之緣'이 '이젯 緣'으로도 번역되고 '오ᄂᆞᆳ 緣'으로도 번역된다. 따라서 '이제'와 '오ᄂᆞᆯ'의 동의성은 명백히 입증된다.

(86) a. 이젯 機 큰 게 믈로ᄆᆞᆯ 애와티샤미라 〈月十三 10b〉
b. 오ᄂᆞᆳ 機ㅣ 큰 게 믈로ᄆᆞᆯ ᄎᆞ기 너기실 씨라(恨今之機ㅣ 退大也ㅣ라) 〈法華二 190a〉

(86) c. 이젯 緣에 마초시니라 〈月十四 48b〉

d. 오ᄂᆞᆳ 緣에 모도시니라(會今之緣也ᄒᆞ시니라) 〈法華三 153a〉

(86) e. 녯 因과 이젯 緣을 ᄇᆞᆯ겨 〈月十四 55b〉

f. 녯 因과 오ᄂᆞᆳ 緣을 ᄇᆞᆯ기샤(明昔因今緣ᄒᆞ야) 〈法華三 164a〉

(86) g. 이제 緣이 ᄒᆞ마 니거 〈月十三 73b〉

h. 오ᄂᆞᆳ 緣이 ᄒᆞ마 니거(今緣이 已熟ᄒᆞ야) 〈法華三 83b〉

한편 '今'이 『월인석보』와 『법화경언해』에서 모두 '이제'로도 번역되고 '오ᄂᆞᆯ'로도 번역된다는 것은 동일 원문의 번역인 다음 예문들에서 잘 확인된다. 원문 중 '今佛'이 모두 '이젯 부텨'로 번역되고 '自今'이 모두 '오ᄂᆞᆯ브터'로 번역된다.

(86) i. 이젯 부톄 이에 니르르샤 〈月十五 86b〉

j. 이젯 부톄 이에 니르르샤(今佛이 至此ᄒᆞ샤) 〈法華四 135b〉

(86) k. 오ᄂᆞᆯ브터 아ᄃᆞᆯ ᄀᆞ티 호려 닐옴ᄃᆞᆯᄒᆞᆫ 〈月十三 25a〉

l. 오(213b)ᄂᆞᆯ브터 아ᄃᆞᆯ ᄀᆞ티 호리라 닐옴ᄃᆞᆯᄒᆞᆫ(言自今如子等者ᄂᆞᆫ) 〈法華二 214a〉

〈87〉 일 對 ᄃᆞ

두 명사가 [所] 즉 '일, 것'의 뜻을 가지고 동의 관계에 있다는 것은 동일 원문의 번역인 다음 예문들에서 잘 확인된다. 원문 중 '所及'이 '미촐 일'로도 번역되고 '미촐 ᄄᆡ'로도 번역되므로 '일'과 'ᄃᆞ'의 동의성은 명백히 입증된다. 'ᄄᆡ'는 'ᄃᆞ+ -ㅣ(주격 조사)'로 분석될 수 있고 'ᄃᆞ'는 의존명사이다.

(87) a. ᄠᅴ 므거본 衆(93a)生ᄋᆡ 미촐 이리 아닐ᄊᆡ 〈月十一 93b〉

b. ᄠᅴ 므거운 衆生의 미촐 ᄄᆡ 아닐ᄊᆡ(非垢重衆生의 所及일ᄊᆡ) 〈法華一 133a〉

〈88〉 일 對 이

두 명사가 [所] 즉 '일, 것'의 뜻을 가지고 동의 관계에 있다는 것은 동일 원문의 번역인 다음 예문들에서 잘 확인된다. 원문 중 '所…聞'이 '듣즙던 일'로도 번역되고 '듣즙더니'로도 번역되므로 '일'과 '이'의 동의성은 명백히 입증된다. '듣즙더니'는 '듣-[聞]+-즙-+-더-+-ㄴ#이[所]'로 분석될 수 있고 여기서 의존명사 '이'의 존재가 확인된다.

(88) a. 몯 듣즙던 이를 듣즙고 〈月十二 18b〉
b. 몯 듣즙더닐 듣즙고(聞所未聞ᄒᆞ고) 〈法華二 50b〉

〈89〉 일 對 자최

두 명사가 [迹]과 [轍迹] 즉 '자취, 사물의 자취'의 뜻을 가지고 동의 관계에 있다는 것은 동일 원문의 번역인 다음 예문들에서 잘 확인된다. 원문 중 '導之迹'이 '引導ᄒᆞ샨 일'로도 번역되고 '引導ᄒᆞ샨 자최'로도 번역된다. 그리고 '中間轍迹'이 '中間앳 일'로도 번역되고 'ᄉᆞᅀᅵ옛 자최'로도 번역된다. 따라서 두 명사 '일'과 '자최'의 동의성은 명백히 입증된다.

(89) a. 너비 布施ᄒᆞ야 利益게 引導ᄒᆞ샨 이리라 〈釋十九 36a〉
b. 너비 施ᄒᆞ야 利히 引導ᄒᆞ샨 자최라 〈月十七 74b〉
c. 利導를 너비 펴신 자최시니(廣施利導之迹也ㅣ시니) 〈法華六 71a〉

(89) d. 罪와 福괏 이리며 〈釋十九 37a〉
e. 罪와 福괏 자최와(罪福之迹과) 〈法華六 71b〉

(89) f. 中間앳 이리 다 智行이 겨트로 顯ᄒᆞ며 〈月十一 14b〉
g. ᄉᆞᅀᅵ옛 자최 智行ᄋᆞᆯ 너비 나토샤(中間轍迹이 無非智行을 顯ᄒᆞ샤) 〈法華一 7a〉

〈90〉 적 對 ᄣᅢ

두 명사가 [時] 즉 '때, 적'의 뜻을 가지고 동의 관계에 있다는 것은 동일 원문의 번역인 다음 예문들에서 잘 확인된다. 원문 중 '爾時'가 '그 적'으로도 번역되고 '그 ᄣᅢ'로도 번역된다. '一時'

가 'ᄒᆞᆫ 적'으로도 번역되고 'ᄒᆞᆫ ᄣᅳ'로도 번역된다. 그리고 '現…時'가 '나토시ᇙ 적'으로도 번역되고 '나토실 ᄣᅳ'로도 번역된다. 따라서 두 명사 '적'과 'ᄣᅳ'의 동의성은 명백히 입증된다.

(90) a. 그 저긔 釋迦牟尼佛이 〈釋二十 4a〉

b. 그 ᄣᅴ 釋迦牟尼佛이 〈月十八 19b〉

c. 그 ᄣᅴ 釋迦牟尼佛이(爾時釋迦牟尼佛이) 〈法華六 126a〉

(90) d. 그 저긔 一切 衆生 喜見菩薩이 〈釋二十 17b〉

e. 그 ᄣᅴ 一切 衆生 喜見菩薩이 〈月十八 40b〉

f. 그 ᄣᅴ 一切 衆生 喜見菩薩이(爾時一切衆生喜見菩薩이) 〈法華六 155b〉

(90) g. ᄒᆞᆫ 저글 절ᄒᆞ야 供養ᄒᆞᆯ 만ᄒᆞ야도 〈釋二十一 9a〉

h. ᄒᆞᆫ ᄣᅵ나 절ᄒᆞ야 供養ᄒᆞ면 〈月十九 30b〉

i. ᄒᆞᆫ ᄣᅵ나 禮拜供養호매 니를면(乃至一時나 禮拜供養ᄒᆞ면) 〈法華七 68b〉

(90) j. 그 저긔 觀世音菩薩이 받디 슬ᄒᆞ야 커시ᄂᆞᆯ 〈釋二十一 17a〉

k. 그 ᄣᅴ 觀世音菩薩이 받디 아니커시늘 〈月十九 40a〉

l. 그 제 觀世音菩薩이 받고져 아니커시ᄂᆞᆯ(時예 觀世音菩薩이 不肯受之커시ᄂᆞᆯ) 〈法華七 83b〉

(90) m. 神力 나토시ᇙ 저기 〈月十八 6a〉

n. 神力 나토실 ᄣᅵ(現神力時ㅣ) 〈法華六 102a〉

〈91〉 적 對 제

두 명사가 [時] 즉 '적'의 뜻을 가지고 동의 관계에 있다는 것은 동일 원문의 번역인 다음 예문들에서 잘 확인된다. 원문 중 '起時'가 '니르시ᇙ 적'으로도 번역되고 '니르실 ᄧᅦ'로도 번역된다. '說…時'가 '니ᄅᆞ시ᇙ 적'으로도 번역되고 '니ᄅᆞ실 ᄧᅦ'로도 번역된다. 그리고 '終時'가 '주그ᇙ 적'으로도 번역되고 '주글 ᄧᅦ'로도 번역된다. 따라서 '적'과 '제'의 동의성은 명백히 입증된다.

(91) a. 法座로셔 니르실 쩌긔 〈釋二十 44b〉
b. 法座로셔 니르시ᇙ 저긔 〈月十八 81a〉
c. 法座ᄅᆞᆯ 브트샤 니르실 쩨(從法座起時예) 〈法華六 22b〉

(91) d. 이 藥王菩薩本事品 니ᄅᆞ시ᇙ 저긔 〈釋二十 32a〉
e. 이 藥王菩薩本事品 니르시ᇙ 제 〈月十八 60b〉
f. 이 藥王菩薩本事品 니ᄅᆞ실 쩨(說是藥王菩薩本事品時예) 〈法華六 182b〉

(91) g. 그 저긔 釋提桓因이 〈釋十三 5b〉
h. 그(24a) 제 釋提桓因이 〈月十一 24b〉
i. 그 ᄢᅴ 釋提桓因이(爾時예 釋提桓因이) 〈法華一 45a〉

(91) j. ᄯᅩ 世尊(45a)이 舍衛國에 겨실 쩌긔 〈釋二十四 45a〉
k. ᄯᅩ 世尊이 舍衛國에 겨시ᇙ 제 〈月二十五 121b〉
l. 又復世尊在舍衛國時 〈釋迦譜 卷5 31. 阿育王造八萬四千塔記〉

(91) m. 그 저긔 比丘ᄃᆞᆯ히 〈釋二十四 45a〉
n. 그 제 比丘ᄃᆞᆯ히 〈月二十五 121b〉
o. 時諸比丘 〈釋迦譜 卷5 31. 阿育王造八萬四千塔記〉

(91) p. 그 부톄 出家 아니ᄒᆞ야 겨시ᇙ 저긔 〈月十四 13b〉
q. 그 부톄 出家 아니ᄒᆞ신 제(其佛이 未出家時예) 〈法華三 95b〉

(91) r. ᄒᆞ마 주그ᇙ 저긔 〈月十三 29a〉
s. ᄒᆞ마 주글 쩰 디러(臨欲終時ᄒᆞ야) 〈法華二 222b〉

(91) t. 뎌 부톄 成道ᄒᆞ샤 滅度 臨ᄒᆞ시ᇙ 저긔 〈月十五 68b〉
u. 뎌 부톄 成道ᄒᆞ샤 滅度 臨ᄒᆞ신 제(彼佛이 成道已ᄒᆞ샤 臨滅度時예) 〈法華四 114b〉

(91) v. 菩薩 ᄃᆞ외야 겨시ᇙ 저긔 〈月十五 24b〉
w. 菩薩 ᄃᆞ외야 겨실 쩨(爲菩薩時예) 〈法華四 40b〉

한편 '時'가 『월인석보』 권17과 『법화경언해』에서 모두 '제'로 번역된다는 것은 동일 원문의 번역인 다음 예문들에서 잘 확인된다. 원문 중 '應…時'가 '應홇 제'와 '應홀 쩨'로 번역된다.

(91) x. 귀 應홇 제 〈月十七 62a〉
y. 耳 應홀 쩨(應耳時예) 〈法華六 35a〉

〈92〉 젼ᄎᆞ 對 닷

두 명사가 [故]와 [由] 즉 '까닭, 탓'의 뜻을 가지고 동의 관계에 있다는 것은 동일 원문의 번역인 다음 예문들에서 잘 확인된다. 원문 중 '爲如故'가 '如혼 젼ᄎᆞ'로도 번역되고 '如ᄒᆞ신 닷'으로도 번역된다. 그리고 '由…淳厚'가 '두터븐 젼ᄎᆞ'로도 번역되고 '淳厚ᄒᆞᆫ 닷'으로도 번역된다. 따라서 '젼ᄎᆞ'와 '닷'의 동의성은 명백히 입증된다.

(92) a. 如혼 젼ᄎᆡ라 〈釋二十 38b〉
b. 如ᄒᆞ신 다시라 〈月十八 72b〉
c. 如ᄒᆞ샨 젼ᄎᆡ시니라(爲如故也ㅣ시니라) 〈法華七 13a〉

(92) d. ᄆᆞᅀᆞᄆᆡ 模範이 類로 제 블론 다시라 〈月十九 122a〉
e. ᄆᆞᅀᆞᄆᆡ 模範이 類로 제 블론 젼ᄎᆡ라(心之模範이 以類로 自召故也ㅣ라) 〈法華七 186b〉

(92) f. 다 淸淨ᄒᆞᆫ 다시라 ᄒᆞ니 〈月十五 13a〉
g. 다 淸淨ᄒᆞᆫ 젼ᄎᆡ라 ᄒᆞ니(摠淸淨故ㅣ라 ᄒᆞ니) 〈法華四 16b〉

(92) h. 이 經ㅅ 다ᄉᆞ로 〈釋二十一 53b〉
i. 이 經을 브튼 젼ᄎᆞ로(由比經故로) 〈法華七 170a〉

(92) j. 一切 法을 受티 아니혼 다ᄉᆞ로 〈月十四 39b〉
k. 一切 法을 受티 아니ᄒᆞ논 젼ᄎᆞ로(不受一切法故로) 〈法華三 141a〉

(92) l. 이 菩薩이 福德智慧 두터본 젼칙라 〈釋二十 19b〉
m. 이 菩薩 福德智慧 淳厚흔 다시라 〈月十八 43a〉
n. 이 菩薩의 福德智慧 淳厚의 닐위요미라(由斯菩薩의 福德智慧淳厚所致니라) 〈法華六 158a〉

(92) o. 사르미 能히 시름 삐의 젼추를 알며 〈月十四 39b〉
p. 사르미 眞實로 能히 시름 버므로믹 다술 알며(人者ㅣ 苟能悟患累之由흐며) 〈法華三 141a〉

(92) q. 三世룰 說法흐야 부텻 목수믈 니손 젼추로 〈月十五 18a〉
r. 三世룰 說法흐야 부텻 壽命 니슨 다수로(由三世룰 說法흐야 續佛壽命故로) 〈法華四 21b〉

한편 '由'가 『월인석보』와 『법화경언해』에서 모두 '젼추'로 번역된다는 것은 동일 원문의 번역인 다음 예문들에서 잘 확인된다. 원문 중 '由聞經'이 '經 드롫 젼추'로도 번역되고 '經 듣즈올 쪈추'로도 번역된다.

(92) s. 經 드롫 젼치 업슬씨 〈月十八 87a〉
t. 經 듣즈올 쪈치 업슬씨(無由聞經일씨) 〈法華七 29a〉

〈93〉 젼추 對 드

두 명사가 [故] 즉 '까닭'의 뜻을 가지고 동의 관계에 있다는 것은 동일 원문의 번역인 다음 예문들에서 잘 확인된다. 원문 중 '是故'가 '이런 젼추'로도 번역되고 '이런 드'로도 번역된다. 따라서 '젼추'와 '드'의 동의성은 명백히 입증된다.

(93) a. 이런 젼추로 〈釋二十 37b〉
b. 이런 드로(是故로) 〈法華七 12a〉

〈94〉 줄 對 곧

두 명사가 [所以] 즉 '것'의 뜻을 가지고 동의 관계에 있다는 것은 동일 원문의 번역인 다음 예문들에서 잘 확인된다. 원문 중 '所以勝'이 '더으샨 줄'로도 번역되고 '더으샨 곧'으로도 번역된다. 그리고 '所以然'이 '그러혼 줄'로도 번역되고 '그러혼 곧'으로도 번역된다. 따라서 두 명사 '줄'과 '곧'의 동의성은 명백히 입증된다. 두 명사는 의존명사이다.

(94) a. 이 世間音에셔 더으샨 주리라 〈釋二十一 16a〉
b. 이 世間音에셔 더으샨 고디라 〈月十九 49b〉
c. 이 世間音에 더으샨 고디시니라(此ㅣ 所以勝世間音也ㅣ시니라) 〈法華七 98a〉

(94) d. 아독혼 사ᄅᆞᄆᆞᆫ 비록 그러호ᄆᆞᆯ 보아도 그러혼 주를 모를씨 〈月十九 122a〉
e. 아독혼 사ᄅᆞ미 비록 그런 ᄃᆞᆯ 보나 그러혼 고ᄃᆞᆯ 아디 몯홀씨(昧者ㅣ 雖覩其然ᄒᆞ나 莫知其所以然故로) 〈法華七 186b〉

〈95〉 줄 對 ᄃᆞ

두 명사가 '것'의 뜻을 가지고 동의 관계에 있다는 것은 동일 원문의 번역인 다음 예문들에서 잘 확인된다. 원문 중 '在此'의 '在'가 '잇논 줄'로도 번역되고 '잇ᄂᆞᆫ ᄃᆞ'로도 번역된다. 그리고 '無臂'가 'ᄇᆞᆯ 업슨 줄'로도 번역되고 'ᄇᆞᆯ 업슨 ᄃᆞ'로도 번역된다. 따라서 두 명사 '줄'과 'ᄃᆞ'의 동의성은 명백히 입증된다. 두 명사는 의존명사이다.

(95) a. 네 다ᄆᆞᆫ 妙音菩薩ᄋᆡ 모미 이에 잇논 주를 봀 분뎡 〈釋二十 47a〉
b. 네 오직 妙音菩薩ᄋᆡ 모미 예 잇ᄂᆞᆫ ᄃᆞᆯ 보건마ᄅᆞᆫ 〈月十八 84b〉
c. 네 오직 妙音菩薩의 모미 예 잇ᄂᆞᆫ ᄃᆞᆯ 보건마ᄅᆞᆫ(汝ㅣ 但見妙音菩薩의 其身이 在此ㅣ언마ᄅᆞᆫ) 〈法華七 26b〉

(95) d. ᄇᆞᆯ 업슨 주를 보고 〈釋二十 19a〉
e. ᄇᆞᆯ 업슨 ᄃᆞᆯ 보고 〈月十八 42a〉
f. ᄇᆞᆯ 업수믈 보고(見其無臂ᄒᆞ고) 〈法華六 157a〉

(95) g. 아ᄃᆞ릐 神力이 이런 주를 보고 〈釋二十一 38a〉

h. 아ᄃᆞ릐 神力이 이 ᄀᆞᆮᄒᆞᆫ ᄃᆞᆯ 보고 〈月十九 78a〉

i. 아ᄃᆞ릐 神力이 이 ᄀᆞᆮ호ᄆᆞᆯ 보고(見子의 神力이 如是ᄒᆞ고) 〈法華七 135a〉

(95) j. 이ᄂᆞᆫ……더욱 無量功德이론 주를 뵈기시니 〈月十三 43a〉

k. 이ᄂᆞᆫ……더욱 그지 업스신 功德이 ᄃᆞ외신 ᄃᆞᆯ 뵈기시니(此ᄂᆞᆫ 明……尤爲無量功德인ᄃᆞᆯ ᄒᆞ시니) 〈法華三 5a〉

〈96〉 줄 對 젼ᄎᆞ

두 명사가 [由] 즉 '까닭'의 뜻을 가지고 동의 관계에 있다는 것은 동일 원문의 번역인 다음 예문들에서 잘 확인된다. 원문 중 '深之由'가 '기푼 줄'로도 번역되고 '기프신 젼ᄎᆞ'로도 번역되므로 '줄'과 '젼ᄎᆞ'의 동의성은 명백히 입증된다. '줄'은 의존명사이다.

(96) a. 우흿 智 기프며 法 기푼 주를 사기시니라 〈月十一 97a〉

b. 우흿 智 기프시며 法 기프신 젼ᄎᆞᄅᆞᆯ 사기시니라(釋上앳 智深法深之由也ᄒᆞ시니라) 〈法華一 137a〉

〈97〉 처섬 對 비르솜

명사 '처섬'과 명사형 '비르솜'이 [始] 즉 '처음, 시작'의 뜻을 가지고 동의 관계에 있다는 것은 동일 원문의 번역인 다음 예문들에서 잘 확인된다. 원문 중 '始終'이 '비르솜과 乃終'으로도 번역되고 '처섬 내죵'으로도 번역된다. '無始'가 '비르솜 없다'로도 번역되고 '처섬 없다'로도 번역된다. 그리고 '成始'가 '비르솜 일우다'로도 번역되고 '처섬 일우다'로도 번역된다. 따라서 '처섬'과 '비르솜'의 동의성은 명백히 입증된다. '비르솜'은 동작동사 '비릇다'의 명사형으로 '비릇- + -옴(명사형 어미)'으로 분석된다.

(97) a. 비르솜과 乃終ㅅ 理 物에 이션 成壞 ᄃᆞ외오 〈月十四 53a〉

b. 처섬 내죵 理ㅣ 物에 이션 成壞 ᄃᆞ외오(始終之理ㅣ 在物ᄒᆞ얀 爲成壞오) 〈法華三 161a〉

(97) c. 비르솜 업스며 乃終 업서 〈月十四 54a〉
d. 처ᅀᅥᆷ 업스시며 내ᄌᆞᆼ 업스샤(無始無終ᄒᆞ샤) 〈法華三 162b〉

(97) e. 비로솜 업스며 乃終 업슨 ᄃᆞᆯ ᄉᆞᄆᆞᆺ 아라 〈月十四 53b〉
f. 처ᅀᅥᆷ 업스며 내ᄌᆞᆼ 업수믈 ᄉᆞᄆᆞᆺ 아라(達其無始無終ᄒᆞ야) 〈法華三 161a〉

(97) g. 大德이 비록 비르솜 일우시며 乃終 일우시논 德이 ᄀᆞᄌᆞ시나 〈月十四 54a〉
h. 大德이 비록 처ᅀᅥᆷ 일우시며 내ᄌᆞᆼ 일우시논 德이 ᄀᆞᄌᆞ시나(大德이 雖具成始成終之德ᄒᆞ시나) 〈法華三 162b〉

한편 '始'가 『월인석보』와 『법화경언해』에서 모두 명사 '처ᅀᅥᆷ'으로도 번역되고 모두 '비르솜'으로도 번역된다는 것은 동일 원문의 번역인 다음 예문들에서 잘 확인된다. 원문 중 '原始'가 '처ᅀᅥ믈 根原ᄒᆞ다'와 '처ᅀᅥ믈 根源ᄒᆞ다'로 번역된다. 그리고 '無始'가 모두 '비르솜 없다'로 번역된다.

(97) i. 처ᅀᅥ믈 根原ᄒᆞ야 乃終내 혜여 보면 〈月十四 50a〉
j. 처ᅀᅥ믈 根原ᄒᆞ야 내ᄌᆞᆼ을 求컨댄(原始要終컨댄) 〈法華三 155b〉

(97) k. 그 오미 비르솜 업서 〈月十四 7b〉
l. 그 오미 비르솜 업서(其來ㅣ 無始라) 〈法華三 85b〉

〈98〉 터리 對 터럭

두 명사가 [毛] 즉 '털'의 뜻을 가지고 동의 관계에 있다는 것은 다음 예문들에서 잘 확인된다. (a)는 『석보상절』 부분이고 (b)는 (a)에 상당하는 『月印千江之曲』 부분이다. 두 명사가 [毛]의 뜻을 가지고 동작동사 '무으다'와 共起하고 서로 교체될 수 있다. 따라서 '터리'와 '터럭'의 동의성은 명백히 입증된다.

(98) a. 舍利佛이 닐오ᄃᆡ 분별 말라 六師ᄋᆡ 무리 閻浮提예 ᄀᆞ득ᄒᆞ야도 내 바ᄅᆞᆳ ᄒᆞᆫ 터리ᄅᆞᆯ 몯 무으

리니 므슷 이를 겻고오려 ᄒᆞᄂᆞ고 〈釋六 27a〉
b. 閻浮提 ᄀᆞᄃᆞᆨᄒᆞᆫ 外道ㅣ ᄒᆞᆫ 터럭 몯 무욿 ᄃᆞᆯ 須達이 듣고 沐浴 ᄀᆞᆷ아 나니 〈月曲 156〉

〈99〉 터리 對 터럭 對 입거웃

세 명사가 [鬚] 즉 '식물의 수염, 꽃부리의 실'이라는 뜻을 가지고 동의 관계에 있다는 것은 동일 원문의 번역인 다음 예문들에서 잘 확인된다. 원문 중 '爲鬚'가 '터럭 ᄆᆡᇰ글다'로 번역되고 '鬚'의 字釋이 '터리'와 '입거웃'이다. 따라서 '터리', '터럭' 및 '입거웃'의 동의성은 명백히 입증된다. '입거웃'은 원뜻이 '수염, 턱수염'이지만 이 문맥에서는 은유적으로 사용되어 '꽃부리의 실'을 뜻한다.

(99) a. 金剛이 花鬚 ᄃᆞ외오[鬚는 터리라] 〈釋二十 39a〉
b. 金剛이 鬚ㅣ (73a) ᄃᆞ외오[鬚는 입거우지니 곳부리옛 시리라] 〈月十八 73b〉
c. 金剛ᄋᆞ로 터럭 ᄆᆡᇰᄀᆞᄅᆞ시고(金剛ᄋᆞ로 爲鬚ᄒᆞ시고) 〈法華七 14a〉

〈100〉 편 對 도ᄌᆞᆨ

두 명사가 [敵] 즉 '상대방'의 뜻을 가지고 동의 관계에 있다는 것은 다음 예문들에서 잘 확인된다. 원문 중 '成敵'이 '펴니 ᄃᆞ외다'로 번역되고 '却敵'이 '도ᄌᆞᄀᆞᆯ 믈리다'로 번역된다. 따라서 '편'과 '도ᄌᆞᆨ'의 동의성은 명백히 입증된다.

(100) a. 소리와 드롬괘 둘히 셔면 物와 나왜 ᄀᆞᆯᄫᆞ니 ᄃᆞ욀ᄊᆡ 〈月十九 26a〉
b. 音과 聞괘 둘히 셔면 物와 나왜 펴니 ᄃᆞ외어니와(蓋音聞이 兩立ᄒᆞ면 則物我ㅣ 成敵거니와) 〈法華七 59a〉

(100) c. 能히 慈ㅣ ᄀᆞᄃᆞᆨᄒᆞ야 도ᄌᆞᄀᆞᆯ 믈리리라 〈月十九 26b〉
d. 能히 다 慈ᄒᆞ샤 도ᄌᆞᄀᆞᆯ 믈리샤미라(能遍慈ᄒᆞ샤 而却敵也ㅣ시니라) 〈法華七 59a〉

〈101〉 혹 對 보도롯

두 명사가 [疣] 즉 '혹, 사마귀'의 뜻을 가지고 동의 관계에 있다는 것은 동일 원문의 번역인 다음 예문들에서 잘 확인된다. 원문 중 '決疣'가 '혹 바히다'로도 번역되고 '혹 혜티다'로도 번역되고 '보도롯 혜티다'로도 번역된다. 따라서 두 명사 '혹'과 '보도롯'의 동의성은 명백히 입증된다.

(101) a. 즐규믈 혹 바혀 ᄇᆞ리ᄃᆞ시 ᄒᆞᄂᆞ니 〈釋二十 12a〉
b. 시혹 깃구ᄃᆡ 혹 혜티ᄃᆞᆺ ᄒᆞ며 〈月十八 32a〉
c. 시혹 깃구ᄃᆡ 보도롯 혜티ᄃᆞᆺ ᄒᆞᄂᆞ니(或喜之호ᄃᆡ 如決疣ᄒᆞᄂᆞ니) 〈法華六 145a〉

(101) d. ᄒᆞᆰ 더디며 혹 혜튬과 ᄒᆞᆫ가지라 〈月十八 32b〉
e. ᄒᆞᆰ ᄇᆞ리며 보도롯 혜튬과로 ᄒᆞᆫ가질 ᄯᆞᄅᆞ미라(與遺土決疣와로 一而已니라) 〈法華六 145a〉

〈102〉 흥졍바지 對 흥졍ᄒᆞ리

명사 '흥졍바지'와 명사구 '흥졍ᄒᆞ리'가 [商人] 즉 '장사하는 사람'의 뜻을 가지고 동의 관계에 있다는 것은 동일 원문의 번역인 다음 예문들에서 잘 확인된다. 원문 중 '商人'이 '흥졍바지'로도 번역되고 '흥졍ᄒᆞ리'로도 번역된다. 따라서 '흥졍바지'와 '흥졍ᄒᆞ리'의 동의성은 명백히 입증된다. 명사구 '흥졍ᄒᆞ리'는 '흥졍ᄒᆞ -+- ㄹ#이'로 분석될 수 있다.

(102) a. 흥졍바지 主人 얻ᄃᆞᆺ ᄒᆞ며 〈月十八 51a〉
b. 흥졍ᄒᆞ리 主人 어둠 ᄀᆞᆮᄒᆞ며(如商人이 得主ᄒᆞ며) 〈法華六 170b〉

〈103〉 ᄒᆞᆰ 對 ᄯᅡᇂ

두 명사가 [土] 즉 '흙, 땅'의 뜻을 가지고 동의 관계에 있다는 것은 동일 원문의 번역인 다음 예문들에서 잘 확인된다. 원문 중 '穢土'가 '더러ᄫᅳᆫ ᄒᆞᆰ'으로도 번역되고 '더러운 ᄯᅡᇂ'로도 번역되므로 'ᄒᆞᆰ'과 'ᄯᅡᇂ'의 동의성은 명백히 입증된다.

(103) a. 더러ᄫᅳᆫ ᄒᆞᆯᄀᆡ 업고 〈月十二 10a〉

b. 여러 가짓 더러운 싸히 업고(無諸穢土ㅣ오) 〈法華二 36a〉

2. 音韻 交替型

音韻의 交替에 의해 생긴 명사들이 同義 關係를 가질 수 있다. 이런 경우가 音韻 交替型이다. 음운 교체에는 母音 交替와 子音 交替가 있다. 통계상 모음 교체가 자음 교체보다 많다.

2.1. 母音 交替

동의 관계가 모음 교체를 보여 주는 명사들 사이에 성립된다. 모음 교체에는 陽母音과 陰母音 간의 교체가 있고 陰母音과 陽母音 간의 교체가 있고 양모음간의 교체와 음모음간의 교체가 있다. 그리고 음모음과 中立 母音 간의 교체가 있고 中立 母音과 양모음 간의 교체가 있다.

陽母音과 陰母音 간의 교체에는 '아~어'의 교체가 있다. '아~어'의 교체를 보여 주는 명사에는 [頭髮]과 [髮] 즉 '머리털'의 뜻을 가진 '마리'와 '머리' 그리고 [書] 즉 '책'의 뜻을 가진 '글왈, 글월'이 있다.

陰母音과 陽母音 간의 교체에는 '어~아'의 교체와 '우~오'의 교체가 있다. '어~아'의 교체를 보여 주는 명사에는 [罵詈] 즉 '꾸지람, 야단'의 뜻을 가진 '구지럼'과 '구지람'이 있고 '우~오'의 교체를 보여 주는 명사에는 [烏] 즉 '까마귀'의 뜻을 가진 '가마귀'와 '가마괴'가 있다.

陽母音간의 교체에는 '아~ᄋᆞ'의 교체와 '오~외'의 교체가 있다. '아~ᄋᆞ'의 교체를 보여 주는 명사에는 [宿]과 [先] 즉 '이전, 옛날'의 뜻을 가진 '아래'와 '아ᄅᆡ'가 있고 '오~외'의 교체를 보여 주는 명사에는 [夕] 즉 '저녁'의 뜻을 가진 '나조ㅎ'와 '나죄'가 있다.

陰母音간의 교체에는 '우~으'의 교체가 있다. '우~으'의 교체를 보여 주는 명사에는 [謦欬] 즉 '기침'의 뜻을 가진 '기춤'과 '기츰'이 있다.

음모음과 中立 母音 간의 교체에는 '으~이'의 교체가 있다. '으~이'의 교체를 보여 주는 명사에는 [影] 즉 '그림자'의 뜻을 가진 '그르메'와 '그리메'가 있다.

中立 母音과 양모음 간의 교체에는 '이~ᄋᆡ'의 교체가 있다. '이~ᄋᆡ'의 교체를 보여 주는 명사에는 [聲] 즉 '소리'의 뜻을 가진 '소리'와 '소ᄅᆡ'가 있다.

〈1〉 마리 對 머리

두 명사가 [頭髮]과 [髮] 즉 '머리털'의 뜻을 가지고 동의 관계에 있다는 것은 다음 예문들에서 잘 확인된다. 원문 중 '頭髮…繫樹枝'가 '마리를 나못 가지예 ᄆᆡ다'로 번역되고 '髮…縛著樹'가 '머리ᄅᆞᆯ 남ᄀᆡ ᄆᆡ다'로 번역된다. 그리고 두 명사는 目的語로 동작동사 '갃다'와 共起하고 서로 교체 가능하다. 따라서 두 명사 '마리'와 '머리'의 동의성은 명백히 입증된다. 두 명사는 첫 음절에서 모음 '아~어'의 교체를 보여 준다.

(1) a. 婆羅門이 닐오ᄃᆡ 王이 力士ᄋᆡ 히믈 두겨시니 셟거든 ᄒᆞ다가 뉘으처 ᄎᆞᆷ디 몯ᄒᆞ시면 도ᄅᆞ혀 나ᄅᆞᆯ 害ᄒᆞ시리니 마리ᄅᆞᆯ 나못 가지예 ᄆᆡ쇼셔(時婆羅門言 王有力士之力 臨時苦痛脫能変悔 不能忍苦 或能反害於我 王審能爾者 何以頭髮自繫樹枝) 〈月二十 36b〉

b. 王이 듣고 ᄆᆞᅀᆞ매 어엿비 너겨(36b)…닐온 야ᄋᆞ로 머리ᄅᆞᆯ 남ᄀᆡ ᄆᆡ오 닐오ᄃᆡ(王聞是語心生慈愍…卽隨其言以髮自縛著樹 語婆羅門) 〈月二十 37a〉

(1) c. 마리ᄅᆞᆯ 갓ᄀᆞ시고 누비옷 니브샤 〈月曲 120〉

d. 出은 날 씨오 家ᄂᆞᆫ 지비니 집 ᄇᆞ리고 나가 머리 갓ᄀᆞᆯ 씨라 〈月一 17a〉

〈2〉 글왈 對 글월

두 명사가 [書] 즉 '책'의 뜻을 가지고 동의 관계에 있다는 것은 다음 예문들에서 잘 확인된다. '書'의 자석이 '글왈'이다. 그리고 원문 중 '兩書'가 '두 글월'로 번역된다. 따라서 두 명사 '글왈'과 '글월'의 동의성은 명백히 입증된다. 두 명사는 제2 음절에서 모음 '오~우' 및 모음 '아~어'의 교체를 보여 준다.

(2) a. 書는 글와리라 〈釋序 4a〉

b. 두 글워를 어울워(爰合兩書ᄒᆞ야) 〈月序 12b〉

〈3〉 구지럼 對 구지람

두 명사가 [罵詈] 즉 '꾸지람, 야단'의 뜻을 가지고 동의 관계에 있다는 것은 동일 원문의 번역인 다음 예문들에서 잘 확인된다. 원문 중 '罵詈'가 '구지럼'으로도 번역되고 '구지람'으로도 번역되므로 두 명사 '구지럼'과 '구지람'의 동의성은 명백히 입증된다. 두 명사는 제3 음절에서 모음 '어~아'의 교체를 보여 준다.

(3) a. 샹녜 구지럼 드로ᄃᆡ 〈釋十九 30b〉
b. 샹녜 구지라ᄆᆞᆯ 드로(84b)ᄃᆡ 〈月十七 85a〉
c. 샹녜 구지라ᄆᆞᆯ 니부ᄃᆡ(常被罵詈호ᄃᆡ) 〈法華六 80b〉

〈4〉 가마귀 對 가마괴

두 명사가 [烏] 즉 '까마귀'의 뜻을 가지고 동의 관계에 있다는 것은 동일 원문의 번역인 다음 예문들에서 잘 확인된다. 원문 중 '烏黑'이 '가마귀 검다'로도 번역되고 '가마괴 검다'로도 번역되므로 두 명사 '가마귀'와 '가마괴'의 동의성은 명백히 입증된다. 두 명사는 제3 음절에서 모음 '우~오'의 交替를 보여 준다.

(4) a. 가마귀 검고 〈月十一 101a〉
b. 가마괴 검고(烏黑ᄒᆞ고) 〈法華一 148b〉

〈5〉 아래 對 아ᄅᆡ

두 명사가 [宿]과 [先] 즉 '이전, 옛날'의 뜻을 가지고 동의 관계에 있다는 것은 동일 원문의 번역인 다음 예문들에서 잘 확인된다. 원문 중 '宿福'이 '아랫 福'으로도 번역되고 '아ᄅᆡᆺ 福'으로도 번역된다. 그리고 '先心'이 '아랫 ᄆᆞᅀᆞᆷ'으로도 번역되고 '아ᄅᆡᆺ ᄆᆞᅀᆞᆷ'으로도 번역된다. 따라서 두 명사 '아래'와 '아ᄅᆡ'의 동의성은 명백히 입증된다. 두 명사는 제2 음절에서 모음 '아~ᄋᆞ'의 교체를 보여 준다.

(5) a. 아랫 福이 깁고 둗거ᄫᅥ 〈釋二十一 39b〉

b. 아릿 福이 깁고 두터볼씨 〈月十九 80b〉
c. 아릿 福이 깁고 둗거워(宿福이 深厚ᄒᆞ야) 〈法華七 137b〉

(5) d. 아랫 ᄆᆞᅀᆞ몰 제 더러비 너기ᄂᆞᆫ ᄃᆞᆯ 아라 〈月十三 29a〉
e. 아릿 ᄆᆞᅀᆞ몰 제 더러이 너기ᄂᆞᆫ ᄃᆞᆯ 알고(知……自鄙先心ᄒᆞᄂᆞᆫ돌 코) 〈法華二 229a〉

(5) f. 기피 아라 아래브터 마준 사ᄅᆞᆷ과 大菩薩옷 아니면 〈月十五 41a〉
g. 기피 아ᄅᆞ샤 아ᄅᆡ브터 마ᄌᆞ시니와 大菩薩 아니시면(非深知宿契와 及大菩薩이시면) 〈法華四 70b〉

〈6〉 나조ㅎ 對 나죄

두 명사가 [夕] 즉 '저녁'의 뜻을 가지고 동의 관계에 있다는 것은 동일 원문의 번역인 다음 예문들에서 잘 확인된다. 원문 중 '夕死'가 『석보상절』 권20에서는 '나조힉 죽다'로 번역되고 『월인석보』 권18과 『법화경언해』에서는 '나죄 죽다'로 번역되므로 두 명사 '나조ㅎ'와 '나죄'의 동의성은 명백히 입증된다. 그리고 '나조ㅎ'의 용례는 『석보상절』 권20의 '孔子ㅣ 니ᄅᆞ샤ᄃᆡ 아ᄎᆞᄆᆡ 道理를 드르면 나조힉 주거도 ᄒᆞ리라' 〈13a〉에서도 발견할 수 있다. 두 명사는 제2 음절에서 모음 '오~외'의 교체를 보여 준다.

(6) a. 孔聖도 나조힉 주구믈 ᄃᆞᆯ히 너기샤미 〈釋二十 12a〉
b. 孔聖이 나죄 주구믈 ᄃᆞᆯ히 너기니 〈月十八 32a〉
c. 孔聖이 나죄 주구믈 ᄃᆞᆯ히 너기니(孔聖이 甘於夕死ᄒᆞ니) 〈法華六 145a〉

〈7〉 기춤 對 기츰

두 명사가 [謦欬] 즉 '기침'의 뜻을 가지고 동의 관계에 있다는 것은 동일 원문의 번역인 다음 예문들에서 잘 확인된다. 원문 중 '一謦欬'가 'ᄒᆞᆫ 謦欬'로도 번역되고 'ᄒᆞᆫ 기츰'으로도 번역된다. 그리고 '謦欬'의 자석이 '기춤'이다. 따라서 두 명사 '기춤'과 '기츰'의 동의성은 명백히 입증된다. 두 명사는 제2 음절에서 모음 '우~으'의 교체를 보여 준다.

(7) a. 한 謦欬 한 彈指예 〈月十八 10b〉
b. 한 기츰 한 彈指예(一謦欬 一彈指예) 〈法華六 107b〉
c. 謦欬는 기추미라 〈月十八 6a〉

〈8〉 그르메 對 그리메

두 명사가 [影] 즉 '그림자'의 뜻을 가지고 동의 관계에 있다는 것은 다음 예문들에서 잘 확인된다. '影'의 자석이 '그르메'도 되고 '그리메'도 된다. 따라서 두 명사 '그르메'와 '그리메'의 동의성은 명백히 입증된다. 두 명사는 제2 음절에서 모음 '으~이'의 교체를 보여 준다.

(8) a. 影은 그르메라 〈釋十九 37a〉
b. 影은 그리메오 〈月十一 17a〉 〈法華一 26b〉

〈9〉 소리 對 소릐

두 명사가 [聲] 즉 '소리'의 뜻을 가지고 동의 관계에 있다는 것은 동일 원문의 번역인 다음 예문들에서 잘 확인된다. 원문 중 聞'聲'이 '소리를 듣다'로도 번역되고 '소릴 듣다'로도 번역되므로 두 명사 '소리'와 '소릐'의 동의성은 명백히 입증된다. 두 명사는 제2 음절에서 모음 '이~의'의 교체를 보여 준다.

(9) a. 소리를 드로디 〈釋十九 10b〉
b. 소릐를 드러 〈月十七 57b〉
c. 소릴 드로디(聞聲호디) 〈法華六 26b〉

한편 '聲'이 『석보상절』, 『월인석보』 및 『법화경언해』에서 모두 '소리'로 번역된다는 것은 동일 원문의 번역인 다음 예문들에서 잘 확인된다. 원문 중 '循聲'이 '소리를 좇다'와 '소릴 좇다'로 번역된다.

(9) d. 소리를 조차 흘러 올마 갈쎄 〈釋二十一 2a〉

e. 소리ᄅᆞᆯ 조차 흘러 올ᄆᆞᆯᄊᆡ 〈月十九 19b〉
f. 소릴 조차 흘러 올ᄆᆞᆯᄊᆡ(循聲流轉故로) 〈法華七 46b〉

2.2. 子音 交替

동의 관계가 자음 교체를 보여 주는 명사들 사이에 성립된다. 자음 교체에는 'ㅅ~ㅿ'의 교체가 있다. 'ㅅ~ㅿ'의 교체를 보여 주는 명사에는 [滓] 즉 '찌꺼기'의 뜻을 가진 'ᄌᆞᆺ의'와 'ᄌᆞᇫ의'가 있다.

〈1〉 ᄌᆞᆺ의 對 ᄌᆞᇫ의

두 명사가 [滓] 즉 '찌꺼기'의 뜻을 가지고 동의 관계에 있다는 것은 동일 원문의 번역인 다음 예문들에서 잘 확인된다. 원문 중 '滓濁'이 'ᄌᆞᆺ의 흐린 것'으로도 번역되고 'ᄌᆞᇫ의 흐린 것'으로도 번역된다. 따라서 두 명사 'ᄌᆞᆺ의'와 'ᄌᆞᇫ의'의 동의성은 명백히 입증된다. 두 명사는 첫 음절말에서 자음 'ㅅ~ㅿ'의 교체를 보여 준다.

(1) a. ᄌᆞᆺ의 흐린 거시 다ᄋᆞ면 〈月十五 15a〉
b. ᄌᆞᇫ의 흐린 거시 ᄒᆞ마 다ᄋᆞ면(滓濁이 既盡ᄒᆞ면) 〈法華四 19a〉

한편 '滓'가 『월인석보』와 『법화경언해』에서 모두 'ᄌᆞᆺ의'로 번역된다는 것은 동일 원문의 번역인 다음 예문들에서 잘 확인된다. 원문 중 '滓濁'이 모두 'ᄌᆞᆺ의 흐린 것'으로 번역된다.

(1) c. 다 ᄌᆞᆺ의 흐린 거시 ᄃᆞ외리라 〈月十五 53b〉
d. 다 ᄌᆞᆺ의 흐린 거시리라(皆滓濁矣리라) 〈法華四 93b〉

3. 音韻 脫落型 및 音韻 添加型

어떤 명사가 그것 중의 한 음운의 탈락으로 생긴 명사와 동의 관계를 가질 수가 있는데 이 경우가 음운 탈락형이다. 음운 탈락에는 모음 탈락과 자음 탈락이 있다. 그리고 자음과 모음의 탈락이 있다.

어떤 명사가 그것 중에 한 음운을 첨가하여 만들어진 명사와 동의 관계를 가질 수 있다. 이 경우가 음운 첨가형이다.

3.1. 母音 脫落

母音 脫落에는 [酒] 즉 '술'의 뜻을 가진 '수을'과 '술'이 있다.

〈1〉 수을 對 술

두 명사가 [酒] 즉 '술'의 뜻을 가지고 동의 관계에 있다는 것은 동일 원문의 번역인 다음 예문들에서 잘 확인된다. 원문 중 '醉酒'가 '수을 醉ᄒᆞ다'로도 번역되고 '술 醉ᄒᆞ다'로도 번역된다. 따라서 '수을'과 '술'의 동의성은 명백히 입증된다. '수을'의 모음 '으'의 탈락으로 생긴 어형이 '술'이다.

(1) a. 수을 醉ᄒᆞ야 누벳거늘 〈月十五 22b〉
b. 술 醉ᄒᆞ야 누엣거늘(醉酒而臥ㅣ 어늘) 〈法華四 37b〉

(1) c. 수을 醉ᄒᆞ야 누부ᄆᆞᆫ 〈月十五 23a〉
d. 술 醉ᄒᆞ야 누우ᄆᆞᆫ(醉酒而臥ᄂᆞᆫ) 〈法華四 38b〉

3.2. 子音 脫落

자음 탈락에는 [杖] 즉 '막대'의 뜻을 가진 '막다히'와 '막대'가 있고 [於此]와 [此] 즉 '여기에'

의 뜻을 가진 '이에'와 '예'가 있다.

〈1〉 막다히 對 막대

두 명사가 [杖] 즉 '막대'의 뜻을 가지고 동의 관계에 있다는 것은 동일 원문의 번역인 다음 예문들에서 잘 확인된다. 원문 중 '刀杖'이 '갈콰 막다히'로도 번역되고 '갈 막대'로도 번역되므로 두 명사 '막다히'와 '막대'의 동의성은 명백히 입증된다. '막대'는 '막다히'의 자음 'ㅎ' 탈락으로 생긴 어형이다.

(1) a. 뎌의 자본 갈콰 막다히왜 〈釋二十一 4a〉
b. 뎌 자본 갈콰 막다히 〈月十九 24a〉
c. 뎌 자본 갈 막대(彼所執刀杖이) 〈法華七 53b〉

〈2〉 이에 對 예

두 대명사가 [於此]와 [此] 즉 '여기에'의 뜻을 가지고 동의 관계에 있다는 것은 동일 원문의 번역인 다음 예문들에서 잘 확인된다. 원문 중 '住於此'가 '예 잇다'로도 번역되고 '이에 住ᄒᆞ다'로도 번역된다. 그리고 '在此'가 '이에 잇다'로도 번역되고 '예 잇다'로도 번역된다. 따라서 두 대명사 '이에'와 '예'의 동의성은 명백히 입증된다. '예'는 '이에'의 자음 'ㆁ'의 탈락과 축약에 의해 생긴 語形이다.

(2) a. 비록 예 이셔도 〈釋十九 18a〉
b. 비록 이에 住ᄒᆞ야도 〈月十七 64a〉
c. 비록 이에 住ᄒᆞ야도(雖住於此ᄒᆞ야도) 〈法華六 41b〉

(2) d. 이에셔 앏셔니 업스시니 〈月十一 23a〉
e. 예셔 앏셔니 업스시니(莫先於此ᄒᆞ시니) 〈法華一 43a〉

(2) f. 네 다ᄆᆞᆫ 妙音菩薩ᄋᆡ 모미 이에 잇논 주를 봃 분뎡 〈釋二十 47a〉

g. 네 오직 妙音菩薩ㄹ 모미 예 잇는 둘 보건마른 〈月十八 84b〉
h. 네 오직 妙音菩薩의 모미 예 잇는 둘 보건마른(汝ㅣ 但見妙音菩薩의 其身이 在此이언마른) 〈法華七 26b〉

(2) i. 예 온 이를 뉘으처 〈月十三 12b〉
j. 이에 오믈 뉘으처(悔來至此ᄒᆞ야) 〈法華二 194b〉

(2) k. 예 니르런 〈月十四 9b〉
l. 이에 니르르샨(至此ᄒᆞ샨) 〈法華三 87b〉

한편 '此'가 『월인석보』와 『법화경언해』에서 모두 '이에'로 번역된다는 것을 동일 원문의 번역인 다음 예문들에서 잘 확인된다. 원문 중 '住此'가 '이에 잇다'와 '이에 住ᄒᆞ다'로 번역된다.

(2) m. ᄒᆞ다가 이에 오래 이시면 〈月十三 13a〉
n. ᄒᆞ다가 이에 오래 住ᄒᆞ면(若久住此ᄒᆞ면) 〈法華二 194b〉

3.3. 子音과 母音의 脫落

자음과 모음의 탈락에는 [於此], [於是] 및 [此] 즉 '여기에'의 뜻을 가진 '이어긔'와 '이에'가 있다.

〈1〉 이어긔 對 이에

두 대명사가 [於此], [於是] 및 [此] 즉 '여기에'의 뜻을 가지고 동의 관계에 있다는 것은 동일 원문의 번역인 다음 예문들에서 잘 확인된다. 원문 중 '於此'가 '이어긔'로도 번역되고 '이에'로도 번역된다. '於是'가 '이어긔'로도 번역되고 '이에'로도 번역된다. 그리고 '至此'가 '이어긔 오다'로도 번역되고 '이에 오다'로도 번역된다. 따라서 두 대명사 '이어긔'와 '이에'의 동의성은 명백히 입증된다. '이에'는 '이어긔'의 'ㄱ'가 탈락하고 축약되어 생긴 어형이다.

(1) a. 이어긔 기리 다ᄋᆞ샤미 〈月十二 35b〉
b. 이에 기리 다ᄋᆞ샤미(於此애 永盡ᄒᆞ샤미) 〈法華二 81a〉

(1) c. 이어긔 더러부미 업서 〈月十七 67b〉
d. 이에 더러봄 업서(於此애 無染ᄒᆞ야) 〈法華六 52a〉

(1) e. 諸佛ㅅ 잘ᄒᆞ시논 이리 이어긔 ᄆᆞᄎᆞ니라 〈月十一 13a〉
f. 諸佛ㅅ 能ᄒᆞ신 이리 이에 ᄆᆞᄎᆞ시니라(諸佛能事ㅣ 終畢於是也ㅣ시니라) 〈法華一 4a〉

(1) g. 이어긔 오도다 〈釋二十 45a〉
h. 이에 오도다 〈月十八 81b〉
i. 와 이에 니르도다(故來至此ᄒᆞ도다) 〈法華七 23a〉

(1) j. 말ᄊᆞ미 이어긔 밋디 몯ᄒᆞᆯᄊᆡ 〈月十三 43a〉
k. 마리 이에 밋디 몯ᄒᆞᆯᄊᆡ(言未及此ᄒᆞᆯᄊᆡ 故로) 〈法華三 5a〉

(1) l. 이어긔 ᄀᆞ장 불겨사 ᄒᆞ리라 〈月十四 38b〉
m. 반ᄃᆞ기 이에 기피 불굘디니라(當深明乎此ㅣ니라) 〈法華三 140a〉

한편 '於此'와 '此'가 『월인석보』와 『법화경언해』에서 모두 '이에'로 번역된다는 것은 동일 원문의 번역인 다음 예문들에서 잘 확인된다. 원문 중 '於此'가 모두 '이에'로 번역된다. 그리고 '住此'가 '이에 잇다'와 '이에 住ᄒᆞ다'로 번역된다.

(1) n. 이에 各別히 迦葉上首를 심기시니 〈月十三 64a〉
o. 이에 特別히 迦葉上首ᄅᆞᆯ 심기시니(於此에 特授迦葉上首ᄒᆞ시니) 〈法華三 64a〉

(1) p. 이에 븓디 몯ᄒᆞ리라 〈月十七 36a〉
q. 이에 參預 몯ᄒᆞ리라(莫預於此ᄒᆞ리라) 〈法華五 199a〉

(1) r. ᄒᆞ다가 이에 오래 이시면 〈月十三 13a〉
s. ᄒᆞ다가 이에 오래 住ᄒᆞ면(若久住此ᄒᆞ면) 〈法華二 194b〉

3.4. 音韻 添加

音韻 添加에는 [塵] 즉 '티끌'의 뜻을 가진 '드틀'과 '듣글'이 있다.

〈1〉 드틀 對 듣글

두 명사가 [塵] 즉 '티끌'의 뜻을 가지고 동의 관계에 있다는 것은 동일 원문의 번역인 다음 예문들에서 잘 확인된다. 원문 중 '纖塵'이 '죠고맛 드틀'로도 번역되고 '져근 듣글'로도 번역된다. '一塵'이 'ᄒᆞᆫ 드틀'로도 번역되고 'ᄒᆞᆫ 듣글'로도 번역된다. 그리고 '塵擾擾'가 '드트리 擾擾ᄒᆞ다'로도 번역되고 '듣그리 擾擾ᄒᆞ다'로도 번역된다. 따라서 두 명사 '드틀'과 '듣글'의 동의성은 명백히 입증된다. '듣글'은 '드틀'에 자음 'ㄱ'이 첨가된 어형이다.

(1) a. 淸淨은 죠고맛 드틀도 업슬 씨라 〈釋二十 35b〉
b. 淸淨三昧ᄂᆞᆫ 죠고맛 드틀도 셔디 아니호미오 〈月十八 69a〉
c. 淸淨三昧ᄂᆞᆫ 져근 듣글도 셔디 아니ᄒᆞ샤미오(淸淨三昧ᄂᆞᆫ 纖塵도 不立이시고) 〈法華七 9b〉

(1) d. 거츤 드트릐 더러이며 無明의 두푸미 ᄃᆞ외야 〈月十一 112a〉
e. 거짓 듣그릐 더러윰과 無明의 두푸ᄆᆞ로(以妄塵所染과 無明所覆으로) 〈法華一 180b〉

(1) f. 空假ㅅ 드트를 뻐러ᄇᆞ려 〈月十三 14a〉
g. 空假ㅅ 듣그를 뻐러ᄇᆞ려(拂去空假之塵ᄒᆞ야) 〈法華二 197a〉

(1) h. 큰 虛空앳 ᄒᆞᆫ 드틀 ᄀᆞᆮᄒᆞ며 〈月十七 72a〉
i. 큰 虛空앳 ᄒᆞᆫ 듣글 ᄀᆞᆮᄃᆞᆺᄒᆞ며(如太虛一塵ᄐᆞᆺᄒᆞ며) 〈法華六 59a〉

(1) j. ᄒᆞᆫ 드트레 ᄒᆞᆫ 劫곰 혜여도 〈月十四 9a〉
k. ᄒᆞᆫ 듣그레 ᄒᆞᆫ 劫을 혜여도(一塵에 一劫이라도) 〈法華三 86b〉

(1) l. ᄒᆞᆫ 드트를 ᄂᆞ리와 〈月十七 4b〉
m. ᄒᆞᆫ 듣글 ᄂᆞ리와(乃下一塵ᄒᆞ야) 〈法華五 131a〉

(1) n. 드트리 擾擾ᄒᆞ며 〈月十九 8b〉
　o. 듣그리 擾擾ᄒᆞ며(塵擾擾ᄒᆞ며) 〈法華七 43b〉

(1) p. 다 드틀 ᄆᆡᇰᄀᆞ라 ᄒᆞᆫ 드트를 ᄒᆞᆫ 劫에 혜여도 〈月十七 6a〉
　q. 다 듣글 ᄆᆡᇰᄀᆞ라 ᄒᆞᆫ 듣그를 ᄒᆞᆫ 劫이라도(盡以爲塵ᄒᆞ야 一塵을 一劫이라도) 〈法華五 132b〉

(1) r. 다 ᄇᆞᅀᆞ 드(8b)틀 ᄆᆡᇰᄀᆞ라 〈月十四 9a〉
　s. 다 ᄇᆞᇫ아 듣글 ᄆᆡᇰᄀᆞ라(盡抹爲塵ᄒᆞ야) 〈法華三 86b〉

4. 合成型 및 派生型

4.1. 合成型

합성은 단일어인 명사가 合成에 의한 명사와 동의 관계를 가지는 경우이다. 합성(Compounding)은 어간의 직접 구성 요소(Immediate Constituent)가 모두 語基이거나 어기보다 큰 단위로 이루어진 단어인 경우이다.

합성에는 [水波]와 [波] 즉 '물결'의 뜻을 가진 '믌결'과 '결'을 비롯하여 [牙] 즉 '어금니'의 뜻을 가진 '엄'과 '엄니' 그리고 [樹] 즉 '큰 나무'의 뜻을 가진 '즘게 나모'와 '나모' 등이 있다.

〈1〉 믌결 對 결

두 명사가 [水波]와 [波] 즉 '물결'의 뜻을 가지고 동의 관계에 있다는 것은 다음 예문들에서 잘 확인된다. 원문 중 '海水波'가 '바ᄅᆞᆳ 믌결'로 번역되고 '바ᄅᆞᆳ 므를 터 겨를 니르왇다'는 '擊海波'의 번역이다. 따라서 '믌결'과 '결'의 동의성은 명백히 입증된다. '믌결'은 명사 '믈'과 명사 '결'의 合成이다.

(1) a. 毗摩質多는 바ᄅᆞᆳ 믌겴 소리라 ᄒᆞᆫ 마리니 〈釋十三 9b〉 〈月十一 29a〉
　b. 毗摩質多는 닐오매 바ᄅᆞᆳ 믌겴 소리니 바ᄅᆞᆳ 믌겨를 티ᄂᆞ니라(毗摩質多는 云海水波音이니 擊

海波音者ㅣ라) 〈法華一 51a〉

c. 믌결이 갈아디거늘 〈月曲 107〉

d. 거믄 石壁 아래 盟誓호ᄃᆡ…生死 믌겴 가온ᄃᆡ 기리 ᄇᆡ ᄃᆞ외요리라 홇디니라 〈月九 22b〉

(1) e. 毗摩質多ᄂᆞᆫ…바ᄅᆞᆳ 므를 텨 겨를 니르왇ᄂᆞ니라 〈釋十三 9b〉 〈月十一 29b〉

〈2〉 ᄉᆞᆫ가락 對 가락

두 명사가 [指] 즉 '손가락'의 뜻을 가지고 동의 관계에 있다는 것은 동일 원문의 번역인 다음 예문들에서 잘 확인된다. 원문 중 '衆指'가 '한 ᄉᆞᆫ가락'으로도 번역되고 '한 가락'으로도 번역된다. 따라서 'ᄉᆞᆫ가락'과 '가락'의 동의성은 명백히 입증된다. 'ᄉᆞᆫ가락'은 명사 '손'과 명사 '가락'의 합성이다.

(2) a. 能히 한 ᄉᆞᆫ가라ᄀᆞᆯ ᄇᆞ리고 〈月十八 43a〉

b. 能히 한 가라ᄀᆞᆯ ᄇᆞ리고(能役衆指ᄒᆞ고) 〈法華六 158b〉

〈3〉 엄 對 엄니

두 명사가 [牙] 즉 '어금니'의 뜻을 가지고 동의 관계에 있다는 것은 동일 원문의 번역인 다음 예문들에서 잘 확인된다. 원문 중 '牙齒'가 '엄과 니'로도 번역되고 '엄니와 니'로도 번역되므로 두 명사 '엄'과 '엄니'의 동의성은 명백히 입증된다. '엄니'는 명사 '엄'과 명사 '니'의 합성이다.

(3) a. 입시울와 혀와 엄과 니왜 〈釋十九 7b〉

b. 입시울와 혀와 엄니와 니왜 〈月十七 53b〉

c. 脣舌牙齒ㅣ(脣舌牙齒ㅣ) 〈法華六 14b〉

'엄'은 [十인간]의 '어금니'를 뜻할 뿐 아니라 '여슷 엄 가진 白象 ᄐᆞ샤 〈月二 18b〉'와 '六牙白象'의 細注인 '六牙ᄂᆞᆫ 여슷 어미라〈釋六 31a〉'에서 '象'의 '어금니'를 뜻하고 '톱과 엄괘 늘캅고 〈釋六 33a〉'에서 '夜叉'의 '어금니'를 뜻한다. 따라서 '엄'은 [十有情物]의 '어금니'도 가리킨다. 同一 文獻의 用例인 '여슷 엄 가진 白象 투샤 〈月二 18b〉'와 '네 엄니 희오 늘 나시며 〈月二 41a〉'에서 두 명사의 意味 範圍가 같지 않음을 알 수 있다. '엄'은 [十有情物]의 '어금니'를 가리키고 '엄니'는 [十人間]의 '어금니'를 가리킨다.

〈4〉 오讼날 對 오늘

두 명사가 [今日] 즉 '오늘'의 뜻을 가지고 동의 관계에 있다는 것은 동일 원문의 번역인 다음 예문들에서 잘 확인된다. 원문 중 '今日'이 '오讼날'로도 번역되고 '오늘'로도 번역된다. 따라서 '오讼날'과 '오늘'의 동의성은 명백히 입증된다. '오讼날'은 [今] 즉 '이제'의 뜻을 가진 명사 '오늘'과 [日] 즉 '날'의 뜻을 가진 명사 '날'의 합성으로 '오늘 + -ㅅ #날'로 분석된다.

(4) a. 오讼날사 〈月十二 4b〉
b. 오늘사(今日에사) 〈法華二 8a〉

(4) c. 뎌 久遠을 보딕 오늘 ㄱ티 ㅎ노라 〈月十四 10a〉
d. 뎌 久遠을 보딕 오讼날 ㄱ티 ㅎ노라(觀彼久遠호딕 猶若今日ㅎ노라) 〈法華三 88a〉

(4) e. 뎌 久遠을 보샤딕 오늘 ㄱ티 ㅎ시니 〈月十四 10a〉
f. 뎌 久達 보샤딕 오讼날 ㄱ티 ㅎ시니(觀彼久遠ㅎ샤딕 猶若今日ㅎ시니) 〈法華三 88a〉

한편 '今日'이 『석보상절』, 『월인석보』 및 『법화경언해』에서 모두 '오늘'로 번역된다는 것은 동일 원문의 번역인 다음 예문들에서 잘 확인된다. 원문 중 '從今日'이 모두 '오늘브터'로 번역된다.

(4) g. 내 오늘브터 힝뎌글 ㅁ숨 조초 아니ㅎ며 〈釋二十一 47b〉
h. 내 오늘브터 ㄴ외야 내 心行올 좃디 아니ㅎ야 〈月十九 91a〉
i. 내 오늘브터 ㄴ외야 내 心(149b)行올 좃디 아니ㅎ야(我ㅣ 從今日ㅎ야 不復自隨心行ㅎ야) 〈法華七 150a〉

(4) j. 如來 오ᄂᆞᆳ 밤 中에 無餘涅槃애 들리라 〈釋十三 34a〉〈月十一 88b〉
k. 如來ㅣ 오ᄂᆞᆳ 밤 中에 반ᄃᆞ기 나ᄆᆞᆫ 것 업슨 涅槃애 드로리라(如來ㅣ 於今日中夜애 當入無餘涅槃호리라) 〈法華一 107b〉

〈5〉 오ᄂᆞᆳ날 對 오ᄂᆞᆯ

두 명사가 [今] 즉 '이제'의 뜻을 가지고 동의 관계에 있다는 것은 동일 원문의 번역인 다음 예문들에서 잘 확인된다. 원문 중 '如今'이 '오ᄂᆞᆳ날 ᄀᆞᄐᆞ다'로도 번역되고 '오ᄂᆞᆯ ᄀᆞᄐᆞ다'로도 번역된다. 따라서 '오ᄂᆞᆳ날'과 '오ᄂᆞᆯ'의 동의성은 명백히 입증된다. '오ᄂᆞᆳ날'은 명사 '오ᄂᆞᆯ'과 명사 '날'의 合成이다.

(5) a. 오ᄂᆞᆳ날 ᄀᆞᄐᆞ리라 〈月十五 36a〉
b. 오ᄂᆞᆯ ᄀᆞᄐᆞ리라(猶如今也ᄒᆞ리라) 〈法華四 60b〉

(5) c. 오ᄂᆞᆳ날(91b) 會中에 〈月十七 92a〉
d. 오ᄂᆞᆳ 會中엣(今此會中엣) 〈法華六 89b〉

〈6〉 즘게 나모 對 나모

두 명사가 [樹] 즉 '큰 나무'의 뜻을 가지고 동의 관계에 있다는 것은 동일 원문의 번역인 다음 예문들에서 잘 확인된다. 원문 중 '一樹'가 『석보상절』 권20에서는 'ᄒᆞᆫ 즘게 나모'로 번역되고 『월인석보』 권18권과 『법화경언해』에서는 'ᄒᆞᆫ 나모'로 번역되므로 '즘게 나모'와 '나모'의 동의성은 명백히 입증된다. '즘게 나모'는 명사 '즘게'와 명사 '나모'의 합성이다.

(6) a. ᄒᆞᆫ 즘게 남기 ᄒᆞᆫ 臺옴 ᄒᆞ니 〈釋二十 7a〉
b. ᄒᆞᆫ 남긔 ᄒᆞᆫ 臺러니 〈月十八 25b〉
c. ᄒᆞᆫ 남기 ᄒᆞᆫ 臺ㅣ어든(一樹에 一臺어든) 〈法華六 135a〉

한편 '樹'가 『석보상절』, 『월인석보』 및 『법화경언해』에서 모두 '나모'로 번역된다는 것은 동일 원문의 번역인 다음 예문들에서 잘 확인된다. 원문 중 '其樹'가 모두 '그 나모'로 번역된다.

(6) d. 그 남기 臺예셔 버으로미 〈釋二十 7a〉〈月十八 25b〉
   e. 그 남기 臺예 버으로미(其樹 ㅣ 去臺호미) 〈法華六 135a〉

〈7〉 쳔 對 쳔량

두 명사가 [財] 즉 '재물'의 뜻을 가지고 동의 관계에 있다는 것은 동일 원문의 번역인 다음 예문들에서 잘 확인된다. 원문 중 '諸法之財'가 '諸法엣 쳔'으로 번역되고 '功德財'가 '功德 쳔량'으로 번역된다. 따라서 '쳔'과 '쳔량'의 동의성은 명백히 입증된다. '쳔량'은 '쳔'과 '량'의 합성이다. '쳔, 쳔량'은 南豊鉉(1968:72~73)에 의하면 近世中國語 '錢, 錢糧'에서의 직접 차용 어사이지만, 그것들의 한자 표기는 발견되지 않고 정음 표기만 있으므로 이 저서에서는 두 명사를 고유어의 범주에 넣어 다루었다.

(7) a. 庫애 諸法엣 쳔이 넚디니라 〈月十三 8b〉
   b. 庫애 諸法財 넚디니라(庫溢諸法之財니라) 〈法華二 187a〉

(7) c. 貧窮ᄒᆞᆫ 아ᄃᆞᄅᆞᆫ 五道애 困ᄒᆞ(9a)야 功德 쳔량 업수믈 가ᄌᆞᆯ비니라 〈月十三 9b〉
   d. 窮子ᄂᆞᆫ 五道애 困ᄒᆞ야 功德財 (188a) 업수믈 가ᄌᆞᆯ비니라(窮子ᄂᆞᆫ 譬困於五道ᄒᆞ야 乏功德財ᄒᆞ니라) 〈法華二 188b〉

한편 『월인석보』와 『법화경언해』에서 '財'가 모두 '쳔량'으로만 번역된다는 것은 동일 원문의 번역인 다음 예문들에서 잘 확인된다. 원문 중 '財寶'가 모두 '쳔량 보ᄇᆡ'로 번역된다.

(7) e. 쳔량 보ᄇᆡ 그지 업서 〈月十三 7b〉
   f. 쳔량 보ᄇᆡ 그지 업서(財寶 ㅣ 無量ᄒᆞ야) 〈法華二 186a〉

4.2. 派生型

파생은 기어인 명사가 그것에서 파생된 명사와 동의 관계를 가지는 경우이다. 파생의 예를 들면, [書] 즉 '책'의 뜻을 가진 '글, 글왈'을 비롯하여 [言], [語], [說], [語言], [言辭] 및 [言詮] 즉 '말'의 뜻을 가진 '말, 말ᄊᆞᆷ' 그리고 [教] 즉 '왕의 명령'의 뜻을 가진 '말, 말ᄊᆞᆷ'이 있다.

〈1〉 글 對 글월

두 명사가 [書] 즉 '책'의 뜻을 가지고 동의 관계에 있다는 것은 다음 예문들에서 잘 확인된다. 원문 중 '一書'가 'ᄒᆞᆫ 글'로 번역되고 '兩書'가 '두 글월'로 번역된다. 따라서 '글'과 '글월'의 동의성은 명백히 입증된다.

(1) a. 各別히 ᄒᆞᆫ 그를 ᄆᆡᇰᄀᆞ라(別爲一書ᄒᆞ야) 〈釋序 4b〉
b. 두 글워를 어울워(爰合兩書ᄒᆞ야) 〈月序 12b〉

〈2〉 말 對 말ᄊᆞᆷ

두 명사가 [說], [言], [語], [語言], [言辭] 및 [言詮] 즉 '말'의 뜻을 가지고 동의 관계에 있다는 것은 동일 원문의 번역인 다음 예문들에서 잘 확인된다. 원문 중 '方便之說'이 '方便엣 말'로도 번역되고 '方便엣 말ᄊᆞᆷ'으로도 번역된다. '言…及'이 '말ᄊᆞ미 및다'로도 번역되고 '마리 및다'로도 번역된다. '其語'가 '그 말ᄊᆞᆷ'으로도 번역되고 '그 말'로도 번역된다. '假語言'이 '말ᄊᆞᄆᆞᆯ 빌다'로도 번역되고 '마ᄅᆞᆯ 븥다'로도 번역된다. '言辭'가 '말ᄊᆞᆷ'으로도 번역되고 '말'로도 번역된다. 그리고 '滯言詮'이 '말ᄊᆞ매 걸이다'로도 번역되고 '마래 걸이다'로도 번역된다. 따라서 두 명사 '말'과 '말ᄊᆞᆷ'의 동의성은 명백히 입증된다. '말ᄊᆞᆷ'은 '말'에서 파생된 명사이다.

(2) a. 말ᄊᆞ미 다 眞實이면 〈釋二十 14b〉
b. 마리 眞 아니니 업스시면 〈月十八 35b〉
c. 마리 眞 아니니 업스시면(說이 無非眞이시면) 〈法華六 149a〉

(2) d. 다 機를 조차 方便엣 마리시니라 〈月十七 8b〉
e. 다 機를 조차 方便엣 말쏨 ᄯᆞᄅᆞ미시니라(皆隨機方便之說耳시니라) 〈法華五 135a〉

(2) f. 말ᄊᆞ미 이어긔 밋디 몯홀씨 〈月十三 43a〉
g. 마리 이에 밋디 몯홀씨(言未及此홀씨 故로) 〈月十三 43a〉

(2) h. 말ᄊᆞ미 미춇 디 아니며 〈月十八 14a〉
i. 마리 미출 ᄠᅵ 아니며(非言所及이며) 〈法華六 119a〉

(2) j. 그 말ᄊᆞ미 工巧코 微妙ᄒᆞ야 〈月十一 42b〉
k. 그 마리 工巧코 微妙ᄒᆞ(95a)시며(其語ㅣ 巧妙ᄒᆞ시며) 〈法華一 95b〉

(2) l. 모로매 말ᄊᆞᄆᆞᆯ 비러 〈月十一 93b〉
m. 모로매 마ᄅᆞᆯ 브트샤(須假語言ᄒᆞ샤) 〈法華一 133a〉

(2) n. 譬喩엣 말ᄊᆞᄆᆞ로 〈月十一 110a〉
o. 譬喩와 말로(譬喩와 言辭로) 〈法華一 176b〉

(2) p. 말ᄊᆞ매 걸윯 ᄃᆞᆯ 니ᄅᆞ시니라 〈月十四 32b〉
q. 오직 마래 걸일 ᄯᆞᆯ 니ᄅᆞ시니라(謂…唯滯言詮일ᄃᆞᆯ ᄒᆞ시니라) 〈法華三 131b〉

한편 '語'와 '說'이 『석보상절』, 『월인석보』 및 『법화경언해』에서 모두 '말'로도 번역되고 '言'이 모두 '말쏨'으로도 번역된다는 것은 동일 원문의 번역인 다음 예문들에서 잘 확인된다. 원문 중 '佛語'가 모두 '부텻 말'로 번역되고 '眞說'이 모두 '眞實ㅅ 말'로 번역된다. 그리고 '言…及'이 모두 '말ᄊᆞ미 및다'로 번역된다.

(2) r. ᄒᆞᆫ ᄆᆞᅀᆞᄆᆞ로 부텻 마ᄅᆞᆯ 信解 受持ᄒᆞ라 〈月十一 128b〉
s. 반ᄃᆞ기 ᄒᆞᆫ ᄆᆞᅀᆞᄆᆞ로 信ᄒᆞ야 아라 부텻 마ᄅᆞᆯ 受持ᄒᆞ라(當一心信解ᄒᆞ야 受持佛語ᄒᆞ라) 〈法華一 194b〉

(2) t. 다 眞實ㅅ 마리론 주를 ᄉᆞᄆᆞᆺ 알 씨라 〈釋二十 35b〉

u. 다 眞實ㅅ 마린 ᄃᆞᆯ ᄉᆞᄆᆞᆺ 아ᄅᆞ샤ᄆᆞᆯ 니ᄅᆞ시고(謂了皆眞說ᄒᆞ시고) 〈法華七 9b〉

(2) v. 이든 말로 달애야도 〈月十二 25b〉

w. 이든 말로 달애야 알외야도(善言誘喩ᄒᆞ야도) 〈法華二 64b〉

(2) x. 말ᄊᆞ미 미춣 ᄃᆡ 아닐ᄊᆡ 〈月十一 100a〉

y. 말ᄊᆞ미 미출 ᄠᅵ 아닐ᄊᆡ(非言所及故로) 〈法華一 145b〉

〈3〉 말 對 말쏨

두 명사가 [敎] 즉 '왕의 명령'의 뜻을 가지고 동의 관계에 있다는 것은 동일 원문의 번역인 다음 예문들에서 잘 확인된다. 원문 중 '王敎'가 '王 말'로도 번역되고 '王 말쏨'으로도 번역된다. 따라서 '말'과 '말쏨'의 동의성은 명백히 입증된다.

(3) a. 내 王 말쏨 듣ᄌᆞᆸ고ᅀᅡ 내 ᄆᆞᅀᆞ미 ᄭᆡ돈과이다 〈釋二十四 29b〉

b. 王 마ᄅᆞᆯ 듣ᄌᆞ보니 ᄭᆡ와이다 〈月二十五 134b〉

c. 今聞王教 及得醒悟 〈釋迦譜 卷3 25. 阿育王弟出家造石像記〉

제2절 動詞類에서의 同義

고유어의 動詞類에서 확인되는 동의 관계에는 動作動詞간의 同義 관계, 狀態動詞간의 동의 관계 그리고 동작동사와 상태동사 간의 동의 관계가 있다.

1 動作動詞간의 同義

고유어의 動作動詞에서 발견되는 동의 관계는 相異型과 相似型으로 나눌 수 있다. 相異型은 음운론적 관점과 형태론적 관점으로 분류될 수 있는데 음운론적 관점에 따르면 音韻 交替, 音韻 脫落, 音韻 添加 및 音節 縮約이 있다. 형태론적 관점에 따르면 合成과 派生이 있다.

1. 相異型

서로 다른 形式을 가진 둘 또는 그 이상의 動詞類들이 同義 關係를 가질 수 있다. 이 경우가 곧 相異型이다.

고유어의 動作動詞에서 확인되는 상이형에는 [到] 즉 '다다르다, 이르다'의 뜻을 가진 '가다'와 '다돋다'를 비롯하여 [裂] 즉 '가르다, 깨다'의 뜻을 가진 '가ᄅᆞ다'와 'ᄣᅢ다', [憔悴] 즉 '파리하고 쇠약하다'의 뜻을 가진 '가시다'와 '시들다', [慕] 즉 '그리워하다'의 뜻을 가진 '과ᄒᆞ다'와 'ᄉᆞ랑ᄒᆞ다', [分別] 즉 '가리다'의 뜻을 가진 'ᄀᆞᆯᄒᆞ다'와 'ᄂᆞ호다', [警] 즉 '깨우다'의 뜻을 가진 'ᄭᆡ오다'와 '알외다', [生起] 즉 '일어나다'의 뜻을 가진 '나닐다'와 '니러나다', [著現] 즉 '나타나다'의 뜻을 가진 '나다나다'와 '낟다', [演] 즉 '자세히 설명하다'의 뜻을 가진 '너피다'와 '부르다', [稱數] 즉 '말하여 세다'의 뜻을 가진 '니르혜다'와 'ᄃᆞ라 혜다', [敍]와 [陳] 즉 '펴다, 진술하다, 말하다'의 뜻을 가진 '니ᄅᆞ다'와 '펴다', [詣] 즉 '나아가다'의 뜻을 가진 '다돋다'와 '나ᅀᅡ가다', [盡]과 [窮] 즉 '다하다'의 뜻을 가진 '다ᄒᆞ다'와 '다ᄋᆞ다', [墮]와 [墜] 즉 '떨어지다'의 뜻을 가진 'ᄠᅥ러디다'와 'ᄠᅥ디다', [尋] 즉 '좇다'의 뜻을 가진 '듣닥다'와 '미좇다'와 '좇다' 그리고 [行] 즉 '다니다'의 뜻을 가진 'ᄃᆞᆫ니다'와 'ᄒᆞ니다'가 있다.

[合] 즉 '맞추다, 합치다'의 뜻을 가진 '마초다'와 '어울우다'를 비롯하여 [直] 즉 '값어치가 있다, 상당하다'의 뜻을 가진 '맞다'와 'ᄊᆞ다', [滯] 즉 '막히다, 걸리다'의 뜻을 가진 '머굴위다'와 '걸이다', [合] 즉 '합치다'의 뜻을 가진 '모도다'와 '어울다', [會]와 [集] 즉 '모으다'의 뜻을 가진 '뫼호다'와 '모도다', [隤落] 즉 '무너지다'의 뜻을 가진 'ᄆᆞ르듣다'와 'ᄆᆞᆯ어디다', [作]나 [化作] 즉 '만들다, 짓다'의 뜻을 가진 'ᄆᆡᆼᄀᆞᆯ다'와 '짓다', [決] 즉 '도려내다'의 뜻을 가진 '바히다'와 '헤티다', [憂] 즉 '근심하다, 걱정하다'의 뜻을 가진 '분별ᄒᆞ다'와 '시름ᄒᆞ다', [嫉妬] 즉 '시새움하다, 시기하다'의 뜻을 가진 '새오다'와 '싀다', [慕] 즉 '사랑하다'의 뜻을 가진 'ᄉᆞ랑ᄒᆞ다'와 'ᄃᆞᆺ다', [動] 즉 '움직이다'의 뜻을 가진 '움즉ᄒᆞ다'와 '뮈다', [息] 즉 '그치다'의 뜻을 가진 '잔치다'와 '그치다' 그리고 [散] 즉 '흩다, 뿌리다'의 뜻을 가진 '흩다'와 '빟다' 등 210여 항목이 있다.

〈1〉 가다 對 다돋다

두 동작동사가 [到] 즉 '다다르다, 이르다'의 뜻을 가지고 동의 관계에 있다는 것은 동일 원문의 번역인 다음 예문들에서 잘 확인된다. 원문 중 '到於佛前'이 '부텻 알ᄑᆡ 가다'로도 번역되고 '부텻 알ᄑᆡ 다돋다'로도 번역된다. 따라서 '가다'와 '다돋다'의 동의성은 명백히 입증된다.

(1) a. 즉재 座로셔 니러 부텻 알ᄑᆡ 가 머리 조사 禮數ᄒᆞᄉᆞᆸ고 〈月十五 2b〉

b. 즉재 座를 從ᄒᆞ야 니러 부텻 알ᄑᆡ 다ᄃᆞ라 頭面으로 바래 저ᅀᆞᆸ고(卽從座起ᄒᆞ야 到於佛前ᄒᆞ야 頭面禮足ᄒᆞᅀᆞᆸ고) 〈法華四 4a〉

(1) c. 즉재 座로셔 니러 부텻 알ᄑᆡ 가 머리 조ᄉᆞ바 禮數ᄒᆞᅀᆞ바 허믈 뉘으처 제 외요이다 ᄒᆞ야 〈月十五 21b〉

d. 즉재 座를 從ᄒᆞ야 니러 佛前에 다ᄃᆞ라 頭面으로 바래 저ᅀᆞᆸ고 허믈 뉘으처 제 責호ᄃᆡ(卽從座起ᄒᆞ야 到於佛前ᄒᆞ야 頭面禮足ᄒᆞᅀᆞᆸ고 悔過自責호ᄃᆡ) 〈法華四 36a〉

〈2〉 가ᄅᆞ다 對 ᄢᅢ다

두 동작동사가 [裂] 즉 '가르다, 깨다'의 뜻을 가지고 동의 관계에 있다는 것은 동일 원문의 번역인 다음 예문들에서 잘 확인된다. 원문 중 '裂爲'가 '갈아 ᄃᆞ외다'로도 번역되고 'ᄢᅢ야 ᄃᆞ외다'로도 번역된다. 따라서 '가ᄅᆞ다'와 'ᄢᅢ다'의 동의성은 명백히 입증된다.

(2) a. 갈아 두 乘이 ᄃᆞ외니 〈月十二 49a〉

b. ᄢᅢ야 二乘이 ᄃᆞ외니(裂爲二乘ᄒᆞ니) 〈法華二 100a〉

〈3〉 가ᄉᆡ다 對 시들다

두 동작동사가 [憔悴] 즉 '파리하고 쇠약하다'의 뜻을 가지고 동의 관계에 있다는 것은 동일 원문의 번역인 다음 예문들에서 잘 확인된다. 원문 중 '形色憔悴'가 '양ᄌᆡ 가ᄉᆡ다'로도 번역되고 '양ᄌᆡ 시들다'로도 번역된다. 따라서 '가ᄉᆡ다'와 '시들다'의 동의성은 명백히 입증된다.

(3) a. 양ᄌᆡ 가ᄉᆡ요ᄆᆞᆫ 〈月十三 20b〉

b. 양ᄌᆡ 시드로ᄆᆞᆫ(形色憔悴ᄂᆞᆫ) 〈法華二 207a〉

한편 '憔悴'가 『월인석보』와 『법화경언해』에서 모두 '시들다'로 번역된다는 것은 동일 원문의 번역인 다음 예문들에서 잘 확인된다. 원문 중 '羸瘦憔悴'가 '시드러 여위다'와 '여위고 시들다'로 번역된다.

(3) c. 아ᄃᆞ리 모미 시드러 여위고 〈月十三 21b〉
d. 아ᄃᆞ리 모미 여위고 시들며(子身이 羸瘦憔悴ᄒᆞ며) 〈法華二 209b〉

〈4〉 가져 ᄒᆞ니다 對 자바 간슈ᄒᆞ다

두 동작동사구가 [攝衛] 즉 '잡아 간수하다'의 뜻을 가지고 동의 관계에 있다는 것은 동일 원문의 번역인 다음 예문들에서 잘 확인된다. 원문 중 '攝衛'가 '가져 ᄒᆞ니다'로 번역되고 '攝衛'의 字釋이 '자바 간슈ᄒᆞ다'이다. 따라서 '가져 ᄒᆞ니다'와 '자바 간슈ᄒᆞ다'의 동의성은 명백히 입증된다.

(4) a. 婆羅門은 術數로 제 몸 가져 ᄒᆞ니ᄂᆞ니라 〈月十九 36b〉
b. 婆羅門은 術數로 攝衛ᄒᆞᄂᆞ니라[攝衛ᄂᆞᆫ 자바 간슈ᄒᆞᆯ 씨라](婆羅門은 術數로 攝衛ᄒᆞᄂᆞ니라) 〈法華七 77b〉

〈5〉 가지다 對 두다

두 동작동사가 [栖] 즉 '가지다'의 뜻을 가지고 동의 관계에 있다는 것은 동일 원문의 번역인 다음 예문들에서 잘 확인된다. 원문 중 '栖心'이 'ᄆᆞᅀᆞᆷ 가지다'로도 번역되고 'ᄆᆞᅀᆞᆷ 두다'로도 번역되므로 '가지다'와 '두다'의 동의성은 명백히 입증된다.

(5) a. 如來와 ᄒᆞᆫᄃᆡ 자ᄆᆞᆫ ᄆᆞᅀᆞᆷ 가죠미 부텨와 ᄀᆞᆮ호미오 〈月十五 50b〉
b. 如來와 ᄒᆞᆫᄃᆡ 자ᅀᆞ오ᄆᆞᆫ ᄆᆞᅀᆞᆷ 두미 부텨와 ᄀᆞᆮᄌᆞ오ᄆᆞᆯ 니ᄅᆞ시고(與如來共宿은 謂栖心이 同佛也ㅣ시고) 〈法華四 89a〉

〈6〉 가지다 對 디니다

두 동작동사가 [持] 즉 '가지다, 지니다'의 뜻을 가지고 동의 관계에 있다는 것은 동일 원문의 번역인 다음 예문들에서 잘 확인된다. 원문 중 '持妙法蓮華經'이 '妙法蓮華經을 가지다'로도 번역되고 '妙法蓮華經을 디니다'로도 번역된다. 따라서 '가지다'와 '지니다'의 동의성은 명백히 입증된다.

(6) a. 妙法蓮華經을 가져 〈月十一 90b〉
b. 妙法蓮華經을 디녀(持妙法蓮華經ᄒᆞ야) 〈法華一 112a〉

한편 '持'가 『월인석보』와 『법화경언해』에서 모두 '디니다'로 번역된다는 것은 동일 원문의 번역인 다음 예문들에서 잘 확인된다. 원문 중 '持法藏'이 '法藏을 디니다'와 '法藏 디니다'로 번역된다.

(6) c. 阿難이 아래브터 法藏을 디녀 〈月十五 30a〉
d. 阿難이 아릭 法藏 디녀(阿難이 宿持法藏ᄒᆞ야) 〈法華四 51a〉

〈7〉 가지다 對 ᄢᅴ다

두 동작동사가 [帶] 즉 '가지다, 띠다'의 뜻을 가지고 동의 관계에 있다는 것은 동일 원문의 번역인 다음 예문들에서 잘 확인된다. 원문 중 '帶果'가 '果를 가지다'로도 번역되고 '果를 ᄢᅴ다'로도 번역되므로 '가지다'와 'ᄢᅴ다'의 동의성은 명백히 입증된다.

(7) a. 果를 가져셔 〈月十二 13b〉
b. 果를 ᄢᅴ어(帶果ᄒᆞ야) 〈法華二 39b〉

〈8〉 가ᄌᆞᆯ비다 對 비기다

두 동작동사가 [等] 즉 '견주다, 비교하다'의 뜻을 가지고 동의 관계에 있다는 것은 동일 원문의 번역인 다음 예문들에서 잘 확인된다. 원문 중 '等佛解脫'이 '부텻 解脫이 가ᄌᆞᆯ비다'로도 번역되고 '부텻 解脫애 비기다'로도 번역되므로 '가ᄌᆞᆯ비다'와 '비기다'의 동의성은 명백히 입증된다.

(8) a. 부텻 解脫ᄋᆡ 가ᄌᆞᆯ벼 〈月十一 104a〉
b. 부텻 解脫애 비겨(等佛解脫ᄒᆞ야) 〈法華一 160b〉

〈9〉 갔다 對 무지다

두 동작동사가 [剃除]와 [剃] 즉 '머리를 깎다'의 뜻을 가지고 동의 관계에 있다는 것은 다음 예문들에서 잘 확인된다. 원문 중 '剃除鬚髮'이 '머리 갔다'로 번역되고 '剃師'의 자석이 'ᄂᆞᄆᆡ 머리 갓ᄂᆞᆫ 사ᄅᆞᆷ'이다. 그리고 두 동작동사가 명사 '마리' [髮]를 목적어로 共有하고 서로 교체 가능하다. 따라서 '갔다'와 '무지다'의 동의성은 명백히 입증된다.

(9) a. 머리 가까 法服ᄋᆞᆯ 니브리도 보며 〈釋十三 20a〉
b. 내 보ᄃᆡ …鬚髮 갓고 法服 니브며 (我見…剃除鬚髮ᄒᆞ고 而被法服ᄒᆞ며) 〈法華一 77a〉

(9) c. 손소 머리 갓고 뫼고래 이셔 〈釋六 12a〉
d. 難陁ᄋᆡ 머리ᄅᆞᆯ 가ᄉᆞᆸ라 ᄒᆞ야시ᄂᆞᆯ 〈月七 8b〉
e. 부톄 剃師를 시기샤 [剃師ᄂᆞᆫ ᄂᆞᄆᆡ 머리 갓ᄂᆞᆫ 사ᄅᆞ미라] 〈月七 8b〉

(9) f. 이제 마리ᄅᆞᆯ 무져 衆生ᄃᆞᆯ콰로 煩惱ᄅᆞᆯ �러 ᄇᆞ리려 ᄒᆞ시고 손소 무져 虛空애 더더시ᄂᆞᆯ 〈釋三 31a〉
g. 雪山 苦行林애 마리ᄅᆞᆯ 무지시며 煩惱 ᄡᅳ러 ᄇᆞ료려 ᄒᆞ시니 〈月曲 20〉

〈10〉 ᄧᅥ디다 對 줌다

두 동작동사가 [溺] 즉 '빠지다, 잠기다'의 뜻을 가지고 동의 관계에 있다는 것은 동일 원문의 번역인 다음 예문들에서 잘 확인된다. 원문 중 '自溺'이 '제 ᄧᅥ디다'로도 번역되고 '제 줌다'로도 번역되므로 'ᄧᅥ디다'와 '줌다'의 동의성은 명백히 입증된다.

(10) a. 기운 보ᄆᆞ로 제 ᄧᅥ디옛거든 〈釋二十一 40a〉
b. 기운 보매 제 줌고(偏見에 自溺ᄒᆞ고) 〈法華七 138b〉

〈11〉 거르뛰다 對 건너뛰다

두 동작동사가 [躐] 즉 '뛰어넘다'의 뜻을 가지고 동의 관계에 있다는 것은 동일 원문의 번역인 다음 예문들에서 잘 확인된다. 원문 중 '躐等'이 '等을 거르뛰다'로도 번역되고 '等을 건너뛰다'로도 번역되므로 '거르뛰다'와 '건너뛰다'의 동의성은 명백히 입증된다. '躐等'의 의미는 '순서를 뛰어넘음'이다.

(11) a. 빅호미 等을 거르뛰디 아니콰뎌 ᄒᆞ시논 젼치라 〈月十四 41a〉
b. 빅호미 等을 건너뛰디 아니콰뎌 ᄒᆞ신 젼치라(欲學不躐等故也ㅣ라) 〈法華三 143a〉

〈12〉 거리ᄭᅵ다 對 걸이다

두 동작동사가 [滯] 즉 '걸리다'의 뜻을 가지고 동의 관계에 있다는 것은 동일 원문의 번역인 다음 예문들에서 잘 확인된다. 원문 중 '滯著'이 '거리ᄭᅧ 븓들다'로도 번역되고 '걸여 著ᄒᆞ다'로도 번역되므로 '거리ᄭᅵ다'와 '걸이다'의 동의성은 명백히 입증된다.

(12) a. 거리ᄭᅧ 븓들윤 줄 업슬 씨라 〈釋二十 35a.
b. 걸여 著ᄒᆞᆫ ᄃᆡ 업스실 씨오(無所滯著이시고) 〈法華七 9a〉

〈13〉 거리츠다 對 건나다

두 동작동사가 [濟] 즉 '건지다, 구제하다'의 뜻을 가지고 동의 관계에 있다는 것은 동일 원문의 번역인 다음 예문들에서 잘 확인된다. 원문 중 '運濟'가 '뮈우며 거리츠다'로도 번역되고 '뮈워 건나다'로도 번역되므로 '거리츠다'와 '건나다'의 동의성은 명백히 입증된다.

(13) a. 法輪은 뮈우며 거리추미 머굴위디 아니ᄒᆞᆫ ᄠᅳ디라 〈月十四 16b〉
b. 法輪은 뮈워 건나미 걸 띠 업수믈 取ᄒᆞ니라(法輪은 取運濟無滯也ㅣ라) 〈法華三 101a〉

〈14〉 거리츠다 對 건디다

두 동작동사가 [濟] 즉 '건지다, 제도하다'의 뜻을 가지고 동의 관계에 있다는 것은 동일 원문의 번역인 다음 예문들에서 잘 확인된다. 원문 중 '拔濟'가 '싸혀 거리츠다'로도 번역되고 '싸혀 건디다'로도 번역되므로 '거리츠다'와 '건디다'의 동의성은 명백히 입증된다.

(14) a. 三界火宅애 衆生올 싸혀 거리처 〈月十二 40b〉
b. 三界火宅애 衆生 싸혀 건됴려(於三界火宅애 拔濟衆生호려) 〈法華二 88b〉

〈15〉 거리치다 對 건디다

두 동작동사가 [濟] 즉 '건지다, 제도하다'의 뜻을 가지고 동의 관계에 있다는 것은 동일 원문의 번역인 다음 예문들에서 잘 확인된다. 원문 중 '救濟'가 '救ᄒᆞ야 거리치다'로도 번역되고 '救ᄒᆞ야 건디다'로도 번역되므로 '거리치다'와 '건디다'의 동의성은 명백히 입증된다.

(15) a. 다 能히 救ᄒᆞ야 거리쳐 내며 〈釋二十 48b〉
b. 다 能히 救ᄒᆞ야 건디며(皆能救濟ᄒᆞ며) 〈法華七 28b〉

〈16〉 거슬쁘다 對 거슬다

두 동작동사가 [悖]과 [逆] 즉 '거스르다'의 뜻을 가지고 동의 관계에 있다는 것은 동일 원문의 번역인 다음 예문들에서 잘 확인된다. 원문 중 '悖其性'이 '제 性에 거슬쁘다'로도 번역되고 '제 性에 거슬다'로도 번역된다. 그리고 '逆順'이 '거슬쁘며 順ᄒᆞ다'로도 번역되고 '거슬며 順ᄒᆞ다'로도 번역된다. 따라서 두 동작동사 '거슬쁘다'와 '거슬다'의 동의성은 명백히 입증된다. 두 동작동사는 '順ᄒᆞ다'와 의미상 대립 관계에 있다.

(16) a. 제 性에 거슬쁘디 아니케 ᄒᆞ실씨 〈月十三 55a〉
b. 제 性에 거스디 아니ᄒᆞ실씨(不悖其性故로) 〈法華三 27b〉

(16) c. 거슬ᄡᅳ며 順호미 〈月十四 46a〉
d. 거슬며 順호미(逆順이) 〈法華三 150a〉

〈17〉 거티다 對 걸이다

두 동작동사가 [滯] 즉 '막히다'의 뜻을 가지고 동의 관계에 있다는 것은 동일 원문의 번역인 다음 예문들에서 잘 확인된다. 원문 중 '不滯'가 '거티디 아니ᄒᆞ다'로도 번역되고 '걸이디 아니ᄒᆞ다'로도 번역되므로 '거티다'와 '걸이다'의 동의성은 명백히 입증된다.

(17) a. 說法을 거티디 아니ᄒᆞ샤미 〈釋二十一 16a〉
b. 說法이 걸인 ᄃᆡ 업스샤ᄆᆞᆫ 〈月十九 49b〉
c. 說法을 걸이디 아니ᄒᆞ샤ᄆᆞ로(以說法不滯로) 〈法華七 68a〉

〈18〉 건나다 對 건네ᄠᅱ다

두 동작동사가 [超] 즉 '건너다, 건너뛰다'의 뜻을 가지고 동의 관계에 있다는 것은 동일 원문의 번역인 다음 예문들에서 잘 확인된다. 원문 중 '超證'이 '건나 證ᄒᆞ다'로도 번역되고 '건네ᄠᅱ여 證ᄒᆞ다'로도 번역되므로 '건나다'와 '건네ᄠᅱ다'의 동의성은 명백히 입증된다.

(18) a. 菩提ᄅᆞᆯ 건나 證호미 度ㅣ오 〈月十三 49b〉
b. 菩提ᄅᆞᆯ 건네ᄠᅱ여 證홀씨 니ᄅᆞ샨 度ㅣ오(超證菩提曰度ㅣ오) 〈法華三16a〉

〈19〉 건내ᄠᅱ다 對 솟나다

두 동작동사가 [超] 즉 '건너뛰다, 솟아나다'의 뜻을 가지고 동의 관계에 있다는 것은 동일 원문의 번역인 다음 예문들에서 잘 확인된다. 원문 중 '超二乘'이 '二乘에 건내ᄠᅱ다'로도 번역되고 '二乘에 솟나다'로도 번역되므로 두 동작동사 '건내ᄠᅱ다'와 '솟나다'의 동의성은 명백히 입증된다. '건내ᄠᅱ다'의 어간 '건내ᄠᅱ-'는 어간 '건내-'와 어간 'ᄠᅱ-'의 비통사적 합성이고 '솟나다'의 어간 '솟나-'는 어간 '솟-'과 '나-'의 비통사적 合成이다.

(19) a. 二乘(25b)에 머리 건내뛰샤 〈月十七 26a〉
b. 二乘에 머리 솟나샤(逈超二乘ᄒᆞ샤) 〈法華五 174a〉

한편 '超'가 『월인석보』와 『법화경언해』에서 모두 '건내뛰다'로 번역된다는 것은 동일 원문의 번역인 다음 예문들에서 잘 확인된다. 원문 중 '超…生死之罪'가 모두 '生死ㅅ 罪를 건내뛰다'로 번역된다.

(19) c. 즉재 한 劫앳 生死ㅅ 罪를 건내뛰샤 〈月十五 11b〉
d. 즉재 한 劫 生死ㅅ 罪를 건내뛰샤(卽超多劫生死之罪ᄒᆞ샤) 〈法華四 15a〉

(19) e. 八生ᄃᆞᆯᄒᆞᆫ 聖位예 건내뛰여 드로ᄆᆞ로 니ᄅᆞ시니 〈月十七 27b〉
f. 八生ᄃᆞᆯᄒᆞᆫ 聖位예 건내뛰여 드로ᄆᆞᆯ 쓰시니(八生等者ᄂᆞᆫ 以超入聖位ᄒᆞ시니) 〈法華五 177a〉

(19) g. 一生ᄋᆞᆫ 곧 等覺애 건내뛰여 드르샤 〈月十七 28a〉
h. 一生ᄋᆞᆫ 곧 等覺애 건내뛰여 드르샤미니(一生ᄋᆞᆫ 卽超入等覺이시니) 〈法華五 177a〉

〈20〉 건내뛰다 對 솟다

두 동작동사가 [超] 즉 '건너뛰다, 솟아나다'의 뜻을 가지고 동의 관계에 있다는 것은 동일 원문의 번역인 다음 예문들에서 잘 확인된다. 원문 중 '超悟'가 '건내뛰여 알다'로도 번역되고 '소사 알다'로도 번역된다. 따라서 '건내뛰다'와 '솟다'의 동의성은 명백히 입증된다.

(20) a. ᄒᆞᆫ 偈를 건내뛰여 알면 〈月十八 46b〉
b. 一偈예 소사 알면(一偈예 超悟ᄒᆞ면) 〈法華六 162b〉

〈21〉 건내뛰다 對 솟나다

두 동작동사가 [超] 즉 '건너뛰다, 솟아나다'의 뜻을 가지고 동의 관계에 있다는 것은 동일 원문의 번역인 다음 예문들에서 잘 확인된다. 원문 중 '超…貴高'가 '貴코 노포매 건내뛰다'와 '貴

高를 건내ᄩᅱ다'로도 번역되고 '貴高애 솟나다'로도 번역된다. 따라서 '건내ᄩᅱ다'와 '솟나다'의 동의성은 명백히 입증된다.

(21) a. 劫 일후믄 여러 거짓 貴코 노포매 건내ᄩᅱ요ᄆᆞᆯ 取ᄒᆞ시니라 〈月十九 85b〉
b. 劫名은 여러 가짓 貴高애 솟나샤ᄆᆞᆯ 取ᄒᆞ시니 (劫名은 取超諸貴高ᄒᆞ시니) 〈法華七 144a〉

(21) c. 여러 가짓 貴高ᄅᆞᆯ 건내ᄩᅱ샤미라 〈月十九 86a〉
d. 곧 여러 貴高에 솟나샤미라 (卽超諸貴高世ㅣ 라) 〈法華七 143b〉

〈22〉 걸이다 對 걸ᄶᅵ다

두 동작동사가 [滯] 즉 '걸리다'의 뜻을 가지고 동의 관계에 있다는 것은 동일 원문의 번역인 다음 예문들에서 잘 확인된다. '無滯'가 '걸인 ᄃᆡ 없다'로도 번역되고 '걸ᄶᅵᆫ ᄃᆡ 없다'로도 번역된다. 따라서 '걸이다'와 '걸ᄶᅵ다'의 동의성은 명백히 입증된다.

(22) a. ᄒᆞ마 ᄇᆞᄅᆞ기 보샤 걸인 ᄃᆡ 업스시면 〈月十七 12b〉
b. ᄒᆞ마 ᄇᆞᄅᆞ기 보샤 걸ᄶᅵᆫ ᄃᆡ 업스실ᄊᆡ(旣明見無滯ᄒᆞ실ᄊᆡ) 〈法華五 144a〉

〈23〉 견주다 對 가ᄌᆞᆯ비다

두 동작동사가 [擬] 즉 '비기다'의 뜻을 가지고 동의 관계에 있다는 것은 동일 원문의 번역인 다음 예문들에서 잘 확인된다. 원문 중 '擬…行'이 '行ᄋᆞᆯ 견주다'로도 번역되고 '行ᄋᆞᆯ 가ᄌᆞᆯ비다'로도 번역되므로 '견주다'와 '가ᄌᆞᆯ비다'의 동의성은 명백이 입증된다.

(23) a. 妙覺平實ᄒᆞᆫ 行을 견주어 〈月十九 97a〉
b. 妙覺平實ᄒᆞ신 行ᄋᆞᆯ 가ᄌᆞᆯ벼(擬妙覺行實之行ᄒᆞ야) 〈法華七 159a〉

〈24〉 ᄭᅩ다 對 ᄆᆡᆼᄀᆞᆯ다

두 동작동사가 [爲] 즉 '꼬다, 만들다'의 뜻을 가지고 동의 관계에 있다는 것은 동일 원문의 번역인 다음 예문들에서 잘 확인된다. 원문 중 '爲繩'이 '노ᄒᆞᆯ ᄭᅩ다'로도 번역되고 '노 ᄆᆡᆼᄀᆞᆯ다'로도 번역되므로 'ᄭᅩ다'와 'ᄆᆡᆼᄀᆞᆯ다'의 동의성은 명백히 입증된다.

(24) a. 黃(8b)金으로 노ᄒᆞᆯ ᄭᅩ아 〈月十二 9a〉
b. 黃金으로 노 ᄆᆡᆼᄀᆞ라(黃金爲繩ᄒᆞ야) 〈法華二 34b〉

(24) c. 黃金(62a)으로 노 ᄭᅩ아 갌 ᄀᆞᅀᅢ 느리고 〈月十三 62b〉
d. 黃金으로 노 ᄆᆡᆼᄀᆞ라 갌 ᄀᆞᅀᅢ 느리고(黃金으로 爲繩ᄒᆞ야 以界道側ᄒᆞ고) 〈法華三 59a〉

(24) e. 黃金으로 노 ᄭᅩ아 여듧 길헤 느리고 〈月十五 73a〉
f. 黃金으로 노 ᄆᆡᆼᄀᆞ라 여듧 길헤 느리고(黃金으로 爲繩ᄒᆞ야 以界八道ᄒᆞ고) 〈法華四 119b〉

〈25〉 고티다 對 ᄀᆞᄌᆞ기 ᄒᆞ다

동작동사 '고티다'와 동작동사구 'ᄀᆞᄌᆞ기 ᄒᆞ다'가 [整] 즉 '가지런히 하다'의 뜻을 가지고 동의 관계에 있다는 것은 동일 원문의 번역인 다음 예문들에서 잘 확인된다. 원문 중 '整衣服'이 '옷 고티다'로도 번역되고 '옷 ᄀᆞᄌᆞ기 ᄒᆞ다'로도 번역된다. 따라서 '고티다'와 'ᄀᆞᄌᆞ기 ᄒᆞ다'의 동의성은 명백히 입증된다.

(25) a. 즉재 座로셔 니러 옷 고티고 〈月十三 3b〉
b. 즉재 座로셔 니러 옷 ᄀᆞᄌᆞ기 ᄒᆞ고(卽從座起ᄒᆞ야 整衣服ᄒᆞ고) 〈法華二 177b〉

〈26〉 고티다 對 다ᄉᆞ리다

두 동작동사가 [治] 즉 '고치다'의 뜻을 가지고 동의 관계에 있다는 것은 동일 원문의 번역인 다음 예문들에서 잘 확인된다. 원문 중 '治病'이 '病 고티다'로도 번역되고 '病 다ᄉᆞ리다'로도 번역되므로 '고티다'와 '다ᄉᆞ리다'의 동의성은 명백히 입증된다.

(26) a. 프리 能히 病 고티ᄂᆞ니ᄅᆞᆯ 藥草ㅣ라 ᄒᆞᄂᆞ니 〈月十三 38a〉
b. 프리 能히 病 다ᄉᆞ리ᄂᆞᆫ닐 일후미 藥草ㅣ니(草ㅣ 能治病을 名藥草ㅣ니) 〈法華三 3a〉

〈27〉 고티다 對 밧고다

두 동작동사가 [易] 즉 '고치다, 바꾸다'의 뜻을 가지고 동의 관계에 있다는 것은 동일 원문의 번역인 다음 예문들에서 잘 확인된다. 원문 중 '變易'이 '變ᄒᆞ야 고티다'로도 번역되고 '變ᄒᆞ야 밧고다'로도 번역되므로 '고티다'와 '밧고다'의 동의성은 명백히 입증된다.

(27) a. 物의 變ᄒᆞ야 고텨 ᄃᆞ외ᄂᆞᆫ 주를 보고 〈月十二 45a〉
b. 物의 變ᄒᆞ야 밧(95a)고아 ᄃᆞ외요ᄆᆞᆯ 보고(觀物變易ᄒᆞ고) 〈法華二 95b〉

〈28〉 과ᄒᆞ다 對 ᄉᆞ랑ᄒᆞ다

두 동작동사가 [慕] 즉 '그리워하다'의 뜻을 가지고 동의 관계에 있다는 것은 동일 원문의 번역인 다음 예문들에서 잘 확인된다. 원문 중 '慕其迹'이 '그 자최ᄅᆞᆯ 과ᄒᆞ다'로도 번역되고 '그 자최ᄅᆞᆯ ᄉᆞ랑ᄒᆞ다'로도 번역되므로 '과ᄒᆞ다'와 'ᄉᆞ랑ᄒᆞ다'의 동의성은 명백히 입증된다.

(28) a. 간대로 그 자최ᄅᆞᆯ 과ᄒᆞ야 ᄒᆞ면 〈釋二十 12b〉
b. ᄒᆞᆫ갓 자최ᄅᆞᆯ ᄉᆞ랑ᄒᆞ면 〈月十八 33a〉
c. 그 자최ᄅᆞᆯ ᄒᆞᆫ갓 ᄉᆞ랑ᄒᆞ면(空慕其迹ᄒᆞ면) 〈法華六 145a〉

〈29〉 구뿔다 對 굿블다

두 동작동사가 [伏] 즉 '엎드리다'의 뜻을 가지고 동의 관계에 있다는 것은 동일 원문의 번역인 다음 예문들에서 잘 확인된다. 원문 중 '潛伏'이 'ᄀᆞᄆᆞ니 구뿔다'로도 번역되고 'ᄌᆞ마 굿블다'로도 번역되므로 '구뿔다'와 '굿블다'의 동의성은 명백히 입증된다.

(29) a. 妄識 더러ᄫᅮ메 ᄀᆞᄆᆞ니 구ᄡᅳᆯᄊᆡ 〈月十四 7b〉
b. 妄識 더러운 게 ᄌᆞ마 ᄀᆞᆺ블ᄊᆡ(潛伏妄識之陋故로) 〈法華三 85a〉

〈30〉 ᄣᅳ다 對 덜다

두 동작동사가 [滅除] 즉 '끄다'의 뜻을 가지고 동의 관계에 있다는 것은 동일 원문의 번역인 다음 예문들에서 잘 확인된다. 원문 중 '滅除…燄'이 '브를 ᄣᅳ다'로도 번역되고 '브를 덜다'로도 번역되므로 두 동작동사 'ᄣᅳ다'와 '덜다'의 동의성은 명백히 입증된다. 두 동작동사는 '블'을 목적어로 共有한다.

(30) a. 煩惱 브를 ᄣᅳᄂᆞ니 〈釋二十一 15a〉
b. 煩惱ㅅ 브를 ᄣᅳᄂᆞ니라 〈月十九 48b〉
c. 煩惱ㅅ 브를 더ᄂᆞ니라(滅除煩惱燄ᄒᆞᄂᆞ니라) 〈法華七 96a〉

〈31〉 그르 나다 對 어긔다

동작동사구 '그르 나다'와 동작동사 '어긔다'가 [差] 즉 '어긋나다, 잘못 나다'의 뜻을 가지고 동의 관계에 있다는 것은 동일 원문의 번역인 다음 예문들에서 잘 확인된다. 원문 중 '不差'의 '差'가 '그르 나다'로도 번역되고 '어긔다'로도 번역되므로 '그르 나다'와 '어긔다'의 동의성은 명백히 입증된다. 동작동사구 '그르 나다'와 동작동사 '어긔다'는 '니'를 주어로 공유한다. 동작동사구 '그르 나다'는 부사 '그르'와 동작동사 '나다'의 결합이다.

(31) a. 니(6b)…그르 나며 굽디 아니ᄒᆞ며 〈釋十九 7a〉
b. 니(52a)…어긔디 아니ᄒᆞ며 곱디 아니ᄒᆞ며 〈月十七 52b〉
c. 니…어긔디 아니ᄒᆞ며 곱디 아니ᄒᆞ며(齒…不差ᄒᆞ며 不曲ᄒᆞ며) 〈法華六 13b〉

〈32〉 그르다 對 어긔다

두 동작동사가 [謬] 즉 '그릇되다, 어긋나다'의 뜻을 가지고 동의 관계에 있다는 것은 동일 원문의 번역인 다음 예문들에서 잘 확인된다. 원문 중 '不謬'가 '그르디 아니ᄒᆞ다'로도 번역되고 '어긔디 아니ᄒᆞ다'로도 번역되므로 두 동작동사 '그르다'와 '어긔다'의 동의성은 명백히 입증된다. 두 동작동사는 '果報'를 주어로 공유한다.

(32) a. 디니며 허ᄂᆞᆫ 果報ㅣ 그르디 아니ᄒᆞᆫ ᄃᆞᆯ 아라 〈月十七 78b〉
b. 디니며 헌 果報ㅣ 어긔디 아니ᄒᆞᆫ ᄃᆞᆯ 아라(知持毁之報ㅣ 不謬ᄒᆞ야) 〈法華六 73a〉

〈33〉 그릇다 對 어긔다

두 동작동사가 [違背] 즉 '그릇되다, 어긋나다'의 뜻을 가지고 동의 관계에 있다는 것은 동일 원문의 번역인 다음 예문들에서 잘 확인된다. 원문 중 '不…違背'가 '그릇디 아니ᄒᆞ다'로도 번역되고 '어긔디 아니ᄒᆞ다'로도 번역되므로 두 동작동사 '그릇다'와 '어긔다'의 동의성은 명백히 입증된다. 두 동작동사는 '法'을 주어로 공유한다.

(33) a. 믈읫 니ᄅᆞ논 法이…다 實相애 그릇디 아니ᄒᆞ며 〈釋十九 24b〉
b. 닐온 法ᄃᆞᆯ히…다 實相과 서르 어긔디 아니ᄒᆞ리니 〈月十七 73a〉
c. 믈읫 닐온 法이…다 實相과 서르 어긔디 아니ᄒᆞ며(諸所說法이…皆與實相과 不相違背ᄒᆞ며) 〈法華六 63a〉

〈34〉 그릇다 對 외다

두 동작동사가 [錯] 즉 '잘못하다, 틀리다'의 뜻을 가지고 동의 관계에 있다는 것은 동일 원문의 번역인 다음 예문들에서 잘 확인된다. 원문 중 '不錯'이 '그릇디 아니ᄒᆞ다'로도 번역되고 '외디 아니ᄒᆞ다'로도 번역되므로 '그릇다'와 '외다'의 동의성은 명백히 입증된다.

(34) a. ᄀᆞᆯᄒᆞ야 그릇디(17b) 아니ᄒᆞ며 〈釋十九 18a〉
b. ᄀᆞᆯᄒᆡ요ᄃᆡ 외디 아니ᄒᆞ며(分別不錯ᄒᆞ며) 〈法華六 41a〉

〈35〉 ᄢᅳ리다 對 ᄆᆞᆮ다

두 동작동사가 [蘊] 즉 '모이다'의 뜻을 가지고 동의 관계에 있다는 것은 동일 원문의 번역인 다음 예문들에서 잘 확인된다. 원문 중 '所蘊'이 'ᄢᅳ륜 ᄃᆡ'로도 번역되고 '모ᄃᆞᆫ ᄃᆡ'로도 번역되므로 'ᄢᅳ리다'와 '몯다'의 동의성은 명백히 입증된다.

(35) a. 淨藏ᄋᆞᆫ 妙理의 ᄢᅳ륜(72b) ᄃᆡ오 〈月十九 73a〉
 b. 淨藏ᄋᆞᆫ 妙理의 모ᄃᆞᆫ ᄃᆡ시고(淨藏者ᄂᆞᆫ 妙理之所蘊이시고) 〈法華七 127a)

〈36〉 그우리다 對 옮기다

두 동작동사가 [轉] 즉 '굴리다'의 뜻을 가지고 동의 관계에 있다는 것은 동일 원문의 번역인 다음 예문들에서 잘 확인된다. 원문 중 '轉…法輪'이 '法輪을 그우리다'로도 번역되고 '法輪을 옮기다'로도 번역되므로 '그우리다'와 '옮기다'의 동의성은 명백히 입증된다.

(36) a. 므르디 아니ᄒᆞᇙ 法輪을 그우리샤 〈月十一 20a〉
 b. 믈리 그우디 아니ᄒᆞᇙ 法輪을 옮기시며(轉不退轉法輪ᄒᆞ시며) 〈法華一 37a〉

〈37〉 그울다 對 드위힐후다

두 동작동사가 [宛轉] 즉 '구르다'의 뜻을 가지고 동의 관계에 있다는 것은 동일 원문의 번역인 다음 예문들에서 잘 확인된다. 원문 중 '宛轉'이 '그울다'로도 번역되고 '드위힐후다'로도 번역되므로 두 동작동사 '그울다'와 '드위힐후다'의 동의성은 명백히 입증된다. 두 동작동사는 '三世 四方'을 주어로 공유한다.

(37) a. 三世 四方이 그우러 十二니 〈月十七 56b〉
 b. 三世 四方이 드위힐훠 열둘히니(三世四方이 宛轉十二니) 〈法華六 26a〉

〈38〉 긏다 對 없다

두 동작동사가 [泯] 즉 '끊어지다, 망하다'의 뜻을 가지고 동의 관계에 있다는 것은 동일 원문의 번역인 다음 예문들에서 잘 확인된다. 원문 중 '不泯'이 '긋디 아니ᄒᆞ다'로도 번역되고 '업디 아니ᄒᆞ다'로도 번역되므로 '긋다'와 '없다'의 동의성은 명백히 입증된다.

(38) a. 니ᅀᅥ 긋디 아니케 코져 ᄒᆞ실ᄊᆡ 〈月十二 13b〉
b. 니ᅀᅥ 업디 아니콰뎌 ᄒᆞ실ᄊᆡ(欲續而不泯故로) 〈法華二 40a〉

〈39〉 길다 對 퍼디다

두 동작동사가 [增長茂盛] 즉 '길어지다, 퍼지다'의 뜻을 가지고 동의 관계에 있다는 것은 동일 원문의 번역인 다음 예문들에서 잘 확인된다. 원문 중 '增長茂盛'이 '길다'로도 번역되고 '퍼디다'로도 번역된다. 따라서 '길다'와 '퍼디다'의 동의성은 명백히 입증된다.

(39) a. 그 남기 倍倍히 싁싁ᄒᆞ고 길어늘 〈釋二十四 48a〉
b. 菩提樹ㅣ 倍(126b)히 싁싁고 퍼디거늘 〈月二十五 127a〉
c. 菩提樹倍復嚴好 增長茂盛 〈釋迦譜 卷5 31. 阿育王造八萬四千塔記〉

〈40〉 ᄀᆞ리다 對 막다

두 동작동사가 [礙]와 [障礙] 즉 '가리다, 막다'의 뜻을 가지고 동의 관계에 있다는 것은 동일 원문의 번역인 다음 예문들에서 잘 확인된다. 원문 중 '無礙'가 'ᄀᆞ린 거시 없다'로도 번역되고 '마ᄀᆞᆫ ᄃᆡ 없다'로도 번역된다. 그리고 '無…障礙'가 'ᄀᆞ린 것 없다'로도 번역되고 '마ᄀᆞᆫ ᄃᆡ 없다'로도 번역된다. 따라서 'ᄀᆞ리다'와 '막다'의 동의성은 명백히 입증된다.

(40) a. 十方世界 ᄉᆞᄆᆞ차 ᄀᆞ린 거시 업서 〈釋十九 42a〉
b. 十方世界 通達ᄒᆞ야 마ᄀᆞᆫ ᄃᆡ 업서 〈月十八 9b〉
c. 十方世界 ᄉᆞᄆᆞ차 마ᄀᆞᆫ ᄃᆡ 업서(十方世界ㅣ 通達無礙ᄒᆞ야) 〈法華六 106b〉

(40) d. 이ᄂᆞᆫ…몰기 ᄉᆞᄆᆞ차 마ᄀᆞᆫ ᄃᆡ 업슨 히믈 더으시니 〈月十九 28a〉
e. 이ᄂᆞᆫ…몰기 ᄉᆞᄆᆞ차 ᄀᆞ룜 업스신 히므로 더으신 다시니(此…由朗徹無礙之力으로 加之시

니) 〈法華七 63a〉

(40) f. ᄂᆞ외야 ᄀᆞ린 것 업순 고ᄃᆞᆯ 보고 〈月十二 28b〉
g. ᄂᆞ외야 마ᄀᆞᆫ ᄃᆡ 업슨 ᄃᆞᆯ 보고(見……無復障礙ᄒᆞᆫ ᄃᆞᆯ 코) 〈法華二 70a〉

한편 '礙'가 『월인석보』와 『법화경언해』에서 모두 '막다'로 번역된다는 것은 동일 원문의 번역인 다음 예문들에서 잘 확인된다. 원문 중 '形礙'가 모두 '얼굴 막다'로 번역된다.

(40) h. ᄂᆞ외야 얼굴 마고미 업슬ᄊᆡ 〈月十九 24a〉
i. ᄂᆞ외야 얼굴 마고미 업스실ᄊᆡ(無復形礙ᄒᆞ실ᄊᆡ 故로) 〈法華七 54a〉

〈41〉 ᄀᆞ장ᄒᆞ다 對 너무 ᄒᆞ다

동작동사 'ᄀᆞ장ᄒᆞ다'와 동작동사구 '너무 ᄒᆞ다'가 [鼓掣] 즉 '너무 하다'의 뜻을 가지고 동의 관계에 있다는 것은 동일 원문의 번역인 다음 예문들에서 잘 확인된다. 원문 중 '鼓掣電'이 '번게 ᄀᆞ장ᄒᆞ다'로도 번역되고 '번게 鼓掣ᄒᆞ다'로도 번역된다. 그리고 '鼓掣'가 '너무 ᄒᆞ다'의 명사형으로도 번역되고 '鼓掣'로도 번역된다. 따라서 'ᄀᆞ장ᄒᆞ다'와 '너무 ᄒᆞ다'의 동의성은 명백히 입증된다. 동작동사구 '너무 ᄒᆞ다'는 부사 '너무'와 동작동사 'ᄒᆞ다'의 결합이다.

(41) a. 구루메 울에 번게 ᄀᆞ장ᄒᆞ며 〈月十九 45b〉
b. 구루메 울에 번게 鼓掣ᄒᆞ며(雲雷鼓掣電ᄒᆞ며)) 〈法華七 91a〉

(41) c. 너무 호미 變이라 〈月十九 45b〉
d. 鼓掣ㅣ 變이니(鼓掣ㅣ 爲變이니) 〈法華七 91a〉

〈42〉 ᄀᆞ초다 對 갊다

두 동작동사가 [藏] 즉 '저장하다'의 뜻을 가지고 동의 관계에 있다는 것은 다음 예문들에서 잘 확인된다. 'ᄀᆞ초다'는 명사 '천량'을 목적어로 취하고 '갊다'는 명사 '낟'을 목적어로 취한다.

따라서 'ᄀᆞ초다'와 '갊다'의 동의성은 명백히 입증된다.

(42) a. 庫ᄂᆞᆫ 쳔량 ᄀᆞ초아 둗ᄂᆞᆫ 지비라 ⟨釋九 20a⟩
b. 마리ᄅᆞᆯ 塔애 ᄀᆞ초ᅀᆞᄫᆞ니 ⟨月曲 20⟩

(42) c. 倉ᄋᆞᆫ 갈믈 씨니 나ᄃᆞᆯ 갈믈 씨라 ⟨釋九 20a⟩

⟨43⟩ ᄭᆞᆯ다 對 펴다

두 동작동사가 [敷] 즉 '깔다, 펴다'의 뜻을 가지고 동의 관계에 있다는 것은 동일 원문의 번역인 다음 예문들에서 잘 확인된다. 원문 중 '敷…天衣'가 '天衣ᄅᆞᆯ ᄭᆞᆯ다'로도 번역되고 '天衣ᄅᆞᆯ 펴다'로도 번역되므로 두 동작동사 'ᄭᆞᆯ다'와 '펴다'의 동의성은 명백히 입증된다. 두 동작동사는 '天衣'를 목적어로 共有한다.

(43) a. 百千萬 天衣ᄅᆞᆯ ᄭᆞᆯ오 ⟨釋二十一 42b⟩
b. 百千萬 天衣 ᄭᆞ랫거늘 ⟨月十九 84a⟩
c. 百千萬 天衣ᄅᆞᆯ 폣거늘(敷百千萬天衣ᄒᆞ얫거늘) ⟨法華七 141b⟩

⟨44⟩ ᄀᆞᆯᄒᆞ다 對 ᄂᆞᆫ호다

두 동작동사가 [分別] 즉 '가리다'의 뜻을 가지고 동의 관계에 있다는 것은 동일 원문의 번역인 다음 예문들에서 잘 확인된다. 원문 중 '分別說'이 'ᄀᆞᆯᄒᆞ야 니르다'로도 번역되고 'ᄂᆞᆫ호아 니ᄅᆞ다'로도 번역되므로 'ᄀᆞᆯᄒᆞ다'와 'ᄂᆞᆫ호다'의 동의성은 명백히 입증된다.

(44) a. ᄀᆞᆯᄒᆞ야 세ᄒᆞᆯ 니르시ᄂᆞ니라 ⟨月十一 117b⟩
b. ᄂᆞᆫ호아 세ᄒᆞᆯ 니ᄅᆞ시ᄂᆞ니라(分別說三ᄒᆞ시ᄂᆞ니라) ⟨法華一 187b⟩

⟨45⟩ ᄢᅵ듣다 對 ᄢᅵ다

두 동작동사가 [醒悟] 즉 '깨치어 환하게 알아내다, 몰랐던 사정 따위를 알아채다'의 뜻을 가지고 동의 관계에 있다는 것은 동일 원문의 번역인 다음 예문들에서 잘 확인된다. 원문 중 '醒悟'가 'ᄭᆡᄃᆞᆮ다'로도 번역되고 'ᄭᆡ다'로도 번역된다. 따라서 'ᄭᆡᄃᆞᆮ다'와 'ᄭᆡ다'의 동의성은 명백히 입증된다.

(45) a. 내 王 말ᄊᆞᆷ 듣ᄌᆞᆸ고ᅀᅡ 내 ᄆᆞᅀᆞ미 ᄭᆡᄃᆞᆮ과이다 〈釋二十四 29b〉
b. 王 마ᄅᆞᆯ 듣ᄌᆞ보니 ᄭᆡ와이다 〈月二十五 134b〉
c. 今聞王教 及得醒悟 〈釋迦譜 卷3 25. 釋迦髮爪塔緣記〉

〈46〉 ᄭᆡ오다 對 알외다

두 동작동사가 [警] 즉 '깨우다'의 뜻을 가지고 동의 관계에 있다는 것은 동일 원문의 번역인 다음 예문들에서 잘 확인된다. 원문 중 '此警'이 '이어긔 ᄭᆡ오다'로도 번역되고 '이에 알외다'로도 번역된다. 따라서 'ᄭᆡ오다'와 '알외다'의 동의성은 명백히 입증된다.

(46) a. 이어긔 ᄭᆡ오시니라 〈月十二 34a〉
b. 이에 알외시니라(此애 警之耳시니라) 〈法華二 79a〉

〈47〉 나닐다 對 니러나다

두 합성 동작동사가 [生起] 즉 '일어나다'의 뜻을 가지고 동의 관계에 있다는 것은 다음 예문들에서 잘 확인된다. 원문 중 '生起相'이 '나니ᄂᆞᆫ 相'으로 번역되고 '生起'의 자석이 '니러나다'이다. 따라서 '나닐다'와 '니러나다'의 동의성은 명백히 입증된다. '나닐다'는 동작동사 '나다'와 동작동사 '닐다'의 合成으로 '나-[生]+∅#닐-[起]+-다'로 분석되고 '니러나다'는 '닐다'와 '나다'의 合成으로 '닐-[起]+-어#나-[出]+-다'로 분석된다.

(47) a. 生起相ᄋᆞᆯ 뵈시니 〈月十四 35a〉
b. 나니ᄂᆞᆫ 相ᄋᆞᆯ 뵈시니(示生起相ᄒᆞ시니) 〈法華三 138a〉

(47) c. 이는 生起相이라 〈月十四 36b〉
d. 이는 나니논 相이라(此는 生起之相也ㅣ라) 〈法華三 139b〉

(47) e. 이는 生起相이라 〈月二 22b〉
f. 生起는 니러날 씨라 〈月二 22c〉

〈48〉 나다나다 對 낱다

두 동작동사가 [著現] 즉 '나타나다'의 뜻을 가지고 동의 관계에 있다는 것은 동일 원문의 번역인 다음 예문들에서 잘 확인된다. 원문 중 '充實著現'이 '實혼 德이 나다나다'로도 번역되고 '充實이 낱다'로도 번역된다. 따라서 '나다나다'와 '낱다'의 동의성은 명백히 입증된다.

(48) a. 實혼 德이 나다날씨 〈月十一 21b〉
b. 充實이 나ᄐᆞ실씨(充實이 著現故로) 〈法華一 39a〉

〈49〉 나ᄆᆞ라다 對 구짖다

두 동작동사가 [毁呰] 즉 '나무라다, 꾸짖다'의 뜻을 가지고 동의 관계에 있다는 것은 동일 원문의 번역인 다음 예문들에서 잘 확인된다. 원문 중 '毁呰…樂小法者'가 '小法 즐기ᄂᆞ니를 나ᄆᆞ라다'로도 번역되고 '小法 즐기ᄂᆞ닐 구짖다'로도 번역된다. 따라서 '나ᄆᆞ라다'와 '구짖다'의 동의성은 명백히 입증된다.

(49) a. 聲聞의 小法 즐기ᄂᆞ니를 나ᄆᆞ라시더니 〈月十三 36b〉
b. 聲聞의 小法 즐기ᄂᆞ닐 구짓더시니(毁呰聲聞의 樂小法者ᄒᆞ시더니) 〈法華二 232b〉

〈50〉 내다 對 나토다

두 동작동사가 [現] 즉 '나타내다'의 뜻을 가지고 동의 관계에 있다는 것은 동일 원문의 번역인 다음 예문들에서 잘 확인된다. 원문 중 '現…神變'이 '神奇혼 變化를 내다'로도 번역되고 '神

變 나토다'로도 번역된다. 그리고 '現毒'이 '毒 내다'로도 번역되고 '毒 나토다'로도 번역된다. 따라서 '내다'와 '나토다'의 동의성은 명백히 입증된다. '내다'의 어간 '내-'는 어근 '나-'와 사동 접사 '-ㅣ'의 결합이고 '나토다'의 어간 '나토-'는 어근 '낱-'과 사동 접사 '-오'의 결합이다.

(50) a. 種種앳 神奇ᄒᆞᆫ 變化ᄅᆞᆯ 내야 〈釋二十一 37a〉
b. 種種 神變 나토아 〈月十九 77b〉
c. 種種 神變 나토아(現種種神變ᄒᆞ야) 〈法華七 134a〉

(50) d. 威德 神通力을 내야 〈釋二十一 50a〉
e. 威德 神通力을 나토아 〈月十九 100b〉
f. 威德 神通力을 現ᄒᆞ샤(現威德神通之力ᄒᆞ샤) 〈法華七 162b〉

(50) g. 毒 내ᄂᆞ다 혼 마리오 〈月十一 26b〉
h. 닐오매 毒 나토미오(云現毒이오) 〈法華一 48a〉

(50) i. 이 祥瑞ᄅᆞᆯ 내샤 〈月十一 35b〉
j. 이 祥瑞ᄅᆞᆯ 나토샤(現此瑞ᄒᆞ샤) 〈法華一 61a〉

(50) k. 如來 즉재 神力 나토샤 〈月十九 93a〉
l. 如來ㅣ 즉재 神力 내샤(如來ㅣ 卽現神力ᄒᆞ샤) 〈法華六 97a〉

〈51〉 너기다 對 삼다

두 동작동사가 [爲] 즉 '여기다'의 뜻을 가지고 동의 관계에 있다는 것은 동일 원문의 번역인 다음 예문들에서 잘 확인된다. 원문 중 '爲軟美'가 '보ᄃᆞ랍고 이든 것만 너기다'로도 번역되고 '보ᄃᆞ랍고 고ᄋᆞᆫ 것만 삼다'로도 번역되므로 '너기다'와 '삼다'의 동의성은 명백히 입증된다.

(51) a. 色等五欲ᄋᆞᆯ 世俗이 보ᄃᆞ랍고 이든 것만 너기건마ᄅᆞᆫ 〈月十二 41a〉
b. 色等五欲을 俗ᄋᆞᆫ 보ᄃᆞ랍고 고ᄋᆞᆫ 것만 삼거늘(色等五欲을 俗은 以爲軟美어늘) 〈法華二 89a〉

(51) c. 우리ᄃᆞᆯ히 如來ㅅ 智慧ᄅᆞᆯ 得ᄒᆞᅀᆞᄫᆞ리어늘 제 져근 智慧로 足히 너기다이다 〈月十五 22a〉
d. 우리 如來ㅅ 智慧ᄅᆞᆯ 得ᄒᆞ리어늘 곧 내 小智로 足 삼다이다(我等이 應得如來ㅅ 智慧어늘 而便自以小智로 爲足ᄒᆞ다이다) 〈法華四 36a〉

〈52〉 너기다 對 ᄉᆞ랑ᄒᆞ다

두 동작동사가 [惟] 즉 '생각하다'의 뜻을 가지고 동의 관계에 있다는 것은 동일 원문의 번역인 다음 예문들에서 잘 확인된다. 원문 중 '自惟'가 '제 너기다'로도 번역되고 '제 ᄉᆞ랑ᄒᆞ다'로도 번역되므로 '너기다'와 'ᄉᆞ랑ᄒᆞ다'의 동의성은 명백히 입증된다.

(52) a. 제 너교ᄃᆡ 쳔랴이 그지 업소라 ᄒᆞ야 〈月十二 47a〉
b. 제 ᄉᆞ랑호ᄃᆡ 쳔량 가ᅀᆞ며로미 그지 업서(自惟財富ㅣ 無量ᄒᆞ야) 〈法華二 97b〉

〈53〉 너피다 對 부르다

두 동작동사가 [演] 즉 '자세히 설명하다'의 뜻을 가지고 동의 관계에 있다는 것은 동일 원문의 번역인 다음 예문들에서 잘 확인된다. 원문 중 '演說'이 '너펴 니ᄅᆞ다'로도 번역되고 '불어 니ᄅᆞ다'로도 번역되므로 '너피다'와 '부르다'의 동의성은 명백히 입증된다.

(53) a. 智慧 方便으로 너펴 니ᄅᆞ나 〈月十三 43b〉
b. 智 方便으로 불어 니ᄅᆞ나(以智方便으로 而演說之ᄒᆞ나) 〈法華三 6a〉

〈54〉 너피다 對 펴다

두 동작동사가 [演] 즉 '자세하게 설명하다'의 뜻을 가지고 동의 관계에 있다는 것은 동일 원문의 번역인 다음 예문들에서 잘 확인된다. 원문 중 '演說'이 '너펴 니ᄅᆞ다'로도 번역되고 '펴 니ᄅᆞ다'로도 번역되므로 '너피다'와 '펴다'의 동의성은 명백히 입증된다.

(54) a. 諸法을 너펴 니르노니 〈月十一 110a〉
b. 諸法을 펴 니ᄅᆞ노니(演說諸法ᄒᆞ노니) 〈法華一 176b〉

(54) c. 方便으로 너펴 니ᄅᆞ노라 ᄒᆞ샤ᄆᆞᆫ 〈月十一 110b〉
d. 내 方便으로 펴 니ᄅᆞ노라 니ᄅᆞ샤ᄆᆞᆫ(云我以方便演說은) 〈法華一 176b〉

〈55〉 놀다 對 노ᄅᆞᆺᄒᆞ다

두 동작동사가 [戲] 즉 '놀다'의 뜻을 가지고 동의 관계에 있다는 것은 동일 원문의 번역인 다음 예문들에서 잘 확인된다. 원문 중 '戲處'가 '노ᄂᆞᆫ ᄯᅡㅎ'로도 번역되고 '노ᄅᆞᆺᄒᆞᄂᆞᆫ ᄯᅡㅎ'로도 번역되므로 '놀다'와 '노ᄅᆞᆺᄒᆞ다'의 동의성은 명백히 입증된다.

(55) a. 노ᄂᆞᆫ ᄯᅡ홀 ᄉᆞ랑ᄒᆞ야 〈月十二 25b〉
b. 노ᄅᆞᆺᄒᆞᄂᆞᆫ ᄯᅡ홀 ᄉᆞ랑ᄒᆞ야 著홀ᄊᆡ(戀著戲處홀ᄊᆡ) 〈法華二 63b〉

한편 '戲'가 『月印釋譜』 권12와 『法華經諺解』에서 모두 '노ᄅᆞᆺᄒᆞ다'로 번역된다는 것은 동일 원문의 번역인 다음 예문들에서 잘 확인된다. 원문 중 '走戲'가 'ᄃᆞᆮ녀 노ᄅᆞᆺᄒᆞ다'와 'ᄃᆞ라 노ᄅᆞᆺᄒᆞ다'로 번역된다.

(55) c. 이 녁 뎌 녁 ᄃᆞᆮ녀 노ᄅᆞᆺᄒᆞ고 〈月十二 26a〉
d. 오직 東西로 ᄃᆞ라 노ᄅᆞᆺᄒᆞ며(但東西走戲ᄒᆞ며) 〈法華二 65a〉

(55) e. 어루 노녀 노ᄅᆞᆺᄒᆞ(27a)리니 〈月十二 27b〉
f. 어루 노녀 노ᄅᆞᆺᄒᆞ리니(可以遊戲니) 〈法華二 67a〉

〈56〉 놓다 對 밍ᄀᆞᆯ다

두 동작동사가 [設] 즉 '놓다, 만들다'의 뜻을 가지고 동의 관계에 있다는 것은 동일 원문의 번역인 다음 예문들에서 잘 확인된다. 원문 중 '設座'가 '座 놓다'로도 번역되고 '座 밍ᄀᆞᆯ다'로도 번역되므로 두 동작동사 '놓다'와 '밍ᄀᆞᆯ다'의 동의성은 명백히 입증된다. 두 동작동사는 [+구체물]인 '座'를 목적어로 공유한다.

(56) a. 諸天(12a)이 座 노코 부텨 請ᄒᆞᅀᆞ보ᄆᆞᆯ 니ᄅᆞ시니라 〈月十四 12b〉
b. 諸天이 座 밍ᄀᆞᅀᆞ와 부텨 請ᄒᆞᅀᆞ오ᄆᆞᆯ 펴시니라(叙…諸天이 設座ᄒᆞᅀᆞ와 請佛也ᄒᆞ시니라) 〈法華三 93b〉

〈57〉 놓다 對 펴다

두 동작동사가 [施]와 [敷] 즉 '놓다, 펴다'의 뜻을 가지고 동의 관계에 있다는 것은 동일 원문의 번역인 다음 예문들에서 잘 확인된다. 원문 중 '施床座'가 '床座ᄅᆞᆯ 놓다'로도 번역되고 '床座ᄅᆞᆯ 펴다'로도 번역된다. 그리고 '敷師子座'가 '師子座 놓다'로도 번역되고 '師子座 펴다'로도 번역된다. 따라서 '놓다'와 '펴다'의 동의성은 명백히 입증된다.

(57) a. 네 床座ᄅᆞᆯ 이대 노ᄒᆞ라 〈釋二十 15b〉
b. 네 床座ᄅᆞᆯ 便安히 노ᄒᆞ라 〈月十八 36b〉
c. 네 床座ᄅᆞᆯ 便安히 펴라(汝可安施床座ᄒᆞ라) 〈法華六 151a〉

(57) d. 師子座 노ᄒᆞ니 〈月十四 12a〉
e. 師子座 펴ᄃᆡ(敷師子座호ᄃᆡ) 〈法華三 93a〉

〈58〉 니르다 對 ᄀᆞᄅᆞ치다

두 동작동사가 [指] 즉 '가리키다'의 뜻을 가지고 동의 관계에 있다는 것은 동일 원문의 번역인 다음 예문들에서 잘 확인된다. 원문 중 '指三乘'이 '三乘을 니르다'로도 번역되고 '三乘을 ᄀᆞᄅᆞ치다'로도 번역되므로 '니르다'와 'ᄀᆞᄅᆞ치다'의 동의성은 명백히 입증된다.

(58) a. 부텻 法은 三乘을 通히 指向ᄒᆞ야 니르시고 〈釋二十 16a〉
b. 佛法은 三乘을 通히 니르시고 〈月十八 37b〉

c. 佛法은 三乘을 通히 ᄀᆞᄅᆞ치시고(佛法은 通指三乘ᄒᆞ시고) 〈法華六 151b〉

(58) d. 菩薩法은 各別히 大乘ᄋᆞᆯ 指向ᄒᆞ야 니르시니라 〈釋二十 16a〉
e. 菩薩法은 各別히 大乘ᄋᆞᆯ 니르시고 〈月十八 37b〉
f. 菩薩法은 大乘ᄋᆞᆯ 各別히 ᄀᆞᄅᆞ치시고(菩薩法은 別指大乘ᄒᆞ시고) 〈法華六 151b〉

〈59〉 니르다 對 다ᄃᆞᆮ다

두 동작동사가 [至] 즉 '이르다, 다다르다'의 뜻을 가지고 동의 관계에 있다는 것은 동일 원문의 번역인 다음 예문들에서 잘 확인된다. 원문 중 '至四天王宮'이 '四天王宮에 니르다'로도 번역되고 '四天王宮에 다ᄃᆞᆮ다'로 번역된다. 그리고 '時…至'가 '時節이 다ᄃᆞᆮ다'로도 번역되고 '時節이 니르다'로도 번역된다. 따라서 '니르다'와 '다ᄃᆞᆮ다'의 동의성은 명백히 입증된다.

(59) a. 七寶로 어울워 일워 노ᄑᆡ 四天王宮에 니르더니 〈月十五 63b〉
b. 七寶로 어울어 일워 노ᄑᆡ 四天王宮에 다ᄃᆞᆮ더니(七寶로 合成ᄒᆞ야 高至四天王宮터니) 〈法華四 108b〉

(59) c. 梵天에 니르거든 〈月十七 37b〉
d. 梵天에 다ᄃᆞᆮ거든(至于梵天이어든) 〈法華五 201a〉

(59) e. 그 니른 方애(46b) 조차 向ᄒᆞ야 禮數ᄒᆞ야 〈月十五 47b〉
f. 다ᄃᆞ른 方애 조차 向ᄒᆞ야 禮數ᄒᆞ야(其所至方애 應隨向禮ᄒᆞ야) 〈法華四 78b〉

(59) g. 부톄 時節이 다ᄃᆞᆮ디 몯혼 ᄃᆞᆯ 아ᄅᆞ샤 〈月十四 22a〉
h. 부톄 時節이 니르디 몯호ᄆᆞᆯ 아ᄅᆞ샤 (佛知時未至ᄒᆞ샤) 〈法華三 111a〉

한편 '至'가 『월인석보』와 『법화경언해』에서 모두 '다ᄃᆞᆮ다'로 번역된다는 것은 동일 원문의 번역인 다음 예문들에서 잘 확인된다. 원문 중 '時…至'가 '時節이 다ᄃᆞᆮ다'와 '時 다ᄃᆞᆮ다'로 번역된다.

(59) i. 주긇 時節이 다ᄃᆞ랫ᄂᆞ니 〈月十七 20b〉
j. 주글 時 ᄒᆞ마 다ᄃᆞᄅᆞ니(死時已至ᄒᆞ니) 〈法華五 157a〉

(59) k. 漸漸 즌 ᄒᆞᆰ개 다ᄃᆞᄅᆞ면 〈月十五 53a〉
l. 漸漸 즌 ᄒᆞᆰ기 다ᄃᆞᄅᆞ면(遂漸至泥ᄒᆞ면) 〈法華四 92b〉

〈60〉 니르다 對 펴다

두 동작동사가 [敍] 즉 '펴다, 진술하다'의 뜻을 가지고 동의 관계에 있다는 것은 동일 원문의 번역인 다음 예문들에서 잘 확인된다. 원문 중 '敍…緣'이 '緣을 니르다'로도 번역되고 '緣을 펴다'로도 번역되므로 '니르다'와 '펴다'의 동의성은 명백히 입증된다.

(60) a. 녜 몸 ᄉᆞ론 緣을 니르시니라 〈月十八 36a〉
b. 녯 몸 ᄉᆞᄅᆞ신 緣을 펴시니라(敍往昔然身之緣也ᄒᆞ시니라) 〈法華六 150a〉

〈61〉 니르혜다 對 ᄃᆞ라 혜다

합성 동작동사 '니르혜다'와 동작동사구 'ᄃᆞ라 혜다'가 [稱數] 즉 '말하여 세다'의 뜻을 가지고 동의 관계에 있다는 것은 동일 원문의 번역인 다음 예문들에서 잘 확인된다. 원문 중 '不可稱數'가 '몯 니르혜다'로도 번역되고 'ᄃᆞ라 혜디 몯ᄒᆞ다'로도 번역된다. 따라서 '니르혜다'와 'ᄃᆞ라 혜다'의 동의성은 명백히 입증된다. '니르혜다'의 어간 '니르혜-'는 '니르-'[稱]와 '혜-'[數]의 비통사적 합성이고 'ᄃᆞ라 혜다'는 'ᄃᆞᆯ-[稱]+ -아#혜-[數]+ -다'로 분석된다.

(61) a. 聲聞衆ᄃᆞᆯ히 無量無邊ᄒᆞ(40a)야 몯 니르혜리러라 〈月十四 40b〉
b. 諸聲聞衆이 無量無邊ᄒᆞ야 ᄃᆞ라 혜디 몯ᄒᆞ리러라(諸聲聞衆이 無量無邊ᄒᆞ야 不可稱數ㅣ러라) 〈法華三 142a〉

〈62〉 니ᄅᆞ다 對 ᄀᆞᄅᆞ치다

두 동작동사가 [指] 즉 '가리키다'의 뜻을 가지고 동의 관계에 있다는 것은 동일 원문의 번역인 다음 예문들에서 잘 확인된다. 원문 중 '指菩薩子'가 '菩薩올 니르다'로도 번역되고 '菩薩子를 ᄀᆞᄅᆞ치다'로도 번역된다. 그리고 '指隨喜品'이 '隨喜品을 니르다'로도 번역되고 '隨喜品을 ᄀᆞᄅᆞ치다'로도 번역된다. 따라서 '니르다'와 'ᄀᆞᄅᆞ치다'의 동의성은 명백히 입증된다.

(62) a. 열흔 菩薩올 니르시고 〈月十二 22b〉
b. 열흔 菩薩子를 ᄀᆞᄅᆞ치시고(若十은 指菩薩子ᄒᆞ시고) 〈法華二 58a〉

(62) c. 이에 教化ᄒᆞ샨 사ᄅᆞᄆᆞᆯ 니ᄅᆞ시니라 〈月十四 57a〉
d. 이에 教化ᄒᆞ샨 사ᄅᆞᄆᆞᆯ ᄀᆞᄅᆞ치시니라(此애 指所化之人ᄒᆞ시니라) 〈法華三 166a〉

(62) e. 스믈 셜흐는 二乘을 니ᄅᆞ시니라 〈月十二 22b〉
f. 스믈 셜흐는 二乘子를 ᄀᆞᄅᆞ치시니라(二十三十은 指二乘子ᄒᆞ시니라) 〈法華二 58a〉

(62) g. 우 ᄀᆞᆮ다 ᄒᆞ샤ᄆᆞᆫ 隨喜品을 니ᄅᆞ시니라 〈月十八 37b〉
h. 우 ᄀᆞᆮ호ᄆᆞᆫ 隨喜品을 ᄀᆞᄅᆞ치시니라(如上者ᄂᆞᆫ 指隨喜品ᄒᆞ시니라) 〈法華六 180a〉

〈63〉 니ᄅᆞ다 對 ᄉᆞᆲ다

두 동작동사가 [言], [說] 및 [謂] 즉 '말하다, 아뢰다'의 뜻을 가지고 동의 관계에 있다는 것은 동일 원문의 번역인 다음 예문들에서 잘 확인된다. 원문 중 '廣言'이 '너비 니ᄅᆞ다'로도 번역되고 '너비 ᄉᆞᆲ다'로도 번역된다. '善說'이 '이대 니ᄅᆞ다'로도 번역되고 '이대 ᄉᆞᆲ다'로도 번역된다. 그리고 '謂至大'가 '至極 크시다 니ᄅᆞ다'로도 번역되고 '至極 크시다 ᄉᆞᆲ다'로도 번역된다. 따라서 '니ᄅᆞ다'와 'ᄉᆞᆲ다'의 동의성은 명백히 입증된다.

(63) a. 너비 닐오ᄃᆡ 諸根이 ᄇᆞᆰ다 ᄒᆞ니라 〈月十一 106a〉
b. 諸根ᄋᆡ ᄇᆞᆯ고ᄆᆞᆯ 너비 ᄉᆞᆯ오니라(廣言諸根明了ᄒᆞ니라) 〈法華一 167a〉

(63) c. 虛空애 ᄀᆞᄃᆞᆨᄒᆞ샤 供養 讚歎ᄒᆞ샤ᄆᆞᆯ 니ᄅᆞ니라 〈月十七 31a〉

d. 虛空애 ᄀᆞ독ᄒᆞ샤 供養 讚歎ᄒᆞᅀᆞ오ᄆᆞᆯ ᄉᆞᆲ오니라(言其滿空ᄒᆞ샤 供養讚歎也ㅣ라) 〈法華五 181a〉

(63) e. 자최로 니ᄅᆞ건댄 釋迦ㅅ 因地옛 宗師ㅣ시고 〈月十四 7a〉

f. 자최로 ᄉᆞᆲ건댄 釋迦ㅅ 因地옛 宗師ㅣ시고(以迹으로 言之컨댄 則釋迦ㅅ 因地之宗師ㅣ시고) 〈法華三 85a〉

(63) g. 이 如來ㅅ 眞實功德을 이대 닐오미라 〈月十三 42b〉

h. 이 如來ㅅ 眞實功德 이대 ᄉᆞᆲ오미라(是善說如來ㅅ 眞實功德이라) 〈法華三 4b〉

(63) i. 觀音이 楞嚴會上애 ᄌᆞ개 니ᄅᆞ샤ᄃᆡ 〈月十九 32b〉

j. 觀音이 楞嚴會上애 ᄌᆞ개 ᄉᆞᆲ오샤ᄃᆡ(觀音이 楞嚴會上애 自說ᄒᆞ샤ᄃᆡ) 〈法華七 70b〉

(63) k. 至極 크시다 닐옳 디어늘 〈月十八 10b〉

l. 至極 크시다 ᄉᆞᆲ오련마ᄅᆞᆫ(可謂至大어신마ᄅᆞᆫ) 〈法華六 107b〉

(63) m. 因緣說이라 닐오ᄆᆞᆫ 〈月十三 73b〉

n. 因緣說이라 ᄉᆞᆲ오ᄆᆞᆫ(謂之因緣說者ᄂᆞᆫ) 〈法華三 83a〉

〈64〉 니ᄅᆞ다 對 펴다

두 동작동사가 [敍]와 [陳] 즉 '펴다, 진술하다, 말하다'의 뜻을 가지고 동의 관계에 있다는 것은 동일 원문의 번역인 다음 예문들에서 잘 확인된다. 원문 중 '敍…往因'이 '오랫 因 니ᄅᆞ다'로도 번역되고 '디나건 因 펴다'로도 번역된다. '敍…本事'가 '本來ㅅ 이ᄅᆞᆯ 니ᄅᆞ다'로도 번역되고 '本來 ㅅ 이ᄅᆞᆯ 펴다'로도 번역된다. '陳遠因'이 '먼 因을 니ᄅᆞ다'로도 번역되고 '먼 因을 펴다'로도 번역된다. 그리고 '陳麤相'이 '麤相ᄋᆞᆯ 니ᄅᆞ다'로도 번역되고 '멀터운 相을 니ᄅᆞ다'로도 번역된다. 따라서 '니ᄅᆞ다'와 '펴다'의 동의성은 명백히 입증된다.

(64) a. 부톄 記ᄅᆞᆯ 주시며 ᄯᅩ 아랫 因 니ᄅᆞ샤ᄆᆞᆯ 브터 〈月十五 35a〉

b. 부톄 記 주시며 ᄯᅩ 디나건 因 펴샤ᄆᆞᆯ 因ᄒᆞ야(因佛이 與記ᄒᆞ시며 又敍往因ᄒᆞ야) 〈法華四 59a〉

(64) c. 本來ㅅ 이ᄅᆞᆯ 니ᄅᆞ샤 〈月十七 71a〉
d. 그 本來ㅅ 이ᄅᆞᆯ 펴샤(叙其本事ᄒᆞ야) 〈法華七 125b〉

(64) e. 이ᄂᆞᆫ 威音이 ᄯᅩ 三乘 니ᄅᆞ샤ᄆᆞᆯ 니ᄅᆞ시니라 〈月十七 81a〉
f. 이ᄂᆞᆫ 威(75a)音이 ᄯᅩ 三乘 니ᄅᆞ샤ᄆᆞᆯ 펴시니라(此ᄂᆞᆫ 叙威音이 亦說三乘也ᄒᆞ시니라) 〈法華六 75b〉

(64) g. 諸天(12a)이 座 노코 부텨 請ᄒᆞᅀᆞᄫᆞᆯ 니ᄅᆞ시니라 〈月十四 12b〉
h. 諸天이 座 ᄆᆡᇰᄀᆞᅀᆞ와 부텨 請ᄒᆞᅀᆞ오ᄆᆞᆯ 펴시니라(敍…諸天이 設座ᄒᆞᅀᆞ와 請佛也ᄒᆞ시니라) 〈法華三 93b〉

(64) i. 한 부텨를 니ᄅᆞ샤ᄆᆞᆫ 〈月十七 82a〉
j. 펴샨 한 부텨ᄂᆞᆫ(所叙多佛은) 〈法華六 76b〉

(64) k. 우희ᄂᆞᆫ 먼 因을 니ᄅᆞ시고 〈月十五 9b〉
l. 우희 먼 因을 펴시고(上애 陳遠因ᄒᆞ시고) 〈法華四 14b〉

(64) m. 두 아ᄃᆞ리 邪 두르ᅘᅧ시ᄂᆞᆫ 먼 因ᄋᆞᆯ 니ᄅᆞ시니라 〈月十九 89a〉
n. 二子의 邪 두르ᅘᅧ신 먼 因을 爲ᄒᆞ야 펴시니라(爲陳二子의 轉邪遠因也ᄒᆞ시니라) 〈法華七 147b〉

(64) o. 四諦ᄂᆞᆫ 下根ᄋᆞᆯ 爲ᄒᆞ샤 麤相ᄋᆞᆯ 안ᄌᆞᆨ 니ᄅᆞ시니 〈月十四 35a〉
p. 四諦ᄂᆞᆫ 下根 爲ᄒᆞ샤 안ᄌᆞᆨ 멀터운 相ᄋᆞᆯ 펴시니(四諦ᄂᆞᆫ 爲下根ᄒᆞ샤 聊陳麤相ᄒᆞ시니) 〈法華三 138a〉

(64) q. 이(7a) 엔 너비 니ᄅᆞ시니 〈月十五 7b〉
r. 이에 너비 펴시니라(此애 廣陳也ᄒᆞ시니라) 〈法華四 11b〉

한편 '陳'이 『월인석보』와 『법화경언해』에서 모두 '니ᄅᆞ다'로 번역된다는 것은 동일 원문의 번역인 다음 예문들에서 잘 확인된다. 원문 중 '廣陳'이 모두 '너비 니ᄅᆞ다'로 번역된다.

(64) s. 護持ᄒᆞ야 편 먼 因ᄋᆞᆯ 너비 니ᄅᆞ시니라 〈月十五 7b〉
t. 곧 護持ᄒᆞ야 펴던 먼 因ᄋᆞᆯ 너비 니ᄅᆞ시니라(卽廣陳護宣遠因也ㅣ시니라) 〈法華四 11b〉

〈65〉 다ᄃᆞ다 對 나ᅀᅡ가다

동작동사 '다ᄃᆞ다'와 합성 동작동사 '나ᅀᅡ가다'가 [卽] 즉 '나아가다'의 뜻을 가지고 동의 관계에 있다는 것은 동일 원문의 번역인 다음 예문들에서 잘 확인된다. 원문 중 '卽諸世諦'가 '世諦예 다ᄃᆞ다'로도 번역되고 '여러 가짓 世諦예 나ᅀᅡ가다'로도 번역된다. 따라서 '다ᄃᆞ다'와 '나ᅀᅡ가다'의 동의성은 명백히 입증된다. '나ᅀᅡ가다'는 동작동사 '낫다'와 동작동사 '가다'의 통사적 합성으로 '낫- +-아 # 가- +-다'로 분석될 수 있다.

(65) a. 世諦예 다ᄃᆞ라 일마다 眞實ᄒᆞ야 〈月十一 12b〉
b. 여러 가짓 世諦예 나ᅀᅡ가 觸ᄒᆞᆫ 일마다 眞實이라(卽諸世諦ᄒᆞ야 觸事而眞이라) 〈法華一 3b〉

한편 '卽'이 『월인석보』 권19와 『법화경언해』 권7에서 모두 '나ᅀᅡ가다'로 번역된다는 것은 동일 원문의 번역인 다음 예문들에서 잘 확인된다. 원문 중 '卽是經'이 모두 '이 經에 나ᅀᅡ가다'로 번역된다.

(65) c. 이레 나ᅀᅡ가 眞ᄒᆞ샤 〈月十九 98b〉
d. 事에 나ᅀᅡ가 眞이샤(卽事而眞이샤) 〈法華七 160b〉

(65) e. 이 經에 나ᅀᅡ가 부텨를 보ᅀᆞᄫᅡ 〈月十九 116b〉
f. 이 經에 나ᅀᅡ가 부텨를 보ᅀᆞ오미라(卽是經ᄒᆞ야 而見佛이라) 〈法華七 180b〉

〈66〉 다ᄃᆞ다 對 니를다

두 동작동사가 [至] 즉 '다다르다, 이르다'의 뜻을 가지고 동의 관계에 있다는 것은 동일 원문의 번역인 다음 예문들에서 잘 확인된다. 원문 중 '至此頓門'이 '이 頓門애 다ᄃᆞ다'로도 번역되고 '이 頓門에 니를다'로도 번역된다. 그리고 '至…成德'이 '德 일우메 다ᄃᆞᆮ다'로도 번역되고 '德 일우메 니를다'로도 번역된다. 따라서 '다ᄃᆞᆮ다'와 '니를다'의 동의성은 명백히 입증된다.

(66) a. 이 頓門애 다ᄃᆞ라 〈月十三 31b〉
b. 이 頓門에 니르러(至此頓門ᄒᆞ야) 〈法華二 225b〉

(66) c. 乃終애 行ᄋᆞ로 德 일우메 다ᄃᆞ라ᅀᅡ 〈月十一 24a〉
d. 내죵애 行ᄋᆞ로 德 일우메 니르르샤ᅀᅡ(終至以行成德ᄒᆞ샤ᅀᅡ) 〈法華一 44a〉

(66) e. 成佛호매 다ᄃᆞ라 〈月十一 91b〉
f. 成佛에 니르르샤(至其成佛ᄒᆞ샤) 〈法華一 112b〉

(66) g. 勸發品 니ᄅᆞ싫 제 다ᄃᆞ라 〈月十八 22a〉
h. 勸發品 니ᄅᆞ실 쩨 니르러(乃至說勸發品時예) 〈法華六 131b〉

(66) i. 十一地예 다ᄃᆞ라 〈月十九 94b〉
j. 十一地예 니르르샤(至十一地ᄒᆞ샤) 〈法華七 157a〉

한편 '至'가 『월인석보』와 『법화경언해』에서 모두 '니를다'로 번역된다는 것은 동일 원문의 번역인 다음 예문들에서 잘 확인된다. 원문 중 '至涅槃'이 모두 '涅槃애 니를다'로 번역된다.

(66) k. 우리 브즈러니 精進ᄒᆞ야 涅槃애 니르러 〈月十三 33b〉
l. 우리 이 中애 브즈러니 더 精進ᄒᆞ야 시러 涅槃애 니르러(我等이 於中에 勤加精進ᄒᆞ야 得至涅槃ᄒᆞ야) 〈法華二 229a〉

(66) m. 第三 第四 時節에 니르러ᅀᅡ 〈月十四 40b〉
n. 第三 第四 時예 니르러ᅀᅡ(至於第三第四時ᄒᆞ야ᅀᅡ) 〈法華三 142b〉

〈67〉 다ᄒᆞ다 對 다ᄋᆞ다

두 동작동사가 [盡]과 [窮] 즉 '다하다'의 뜻을 가지고 동의 관계에 있다는 것은 동일 원문의 번역인 다음 예문들에서 잘 확인된다. 원문 중 '盡是微塵'이 '이 微塵올 다ᄒᆞ다'로도 번역되고 '이 微塵을 다ᄋᆞ다'로도 번역된다. 그리고 '窮始終'이 '始終을 다ᄒᆞ다'로도 번역되고 '始終을 다ᄋᆞ다'로도 번역된다. 따라서 '다ᄒᆞ다'와 '다ᄋᆞ다'의 동의성은 명백히 입증된다.

(67) a. 이 微塵올(4b) 다ᄒᆞ면 〈月十七 5a〉
b. 이 微塵을 다ᄋᆞ면(盡是微塵ᄒᆞ면) 〈法華五 131a〉

(67) c. 오히려 몯 다ᄒᆞ리라(4b) ᄒᆞ시니 〈月十八 5a〉
d. 오히려 能히 다ᄋᆞ디 몯ᄒᆞ리라 ᄒᆞ샤ᄆᆞᆫ(猶不能盡者ᄂᆞᆫ) 〈法華六 100b〉

(67) e. 始終을 다ᄒᆞ시며 〈月十九 93b〉
f. 始終을 다ᄋᆞ시며(窮始終ᄒᆞ시며) 〈法華七 156a〉

한편 '盡'이 『월인석보』 권15와 『법화경언해』에서 모두 '다ᄋᆞ다'로 번역된다는 것은 동일 원문의 번역인 다음 예문들에서 잘 확인된다. 원문 중 '濁…盡'이 모두 '흐린 거시 다ᄋᆞ다'로 번역된다.

(67) g. ᄌᆞᆺ의 흐린 거시 다ᄋᆞ면 〈月十五 15a〉
h. ᄌᆞᇰ의 흐린 거시 ᄒᆞ마 다ᄋᆞ면(滓濁이 旣盡ᄒᆞ면) 〈法華四 19a〉

〈68〉 달이 ᄒᆞ다 對 ᄀᆞᆯ히다

동작동사구 '달이 ᄒᆞ다'와 동작동사 'ᄀᆞᆯ히다'가 [差別] 즉 '달리 하다, 가리다'의 뜻을 가지고 동의 관계에 있다는 것은 동일 원문의 번역인 다음 예문들에서 잘 확인된다. 원문 중 '差別'이 '달이 ᄒᆞ다'로도 번역되고 'ᄀᆞᆯ히다'로도 번역된다. 따라서 '달이 ᄒᆞ다'와 'ᄀᆞᆯ히다'의 동의성은 명백히 입증된다.

(68) a. 달이 호미 몯ᄒᆞ리라 〈月十二 32b〉

b. ᄀᆞᆯᄒᆡ요미 올티 몯도다(不宜差別이로다) 〈法華二 76b〉

〈69〉 달화 티다 對 티다

동작동사구 '달화 티다'와 동작동사 '티다'가 [攻擊] 즉 '치다'의 뜻을 가지고 동의 관계에 있다는 것은 다음 예문들에서 잘 확인된다. '軍'의 字釋이 '달화 티다'로 번역되고 '軍言攻擊'이 '軍은 튜ᄆᆞᆯ 니ᄅᆞ다'로 번역된다. 따라서 '달화 티다'와 '티다'의 동의성은 명백히 입증된다.

(69) a. 달화 티논 고ᄃᆞ로 니ᄅᆞᆯ씨 軍이라 ᄒᆞᄂᆞ니라 〈釋二十 29a〉
b. 軍은 튜(178a)ᄆᆞᆯ 니ᄅᆞ시니라(軍은 言攻擊ᄒᆞ시니라) 〈法華六 178b〉

〈70〉 담다 對 머굼다

두 동작동사가 [含容] 즉 '담다, 머금다'의 뜻을 가지고 동의 관계에 있다는 것은 동일 원문의 번역인 다음 예문들에서 잘 확인된다. 원문 중 '含容萬有'가 '萬有를 담다'로도 번역되고 '萬有를 머굼다'로도 번역되므로 두 동작동사 '담다'와 '머굼다'의 동의성은 명백히 입증된다. 두 동작동사는 '萬有'를 목적어로 공유한다.

(70) a. 各各 제 아로ᄃᆡ ᄆᆞᅀᆞ미 十方애 ᄀᆞᄃᆞᆨᄒᆞ야 萬有를 다마 〈月十七 72a〉
b. ᄆᆞᅀᆞ미 十方애 ᄀᆞᄃᆞᆨᄒᆞ야 萬有를 머구머 뒷ᄂᆞᆫ ᄃᆞᆯ 各各 제 아라(各各自知心徧十方ᄒᆞ야 含容萬有ᄒᆞ야) 〈法華六 59a〉

〈71〉 ᄠᅥ나다 對 여희다

두 동작동사가 [離] 즉 '떠나다'의 뜻을 가지고 동의 관계에 있다는 것은 동일 원문의 번역인 다음 예문들에서 잘 확인된다. 원문 중 '離是行'이 '이 힝뎌게 ᄠᅥ나다'로도 번역되고 '이 行을 여희다'로도 번역되므로 'ᄠᅥ나다'와 '여희다'의 동의성은 명백히 입증된다.

(71) a. 이 힝뎌게 ᄠᅥ나디 아니ᄒᆞ샤ᄃᆡ 〈釋二十一 20a〉

b. 이 行을 여희디 아니ᄒᆞ샤(不離是行ᄒᆞ샤) 〈法華七 41b〉

한편 '離'가 『석보상절』, 『월인석보』 및 『법화경언해』에서 모두 '여희다'로 번역된다는 것은 동일 원문의 번역인 다음 예문들에서 잘 확인된다. 원문 중 '離…衰患'이 '측ᄒᆞᆫ 이ᄅᆞᆯ 여희다', '衰患ᄋᆞᆯ 여희다' 및 '衰患 여희다'로 번역된다.

(71) c. 믈읫 측ᄒᆞᆫ 이ᄅᆞᆯ 여희며 〈釋二十一 31b〉
d. 여러 가짓 衰患ᄋᆞᆯ 여희며 〈月十九 68b〉
e. 여러 가짓 衰患 여희며(離諸衰患ᄒᆞ며) 〈法華七 120a〉

〈72〉 ᄠᅥ러디다 對 ᄠᅥ디다

두 동작동사가 [墮]와 [墜] 즉 '떨어지다'의 뜻을 가지고 동의 관계에 있다는 것은 동일 원문의 번역인 다음 예문들에서 잘 확인된다. 원문 중 '墮惡趣'가 '惡趣에 ᄠᅥ러디다'로도 번역되고 '惡趣에 ᄠᅥ디다'로도 번역된다. '漂墮'가 '붇여 ᄠᅥ러디다'로도 번역되고 '불여 ᄠᅥ디다'로도 번역된다. 그리고 '墜惡道'가 '惡道애 ᄠᅥ디다'로도 번역되고 '惡道애 ᄠᅥ러디다'로도 번역된다. 따라서 'ᄠᅥ러디다'와 'ᄠᅥ디다'의 동의성은 명백히 입증된다.

(72) a. 두리디 아(58a)니ᄒᆞ며 모딘 길헤 ᄠᅥ디다 아니킈 ᄒᆞ샤 〈釋二十一 58b〉
b. 두리디 아니케 ᄒᆞ샤 惡趣예 ᄠᅥ러디디 아니ᄒᆞ야 〈月十九 113a〉
c. 두리디 아니케 ᄒᆞ샤 惡趣예 ᄠᅥ디디 아니ᄒᆞ(176b)야(令不恐怖케 ᄒᆞ샤 不墮惡趣ᄒᆞ야) 〈法華七 177a〉

(72) d. 于相國이 黑風이 부러 ᄠᅥ러딘 ᄠᅳ들 紫玉ᄃᆞ려 무러늘 〈月十九 23b〉
e. 于相國이 黑風에 불여 ᄠᅥ디ᄂᆞᆫ ᄠᅳ들 紫玉ᄃᆞ려 무러늘(于相國이 問黑風漂墮之義於紫玉ᄒᆞ야ᄂᆞᆯ) 〈法華七 52a〉

(72) f. ᄒᆞᆫ 念에 불여 ᄠᅥ러듀미 다 이 ᄀᆞᆮᄒᆞ니라 〈月十九 23b〉
g. ᄒᆞᆫ 念에 불여 ᄠᅥ듀미 다 이 ᄀᆞᆮᄒᆞ니라(一念漂墮ㅣ 皆如是也ᄒᆞ니라) 〈法華七 52b〉

(72) h. ᄂᆞ미 미리와다 ᄠᅥ러디여도 〈月十九 43b〉
i. ᄂᆞᄆᆡ 미리와다 ᄠᅥ듀미 ᄃᆞ외야도(爲人所推墮ᄒᆞ야도) 〈法華七 88a〉

(72) j. 眞實로 몰라 ᄠᅥ러디디 아니ᄒᆞ면 〈月十七 6b〉
k. 眞實로 몰라 ᄠᅥ디디 아니ᄒᆞ면(苟不迷墮ᄒᆞ면) 〈法華五 133a〉

(72) l. 惡道애 ᄠᅥ디다 ᄒᆞ듯 ᄒᆞᆫ 마리라 〈月十一 106b〉
m. 惡道애 ᄠᅥ러디ᄂᆞᆫ 類라(墜惡道之類也ㅣ라) 〈法華一 168b〉

〈73〉 ᄠᅥ러디다 對 디다

두 동작동사가 [墮] 즉 '떨어지다'의 뜻을 가지고 동의 관계에 있다는 것은 동일 원문의 번역인 다음 예문들에서 잘 확인된다. 원문 중 '墮'가 'ᄠᅥ러디다'로도 번역되고 '디다'로도 번역되므로 'ᄠᅥ러디다'와 '디다'의 동의성은 명백히 입증된다.

(73) a. 阿梨樹는 …가지 ᄠᅥ러딣 저긔 〈釋二十一 31a〉
b. 阿梨樹枝ᄂᆞᆫ ᄯᅡ해 디면(阿梨樹枝ᄂᆞᆫ 墮地ᄒᆞ면) 〈法華七 120b〉

〈74〉 ᄠᅥ러ᄇᆞ리다 對 헐다

두 동작동사가 [隳] 즉 '무너뜨리다'의 뜻을 가지고 동의 관계에 있다는 것은 동일 원문의 번역인 다음 예문들에서 잘 확인된다. 원문 중 '隳天袠'이 '天袠袠을 ᄠᅥ러ᄇᆞ리다'로도 번역되고 '天袠 헐다'로도 번역되므로 'ᄠᅥ러ᄇᆞ리다'와 '헐다'의 동의성은 명백히 입증된다. 'ᄠᅥ러ᄇᆞ리다'는 동작동사 '떨다'의 부사형 'ᄠᅥ러'와 동작동사 'ᄇᆞ리다'의 合成이다.

(74) a. 天弢ᄅᆞᆯ 그르며 天袠ᄋᆞᆯ ᄠᅥ러 ᄇᆞ료ᄆᆞᆯ 表ᄒᆞ니라 〈月十二 17a〉
b. 天弢 그르며 天袠 허루믈 나토니라(表解天弢ᄒᆞ며 隳天袠也ㅣ라) 〈法華二 46b〉

〈75〉 더블다 對 ᄃᆞ리다

두 동작동사가 [將]과 [與] 즉 '거느리다, 더불다, 데리다'의 뜻을 가지고 동의 관계에 있다는 것은 동일 원문의 번역인 다음 예문들에서 잘 확인된다. 원문 중 '將諸比丘僧'이 '比丘돌 더블다'로도 번역되고 '比丘僧돌 ᄃᆞ리다'로도 번역된다. '所將衆中'이 '더브러 가신 한 사람 中'으로도 번역되고 'ᄃᆞ리샨 衆中'으로도 번역된다. 그리고 '莫…與語'가 '더브러 말 아니ᄒᆞ다'로도 번역되고 'ᄃᆞ려 말 말다'로도 번역된다. 따라서 '더블다'와 'ᄃᆞ리다'의 동의성은 명백히 입증된다.

(75) a. 또 如來 比丘돌 더브르시고 〈釋二十四 45b〉
b. 또 如來 比丘僧돌(122a) ᄃᆞ리시고 〈月二十五 122b〉
c. 又復如來 將諸比丘僧 〈釋迦譜 卷5 31. 阿育王造八萬四千塔記〉

(75) d. 轉輪聖王 더브러 가 겨신 한 사ᄅᆞᆷ 中에 〈月十四 42b〉
e. 轉輪聖王ㅅ ᄃᆞ리샨 衆中에(轉輪聖王ㅅ 所將衆中에) 〈法華三 145a〉

(75) f. 더브러 말 아니ᄒᆞ니 〈月十三 18b〉
g. 다시 ᄃᆞ려 말 말라 ᄒᆞ니(莫復與語ᄒᆞ라 ᄒᆞ니) 〈法華二 203a〉

그리고 두 동작동사가 文法化되어 여격 조사의 기능을 한다는 것은 동일 원문의 번역인 다음 예문들에서 잘 확인된다.

(75) h. 이제 눌 더브러 무르려뇨 ᄒᆞ더니 〈月十一 39b〉
i. 이제 반ᄃᆞ기 눌 ᄃᆞ려 무르려뇨 ᄒᆞ더니(今當問誰ㅣ 어뇨 ᄒᆞ더니) 〈法華一 66b〉

(75) j. 일ᄒᆞᄂᆞᆫ 사ᄅᆞᆷ돌 더브러 닐오ᄃᆡ 〈月十三 22a〉
k. 모ᄃᆞᆫ 일ᄒᆞᄂᆞᆫ 사ᄅᆞᆷ ᄃᆞ려 닐오ᄃᆡ(語諸作人호ᄃᆡ) 〈法華二 209b〉

한편 '將'이 『월인석보』와 『법화경언해』에서 모두 'ᄃᆞ리다'로 번역된다는 것은 동일 원문의 번역인 다음 예문들에서 잘 확인된다. 원문 중 '將一大菩薩'이 'ᄒᆞᆫ 大菩薩ᄋᆞᆯ ᄃᆞ리다'와 'ᄒᆞᆫ 大菩薩 ᄃᆞ리다'로 번역된다.

(75) l. 各各 ᄒᆞᆫ 大菩薩ᄋᆞᆯ ᄃᆞ리샤 〈月十五 74a〉
m. 各各 ᄒᆞᆫ 大菩薩 ᄃᆞ리샤(各將一大菩薩ᄒᆞ샤) 〈法華四 121a〉

(75) n. ᄲᆞᆯ리 미조차 ᄃᆞ려 오라 ᄒᆞ야ᄂᆞᆯ 〈月十三 15b〉
o. ᄲᆞᆯ리 미조차 ᄃᆞ려 오라 ᄒᆞ야ᄂᆞᆯ(急追將還ᄒᆞ라 ᄒᆞ야ᄂᆞᆯ) 〈法華二 199a〉

〈76〉 더으다 對 넘다

두 동작동사가 [過]와 [勝] 즉 '넘다'의 뜻을 가지고 동의 관계에 있다는 것은 동일 원문의 번역인 다음 예문들에서 잘 확인된다. 원문 중 '過上'이 '우희셔 더으다'로도 번역되고 '우희 넘다'로도 번역된다. 그리고 '勝供'이 '供養호매셔 더으다'로도 번역되고 '供養애 넘다'로도 번역된다. 따라서 '두 동작동사 '더으다'와 '넘다'의 동의성은 명백히 입증된다. 두 동작동사는 '功'을 주어로 공유한다.

(76) a. 功이 ᄯᅩ 우희셔 더을ᄊᆡ 〈月十七 36b〉
b. 功이 ᄯᅩ 우희 너믈ᄊᆡ(功又過上홀ᄊᆡ 故로) 〈法華五 200a〉

(76) c. 八百萬億 河沙佛을 供養호매셔 더으다 ᄒᆞ시니 〈月十九 57a〉
d. 八百萬億 河沙佛 供養애 너무믄(則勝供八百萬億河沙佛者ᄂᆞᆫ) 〈法華七 109b〉

〈77〉 더으다 對 디나다

두 동작동사가 [過] 즉 '낫다, 뛰어나다'의 뜻을 가지고 동의 관계에 있다는 것은 동일 원문의 번역인 다음 예문들에서 잘 확인된다. 원문 중 '過於此'가 '예셔 더으다'로도 번역되고 '예셔 디나다'로도 번역되므로 '더으다'와 '디나다'의 동의성은 명백히 입증된다.

(77) a. ᄂᆞ치 端正ᄒᆞ샤미 이두고 더으시며 〈釋二十 41b〉
b. 그 ᄂᆞ치 端正이 ᄯᅩ 예셔 더으시며 〈月十八 77b〉
c. 그 ᄂᆞ치 端正이 ᄯᅩ 예셔 디나시며(其面貌端正이 復過於此ᄒᆞ시며) 〈法華七 18b〉

(77) d. 傑은 ᄌᆡ죄 萬人에 디날 씨라 〈月十五 20b〉
e. 傑은 ᄌᆡ죄 萬人에 더을 씨라 〈法華四 31a〉

〈78〉 더ᄒᆞ다 對 더으다

두 동작동사가 [加] 즉 '더하다'의 뜻을 가지고 동의 관계에 있다는 것은 동일 원문의 번역인 다음 예문들에서 잘 확인된다. 원문 중 '加傍頌'이 '傍頌ᄋᆞᆯ 더ᄒᆞ다'로도 번역되고 '傍頌ᄋᆞᆯ 더으다'로도 번역되므로 '더ᄒᆞ다'와 '더으다'의 동의성은 명백히 입증된다.

(78) a. 傍頌ᄋᆞᆯ 더ᄒᆞ샤ᄆᆞᆫ 〈月十九 43a〉
b. 傍頌ᄋᆞᆯ 더으샤ᄆᆞᆫ(加傍頌者ᄂᆞᆫ) 〈法華七 87b〉

〈79〉 덜다 對 조리다

두 동작동사가 [損] 즉 '덜다, 줄이다'의 뜻을 가지고 동의 관계에 있다는 것은 동일 원문의 번역인 다음 예문들에서 잘 확인된다. 원문 중 '從微而損'이 '져그닐 브터 덜다'로도 번역되고 '져그니 브터 조리다'로도 번역된다. 따라서 '덜다'와 '조리다'의 동의성은 명백히 입증된다.

(79) a. 안즉 져그닐 브터 더러 ᄇᆞ리면 〈月十八 45a〉
b. 안즉 져그니 브터 조리면(且從微而損之ᄒᆞ면) 〈法華六 161a〉

〈80〉 두르ᅘᅧ다 對 드위ᅘᅧ다

두 동작동사가 [翻] 즉 '뒤집다'의 뜻을 가지고 동의 관계에 있다는 것은 동일 원문의 번역인 다음 예문들에서 잘 확인된다. 원문 중 '翻爲'가 '두르ᅘᅧ ᄃᆞ외다'로도 번역되고 '드위ᅘᅧ ᄃᆞ외다'로도 번역된다. 따라서 '두르ᅘᅧ다'와 '드위ᅘᅧ다'의 동의성은 명백히 입증된다.

(80) a. 두르ᅘᅧ 煩惱ᄋᆡ 보차미 ᄃᆞ외요ᄆᆞᆯ 가ᄌᆞᆯ비니라 〈月十三 23a〉
b. 드위ᅘᅧ 煩惱ᄋᆡ 보차미 ᄃᆞ외요ᄆᆞᆯ 가ᄌᆞᆯ비니라(譬……翻爲煩惱의 所擾也ㅣ라) 〈法華二

210b〉

〈81〉 드리다 對 녛다

두 동작동사가 [納] 즉 '녛다, 들이다'의 뜻을 가지고 동의 관계에 있다는 것은 동일 원문의 번역인 다음 예문들에서 잘 확인된다. 원문 중 '納諸石槨'이 '石槨애 드리다'로도 번역되고 '石槨애 녛다'로도 번역된다. 따라서 '드리다'와 '녛다'의 동의성은 명백히 입증된다.

(81) a. 袞衣 니펴 石槨애 드료미 〈月十八 40a〉
b. 袞文으로[袞文은 님긊 오시라] 石槨애 녀호미(袞文而納諸石槨이) 〈法華六 155a〉

〈82〉 드리다 對 받다

두 동작동사가 [納]과 [容] 즉 '받아들이다'의 뜻을 가지고 동의 관계에 있다는 것은 동일 원문의 번역인 다음 예문들에서 잘 확인된다. 원문 중 '納流'가 '흐르는 믈 드리다'로도 번역되고 '믈 받다'로도 번역된다. 그리고 '廣容'이 '너비 받다'로도 번역되고 '너비 드리다'로도 번역된다. 따라서 '드리다'와 '받다'의 동의성은 명백히 입증된다.

(82) a. 바ᄅᆞ리 흐르는 믈 드료미 ᄀᆞᆮᄒᆞ실씨 〈月十一 99a〉
b. 바ᄅᆞ리 믈 바돔 ᄀᆞᆮᄒᆞ실씨(如海納流故로) 〈法華一 143a〉

(82) c. 能히 한 座ᄅᆞᆯ 너비 받다 ᄒᆞ며 〈月十五 78b〉
d. 能히 한 座ᄅᆞᆯ 너비 드리며(能廣容多座ᄒᆞ며) 〈法華四 126a〉

〈83〉 드리다 對 펴다

두 동작동사가 [肆] 즉 '펴다'의 뜻을 가지고 동의 관계에 있다는 것은 동일 원문의 번역인 다음 예문들에서 잘 확인된다. 원문 중 '肆力'이 '힘 드리다'로도 번역되고 '힘 펴다'로도 번역된다. 따라서 '드리다'와 '펴다'의 동의성은 명백히 입증된다.

(83) a. 힘 드릃 ᄡᅡ히 이셔 〈月十三 12b〉
　　b. 힘 펼 ᄡᅡ히 이셔(肆力有地ᄒᆞ야) 〈法華二 194b〉

〈84〉 듣다 對 ᄠᅥ디다

두 동작동사가 [墮] 즉 '떨어지다'의 뜻을 가지고 동의 관계에 있다는 것은 동일 원문의 번역인 다음 예문들에서 잘 확인된다. 원문 중 '漂墮'가 '부쳐 듣다'로도 번역되고 '불여 가 ᄠᅥ디다'로도 번역되므로 '듣다'와 'ᄠᅥ디다'의 동의성은 명백히 입증된다.

(84) a. 羅刹鬼國에 부쳐 드러도 〈釋二十一 3a〉
　　b. 羅(50a)刹鬼國에 불여 가 ᄠᅥ디여도(漂墮羅刹鬼國ᄒᆞ야도)〈法華七 50b〉

〈85〉 듣닥다 對 미좇다 對 좇다

세 동작동사가 [尋] 즉 '좇다'의 뜻을 가지고 동의 관계에 있다는 것은 동일 원문의 번역인 다음 예문들에서 잘 확인된다. 원문 중 '尋聲'이 '소리 듣닥다'로도 번역되고 '소리 미좇다'로도 번역되고 '소리 좇다'로도 번역된다. 따라서 세 동작동사 '듣닥다'와 '미좇다' 그리고 '좇다'의 동의성은 명백히 입증된다. 세 동작동사는 '소리'를 목적어로 공유한다.

(85) a. 소리 듣다ᄀᆞ며 절로 도라가리어며 〈釋二十一 5a〉
　　b. 소리 미조차 제 횟도로 ᄃᆞᄅᆞ며 〈月十九 45b〉
　　c. 소리 조차 제 도로가며(尋聲自廻去ᄒᆞ며) 〈法華七 90b〉

(85) d. 소리ᄅᆞᆯ 조차 受苦 救ᄒᆞ샤미 觀音이시고 〈釋二十一 16a〉
　　e. 소리ᄅᆞᆯ 미조차 受苦 救ᄒᆞ샤ᄆᆞᆫ 觀音이시고 〈月十九 49b〉
　　f. 소릴 조ᄎᆞ샤 受苦 救ᄒᆞ샤ᄆᆞ로 觀音이시고(尋聲救苦로 爲觀音이시고) 〈法華七 98a〉

〈86〉 ᄠᅳᆮ 되다 對 ᄂᆞᆷ 업시우다

두 동작동사구가 [憍慢]과 [慢] 즉 '교만하다, 남을 업신여기다'의 뜻을 가지고 동의 관계에 있다는 것은 동일 원문의 번역인 다음 예문들에서 잘 확인된다. 원문 중 '憍慢'이 '뜯 되다'로 번역되고 '慢'이 '놈 업시우다'로 번역되므로 '뜯 되다'와 '놈 업시우다'의 동의성은 명백히 입증된다. 동작사구 '뜯 되다'는 명사 '뜯'과 동작동사 '되다'의 결합이고 동작동사구 '놈 업시우다'는 명사 '놈'과 동작동사 '업시우다'의 결합이다.

(86) a. 뜯 되며 새옴들히 어즈류미 아니 드외야 〈釋二十 27b〉
b. 憍慢 嫉妬 여러가짓 띡의 보차미 아니 드외야(不爲憍慢嫉妬諸垢의 所惱ᄒᆞ야) 〈法華六 175a〉

(86) c. 앗굠과 憍慢괘 업스니잇가 〈釋二十 43b〉
d. 앗기며 놈 업시우리 업스니잇가 〈月十八 79b〉
e. 慳慢이 하디 아니ᄒᆞ니잇가 아니잇가(無多…慳慢ᄒᆞ니잇가 不ㅣ 잇가) 〈法華七 20b〉

〈87〉 들다 對 좀다

두 동작동사가 [沒] 즉 '잠기다, 숨다'의 뜻을 가지고 동의 관계에 있다는 것은 동일 원문의 번역인 다음 예문들에서 잘 확인된다. 원문 중 '出沒'이 '나며 들다'로도 번역되고 '나며 좀다'로도 번역되므로 두 동작동사 '들다'와 '좀다'의 동의성은 명백히 입증된다. 또 두 동작동사가 [出]의 뜻을 가진 '나다'와 의미상 對立 관계에 있으므로 두 동작동사의 동의 관계는 더욱 명백해진다.

(87) a. 生死애 나며 드ᄂᆞ다(27b) 혼 生이 아니라 〈月十七 28a〉
b. 살며 주구매 나며 좀ᄂᆞ다 혼 生이 아니라(非出沒生死之生也ㅣ 라) 〈法華五 177a〉

〈88〉 디나다 對 넘다

두 동작동사가 [過] 즉 '지나다, 넘다'의 뜻을 가지고 동의 관계에 있다는 것은 동일 원문의 번역인 다음 예문들에서 잘 확인된다. 원문 중 '過陽'이 '陽애 디나다'로도 번역되고 '陽애셔 넘다'로도 번역되므로 두 동작동사 '디나다'와 '넘다'의 동의성은 명백히 입증된다. 여기서 두 동작동사는 타동사 구실을 한다.

(88) a. 陰이 陽애 디나면 〈月十九 46a〉
b. 陰이 陽애셔 너므면(陰過陽ᄒᆞ면) 〈法華七 91b〉

(88) c. 이 數에 디나미 〈月十四 9a〉
d. 이 數에 너무미(過是數호미) 〈法華三 87a〉

(88) e. ᄯᅩ 예셔 디나미 〈月十七 6a〉
f. ᄯᅩ 예셔 너무미(復過於此호미) 〈法華五 132b〉

〈89〉 디들다 對 살찌다

두 동작동사가 [皺] 즉 '주름살이 잡히다'의 뜻을 가지고 동의 관계에 있다는 것은 동일 원문의 번역인 다음 예문들에서 잘 확인된다. 원문 중 '面皺'가 'ᄂᆞ치 디들다'로도 번역되고 'ᄂᆞ치 살찌다'로도 번역되므로 두 동작동사 '디들다'와 '살찌다'의 동의성은 명백히 입증된다. 두 동작동사는 'ᄂᆞᆾ'을 主語로 공유한다.

(89) a. 나히 八十이 디나 머리 셰오 ᄂᆞ치 디드러 〈月十七 47b〉
b. 나히 八十이 디나 머리 셰오 ᄂᆞ치 살찌여(年過八十ᄒᆞ야 髮白ᄒᆞ고 面皺ᄒᆞ야) 〈法華六 8a〉

〈90〉 딕ᄒᆞ다 對 딕희다

두 동작동사가 [守]와 [守護] 즉 '지키다'의 뜻을 가지고 동의 관계에 있다는 것은 다음 예문들에서 잘 확인된다. 원문 중 '守護汝'가 '너를 딕ᄒᆞ야 護持ᄒᆞ다'로 번역되고 '守門'이 '門 딕ᄒᆞ다'로 번역된다. 그리고 '財寶…守護'가 '쳔랴ᇰ 딕희다'로 번역된다. 따라서 '딕ᄒᆞ다'와 '딕희다'의 동의성은 명백히 입증된다.

(90) a. 내 딕ᄒᆞ야 護持ᄒᆞ야 〈釋二十一 51b〉

b. 百千 諸佛이 神通力으로 너를 모다 딕ᄒᆞ야 護持ᄒᆞᄂᆞ니〈月十八 57a〉

c. 百千 諸佛이 神通力으로 너를 모다 딕ᄒᆞ야 護持ᄒᆞᄂᆞ니(百千諸佛이 以神通力으로 共守護汝ᄒᆞᄂᆞ니) 〈法華六 178b〉

d. 상녜 念ᄒᆞ야 딕ᄒᆞ야 護持ᄒᆞ야(常念而守護ᄒᆞ야) 〈法華六 56b〉

e. 뷘 房ᄋᆞᆯ 딕ᄒᆞ라 하시고 〈月曲 177〉

f. ᄒᆞ오ᅀᅡ 房 딕흟 ᄌᆞ비 ᄒᆞ야 〈月七 9a〉

g. 門 딕ᄒᆞᆫ 사ᄅᆞ미 어디니란 드로ᄆᆞᆯ 듣고(汝守門人善者聽入) 〈圓覺上 二之二 106a〉

(90) h. 쳔랴ᄋᆞᆯ 만히 뫼호아 두고 受苦ᄅᆞᄫᆡ 딕희여 이셔 〈釋九 12a〉(『藥師流璃光如來本願功德』의 '多聚財寶勤加守護'의 번역임)

i. ᄒᆞᆫᄢᅴ 나 딕흰 神靈이 잇ᄂᆞ니라 〈釋九 30a〉

동작동사 '디킈다'를 『釋譜詳節』 권9의 '四天王이 眷屬과 無量 百千 天衆 ᄃᆞ리고 다 그 고대가 供養ᄒᆞ며 디킈리이다' 〈釋九 21b〉에서 발견할 수 있다.

〈91〉 ᄃᆞ외다 對 일다

두 동작동사가 [成] 즉 '되다, 이루어지다'의 뜻을 가지고 동의 관계에 있다는 것은 동일 원문의 번역인 다음 예문들에서 잘 확인된다. 원문 중 '成三世之緣'이 '三世緣이 ᄃᆞ외다'로도 번역되고 '三世緣이 일다'로도 번역된다. 따라서 'ᄃᆞ외다'와 '일다'의 동의성은 명백히 입증된다.

(91) a. 서르 因ᄒᆞ야 三世緣이 ᄃᆞ외ᄂᆞ니라 〈月十四 35b〉

b. 서르 因ᄒᆞ야 三世緣이 이니라(相因ᄒᆞ야 以成三世之緣耳니라) 〈法華三 138b〉

한편 '成'이 『월인석보』와 『법화경언해』에서 모두 동작동사 '일다'로 번역된다는 것은 동일 원문의 번역인 다음 예문들에서 잘 확인된다. 원문 중 '根成'이 모두 '根이 일다'로 번역된다.

(91) c. 根이 이러 胎예 나 〈月十四 36a〉

d. 根이 이러 胎예 나(根成出胎ᄒᆞ야) 〈法華三 138b〉

〈92〉 ᄃᆞᆮ니다 對 ᄒᆞ니다

두 동작동사가 [行] 즉 '다니다'의 뜻을 가지고 동의 관계에 있다는 것은 동일 원문의 번역인 다음 예문들에서 잘 확인된다. 원문 중 '欲行'이 'ᄃᆞᆮ뇨려 ᄒᆞ다'로도 번역되고 'ᄒᆞ니고져 ᄒᆞ다'로도 번역되므로 'ᄃᆞᆮ니다'와 'ᄒᆞ니다'의 동의성은 명백히 입증된다.

(92) a. ᄃᆞᆮ뇨려 ᄒᆞᇙ 저긔 〈月十二 11a〉
b. ᄒᆞ다가 ᄒᆞ니고져 ᄒᆞᆯ 쩌기면(若欲行時면) 〈法華二 37b〉

한편 '行'이 『月印釋譜』 권12와 『法華經諺解』에서 각각 'ᄃᆞᆮ니다'와 'ᄃᆞᆫ니다'로 번역된다는 것은 동일 원문의 번역인 다음 예문들에서 잘 확인된다.

(92) c. 앉거나 ᄃᆞᆮ니거나 호매 〈月十二 3a〉
d. 앉거나 ᄃᆞᆫ뇨매(若坐若行애) 〈法華二 5b〉

〈93〉 ᄃᆞᆷ다 對 ᄢᅥ디다

두 동작동사가 [汨] 즉 '빠지다'의 뜻을 가지고 동의 관계에 있다는 것은 동일 원문의 번역인 다음 예문들에서 잘 확인된다. 원문 중 '汨於塵勞'가 '塵勞애 ᄃᆞᆷ다'로도 번역되고 '塵勞애 ᄢᅥ디다'로도 번역된다. 따라서 'ᄃᆞᆷ다'와 'ᄢᅥ디다'의 동의성은 명백히 입증된다.

(93) a. 衆生은 塵勞애 ᄃᆞᆷ고 〈月十三 52a〉
b. 衆生은 塵勞애 ᄢᅥ디고(衆生은 汨於塵勞ᄒᆞ고) 〈法華三 21b〉

〈94〉 ᄣᅵ ᄃᆞ외다 對 범글다

동작동사구 'ᄣᅵ ᄃᆞ외다'와 동작동사 '범글다'가 [累] 즉 '때 되다, 동여매다'의 뜻을 가지고 동의 관계에 있다는 것은 동일 원문의 번역인 다음 예문들에서 잘 확인된다. 원문 중 '累'가 '찍 ᄃᆞ외다'로도 번역되고 '범글다'로도 번역된다. 따라서 '찍 ᄃᆞ외다'와 '범글다'의 동의성은 명백히 입증된다. 동작동사구 "찍 ᄃᆞ외다'는 명사 '찍'와 동작동사 'ᄃᆞ외다'의 결합이다.

(94) a. ᄆᆞᅀᆞ미 本來 解脫커늘 受호미 이실ᄊᆡ 찍 ᄃᆞ외며 〈月十四 39b〉
b. ᄆᆞᅀᆞᄆᆞᆫ 本來 解脫커늘 受ㅣ 잇논 젼ᄎᆞ로 범글며(蓋心은 本解脫커늘 有受故로 累ᄒᆞ며) 〈法華三 141a〉

〈95〉 찍 묻다 對 버믈다

동작동사구 '찍 묻다'와 동작동사 '버믈다'가 [累] 즉 '때 묻다, 동여매다'의 뜻을 가지고 동의 관계에 있다는 것은 동일 원문의 번역인 다음 예문들에서 잘 확인된다. 원문 중 '累於物'이 '物에 찍 묻다'로도 번역되고 '物에 버믈다'로도 번역된다. 따라서 '찍 묻다'와 '버믈다'의 동의성은 명백히 입증된다. 동작동사구 '찍 묻다'는 명사 '찍'와 동작동사 '묻다'의 결합이다.

(95) a. 物에 찍 묻디 아니ᄒᆞ시니라 〈月十四 51b〉
b. 物에 버므디 아니ᄒᆞ샷다(不累於物이샷다) 〈法華三 158b〉

〈96〉 마초다 對 ᄆᆞᆯ다

두 동작동사가 [調和] 즉 '맞추다, 어울리게 하다'의 뜻을 가지고 동의 관계에 있다는 것은 동일 원문의 번역인 다음 예문들에서 잘 확인된다. 원문 중 '調和衆綵'가 '綵色 마초다'로도 번역되고 '綵色 ᄆᆞᆯ다'로도 번역된다. 따라서 '마초다'와 'ᄆᆞᆯ다'의 동의성은 명백히 입증된다.

(96) a. 波塞奇王이 綵色 마초아 손소 ᄒᆞᆫ 像ᄋᆞᆯ 그리ᅀᆞᄫᅡ 내야늘 〈釋二十四 10b〉
b. 波塞奇王이 綵色 ᄆᆞ라 손소 ᄒᆞᆫ 像 그리ᅀᆞᄫᅡ 보ᄂᆞᆯ 내야늘 〈月二十五 66a〉
c. 波塞奇 調和衆綵 手自爲畫一像 以爲模法 〈釋迦譜 卷5 32. 釋迦獲八萬四千塔宿緣記〉

〈97〉 마초다 對 어울우다

두 동작동사가 [合] 즉 '맞추다, 합치다'의 뜻을 가지고 동의 관계에 있다는 것은 동일 원문의 번역인 다음 예문들에서 잘 확인된다. 원문 중 '合顯'이 '마초아 나토다'로도 번역되고 '어울워 나토다'로도 번역된다. 따라서 '마초다'와 '어울우다'의 동의성은 명백히 입증된다.

(97) a. 녀나ᄆᆞᆫ ᄠᅳ든 아래 마초아 나토오미 ᄀᆞᆮᄒᆞ니라 〈月十五 24b〉
b. 녀나ᄆᆞᆫ ᄠᅳ든 아래 어울워 나토미 ᄀᆞᆮᄒᆞ니라(餘意ᄂᆞᆫ 如下合顯ᄒᆞ니라) 〈法華四 40a〉

〈98〉 맛게 ᄒᆞ다 對 어울우다

동작동사구 '맛게 ᄒᆞ다'와 동작동사 '어울우다'가 [合] 즉 '맞게 하다, 합하다'의 뜻을 가지고 동의 관계에 있다는 것은 동일 원문의 번역인 다음 예문들에서 잘 확인된다. 원문 중 '合萬法'이 '萬法을 맛게 ᄒᆞ다'로도 번역되고 '萬法을 어울우다'로도 번역된다. 따라서 '맛게 ᄒᆞ다'와 '어울우다'의 동의성은 명백히 입증된다.

(98) a. 萬(35a)法을 혜아려 맛게 ᄒᆞᆯ 씨라 〈釋二十 35b〉
b. 萬法을 어울우미오 〈月十八 69b〉
c. 萬法을 어울우실 씨오(參合萬法ᄒᆞ시고) 〈法華七 9a〉

〈99〉 맛당ᄒᆞ다 對 맞다

두 동작동사가 [適] 즉 '맞다, 알맞다'의 뜻을 가지고 동의 관계에 있다는 것은 동일 원문의 번역인 다음 예문들에서 잘 확인된다. 원문 중 '適意'가 'ᄠᅳ데 맛당ᄒᆞ다'로도 번역되고 'ᄠᅳ데 맞다'로도 번역되므로 '맛당ᄒᆞ다'와 '맞다'의 동의성은 명백히 입증된다.

(99) a. ᄠᅳ데 맛당ᄒᆞ다 ᄒᆞᆫ 마리오 〈月十一 34a〉
b. 닐오매 ᄠᅳ데 마ᄌᆞᆯ 씨오(云適意오) 〈法華一 56b〉

〈100〉 맛들다 對 즐기다

두 동작동사가 [好], [樂], [娛樂] 및 [耽湎] 즉 '즐기다, 좋아하다'의 뜻을 가지고 동의 관계에 있다는 것은 동일 원문의 번역인 다음 예문들에서 잘 확인된다. 원문 중 '好…手筆'이 '手筆을 맛들다'로도 번역되고 '手筆을 즐기다'로도 번역된다. '娛樂之具'가 '맛드논 것'으로도 번역되고 '즐길 껏'으로도 번역된다. 그리고 '耽湎'이 '맛들다'의 명사형 '맛드롬'으로도 번역되고 '즐기다'의 명사형 '즐굼'으로도 번역된다. 따라서 '맛들다'와 '즐기다'의 同義性은 명백히 입증된다.

(100) a. 外道ᄋᆡ 經書 手筆을 맛드디 아니ᄒᆞ며 〈釋二十一 61a〉
b. 外道ᄋᆡ 經書 手筆을 즐기디 아니ᄒᆞ며 〈月十九 117a〉
c. 外道의 經書 手筆을 즐기디 아니ᄒᆞ며(不好外道의 經書手筆ᄒᆞ야) 〈法華七 181b〉

(100) d. 아비 아ᄃᆞᆯᄃᆞᆯ히 ᄆᆞᅀᆞ매 제여곰 맛드논 거슬 아라 〈月十二 26b〉
e. 아비 諸子ᄋᆡ 몬졋 ᄆᆞᅀᆞ매 各各 즐규미 잇는 ᄃᆞᆯ 아라(父ㅣ 知諸子의 先心에 各有所好ᄒᆞ야) 〈法華二 66b〉

(100) f. 아ᄃᆞᆯᄃᆞᆯ히 노ᄅᆞ새(25b) 맛드러 〈月十二 26a〉
g. 諸子ᄃᆞᆯ히 노ᄅᆞᄉᆞᆯ 즐겨 著ᄒᆞ야(諸子等이 樂著嬉戲ᄒᆞ야) 〈法華二 64b〉

(100) h. 제 맛드논 거슬 다 주ᄃᆡ 〈釋十九 3a〉
i. 제 欲 조차 즐길 꺼슬 다 주ᄃᆡ(隨其所欲ᄒᆞ야 娛樂之具ᄅᆞᆯ 皆給與之호ᄃᆡ) 〈法華六 6b〉

(100) j. 맛드로미 ᄒᆞ마 甚ᄒᆞ야 〈月十二 26b〉
k. 즐규미 ᄒᆞ마 甚ᄒᆞ야(耽湎이 旣甚ᄒᆞ야) 〈法華二 65a〉

〈101〉 맛다 對 맛갊다

두 동작동사가 [應] 즉 '應하다'의 뜻을 가지고 동의 관계에 있다는 것은 동일 원문의 번역인 다음 예문들에서 잘 확인된다. 원문 중 '應果'가 '果 맛다'로도 번역되고 '果 맛갊다'로도 번역되므로 '맛다'와 '맛갊다'의 동의성은 명백히 입증된다.

(101) a. 果 마ᄌᆞ니 報ㅣ오 〈月十一 101a〉

b. 果 맛굴므니 報ㅣ오(應果ㅣ 爲報ㅣ오) 〈法華一 148a〉

〈102〉 맞다 對 어울다

두 동작동사가 [然]과 [合] 즉 '맞다, 합쳐지다'의 뜻을 가지고 동의 관계에 있다는 것은 동일 원문의 번역인 다음 예문들에서 잘 확인된다. 원문 중 '然於…域'이 '境界예 맞다'로도 번역되고 'ᄀᆞ새 어울다'로도 번역된다. 그리고 '合體'가 '體예 맞다'로도 번역되고 '體 어울다'로도 번역된다. 따라서 '맞다'와 '어울다'의 동의성은 명백히 입증된다.

(102) a. 다 正遍正等 境界예 마즌 後에ᅀᅡ 〈釋十九 37a〉
b. 다 正遍正等ᄒᆞᆫ ᄀᆞ새 어우러ᅀᅡ 〈月十七 75b〉
c. 正遍正等 ᄀᆞ새 어울에 ᄒᆞ신 後에ᅀᅡ(使…皆然於正遍正等之域게 ᄒᆞ신 然後에ᅀᅡ) 〈法華六 71b〉

(102) d. 因果ㅣ 體예 마ᄌᆞ니 〈月十八 67a〉
e. 因果ㅣ 體 어우르시니(因果ㅣ 合體ᄒᆞ시니) 〈法華七 5b〉

〈103〉 맡다 對 듣다

두 동작동사가 [聞] 즉 '맡다'의 뜻을 가지고 동의 관계에 있다는 것은 동일 원문의 번역인 다음 예문들에서 잘 확인된다. 원문 중 '聞…香'이 '香ᄋᆞᆯ 맡다'로도 번역되고 '香ᄋᆞᆯ 듣다'로도 번역된다. 따라서 두 동작동사 '맡다'와 '듣다'의 동의성은 명백히 입증된다. 두 동작동사는 '香'을 목적어로 공유한다.

(103) a. 種種 香ᄋᆞᆯ 마ᄐᆞ리니 〈釋十九 16b〉
b. 種種 諸香ᄋᆞᆯ 드르리니 〈月十七 62b〉
c. 種種 諸香ᄋᆞᆯ 드르리니(聞…種種諸香ᄒᆞ리니) 〈法華六 39b〉

(103) d. 諸天 모맷 香ᄋᆞᆯ 마토ᄃᆡ 〈釋十九 18b〉

e. 諸天身香올 드르리니 〈月十七 65a〉
f. 諸天身香올 드르리니(聞諸天身香ᄒᆞ리니) 〈法華六 42b〉

〈104〉 머굴우다 對 걸이다

두 동작동사가 [滯]와 [濡滯] 즉 '걸리다'의 뜻을 가지고 동의 관계에 있다는 것은 동일 원문의 번역인 다음 예문들에서 잘 확인된다. 원문 중 '滯權'이 '權에 머굴우다'로도 번역되고 '權에 걸이다'로도 번역되므로 '머굴우다'와 '걸이다'의 동의성은 명백히 입증된다.

(104) a. 權에 머굴우옛던 이를 펴 니ᄅᆞ니라 〈月十三 34b〉
b. 權에 걸유믈 펴니라(敍滯權也ㅣ라) 〈法華二 229b〉

(104) c. 한 生ᄋᆞᆯ 져근 일 즐겨 오ᄂᆞᆯ 순지 머굴우옛노라 ᄒᆞ니라 〈月十三 34b〉
d. 한 生ᄋᆞᆯ 져근 法 즐겨 오(229b)ᄂᆞᆯ 순지 걸일 씨라(謂多生을 樂小ᄒᆞ야 而今猶濡滯也ㅣ라) 〈法華二 230a〉

〈105〉 머굴위다 對 걸다

두 동작동사가 [滯] 즉 '걸리다'의 뜻을 가지고 동의 관계에 있다는 것은 동일 원문의 번역인 다음 예문들에서 잘 확인된다. 원문 중 '不滯'가 '머굴위디 아니ᄒᆞ다'로도 번역되고 '거디 아니ᄒᆞ다'로도 번역되므로 '머굴위다'와 '걸다'의 동의성은 명백히 입증된다.

(105) a. 魄이 머굴위디 아니ᄒᆞ고 〈月十八 39b〉
b. 그 얼구리 거디 아니ᄒᆞ며(其魄이 不滯ᄒᆞ며) 〈法華六 154b〉

(105) c. 뮈우며 거리추미 머굴위디 아니ᄒᆞᆫ ᄠᅳ디라 〈月十四 16b〉
d. 뮈워 건나미 걸 ᄠᅴ 업수믈 取ᄒᆞ니라(取運濟無滯也ㅣ라) 〈法華三 101a〉

〈106〉 머굴위다 對 걸이다

두 동작동사가 [滯] 즉 '막히다, 걸리다'의 뜻을 가지고 동의 관계에 있다는 것은 동일 원문의 번역인 다음 예문들에서 잘 확인된다. 원문 중 '滯於偏眞'이 '기운 眞에 머굴위다'로도 번역되고 '기운 眞에 걸이다'로도 번역된다. 그리고 '不滯'가 '머굴위디 아니ᄒᆞ다'로도 번역되고 '걸이디 아니ᄒᆞ다'로도 번역된다. 따라서 '머굴위다'와 '걸이다'의 동의성은 명백히 입증된다.

(106) a. 기운 眞에 머굴위여 〈月十一 89b〉
b. 기운 眞에 걸여 (滯於偏眞ᄒᆞ야) 〈法華一 109b〉

(106) c. 權에 머굴위여 이쇼ᄆᆞᆯ 가ᄌᆞᆯ비니 〈月十三 25b〉
d. 權에 걸요ᄆᆞᆯ 正히 가ᄌᆞᆯ비니(正譬滯權也ㅣ니) 〈法華二 214b〉

(106) e. 믈러가도 져근 이레 머굴위디 아니호미 〈月十三 26b〉
f. 믈러도 져근 法에 걸이디 아니호미(退不滯小호미) 〈法華二 216a〉

〈107〉 머굼다 對 먹다

두 동작동사가 [含] 즉 '머금다'의 뜻을 가지고 동의 관계에 있다는 것은 동일 원문의 번역인 다음 예문들에서 잘 확인된다. 원문 중 '含界'가 '界를 머굼다'로도 번역되고 '界를 먹다'로도 번역되므로 '머굼다'와 '먹다'의 동의성은 명백히 입증된다.

(107) a. 界를 머구므샤 〈月十九 29b〉
b. 界를 머그샤 (含界ᄒᆞ샤) 〈法華七 67a〉

〈108〉 모도다 對 어울다

두 동작동사가 [合] 즉 '합하다'의 뜻을 가지고 동의 관계에 있다는 것은 동일 원문의 번역인 다음 예문들에서 잘 확인된다. 원문 중 '合爲'가 '모도아 -이다'로도 번역되고 '어우러 ᄃᆞ외다'로도 번역된다. 따라서 '모도다'와 '어울다'의 동의성은 명백히 입증된다.

(108) a. 모도아 十界百如ㅣ오 〈月十一 102a〉
b. 어우러 十界百如ㅣ 드외오(合爲十界百如ㅣ오) 〈法華一 149a〉

〈109〉 모도다 對 어울우다

두 동작동사가 [會] 즉 '모으다, 합치다'의 뜻을 가지고 동의 관계에 있다는 것은 동일 원문의 번역인 다음 예문들에서 잘 확인된다. 원문 중 '會二智'가 '두 智를 모도다'로도 번역되고 '두 智를 어울우다'로도 번역되므로 '모도다'와 '어울우다'의 동의성은 명백히 입증된다. '모도다'는 '몯다'의 使動形이고 '어울우다'는 '어울다'의 사동형이다.

(109) a. 이 經이 두 智를 어울워 모도니 〈月十二 51a〉
b. 이 經은 二智를 노겨 어울우논 디라(此經은 融會二智라) 〈法華二 175a〉

〈110〉 모도아 가지다 對 모도잡다

동작동사구 '모도아 가지다'와 합성 동작동사 '모도잡다'가 [摠攝] 즉 '모아 가지다, 모아 잡다'의 뜻을 가지고 동의 관계에 있다는 것은 동일 원문의 번역인 다음 예문들에서 잘 확인된다. 원문 중 '摠攝妙行'이 '妙行올 모도아 가지다'로도 번역되고 '妙行올 모도잡다'로도 번역되므로 '모도아 가지다'와 '모도잡다'의 동의성은 명백히 입증된다. '모도잡다'의 어간 '모도잡-'은 어간 '모도-'와 어간 '잡-'의 비통사적 합성이다. 동작동사구 '모도아 디니다'는 동작동사 '모도다'의 부사형과 동작동사 '디니다' [持]의 결합이다.

(110) a. 莊嚴王은 妙行올 모도아 가져 이실 씨라 〈釋二十 35b〉
b. 莊嚴王은 妙行올 모도자보미오 〈月十八 69b〉
c. 莊嚴王은 妙行을 모도자ᄫᆞ실 씨라(莊嚴王은 以摠攝妙行이시고) 〈法華七 9b〉

〈111〉 모도잡다 對 모도아 디니다

합성 동작동사 '모도잡다'와 동작동사구 '모도아 디니다'가 [惣持] 즉 '모아 가지다'의 뜻을 가지고 동의 관계에 있다는 것은 동일 원문의 번역인 다음 예문들에서 잘 확인된다. 원문 중 '惣而持之'가 '모도잡다'로도 번역되고 '모도아 디니다'로도 번역되므로 '모도잡다'와 '모도아 디니다'의 동의성은 명백히 입증된다. '모도잡다'는 어간 '모도-'와 어간 '잡-'의 비통사적 합성이다. 그리고 동작동사구 '모도아 디니다'는 동작동사 '모도다'의 부사형과 동작동사 '디니다' [持]의 결합이다.

(111) a. 다 能히 모도자보미라 〈釋二十一 22b〉
b. 다 能히 모도아 디니샤믈 니ᄅᆞ니라(皆能惣而持之之謂也ㅣ라) 〈法華七 107a〉

〈112〉 뫼호다 對 모도다

두 동작동사가 [會]와 [集] 즉 '모ᄋᆞ다'의 뜻을 가지고 동의 관계에 있다는 것은 동일 원문의 번역인 다음 예문들에서 잘 확인된다. 원문 중 '會三'이 '세흘 뫼호다'로도 번역되고 '세흘 모도다'로도 번역된다. 그리고 '集此衆生'이 '이 衆生ᄋᆞᆯ 모도다'로도 번역되고 '이 衆生 뫼호다'로도 번역된다. 따라서 두 동작동사 '뫼호다'와 '모도다'의 동의성은 명백히 입증된다. '모도다'는 '몯다'의 使動形이다. 즉 '모도다'의 어간 '모도-'는 어간 '몯-'과 사동 접사 '-오'의 결합이다.

(112) a. 세흘 뫼화 ᄒᆞ나해 가게 ᄒᆞ시릴ᄊᆡ 〈月十一 97b〉
b. 세흘 모도샤 ᄒᆞ나해 가게 ᄒᆞ시릴ᄊᆡ(會三歸一이실ᄊᆡ) 〈法華一 137b〉

(112) c. 三을 뫼화 一에 가ᄆᆞᆫ 〈月十一 13b〉
d. 세흘 모도샤 ᄒᆞ나해 가게 ᄒᆞ샤ᄆᆞᆫ(會三歸一은) 〈法華一 4b〉

(112) e. 實相ᄋᆞᆯ 뵈샤 뫼화 一乘에 가게 ᄒᆞ시니 〈月十一 13a〉
f. 實相ᄋᆞᆯ 뵈샤 모도아 一乘에 가게 ᄒᆞ시니(示實相ᄒᆞ샤 會歸一乘ᄒᆞ시니) 〈法華一 4a〉

(112) g. 비록 맛당호ᄆᆞᆯ 조ᄎᆞ시논(37a) 權과 뫼화 가게 ᄒᆞ시논 實을 아나〈月十三 37b〉
h. 비록 隨宜ᄒᆞ신 權과 모도아 가게 ᄒᆞ신 實ᄋᆞᆯ 아ᅀᆞ오나(雖領隨宜之權과 會歸之實ᄒᆞᅀᆞ오나) 〈法華三 2b〉

(112) i. 이 衆生ᄋᆞᆯ 모도아 法化ᄅᆞᆯ 펴아 〈釋十九 3b〉
j. 즉재 이 衆生ᄋᆞᆯ 모도아 法化ᄅᆞᆯ 펴 〈月十七 47b〉
k. 즉재 이 衆生 뫼화 法化ᄅᆞᆯ 펴(卽集此衆生ᄒᆞ야 宣布法化ᄒᆞ야) 〈法華六 8a〉

(112) l. 十方애 說法ᄒᆞ시ᄂᆞᆫ 分身諸佛을 다 모도샤 〈月十五 59a〉
m. 十方앳 說法ᄒᆞ시ᄂᆞᆫ 分身諸法을 다 뫼호샤(盡集十方앳 說法ᄒᆞ시ᄂᆞᆫ 分身諸佛ᄒᆞ샤) 〈法華四 100b〉

한편 '會'가 『월인석보』와 『법화경언해』에서 모두 '모도다'로 번역된다는 것은 동일 원문의 번역인 다음 예문들에서 잘 확인된다. 원문 중 '會三乘'이 모두 '三乘을 모도다'로 번역된다.

(112) n. 바ᄅᆞ 三乘을 ᄒᆞᆫ 게 모도시며 〈月十三 58a〉
o. 바ᄅᆞ 三乘을 ᄒᆞᆫ 쁘데 모도샤(直則會三乘於一致ᄒᆞ샤) 〈法華三 55a〉

〈113〉 뫼호다 對 어울우다

두 동작동사가 [使和合] 즉 '모으다, 합치다'의 뜻을 가지고 동의 관계에 있다는 것은 동일 원문의 번역인 다음 예문들에서 잘 확인된다. 원문 중 '使和合百千萬月'이 '百千萬 ᄃᆞᄅᆞᆯ 뫼호다'로도 번역되고 '百千萬月을 어울우다'로도 번역된다. 따라서 '뫼호다'와 '어울우다'의 동의성은 명백히 입증된다.

(113) a. 百千萬 ᄃᆞᄅᆞᆯ 뫼혼 ᄃᆞᆺᄒᆞ시고 〈釋二十 41b〉
b. 百千萬月을 어울워도 〈月十八 77b〉
c. 正히 百千萬月을 어울워도(正使和合百千萬月ᄒᆞ야도) 〈法華七 18b〉

〈114〉 ᄆᆞ더니 너기다 對 업시우다

동작동사구 'ᄆᆞ더니 너기다'와 동작동사 '업시우다'가 [輕]과 [輕賤] 즉 '업신여기다'의 뜻을 가지고 동의 관계에 있다는 것은 동일 원문의 번역인 다음 예문들에서 잘 확인된다. 원문 중

'輕是菩薩'이 '이 菩薩 므더니 너기다'로도 번역되고 '이 菩薩 업시우다'로도 번역된다. 그리고 '輕賤我'가 '날 므더니 너기다'로도 번역되고 '나ᄅᆞᆯ 업시우다'로도 번역된다. 따라서 '므더니 너기다'와 '업시우다'의 동의성은 명백히 입증된다. '므더니 너기다'와 '업시우다'는 '菩薩'을 목적어로 공유한다. 동작동사구 '므더니 너기다'는 부사 '므더니'와 동작동사 '너기다'의 결합이다.

(114) a. 그 ᄢᅵᆺ 이 菩薩 므더니 너기던 四衆은 〈釋十九 35a〉
b. 그 젯 四衆이 샹녜 이 菩薩 업시우더닌 〈月十七 91b〉
c. 그 ᄢᅴ 四衆이 이 菩薩 샹녜 업시우더닌(爾時四衆常輕是菩薩者ᄂᆞᆫ) 〈法華六 89a〉

(114) d. 날 므더니 너기던 젼ᄎᆞ로 〈釋十九 34b〉
e. 나ᄅᆞᆯ 업시운 젼ᄎᆞ로 〈月十七 91a〉
f. 나ᄅᆞᆯ ᄂᆞᆯ아이 너곤 젼ᄎᆞ로(輕賤我故로) 〈法華六 88a〉

〈115〉 므던히 너기다 對 업시우다

동작동사구 '므던히 너기다'와 동작동사 '업시우다'가 [輕] 즉 '업신여기다'의 뜻을 가지고 동의 관계에 있다는 것은 동일 원문의 번역인 다음 예문들에서 잘 확인된다. 원문 중 '輕彼國'이 '뎌 나라ᄒᆞᆯ 므더니 너기다'로도 번역되고 '뎌 나라 업시우다'로도 번역되므로 '므던히 너기다'와 '업시우다'의 동의성은 명백히 입증된다.

(115) a. 네 뎌 나라ᄒᆞᆯ 므던히 너겨 사오나ᄫᅵ 너굟 ᄠᅳ들 내디 말라 〈釋二十 36b〉
b. 네 뎌 나라 업시워 사오나온 갓 ᄆᆞᅀᆞᄆᆞᆯ 내디 말라(汝ㅣ 莫輕彼國ᄒᆞ야 生下劣想ᄒᆞ라) 〈法華七 11b〉

(115) c. 네 가아 뎌 나라ᄒᆞᆯ 므던히 너겨… 사오나ᄫᅵ 너굟 ᄠᅳᆮ 내디 말라 〈釋二十 37b〉
d. 네 가 뎌 나라 업시워… 下劣想ᄋᆞᆯ 내디 말라(汝ㅣ 往ᄒᆞ야 莫輕彼國ᄒᆞ야… 生下劣想ᄒᆞ라) 〈法華七 12a〉

〈116〉 므르듣다 對 믈어디다

두 합성 동작동사가 [隤落] 즉 '무너지다'의 뜻을 가지고 동의 관계에 있다는 것은 동일 원문의 번역인 다음 예문들에서 잘 확인된다. 원문 중 '隤落'이 '므르듣다'로도 번역되고 '믈어디다'로도 번역되므로 '므르듣다'와 '믈어디다'의 동의성은 명백히 입증된다. 그리고 '듣다'와 '디다'가 [落] 즉 '떨어지다'의 뜻을 가진 동의어라는 사실도 확인된다. '므르듣다'의 어간 '므르듣-'은 어간 '므르-'와 어간 '듣-'의 非統辭的 合成이고 '믈어디다'의 어간 '믈어디-'는 동작동사 '므르다'의 부사형 '믈어-'와 어간 '디-'의 統辭的 合成이다.

(116) a. 담과 ᄇᆞᄅᆞᆷ괘 므르드르며 〈月十二 21b〉
b. 담과 ᄇᆞᄅᆞᆷ괘 믈어디며(墻壁이 隤落ᄒᆞ며) 〈法華二 56b〉

〈117〉 믈리받다 對 앗다

두 동작동사가 [郤] 즉 '물리치다'의 뜻을 가지고 동의 관계에 있다는 것은 동일 원문의 번역인 다음 예문들에서 잘 확인된다. 원문 중 '郤癡愛病'이 '癡愛病을 믈리받다'로도 번역되고 '癡愛病을 앗다'로도 번역되므로 '믈리받다'와 '앗다'의 동의성은 명백히 입증된다.

(117) a. 眞實ㅅ 知見力이 癡愛病을 믈리받ᄂᆞ니 〈釋二十 31a〉
b. 眞知見力이 癡愛病을 앗ᄂᆞ니 〈月十八 59b〉
c. 眞實ㅅ 知見力은 癡愛病을 앗ᄂᆞ니(眞實見力은 郤癡愛病ᄒᆞᄂᆞ니) 〈法華六 181b〉

〈118〉 믈어디다 對 것거디다

두 동작동사구가 [摧] 즉 '무너지다, 꺾이다'의 뜻을 가지고 동의 관계에 있다는 것은 다음 예문들에서 잘 확인된다. 원문 중 '摧滅'이 '믈어디여 없다'로도 번역되고 '것거디여 없다'로도 번역되므로 '믈어디다'와 '것거디다'의 동의성은 명백히 입증된다. '믈어디다'는 동작동사 '므르다'의 부사형 '믈어'와 동작동사 '디다'의 통사적 합성이고 '것거디다'는 동작동사 '겄다'의 부사형 '것거'와 동작동사 '디다'의 통사적 합성이다.

(118) a. 녀나ᄆᆞᆫ 怨讎ᄃᆞᆯ토 다 믈어디여 업스니 〈釋二十 31a〉

b. 녀나ᄆᆞᆫ 怨讎ㅅ 도ᄌᆞ기 다 믈어디여 업도다(諸餘怨敵이 皆悉摧滅ᄒᆞ도다) 〈法華六178a〉

(118) c. 이 忍을 得홀ᄊᆡ 다 것거디여 업도다(以得是忍故로 皆悉摧滅토다) 〈法華六 178b〉

〈119〉 밀다 對 미리왇다

두 동작동사가 [推] 즉 '밀다, 밀치다'의 뜻을 가지고 동의 관계에 있다는 것은 다음 예문들에서 잘 확인된다. 원문 중 '推落'이 '미러 디다'로 번역되고 '推墮'가 '미리와다 ᄢᅥ디다'로 번역된다. 그리고 '推'의 자석이 '미리왇다'이다. 따라서 '밀다'와 '미리왇다'의 동의성은 명백히 입증된다.

(119) a. 큰 븘 구데 미러 디여도 〈月十九 42b〉
b. 큰 븘 구데 미러 디여도(推落大火坑ᄒᆞ야도) 〈法華七 87a〉

(119) c. 須彌山애 올아 ᄂᆞᆷ이 미러도 〈月曲 327〉 〈月十九 2a〉
d. 須彌峰의 이셔 ᄂᆞ미 미리와다 ᄢᅥ러디여도 〈月十九 43b〉
e. 須彌峰애 이셔 ᄂᆞᄆᆡ 미리와다 ᄢᅥ듀미 ᄃᆞ외야도(在須彌峰ᄒᆞ야 爲人所推墮ᄒᆞ야도) 〈法華七 88a〉
f. 推ᄂᆞᆫ 미리와ᄃᆞᆯ 씨오 〈法華二 6a〉

〈120〉 ᄆᆡᆼᄀᆞᆯ다 對 짓다

두 동작동사가 [作]과 [化作] 즉 '만들다, 짓다'의 뜻을 가지고 동의 관계에 있다는 것은 동일 원문의 번역인 다음 예문들에서 잘 확인된다. 원문 중 '作…寶甁'이 '寶甁을 ᄆᆡᆼᄀᆞᆯ다'로도 번역되고 '寶甁 짓다'로도 번역된다. 그리고 '化作…蓮華'가 '蓮花ᄅᆞᆯ ᄆᆡᆼᄀᆞᆯ다'로도 번역되고 '蓮華ᄅᆞᆯ 짓다'로도 번역된다. 따라서 'ᄆᆡᆼᄀᆞᆯ다'와 '짓다'의 동의성은 명백히 입증된다.

(120) a. 八萬四千 寶甁을 ᄆᆡᆼᄀᆞ라 〈釋二十 17a〉
b. 八萬(38b)四千 寶甁 지ᅀᅥ 〈月十八 39a〉
c. 八萬四千 寶甁 ᄆᆡᆼᄀᆞ라(作八萬四千寶甁ᄒᆞ야) 〈法華六 153a〉

(120) d. 智는 能히 覺올 發홀씨 처섬 밍ᄀᄅ시고 〈月十九 93b〉
e. 智는 能히 覺올 發홀씨 처섬 지ᄉ샤미오(蓋智는 能發覺홀씨 所以作始시고) 〈法華七 156a〉

(120) f. 이 고ᄌ로 香油 밍ᄀᄂ니라 〈月十八 53a〉
g. 일로 熏ᄒ야 香油 짓ᄂ니라(以此로 熏作香油ᄒᄂ니라) 〈法華六 172b〉

(120) h. 八萬四千 여러 가짓 보비옛 蓮花ᄅᆯ 밍ᄀᄅ시니 〈釋二十 38b〉
i. 八萬四千 衆寶 蓮華ᄅᆯ 지ᄉ시니 〈月十八 73a〉
j. 八萬四千 衆寶 蓮華ᄅᆯ 지ᄉ샤ᄃᆡ(化作八萬四千衆寶蓮華ᄒ샤ᄃᆡ) 〈法華七 14a〉

〈121〉 및다 對 ᄆᆡ다

두 동작동사가 [結] 즉 '맺다, 매다'의 뜻을 가지고 동의 관계에 있다는 것은 동일 원문의 번역인 다음 예문들에서 잘 확인된다. 원문 중 '無明固結'이 '無明 구디 및다'로도 번역되고 '無明 구디 ᄆᆡ다'로도 번역된다. 따라서 두 동작동사 '및다'와 'ᄆᆡ다'의 동의성은 명백히 입증된다. 두 동작동사는 [－구체물]인 '無明'을 목적어로 공유한다.

(121) a. 無明 구디 ᄆᆡ조ᄆ로 地大ᄅᆯ 感ᄒ야 〈月十四 17b〉
b. 無明 구디 ᄆᆡ요ᄆ로 地大ᄅᆯ 感ᄒ야(以無明固結로 感地大ᄒ야) 〈法華三 104a〉

(121) c. 大乘因 ᄆᆡ샤ᄆᆞᆯ 가졸비니라 〈月十五 22a〉
d. 大乘因 ᄆᆡᄌ샤ᄆᆞᆯ 가졸비ᅀᆞ오니라(譬…結大乘因也ㅣ라) 〈法華四 38b〉

〈122〉 바히다 對 헤티다

두 동작동사가 [決] 즉 '도려내다'의 뜻을 가지고 동의 관계에 있다는 것은 동일 원문의 번역인 다음 예문들에서 잘 확인된다. 원문 중 '決疣'가 '혹 바히다'로도 번역되고 '혹 헤티다'로도 번역된다. 따라서 두 동작동사 '바히다'와 '헤티다'의 동의성은 명백히 입증된다. 두 동작동사는 [+구체물]인 '혹'을 목적어로 공유한다.

(122) a. 즐규믈 혹 바혀 ᄇᆞ리ᄃᆞ시 ᄒᆞᄂᆞ니 〈釋二十 12a〉
b. 시혹 깃구ᄃᆡ 혹 헤티ᄃᆺ ᄒᆞ며 〈月十八 32a〉
c. 시혹 깃구ᄃᆡ 보도롯 헤티ᄃᆺ ᄒᆞᄂᆞ니(或喜之호ᄃᆡ 如決疣ᄒᆞᄂᆞ니) 〈法華六 145a〉

〈123〉 버므리다 對 범글다

두 동작동사가 [累] 즉 '얽매다'의 뜻을 가지고 동의 관계에 있다는 것은 동일 원문의 번역인 다음 예문들에서 잘 확인된다. 원문 중 '物累'가 '物의 버므리다'로도 번역되고 '物의 범글다'로도 번역되므로 '버므리다'와 '범글다'의 동의성은 명백히 입증된다.

(123) a. 物의 버므류미 ᄃᆞ외디 아니ᄒᆞ실ᄊᆡ 〈月十八 24b〉
b. 物의 범그로미 ᄃᆞ외디 아니ᄒᆞ실ᄊᆡ(不爲物累ᄒᆞ실ᄊᆡ 故로) 〈法華六 133b〉

〈124〉 버믈다 對 들다

두 동작동사가 [涉] 즉 '걸리다, 들다, 관계하다'의 뜻을 가지고 동의 관계에 있다는 것은 동일 원문의 번역인 다음 예문들에서 잘 확인된다. 원문 중 '相涉'이 '서르 버믈다'로도 번역되고 '서르 들다'로도 번역되므로 두 동작동사 '버믈다'와 '들다'의 동의성은 명백히 입증된다.

(124) a. 世와 界와 둘히 서르 버므러 〈月十七 56b〉
b. 世와 界왜 둘히 서르 드러(惟世與界ㅣ 二者ㅣ 相涉ᄒᆞ야) 〈法華六 26a〉

〈125〉 버을다 對 여희다

두 동작동사가 [離] 즉 '벌어지다, 떠나다'의 뜻을 가지고 동의 관계에 있다는 것은 동일 원문의 번역인 다음 예문들에서 잘 확인된다. 원문 중 '離'가 '버을다'로도 번역되고 '여희다'로도 번역되므로 두 동작동사 '버을다'와 '여희다'의 동의성은 명백히 입증된다. 두 동작동사는 [合] 즉 '합쳐지다'의 뜻을 가진 '어울다'와 의미상 대립 관계에 있다.

(125) a. 어울면 아로ᄃᆡ 버을면 觸ᄋᆞᆯ 모ᄅᆞᄂᆞ니 〈月十七 57a〉
b. 어우러든 能히 알오 여희어든 觸ᄋᆞᆯ 아디 몯ᄒᆞᄂᆞ니(合ᄒᆞ야ᄃᆞᆫ 能覺ᄒᆞ고 離ᄒᆞ야ᄃᆞᆫ 不知觸ᄒᆞᄂᆞ니) 〈法華六 26b〉

〈126〉 버허디다 對 ᄒᆞ야디다

두 동작동사가 [壞] 즉 '허물어지다'의 뜻을 가지고 동의 관계에 있다는 것은 동일 원문의 번역인 다음 예문들에서 잘 확인된다. 원문 중 '段段壞'가 '동도이 버허디다'로도 번역되고 '귿그티 ᄒᆞ야디다'로도 번역되므로 두 동작동사 '버허디다'와 'ᄒᆞ야디다'의 동의성은 명백히 입증된다.

(126) a. 동도이 버허디여 〈釋二十一 4a〉
b. 미조차 귿그티 ᄒᆞ야디여 〈月十九 24a〉
c. 미조차 귿그티 ᄒᆞ야디여(尋段段壞ᄒᆞ야) 〈法華七 53a〉

〈127〉 벗다 對 걷나다

두 동작동사가 [度] 즉 '벗어나다, 건너다'의 뜻을 가지고 동의 관계에 있다는 것은 동일 원문의 번역인 다음 예문들에서 잘 확인된다. 원문 중 '度苦厄'이 '苦厄ᄋᆞᆯ 벗다'로도 번역되고 '苦厄 걷나다'로도 번역된다. 따라서 '벗다'와 '걷나다'의 동의성은 명백히 입증된다.

(127) a. 苦厄ᄋᆞᆯ 버서 〈月十八 59b〉
b. 苦厄 걷나시며(度苦厄ᄒᆞ시며) 〈法華六 181b〉

〈128〉 보타다 對 돕다

두 동작동사가 [資] 즉 '돕다'의 뜻을 가지고 동의 관계에 있다는 것은 동일 원문의 번역인 다음 예문들에서 잘 확인된다. 원문 중 '相資'가 '서로 보타다'로도 번역되고 '서로 돕다'로도 번역된다. 따라서 '보타다'와 '돕다'의 동의성은 명백히 입증된다.

(128) a. 그 德이 서르 보타실(50a)씨 〈月十四 50b〉
b. 그 德이 서르 도ᄋᆞ실씨(其德이 相資故로) 〈法華三 156a〉

〈129〉 ᄲᅠ듣다 對 ᄠᅥ러디다

두 동작동사가 [落] 즉 '떨어지다'의 뜻을 가지고 동의 관계에 있다는 것은 동일 원문의 번역인 다음 예문들에서 잘 확인된다. 원문 중 '齒…落'이 '니…ᄲᅠ듣다'로도 번역되고 '니…ᄠᅥ러디다'로도 번역되므로 두 동작동사 'ᄲᅠ듣다'와 'ᄠᅥ러디다'의 동의성은 명백히 입증된다. 두 동작동사는 '니'를 주어로 공유한다.

(129) a. 니(6b)…이저디며 ᄲᅠ듣디 아니ᄒᆞ며 〈釋十九 7a〉
b. 니(52a)…ᄯᅩ 이저 ᄠᅥ러디디 아니ᄒᆞ며 〈月十七 52b〉
c. 니…ᄯᅩ 이저디디 아니ᄒᆞ며(齒…亦不缺落ᄒᆞ며) 〈法華六 13b〉

〈130〉 뵈다 對 나토다

두 동작동사가 [現] 즉 '보이다, 나타내다'의 뜻을 가지고 동의 관계에 있다는 것은 동일 원문의 번역인 다음 예문들에서 잘 확인된다. 원문 중 '現劣'이 '劣을 뵈다'로도 번역되고 '劣을 나토다'로도 번역된다. 그리고 '現神變'이 '神奇ᄒᆞᆫ 變化ᄅᆞᆯ 뵈다'로도 번역되고 '神變ᄋᆞᆯ 나토다'로도 번역된다. 따라서 두 동작동사 '뵈다'와 '나토다'의 동의성은 명백히 입증된다.

(130) a. 勝을 숨기시고 劣을 뵈시니 〈釋二十 38a〉
b. 勝을 숨기시고 劣을 나토시니 〈月十八 72a〉
c. 勝을 숨기시고 劣을 나토실씨(乃隱勝現劣이실씨) 〈法華七 13a〉

(130) d. 그 양ᄌᆞᄅᆞᆯ 뵈시(40b)리라 〈釋二十 41a〉
e. 相ᄋᆞᆯ 나토시리라 〈月十八 76a〉
f. 그 相ᄋᆞᆯ 나토시리라(現其相ᄒᆞ시리라) 〈法華七 17a〉

(130) g. 神奇ᄒᆞᆫ 變化ᄅᆞᆯ 뵈야ᅀᅡ ᄒᆞ리라 〈釋二十一 36b〉
h. 爲ᄒᆞ야 神變ᄋᆞᆯ 나토라 〈月十九 77a〉
i. 반ᄃᆞ기 … 爲ᄒᆞ야 神變 나토라(當 … 爲現神變ᄒᆞ라) 〈法華七 133b〉

(130) j. 이트렛 種種 神奇ᄒᆞᆫ 變化ᄅᆞᆯ 뵈야 〈釋二十一 37b〉
k. 이트렛 種種 神變 나토아 〈月十九 78a〉
l. 이러틋ᄒᆞᆫ 種種 神變을 나토아(現如是等種種神變ᄒᆞ야) 〈法華七 134b〉

〈131〉 부르다 對 펴다

두 동작동사가 [演] 즉 '자세하게 설명하다'의 뜻을 가지고 동의 관계에 있다는 것은 동일 원문의 번역인 다음 예문들에서 잘 확인된다. 원문 중 '演說'이 '불어 니ᄅᆞ다'로도 번역되고 '펴 니ᄅᆞ다'로도 번역된다. 그리고 '開演'이 '여러 부르다'로도 번역되고 '여러 펴다'로도 번역된다. 따라서 두 동작동사 '부르다'와 '펴다'의 동의성은 명백히 입증된다.

(131) a. 能히 ᄒᆞᆫ 句 ᄒᆞᆫ 偈ᄅᆞᆯ 불어 닐(24a)어 〈釋十九 24b〉
b. 能히 ᄒᆞᆫ 句 ᄒᆞᆫ 偈ᄅᆞᆯ 불어 닐오ᄃᆡ 〈月十七 73a〉
c. 一句 一偈ᄅᆞᆯ 能히 펴 닐오ᄃᆡ(能演說一句一偈호ᄃᆡ) 〈法華六 63a〉

(131) d. 힚ᄀᆞ장 불어 닐어든 〈釋十九 2a〉
e. 히믈 조차 불어 닐어든 〈月十七 45b〉
f. 히믈 조차 펴 닐어든(隨力演說ᄒᆞ야든) 〈法華六 4b〉

(131) g. 衆生 爲ᄒᆞ야 諸法을 불어 니르시니 〈月十一 113b〉
h. 衆生 爲ᄒᆞ샤 諸法을 펴 니ᄅᆞ시니(爲衆生ᄒᆞ샤 演說諸法ᄒᆞ시니) 〈法華一 183b〉

(131) i. 菩薩ᄃᆞᆯ 爲ᄒᆞ야 여러 불우이다 호미 〈月十三 28a〉
j. 諸菩薩 爲ᄒᆞ야 여러 펴라 ᄒᆞ니(爲諸菩薩ᄒᆞ야 開演이라 ᄒᆞ니) 〈法華二 218a〉

(131) k. 이 經을 너비 부르리라 〈月十五 45a〉

l. 이 經을 너비 펴ᄂᆞ니라(廣演此經이니라) 〈法華四 75b〉

(131) m. 言教ᄅᆞᆯ 너비 불어 〈月十一 97b〉
n. 말ᄒᆞ야 ᄀᆞᄅᆞ쵸ᄆᆞᆯ 너비 펴며(廣演言教ᄒᆞ며) 〈法華一 138b〉

한편 '演'이 『월인석보』와 『법화경언해』에서 모두 '부르다'로도 번역되고 모두 '펴다'로도 번역된다는 것은 동일 원문의 번역인 다음 예문들에서 잘 확인된다. 원문 중 '演說'이 모두 '불어 니ᄅᆞ다'로 번역된다. 그리고 '演大法義'가 모두 '큰 法義ᄅᆞᆯ 펴다'로 번역된다.

(131) o. 方便으로 불어 니ᄅᆞ실 씨라 〈月十三 50b〉
p. 方便으로 불어 니ᄅᆞ실 씨니(方便演說也ㅣ시니) 〈法華三 17b〉

(131) q. 큰 法義ᄅᆞᆯ 펴려 ᄒᆞ시ᄂᆞ다 〈月十一 40b〉
r. 큰 法義ᄅᆞᆯ 펴고져 ᄒᆞ시놋다(欲…演大法義샷다) 〈法華一 90a〉

〈132〉 부치다 對 불이다

두 동작동사가 [漂] 즉 '나부끼다'의 뜻을 가지고 동의 관계에 있다는 것은 동일 원문의 번역인 다음 예문들에서 잘 확인된다. 원문 중 '漂墮'가 '부쳐 듣다'로도 번역되고 '불여 가 ᄠᅥ디다'로도 번역된다. 따라서 두 동작동사 '부치다'와 '불이다'의 동의성은 명백히 입증된다.

(132) a. 羅刹鬼國에 부쳐 드러도 〈釋二十一 3a〉
b. 羅刹鬼國에 ᄠᅥ러디여도 〈月十九 22a〉
c. 羅(50a)刹鬼國에 불여 가 ᄠᅥ디여도(漂墮羅刹鬼國ᄒᆞ야도) 〈法華七 50b〉

〈133〉 분별ᄒᆞ다 對 시름ᄒᆞ다

두 동작동사가 [憂] 즉 '근심하다, 걱정하다'의 뜻을 가지고 동의 관계에 있다는 것은 동일 원문의 번역인 다음 예문들에서 잘 확인된다. 원문 중 '憂…父'가 '아바니ᄆᆞᆯ 분별ᄒᆞ다'로도 번역되고 '아바니믈 시름ᄒᆞ다'로도 번역되므로 두 동작동사 '분별ᄒᆞ다'와 '시름ᄒᆞ다'의 동의성은 명백히 입증된다. 두 동작동사는 '아바님'을 목적어로 공유한다.

(133) a. 네 아바니믈 분별ᄒᆞ야 〈釋二十一 36b〉
b. 네 아바니믈 시름ᄒᆞ야 念ᄒᆞ야 〈月十九 77a〉
c. 네 아바니믈 시름ᄒᆞ야 念ᄒᆞ야(憂念汝父ᄒᆞ야) 〈法華七 133b〉

〈134〉 븓다 對 븟다

두 동작동사가 [鼓] 즉 '붇다'의 뜻을 가지고 동의 관계에 있다는 것은 동일 원문의 번역인 다음 예문들에서 잘 확인된다. 원문 중 '鼓喘'이 '빅 부룸과 喘滿'으로도 번역되고 '빅 브스며 숨 힐후다'로도 번역된다. 따라서 '븓다'와 '븟다'의 동의성은 명백히 입증된다.

(134) a. 빅 부룸과 喘滿과 重ᄒᆞᆫ 病(121b)이 〈月十九 122a〉
b. 빅 브스며 숨 힐후ᄂᆞᆫ 重病이(鼓喘重病이) 〈法華七 186b〉

〈135〉 뷔틀다 對 곱골외다

두 동작동사가 [曲戾] 즉 '굽고 틀어지다'의 뜻을 가지고 동의 관계에 있다는 것은 동일 원문의 번역인 다음 예문들에서 잘 확인된다. 원문 중 '鼻…曲戾'가 '고히…뷔틀다'로도 번역되고 '고히…곱골외다'로도 번역되므로 두 동작동사 '뷔틀다'와 '곱골외다'의 동의성은 명백히 입증된다.

(135) a. 고히…뷔트디(7a) 아니ᄒᆞ며 〈釋十九 7b〉
b. 고히…ᄯᅩ 고ᄇᆞ며 뷔트디 아니ᄒᆞ며 〈月十七 53a〉
c. 고히…ᄯᅩ 곱골외디 아니ᄒᆞ며(鼻…亦不曲戾ᄒᆞ며) 〈法華六 13b〉

〈136〉 븓들다 對 잡다

두 동작동사가 [携] 즉 '손 따위로 움켜쥐고 놓지 않다'의 뜻을 가지고 동의 관계에 있다는 것은 동일 원문의 번역인 다음 예문들에서 잘 확인된다. 원문 중 '相携'가 '서르 븓들다'로도 번역되고 '서르 잡다'로도 번역된다. 따라서 '븓들다'와 '잡다'의 동의성은 명백히 입증된다.

(136) a. 자내 妃子와 서르 븓드러 〈釋二十四 51b〉
b. 妃子와 서르 자바 〈月二十五 141b〉
c. 與其妃相携 〈釋迦譜 卷5 31. 阿育王造八萬四千塔記〉

〈137〉 븓둥기다 對 들이다

두 동작동사가 [局] 즉 '말리다, 감기다'의 뜻을 가지고 동의 관계에 있다는 것은 동일 원문의 번역인 다음 예문들에서 잘 확인된다. 원문 중 '局心迹'이 'ᄆᆞᅀᆞᆷ 자최예 븓둥기다'로도 번역되고 'ᄆᆞᅀᆞᆷ 자최예 들이다'로도 번역되므로 '븓둥기다'와 '들이다'의 동의성은 명백히 입증된다.

(137) a. ᄆᆞᅀᆞᆷ 자최예 븓둥기디 아니ᄒᆞ리니 〈月十八 63a〉
b. ᄆᆞᅀᆞᆷ 자최예 들이디 아니ᄒᆞ시니(不局心迹ᄒᆞ시니) 〈法華七 2b〉

〈138〉 븥다 對 들이다

두 동작동사가 [局] 즉 '말리다, 감기다'의 뜻을 가지고 동의 관계에 있다는 것은 동일 원문의 번역인 다음 예문들에서 잘 확인된다. 원문 중 '不局'이 '븓디 아니ᄒᆞ다'로도 번역되고 '들이디 아니ᄒᆞ다'로도 번역되므로 '븥다'와 '들이다'의 동의성은 명백히 입증된다.

(138) a. 거디 아니ᄒᆞ며 븓디 아니호미 〈月十八 63a〉
b. 걸이디 아니ᄒᆞ시며 들이디 아니ᄒᆞ샤미(不滯不局이) 〈法華七 2b〉

〈139〉 븥다 對 숟다

두 동작동사가 [燒] 즉 '불이 붙다'의 뜻을 가지고 동의 관계에 있다는 것은 동일 원문의 번역인 다음 예문들에서 잘 확인된다. 원문 중 '舍…燒'가 '지비 븥다'로도 번역되고 '지비 솔다'로도 번역되므로 '븥다'와 '솔다'의 동의성은 명백히 입증된다.

(139) a. 이 지비 ᄒᆞ마 븓ᄂᆞ니 〈月十二 25b〉
b. 이 지비 ᄒᆞ마 ᄉᆞᄂᆞ니(此舍ㅣ 已燒ᄒᆞᄂᆞ니) 〈法華二 64a〉

(139) c. 이 지비 ᄒᆞ마 큰 브리 븓ᄂᆞ니 〈月十二 26b〉
d. 이 지비 ᄒᆞ마 큰 브릐 ᄉᆞ로미 ᄃᆞ외니(此舍ㅣ 已爲大火의 所燒ᄒᆞ니) 〈法華二 66b〉

〈140〉 븥다 對 힘닙다

동작동사 '븥다'와 합성 동작동사 '힘닙다'가 [資] 즉 '의지하다, 힘입다'의 뜻을 가지고 동의 관계에 있다는 것은 동일 원문의 번역인 다음 예문들에서 잘 확인된다. 원문 중 '資妙光智體'가 '妙光智體를 資ᄒᆞ다'로도 번역되고 '妙光智體를 븥다'로도 번역된다. 그리고 '資'의 자석이 '힘닙다'이다. 따라서 '븥다'와 '힘닙다'의 동의성은 명백히 입증된다. '힘닙다'는 명사 '힘'과 동작동사 '닙다'의 合成이다.

(140) a. 샹녜 妙光智體를 資ᄒᆞ야[資ᄂᆞᆫ 힘니블 씨라] 〈月十一 91b〉
b. 샹녜 妙光智體를 브터(常資妙光智體ᄒᆞ야) 〈法華一 113a〉

〈141〉 빌다 對 븥다

두 동작동사가 [假] 즉 '빌다, 의거하다'의 뜻을 가지고 동의 관계에 있다는 것은 동일 원문의 번역인 다음 예문들에서 잘 확인된다. 원문 중 '假文殊智體'가 '文殊 智體를 빌다'로도 번역되고 '文殊ㅅ 智體를 븥다'로도 번역되므로 '빌다'와 '븥다'의 동의성은 명백히 입증된다.

(141) a. 文殊 智體를 비러 묻ᄌᆞᄫᆞ니라 〈月十八 74a〉
b. 文殊ㅅ 智體를 브트샤 묻ᄌᆞ오시니라(假文殊智體ᄒᆞ샤 而問ᄒᆞ시니라) 〈法華七15a〉

(141) c. 모로매 漸漸 닷고(11a)ᄆᆞᆯ 비ᄂᆞ니 〈月十四 11b〉
d. 모로매 漸漸 닷고ᄆᆞᆯ 븓ᄂᆞ니(必假漸脩ᄒᆞᄂᆞ니) 〈法華三 92b〉

〈142〉 빟다 對 ᄂᆞ리오다

두 동작동사가 [降] 즉 '내리다'의 뜻을 가지고 동의 관계에 있다는 것은 동일 원문의 번역인 다음 예문들에서 잘 확인된다. 원문 중 '降雨'가 '비ᄅᆞᆯ 빟다'로도 번역되고 '비ᄅᆞᆯ ᄂᆞ리오다'로도 번역되므로 두 동작동사 '빟다'와 'ᄂᆞ리오다'의 동의성은 명백히 입증된다. 두 동작동사는 '비'를 목적어로 공유한다.

(142) a. 龍王이 비ᄅᆞᆯ 비호ᄃᆡ 〈月十四 21b〉
b. 龍王이 비ᄅᆞᆯ ᄂᆞ리오ᄃᆡ(龍王이 降雨호ᄃᆡ) 〈法華三 108b〉

〈143〉 빟다 對 흩다

두 동작동사가 [散] 즉 '뿌리다, 흩다'의 뜻을 가지고 동의 관계에 있다는 것은 동일 원문의 번역인 다음 예문들에서 잘 확인된다. 원문 중 '散…寶華'가 '寶華ᄅᆞᆯ 빟다'로도 번역되고 '寶華ᄅᆞᆯ 흩다'로도 번역되므로 '빟다'와 '흩다'의 동의성은 명백히 입증된다.

(143) a. 여러 가짓 寶華ᄅᆞᆯ 비허 周遍히 淸淨ᄒᆞ리니 〈月十三 62b〉
b. 여러 寶華ᄅᆞᆯ 흐터 두루 淸淨ᄒᆞ리라(散諸寶華ᄒᆞ야 周遍淸淨ᄒᆞ리라) 〈法華三 59a〉

(143) c. 비흔 하(16a)ᄂᆞᆳ 오시 虛空中에 머므러 〈月十二 16b〉
d. 흐튼 天衣ㅣ 虛空中에 住ᄒᆞ야(所散天衣ㅣ 住虛空中ᄒᆞ야) 〈法華二 46b〉

〈144〉 ᄇᆞ리다 對 ᄀᆞᆯ히다

두 동작동사가 [簡] '가리다, 선발하다'의 뜻을 가지고 동의 관계에 있다는 것은 동일 원문의 번역인 다음 예문들에서 잘 확인된다. 원문 중 '簡情'이 '情을 ᄇᆞ리다'로도 번역되고 '情을 ᄀᆞᆯ히다'로도 번역되므로 'ᄇᆞ리다'와 'ᄀᆞᆯᄒᆡ다'의 동의성은 명백히 입증된다.

(144) a. 情(13b)을 ᄇᆞ려 解 나토샤미 〈月十八 14a〉
b. 情 ᄀᆞᆯᄒᆡ시고 解 나토샤미(所以簡情顯解시고) 〈法華六 118b〉

〈145〉 ᄇᆞ리다 對 더디다

두 동작동사가 [遺]와 [棄] 즉 '버리다'의 뜻을 가지고 동의 관계에 있다는 것은 동일 원문의 번역인 다음 예문들에서 잘 확인된다. 원문 중 '遺土'가 'ᄒᆞᆰ ᄇᆞ리다'로도 번역되고 'ᄒᆞᆰ 더디다'로도 번역되므로 'ᄇᆞ리다'와 '더디다'의 동의성은 명백히 입증된다.

(145) a. ᄒᆞᆰ 무적 ᄇᆞ리ᄃᆞ시 ᄒᆞ며 〈釋二十 12a〉
b. ᄒᆞᆰ 더디ᄃᆺ ᄒᆞ며 〈月十八 32a〉
c. ᄒᆞᆰ ᄇᆞ리ᄃᆺ ᄒᆞ며(若遺土ᄒᆞ며) 〈法華六 145a〉

(145) d. ᄒᆞᆰ 더디며 혹 헤툠과 ᄒᆞᆫ가지라 〈月十八 32b〉
e. ᄒᆞᆰ ᄇᆞ리며 보도롯 헤툠과 ᄒᆞᆫ가질 ᄡᆞᄅᆞ미라(與遺土決疣와로 一而已니라) 〈法華六145a〉

(145) f. 서븨 ᄡᅳ려 쉬구에 ᄇᆞ리며 〈月十八 40a〉
g. 섭 니펴 쉬구에 더디며(衣薪而棄諸溝中ᄒᆞ며) 〈法華六 155a〉

〈146〉 ᄇᆞ리다 對 앗다

두 동작동사가 [去]와 [遣] 즉 '버리다'의 뜻을 가지고 동의 관계에 있다는 것은 동일 원문의 번역인 다음 예문들에서 잘 확인된다. 원문 중 '吹去萎華'가 '이운 고ᄌᆞᆯ 부러 ᄇᆞ리다'로도 번역되고 '이운 곳 부러 앗다'로도 번역된다. 그리고 '遣情'이 '情을 ᄇᆞ리다'로도 번역되고 '情을 앗다'로도 번역된다. 따라서 두 동작동사 'ᄇᆞ리다'와 '앗다'의 동의성은 명백히 입증된다. 두 동작동사는 [取]를 뜻하는 '가지다'와 의미상 對立 관계에 있다.

(146) a. 香風이 와 이운 고ᄌᆞᆯ 부러 ᄇᆞ리고 〈月十四 12b〉

b. 香風이 時로 와 이운 곳 부러 아ᅀᅡᄃᆞᆫ(香風이 時來ᄒᆞ야 吹去萎華ᄒᆞ야ᄃᆞᆫ) 〈法華三 94a〉

(146) c. 麤ᄅᆞᆯ 앗고 妙ᄅᆞᆯ 가지논 디 아니라 〈月十一 13a〉

d. 麤ᄅᆞᆯ ᄇᆞ리시고 妙ᄅᆞᆯ 가지샨 디 아니라(非去麤而取妙ㅣ라) 〈法華一 4a〉

(146) e. 情을 ᄇᆞ리고 解ᄅᆞᆯ(21a) 나토샤미오 〈月十八 21b〉

f. 情을 앗고 解 나토시고(所以遣情顯解시고) 〈法華六 131a〉

〈147〉 ᄇᆞᅀᆞ와ᄆᆡ다 對 비취다

두 동작동사가 [曜] 즉 '빛나다, 비치다'의 뜻을 가지고 동의 관계에 있다는 것은 동일 원문의 번역인 다음 예문들에서 잘 확인된다. 원문 중 '光明…曜'가 '光明이 ᄇᆞᅀᆞ와ᄆᆡ다'로도 번역되고 '光明 비취다'로도 번역된다. 그리고 '光曜'가 '光明이 ᄇᆞᅀᆞ와ᄆᆡ다'로도 번역되고 '光 비취다'로도 번역된다. 따라서 'ᄇᆞᅀᆞ와ᄆᆡ다'와 '비취다'의 동의성은 명백히 입증된다.

(147) a. 光明이 싁싁기 ᄇᆞᅀᆞ와ᄆᆡ야 〈月十四 28a〉

b. 光明 싁싁기 비취요미(光明威曜ㅣ) 〈法華三 122b〉

(147) c. 엇던 因緣으로 우리 宮殿(25a)에 이 光明이 ᄇᆞᅀᆞ와ᄆᆡ어뇨 ᄒᆞ더니 〈月十四 25b〉

d. 엇던 因緣으로 우리 宮殿에 이 光 비취유미 잇거뇨 ᄒᆞ더니(以何因緣으로 我等宮殿에 有此光曜ㅣ어뇨 ᄒᆞ더니) 〈法華三 118a〉

〈148〉 ᄇᆞᆲ다 對 드듸다

두 동작동사가 [躡] 즉 '밟다, 디디다'의 뜻을 가지고 동의 관계에 있다는 것은 동일 원문의 번역인 다음 예문들에서 잘 확인된다. 원문 중 '躡前'이 '알ᄑᆞᆯ ᄇᆞᆲ다'로도 번역되고 '알ᄑᆞᆯ 드듸다'로도 번역된다. 그리고 '躡成'이 'ᄇᆞᆯ바 일우다'로도 번역되고 '드듸여 일우다'로도 번역된다. 따라서 'ᄇᆞᆲ다'와 '드듸다'의 동의성은 명백히 입증된다.

(148) a. 後엣 오직 알ᄑᆞᆯ ᄇᆞᆯ바 〈月十八 13b〉

b. 後ᄂᆞᆫ 오직 알ᄑᆞᆯ 드듸샤(後唯躡前ᄒᆞ샤) 〈法華六 118b〉

(148) c. 後ㅅ 行ᄋᆞᆯ ᄇᆞᆯ바 일우디 몯ᄒᆞ리니 〈月十八 14a〉

d. 後ㅅ 行ᄋᆞᆯ 드듸여 일울 쭐 업스니(無以躡成後行이니) 〈法華六 118b〉

〈149〉 싸호다 對 말겻고아 입힐훔ᄒᆞ다

동작동사 '싸호다'와 동작동사구 '말겻고아 입힐훔ᄒᆞ다'가 [鬪諍] 즉 '말다툼하다'의 뜻을 가지고 동의 관계에 있다는 것은 다음 예문들에서 잘 확인된다. '鬪爭'의 자석이 '싸호다'이고 또 '말겻고아 입힐훔ᄒᆞ다'이다. 따라서 '싸호다'와 '말겻고아 입힐훔ᄒᆞ다'의 동의성은 명백히 입증된다.

(149) a. 鬪는 ᄃᆞ톨 씨니 鬪諍ᄋᆞᆫ 말겻고아 입힐훔홀 씨라 〈釋二十 27b〉

b. 鬪諍ᄋᆞᆫ 싸홀 씨라 〈法華六 54b〉

〈150〉 삼다 對 밍ᄀᆞᆯ다

두 동작동사가 [爲] 즉 '삼다, 만들다'의 뜻을 가지고 동의 관계에 있다는 것은 동일 원문의 번역인 다음 예문들에서 명백히 확인된다. 원문 중 '爲種'이 'ᄡᅵ를 삼다'로도 번역되고 'ᄡᅵ를 밍ᄀᆞᆯ다'로도 번역되므로 '삼다'와 '밍ᄀᆞᆯ다'의 동의성은 명백히 입증된다.

(150) a. 이ᄅᆞᆯ 닐어 ᄡᅵ를 사마 〈月十四 8a〉

b. 이ᄅᆞᆯ 펴샤 ᄡᅵ를 밍ᄀᆞᄅᆞ샤(設此爲種ᄒᆞ샤) 〈法華三 85b〉

〈151〉 쌓다 對 모도다

두 동작동사가 [積] 즉 '쌓다, 모으다'의 뜻을 가지고 동의 관계에 있다는 것은 동일 원문의 번역인 다음 예문들에서 잘 확인된다. 원문 중 '積德'이 '德을 쌓다'로도 번역되고 '德 모도다'로도 번역된다. 그리고 '有積'이 '싸홈 잇다'로도 번역되고 '모도미 잇다'로도 번역된다. 따라서 두 동작동사 '쌓다'와 '모도다'의 동의성은 명백히 입증된다. 두 동작동사는 '德'을 목적어로 공유한다.

(151) a. 不輕(89b)의 德을 싸하 道 닐위여 〈月十七 90a〉
b. 不輕ㅅ 德 모도샤 道 닐위여(不輕ㅅ 積德致道ᄒᆞ샤) 〈法華六 86b〉

(151) c. 싸홈 잇ᄂᆞᆫ ᄠᅳ디라 〈月十四 14b〉
d. 모도미 잇ᄂᆞᆫ ᄠᅳ디라(有積之義라) 〈法華三 96a〉

(151) e. 뮈ᅇᅯ 내야 싸호미 업스면 〈月十四 14b〉
f. ᄒᆞ다가 뮈워 모도미 업스시면(若運而無積ᄒᆞ시면) 〈法華三 96a〉

(151) g. 智 싸홈 이슈믈 브틀씨 〈月十四 14a〉
h. 智 모도미 잇논 젼ᄎᆞ로(由智有所積故로) 〈法華三 96a〉

(151) i. 사ᄒᆞᆫ 것곳 이시면 能히 大通티 몯ᄒᆞ리어늘 〈月十四 15a〉
j. 모도미 아시면 能히 大通티 몯ᄒᆞ려니와(以其有積ᄒᆞ면 則未能大通ᄒᆞ려니와) 〈法華三 97a〉

(151) k. 下根이 種種 欲 기픈 ᄆᆞᅀᆞ미 著ᄒᆞ야 싸ᄒᆞᆫ 것 잇ᄂᆞᆫ ᄃᆞᆯ 表ᄒᆞ시니라 〈月十四 15a〉
l. 下根은 種種 欲 기픈 ᄆᆞᅀᆞ미 著ᄒᆞᆫ 모도미 잇ᄂᆞᆫ ᄃᆞᆯ 表ᄒᆞ시니라(表下根은 有種種欲深心所著之積ᄒᆞ시니라) 〈法華三 97a〉

〈152〉 새오다 對 ᄭᅴ다

두 동작동사가 [嫉妬] 즉 '시새움하다, 시기하다'의 뜻을 가지고 동의 관계에 있다는 것은 동일 원문의 번역인 다음 예문들에서 잘 확인된다. 원문 중 '慳貪嫉妬'가 '앗기며 貪ᄒᆞ며 새오다'로도 번역되고 '앗기며 貪ᄒᆞ며 ᄭᅴ다'로도 번역된다. 따라서 '새오다'와 'ᄭᅴ다'의 동의성은 명백히 입증된다.

(152) a. 衆生이 ᄣᅵ 만ᄒᆞ야 앗기며 貪ᄒᆞ며 ᄂᆞᆷ 믜며 새오ᄆᆞ로 됴티 몯ᄒᆞᆫ 根源을 일울ᄊᆡ 〈釋十三 56b〉

b. 衆生이 ᄣᅵ 므거ᄫᅥ 앗기며 貪ᄒᆞ며 새오ᄆᆞ로 여러 가짓 됴티 몯ᄒᆞᆫ 根源을 일울ᄊᆡ 〈月十一 117a〉

c. 衆生이 ᄣᅵ 므거워 앗기며 貪ᄒᆞ며 싀며 여러 가짓 됴티 아니ᄒᆞᆫ 불휘ᄅᆞᆯ 일울ᄊᆡ(衆生이 垢衆ᄒᆞ야 慳貪嫉妬ᄒᆞ야 成就諸不善根故로) 〈法華一 187b〉

〈153〉 ᄉᆞᆲ다 對 보차다

두 동작동사가 [惱] 즉 '괴롭히다'의 뜻을 가지고 동의 관계에 있다는 것은 동일 원문의 번역인 다음 예문들에서 잘 확인된다. 원문 중 '逼惱'가 '다와다 ᄉᆞᆲ다'로도 번역되고 '다와다 보차다'로도 번역된다. 따라서 'ᄉᆞᆲ다'와 '보차다'의 동의성은 명백히 입증된다.

(153) a. 알ᄑᆡ 現ᄒᆞ야 다와다 셜ᄫᅳᆯ 씨 苦ㅣ오 〈月十四 33a〉

b. 現前에 다와다 보찰 씨 니ᄅᆞ샨 苦ㅣ오(現前에 逼惱홀씨 曰苦ㅣ오) 〈法華三 133a〉

〈154〉 셰다 對 니ᄅᆞ왇다

두 동작동사가 [起] 즉 '세우다, 짓다'의 뜻을 가지고 동의 관계에 있다는 것은 동일 원문의 번역인 다음 예문들에서 잘 확인된다. 원문 중 '起塔寺'가 '塔寺 셰다'로도 번역되고 '塔寺 니ᄅᆞ왇다'로도 번역되므로 두 동작동사 '셰다'와 '니르왇다'의 동의성은 명백히 입증된다. 두 동작동사는 '塔寺'를 목적어로 共有한다.

(154) a. ᄯᅩ 니ᄅᆞ샤ᄃᆡ 구틔여 ᄯᅩ 塔寺 셰디 말라 ᄒᆞ시니 〈月十七 42a〉

b. ᄯᅩ 니ᄅᆞ샤ᄃᆡ 구틔여 ᄯᅩ 塔寺 니ᄅᆞ왇디 말라 ᄒᆞ시니(又云不須復起塔寺ㅣ라 ᄒᆞ시니) 〈法華五 206b〉

한편 '起'가 『월인석보』 권17과 『법화경언해』에서 모두 '셰다'로 번역된다는 것은 동일 원문의 번역인 다음 예문들에서 잘 확인된다. 원문 중 '起塔'이 모두 '塔 셰다'로 번역된다.

(154) c. ᄒᆞ마 塔 세며 〈月十七 37a〉
d. 볼써 塔 세며(已起塔ᄒᆞ며) 〈法華五 201a〉

〈155〉 솟고다 對 소사 오ᄅᆞ게 ᄒᆞ다

동작동사 '솟고다'와 동작동사구 '소사 오ᄅᆞ게 ᄒᆞ다'가 [湧] 즉 '솟구치다, 솟아 오르게 하다'의 뜻을 가지고 동의 관계에 있다는 것은 동일 원문의 번역인 다음 예문들에서 잘 확인된다. 원문 중 '湧…水'가 '므를 소사 오ᄅᆞ게 ᄒᆞ다'로도 번역되고 '므를 솟고다'로도 번역되므로 '솟고다'와 '소사 오르게 ᄒᆞ다'의 동의성은 명백히 입증된다.

(155) a. 바ᄅᆞᇗ 므를 소사 오ᄅᆞ게 ᄒᆞᄂᆞ니라 〈月十一 29a〉
b. 바ᄅᆞᇗ 므를 솟고ᄂᆞ니라(湧海水者ㅣ라) 〈法華一 51a〉

〈156〉 숨다 對 없다

두 동작동사가 [沒] 즉 '숨다, 없다'의 뜻을 가지고 동의 관계에 있다는 것은 동일 원문의 번역인 다음 예문들에서 잘 확인된다. 원문 중 '於…國沒'이 '나라해 숨다'로도 번역되고 '나라해 없다'로도 번역되므로 '숨다'와 '없다'의 동의성은 명백히 입증된다.

(156) a. 뎌 나라해 수머 〈釋二十 41a〉
b. 뎌 나라해 沒ᄒᆞ야 [沒은 업서 수믈 씨라] 〈月十八 77a〉
c. 뎌 나라해 업스샤(於彼國에 沒ᄒᆞ샤) 〈法華七 17b〉

〈157〉 슬믜다 對 슳ᄒᆞ다

두 동작동사가 [厭] 즉 '싫어하다'의 뜻을 가지고 동의 관계에 있다는 것은 동일 원문의 번역인 다음 예문들에서 잘 확인된다. 원문 중 '無厭'이 '슬믜디 아니ᄒᆞ다'로도 번역되고 '슬호미 없다'로도 번역되므로 '슬믜다'와 '슳ᄒᆞ다'의 동의성은 명백히 입증된다.

(157) a. 이트렛 布施…歡喜ᄒᆞ야 슬믜디 아니ᄒᆞ야 〈月十一 3a〉

b. 이러틋ᄒᆞᆫ 布施ㅣ…깃거 슬호미 업서(如是等施ㅣ…歡喜無厭ᄒᆞ야) 〈法華一 83a〉

〈158〉 슬피 너기다 對 슳다

동작동사구 '슬피 너기다'와 동작동사 '슳다'가 [哀], 즉 '슬퍼하다, 슬피 여기다'의 뜻을 가지고 동의 관계에 있다는 것은 동일 원문의 번역인 다음 예문들에서 잘 확인된다. 원문 중 '哀其不足'이 '不足호ᄆᆞᆯ 슬피 너기다'로도 번역되고 '不足호ᄆᆞᆯ 슳다'로도 번역되므로 '슬피 너기다'와 '슳다'의 동의성은 명백히 입증된다. 동작동사구 '슬피 너기다'는 부사 '슬피'와 동작동사 '너기다'의 결합이다.

(158) a. 不足호ᄆᆞᆯ 슬피 너기니 〈月十八 42b〉

b. 不足호ᄆᆞᆯ 슬ᄒᆞ시니(哀其不足ᄒᆞ시니) 〈法華六 157b〉

〈159〉 슬히 너기다 對 슬ᄒᆞ다

동작동사구 '슬히 너기다'와 동작동사 '슬ᄒᆞ다'가 [厭] 즉 '싫어하다'의 뜻을 가지고 동의 관계에 있다는 것은 동일 원문의 번역인 다음 예문들에서 잘 확인된다. 원문 중 '厭有'가 '有ᄅᆞᆯ 슬히 너기다'로도 번역되고 '有를 슬ᄒᆞ다'로도 번역된다. 따라서 '슬히 너기다'와 '슬ᄒᆞ다'의 동의성은 명백히 입증된다.

(159) a. 有ᄅᆞᆯ 슬히 너겨 空애 著ᄒᆞ니 〈月十二 49a〉

b. 오히려 有를 슬ᄒᆞ야 空ᄋᆞᆯ 著ᄒᆞ니 (猶厭有著空ᄒᆞ니) 〈法華二 100a〉

〈160〉 슬ᄒᆞ다 對 아쳗다

두 동작동사가 [厭] 즉 '싫어하다'의 뜻을 가지고 동의 관계에 있다는 것은 동일 원문의 번역인 다음 예문들에서 잘 확인된다. 원문 중 '厭老病死'가 '老病死ᄅᆞᆯ 슬ᄒᆞ다'로도 번역되고 '老病死ᄅᆞᆯ 아쳗다'로도 번역된다. 그리고 '厭有'가 '有를 슬ᄒᆞ다'로 번역된다. 따라서 '슬ᄒᆞ다'와 '아쳗다'의 동의성은 명백히 입증된다.

(160) a. 사ᄅᆞ미 受(17b)苦ᄅᆞᆯ 맛나아 老病死ᄅᆞᆯ 슬ᄒᆞ야 ᄒᆞ거든 〈釋十三 18a〉
b. ᄒᆞ다가 사ᄅᆞ미 苦ᄅᆞᆯ 맛나 老病死ᄅᆞᆯ 아쳗거든 (若人이 遭苦ᄒᆞ야 厭 老病死ㅣ어든) 〈法華一 71b〉

(160) c. 有ᄅᆞᆯ 슬히 너겨 空애 著ᄒᆞ니 〈月十三 49a〉
d. 오히려 有를 슬ᄒᆞ야 空ᄋᆞᆯ 著ᄒᆞ니 (猶厭有著空ᄒᆞ니) 〈法華二 100a〉

〈161〉 싣다 對 얻다

두 동작동사가 [得] 즉 '얻다'의 뜻을 가지고 동의 관계에 있다는 것은 다음 예문들에서 잘 확인된다. 원문 중 '咸得'이 '모다 싣다'로 번역되고 '當得'이 '상녜 얻다'로 번역된다. 따라서 '싣다'와 '얻다'의 동의성은 명백히 입증된다.

(161) a. 供養ᄒᆞᅀᆞᄫᅡ 福ᄋᆞᆯ 모다 싣즙게 호리라 ᄒᆞ야 〈釋二十四 10b〉
b. 咸得供養 〈釋迦譜 卷5 32. 釋迦獲八萬四千塔宿緣記〉

(161) c. 상녜 三十二相앳 ᄠᆞ로 奇特ᄒᆞᆫ 모ᄆᆞᆯ 어더 〈月二十五 66b〉
d. 當得三十二相殊特之身 〈釋迦譜 卷5 32. 釋迦獲八萬四千塔宿緣記〉

〈162〉 ᄉᆞ랑ᄒᆞ다 對 ᄃᆞᆺ다

두 동작동사가 [慕] 즉 '사랑하다'의 뜻을 가지고 동의 관계에 있다는 것은 동일 원문의 번역인 다음 예문들에서 잘 확인된다. 원문 중 '慕果'가 '果ᄅᆞᆯ ᄉᆞ랑ᄒᆞ다'로도 번역되고 '果 ᄃᆞᆺ다'로도 번역되므로 'ᄉᆞ랑ᄒᆞ다'와 'ᄃᆞᆺ다'의 동의성은 명백히 입증된다.

(162) a. 져근 法 즐겨 果ᄅᆞᆯ ᄉᆞ랑ᄒᆞᆫ 後에 因 닷고ᄆᆞᆯ 가졸비니 〈月十三 22a〉
b. 小ᄅᆞᆯ 즐겨 果 ᄃᆞᄉᆞᆫ 後에ᅀᅡ 因 닷고ᄆᆞᆯ 가졸비니(譬樂小ᄒᆞ야 慕果然後에ᅀᅡ 修因ᄒᆞ니) 〈法華

二 210a〉

(162) c. 큰 法 ᄉᆞ랑케 ᄒᆞ샤ᄆᆞᆯ 가졸비니라 〈月十三 22b〉
d. 큰 法 ᄃᆞᆺ게 ᄒᆞ샤ᄆᆞᆯ 가졸비니라(譬……使令慕大也ㅣ라) 〈法華二 210b〉

〈163〉 아니ᄒᆞ다 對 몯ᄒᆞ다

두 동작동사가 [不]과 [未] 즉 '아니하다, 못하다'의 뜻을 가지고 동의 관계에 있다는 것은 동일 원문의 번역인 다음 예문들에서 잘 확인된다. 원문 중 '不隔'이 'ᄀᆞ리디 아니ᄒᆞ다'로도 번역되고 'ᄀᆞ리디 몯ᄒᆞ다'로도 번역된다. 그리고 '未離'가 '여희디 아니ᄒᆞ다'로도 번역되고 '여희디 몯ᄒᆞ다'로도 번역된다. 따라서 '아니ᄒᆞ다'와 '몯ᄒᆞ다'의 동의성은 명백히 입증된다.

(163) a. ᄀᆞ리디 아니ᄒᆞ며 〈釋十九 10b〉
b. ᄀᆞ리디 몯ᄒᆞ야(不隔ᄒᆞ야) 〈法華六 26b〉

(163) c. 밧 쳔량애 넘디 아니ᄒᆞ니 〈月十八 31a〉
d. 밧 쳔량애 남디 몯ᄒᆞ니(不過外財ᄒᆞ니) 〈法華六 144a〉

(163) e. 凡位ᄅᆞᆯ 여희디 아니ᄒᆞ얫거늘 〈月十八 50a〉
f. 凡位ᄅᆞᆯ 여(168a)희디 몯호ᄃᆡ(未離凡位호ᄃᆡ) 〈法華六 168b〉

(163) g. 헐며 기류미 뮈우디 몯호미 〈月十四 50a〉
h. 헐며 기류매 動티 아니ᄒᆞ샤미(毁譽不動이) 〈法華三 156a〉

〈164〉 아쳗다 對 슬히 너기다

동작동사 '아쳗다'와 동작동사구 '슬히 너기다'가 [厭] 즉 '싫어하다'의 뜻을 가지고 동의 관계에 있다는 것은 동일 원문의 번역인 다음 예문들에서 잘 확인된다. 원문 중 '厭生死苦'가 '生死苦ᄅᆞᆯ 슬히 너기다'로도 번역되고 '生死苦ᄅᆞᆯ 아쳗다'로도 번역되므로 '아쳗다'와 '슬히 너기다'의 동의성은 명백히 입증된다. '아쳗다'와 '슬히 너기다'는 [- 구체물]인 '生死苦'를 목적어로 공유한다. 동작동사구 '슳히 너기다'는 부사 '슳히'와 동작동사 '너기다'의 결합이다.

(164) a. 聲聞은 生死苦를 슳히 너겨 〈月十一 44a〉
b. 聲聞은 生死苦를 아쳐라(聲聞은 厭生死苦ᄒᆞ야) 〈法華一 97a〉

(164) c. 小乘이 生死苦를 슳히 너겨 〈月十一 89b〉
d. 小乘은 生死苦를 아쳐라(小乘은 厭生死苦ᄒᆞ야) 〈法華一 109b〉

〈165〉 아쳗다 對 슳다

두 동작동사가 [厭] 즉 '싫어하다'의 뜻을 가지고 동의 관계에 있다는 것은 동일 원문의 번역인 다음 예문들에서 잘 확인된다. 원문 중 '厭怠'가 '아쳐러 게으르다'로도 번역되고 '슬흔 게을움'으로도 번역되므로 두 동작동사 '아쳗다'와 '슳다'의 동의성은 명백히 입증된다.

(165) a. 아쳐러 게으른 ᄠᅳ들 머거 〈月十七 14a〉
b. 슬흔 게을우믈 머거(懷厭怠ᄒᆞ야) 〈法華五 147a〉

〈166〉 알히다 對 보차다

두 동작동사가 [惱] 즉 '괴롭히다'의 뜻을 가지고 동의 관계에 있다는 것은 동일 원문의 번역인 다음 예문들에서 잘 확인된다. 원문 중 '惱人'이 '사ᄅᆞᄆᆞᆯ 알히다'로도 번역되고 '사ᄅᆞᆷ 보차다'로도 번역되므로 두 동작동사 '알히다'와 '보차다'의 동의성은 명백히 입증된다. 두 동작동사는 '사ᄅᆞᆷ'을 목적어로 共有한다.

(166) a. 夜叉 羅刹이 와 사ᄅᆞᄆᆞᆯ 알효려 ᄒᆞ다가 〈釋二十一 4a〉
b. 夜叉 羅刹이 와 사ᄅᆞᆷ 보차고져 ᄒᆞ다가 〈月十九 24b〉
c. 夜叉 羅刹이 와 사ᄅᆞᆷ 보차고져 ᄒᆞ야도(夜叉羅刹이 欲來惱人ᄒᆞ야도) 〈法華七55a〉

한편 '惱'가 『석보상절』 권21과 『법화경언해』에서 모두 '보차다'로 번역되고 동작동사 '보차다'가 '사ᄅᆞᆷ'을 목적어로 공유한다는 사실은 동일 원문의 번역인 다음 예문들에서 잘 확인된다.

원문 중 '惱人者'가 모두 '사람 보차는 것'으로 번역된다.

(166) d. 韋陁羅ㅣ 어나 여러 가짓 사ᄅᆞᆷ 보차ᄂᆞᆫ 거시 〈釋二十一 52a〉
e. 韋陀羅 等 여러 가짓 사ᄅᆞᆷ 보차ᄂᆞᆫ 거시(若韋陀羅等諸惱人者ㅣ) 〈法華七 167b〉

〈167〉 애와티다 對 ᄎᆞ기 너기다

동작동사 '애와티다'와 동작동사구 'ᄎᆞ기 너기다'가 [恨] 즉 '한탄하다, 한스럽게 여기다'의 뜻을 가지고 동의 관계에 있다는 것은 동일 원문의 번역인 다음 예문들에서 잘 확인된다. 원문 중 '恨…退大'가 '큰 게 믈로ᄆᆞᆯ 애와티다'로도 번역되고 '큰 게 믈루믈 ᄎᆞ기 너기다'로도 번역되므로 '애와티다'와 'ᄎᆞ기 너기다'의 동의성은 명백히 입증된다. 동작동사구 'ᄎᆞ기 너기다'는 부사 'ᄎᆞ기'와 동작동사 '너기다'의 결합이다.

(167) a. ᄉᆞ랑ᄒᆞ야 뉘으츠며 애와티ᄆᆞᆫ 〈月十三 10b〉
b. ᄉᆞ랑ᄒᆞ야 뉘으처 ᄎᆞ기 너교ᄆᆞᆫ(思惟悔恨者ᄂᆞᆫ) 〈法華二 190a〉

(167) c. 이젯 機 큰 게 믈로ᄆᆞᆯ 애와티샤미라 〈月十三 10b〉
d. 오ᄂᆞᆳ 機ㅣ 큰 게 믈루믈 ᄎᆞ기 너기실 씨라(恨今之機ㅣ 退大也ㅣ라) 〈法華二 190a〉

〈168〉 어울우다 對 노기다

두 동작동사가 [融] 즉 '녹이다'의 뜻을 가지고 동의 관계에 있다는 것은 동일 원문의 번역인 다음 예문들에서 잘 확인된다. 원문 중 '融攝'이 '어울워 잡다'로도 번역되고 '노겨 잡다'로도 번역되므로 '어울우다'와 '노기다'의 동의성은 명백히 입증된다.

(168) a. 서르 ᄉᆞᄆᆞ차 어울워 자바 〈月十八 27b〉
b. 서르 ᄉᆞᄆᆞ차 노겨 자ᄇᆞ샤(交徹融攝ᄒᆞ샤) 〈法華六 137b〉

〈169〉 어즈리다 對 보차다

두 동작동사가 [惱] 즉 '괴롭히다'의 뜻을 가지고 동의 관계에 있다는 것은 동일 원문의 번역인 다음 예문들에서 잘 확인된다. 원문 중 '三毒所惱'가 '三毒ᄋᆡ 어즈륨'으로도 번역되고 '三毒ᄋᆡ 보참'으로도 번역된다. 그리고 '惱於法師'가 '法師ᄅᆞᆯ 보차다'로도 번역되고 '法師애 어즈리다'로도 번역된다. 따라서 두 동작동사 '어즈리다'와 '보차다'의 동의성은 명백히 입증된다. 字釋 '惱ᄂᆞᆫ 어즈릴 씨라'〈月一 16b〉도 두 동작동사의 동의 관계를 확인하는 데 一助가 된다.

(169) a. 三毒ᄋᆡ 어즈료(61)미 아니 ᄃᆞ외며 〈釋二十一 62a〉
b. 三毒ᄋᆡ 보차미 ᄃᆞ외디 아니ᄒᆞ며 〈月十九 117b〉
c. 三毒의 보차미 ᄃᆞ외디 아니ᄒᆞ며(不爲三毒의 所惱ᄒᆞ며) 〈法華七 181b〉

(169) d. 我慢과 邪慢과 增上慢ᄋᆡ 어즈료미 아니 ᄃᆞ외며 〈釋二十一 62a〉
e. ᄯᅩ 嫉(117b)妬와 我慢과 邪慢과 增上慢ᄋᆡ 보차미 ᄃᆞ외디 아니ᄒᆞ야 〈月十九 118a〉
f. ᄯᅩ 嫉妬와 我慢과 邪慢과 增上慢의 보차미 ᄃᆞ외디 아니ᄒᆞ야(亦不爲嫉妬와 我慢과 邪慢과 增上慢의 所惱ᄒᆞ야) 〈法華七 181b〉

(169) g. ᄂᆞ외야 貪欲ᄋᆡ 어즈류미 아니 ᄃᆞ외며 〈釋二十 27b〉
h. ᄂᆞ외야 貪欲의 보차미 아니 ᄃᆞ외며(不復爲貪欲의 所惱ᄒᆞ며) 〈法華六 175a〉

(169) i. ᄠᅳᆮ 되며 새옴ᄃᆞᆯ히 어즈류미 아니 ᄃᆞ외야 〈釋二十 27b〉
j. 憍慢 嫉妬 여러 가짓 ᄠᅵ의 보차미 아니 ᄃᆞ외야(不爲憍慢嫉妬諸垢의 所惱ᄒᆞ야) 〈法華六 175a〉

(169) k. 法師ᄅᆞᆯ 보차디 말며 〈月十九 66a〉
l. 法師애 어즈리디 말며(莫惱於法師ᄒᆞ며) 〈法華七 118a〉

〈170〉 얻다 對 닐위다

두 동작동사가 [致] 즉 '얻다, 오게 하다'의 뜻을 가지고 동의 관계에 있다는 것은 동일 원문의 번역인 다음 예문들에서 잘 확인된다. 원문 중 '致勝福'이 '勝福ᄋᆞᆯ 얻다'로도 번역되고 '勝福ᄋᆞᆯ 닐위다'로도 번역되므로 '얻다'의 '닐위다'의 동의성은 명백히 입증된다.

(170) a. 비록 겨지비라도 勝福을 어드리니 〈釋十九 27b〉
b. 비록 女人이라도 어루 勝福을 닐위리니 〈月十八 54b〉
c. 비록 女人이라도 어루 노픈 福을 닐위리라 ᄒᆞ시니(雖女人이라도 可致勝福이라 ᄒᆞ시니) 〈法華六 174b〉

〈171〉 얽ᄆᆡᅇᅵ다/얽ᄆᆡ이다 對 얽키다

합성 동작동사 '얽ᄆᆡᅇᅵ다/얽ᄆᆡ이다'와 '얽키다'가 [纏] 즉 '얽매이다, 얽히다'의 뜻을 가지고 동의 관계에 있다는 것은 동일 원문의 번역인 다음 예문들에서 잘 확인된다. 원문 중 '在纏'이 '얽ᄆᆡ요매 잇다'와 '얽ᄆᆡ요매 잇다'로도 번역되고 '얽쿄매 잇다'로도 번역된다. 그리고 '出纏'이 '얽ᄆᆡ요매 나다'로도 번역되고 '얽쿄매 나다'로도 번역된다. 따라서 '얽ᄆᆡᅇᅵ다/얽ᄆᆡ이다'와 '얽키다'의 동의성은 명백히 입증된다. '얽ᄆᆡᅇᅵ다/얽ᄆᆡ이다'의 어간 '얽ᄆᆡᅇᅵ-/얽ᄆᆡ이-'는 동작동사 '얽다'의 어간 '얽-'과 동작동사 'ᄆᆡᅇᅵ다/ᄆᆡ이다'의 어간 'ᄆᆡᅇᅵ-/ᄆᆡ이-'의 비통사적 合成이다.

(171) a. 열 여슷 아ᄃᆞ리 겨샤ᄆᆞᆫ 다 얽ᄆᆡ요매 잇ᄂᆞᆫ 八識을 表ᄒᆞ니라 〈月十四 14a〉
b. 十六子ㅣ 겨샤ᄆᆞᆫ 다 얽쿄매 잇ᄂᆞᆫ 八識을 表ᄒᆞ시니(有十六子ᄂᆞᆫ 皆表在纏八識ᄒᆞ시니) 〈法華三 96a〉

(171) c. 얽ᄆᆡ요매 잇ᄂᆞᆫ 識(14a)이 ᄃᆞ외니 〈月十四 14b〉
d. 얽쿄매 잇ᄂᆞᆫ 識이 ᄃᆞ외니(爲在纏之識ᄒᆞ니) 〈法華三 96a〉

(171) e. 十六 王子ᄂᆞᆫ 얽ᄆᆡ요매 잇ᄂᆞᆫ 八識을 表ᄒᆞ고 〈月十四 45b〉
f. 十六 王子ᄂᆞᆫ 얽쿄매 잇ᄂᆞᆫ 八識을 表ᄒᆞ시고(十六王子ᄂᆞᆫ 表在纏八識ᄒᆞ시고) 〈法華三 149b〉

(171) g. 十六 菩薩은 얽ᄆᆡ요매 난 八智ᄅᆞᆯ 表ᄒᆞ니라 〈月十四 45b〉
h. 十六 菩薩은 얽쿄매 난 八智ᄅᆞᆯ 表ᄒᆞ시니(十六菩薩은 表出纏八智ᄒᆞ시니) 〈法華三 149b〉

〈172〉 업게 ᄒᆞ다 對 거릿다

동작동사구 '업게 ᄒᆞ다'와 동작동사 '거릿다'가 [濟] 즉 '구제하다'의 뜻을 가지고 동의 관계에 있다는 것은 동일 원문의 번역인 다음 예문들에서 잘 확인된다. 원문 중 '濟渴'이 '목ᄆᆞᆯ로ᄆᆞᆯ 업게 ᄒᆞ다'로도 번역되고 '목ᄆᆞᆯ롬 거릿다'로도 번역된다. 따라서 '업게 ᄒᆞ다'와 '거릿다'의 동의성은 명백히 입증된다. '업게'는 '없게'의 八終聲 表記이고 '거릿다'는 '거릿다'의 팔종성 표기이다.

(172) a. 목ᄆᆞᆯ로ᄆᆞᆯ 업게 코져 호ᄃᆡ 〈月十五 52a〉
　　b. 목ᄆᆞᆯ롬 거릿고져 호ᄃᆡ(欲濟渴호ᄃᆡ) 〈法華四 91a〉

〈173〉 없다 對 긏다

두 동작동사가 [絶] 즉 '끊어지다, 없다'의 뜻을 가지고 동의 관계에 있다는 것은 동일 원문의 번역인 다음 예문들에서 잘 확인된다. 원문 중 '絶數量'이 '數 없다'로도 번역되고 '數量 긏다'로도 번역된다. 그리고 '絶異同'이 '달옴과 ᄀᆞᆮ홈괘 없다'로도 번역되고 '다ᄅᆞ며 ᄀᆞᆮ호미 긏다'로도 번역된다. 따라서 '없다'와 '긏다'의 동의성은 명백히 입증된다.

(173) a. 이 體는 本來 數 업슨 ᄃᆞᆯ 아롧디니라 〈釋十九 10b〉
　　b. 이 體 本來 數量 그츤 ᄃᆞᆯ 아롧디로다 〈月十七 57b〉
　　c. 이 體ᄂᆞᆫ 本來 數量 그츤 ᄃᆞᆯ 알리로다(知此體ᄂᆞᆫ 本絶數量也ㅣ로다) 〈法華六 26b〉

(173) d. 本來 달옴과 ᄀᆞᆮ홈괘 업스실ᄊᆡ 〈釋二十 38a〉
　　e. 本來 다ᄅᆞ며 ᄀᆞᆮ호미 그츨ᄊᆡ 〈月十八 72b〉
　　f. 本來 다ᄅᆞ며 ᄀᆞᆮ호미 그츠실ᄊᆡ(本絶異同ᄒᆞ실ᄊᆡ 故로) 〈法華六 13a〉

〈174〉 없다 對 다ᄋᆞ다

두 동작동사가 [盡] 즉 '다 없어지다'의 뜻을 가지고 동의 관계에 있다는 것은 동일 원문의 번역인 다음 예문들에서 잘 확인된다. 원문 중 '諸漏盡'이 '諸漏 없다'로도 번역되고 '諸漏 다ᄋᆞ다'로도 번역된다. 그리고 '俱盡'이 '다 없다'로도 번역되고 '다 다ᄋᆞ다'로도 번역된다. 따라서 '없다'와 '다ᄋᆞ다'의 동의성은 명백히 입증된다.

(174) a. 諸漏 업수믈 得ᄒᆞ야 〈釋二十四 16b〉
b. 諸漏(79a) 다오ᄆᆞᆯ 得호니 〈月二十五 79b〉
c. 逮得諸漏盡 〈釋迦譜 卷5 31. 阿育王造八萬四千塔記〉

(174) d. ᄀᆞ린 거시 다 업서 〈月十八 48a〉
e. ᄀᆞᄂᆞᆯ ᄀᆞ(165a)료미 다 다아(陰翳ㅣ 俱盡ᄒᆞ야) 〈法華六 156b〉

〈175〉 없다 對 덜다

두 동작동사가 [除] 즉 '제거되다, 없어지다'의 뜻을 가지고 동의 관계에 있다는 것은 동일 원문의 번역인 다음 예문들에서 잘 확인된다. 원문 중 '除'가 '없다'로도 번역되고 '덜다'로도 번역된다. 따라서 '없다'와 '덜다'의 동의성은 명백히 입증된다.

(175) a. 癡愛病이 업스면 〈釋二十 31a〉
b. 癡愛病이 덜면 〈月十八 59b〉
c. 癡愛病이 덜면(癡愛病이 除ᄒᆞ면) 〈法華六 181b〉

〈176〉 옮기다 對 두르혀다

두 동작동사가 [轉] 즉 '옮기다'의 뜻을 가지고 동의 관계에 있다는 것은 동일 원문의 번역인 다음 예문들에서 잘 확인된다. 원문 중 '轉物'이 '物을 옮기다'로도 번역되고 '物을 두르혀다'로도 번역된다. 그리고 '轉智'가 '智ᄅᆞᆯ 두르혀다'로도 번역되고 '智ᄅᆞᆯ 옮기다'로도 번역된다. 따라서 '옮기다'와 '두르혀다'의 동의성은 명백히 입증된다.

(176) a. ᄒᆞ다가 物을 옮기디 몯ᄒᆞ야셔 믄득 物을 應호려 ᄒᆞ면 物을 옮골 배 ᄃᆞ외리니 〈釋二十一 54a〉
b. ᄒᆞ다가 能히 物을 轉티 몯ᄒᆞ고 믄득 物을 應ᄒᆞ면 物의 轉호미 ᄃᆞ외(106b)리라 〈月十九 107a〉

c. ᄒᆞ다가 能히 物 두르혀디 몯고 믄득 物 應ᄒᆞ면 物의 두르혀미 ᄃᆞ외리니(若未能轉物ᄒᆞ고 而遽然應物ᄒᆞ면 則爲物의 所轉矣리니) 〈法華七 170b〉

(176) d. 物을 옮고ᄆᆞᆫ 읏드미요 〈釋二十一 54a〉
e. 物 轉호미 體오 〈月十九 106b〉
f. 物 두르혀미 體오(轉物이 爲體오) 〈法華七 107b〉

(176) g. 몬졋 旋은 物을 옮규미니 〈釋二十一 54a〉
h. 알ᄑᆡᆺ 旋은 物을 두르혀미니(前旋은 爲轉物이니) 〈法華七 170b〉

(176) i. 能히 邪ᄅᆞᆯ 옮겨 〈月十九 73a〉
j. 能히 邪ᄅᆞᆯ 두르혀(127a)샤(能轉邪ᄒᆞ샤) 〈法華七 127b〉

(176) k. 邪心을 두르혀 正覺애 가게 ᄒᆞ야 〈月十九 71a〉
l. 그 邪心을 옮겨 正覺애 가게 ᄒᆞ야(轉其邪心ᄒᆞ야 令歸正覺ᄒᆞ야) 〈法華七 125b〉

(176) m. 智ᄅᆞᆯ 두르혀 일후믈 識이라 ᄒᆞᄂᆞ니 〈月十四 35b〉
n. 智ᄅᆞᆯ 옮겨 일후미 識이니(轉智ᄒᆞ야 名이 識이니) 〈法華三 138a〉

(176) o. 邪見染莊嚴을 두르혀 〈月十九 86b〉
p. 邪見染莊嚴을 옮기샤(遂轉邪見染莊嚴ᄒᆞ샤) 〈法華七 145a〉

한편 '轉'이 『석보상절』, 『월인석보』 및 『법화경언해』에서 모두 '두르혀다'로 번역된다는 것은 동일 원문의 번역인 다음 예문들에서 잘 확인된다. 원문 중 '轉我邪心'이 '내 邪曲ᄒᆞᆫ ᄆᆞᅀᆞᄆᆞᆯ 두르혀다'로도 번역되고 '내 邪心을 두르혀다'로도 번역된다. 그리고 '轉邪'가 모두 '邪ᄅᆞᆯ 두르혀다'로 번역된다.

(176) q. 神(44a)通變化로 내 邪曲ᄒᆞᆫ ᄆᆞᅀᆞᄆᆞᆯ 두르혀아 〈釋二十一 44b〉
r. 神通變化로 내 邪心을 두르혀 〈月十九 87a〉
s. 神通變化로 내 邪心을 두르혀(以神通變化로 轉我邪心ᄒᆞ야) 〈法華七 145b〉

(176) t. 能히 邪ᄅᆞᆯ 두르ᅘᅧ며 〈月十九 91a〉
u. 能히 邪ᄅᆞᆯ 두르ᅘᅧ시며(遂能轉邪ᄒᆞ시며) 〈法華七 149b〉

〈177〉 우기누르다 對 다완다

두 동작동사가 [逼迫] 즉 '강제하다'의 뜻을 가지고 동의 관계에 있다는 것은 동일 원문의 번역인 다음 예문들에서 잘 확인된다. 원문 중 '逼迫'이 '우기누르다'로도 번역되고 '다완다'로도 번역된다. 따라서 '우기누르다'와 '다완다'의 동의성은 명백히 입증된다.

(177) a. 시혹 우기눌러 〈月十三 13a〉
b. 시혹 다와도ᄆᆞᆯ 보아(或見逼迫은) 〈法華二 194b〉

(177) c. 시혹 우기누르리라 호ᄆᆞᆫ 〈月十三 15a〉
d. 시혹 다와도ᄆᆞᆯ 보ᄆᆞᆫ(或見逼迫은) 〈法華二 197b〉

한편 '逼迫'이 『월인석보』와 『법화경언해』에서 모두 '다완다'로 번역된다는 것은 동일 원문의 번역인 다음 예문들에서 잘 확인된다. 원문 중 '乖違逼迫'이 '어긔여 다완다'로도 번역되고 '어긔며 다완다'로도 번역된다.

(177) e. 根이어나 境이어나 어긔여 다와ᄃᆞ며 〈月十三 33a〉
f. 根과 境괘 어긔며 다와ᄃᆞᆯ 씨니(若根若境이 乖違逼迫이니) 〈法華二 228a〉

〈178〉 우희다 對 받다

두 동작동사가 [捧] 즉 '움키다, 움켜 쥐다'의 뜻을 가지고 동의 관계에 있다는 것은 동일 원문의 번역인 다음 예문들에서 잘 확인된다. 원문 중 '捧於塵沙'가 '몰애 우희다'로도 번역되고 '몰애 받다'로도 번역된다. 따라서 '우희다'와 '받다'의 동의성은 명백히 입증된다.

(178) a. 몰애 우희여 부텻ᄭᅴ 받ᄌᆞ바ᄂᆞᆯ 〈釋二十四 45b〉

b. 몰애 바다 부텨씌 받즈바시늘 〈月二十五 122b〉
c. 捧於塵沙 奉上於佛 〈釋迦譜 卷5 31. 阿育王造八萬四千塔記〉

〈179〉 울다 對 지지다 對 짓괴다

세 동작동사가 [噪] 즉 '울다, 지저귀다'의 뜻을 가지고 동의 관계에 있다는 것은 다음 예문들에서 잘 확인된다. 원문 중 '雀噪'가 '새 울다'로도 번역되고 '새 지지다'로도 번역된다. 그리고 '雀噪'의 字釋이 '새 짓괴다'이다. 따라서 '울다', '지지다' 및 '짓괴다'의 동의성은 명백히 입증된다.

(179) a. 새 우룸 가마괴 우루미 다 語言三昧라 〈釋二十 14b〉
b. 새 지지며 가마괴 우루미 다 語言三昧시니(雀噪鴉鳴이 皆諸言三昧시니) 〈法華六149a〉

(179) c. 雀噪는 새 짓괼 씨오 〈月十八 35b〉

〈180〉 움즉ᄒᆞ다 對 뮈다

두 동작동사가 [動] 즉 '움직이다'의 뜻을 가지고 동의 관계에 있다는 것은 동일 원문의 번역인 다음 예문들에서 잘 확인된다. 원문 중 '身心…動'이 '몸과 ᄆᆞᅀᆞᆷ괘 움즉ᄒᆞ다'로도 번역되고 '몸과 ᄆᆞᅀᆞᆷ괘 뮈다'로도 번역된다. 따라서 두 동작동사 '움즉ᄒᆞ다'와 '뮈다'의 동의성은 명백히 입증된다. 두 동작동사는 '몸과 ᄆᆞᅀᆞᆷ'을 主語로 공유한다.

(180) a. 몸과 ᄆᆞᅀᆞᆷ괘 움즉디 아니ᄒᆞ야 겨시거늘 〈釋十三 31a〉
b. 몸과 ᄆᆞᅀᆞᆷ괘 뮈디 아니ᄒᆞ야 겨시거늘 〈月十一 85a〉
c. 몸과 ᄆᆞᅀᆞᆷ괘 뮈디 아니ᄒᆞ얫더시니(身心이 不動ᄒᆞ옛더시니) 〈法華一 103b〉

(180) d. 몸과 ᄆᆞᅀᆞᆷ괘 움즉디 아니ᄒᆞ야 〈釋十三 34a〉
e. 몸과 ᄆᆞᅀᆞᆷ괘 뮈디 아니ᄒᆞ야 〈月十一 87b〉
f. 身心이 뮈디 아니ᄒᆞ야(身心이 不動ᄒᆞ야) 〈法華一 106b〉

〈181〉 읐다 對 거두쥐다

두 동작동사가 [褰縮] 즉 '들려 쭈그러지다'의 뜻을 가지고 동의 관계에 있다는 것은 동일 원문의 번역인 다음 예문들에서 잘 확인된다. 원문 중 '脣…褰縮'이 '입시우리…읐다'로도 번역되고 '입시우리…거두쥐다'로도 번역되므로 두 동작동사 '읐다'와 '거두쥐다'의 동의성은 명백히 입증된다. 두 동작동사는 '입시울'을 主語로 공유한다.

(181) a. 입시우리…읐디 아니ᄒᆞ며 〈釋十九 7a〉
b. 입시우리…ᄯᅩ 우ᄒᆞ로 거두쥐디 아니ᄒᆞ며 〈月十七 52b〉
c. 입시우리…ᄯᅩ 거두쥐디 아니ᄒᆞ며(脣…亦不褰縮ᄒᆞ며) 〈法華六 13b〉

〈182〉 이르다 對 셰다

두 동작동사가 [起] 즉 '세우다'의 뜻을 가지고 동의 관계에 있다는 것은 동일 원문의 번역인 다음 예문들에서 잘 확인된다. 원문 중 '起塔'이 '塔 이르다'로도 번역되고 '塔 셰다'로도 번역되므로 '이르다'와 '셰다'의 동의성은 명백히 입증된다.

(182) a. 다 塔 일어 供養ᄒᆞ야ᅀᅡ ᄒᆞ리니 〈釋十九 43b〉
b. 다 塔 일어 供養홇디니 〈月十八 12a〉
c. 반ᄃᆞ기 塔 셰여 供養홀띠니(皆應起塔供養이니) 〈法華六 110b〉

(182) d. 若干 千塔ᄋᆞᆯ 일어ᅀᅡ ᄒᆞ리라 ᄒᆞ시고 〈釋二十 16b〉
e. 若干 千塔ᄋᆞᆯ 셰라 〈月十八 38a〉
f. 若干 千塔ᄋᆞᆯ 셰욜 띠니라(應起若干千塔이니라) 〈法華六 152a〉

한편 '起'가 『석보상절』, 『월인석보』 및 『법화경언해』에서 모두 '셰다'로 번역된다는 것은 다음 예문들에서 잘 확인된다. 원문 중 '起八萬四千塔'이 '八萬四千塔ᄋᆞᆯ 셰다'로도 번역되고 '八萬四千塔 셰다'로도 번역된다.

(182) g. 八萬四千塔ᄋᆞᆯ 셰니 〈釋十九 17a〉
h. 八萬四千塔ᄋᆞᆯ 셰니 〈月十八 39a〉
i. 八萬四千塔 셰니(以起八萬四千塔ᄒᆞ니) 〈法華六 153a〉

(182) j. 七寶塔 셰여 〈月十五 18a〉
k. 七寶塔 셰여(起七寶塔ᄒᆞ야) 〈法華四 21b〉

〈183〉 이저디다 對 어ᄒᆞ다 對 ᄒᆞ야디다

세 동작동사가 [缺壞] 즉 '이지러지다, 허물어지다'의 뜻을 가지고 동의 관계에 있다는 것은 동일 원문의 번역인 다음 예문들에서 잘 확인된다. 원문 중 '脣…缺壞'가 '입시우리…이저디다'로도 번역되고 '입시우리…어ᄒᆞ다'로도 번역되며 '입시우리…ᄒᆞ야디다'로도 번역된다. 따라서 세 동작동사 '이저디다', '어ᄒᆞ다' 및 'ᄒᆞ야디다'의 동의성은 명백히 입증된다. 세 동작동사는 '입시울'을 主語로 공유한다.

(183) a. 입시우리…이저디디 아니ᄒᆞ며 〈釋十九 7a〉
b. 입시우리…ᄯᅩ 어티 아니ᄒᆞ며 〈月十七 52b〉
c. 입시우리…ᄯᅩ ᄒᆞ야디디 아니ᄒᆞ며(脣…亦不缺壞ᄒᆞ며) 〈法華六 13b〉

〈184〉 일우다 對 ᄆᆡᆼᄀᆞᆯ다

두 동작동사가 [成] 즉 '이루다, 만들다'의 뜻을 가지고 동의 관계에 있다는 것은 동일 원문의 번역인 다음 예문들에서 잘 확인된다. 원문 중 '成終'이 '乃終 ᄆᆡᆼᄀᆞᆯ다'로도 번역되고 'ᄆᆞᄎᆞᆷ 일우다'로도 번역된다. 그리고 '成終'이 '乃終 일우다'로 번역된다. 따라서 '일우다'와 'ᄆᆡᆼᄀᆞᆯ다'의 동의성은 명백히 입증된다.

(184) a. 乃終 ᄆᆡᆼᄀᆞᄅᆞ시니 〈月十九 93b〉
b. ᄆᆞᄎᆞᆷ 일우샤미니(所以成終이시니) 〈法華七 156a〉

(184) c. 萬物의 비르솜 일우며 乃終 일우ᄂᆞᆫ ᄡᅡ히니 〈月十四 53a〉
d. 萬物의 처섬 일며 ᄆᆞᄎᆞᆷ 이ᄂᆞᆫ ᄡᅡ히라(爲萬物成始成終之所ㅣ라) 〈法華三 161a〉

한편 '成'이 『월인석보』와 『법화경언해』에서 모두 동작동사 '일우다'로 번역된다는 것은 동일 원문의 번역인 다음 예문들에서 잘 확인된다. 원문 중 '成終'이 '乃終 일우다'와 '내쭁 일우다'로 번역된다.

(184) e. 大德이 비록 비르솜 일우시며 乃終 일우시논 德이 ᄀᆞᄌᆞ시나 〈月十四 54a〉
f. 大德이 비록 처섬 일우시며 내쭁 일우시논 德이 ᄀᆞᄌᆞ시나(大德이 雖具成始成終之德ᄒᆞ시나) 〈法華三 162b〉

〈185〉 일우다 對 이르다

두 동작동사가 [成就] 즉 '이루다, 성취하다'의 뜻을 가지고 동의 관계에 있다는 것은 동일 원문의 번역인 다음 예문들에서 잘 확인된다. 원문 중 '自在成就'가 '自在 成就ᄒᆞ다'로도 번역되고 '自在히 이르다'로도 번역된다. 그리고 '自在成就'의 자석이 '自在히 일우다'이다. 따라서 '일우다'와 '이르다'의 동의성은 명백히 입증된다.

(185) a. 다 無作妙力으로 自在 成就ᄒᆞ샤미라[緣을 조차 너비 應ᄒᆞ샤미 自在히 일우샤미라] 〈月十九 32b〉
b. 다 지ᅀᅮᆷ 업스신 妙力으로 自在히 이르샤미니(皆以無力妙力으로 自在成就시니) 〈法華七 71b〉

한편 '成就'가 『월인석보』와 『법화경언해』에서 모두 '일우다'로 번역된다는 것은 동일 원문의 번역인 다음 예문들에서 잘 확인된다. 원문 중 '成就四法'이 모두 '四法을 일우다'로 번역된다.

(185) c. 善男子 善女人이 이 ᄀᆞ티 四法을 일우면 〈月十九 102b〉
d. 善男子 善女人이 이 ᄀᆞ티 四法을 일워ᅀᅡ(善男子善女人이 如是成就四法ᄒᆞ야ᅀᅡ) 〈法華七 166a〉

(185) e. 이 藥王 藥上菩薩이 이 곧훈 諸大功德을 일워(92a)…不可思議 諸善功德을 일우니 〈月十一 92b〉
f. 이 藥王 藥上菩薩이 이 곧훈 諸大功德을 일워…不可思議 諸善功德을 일우니(是藥王藥上菩薩이 成就如此諸大功德ᄒᆞ야…成就不可思議諸善功德ᄒᆞ니) 〈法華七 151a〉

〈186〉 일틀이다 對 잃다

두 동작동사가 [漏失] 즉 '잃다'의 뜻을 가지고 동의 관계에 있다는 것은 동일 원문의 번역인 다음 예문들에서 잘 확인된다. 원문 중 '無…漏失'이 '일틀유미 없다'로도 번역되고 '일훔 없다'로도 번역되므로 '일틀이다'와 '잃다'의 동의성은 명백히 입증된다.

(186) a. 더욱 ᄆᆞᅀᆞᆷ ᄡᅧ 일틀유미 업게 ᄒᆞ라 〈月十三 28a〉
b. 더 ᄆᆞᅀᆞᆷ ᄡᅧ 일훔 업게 ᄒᆞ라(宜加用心ᄒᆞ야 無令漏失ᄒᆞ라) 〈法華二 218b〉

〈187〉 잃다 對 ᄇᆞ리다

두 동작동사가 [喪] 즉 '잃다, 버리다'의 뜻을 가지고 동의 관계에 있다는 것은 동일 원문의 번역인 다음 예문들에서 잘 확인된다. 원문 중 '喪'이 '잃다'로도 번역되고 'ᄇᆞ리다'로도 번역된다. 따라서 '잃다'와 'ᄇᆞ리다'의 동의성은 명백히 입증된다.

(187) a. 일허도 〈釋二十 12a〉
b. 시혹 ᄇᆞ료ᄃᆡ 〈月十八 32a〉
c. 시혹 일호ᄃᆡ(或喪之호ᄃᆡ) 〈法華六 145a〉

〈188〉 잇그다 對 그ᅀᅳ다

두 동작동사가 [牽] 즉 '끌다'의 뜻을 가지고 동의 관계에 있다는 것은 동일 원문의 번역인 다음 예문들에서 잘 확인된다. 원문 중 '强牽'이 '구틔여 잇그다'로도 번역되고 '굿 그ᅀᅳ다'로도 번역되므로 '잇그다'와 '그ᅀᅳ다'의 동의성은 명백히 입증된다.

(188) a. 구틔여 잇거 드려 오거늘 〈月十三 16b〉
b. 굿 긋어 드려 도라오거늘(强牽將還이어늘) 〈法華二 200b〉

(188) c. 時急히 자바 구틔여 잇구믄 〈月十三 17a〉
d. 時急히 자바 굿 긋오믄(急執而强牽은) 〈法華二 202a〉

〈189〉 잊다 對 허리다

두 동작동사가 [虧] 즉 '무너뜨리다'의 뜻을 가지고 동의 관계에 있다는 것은 동일 원문의 번역인 다음 예문들에서 잘 확인된다. 원문 중 '虧其天眞'이 '天眞을 잊다'로도 번역되고 '天眞올 허리다'로도 번역된다. 따라서 두 동작동사 '잊다'와 '허리다'의 동의성은 명백히 입증된다. 두 동작동사는 '天眞'을 목적어로 공유한다.

(189) a. 天眞을 이저 ᄇ리디 아니ᄒ며 〈月十一 101b〉
b. 반ᄃ기 天眞올 허리디 아니ᄒ며(當不虧其天眞ᄒ며) 〈法華一 148b〉

〈190〉 잔치다 對 그치다

두 동작동사가 [息] 즉 '그치다'의 뜻을 가지고 동의 관계에 있다는 것은 동일 원문의 번역인 다음 예문들에서 잘 확인된다. 원문 중 '息見'이 '見을 잔치다'로도 번역되고 '見을 그치다'로도 번역되므로 '잔치다'와 '그치다'의 동의성은 명백히 입증된다.

(190) a. 제 究竟호라 ᄒ야 見을 잔쳐 寂에 갯다가 〈月十二 18b〉
b. 제 너교ᄃ 究竟ᄒ야 見을 그쳐 寂에 가라 ᄒ다가(自謂究竟ᄒ야 而息見趣寂ᄒ다가) 〈法華二 51a〉

〈191〉 절ᄒ다 對 저숩다

두 동작동사가 [禮拜] 즉 '절하다'의 뜻을 가지고 동의 관계에 있다는 것은 동일 원문의 번역인 다음 예문들에서 잘 확인된다. 원문 중 '禮拜'가 『석보상절』 권20에서 '절ᄒᆞ다'로도 번역되고 '저ᅀᆸ다'로도 번역되므로 두 동작동사 '절ᄒᆞ다'와 '저ᅀᆸ다'의 동의성은 명백히 입증된다. '절ᄒᆞ다'는 [－존칭]의 의미를 가지는데 '저ᅀᆸ다'는 [+존칭]의 의미를 가진다.

(191) a. 나ᄅᆞᆯ 供養ᄒᆞ야 親近히 절ᄒᆞ며 〈釋二十 39b〉
b. 내게 供養親近ᄒᆞ야 禮拜ᄒᆞ며 〈月十八 74a〉
c. 내게 供養親近禮拜코져 ᄒᆞ며(欲…供養親近禮拜於我ᄒᆞ며) 〈法華七 15b〉

(191) d. 釋迦牟尼佛ᄭᅴ 저ᅀᆞᄫᅡ 親近히 供養ᄒᆞᅀᆸ고 〈釋二十 36a〉
e. 釋迦牟尼佛을 저ᅀᆞᄫᅡ 親近 供養ᄒᆞᅀᆸ고 〈月十八 70a〉
f. 釋迦牟尼佛을 저ᅀᆞ와 親近히 供養ᄒᆞᅀᆸ고(禮拜親近供養釋迦牟尼佛ᄒᆞᅀᆸ고) 〈法華七10a〉

〈192〉 젼굿ᄒᆞ다 對 ᄀᆞ장ᄒᆞ다

두 동작동사가 [恣] 즉 '마음 내키는 대로 하다'의 뜻을 가지고 동의 관계에 있다는 것은 동일 원문의 번역인 다음 예문들에서 잘 확인된다. 원문 중 '五欲…恣'가 '五欲ᄋᆞᆯ 젼굿ᄒᆞ다'로도 번역되고 '五欲ᄋᆞᆯ ᄀᆞ장ᄒᆞ다'로도 번역된다. 따라서 '젼굿하다'와 'ᄀᆞ장ᄒᆞ다'의 동의성은 명백히 입증된다.

(192) a. 내 녜 너를 安樂ᄋᆞᆯ 得ᄒᆞ야 五欲ᄋᆞᆯ 젼굿ᄒᆞ게 코져 ᄒᆞ야 〈月十五 23b〉
b. 내 녜 너를 安樂 得ᄒᆞ야 五欲ᄋᆞᆯ 제 ᄀᆞ장케 코져 ᄒᆞ야(我ㅣ 昔에 欲令汝ᄅᆞᆯ 得安樂ᄒᆞ야 五欲自恣케 코져 ᄒᆞ야) 〈法華四 39b〉

그리고 동작동사 '젼ᄌᆞᆺᄒᆞ다'가 [恣] 즉 '마음 내키는 대로 하다'의 뜻을 가진다는 것은 『원각경언해』(1465)의 다음 예문에서 잘 확인된다. 원문 중 '恣心'이 'ᄆᆞᅀᆞᄆᆞᆯ 젼ᄌᆞᆺᄒᆞ다'로 번역된다.

(192) c. 그 시혹 五欲애 ᄆᆞᅀᆞᄆᆞᆯ 젼ᄌᆞᆺ커나(其有或恣心五欲거나) 〈圓覺上一之二 93b〉

〈193〉 죻다 對 미죻다

두 동작동사가 [尋], [追] 및 [隨] 즉 '좇다, 뒤좇다'의 뜻을 가지고 동의 관계에 있다는 것은 동일 원문의 번역인 다음 예문들에서 잘 확인된다. 원문 중 '尋聲'이 '소리를 좇다'로도 번역되고 '소리를 미좇다'로도 번역된다. 그리고 '追'와 '隨'가 '미좇다'로도 번역되고 '좇다'로도 번역된다. 따라서 '좇다'와 '미좇다'의 동의성은 명백히 입증된다.

(193) a. 소리ᄅᆞᆯ 조차 受苦 救ᄒᆞ샤미 觀音이시고 〈釋二十一 16a〉
b. 소리ᄅᆞᆯ 미조차 受苦 救ᄒᆞ샤ᄆᆞᆫ 觀音이시고 〈月十九 49b〉
c. 소릴 조ᄎᆞ샤 受苦 救ᄒᆞ샤ᄆᆞ로 觀音이시고(尋聲救苦로 爲觀音이시고) 〈法華七 98a〉

(193) d. 사ᄅᆞᆷ 브려 ᄲᆞᆯ리 미조차 가ᄆᆞᆫ 〈月十三 16a〉
e. 사ᄅᆞᆷ 보내야 조초ᄆᆞᆫ(遣人急追ᄂᆞᆫ) 〈法華二 199b〉

(193) f. 諂母ㅣ 울오 미조차 가(14b) 보내더니 〈月十四 15a〉
g. 諂母ㅣ 우러 조차 가 보내더니(諂母ㅣ 涕泣ᄒᆞ야 而隨送之ᄒᆞ더니) 〈法華三 96b〉

한편 '尋'과 '追'가 『월인석보』와 『법화경언해』에서 모두 '미좇다'로 번역되고 '隨'가 『월인석보』와 『법화경언해』에서 모두 '좇다'로 번역된다는 것은 동일 원문의 번역인 다음 예문들에서 잘 확인된다. 원문 중 '尋'과 '追'가 모두 '미좇다'로 번역된다. 그리고 '隨其義趣'가 '意趣를 좇다'와 'ᄠᅳ들 좇다'로 번역된다.

(193) h. 미조차 닛고 〈月十五 24b〉
i. 미조차 닛고(而尋廢忘ᄒᆞ고) 〈法華四 40b〉

(193) j. ᄲᆞᆯ리 미조차 ᄃᆞ려 오라 ᄒᆞ야ᄂᆞᆯ 〈月十三 15b〉
k. ᄲᆞᆯ리 미조차 ᄃᆞ려 오라 ᄒᆞ야ᄂᆞᆯ(急追將還ᄒᆞ라 ᄒᆞ야ᄂᆞᆯ) 〈法華二 199a〉

(193) l. 意趣ᄅᆞᆯ 조차 〈釋十九 24b〉
m. ᄠᅳ들 조차 〈月十九 73a〉
n. ᄠᅳ들 조차(隨其意趣ᄒᆞ야) 〈法華六 63a〉

(193) o. 울오 조차 가ᄆᆞᆫ 〈月十四 15a〉
p. 우러 조ᄎᆞᄆᆞᆫ(涕泣而隨ᄂᆞᆫ) 〈法華三 97b〉

〈194〉 좌시다 對 먹다

두 동작동사가 [服] 즉 '먹다'의 뜻을 가지고 동의 관계에 있다는 것은 동일 원문의 번역인 다음 예문들에서 잘 확인된다. '좌시다'는 '먹다'의 경칭이다. 원문 중 '服…香'이 '香 좌시다'로도 번역되고 '香 먹다'로도 번역되므로 '좌시다'와 '먹다'의 동의성은 명백히 입증된다.

(194) a. 香 좌시고 〈釋二十 11b〉
b. 여러 가짓 香 먹고 〈月十八 31b〉
c. 즉재 여러 香을 좌시고(卽服諸香ᄒᆞ시고) 〈法華六 144a〉

〈195〉 주다 對 심기다

두 동작동사가 [授與] 즉 '주다'의 뜻을 가지고 동의 관계에 있다는 것은 동일 원문의 번역인 다음 예문들에서 잘 확인된다. 원문 중 '授與人'이 'ᄂᆞᆷ 주다'로도 번역되고 '사ᄅᆞᆷ 심기다'로도 번역된다. 따라서 '주다'와 '심기다'의 동의성은 명백히 입증된다.

(195) a. 펴 내야 간대로 ᄂᆞᆷ 주미(48b) 몯ᄒᆞ리니 〈月十五 49a〉
b. 分ᄒᆞ야 펴 간대로 사ᄅᆞᆷ 심규미 몯ᄒᆞ리니(不可分布ᄒᆞ야 妄授與人이니) 〈法華四 86b〉

〈196〉 죽다 對 없다

두 동작동사가 [喪] 즉 '죽다'의 뜻을 가지고 동의 관계에 있다는 것은 동일 원문의 번역인 다음 예문들에서 잘 확인된다. 원문 중 '父…喪'이 '아비옷 죽다'로도 번역되고 '아비옷 업스시다'로도 번역되므로 두 동작동사 '죽다'와 '없다'의 동의성은 명백히 입증된다. '없다'는 '죽다'에 대한 완곡한 표현으로 [+존칭]의 명사를 주어로 가진다. 따라서 '아비'가 [－존칭]인 경우에는 '죽다'와 공기하고 [+존칭]일 때는 '없다'와 공기한다.

(196) a. 아비옷…다른 나라해 머리 가(21a) 주그니 〈月十七 21b〉

b. ᄒᆞ다가 아비옷…다른 나라해 머리 가 업스시니(若父옷…遠喪他國ᄒᆞ시니) 〈法華五 158a〉

'없다'와 共起하는 [十인간]으로 '부텨 업스신 後에 〈釋六 12b〉'의 '부텨' 외에 '몬아ᄃᆞ리 즐어 업스니 (月序 14a)' 의 '몬아ᄃᆞᆯ'과 '長者ㅣ 病ᄒᆞ야 업거늘〈月二十三 72b〉'의 '長者'가 있다. '없다'는 '죽다'에 대한 완곡한 표현으로 [十존경]의 主語를 가진다. '죽다'에 대한 완곡한 표현으로 '昭憲王后이 榮養을 ᄲᆞᆯ리 ᄇᆞ려시ᄂᆞᆯ (昭憲王后ㅣ 奄棄榮養ᄒᆞ야)〈月序 9b〉'에서 발견되는 '榮養ᄋᆞᆯ ᄇᆞ리다'도 있다.

'죽다'는 [十인간]과 共起할 뿐 아니라 [十유정물]과도 共起한다. [十인간]으로 (196a)의 '아비' 외에 '제 버디 주거 〈釋六 19b〉'의 '벋'이 있다. '죽다'의 主語는 [一존경]이다. '죽다'는 '주굼 사로ᄆᆞᆯ〈月曲 123〉, 주그락 살락〈月一 12b〉, 죽사리〈月一 12a〉'에서 反義語 '살다'[生]와 共起 關係에 있다.

요컨대 두 동작동사의 同義 關係는 그것들의 主語가 [十인간]인 경우에 성립되는데 '없다'의 주어는 [十존경]이고 '죽다'의 주어는 [一존경]이다.

〈197〉 즐기다 對 깃다

두 동작동사가 [喜]와 [欣] 즉 '즐기다, 기뻐하다'의 뜻을 가지고 동의 관계에 있다는 것은 동일 원문의 번역인 다음 예문들에서 잘 확인된다. 원문 중 '喜…說'이 'ᄂᆡᆯ오ᄆᆞᆯ 즐기다'로도 번역되고 'ᄂᆡᆯ오ᄆᆞᆯ 깃다'로도 번역된다. '喜見'이 '즐겨 보다'로도 번역되고 '깃거 보다'로 번역된다. 그리고 '欣佛化'가 '부텻 教化ᄅᆞᆯ 깃다'로도 번역되고 '佛化ᄅᆞᆯ 즐기다'로도 번역된다. 따라서 두 동작동사 '즐기다'와 '깃다'의 동의성은 명백히 입증된다.

(197) a. ᄂᆞᆷ 위ᄒᆞ야 ᄂᆡᆯ오ᄆᆞᆯ 즐기며 〈釋十九 8b〉

b. ᄂᆞᆷ 爲ᄒᆞ야 ᄂᆡᆯ오ᄆᆞᆯ 깃그며 〈月十七 44a〉

c. ᄂᆞᆷ 爲ᄒᆞ야 ᄂᆡᆯ오ᄆᆞᆯ 깃그며(喜爲人說ᄒᆞ며) 〈法華六 3a〉

(197) d. 衆生이 즐겨 보리니 〈釋十九 22b〉

e. 衆生이 깃거 보리니 〈月十七 70b〉

f. 衆生이 깃거 보리니(衆生이 喜見ᄒᆞ리니) 〈法華六 57a〉

(197) g. 즐규믈 혹 바혀 ᄇᆞ리ᄃᆞ시 ᄒᆞᄂᆞ니 〈釋二十 12a〉

h. 시혹 깃구ᄃᆡ 혹 헤티ᄃᆞᆺ ᄒᆞ며 〈月十八 32a〉

i. 시혹 깃구ᄃᆡ 보도롯 헤티ᄃᆞᆺ ᄒᆞᄂᆞ니(或喜之호ᄃᆡ 如決疣ᄒᆞᄂᆞ니) 〈法華六 145a〉

(197) j. 一切 衆生ᄋᆡ 즐겨 볼 모ᄆᆞ로 〈釋二十一 55a〉

k. 一切 衆生ᄋᆡ 깃거 볼 모ᄆᆞ로 〈月十九 107b〉

l. 一切 衆生의 즐겨 보ᄂᆞᆫ 모ᄆᆞ로(以一切衆生의 所善見身ᄋᆞ로) 〈法華七 172a〉

(197) m. 女色 ᄑᆞᄂᆞᆫ 사ᄅᆞᄆᆞᆯ 親近히 호ᄆᆞᆯ 즐기디 아니ᄒᆞ야 〈月十九 117b〉

n. 女色 衒賣ᄒᆞᄂᆞ닐 親近호ᄆᆞᆯ 깃디 아니ᄒᆞ야(不善親近…若衒賣女色ᄒᆞ야) 〈法華七 181b〉

(197) o. 時節ㅅ 한 사ᄅᆞ미 깃거 보ᅀᆞᆸ더니라 〈月十八 82b〉

p. 衆이 즐겨 보ᅀᆞ올 씨라(時衆이 喜見ᄒᆞᅀᆞ올 씨라) 〈法華七 24b〉

(197) q. 비록 부텻 敎化ᄅᆞᆯ 깃거도 〈月十三 25b〉

r. 佛化ᄅᆞᆯ 즐기ᅀᆞ오나(雖欣佛化ᄒᆞᅀᆞ오나) 〈法華二 214b〉

한편 '欣'이 『월인석보』와 『법화경언해』에서 모두 '즐기다'로 번역된다는 것은 동일 원문의 번역인 다음 예문들에서 잘 확인된다. 원문 중 '欣領'이 '즐겨 맛다'와 '즐겨 領ᄒᆞ다'로 번역된다.

(197) s. 疑心이 업서 寶藏ᄋᆞᆯ 즐겨 맛게 ᄒᆞ니라 〈月十三 28a〉

t. 疑心ㅅ ᄉᆞᅀᅵ 업게 ᄒᆞ야 寶藏ᄋᆞᆯ 즐겨 領케 ᄒᆞ니라(使無疑間ᄒᆞ야 而欣領寶藏也케 ᄒᆞ니라) 〈法華二 219a〉

〈198〉 즐어디다 對 그처디다

두 합성 동작동사가 [夭閼] 즉 '젊어서 죽다'의 뜻을 가지고 동의 관계에 있다는 것은 동일 원문의 번역인 다음 예문들에서 잘 확인된다. 원문 중 '不夭閼'이 '즐어디디 말다'로도 번역되고

'夭閼티 말다'로도 번역된다. 그리고 '夭閼'의 字釋이 '그처디다'이다. 따라서 '즐어디다'와 '그처디다'의 同義性은 명백히 立證된다. '즐어디다'는 동작동사 '즈르다' [夭]의 부사형 '즐어'와 동작동사 '디다'의 合成이고 '그처디다'는 동작동사 '긏다'의 부사형 '그처'와 동작동사 '디다'의 합성이다.

(198) a. 橫邪애 夭閼티 말오져 ᄇᆞ랄 씨라[夭閼은 그처딜 씨라] 〈月十七 18b〉
b. 곧 橫邪애 즐어디디 마오져 ᄇᆞ라미오(卽冀不夭閼於橫邪也ㅣ오) 〈法華五 155a〉

〈199〉 지다 對 비기다

두 동작동사가 [憑] 즉 '기대다, 의지하다'의 뜻을 가지고 동의 관계에 있다는 것은 동일 원문의 번역인 다음 예문들에서 잘 확인된다. 원문 중 '以几案憑'이 '几案ᄋᆞ로 지다'로도 번역되고 '几案ᄋᆞ로 비기다'로도 번역되므로 '지다'와 '비기다'의 동의성은 명백히 입증된다.

(199) a. 几案ᄋᆞ로 지여 드러 내요리라 ᄒᆞ다가 〈月十二 24a〉
b. 시혹 几案ᄋᆞ로 비겨 자바 내오져 타가(或以几案으로 憑挈而出之코져 타가) 〈法華二 62b〉

한편 '憑'이 『月印釋譜』 권12와 『法華經諺解』에서 모두 '비기다'로 번역된다는 것은 동일 원문의 번역인 다음 예문들에서 잘 확인된다.

(199) c. 几案은 비길 거시니 〈月十二 25a〉
d. 几案 어루 비규믄(几案可憑은) 〈法華二 62b〉

〈200〉 지픠다 對 몯다

두 동작동사가 [集] 즉 '모이다'의 뜻을 가지고 동의 관계에 있다는 것은 동일 원문의 번역인 다음 예문들에서 잘 확인된다. 원문 중 '雲集'이 '구룸 지픠다'로도 번역되고 '구룸 몯다'로도 번역되므로 '지픠다'와 '몯다'의 동의성은 명백히 입증된다.

(200) a. 구룸 지픠ᄃᆞᆺ ᄒᆞ야 〈釋二十 42a〉〈月十八 9b〉
b. 가ᄌᆞᆯ비건댄 구룸 몯ᄃᆞᆺ ᄒᆞ야(譬如雲集ᄒᆞ야) 〈法華六 106b〉

〈201〉 짛다 對 짓다

두 동작동사가 [爲作]과 [作] 즉 '짓다'의 뜻을 가지고 동의 관계에 있다는 것은 동일 원문의 번역인 다음 예문들에서 잘 확인된다. 원문 중 '爲作…名'과 '作字'가 '일훔 짛다'로도 번역되고 '일훔 짓다'로도 번역된다. 따라서 두 동작동사 '짛다'와 '짓다'의 동의성은 명백히 입증된다. 두 동작동사는 명사 '일훔'을 목적어로 공유한다. 그리고 '짛다'는 명사 '號'도 목적어로 취한다.

(201) a. 不輕이라 일훔 지ᄒᆞ니ᄃᆞᆯ히 〈釋十九 32a〉
b. 不輕이라 일훔 지ᄒᆞᆫ 사ᄅᆞ미 〈月十七 87b〉
c. 不輕이라 일훔 지ᅀᅳᆫ 사ᄅᆞ미(爲作不輕名者ㅣ) 〈法華六 84a〉

(201) d. 卽時예 長者ㅣ 고텨 일훔 지허 〈月十三 25a〉
e. 즉재 長者ㅣ 다시 일훔 지ᅀᅥ(卽時長者ㅣ 更與作字ᄒᆞ야) 〈法華二 213b〉

(201) f. 號ᄅᆞᆯ 지호ᄃᆡ 常不輕이라 ᄒᆞ니(31a)라 〈釋十九 31b〉
g. 號ᄅᆞᆯ 常不輕이라 ᄒᆞ니라(號之爲常不輕이라 ᄒᆞ니라) 〈法華六 81a〉

동작동사 '짛다'의 용례는 『金剛經三家解』에서도 발견되는데 이 동작동사는 [安] 즉 '정하다'의 뜻을 가지고 명사 '일훔'을 목적어로 취한다.

(201) h. 梵語로 强히 일후믈 지ᄒᆞ니라(梵語로 强安名ᄒᆞ니라) 〈金삼一 6a〉
i. 일훔 지ᄒᆞᆫ 사ᄅᆞ미 누고 (安名者ㅣ 誰오) 〈金삼一 10b〉

〈202〉 ᄌᆞ라다 對 길다

두 동작동사가 [增長] 즉 '자라다'의 뜻을 가지고 동의 관계에 있다는 것은 동일 원문의 번역인 다음 예문들에서 잘 확인된다. 원문 중 '得增長'이 'ᄌᆞ람 得ᄒᆞ다'로도 번역되고 '기루믈 得ᄒᆞ다'로도 번역되므로 'ᄌᆞ라다'와 '길다'의 동의성은 명백히 입증된다.

(202) a. 이 일후미 藥草ㅣ 各各 ᄌᆞ람 得호미라 ᄒᆞ샤미 이라 〈月十三 38b〉

b. 이 일후미 藥草ㅣ 各各 기루믈 得호미라 ᄒᆞ샤미 이라(是名藥草ㅣ 各得增長이라 ᄒᆞ샤미 是也ㅣ라) 〈法華三 3b〉

〈203〉 ᄌᆞᆷ다 對 ᄃᆞᆷ다

두 동작동사가 [沈], [沒] 및 [溺] 즉 '잠기다'의 뜻을 가지고 동의 관계에 있다는 것은 동일 원문의 번역인 다음 예문들에서 잘 확인된다. 원문 중 '沈諸妄'이 '妄ᄃᆞᆯ해 ᄌᆞᆷ다'로도 번역되고 '여러 妄애 ᄃᆞᆷ다'로도 번역된다. '沒在'가 'ᄌᆞ마 잇다'로도 번역되고 'ᄃᆞ마 잇다'로도 번역된다. 그리고 '能溺'이 '能히 ᄌᆞᆷ다'로도 번역되고 '能히 ᄃᆞᆷ다'로도 번역된다. 따라서 'ᄌᆞᆷ다'와 'ᄃᆞᆷ다'의 동의성은 명백히 입증된다.

(203) a. 곡도 受苦애 妄量ᄋᆞ로 ᄌᆞ마 〈月十一 89a〉

b. 곡도 ᄀᆞᆮᄒᆞᆫ 受苦애 妄量ᄋᆞ로 ᄃᆞ마(妄沈幻苦ᄒᆞ야) 〈法華一 109a〉

(203) c. 妄ᄃᆞᆯ해 ᄌᆞᆷ디 아니ᄒᆞ시며 〈月十一 89a〉

d. 여러 妄애 ᄃᆞᆷ디 아니(109a)ᄒᆞ시며(不沈諸妄ᄒᆞ시며) 〈法華一 109b〉

(203) e. 비록 三惡趣ㅣ 보야ᄒᆞ로 어드본 ᄃᆡ ᄌᆞ마 得度 몯ᄒᆞ얌직 ᄒᆞ야도 〈月十九 46b〉

f. 비록 三惡趣ㅣ 보야ᄒᆞ로 어드운 ᄃᆡ ᄃᆞ마 得度ᄒᆞ얌직 몯ᄒᆞ야도(雖三惡趣ㅣ 方沈幽昏ᄒᆞ야 未應得度ㅣ라도) 〈法華七 93a〉

(203) g. 衆生이 ᄌᆞ마 이셔 〈月十二 38a〉

h. 衆生이 그 中에 ᄃᆞ마 이셔(衆生이 沒在其中ᄒᆞ야셔) 〈法華二 84b〉

(203) i. 波浪이 能히 ᄌᆞᆷ디 몯ᄒᆞ며 〈月十九 43a〉

j. 波浪이 能히 ᄃᆞᆷ디 몯ᄒᆞ며(波浪이 不能沒ᄒᆞ며) 〈法華七 87a〉

(203) k. 므리 能히 ᄌᆞᆷ디 몯ᄒᆞᄂᆞ다 ᄒᆞ시니 〈月十九 23a〉
l. 므리 能히 ᄃᆞᆷ디 몯게 ᄒᆞ노이다 ᄒᆞ시니(水ㅣ 不能溺이라 ᄒᆞ시니) 〈法華七 52a〉

(203) m. 能히 ᄉᆞᆯ며 ᄌᆞ모미 업스시니라 〈月十九 23a〉
n. 能히 ᄉᆞᆯ며 ᄃᆞ모미 업슨 고디니(所以無能燒溺也ㅣ니) 〈法華七 52a〉

(203) o. 惡趣ᄂᆞᆫ 뵈야ᄒᆞ로 어드ᄫᅳᆫ ᄃᆡ ᄃᆞ마 〈月十八 87a〉
p. 惡趣ᄂᆞᆫ 뵈야ᄒᆞ로 어드운 ᄃᆡ ᄌᆞ마(惡趣ᄂᆞᆫ 方沉幽暗ᄒᆞ야) 〈法華七 29a〉

〈204〉 ᄎᆞ다 對 덜다

두 동작동사가 [除] 즉 '치다, 치우다'의 뜻을 가지고 동의 관계에 있다는 것은 동일 원문의 번역인 다음 예문들에서 잘 확인된다. 원문 중 '諸糞…除'가 'ᄯᅩᆼᄋᆞᆯ ᄎᆞ다'로도 번역되고 '여러 ᄯᅩᄋᆞᆯ 덜다'로도 번역된다. 따라서 두 동작동사 'ᄎᆞ다'와 '덜다'의 동의성은 명백히 입증된다. 두 동작동사는 명사 'ᄯᅩᆼ'을 목적어로 공유한다.

(204) a. ᄯᅩᆼᄋᆞᆯ ᄒᆞ마 처 〈月十一 13a〉
b. 여러 ᄯᅩᄋᆞᆯ ᄒᆞ마 더러(諸糞을 旣除ᄒᆞ야) 〈法華一 4a〉

〈205〉 펴다 對 나토다

두 동작동사가 [顯發] 즉 '펴다, 나타내다'의 뜻을 가지고 동의 관계에 있다는 것은 동일 원문의 번역인 다음 예문들에서 잘 확인된다. 원문 중 '顯發眞光'이 '眞實ㅅ 光明을 펴다'로도 번역되고 '眞光을 나토다'로도 번역되므로 '펴다'와 '나토다'의 동의성은 명백히 입증된다.

(205) a. 眞實ㅅ 光明을 펴아 法界 비취샤ᄆᆞᆯ 나토시니 〈釋二十 11b〉
b. 眞光ᄋᆞᆯ 나토아 發ᄒᆞ샤 法界ᄅᆞᆯ 비취여 ᄇᆞᆯ기샤ᄆᆞᆯ 表ᄒᆞ시니 〈月十八 31b〉
c. 眞光을 나토샤 法界ᄅᆞᆯ 비취여 ᄇᆞᆯ기샤ᄆᆞᆯ 表ᄒᆞ시니(表…顯發眞光ᄒᆞ샤 照明法界시니) 〈法華六 144b〉

〈206〉 펴다 對 널어 나토다

동작동사 '펴다'와 동작동사구 '널어 나토다'가 [揚] 즉 '펴다, 나타내다'의 뜻을 가지고 동의 관계에 있다는 것은 다음 예문들에서 잘 확인된다. 원문 중 '稱揚'이 '일ᄏᆞ라 펴다'로 번역되고 '揚'의 字釋이 '널어 나토다'이다. 따라서 '펴다'와 '널어 나토다'의 동의성은 명백히 입증된다.

(206) a. 稱揚ᄒᆞ실씨 〈月十七 23a〉
b. 일ᄏᆞ라 펴실씨(稱揚之ᄒᆞ실씨 故로) 〈法華五 170b〉
c. 揚ᄋᆞᆫ 널어 나톨 씨라 〈月十七 23a〉

〈207〉 펴다 對 열다

두 동작동사가 [開] 즉 '펴다, 열다'의 뜻을 가지고 동의 관계에 있다는 것은 동일 원문의 번역인 다음 예문들에서 잘 확인된다. 원문 중 '開'가 '펴다'로도 번역되고 '열다'로도 번역된다. 따라서 '펴다'와 '열다'의 동의성은 명백히 입증된다.

(207) a. 펴면 九十八使ㅣ오 〈月十一 117b〉
b. 열면 곧 九十八使ㅣ오(開卽九十八使ㅣ오) 〈法華一 189a〉

(207) c. 펴면 六十二見이오 〈月十一 125b〉
d. 열면 곧 六十二見이오(開卽六十二見이오) 〈法華一 189b〉

〈208〉 풍류ᄒᆞ다 對 즐기다

두 동작동사가 [娛樂] 즉 '즐거움을 누리다'의 뜻을 가지고 동의 관계에 있다는 것은 동일 원문의 번역인 다음 예문들에서 잘 확인된다. 원문 중 '勅…娛樂'이 '풍류ᄒᆞ라 ᄒᆞ다'로도 번역되고 '즐기라 ᄒᆞ다'로도 번역된다. 따라서 '풍류ᄒᆞ다'와 '즐기다'의 동의성은 명백히 입증된다.

(209) a. 풍류ᄒᆞᄂᆞᆫ 각시를 다 善容이그에 가 풍류ᄒᆞ라 ᄒᆞ고 〈釋二十四 27a〉

b. 妓女들흘 莊嚴ᄒᆞ야 善容이게 가 즐기라 ᄒᆞ고 〈月二十五 132a〉

c. 勅諸妓女 各自嚴莊 至善容所 共相娛樂 〈釋迦譜 卷3 25. 阿育王弟出家造石像記〉

〈209〉 혀 내다 對 혀 길잡다

두 동작동사구가 [引導] 즉 '인도하다'의 뜻을 가지고 동의 관계에 있다는 것은 동일 원문의 번역인 다음 예문들에서 잘 확인된다. 원문 중 '引導故'가 '혀 내실씨'로도 번역되고 '引導ᄒᆞ시논 젼ᄎᆞ로'로도 번역된다. 그리고 '引導'의 자석이 '혀 길잡다'이다. 따라서 '혀 내다'와 '혀 길잡다'의 동의성은 명백히 입증된다.

(209) a. 거즛 일후므로 혀 내실씨 〈月十一 12b〉

b. 일후믈 비러 引導ᄒᆞ시논 젼ᄎᆞ로[引導ᄂᆞᆫ 혀 길자볼 씨라](假名引導故로) 〈法華一 4a〉

〈210〉 흐르다 對 흗다

두 동작동사가 [散] 즉 '흩어지다'의 뜻을 가지고 동의 관계에 있다는 것은 동일 원문의 번역인 다음 예문들에서 잘 확인된다. 원문 중 '散去'가 '흘러 나가다'로도 번역되고 '흐터 가다'로도 번역된다. 그리고 '退散'이 '믈러 흗다'로도 번역되고 '믈러 흐르다'로도 번역된다. 따라서 '흐르다'와 '흗다'의 동의성은 명백히 입증된다.

(210) a. 調達이 아래 佛會예(31a) 五百 比丘 ᄃᆞ리고 흘러 나가니 〈釋二十一 31b〉

b. 調達이 아ᄅᆡ 佛會예 五百 比丘 ᄃᆞ려 흐터 가니(調達이 曾佛會예 將五百比丘ᄒᆞ야 散去ᄒᆞ니) 〈法華七 120b〉

(210) c. 여러 怨讐ㅣ 다 믈러 흐터 가리라 〈月十九 49a〉

d. 한 怨讐ㅣ 다 믈러 흐르리라(衆怨이 悉退散ᄒᆞ리라) 〈法華七 96b〉

〈211〉 흗다 對 빟다

두 동작동사가 [散] 즉 '흩다, 뿌리다'의 뜻을 가지고 동의 관계에 있다는 것은 동일 원문의 번역인 다음 예문들에서 잘 확인된다. 원문 중 '持天寶…散之'가 '하ᄂᆞᆳ 보ᄇᆡ 가져다가 흩다'로도 번역되고 '하ᄂᆞᆳ 보ᄇᆡ 가져 빟다'로도 번역된다. 따라서 '흩다'와 '빟다'의 동의성은 명백히 입증된다.

(211) a. 하ᄂᆞᆳ 보ᄇᆡ 가져다가 흐트며 〈月十五 47b〉
b. 하ᄂᆞᆳ 보ᄇᆡ 가져 비흐며(應持天寶ᄒᆞ야 而以散之며) 〈法華四 79a〉

〈212〉 ᄒᆞ다 對 니ᄅᆞ다

두 동작동사가 [言], [謂] 및 [云] 즉 '이르다, 말하다'의 뜻을 가지고 동의 관계에 있다는 것은 동일 원문의 번역인 다음 예문들에서 잘 확인된다. 원문 중 '言…有'가 '뒷다 ᄒᆞ다'로도 번역되고 '뒷다 니ᄅᆞ다'로 번역된다. '非謂'가 '호미 아니다'로도 번역되고 '닐오미 아니다'로도 번역된다. 그리고 '云來歸'가 '도라오다 ᄒᆞ다'로도 번역되고 '도라오다 니ᄅᆞ다'로도 번역된다. 따라서 'ᄒᆞ다'와 '니ᄅᆞ다'의 동의성은 명백히 입증된다. 'ᄒᆞ다'는 원뜻이 '하다'인데 이 문맥에서는 多義的으로 사용되어 '이르다, 말하다'의 뜻을 가진다.

(212) a. 各各 種種 玩好 뒷다 ᄒᆞ샤ᄆᆞᆫ 〈月十五 15a〉
b. 各各 種種 玩好 뒷다 니ᄅᆞ샤ᄆᆞᆫ(言各有種種玩好者ᄂᆞᆫ) 〈法華三 97a〉

(212) c. 教誡 行ᄒᆞ논 배 安隱快善타 ᄒᆞ샤ᄆᆞᆫ 〈月十九 91a〉
d. 教誡 行호미 便安코 훤히 됴ᄒᆞ시다 니ᄅᆞ샤ᄆᆞᆫ(言教誡所行이 安隱快善者ᄂᆞᆫ) 〈法華七 149b〉

(212) e. 漏ㅣ 다아 煩惱ㅣ 업다 호ᄆᆞᆫ 〈月十一 12a〉
f. 漏盡無惱ㅣ라 닐오ᄆᆞᆫ(言漏盡無惱者ᄂᆞᆫ) 〈法華一 25b〉

(212) g. 梵語三昧 이엣 마래 正受ㅣ라 호미 아니라 〈月十八 68b〉
h. 梵語三昧 예셔 닐오매 正受 닐오미 아니라(非謂梵語三昧ㅣ 此云正受也ㅣ라) 〈法華七

9a〉

(212) i. 心境엣 萬類를 다 法이라 ᄒᆞᄂᆞ니 〈月十一 12a〉
j. 心과 境과 萬類를 通히 닐오ᄃᆡ 法이니(心境萬類를 通謂之法이니) 〈法華一 3b〉

(212) k. 도라오다 ᄒᆞ시니라 〈月十七 18a〉
l. 도라오다 니ᄅᆞ시니라(云來歸라 ᄒᆞ시니라) 〈法華五 154b〉

〈213〉 ᄒᆞ다 對 브리다

두 동작동사가 [使] 즉 '부리다, 시키다'의 뜻을 가지고 동의 관계에 있다는 것은 동일 원문의 번역인 다음 예문들에서 잘 확인된다. 원문 중 '使人'이 '놈 ᄒᆞ다'로도 번역되고 '사ᄅᆞᆷ 브리다'로도 번역된다. 따라서 'ᄒᆞ다'와 '브리다'의 동의성은 명백히 입증된다. 'ᄒᆞ다'는 원뜻이 '하다'인데 이 문맥에서는 多義的으로 사용되어 '부리다, 시키다'의 뜻을 가진다.

(213) a. 놈 ᄒᆞ야 쓰거나 ᄒᆞ면 〈釋二十 25b〉
b. 놈 ᄒᆞ야 쓰거나 〈月十八 52a〉
c. 사ᄅᆞᆷ 브려 쓰면(若使人書ᄒᆞ면) 〈法華六 171b〉

〈214〉 ᄒᆞ다 對 일ᄏᆞᆮ다

두 동작동사가 [稱] 즉 '일컫다'의 뜻을 가지고 동의 관계에 있다는 것은 동일 원문의 번역인 다음 예문들에서 잘 확인된다. 원문 중 '稱淳厚'가 '淳厚ㅣ라 ᄒᆞ다'로도 번역되고 '淳厚ㅣ라 일ᄏᆞᆮ다'로도 번역된다. 따라서 'ᄒᆞ다'와 '일컫다'의 동의성은 명백히 입증된다. 'ᄒᆞ다'는 원뜻이 '하다'인데 이 문맥에서는 多義的으로 사용되어 '일컫다'의 뜻을 가진다.

(214) a. 淳厚ㅣ라 ᄒᆞ시니라 〈月十八 43b〉
b. 淳厚ㅣ라 일ᄏᆞᄅᆞ시니라(稱淳厚ᄒᆞ시니라) 〈法華六 158b〉

〈215〉 ᄒᆞ다 對 짓다

두 동작동사가 [作] 즉 '짓다'의 뜻을 가지고 동의 관계에 잇다는 것은 동일 원문의 번역인 다음 예문들에서 잘 확인된다. 원문 중 '作是神通之願'이 '이런 神通願을 ᄒᆞ다'로도 번역되고 '이 神通願을 짓다'로도 번역된다. 따라서 'ᄒᆞ다'와 '짓다'의 동의성은 명백히 입증된다.

(215) a. 能히 이런 神通願을 ᄒᆞ야 〈釋二十一 60a〉
b. 能히 이 神通願을 지(115a)ᅀᅥ 〈月十九 115b〉
c. 能히 이 神通願을 지ᅀᅥ(能作是神通之願ᄒᆞ야) 〈法華七 179a〉

(215) d. 큰 誓願을 지ᅀᆞ샤ᄃᆡ 〈月十五 67b〉
e. 큰 誓願을 ᄒᆞ샤ᄃᆡ(作大誓願ᄒᆞ샤ᄃᆡ) 〈法華四 113b〉

〈216〉 ᄒᆞ야디다 對 헐다

두 동작동사가 [壞] 즉 '무너지다, 파괴되다'의 뜻을 가지고 동의 관계에 있다는 것은 동일 원문의 번역인 다음 예문들에서 잘 확인된다. 원문 중 '壞滅'이 'ᄒᆞ야디여 없다'로도 번역되고 '허러 滅ᄒᆞ다'로도 번역된다. 따라서 'ᄒᆞ야디다'와 '헐다'의 동의성은 명백히 입증된다.

(216) a. 世間ㅅ 두리부미 ᄒᆞ야디여 업스니라 〈月十四 53b〉
b. 世間 저푸미 허러 滅토다(世間怖畏ㅣ 壞滅矣로다) 〈法華三 161a〉

〈217〉 ᄒᆞ야ᄇᆞ리다 對 헐다

두 동작동사가 [破] 즉 '쳐부수다, 헐어 버리다, 헐다'의 뜻을 가지고 동의 관계에 있다는 것은 동일 원문의 번역인 다음 예문들에서 잘 확인된다. 원문 중 '破諸魔賊'이 '여러 魔賊을 ᄒᆞ야ᄇᆞ리다'로도 번역되고 '모든 魔賊을 헐다'로도 번역된다. 그리고 '破癡暗'이 '미혹ᄒᆞ야 어드부믈 ᄒᆞ야ᄇᆞ리다'로도 번역되고 '迷惑ᄒᆞᆫ 어드우믈 헐다'로도 번역된다. 따라서 두 동작동사 'ᄒᆞ야ᄇᆞ리다'와 '헐다'의 동의성은 명백히 입증된다.

(217) a. 여러 魔賊을 ᄒᆞ야ᄇᆞ리고 〈釋二十 28b〉

b. 여러 魔 도ᄌᆞᄀᆞᆯ ᄒᆞ야ᄇᆞ려 〈月十八 56b〉

c. 모ᄃᆞᆫ 魔賊을 能히 헐며(能破諸魔賊ᄒᆞ며) 〈法華六 178a〉

(217) d. 調達ᄋᆡ 즁 ᄒᆞ야ᄇᆞ린 罪 ᄀᆞᆮᄒᆞ야 〈釋二十一 31a〉

e. 調達의 즁 헌 罪 ᄀᆞᆮᄒᆞ야(如…調達의 破僧罪ᄒᆞ야) 〈法華七 119b〉

(217) f. 一切 됴(22a)티 몯ᄒᆞᆫ 어드ᄫᅳ믈 잘 ᄒᆞ야ᄇᆞ리며 〈釋二十 22b〉

g. 一切 됴티 몯ᄒᆞᆫ 어드ᄫᅳᆯ 能히 ᄒᆞ야ᄇᆞ리ᄂᆞ니라 〈月十八 48a〉

h. 能히 一切 됴티 몯ᄒᆞᆫ 어드우믈 허ᄂᆞ니라(能破一切不善之暗ᄒᆞᄂᆞ니라) 〈法華六165b〉

(217) i. 色心을 처ᅀᅥᆷ ᄒᆞ야ᄇᆞ리면 萬法이 다 뷔며 〈月十三 65b〉

j. 色心을 처ᅀᅥᆷ 허런 萬法이 다 뷔다가(色心을 初破ᄒᆞ얀 萬法이 皆空ᄒᆞ다가) 〈法華三 67b〉

(217) k. 魔衆ᄃᆞᆯᄒᆞᆯ 헐오 〈月十九 119a〉

l. 諸魔衆을 ᄒᆞ야ᄇᆞ리고(破諸魔衆ᄒᆞ고) 〈法華七 183a〉

(217) m. 智慧明으로 迷惑ᄒᆞ고 어득호ᄆᆞᆯ ᄒᆞ야ᄇᆞ려 너비 衆生ᄃᆞᆯ히 法性을 ᄉᆞᄆᆞᆺ ᄇᆞᆯ기 알에 호ᄆᆞᆯ 니ᄅᆞ시니 〈月十五 20a〉

n. 智慧明으로 여러 迷惑ᄒᆞᆫ 어두우믈 허러 너비 衆生으로 法性을 ᄇᆞᆯ기 ᄉᆞᄆᆞᆺ 알에 호ᄆᆞᆯ 니ᄅᆞ시니(謂以智慧明으로 破諸癡暗ᄒᆞ야 普使衆生으로 明了法性이시니) 〈法華四 30a〉

한편 '破'가 『석보상절』 권20, 『월인석보』 권18 및 『법화경언해』에서 모두 '헐다'로 번역된다는 것은 동일 원문의 번역인 다음 예문들에서 잘 확인된다. 원문 중 '破諸魔軍'이 '魔軍ᄃᆞᆯ 헐다'와 '여러 가짓 魔軍을 헐다'로 번역된다.

(217) o. 魔軍 헐오 〈釋二十 31b〉

p. 魔軍ᄃᆞᆯ 헐오 〈月十八 60a〉

q. 여러 가짓 魔軍을 헐오(破諸魔軍ᄒᆞ고) 〈法華六 181a〉

2. 音韻 交替型

音韻의 交替를 보여 주는 동작동사들이 동의 관계를 가질 수 있다. 이 경우가 음운 교체형이다. 음운 교체에는 母音 交替와 子音 交替가 있다. 통계상 母音 交替가 자음 교체보다 많다.

2.1. 母音 交替

동의 관계가 모음 교체에 의한 동사들 사이에 성립될 수 있다. 모음 교체에는 陽母音과 陰母音 간의 교체도 있고 음모음과 양모음 간의 교체도 있으며 陽母音간의 교체와 陰母音간의 교체도 있다.

陽母音과 陰母音 간의 교체로 'ᄋᆞ~으'의 교체를 보여 주고 [養] 즉 '기르다'의 뜻을 가진 '기ᄅᆞ다, 기르다'를 비롯하여 '오~우'와 'ᄋᆞ~으'의 교체를 보여 주고 [旋], [返] 및 [反] 즉 '돌리다, 돌이키다'의 뜻을 가진 '도ᄅᆞᅘᅧ다, 두르ᅘᅧ다'가 있다. 그리고 '오~우'의 교체를 보여 주고 [輕慢] 즉 '업신여기다'의 뜻을 가진 '업시오다, 업시우다'가 있다.

음모음과 양모음 간의 교체로 '어~아'의 교체를 보여 주고 [過] 즉 '넘다'의 뜻을 가진 '넘다, 남다'를 비롯하여 '우~오'의 교체를 보여 주고 [曲] 즉 '굽다'의 뜻을 가진 '굽다, 곱다' 그리고 '으~ᄋᆞ'의 교체를 보여 주고 [說], [言] 및 [謂] 즉 '이르다, 말하다'의 뜻을 가진 '니르다, 니ᄅᆞ다' 등이 있다.

陽母音간의 교체로 'ᄋᆞ~ᄋᆡ'의 교체를 보여 주고 [分別]과 [別] 즉 '분별하다'의 뜻을 가진 'ᄀᆞᆯᄒᆞ다, ᄀᆞᆯᄒᆡ다'가 있다. 그리고 陽母音간의 교체로 '우~으'의 교체를 보여 주고 [謦欬] 즉 '기침하다'의 뜻을 가진 '기춤ᄒᆞ다, 기츰ᄒᆞ다'가 있다.

〈1〉 기ᄅᆞ다 對 기르다

두 동작동사가 [養] 즉 '기르다'의 뜻을 가지고 동의 관계에 있다는 것은 동일 원문의 번역인 다음 예문들에서 잘 확인된다. 원문 중 '所養之母'가 '기ᄅᆞ던 어머님'으로도 번역되고 '기르ᅀᆞ온 어미'로도 번역된다. 따라서 두 동작동사 '기ᄅᆞ다'와 '기르다'의 동의성은 명백히 입증된다. 두 동작동사는 제2 음절에서 모음 'ᄋᆞ~으'의 교체를 보여 준다.

(1) a. 王子 기ᄅᆞ던 어마니미 ᄒᆞ나 아닐ᄊᆡ 諸母ㅣ라 니ᄅᆞ니라 〈月十四 15a〉
b. 王子 기르ᅀᆞ온 어미 ᄒᆞ나 아닐ᄊᆡ 諸母ㅣ라 니ᄅᆞ시니라(王子所養之母ㅣ 不一故로 言諸母ᄒᆞ시니라) 〈法華三 97b〉

〈2〉 도ᄅᆞᅘᅧ다 對 두르ᅘᅧ다

두 동작동사가 [返], [旋] 및 [反] 즉 '돌리다, 돌이키다'의 뜻을 가지고 동의 관계에 있다는 것은 동일 원문의 번역인 다음 예문들에서 잘 확인된다. 원문 중 '返聞'이 '도ᄅᆞᅘᅧ 듣다'로도 번역되고 '두르ᅘᅧ 듣다'로도 번역된다. '旋體'가 '體를 도ᄅᆞᅘᅧ다'로도 번역되고 '體ᄅᆞᆯ 두르ᅘᅧ다'로도 번역된다. 그리고 '反觀'이 '두르ᅘᅧ 보다'로도 번역되고 '도ᄅᆞᅘᅧ 보다'로도 번역된다. 따라서 두 동작동사 '도ᄅᆞᅘᅧ다'와 '두르ᅘᅧ다'의 동의성은 명백히 입증된다. 두 동작동사는 첫 음절에서 모음 '오～우'의 교체를 그리고 제2 음절에서 모음 'ᄋᆞ～으'의 교체를 보여 준다.

(2) a. 衆生ᄋᆞᆫ 도ᄅᆞᅘᅧ 드로ᄆᆞᆯ 몯ᄒᆞ야 〈釋二十一 2a〉
b. 衆生이 能히 도ᄅᆞᅘᅧ 듣디 몯ᄒᆞ야 〈月十九 19b〉
c. 衆生이 能히 두르ᅘᅧ 듣디 몯고(衆生이 不能返聞ᄒᆞ고) 〈法華七 46a〉

(2) d. 즉자히 ᄯᅩ 體를 도ᄅᆞᅘᅧ 用애 드러 〈釋二十一 53b〉
e. 즉재 ᄯᅩ 體ᄅᆞᆯ 두르ᅘᅧ 用애 드러(卽復旋體入用ᄒᆞ야) 〈法華七 170b〉

(2) f. 知見을 도ᄅᆞᅘᅧ면 〈月十九 23a〉
g. 知見을 두르ᅘᅧ면(知見을 旋ᄒᆞ면) 〈法華七 52a〉

(2) h. 能히 見聽을 도ᄅᆞᅘᅧ면 〈月十九 23b〉
i. 能히 見聽을 두르ᅘᅧ실ᄊᆡ(能旋見聽ᄒᆞ실ᄊᆡ) 〈法華七 52a〉

(2) j. 도ᄅᆞᅘᅧ 求ᄒᆞ면 〈月十二 10b〉
k. 두르ᅘᅧ 求컨댄 (反而求之컨댄) 〈法華二 36b〉

(2) l. 父母 나ᄒᆞᆫ 모ᄆᆞᆯ 두르ᅘᅧ 보ᄃᆡ 〈月十七 72a〉

m. 父母ㅅ 나혼 모몰 도르혀 보디(反觀父母所生之身호디) 〈法華六 59a〉

〈3〉 업시오다 對 업시우다

두 동작동사가 [輕慢] 즉 '업신여기다'의 뜻을 가지고 동의 관계에 있다는 것은 동일 원문의 번역인 다음 예문들에서 잘 확인된다. 원문 중 '輕慢'이 '업시오다'로도 번역되고 '업시우다'로도 번역되므로 두 동작동사 '업시오다'와 '업시우다'의 동의성은 명백히 입증된다. 두 동작동사는 제3 음절에서 모음 '오~우'의 교체를 보여 준다.

(3) a. 업시오돌 아니ᄒᆞ노니 〈釋十九 29b〉
b. 업시우디 아니ᄒᆞ노니 〈月十七 83a〉
c. 업시우디 아니ᄒᆞ노니(不敢輕慢ᄒᆞ노니) 〈法華六 77b〉

〈4〉 일오다 對 일우다

두 동작동사가 [成] 즉 '이루다'의 뜻을 가지고 동의 관계에 있다는 것은 동일 원문의 번역인 다음 예문들에서 잘 확인된다. 원문 중 '當來作成'이 '當來예 지서 일오다'로도 번역되고 '當來예 지서 일우다'로도 번역된다. 따라서 두 동작동사 '일오다'와 '일우다'의 동의성은 명백히 입증된다. 두 동작동사는 제2 음절에서 모음 '오~우'의 교체를 보여 준다.

(4) a. 阿難이 當來예 지서 일오미 〈月十五 30b〉
b. 阿難이 當來예 지서 일우미(阿難이 當來作成이) 〈法華四 51b〉

〈5〉 퓌오다 對 퓌우다

두 동작동사가 [燒] 즉 '피우다, 사르다'의 뜻을 가지고 동의 관계에 있다는 것은 동일 원문의 번역인 다음 예문들에서 잘 확인된다. 원문 중 '燒大寶香'이 '큰 寶香 퓌오다'로도 번역되고 '큰 寶香 퓌우다'로도 번역된다. 따라서 두 동작동사 '퓌오다'와 '퓌우다'의 동의성은 명백히 입증된다. 두 동작동사는 제2 음절에서 모음 '오~우'의 교체를 보여 준다.

(5) a. 큰 寶香 퓌오고 〈月十五 73a〉
b. 큰 寶香 퓌우고(燒大寶香ᄒᆞ고) 〈法華四 120a〉

〈6〉 건네ᄠᅱ다 對 건내ᄠᅱ다

두 동작동사가 [超] 즉 '건너뛰다'의 뜻을 가지고 동의 관계에 있다는 것은 동일 원문의 번역인 다음 예문들에서 잘 확인된다. 원문 중 '超乎數量'이 '數 혜유메 건네ᄠᅱ다'로도 번역되고 數量애 건내ᄠᅱ다'로도 번역된다. 따라서 두 동작동사 '건네ᄠᅱ다'와 '건내ᄠᅱ다'의 동의성은 명백히 입증된다. '건네ᄠᅱ다'의 어간 '건네ᄠᅱ-'는 어간 '건네-'와 어간 'ᄠᅱ-'의 비통사적 合成이다. 두 동작동사는 제2 음절에서 모음 '어~아'의 교체를 보여 준다.

(6) a. 數 혜유메 건네ᄠᅱ니라 〈月十一 42a〉
b. 數量애 건내ᄠᅱᇙ 씨니라(超乎數量也ᅟᅵᆯ씨니라) 〈法華一 92b〉

한편 '超'가 『월인석보』와 『법화경언해』에서 모두 '건내ᄠᅱ다'로 번역된다는 것은 동일 원문의 번역인 다음 예문들에서 잘 확인된다. 원문 중 '超情'이 '情에 건내ᄠᅱ다'와 'ᄠᅳ데 건내ᄠᅱ다'로 번역된다.

(6) c. 行境을 기피 證ᄒᆞ야 情에 건내ᄠᅱ며 見에 여희니 아니시면 〈月十八 35b〉
d. 行境을(149a) 기피 證ᄒᆞ야 ᄠᅳ데 건내ᄠᅱ며 보매 여희니 아니시면(非深證行境ᄒᆞ샤 超情離見者ㅣ시면) 〈法華六 149b〉

〈7〉 넘다 對 남다

두 동작동사가 [過] 즉 '넘다'의 뜻을 가지고 동의 관계에 있다는 것은 동일 원문의 번역인 다음 예문들에서 잘 확인된다. 원문 중 '過外財'가 '밧쳔량애 넘다'로도 번역되고 '밧쳔량애 남다'로도 번역된다. 따라서 두 동작동사 '넘다'와 '남다'의 동의성은 명백히 입증된다. 두 동작동사는 첫 음절에서 모음 '어~아'의 교체를 보여 준다.

(7) a. 밧 쳔량애 넘디 아니ᄒᆞ니 〈月十八 31a〉
b. 밧 쳔량애 남디 몯ᄒᆞ니(不過外財ᄒᆞ니) 〈法華六 144a〉

〈8〉 굽다 對 곱다

두 동작동사가 [曲] 즉 '굽다'의 뜻을 가지고 동의 관계에 있다는 것은 동일 원문의 번역인 다음 예문들에서 잘 확인된다. 원문 중 '不曲'이 '굽디 아니ᄒᆞ다'로도 번역되고 '곱디 아니ᄒᆞ다'로도 번역되므로 두 동작동사 '굽다'와 '곱다'의 동의성은 명백히 입증된다. 두 동작동사는 '니'[齒]와 'ᄂᆞᆾ'[面]을 주어로 공유한다. 그리고 두 동작동사는 첫 음절에서 모음 '우~오'의 교체를 보여 준다.

(8) a. 니(6b)…굽디 아니ᄒᆞ며 〈釋十九 7a〉
b. 니(52a)…곱디 아니ᄒᆞ며 〈月十七 52b〉
c. 니…곱디 아니ᄒᆞ며(齒…不曲ᄒᆞ며) 〈法華六 13b〉

(8) d. ᄂᆞᆾ 비치 검디 아니ᄒᆞ며…써디여 굽디 아니ᄒᆞ야 〈釋十九 7b〉
e. ᄂᆞᆾ 비치 검디 아니ᄒᆞ며…ᄯᅩ 써디고 곱디 아니ᄒᆞ야 〈月十七 53a〉
f. ᄂᆞᆾ 비치 검디 아니ᄒᆞ며…ᄯᅩ 써디여 곱디 아니ᄒᆞ야(面色이 不黑ᄒᆞ며…亦不窊曲ᄒᆞ야) 〈法華六 13b〉

〈9〉 두르다 對 도ᄅᆞ다

두 동작동사가 [環] 즉 '두르다'의 뜻을 가지고 동의 관계에 있다는 것은 동일 원문의 번역인 다음 예문들에서 잘 확인된다. 원문 중 '環須彌'가 '須彌山ᄋᆞᆯ 두르다'로도 번역되고 '須彌ᄅᆞᆯ 도ᄅᆞ다'로도 번역되므로 두 동작동사 '두르다'와 '도ᄅᆞ다'의 동의성은 명백히 입증된다. 두 동작동사는 첫 음절에서는 모음 '우~오'의 교체를 보여 주고 제2 음절에서는 모음 '으~ᄋᆞ'의 교체를 보여 준다.

(9) a. 須彌山ᄋᆞᆯ 둘어 밧긔 土山 黑山이 이쇼ᄃᆡ 〈釋二十 21b〉

b. 須彌를 돌아 밧긔 土山 黑山이 이쇼ᄃᆡ 〈月十八 47a〉

c. 須彌 밧ᄀᆞᆯ 둘어 土山 黑山이 이쇼ᄃᆡ(環須彌之外ᄒᆞ야 有土山黑山호ᄃᆡ) 〈法華六 164b〉

〈10〉 니르다 對 니ᄅᆞ다

두 동작동사가 [說], [言] 및 [謂] 즉 '이르다, 말하다'의 뜻을 가지고 동의 관계에 있다는 것은 동일 원문의 번역인 다음 예문들에서 잘 확인된다. 원문 중 '說是法華經'이 '이 法華經을 니르다'로도 번역되고 '이 法華經을 니ᄅᆞ다'로도 번역된다. '說三乘'이 '三乘을 니르다'로도 번역되고 '三乘을 니ᄅᆞ다'로도 번역된다. '依實相言'이 '實相ᄋᆞᆯ 브터 니르다'로도 번역되고 '實相ᄋᆞᆯ 브트샤 니ᄅᆞ다'로도 번역된다. 그리고 '謂…後'가 '後를 니르다'로도 번역되고 '後ᄅᆞᆯ 니ᄅᆞ다'로도 번역된다. 따라서 두 동작동사 '니르다'와 '니ᄅᆞ다'의 동의성은 명백히 입증된다. 두 동작동사는 제2 음절에서 모음 '으~ᄋᆞ'의 교체를 보여 준다.

(10) a. 十二因緣法을 니르시며 〈釋十九 27b〉
b. 十二因緣法 니ᄅᆞ시며 〈月十七 80b〉
c. 十二因緣法을 應ᄒᆞ야 니ᄅᆞ시고(說應十二因緣法ᄒᆞ시고) 〈法華六 75a〉

(10) d. 이 法華經을 니르더니 〈釋十九 32a〉
e. 이 法華經을 니ᄅᆞ더니 〈月十七 86b〉
f. 이 法華經을 니ᄅᆞ거늘(說是法華經ᄒᆞ거늘) 〈法華六 82b〉

(10) g. 이 말 니르싫 時節에 〈釋二十 4b〉
h. 이 말 니ᄅᆞ싫 제 〈月十八 20a〉
i. 이 말 니ᄅᆞ실 쩨(說是語時예) 〈法華六 126a〉

(10) j. 大乘經을 니르시니 〈月十一 33a〉
k. 大乘經을 니ᄅᆞ시니(說大乘經ᄒᆞ시니) 〈法華一 54b〉

(10) l. 몬져 三乘을 니르샤 〈月十一 12a〉
m. 몬져 三乘을 니ᄅᆞ샤(先說三乘ᄒᆞ샤) 〈法華一 4a〉

(10) n. 十二因緣法을 너비 니르시니 〈月十四 33b〉

o. 十二因緣法을 너비 니ᄅᆞ시니(廣說十二因緣法ᄒᆞ시니) 〈法華三 134b〉

(10) p. 多寶如來ㅅ 塔이 法華經 니ᄅᆞ거든 듣노라 ᄒᆞ샤 〈月十五 69a〉

q. 多寶如來ㅅ 塔이 法華經 니르거든 드로려 ᄒᆞ신 젼ᄎᆞ로(多寶如來塔이 聞說法華經故로) 〈法華四 115b〉

(10) r. 이엔 實相ᄋᆞᆯ 브터 니르시니 〈月十三 57b〉

s. 이ᄂᆞᆫ 實相ᄋᆞᆯ 브트샤 니ᄅᆞ시니(此ᄂᆞᆫ 依實相ᄒᆞ샤 言ᄒᆞ시니) 〈法華三 30b〉

(10) t. 몸 ᄉᆞᆫ 後를 니르시니라 〈月十八 34b〉

u. 몸 ᄉᆞᄅᆞ신 後ᄅᆞᆯ 니ᄅᆞ시(148b)니라(謂然身之後也ᄒᆞ시니라) 〈法華六 149a〉

한편 '說'이 『석보상절』, 『월인석보』 및 『법화경언해』에서 모두 '니ᄅᆞ다'로 번역되고 '言'이 『월인석보』와 『법화경언해』에서 모두 '니ᄅᆞ다'로 번역된다는 것은 동일 원문의 번역인 다음 예문들에서 잘 확인된다. 원문 중 '廣說'이 모두 '너비 니ᄅᆞ다'로 번역되고 '言'이 모두 '니ᄅᆞ다'로 번역된다.

(10) v. 法華經을 너비 니ᄅᆞ시ᄂᆞ니 〈釋二十一 38a〉

w. 法華經을 너비 니ᄅᆞ시ᄂᆞ니 〈月十九 79a〉

x. 法華經을 너비 니ᄅᆞ시ᄂᆞ니(廣說法華經ᄒᆞ시ᄂᆞ니) 〈法華七 135b〉

(10) y. 前엔 正智ᄅᆞᆯ 브터 니ᄅᆞ시고 〈月十三 57b〉

z. 알ᄑᆡᆫ 正智ᄅᆞᆯ 브트샤 니ᄅᆞ시고(前은 依正智ᄒᆞ샤 言ᄒᆞ시고) 〈法華三 30b〉

〈11〉 니르받다 對 니ᄅᆞ왇다

두 동작동사가 [起] 즉 '일으키다'의 뜻을 가지고 동의 관계에 있다는 것은 동일 원문의 번역인 다음 예문들에서 잘 확인된다. 원문 중 '起屍'가 '주검 니르받다'로도 번역되고 '주검 니ᄅᆞ왇다'로도 번역되므로 두 동작동사 '니르받다'와 '니ᄅᆞ왇다'의 동의성은 명백히 입증된다. 두 동작동사는 제2 음절에서 모음 '으～ᄋᆞ'의 교체를 보여 준다.

(11) a. 妄量ᄋᆞ로 知見 니르바도ᄆᆞᆯ 아니ᄒᆞ실ᄊᆡ 〈釋二十一 2a〉
b. 妄量ᄋᆞ로 知見을 니ᄅᆞ왇디 아니ᄒᆞ실ᄊᆡ(不…妄起知見故로) 〈法華七 46a〉

(11) c. 吉蔗ᄂᆞᆫ 주검 니르받ᄂᆞᆫ 귓거시라 〈釋二十一 25b〉
d. 吉蔗ᄂᆞᆫ 주검 니ᄅᆞ왇ᄂᆞᆫ 鬼오(吉蔗ᄂᆞᆫ 起屍鬼오) 〈法華七 114a〉

한편 '起'가 『석보상절』 권21에서 '니ᄅᆞ받다'로 번역되고 『법화경언해』에서 '니ᄅᆞ왇다'로 번역된다는 것은 동일 원문의 번역인 다음 예문들에서 잘 확인된다. 원문 중 '起…善根'이 '됴ᄒᆞᆫ 根源을 니ᄅᆞ받다'와 '善根을 니ᄅᆞ왇다'로 번역된다.

(11) e. 아랫 뉘옛 됴ᄒᆞᆫ 根源을 니ᄅᆞ바다 나ᄅᆞᆯ 饒益게 ᄒᆞ고져 ᄒᆞ야 〈釋二十一 44b〉
f. 宿世옛 善根을 니ᄅᆞ왇고져 爲ᄒᆞ야 나ᄅᆞᆯ 饒益ᄒᆞᄂᆞᆫ 젼ᄎᆞ로(爲欲發起宿世善根ᄒᆞ야 饒益我故로) 〈法華七 145b〉

〈12〉 니르왇다 對 니ᄅᆞ왇다

두 동작동사가 [起]와 [發起] 즉 '일으키다'의 뜻을 가지고 동의 관계에 있다는 것은 동일 원문의 번역인 다음 예문들에서 잘 확인된다. 원문 중 '起五濁業'이 '五濁業을 니르왇다'로도 번역되고 '五濁業을 니ᄅᆞ왇다'로도 번역되므로 두 동작동사 '니르왇다'와 '니ᄅᆞ왇다'의 동의성은 명백히 입증된다. 두 동작동사는 제2 음절에서 모음 '으～ᄋᆞ'의 교체를 보여 준다.

(12) a. 五濁業을 니르왇디 아니ᄒᆞ며 〈月十二 11a〉
b. 五濁業을 니ᄅᆞ왇디 아니ᄒᆞ며(不起五濁業ᄒᆞ며) 〈法華二 36b〉

(12) c. 이 品을 宿王華ᄅᆞᆯ 因ᄒᆞ샤 니르와ᄃᆞ샤ᄆᆞᆫ 〈月十八 23b〉
d. 이 品을 宿王華 因ᄒᆞ샤 니르와ᄃᆞ샤ᄆᆞᆫ(此品을 因宿王華ᄒᆞ샤 發起者ᄂᆞᆫ) 〈法華六 133a〉

한편 '起'와 '發起'가 『월인석보』와 『법화경언해』에서 모두 '니르왇다'로 번역된다는 것은 동일 원문의 번역인 다음 예문들에서 잘 확인된다. 원문 중 '起大悲心'이 모두 '大悲心 니르왇다'로 번역된다. 그리고 '發起是利'가 모두 '이 利를 니르왇다'로 번역된다.

(12) e. 六道ㅅ 受苦 보시고 大悲心 니르와ᄃᆞ샤ᄆᆞᆯ 가ᄌᆞ비시니라 〈月十二 23a〉
f. 六道苦 보시고 大悲心 니르와ᄃᆞ샤ᄆᆞᆯ 가ᄌᆞ비시니라(譬觀六道苦ᄒᆞ시고 起大悲心ᄒᆞ시니라) 〈法華二 58b〉

(12) g. 能히 이 利를 니르왇디 몯ᄒᆞ리라 〈月十八 62a〉
h. 能히 이 利를 니르왇디 몯ᄒᆞ시리라(不能發起是利ᄒᆞ시리라) 〈法華六 184b〉

〈13〉 ᄀᆞᆯᄒᆞ다 對 ᄀᆞᆯ히다

두 동작동사가 [分別]과 [別] 즉 '분별하다'의 뜻을 가지고 동의 관계에 있다는 것은 동일 원문의 번역인 다음 예문들에서 잘 확인된다. 원문 중 '分別…音聲'이 '音聲을 ᄀᆞᆯᄒᆞ다'로도 번역되고 '音聲을 ᄀᆞᆯ히다'로도 번역된다. 그리고 '別知'가 'ᄀᆞᆯᄒᆞ야 알다'로도 번역되고 'ᄀᆞᆯ히야 알다'로도 번역된다. 따라서 두 동작동사 'ᄀᆞᆯᄒᆞ다'와 'ᄀᆞᆯ히다'의 동의성은 명백히 입증된다. 두 동작동사는 제2 음절에서 모음 'ᄋᆞ~ᄋᆡ'의 교체를 보여 준다.

(13) a. 이러트시 種種 音聲을 ᄀᆞᆯᄒᆞ요ᄃᆡ 〈釋十九 16a〉
b. 이 ᄀᆞ티 種種 音聲을 ᄀᆞᆯ히야(61b)도 〈月十七 61b〉
c. 이 ᄀᆞ티 種種 音聲을 ᄀᆞᆯ히요ᄃᆡ(如是分別種種音聲호ᄃᆡ) 〈法華六 35a〉

(13) d. 諸佛이 方便力으로 ᄒᆞᆫ 佛乘에(50a) ᄀᆞᆯᄒᆞ야 세흘 니ᄅᆞ시ᄂᆞ니라 〈月十二 50b〉
e. 諸佛이 方便力 젼ᄎᆞ로 ᄒᆞᆫ 佛乘에 ᄀᆞᆯ히야 세흘 니ᄅᆞᄂᆞ니라(諸佛이 方便力故로 於一佛乘에 分別說三ᄒᆞᄂᆞ니라) 〈法華二 102a〉

(13) f. 種種 롱담 議論ᄋᆞᆯ 갓ᄀᆞ리 ᄀᆞᆯᄒᆞ야 〈月十三 34b〉
g. 種種 戱論ᄋᆞᆯ 갓ᄀᆞ리 ᄀᆞᆯ히야(顚倒分別種種戱論ᄒᆞ야) 〈法華二 230a〉

(13) h. 妙法華經을 너비 ᄀᆞᆯᄒᆞ야 닐어 〈月十四 45a〉
i. 妙法華經을 너비 닐어 ᄀᆞᆯᄒᆞ야(廣說分別妙法華經ᄒᆞ야) 〈法華三 149a〉

(13) j. 또 衆生ᄋᆡ 香ᄋᆞᆯ ᄀᆞᆯᄒᆞ야 아라 〈釋十九 17b〉
k. 또 衆生ᄋᆡ 香ᄋᆞᆯ ᄀᆞᆯ히(63b)야 알리니 〈月十七 64a〉
l. 또 衆生ᄋᆡ 香ᄋᆞᆯ ᄀᆞᆯ히야 알리니(又復別知衆生之香ᄒᆞ리니) 〈法華六 41a〉

〈14〉 기춤ᄒᆞ다 對 기츰ᄒᆞ다

두 동작동사가 [謦欬] 즉 '기침하다'의 뜻을 가지고 동의 관계에 있다는 것은 동일 원문의 번역인 다음 예문들에서 잘 확인된다. 원문 중 '謦欬'가 '기춤ᄒᆞ다'로도 번역되고 '기츰ᄒᆞ다'로도 번역된다. 따라서 두 동작동사 '기춤ᄒᆞ다'와 '기츰ᄒᆞ다'의 동의성은 명백히 입증된다. 두 동작동사는 제2 음절에서 모음 '우～으'의 교체를 보여 준다.

(14) a. 기춤ᄒᆞ시며 〈釋十九 33a〉
b. 謦欬ᄒᆞ시고 〈月十八 6a〉
c. 기츰ᄒᆞ시고(謦欬ᄒᆞ시고) 〈法華六 102b〉

2.2. 子音 交替

자음 교체를 보여 주는 동작동사들이 동의 관계를 가질 수 있다. 자음 교체에는 語頭 子音의 交替와 語中 子音의 교체가 있다.

어두 자음의 교체로 제1 음절에서 'ㅈ～ㅶ' 교체를 보여 주고 [逐] 즉 '쫓다'의 뜻을 가진 '좇다, ᄧᅩᆾ다'가 있다. 제1 음절에서 자음군 'ㅺ～ㅴ'의 교체를 보여 주고 [淪]과 [汩沒] 즉 '빠지다'의 뜻을 가진 'ᄭᅥ디다, ᄢᅥ디다'가 있다. 그리고 제2 음절에 'ㅿ～ㅅ'의 교체를 보여 주고 [抹] 즉 '바수다, 가루로 만들다'의 뜻을 가진 'ᄇᆞᅀᆞ다, ᄇᆞᄉᆞ다'가 있다.

어말 자음의 교체로 제1 음절에서 'ㄷ～ㄴ'의 교체를 보여 주고 [濟] 즉 '건너다'의 뜻을 가진 '걷나다, 건나다' 그리고 제2 음절에서 'ㅈ～ㄷ'의 교체를 보여 주고 [罵詈] 즉 '꾸짖다'의 뜻을 가진 '구짖다, 구짇다'가 있다.

〈1〉 좇다 對 ᄧᅩᆾ다

두 동작동사가 [逐] 즉 '쫓다'의 뜻을 가지고 동의 관계에 있다는 것은 동일 원문의 번역인 다음 예문들에서 잘 확인된다. 원문 중 '被…逐'이 '조치다'로도 번역되고 'ᄧᅩ초ᄆᆞᆯ 닙다'로도 번역되므로 두 동작동사 '좇다'와 'ᄧᅩᆾ다'의 동의성은 명백히 입증된다. 동작동사 '조치다'는 '좇다'의 피동형이다. 두 동작동사는 첫 음절의 語頭에서 자음 'ㅈ'과 'ㅶ'의 교체를 보여 준다.

(1) a. 시혹 모딘 사ᄅᆞᄆᆡ그에 조치여 〈釋二十一 3b〉
b. 시혹 모딘 사ᄅᆞᄆᆡ ᄧᅩ초ᄆᆞᆯ 니버(或被惡人의 逐ᄒᆞ야) 〈法華七 88a〉

〈2〉 ᄭᅥ디다 對 ᄢᅥ디다

두 동작동사가 [淪]과 [汨沒] 즉 '빠지다'의 뜻을 가지고 동의 관계에 있다는 것은 동일 원문의 번역인 다음 예문들에서 잘 확인된다. 원문 중 '淪…生死'가 '生死애 ᄭᅥ디다'로도 번역되고 '生死애 ᄢᅥ디다'로도 번역된다. 그리고 '汨沒生死'가 '生死애 ᄭᅥ디다'로도 번역되고 '生死애 ᄢᅥ디다'로도 번역된다. 따라서 두 동작동사 'ᄭᅥ디다'와 'ᄢᅥ디다'의 동의성은 명백히 입증된다. 두 동작동사는 첫 음절의 語頭에서 자음 'ㅺ～ㅴ'의 교체를 보여 준다.

(2) a. 生死애 ᄭᅥ디여 變ᄒᆞ야 〈月十一 89a〉
b. 生死애 ᄢᅥ디여 變ᄒᆞ야(淪變生死ᄒᆞ야) 〈法華一 109a〉

(2) c. 열ᄒᆡ 스믈 ᄒᆡᄂᆞᆫ 次第로 ᄭᅥ듀ᄆᆞᆯ 가ᄌᆞᆯ비니라 〈月十三 7a〉
d. 시혹 열 스믈흔 次第로 ᄢᅥ듀믈 가ᄌᆞᆯ비니라(或十二十은 譬次第而淪也ㅣ라) 〈法華二 183a〉

(2) e. 迷惑ᄒᆞ야 ᄭᅥ디건 ᄃᆡ 〈月十四 9b〉
f. 迷惑ᄒᆞ야 ᄢᅥ디여 오미(迷淪已來ㅣ) 〈法華三 87b〉

(2) g. 거츤 혜메 迷惑ᄒᆞ야 ᄭᅥ딜ᄊᆡ 〈月十四 10a〉
h. 迷惑ᄒᆞ야 ᄢᅥ디여 간대로 혤ᄊᆡ(迷淪妄計故로) 〈法華三 88a〉

(2) i. 生死애 ᄡᅥ딜 씨라 〈月十一 126b〉
j. 生死애 ᄢᅥ딜 씨라(汩沒生死홀씨라) 〈法華一 190a〉

(2) k. ᄡᅥ디여 變호매 다ᄅᆞ디 아니호ᄆᆞᆫ 〈月十一 12a〉
l. ᄢᅥ디여 變호매 다ᄅᆞ디 아니ᄒᆞ니 이ᄂᆞᆫ(淪變에 靡殊ᄒᆞ니 此ᄂᆞᆫ) 〈法華一 3b〉

(2) m. 六趣의 迷惑ᄒᆞ야 ᄡᅥ듀ᄆᆞᆫ 〈月十一 12b〉
n. 六趣의 몰라 ᄢᅥ듀믄(六趣之所迷淪은) 〈法華一 4a〉

〈3〉 넘ᄣᅵ다 對 넚디다

두 동작동사가 [溢] 즉 '넘치다'의 뜻을 가지고 동의 관계에 있다는 것은 동일 원문의 번역인 다음 예문들에서 잘 확인된다. 원문 중 '充溢'이 'ᄀᆞᄃᆞ기 넘ᄣᅵ다'로도 번역되고 'ᄀᆞᄃᆞᆨᄒᆞ야 넚디다'로도 번역된다. 따라서 두 동작동사 '넘ᄣᅵ다'와 '넚디다'의 동의성은 명백히 입증된다. 두 동작동사는 제2 음절의 어두에서 자음 'ᄣ~ᄯ'의 교체를 보여 준다.

(3) a. 다 ᄀᆞᄃᆞ기 넘ᄣᅵ거늘 〈月十二 32a〉
b. 다 ᄀᆞᄃᆞᆨᄒᆞ야 넚딜ᄊᆡ(悉皆充溢홀ᄊᆡ) 〈法華二 75b〉

〈4〉 ᄇᆞᅀᆞ다 對 ᄇᆞᄉᆞ다

두 동작동사가 [抹] 즉 '바수다, 가루로 만들다'의 뜻을 가지고 동의 관계에 있다는 것은 동일 원문의 번역인 다음 예문들에서 잘 확인된다. 원문 중 '盡抹'이 '다 ᄇᆞᅀᆞ다'로도 번역되고 '다 ᄇᆞᄉᆞ다'로도 번역된다. 따라서 두 동작동사 'ᄇᆞᅀᆞ다'와 'ᄇᆞᄉᆞ다'의 동의성은 명백히 입증된다. 두 동작동사는 제2 음절에서 자음 'ㅿ~ㅅ'의 교체를 보여 준다.

(4) a. 다 ᄇᆞᅀᅡ 드(8b)틀 ᄆᆡᇰᄀᆞ라 〈月十四 9a〉
b. 다 ᄇᆞᆺ아 듣글 ᄆᆡᇰᄀᆞ라(盡抹爲塵ᄒᆞ야) 〈法華三 86b〉

〈5〉 걷나다 對 건나다

두 동작동사가 [濟] 즉 '건너다'의 뜻을 가지고 동의 관계에 있다는 것은 동일 원문의 번역인 다음 예문들에서 잘 확인된다. 원문 중 '何以濟'가 '어드리 걷나다'로도 번역되고 '엇뎨 건나다'로도 번역되므로 두 동작동사 '걷나다'와 '건나다'의 동의성은 명백히 입증된다. 두 동작동사는 첫 음절 말에서 자음 'ㄷ~ㄴ'의 교체를 보여 준다.

(5) a. 乃終에 어드리 걷나리오 〈月十七 42b〉
b. 내죵애 엇뎨 건나리오(終何以濟리오) 〈法華五 206b〉

〈6〉 ᄃᆞᆮ니다 對 ᄃᆞᆫ니다

두 동작동사가 [馳騁]과 [行] 즉 '달려 가다'의 뜻을 가지고 동의 관계에 있다는 것은 동일 원문의 번역인 다음 예문들에서 잘 확인된다. 원문 중 '馳騁四方'이 '四方애 ᄃᆞᆮ니다'로도 번역되고 '四方애 ᄃᆞᆫ니다'로도 번역된다. 따라서 두 동작동사 'ᄃᆞᆮ니다'와 'ᄃᆞᆫ니다'의 동의성은 명백히 입증된다. 두 동작동사는 첫 음절 말에서 자음 'ㄷ~ㄴ'의 교체를 보여 준다.

(6) a. 四方애 ᄃᆞᆮ녀 옷밥 求ᄒᆞ야 〈月十三 7a〉
b. 四方애 ᄃᆞᆫ녀 옷밥 求ᄒᆞ다가(馳騁四方ᄒᆞ야 以求衣食ᄒᆞ다가) 〈法華二 183b〉

(6) c. 니러 노녀 ᄃᆞᆮ뇨ᄆᆞᆫ 〈月十五 23b〉
d. 니러 ᄃᆞᆫ뇨ᄆᆞᆫ(起已遊行ᄋᆞᆫ) 〈法華四 38b〉

〈7〉 구짓다 對 구짇다

두 동작동사가 [罵詈] 즉 '꾸짖다'의 뜻을 가지고 동의 관계에 있다는 것은 동일 원문의 번역인 다음 예문들에서 잘 확인된다. 원문 중 '罵詈'가 '구짓다'로도 번역되고 '구짇다'로도 번역되므로 두 동작동사 '구짓다'와 '구짇다'의 동의성은 명백히 입증된다. 두 동작동사는 제2 음절 말에서 자음 'ㅈ~ㄷ'의 교체를 보여 준다.

(7) a. 아뫼나 모딘 이브로 구지저 비우스면 〈釋十九 26b〉
b. ᄒᆞ다가 모딘 이브로 구지드며 비(78a)우스면 〈月十七 78b〉
c. ᄒᆞ다가 모딘 이브로 구지저 비우스면(若有惡口로 罵詈誹謗ᄒᆞ면) 〈法華六 72b〉

3. 音韻 脫落型, 音韻 添加型 및 音節 縮約型

3.1. 音韻 脫落型

어떤 동작동사가 그것 중의 한 音韻의 탈락에 의해 생긴 동작동사와 동의 관계를 가질 수 있다. 이 경우가 음운 탈락형이다. 음운 탈락에는 母音 탈락과 子音 탈락이 있다.

A. 母音 脫落

모음 탈락의 예로 '오ᄋᆞᆯ오다, 올오다'와 '이긔다, 이기다'를 들 수 있다. '오ᄋᆞᆯ오다'는 그것의 제2 음절의 모음 'ᄋᆞ' 탈락에 의한 '올오다'와 [全] 즉 '온전하게 하다'의 뜻을 가지고 동의 관계에 있다. 그리고 '이긔다'는 제2 음절의 모음 '으' 탈락에 의한 '이기다'와 [堪] 즉 '이기다'의 뜻을 가지고 동의 관계에 있다.

〈1〉 오ᄋᆞᆯ오다 對 올오다

두 동작동사가 [全] 즉 '온전하게 하다'의 뜻을 가지고 동의 관계에 있다는 것은 동일 원문의 번역인 다음 예문들에서 잘 확인된다. 원문 중 '全其用'이 'ᄡᅮ믈 오ᄋᆞᆯ오다'로도 번역되고 '그 用ᄋᆞᆯ 올오다'로도 번역되므로 두 동작동사 '오ᄋᆞᆯ오다'와 '올오다'의 동의성은 명백히 입증된다. '올오다'는 '오ᄋᆞᆯ오다'의 제2 음절의 모음 'ᄋᆞ' 탈락으로 생긴 것이다. '오ᄋᆞᆯ오다'는 '오ᄋᆞᆯ다'의 사동형이고 '올오다'는 '올다'의 사동형이다.

(1) a. 各各 ᄡᅮ믈 오ᄋᆞᆯ올씨 〈釋十九 10a〉

b. 各各 그 用올 올올씨(各全其用故로) 〈法華六 26a〉

〈2〉 이긔다 對 이기다

두 동작동사가 [堪] 즉 '이기다'의 뜻을 가지고 동의 관계에 있다는 것은 동일 원문의 번역인 다음 예문들에서 잘 확인된다. 원문 중 '難堪大乘'이 '大乘 이긔디 몯ᄒᆞ다'로도 번역되고 '大乘을 難히 이기다'로도 번역되므로 '이긔다'와 '이기다'의 동의성은 명백히 입증된다. '이기다'는 '이긔다'의 제2 음절의 모음 '으'가 탈락된 것이다.

(2) a. ᄠᅳ디 사오나ᄫᅡ 大乘 이긔디 몯호ᄆᆞᆯ 아ᄅᆞ실씨 權으로 쉬우샤ᄆᆞᆯ 가ᄌᆞᆯ비니라 〈月十三 19b〉
b. ᄠᅳ듸 사오나와 大乘을 難히 이길 ᄯᆞᆯ 아ᄅᆞ실씨 權으로 쉬우샤ᄆᆞᆯ 가ᄌᆞᆯ비니라(譬知其志劣ᄒᆞ야 難堪大乘故로 權息之也ᄒᆞ니라) 〈法華二 204b〉

B. 子音 脫落

자음 탈락의 예로 '염글다, 여믈다' 및 '니를다, 니르다'를 들 수 있다. '염글다'는 제2 음절의 어두 자음 'ㄱ' 탈락에 의한 '여믈다'와 [實] 즉 '여물다'의 뜻을 가지고 동의 관계에 있다. 그리고 '니를다'는 제2 음절의 어말 자음 'ㄹ' 탈락에 의한 '니르다'와 [至] 즉 '이르다'의 뜻을 가지고 동의 관계에 있다.

〈1〉 염글다 對 여믈다

두 동작동사가 [實] 즉 '여물다'의 뜻을 가지고 동의 관계에 있다는 것은 동일 원문의 번역인 다음 예문들에서 명백히 확인된다. 원문 중 '敷實'이 '퍼디며 염글다'로도 번역되고 '프며 여믈다'로도 번역된다. 그리고 '使…實'이 '염글에 ᄒᆞ다'로도 번역되고 '여믈에 ᄒᆞ다'로도 번역된다. 따라서 '염글다'와 '여믈다'의 동의성은 명백히 입증된다. '염글다'의 제2 음절의 'ㄱ' 탈락으로 생긴 語形이 '여믈다'이다.

(1) a. 곶과 여름괘 퍼디며 염그ᄂᆞ니 〈月十三 46b〉
    b. 곶과 實果괘 프며 여므ᄂᆞ니(華果ㅣ 敷實ᄒᆞᄂᆞ니) 〈法華三 11b〉

(1) c. 여름 열리도 염글에 ᄒᆞ야 〈月十三 47a〉
    d. 여름 ᄃᆞ외리도 여믈에 ᄒᆞ야(使……爲果로 實ᄒᆞ야) 〈法華三 12b〉

〈2〉 니를다 對 니르다

두 동작동사가 [至] 즉 '이르다'의 뜻을 가지고 동의 관계에 있다는 것은 동일 원문의 번역인 다음 예문들에서 잘 확인된다. 원문 중 '至阿鼻地獄'이 '阿鼻地獄애 니르다'로도 번역되고 '阿鼻地獄애 니를다'로도 번역된다. 그리고 '至於功行萬足'이 '功行이 滿足호매 니르다'로도 번역되고 '功行이 滿足호매 니를다'로도 번역된다. 따라서 두 동작동사 '니를다'와 '니르다'의 동의성은 명백히 입증된다. '니를다'의 제2 음절의 자음 'ㄹ'의 탈락으로 생긴 어형이 '니르다'이다.

(2) a. 아래로 阿鼻地獄애 니르며 〈釋十九 23b〉
    b. 아래로 阿鼻地獄애 니를오(下至阿鼻地獄ᄒᆞ고) 〈法華六 58a〉

(2) c. 우ᄒᆞ로 梵世예 니르샤ᄆᆞᆫ 〈月十八 4b〉
    d. 우ᄒᆞ로 梵世예 니르르샤ᄆᆞᆫ(上至梵世者ᄂᆞᆫ) 〈法華六 100b〉

(2) e. 無數百千에 니르니 〈月十一 21b〉
    f. 無數百千에 니르르시니(至於無數百千ᄒᆞ시니) 〈法華一 39b〉

(2) g. 一月 四月에 니르며 一歲예 니르러 〈月十七 73a〉
    h. 一月 四月에 니를며 一歲예 니를리니(至於一月四月ᄒᆞ며 乃至一歲ᄒᆞ리니) 〈法華六 63a〉

(2) i. 功行이 滿足호매 니른 時節이라 〈月十八 27a〉
    j. 功行이 滿足호매 니르르신 時節이라(至於功行滿足之時也ㅣ라) 〈法華六 137b〉

한편 '至'가 『월인석보』 권18과 『법화경언해』에서 모두 '니르다'로도 번역되고 모두 '니를다'

로도 번역된다는 것은 동일 원문의 번역인 다음 예문들에서 잘 확인된다. 원문 중 '時至'가 모두 '時節이 니르다'로 번역되고 '至涅槃'이 모두 '涅槃애 니를다'로 번역된다.

(2) k. 滅盡홇 時節이 니르니 〈月十八 36b〉
　l. 滅盡홀 時節이 니르니(滅盡時ㅣ 至ᄒᆞ니) 〈法華六 150b〉

(2) m. 우리 브즈러니 精進ᄒᆞ야 涅槃애 니르러 〈月十三 33b〉
　n. 우리 이 中에 브즈러니 더 精進하야 시러 涅槃애 니르러(我等이 於中에 勤加精進ᄒᆞ야 得至涅槃ᄒᆞ야) 〈法華二 229a〉

3.2. 音韻 添加型

어떤 동작동사가 한 음운의 첨가에 의해 생긴 동작동사와 동의 관계를 가질 수 있다. 이 경우가 음운 첨가형이다. 음운 첨가에는 모음 첨가와 자음 첨가가 있다. 모음 첨가의 예로 '누이다, 뉘이다'가 있는데 '누이다'는 반모음 [y]의 첨가에 의한 '뉘이다'와 [臥] 즉 '누이다'의 뜻을 가지고 동의 관계에 있다.

자음 첨가의 예로 '버믈다, 범글다'와 'ᄆᆞ니다, ᄆᆞᆫ지다'를 들 수 있다. '버믈다'는 자음 'ㄱ' 첨가에 의한 '범글다'와 [累] 즉 '동여매다, 얽매다'의 뜻을 가지고 동의 관계에 있다. 'ᄆᆞ니다'와 'ᄆᆞᆫ지다'를 들 수 있는데, 'ᄆᆞ니다'는 자음 'ㅈ'의 첨가에 의한 'ᄆᆞᆫ지다'와 [摩] 즉 '만지다'의 뜻을 가지고 동의 관계에 있다.

〈1〉 누이다 對 뉘이다

두 동작동사가 [臥] 즉 '누이다'의 뜻을 가지고 동의 관계에 있다는 것은 동일 원문의 번역인 다음 예문들에서 잘 확인된다. 원문 중 '臥淤膿'이 '淤膿ᄋᆞᆯ 누이다'로도 번역되고 '얼읜 고로ᄆᆞᆯ 뉘이다'로도 번역되므로 두 동작동사 '누이다'와 '뉘이다'의 동의성은 명백히 입증된다. '뉘이다'는 '누이다'의 첫 음절에 모음 '이'가 첨가된 것이다.

(1) a. 淤膿욀 거츤 드르헤 누이며 〈月十八 39b〉
b. 얼읜 고로믈 거츤 믹해 뉘이며(以臥淤膿於荒郊ᄒᆞ며) 〈法華六 154b〉

한편 '臥'가 『월인석보』 권18과 『법화경언해』에서 모두 '누이다'로 번역된다는 것은 동일 원문의 번역인 다음 예문들에서 잘 확인된다. 원문 중 '臥淤'가 '얼읜 피 누이다'와 '얼읜 피를 누이다'로 번역된다.

(1) c. 얼읜 피 누이며 서근 것 무두미 〈月十八 40a〉
d. 얼읜 피를 누이며 서근 거슬 무두미(臥淤埋腐ㅣ) 〈法華六 154b〉

〈2〉 버믈다 對 범글다

두 동작동사가 [累] 즉 '동여매다, 얽매다'의 뜻을 가지고 동의 관계에 있다는 것은 동일 원문의 번역인 다음 예문들에서 잘 확인된다. 원문 중 '物累'가 '物의 버믈다'로도 번역되고 '物의 범글다'로도 번역된다. 따라서 '버믈다'와 '범글다'의 동의성은 명백히 입증된다. '범글다'는 '버믈다'의 'ㅁ' 다음에 자음 'ㄱ'이 첨가된 것이다

(2) a. 物의 버므류미 ᄃᆞ외디 아니ᄒᆞ실씨 〈月十八 24b〉
b. 物의 범그로미 ᄃᆞ외디 아니ᄒᆞ실씨(不爲物累ᄒᆞ실씨 故로) 〈法華六 133b〉

한편 '累'가 『월인석보』와 『법화경언해』에서 모두 '버믈다'로 번역된다는 것은 동일 원문의 번역인 다음 예문들에서 잘 확인된다. 원문 중 '患累'가 '시름 버믈다'로 번역되고 '患累'의 자석이 '시름 버믈다'이다.

(2) c. 塵垢患累예 버서나고져 ᄒᆞ논 젼ᄎᆞ라[患累ᄂᆞᆫ 시름 버므로미라] 〈月十八 32b〉
d. 듣글 ᄢᅵ 시름 버므로믈 벗고져 求ᄒᆞᄂᆞᆫ 젼ᄎᆞ라(蘄脫乎塵垢患累故也ㅣ라) 〈法華六 145a〉

〈3〉 ᄆᆞ니다 對 ᄆᆞᆫ지다

두 동작동사가 [摩] 즉 '만지다'의 뜻을 가지고 동의 관계에 있다는 것은 동일 원문의 번역인 다음 예문들에서 잘 확인된다. 원문 중 '摩其頭'가 '머리를 ᄆᆞ니다'로도 번역되고 '머리 ᄆᆞᆫ지다'로도 번역된다. 그리고 '摩其頂'이 '뎡바기 ᄆᆞ니다'로도 번역되고 '그 뎡바기 ᄆᆞᆫ지다'로도 번역된다. 따라서 두 동작동사 'ᄆᆞ니다'와 'ᄆᆞᆫ지다'의 동의성은 명백히 입증된다. 두 동작동사는 목적어로 [+구체물]인 '머리'와 '뎡바기'를 共有한다. 'ᄆᆞᆫ지다'는 'ᄆᆞ니다'의 'ㄴ' 다음에 자음 'ㅈ'이 첨가되어 생긴 어형이다.

(3) a. 소ᄂᆞ로 머리 ᄆᆞ니는 고ᄃᆞᆯ 아ᄅᆞᇝ디며 〈釋二十一 61a〉
b. 소ᄂᆞ로 머리 ᄆᆞ니논 디며 〈月十九 116a〉
c. 반ᄃᆞ기 알라 … 소ᄂᆞ로 머릴 ᄆᆞᆫ쥬미 ᄃᆞ외며(當知…爲…手摩其頭ㅣ 며) 〈法華七180b〉

(3) d. 諸如來 소ᄂᆞ로 머리를 ᄆᆞ니ᅀᆞᆸ 고ᄃᆞᆯ 아ᄅᆞᇝ디니이다 〈釋二十一 57b〉
e. 諸如來 소ᄂᆞ로 머리 ᄆᆞᆫ지샤미 ᄃᆞᄫᆡᆫ ᄃᆞᆯ 아ᄅᆞᇝ디니 〈月十九 111b〉
f. 諸如來ㅣ 소ᄂᆞ로 머리 ᄆᆞᆫ지샤미 ᄃᆞ왼 ᄃᆞᆯ 반ᄃᆞ기 아롤띠니이다(當知…爲諸如來ㅣ 手摩其頭ㅣ 니이다) 〈法華七 175a〉

(3) g. 머리 ᄆᆞ니샤ᄆᆞᆫ 〈月十九 116b〉
h. 머리 ᄆᆞᆫ지샤ᄆᆞᆫ(摩頂은) 〈法華七 180b〉

(3) i. 다 뎡바기 ᄆᆞ니샤ᄆᆞᆫ 〈月十八 16b〉
j. 다 그 뎡바기 ᄆᆞᆫ지샤ᄆᆞᆫ(皆摩其頂ᄒᆞ샤ᄆᆞᆫ) 〈法華六 121a〉

(3) k. 無量菩薩摩訶薩ㅅ 頂을 ᄆᆞ니시며 〈月十八 15a〉
l. 無量菩薩摩訶薩ㅅ 뎡바길 ᄆᆞᆫ지시고(摩無量菩薩摩訶薩頂ᄒᆞ시고) 〈法華六 120b〉

(3) m. 두어 번 頂을 ᄆᆞ니샤ᄆᆞᆫ 〈月十八 16a〉
n. 두어 번 뎡바기 ᄆᆞᆫ지샤ᄆᆞᆫ(再三摩頂은) 〈法華六 121a〉

3.3. 音節 縮約型

어떤 동작동사가 그것 중의 두 음절이 한 음절로 축약된 동작동사와 동의 관계를 가질 수 있다. 이 경우가 음절 축약형이다. 음절 축약의 예를 들면, [亡] 즉 '망하다'의 뜻을 가진 '바이다, 배다'가 있다. '배다'는 '바이다'의 첫 음절의 '아'와 둘째 음절의 '이'가 한 음절 '애'로 축약되어 생긴 어형이다.

〈1〉 바이다 對 배다

두 동작동사가 [喪] 즉 '亡하다'의 뜻을 가지고 동의 관계에 있다는 것은 동일 원문의 번역인 다음 예문들에서 잘 확인된다. 원문 중 '喪亡'이 '바야 없다'로도 번역되고 '배야 없다'로도 번역되므로 '바이다'와 '배다'의 동의성은 명백히 입증된다. '배다'는 '바이다'의 축약형이다. '바이다'의 첫 음절의 '아'와 제2 음절의 '이'가 한 음절 '애'로 축약되면 '바이다'가 '배다'가 된다.

(1) a. 바야 업슨 號ㅣ 아니라 〈月十一 88b〉
b. 배야 업슨 號ㅣ 아니라(非喪亡之號也ㅣ라) 〈法華一 109a〉

4. 合成型과 派生型

4.1. 合成型

단일어인 動作動詞가 合成에 의한 동작동사와 동의 관계를 가질 수 있다. 이 경우가 合成이다. 합성에는 비통사적 합성과 통사적 합성이 있다. 비통사적 합성의 예를 들면, [繞] 즉 '감돌다, 돌다'의 뜻을 가진 '감돌다, 돌다'를 비롯하여 [輪轉] 즉 '구르다, 굴러가다'의 뜻을 가진 '그울다, 그우니다' 그리고 [攝] 즉 '모으다, 모아 가지다'의 뜻을 가진 '모도다, 모도잡다' 등이 있다.

통사적 합성의 예를 들면 '[斷絶]' 즉 '끊어지다'의 뜻을 가진 '그처디다, 긏다'를 비롯하여

[彰] 즉 '나타나다'의 뜻을 가진 '나다나다, 낱다', [脫] 즉 '벗어지다'의 뜻을 가진 '버서디다, 벗다', [消] 즉 '없어지다, 사라지다'의 뜻을 가진 '슬다, 스러디다' 그리고 [瘡胗] 즉 '(입술이) 트고 상처나다'의 뜻을 가진 '헐믓다, 헐다' 등 20여 항목이 있다.

그리고 동작동사구 '펴 내다'와 동작동사 '펴다'가 [發揮] 즉 '펴 내다'의 뜻을 가지고 동의 관계에 있다. 동작동사구 '섯거 어울다'와 합성 동작동사 '섯몯다'가 [交遘] 즉 '섞이어 합쳐지다, 섞이어 모이다'의 뜻을 가지고 동의 관계에 있다.

〈1〉 값돌다 對 돌다

두 동작동사가 [繞] 즉 '감돌다, 돌다'의 뜻을 가지고 동의 관계에 있다는 것은 동일 원문의 번역인 다음 예문들에서 잘 확인된다. 원문 중 '繞佛'이 '부텻긔 값돌다'로도 번역되고 '부텨긔 돌다'로도 번역되므로 '값돌다'와 '돌다'의 동의성은 명백히 입증된다. '값돌다'의 어간 '값돌－'은 어간 '감－'과 어간 '돌－'의 비통사적 合成이다.

(1) a. 부텻긔 값도숩고 〈月十四 16a〉
 b. 부텻긔 도ᄾᆞ옴 ᄆᆞᆾ고(繞佛畢已ᄒᆞ고) 〈法華三 98a〉

〈2〉 그울다 對 그우니다

두 동작동사가 [輪轉] 즉 '구르다, 굴러가다'의 뜻을 가지고 동의 관계에 있다는 것은 동일 원문의 번역인 다음 예문들에서 잘 확인된다. 원문 중 '受輪轉'이 '그우로ᄆᆞᆯ 受ᄒᆞ다'로도 번역되고 '그우뉴ᄆᆞᆯ 受ᄒᆞ다'로도 번역되므로 '그울다'와 '그우니다'의 동의성은 명백히 입증된다. '그우니다'의 어간 '그우니－'는 어간 '그울－'과 어간 '니－'의 비통사적 합성이다.

(2) a. 간대로 그우로ᄆᆞᆯ 受ᄒᆞ나니 〈月十九 97a〉
 b. 간대로 그우뉴ᄆᆞᆯ 受ᄒᆞ나니(枉受輪轉ᄒᆞᄂᆞ니) 〈法華七 159a〉

〈3〉 그처디다 對 긏다

두 동작동사가 [斷絶] 즉 '끊어지다'의 뜻을 가지고 동의 관계에 있다는 것은 동일 원문의 번역인 다음 예문들에서 잘 확인된다. 원문 중 '無令斷絶'이 '그처디디 아니킈 ᄒᆞ다'로도 번역되고 '그처…몯게 ᄒᆞ다'로도 번역된다. 따라서 '그처디다'와 '긏다'의 동의성은 명백히 입증된다. '그처디다'는 동작동사 '긏다'의 부사형인 '그처'와 동작동사 '디다'의 통사적 合成으로 '긏-+-어#디-+-다'로 분석된다.

(3) a. 그처디디 아니킈 ᄒᆞ샤(30a)…便을 得디 몯게 ᄒᆞ라 〈釋二十 36b〉
b. 그처디디 아니케 ᄒᆞ야(58b)…便을 得디 몯게 ᄒᆞ라 〈月十八 59a〉
c. 그처(180b)…便을 得디 몯게 ᄒᆞ라(無令斷絶ᄒᆞ야…得其便也케 ᄒᆞ라) 〈法華六 181a〉

(3) d. 閻浮提 안해 너비 펴디여 긋디 아니케 호리이다 〈釋二十一 59b〉
e. 閻浮提內예 너비 流布ᄒᆞ야 그처디디 아니케 호리이다 〈月十九 114b〉
f. 閻浮提內예 너비 流布케 ᄒᆞ야 긋디 아니케 호리이다(閻浮提內예 廣令流布ᄒᆞ야 使不斷絶케 호리이다) 〈法華七 178a〉

〈4〉 그치누르다 對 그치다

두 동작동사가 [息] 즉 '그치다, 그만두다'의 뜻을 가지고 동의 관계에 있다는 것은 동일 원문의 번역인 다음 예문들에서 잘 확인된다. 원문 중 '息妄'이 '妄ᄋᆞᆯ 그치누르다'로도 번역되고 '妄 그치다'로도 번역되므로 '그치누르다'와 '그치다'의 동의성은 명백히 입증된다. '그치누르다'의 어간 '그치누르-'는 어간 '그치-'와 어간 '누르-'의 비통사적 合成이다.

(4) a. 眞ᄋᆞ로 妄ᄋᆞᆯ 그치누르시고 〈月十九 47a〉
b. 眞ᄋᆞᆫ 妄 그치샤ᄆᆞᆯ ᄡᅳ시고(眞은 以息妄이시고) 〈法華七 94a〉

(4) c. 眞ᄋᆞ로 妄 그치누르시ᄂᆞᆫ 일ᄃᆞᆯᄒᆞᆫ 〈月十九 47b〉
d. 眞으로 妄 그춤ᄃᆞᆯ햇 이ᄅᆞᆫ(蓋以眞息妄等事ᄂᆞᆫ) 〈法華七 94b〉

〈5〉 ᄆᆞ리씨다 對 ᄆᆞ리다

두 동작동사가 [翳] 즉 '가리다'의 뜻을 가지고 동의 관계에 있다는 것은 동일 원문의 번역인 다음 예문들에서 잘 확인된다. 원문 중 '瑕翳'가 '허믈 ᄀ리�다'로도 번역되고 '허믈 ᄀ리다'로도 번역되므로 'ᄀ리�다'와 'ᄀ리다'의 동의성은 명백히 입증된다. 'ᄀ리�다'의 어간 'ᄀ리�－'는 어간 'ᄀ리－'와 어간 '�－'의 비통사적 합성이다.

(5) a. 허믈 ᄀ리�미 그츠리니 〈月十九 93a〉
　　b. 여러가짓 허믈 ᄀ료미 그츠리니(絶諸瑕翳矣리니) 〈法華七 152a〉

〈6〉 나다나다 對 낟다

두 동작동사가 [彰] 즉 '나타나다'의 뜻을 가지고 동의 관계에 있다는 것은 동일 원문의 번역인 다음 예문들에서 잘 확인된다. 원문 중 '遍彰'이 'ᄀᄃ기 나다나다'로도 번역되고 'ᄀᄃ기 낟다'로도 번역되므로 두 동작동사 '나다나다'와 '낟다'의 동의성은 명백히 입증된다. 두 동작동사는 '妙行'을 주어로 공유한다. '나다나다'는 동작동사 '낟다'의 부사형 '나다'와 동작동사 '나다'의 통사적 합성이다.

(6) a. 妙行이 ᄀᄃ기 나다나아 〈釋十九 37a〉
　　b. 妙行이 ᄀᄃ기 나다 〈月十七 75a〉
　　c. 妙行이 다 나ᄃ샤(妙行이 遍彰ᄒ샤) 〈法華六 71b〉

〈7〉 나ᅀᅡ가다 對 낫다

두 동작동사가 [進] 즉 '나아가다'의 뜻을 가지고 동의 관계에 있다는 것은 동일 원문의 번역인 다음 예문들에서 잘 확인된다. 원문 중 '復進'이 'ᄂᆞ외야 나ᅀᅡ가다'로도 번역되고 '다시 낫다'로도 번역된다. 그리고 '難進'이 '나ᅀᅡ가미 어렵다'로도 번역되고 '어려이 낫다'로도 번역된다. 따라서 두 동작동사 '나ᅀᅡ가다'와 '낫다'의 동의성은 명백히 입증된다. 두 동작동사는 [退] 즉 '물러나다'의 뜻을 가진 '므르다'와 의미상 對立 관계에 있다. '나ᅀᅡ가다'는 동작동사 '낫다'의 부사형 '나ᅀᅡ'와 동작동사 '가다'의 통사적 合成이다.

(7) a. 우리ᄃᆞᆯ히 至極 ᄀᆞᆺᄇᆞ고 ᄯᅩ 두리ᄫᅥ ᄂᆞ외야 나ᅀᅡ가디 몯ᄒᆞ며 〈月十四 76a〉

b. 우리 ᄀᆞᆺ보미 至極ᄒᆞ고 ᄯᅩ 두리워 能히 다시 낫디 몯ᄒᆞ리어늘ᅀᅡ(我等이 疲極ᄒᆞ고 而復怖畏ᄒᆞ야 不能復進이어늘ᅀᅡ) 〈法華三 174a〉

(7) c. 三乘이 道 求호ᄃᆡ 나ᅀᅡ가미 어렵고 믈로미 쉬ᄫᅳᆫ ᄃᆞᆯ 가ᄌᆞᆯ비시니라 〈月十四 76b〉

d. 三乘의 道 求호ᄃᆡ 어려이 낫고 수이 믈루믈 가ᄌᆞᆯ비시니라(譬二乘의 求道호미 難進易退ᄒᆞ시니라) 〈法華三 174b〉

한편 '進'이 『월인석보』와 『법화경언해』에서 모두 '나ᅀᅡ가다'로 번역된다는 것은 동일 원문의 번역인 다음 예문들에서 잘 확인된다. 원문 중 '不知進'이 '나ᅀᅡ가ᄆᆞᆯ 모ᄅᆞ다'와 '나ᅀᅡ감 아디 몯ᄒᆞ다'로 번역된다.

(7) e. 二乘 權果애 걸여 나ᅀᅡ가ᄆᆞᆯ 모ᄅᆞᆯᄊᆡ 〈月十四 81a〉

f. 二乘 權果애 걸여 나ᅀᅡ감 아디 몯호ᄆᆞᆯ 니ᄅᆞ시니 그럴ᄊᆡ(謂滯二乘權果ᄒᆞ야 而不知進ᄒᆞ시니 故로) 〈法華三 182a〉

〈8〉 누리비리다 對 비리누리다

두 동작동사가 [腥臊] 즉 '누리고 비리다, 비리고 누리다'의 뜻을 가지고 동의 관계에 있다는 것은 동일 원문의 번역인 다음 예문들에서 잘 확인된다. 원문 중 '腥臊'가 '누리비리다'로도 번역되고 '비리누리다'로도 번역된다. 따라서 '누리비리다'와 '비리누리다'의 동의성은 명백히 입증된다. 동작동사 '누리비리다'는 어간 '누리－'와 동작동사 '비리다'의 비통사적 합성이고 동작동사 '비리누리다'는 어간 '비리－'와 동작동사 '누리다'의 비통사적 합성이다. 그리고 '비리누리다'의 용례는 『능엄경언해』(1462)의 예문 '비리누류미 섯모(42a)ᄃᆞ며(腥臊ㅣ 交遘ᄒᆞ며)'〈楞一 42b〉에서도 발견된다.

(8) a. 누리비류미 섯거 어우러 〈月十五 14b〉

b. 비리누류미 섯모다(腥臊ㅣ 交遘ᄒᆞ야) 〈法華四 18b〉

〈9〉 쁘다 對 떠불이다

두 동작동사가 [漂] 즉 '물에 뜨다'의 뜻을 가지고 동의 관계에 있다는 것은 동일 원문의 번역인 다음 예문들에서 잘 확인된다. 원문 중 '漂流'가 '떠 흐르다'로 번역되고 '漂'의 字釋이 '떠불이다'이다. 따라서 '쁘다'와 '떠불이다'의 동의성은 명백히 입증된다. '떠불이다'는 동작동사 '쁘다'의 부사형 '떠'와 동작동사 '불이다'의 合成이다.

(9) a. 시혹 큰 바ᄅᆞ래 漂流ᄒᆞ야[漂ᄂᆞᆫ 떠불일 씨라] 〈月十九 43a〉
b. 시혹 큰 바ᄅᆞ래 떠 흘러(或漂流巨海ᄒᆞ야) 〈法華七 87a〉

〈10〉 디나가다 對 디나다

두 동작동사가 [經] 즉 '지나가다, 지나다'의 뜻을 가지고 동의 관계에 있다는 것은 동일 원문의 번역인 다음 예문들에서 잘 확인된다. 원문 중 '所經國土'가 '디나간 國土'로도 번역되고 '디난 國土'로도 번역된다. 따라서 '디나가다'와 '디나다'의 동의성은 명백히 입증된다. '디나가다'는 동작동사 '디나다'와 동작동사 '가다'의 合成으로 '디나-+∅(보조적 연결어미 '-아') # 가-+-다'로 분석될 수 있다.

(10) a. 이 사ᄅᆞᄆᆡ 디나간 國土애 〈月十四 8b〉
b. 이 사ᄅᆞᄆᆡ 디난 國土ᄅᆞᆯ(是人의 所經國土ᄅᆞᆯ) 〈法華三 86b〉

〈11〉 ᄃᆞᆮ니다 對 ᄃᆞᆮ다

두 동작동사가 [走]와 [馳走] 즉 '달리다'의 뜻을 가지고 동의 관계에 있다는 것은 동일 원문의 번역인 다음 예문들에서 잘 확인된다. 원문 중 '走戲'가 'ᄃᆞᆮ녀 노ᄅᆞᆺᄒᆞ다'로도 번역되고 'ᄃᆞ라 노ᄅᆞᆺᄒᆞ다'로도 번역된다. 그리고 '東西馳走'가 '東西로 ᄃᆞᆮ니다'로도 번역되고 '東西로 ᄃᆞᆮ다'로도 번역된다. 따라서 'ᄃᆞᆮ니다'와 'ᄃᆞᆮ다'의 동의성은 명백히 입증된다. 'ᄃᆞᆮ니다'의 어간 'ᄃᆞᆮ니-'는 'ᄃᆞᆮ-'과 '니-'의 비통사적 合成이다.

(11) a. 이 녁 뎌 녁 ᄃᆞᆫ녀 노ᄅᆞᆺᄒᆞ고 아비ᄅᆞᆯ 볼 ᄯᆞᄅᆞ미러라 〈月十二 26a〉
b. 東西로 ᄃᆞ라 노ᄅᆞᆺᄒᆞ며 아비 볼 ᄯᆞᄅᆞ미러니(但東西走戲ᄒᆞ며 視父而已러니) 〈法華二 65a〉

(11) c. 이 녁 뎌 녁 ᄃᆞᆫ녀 노ᄅᆞᆺᄒᆞ고 〈月十二 26a〉
d. 오직 東西로 ᄃᆞ라 노ᄅᆞᆺᄒᆞ며(但東西走戲ᄒᆞ며) 〈法華二 65a〉

(11) e. 이 三界火宅애 東西로 ᄃᆞᆫ녀 〈月十二 38a〉
f. 이 三界火宅애 東西로 ᄃᆞ라(於此三界火宅애 東西馳走ᄒᆞ야) 〈法華二 84b〉

〈12〉 막ᄌᆞᄅᆞ다 對 막다

두 동작동사가 [防閑] 즉 '막다'의 뜻을 가지고 동의 관계에 있다는 것은 동일 원문의 번역인 다음 예문들에서 잘 확인된다. 원문 중 '自防閑'이 '제 막ᄌᆞᄅᆞ다'로도 번역되고 '제 막다'로도 번역된다. 따라서 '막ᄌᆞᄅᆞ다'와 '막다'의 동의성은 명백히 입증된다. '막ᄌᆞᄅᆞ다'는 동작동사 '막다'의 어간 '막-'과 동작동사 'ᄌᆞᄅᆞ다'의 비통사적 합성이다.

(12) a. 사ᄅᆞ미 類로 推尋ᄒᆞ야 보아 제 막ᄌᆞᆯ오ᄆᆞᆯ 아라 〈月十九 122a〉
b. 사ᄅᆞ미 類로 推尋ᄒᆞ야 보아 제 마고ᄆᆞᆯ 알에 ᄒᆞ샤(使人이 以類로 推之ᄒᆞ야 知自防閑케 ᄒᆞ야) 〈法華七 186b〉

〈13〉 모도다 對 모도잡다

두 동작동사가 [攝] 즉 '모으다, 모아 가지다'의 뜻을 가지고 동의 관계에 있다는 것은 동일 원문의 번역인 다음 예문들에서 잘 확인된다. 원문 중 '攝爲'의 '攝'이 '모도다'로도 번역되고 '모도잡다'로도 번역된다. 그리고 申景澈(1993 : 468)에서 '攝'의 字釋은 다음과 같다. 微妙ᄒᆞᆫ ᄠᅳᆮ 모도미 攝이오 〈月八 25a〉, 攝은 모도자ᄫᆞᆯ 씨라 〈月十 106a〉 〈月十一 63b〉, 攝은 모도디닐 씨라 〈月序 8a〉. 여기서 '攝'이 '모도다', '모도잡다' 및 '모도디니다'로 번역된다는 것을 알 수 있다. 따라서 '모도다'와 '모도잡다'의 동의성은 명백히 입증된다. '모도잡-'은 어간 '모도-'와 어간 '잡-'의 비통사적 合成이고 '모도디니-'는 어간 '모도-'와 어간 '디니-'의 비통사적 합성이다.

(13) a. ᄯᅩ 모도아 百界千如ㅣ오 〈月十一 102a〉
b. 모도자바 百界千如ㅣ ᄃᆞ외오(攝爲百界千如ㅣ오) 〈法華一 149a〉

〈14〉 모도잡다 對 잡다

두 동작동사가 [攝] 즉 '모아 가지다, 잡다'의 뜻을 가지고 동의 관계에 있다는 것은 동일 원문의 번역인 다음 예문들에서 잘 확인된다. 원문 중 '攝九部'가 '九部ᄅᆞᆯ 모도잡다'로도 번역되고 '九部ᄅᆞᆯ 잡다'로도 번역되므로 '모도잡다'와 '잡다'의 동의성은 명백히 입증된다. '모도잡-'은 어간 '모도-'와 어간 '잡-'의 비통사적 合成이다.

(14) a. 너비 九部ᄅᆞᆯ 모도자ᄫᆞᆯ 씨라 〈月十二 30b〉
b. 九部를 너비 자ᄫᆞᆯ 씨라(廣攝九部也ㅣ라) 〈法華二 74a〉

한편 '攝'이 『월인석보』와 『법화경언해』에서 모두 '모도잡다'로 번역된다는 것은 동일 원문의 번역인 다음 예문들에서 잘 확인된다. 원문 중 '攝…善法'이 모두 '善法을 모도잡다'로 번역된다.

(14) c. 여(41b)러 가짓 善法을 모도자ᄇᆞ며 〈月十七 42a〉
d. 여러 가짓 善法을 모도자ᄇᆞ며(攝諸善法ᄒᆞ며) 〈法華五 206a〉

〈15〉 버서디다 對 벗다

두 동작동사가 [脫] 즉 '벗어지다'의 뜻을 가지고 동의 관계에 있다는 것은 동일 원문의 번역인 다음 예문들에서 잘 확인된다. 원문 중 '枷鎖…脫'이 '枷鏁ㅣ 버서디다'로도 번역되고 '枷鎖ㅣ 벗다'로도 번역되므로 '버서디다'와 '벗다'의 동의성은 명백히 입증된다. '버서디다'는 동작동사 '벗다'의 부사형 '버서'와 동작동사 '디다'의 合成이다.

(15) a. 枷鏁ㅣ 절로 버서디리라 〈月十九 25b〉
b. 枷鎖ㅣ 제 벗ᄂᆞ니라(枷鎖ㅣ 自脫이니라) 〈法華七 57a〉

〈16〉 벗다 對 버서나다

두 동작동사가 [脫] 즉 '벗다, 벗어나다'의 뜻을 가지고 동의 관계에 있다는 것은 동일 원문의 번역인 다음 예문들에서 잘 확인된다. 원문 중 '脫乎塵垢患累'가 '드틀와 ᄣᅴ왓 시르믈 벗다'로도 번역되고 '塵垢患累예 버서나다'로도 번역된다. 따라서 '벗다'와 '버서나다'의 동의성은 명백히 입증된다. '버서나다'는 동작동사 '벗다'와 동작동사 '나다'의 통사적 합성으로 '벗-+-어 # 나-+-다'로 분석될 수 있다.

(16) a. 드틀와 ᄣᅴ왓 시르믈 벗고져 ᄒᆞ시논 젼ᄎᆞ라 〈釋二十 12a〉
b. 塵垢患累예 버서나고져 ᄒᆞ논 젼ᄎᆞ라[患累ᄂᆞᆫ 시름 버므로미라] 〈月十八 32b〉
c. 듣글 ᄣᅴ 시름 버므로ᄆᆞᆯ 벗고져 求ᄒᆞᄂᆞᆫ 젼ᄎᆞ라(蘄脫乎塵垢患累故也ㅣ라) 〈法華六 145a〉

(16) d. 졌ᄌᆞᆺ 버서나 닷디 아니ᄒᆞ야 〈月十九 97a〉
e. 훤히 버서 닷디 아니ᄒᆞ야(縱脫不修ᄒᆞ야) 〈法華七 159a〉

〈17〉 븥다 對 븓ᄃᆞᆼ기다

두 동작동사가 [局] 즉 '말리다, 감기다'의 뜻을 가지고 동의 관계에 있다는 것은 동일 원문의 번역인 다음 예문들에서 잘 확인된다. 원문 중 '不局'이 '븓디 아니ᄒᆞ다'로도 번역되고 '븓ᄃᆞᆼ기디 아니ᄒᆞ다'로도 번역되므로 두 동작동사 '븥다'와 '븓ᄃᆞᆼ기다'의 동의성은 명백히 입증된다. '븓ᄃᆞᆼ기다'의 어간 '븓ᄃᆞᆼ기-'는 어간 '븥-'과 어간 'ᄃᆞᆼ기-'의 비통사적 합성이다.

(17) a. 거디 아니ᄒᆞ며 븓디 아니호미 〈月十八 63a〉
b. 걸이디 아니ᄒᆞ시며 들이디 아니ᄒᆞ샤미(不滯不局이) 〈法華七 2b〉

(17) c. ᄆᆞᅀᆞᇝ 자최예 븓ᄃᆞᆼ기디 아니ᄒᆞ리니 〈月十八 63a〉
d. ᄆᆞᅀᆞᇝ 자최예 들이디 아니ᄒᆞ시니(不局心迹ᄒᆞ시니) 〈法華七 2b〉

〈18〉 섯거 어울다 對 섯몯다

동작동사구 '섯거 어울다'와 합성 동작동사 '섯몯다'가 [交溝] 즉 '섞이어 합쳐지다, 섞이어 모이다'의 뜻을 가지고 동의 관계에 있다는 것은 동일 원문의 번역인 다음 예문들에서 잘 확인된다. 원문 중 '交溝'가 '섯거 어울다'로도 번역되고 '섯몯다'로도 번역된다. 따라서 '섯거 어울다'와 '섯몯다'의 동의성은 명백히 입증된다. 동작동사구 '섯거 어울다'는 동사동사 '섥다'의 부사형 '섯거'와 동작동사 '어울다'의 결합이다. '섯몯다'는 어간 '섯 -'과 동작동사 '몯다'의 비통사적 合成이다.

(18) a. 누리비류미 섯거 어우러 〈月十五 14b〉
b. 비리누류미 섯모다(腥臊ㅣ 交溝ᄒᆞ야) 〈法華四 18b〉

그리고 합성 동작동사 '섯몯다'의 용례는 『능엄경언해』(1462)의 다음 예문들에서 발견할 수 있다. 원문 중 '交溝'가 '섯몯다'로 번역된다.

(18) c. 비리누류미 섯(42a)모ᄃᆞ며(腥臊ㅣ 交溝ᄒᆞ며) 〈楞一 42b〉
d. 섯모도ᄆᆞᆯ 堅固히 ᄒᆞ야(堅固交溝ᄒᆞ야) 〈楞八 132b〉

〈19〉 슬다 對 스러디다

두 동작동사가 [消] 즉 '없어지다, 사라지다'의 뜻을 가지고 동의 관계에 있다는 것은 동일 원문의 번역인 다음 예문들에서 잘 확인된다. 원문 중 '塵消'가 '塵이 스러디다'로도 번역되고 '塵이 슬다'로도 번역되므로 두 동작동사 '스러디다'와 '슬다'의 동의성은 명백히 입증된다. '스러디다'는 동작동사 '슬다'의 부사형 '스러'와 동작동사 '디다'의 合成이다. 두 동작동사는 '塵'을 주어로 공유한다.

(19) a. 즉자히 스러 헤여디리어며 〈釋二十一 5a〉
b. 즉재 消敢ᄋᆞᆯ 得ᄒᆞ여 〈月十九 45b〉
c. 時를 應ᄒᆞ야 스러디여 흐투믈 得ᄒᆞ며(應時得消散ᄒᆞ며) 〈法華七 91a〉

(19) d. 塵이 스러디여 覺이 조하 〈月十七 59a〉

e. 塵이 스러 覺이 조ᄒᆞ야(蓋塵消覺淨ᄒᆞ야) 〈法華六 29a〉

〈20〉 얽ᄆᆡ다 對 ᄆᆡ다/ᄆᆡ이다

동작동사 '얽ᄆᆡ다'와 동작동사 'ᄆᆡ다' 그리고 그것의 異形態인 'ᄆᆡ이다'가 [縛] 즉 '얽매이다, 매이다'의 뜻을 가지고 동의 관계에 있다는 것은 동일 원문의 번역인 다음 예문들에서 잘 확인된다. 원문 중 '生死之縛'이 '죽사릿 얽ᄆᆡ욤', '生死ㅅ ᄆᆡ욤' 및 '生死 ᄆᆡ욤'으로 번역된다. 그리고 '苦縛'이 '受苦 얽ᄆᆡ욤'으로도 번역되고 '受苦 ᄆᆡ욤'으로도 번역된다. 따라서 '얽ᄆᆡ다'와 'ᄆᆡ다/ᄆᆡ이다'의 동의성은 명백히 입증된다. '얽ᄆᆡ다'의 어간 '얽ᄆᆡ-'는 어간 '얽-'과 어간 'ᄆᆡ-'의 비통사적 합성이다.

(20) a. 一(25b)切 죽사릿 얽ᄆᆡ요ᄆᆞᆯ 버서나긔 ᄒᆞᄂᆞ니 〈釋二十 25b〉
b. 一切 生死ㅅ ᄆᆡ요ᄆᆞᆯ 그르게 ᄒᆞᄂᆞ니라 〈月十八 52b〉
c. 一切 生死 ᄆᆡ요ᄆᆞᆯ 그르ᄂᆞ니라(解一切生死之縛ᄒᆞᄂᆞ니라) 〈法華六 171a〉

(20) d. 受苦 얽ᄆᆡ요ᄆᆞᆯ 여희여 〈月十三 5a〉
e. 여러 가짓 受苦 ᄆᆡ요ᄆᆞᆯ 여희여(離諸苦縛ᄒᆞ야) 〈法華二 180b〉

(20) f. 婆稚ᄂᆞᆫ 얽ᄆᆡ다 혼 마리니 〈月十一 28b〉
g. 婆稚ᄂᆞᆫ 닐오매 ᄆᆡ욤 이쇼미니(婆稚ᄂᆞᆫ 云有縛이니) 〈法華一 51a〉

그리고 '얽ᄆᆡ다'의 異形態인 '얽ᄆᆡ이다'와 'ᄆᆡ다'의 이형태인 'ᄆᆡ이다'가 [縛] 및 [結縛] 즉 '얽매이다, 매이다'의 뜻을 가지고 동의 관계에 있다는 것은 동일 원문의 번역인 다음 예문들에서 잘 확인된다. 원문 중 '苦縛'이 '受苦 얽ᄆᆡ윰'으로도 번역되고 '受苦 ᄆᆡ욤'으로도 번역된다. 그리고 '衆結縛'이 '한 얽ᄆᆡ욤'으로도 번역되고 '한 ᄆᆡ욤'으로도 번역된다. 따라서 '얽ᄆᆡ이다'와 'ᄆᆡ이다'의 동의성은 명백히 입증된다.

(20) h. 生死ᄅᆞᆯ 受苦 얽ᄆᆡ유ᄆᆞᆯ 사ᄆᆞᆯᄊᆡ 〈月十三 17a〉
i. 生死로 受(201b)苦 ᄆᆡ요ᄆᆞᆯ 사ᄆᆞᆯᄊᆡ(以生死로 爲苦縛故로) 〈法華二 202a〉

(20) j. 한 얽ᄆᆡ욤 여희요미 安이오 〈月十三 49a〉
k. 한 ᄆᆡ요ᄆᆞᆯ 여흴 씨 니(16a)ᄅᆞ샨 安이오(離衆結縛曰安이오) 〈法華三 16b〉

한편 '縛'이 『월인석보』와 『법화경언해』에서 '얽ᄆᆡᅇᅵ다'와 그것의 이형태인 '얽ᄆᆡ이다'로 번역된다는 것은 동일 원문의 번역인 다음 예문들에서 잘 확인된다. 원문 중 '不縛'이 '얽ᄆᆡᅇᅵ디 아니ᄒᆞ다'로도 번역되고 '얽ᄆᆡ이디 아니ᄒᆞ다'로도 번역된다.

(20) l. 解脫相은 諸法에 얽ᄆᆡᅇᅵ디 아니홀 씨오 〈月十三 53b〉
m. 解脫相은 諸法에 얽ᄆᆡ이디 아니홀 씨오(解脫相은 則不縛諸法이오) 〈法華三 24b〉

〈21〉 엿보다 對 엿다

두 동작동사가 [伺] 즉 '엿보다'의 뜻을 가지고 동의 관계에 있다는 것은 동일 원문의 번역인 다음 예문들에서 잘 확인된다. 원문 중 '伺求'가 '엿봐 求ᄒᆞ다'로도 번역되고 '여ᅀᅥ 求ᄒᆞ다'로도 번역되므로 '엿보다'와 '엿다'의 동의성은 명백히 입증된다. '엿보다'의 어간 '엿보－'는 어간 '엿－'과 '보－'의 비통사적 합성이다.

(21) a. 엿봐 便을 得(51b) 홇 거시 없긔 호리이다 〈釋二十一 52a〉
b. 엿봐 求ᄒᆞ야 便을 得ᄒᆞ리 업게 호리니 〈月十九 103b〉
c. 그 便을 여ᅀᅥ 求ᄒᆞ야 得ᄒᆞ리 없게 호리니(使無伺求得其便者케 호리니) 〈法華七 167a〉

(21) d. 短ᄋᆞᆯ 엿봐 求ᄒᆞ야도 [短ᄋᆞᆫ 뎌를 씨라] 〈月十九 60b〉
e. 그 뎌른 ᄃᆡᆯ 여ᅀᅥ 求ᄒᆞ(112b)야도(伺求其短ᄒᆞ야도) 〈法華七 113b〉

〈22〉 이저디다 對 잊다

두 동작동사가 [虧] 즉 '이지러지다'의 뜻을 가지고 동의 관계에 있다는 것은 동일 원문의 번역인 다음 예문들에서 잘 확인된다. 원문 중 '有虧'가 '이저디다'로 의역되고 '이주미 겨시다'로 직역되므로 '이저디다'와 '잊다'의 동의성은 명백히 입증된다. '이저디다'는 동작동사 '잊다'의 부사형 '이저'와 동작동사 '디다'의 合成이다.

(22) a. 妙覺成德이 이저디여 〈月十九 94b〉
b. 妙覺 인 德에 이주미 겨샤(有虧妙覺成德ᄒᆞ샤) 〈法華七 157a〉

〈23〉 펴 내다 對 펴다

동작동사구 '펴 내다'와 동작동사 '펴다'가 [發揮] 즉 '펴 내다'의 뜻을 가지고 동의 관계에 있다는 것은 동일 원문의 번역인 다음 예문들에서 잘 확인된다. 원문 중 '卽性發揮'가 '性에 나ᅀᅡ가 펴 내다'로도 번역되고 '性에 나ᅀᅡ가 펴다'로도 번역된다. 따라서 '펴 내다'와 '펴다'의 동의성은 명백히 입증된다. 동작동사구 '펴 내다'는 동작동사 '펴다'의 부사형과 동작동사 '내다'의 결합으로 '펴-+∅(부사형 어미)#내-+-다'로 분석된다.

(23) a. 救ᄒᆞ논 것 사ᄆᆞᆫ 性에 나ᅀᅡ가 펴 내면 반ᄃᆞ기 큰 利 得호ᄆᆞᆯ 가ᄌᆞᆯ비니라 〈月十五 24b〉
b. 救ᄒᆞ논 것 貿易호ᄆᆞᆫ 性에 나ᅀᅡ가 펴면 반ᄃᆞ기 큰 利 得홀 ᄯᆞᆯ 가ᄌᆞᆯ비니라(貿易所須ᄂᆞᆫ 譬卽性ᄒᆞ야 發揮ᄒᆞ면 當得大利也ㅣ ᄃᆞᆯ ᄒᆞ니라) 〈法華四 40a〉

〈24〉 퍼디다 對 프다

두 동작동사가 [敷] 즉 '퍼지다'의 뜻을 가지고 동의 관계에 있다는 것은 동일 원문의 번역인 다음 예문들에서 잘 확인된다. 원문 중 '敷實'이 '퍼디며 염글다'로도 번역되고 '프며 여믈다'로도 번역되므로 '퍼디다'와 '프다'의 동의성은 명백히 입증된다. '퍼디다'는 '프다'의 부사형 '퍼'와 동작동사 '디다'의 合成이다.

(24) a. 곶과 여름괘 퍼디며 염그ᄂᆞ니 〈月十三 46b〉
b. 곶과 果實괘 프며 여므ᄂᆞ니(華果ㅣ 敷實ᄒᆞᄂᆞ니) 〈法華三 11b〉

(24) c. 곶 프리도 프며 〈月十三 47a〉
d. 곶 ᄃᆞ외리로 프며(爲花者로 敷ᄒᆞ며) 〈法華三 12b〉

〈25〉 펴디다 對 펴다

두 동작동사가 [布] 즉 '펴지다, 흩어지다'의 뜻을 가지고 동의 관계에 있다는 것은 동일 원문의 번역인 다음 예문들에서 잘 확인된다. 원문 중 '彌布'가 '차 펴디다'로도 번역되고 'ㄱᄃᆞ기 펴다'로도 번역된다. 따라서 '펴디다'와 '펴다'의 동의성은 명백히 입증된다. '펴디다'는 동작동사 '펴다'와 동작동사 '디다'의 합성으로 '펴-+∅#디-+-다'로 분석된다.

(25) a. 密雲이 차 펴디며 〈月十三 45b〉
b. 특특ᄒᆞᆫ 구루미 ㄱᄃᆞ기 펴(密雲이 彌布ᄒᆞ야) 〈法華三 10a〉

〈26〉 헐믓다 對 헐다

두 동작동사가 [瘡胗] 즉 '(입술이) 트고 상처나다'의 뜻을 가지고 동의 관계에 있다는 것은 동일 원문의 번역인 다음 예문들에서 잘 확인된다. 원문 중 '脣…瘡胗'이 '입시우리…헐믓다'로도 번역되고 '입시우리…헐다'로도 번역되므로 두 동작동사 '헐믓다'와 '헐다'의 동의성은 명백히 입증된다. 두 동작동사는 '입시울'을 主語로 공유한다. '헐믓다'는 동작동사 '헐다'의 어간 '헐-'과 동작동사 '믓다'의 비통사적 합성이다.

(26) a. 입시우리…헐믓디 아니ᄒᆞ며 〈釋十九 7a〉
b. 입시우리…허디 아니ᄒᆞ며 〈月十七 52b〉
c. 입시우리…헐믓디 아니ᄒᆞ며(脣…不瘡胗ᄒᆞ며) 〈法華六 13b〉

4.2. 派生型

基語인 동작동사가 그것에서 파생된 동작동사와 동의 관계를 가질 수도 있고 파생된 동작동사들이 동의 관계를 가질 수 있다. 이 경우가 派生이다. 기어인 동작동사와 파생된 동작동사 사이에서 확인되는 동의 관계의 예를 들면, [滯] 즉 '걸리다'의 뜻을 가진 '걸이다, 걸다' 그리고

[過]와 [經] 즉 '지나다'의 뜻을 가진 '디내다, 디나다' 등이 있다. 파생된 동작동사 사이에 성립되는 동의 관계의 예를 들면, [令坐] 즉 '앉히다, 앉게 하다'의 뜻을 가진 '안치다, 앉긔 ᄒᆞ다' 그리고 [悟] 즉 '알리다, 알게 하다'의 뜻을 가진 '알외다, 알에 ᄒᆞ다'가 있다.

〈1〉 걸이다 對 걸다

두 동작동사가 [滯] 즉 '걸리다'의 뜻을 가지고 동의 관계에 있다는 것은 동일 원문의 번역인 다음 예문들에서 잘 확인된다. 원문 중 '滯於迹'이 '자최예 걸이다'로도 번역되고 '자최예 걸다'로도 번역되므로 두 동작동사 '걸이다'와 '걸다'의 동의성은 명백히 입증된다. '걸이다'는 동작동사 '걸다'에서 파생된 피동형이다.

(1) a. 사ᄅᆞ미 기피 나ᅀᅡ가 자최예 걸이디 아니케 ᄒᆞ실 ᄯᆞᄅᆞ미니 〈月十七 42a〉
b. 사ᄅᆞᄆᆞ로 기피 나ᅀᅡ가 자최예 거디 아니케 ᄒᆞ실 ᄯᆞᄅᆞ미시니(使人으로 深造ᄒᆞ야 不滯於迹而已시니) 〈法華五 206b〉

(1) c. 名相애 걸이디 아니ᄒᆞ며 〈月十九 116b〉
d. 名相애 거디 아니ᄒᆞ며(不滯於名相ᄒᆞ며) 〈法華七 180b〉

(1) e. 能히 色心ᄋᆡ 迷惑ᄒᆞ야 거로ᄆᆞᆯ ᄉᆞᄆᆞᆺ 아라 〈月十四 7b〉
f. 色心의 迷惑ᄒᆞᆫ 걸유ᄆᆞᆯ 能히 ᄉᆞᄆᆞᆺ 아라(夫能了色心之迷滯ᄒᆞ야) 〈法華三 85a〉

(1) g. 거디 아니ᄒᆞ며 븓디 아니호미 〈月十八 63a〉
h. 걸이디 아니ᄒᆞ시며 들이디 아니ᄒᆞ샤미(不滯不局이) 〈法華七 2b〉

한편 '滯'가 『월인석보』와 『법화경언해』에서 모두 '걸이다'로 번역된다는 것은 동일 원문의 번역인 다음 예문들에서 잘 확인된다. 원문 중 '不滯'가 모두 '걸이디 아니ᄒᆞ다'로 번역된다.

(1) i. 말ᄊᆞ매 걸이디 아니ᄒᆞ고 〈月十八 63a〉
j. 말ᄊᆞ매 걸이디 아니ᄒᆞ시고(不滯言詮ᄒᆞ시고) 〈法華七 2b〉

(1) k. 비록 轉ᄒᆞ야도 말ᄊᆞ매 걸윓 ᄃᆞᆯ 니ᄅᆞ시니라 〈月十四 32b〉
    l. 비록 轉ᄒᆞ야도 오직 마래 걸일 ᄯᆞᆯ 니ᄅᆞ시니라(謂…則雖轉ᄒᆞ야도 唯滯言詮일ᄃᆞᆯ ᄒᆞ시니라) 〈法華三 131b〉

(1) m. 二乘 權果애 걸여 〈月十四 81a〉
    n. 二乘 權果애 걸여(滯二乘權果ᄒᆞ야) 〈法華三 182a〉

〈2〉 ᄀᆞ리ᄫᆞ다/ᄀᆞ리오다 對 ᄀᆞ리다

두 동작동사가 [掩]과 [障蔽] 즉 '가리다'의 뜻을 가지고 동의 관계에 있다는 것은 동일 원문의 번역인 다음 예문들에서 잘 확인된다. 원문 중 '掩'이 'ᄀᆞ리ᄫᆞ다'로도 번역되고 'ᄀᆞ리다'로도 번역된다. 그리고 '障蔽'가 'ᄀᆞ리오다'로도 번역되고 'ᄀᆞ리다'로도 번역된다. 따라서 'ᄀᆞ리ᄫᆞ다/ᄀᆞ리오다'와 'ᄀᆞ리다'의 동의성은 명백히 입증된다. 'ᄀᆞ리ᄫᆞ다/ᄀᆞ리오다'는 'ᄀᆞ리다'의 使動形이다.

(2) a. 더러ᄫᅳᆫ 서근 내ᄅᆞᆯ ᄀᆞ리ᄫᆞ며 〈月十八 39b〉
    b. 내 나며 서근 더러우믈 ᄀᆞ리며(掩臭腐之穢ᄒᆞ며) 〈法華六 154b〉

(2) c. 羅睺ᄂᆞᆫ ᄀᆞ리오다 ᄒᆞᆫ 마리니 能히 ᄒᆡᄃᆞᄅᆞᆯ ᄀᆞ리오ᄂᆞ니 〈月十一 29a〉
    d. 羅睺ᄂᆞᆫ 닐오매 ᄀᆞ릴 씨니 日月을 能히 ᄀᆞ리오ᄂᆞ니라(羅睺ᄂᆞᆫ 云障蔽니 能障日月ᄒᆞᄂᆞ니라) 〈法華一 51a〉

한편 '蔽'가 『月印釋譜』 권12와 『法華經諺解』에서 모두 'ᄀᆞ리다'로 번역된다는 것은 동일 원문의 번역인 다음 예문들에서 잘 확인된다. 원문 중 '暗蔽'가 '아ᄃᆞᆨ히 ᄀᆞ리다'와 '어두이 ᄀᆞ리다'로 번역된다.

(2) e. 無明의 아ᄃᆞᆨ히 ᄀᆞ료ᄆᆞᆫ 〈月十二 35b〉
    f. 無明 어두이 ᄀᆞ료ᄆᆞᆫ(無明暗蔽ᄂᆞᆫ) 〈法華二 81a〉

〈3〉 잘이다 對 잘다

두 동작동사 [布] 즉 '깔리다'의 뜻을 가지고 동의 관계에 있다는 것은 동일 원문의 번역인 다음 예문들에서 잘 확인된다. 원문 중 '布其地'가 '짜해 잘이다'로도 번역되고 '짜해 잘다'로도 번역된다. 따라서 '잘이다'와 '잘다'의 동의성은 명백히 입증된다. '잘이다'는 동작동사 '잘다'의 피동형이다.

(3) a. 諸天寶華ㅣ 짜해 ᄀᆞᄃᆞ기 잘이니라 〈月十五 76b〉
    b. 諸天寶華ㅣ 짜해 ᄀᆞᄃᆞ기 잘어늘(諸天寶華ㅣ 遍布其地커늘) 〈法華四 123b〉

〈4〉 디내다 對 디나다

두 동작동사가 [過]와 [經] 즉 '지나다'의 뜻을 가지고 동의 관계에 있다는 것은 동일 원문의 번역인 다음 예문들에서 잘 확인된다. 원문 중 '過…阿僧祇劫'이 '阿僧祇劫 디내다'로도 번역되고 '阿僧祇劫 디나다'로도 번역된다. 그리고 '經少時'가 '아니한 時節 디나다'로도 번역되고 '져고맛 時節 디내다'로도 번역된다. 따라서 두 동작동사 '디내다'와 '디나다'의 동의성은 명백히 입증된다. '디내다'는 '디나다'의 使動形이다. 동작동사 '디내다'의 어간 '디내-'는 '디나-'와 사동접사 '-ㅣ'의 결합으로 제2 음절 '나'의 성조는 平聲이고 '내'의 성조는 上聲이다.

(4) a. 無量無邊 不可思議 阿僧祇劫 디내야 〈釋十九 26b〉
    b. 無量無邊 不可思議 阿僧祇劫 디나 〈月十七 79a〉
    c. 無量無邊 不可思議 阿僧祇劫 디나(過無量無邊不可思議阿僧祇劫ᄒᆞ야) 〈法華六 73b〉

(4) d. 二萬劫 디내야ᅀᅡ 〈月十四 43a〉
    e. 二萬劫 디나샤ᅀᅡ(過二萬劫已ᄒᆞ샤ᅀᅡ) 〈法華三 145b〉

(4) f. 窮子ㅣ 스믈 ᄒᆡ 디내야 〈月十三 26a〉
    g. 窮子ㅣ 二十年 디나(窮子ㅣ 過二十年ᄒᆞ야) 〈法華二 215b〉

(4) h. 이 數(65b) 디내야 世界 이쇼ᄃᆡ 〈月十八 66a〉
i. 이 數 디나 世界 이쇼ᄃᆡ(過是數已ᄒᆞ야 有世界호ᄃᆡ) 〈法華七 5a〉

(4) j. 華光如來 열두 小劫 디나 〈月十二 12a〉
k. 華光如來ㅣ 十二小劫 디내야(華光如來ㅣ 過十二小劫ᄒᆞ야) 〈法華二 38b〉

(4) l. ᄯᅩ 아니한 時節 디나니 〈月十三 29a〉
m. ᄯᅩ 져고맛 時節 디내야(復經少時ᄒᆞ야) 〈法華二 222a〉

(4) n. 오히려 僧祇劫 디내야ᅀᅡ 〈月十五 12b〉
o. ᄉᆞᆫᄌᆡ 僧祇劫 디나ᅀᅡ(猶過僧祇劫ᄒᆞ야ᅀᅡ) 〈法華四 61b〉

(4) p. 이 디낸 後애ᅀᅡ 〈月十五 37a〉
q. 이 디난 後애ᅀᅡ(過是已後에ᅀᅡ) 〈法華四 61b〉

한편 '過'가 『월인석보』와 『법화경언해』에서 모두 동작동사 '디나다'로 번역된다는 것은 동일 원문의 번역인 다음 예문들에서 잘 확인된다. 원문 중 '過千國土'가 모두 '千國土 디나다'로 번역된다.

(4) r. ᄯᅩ 千國土 디나 〈月十四 8b〉
s. ᄯᅩ 千國土 디나ᅀᅡ(又過千國土ᄒᆞ야ᅀᅡ) 〈法華三 86a〉

(4) t. 東方千國土 디나 〈月十四 8a〉
u. 東方千國土 디나ᅀᅡ(過於東方千國土ᄒᆞ야ᅀᅡ) 〈法華經 86a〉

〈5〉 ᄃᆞᆺ다 對 ᄃᆞᆺ오다

두 동작동사가 [愛] 즉 '사랑하다'의 뜻을 가지고 동의 관계에 있다는 것은 동일 원문의 번역인 다음 예문들에서 잘 확인된다. 원문 중 '生而愛'가 '나 ᄃᆞᆺ다'로도 번역되고 '나 ᄃᆞᆺ오다'로도 번역된다. 따라서 'ᄃᆞᆺ다'와 'ᄃᆞᆺ오다'의 동의성은 명백히 입증된다.

(5) a. 愛心이 나 ᄃᆞᄉᆞ 取ᄒᆞᄂᆞ니 〈月十四 36a〉
b. ᄃᆞᅀᆞᆫ ᄆᆞᅀᆞ미 나 ᄃᆞᅀᆞ오매 가지ᄂᆞ니(愛心이 生ᄒᆞ야 而愛예 斯取之ᄒᆞᄂᆞ니) 〈法華三 138b〉

(5) c. 愛取ᄒᆞᆯᄊᆡ 惑業이 서르(36a) ᄆᆡ자 〈月十四 36b〉
d. ᄃᆞᅀᆞ와 가죠ᄆᆞᆯ 브틀ᄊᆡ 惑業이 서르 ᄆᆡ자(由愛取故로 惑業이 相結ᄒᆞ야) 〈法華三 138b〉

한편 '愛'가 『월인석보』와 『법화경언해』에서 모두 'ᄃᆞᅀᆞ오다'로 번역된다는 것은 동일 원문의 번역인 다음 예문들에서 잘 확인된다. 원문 중 '生愛'가 'ᄃᆞᅀᆞᆫ ᄠᅳᆮ 내다'와 'ᄃᆞᅀᆞ오ᄆᆞᆯ 내다'로 번역된다.

(5) e. ᄒᆞ다가 貪著ᄒᆞ야 ᄃᆞᅀᆞᆫ ᄠᅳᆮ 내면 〈月十二 41a〉
f. ᄒᆞ다가 貪著(88b)ᄒᆞ야 ᄃᆞᅀᆞ오ᄆᆞᆯ 내면(若貪著生愛ᄒᆞ면) 〈法華二 89a〉

(5) g. ᄃᆞᅀᆞᆫ ᄆᆞᅀᆞ미 믄득 ᄇᆞ료미 어려ᄫᅳᆯᄊᆡ니라 〈月十四 15a〉
h. 愛 믄득 ᄇᆞ료미 어려울ᄊᆡ라(以愛難遽捨也ㅣ라) 〈法華三 97b〉

〈6〉 불다 對 불이다

두 동작동사가 [漂] 즉 '나부끼다'의 뜻을 가지고 동의 관계에 있다는 것은 동일 원문의 번역인 다음 예문들에서 잘 확인된다. 원문 중 '漂墮'가 '부러 ᄢᅥ러디다'로도 번역되고 '불여 ᄢᅥ디다'로도 번역되므로 '불다'와 '불이다'의 동의성은 명백히 입증된다. '불이다'는 '불다'의 被動形이다.

(6) a. 黑風이 부러 ᄢᅥ러딘 ᄠᅳ들 紫王ᄃᆞ려 무러늘 〈月十九 23b〉
b. 黑風에 불여 ᄢᅥ디ᄂᆞᆫ ᄠᅳ들 紫王ᄃᆞ려 무러늘(問黑風漂墮之義於紫王ᄒᆞ야ᄂᆞᆯ) 〈法華七 52a〉

한편 '漂'가 『월인석보』와 『법화경언해』에서 모두 '불이다'로 번역된다는 것은 동일 원문의 번역인 다음 예문들에서 잘 확인된다. 원문 중 '漂墮'가 '불여 ᄢᅥ러디다'와 '불여 ᄢᅥ디다'로 번역된다.

(6) c. 호 念에 블여 뻐러듀미 다 이 곧ᄒᆞ니라 〈月十九 23b〉
d. 호 念에 블여 뻐듀미 다 이 곧ᄒᆞ니라(一念漂墮ㅣ 皆如是也ᄒᆞ니라) 〈法華七 52b〉

〈7〉 안치다 對 앉긔 ᄒᆞ다

동작동사 '안치다'와 동작동사구 '앉긔 ᄒᆞ다'가 [令坐] 즉 '앉히다, 앉게 하다'의 뜻을 가지고 동의 관계에 있다는 것은 동일 원문의 번역인 다음 예문들에서 잘 확인된다. 원문 중 '令坐'가 '안치다'로도 번역되고 '앉긔 ᄒᆞ다'로도 번역되므로 '안치다'와 '앉긔 ᄒᆞ다'의 동의성은 명백히 입증된다. '안치다'는 '앉다'의 短形 使動이고 '앉긔 ᄒᆞ다'는 '앉다'의 長形 使動이다.

(7) a. 제 座를 ᄂᆞᆫ호아 안치면 〈釋十九 6a〉
b. 座를 ᄂᆞᆫ호아 앉긔 ᄒᆞ면 〈月十七 51a〉
c. ᄒᆞ다가 座 ᄂᆞᆫ호아 앉게 ᄒᆞ면(若分座ᄒᆞ야 令坐케ᄒᆞ면) 〈法華六 12a〉

〈8〉 알외다 對 알에 ᄒᆞ다

동작동사 '알외다'와 동작동사구 '알에 ᄒᆞ다'가 [悟] 즉 '알리다, 알게 하다'의 뜻을 가지고 동의 관계에 있다는 것은 동일 원문의 번역인 다음 예문들에서 잘 확인된다. 원문 중 '悟衆生'이 '衆生ᄋᆞᆯ 알외다'로도 번역되고 '衆生ᄋᆞᆯ 알에 ᄒᆞ다'로도 번역되므로 '알외다'와 '알에 ᄒᆞ다'의 동의성은 명백히 입증된다. 동작동사 '알외다'와 동작동사구 '알에 ᄒᆞ다'는 명사 '衆生'을 목적어로 공유한다. '알외다'는 '알다'의 단형 사동이고 '알에 ᄒᆞ다'는 '알다'의 장형 사동이다.

(8) a. 衆生ᄋᆞᆯ 뵈야 알외시니 〈月十一 113a〉
b. 衆生ᄋᆞᆯ 뵈야 알에 ᄒᆞᄂᆞ니라(示悟衆生ᄒᆞᄂᆞ니라) 〈法華一 182a〉

〈9〉 일우다 對 이르다

두 동작동사가 [成就] 즉 '이루다, 성취하다'의 뜻을 가지고 동의 관계에 있다는 것은 동일 원문의 번역인 다음 예문들에서 잘 확인된다. 원문 중 '自在成就'가 '自在成就ᄒᆞ다'로 번역되고

'自在成就'의 자석이 '自在히 일우다'이다. 그리고 '自在成就'가 '自在히 이르다'로 번역된다. 따라서 '일우다'와 '이르다'의 동의성은 명백히 입증된다. '일우다'는 동작동사 '일다'의 使動形으로 '일-+-우(사동 접사)+-다'로 분석되고 '이르다'는 동작동사 '일다'의 사동형으로 '일-+-으(사동 접사)+-다'로 분석된다.

(9) a. 다 無作妙力으로 自在成就ᄒᆞ샤미라[緣을 조차 너비 應ᄒᆞ샤미 自在히 일우샤미라] 〈月十九 32b〉
 b. 다 지슴 업스신 妙力으로 自在히 이르샤미니(皆以無力妙力으로 自在成就시니) 〈法華七 71b〉

한편 '成就'가 『월인석보』와 『법화경언해』에서 모두 '일우다'로 번역된다는 것은 동일 원문의 번역인 다음 예문들에서 잘 확인된다. 원문 중 '成就四法'이 모두 '四法을 일우다'로 번역된다.

(9) c. 善男子 善女人이 이 ᄀᆞ티 四法을 일우면 〈月十九 102b〉
 d. 善男子 善女人이 이 ᄀᆞ티 四法을 일워ᅀᅡ(善男子善女人이 如是成就四法ᄒᆞ야ᅀᅡ) 〈法華七 166a〉

(9) e. 이 藥王 藥上菩薩이 이 ᄀᆞᆮᄒᆞᆫ 諸大功德을 일워(92a)…不可思議 諸善功德을 일우니 〈月十一 92b〉
 f. 이 藥王 藥上菩薩이 이 ᄀᆞᆮᄒᆞᆫ 諸大功德을 일워…不可思議 諸善功德을 일우니(是藥王藥上菩薩이 成就如此諸大功德ᄒᆞ야…成就不可思議諸善功德ᄒᆞ니) 〈法華七 151a〉

〈10〉 조킈 ᄒᆞ다 對 조ᄒᆡ오다

동작동사구 '조킈 ᄒᆞ다'와 동작동사 '조ᄒᆡ오다'가 [淨] 즉 '깨끗하게 하다'의 뜻을 가지고 동의 관계에 있다는 것은 동일 원문의 번역인 다음 예문들에서 잘 확인된다. 원문 중 '能淨'이 '能히 조킈 ᄒᆞ다'로도 번역되고 '能히 조ᄒᆡ오다'로도 번역된다. 따라서 '조킈 ᄒᆞ다'와 '조ᄒᆡ오다'의 동의성은 명백히 입증된다. '조킈 ᄒᆞ다'는 상태동사 '좋다'의 長形 使動으로 '좋-+-긔#ᄒᆞ-+-다'로 분석된다. 그리고 '조ᄒᆡ오다'는 상태동사 '조ᄒᆞ다'의 短形 使動으로 어간 '조ᄒᆞ-'에 사동접사 '-ㅣ'와 '-오'가 결합된 것이다.

(10) a. 佛土 조케 호믈 爲호디 모로매 衆生 敎化호믄 모로매 塵勞애 나ᅀᅡ가 能히 조킈 ᄒᆞ다비 二乘의 塵勞 슬히 너겨 조훔 求호미 곧디 아니ᄒᆞ니 〈月十五 8a〉

b. 佛土 조케 호믈 爲ᄒᆞ샤디 모로매 衆生 敎化ᄒᆞ샤믄 모로매 塵勞애 나ᅀᅡ가 能히 조히오시논 디라 二乘의 塵勞 슬히 너겨 조훔 求호미 곧디 아니ᄒᆞ시니라(爲淨佛土ᄒᆞ샤디 而必敎化衆生者ᄂᆞᆫ 要卽塵勞而能淨이라 非若二乘의 厭塵勞以求淨也ㅣ라) 〈法華四 12b〉

2 狀態動詞간의 同義

고유어의 狀態動詞에서 발견되는 동의 관계는 相異型과 相似型으로 나눌 수 있다. 相異型은 음운론적 관점과 형태론적 관점으로 분류될 수 있는데 음운론적 관점에 의하면 音韻 交替와 音韻 脫落이 있고 형태론적 관점에 의하면 合成과 派生이 있다.

1. 相異型

서로 다른 형식을 가진 둘 또는 그 이상의 狀態動詞들이 동의 관계를 가질 수 있다. 이 경우가 상이형이다.

고유어의 狀態動詞에서 확인되는 상이형에는 [質直] 즉 '고지식하다'의 뜻을 가진 '고디식다'와 '곧다'를 비롯하여 [優] 즉 '낫다, 뛰어나다'의 뜻을 가진 '늘다'와 '더으다', [染] 즉 '더럽다'의 뜻을 가진 '덞다'와 '더럽다', [惡] 즉 '나쁘다'의 뜻을 가진 '멎다'와 '궂다', [快] 즉 '시원하다, 상쾌하다'의 뜻을 가진 '시훤ᄒᆞ다'와 '훤ᄒᆞ다', [恨] 즉 '恨스럽다'의 뜻을 가진 '애완브다'와 '측ᄒᆞ다' 그리고 [小] 즉 '작다'의 뜻을 가진 '혁다'와 '젹다' 등 40여 항목이 있다.

〈1〉 고디식다 對 곧다

두 상태동사가 [質直] 즉 '고지식하다'의 뜻을 가지고 동의 관계에 있다는 것은 동일 원문의 번역인 다음 예문들에서 잘 확인된다. 원문 중 '心意質直'이 'ᄆᆞᅀᆞ미 고디식다'로 번역되고 '質直'의 자석이 '곧다'이다. 따라서 '고디식다'와 '곧다'의 동의성은 명백히 입증된다.

(1) a. 이 사ᄅᆞᄆᆞᆫ ᄆᆞᅀᆞ미 고디식고 〈釋二十一 61b〉
b. 이 사ᄅᆞ미 心意 質直ᄒᆞ야 [質直은 고ᄃᆞᆯ 씨라] 〈月十九 117b〉
c. 이 사ᄅᆞ미 ᄆᆞᅀᆞᆷ ᄠᅳ디 質直ᄒᆞ야(是人이 心意質直ᄒᆞ야) 〈法華七 181b〉

〈2〉 굵다 對 멀텁다

두 상태동사가 [麁] 즉 '거칠다'의 뜻을 가지고 동의 관계에 있다는 것은 동일 원문의 번역인 다음 예문들에서 잘 확인된다. 원문 중 '諸著者麁'가 '諸著ᄋᆞᆫ 굵다'로도 번역되고 '여러 著ᄋᆞᆫ 멀텁다'로도 번역된다. 따라서 두 상태동사 '굵다'와 '멀텁다'의 동의성은 명백히 입증된다. 두 상태동사는 [細] 즉 '가늘다'의 뜻을 가진 상태동사 'ᄀᆞᄂᆞᆯ다'와 의미상 대립 관계에 있으므로 두 상태동사의 동의 관계는 더욱 극명해진다.

(2) a. 諸著ᄋᆞᆫ 굴그면 六塵業이오 ᄀᆞᄂᆞᆯ면 二乘法이라 〈月十一 98a〉
b. 여러 著ᄋᆞᆫ 멀터우면 곧 六塵業이오 ᄀᆞᄂᆞᆯ면 곧 二乘法이라(諸著者ᄂᆞᆫ 麁則六塵業이오 細卽二乘法이라) 〈法華一 139a〉

〈3〉 굵다 對 크다

두 상태동사가 [大] 즉 '크다'의 뜻을 가지고 동의 관계에 있다는 것은 동일 원문의 번역인 다음 예문들에서 잘 확인된다. 원문 중 '大比丘衆'이 '굴근 比丘衆'으로도 번역되고 '큰 比丘衆'으로도 번역되므로 '굵다'와 '크다'의 동의성은 명백히 입증된다.

(3) a. 굴근 比丘衆 萬二千 사ᄅᆞᆷ과 ᄒᆞᆫᄃᆡ 잇더시니 〈月十一 15a〉
b. 큰 比丘衆 萬二千人과 ᄒᆞᆫᄃᆡ 잇더시니(與大比丘衆萬二千人과 俱ᄒᆞ얫더시니) 〈法華一 22b〉

〈4〉 궂다 對 골없다

두 상태동사가 [醜] 즉 '추하다, 나쁘다'의 뜻을 가지고 동의 관계에 있다는 것은 동일 원문의 번역인 다음 예문들에서 잘 확인된다. 원문 중 '好醜'가 '됴ᄒᆞ며 궂다'로도 번역되고 '됴ᄒᆞ며 골없다'로도 번역되므로 두 상태동사 '궂다'와 '골없다'의 동의성은 명백히 입증된다. 두 상태동사가 [好] 즉 '좋다'의 뜻을 가진 상태동사 '둏다'와 의미상 대립 관계에 있으므로 두 상태동사의 동의 관계는 더욱 극명해진다.

(4) a. 됴커나 궂거나 〈釋十九 20a〉
b. 好(67a)커나 醜커나[醜는 골업슬 씨라] 〈月十七 67b〉
c. 됴커나 골업거나(若好커나 若醜커나) 〈法華六 51b〉

(4) d. 됴ᄒᆞ며 구즌 ᄃᆡ와 〈釋十九 23a〉
e. 好醜와 〈月十七 70b〉
f. 됴ᄒᆞ며 골업숨과(好醜와) 〈法華六 57b〉

〈5〉 ᄀᆞ독ᄒᆞ다 對 ᄎᆞ다

두 상태동사가 [滿]과 [滿足] 즉 '가득하다, 차다'의 뜻을 가지고 동의 관계에 있다는 것은 동일 원문의 번역인 다음 예문들에서 잘 확인된다. 원문 중 '智滿'이 '智 ᄀᆞ독ᄒᆞ다'로도 번역되고 '智 ᄎᆞ다'로도 번역된다. 그리고 '本願滿足'이 '本願이 ᄀᆞ독ᄒᆞ다'로도 번역되고 '本願이 ᄎᆞ다'로도 번역된다. 따라서 'ᄀᆞ독ᄒᆞ다'와 'ᄎᆞ다'의 동의성은 명백히 입증된다.

(5) a. 功이 圓코 智 ᄀᆞ독ᄒᆞ야 〈月十八 55b〉
b. 功이 두렵고 智 차(功圓智滿ᄒᆞ야) 〈法華六 177a〉

(5) c. 니러나샤 功 일우샤 本願이 ᄀᆞ독ᄒᆞ신 ᄠᅳ들 뵈실 ᄯᆞᄅᆞ미라 〈月十三 58b〉
d. 니러나샨 功이 이르샤 本願이 ᄎᆞ샨 ᄠᅳ들 뵈실 ᄯᆞᄅᆞ미시니라(以示出興功成ᄒᆞ샤 本願이 滿足之意耳시니라) 〈法華三 55a〉

〈6〉 ᄀᆞᆲ다 對 ᄀᆞᆮᄒᆞ다

두 상태동사가 [等]과 [爲等] 즉 '같다'의 뜻을 가지고 동의 관계에 있다는 것은 동일 원문의 번역인 다음 예문들에서 잘 확인된다. 원문 중 '正等'이 '正히 ᄀᆞᆲ다'로도 번역되고 '正히 ᄀᆞᆮᄒᆞ다'로도 번역된다. 그리고 '與物爲等'이 '萬物'과 'ᄀᆞᆮᄒᆞ다'로 번역되고 '物과 ᄀᆞᆲ다'로도 번역된다. 따라서 'ᄀᆞᆲ다'와 'ᄀᆞᆮᄒᆞ다'의 동의성은 명백히 입증된다.

(6) a. 正히 ᄀᆞᆯ바 다ᄅᆞᆫ 줄 업서 〈釋二十一 9a〉
b. 正히 ᄀᆞᆮᄒᆞ야 달오미 업서 〈月十九 30b〉
c. 正히 ᄀᆞᆮᄒᆞ야 달옴 업서(正等無異ᄒᆞ야) 〈法華七 68b〉

(6) d. 能히 萬物와 ᄀᆞᆮᄒᆞ실 씨니 〈釋二十一 19b〉
e. 能히 物와 ᄀᆞᆯ오샤미(能與物와 爲等ᄒᆞ샤미) 〈法華七 104a〉

한편 '等'이 『월인석보』와 『법화경언해』에서 모두 'ᄀᆞᆲ다'로 번역된다는 것은 동일 원문의 번역인 다음 예문들에서 잘 확인된다. 원문 중 '無…等'이 'ᄀᆞᆯᄫᆞ니 없다'와 'ᄀᆞᆲᄉᆞ오리 없다'로 번역된다.

(6) f. 物이 ᄀᆞᆯᄫᆞ니 업스니 勝이라 〈月十四 7a〉
g. 物이 뎌와 ᄀᆞᆲᄉᆞ오리 업수미 勝이시니(物無與等이 爲勝이시니) 〈法華三 85a〉

〈7〉 ᄀᆽ다 對 올다

두 상태동사가 [全] 즉 '갖추어져 있다, 온전하다'의 뜻을 가지고 동의 관계에 있다는 것은 동일 원문의 번역인 다음 예문들에서 잘 확인된다. 원문 중 '兩全'이 '둘히 ᄀᆽ다'로도 번역되고 '둘히 올다'로도 번역된다. 따라서 'ᄀᆽ다'와 '올다'의 동의성은 명백히 입증된다.

(7) a. 智와 行과 둘히 ᄀᆞ자ᅀᅡ 〈月十一 13b〉
b. 智와 行괘 둘히 오라ᅀᅡ(智行이 兩全ᄒᆞ야) 〈法華一 4b〉

〈8〉 늘다 對 더으다

두 상태동사가 [優] 즉 '낫다, 뛰어나다'의 뜻을 가지고 동의 관계에 있다는 것은 다음 예문들에서 잘 확인된다. 원문 중 '優劣'이 '느룸과 사오나봄'으로 번역되고 '優'의 字釋이 '더으다'이다. 따라서 두 상태동사 '늘다'와 '더으다'의 동의성은 명백히 입증된다. 또 두 상태동사는 [劣] 즉 '못하다, 못나다'의 뜻을 가진 '사오납다'와 의미상 대립 관계에 있으므로 두 상태동사의 동의성은 의심할 여지가 없다.

(8) a. 느룸과 사오나ᄫᆞᆷ과ᄅᆞᆯ 一定ᄒᆞᇙ딘댄 〈釋十九 10a〉
b. 優劣을 一定ᄒᆞᆯ띤댄(剋定優劣ᄒᆞᆯ뗸) 〈法華六 26a〉

(8) c. 優는 더을 씨오 劣은 사오나ᄫᆞᆯ 씨라 〈月十七 57a〉

〈9〉 다ᄒᆞ다 對 ᄀᆞᆮᄒᆞ다

두 상태동사가 [如] 즉 '같다'의 뜻을 가지고 동의 관계에 있다는 것은 동일 원문의 번역인 다음 예문들에서 잘 확인된다. 원문 중 '如汝所言'이 '네 닐옴 다ᄒᆞ다'로도 번역되고 '네 말 ᄀᆞᆮᄒᆞ다'로도 번역된다. 그리고 '如汝所言'이 '네 말 다ᄒᆞ다'로도 번역되고 '네 닐옴 ᄀᆞᆮᄒᆞ다'로도 번역된다. 따라서 두 상태동사 '다ᄒᆞ다'와 'ᄀᆞᆮᄒᆞ다'의 동의성은 명백히 입증된다.

(9) a. 올타 올타 네 닐옴 다ᄒᆞ니라 〈釋二十一 45a〉
b. 이 ᄀᆞ티 이 ᄀᆞ티 네 말 ᄀᆞᆮᄒᆞ니라 〈月十九 87a〉
c. 이 ᄀᆞᆮᄒᆞ며 이 ᄀᆞᆮᄒᆞ야 네 말 ᄀᆞᆮᄒᆞ니라(如是如是ᄒᆞ야 如汝所言ᄒᆞ니라) 〈法華七 146b〉

(9) d. 네 말 다ᄒᆞ니라 〈月十二 35a〉
e. 네 닐옴 ᄀᆞᆮᄒᆞ니라(如汝所言ᄒᆞ니라) 〈法華二 80a〉

한편 '如'가 『月印釋譜』 권12와 『法華經諺解』에서 모두 'ᄀᆞᆮᄒᆞ다'로 번역된다는 것은 동일 원문의 번역인 다음 예문들에서 잘 확인된다. 원문 중 '如是'가 모두 '이 ᄀᆞᆮᄒᆞ다'로 번역된다.

(9) e. 如來 ᄯᅩ 이 ᄀᆞᆮᄒᆞ야 〈月十二 35a〉
f. 如來도 ᄯᅩ 이 ᄀᆞᆮᄒᆞ야(如來도 亦復如是ᄒᆞ야) 〈法華二 80b〉

〈10〉 덞다 對 더럽다

두 상태동사가 [染] 즉 '더럽다'의 뜻을 가지고 동의 관계에 있다는 것은 동일 원문의 번역인 다음 예문들에서 잘 확인된다. 원문 중 '不染'이 '덞디 아니ᄒᆞ다'로도 번역되고 '더럽디 아니ᄒᆞ다'로도 번역된다. 따라서 '덞다'와 '더럽다'의 동의성은 명백히 입증된다.

(10) a. 白은 덞디 아니호ᄆᆞᆯ 니ᄅᆞ고 〈月十三 14a〉
b. ᄒᆡ요ᄆᆞᆫ 더럽디 아니호ᄆᆞᆯ 니ᄅᆞ고(白은 言不染이오) 〈法華二 197a〉

(10) c. 오직 덞디 아니ᄒᆞ며 기우디 아니호미 〈月十三 14a〉
d. 오직 더럽디 아니ᄒᆞ며 기우디 아니호ᄆᆞ로(但以不染不偏으로) 〈法華二 197a〉

〈11〉 덧궂다 對 골업고 더럽다

상태동사 '덧궂다'와 상태동사구 '골업고 더럽다'가 [醜陋] 즉 '추하고 더럽다'의 뜻을 가지고 동의 관계에 있다는 것은 동일 원문의 번역인 다음 예문들에서 잘 확인된다. 원문 중 '形體醜陋'가 '양ᄌᆞ 덧궂다'로도 번역되고 '양ᄌᆞ 골업고 더럽다'로도 번역된다. 따라서 '덧궂다'와 '골업고 더럽다'의 동의성은 명백히 입증된다. 상태동사구 '골업고 더럽다'는 상태동사 '골없다' [醜]와 상태동사 '더럽다' [陋]의 결합이다.

(11) a. 나ᄂᆞᆫ 양ᄌᆞ 덧궂고 ᄉᆞᆯ히 셰요이다 〈釋二十四 35a〉
b. 나ᄂᆞᆫ 양ᄌᆞ 골업고 더럽고 ᄉᆞᆯ히 멀터ᄫᅳ이다 〈月二十五 97b〉
c. 我形體醜陋 肌膚麤澁 〈釋迦譜 卷5 31. 阿育王造八萬四千塔記〉

상태동사 '덧궂다'의 용례는 『석보상절』 권 24의 다음 예문들에서 잘 확인된다.

(11) d. 모미 디들오 양ᄌᆡ 덧구즐ᄊᆡ 〈釋二十四 11b〉
e. 王ᄋᆞᆫ 前生애 몰애로 布施홀ᄊᆡ 이제 와 양ᄌᆡ 덧궂다 ᄒᆞ논 ᄠᅳ디라 〈釋二十四 35a〉

〈12〉 되다 對 높다

두 상태동사가 [高] 즉 '높다'의 뜻을 가지고 동의 관계에 있다는 것은 동일 원문의 번역인 다음 예문들에서 잘 확인된다. 원문 중 '高聲'이 '노ᄑᆞᆫ 소리'로도 번역되고 '된 소리'로도 번역되므로 '되다'와 '높다'의 동의성은 명백히 입증된다.

(12) a. ᄉᆞᆫᄌᆡ 高聲으로 닐오ᄃᆡ 〈釋十九 31a〉
b. ᄉᆞᆫᄌᆡ 노ᄑᆞᆫ 소리로 닐오ᄃᆡ 〈月十七 85a〉
c. ᄉᆞᆫᄌᆡ 된 소리로 닐오ᄃᆡ(猶高聲唱言호ᄃᆡ) 〈法華六 80b〉

〈13〉 둏다 對 곱다

두 상태동사가 [好]와 [姝好] 즉 '곱다, 예쁘다'의 뜻을 가지고 동의 관계에 있다는 것은 동일 원문의 번역인 다음 예문들에서 잘 확인된다. 원문 중 '赤好'가 '븕고 둏다'로도 번역되고 '븕고 곱다'로도 번역된다. '嚴好'가 '싁싁기 둏다'로도 번역되고 '싁싁기 곱다'로도 번역된다. 그리고 '姝好'가 '둏다'로도 번역되고 '곱다'로도 번역된다. 따라서 '둏다'와 '곱다'의 동의성은 명백히 입증된다.

(13) a. 입시욼 비치 븕고 됴ᄒᆞ샤미 頻婆果ㅣ ᄀᆞᆮᄒᆞ샤ᄉᆞ이다 〈釋二十一 46b〉
b. 입시욼 비치 븕고 고ᄫᆞ샤 頻婆果ㅣ ᄀᆞᆮᄒᆞ샤ᄉᆞ이다 〈月十九 90a〉
c. 입시욼 비치 븕고 됴ᄒᆞ샤미 頻婆果ㅣ ᄀᆞᆮᄒᆞ샤ᄉᆡ이다(色赤好ㅣ 如頻婆果ᄒᆞ샤ᄉᆞ이다) 〈法華七 148a〉

(13) d. 입시울와 혀와 엄니와 니왜 다 싁싁기 됴하 〈月十七 53b〉
e. 脣舌牙齒ㅣ 다 싁싁기 고오며(脣舌牙齒ㅣ 悉皆嚴好ᄒᆞ며) 〈法華六 14b〉

(13) f. 양ᄌᆡ 됴코 〈月十二 30a〉
g. 얼구리 고ᄋᆞ며(形體ㅣ 姝好ᄒᆞ며) 〈法華二 73a〉

〈14〉 둏다 對 어딜다

두 상태동사가 [賢] 즉 '어질다'의 뜻을 가지고 동의 관계에 있다는 것은 동일 원문의 번역인 다음 예문들에서 잘 확인된다. 원문 중 '賢無垢'가 '됴하 ᄠᅵ 없다'로도 번역되고 '어디러 ᄠᅵ 없다'로도 번역된다. 따라서 '둏다'와 '어딜다'의 동의성은 명백히 입증된다.

(14) a. 됴하 ᄠᅵ 업슨 香이라 ᄒᆞ논 마리라 〈釋十九 17a〉
b. 닐오매 어디러 ᄠᅵ 업슨 香이오(云賢無垢香이오) 〈法華六 41a〉

〈15〉 둏다 對 읻다

두 상태동사가 [好]와 [善] 즉 '좋다'의 뜻을 가지고 동의 관계에 있다는 것은 다음 예문들에서 잘 확인된다. 원문 중 '若好若醜'가 '됴커나 궂거나'로 번역되고 '好'의 자석이 '둏다'이다. '相好'의 자석이 '양ᄌᆞ 둏다'이다. 그리고 원문 중 '善友'가 '이든 벋'으로 번역되고 '善男子'가 '이든 남진'으로 번역된다. 따라서 '둏다'와 '읻다'의 동의성은 명백히 입증된다.

(15) a. 千二百 舌功德을 得ᄒᆞ리니 됴코나 궂거나 〈釋十九 20a〉
b. 千二百 舌功德을 得ᄒᆞ리라 好(67a)커나 醜커나 〈月十七 67b〉
c. 千二百 舌功德을 得ᄒᆞ리니 됴커나 골업거나(得千二百功德ᄒᆞ리니 若好커나 若醜커나) 〈法華經 51b〉
d. 好ᄂᆞᆫ 됴ᄒᆞᆯ 씨오 醜는 골업슬 씨라 〈月十七 67b〉

(15) e. 相好ᄂᆞᆫ 양ᄌᆞ 됴ᄒᆞ샤미라 〈月二 10a〉
f. 니ᄅᆞ시ᄂᆞᆫ 곧마다 됴ᄒᆞᆫ 마리시며 〈月二 58b〉

(15) g. 제 드론 야ᄋᆞ로 어버ᅀᅵ며 아ᅀᆞ미며 이든 벋ᄃᆞ려 힚ᄀᆞ장 닐어든 〈釋十九 2a〉

h. 드룬 다ᄫᅵ 父母 宗親 善友知識 爲ᄒᆞ야 히믈 조차 불어 닐어든 〈月十七 45b〉

i. 드롬 ᄀᆞ티 父母(4a) 宗親 善友知識 爲ᄒᆞ야 히믈 조차 펴 닐어든(如其所聞히 爲父母宗親善友知識爲ᄒᆞ야 隨力演說ᄒᆞ야ᄃᆞᆫ 〈法華六 4a〉

(15) j. 能히 千萬 가짓 이든 工巧ᄒᆞᆫ 말로 ᄀᆞᆯᄒᆞ야 說法ᄒᆞ리니(能以千萬種善巧之語言으로 分別而說法ᄒᆞ리니) 〈法華六 67b〉

k. 善男子ᄂᆞᆫ 이든 남지니오 善女人ᄋᆞᆫ 이든 겨지비라 〈月七 71a〉

l. 그 光이 百寶色鳥ㅣ ᄃᆞ외야 이든 우루믈 우러 〈月八 14a〉

〈16〉 두리염직ᄒᆞ다 對 저프다

두 상태동사가 [怖] 즉 '두렵다'의 뜻을 가지고 동의 관계에 있다는 것은 동일 원문의 번역인 다음 예문들에서 잘 확인된다. 원문 중 '驚怖'가 '놀라 두리염직ᄒᆞ다'로도 번역되고 '놀라이 저프다'로도 번역되므로 '두리염직ᄒᆞ다'와 '저프다'의 동의성은 명백히 입증된다.

(16) a. 實로 놀라 두리염직ᄒᆞ거늘 〈月十二 38b〉

b. 實로 놀라이 저프거늘(實可驚怖ㅣ어늘) 〈法華二 85b〉

〈17〉 두렵다 對 저프다

두 상태동사가 [怖畏]와 [畏] 즉 '두렵다'의 뜻을 가지고 동의 관계에 있다는 것은 동일 원문의 번역인 다음 예문들에서 잘 확인된다. 원문 중 '怖畏'가 '두렵다'로도 번역되고 '저프다'로도 번역된다. 그리고 '狀…畏'가 '양ᄌᆞ 두렵다'로도 번역되고 '양ᄌᆞ애 저프다'로도 번역된다. 따라서 '두렵다'와 '저프다'의 동의성은 명백히 입증된다. 두 상태동사 '두렵다'와 '저프다'는 각각 두 동작동사 '두리다'와 '젛다'에서 파생된 것이다. '두렵다'의 어간 '두렵-'은 語根 '두리-'와 접미사 '-ㅂ'의 결합이고 '저프다'의 어간 '저프-'는 語根 '젛-'과 접미사 '-브'의 결합이다.

(17) a. 두리ᄫᅳ며 어려ᄫᅳᆫ ᄉᆞᅀᅵ예 〈釋二十一 14a〉

b. 저픈 時急ᄒᆞᆫ 어려ᄫᅳᆫ ᄉᆞᅀᅵ예 〈月十九 39a〉

c. 두리운 時急ᄒᆞᆫ 어려운 中에(於怖畏急難之中에) 〈法華七 81a〉

(17) d. 世間ㅅ 두리ᄫᅮ미 ᄒᆞ야디여 업스니라 〈月十四 53b〉

e. 世間 저푸미 허러 滅토다(世間怖畏ㅣ 壞滅矣로다) 〈法華三 161a〉

(17) f. 올ᄒᆞᆫ소내 ᄯᅩᇰ ᄎᆞᇙ 그릇 잡고 양ᄌᆡ 두리ᄫᅳᆫ 일 잇ᄂᆞᆫ ᄃᆞ시 ᄒᆞ야 〈月十三 22a〉

g. 올ᄒᆞᆫ소ᄂᆞ로 ᄯᅩᇰ ᄎᆞᄂᆞᆫ 그릇 잡고 양ᄌᆞ애 저품 두어(右手로 執持除糞之器ᄒᆞ고 狀有所畏ᄒᆞ야) 〈法華二 209b〉

한편 '怖畏'가 『月印釋譜』와 『法華經諺解』에서 모두 '두립다'로 번역되고 '畏'가 『월인석보』와 『법화경언해』에서 모두 '저프다'로 번역된다는 것은 동일 원문의 번역인 다음 예문들에서 잘 확인된다. 원문 중 '怖畏衰'가 '두리ᄫᅳ며 衰ᄒᆞ다'와 '두리우며 衰ᄒᆞ다'로 번역된다. 그리고 '無畏'가 '모두 저품 없다'로 번역된다.

(17) h. 여러 가짓(35a) 두리ᄫᅳ며 衰ᄒᆞ며 셜ᄫᅳ며 시름ᄒᆞ며 無明의 아ᄃᆞᆨ히 ᄀᆞ료미 〈月十二 35b〉

i. 여러 가짓 두리우며 衰ᄒᆞ야 셜우며 시름과 無明 어두이 ᄀᆞ료매(於諸怖畏衰惱憂患과 無明闇蔽예) 〈法華二 81a〉

(17) j. 두리ᄫᅳ며 셜ᄫᅳ며 시르믄 〈月十二 35b〉

k. 두리우며 셜우며 시르믄(怖畏惱患은) 〈法華二 81a〉

(17) l. 저품 업스신 德을 表ᄒᆞ고 〈月十三 13a〉

m. 저품 업스신 德을 表ᄒᆞ고(表無畏之德也ㅣ오) 〈法華二 196b〉

〈18〉 두텁다 對 둗겁다

두 상태동사가 [厚] 즉 '두텁다, 두껍다'의 뜻을 가지고 동의 관계에 있다는 것은 동일 원문의 번역인 다음 예문들에서 잘 확인된다. 원문 중 '脣…厚'가 '입시우리…두텁다'로도 번역되고 '입시우리…둗겁다'로도 번역된다. 그리고 '福…厚'가 '福이…둗겁다'로도 번역되고 '福이…두텁다'로도 번역된다. 따라서 두 상태동사 '두텁다'와 '둗겁다'의 동의성은 명백히 입증된다. 두 상태동사는 [+구체물]인 '입시울'과 [-구체물]인 '福'을 主語로 공유한다.

(18) a. 입시우리 두텁디 아니ᄒᆞ며 〈釋十九 7a〉
b. 입시우리 둗(52b)겁디 아니ᄒᆞ며 〈月十七 53a〉
c. 입시우리 두텁디 아니ᄒᆞ며(脣不厚ᄒᆞ며) 〈法華六 13b〉

(18) d. 아랫 福이 깊고 둗거버 〈釋二十一 39b〉
e. 아릿 福이 깊고 두터볼씨 〈月十九 80b〉
f. 아랫 福이 깊고 둗거워(宿福이 深厚ᄒᆞ야) 〈法華七 137b〉

〈19〉 맛감ᄒᆞ다 對 ᄀᆞᆮᄒᆞ다

두 상태동사가 [如] 즉 '같다'의 뜻을 가지고 동의 관계에 있다는 것은 동일 원문의 번역인 다음 예문들에서 잘 확인된다. 원문 중 '如微塵'이 '微塵 맛감ᄒᆞ다'로도 번역되고 '져근 듣글 ᄀᆞᆮᄒᆞ다'로도 번역되므로 '맛감ᄒᆞ다'와 'ᄀᆞᆮᄒᆞ다'의 동의성은 명백히 입증된다.

(19) a. 킈 微塵 맛감ᄒᆞ고 〈月十四 8a〉
b. 킈 져근 듣글 ᄀᆞᆮ고(大如微塵ᄒᆞ고) 〈法華三 86a〉

〈20〉 맛당ᄒᆞ다 對 올ᄒᆞ다

두 상태동사가 [宜] 즉 '마땅하다, 옳다'의 뜻을 가지고 동의 관계에 있다는 것은 동일 원문의 번역인 다음 예문들에서 잘 확인된다. 원문 중 '宜…說'이 '니ᄅᆞ샤미 맛당ᄒᆞ다'로도 번역되고 '니ᄅᆞ샤미 올ᄒᆞ다'로도 번역된다. 그리고 '囑累宜'가 '囑累ᄒᆞ샤미 올ᄒᆞ다'로도 번역되고 ''囑累ᄒᆞ샤미 맛당ᄒᆞ다'로도 번역된다. 따라서 '맛당ᄒᆞ다'와 '올ᄒᆞ다'의 동의성은 명백히 입증된다.

(20) a. 二萬劫 니ᄅᆞ샤미 맛당ᄒᆞ니라 〈月十四 43b〉
b. 二萬劫을 니ᄅᆞ샤미 올ᄒᆞ샷다(則宜於二萬劫을 說也ㅣ샷다) 〈法華三 146a〉

(20) c. 囑累ᄒᆞ샤미 올ᄒᆞ시니라 〈月十八 13b〉
d. 囑累ᄒᆞ샤미 맛당ᄒᆞ샷(118a)다(囑累宜矣샷다) 〈法華六 118b〉

〈21〉 멎다 對 궂다

두 상태동사가 [惡] 즉 '나쁘다'의 뜻을 가지고 동의 관계에 있다는 것은 동일 원문의 번역인 다음 예문들에서 잘 확인된다. 원문 중 '惡處'가 '머즌 ᄯᅡᇂ'로도 번역되고 '구즌 곧'으로도 번역되므로 두 상태동사 '멎다'와 '궂다'의 동의성은 명백히 입증된다. 두 상태동사는 [善] 즉 '좋다'의 뜻을 가진 상태동사 '둏다'와 의미상 대립 관계에 있다.

(21) a. 됴ᄒᆞᆫ ᄯᅡ 머즌 ᄯᅡ해 나미 〈釋十九 23a〉
b. 됴ᄒᆞᆫ 곧 구즌 고대 나미 〈月十七 70b〉
c. 됴ᄒᆞᆫ 곧 구즌 고대 나미(生善處惡處ㅣ) 〈法華六 57b〉

〈22〉 므ᅀᅴ엽다 對 두립다

두 상태동사가 [怖畏] 즉 '무섭다, 두렵다'의 뜻을 가지고 동의 관계에 있다는 것은 동일 원문의 번역인 다음 예문들에서 잘 확인된다. 원문 중 '怖畏'가 '므ᅀᅴ엽다'로도 번역되고 '두립다'로도 번역되므로 두 상태동사 '므ᅀᅴ엽다'와 '두립다'의 동의성은 명백히 입증된다. 두 상태동사는 각각 동작동사 '므ᅀᅴ다'와 '두리다'에서 파생된 것이다. '므ᅀᅴ엽다'의 어간 '므ᅀᅴ엽-'은 語根 '므ᅀᅴ-'와 접미사 '-엽'의 결합이고 '두립다'의 어간 '두립-'은 어근 '두리-'와 접미사 '-ㅂ'의 결합이다.

(22) a. 므ᅀᅴ여ᄫᅳᆫ 軍陣中에 〈釋二十一 15b〉
b. 두리ᄫᅳᆫ 軍陣中에 〈月十九 48b〉
c. 두리운 軍陣中에(怖畏軍陣中에) 〈法華七 96b〉

〈23〉 므ᅀᅴ엽다 對 저프다

두 상태동사가 [怖]와 [畏怖] 즉 '무섭다'의 뜻을 가지고 동의 관계에 있다는 것은 동일 원문의 번역인 다음 예문들에서 잘 확인된다. 원문 중 '爪可怖'가 '토비 므ᅀᅴ엽다'로도 번역되고 '톱쾌 저프다'로도 번역된다. 그리고 '畏怖之事'가 '므ᅀᅴ여ᄫᅳᆫ 일'로도 번역되고 '저픈 일'로도 번역된다. 따라서 두 상태동사 '므ᅀᅴ엽다'와 '저프다'의 동의성은 명백히 입증된다. 두 상태동사는 각각 두 동작동사 '므ᅀᅴ다'와 '젛다'에서 파생된 것이다. 두 상태동사는 '톱'을 主語로 공유하고 '일'을 피수식어로 공유한다.

(23) a. 어미 ᄂᆞᆯ카ᄫᆞ며 토비 므ᅀᅴ엽고도 〈釋二十一 4b〉
b. 니 ᄂᆞᆯ캅고 토비 므ᅀᅴ여ᄫᅥ도 〈月十九 45a〉
c. 엄과 톱괘 ᄂᆞᆯ카와 저퍼도(利牙爪可怖ㅣ라도) 〈法華七 90a〉

(23) d. 내 므ᅀᅴ여ᄫᅳᆫ 이를 닐오ᄃᆡ 〈月十二 25b〉
e. 내 반ᄃᆞ기 爲ᄒᆞ야 저픈 이ᄅᆞᆯ 닐오ᄃᆡ(我當爲說怖畏之事호ᄃᆡ) 〈法華二 64a〉

한편 '怖畏'와 '畏'가 『月印釋譜』 권12와 『法華經諺解』에서 모두 '저프다'로 번역된다는 것은 동일 원문의 번역인 다음 예문들에서 잘 확인된다. 원문 중 '怖畏險道'가 모두 '저픈 險ᄒᆞᆫ 길ㅎ'로 번역된다. 그리고 '無畏'가 모두 '저품 없다'로 번역된다.

(23) f. 三界苦 저픈 險한 길헤 나 〈月十二 47b〉
g. 三界苦 저픈 險한 길헤 나(出三界苦怖畏險道ᄒᆞ야) 〈法華二 98a〉

(23) h. 저품 업슨 ᄯᅡ해 다ᄃᆞ랫거ᄂᆞᆯ 보고 〈月十二 47a〉
i. 저품 업슨 고대 다ᄃᆞᆮ거늘 보고(見 …… 到無畏處ᄒᆞ고) 〈法華二 97b〉

〈24〉 사오납다 對 샹더럽다

두 상태동사가 [庸鄙] 즉 '상스럽다'의 뜻을 가지고 동의 관계에 있다는 것은 동일 원문의 번역인 다음 예문들에서 명백히 확인된다. 원문 중 '諸庸鄙'가 '사오나ᄫᆞᆫ 사ᄅᆞᆷ'으로도 번역되고 '샹더러운 것ᄃᆞᆯㅎ'로도 번역된다. 따라서 '사오납다'와 '샹더럽다'의 동의성은 명백히 입증된다.

(24) a. 사오나ᄫᆞᆫ 사ᄅᆞᄆᆞᆯ 달애샤 〈月十三 42b〉
b. 샯더러운 것ᄃᆞᆯᄒᆞᆯ 달애샤(誘諸庸鄙ᄒᆞ샤) 〈法華三 4b〉

〈25〉 셰다 對 멀텁다

두 상태동사가 [麤澁] 즉 '거칠고 껄끄럽다'의 뜻을 가지고 동의 관계에 있다는 것은 동일 원문의 번역인 다음 예문들에서 잘 확인된다. 원문 중 '肌膚麤澁'이 'ᄉᆞᆯ히 셰다'로도 번역되고 'ᄉᆞᆯ히 멀텁다'로도 번역된다. 따라서 '셰다'와 '멀텁다'의 동의성은 명백히 입증된다.

(25) a. 나ᄂᆞᆫ 양ᄌᆡ 덧굿고 ᄉᆞᆯ히 셰요이다 〈釋二十四 35a〉
b. 나ᄂᆞᆫ 양ᄌᆡ 골업고 더럽고 ᄉᆞᆯ히 멀터ᄫᅳ이다 〈月二十五 97b〉
c. 我形體醜陋 肌膚麤澁 〈釋迦譜 卷5 31. 阿育王造八萬四千塔記〉

〈26〉 시훤ᄒᆞ다 對 훤ᄒᆞ다

두 상태동사가 [快] 즉 '시원하다, 상쾌하다'의 뜻을 가지고 동의 관계에 있다는 것은 동일 원문의 번역인 다음 예문들에서 잘 확인된다. 원문 중 '不…快'가 '아니 싀훤ᄒᆞ다'로도 번역되고 '아니 훤ᄒᆞ다'로도 번역된다. 따라서 '싀훤ᄒᆞ다'와 '훤ᄒᆞ다'의 동의성은 명백히 입증된다.

(26) a. ᄒᆞ다가 授記ᄅᆞᆯ 得ᄒᆞᅀᆞᄫᆞ면 아니 싀훤ᄒᆞ려 〈月十五 27a〉
b. ᄒᆞ다가 授記ᄅᆞᆯ 得ᄒᆞ면 아니 훤ᄒᆞ려(設得授記ᄒᆞ면 不亦快乎아) 〈法華四 47a〉

〈27〉 ᄊᆞ다 對 맞다

두 상태동사가 [直] 즉 '값어치가 있다, 상당하다'의 뜻을 가지고 동의 관계에 있다는 것은 동일 원문의 번역인 다음 예문들에서 잘 확인된다. 원문 중 '直百千'이 '百千 ᄊᆞ다'로도 번역되고 '百千 맞다'로도 번역된다. '直百千'이 '百千 맞다'로도 번역되고 '百千 ᄊᆞ다'로도 번역된다. 그리고 '直娑婆'가 '娑婆' 'ᄊᆞ다'로도 번역되고 '娑婆 맞다'로도 번역된다. 따라서 두 상태동사 'ᄊᆞ다'와 '맞다'의 동의성은 명백히 입증된다.

(27) a. 갑시 百千 ᄊᆞ니ᄅᆞᆯ 글어내야 〈釋二十一 42a〉
b. 갑시 百千 ᄊᆞ니ᄅᆞᆯ 글어 〈月十九 83b〉
c. 갑시 百千이 마ᄌᆞ닐 글어(解…價直百千ᄒᆞ야) 〈法華七 141b〉

(27) d. 六銖ㅅ 갑시 娑婆ㅣ ᄊᆞ니라 〈月十八 29a〉
e. 六銖ㅣ 갑시 娑婆ㅣ 마ᄌᆞ니라(所以六銖ㅣ 價直娑婆也ᄒᆞ니라) 〈法華六 139a〉

(27) f. 갑시 百千 마ᄌᆞᆫ 瓔珞ᄋᆞᆯ 〈釋二十 42b〉
g. 갑시 百千 ᄊᆞᆫ 瓔珞ᄋᆞ로 〈月十八 78b〉
h. 갑시 百千 ᄊᆞᆫ 瓔珞으로(以價直百千ᄒᆞᆫ 瓔珞으로) 〈法華七 19b〉

(27) i. 이 香ㅅ 六銖ㅅ 갑시 娑婆世界 맛더니 〈釋二十 9a〉
j. 이 香 六銖ㅣ 갑시 娑婆世界 ᄊᆞ더니 〈月十八 28b〉
k. 이 香 六銖ㅣ 갑시 娑婆世界 마ᄌᆞ니(此香六銖ㅣ 價直娑婆世界로) 〈法華六 139a〉

〈28〉 아니ᄒᆞ다 對 몯ᄒᆞ다

두 상태동사가 [不] 즉 '아니하다, 못하다'의 뜻을 가지고 동의 관계에 있다는 것은 동일 원문의 번역인 다음 예문들에서 잘 확인된다. 원문 중 '不美'가 '美티 아니ᄒᆞ다'로도 번역되고 '美티 몯ᄒᆞ다'로도 번역된다. 그리고 '不如是'가 '이러티 몯ᄒᆞ다'로도 번역되고 '이 ᄀᆞᆮ디 아니ᄒᆞ다'로도 번역된다. 따라서 '아니ᄒᆞ다'와 '몯ᄒᆞ다'의 동의성은 명백히 입증된다.

(28) a. 아ᄅᆞᆷ답거나 아ᄅᆞᆷ답디 아니커나 〈釋十九 20a〉
b. 美커나 美티 아니커나 〈月十七 67b〉
c. 美커나 美티 몯거나(若美커나 不美커나) 〈法華六 51b〉

(28) d. 이러티 몯ᄒᆞ면 大通ㅅ 道ㅣ 몯 ᄃᆞ외리라 〈月十四 46b〉
e. 이 ᄀᆞᆮ디 아니ᄒᆞ시면 大通ㅅ 道ㅣ ᄃᆞ외디 몯ᄒᆞ시리라(不如是시면 不足爲大通之道ㅣ시리라) 〈法華三 150a〉

〈29〉 아치얻브다 對 골없다 對 믭다

세 상태동사가 [惡] 즉 '추하다, 밉다'의 뜻을 가지고 동의 관계에 있다는 것은 동일 원문의 번역인 다음 예문들에서 잘 확인된다. 원문 중 '可惡'이 '아치얻븐 양'으로도 번역되고 '골업숨'으로 번역되며 '믜움'으로도 번역된다. 따라서 세 상태동사 '아치얻브다', '골없다' 및 '믭다'의 동의성은 명백히 입증된다.

(29) a. 믈읫 아치얻븐 야ᇰ이 업스며 〈釋十九 7a〉
b. 여러 가짓 골 업수미 업스며 〈月十七 53a〉
c. 여러 가짓 믜우미 업스며(無諸可惡ᄒᆞ며) 〈法華六 13b〉

〈30〉 애왇브다 對 측ᄒᆞ다

두 상태동사가 [恨] 즉 '恨스럽다'의 뜻을 가지고 동의 관계에 있다는 것은 동일 원문의 번역인 다음 예문들에서 잘 확인된다. 원문 중 '懷悔恨'이 '뉘읏브며 애왇부믈 먹다'로도 번역되고 '뉘읏븐 측ᄒᆞᆫ ᄠᅳ들 먹다'로도 번역되므로 '애왇브다'와 '측ᄒᆞ다'의 동의성은 명백히 입증된다.

(30) a. 제 ᄉᆞ랑ᄒᆞ야 ᄆᆞᅀᆞ매 뉘읏브며 애왇부믈 머거 〈月十三 10a〉
b. 내 ᄉᆞ랑ᄒᆞ야 ᄆᆞᅀᆞ매 뉘읏븐 측ᄒᆞᆫ ᄠᅳ들 머그며(自思惟ᄒᆞ야 心懷悔恨ᄒᆞ며) 〈法華二 189b〉

〈31〉 어득ᄒᆞ다 對 어듭다

두 상태동사가 [暗]과 [昏] 즉 '어둡다'의 뜻을 가지고 동의 관계에 있다는 것은 동일 원문의 번역인 다음 예문들에서 명백히 확인된다. 원문 중 '癡暗'이 '迷惑ᄒᆞ고 어득홈'으로도 번역되고 '迷惑ᄒᆞᆫ 어드움'으로도 번역된다. 그리고 '昏淺'이 '어득고 녇갑다'로도 번역되고 '어듭고 녇갑다'로도 번역된다. 따라서 '어득ᄒᆞ다'와 '어듭다'의 동의성은 명백히 입증된다.

(31) a. 迷惑ᄒᆞ고 어득호ᄆᆞᆯ ᄒᆞ야ᄇᆞ려 〈月十五 20a〉
b. 여러 迷惑ᄒᆞᆫ 어드우믈 허러(破諸癡暗ᄒᆞ야) 〈法華四 30a〉

(31) c. 부톄 二乘 아ᄃᆞ리 五道애 오래 써디여 性 ᄇᆡᄒᆞ시 어득고 녇가ᄫᅡ 어루 큰 일 몯니르리로다 念ᄒᆞ샤ᄆᆞᆯ 가ᄌᆞ비니라 〈月十三 10b〉

d. 부톄 二乘 아ᄃᆞ리 五道애 오래 ᄢᅧ듀믈 念ᄒᆞ샤ᄃᆡ 性 ᄇᆡᄒᆞ시 어듭고 녇가와 큰 法 니ᄅᆞ디 몯ᄒᆞ샤ᄆᆞᆯ 가ᄌᆞᆯ비니라(譬佛이 念二乘之子ㅣ 久淪五道ᄒᆞ샤ᄃᆡ 性習이 昏淺ᄒᆞ야 未堪說大也라) 〈法華二 190a〉

한편 '暗'이 『월인석보』와 『법화경언해』에서 모두 '어듭다'로 번역된다는 것은 동일 원문의 번역인 다음 예문들에서 잘 확인된다. 원문 중 '癡暗'이 '어리여 어드봄'과 '迷惑ᄒᆞᆫ 어드움'으로 번역된다.

(31) e. 어리여 어드ᄫᅮ믹 ᄀᆞ리요미라 〈月十二 39a〉

f. 實로 迷惑ᄒᆞᆫ 어드우믜 ᄀᆞ료미라(實癡暗의 所蔽也ㅣ라) 〈法華二 85b〉

〈32〉 어딜다 對 높다

두 상태동사가 [勝] 즉 '낫다, 훌륭하다'의 뜻을 가지고 동의 관계에 있다는 것은 동일 원문의 번역인 다음 예문들에서 잘 확인된다. 원문 중 '勝德'이 '어딘 德'으로도 번역되고 '노ᄑᆞᆫ 德'으로도 번역되므로 '어딜다'와 '높다'의 동의성은 명백히 입증된다.

(32) a. 經의 어딘 德을 나토샤ᄃᆡ 〈月十八 50b〉

b. 經의 노ᄑᆞᆫ 德을 나토샤미(顯經勝德ᄒᆞ샤미) 〈法華六 169b〉

〈33〉 어렵다 對 ᄣᅥᆲ다

두 상태동사가 [難] 즉 '어렵다'의 뜻을 가지고 동의 관계에 있다는 것은 다음 예문들에서 잘 확인된다. 원문 중 '難信'이 '信호미 어렵다'로 번역되고 '難'의 자석이 '어렵다'이다. '甚難'이 '甚히 ᄣᅥᆲ다'로 번역된다. 그리고 두 상태동사는 'ᄆᆞᅀᆞᆷ'을 主語로 共有하고 서로 교체될 수 있다. 따라서 '어렵다'와 'ᄣᅥᆲ다'의 동의성은 명백히 입증된다.

(33) a. 부텨(10b) 맛나미 어려ᄫᅳ며 法 드로미 어려ᄫᅳ니 〈釋六 11a〉
b. 信호미 어려ᄫᅳᆫ 法 닐우미 이 甚히 어려ᄫᅳᆫ 고디라 〈月七 77b〉
c. 信호미 어려ᄫᅳᆫ 法 닐우미 이 甚히 어려ᄫᅳᆫ 고디라(說此難信之法이 是爲甚難이라) 〈阿彌 28b〉
d. 難ᄋᆞᆫ 어려ᄫᅳᆯ 씨라 〈月序 23b〉
e. 釋迦牟尼佛이 甚히 ᄡᅥᆯᄫᅳᆫ(27b) 希有ᄒᆞᆫ 이ᄅᆞᆯ 잘ᄒᆞ야(釋迦牟尼佛이 能爲甚難希有之事ᄒᆞ야) 〈阿彌 28a〉

(33) f. 므스기 어려ᄫᅳ료 〈釋十一 20a〉
g. 므스기 ᄡᅥᆯᄫᅳ리잇고 〈月八 93b〉

〈34〉 어즈럽다 對 잇브다

두 상태동사가 [煩] 즉 '어지럽다, 가쁘다'의 뜻을 가지고 동의 관계에 있다는 것은 동일 원문의 번역인 다음 예문들에서 잘 확인된다. 원문 중 '煩難'이 '어즈러ᄫᅳ며 어려ᄫᅮᆷ'으로도 번역되고 '잇븐 어려움'으로도 번역되므로 '어즈럽다'와 '잇브다'의 동의성은 명백히 입증된다.

(34) a. 어즈러ᄫᅳ며 어려ᄫᅮ믈 써리디 아니ᄒᆞ실 씨라 〈月十八 17a〉
b. 잇븐 어려우믈 써리디 아니ᄒᆞ실 씨니(不憚煩難이시니) 〈法華六 123a〉

〈35〉 얼믜다 對 성긔다

두 상태동사가 [疏] 즉 '성기다'의 뜻을 가지고 동의 관계에 있다는 것은 동일 원문의 번역인 예문들에서 잘 확인된다. 원문 중 '疏網'이 '얼믠 그믈'로도 번역되고 '성긘 그믈'로도 번역되므로 '얼믜다'와 '성긔다'의 동의성은 명백히 입증된다.

(35) a. 얼믠 그므를 디허도 ᄉᆡ디 아니ᄒᆞ며 〈月十三 59b〉
b. 성긘 그므레 ᄃᆞᆯ여도 ᄉᆡ디 아니ᄒᆞ며(懸疏網而不漏ᄒᆞ며) 〈法華三 56a〉

〈36〉 없다 對 몯ᄒᆞ다

두 상태동사가 [不] 즉 '없다'의 뜻을 가지고 동의 관계에 있다는 것은 동일 원문의 번역인 다음 예문들에서 잘 확인된다. 원문 중 '不可量'이 '그지 없다'로도 번역되고 '그지 몯ᄒᆞ다'로도 번역된다. 따라서 '없다'와 '몯ᄒᆞ다'의 동의성은 명백히 입증된다.

(36) a. 福이 그지 업스리어니 〈釋二十一 32a〉
b. 福이 그지 몯ᄒᆞ리어늘 〈月十九 68b〉
c. 福이 그지 업거ᄂᆞᆯ(福不可量이어ᄂᆞᆯ) 〈法華七 121b〉

〈37〉 올ᄒᆞ다 對 맛당ᄒᆞ다

두 상태동사가 [宜] 즉 '마땅하다, 옳다'의 뜻을 가지고 동의 관계에 있다는 것은 동일 원문의 번역인 다음 예문들에서 잘 확인된다. 원문 중 '宜無'가 '업스샤ᅀᅡ 올ᄒᆞ다'로도 번역되고 '업스샤미 맛당ᄒᆞ다'로도 번역된다. 따라서 '올ᄒᆞ다'와 '맛당ᄒᆞ다'의 동의성은 명백히 입증된다.

(37) a. 다ᄅᆞᆫ 마리 업스샤ᅀᅡ 올컨마ᄅᆞᆫ 〈月十七 12b〉
b. 다ᄅᆞᆫ 말 업스샤미 맛당커신마ᄅᆞᆫ(則宜無異說이언마른) 〈法華五 144a〉

〈38〉 읻다 對 곱다

두 상태동사가 [美] 즉 '좋다, 아름답다'의 뜻을 가지고 동의 관계에 있다는 것은 동일 원문의 번역인 다음 예문들에서 잘 확인된다. 원문 중 '軟美'가 '보ᄃᆞ랍고 읻다'로도 번역되고 '보ᄃᆞ랍고 곱다'로도 번역되므로 '읻다'와 '곱다'의 동의성은 명백히 입증된다.

(38) a. 色等五欲ᄋᆞᆯ 世俗이 보ᄃᆞ랍고 이든 것만 너기건마ᄅᆞᆫ 〈月十二 41a〉
b. 色等五欲을 俗ᄋᆞᆫ 보ᄃᆞ랍고 고ᄋᆞᆫ 것 삼거늘(色等五欲을 俗은 以爲軟美어ᄂᆞᆯ) 〈法華二 89a〉

〈39〉 잇브다 對 ᄀᆞᆺᄇᆞ다

두 상태동사가 [疲解] 즉 '피곤하다'의 뜻을 가지고 동의 관계에 있다는 것은 동일 원문의 번역인 다음 예문들에서 잘 확인된다. 원문 중 '身體疲解'가 '모미 잇브다'로도 번역되고 '모미 곳브다'로도 번역된다. 따라서 두 상태동사 '잇브다'와 '곳브다'의 동의성은 명백히 입증된다. 두 상태동사는 각각 두 동작동사 '잋다'와 '굿다'에서 파생된 것이다.

(39) a. 내 그제 座애 이셔 모미 잇버 〈月十三 4a〉
b. 내 그제 座애 이셔 모미 곳바(我ㅣ 時예 在座ᄒᆞ야셔 身體疲解ᄒᆞ야) 〈法華二 179a〉

〈40〉 하다 對 만ᄒᆞ다

두 상태동사가 [多], [衆], [衆多] 및 [弘多] 즉 '많다'의 뜻을 가지고 동의 관계에 있다는 것은 동일 원문의 번역인 다음 예문들에서 잘 확인된다. 원문 중 '多嗔恚'가 '嗔心이 하다'로도 번역되고 '嗔恚 만ᄒᆞ다'로도 번역된다. '衆行'이 '만ᄒᆞᆫ 行'으로도 번역되고 '한 行'으로도 번역된다. '商估賈客…衆多'가 '商估 賈客이 하다'로도 번역되고 '商估와 賈客이 만ᄒᆞ다'로도 번역된다. 그리고 '所得弘多'의 '弘多'가 '만ᄒᆞ다'로도 번역되고 '하다'로도 번역된다. 따라서 두 상태동사 '하다'와 '만ᄒᆞ다'의 동의성은 명백히 입증된다.

(40) a. ᄒᆞ다가 嗔心이 하거든 〈釋二十一 7a〉
b. ᄒᆞ다가 嗔恚 만ᄒᆞ야도 〈月十九 27b〉
c. ᄒᆞ다가 嗔恚 하도(若多嗔恚ᄒᆞ야도) 〈法華七 60b〉

(40) d. 饒益호미 하니 〈釋二十一 7b〉
e. 饒益호미 만ᄒᆞ니(多所饒益ᄒᆞ니) 〈法華七 63b〉

(40) f. 사ᄅᆞ미 法 자본 病이 하거늘 〈月十三 27a〉
g. 사ᄅᆞ미 法 자본 病이 만ᄒᆞᆯᄊᆡ(人多法執之病ᄒᆞᆯᄊᆡ) 〈法華二 217b〉

(40) h. 時節에 모딘 이리 만ᄒᆞ야 〈月十一 117b〉
i. 時節에 모딘 이리 하(時多惡事ᄒᆞ야) 〈法華一 189a〉

(40) j. 녜는 聖賢이 得道ᄒᆞ니 만터니 〈月十二 15a〉
k. 녠 聖賢이 道 得ᄒᆞ니 하ᄃᆡ(古多聖賢이 得道ᄒᆞᄃᆡ) 〈法華二 41a〉

(40) l. 種種功德은 만ᄒᆞᆫ 行ᄋᆞᆯ 述ᄒᆞ시고 〈月十五 5b〉
m. 種種功德은 한 行ᄋᆞᆯ 述ᄒᆞ시고(種種功德은 述其衆行也ㅣ시고) 〈法華四 9a〉

(40) n. 商估 賈客이 ᄯᅩ 甚히 하더니 〈月十三 8a〉
o. 商估와 賈客이 ᄯᅩ 甚히 만터니(商估賈客이 亦甚衆多ᄒᆞ더니) 〈法華二 186a〉

(40) p. 得혼 거시 만호라 ᄒᆞ다니 〈月十三 34a〉
q. 得호미 하라 ᄒᆞ다니(所得이 弘多ㅣ라 ᄒᆞ다니) 〈法華二 229a〉

한편 '多'와 '衆'이 『월인석보』와 『법화경언해』에서 모두 '하다'로도 번역되고 모두 '만ᄒᆞ다'로도 번역된다는 것은 동일 원문의 번역인 다음 예문들에서 잘 확인된다. 원문 중 '所獲…多'가 '어둔 거시 하다'와 '어두미 하다'로 번역된다. 그리고 '多諸天人'이 '天人이 만ᄒᆞ다'와 '天人ᄃᆞᆯ히 만ᄒᆞ다'로 번역된다.

(40) r. 어둔 거시 하디 아니호ᄆᆞᆯ 가ᄌᆞᆯ(34b)비니라 〈月十三 35a〉
s. 어두미 하디 아니ᄒᆞᆫ ᄃᆞᆯ 가ᄌᆞᆯ비니라(譬…所獲이 不多ᄒᆞ니라) 〈法華二 230a〉

(40) t. 天人이 만ᄒᆞ며 〈月十三 72a〉
u. 天人ᄃᆞᆯ히 만ᄒᆞ며(多諸天人ᄒᆞ며) 〈法華三 78a〉

〈41〉 혁다 對 젹다

두 상태동사가 [小] 즉 '작다'의 뜻을 가지고 동의 관계에 있다는 것은 동일 원문의 번역인 다음 예문들에서 잘 확인된다. 원문 중 '小聲聞衆'이 '혀근 聲聞衆'으로 번역되고 '小聲聞'이 '져근 聲聞'으로 번역된다. 따라서 '혁다'와 '젹다'의 동의성은 명백히 입증된다.

(41) a. 이ᄂᆞᆫ 혀근 聲聞衆ᄋᆞᆯ 記ᄒᆞ시니(26a)라 〈月十五 26b〉

b. 이ᄂᆞᆫ 小聲聞衆 記ᄒᆞ샤미라(此ᄂᆞᆫ 記小聲聞衆也ㅣ시니라) 〈法華四 46b〉

(41) c. 져근 聲聞 ᄯᆞᄅᆞ미라 〈月十五 26b〉

d. 小聲聞 ᄯᆞᄅᆞ미라(小聲聞而已니라) 〈法華四 46b〉

2. 音韻 交替型

音韻의 교체를 보여 주는 상태동사들이 동의 관계를 가질 수 있다. 이 경우가 음운 교체형이다. 음운 교체에는 母音 交替가 있다.

2.1. 母音 交替

동의 관계가 모음 교체를 보여 주는 상태동사들 사이에 성립된다. 모음 교체에는 陽母音과 陰母音 간의 교체가 있고 음모음과 양모음 간의 교체가 있고 음모음간의 교체가 있다.

양모음과 음모음 간의 교체에는 '오~우'의 교체와 '아~어'의 교체가 있다. 모음 '오~우'의 교체를 보여 주는 상태동사에는 [柔軟] 즉 '부드럽다'의 뜻을 가진 '보드랍다'와 '부드럽다'가 있다. 모음 '아~어'의 교체를 보여 주는 상태동사에는 [小] 즉 '작다'의 뜻을 가진 '쟉다'와 '젹다'가 있다.

음모음과 양모음 간의 교체에는 '으~ᄋᆞ'의 교체와 '우~오'의 교체가 있다. 모음 '으~ᄋᆞ'의 교체를 보여 주는 상태동사에는 [短]과 [矬短] 즉 '짧다'의 뜻을 가진 '뎌르다'와 '뎌ᄅᆞ다'가 있다. 모음 '우~오'의 교체를 보여 주는 상태동사에는 [黃] 즉 '누르다'의 뜻을 가진 '누르다'와 '노ᄅᆞ다'가 있다.

음모음간의 교체에는 '우~으'의 교체가 있다. 모음 '우~으'의 교체를 보여 주는 상태동사에는 [闇] 즉 '어둡다'의 뜻을 가진 '어둡다'와 '어듭다'가 있다.

〈1〉 보ᄃᆞ랍다 對 부드럽다

두 상태동사가 [柔軟] 즉 '부드럽다'의 뜻을 가지고 동의 관계에 있다는 것은 동일 원문의 번역인 다음 예문들에서 잘 확인된다. 원문 중 '其意柔軟'이 '그 쁘디 보드랍다'로도 번역되고 '그 쁘디 부드럽다'로도 번역된다. 따라서 두 상태동사 '보드랍다'와 '부드럽다'의 동의성은 명백히 입증된다. 두 상태동사는 첫 음절에서 모음 '오~우'의 교체를 보여 주고 제2 음절에서 모음 'ᄋᆞ~으'의 교체를 보여 준다.

(1) a. 그 쁘디 보드라ᄫᅡ 〈月十五 37a〉
    b. 그 쁘디 부드러워(其意柔軟ᄒᆞ야) 〈法華四 63a〉

한편 '柔軟'이 『월인석보』와 『법화경언해』에서 모두 '보드랍다'로 번역된다는 것은 동일 원문의 번역인 다음 예문들에서 잘 확인된다. 원문 중 '其意柔軟'이 모두 '그 쁘디 보드랍다'로 번역된다.

(1) c. 그 쁘디 보드라ᄫᆞᆫ 〈月十五 37b〉
    d. 그 쁘디 보드라오ᄆᆞᆫ(其意柔軟ᄋᆞᆫ) 〈法華四 63b〉

〈2〉 쟉다 對 젹다

두 상태동사가 [小] 즉 '작다'의 뜻을 가지고 동의 관계에 있다는 것은 동일 원문의 번역인 다음 예문들에서 잘 확인된다. 원문 중 '身小'가 '킈 쟉다'로도 번역되고 '킈 젹다'로도 번역된다. 따라서 두 상태동사 '쟉다'와 '젹다'의 동의성은 명백히 입증된다. 두 상태동사는 첫 음절에서 모음 '아~어'의 교체를 보여 준다.

(2) a. 킈 쟈ᄀᆞ르씨 〈釋二十四 8a〉
    b. 킈 져거 몯 미처 〈月二十五 65a〉
    c. 身小不及 〈釋迦譜 卷5 32. 釋迦獲八萬四千塔宿緣記〉

〈3〉 뎌르다 對 뎌ᄅᆞ다

두 상태동사가 [短], [矬] 및 [矬短] 즉 '키가 작다, 부족하다'의 뜻을 가지고 동의 관계에 있다는 것은 다음 예문들에서 잘 확인된다. 원문 중 '其短'이 '그 뎌른 듸'로 번역되고 '短'의 자석이 '뎌르다'이다. '矬陋'가 '뎌ᄅᆞ고 더럽다'로 번역된다. 그리고 '矬短醜陋'가 '뎌ᄅᆞ고 더럽다'로 번역된다. 따라서 두 상태동사 '뎌르다'와 '뎌ᄅᆞ다'의 동의성은 명백히 입증된다. 두 상태동사는 제2 음절에서 모음 'ㅡ~ㆍ'의 교체를 보여 준다.

(3) a. 餓鬼 等이 그 뎌른 듸 여서 求ᄒᆞ(112b)야도(若餓鬼等이 伺求其短ᄒᆞ야도) 〈法華七 113a〉
b. 短ᄋᆞᆫ 뎌를 씨라 〈月十五 60b〉
c. 諸根이…뎌르고 더럽고 손 ᄇᆞᆯ고 발 졀며(諸根이…矬陋攣躄ᄒᆞ며) 〈法華二 167a〉

(3) d. 正法身을 헐씨 뎌ᄅᆞ고 더럽고(毁正法身故로 矬短醜陋ᄒᆞ고) 〈法華二 168a〉

〈4〉 누르다 對 노ᄅᆞ다

두 상태동사가 [黃] 즉 '누르다'의 뜻을 가지고 동의 관계에 있다는 것은 다음 예문들에서 잘 확인된다. 원문 중 '不黃'이 '누르디 아니ᄒᆞ다'로 번역되고 '黃'의 자석이 '누르다'이다. 그리고 '누르다'와 '노ᄅᆞ다'가 명사 '빛'과 共起한다. 따라서 두 상태동사 '누르다'와 '노ᄅᆞ다'의 동의성은 명백히 입증된다. 두 상태동사는 첫 음절에서 모음 '우~오'의 교체를 보여 주고 제2 음절에서 모음 'ㅡ~ㆍ'의 교체를 보여 준다.

(4) a. 내 검디 아니ᄒᆞ며 누(6b)르며 성긔디 아니ᄒᆞ며 〈釋十九 7a〉
b. 니 ᄠᅵ(52a) 무더 검디 아니ᄒᆞ며 누르디 아니ᄒᆞ며 성긔디 아니ᄒᆞ며 〈月十七 52b〉
c. 니 ᄠᅵ 무더 검디 아니ᄒᆞ며 누르디 아니ᄒᆞ며 성긔디 아니ᄒᆞ며(齒不垢黑ᄒᆞ며 不黃ᄒᆞ며 不疎ᄒᆞ며) 〈法華六 13b〉

(4) d. 黃ᄋᆞᆫ 누를 씨라 〈月一 22a〉
e. 열본 ᄡᅧᆨ ᄀᆞᄐᆞᆫ 거 (42b)시 나니 비치 누르고 마시 香氣 젓더니 〈月一 43a〉

(4) f. 瞻波는 곳 일후미니 비치 노ᄅᆞ고 香氣 저스니라 〈月一 44b〉

〈5〉 어둡다 對 어듭다

두 상태동사가 [闇] 즉 '어둡다'의 뜻을 가지고 동의 관계에 있다는 것은 동일 원문의 번역인 다음 예문들에서 잘 확인된다. 원문 중 '癡闇'이 '어린 어두ᄫᅳᆷ'으로도 번역되고 '迷惑ᄒᆞᆫ 어드움' 으로도 번역되므로 두 상태동사 '어둡다'와 '어듭다'의 동의성은 명백히 입증된다. 두 상태동사는 제2 음절에서 母音 '우~으'의 交替를 보여 준다.

(5) a. 月光ᄋᆞᆫ 어린 어두ᄫᅳ믈 잘 더ᄅᆞ시고 〈月十一 23b〉
    b. 月光ᄋᆞᆫ 迷惑ᄒᆞᆫ 어드우믈 能히 더르시고(月光은 能除癡闇ᄒᆞ시고) 〈法華一 43b〉

3. 音韻 脫落型

어떤 상태동사가 그것 중의 한 音韻의 탈락에 의해 생긴 상태동사와 동의 관계를 가질 수 있다. 이 경우가 음운 탈락형이다. 음운 탈락에는 母音 탈락이 있다.

모음 'ᄋᆞ'의 탈락을 보여 주는 상태동사에는 [如]와 [同] 즉 '같다'의 뜻을 가진 'ᄀᆞᆮᄒᆞ다'와 'ᄀᆞᇀ다', [遍] 즉 '흠결이 없이 온전하다'의 뜻을 가진 '오ᄋᆞᆯ다'와 '올다' 그리고 [淨] 즉 '깨끗하다'의 뜻을 가진 '조ᄒᆞ다'와 '좋다'가 있다.

〈1〉 ᄀᆞᆮᄒᆞ다 對 ᄀᆞᇀ다

두 상태동사가 [如]와 [同] 즉 '같다'의 뜻을 가지고 동의 관계에 있다는 것은 동일 원문의 번역인 다음 예문들에서 잘 확인된다. 원문 중 '如'가 'ᄀᆞᆮᄒᆞ다'로도 번역되고 'ᄀᆞᇀ다'로도 번역되므로 두 상태동사의 동의성은 명백히 입증된다. 'ᄀᆞᇀ다'는 'ᄀᆞᆮᄒᆞ다'의 제2 음절의 'ᄋᆞ' 탈락으로 생긴 語形이다.

(1) a. 이 ᄀᆞᆮᄒᆞ니 〈月十七 58b〉
    b. 이 ᄀᆞᆮ건마ᄅᆞᆫ(如是컨마ᄅᆞᆫ) 〈法華六 28b〉

(1) c. 因行이 ᄀᆞᄐᆞ실 ᄊᆡ니라 〈月十二 10a〉
d. 因行ᄋᆡ ᄀᆞᆮᄒᆞ샨 고디라(蓋因行所同也ㅣ라) 〈法華二 36b〉

(1) e. 二千의 果號ㅣ 다 ᄀᆞᆮ호ᄆᆞᆫ 因이 ᄀᆞᄐᆞᆯ ᄊᆡ니라 〈月十五 38b〉
f. 二千 果號ㅣ 다 ᄀᆞᆮ호ᄆᆞᆫ 因이 ᄀᆞᆮᄒᆞᆯ ᄊᆡ라(二千果號ㅣ 皆同은 以因同也ㅣ라) 〈法華四 64b〉

한편 '同'이 『월인석보』 권15과 『법화경언해』에서 모두 'ᄀᆞᆮᄒᆞ다'로 번역된다는 것은 동일 원문의 번역인 다음 예문들에서 잘 확인된다. 원문 중 '皆同'이 모두 '다 ᄀᆞᆮᄒᆞ다'로 번역된다.

(1) g. 依報法化ㅣ 다 ᄀᆞᆮᄒᆞᆫ ᄃᆞᆯ 니ᄅᆞ시니라 〈月十五 39a〉
h. 依報法化ㅣ 다 ᄀᆞᆮᄒᆞᆯ ᄄᆞᆯ 니ᄅᆞ시니라(言…依報法化ㅣ 皆同ᄒᆞ시니라) 〈法華四 64b〉

〈2〉 오ᄋᆞᆯ다 對 올다

두 상태동사가 [遍] 즉 '흠결이 없이 온전하다'의 뜻을 가지고 동의 관계에 있다는 것은 동일 원문의 번역인 다음 예문들에서 잘 확인된다. 원문 중 '遍身'이 '오ᄋᆞᆫ 몸'으로도 번역되고 '온 몸'으로도 번역된다. 따라서 '오ᄋᆞᆯ다'와 '올다'의 동의성은 명백히 입증된다. 상태동사 '올다'는 '오ᄋᆞᆯ다'의 제2 음절의 모음 'ᆞ'가 축약된 것이다.

(2) a. 王이 病을 호ᄃᆡ 오ᄋᆞᆫ 모미 고ᄅᆞᆫ 더러ᄫᅳᆫ 내 나거늘 〈釋二十四 50a〉
b. 王이 病을 ᄒᆞ니 온 모미 더러ᄫᅳᆫ 내 나거늘 〈月二十五 141a〉
c. 王忽遍身患臭 〈釋迦譜 卷5 31. 阿育王造八萬四千塔記〉

〈3〉 조ᄒᆞ다 對 좋다

두 상태동사가 [淨] 즉 '깨끗하다'의 뜻을 가지고 동의 관계에 있다는 것은 동일 원문의 번역인 다음 예문들에서 잘 확인된다. 원문 중 '心淨'이 'ᄆᆞᅀᆞ미 조ᄒᆞ다'로도 번역되고 'ᄆᆞᅀᆞ미 좋다'로도 번역되므로 두 상태동사 '조ᄒᆞ다'와 '좋다'의 동의성은 명백히 입증된다. 두 상태동사는 'ᄆᆞᅀᆞᆷ'을 주어로 공유한다. '좋다'는 '조ᄒᆞ다'에 제2 음절의 모음 'ᆞ'가 탈락된 것이다.

(3) a. ᄆᆞᅀᆞ미 조ᄒᆞ야 ᄂᆞ소사 〈月十五 2b〉
b. ᄆᆞᅀᆞ미 조하 ᄂᆞ소사(心淨踊躍ᄒᆞ야) 〈法華四 4a〉

(3) c. ᄆᆞᅀᆞ미 조ᄒᆞ야 ᄂᆞ소ᅀᆞ니라 〈月十五 3b〉
d. ᄆᆞᅀᆞ미 조하 ᄂᆞ소사(心淨踊躍ᄒᆞ야) 〈法華四 5a〉

(3) e. 塵이 스러디여 覺이 조하 〈月十七 59a〉
f. 塵이 스러 覺이 조ᄒᆞ야(蓋塵消覺淨ᄒᆞ야) 〈法華六 29a〉

4. 合成型과 派生型

4.1. 合成型

單一 상태동사와 合成 상태동사가 동의 관계를 가질 수 있다. 이 경우가 合成이다. 합성의 예로 [黑暗] 즉 '어둡다'의 뜻을 가진 '검어듭다'와 '어듭다' 그리고 [愚癡] 즉 '어리석다'의 뜻을 가진 '미혹ᄒᆞ다'와 '어리미혹ᄒᆞ다'가 있다.

〈1〉 검어듭다 對 어듭다

두 상태동사가 [黑暗] 즉 '어듭다'의 뜻을 가지고 동의 관계에 있다는 것은 동일 원문의 번역인 다음 예문들에서 잘 확인된다. 원문 중 '黑暗之間'이 '검어드븐 ᄉᆞᅀᅵ'로도 번역되고 '어드운 ᄉᆞᅀᅵ'로도 번역되므로 '검어듭다'와 '어듭다'의 동의성은 명백히 입증된다. '검어듭다'의 어간 '검어듭-'은 어간 '검-'과 어간 '어듭-'의 비통사적 합성이다.

(1) a. 鐵圍 兩山 검어드븐 ᄉᆞᅀᅵ라 〈月十四 17b〉
b. 鐵圍 두 山 어드운 ᄉᆞᅀᅵ라(鐵圍兩山黑暗之間也ㅣ라) 〈法華三 104b〉

〈2〉 미혹ᄒᆞ다 對 어리미혹ᄒᆞ다

두 상태동사가 [愚癡] 즉 '어리석다'의 뜻을 가지고 동의 관계에 있다는 것은 동일 원문의 번역인 다음 예문들에서 잘 확인된다. 원문 중 '瞋恚愚癡'가 '嗔心과 미혹홈'으로 번역된다. 그리고 '嗔恚愚癡'가 '嗔心과 어리미혹홈'으로 번역된다. 따라서 '미혹ᄒᆞ다'와 '어리미혹ᄒᆞ다'의 동의성은 명백히 입증된다. '어리미혹ᄒᆞ다'는 상태동사 '어리다'의 어간 '어리-'와 상태동사 '미혹ᄒᆞ다'의 비통사적 합성이다.

(2) a. 嗔心과 미혹호ᄆᆡ 어즈류미 아니 ᄃᆞ외며 〈釋二十 27b〉
　b. 瞋恚 愚癡의 보차미 아니 ᄃᆞ외며(不爲瞋恚愚癡의 所惱ᄒᆞ며) 〈法華六 175a〉

(2) c. 貪欲과 어(43a)리미혹홈과 새옴과 앗굠과 憍慢괘 업스니잇가 〈釋二十 43b〉
　d. 貪欲 嗔恚 愚癡 嫉妬 慳慢이 하디 아니ᄒᆞ니잇가 아니잇가(無多貪欲嗔恚愚癡嫉妬慳慢ᄒᆞ니잇가 不ㅣ잇가) 〈法華七 20b〉

4.2. 派生型

基語인 상태동사가 그것에서 파생된 상태동사와 동의 관계를 가질 수 있다. 이 경우가 파생이다. 파생에는 [淺] 즉 '얕다'의 뜻을 가진 '녇다'와 '녇갑다'가 있다.

〈1〉 녇다 對 녇갑다

두 상태동사가 [淺] 즉 '얕다'의 뜻을 가지고 동의 관계에 있다는 것은 동일 원문의 번역인 다음 예문들에서 잘 확인된다. 원문 중 '淺深'이 '녀트며 깊다'로도 번역되고 '녇가ᄫᆞ며 깊다'로도 번역되므로 두 상태동사 '녇다'와 '녇갑다'의 동의성은 명백히 입증된다. 두 상태동사는 '깊다'와 의미상 대립 관계에 있다.

(1) a. 功ᄋᆡ 녀(8a)트며 기푸믈 조차 〈釋十九 8b〉
　b. 功ᄋᆡ 녇가ᄫᆞ며 기푸믈 조차 〈月十七 44a〉
　c. 功ᄋᆡ 녀트며 기푸믈 조차(隨功淺深ᄒᆞ야) 〈法華六 2b〉

(1) d. ᄆᆞᅀᆞᆯᄒᆞᆫ 녇가ᄫᆞ니 〈月十三 9b〉
e. ᄆᆞᅀᆞᆯᄒᆞᆫ 거츨오 녀트니(聚落은 荒淺ᄒᆞ니) 〈法華二 188b〉

한편 '淺'이 『월인석보』와 『법화경언해』에서 모두 '녇다'로도 번역되고 모두 '녇갑다'로도 번역된다는 것은 동일 원문의 번역인 다음 예문들에서 잘 확인된다. 원문 중 '淺深'이 '녀트며 깊다'와 '녀트니 깊다'로 번역된다. 그리고 '昏淺'이 '어득고 녇갑다'와 '어듭고 녇갑다'로 번역된다.

(1) f. 녀트며 기푸미 ᄀᆞᆮ디 아니커늘 〈月十七 22b〉
g. 녀트니 기프니 ᄀᆞᆮ디 아니커늘(淺深이 不同커ᄂᆞᆯ) 〈法華五 170b〉

(1) h. 性 ᄇᆡᆨᄒᆞ시 어득고 녇가ᄫᅡ 〈月十三 10b〉
i. 性 ᄇᆡᆨᄒᆞ시 어듭고 녇가와(性習이 昏淺ᄒᆞ야) 〈法華二 190a〉

3 動作動詞와 狀態動詞 간의 同義

동작동사와 상태동사가 동의 관계를 가질 수 있다. 동작동사와 상태동사 간에 동의 관계를 보여 주는 것에는 [喘] 즉 '헐떡이다, 숨이 차다'의 뜻을 가진 '숨힐후다'와 '숨하다'가 있다. 상태동사와 동작동사 간에 동의 관계를 보여 주는 것에는 [憔悴]와 [瘦悴] 즉 '초췌하다, 수척하다'의 뜻을 가진 '셩가싀다'와 '시들다'가 있다.

〈1〉 셩가싀다 對 시들다

상태동사 '셩가싀다'와 동작동사 '시들다'가 [憔悴]와 [瘦悴] 즉 '초췌하다, 수척하다'의 뜻을 가지고 동의 관계에 있다는 것은 동일 원문의 번역인 다음 예문들에서 잘 확인된다. 원문 중 '形色憔悴'가 '양지 셩가싀다'로도 번역되고 '양지 시들다'로도 번역되므로 '셩가싀다'와 '시들다'의 동의성은 명백히 입증된다

(1) a. 양ᄌᆡ 셩가ᄉᆡ오 威德 업슨 두 사ᄅᆞᄆᆞᆯ ᄀᆞᄆᆞ니 보내요ᄃᆡ 〈月十三 20a〉
  b. ᄀᆞᄆᆞ니 두 사ᄅᆞ미 양ᄌᆡ 시들오 威德 업스닐 보내요ᄃᆡ(密遣二人이 形色이 憔悴ᄒᆞ고 無威德者호ᄃᆡ) 〈法華二 206a〉

(1) c. 셩가ᄉᆡ오 드틀 무두믄 〈月十三 22b〉
  d. 시들며 듣글 무두믄(瘦悴塵坌은) 〈法華二 210b〉

〈2〉 숨힐후다 對 숨하다

동작동사 '숨힐후다'와 상태동사 '숨하다'가 [喘] 즉 '헐떡이다, 숨이 차다'의 뜻을 가지고 동의 관계에 있다는 것은 다음 예문들에서 잘 확인된다. 원문 중 '喘重病'의 '喘'이 '喘滿'과 '숨힐후다'로 번역된다. 그리고 '短氣'의 자석이 '喘滿'과 '숨하다'이다. 따라서 '숨힐후다'와 '숨하다'의 동의성은 명백히 입증된다.

(2) a. ᄇᆡ 부룸과 喘滿과 重ᄒᆞᆫ 病(121b)이 〈月十九 122a〉
  b. ᄇᆡ 브스며 술힐후ᄂᆞᆫ 重病이(鼓喘重病이) 〈法華七 186b〉

(2) c. 短氣ᄂᆞᆫ 氣韻이 뎌를 씨니 喘滿이라 〈月十九 121a〉
  d. 短氣ᄂᆞᆫ 숨할 씨라 〈法華七 185a〉

제 3 절

副詞類에서의 同義

固有語의 부사류에서 발견되는 동의 관계는 크게 두 개의 觀點에서 고찰될 수 있다. 첫째는 形式的 관점이고 둘째는 內容的 관점이다. 形式的 관점에서 동의 관계에 있는 副詞類가 相異한지 아니면 相似한지를 판별할 수 있고 內容的 觀點에서 동의 관계에 있는 부사류가 完全 同義인지 部分 同義인지를 확인할 수 있다.

형식적 관점에서 同義 관계에 있는 副詞類들은 相異型과 相似型으로 크게 나누어질 수 있다. 相似型은 音韻論的 觀點과 形態論的 觀點에서 분류될 수 있는데 음운론적 관점에 따르면 音韻 交替, 音韻 脫落 및 音韻 添加가 있고 형태론적 관점에 따르면 合成과 派生이 있다. 서술의 편이상 다음과 같이 네 유형으로 나누고자 한다: 第Ⅰ型 相異型, 第Ⅱ型 音韻 交替型, 第Ⅲ型 音韻 脫落型 및 音韻 添加型, 第Ⅳ型 合成型 및 派生型.

1. 相異型

서로 다른 形式을 가진 둘 또는 그 이상의 副詞類들이 同義 關係를 가질 수 있다. 이 경우가 곧 相異型이다.

고유어의 副詞類에서 확인되는 상이형에는 [空] 즉 '헛되이, 부질없이'의 뜻을 가진 '간대로'와 '혼갓'을 비롯하여 [直下] 즉 '곧, 바로'의 뜻을 가진 '고대'와 '바로', [誤] 즉 '그릇, 잘못'의 뜻을 가진 '그르'와 '외오', [競] 즉 '다투어, 겨루어'의 뜻을 가진 '난겻'과 '드토와', [勝] 즉 '모두, 죄다'의 뜻을 가진 '다'와 '니르', [或] 즉 '또'의 뜻을 가진 '쏘'와 '시혹' 그리고 [應當]과 [必]의 즉 '반드시'의 뜻을 가진 '모로매'와 '반드기'가 있다.

[已] 즉 '벌써'의 뜻을 가진 '불써'와 '호마'를 비롯하여 [猶]와 [尙] 즉 '오히려'의 뜻을 가진 '순지'와 '오히려', [向] 즉 '먼저, 전에'의 뜻을 가진 '앳가'와 '몬져', [專] 즉 '온전히, 오로지'의 뜻을 가진 '오로'와 '호오즈로', [善] 즉 '잘, 좋게'의 뜻을 가진 '잘'과 '이대', [適] 즉 '마침'의 뜻을 가진 '처섬'과 '마치' 그리고 [共] 즉 '함께'라는 뜻을 가진 '혼디'와 '어울어' 등 90여 항목이 있다.

〈1〉 간대로 對 혼갓

두 부사가 [空] 즉 '헛되이, 부질없이'의 뜻을 가지고 동의 관계에 있다는 것은 동일 원문의 번역인 다음 예문들에서 잘 확인된다. 원문 중 '空慕'가 '간대로 과호다'로도 번역되고 '혼갓 소랑호다'로도 번역되므로 '간대로'와 '혼갓'의 동의성은 명백히 입증된다.

(1) a. 간대로 그 자최를 과호야 호면 〈釋二十 12b〉
　b. 혼갓 자최를 소랑호면 〈月十八 33a〉
　c. 그 자최를 혼갓 소랑호면(空慕其迹호면) 〈法華六 147a〉

〈2〉 것모르 對 답쪄/닶겨

부사 '것모르'와 동작동사 '답씨다/닶기다'의 부사형 '답쪄/닶겨'가 [悶] 즉 '기절하여'의 뜻을 가지고 동의 관계에 있다는 것은 동일 원문의 번역인 다음 예문들에서 잘 확인된다. 원문 중 '悶絶'이 '것모르 죽다'로도 번역되고 '답쪄 죽다, 닶겨 죽다'로도 번역되므로 '것모르'와 '답쪄/닶겨'의 동의성은 명백히 입증된다.

(2) a. 것므르 주거 싸해 디거늘 〈月十三 16b〉
b. 답쪄 주(200b)거 싸해 디거늘(悶絶躄地커늘) 〈法華二 201a〉

(2) c. 아드리 놀라 것므르 주그니 〈月十三 16b〉
d. 아드리 놀라 답겨 주고믄(子ㅣ 驚悶絶은) 〈法華二 201b〉

〈3〉 고대 對 바르

두 부사가 [直下] 즉 '곧, 바로'의 뜻을 가지고 동의 관계에 있다는 것은 동일 원문의 번역인 다음 예문들에서 잘 확인된다. 원문 중 '直下…發'이 '고대 發ᄒᆞ다'로도 번역되고 '바ᄅᆞ 發ᄒᆞ다'로도 번역되므로 '고대'와 '바ᄅᆞ'의 동의성은 명백히 입증된다.

(3) a. 고대 本明을 제 發ᄒᆞ야 〈月十一 35b〉
b. 바ᄅᆞ 本明을 제 發ᄒᆞ야(直下自發本明ᄒᆞ야) 〈法華一 61a〉

(3) c. 고대 法에 나사가 ᄆᆞᅀᆞᄆᆞᆯ 볼기고 〈月十一 15a〉
d. 바ᄅᆞ 法에 나사가 ᄆᆞᅀᆞᄆᆞᆯ 볼기고(直下卽法以明心이오) 〈法華一 7a〉

〈4〉 곧 對 다

두 부사가 [都] 즉 '다'의 뜻을 가지고 동의 관계에 있다는 것은 동일 원문의 번역인 다음 예문들에서 잘 확인된다. 원문 중 '都不覺知'가 '곧 아디 몯ᄒᆞ다'로도 번역되고 '다 아디 몯ᄒᆞ다'로도 번역된다. 따라서 '곧'과 '다'의 동의성은 명백히 입증되다.

(4) a. 그 사ᄅᆞ믄 醉ᄒᆞ야 누버 이셔 곧 아디 몯ᄒᆞ야 니러 노녀 ᄃᆞᆫ녀 〈月十五 22b〉
b. 그 사ᄅᆞ미 醉ᄒᆞ야 누어 다 아디 몯ᄒᆞ야 니러 노녀(其人이 醉ᄒᆞ야 都不覺知ᄒᆞ야 起已遊行ᄒᆞ야) 〈法華四 37b〉

〈5〉 곧 對 잢간

두 부사가 [了] 즉 '곧, 잠깐'의 뜻을 가지고 동의 관계에 있다는 것은 동일 원문의 번역인 다음 예문들에서 잘 확인된다. 원문 중 '了無'가 '곧 없다'로도 번역되고 '잢간도 없다'로도 번역되므로 '곧'과 '잢간'의 동의성은 명백히 입증된다.

(5) a. 날 ᄆᆞᅀᆞ미 곧 업스며 〈月十二 26b〉
b. 잢간도 날 ᄆᆞᅀᆞ미 업스며(了無出心ᄒᆞ며) 〈法華二 64b〉

〈6〉 곧 對 즉재

두 부사가 [卽] 즉 '곧, 즉시'의 뜻을 가지고 동의 관계에 있다는 것은 동일 원문의 번역인 다음 예문들에서 잘 확인된다. 원문 중 '卽見'이 '곧 보다'로도 번역되고 '즉재 보다'로도 번역된다. 그리고 '卽得'이 '곧 得ᄒᆞ다'로도 번역되고 '즉재 得ᄒᆞ다'로도 번역된다. 따라서 두 부사 '곧'과 '즉재'의 동의성은 명백히 입증된다.

(6) a. 곧 普賢을 보ᅀᆞᄫᆞ니 〈月十九 124a〉
b. 즉재 普賢 보ᅀᆞ와ᄂᆞᆯ(卽見普賢ᄒᆞᅀᆞ와ᄂᆞᆯ) 〈法華七 189b〉

(6) c. 곧 허디 아니ᄒᆞᇙ 體ᄅᆞᆯ 得ᄒᆞ야 〈月十七 31b〉
d. 즉재 허디 아니ᄒᆞᆯ 體ᄅᆞᆯ 得ᄒᆞ야(卽得不壞體ᄒᆞ야) 〈法華五 187b〉

(6) e. 곧 六根清淨功德을 得ᄒᆞ시니라 〈月十七 87a〉
f. 즉재 六根清淨功德을 得ᄒᆞ시니라(卽得六根清淨功德也ᄒᆞ시니라) 〈法華六 83b〉

(6) g. 곧 두리본 ᄆᆞᅀᆞᄆᆞᆯ 머거 예 온 이ᄅᆞᆯ 뉘으처 〈月十三 12b〉
h. 즉재 두리요ᄆᆞᆯ 머거 이에 오ᄆᆞᆯ 뉘으처(卽懷恐怖ᄒᆞ야 悔來至此ᄒᆞ야) 〈法華二 194b〉

(6) i. 곧 ᄇᆞᆯ기 니르디 아니ᄒᆞ실씨 〈月十三 57a〉
j. 즉재 ᄇᆞᆯ기 니ᄅᆞ디 아니ᄒᆞ실씨(不卽明說ᄒᆞ실씨 故로) 〈法華三 30b〉

(6) k. 곧 아비 爲ᄒᆞ야 偈ᄅᆞᆯ 닐오ᄃᆡ 〈月十八 34a〉

l. 즉재 아바님 爲ᄒᆞ야 偈ᄅᆞᆯ ᄉᆞᆯ오ᄃᆡ(卽爲其父ᄒᆞ야 爲說偈言호ᄃᆡ) 〈法華六 147a〉

(6) m. 王이 곧 그리(42b) ᄒᆞ라 ᄒᆞ시니라 〈月十四 43a〉
n. 王이 즉재 드러 許ᄒᆞ시니라(王이 卽聽許ᄒᆞ시니라) 〈法華三 145a〉

(6) o. 學 無學ᄋᆞᆯ ᄉᆞᄆᆞᆺ 아로미 곧 實相 證호미니 이ᄅᆞᆯ 니ᄅᆞ샨 實相이라 〈月十五 38b〉
p. 學 無學을 ᄆᆞ차 즉재 實相 證호미 이 닐온 實相이라(了學無學ᄒᆞ야 卽證實相이 是謂實相이라) 〈法華四 64b〉

(6) q. 普賢이 즉재 現ᄒᆞ시리라 〈月十九 108b〉
r. 普賢이 곧 現ᄒᆞ시리라(普賢이 卽現ᄒᆞ시리라) 〈法華七 173a〉

(6) s. 즉재 닐오ᄃᆡ 〈月十七 20b〉
t. 곧 이 마ᄅᆞᆯ 호ᄃᆡ(卽作是言호ᄃᆡ) 〈法華五 157a〉

한편 '卽'이 『월인석보』와 『법화경언해』에서 모두 '즉재'로 번역된다는 것은 동일 원문의 번역인 다음 예문들에서 잘 확인된다. 원문 중 '卽成'가 모두 '즉재 일우다'로 번역된다.

(6) u. 즉재 佛道ᄅᆞᆯ 일우고 〈月十四 11a〉
v. 즉재 佛道 일우거니와(卽成佛道커니와) 〈法華三 92b〉

(6) w. 즉재 아ᅀᅡ 머그니 〈月十七 21b〉
x. 즉재 아ᅀᅡ 머그니(卽取服之ᄒᆞ니) 〈法華五 158a〉

〈7〉 골오 對 ᄀᆞ티

두 부사가 [等] 즉 '같이, 동일하게'의 뜻을 가지고 동의 관계에 있다는 것은 동일 원문의 번역인 다음 예문들에서 잘 확인된다. 원문 중 '等與'가 '골오 주다'로도 번역되고 'ᄀᆞ티 주다'로도 번역되므로 '골오'과 'ᄀᆞ티'의 동의성은 명백히 입증된다. '골오'는 상태동사 '고ᄅᆞ다'의 어간 '고ᄅᆞ-'와 접미사 '-오'의 결합으로 생긴 부사이고 'ᄀᆞ티'는 상태동사 'ᄀᆞᇀ다'의 어간 'ᄀᆞᇀ-'과 접미사 '-이'의 결합으로 생긴 부사이다.

(7) a. 이 長者ㅣ 보ᄇᆡ옛 큰 술위로 아ᄃᆞᆯᄃᆞᆯ홀 골오 주니 〈月十二 33a〉
b. 이 長者ㅣ 諸子ᄅᆞᆯ 珍寶大車 ᄀᆞ티 주미(是長者ㅣ 等與諸子珍寶大車호미) 〈法華二 77b〉

〈8〉 골오 對 ᄒᆞᆫ가지로

두 부사가 [等] 즉 '같이, 마찬가지로'의 뜻을 가지고 동의 관계에 있다는 것은 동일 원문의 번역인 다음 예문들에서 잘 확인된다. 원문 중 '等示'가 '골오 뵈다'로도 번역되고 'ᄒᆞᆫ가지로 뵈다'로도 번역되므로 '골오'와 'ᄒᆞᆫ가지로'의 동의성은 명백히 입증된다.

(8) a. 골오 一乘ᄋᆞᆯ 뵈샤 二乘 三乘 업슨 ᄃᆞᆯ 알의 ᄒᆞ샤ᄆᆞᆯ 가ᄌᆞᆯ비시니 〈月十二 29b〉
b. ᄒᆞᆫ가지로 一乘 뵈샤 둘 업스며 세 업슨 ᄃᆞᆯ 알에 ᄒᆞ샤ᄆᆞᆯ 가ᄌᆞᆯ비시니(譬...等示一乘ᄒᆞ샤 使知無二無三ᄒᆞ시니) 〈法華二 71b〉

(8) c. 골오 붓디 몯ᄒᆞ며 〈月十三 45b〉
d. 能히 ᄒᆞᆫ가지로 붓디 몯ᄒᆞ고(不能等澍ᄒᆞ고) 〈法華三 10b〉

한편 '等'이 『月印釋譜』 권12와 『法華經諺解』에서 모두 'ᄒᆞᆫ가지로'로 번역된다는 것은 동일 원문의 번역인 다음 예문들에서 잘 확인된다. 원문 중 '等與'가 모두 'ᄒᆞᆫ가지로 주다'로 번역된다.

(8) e. ᄒᆞᆫ가지로 大乘을 주어 〈月十二 48a〉
f. ᄒᆞᆫ가지로 大乘을 주어(等與大乘ᄒᆞ야) 〈法華二 99a〉

〈9〉 구틔여 對 ᄀᆞᆺ

두 부사가 [强] 즉 '억지로'의 뜻을 가지고 동의 관계에 있다는 것은 동일 원문의 번역인 다음 예문들에서 잘 확인된다. 원문 중 '强牽'이 '구틔여 잇그다'로도 번역되고 'ᄀᆞᆺ 그ᅀᅳ다'로도 번역된다. 그리고 '强化'가 '구틔여 教化ᄒᆞ다'로도 번역되고 'ᄀᆞᆺ 化ᄒᆞ다'로도 번역된다. 따라서 '구틔여'와 'ᄀᆞᆺ'의 동의성은 명백히 입증된다.

(9) a. 時急히 자바 구틔여 잇구ᄆᆞᆫ 〈月十三 17a〉
b. 時急히 자바 ᄀᆞᆺ 그ᇫ오ᄆᆞᆫ(急執而强牽은) 〈法華二 202a〉

(9) c. 구틔여 教化ᄒᆞ샤ᄆᆞᆯ 가ᄌᆞᆯ비고 〈月十三 17a〉
d. ᄀᆞᆺ 化ᄒᆞ샤ᄆᆞᆯ 가ᄌᆞᆯ비고(譬……强化ᄒᆞ고) 〈法華二 202a〉

〈10〉 그르 對 외오

두 부사가 [誤] 즉 '그릇, 잘못'의 뜻을 가지고 동의 관계에 있다는 것은 동일 원문의 번역인 다음 예문들에서 잘 확인된다. 원문 중 '誤服'이 '그르 먹다'로도 번역되고 '외오 먹다'로도 번역되므로 두 부사 '그르'와 '외오'의 동의성은 명백히 입증된다. '그르'는 상태동사 '그르다'의 어간 '그르-'의 零變化에 의해 파생된 부사이고 '외오'는 상태동사 '외다'에서 파생된 부사이다.

(10) a. 우리ᄃᆞᆯ히 어리 迷惑ᄒᆞ야 毒藥ᄋᆞᆯ 그르 머구니 〈月十七 17b〉
b. 우리ᄃᆞᆯ히 어리 迷惑ᄒᆞ야 毒ᄒᆞᆫ 藥ᄋᆞᆯ 외오 머구니(我等이 愚癡ᄒᆞ야 誤服毒藥호니) 〈法華五 153b〉

〈11〉 기피 對 ᄌᆞᆷᄌᆞᆷ히

두 부사가 [沈] 즉 '깊이'의 뜻을 가지고 동의 관계에 있다는 것은 동일 원문의 번역인 다음 예문들에서 잘 확인된다. 원문 중 '沈思'가 '기피 ᄉᆞ랑ᄒᆞ다'로도 번역되고 'ᄌᆞᆷᄌᆞᆷ히 ᄉᆞ랑ᄒᆞ다'로도 번역되므로 '기피'와 'ᄌᆞᆷᄌᆞᆷ히'의 동의성은 명백히 입증된다. '기피'는 상태동사 '깊다'의 어간 '깊-'과 접미사 '-이'의 결합으로 생긴 부사이고 'ᄌᆞᆷᄌᆞᆷ히'는 상태동사 'ᄌᆞᆷᄌᆞᆷᄒᆞ다'에서 파생된 부사로 'ᄌᆞᆷᄌᆞᆷᄒᆞ- + -ㅣ(접미사)'로 분석될 수 있다.

(11) a. 블 救ᄒᆞᇙ 道ᄅᆞᆯ 기피 ᄉᆞ랑ᄒᆞ니 〈月十二 24a〉

b. 블 브툼 救홀 術을 즘즘히 ᄉᆞ랑홀 씨라(沈思救焚之方也ㅣ라) 〈法華二 62a〉

〈12〉 ᄀᆞᄃᆞ기 對 다

두 부사가 [遍] 즉 '가득히, 다'의 뜻을 가지고 동의 관계에 있다는 것은 동일 원문의 번역인 다음 예문들에서 잘 확인된다. 원문 중 '遍彰'이 'ᄀᆞᄃᆞ기 낟다'로도 번역되고 '다 낟다'로도 번역되므로 두 부사 'ᄀᆞᄃᆞ기'와 '다'의 동의성은 명백히 입증된다.

(12) a. 妙行이 ᄀᆞᄃᆞ기 나다나아 〈釋十九 37a〉
b. 妙行이 ᄀᆞᄃᆞ기 나다 〈月十七 75a〉
c. 妙行이 다 나ᄃᆞ샤(妙行이 遍彰ᄒᆞ샤) 〈法華六 71b〉

(12) d. 慈力 ᄀᆞᄃᆞ기 내샤ᄆᆞᆯ 더으시니 〈月十九 26b〉
e. 慈力을 다 내샤ᄆᆞ로 더으신 다시니(由…遍生慈力으로 加之시니) 〈法華七 59a〉

한편 '遍'이 『월인석보』 권17과 『법화경언해』에서 모두 '다'로 번역된다는 것은 동일 원문의 번역인 다음 예문들에서 잘 확인된다. 원문 중 '遍彰'이 모두 '다 낟다'로 번역된다.

(12) f. 妙行이 다 나다 〈月十七 88a〉
g. 妙行이 다 나ᄃᆞ샤(妙行이 遍彰ᄒᆞ샤) 〈法華六 84a〉

〈13〉 ᄀᆞᄃᆞ기 對 ᄎᆞ게

부사 'ᄀᆞᄃᆞ기'와 부사어 'ᄎᆞ게'가 [滿] 즉 '가득히, 차게'의 뜻을 가지고 동의 관계에 있다는 것은 동일 원문의 번역인 다음 예문들에서 잘 확인된다. 원문 중 '滿掬'이 'ᄀᆞᄃᆞ기 우희다'로도 번역되고 '우훔 ᄎᆞ게'로도 번역되므로 'ᄀᆞᄃᆞ기'와 'ᄎᆞ게'의 동의성은 명백히 입증된다. 'ᄀᆞᄃᆞ기'는 어근 'ᄀᆞᄃᆨ-'과 '-이'의 결합으로 생긴 파생 부사이고, 'ᄎᆞ게'는 상태동사 'ᄎᆞ다'의 부사형이다.

(13) a. 各各 寶華 가지샤 ᄀᆞᄃᆞ기 우희샤 니ᄅᆞ샤ᄃᆡ 〈月十五 81a〉

b. 各各 보ᄇᆡ곶 우흠 ᄎᆞ게 가지샤 니ᄅᆞ샤ᄃᆡ(各賫寶華滿掬ᄒᆞ샤 而告之言ᄒᆞ샤ᄃᆡ 〈法華四 129b〉

〈14〉 ᄀᆞᄆᆞ니 對 그ᅀᅳ기

두 부사가 [竊] 즉 '몰래, 가만히'의 뜻을 가지고 동의 관계에 있다는 것은 동일 원문의 번역인 다음 예문들에서 잘 확인된다. 원문 중 '竊'이 'ᄀᆞᄆᆞ니'로도 번역되고 '그ᅀᅳ기'로도 번역된다. 따라서 'ᄀᆞᄆᆞ니'와 '그ᅀᅳ기'의 동의성은 명백히 입증된다.

(14) a. ᄀᆞᄆᆞ니 너교ᄃᆡ 〈月十三 12b〉
b. 그ᅀᅳ기 이 念을 호ᄃᆡ (竊作是念호ᄃᆡ) 〈法華二 194b〉

〈15〉 ᄀᆞ장 對 기피

두 부사가 [深] 즉 '매우, 깊이'의 뜻을 가지고 동의 관계에 있다는 것은 동일 원문의 번역인 다음 예문들에서 잘 확인된다. 원문 중 '深敬'이 'ᄀᆞ장 恭敬ᄒᆞ다'로도 번역되고 '기피 恭敬ᄒᆞ다'로도 번역되므로 두 부사 'ᄀᆞ장'과 '기피'의 동의성은 명백히 입증된다.

(15) a. 내 너희ᄃᆞᆯ홀 ᄀᆞ장 恭敬ᄒᆞ야 〈釋十九 29b〉
b. 내 너희ᄃᆞᆯ홀 기피 恭敬ᄒᆞ야 〈月十七 83a〉
c. 내 너흴 기피 恭敬ᄒᆞ야(我ㅣ 深敬汝等ᄒᆞ야) 〈法華六 77b〉

(15) d. 이어긔 ᄀᆞ장 ᄇᆞᆯ겨ᅀᅡ ᄒᆞ리라 〈月十四 38b〉
e. 반ᄃᆞ기 이에 기피 ᄇᆞᆯ골디니라(當深明乎此ㅣ 니라) 〈法華三 140a〉

〈16〉 ᄀᆞ장 對 키

두 부사가 [大] 즉 '크게'의 뜻을 가지고 동의 관계에 있다는 것은 동일 원문의 번역인 다음 예문들에서 잘 확인된다. 원문 중 '大得'이 'ᄀᆞ장 得ᄒᆞ다'로도 번역되고 '키 得ᄒᆞ다'로도 번역되므로 'ᄀᆞ장'과 '키'의 동의성은 명백히 입증된다. '키'는 [大]의 뜻을 가진 상태동사 '크다'에서 파생된 부사이다.

(16) a. ᄒᆞᄅᆞᆺ 갑ᄉᆞᆯ ᄀᆞ장 得호라 ᄒᆞ야 〈月十三 35a〉
b. ᄒᆞᄅᆞᆺ 갑ᄉᆞᆯ 키 得호라 코(一日之價ᄅᆞᆯ 以爲大得ᄒᆞ고) 〈法華二 230b〉

(16) c. 勝智ᄅᆞᆯ 일허 업긔 호미 ᄀᆞ장 오랄ᄊᆡ 〈月十四 11b〉
d. 勝智ᄅᆞᆯ 일컨 디 甚히 키 久遠ᄒᆞᆯᄊᆡ(失滅勝智컨디 甚大久遠ᄒᆞᆯᄊᆡ) 〈法華三 92b〉

〈17〉 ᄀᆞ장 對 훤히

두 부사가 [快] 즉 '아주'의 뜻을 가지고 동의 관계에 있다는 것은 동일 원문의 번역인 다음 예문들에서 잘 확인된다. 원문 중 '快善'이 'ᄀᆞ장 됴ᄒᆞ다'로도 번역되고 '훤히 됴ᄒᆞ다'로도 번역되므로 두 부사 'ᄀᆞ장'과 '훤히'의 동의성은 명백히 입증된다. 두 부사는 상태동사 '됴ᄒᆞ다'와 공기 관계에 있다.

(17) a. 便安ᄒᆞ며 ᄀᆞ장 됴ᄒᆞ이다 〈釋二十一 47b〉
b. 便安코 훤히 됴ᄒᆞ시니(安隱快善ᄒᆞ시니) 〈法華七 149a〉

〈18〉 ᄀᆞ초 對 두려이

두 부사가 [圓] 즉 '두루'의 뜻을 가지고 동의 관계에 있다는 것은 동일 원문의 번역인 다음 예문들에서 잘 확인된다. 원문 중 '圓照'가 'ᄀᆞ초 비취다'로도 번역되고 '두려이 비취다'로도 번역된다. 따라서 'ᄀᆞ초'와 '두려이'의 동의성은 명백히 입증된다.

(18) a. ᄀᆞ초 비취샤 〈釋二十 12b〉
b. 두려이 비취샤(圓照ᄒᆞ샤) 〈法華六 145a〉

〈19〉 난겻 對 ᄃᆞ토와

부사 '난겻'과 동작동사 'ᄃᆞ토오다'의 부사형 'ᄃᆞ토와'가 [競] 즉 '다투어, 겨루어'의 뜻을 가지고 동의 관계에 있다는 것은 동일 원문의 번역인 다음 예문들에서 잘 확인된다. 원문 중 '競造'가 '난겻 짓다'로도 번역되고 'ᄃᆞ토와 짓다'로도 번역되므로 '난겻'과 'ᄃᆞ토와'의 동의성은 명백히 입증된다. 두 단어는 동작동사 '짓다'와 공기한다.

(19) a. ᄯᅩ 그어긔 모딘 業을 난겻 지ᅀᅥ 〈月十二 22a〉
  b. 그러나 ᄯᅩ 그 中에 惡業을 ᄃᆞ토와 지ᅀᅥ(然且於中에 競造惡業ᄒᆞ야) 〈法華二 57a〉

〈20〉 너비 對 ᄀᆞ장

두 부사가 [洪] 즉 '널리, 크게'의 뜻을 가지고 동의 관계 있다는 것은 동일 원문의 번역은 다음 예문들에서 잘 확인된다. 원문 중 '洪注'가 '너비 븟다'로도 번역되고 'ᄀᆞ장 븟다'로도 번역되므로 '너비'와 'ᄀᆞ장'의 동의성은 명백히 입증된다.

(20) a. 十方애 너비 브ᅀᅩ미 〈月十四 21b〉
  b. 十方애 ᄀᆞ장 븟ᄂᆞ니(洪注十方ᄒᆞᄂᆞ니) 〈法華三 108b〉

〈21〉 녜 對 아ᄅᆡ

두 부사가 [曾], [昔], [往昔] 및 [昔曾] 즉 '옛날에, 일찍이, 이전에'의 뜻을 가지고 동의 관계에 있다는 것은 동일 원문의 번역인 다음 예문들에서 잘 확인된다. 원문 중 '未曾有'가 '녜 없다'로도 번역되고 '아ᄅᆡ 잇디 아니ᄒᆞ다'로도 번역된다. '昔供養'이 '녜 供養ᄒᆞ다'로도 번역되고 '아ᄅᆡ 供養ᄒᆞ다'로도 번역된다. '往昔'이 '녜'로도 번역되고 '아ᄅᆡ'로도 번역된다. 그리고 '昔曾教化'가 '아ᄅᆡ 教化ᄒᆞ다'로도 번역되고 '녜 教化ᄒᆞ다'로도 번역된다. 따라서 '녜'와 '아ᄅᆡ'의 동의성은 명백히 입증된다.

(21) a. 世尊이 녜 업스샤ᄉᆞ이다 〈釋二十一 47a〉
  b. 世尊이 아ᄅᆡ 잇디 아니ᄒᆞ샤 〈月十九 90b〉
  c. 世尊이 아ᄅᆡ 잇디 아니ᄒᆞ샤(世尊이 未曾有也ᄒᆞ샤) 〈法華七 149a〉

(21) d. 녜 업던 이를 得(37b)ᄒᆞ야 〈釋二十一 38a〉
e. 아ᄅᆡ 업던 이를 得호라 ᄒᆞ야 〈月十九 78b〉
f. 未曾有를 得ᄒᆞ야(得未曾有ᄒᆞ야) 〈法華七 135a〉

(21) g. 甚히 기픈 녜 업던 法을 일워 〈月十一 96b〉
h. 甚히 기픈 아ᄅᆡ 잇디 아니턴 法을 일워(成就甚深未曾有法ᄒᆞ야) 〈法華一 137a〉

(21) i. 내 녜 觀音如來를 供養ᄒᆞᅀᆞᄫᆞ니 〈月十九 32a〉
j. 내 아ᄅᆡ 觀音如來를 供養ᄒᆞᅀᆞ와(我ㅣ 昔에 供養觀音如來ᄒᆞᅀᆞ와) 〈法華七 71a〉

(21) k. 世尊이 녜 說法을 오래 커시ᄂᆞᆯ 〈月十三 4a〉
l. 世尊이 아ᄅᆡ 說法을 ᄒᆞ마 오래 커시ᄂᆞᆯ(世尊이 往昔에 說法旣久ㅣ 어시ᄂᆞᆯ) 〈法華二 179a〉

(21) m. 宮殿엣 光明이 아ᄅᆡ 업던 거시 〈月十四 19a〉
n. 宮殿엣 光明이 녜 아니 잇더니로소니(宮殿光明이 昔所未有ㅣ로소니) 〈法華三 106a〉

(21) o. 아ᄅᆡ 敎化ᄒᆞ시다가 後에 도로 믈러 겨샤ᄆᆞᆯ 가ᄌᆞᆯ비고) 〈月十三 8b〉
p. 녜 敎化ᄒᆞ야시ᄂᆞᆯ 後에 도로 믈러듀믈 가ᄌᆞᆯ비니라(譬昔曾敎化ㅣ어시ᄂᆞᆯ 後還退墮也ㅣ라) 〈法華二 187a〉

〈22〉 ᄂᆞ외야 對 다시

두 부사가 [復]와 [更] 즉 '다시'의 뜻을 가지고 동의 관계에 있다는 것은 동일 원문의 번역인 다음 예문들에서 잘 확인된다. 원문 중 '不復受'가 'ᄂᆞ외야 아니 ᄃᆞ외다'로 의역되고 '다시 受티 아니ᄒᆞ다'로 직역된다. '復進'이 'ᄂᆞ외야 낫다'로도 번역되고 '다시 낫다'로도 번역된다. 그리고 '更無'가 'ᄂᆞ외야 없다'로도 번역되고 '다시 없다'로도 번역된다. 따라서 'ᄂᆞ외야'와 '다시'의 동의성은 명백히 입증된다.

(22) a. 後生애 ᄂᆞ외야 겨지븨 모미 아니 ᄃᆞ외리라 〈釋二十 26b〉
b. 겨지븨 몸 ᄆᆞᆾ고 後에 다시 受티 아니ᄒᆞ리라 〈月十八 53b〉

c. 이 겨지븨 몸 ᄆᆞᆾ고 後엔 다시 受티 아니ᄒᆞ니라(盡是女身ᄒᆞ고 後不復受ᄒᆞ리라) 〈法華六 173a〉

(22) d. ᄂᆞ외야 나ᅀᅡ 가디 몯ᄒᆞ며 〈月十四 76a〉
e. 能히 다시 낫디 몯ᄒᆞ리어늘ᅀᅡ(不能復進어늘ᅀᅡ) 〈法華三 174a〉

(22) f. ᄂᆞ외야 몰라 일티 아(112a)니케 ᄒᆞ시ᄂᆞ니라 〈月十一 112b〉
g. 다시 迷惑ᄒᆞ야 일티 아니케 ᄒᆞ시ᄂᆞ니라(不復迷失케 ᄒᆞ시ᄂᆞ니라) 〈法華一 180b〉

(22) h. ᄂᆞ외야 阿耨多羅三藐三菩提ᄅᆞᆯ 求티 아니ᄒᆞ면 〈月十一 127b〉
i. 곧 다시 阿耨多羅三藐三菩提ᄅᆞᆯ ᄠᅳ데 求티 아니ᄒᆞ면(便不復志求阿耨多羅三藐三菩提ᄒᆞ면) 〈法華一 192a〉

(22) j. ᄂᆞ외야 녀나ᄆᆞᆫ 乘이 업스니 〈月十四 58a〉
k. 다시 녀나ᄆᆞᆫ 乘 업스니(更無餘乘ᄒᆞ니) 〈法華三 167a〉

〈23〉 ᄂᆞ외야 對 ᄯᅩ

두 부사가 [復] 즉 '다시, 또'의 뜻을 가지고 동의 관계에 있다는 것은 동일 원문의 번역인 다음 예문들에서 잘 확인된다. 원문 중 '復老'가 'ᄂᆞ외야 늙다'로도 번역되고 'ᄯᅩ 늙다'로도 번역되므로 'ᄂᆞ외야'와 'ᄯᅩ'의 동의성은 명백히 입증된다.

(23) a. 어딋던 ᄂᆞ외야 늘거 주긇 주리 이시리오 〈釋二十 31a〉
b. 어딋던 ᄯᅩ 늘거 주그리오 〈月十八 59b〉
c. 엇뎨 ᄯᅩ 늘거 주그리오(何復老死ㅣ리오) 〈法華六 181b〉

한편 '復'가 『석보상절』과 『법화경언해』에서 모두 'ᄯᅩ'로 번역된다는 것은 동일 원문의 번역인 다음 예문들에서 잘 확인된다. 원문 중 '復…異哉'가 'ᄯᅩ…달온 주리 이시리오'와 'ᄯᅩ…다ᄅᆞ리잇고'로 번역된다.

(23) d. 어듸썬 또 勝과 劣왜 달온 주리 이시리오 〈釋二十 38a〉
e. 엇뎨 勝劣의 달오미 이시리오 〈月十八 72b〉
f. 엇뎨 또 勝劣이 다ᄅᆞ리잇고(何復勝劣之異哉리잇고) 〈法華七 13a〉

〈24〉 다 對 ᄀᆞ초

두 부사가 [備] 즉 '갖추어'의 뜻을 가지고 동의 관계에 있다는 것은 동일 원문의 번역인 다음 예문들에서 잘 확인된다. 원문 중 '備宣'이 '다 ᅀᅳᆲ다'로도 번역되고 'ᄀᆞ초 펴다'로도 번역된다. 따라서 두 부사 '다'와 'ᄀᆞ초'의 동의성은 명백히 입증된다.

(24) a. 授記ᄒᆞ시며 導師ᄋᆡ 神化ᄒᆞ시논 德 니르리 能히 다 ᅀᅳᆲ디 몯호(4a)ᄆᆞᆯ 모도아 讚歎ᄒᆞᅀᆞᄫᆞ니라 〈月十五 4b〉
b. 授記로 導師ㅅ 神化ㅅ 德에 니르리 能히 ᄀᆞ초 펴디 몯호ᄆᆞᆯ 모도아 讚歎ᄒᆞᅀᆞ오미오(摠歎授記로 乃至導師神化之德히 不能備宣也ㅣ오) 〈法華四 6b〉

〈25〉 다 對 니ᄅᆞ

두 부사가 [勝] 즉 '모두, 죄다'의 뜻을 가지고 동의 관계에 있다는 것은 동일 원문의 번역인 다음 예문들에서 잘 확인된다. 원문 중 '勝窮'이 '다 니ᄅᆞ다'로도 번역되고 '니ᄅᆞ 다ᄋᆞ다'로도 번역되므로 '다'와 '니ᄅᆞ'의 동의성은 명백히 입증된다.

(25) a. 如來ㅅ 一切 深妙ᄒᆞ신 功德이 이 經에 모다 어루 다 몯 니ᄅᆞ릴 씨니라 〈月十八 10b〉
b. 如來ㅅ 一切 深妙功德이 다 經에 모ᄃᆞ샤 니ᄅᆞ 다ᄋᆞ디 몯ᄒᆞᆯ 쪄치라(如來ㅅ 一切深妙功德이 盡萃此經ᄒᆞ샤 不可勝窮故也ㅣ라) 〈法華六 107b〉

〈26〉 다 對 모다

두 부사가 [共], [俱] 및 [咸] 즉 '다, 모두'의 뜻을 가지고 동의 관계에 있다는 것은 동일 원문의 번역인 다음 예문들에서 잘 확인된다. 원문 중 '共讚'이 '다 讚嘆ᄒᆞ다'로도 번역되고 '모다 讚

歎ᄒᆞ다'로도 번역된다. '俱作'이 '모다 ᄒᆞ다'로도 번역되고 '다 ᄒᆞ다'로도 번역된다. 그리고 '咸…見'이 '모다 보다'로도 번역되고 '다 보다'로도 번역된다. 따라서 '다'와 '모다'의 동의성은 명백히 입증된다.

(26) a. 諸佛이 머리셔 다 讚嘆ᄒᆞ야 니ᄅᆞ샤ᄃᆡ 〈釋二十 28a〉
b. 諸佛이 머리셔 모다 讚歎ᄒᆞ야 니ᄅᆞ샤ᄃᆡ 〈月十八 56a〉
c. 諸佛이 머리셔 모다 讚歎ᄒᆞ야 니ᄅᆞ샤ᄃᆡ(諸佛이 遙共讚歎ᄒᆞ샤ᄃᆡ) 〈法華六 177a〉

(26) d. 虛空 中에셔 ᄒᆞᆫᄢᅴ 모다 ᄒᆞ며 〈月十二 16b〉
e. 虛空 中에 ᄒᆞᆫᄢᅴ 다 ᄒᆞ며(於虛空中에 一時俱作ᄒᆞ며) 〈法華二 46a〉

(26) f. 모다 부텻긔 ᄉᆞᆯᄫᆞᄃᆡ 〈月十四 41b〉
g. 다 부텻긔 ᄉᆞᆯ오ᄃᆡ(俱白佛言호ᄃᆡ) 〈法華三 144a〉

(26) h. 모다 보게 ᄒᆞ니라 〈月十七 21b〉
i. 다 보게 ᄒᆞ니라(咸使見之케 ᄒᆞ니라) 〈法華五 158b〉

한편 '共'이 『석보상절』과 『법화경언해』에서 모두 '모다'로 번역된다는 것은 동일 원문의 번역인 다음 예문들에서 잘 확인된다. 원문 중 '共說'이 모두 '모다 니ᄅᆞ다'로 번역된다.

(26) j. 千佛이 모다 닐어도 〈釋二十 28b〉 〈月十八 56b〉
k. 千佛이 모다 닐어도(千佛이 共說ᄒᆞ야도) 〈法華六 177b〉

(26) l. 모다 너를 護持ᄒᆞ야 〈釋二十 29a〉
m. 너를 모다 딕ᄒᆞ야 護持ᄒᆞᄂᆞ니(共守護汝ᄒᆞᄂᆞ니) 〈法華六 178b〉

〈27〉 다믄 對 오직

두 부사가 [但]과 [唯] 즉 '다만, 오직'의 뜻을 가지고 동의 관계에 있다는 것은 동일 원문의 번역인 다음 예문들에서 잘 확인된다. 원문 중 '但見'이 '다ᄆᆞᆫ 보다'로도 번역되고 '오직 보다'로도 번역된다. 그리고 '唯有'가 '다ᄆᆞᆫ ~이다'로도 번역되고 '오직 잇다'로도 번역된다. 따라서 두 부사 '다ᄆᆞᆫ'과 '오직'의 동의성은 명백히 입증된다.

(27) a. 네 다ᄆᆞᆫ 妙音菩薩ᄋᆡ 모미 이에 잇논 주를 봆 분뎡 〈釋二十 47a〉
b. 네 오직 妙音菩薩ᄋᆡ 모미 예 잇ᄂᆞᆫ ᄃᆞᆯ 보건마ᄅᆞᆫ 〈月十八 84b〉
c. 네 오직 妙音菩薩의 모미 예 잇ᄂᆞᆫ ᄃᆞᆯ 보건마ᄅᆞᆫ(汝ㅣ 但見妙音菩薩의 其身이 在比ㅣ언마ᄅᆞᆫ) 〈法華七 26b〉

(27) d. 다ᄆᆞᆫ 쓸 만ᄒᆞ야도 〈釋二十一 57b〉
e. ᄒᆞ다가 쓸 만ᄒᆞ야도 〈月十九 112a〉
f. ᄒᆞ다가 오직 써도(若但書寫ᄒᆞ야도) 〈法華七 176a〉

(27) g. 다ᄆᆞᆫ 菩薩ᄋᆞᆯ 教化ᄒᆞ샤 〈月十一 115b〉
h. 오직 菩薩ᄋᆞᆯ 教化ᄒᆞ샤(但教化菩薩ᄒᆞ샤) 〈法華一 185a〉

(27) i. 다ᄆᆞᆫ ᄒᆞᆫ 門이오 〈月十二 21a〉
j. 오직 ᄒᆞᆫ 門이 잇고(唯有一門ᄒᆞ고) 〈法華二 55b〉

(27) k. 通히 다ᄆᆞᆫ 一乘實智언마ᄅᆞᆫ 〈月十八 17b〉
l. 通히 오직 一乘實智어신마ᄅᆞᆫ(通唯一乘實智ㅣ 어신마ᄅᆞᆫ) 〈法華六 123a〉

한편 '但'과 '唯'가 『月印釋譜』와 『法華經諺解』에서 모두 '오직'으로 번역된다는 것은 동일 원문의 번역인 다음 예문들에서 잘 확인된다. 원문 중 '但…受'가 모두 '오직…受ᄒᆞ다'로 번역되고 '唯說'이 모두 '오직 니ᄅᆞ다'로 번역된다.

(27) m. 오직 다 能히 受티 몯ᄒᆞᄂᆞ니라 〈月十二 50a〉
n. 오직 다 能히 受티 몯ᄒᆞᄂᆞ니라(但不盡能受ᄒᆞᄂᆞ니라) 〈法華二 102a〉

(27) o. 오직 一乘을 니ᄅᆞ시ᄂᆞ니 〈月十三 36b〉

p. 오직 一乘을 니ᄅᆞ시고(唯說一乘ᄒᆞ시고) 〈法華二 232a〉

〈28〉 다ᄆᆞᆫ 對 ᄒᆞ올로

두 부사가 [獨] 즉 '홀로, 다만'의 뜻을 가지고 동의 관계에 있다는 것은 동일 원문의 번역인 다음 예문들에서 잘 확인된다. 원문 중 '獨言'이 '다ᄆᆞᆫ 니ᄅᆞ다'로도 번역되고 'ᄒᆞ올로 니ᄅᆞ다'로도 번역되므로 '다ᄆᆞᆫ'과 'ᄒᆞ올로'의 동의성은 명백히 입증된다.

(28) a. 다ᄆᆞᆫ 니ᄅᆞ샤ᄃᆡ 天人이 놀라 疑心ᄒᆞ리라 ᄒᆞ시고 〈月十一 106a〉
b. 天人의 놀라 疑心호ᄆᆞᆯ ᄒᆞ올로 닐어시ᄂᆞᆯ(獨言天人驚疑ᄒᆞ야시ᄂᆞᆯ) 〈法華一 167a〉

〈29〉 다ᄆᆡᆫ 對 오직

두 부사가 [但] 즉 '다만, 오직'의 뜻을 가지고 동의 관계에 있다는 것은 동일 원문의 번역인 다음 예문들에서 잘 확인된다. 원문 중 '但與'가 '다ᄆᆡᆫ 주다'로도 번역되고 '오직 주다'로도 번역되므로 '다ᄆᆡᆫ'과 '오직'의 동의성은 입증된다.

(29) a. 다ᄆᆡᆫ 큰 술위ᄅᆞᆯ 주어 보ᄇᆡ옛 거스로 莊嚴(49a)ᄒᆞ야 便安호미 第一이니 〈月十二 49b〉
b. 오직 큰 술위 보ᄇᆡ옛 거스로 莊嚴(100b)ᄒᆞ야 便安호미 第一을 주나(但與大車ㅣ 寶物로 莊嚴ᄒᆞ야 安隱第一ᄒᆞ나) 〈法華二 101a〉

(29) c. 다ᄆᆡᆫ 大乘ᄋᆞ로 度脫ᄒᆞᄂᆞ니 〈月十二 49b〉
d. 오직 大乘으로 度脫(101b)ᄒᆞᄂᆞ니(但以大乘으로 而度脫之ᄒᆞᄂᆞ니) 〈法華二 102a〉

〈30〉 다시 對 ᄯᅩ

두 부사가 [復]와 [更] 즉 '다시, 또'의 뜻을 가지고 동의 관계에 있다는 것은 동일 원문의 번역인 다음 예문들에서 잘 확인된다. 원문 중 '復白…言'이 '다시 ᄉᆞᆲ다'로도 번역되고 'ᄯᅩ ᄉᆞᆲ다'로도 번역된다. '復止'가 'ᄯᅩ 말이다'로도 번역되고 '다시 말이다'로도 번역된다. 그리고 '更有'가

'ᄯᅩ 잇다'로도 번역되고 '다시 잇다'로도 번역된다. 따라서 '다시'와 'ᄯᅩ'의 동의성은 명백히 입증된다.

(30) a. 觀世音菩(17a)薩ᄭᅴ 다시 ᄉᆞᆯᄫᆞ샤ᄃᆡ 〈釋二十一 17b〉
b. 觀世音菩薩ᄭᅴ ᄯᅩ ᄉᆞᆯᄫᆞ샤ᄃᆡ 〈月十九 40a〉
c. 觀世音菩薩ᄭᅴ 다시 ᄉᆞᆯ오샤ᄃᆡ(復白觀世音菩薩言ᄒᆞ샤ᄃᆡ) 〈法華七 83b〉

(30) d. ᄯᅩ (106a) 舍利弗을 말이샤ᄃᆡ 〈月十一 106b〉
e. 다시 舍利佛을 말이샤ᄃᆡ(復止舍利弗ᄒᆞ샤ᄃᆡ) 〈法華一 167b〉

(30) f. 그ᄢᅴ 世尊이 ᄯᅩ 比丘衆ᄃᆞ려 니ᄅᆞ샤ᄃᆡ 〈月十三 67b〉
g. 그ᄢᅴ 世尊이 다시 諸比丘衆ᄃᆞ려 니ᄅᆞ샤ᄃᆡ(爾時世尊이 復告諸比丘衆ᄒᆞ샤ᄃᆡ) 〈法華三 74a〉

(30) h. 善財 ᄯᅩ 文殊 普賢을 보ᅀᆞᄫᅡ 〈月十九 123b〉
i. 善財 다시 文殊 普賢 보ᅀᆞ와(善財ㅣ 復見文殊普賢ᄒᆞᅀᆞ와) 〈法華七 189b〉

(30) j. ᄯᅩ 다ᄅᆞᆫ 일후미 이시리니 〈月十四 57b〉
k. 다시 다ᄅᆞᆫ 일후미 이쇼리니(更有異名호리니) 〈法華三 167a〉

(30) l. ᄯᅩ 다ᄅᆞᆫ 일훔 잇다 ᄒᆞ샤ᄆᆞᆫ 〈月十四 58a〉
m. 다시 다ᄅᆞᆫ 일훔 겨샤ᄆᆞᆫ(更有異名者ᄂᆞᆫ) 〈法華三 167b〉

한편 '復'가 『월인석보』와 『법화경언해』에서 모두 '다시'로도 번역되고 모두 'ᄯᅩ'로도 번역된다는 것은 동일 원문의 번역인 다음 예문들에서 잘 확인된다. 원문 중 '復說'이 모두 '다시 니ᄅᆞ다'로 번역되고 '復供養'이 모두 'ᄯᅩ 供養ᄒᆞ다'로 번역된다.

(30) n. 구틔여 다시 니ᄅᆞ디 마라ᅀᅡ ᄒᆞ리라 〈月十一 99a〉
o. 구틔여 다시 닐올 ᄯᅵ 아니니(不須復說이니) 〈法華一 145a〉

(30) p. ᄯᅩ 二萬億佛을 供養ᄒᆞᅀᆞᄫᆞᄃᆡ 〈月十三 69a〉

q. 반ᄃᆞ기 ᄯᅩ 二萬億佛을 供養호ᄃᆡ(當復供養二萬億佛호ᄃᆡ) 〈法華三 74b〉

(30) r. ᄯᅩ 後ㅅ 마리 겨시니 〈月十五 86b〉
s. ᄯᅩ 後ㅅ 마리 겨시니라(復有後說ᄒᆞ시니라) 〈法華四 135b〉

〈31〉 다히 對 다ᄫᅵ 對 ᄀᆞ티

세 부사가 [如] 즉 '같이'의 뜻을 가지고 동의 관계에 있다는 것은 동일 원문의 번역인 다음 예문들에서 잘 확인된다. 원문 중 '如…勑'이 '勑 다히'로도 번역되고 '勑ᄒᆞ샨 다ᄫᅵ'로도 번역되고 '勑ᄒᆞ샴 ᄀᆞ티'로도 번역된다. 따라서 '다히'와 '다ᄫᅵ'와 'ᄀᆞ티'의 동의성은 명백히 입증된다. '다히'는 [如] 즉 '같다'의 뜻을 가진 상태동사 '다ᄒᆞ다'에서 파생된 부사이고 'ᄀᆞ티'는 [如]의 뜻을 가진 상태동사 'ᄀᆞᇀ다'에서 파생된 부사이다.

(31) a. 世尊ㅅ 勑 다히 〈釋二十 3b〉
b. 世尊 勑ᄒᆞ샨 다ᄫᅵ 〈月十八 19a〉
c. 世尊ㅅ 勑ᄒᆞ샴 ᄀᆞ티 ᄒᆞᅀᆞ와(如世尊勑ᄒᆞᅀᆞ와) 〈法華六 125b〉

(31) d. 말 다히 修行ᄒᆞ면 〈釋二十一 22a〉
e. 말 다ᄫᅵ 修行호매 니르러도 〈月十九 56b〉
f. 말 다히 修行ᄒᆞ야도(如說修行이라도) 〈法華七 108b〉

(31) g. 正히 憶念ᄒᆞ야 말 다히 修行ᄒᆞ야ᅀᅡ ᄒᆞ리니 〈釋二十一 59a〉
h. 正憶念ᄒᆞ야 말 다ᄫᅵ 修(114a)行ᄒᆞ야ᅀᅡ ᄒᆞ리이다 〈月十九 114b〉
i. 正憶念ᄒᆞ야(177b) 말 다이 修行홀띠니이다(正憶念ᄒᆞ야 如說脩行이니이다) 〈法華七 178a〉

(31) j. 如혼 다히 닐어 〈月十五 7b〉
k. 如 다이 닐오미라(如所如說이라) 〈法華四 12a〉

(31) l. 드룬 다ᄫᅵ 〈月十七 45b〉

m. 드롬 ᄀᆞ티(如其所聞히) 〈法華六 4a〉

(31) n. 種性 다ᄫᅵ 〈月十三 52a〉
o. 제 種性 ᄀᆞ티(如其種性ᄒᆞ야) 〈法華三 21a〉

〈32〉 답다비 對 닶겨

부사 '답다비'와 동작동사 '닶기다'의 부사형 '닶겨'가 [悶然] 즉 '답답하게'의 뜻을 가지고 동의 관계에 있다는 것은 동일 원문의 번역인 다음 예문들에서 잘 확인된다. 원문 중 '悶然不解'가 '답다비 모ᄅᆞ다'로도 번역되고 '닶겨 아디 몯ᄒᆞ다'로도 번역되므로 '답다비'와 '닶겨'의 동의성은 명백히 입증된다.

(32) a. 이러호ᄆᆞ로 먹뎡이 ᄀᆞᆮᄒᆞ며 버워리 ᄀᆞᆮᄒᆞ야 답다비 모ᄅᆞᆯᄊᆡ 〈月十三 18b〉
b. 일로브터 귀 머근 ᄃᆞᆺ 입 버운 ᄃᆞᆺᄒᆞ야 닶겨 아디 몯ᄒᆞᆯᄊᆡ(由是로 如聾若啞ᄒᆞ야 悶然不解故로) 〈法華二 202a〉

〈33〉 당다이 對 반ᄃᆞ기

두 부사가 [必]과 [當] 즉 '반드시'의 뜻을 가지고 동의 관계에 있다는 것은 동일 원문의 번역인 다음 예문들에서 잘 확인된다. 원문 중 '必淸淨'이 '당다이 淸淨ᄒᆞ다'로도 번역되고 '반ᄃᆞ기 淸淨ᄒᆞ다'로도 번역된다. 그리고 '當生'이 '당다이 나다'로도 번역되고 '반ᄃᆞ기 나다'로도 번역된다. 따라서 두 부사 '당다이'와 '반ᄃᆞ기'의 동의성은 명백히 입증된다.

(33) a. ᄆᆞᅀᆞ미 당다이 淸淨ᄒᆞ야 〈釋二十一 36b〉
b. ᄆᆞᅀᆞ미 당다이 淸淨ᄒᆞ야 〈月十九 77a〉
c. ᄆᆞᅀᆞ미 반ᄃᆞ기 淸淨ᄒᆞ야(心ᄋᆞᆫ必淸淨ᄒᆞ야) 〈法華七 133b〉

(33) d. 당다이 大乘으로 度脫ᄒᆞ시리어늘 〈月十二 4a〉
e. 반ᄃᆞ기 大乘으로 度脫ᄋᆞᆯ 得ᄒᆞ리어늘(必以大乘으로 而得度脫이어ᄂᆞᆯ) 〈法華二 6b〉

(33) f. 당다이 부텨 ᄃᆞ외릴씨니라 〈釋十九 30a〉
g. 당다이 부톄 ᄃᆞ외리라 〈月十七 83a〉
h. 반ᄃᆞ기 부텨 ᄃᆞ외리라(當得作佛ᄒᆞ리라) 〈法華六 77b〉

(33) i. 당다이 忉利天上애 나리니 〈釋二十一 57b〉
j. 반ᄃᆞ기 忉利天上애 나리니(當生忉利天上ᄒᆞ리니) 〈法華七 176a〉

(33) k. 너희ᄃᆞᆯ히 如來ㅅ 知見寶藏앳 分(34a)을 당다이 두리라 ᄒᆞ야 ᄀᆞᆯᄒᆡ야 니ᄅᆞ디 아니ᄒᆞ시고 〈月十三 34b〉
l. 爲ᄒᆞ야 ᄀᆞᆯᄒᆡ샤 너희 반ᄃᆞ기 如來ㅅ 知見寶藏分을 뒷ᄂᆞ니라 아니ᄒᆞ시고(不爲分別ᄒᆞ샤 汝等이 當有如來ㅅ 知見寶藏之分이라 ᄒᆞ시고) 〈法華二 229b〉

그리고 두 부사가 [必當]과 [必應] 즉 '반드시'의 뜻을 가지고 동의 관계에 있다는 것은 동일 원문의 번역인 다음 예문들에서 잘 확인된다. 원문 중 '必當取'가 '당다이 가지다'로도 번역되고 '반ᄃᆞ기 가지다'로도 번역된다. 그리고 '必應見'이 '당다이 보다'로도 번역되고 '반ᄃᆞ기 보다'로도 번역된다. 따라서 '당다이'와 '반ᄃᆞ기'의 동의성은 명백히 입증된다.

(33) m. 당다이 플 가져 〈釋二十 31b〉
n. 반ᄃᆞ기 플 가져 〈月十八 60a〉
o. 반ᄃᆞ기 플 가져(必當取草ᄒᆞ야) 〈法華六 181a〉

(33) p. 당다이 부텻 金色 모ᄆᆞᆯ 得ᄒᆞ리니 〈釋二十 19b〉
q. 반ᄃᆞ기 부텻 金色身을 得ᄒᆞ리니(必當得佛金色之身ᄒᆞ리니) 〈法華六 158a〉

(33) r. 당다이 이런 希有ᄒᆞᆫ 相ᄋᆞᆯ 보ᅀᆞᄫᅡ 잇ᄂᆞ니 〈月十一 39a〉
s. 반ᄃᆞ기 이 希有ᄒᆞᆫ 相ᄋᆞᆯ 보ᅀᆞ오시니(必應見此希有之相ᄒᆞ시니) 〈法華一 66b〉

한편 '當'이 『월인석보』와 『법화경언해』에서 모두 '반ᄃᆞ기'로 번역된다는 것은 동일 원문의 번역인 다음 예문들에서 잘 확인된다. 원문 중 '當得'이 모두 '반ᄃᆞ기 得ᄒᆞ다'로 번역된다.

(33) t. 이 會 반ᄃᆞ기 正因 得홇 ᄃᆞᆯ 뵈니라 〈月十一 34a〉

u. 이 會예 반ᄃᆞ기 正因 得홀 ᄠᆞᆯ 뵈니라(示此會예 當得正因也ㅣ라) 〈法華一 56b〉

(33) v. 이 怨賊에 반ᄃᆞ기 버서나리라 〈月十九 26a〉

w. 이 怨讐ㅅ 도ᄌᆞ개 반ᄃᆞ기 解脫ᄋᆞᆯ 得ᄒᆞ리라(於此怨賊에 當得解脫ᄒᆞ리라) 〈法華七 58b〉

(33) x. 반ᄃᆞ기 부텨 ᄃᆞ외료 ᄒᆞ거든 〈月十五 43b〉

y. 반ᄃᆞ기 부텨 ᄃᆞ외료 커든(當得作佛오 커든) 〈法華四 73b〉

〈34〉 더욱 對 더

두 부사가 [益], [逾] 및 [加] 즉 '더욱, 더'의 뜻을 가지고 동의 관계에 있다는 것은 동일 원문의 번역인 다음 예문들에서 잘 확인된다. 원문 중 '益深'이 '더욱 깊다'로도 번역되고 '더 깊다'로도 번역된다. '逾急'이 '더욱 急히'로도 번역되고 '더 急히'로도 번역된다. 그리고 '加用'이 '더욱 쓰다'로도 번역되고 '더 쓰다'로도 번역된다. 따라서 '더욱'과 '더'의 동의성은 명백히 입증된다.

(34) a. 디녀 行호미 더욱 기프면 功 어두미 더욱 勝호ᄆᆞᆯ 블기시니라 〈月十九 57a〉

b. 디니논 行이 더 깁디옷 功 어두미 더 勝ᄒᆞᆫ ᄃᆞᆯ 블기시니라(明持行이 益深티옷 獲功이 益勝也ᄒᆞ시니라) 〈法華七 109b〉

(34) c. 深妙ᄅᆞᆯ 더욱 나토시니라 〈月十一 100a〉

d. 깁고 微妙호ᄆᆞᆯ 더 나토샤미라(益顯深妙也ㅣ시니라) 〈法華一 145b〉

(34) e. 使(16a)者ㅣ 더욱 急히 자바 〈月十三 16b〉

f. 使者ㅣ 자보ᄃᆡ 더 急히 ᄒᆞ야(使者ㅣ 執之逾急ᄒᆞ야) 〈法華二 200b〉

(34) g. 더욱 ᄆᆞᅀᆞᄆᆞᆯ 뼈 일틀유미 업게 ᄒᆞ라 〈月十三 28a〉

h. 더 ᄆᆞᅀᆞᆷ 뼈 일훔 업게 ᄒᆞ라(宜加用心ᄒᆞ야 無令漏失ᄒᆞ라) 〈法華二 218b〉

한편 '加'가 『월인석보』와 『법화경언해』에서 모두 '더욱'으로 번역된다는 것은 동일 원문의 번역인 다음 예문에서 잘 확인된다. 원문 중 '加用心'이 모두 '더욱 ᄆᆞᅀᆞᆷ 쁘다'로 번역된다.

(34) i. 더욱 ᄆᆞᅀᆞᆷ 쁘라(28a) ᄒᆞ니라 〈月十三 28b〉
j. 더욱 ᄆᆞᅀᆞᆷ ᄡᅮ미 맛당ᄒᆞ니라(宜加用心이니라) 〈法華二 219a〉

〈35〉 ᄯᅩ 對 시혹

두 부사가 [或] 즉 '또'의 뜻을 가지고 동의 관계에 있다는 것은 동일 원문의 번역인 다음 예문들에서 명백히 확인된다. 원문 중 '或曰'이 'ᄯᅩ ᄒᆞ다'로도 번역되고 '시혹 니ᄅᆞ다'로도 번역된다. 따라서 'ᄯᅩ'와 '시혹'의 동의성은 명백히 입증된다.

(35) a. ᄯᅩ 慧命이라 ᄒᆞᄂᆞ니 〈月十三 3a〉
b. 시혹 慧命이라 니ᄅᆞᄂᆞ니(或曰慧命이니) 〈法華二 176b〉

〈36〉 도ᄅᆞ혀 對 도로

두 부사가 [反] 즉 '도리어'의 뜻을 가지고 동의 관계에 있다는 것은 동일 원문의 번역인 다음 예문들에서 잘 확인된다. 원문 중 '反号'가 '도ᄅᆞ혀 일훔 짛다'로도 번역되고 '도로 일훔ᄒᆞ다'로도 번역된다. 따라서 '도ᄅᆞ혀'와 '도로'의 동의성은 명백히 입증된다.

(36) a. 이제 實果ᄅᆞᆯ 證ᄒᆞ야 도ᄅᆞ혀 名相ᄋᆞᆯ 일훔 지ᄒᆞ니 〈月十三 66a〉
b. 이제 實果ᄅᆞᆯ 證ᄒᆞ야 도ᄅᆞ 名相이라 일훔ᄒᆞ니(今證實果ᄒᆞ야 反号名相ᄒᆞ니) 〈法華三 67b〉

〈37〉 동도이 對 귿그티

두 부사가 [段段] 즉 '도막 도막, 조각 조각'의 뜻을 가지고 동의 관계에 있다는 것은 동일 원문의 번역인 다음 예문들에서 잘 확인된다. 원문 중 '段段壞'가 '동도이 버허디다'로도 번역되고 '귿그티 ᄒᆞ야디다'로도 번역되므로 두 부사 '동도이'와 '귿그티'의 동의성은 명백히 입증된다.

'동도이'는 '동[段]+동+-이'로 분석될 수 있고 '긑그티'는 '긑[段]+긑+-이'로 분석될 수 있다.

(37) a. 동도이 버혀디여 〈釋二十一 4a〉
b. 미조차 긑그티 ᄒᆞ야디여 〈月十九 24a〉
c. 미조차 긑그티 ᄒᆞ야디여(尋段段壞ᄒᆞ야) 〈法華七 53b〉

한편 '段段'이 『월인석보』와 『법화경언해』에서 모두 '긑그티'로 번역된다는 것은 동일 원문의 번역인 다음 예문들에서 잘 확인된다. 원문 중 '段段壞'가 모두 '긑그티 ᄒᆞ야디다'로 번역된다.

(37) d. 갈히 긑그티 ᄒᆞ야디여 〈月十九 44b〉
e. 갈히 미조차 긑그티 ᄒᆞ야디며(刀尋段段壞ᄒᆞ며) 〈法華七 88b〉

〈38〉 ᄠᆞ로 對 다

두 부사가 [頓] 즉 '갑자기, 다'의 뜻을 가지고 동의 관계에 있다는 것은 동일 원문의 번역인 다음 예문들에서 잘 확인된다. 원문 중 '頓覺'이 'ᄠᆞ로 알다'로도 번역되고 '다 알다'로 번역되므로 'ᄠᆞ로'와 '다'의 동의성은 명백히 입증된다.

(38) a. 世間 幻惑앳 色이 愛樂홇 줄 업슨 둘 ᄠᆞ로 아ᄅᆞ실씨 〈月十九 84b〉
b. 世間 幻惑앳 色의 어루 愛樂 업슨 둘 다 알씨(頓覺世間幻惑之色의 無可愛樂故로) 〈法華七 142b〉

한편 '頓'이 『월인석보』와 『법화경언해』에서 모두 '다'로 번역되는 것은 동일 원문의 번역인 다음 예문들에서 잘 확인된다. 원문 중 '頓滅'이 '다 없다'와 '다 滅ᄒᆞ다'로 번역된다.

(38) c. 一時(8a)예 다 업스리니 〈月十二 8b〉
d. 一時예 다 滅ᄒᆞᄂᆞ니(一時예 頓滅ᄒᆞᄂᆞ니) 〈法華二 34a〉

〈39〉 만히 對 해

두 부사가 [多] 즉 '많이'의 뜻을 가지고 동의 관계에 있다는 것은 동일 원문의 번역인 다음 예문들에서 잘 확인된다. 원문 중 '多殺'이 '만히 주기다'로도 번역되고 '해 주기다'로도 번역된다. 그리고 '多有'가 '만히 잇다'로도 번역되고 '해 잇다'로도 번역된다. 따라서 두 부사 '만히'와 '해'의 동의성은 명백히 입증된다. '만히'는 상태동사 '만ᄒᆞ다'에서 파생된 부사이고 '해'는 상태동사 '하다'에서 파생된 부사이다.

(39) a. 기름 ᄧᆞ면 벌에ᄅᆞᆯ 만히 주기고 〈釋二十一 31a〉
b. 기름 ᄧᆞ미(67b) 벌에ᄅᆞᆯ 만히 주기ᄂᆞ니라 〈月十九 68a〉
c. 기름 ᄧᆞᆫ 벌에 목수믈 해 주기고(壓油ᄂᆞᆫ 多殺蟲命ᄒᆞ고) 〈法華七 120b〉

(39) d. 量애 너믄 劫數를 만히 드러 니ᄅᆞ샤 〈月十八 27b〉
e. 量애 너믄 劫數를 해 드러 니ᄅᆞ샤(137b)ᄆᆞᆫ(多擧過量劫數ᄂᆞᆫ) 〈法華六 138a〉

(39) f. 만히 듣ᄌᆞᆸ고 져기 알ᄊᆡ 〈月十四 40b〉
g. 해 듣ᄌᆞᆸ고 져기 알ᄊᆡ(多聞少悟故로) 〈法華三 142b〉

(39) h. 만히 드러 너비 ᄉᆞᄆᆞ차 〈月十五 30a〉
i. 해 드러 너비 通達ᄒᆞ야(多聞慱達ᄒᆞ야) 〈法華四 51a〉

(39) j. 天人이 만히 이시며 〈月十三 70a〉
k. 天人이 해 이시며(多有天人ᄒᆞ며) 〈法華三 75a〉

(39) l. 田宅 만히 두ᄆᆞᆫ 〈月十二 21a〉
m. 田宅 해 두믄(多有田宅은) 〈法華二 54b〉

〈40〉 멀톄 對 멀톄로

두 부사가 [粗]와 [粗略] 즉 '대강, 대략'의 뜻을 가지고 동의 관계에 있다는 것은 다음 예문들에서 잘 확인된다. 원문 중 '粗說'이 '멀톄 니ᄅᆞ다'로도 번역되고 '멀톄로 니ᄅᆞ다'로도 번역된다.

그리고 '粗略說'이 '멀톄로 니ᄅᆞ다'로 번역된다. 따라서 '멀톄'와 '멀톄로'의 동의성은 명백히 입증된다.

(40) a. 無間地獄ᄋᆞᆯ 멀톄 니ᄅᆞ건댄 이 ᄀᆞᆮ거니와 〈月二十一 47a〉
b. 無間地獄 粗說如是 〈地藏菩薩本願經〉

(40) c. 地藏이 對答ᄒᆞ샤ᄃᆡ 聖母하 願ᄒᆞᆫᄃᆞᆫ 드르쇼셔 내 멀톄로 닐오리이다 〈月二十一 38a〉
d. 地藏答言 聖母 惟願聽受 我粗說之 〈地藏菩薩本願經〉

(40) e. 百千報應을 이제 멀톄로 니ᄅᆞ노니 〈月二十一 68a〉
f. 百千報應 今粗略說 〈地藏菩薩本願經〉

부사 '멀톄'의 先代形은 '멀터ᄫᅵ'이다. '멀터ᄫᅵ'의 용례는 『월인석보』 권11의 다음 예문에서 잘 확인된다.

(40) e. 세ᄒᆞᆫ 了境이니 곧 알ᄑᆡᆺ 六識이 멀터ᄫᅵ 境을 알ᄊᆡ니라 〈月十一 48a〉

〈41〉 모로매 對 반ᄃᆞ기

두 부사가 [應當]과 [必] 즉 '반드시'의 뜻을 가지고 동의 관계에 있다는 것은 동일 원문의 번역인 다음 예문들에서 잘 확인된다. 원문 중 '應當…書'가 '모로매 쓰다'로도 번역되고 '반ᄃᆞ기 쓰다'로도 번역된다. 그리고 '必趣'가 '반ᄃᆞ기 가다'로도 번역되고 '모로매 가다'로도 번역된다. 따라서 두 부사 '모로매'와 '반ᄃᆞ기'의 동의성은 명백히 입증된다.

(41) a. 모로매 一心ᄋᆞ로 제 쓰거나 〈釋二十一 59a〉
b. 一心ᄋᆞ로 제 쓰거나 〈月十九 114a〉
c. 반ᄃᆞ기 一心으로 제 쓰며(應當一心으로 自書ᄒᆞ며) 〈法華七 177b〉

(41) d. 因이 반ᄃᆞ기 果애 가릴ᄊᆡ 〈月十一 34a〉

e. 因이 모로매 果애 가논 젼ᄎᆞ로(以因必趣果故로) 〈法華一 56b〉

한편 '必'이 『월인석보』와 『법화경언해』에서 모두 '모로매'로도 번역되고 모두 '반ᄃᆞ기'로도 번역된다는 것은 동일 원문의 번역인 다음 예문들에서 잘 확인된다. 원문 중 '必由'가 모두 '모로매 븓다'로 번역된다. 그리고 '必得作佛'이 '반ᄃᆞ기 부톄 ᄃᆞ외다'와 '반ᄃᆞ기 부텨 ᄃᆞ외다'로 번역된다.

(41) f. 모로매 漸漸 닷고(11a)ᄆᆞᆯ 비ᄂᆞ니 〈月十四 11b〉
g. 모로매 漸漸 닷고ᄆᆞᆯ 븓ᄂᆞ니(必假漸脩ᄒᆞᄂᆞ니) 〈法華三 92b〉

(41) h. 모로매 부텨 供養ᄒᆞᅀᆞᄫᆞᆫ 아랫 福(43a)과 큰 願을 븓ᄂᆞ니라 〈月十五 43b〉
i. 모로매 부텨 供養ᄒᆞᅀᆞ온 녯 福과 ᄯᅩ 큰 願을 브트니라(必由供佛宿福과 及大願世也ㅣ니라) 〈法華四 73a〉

(41) j. 뵈요ᄃᆡ 이 사ᄅᆞᆷ돌히 未來世예 반ᄃᆞ기 부톄 ᄃᆞ외리라 ᄒᆞ라 〈月十五 43b〉
k. 이 사ᄅᆞᆷ돌히ᅀᅡ 未來世예 반ᄃᆞ기 부텨 ᄃᆞ외리라 뵈욜띠니라(應示是諸人等이ᅀᅡ 於未來世예 必得作佛이니라) 〈法華四 73b〉

〈42〉 몬졔 對 녜

두 부사가 [昔] 즉 '옛날에'의 뜻을 가지고 동의 관계에 있다는 것은 동일 원문의 번역인 다음 예문들에서 잘 확인된다. 원문 중 '昔之然'이 '몬졔 ᄉᆞᆯ다'로도 번역되고 '녜 ᄉᆞᆯ다'로도 번역된다. 따라서 '몬졔'와 '녜'의 동의성은 명백히 입증된다.

(42) a. 몬졔 몸 ᄉᆞᄅᆞ샤ᄆᆞᆫ 〈釋二十九 18b〉
b. 녜 몸 ᄉᆞᄅᆞ샤ᄆᆞᆫ 〈月十八 41b〉
c. 녜 몸 ᄉᆞᄅᆞ샤ᄆᆞᆫ(昔之然身은) 〈法華六 156b〉

〈43〉 므더니 對 ᄂᆞᆯ아이

두 부사가 [輕賤] 즉 '대수롭지 않게, 천하게'의 뜻을 가지고 동의 관계에 있다는 것은 동일 원문의 번역인 다음 예문들에서 잘 확인된다. 원문 중 '輕賤'이 '므더니 너기다'로도 번역되고 'ᄂᆞᆯ아이 너기다'로도 번역되므로 두 부사 '므더니'와 'ᄂᆞᆯ아이'의 동의성은 명백히 입증된다. '므더니'는 상태동사 '므던ᄒᆞ다'에서 파생된 부사이고 'ᄂᆞᆯ아이'는 상태동사 'ᄂᆞᆯ압다'에서 파생된 부사이다.

(43) a. 이 사ᄅᆞᆷ 므더니 너겨 〈釋十九 32a〉
b. 이 사ᄅᆞᆷ 업시워 〈月十七 87b〉
c. 이 사ᄅᆞᆷ ᄂᆞᆯ아이 너겨(輕賤是人ᄒᆞ야) 〈法華六 84a〉

(43) d. 怒ᄒᆞᆫ ᄠᅳ드로 날 므더니 너기던 젼ᄎᆞ로 〈釋十九 34b〉
e. 瞋恚ᄒᆞᆫ ᄠᅳ드로 나ᄅᆞᆯ 업시운 젼ᄎᆞ로 〈月十七 91a〉
f. 怒ᄒᆞᆫ ᄠᅳ드로 나ᄅᆞᆯ ᄂᆞᆯ아이 너곤 젼ᄎᆞ로(以瞋恚意로 輕賤我故로) 〈法華六 88a〉

〈44〉 믄득 對 과ᄀᆞᆯ이

두 부사가 [悖然] 즉 '문득, 갑자기'의 뜻을 가지고 동의 관계에 있다는 것은 동일 원문의 번역인 다음 예문들에서 잘 확인된다. 원문 중 '悖然變'이 '믄득 고티다'로도 번역되고 '과ᄀᆞᆯ이 變ᄒᆞ다'로도 번역되므로 '믄득'과 '과ᄀᆞᆯ이'의 동의성은 명백히 입증된다.

(44) a. 公이 믄득 ᄂᆞᄎᆞᆯ 고텨 가져ᄂᆞᆯ 〈月十九 23b〉
b. 公이 과ᄀᆞᆯ이 色ᄋᆞᆯ 變커ᄂᆞᆯ(公이 悖然變色거ᄂᆞᆯ) 〈法華七 52b〉

〈45〉 ᄆᆞᅀᆞᆷᄀᆞ장 對 ᄠᅳᆮᄀᆞ장

두 부사가 [恣情] 즉 '마음껏, 멋대로'의 뜻을 가지고 동의 관계에 있다는 것은 다음 예문들에서 잘 확인된다. 원문 중 '佃獵恣情'이 'ᄆᆞᅀᆞᆷᄀᆞ장 山行ᄒᆞ다'로 번역된다. 그리고 '恣情殺生'이 '제 ᄠᅳᆮᄀᆞ장 산 것 주기다'로 번역된다. 따라서 'ᄆᆞᅀᆞᆷᄀᆞ장'과 'ᄠᅳᆮᄀᆞ장'의 동의성은 명백히 입증된다.

(45) a. ᄆᆞᅀᆞᆷᄀᆞ장 山行ᄒᆞ릴 맛나ᄃᆞᆫ 놀라 미쳐 命ᄢᅳᇙ報ᄅᆞᆯ 니ᄅᆞ고 〈月二十一 65b〉

b. 若遇佃獵恣情者 說驚狂喪命報 〈地藏菩薩本願經〉

(45) c. ᄒᆞ믈며 제 ᄠᅳᆮᄀᆞ장 산 것 주기며 도ᄌᆞᆨᄒᆞ며 邪淫ᄒᆞ며 거즛말ᄒᆞ며 百千 罪狀이 ᄡᆞ녀 〈月二十一 98b〉

d. 何況恣情 殺生竊盜 邪淫妄語 百千罪狀者 〈地藏菩薩本願經〉

〈46〉 ᄇᆞ론 對 ᄀᆞᆺ

두 부사가 [纔] 즉 '겨우'의 뜻을 가지고 동의 관계에 있다는 것은 동일 원문의 번역인 다음 예문들에서 잘 확인된다. 원문 중 '纔三十七'이 'ᄇᆞ론 三十七'로도 번역되고 'ᄀᆞᆺ 三十七'로도 번역된다. 따라서 'ᄇᆞ론'과 'ᄀᆞᆺ'의 동의성은 명백히 입증된다.

(46) a. ᄇᆞ론 三十七에 곧 囑累流通ᄒᆞ시고 〈月十八 13b〉

b. ᄀᆞᆺ 三十七이어ᄂᆞᆯ 곧 囑累流通ᄒᆞ시고(纔三十七이어ᄂᆞᆯ 遂卽囑累流通ᄒᆞ시고) 〈法華六 118b〉

〈47〉 ᄇᆞᆯᄡᅧ 對 ᄒᆞ마

두 부사가 [已] 즉 '벌써'의 뜻을 가지고 동의 관계에 있다는 것은 동일 원문의 번역인 다음 예문들에서 잘 확인된다. 원문 중 '已通達'이 'ᄇᆞᆯᄡᅧ 通達ᄒᆞ다'로도 번역되고 'ᄒᆞ마 通達ᄒᆞ다'로도 번역된다. 그리고 '已起'가 'ᄒᆞ마 셰다'로도 번역되고 'ᄇᆞᆯᄡᅧ 셰다'로도 번역된다. 따라서 두 부사 'ᄇᆞᆯᄡᅧ'와 'ᄒᆞ마'의 동의성은 명백히 입증된다.

(47) a. ᄇᆞᆯᄡᅧ 오래 通達ᄒᆞ며 〈釋二十一 40b〉

b. 오래 ᄒᆞ마 通達ᄒᆞ며 〈月十九 81b〉

c. 오래 ᄒᆞ마 通達ᄒᆞ며(久已通達ᄒᆞ며) 〈法華七 139a〉

(47) d. 船若(36a)ㅅ 時節에 ᄇᆞᆯᄡᅧ 오로 맛디고져 ᄒᆞ시던 ᄃᆞᆯ 처ᅀᅥᆷ 아ᅀᆞ보니 〈月十三 36b〉

e. 처섬 아ᄉᆞ보ᄃᆡ 船若時예 ᄒᆞ마 오로 맛디고져 ᄒᆞ야신마ᄅᆞᆫ(始知船若之時예 已欲全付ㅣ어신마ᄅᆞᆫ) 〈法華二 232a〉

(47) f. ᄒᆞ마 塔 세며 〈月十七 37a〉

g. ᄇᆞᆯ셔 塔 세며(已起塔ᄒᆞ며) 〈法華五 201a〉

한편 '已'가 『월인석보』와 『법화경언해』에서 모두 'ᄒᆞ마'로도 번역되고 모두 'ᄇᆞᆯ셔'로도 번역된다는 것은 동일 원문의 번역인 다음 예문들에서 잘 확인된다. 원문 중 '已信解'가 모두 'ᄒᆞ마 信解ᄒᆞ다'로 번역된다. 그리고 '已…知'가 모두 'ᄇᆞᆯ셔 알다'로 번역된다.

(47) h. 이제 ᄒᆞ마 信解ᄒᆞ야 〈釋二十一 38b〉

i. ᄒᆞ마 信解ᄒᆞ시니 〈月十九 79b〉

j. 오ᄂᆞᆯ ᄒᆞ마 信解ᄒᆞ시니(今已信解ᄒᆞ시니) 〈法華七 135b〉

(47) k. ᄒᆞ마 佛事ᄅᆞᆯ ᄒᆞ야 〈釋二十一 44a〉

l. ᄒᆞ마 佛事 ᄒᆞ야 〈月十九 87a〉

m. ᄒᆞ마 佛事 ᄒᆞ야(已作佛事ᄒᆞ야) 〈法華七 145b〉

(47) n. 功이 ᄒᆞ마 부텻긔 ᄀᆞᆯ건마ᄅᆞᆫ 〈月十五 34a〉

o. 功이 ᄒᆞ마 부텨씌 ᄀᆞᆯ건마ᄅᆞᆫ(功이 已齊佛컨마ᄅᆞᆫ) 〈法華四 57b〉

(47) p. 根機 ᄒᆞ마 니구미오 〈月十五 37b〉

q. 根機 ᄒᆞ마 니구믈 니ᄅᆞ니라(謂根機已熟ᄒᆞ니라) 〈法華四 63b〉

(45) r. ᄇᆞᆯ셔 안 ᄆᆞᅀᆞ므로 아니라 〈月十五 37b〉

s. 구디 ᄇᆞᆯ셔 ᄌᆞᆷᄌᆞᆷ히 아니라(固已默知ᄒᆞ니라) 〈法華四 63b〉

〈48〉 샹녜 對 ᄆᆡ샹

두 부사가 [常] 즉 '늘, 항상'의 뜻을 가지고 동의 관계에 있다는 것은 동일 원문의 번역인 다음 예문들에서 잘 확인된다. 원문 중 '常瞻仰'이 '샹녜 울월다'로도 번역되고 'ᄆᆡ샹 보아 울월다'로도 번역되므로 두 부사 '샹녜'와 'ᄆᆡ샹'의 동의성은 명백히 입증된다.

(48) a. 샹녜 울월오져 願ᄒᆞᅀᆞᆸ디니 〈釋二十一 14b〉
b. 샹녜 ᄆᆡ샹 울월오져 願ᄒᆞᅀᆞᆸ디니라 〈月十九 47a〉
c. 샹녜 ᄆᆡ샹 보아 울월오져 ᄒᆞᆯ띠니라(常願常瞻仰이니라) 〈法華七 93b〉

한편 '常'이 『석보상절』, 『월인석보』 및 『법화경언해』에서 모두 '샹녜'로 번역된다는 것은 동일 원문의 번역인 다음 예문들에서 잘 확인된다. 원문 중 '常…精進'이 모두 '샹네 精進ᄒᆞ다'로 번역된다.

(48) d. 샹녜 브즈러니 精進ᄒᆞ야 〈釋二十一 44a〉
e. 샹녜 브즈러니 精進ᄒᆞ야 〈月十九 86b〉
f. 샹녜 브즈러니 精進ᄒᆞ야(常勤精進ᄒᆞ야) 〈法華七 144b〉

〈49〉 손ᅀᅩ 對 제

두 부사가 [自] 즉 'ᄉᆞᄉᆞ로'의 뜻을 가지고 동의 관계에 있다는 것은 동일 원문의 번역인 다음 예문들에서 잘 확인된다. 원문 중 '自書'가 '손ᅀᅩ 쓰다'로도 번역되고 '제 쓰다'로도 번역되므로 '손ᅀᅩ'와 '제'의 동의성은 명백히 입증된다. '제'의 성조는 上聲이다.

(49) a. 손ᅀᅩ 쓰거나 ᄂᆞᆷ ᄒᆞ야 쓰거나 ᄒᆞ면 〈釋二十 25b〉
b. 제 쓰거나 ᄂᆞᆷ ᄒᆞ야 쓰거나 〈月十八 52a〉
c. 제 쓰며 사ᄅᆞᆷ ᄇᆞ려 쓰면(若自書ᄒᆞ며 若使人書ᄒᆞ면) 〈法華六 171b〉

〈50〉 ᄉᆞᄆᆞᆺ 對 다ᄃᆞᆮ게

부사 'ᄉᆞᄆᆞᆺ'과 부사어 '다ᄃᆞᆮ게'가 [究] 즉 '꿰뚫어'의 뜻을 가지고 동의 관계에 있다는 것은 동일 원문의 번역인 다음 예문들에서 잘 확인된다. 원문 중 '究了諸法門'이 '諸法門ᄋᆞᆯ ᄉᆞᄆᆞᆺ 알다'

로도 번역되고 '諸法門을 다ᄃᆞᆮ게 알다'로도 번역된다. 따라서 'ᄉᆞᄆᆞᆺ'과 '다ᄃᆞᆮ게'의 동의성은 명백히 입증된다. '다ᄃᆞᆮ게'는 동작동사 '다ᄃᆞᆮ다'의 부사형이다.

(50) a. 能히 諸法門ᄋᆞᆯ ᄉᆞᄆᆞᆺ 아디 몯ᄒᆞ리라 ᄒᆞ야시ᄂᆞᆯ 〈月十九 124a〉
b. 能히 諸法門을 다ᄃᆞᆮ게 아디 몯ᄒᆞ리라 ᄒᆞ야시ᄂᆞᆯ(不能究了諸法門이라 ᄒᆞ야시ᄂᆞᆯ) 〈法華七 189b〉

〈51〉 ᄉᆞᆫ지 對 그저

두 부사가 [故] 즉 '그대로 아직'의 뜻을 가지고 동의 관계에 있다는 것은 동일 원문의 번역인 다음 예문들에서 잘 확인된다. 원문 중 '故…在'가 'ᄉᆞᆫ지 잇다'로도 번역되고 '그저 現ᄒᆞ야 잇다'로도 번역된다. 따라서 'ᄉᆞᆫ지'와 '그저'의 동의성은 명백히 입증된다.

(51) a. 이제 ᄉᆞᆫ지 잇거늘 〈月十五 24a〉
b. 이제 그저 現ᄒᆞ야 잇거늘(今故現在어ᄂᆞᆯ) 〈法華四 39b〉

〈52〉 ᄉᆞᆫ지 對 오히려

두 부사가 [猶]와 [尙] 즉 '오히려'의 뜻을 가지고 동의 관계에 있다는 것은 동일 원문의 번역인 다음 예문들에서 잘 확인된다. 원문 중 '猶…足'이 'ᄉᆞᆫ지 足ᄒᆞ다'로도 번역되고 '오히려 足ᄒᆞ다'로도 번역된다. 그리고 '尙滯'가 '오히려 걸다'로도 번역되고 'ᄉᆞᆫ지 걸다'로도 번역된다. 따라서 'ᄉᆞᆫ지'와 '오히려'의 동의성은 명백히 입증된다.

(52) a. ᄆᆞᅀᆞ매 ᄉᆞᆫ지 足디 몯ᄒᆞ니 〈釋二十 17b〉
b. ᄆᆞᅀᆞ미 오히려 足디 몯ᄒᆞ니 〈月十八 40b〉
c. ᄆᆞᅀᆞ매 ᄉᆞᆫ지 足디 몯ᄒᆞ니(心猶未足ᄒᆞ니) 〈法華六 155b〉

(52) d. ᄉᆞᆫ지 한 劫 디낸 後에ᅀᅡ 〈月十二 7b〉
e. 오히려 한 劫 디낸 後에ᅀᅡ(猶過多劫然後에ᅀᅡ) 〈法華二 33b〉

(52) f. 오히려 僧祇劫 디내야ᅀᅡ 〈月十五 53b〉
g. ᄉᆞᆫᄌᆡ 僧祇劫 디나ᅀᅡ(而猶過僧祇劫ᄒᆞ야ᅀᅡ) 〈法華四 16a〉

(52) h. 이제 오히려 몯 다아 〈月十七 13a〉
i. 오ᄂᆞᆯ ᄉᆞᆫᄌᆡ 몯 다오미(今猶未盡호미) 〈法華五 145b〉

(52) j. 오히려 닷가 니규메 걸면 〈月十五 53b〉
k. ᄉᆞᆫᄌᆡ 닷(93a)가 니교매 걸ᄊᆡ(尙滯脩習ᄒᆞᆯᄊᆡ) 〈法華四 93b〉

한편 '猶'와 '尙'이 『月印釋譜』와 『法華經諺解』에서 모두 'ᄉᆞᆫᄌᆡ'로도 번역되고 '오히려'로도 번역된다는 것은 동일 원문의 번역인 다음 예문들에서 잘 확인된다. 원문 중 '猶在'가 모두 'ᄉᆞᆫᄌᆡ 잇다'로 번역되고 '猶…虛妄'이 모두 '오히려 虛妄ᄒᆞ다'로 번역된다. 그리고 '尙遠'이 모두 'ᄉᆞᆫᄌᆡ 멀다'로 번역된다.

(52) l. 諸佛法이 ᄉᆞᆫᄌᆡ 알ᄑᆡ 잇디 아니ᄒᆞ더니 〈月十四 11a〉
m. 諸佛法이 ᄉᆞᆫᄌᆡ 알ᄑᆡ 잇디 아니터니(諸佛法이 猶不在前ᄒᆞ더니) 〈法華三 91b〉

(52) n. ᄉᆞᆫᄌᆡ 이셔 일티 아니ᄒᆞ얫다ᄉᆞ이다 〈月十五 25a〉
o. ᄉᆞᆫᄌᆡ 이셔 일티 아니ᄒᆞ얫다ᄉᆞ이다(猶在不失ᄒᆞ다ᄉᆞ이다) 〈法華四 41a〉

(52) p. ᄉᆞᆫᄌᆡ ᄆᆞᄅᆞᆫ ᄒᆞᆯᄀᆞᆯ 보면 므리 ᄉᆞᆫᄌᆡ 먼 ᄃᆞᆯ 아다가 〈月十五 53a〉
q. ᄉᆞᆫᄌᆡ ᄆᆞᄅᆞᆫ ᄒᆞᆰ 보아 므리 ᄉᆞᆫᄌᆡ 먼 ᄃᆞᆯ 아나(猶見乾土ᄒᆞ야 知水ㅣ 尙遠ᄒᆞ나) 〈法華四 92b〉

(52) r. ᄉᆞᆫᄌᆡ 正宗애 屬호미 〈月十五 86b〉
s. ᄉᆞᆫᄌᆡ 正宗애 屬(135b)호미(猶屬正宗이) 〈法華四 136a〉

(52) t. 오히려 虛妄티 아니ᄒᆞ리니 〈月十二 34b〉
u. 오히려 虛妄티 아니ᄒᆞ니(猶不虛妄이니) 〈法華二 80a〉

(52) v. 오히려 알ᄑᆡ 現티 아니ᄒᆞ샤ᄆᆞᆫ 〈月十四 11b〉

w. 오히려 알픽 現티 아니ᄒᆞ샤ᄆᆞᆫ(猶不現前은)〈法華三 92b〉

〈53〉 아ᄃᆞᆨ히 對 어두이

두 부사가 [闇]과 [暗] 즉 '아득히, 어둡게'의 뜻을 가지고 동의 관계에 있다는 것은 동일 원문의 번역인 다음 예문들에서 잘 확인된다. 원문 중 '闇蔽'와 '暗蔽'가 '아ᄃᆞᆨ히 ᄀᆞ리다'로도 번역되고 '어두이 ᄀᆞ리다'로도 번역되므로 '아ᄃᆞᆨ히'와 '어두이'의 동의성은 명백히 입증된다. '아ᄃᆞᆨ히'는 상태동사 '아ᄃᆞᆨᄒᆞ다'에서 파생된 부사이고 '어두이'는 상태동사 '어둡다'에서 파생된 부사이다. 그리고 『法華經諺解』에서는 '暗蔽'가 '어두이 ᄀᆞ리다'로도 번역되고 '아ᄃᆞ기 ᄀᆞ리다'로도 번역되므로 '어두이'와 '아ᄃᆞ기'의 同義性은 명백히 입증된다.

(53) a. 無明의 아ᄃᆞᆨ히 ᄀᆞ료미〈月十二 35b〉
b. 無明 어두이 ᄀᆞ료매(無明闇蔽예)〈法華二 81a〉

(53) c. 無明의 아ᄃᆞᆨ히 ᄀᆞ료ᄆᆞᆯ〈月十二 35b〉
d. 無明 어두이 ᄀᆞ료ᄆᆞᆫ(無明暗蔽는)〈法華二 81a〉

(53) e. ᄌᆞ(83a)걔 無明 어두이 ᄀᆞ료ᄆᆞᆯ 기리 다ᄋᆞ릴ᄊᆡ 衆生ᄋᆡ 어리 迷惑ᄋᆡ 아ᄃᆞ기 濟度코져 ᄒᆞ시고(以自永盡無明暗蔽故로 欲度衆生의 愚癡暗蔽ᄒᆞ시고)〈法華二 83b〉

〈54〉 아래 對 녜

두 부사가 [先昔], [昔], [昔曾] 및 [昔者] 즉 '옛날에'의 뜻을 가지고 동의 관계에 있다는 것은 동일 원문의 번역인 다음 예문들에서 잘 확인된다. 원문 중 '先昔造'가 '아래 ᄒᆞ다'로도 번역되고 '녜 짓다'로도 번역된다. '昔住'가 '아래 잇다'로도 번역되고 '녜 잇다'로도 번역된다. '昔曾化'가 '아래 教化ᄒᆞ다'로도 번역되고 '녜 化ᄒᆞ다'로도 번역된다. 그리고 '昔者解'가 '녜 알다'로도 번역되고 '아래 알다'로도 번역된다. 따라서 '아래'와 '녜'의 동의성은 명백히 입증된다.

(54) a. 世尊이 아래 므슴 功德을 ᄒᆞ시관ᄃᆡ〈釋二十四 9b〉

b. 如來 녜 엇던 功德을 지스시관ᄃᆡ 〈月二十五 65b〉

c. 如來 先昔造何功德 〈釋迦譜 卷5 32. 釋迦獲八萬四千塔宿緣記〉

(54) d. 아래 學地예 이싫 저긔 〈月十二 18a〉

e. 녜 ᄇᆡ호ᄂᆞᆫ 짜해 잇거늘(昔住學地어늘) 〈法華二 50a〉

(54) f. 아래 本城에 이셔 〈月十三 29b〉

g. 녜 믿 城에 이셔(昔在本城中ᄒᆞ야) 〈法華二 222b〉

(54) h. 내 아래 敎化홀ᄊᆡ 〈月十三 30b〉

i. 내 녜 化홀ᄊᆡ(我ㅣ 昔曾化故로) 〈法華二 225a〉

(54) j. 須菩提 녜 空ᄋᆞᆯ 아라 〈月十三 66a〉

k. 須菩提ㅣ 아래 空ᄋᆞᆯ 아라(須菩提ㅣ 昔者애 解空ᄒᆞ야) 〈法華三 67b〉

한편 '昔'이 『月印釋譜』 권12와 『法華經諺解』에서 모두 '녜'로 번역된다는 것은 동일 원문의 번역인 다음 예문들에서 잘 확인된다. 원문 중 '昔蒙'이 모두 '녜 닙다'로 번역된다.

(54) l. 녜 부텻 敎化ᄅᆞᆯ 닙ᄉᆞᄫᅡ 〈月十二 18b〉

m. 녜 부텻 ᄀᆞᄅᆞ치샤ᄆᆞᆯ 닙ᄉᆞ와(昔蒙佛教ᄒᆞᄉᆞ와) 〈法華二 51b〉

〈55〉 아래 對 몬져

두 부사가 [先] 즉 '먼저'의 뜻을 가지고 동의 관계에 있다는 것은 동일 원문의 번역인 다음 예문들에서 잘 확인된다. 원문 중 '先…說'이 '아래 니르다'로도 번역되고 '몬져 니ᄅᆞ다'로도 번역된다. 그리고 '先供'이 '아래 供養ᄒᆞ다'로도 번역되고 '먼져 供養ᄒᆞ다'로도 번역된다. 따라서 두 부사 '아래'와 '몬져'의 동의성은 명백히 입증된다.

(55) a. 威音王佛이 아래 니르시던 〈釋十九 31b〉

b. 威音王佛ㅅ 몬져 니ᄅᆞ샨(威音王佛ㅅ 先所說ᄒᆞ샨) 〈法華六 82a〉

(55) c. 아래 부텨 供養ᄒᆞᅀᆞ보문 〈月十八 34b〉
d. 몬져 부텨 供養ᄒᆞᅀᆞ오문(先供佛已ᄂᆞᆫ) 〈法華六 148b〉

(55) e. 아래 내며 드류미 〈月十三 31b〉
f. 몬져 내며 드료미(先所出納이) 〈法華二 225b〉

한편 '先'이 『월인석보』와 『법화경언해』에서 모두 '몬져'로 번역된다는 것은 동일 원문의 번역인 다음 예문들에서 확인된다. 원문 중 '先求'가 모두 '몬져 求ᄒᆞ다'로 번역된다.

(55) g. 몬져 求ᄒᆞ다가 몯 어두믄 〈月十三 8b〉
h. 몬져 求ᄒᆞ다가 몯 어두믄(先求不得은) 〈法華二 187a〉

(55) i. 몬져 아ᄅᆞ샤 〈月十三 34a〉
j. 몬져……아ᄅᆞ샤(先知) 〈法華二 229b〉

〈56〉 아ᄅᆡ 對 몬져

두 부사가 [先來] 즉 '먼저'의 뜻을 가지고 동의 관계에 있다는 것은 동일 원문의 번역인 다음 예문들에서 잘 확인된다. 원문 중 '先來求'가 '아ᄅᆡ 求ᄒᆞ다'로도 번역되고 '몬져 求ᄒᆞ다'로도 번역되므로 '아ᄅᆡ'와 '몬져'의 동의성은 명백히 입증된다.

(56) a. 그 아비 아ᄅᆡ 아ᄃᆞᆯ 求ᄒᆞ다가 몯 어더 〈月十三 7b〉
b. 그 아비 몬져 아ᄃᆞᆯ 求ᄒᆞ다가 몯 어더(其父ㅣ 先來예 求子不得ᄒᆞ야) 〈法華二 186a〉

〈57〉 아뫼나 對 ᄒᆞ다가

두 부사가 [若] 즉 '만일'의 뜻을 가지고 동의 관계에 있다는 것은 동일 원문의 번역인 다음 예문들에서 잘 확인된다. 원문 중 '若…求'가 '아뫼나 낳다'로도 번역되고 'ᄒᆞ다가 求ᄒᆞ다'로도 번역된다. 그리고 '若書'가 '아뫼나 쓰다'로도 번역되고 'ᄒᆞ다가 쓰다'로도 번역된다. 따라서 두 부사 '아뫼나'와 'ᄒᆞ다가'의 동의성은 명백히 입증된다.

(57) a. 아뫼나 겨지비 아ᄃᆞᄅᆞᆯ 나코져 ᄒᆞ야 〈釋二十一 7b〉
b. ᄒᆞ다가 겨지비 아ᄃᆞᆯ 求ᄒᆞ야 〈月十九 28b〉
c. 女人이 ᄒᆞ다가 아ᄃᆞᆯ 求ᄒᆞ야(若女人이 設欲求男ᄒᆞ야) 〈法華七 66b〉

(57) d. 아뫼나 이 法師ᄅᆞᆯ 침노ᄒᆞ야 헐면 〈釋二十一 28a〉
e. 아뫼나 이 法師ᄅᆞᆯ 侵勞ᄒᆞ야 헐면 〈月十九 64a〉
f. ᄒᆞ다가 이 法師ᄅᆞᆯ 侵勞ᄒᆞ야 헐리 이시면(若有侵毁此法師者ㅣ면) 〈法華七 116a〉

(57) g. 아뫼나 이 經卷을 쓰고(25b)…那婆摩利油燈과로 供養ᄒᆞ면 〈釋二十 26a〉
h. ᄒᆞ다가 이 經卷을 써(52b)…那婆摩利油燈으로 供養ᄒᆞ면 〈月十八 53a〉
i. ᄒᆞ다가 이 經卷 써…那婆摩利油燈으로 供養ᄒᆞ(172a)면(若書是經卷ᄒᆞ야 … 那婆摩利油燈으로 供養ᄒᆞ면) 〈法華六 172b〉

(57) j. 아뫼나 如來 滅度ᄒᆞᆫ 後에 後五百 ᄒᆡᆺ 中에 〈釋二十 26b〉
k. ᄒᆞ다가 如來 滅後(173b) 後五百歲中에(若如來滅後後五百歲中에) 〈法華六 174a〉

(57) l. 아뫼나 사ᄅᆞ미 이 두 菩薩ㅅ 일후믈 알면 〈釋二十一 48b〉
m. ᄒᆞ다가 사ᄅᆞ미 이 두 菩薩 일후믈 알면 〈月十九 92b〉
n. ᄒᆞ다가 사ᄅᆞ미 이 두 菩薩 일훔 알리 이시면(若有人이 識是二菩薩名字者ㅣ면) 〈法華七 151a〉

한편 '若'이 『석보상절』, 『월인석보』 및 『법화경언해』에서 모두 'ᄒᆞ다가'로 번역된다는 것은 동일 원문의 번역인 다음 예문들에서 잘 확인된다. 원문 중 '若…稱'이 모두 'ᄒᆞ다가 일ᄏᆞᆮ다'로 번역된다.

(57) o. ᄒᆞ다가 ᄯᅩ 사ᄅᆞ미 … 觀世音菩薩ㅅ 일후믈 일ᄏᆞᄅᆞ면 〈釋二十一 4a〉

p. ᄒᆞ다가 ᄯᅩ 사ᄅᆞ미(23b)… 觀世音菩薩ㅅ 일후믈 일ᄏᆞᄅᆞ면 〈月十九 24a〉
q. ᄒᆞ다가 ᄯᅩ 사ᄅᆞ미… 觀世音菩薩ㅅ 일훔 일ᄏᆞᄅᆞ면(若復有人이 … 稱觀世音菩薩名者ㅣ면) 〈法華七 52b〉

〈58〉 안ᄆᆞᅀᆞ므로 對 즘즘히

부사어 '안ᄆᆞᅀᆞ므로'와 부사 '즘즘히'가 [默] 즉 '묵묵히, 속마음으로'의 뜻을 가지고 동의 관계에 있다는 것은 동일 원문의 번역인 다음 예문들에서 잘 확인된다. 원문 중 '默知'가 '안ᄆᆞᅀᆞ므로 알다'로도 번역되고 '즘즘히 알다'로도 번역된다. 따라서 '안ᄆᆞᅀᆞ므로'와 '즘즘히'의 동의성은 명백히 입증된다. 부사어 '안ᄆᆞᅀᆞ므로'는 명사 '안ᄆᆞᅀᆞᆷ'과 조사 '-ᄋᆞ로'의 결합이다.

(58) a. 불쎠 안ᄆᆞᅀᆞ므로 아니라 〈月十五 37b〉
b. 구디 불쎠 즘즘히 아니라(固已默知ᄒᆞ니라) 〈法華四 63b〉

(58) c. 녯 因ᄋᆞᆯ 안ᄆᆞᅀᆞ므로 뵈야시ᄂᆞᆯ 〈月十五 37b〉
d. 녯 因을 즘즘히 보시니(默示昔因也ㅣ시니) 〈法華四 63b〉

〈59〉 앳가 對 몬져

두 부사가 [向] 즉 '먼저, 전에'의 뜻을 가지고 동의 관계에 있다는 것은 동일 원문의 번역인 다음 예문들에서 잘 확인된다. 원문 중 '向…說'이 '앳가 니르다'로도 번역되고 '몬져 니ᄅᆞ다'로도 번역되므로 두 부사 '앳가'와 '몬져'의 동의성은 명백히 입증된다.

(59) a. 得ᄒᆞᆫ 功德도 앳가 니르ᄃᆞᆺᄒᆞ야 〈釋十九 26b〉
b. 得ᄒᆞᆫ 功德도 몬져 니ᄅᆞᄃᆞᆺᄒᆞ야 〈月十七 78b〉
c. 그 得ᄒᆞᆫ 功德도 알ᄑᆡ 닐옴 ᄀᆞᆮᄒᆞ야(其所得功德도 如向所說ᄒᆞ야) 〈法華六 72b〉

〈60〉 어둘 對 져기

두 부사가 [略] 즉 '대강, 대략, 간략하게'의 뜻을 가지고 동의 관계에 있다는 것은 동일 원문의 번역인 다음 예문들에서 잘 확인된다. 원문 중 '略說'이 '어둘 니ᄅᆞ다'로도 번역되고 '져기 니ᄅᆞ다'로도 번역되므로 '어둘'과 '져기'의 동의성은 명백히 입증된다.

(60 a. 내 너 爲ᄒᆞ야 어둘 닐오리니 〈月十九 42b〉
b. 내 너 爲ᄒᆞ야 져기 니ᄅᆞ노니(我爲汝略說ᄒᆞ노니) 〈法華七 86b〉

〈61〉 어드리 對 엇뎨

두 부사가 [云何]와 [何] 즉 '어떻게'의 뜻을 가지고 동의 관계에 있다는 것은 동일 원문의 번역인 다음 예문들에서 잘 확인된다. 원문 중 '云何…度'가 '어드리 濟渡ᄒᆞ다'로도 번역되고 '엇뎨 濟度ᄒᆞ다'로도 번역된다. 그리고 '何…化'가 '어드리 教化ᄒᆞ다'로도 번역되고 '엇뎨 化ᄒᆞ다'로도 번역된다. 따라서 두 부사 '어드리'와 '엇뎨'의 동의성은 명백히 입증된다. 두 부사는 手段과 方法을 뜻하는 부사이다.

(61) a. 이런 사ᄅᆞᆷ돌ᄒᆞᆯ 어드리 濟渡ᄒᆞ려뇨 ᄒᆞ다니 〈釋十三 57b〉
b. 이 ᄀᆞᆮᄒᆞᆫ 等類ᄅᆞᆯ 엇뎨 어루 濟度ᄒᆞ려뇨 ᄒᆞ다니(如斯之等類ᄅᆞᆯ 云何而可度ㅣ어뇨 ᄒᆞ다니) 〈法華一 233b〉

(61) c. 어드리 ᄒᆞ야사 能히 이 法華經을 得ᄒᆞ리잇고 〈釋二十一 50b〉
d. 엇뎨 ᄒᆞ야사 이 法華經을 能히 得ᄒᆞ리잇고 〈月十九 101b〉
e. 엇뎨 ᄒᆞ야사 能히 이 法華經을 得ᄒᆞ리잇고(云何能得是法華經ᄒᆞ리잇고) 〈法華七 164a〉

(61) f. 智非 그지 이시면 어드리 無數無量人ᄋᆞᆯ 教化ᄒᆞ료 〈月十八 42a〉
g. 智非 限 잇ᄂᆞ니 ᄀᆞᆮᄒᆞ시면 엇뎨 足히 無數無量ᄒᆞᆫ 사ᄅᆞᄆᆞᆯ 化ᄒᆞ시리오(如其智非有限ᄒᆞ시면 何足以化無數無量之人ᄒᆞ시리오) 〈法華六 156b〉

(61) h. 어드리 이에 隨參ᄒᆞ리오 〈月十八 35b〉
i. 엇뎨 이에 參預ᄒᆞ시리오(何以與此ᄒᆞ시리오) 〈法華六 149b〉

(61) j. 無上正道 일우시니 아니시면 어드리 이를 ᄒᆞ료 〈月十四 54b〉
k. 無上正道 일우시니 아니시면 엇뎨 이에 미츠시료(非成無上正道ㅣ시면 何以與此ᄒᆞ시리오) 〈法華三 163a〉

(61) l. 乃終에 어드리 건나리오 〈月十七 42b〉
m. 내죵애 엇뎨 건나리오(終何以濟리오) 〈法華五 206b〉

그리고 두 부사가 [豈] 즉 '어째서'의 뜻을 가지고 동의 관계에 있다는 것은 동일 원문의 번역인 다음 예문들에서 잘 확인된다. 원문 중 '豈…說'이 '어드리 니르다'로도 번역되고 '엇뎨 니ᄅᆞ다'로도 번역되므로 두 부사 '어드리'와 '엇뎨'의 동의성은 명백히 입증된다. 두 부사는 理由와 原因을 나타내는 부사이다.

(61) n. 어드리 아니 니르료 〈月十一 107a〉
o. 엇뎨 니ᄅᆞ디 아니ᄒᆞ리오(豈得不說이리오) 〈法華一 170b〉

〈62〉 어듸쩐/어뎃던 對 엇뎨

두 부사 '어듸쩐/어뎃던'과 '엇뎨'가 [何] 즉 '어찌, 어째서'의 뜻을 가지고 동의 관계에 있다는 것은 다음 예문들에서 잘 확인된다. 원문 중 '何…老'가 '어뎃던 늙다'로도 번역되고 '엇뎨 늙다'로도 번역된다. 그리고 '何…異'가 '어듸쩐 달오미 잇다'로도 번역되고 '엇뎨 다ᄅᆞ다'로도 번역된다. 따라서 두 부사 '어듸쩐/어뎃던'과 '엇뎨'의 동의성은 명백히 입증된다. 두 부사는 理由와 原因을 뜻하는 부사이다.

(62) a. 어뎃던 ᄂᆞ외야 늘거 주긇 주리 이시리오 〈釋二十 31a〉
b. 어뎃던 ᄯᅩ 늘거 주그리오 〈月十八 59b〉
c. 엇뎨 ᄯᅩ 늘거 주그리오(何復老死ㅣ 리오) 〈法華六 181b〉

(62) d. 어듸쩐 ᄯᅩ 勝과 劣왜 달온 주리 이시리오 〈釋二十 38a〉
e. 엇뎨 勝劣의 달오미 이시리오 〈月十八 72b〉

f. 엇뎨 또 勝劣이 다ᄅᆞ리잇고(何復勝劣之異哉리잇고) 〈法華六 13a〉

(62) g. 어듸썬 三分이 몯 ᄀᆞ자 八百 사오나ᄫᆞᆫ 이리 이시리오 〈釋十九 10b〉
h. 엇뎨 또 세 分에 闕ᄒᆞ며 八百ᄋᆡ 사오나ᄫᆡ리오 〈月十七 57b〉
i. 엇뎨 또 三分의 闕와 八百의 劣이리오(何復三分之闕와 八百之劣耶ㅣ리오) 〈法華六 26b〉

그리고 두 부사 '어듸썬'과 '엇뎨'가 [何] 즉 '어떻게'의 뜻을 가진 동의어라는 사실은 동일 원문의 번역인 다음 예문들에서 잘 확인된다. 원문 중 '何…求'가 '어듸썬 求ᄒᆞ다'로도 번역되고 '엇뎨 求ᄒᆞ다'로도 번역되므로 두 부사 '어듸썬'과 '엇뎨'의 동의성은 명백히 입증된다. 두 부사는 手段과 方法을 뜻하는 부사이다.

(62) j. ᄒᆞᆫ갓 모ᄆᆞᆯ ᄉᆞᆫ둘 어듸썬 受苦호ᄆᆞ로 됴ᄒᆞᆫ 果報ᄅᆞᆯ 求(12b)ᄒᆞᆯ따 ᄒᆞ니 〈釋二十 13a〉
k. ᄒᆞᆫ갓 제 모ᄆᆞᆯ ᄉᆞᆫ둘 엇뎨 苦惱애 善ᄒᆞᆫ 報ᄅᆞᆯ 求ᄒᆞ리오 ᄒᆞ니(徒自燒身ᄒᆞᆫ둘 何於苦惱애 欲求善報ㅣ리오 ᄒᆞ니) 〈法華六 145b〉

〈63〉 어셔 對 ᄲᆞᆯ리

두 부사가 [疾] 즉 '어서, 빨리'의 뜻을 가지고 동의 관계에 있다는 것은 동일 원문의 번역인 다음 예문들에서 잘 확인된다. 원문 중 '疾出'이 '어셔 나다'로도 번역되고 'ᄲᆞᆯ리 나다'로도 번역되므로 두 부사 '어셔'와 'ᄲᆞᆯ리'의 동의성은 명백히 입증된다. 두 부사는 동작동사 '나다'와 共起한다. 그리고 'ᄲᆞᆯ리'는 상태동사 'ᄲᆞᄅᆞ다'에서 파생된 부사이다.

(63) a. 이제 어셔 나 브레 ᄉᆞᆯ이디 말라 〈月十二 25b〉
b. 이제 ᄲᆞᆯ리 나 브릐 ᄉᆞ라 害호미 ᄃᆞ외디 마라ᅀᅡ 올ᄒᆞ니라(宜時疾出ᄒᆞ야 無令爲火之所燒害니라) 〈法華二 64a〉

〈64〉 언제 對 엇뎨

두 부사가 [豈] 즉 '어째서'의 뜻을 가지고 동의 관계에 있다는 것은 동일 원문의 번역인 다음 예문들에서 잘 확인된다. 원문 중 '豈得無'가 '언제 업스료'로도 번역되고 '엇뎨…업스리오'로도 번역된다. 따라서 두 부사 '언제'와 '엇뎨'의 동의성은 명백히 입증된다. 두 부사는 理由와 原因을 뜻하는 부사이다.

(64) a. 貪欲이 언제 업스료 〈釋二十四 26b〉
b. 엇뎨 欲이 업스리오 〈月二十五 131b〉
c. 豈得無欲 〈釋迦譜 卷3 25. 阿育王弟出家造石像記〉

〈65〉 엇뎨 對 어딀 브터

부사 '엇뎨'와 부사어구 '어딀 브터'가 [何由] 즉 '어째서'의 뜻을 가지고 동의 관계에 있다는 것은 동일 원문의 번역인 다음 예문들에서 잘 확인된다. 원문 중 '何由…解'가 '엇뎨 알다'로도 번역되고 '어딀 브터 알다'로도 번역되므로 '엇뎨'와 '어딀 브터'의 동의성은 명백히 입증된다. 부사어구 '어딀 브터'는 대명사 '어듸'[何]와 동작동사 '븥다'[由]의 부사형 '브터'의 결합으로 '어듸+-ㄹ#븥-+-어'로 분석될 수 있다.

(65) a. 엇뎨 能히 부텻 智慧를 알리오 〈月十二 40a〉
b. 어딀 브터(87a) 能히 부텻 智慧를 알리오(何由能解佛之智慧리오) 〈法華二 87b〉

〈66〉 오ᄂᆞᆳ날 對 이제

두 부사가 [今] 즉 '이제, 지금'의 뜻을 가지고 동의 관계에 있다는 것은 동일 원문의 번역인 다음 예문들에서 잘 확인된다. 원문 중 '今…聞'이 '오ᄂᆞᆳ날 듣다'로도 번역되고 '이제 듣다'로도 번역되므로 '오ᄂᆞᆳ날'과 '이제'의 동의성은 명백히 입증된다. '오ᄂᆞᆳ날'은 '오ᄂᆞᆯ'과 '날'의 合成이다.

(66) a. 오ᄂᆞᆳ날 이런 法音을 듣ᄌᆞ보니 〈月十二 2b〉
b. 이제 世尊을 졷ᄌᆞ와 이 法音을 듣ᄌᆞᆸ고(今從世尊ᄒᆞᅀᆞ와 聞比法音ᄒᆞᅀᆞᆸ고) 〈法華二 3b〉

〈67〉 오로 對 ᄒᆞ오ᄌᆞ로

부사 '오로'와 부사어 'ᄒᆞ오ᄌᆞ로'가 [專] 즉 '온전히, 오로지'의 뜻을 가지고 동의 관계에 있다는 것은 동일 원문의 번역인 다음 예문들에서 잘 확인된다. 원문 중 '專表'가 '오로 表ᄒᆞ다'로도 번역되고 'ᄒᆞ오ᄌᆞ로 表ᄒᆞ다'로도 번역된다. 따라서 '오로'와 'ᄒᆞ오ᄌᆞ로'의 동의성은 명백히 입증된다. '오로'는 상태동사 '올다'에서 파생된 부사로 어근 '올-'과 부사 형성 접미사 '-오'의 결합이고 'ᄒᆞ오ᄌᆞ로'는 명사 'ᄒᆞ옺'과 조사 '-ᄋᆞ로'의 결합이다.

(67) a. 各各 오로 表ᄒᆞ니라 〈月十一 24a〉
b. 各各 ᄒᆞ오ᄌᆞ로 表ᄒᆞ시니라(各專表也ᄒᆞ시니라) 〈法華一 44a〉

〈68〉 오직 對 ᄒᆞ올로

두 부사가 [獨] 즉 '오직, 다만'의 뜻을 가지고 동의 관계에 있다는 것은 동일 원문의 번역인 다음 예문들에서 잘 확인된다. 원문 중 '獨法華'가 '오직 法華'로도 번역되고 'ᄒᆞ올로 法華'로도 번역된다. 따라서 '오직'과 'ᄒᆞ올로'의 동의성은 명백히 입증된다.

(68) a. 오직 法華ᄂᆞᆫ 니ᄅᆞ샤미 다 妙法이며 〈月十五 48b〉
b. ᄒᆞ올로 法華ㅣ 마리 다 妙法이며(而獨法華ㅣ 所詮이 皆妙法이며) 〈法華四 85b〉

〈69〉 이대 對 됴히

두 부사가 [好] 즉 '좋게'의 뜻을 가지고 동의 관계에 있다는 것은 동일 원문의 번역인 다음 예문들에서 잘 확인된다. 원문 중 '好…安'이 '이대 便安히 가지다'로도 번역되고 '됴히 便安히 너기다'로도 번역되므로 '이대'와 '됴히'의 동의성은 명백히 입증된다. '이대'는 상태동사 '읻다'에서 파생된 부사이고 '됴히'는 상태동사 '둏다'에서 파생된 부사이다.

(69) a. 이대 ᄠᅳ들 便安히 가지라 〈月十三 23b〉

b. 됴히 네 쁘들 便安히 너기라(好自安意ᄒᆞ라) 〈法華二 211b〉

〈70〉 이러트시 對 이 ᄀᆞ티

부사 '이러트시'와 부사구 '이 ᄀᆞ티'가 [如是] 즉 '이렇듯이, 이와 같이'의 뜻을 가지고 동의 관계에 있다는 것은 동일 원문의 번역인 다음 예문들에서 잘 확인된다. 원문 중 '如是念思'가 '이러트시 念ᄒᆞ며 ᄉᆞ랑ᄒᆞ다'로도 번역되고 '이 ᄀᆞ티 念思'로도 번역된다. 따라서 '이러트시'와 '이 ᄀᆞ티'의 동의성은 명백히 입증된다. 부사구 '이 ᄀᆞ티'는 대명사 '이'[是]와 상태동사 'ᄀᆞᇀ다'[如]에서 파생된 부사 'ᄀᆞ티'의 결합으로 '이+∅(비교격조사)#ᄀᆞᇀ-+-이'로 분석된다.

(70) a. 이러트시 念ᄒᆞ며 ᄉᆞ랑호미 잇(55b)논 ᄡᅡ히 〈月十三 56a〉

b. 이 ᄀᆞ티 念思의 住호미(如是念思所住ㅣ) 〈法華三 28a〉

〈71〉 이러히 對 이 ᄀᆞ티

부사 '이러히'와 부사구 '이 ᄀᆞ티'가 [如是] '이렇게, 이와 같이'의 뜻을 가지고 동의 관계에 있다는 것은 동일 원문의 번역인 다음 예문들에서 잘 확인된다. 원문 중 '如是饒益'이 '이러히 饒益긔 ᄒᆞ다'로도 번역되고 '이 ᄀᆞ티 饒益ᄒᆞ다'로도 번역된다. 그리고 '如是'가 '이러히'로도 번역되고 '이 ᄀᆞ티'로도 번역된다. 따라서 '이러히'와 '이 ᄀᆞ티'의 동의성은 명백히 입증된다. '이러히'는 상태동사 '이러ᄒᆞ다'에서 파생된 부사로서 '이러ᄒᆞ-+-ㅣ(부사 형성 접미사)'로 분석될 수 있다.

(71) a. 이러히 그지 업스며 ᄀᆞᆺ 업서 ᄉᆞ랑ᄒᆞ야 議論 몯ᄒᆞ리니 〈釋十九 42a〉

b. 이 ᄀᆞ티 無量無邊不可思議니 〈月十八 10a〉

c. 이 ᄀᆞ티 無量無邊不可思議니(如是無量無邊不可思議니) 〈法華六 107a〉

(71) d. 能히 無量衆生ᄋᆞᆯ 이러히 饒益긔 ᄒᆞᄂᆞ니라 〈釋二十 51a〉

e. 能히 이 ᄀᆞ티 無量衆生ᄋᆞᆯ 饒益ᄒᆞᄂᆞ니라(能如是饒益無量衆生ᄒᆞᄂᆞ니라) 〈法華七 32b〉

〈72〉 이리 對 이 ᄀᆞ티

부사 '이리'와 부사구 '이 ᄀᆞ티'가 [如是] '이렇게, 이와 같이'의 뜻을 가지고 동의 관계에 있다는 것은 동일 원문의 번역인 다음 예문들에서 잘 확인된다. 원문 중 '能如是'가 '能히 이리 ᄒᆞ다'로도 번역되고 '能히 이 ᄀᆞ티 ᄒᆞ다'로도 번역된다. 따라서 '이리'와 '이 ᄀᆞ티'의 동의성은 명백히 입증된다.

(72) a. 너희 能히 이리 ᄒᆞ면 〈釋二十 3a〉
b. 너희ᄃᆞᆯ히 能히 이리 ᄒᆞ면 〈月十八 18b〉
c. 너희 ᄒᆞ다가 能히 이 ᄀᆞ티 ᄒᆞ면(汝等이 若能如是ᄒᆞ면) 〈法華六 124b〉

(72) d. ᄯᅩ 이리 ᄒᆞᄂᆞ니 〈釋二十 49b〉
e. ᄯᅩ 이 ᄀᆞ티 ᄒᆞᄂᆞ니(亦復如是ᄒᆞᄂᆞ니) 〈法華六 30a〉

〈73〉 이리 對 이러히

두 부사가 [如是] 즉 '이같이, 이렇게'의 뜻을 가지고 동의 관계에 있다는 것은 다음 예문들에서 잘 확인된다. 원문 중 '如是'가 '이리 ᄒᆞ다'로도 번역되고 '이 ᄀᆞ티 ᄒᆞ다'로도 번역된다. 그리고 '如是饒益'이 '이러히 饒益긔 ᄒᆞ다'로도 번역되고 '이 ᄀᆞ티 饒益ᄒᆞ다'로도 번역된다. 따라서 두 부사 '이리'와 '이러히'의 동의성은 명백히 입증된다. '이러히'는 상태동사 '이러ᄒᆞ다'에서 파생된 부사이다.

(73) a. 너희 能히 이리 ᄒᆞ면 〈釋二十 3a〉
b. 너희ᄃᆞᆯ히 能히 이리 ᄒᆞ면 〈月十八 18b〉
c. 너희 ᄒᆞ다가 能히 이 ᄀᆞ티 ᄒᆞ면(汝等이 若能如是ᄒᆞ면) 〈法華六 124b〉

(73) d. ᄯᅩ 이리 ᄒᆞᄂᆞ니 〈釋二十 49b〉
e. ᄯᅩ 이 ᄀᆞ티 ᄒᆞᄂᆞ니(亦復如是ᄒᆞᄂᆞ니) 〈法華六 30a〉

(73) f. 이러히 그지 업스며 ᄀᆞᆺ 업서 ᄉᆞ랑ᄒᆞ야 議論 몯ᄒᆞ리니 〈釋十九 42a〉
g. 이 ᄀᆞ티 無量無邊不可思議니 〈月十八 10a〉
h. 이 ᄀᆞ티 無量無邊不可思議니(如是無量無邊不可思議니) 〈法華六 107a〉

(73) i. 能히 無量衆生ᄋᆞᆯ 이러히 饒益긔 ᄒᆞᄂᆞ니라 〈釋二十 51a〉
j. 能히 이 ᄀᆞ티 無量衆生ᄋᆞᆯ 饒益ᄒᆞᄂᆞ니라(能如是饒益無量衆生ᄒᆞᄂᆞ니라) 〈法華七 32b〉

〈74〉 이제 對 오ᄂᆞᆯ

두 부사가 [今] 즉 '이제, 지금'의 뜻을 가지고 동의 관계에 있다는 것은 동일 원문의 번역인 다음 예문들에서 잘 확인된다. 원문 중 '今…語'가 '이제 니ᄅᆞ다'로도 번역되고 '오ᄂᆞᆯ 니ᄅᆞ다'로도 번역된다. '今詣'가 '이제 가다'로도 번역되고 '오ᄂᆞᆯ 가다'로도 번역된다. 그리고 '今…付囑'이 '오ᄂᆞᆯ 付囑ᄒᆞ다'로도 번역되고 '이제 付囑ᄒᆞ다'로도 번역된다. 따라서 '이제'와 '오ᄂᆞᆯ'의 동의성은 명백히 입증된다.

(74) a. 내 이제 分明히 너ᄃᆞ려 닐오리라 〈釋十九 4b〉
b. 내 이제 分明히 너ᄃᆞ려 닐오리라 〈月十七 49a〉
c. 내 오ᄂᆞᆯ 分明히 너ᄃᆞ려 닐오리라(我今에 分明語汝호리라) 〈法華六 9b〉

(74) d. 내 이제 娑婆世界예 가미 〈釋二十 37b〉
e. 내 이(71b)제 娑婆世界예 가미 〈月十八 72a〉
f. 내 오ᄂᆞᆯ 娑婆世界예 가미(我ㅣ 今에 詣娑婆世界호미) 〈法華七 12a〉

(74) g. 내 이제 神通力으로 이 經을 딕ᄒᆞ야 護持ᄒᆞ야 〈釋二十一 59a〉
h. 내 이제 神通力으로 이 經을 守護ᄒᆞ야 〈月十九 114b〉
i. 내 오ᄂᆞᆯ 神通力 젼ᄎᆞ로 이 經을 守護ᄒᆞ야(我今에 以神通力故로 守護是經ᄒᆞ야) 〈法華七 178a〉

(74) j. 오ᄂᆞᆯ 너희ᄃᆞᆯ히그에 付囑ᄒᆞ노니 〈釋二十 2a〉

k. 이제 너희게 付囑ᄒᆞ노니 〈月十八 16a〉
l. 오ᄂᆞᆯ 너희게 付囑ᄒᆞ노니(今以付囑汝等ᄒᆞ노니) 〈法華六 120b〉

(74) m. 이(48b)제 ᄯᅩ 서르 맛나ᅀᆞᄫᆞ니라 〈月十四 49a〉
n. 오ᄂᆞᆯ(153a) ᄯᅩ 서르 맛나ᅀᆞ오니라(今復相値ᄒᆞᅀᆞ오니라) 〈法華三 153b〉

(74) o. 내 오ᄂᆞᆯ(5a) …… 니르노니 〈月十二 5b〉
p. 내 이제 …… 니ᄅᆞ노니(吾ㅣ 今에 …… 說ᄒᆞ노니) 〈法華二 29b〉

그리고 두 부사가 [今者] 즉 '이제, 지금'의 뜻을 가지고 동의 관계에 있다는 것은 동일 원문의 번역인 다음 예문들에서 잘 확인된다. 원문 중 '今者…覺悟'가 '이제 알외다'로도 번역되고 '오ᄂᆞᆯ 알외다'로도 번역된다. 따라서 두 부사 '이제'와 '오ᄂᆞᆯ'의 동의성은 명백히 입증된다.

(74) q. 이제 世尊이 우리ᄅᆞᆯ 알외샤 〈月十五 25b〉
r. 오ᄂᆞᆯ 世尊이 우릴 알외샤(今者世尊이 覺悟我等ᄒᆞ샤) 〈法華四 41b〉

(74) s. 이제 날 ᄇᆞ리고 〈月十七 21a〉
t. 오ᄂᆞᆯ 날 ᄇᆞ리고(今者애 捨我ᄒᆞ고) 〈法華五 158a〉

(74) u. 이제 宮殿엣 光明이 아ᄅᆡ 업던 거시 〈月十四 19a〉
v. 오ᄂᆞᆯ 宮殿 光明이 녜 아니 잇더니로소니(今者애 宮殿光明이 昔所未有ㅣ로소니) 〈法華三 106a〉

한편 '今'이 『釋譜詳節』, 『월인석보』 및 『法華經諺解』에서 모두 '이제'로도 번역되고 모두 '오ᄂᆞᆯ'로도 번역된다는 것은 동일 원문의 번역인 다음 예문들에서 잘 확인된다. 원문 중 '今在'가 모두 '이제 겨시다'로 번역된다. 그리고 '今…至'가 '오ᄂᆞᆯ 오다'와 '오ᄂᆞᆯ 니르다'로 번역된다.

(74) a'. 이제 七寶 菩提樹 아래 겨샤 法座 우희 안ᄌᆞ샤 〈釋二十一 38a〉
b'. 이제 七寶 菩提樹下 法座上애 안자 겨샤 〈月十九 78b〉

c′. 이제 七寶 菩提樹下애 겨샤(135a) 法座 우희 안ᄌᆞ샤(今在七寶菩提樹下ᄒᆞ샤 法座上애 坐ᄒᆞ샤) 〈法華七 135b〉

(74) d′. 이제 ᄉᆞᆫ지 겨시니 〈釋二十 13b〉
e′. 이제 ᄉᆞᆫ지 現在ᄒᆞ시니 〈月十八 34a〉
f′. 이제 녜 ᄀᆞ티 現在ᄒᆞ시니(今故現在ᄒᆞ시니) 〈法華六 147b〉

(74) g′. 오ᄂᆞᆯ 法王 大寶ㅣ 自然히 오니 〈月十三 37a〉
h′. 오ᄂᆞᆯ 法王 大寶ㅣ 自然히 니르러(今에 法王大寶ㅣ 自然而至ᄒᆞ야) 〈法華二 232b〉

(74) i′. 우리 오ᄂᆞᆯ사 實로 菩薩이라 〈月十五 26a〉
j′. 내 오ᄂᆞᆯ사 實로 菩薩이라(我ㅣ 今에사…實菩薩이라) 〈法華四 42a〉

〈75〉 자내 對 ᄌᆞ개

두 부사가 [自] 즉 '스스로'의 뜻을 가지고 동의 관계에 있다는 것은 동일 원문의 번역인 다음 예문들에서 잘 확인된다. 원문 중 '自'가 '자내'로도 번역되고 'ᄌᆞ개'로도 번역되므로 '자내'와 'ᄌᆞ개'의 동의성은 명백히 입증된다.

(75) a. 자내도 몰라 〈月十一 104b〉
b. ᄌᆞ개도 아디 몯ᄒᆞ야(自亦未了ᄒᆞ야) 〈法華一 161b〉

〈76〉 잘 對 이대

두 부사가 [善] 즉 '잘, 좋게'의 뜻을 가지고 동의 관계에 있다는 것은 동일 원문의 번역인 다음 예문들에서 잘 확인된다. 원문 중 '善入'이 '잘 들다'로도 번역되고 '이대 들다'로도 번역된다. '善說'이 '잘 니ᄅᆞ다'로도 번역되고 '이대 니ᄅᆞ다'로도 번역된다. 그리고 '善治'가 '이대 고티다'로도 번역되고 '잘 고티다'로도 번역된다. 따라서 '잘'과 '이대'의 동의성은 명백히 입증된다. '이대'는 상태동사 '읻다'에서 파생된 부사이다.

(76) a. 부텻 智慧예 잘 드르샤 〈釋十三 4b〉
b. 부텻 慧예 잘 드르샤 〈月十一 20b〉
c. 佛慧예 이대 드르샤(善入佛慧ᄒᆞ샤) 〈法華一 37b〉

(76) d. 一切 法門ᄋᆞᆯ 잘 아라 〈月十二 11b〉
e. 一切 諸法門을 이대 알며(善知一切諸法之門ᄒᆞ며) 〈法華二 37b〉

(76) f. 비록 迦葉이 잘 니ᄅᆞ나 〈月十三 43a〉
g. 비록 迦葉이 이대 니ᄅᆞ나(雖迦葉이 善說ᄒᆞ나) 〈法華三 5a〉

(76) h. 한 病을 이대 고티더니 〈月十七 16a〉
i. 한 病을 잘 고티더니(善治衆病ᄒᆞ더니) 〈法華五 150a〉

한편 '善'이 『월인석보』와 『법화경언해』에서 모두 '이대'로도 번역되고 모두 '잘'로도 번역된다는 것은 동일 원문의 번역인 다음 예문들에서 잘 확인된다. 원문 중 '善說'이 '이대 니ᄅᆞ다'와 '이대 ᄉᆞᆲ다'로 번역된다. 그리고 '善治'가 모두 '잘 고티다'로 번역된다.

(76) j. 이 如來ㅅ 眞實 功德을 이대 닐오미라 〈月十三 42b〉
k. 이 如來ㅅ 眞實 功德 이대 ᄉᆞᆯ오미라(是善說如來ㅅ 眞實功德이라) 〈法華三 4b〉

(76) l. 跋陁羅ᄂᆞᆫ 正見을 이대 護念ᄒᆞ시고 〈月十一 23b〉
m. 跋陁羅ᄂᆞᆫ 正ᄒᆞᆫ 見을 이대 간슈ᄒᆞ시고(跋陀羅ᄂᆞᆫ 善護正見ᄒᆞ시고) 〈法華一 43b〉

(76) n. 이대 思念ᄒᆞ라 〈月十一 107b〉
o. 이대 ᄉᆞ랑ᄒᆞ라(善思念之ᄒᆞ라) 〈法華一 171a〉

(76) p. 이ᄅᆞᆯ 니ᄅᆞ샨 良醫의 잘 고툐미라 〈月十七 16a〉
q. 이 니ᄅᆞ(150a)샨 어딘 醫員의 잘 고툐미라(是謂良醫善治也ㅣ시니라) 〈法華五 150b〉

(76) r. 절ᄒᆞ고 ᄭᅮ러 問訊호ᄃᆡ 이대 便安히 오시니잇가 〈月十七 17a〉

s. 절ᄒᆞ야 ᄭᅮ러 무로ᄃᆡ 이대 便安히 도라오시니잇가(拜跪問訊호ᄃᆡ 善安隱歸잇가)) 〈法華五 153b〉

〈77〉 저마다 對 낫나치

두 부사가 [一一] 즉 '사람마다, 하나하나'의 뜻을 가지고 동의 관계에 있다는 것은 동일 원문의 번역인 다음 예문들에서 잘 확인된다. 원문 중 '一一皆度'가 '저마다 다 濟度ᄒᆞ다'로도 번역되고 '낫나치 다 度脫ᄒᆞ다'로도 번역된다. 따라서 '저마다'와 '낫나치'의 동의성은 명백히 입증된다.

(77) a. 十六 菩薩 沙彌… 저마다 다(45a)… 衆生ᄋᆞᆯ 濟度ᄒᆞ야 〈月十四 45b〉
b. 十六 菩薩 沙彌ㅣ(148b)… 낫나치 다…衆生ᄋᆞᆯ 度脫ᄒᆞ야(十六菩薩沙彌ㅣ…一一皆度…衆生ᄒᆞ야) 〈法華三 149a〉

〈78〉 절로 對 제

두 부사가 [自] 즉 '저절로, 스스로'의 뜻을 가지고 동의 관계에 있다는 것은 동일 원문의 번역인 다음 예문들에서 잘 확인된다. 원문 중 '自化'가 '절로 化ᄒᆞ다'로도 번역되고 '제 化ᄒᆞ다'로도 번역된다. '自鳴'이 '절로 소리ᄒᆞ다'로도 번역되고 '제 소리ᄒᆞ다'로도 번역된다. 그리고 '自廻去'가 '절로 도라가다'로도 번역되고 '제 도로가다'로도 번역된다. 따라서 두 부사 '절로'와 '제'의 동의성은 명백히 입증된다. 여기서 '제'의 성조는 上聲이다.

(78) a. 億衆이 절로 化ᄒᆞ야 〈釋十九 37a〉
b. 億(75a)衆이 절로 化ᄒᆞ야 〈月十七 75b〉
c. 億衆이 제 化ᄒᆞ야(億衆이 自化ᄒᆞ야) 〈法華六 71b〉

(78) d. 百千 하ᄂᆞᆳ 풍류 절로 ᄒᆞ더니 〈釋二十 41b〉
e. 百千 天樂이 아니ᄒᆞ야셔 절로 소리ᄒᆞ더니 〈月十八 77a〉
f. 百千 天樂이 뮈우디 아니ᄒᆞ야 제 소리터니(百千天樂이 不鼓自鳴ᄒᆞ더니) 〈法華七 18a〉

(78) g. 소리 듣다가며 절로 도라가리어며 〈釋二十一 5a〉
h. 소리 미조차 제 횟도로 ᄃᆞᄅᆞ며 〈月十九 45b〉
i. 소리 조차 제 도로가며(尋聲自廻去ᄒᆞ며) 〈法華七 90b〉

(78) j. 枷鏁ㅣ 절로 버서디리라 〈月十九 25b〉
k. 枷鏁ㅣ 제 벗ᄂᆞ니라(枷鏁ㅣ 自脫이니라) 〈法華七 57a〉

(78) l. 願이 절로 일리라 〈月十九 120a〉
m. 願이 제 일리(183b)라(所願이 自遂ᄒᆞ리라) 〈法華七 184b〉

〈79〉 제 對 ᄌᆞ개

두 부사가 [自] 즉 '스스로'의 뜻을 가지고 동의 관계에 있다는 것은 동일 원문의 번역인 다음 예문들에서 잘 확인된다. 원문 중 '自陳'이 '제 ᄉᆞᆲ다'로도 번역되고 'ᄌᆞ개 ᄉᆞᆲ다'로도 번역된다. 따라서 '제'와 'ᄌᆞ개'의 동의성은 명백히 입증된다. '제'는 [- 존칭]의 뜻을 가지는데 'ᄌᆞ개'는 [+존칭]의 뜻을 가진다. 여기서 '제'의 성조는 上聲이다.

(79) a. 제 큰 ᄠᅳ들 ᄉᆞᆯ바 〈月十四 42b〉
b. ᄌᆞ개 큰 ᄠᅳ들 ᄉᆞᆯ오샤(自陳大志ᄒᆞ샤) 〈法華三 144b〉

한편 '自'가 『월인석보』와 『법화경언해』에서 모두 '제'로도 번역되고 'ᄌᆞ개'로도 번역된다는 것은 동일 원문의 번역인 다음 예문들에서 잘 확인된다. 원문 중 '自觀'이 '제 觀ᄒᆞ다'로도 번역되고 '제 보다'로도 번역된다. 그리고 '自觀'이 'ᄌᆞ개 觀ᄒᆞ다'로도 번역되고 'ᄌᆞ개 보다'로도 번역된다.

(79) c. 제 소리를 觀티 아니ᄒᆞ고 觀ᄋᆞᆯ 觀홀ᄊᆡ 〈月十九 22b〉
d. 제 音을 보디 아니ᄒᆞ야 보ᄆᆞᆯ 보시는 거스로(不自觀音ᄒᆞ야 以觀觀者로) 〈法華七 51b〉

(79) e. ᄌᆞ개 소리를 觀티 아니ᄒᆞ시고 觀ᄋᆞᆯ 觀ᄒᆞ샤ᄆᆞᆫ 〈月十九 22b〉

f. ᄌᆞ걔 音을 보디 아니ᄒᆞ샤 보ᄆᆞᆯ 보시ᄂᆞᆫ 거스로 ᄒᆞ샤ᄆᆞᆫ(未不自觀音ᄒᆞ샤 以觀觀者ᄂᆞᆫ) 〈法華七 51b〉

〈80〉 젽ᄌᆞ 對 ᄆᆞᅀᆞᆷᄀᆞ장

두 부사가 [恣情] 즉 '마음껏, 멋대로'의 뜻을 가지고 동의 관계에 있다는 것은 다음 예문들에서 잘 확인된다. 원문 중 '恣情食噉'이 '젽ᄌᆞ 먹다'로 번역된다. 그리고 '佃獵恣情'이 'ᄆᆞᅀᆞᆷᄀᆞ장 山行ᄒᆞ다'로 번역된다. 따라서 '젽ᄌᆞ'과 'ᄆᆞᅀᆞᆷᄀᆞ장'의 동의성은 명백히 입증된다.

(80) a. 봇그며 구버 젽ᄌᆞ 먹더니 〈月二十一 54a〉
b. 或炒或煮 恣情食噉 〈地藏菩薩本願經〉

(80) c. ᄆᆞᅀᆞᆷᄀᆞ장 山行ᄒᆞ릴 맛나ᄃᆞᆫ 놀라 미쳐 命 ᄇᆞᇙ 報ᄅᆞᆯ 니ᄅᆞ고 〈月二十一 65b〉
d. 若遇佃獵恣情者 說驚狂喪命報 〈地藏菩薩本願經〉

〈81〉 젽ᄌᆞ 對 훤히

두 부사가 [縱] 즉 '멋대로, 훤히'의 뜻을 가지고 동의 관계에 있다는 것은 동일 원문의 번역인 다음 예문들에서 잘 확인된다. 원문 중 '縱脫'이 '젽ᄌᆞ 버서나다'로도 번역되고 '훤히 벗다'로도 번역되므로 '젽ᄌᆞ'과 '훤히'의 동의성은 명백히 입증된다. '훤히'는 상태동사 '훤ᄒᆞ다'에서 파생된 부사이다.

(81) a. 젽ᄌᆞ 버서나 닷디 아니ᄒᆞ야 〈月十九 97a〉
b. 훤히 버서 닷디 아니ᄒᆞ야(縱脫不修ᄒᆞ야) 〈法華七 159a〉

〈82〉 조쳐 對 아오로

부사어 '조쳐'와 부사 '아오로'가 [幷] 즉 '함께, 아울러'의 뜻을 가지고 동의 관계에 있다는 것은 동일 원문의 번역인 다음 예문들에서 잘 확인된다. 원문 중 '幷會'가 '조쳐 뫼호다'로도 번역되고 '아오로 뫼호다'로도 번역된다. 그리고 '幷…供養'이 '조쳐 供養ᄒᆞ다'로도 번역되고 '아오로 供養ᄒᆞ다'로도 번역된다. 따라서 '조쳐'와 '아오로'의 동의성은 명백히 입증된다. 부사어 '조쳐'는 [兼] 즉 '겸한다'의 뜻을 가진 동작동사 '조치다'의 부사형으로 '조치-+-어'로 분석된다. 그리고 부사 '아오로'는 [幷] 즉 '아우르다'의 뜻을 가진 동작동사 '아올다'에서 파생된 것으로 '아올-+-오(부사 형성 접미사)'로 분석된다.

(82) a. 아ᄉᆞᆷ과 國王과 大臣과 刹利(29a)와 居士와 조쳐 뫼화 〈月十三 29b〉
b. 아ᄉᆞᆷ과 國王과 大臣과 刹利와 居士와 아오로 뫼화(幷會親族과 國王과 大臣과 刹利와 居士ᄒᆞ야) 〈法華二 222b〉

(82) c. 佛菩提(20b)樹 조쳐 供養ᄒᆞ니 〈月十四 21a〉
d. 佛菩提樹를 아오로 供養ᄒᆞ니(幷以供養佛菩提樹ᄒᆞ니) 〈法華三 108a〉

(82) e. 佛菩提樹 조쳐 供養ᄒᆞ니 〈月十四 26b〉
f. 佛菩提樹를 아오로 供養ᄒᆞ야(幷以供養佛菩提樹ᄒᆞ야) 〈法華三 120a〉

(82) g. 나모 조쳐 供養호(21a)ᄆᆞᆫ 〈月十四 21b〉
h. 아오로 나모 供養ᄋᆞᆫ(幷以供樹ᄂᆞᆫ) 〈法華三 108b〉

〈83〉 즉자히 對 즉재 對 곧

세 부사가 [卽] 즉 '곧, 즉시'의 뜻을 가지고 동의 관계에 있다는 것은 동일 원문의 번역인 다음 예문들에서 잘 확인된다. 원문 중 '卽…供養'이 '즉자히 供養ᄒᆞ다'로도 번역되고 '즉재 供養ᄒᆞ다'로도 번역되고 '곧 供養ᄒᆞ다'로도 번역된다. 따라서 '즉자히', '즉재' 및 '곧'의 동의성은 명백히 입증된다.

(83) a. 즉자히 八萬四千塔 알ᄑᆡ(18a) … 供養ᄒᆞᅀᆞ바 〈釋二十 18b〉
b. 즉재 八萬四千塔 알ᄑᆡ … 供養ᄒᆞᅀᆞ바 〈月十八 41a〉
c. 곧 八萬四千塔 알ᄑᆡ … 供養ᄒᆞᅀᆞ와(卽於八萬四千塔前에…而以供養ᄒᆞᅀᆞ와) 〈法華六

156a〉

(83) d. 즉자히 大衆 中에 〈月十一85a〉
e. 곧 大衆 中에(卽於大衆中에) 〈法華一 103b〉

〈84〉 ᄌᆞ조 對 ᄌᆞ로

두 부사가 [屢] 즉 '자주'의 뜻을 가지고 동의 관계에 있다는 것은 동일 원문의 번역인 다음 예문들에서 잘 확인된다. 원문 중 '屢聞'이 'ᄌᆞ조 듣다'로도 번역되고 'ᄌᆞ로 듣다'로도 번역되므로 'ᄌᆞ조'와 'ᄌᆞ로'의 동의성은 명백히 입증된다. 부사 'ᄌᆞ조'는 상태동사 'ᄌᆞᆽ다'에서 파생된 것으로 'ᄌᆞᆽ-[頻]+-오'로 분석될 수 있다.

(84) a. ᄌᆞ조 記莂을 듣ᄌᆞ보니 〈月十三 59a〉
b. ᄌᆞ로 記莂을 듣ᄌᆞ오시니(屢聞記莂ᄒᆞ시니) 〈法華三 55b〉

〈85〉 처섬 對 마치

두 부사가 [適] 즉 '마침'의 뜻을 가지고 동의 관계에 있다는 것은 동일 원문의 번역인 다음 예문들에서 잘 확인된다. 원문 중 '適坐'가 '처섬 앉다'로도 번역되고 '마치 앉다'로도 번역된다. 그리고 '適坐'의 字釋이 '처섬 앉다'이다. 따라서 '처섬'과 '마치'의 동의성은 명백히 입증된다.

(85) a. 이 座애 처섬 앉거시ᄂᆞᆯ 〈月十四 12b〉
b. 마치 이 座애 앉거시ᄂᆞᆯ(適坐此座이어시ᄂᆞᆯ) 〈法華三 94a〉

(85) c. 適坐ᄂᆞᆫ 처섬 안ᄌᆞ실 씨라(適坐ᄂᆞᆫ 初坐也ㅣ라) 〈法華三 94b〉

〈86〉 횟두루 對 둘어

부사 '횟두루'와 부사어 '둘어'가 [周帀] 즉 '휘둘러, 빙둘러'의 뜻을 가지고 동의 관계에 있다는 것은 동일 원문의 번역인 다음 예문들에서 잘 확인된다. 원문 중 '周帀俱時'가 '휫두루 ᄒᆞᆫᄢᅴ'로도 번역되고 '둘어 ᄒᆞᆫᄢᅴ'로도 번역된다. 따라서 '휫두루'와 '둘어'의 동의성은 명백히 입증된다. '휫두루'는 동작동사 '휫두르다'에서 파생된 부사이고 '휫두르-+-우(부사 형성 접미사)'로 분석된다. 그리고 '둘어'는 동작동사 '두르다'의 부사형으로 '둘-('두르-'의 이형태)+-어'로 분석된다.

(86) a. 휫두루 ᄒᆞᆫᄢᅴ 〈月十二 21b〉
b. 둘어 ᄒᆞᆫᄢᅴ(周帀俱時예) 〈法華二 56b〉

(86) c. 휫두루 ᄒᆞᆫᄢᅴ 믄득 브리 니다 ᄒᆞ시니라 〈月十二 22a〉
d. 니ᄅᆞ샤ᄃᆡ 둘어 ᄒᆞᆫᄢᅴ 믄득 브리 니다 ᄒᆞ시니라(曰周帀俱時예 欻然火起라 ᄒᆞ시니라) 〈法華二 57a〉

〈87〉 ᄒᆞ마 對 쟝ᄎᆞ

두 부사가 [將] 즉 '장차'의 뜻을 가지고 동의 관계에 있다는 것은 동일 원문의 번역인 다음 예문들에서 잘 확인된다. 원문 중 '將死'가 'ᄒᆞ마 죽다'로도 번역되고 '쟝ᄎᆞ 죽다'로도 번역되므로 두 부사 'ᄒᆞ마'와 '쟝ᄎᆞ'의 동의성은 명백히 입증된다.

(87) a. ᄒᆞ마 주긇 저긔 寶藏 닐오ᄆᆞᆫ 〈月十三 27a〉
b. 쟝ᄎᆞ 주글 쩨 寶藏 닐오ᄆᆞᆫ(將死而語寶藏ᄋᆞᆫ) 〈法華二 217b〉

(87) c. 아니 오라 ᄒᆞ마 주그리니 〈月十七 47b〉
d. 쟝ᄎᆞ 주구미 오라디 아니ᄒᆞ리니(將死不久ᄒᆞ리니) 〈法華六 8a〉

한편 '將'이 『월인석보』와 『법화경언해』에서 모두 'ᄒᆞ마'로도 번역되고 모두 '쟝ᄎᆞ'로도 번역된다는 것은 동일 원문의 번역인 다음 예문들에서 잘 확인된다. 원문 중 '將自及'이 모두 'ᄒᆞ마 제게 밋다'로 번역된다. 그리고 '將畢'이 모두 '쟝ᄎᆞ ᄆᆞᆾ다'로 번역된다.

(87) e. ᄒᆞ마 제게 미처 슬픈 거시 ᄃᆞ외리니 〈月十九 122a〉
f. 미조차 ᄒᆞ마 제게 미처 슬픈 거시 ᄃᆞ외릴ᄊᆡ(而行將自及ᄒᆞ야 爲可悲者ᅵᆯᄊᆡ) 〈法華七 186b〉

(87) g. 化緣이 쟝ᄎᆞ ᄆᆞᄎᆞ시릴ᄊᆡ 〈月十三 27a〉
h. 化緣이 쟝ᄎᆞ ᄆᆞᄎᆞ시릴ᄊᆡ(化緣이 將畢故로) 〈法華二 217b〉

(87) i. 長者ㅣ 쟝ᄎᆞ 아ᄃᆞᄅᆞᆯ 달애야 ᅘᅧ 오리라 ᄒᆞ야 〈月十三 20a〉
j. 長者ㅣ 쟝ᄎᆞ 제 아ᄃᆞᄅᆞᆯ 달애야 ᅘᅧ려 ᄒᆞ야(長者ㅣ 將欲誘引其子호려 ᄒᆞ야) 〈法華二 206a〉

(87) k. 쟝ᄎᆞ 至極 한 ᄡᅡ호ᇙ ᄇᆞᆯ교리라 ᄒᆞ샤 〈月十四 8a〉
l. 쟝ᄎᆞ 至極 한 ᄡᅡ호ᇙ ᄇᆞᆯ교려 ᄒᆞ샤(將明極多之地호려 ᄒᆞ샤) 〈法華三 85b〉

〈88〉 ᄒᆞᆫ가지로 對 ᄀᆞ티

두 부사가 [等]과 [同] 즉 '함께, 같이'의 뜻을 가지고 동의 관계에 있다는 것은 동일 원문의 번역인 다음 예문들에서 잘 확인된다. 원문 중 '等有'가 'ᄒᆞᆫ가지로 두다'로도 번역되고 'ᄀᆞ티 두다'로도 번역된다. 그리고 '同患'이 'ᄒᆞᆫ가지로 시름ᄒᆞ다'로도 번역되고 '시름 ᄀᆞ티 ᄒᆞ다'로도 번역된다. 따라서 'ᄒᆞᆫ가지로'와 'ᄀᆞ티'의 동의성은 명백히 입증된다.

(88) a. 衆生과 부텨왜 ᄒᆞᆫ가지로 두어 〈月十一 112a〉
b. 衆生과 부텨왜 ᄀᆞ티 두어(生佛이 等有ᄒᆞ야) 〈法華一 180b〉

(88) c. 一時예 ᄒᆞᆫ가지로 브ᅀᅥ 〈月十三 45b〉
d. ᄒᆞᆫᄢᅴ ᄀᆞ티 브ᅀᅥ(一時예 等澍ᄒᆞ야) 〈法華三 10a〉

(88) e. 부톄 三界예 모ᄆᆞᆯ 뵈샤 百姓과 ᄒᆞᆫ가지로 시름ᄒᆞ샤ᄆᆞᆯ 가ᄌᆞᆯ비시니라 〈月十二 27b〉
f. 부톄 三界예 모ᄆᆞᆯ 뵈샤 百姓과 시름 ᄀᆞ티 ᄒᆞ샤ᄆᆞᆯ 가ᄌᆞᆯ비시니라(譬佛이 示身三界ᄒᆞ샤 與民同患也ᄒᆞ시니라) 〈法華二 68a〉

한편 '同'이 『月印釋譜』 권12와 『法華經諺解』에서 모두 'ᄒᆞᆫ가지로'로 번역된다는 것은 동일 원문의 번역인 다음 예문들에서 잘 확인된다. 원문 중 '同入'이 모두 'ᄒᆞᆫ가지로 들다'로 번역된다.

(88) g. 우리도 ᄒᆞᆫ가지로 法性에 드로ᄃᆡ 〈月十二 3b〉
h. 우리도 ᄒᆞᆫ가지로 法性에 들어늘(我等도 同入法性이어ᄂᆞᆯ) 〈法華二 5b〉

〈89〉 ᄒᆞᆫ가지로 對 ᄒᆞᆫᄃᆡ

두 부사가 [同] 즉 '함께, 같이'의 뜻을 가지고 동의 관계에 있다는 것은 동일 원문의 번역인 다음 예문들에서 잘 확인된다. 원문 중 '同歸'가 'ᄒᆞᆫ가지로 가다'로도 번역되고 'ᄒᆞᆫᄃᆡ 가다'로도 번역된다. 그리고 '同梵行'이 'ᄒᆞᆫᄃᆡ 梵行ᄒᆞ다'로도 번역되고 'ᄒᆞᆫ가지로 梵行ᄒᆞ다'로도 번역된다. 따라서 'ᄒᆞᆫ가지로'와 'ᄒᆞᆫᄃᆡ'의 동의성은 명백히 입증된다.

(89) a. ᄒᆞᆫ가지로 一乘에 가ᄂᆞ니라 〈月十四 48a〉
b. 一乘에 ᄒᆞᆫᄃᆡ 가리라(同歸一乘ᄒᆞ리라) 〈法華三 151b〉

(89) c. ᄒᆞᆫᄃᆡ 梵行ᄒᆞᄂᆞᆫ 사ᄅᆞᄆᆞᆯ ᄀᆞ장 饒益(5a)ᄒᆞᄂᆞ니 〈月十五 5b〉
d. ᄒᆞᆫ가지로 梵行ᄒᆞᄂᆞ닐 ᄀᆞ장 饒益게 ᄒᆞᄂᆞ니(大饒益同梵行者ᄒᆞᄂᆞ니) 〈法華四 8a〉

한편 '同'이 『월인석보』와 『법화경언해』에서 모두 'ᄒᆞᆫ가지로'로 번역된다는 것은 동일 원문의 번역인 다음 예문들에서 잘 확인된다. 원문 중 '同號普明'이 'ᄒᆞᆫ가지로 號ᄅᆞᆯ 普明이라 ᄒᆞ샴'과 'ᄒᆞᆫ가지로 號ㅣ 普明'으로 번역된다.

(89) e. ᄒᆞᆫ가지로 號ᄅᆞᆯ 普明이라 ᄒᆞ샤ᄆᆞᆫ 德이 ᄀᆞᆮᄒᆞᆯ 씨니라 〈月十五 21b〉
f. ᄒᆞᆫ가지로 號ㅣ 普明은 德이 ᄀᆞᆮᄒᆞᆫ 젼치라(同號普明은 以德同故ㅣ라) 〈法華四 31b〉

〈90〉 ᄒᆞᆫ갓 對 오로

두 부사가 [專] 즉 '오로지'의 뜻을 가지고 동의 관계에 있다는 것은 동일 원문의 번역인 다음 예문들에서 잘 확인된다. 원문 중 '專讀誦'이 'ᄒᆞᆫ갓 닐거나 외오다'로도 번역되고 '오로 讀誦ᄒᆞ다'로도 번역되므로 두 부사 'ᄒᆞᆫ갓'과 '오로'의 동의성은 명백히 입증된다. 부사 '오로'는 [全] 즉 '온전하다'의 뜻을 가진 상태동사 '올다'에서 파생된 것으로 '올-+-오(부사 형성 접미사)'로 분석된다.

(90) a. ᄒᆞᆫ갓 닐거나 외올 ᄲᅮᆫ 아니샤 〈釋十九 36a〉
b. 오로 讀誦티 아니ᄒᆞ샤(不專讀誦ᄒᆞ샤) 〈法華六 71a〉

〈91〉 ᄒᆞᆫ갓 對 ᄒᆞ올로

두 부사가 [獨] 즉 '다만, 홀로'의 뜻을 가지고 동의 관계에 있다는 것은 동일 원문의 번역인 다음 예문들에서 잘 확인된다. 원문 중 '獨…名'이 'ᄒᆞᆫ갓 일훔 짛다'로도 번역되고 'ᄒᆞ올로 일훔 짛다'로도 번역되므로 'ᄒᆞᆫ갓'과 'ᄒᆞ올로'의 동의성은 명백히 입증된다.

(91) a. ᄒᆞᆫ갓 藥草로 品 일훔 지호ᄆᆞᆫ 〈月十三 38a〉
b. ᄒᆞ올로 藥草로 品 일훔 호ᄆᆞᆫ(獨以藥草로 名品者ᄂᆞᆫ) 〈法華三 3b〉

〈92〉 ᄒᆞᆫᄢᅴ 對 ᄀᆞᄌᆞ기

두 부사가 [齊] 즉 '똑같이, 모두'의 뜻을 가지고 동의 관계에 있다는 것은 동일 원문의 번역인 다음 예문들에서 잘 확인된다. 원문 중 '齊觀'이 'ᄒᆞᆫᄢᅴ 보다'로도 번역되고 'ᄀᆞᄌᆞ기 보다'로도 번역되므로 두 부사 'ᄒᆞᆫᄢᅴ'와 'ᄀᆞᄌᆞ기'의 동의성은 명백히 입증된다. 두 부사는 동작동사 '보다'와 공기 관계에 있다. 부사 'ᄒᆞᆫᄢᅴ'는 관형사 'ᄒᆞᆫ'[一], 명사 'ᄢᅳ'[時] 및 처격 조사 '-의'의 결합이다. 부사 'ᄀᆞᄌᆞ기'는 상태동사 'ᄀᆞᄌᆞᄒᆞ다'의 어근 'ᄀᆞᄌᆞ-'과 부사 형성 접미사 '-이'의 결합이다.

(92) a. ᄒᆞᆫᄢᅴ 보아 다 救ᄒᆞ샤ᄆᆞᆯ 〈釋二十一 20a〉
b. ᄀᆞᄌᆞ기 보샤 다 救ᄒᆞ실ᄊᆡ(齊觀並救ᄒᆞ실ᄊᆡ) 〈法華七 41a〉

(92) c. ᄒᆞᆫᄢᅴ 보아 ᄒᆞᆫᄢᅴ 救ᄒᆞ샤미라 〈月十九 19b〉
d. ᄀᆞᄌᆞ기 보샤 다 救ᄒᆞ샤미라(齊觀並救也ㅣ시니라) 〈法華七 46a〉

〈93〉 ᄒᆞᆫᄢᅴ 對 다

두 부사가 [俱], [並] 및 [俱共] 즉 '함께, 다'의 뜻을 가지고 동의 관계에 있다는 것은 동일 원문의 번역인 다음 예문들에서 잘 확인된다. 원문 중 '俱發'이 'ᄒᆞᆫᄢᅴ 내다'로도 번역되고 '다 내다'로도 번역된다. '俱詣'가 'ᄒᆞᆫᄢᅴ 나ᅀᅡ가다'로도 번역되고 '다 가다'로도 번역된다. 그리고 '並燭'이 'ᄒᆞᆫᄢᅴ 비취다'로도 번역되고 '다 비취다'로도 번역된다. 따라서 두 부사 'ᄒᆞᆫᄢᅴ'와 '다'의 동의성은 명백히 입증된다.

(93) a. 모ᄃᆞᆫ 商人이 ᄒᆞᆫᄢᅴ 소리ᄅᆞᆯ 내야 南無觀世音菩薩 ᄒᆞ야 〈釋二十一 6b〉
b. 한 商人이 듣고 ᄒᆞᆫᄢᅴ 소리 내야 南無觀世音(26a)菩薩 ᄒᆞ면 〈月十九 26b〉
c. 한(58b) 商人이 듣고 다 소리 내야 닐오ᄃᆡ 南無觀世音菩薩 ᄒᆞ면(衆商人이 聞ᄒᆞ고 俱發聲言호ᄃᆡ 南無觀世音菩薩ᄒᆞ면) 〈法華七 59a〉

(93) d. ᄒᆞᆫᄢᅴ 부텨ᄭᅴ 나ᅀᅡ가 〈釋二十一 28b〉
e. ᄒᆞᆫᄢᅴ 부텨ᄭᅴ 나ᅀᅡ가 〈月十九 65a〉
f. 다 부텻긔 가(俱詣佛所ᄒᆞ야) 〈法華七 117a〉

(93) g. 幽明을 ᄒᆞᆫᄢᅴ 비취샤 〈月十八 24b〉
h. 어드우며 ᄇᆞᆯᄀᆞᆫ ᄃᆡᆯ 다 비취샤(幽明을 並燭ᄒᆞ샤) 〈法華六 133b〉

(93) i. ᄒᆞᆫᄢᅴ 보아 ᄒᆞᆫᄢᅴ 求ᄒᆞ샤미라 〈月十九 19b〉
j. ᄀᆞᄌᆞ기 보샤 다 求ᄒᆞ샤미라(齊觀並救也ㅣ시니라) 〈法華七 46a〉

(93) k. ᄒᆞᆫᄢᅴ 彈指ᄒᆞ시니 〈釋十九 39a〉
l. 다 彈指ᄒᆞ시니 (俱共彈指ᄒᆞ시니) 〈法華六 102b〉

한편 '並'이 『석보상절』과 『법화경언해』에서 모두 '다'로 번역된다는 것은 동일 원문의 번역인 다음 예문들에서 잘 확인된다. 원문 중 '並救'가 모두 '다 救ᄒᆞ다'로 번역된다.

(93) m. ᄒᆞᆫ쁴 보아 다 救ᄒᆞ샤ᄆᆞᆯ 〈釋二十一 20a〉
n. ᄀᆞᄌᆞ기 보샤 다 求ᄒᆞ실씨(齊觀並救ᄒᆞ실씨) 〈法華七 41a〉

〈94〉 ᄒᆞᆫ쁴 對 ᄒᆞᆫ가지로

두 부사가 [同] 즉 '함께'의 뜻을 가지고 동의 관계에 있다는 것은 동일 원문의 번역인 다음 예문들에서 잘 확인된다. 원문 중 '同授記'가 'ᄒᆞᆫ쁴 授記ᄒᆞ다'로도 번역되고 'ᄒᆞᆫ가지로 授記ᄒᆞ다'로도 번역된다. 따라서 'ᄒᆞᆫ쁴'와 'ᄒᆞᆫ가지로'의 동의성은 명백히 입증된다.

(94) a. 學衆과 ᄒᆞᆫ쁴 授記ᄒᆞ샤ᄆᆞᆫ 〈月十五 27a〉
b. 學衆과 ᄒᆞᆫ가지로 授記ᄒᆞ샤ᄆᆞᆫ(而與學衆과 同授記者ᄂᆞᆫ) 〈法華四 47b〉

〈95〉 ᄒᆞᆫ쁴 對 ᄒᆞᆫᄃᆡ

두 부사가 [俱] 즉 '함께'의 뜻을 가지고 동의 관계에 있다는 것은 동일 원문의 번역인 다음 예문들에서 잘 확인된다. 원문 중 '俱來'가 'ᄒᆞᆫ쁴 오다'로도 번역되고 'ᄒᆞᆫᄃᆡ 오다'로도 번역되므로 'ᄒᆞᆫ쁴'와 'ᄒᆞᆫᄃᆡ'의 동의성은 명백히 입증된다.

(95) a. 妙音菩薩와 ᄒᆞᆫ쁴 오신 八萬四千 사ᄅᆞ미 〈釋二十 51b〉
b. 妙音菩薩와 ᄒᆞᆫᄃᆡ 오신 八萬四千人이(與妙音菩薩와 俱來者八萬四千人이) 〈法華七 33b〉

〈96〉 ᄒᆞᆫᄃᆡ 對 모다

두 부사가 [共] 즉 '함께, 모두'의 뜻을 가지고 동의 관계에 있다는 것은 동일 원문의 번역인 다음 예문들에서 잘 확인된다. 원문 중 '共往'이 'ᄒᆞᆫᄃᆡ 가다'로도 번역되고 '모다 가다'로도 번역되므로 두 부사 'ᄒᆞᆫᄃᆡ'와 '모다'의 동의성은 명백히 입증된다.

(96) a. ᄒᆞᆫᄃᆡ 가 듣져 ᄒᆞ야ᄃᆞᆫ 〈釋十九 6b〉
b. ᄒᆞᆫᄃᆡ 가 듣져 ᄒᆞ야ᄃᆞᆫ 〈月十七 51b〉
c. 모다 가 드러ᅀᅡ ᄒᆞ리라 ᄒᆞ야ᄃᆞᆫ(可共往聽이니라 ᄒᆞ야ᄃᆞᆫ) 〈法華六 12b〉

한편 '共'이 『월인석보』와 『법화경언해』에서 모두 'ᄒᆞᆫᄃᆡ'로 번역된다는 것은 동일 원문의 번역인 다음 예문들에서 잘 확인된다. 원문 중 '共…作'이 'ᄒᆞᆫᄃᆡ ᄒᆞ다'와 'ᄒᆞᆫᄃᆡ 짓다'로 번역된다.

(96) d. 우리 둘토 ᄒᆞᆫᄃᆡ 호리라 ᄒᆞ라 〈月十三 20b〉
e. 우리 두 사ᄅᆞᆷ도 ᄯᅩ 너와 ᄒᆞᆫᄃᆡ 지소리라 ᄒᆞ라(我等二人도 亦共汝作호리라 ᄒᆞ라) 〈法華二 217b〉

(96) f. 너와 ᄒᆞᆫᄃᆡ 호려 ᄒᆞ니 〈月十三 21a〉
g. ᄯᅩ 너와 ᄒᆞᆫᄃᆡ 지소리라 닐오ᄆᆞᆫ(云亦共汝作者ᄂᆞᆫ) 〈法華二 207a〉

(96) h. 이 사ᄅᆞ미 如來와 한ᄃᆡ 자며 〈月十五 50a〉
i. 이 사ᄅᆞᄆᆞᆫ 如來와 한ᄃᆡ 자며(是人은 與如來와 共宿ᄒᆞ며) 〈法華四 88a〉

〈97〉 ᄒᆞᆫᄃᆡ 對 어우러

부사 'ᄒᆞᆫᄃᆡ'와 부사어 '어우러'가 [共] 즉 '함께'의 뜻을 가지고 동의 관계에 있다는 것은 동일 원문의 번역인 다음 예문들에서 잘 확인된다. 원문 중 '共作'이 'ᄒᆞᆫᄃᆡ ᄃᆞ외다'로도 번역되고 '어우러 ᄃᆞ외다'로도 번역되므로 'ᄒᆞᆫᄃᆡ'와 '어우러'의 동의성은 명백히 입증된다. 부사어 '어우러'는 동작동사 '어울다'의 부사형으로 '어울-+-어'로 분석된다.

(97) a. 正히 한 魔와 ᄒᆞᆫᄃᆡ 잇븐 버디 ᄃᆞ외시니 〈月十三 63b〉
b. 正히 한 魔와 어우러 잇븐 버디 ᄃᆞ외시니(正與衆魔와 共作勞侶ᄒᆞ시니) 〈法華三 61a〉

2. 音韻 交替型

音韻의 교체에 의한 부사들이 동의 관계를 가질 수 있다. 이런 경우가 음운 교체형이다. 음운 교체에는 모음 교체가 있다.

동의 관계가 모음 교체를 보여 주는 부사들 사이에 성립된다. 모음 교체에는 陰母音과 陽母音 간의 교체가 있다. 그리고 陽母音간의 교체가 있다.

음모음과 양모음 간의 교체에는 '으~ᄋᆞ'의 교체, '어~아'의 교체 및 '우~오'의 교체가 있다. 양모음간의 교체에는 '아~ᄋᆞ'의 교체와 'ᄋᆞ~오'의 교체가 있다.

모음 '으~ᄋᆞ'의 교체를 보여 주는 부사에는 [勝] 즉 '모두, 죄다'의 뜻을 가진 '니르'와 '니ᄅᆞ'가 있다. 모음 '어~아'의 교체를 보여 주는 부사에는 [昏昏] 즉 '어즐어즐하게'의 뜻을 가진 '어즐히'와 '아즐히'가 있다. 모음 '우~오'의 교체를 보여 주는 부사에는 [可]와 [堪] 즉 '可히'의 뜻을 가진 '어루'와 '어로'가 있고 [偏] 즉 '기울게'의 뜻을 가진 '기우루'와 '기우로'가 있다. 모음 '아~ᄋᆞ'의 교체를 보여 주는 부사에는 [曾], [宿曾] 및 [先] 즉 '일찌이, 이전에'의 뜻을 가진 '아래'와 '아ᄅᆡ'가 있다. 모음 'ᄋᆞ~오'의 교체를 보여 주는 부사에는 [重重] 즉 '겹겹이'의 뜻을 가진 '다ᄫᆞᆯ다ᄫᆞᆯ'과 '다ᄫᅩᆯ다ᄫᅩᆯ'이 있다.

〈1〉 니르 對 니ᄅᆞ

두 부사가 [勝] 즉 '모두, 죄다'의 뜻을 가지고 동의 관계에 있다는 것은 동일 원문의 번역인 다음 예문들에서 잘 확인된다. 원문 중 '勝數'가 '니르 혜다'로도 번역되고 '니ᄅᆞ 혜다'로도 번역된다. 그리고 '勝窮'이 '니르 다ᄋᆞ다'로도 번역되고 '니ᄅᆞ 다ᄋᆞ다'로도 번역된다. 따라서 두 부사 '니르'와 '니ᄅᆞ'의 동의성은 명백히 입증된다. 두 부사는 제2 음절에서 모음 '으~ᄋᆞ'의 교체를 보여 준다.

(1) a. 若干ᄋᆞᆫ 一定티 아니ᄒᆞᆫ 數ㅣ니 몯 니르 혤 씨라 〈釋十三 8a〉
  b. 若干ᄋᆞᆫ 一定티 아니ᄒᆞᆫ 數ㅣ니 몯 니르 혤 씨라 〈月十一 27a〉
  c. 若干은 곧 一定티 아니ᄒᆞᆫ 數ㅣ니 니ᄅᆞ 혜디 몯호ᄆᆞᆯ 니ᄅᆞ니라(若干은 卽不定數ㅣ니 謂不勝數也ㅣ라) 〈法華一 48b〉

(1) d. 德이 物을 조차 너브시니 엇뎨 어루 니르 다ᄋᆞ리오(德이 隨物ᄒᆞ야 廣ᄒᆞ시니 何可勝窮哉리오) 〈法華五 42a〉

e. 如來ㅅ 一切 深妙 功德이 다 이 經에 모ᄃᆞ샤 니ᄅᆞ 디ᄋᆞ디 몯홀 쩐치라(如來ㅅ 一切深妙功德이 盡萃此經ᄒᆞ샤 不可勝窮故也ㅣ라) 〈法華六 107b〉

〈2〉 어즐히 對 아즐히

두 부사가 [昏昏] 즉 '어질어질하게'의 뜻을 가지고 동의 관계에 있다는 것은 동일 원문의 번역인 다음 예문들에서 잘 확인된다. 원문 중 '昏昏如醉'가 '어즐히 醉ᄒᆞᆫ ᄃᆞᆺᄒᆞ다'로도 번역되고 '아즐히 醉ᄒᆞᆫ ᄃᆞᆺᄒᆞ다'로도 번역된다. 따라서 두 부사 '어즐히'와 '아즐히'의 동의성은 명백히 입증된다. 두 부사는 첫 음절에서 모음 '어~아'의 교체를 보여 주고 제2 음절에서 모음 '으~ᄋᆞ'의 교체를 보여 준다. '어즐히'는 상태동사 '어즐ᄒᆞ다'[昏]에서 파생된 부사로 '어즐ᄒᆞ-+-ㅣ(부사 형성 접미사)'로 분석된다. 그리고 '아즐히'는 상태동사 '아즐ᄒᆞ다[昧]'에서 파생된 부사로 '아즐ᄒᆞ-+-ㅣ(부사 형성 접미사)'로 분석된다.

(2) a. 수을 醉ᄒᆞ야 누부믄…어즐히 醉ᄒᆞᆫ ᄃᆞᆺ호ᄆᆞᆯ 가ᄌᆞᆯ비니라 〈月十五 23a〉

b. 술 醉ᄒᆞ야 누우믄…아즐히 醉ᄒᆞᆫ ᄃᆞᆺ호ᄆᆞᆯ 가ᄌᆞᆯ비ᅀᆞ오니라(醉酒而臥ᄂᆞᆫ 譬…昏昏如醉也ㅣ라) 〈法華四 38b〉

〈3〉 어루 對 어로

두 부사가 [能], [可]와 [堪] 즉 '可히, 能히'의 뜻을 가지고 동의 관계에 있다는 것은 동일 원문의 번역인 다음 예문들에서 잘 확인된다. 원문 중 '能治'가 '어루 고티다'로도 번역되고 '어로 고티다'로도 번역된다. '可…變'이 '어로 變ᄒᆞ다'로도 번역되고 '어루 變ᄒᆞ다'로도 번역된다. 그리고 '堪爲'가 '어로 ᄃᆞ외다'로도 번역되고 '어루 ᄃᆞ외다'로도 번역된다. 따라서 두 부사 '어루'와 '어로'의 동의성은 명백히 입증된다. 두 부사는 제2 음절에서 모음 '우~오'의 교체를 보여 준다.

(3) a. 王ㅅ 病을 내 어루 고티ᅀᆞ보리니 〈釋二十四 50b〉

b. 내 어로 고툐리니 〈月二十五 141a〉

c. 妾能治王 〈釋迦譜 卷5 31. 阿育王造八萬四千塔記〉

(3) d. 어로 ᄒᆞᆫ번 變ᄒᆞ면 道애 다ᄃᆞᄅᆞᇙ ᄃᆞᆯ 가ᄌᆞᆯ비니라 〈月十三 30b〉
e. 어루 ᄒᆞᆫ번 變ᄒᆞ야 道애 가ᄆᆞᆯ 가ᄌᆞᆯ비니라(譬……可一變而至道也ㅣ라) 〈法華二 224b〉

(3) f. 어로 맛나 어더 〈月十三 32a〉
g. 이에 어루 맛나 得ᄒᆞ야(斯可遇會得之ᄒᆞ야) 〈法華二 226a〉

(3) h. 어로 人天福田이 ᄃᆞ외릴ᄊᆡ 〈月十一 16b〉
i. 어루 人天福 바티 ᄃᆞ외릴ᄊᆡ 이런ᄃᆞ로(乃堪爲人天福田일ᄊᆡ 故로) 〈法華一 25b〉

〈4〉 기우루 對 기우로

두 부사가 [偏] 즉 '기울게'의 뜻을 가지고 동의 관계에 있다는 것은 동일 원문의 번역인 다음 예문들에서 잘 확인된다. 원문 중 '偏縛'이 '기우루 얽ᄆᆡ이다'로도 번역되고 '기우로 얽ᄆᆡ이다'로도 번역된다. 따라서 두 부사 '기우루'와 '기우로'의 동의성은 명백히 입증된다. 두 부사는 동작동사 '기울다'에서 파생된 것으로 '기우루'는 '기울- + -우(부사 형성 접미사)'로 분석되고 '기우로'는 '기울- + -오(부사 형성 접미사)'로 분석된다. 두 부사 '기우루'와 '기우로'는 제3음절에서 모음 '우~오'의 교체를 보여 준다.

(4) a. 기우루 얽ᄆᆡ여 自在티 몯거니와 〈月十一 17a〉
b. 거우로 얽ᄆᆡ요미 ᄃᆞ외야 自在ᄅᆞᆯ 得이 몯거늘(爲偏縛ᄒᆞ야 未得自在어늘) 〈法華一 26a〉

〈5〉 아래 對 아ᄅᆡ

두 부사가 [曾], [宿曾] 및 [先] 즉 '일찍이, 옛날에, 이전에'의 뜻을 가지고 동의 관계에 있다는 것은 동일 원문의 번역인 다음 예문들에서 잘 확인된다. 원문 중 '曾…將'이 '아래 ᄃᆞ리다'로도 번역되고 '아ᄅᆡ ᄃᆞ리다'로도 번역된다. '宿曾成就'가 '아래 일우다'로도 번역되고 '아ᄅᆡ 일우다'로도 번역된다. 그리고 '先供養'이 '아래 供養ᄒᆞ다'로도 번역되고 '아ᄅᆡ 供養ᄒᆞ다'로 번역된다. 따라서 두 부사 '아래'와 '아리'의 동의성은 명백히 입증된다. 두 부사는 제2 음절에서 모음 '아~ᄋᆞ'의 교체를 보여 준다.

(5) a. 아래 佛會예(31a) 五百 比丘 ᄃᆞ리고 흐러 나가니 〈釋二十一 31b〉
b. 아리 佛會예 五百 比丘 ᄃᆞ려 흐터 가니(曾於佛會예 將五百比丘ᄒᆞ야 散去ᄒᆞ니) 〈法華七 120b〉

(5) c. 아래 諸佛을 보ᅀᆞᄫᅡ 〈月十一 106a〉
d. 아리 諸佛을 보ᅀᆞ와(曾見諸佛ᄒᆞᅀᆞ와) 〈法華一 166b〉

(5) e. 우희 니ᄅᆞ샨 未來옛 聲聞은 아래 敎化 닙ᄉᆞᄫᆞᆫ 사ᄅᆞᄆᆞᆯ 니ᄅᆞ시고 〈月十四 58a〉
f. 우희 니ᄅᆞ샨 未來 聲聞은 아리 敎化 닙ᄉᆞ오닐 니ᄅᆞ시고(上애 云未來聲聞은 謂曾蒙化者ㅣ시고) 〈法華三 167b〉

(5) g. 아래 일우시니옷 아니면 〈月十八 62a〉
h. 아리 일우시니 아니시면(非宿曾成就…이시면) 〈法華六 184b〉

(5) i. 내 아래 供養ᄒᆞᅀᆞᆸ고 〈釋二十 13b〉
j. 내 아래 부터 供養ᄒᆞᅀᆞᄫᅡ 〈月十八 34b〉
k. 내 아리 부텨 供養ᄒᆞᅀᆞ와(我ㅣ 先에 供養佛已ᄒᆞᅀᆞ와) 〈法華六 147b〉

〈6〉 다ᄫᆞᆯ다ᄫᆞᆯ 對 다폴다폴

두 부사가 [重重] 즉 '겹겹이'의 뜻을 가지고 동의 관계에 있다는 것은 동일 원문의 번역인 다음 예문들에서 잘 확인된다. 원문 중 '重重盡'이 '다ᄫᆞᆯ다ᄫᆞᆯ 다ᄋᆞ다'로도 번역되고 '다폴다폴 다ᄋᆞ다'로도 번역되므로 두 부사 '다ᄫᆞᆯ다ᄫᆞᆯ'과 '다폴다폴'의 동의성은 명백히 입증된다. 두 부사는 제2 음절에서 모음 'ᄋᆞ~오'의 모음 교체를 보여 준다.

(6) a. 서르 ᄉᆞᄆᆞ차 노겨 자ᄇᆞ샤 다ᄫᆞᆯ다ᄫᆞᆯ 다오미 업스시니(交徹融攝ᄒᆞ샤 重重無盡ᄒᆞ시니) 〈法華六 137b〉

b. 서르 ᄉᆞᄆᆞ차 노겨 자ᄇᆞ샤 다폴다폴 다옴 업수믈 니ᄅᆞ시니(謂交徹融攝ᄒᆞ샤 重重無盡ᄒᆞ시니) 〈法華七 9b〉

3. 音韻 脫落型 및 音韻 添加型

3.1. 音韻 脫落型

어떤 부사가 그것 중의 한 음운의 탈락으로 생긴 부사와 동의 관계를 가질 수 있는데 이 경우가 음운 탈락이다. 음운 탈락에는 자음 탈락과 모음 탈락이 있다. 자음 탈락의 예로는 [卽] 즉 '곧, 즉시'의 뜻을 가진 '즉자히'와 '즉재'가 있고 모음 탈락의 예로는 [易] 즉 '쉬이, 쉽게'의 뜻을 가진 '쉬ᄫᅵ'와 '수이'가 있다.

〈1〉 즉자히 對 즉재

두 부사가 [卽] 즉 '즉시, 곧'의 뜻을 가지고 동의 관계에 있다는 것은 동일 원문의 번역인 다음 예문들에서 잘 확인된다. 원문 중 '卽得'이 '즉자히 얻다'로도 번역되고 '즉재 얻다'로도 번역된다. '卽起'가 '즉자히 닐다'로도 번역되고 '즉재 닐다'로도 번역된다. 그리고 '卽消滅'이 '즉자히 없다'로도 번역되고 '즉재 消滅ᄒᆞ다'로도 번역된다. 따라서 두 부사 '즉자히'와 '즉재'의 동의성은 명백히 입증된다. '즉재'는 '즉자히'의 자음 'ㅎ' 탈락으로 생긴 語形이다.

(1) a. 즉자히 여튼 ᄯᅡ홀 어드리어며 〈釋二十一 3a〉
    b. 즉재 여튼 ᄯᅡ홀 어드리며 〈月十九 22a〉
    c. 즉재 여튼 ᄃᆡᆯ 어드리며(卽得淺處ᄒᆞ리며) 〈法華七 50a〉

(1) d. 즉자히 七寶冠 쓰고 〈釋二十一 58a〉
    e. 즉재 七寶冠 쓰고 〈月十九 112b〉
    f. 즉재 七寶冠 쓰고(卽著七寶冠ᄒᆞ고) 〈法華七 176a〉

(1) g. 즉자히 座로셔 니르샤 〈釋二十一 1a〉
h. 즉재 座로셔 니르샤 〈月十九 8a〉
i. 즉재 座로셔 니르샤(卽從座起ᄒᆞ샤) 〈法華七 43a〉

(1) j. 즉자히 니러 合掌ᄒᆞ야 〈月十二 2a〉
k. 즉재 니러 合掌ᄒᆞ야(卽起合掌ᄒᆞ야) 〈法華二 3b〉

(1) l. 즉자히 부텻 모ᄆᆞᆯ 現ᄒᆞ야 〈釋二十一 10a〉
m. 즉재 佛身ᄋᆞᆯ 現ᄒᆞ야 〈月十九 33a〉
n. 즉재 佛身을 現ᄒᆞ야(卽現佛身ᄒᆞ야) 〈法華七 73a〉

(1) o. 즉자히 버서나리니 〈釋二十一 6b〉
p. 즉재 버서나ᄆᆞᆯ 得ᄒᆞ리라 〈月十九 26b〉
q. 즉재 解脫ᄋᆞᆯ 得ᄒᆞ리니(卽得解脫ᄒᆞ리니) 〈法華七 59a〉

(1) r. 病이 즉자히 업서 〈釋二十 30b〉
s. 病이 즉재 消滅ᄒᆞ야 〈月十八 59b〉
t. 病이 즉재 스러디여 업서(病卽消滅ᄒᆞ야) 〈法華六 181a〉

〈2〉 쉬ᄫᅵ 對 수이

두 부사가 [易] 즉 '쉬이, 쉽게'의 뜻을 가지고 동의 관계에 있다는 것은 동일 원문의 번역인 다음 예문들에서 잘 확인된다. 원문 중 '易得'이 '쉬ᄫᅵ 얻다'로도 번역되고 '수이 얻다'로도 번역되므로 '쉬ᄫᅵ'와 '수이'의 동의성은 명백히 입증된다. '쉬ᄫᅵ'는 상태동사 '쉽다'에서 파생된 부사이다. 그리고 '수이'는 '쉬ᄫᅵ'의 첫 음절의 반모음 [y]가 탈락되어 생긴 어형이다.

(2) a. 옷밥 쉬ᄫᅵ 어드리라 호ᄆᆞᆫ 〈月十三 15a〉
b. 옷밥 수이 어두믄(衣食易得은) 〈法華二 197b〉

(2) c. 져근 果 쉬ᄫᅵ 求호ᄆᆞᆯ 가ᄌᆞᆯ비고 〈月十三 15a〉

d. 小果 수이 求호ᄆᆞᆯ 가ᄌᆞᆯ비고(譬小果易求ᄒᆞ고) 〈法華二 197b〉

3.2. 音韻 添加型

어떤 부사가 그것 중에 한 음운을 첨가하여 만들어진 부사와 동의 관계를 가질 수 있다. 이 경우가 음운 첨가이다. 음운 첨가에는 모음 첨가와 자음 첨가가 있다. 모음 첨가의 예로는 [止] 즉 '다만, 오직'의 뜻을 가진 '다ᄆᆞᆫ'과 '다ᄆᆡᆫ', [前] 즉 '먼저'의 뜻을 가진 '몬져, 몬졔' 그리고 [方] 즉 '바야흐로, 이제 막'의 뜻을 가진 '보야ᄒᆞ로, 뵈야ᄒᆞ로' 등이 있다. 자음 첨가의 예를 들면, [且] 즉 '아직, 또한'의 뜻을 가진 '아직, 안직'이 있다.

〈1〉 다ᄆᆞᆫ 對 다ᄆᆡᆫ

두 부사가 [止] 즉 '다만, 오직'의 뜻을 가지고 동의 관계에 있다는 것은 동일 원문의 번역인 다음 예문들에서 잘 확인된다. 원문 중 '止言'은 '다ᄆᆞᆫ 니ᄅᆞ다'로도 번역되고 '다ᄆᆡᆫ 니ᄅᆞ다'로도 번역되므로 '다ᄆᆞᆫ'과 '다ᄆᆡᆫ'의 동의성은 명백히 입증된다. '다ᄆᆡᆫ'의 제2 음절의 'ᄋᆡ'는 '다ᄆᆞᆫ'의 제2 음절의 모음 'ᄋᆞ'에 반모음 [y]가 첨가된 것이다.

(1) a. 다ᄆᆞᆫ 四天下ᄅᆞᆯ 領ᄒᆞ다 니ᄅᆞ샤ᄆᆞᆫ 〈月十四 15a〉
b. 다ᄆᆡᆫ 四天下 領타 니ᄅᆞ샤ᄆᆞᆫ(止言領四天下ᄂᆞᆫ) 〈法華三 97a〉

〈2〉 몬져 對 몬졔

두 부사가 [前] 즉 '먼저'의 뜻을 가지고 동의 관계에 있다는 것은 동일 원문의 번역인 다음 예문들에서 잘 확인된다. 원문 중 '前…說'이 '몬져 니르다'로도 번역되고 '알ᄑᆡ 니ᄅᆞ다'로도 번역된다. 그리고 원문 중 '前之'가 '몬졔'로도 번역되고 '알ᄑᆡᆺ'으로도 번역된다. 따라서 두 부사 '몬져'와 '몬졔'의 동의성은 명백히 입증된다. '몬졔'의 제2 음절의 '졔'는 '몬져'의 제2 음절의 '져'에 半母音 [y]가 첨가된 것이다.

(2) a. 큰 罪報 어두미 몬져 니르듯ᄒᆞ며 〈釋十九 26b〉
b. 큰 罪報 어두미 알ᄑᆡ 니ᄅᆞ듯ᄒᆞ며 〈月十七 78b〉
c. 큰 罪報 어두미 알ᄑᆡ 닐옴 ᄀᆞᆮᄒᆞ며(獲大罪報호미 如前所說ᄒᆞ며) 〈法華六 72b〉

(2) d. 몬졔 經 디뇨미 〈釋十九 36b〉
e. 알ᄑᆡᆺ 經 디뇨ᄆᆞᆫ(蓋前之持經은) 〈法華六 71a〉

(2) f. 몬졔 利益 어두미 〈釋十九 36b〉
g. 알ᄑᆡᆺ 利 니보ᄆᆞᆫ(前之蒙利ᄂᆞᆫ) 〈法華六 71b〉

〈3〉 보야ᄒᆞ로 對 뵈야ᄒᆞ로

두 부사가 [方] 즉 '바야흐로, 이제 막'의 뜻을 가지고 동의 관계에 있다는 것은 동일 원문의 번역인 다음 예문들에서 잘 확인된다. 원문 중 '方沉'이 '보야ᄒᆞ로 ᄌᆞᆷ다'로도 번역되고 '뵈야ᄒᆞ로 ᄌᆞᆷ다'로도 번역되므로 '보야ᄒᆞ로'와 '뵈야ᄒᆞ로'의 동의성은 명백히 입증된다. '뵈야ᄒᆞ로'의 첫 음절의 모음 '외'는 '보야ᄒᆞ로'의 첫 음절의 모음 '오'에 半母音 [y]가 첨가된 것이다.

(3) a. 보야ᄒᆞ로 어드ᄫᅳᆫ ᄃᆡ ᄌᆞ(38a)마 〈月十九 38b〉
b. 어드운 ᄃᆡ 뵈야ᄒᆞ로 ᄌᆞ마(方沉幽昏ᄒᆞ야) 〈法華七 79b〉

한편 '方'이 『월인석보』와 『법화경언해』에서 모두 '보야ᄒᆞ로'로 번역된다는 것은 동일 원문의 번역인 다음 예문들에서 잘 확인된다. 원문 중 '方沉'이 '보야ᄒᆞ로 ᄌᆞᆷ다'와 '보야ᄒᆞ로 ᄃᆞᆷ다'로 번역된다.

(3) c. 비록 三惡趣ㅣ 보야ᄒᆞ로 어드ᄫᅳᆫ ᄃᆡ ᄌᆞ마 得度 몯ᄒᆞ얌직 ᄒᆞ야도 〈月十九 46b〉
d. 비록 三惡趣ㅣ 보야ᄒᆞ로 어드운 ᄃᆡ ᄃᆞ마 得度ᄒᆞ얌직 몯ᄒᆞ야도(雖三趣ㅣ 方沉幽昏ᄒᆞ야 未應得度ㅣ라도) 〈法華七 93a〉

〈4〉 아직 對 안죽

두 부사가 [且] 즉 '아직, 또한'의 뜻을 가지고 동의 관계에 있다는 것은 동일 원문의 번역인 다음 예문들에서 잘 확인된다. 원문 중 '且…立'이 '아직 셰다'로도 번역되고 '안죽 셰다'로도 번역되므로 '아직'과 '안죽'의 동의성은 명백히 입증된다. '안직'은 '아직'의 첫 음절 말에 자음 'ㄴ'이 첨가된 것이다.

(4) a. 아직 智로 體를 셰여 부텻 知見을 열오 〈月十一 24a〉
b. 안죽 智로 體를 셰샤 부텻 知見을 여르시고(且以智로 立體ᄒᆞ샤 開佛知見ᄒᆞ시고) 〈法華一 44a〉

한편 '且'가 『월인석보』와 『법화경언해』에서 모두 '안죽'으로 번역된다는 것은 동일 원문의 번역인 다음 예문들에서 잘 확인된다. 원문 중 '且說'이 모두 '안죽 니ᄅᆞ다'로 번역된다.

(4) c. 안죽 方等 般若教를 니ᄅᆞ시니 〈月十四 43b〉
d. 안죽 方等 般若教를 니ᄅᆞ시니(且說方等般若之教ᄒᆞ시니) 〈法華三 146a〉

4. 合成型 및 派生型

4.1. 合成型

단일어인 副詞가 合成에 의한 부사와 동의 관계를 가질 수 있다. 이 경우가 合成이다. 합성의 예를 들면, [今]과 [今者] 즉 '이제, 지금'의 뜻을 가진 '오ᄂᆞᆳ날, 오ᄂᆞᆯ' 그리고 [今日] 즉 '오ᄂᆞᆯ'의 뜻을 가진 '오ᄂᆞᆳ날, 오ᄂᆞᆯ'이 있다. '오ᄂᆞᆳ날'은 '오ᄂᆞᆯ+ㅅ#날'로 분석될 수 있는 합성어이다.

〈1〉 오ᄂᆞᆳ날 對 오ᄂᆞᆯ

두 부사가 [今]과 [今者] 즉 '이제, 지금'의 뜻을 가지고 동의 관계에 있다는 것은 동일 원문의 번역인 다음 예문들에서 잘 확인된다. 원문 중 '今見'이 '오ᄂᆞᆳ날 보다'로도 번역되고 '오ᄂᆞᆯ 보다'

로도 번역되므로 '오ᄂᆞᆳ날'과 '오ᄂᆞᆯ'의 동의성은 명백히 입증된다. '오ᄂᆞᆳ날'은 '오ᄂᆞᆯ'과 '날'의 合成이다.

(1) a. 오ᄂᆞᆳ날 보ᅀᆞᆸ논 佛土ㅣ ᄀᆞᆮ더라 〈月十一 86b〉
b. 오ᄂᆞᆯ 보논 이 諸佛土ㅣ ᄀᆞᆮ더라(如今所見是諸佛土ㅣ러라) 〈法華一 104a〉

(1) c. 오ᄂᆞᆳ날 이 祥瑞ᄅᆞᆯ 보ᅀᆞᄫᆞᆫ딘 〈釋十三 36b〉 〈月十一 92b〉
d. 오ᄂᆞᆯ 이 瑞ᄅᆞᆯ 보ᅀᆞ오니(今見此瑞ᄒᆞᅀᆞ오니) 〈法華一 114b〉

(1) e. 오ᄂᆞᆳ날 듣ᄌᆞᄫᆞᆫ ᄃᆞᆺᄒᆞ며 〈月十五 35a〉
f. 오ᄂᆞᆯ 듣ᄌᆞ옴 ᄀᆞᆮᄒᆞ며(如今所聞ᄒᆞ며) 〈法華四 58b〉

(1) g. 오ᄂᆞᆳ날 世尊이 〈月十一 103b〉
h. 오ᄂᆞᆯ 如來ㅣ(今者世尊이) 〈法華一 159b〉

(1) i. 오ᄂᆞᆳ날 四衆ᄃᆞᆯ히 다 疑心ᄒᆞᄂᆞ니 〈月十一 105a〉
j. 오ᄂᆞᆯ(161b) 四衆이 다 疑心을 뒷ᄂᆞ니 (今者四衆이 咸皆有疑ᄒᆞᄂᆞ니) 〈法華一 162a〉

〈2〉 오ᄂᆞᆳ날 對 오ᄂᆞᆯ

두 부사가 [今日] 즉 '오늘'의 뜻을 가지고 동의 관계에 있다는 것은 동일 원문의 번역인 다음 예문들에서 잘 확인된다. 원문 중 '今日…說'이 '오ᄂᆞᆳ날 니르다'로도 번역되고 '오ᄂᆞᆯ 니ᄅᆞ다'로도 번역된다. 그리고 '今日轉'이 '오ᄂᆞᆳ날 두르ᅘᅧ다'로도 번역되고 '오ᄂᆞᆯ 두르ᅘᅧ다'로도 번역된다. 따라서 '오ᄂᆞᆳ날'과 '오ᄂᆞᆯ'의 동의성은 명백히 입증된다. '오ᄂᆞᆳ날'은 '오ᄂᆞᆯ'[今]과 '날'[日]의 合成이다.

(2) a. 오ᄂᆞᆳ날 如來 당다이 大乘經을 니르시리니 〈釋十三 36b〉 〈月十一 93a〉
b. 오ᄂᆞᆯ 如來ㅣ 반ᄃᆞ기 大乘經을 니ᄅᆞ시리니 (今日如來ㅣ 當說大乘經ᄒᆞ시리니) 〈法華一 114b〉

(2) c. 오ᄂᆞᆳ날 妙嚴ㅅ 邪ᄅᆞᆯ 두르ᅘᅧᆫ ᄯᆞᄅᆞᆷ 아니라 〈月十九 89a〉

d. 오직 오늘 妙嚴ㅅ 邪를 두르혀실 ᄯᆞᄅᆞᆷ 아니샷다(不獨今日에 轉妙嚴之邪耳샷다) 〈法華七 147b〉

(2) e. 오ᄂᆞᇙ날 世尊이 〈月十三 33b〉
f. 오ᄂᆞᆯ 世尊이(今日世尊이) 〈法華二 229a〉

4.2. 派生型

동일한 어근에서 파생된 두 부사가 동의 관계를 가질 수 있는데 이 경우가 파생이다. 파생의 예로 [復] 즉 '다시'의 뜻을 가진 'ᄂᆞ외야'와 'ᄂᆞ외' 등이 있다.

〈1〉 ᄂᆞ외야 對 ᄂᆞ외

두 부사가 [復] 즉 '다시'의 뜻을 가지고 동의 관계에 있다는 것은 동일 원문의 번역인 다음 예문들에서 잘 확인된다. 원문 중 '復貪著'이 'ᄂᆞ외야 貪着ᄒᆞ다'로도 번역되고 'ᄂᆞ외 貪著하다'로도 번역된다. 그리고 '無復'가 'ᄂᆞ외야 없다'로도 번역되고 'ᄂᆞ외 없다'로도 번역된다. 따라서 두 부사 'ᄂᆞ외야'와 'ᄂᆞ외'의 동의성은 명백히 입증된다. 'ᄂᆞ외야'는 동작 동사 'ᄂᆞ외다'의 어간 'ᄂᆞ외－'와 부사형 어미 '－야'의 결합으로 생긴 부사이고 'ᄂᆞ외'는 어간 'ᄂᆞ외－'의 零變化에 의해 생긴 부사이다.

(1) a. ᄂᆞ외야 世樂ᄋᆞᆯ 貪着디 아니ᄒᆞ며 〈月十九 117a〉
b. ᄂᆞ외 世樂ᄋᆞᆯ 貪著디 아니ᄒᆞ며(不復貪著世樂ᄒᆞ며) 〈法華七 181b〉

(1) c. ᄂᆞ외야 煩惱ㅣ 업서 〈月十一 15b〉
d. ᄂᆞ외 煩惱ㅣ 업스(22b)며(無復煩惱ᄒᆞ며) 〈法華一 23a〉

(1) e. 나는 ᄂᆞ외야 疑悔 업서 〈月十二 17b〉
f. 나는 이제 ᄂᆞ외 疑悔 업서(我ᄂᆞᆫ 今에 無復疑悔ᄒᆞ야) 〈法華二 50a〉

(1) g. ᄂᆞ외야 한 시르미 업스리라 〈月十七 18a〉
h. ᄂᆞ외 한 시름 업스리라 ᄒᆞ야ᄂᆞᆯ(無復衆患ᄒᆞ리라) 〈法華五 154a〉

(1) i. 내 네 아비 ᄀᆞᆮᄒᆞ니 ᄂᆞ외야 시름 말라 〈月十三 23b〉
j. 내 네 아비 ᄀᆞᆮᄒᆞ니 ᄂᆞ외 분별 말라 (我如汝父호니 勿復憂慮ᄒᆞ라) 〈法華二 211b〉

(1) k. 本來ㅅ 體相이 ᄂᆞ외야 더러벼 ᄀᆞ료미 업서 〈月十五 15a〉
l. 本來ㅅ 體相이 ᄂᆞ외 더러여 ᄀᆞ료미 업서(本來ㅅ 體相이 無復染蔽ᄒᆞ야) 〈法華四 19a〉

한편 '復'가 『월인석보』와 『법화경언해』에서 모두 'ᄂᆞ외야'로 번역된다는 것은 동일 원문의 번역인 다음 예문들에서 잘 확인된다. 원문 중 '無復'가 모두 'ᄂᆞ외야 없다'로 번역된다.

(1) m. ᄂᆞ외야 가지와 닙괘 업고 〈月十一 108b〉
n. ᄂᆞ외야 가지 니피 업고(無復枝葉ᄒᆞ고) 〈法華一 173a〉

(1) o. 阿耨多羅三藐三菩提ᄅᆞᆯ ᄂᆞ외야 求티 아니타이다 〈月十三 4a〉
p. 阿耨多羅三藐三菩提ᄅᆞᆯ ᄂᆞ외야 求티 아니타이다(不復進求阿耨多羅三藐三菩提ᄒᆞ다이다) 〈法華二 178a〉

〈2〉 아ᄃᆞᆨ히 對 아ᄃᆞ기

두 부사가 [暗] 즉 '아득히'의 뜻을 가지고 동의 관계에 있다는 것은 동일 원문의 번역인 다음 예문들에서 잘 확인된다. 원문 중 '暗蔽'가 '아ᄃᆞᆨ히 ᄀᆞ리다'로도 번역되고 '아ᄃᆞ기 ᄀᆞ리다'로도 번역되므로 '아ᄃᆞᆨ히'와 '아ᄃᆞ기'의 동의성은 명백히 입증된다. 두 부사는 상태동사 '아ᄃᆞᆨᄒᆞ다'에서 파생된 것으로 접미사 '-히'와 '-이'의 차이를 보여 준다.

(2) a. 衆生ᄋᆞᆯ …… 어리 迷惑ᄋᆡ 아ᄃᆞᆨ히 ᄀᆞ린 三毒 브레 濟度호ᄆᆞᆯ 爲ᄒᆞ야 〈月十二 36b〉
b. 衆生(82b)ᄋᆡ …… 어리 迷惑ᄋᆡ 아ᄃᆞ기 ᄀᆞ린 三毒 브레 濟度호ᄆᆞᆯ 爲ᄒᆞ야(爲度衆生의 …… 愚癡暗蔽三毒之火ᄒᆞ야) 〈法華二 83a〉

〈3〉 즘즘코 對 즘ᄌᆞ미

두 부사가 [黙] 즉 '묵묵히'의 뜻을 가지고 동의 관계에 있다는 것은 동일 원문의 번역인 다음 예문들에서 잘 확인된다. 원문 중 '黙而識'이 '즘즘코 알다'로도 번역되고 '즘ᄌᆞ미 알다'로도 번역된다. 따라서 '즘즘코'와 '즘ᄌᆞ미'의 동의성은 명백히 입증된다. '즘즘코'는 상태동사 '즘즘ᄒᆞ다'의 어간 '즘즘ᄒᆞ-'와 어미 '-고'의 결합인 '즘즘ᄒᆞ고'의 축약형이고 '즘ᄌᆞ미'는 어근 '즘즘-'과 부사 형성 접미사 '-이'의 결합이다.

(3) a. 즘즘코 알며 〈月十一 93a〉
b. 즘ᄌᆞ미 알며(黙而識之ᄒᆞ며) 〈法華一 133a〉

한편 '黙'이 『월인석보』와 『법화경언해』에서 모두 '즘ᄌᆞ미'로 번역된다는 것은 동일 원문의 번역인 다음 예문들에서 잘 확인된다. 원문 중 '黙得'이 모두 '즘ᄌᆞ미 得ᄒᆞ다'로 번역된다.

(3) c. 色心 밧긔 즘ᄌᆞ미 得ᄒᆞ리니 〈月十一 101b〉
d. 色心ㅅ 밧긔 즘ᄌᆞ미 得ᄒᆞ리니(黙得於色心之外ᄒᆞ리니) 〈法華一 148b〉

〈4〉 즘즘히 對 즘즘코

두 부사가 [黙] 즉 '묵묵히'의 뜻을 가지고 동의 관계에 있다는 것은 동일 원문의 번역인 다음 예문들에서 잘 확인된다. 원문 중 '黙處'가 '즘즘히 잇다'로도 번역되고 '즘즘코 處ᄒᆞ다'로도 번역된다. 따라서 '즘즘히'와 '즘즘코'의 동의성은 명백히 입증된다. '즘즘히'는 어간 '즘즘ᄒᆞ-'와 부사 형성 접미사 '-이'의 결합이고 '즘즘코'는 상태동사 '즘즘ᄒᆞ다'의 어간 '즘즘ᄒᆞ-'와 어미 '-고'의 결합인 '즘즘ᄒᆞ고'의 縮約形이다.

(4) a. 이 道애 즘즘히 이슈미오 〈月十二 31a〉
b. 이 道애 즘즘코 處호미오(黙處是道也ㅣ오) 〈法華二 74b〉

〈5〉 즘즘ᄒᆞ야 對 즘즘코

부사어 '즘즘ᄒᆞ야'와 부사 '즘즘코'가 [嘿然] 즉 '묵묵히'의 뜻을 가지고 동의 관계에 있다는 것은 동일 원문의 번역인 다음 예문들에서 잘 확인된다. 원문 중 '嘿然許'가 '즘즘ᄒᆞ야 許ᄒᆞ다'로도 번역되고 '즘즘코 許ᄒᆞ다'로도 번역된다. 따라서 '즘즘ᄒᆞ야'와 '즘즘코'의 동의성은 명백히 입증된다. '즘즘ᄒᆞ야'는 상태동사 '즘즘ᄒᆞ다'의 부사형으로 '즘즘ᄒᆞ- + -야'로 분석될 수 있다.

(5) a. 그 ᄢᅴ 大通智勝如來 즘즘ᄒᆞ야 許ᄒᆞ시니라 〈月十四 22a〉
  b. 그 ᄢᅴ 大通智勝如來ㅣ 즘즘코 許ᄒᆞ시니라(爾時大通智勝如來ㅣ 嘿然許之) 〈法華三 111a〉

그리고 부사어 '즘즘ᄒᆞ야'와 부사 '즘즘히'가 [嘿然] 즉 '묵묵히'의 뜻을 가지고 동의 관계에 있다는 것은 동일 원문의 번역인 다음 예문들에서 잘 확인된다. 원문 중 '嘿然坐'가 '즘즘ᄒᆞ야 앉다'로도 번역되고 '즘즘히 앉다'로도 번역된다. 따라서 '즘즘ᄒᆞ야'와 '즘즘히'의 동의성은 명백히 입증된다.

(5) c. 즘즘ᄒᆞ야 안자 겨시니라 〈月十四 22a〉
  d. 즘즘히 안ᄌᆞ시니라(嘿然坐) 〈法華三 111a〉

〈6〉 횟도로 對 도로

두 부사가 [廻] 즉 '휘돌아, 돌아'의 뜻을 가지고 동의 관계에 있다는 것은 동일 원문의 번역인 다음 예문들에서 잘 확인된다. 원문 중 '廻去'가 '횟도로 ᄃᆞᆮ다'로도 번역되고 '도로 가다'로도 번역되므로 '횟도로'와 '도로'의 동의성은 명백히 입증된다. '횟도로'는 접두사 '횟-'과 부사 '도로'의 결합이다.

(6) a. 소리 미조차 제 횟도로 ᄃᆞᄅᆞ며 〈月十九 45b〉
  b. 소리 조차 제 도로 가며(尋聲自廻去ᄒᆞ며) 〈法華七 90b〉

제 4 절

冠形詞類에서의 同義

고유어의 冠形詞類에서 확인되는 동의 관계는 크게 셋으로 나누어 고찰할 수 있다. 첫째는 冠形詞간의 동의 관계이고 둘째는 관형사와 冠形語 간의 동의 관계이고 셋째는 冠形語간의 동의 관계이다.

1. 冠形詞간의 同義

고유어의 관형사들 사이에 성립되는 동의에는 [餘] 즉 '다른 남은, 그 밖의 다른'의 뜻을 가진 '녀느'와 '녀나믄'을 비롯하여 [何] 즉 '무슨, 어떤'의 뜻을 가진 '므슴'과 '엇던', [諸] 즉 '여러'의 뜻을 가진 '믈읫'과 '여러', [諸] 즉 '여러'의 뜻을 가진 '여러'와 '모든' 그리고 [若干] 즉 '몇'의 뜻을 가진 '현맛'과 '몃' 등이 있다.

〈1〉 녀느 對 녀나믄

두 관형사가 [餘] 즉 '다른 남은, 그 밖의 다른'의 뜻을 가지고 동의 관계에 있다는 것은 동일 원문의 번역인 다음 예문들에서 잘 확인된다. 원문 중 '餘處'가 '녀느 ᄀᆞᆮ'으로도 번역되고 '녀나ᄆᆞᆫ ᄀᆞᆮ'으로도 번역된다. 그리고 '餘神'이 '녀나ᄆᆞᆫ 鬼神'으로도 번역되고 '녀느 神'으로도 번역된다. 따라서 두 관형사 '녀느'와 '녀나ᄆᆞᆫ'의 동의성은 명백히 입증된다.

(1) a. 녀느 고대 가 〈釋十九 1b〉
b. 녀나ᄆᆞᆫ 고대 가 〈月十七 45a〉
c. 녀나ᄆᆞᆫ 고대 가(至於餘處ᄒᆞ야) 〈法華六 4a〉

(1) d. 녀나ᄆᆞᆫ 鬼神ᄋᆞᆯ 아ᄅᆞᆯ띠니라 〈釋二十一 29a〉
e. 녀나ᄆᆞᆫ 神ᄋᆞᆯ 어루 알리로다 〈月十八 65b〉
f. 녀느 神ᄋᆞᆫ 어루 알리로다(餘神은 可知로다) 〈法華七 117b〉

(1) g. 네 이런 왼 일ᄃᆞᆯ히 녀느 일훔 사ᄅᆞᆷ ᄀᆞᆮ(24b)호ᄆᆞᆯ 잢간도 몯 보리로소니 〈月十三 25a〉
h. 너의 이 여러가짓 惡 이슈미 녀나ᄆᆞᆫ 짓ᄂᆞᆫ 사ᄅᆞᆷ ᄀᆞᆮ호ᄆᆞᆯ 다 몯 보노니(都不見汝의 有此諸惡이 如餘作人ᄒᆞ노니) 〈法華二 213b〉

(1) i. 녀느 고대 가 〈月十五 23a〉
j. 녀나ᄆᆞᆫ 고대(餘處에) 〈法華四 38b〉

한편 '餘'가 『석보상절』, 『월인석보』 및 『법화경언해』에서 모두 '녀나ᄆᆞᆫ'으로 번역된다는 것은 동일 원문의 번역인 다음 예문들에서 잘 확인된다. 원문 중 '餘人'이 모두 '녀나ᄆᆞᆫ 사ᄅᆞᆷ'으로 번역되고 '餘處'가 모두 '녀나ᄆᆞᆫ ᄯᅡᇂ'로 번역된다.

(1) k. 녀나ᄆᆞᆫ 사ᄅᆞ미 듣고 〈釋十九 2a〉
l. 녀나ᄆᆞᆫ 사ᄅᆞ미 듣고 〈月十七 45b〉
m. 녀나ᄆᆞᆫ 사ᄅᆞ미 듣고(餘人이 聞已ᄒᆞ고) 〈法華六 5a〉

(1) n. 녀나ᄆᆞᆫ ᄯᅡᄒᆞᆯ 내시니라 〈月十四 8a〉
o. 녀나ᄆᆞᆫ ᄯᅡᄒᆞᆯ 내시니라(以出生餘地ᄒᆞ시니라) 〈法華三 85b〉

〈2〉 므슴 對 엇던

두 관형사가 [何] 즉 '무슨, 어떤'의 뜻을 가지고 동의 관계에 있다는 것은 동일 원문의 번역인 다음 예문들에서 잘 확인된다. 원문 중 '何功德'이 '므슴 功德'으로도 번역되고 '엇던 功德'으로도 번역된다. 그리고 '何三昧'가 '므슴 三昧'로도 번역되고 '엇던 三昧'로도 번역된다. 따라서 '므슴'과 '엇던'의 동의성은 명백히 입증된다.

(2) a. 世尊이 아래 므슴 功德을 ᄒᆞ시관ᄃᆡ 〈釋二十四 9b〉
b. 如來 녜 엇던 功德을 지ᅀᆞ시관ᄃᆡ 〈月二十五 65b〉
c. 如來 先昔造何功德 〈釋迦譜 卷5 32. 釋迦獲八萬四千塔宿緣記〉

(2) d. 므슴 ᄆᆞᅀᆞᇝ경으로 貪欲ᄋᆞᆯ 펴리잇고 〈釋二十四 29a〉
e. 엇던 ᄠᅳ드로 五欲애 著ᄒᆞ리잇고 〈月二十五 133b〉
f. 當有何情 著於五欲耶 〈釋迦譜 卷3 25. 阿育王弟出家造石像記〉

(2) g. 이 菩薩이 므슴 三昧예 住ᄒᆞ(50b)관ᄃᆡ 〈釋二十 51a〉
h. 이 菩薩이 엇던 三昧예 住ᄒᆞ시관(32a)ᄃᆡ(是菩薩이 住何三昧ᄒᆞ시관ᄃᆡ) 〈法華七 32b〉

한편 '何'가 『석보상절』, 『월인석보』 및 『법화경언해』에서 모두 '엇던'으로 번역된다는 것은 동일 원문의 번역인 다음 예문들에서 잘 확인된다. 원문 중 '何善本'이 '엇던 됴ᄒᆞᆫ 根源'과 '엇던 善本'으로 번역된다.

(2) i. 이 菩薩이 엇던 됴ᄒᆞᆫ 根源을 시므며 어썬 功德을 닷관ᄃᆡ 〈釋二十 40a〉
j. 이 菩薩이 엇던 善本을 시므시며 엇던 功德을 닷ᄀᆞ시관ᄃᆡ 〈月十八 75a〉
k. 이 菩薩이 엇던 善本ᄋᆞᆯ 시므며 엇던 功德을 닷관ᄃᆡ(是菩薩이 種何善本ᄒᆞ며 修何功德관ᄃᆡ) 〈法華七 16a〉

〈3〉 므슷 對 엇던

두 관형사가 [何] 즉 '무슨, 어떤'의 뜻을 가지고 동의 관계에 있다는 것은 동일 원문의 번역인 다음 예문들에서 잘 확인된다. 원문 중 '何罪'가 '므슷 罪'로도 번역되고 '엇던 罪'로도 번역된다. 따라서 '므슷'과 '엇던'의 동의성은 명백히 입증된다.

(3) a. 太子ㅣ 므슷 罪 겨시관ᄃᆡ 이리 ᄃᆞ외어시뇨 〈釋二十四 51b〉
b. 太子이 엇던 罪로 이러커시뇨 〈月二十五 141b〉
c. 太子 有何罪 乃致此耶 〈釋迦譜 卷5 31. 阿育王造八萬四千塔記〉

〈4〉 믈읫 對 여러

두 관형사가 [諸] 즉 '여러'의 뜻을 가지고 동의 관계에 있다는 것은 동일 원문의 번역인 다음 예문들에서 잘 확인된다. 원문 중 '諸暗'이 '믈읫 어드붐'으로도 번역되고 '여러 어드붐'으로도 번역되고 '여러 暗'으로도 번역된다. 따라서 '믈읫'과 '여러'의 동의성은 명백히 입증된다.

(4) a. 日天子ㅣ 믈읫 어드부믈 잘 더ᄂᆞ니 〈釋二十 22a〉
b. 日天子ㅣ 여러 어드부ᄆᆞᆯ 能히 더ᄃᆞᆺ ᄒᆞ야 〈月十八 48a〉
c. 日天子ㅣ 能히 여러 暗 더ᄃᆞᆺ ᄒᆞ야(如日天子ㅣ 能除諸暗ᄃᆞᆺ ᄒᆞ야) 〈法華六 165b〉

(4) d. 갓갑거나 멀어나 믈읫 잇ᄂᆞᆫ 香ᄃᆞᆯᄒᆞᆯ 〈釋十九 17b〉
e. 갓갑거나 멀어나 잇ᄂᆞᆫ 여러 香ᄋᆞᆯ(若近若遠所有諸香을) 〈法華六 41a〉

한편 '諸'가 『석보상절』 권19와 『법화경언해』에서 모두 '믈읫'으로 번역된다는 것은 동일 원문의 번역인 다음 예문들에서 잘 확인된다. 원문 중 '諸…法'이 모두 '믈읫…法'으로 번역된다.

(4) f. 믈읫 니르논 法이 〈釋十九 24b〉
g. 믈읫 닐온 法이(諸所說法이) 〈法華六 63a〉

〈5〉 여러 對 모ᄃᆞᆫ

두 관형사가 [諸] 즉 '여러'의 뜻을 가지고 동의 관계에 있다는 것은 동일 원문의 번역인 다음 예문들에서 잘 확인된다. 원문 중 '諸魔賊'이 '여러 魔賊'으로도 번역되고 '모ᄃᆞᆫ 魔賊'으로도 번역된다. 따라서 '여러'와 '모ᄃᆞᆫ'의 동의성은 명백히 입증된다.

(5) a. ᄒᆞ마 여러 魔賊을 ᄒᆞ야ᄇᆞ리고 〈釋二十 28b〉
  b. ᄒᆞ마 여러 魔 도ᄌᆞᆯ ᄒᆞ야ᄇᆞ려 〈月十八 56b〉
  c. ᄒᆞ마 모ᄃᆞᆫ 魔賊을 能히 헐며(已能破諸魔賊ᄒᆞ며) 〈法華六 178a〉

〈6〉 자내 對 그

두 관형사가 [其] 즉 '자기의, 그'의 뜻을 가지고 동의 관계에 있다는 것은 동일 원문의 번역인 다음 예문들에서 잘 확인된다. 원문 중 '其身'이 '자내 몸'으로도 번역되고 '그 몸'으로도 번역되므로 '자내'와 '그'의 동의성은 명백히 입증된다.

(6) a. 釋迦如來尼佛ㅅ 光明이 자내 모매 비취어시ᄂᆞᆯ 〈釋二十 36a〉
  b. 釋迦如來尼佛ㅅ 光이 그 모매 비취어시ᄂᆞᆯ(釋迦如來尼佛ㅅ光이 照其身커니ᄂᆞᆯ) 〈法華七 10a〉

〈7〉 제 對 그

관형어 '제'와 관형사 '그'가 [其] 즉 '자기의, 그'의 뜻을 가지고 동의 관계에 있다는 것은 동일 원문의 번역인 다음 예문들에서 잘 확인된다. 원문 중 '其本願'이 '제 本願'으로도 번역되고 '그 本願'으로도 번역된다. 따라서 '제'와 '그'의 동의성은 명백히 입증된다. 관형어 '제'는 [自] 즉 '저'의 뜻을 가진 대명사 '저'의 속격이다.

(7) a. 제 本願이 이러ᄒᆞᆯ ᄊᆡ 〈月十五 34a〉
  b. 그 本願이 이 곧ᄒᆞᆯᄊᆡ(其本願이 如是故로) 〈法華四 57a〉

〈8〉 현맛 對 몃

두 관형사가 [若干] 즉 '몇'의 뜻을 가지고 동의 관계에 있다는 것은 동일 원문의 번역인 다음 예문들에서 잘 확인된다. 원문 중 '若干劫'이 '현맛 劫'으로도 번역되고 '몃 劫'으로도 번역되므로 '현맛'과 '몃'의 동의성은 명백히 입증된다.

(8) a. 우리 물둘흔…현맛 劫을 디난 디 모르리로소니 〈月十四 9b〉
b. 우리 물 ᄀᆞᄐᆞ닌…모ᄅᆞ리로다 몃 劫을 디나뇨(若吾輩者ᄂᆞᆫ…不知過若干劫耶오) 〈法華三 87b〉

2. 冠形詞와 冠形語 간의 同義

고유어의 관형사와 관형어 사이에 성립되는 동의에는 [餘] 즉 '남은'의 뜻을 가진 '녀나ᄆᆞᆫ'과 '나ᄆᆞᆫ'을 비롯하여 [高] 즉 '높은'의 뜻을 가진 '된'과 '노ᄑᆞᆫ', [樂] 즉 '즐거운'의 뜻을 가진 '라온'과 '즐거ᄫᅳᆫ', [衆] 즉 '많은'의 뜻을 가진 '모ᄃᆞᆫ'과 '한' 그리고 [纖]과 [小] 즉 '조그마한, 작은'의 뜻을 가진 '죠고맛'과 '져근' 등 9 항목이 있다.

〈1〉 녀나ᄆᆞᆫ 對 나ᄆᆞᆫ

관형사 '녀나ᄆᆞᆫ'과 동작동사 '남다'의 관형사형 '나ᄆᆞᆫ'이 [餘] 즉 '남은'의 뜻을 가지고 동의 관계에 있다는 것은 동일 원문의 번역인 다음 예문들에서 잘 확인된다. 원문 중 '餘衆生'이 '녀나ᄆᆞᆫ 衆生'으로도 번역되고 '나ᄆᆞᆫ 衆生'으로도 번역되므로 '녀나ᄆᆞᆫ'과 '나ᄆᆞᆫ'의 동의성은 명백히 입증된다.

(1) a. 녀나ᄆᆞᆫ 衆生 千萬億種ᄋᆞᆫ 〈月十四 44a〉
b. 그 나ᄆᆞᆫ 衆生 千萬億種은(其餘衆生千萬億種은) 〈法華三 147a〉

(1) c. 녀나ᄆᆞᆫ 七百衆은 〈月十五 21a〉

d. 나ᄆᆞᆫ 七百衆은(餘七百衆은) 〈法華四 31b〉

한편 '餘'가 『월인석보』와 『법화경언해』에서 모두 '녀나ᄆᆞᆫ'으로도 번역되고 모두 '나ᄆᆞᆫ'으로도 번역된다는 것은 동일 원문의 번역인 다음 예문들에서 잘 확인된다. 원문 중 '餘大弟子'가 모두 '녀나ᄆᆞᆫ 大弟子'로 번역되고 '餘德'이 모두 '나ᄆᆞᆫ 德'으로 번역된다.

(1) e. 녀나ᄆᆞᆫ 大弟子 ᄀᆞᆮ게 ᄒᆞ시면 〈月十五 18b〉

f. 녀나ᄆᆞᆫ 大弟子 ᄀᆞ티 ᄒᆞ시면(如餘大弟子者ㅣ시면) 〈法華四 28b〉

(1) g. 一百 大臣과 녀나ᄆᆞᆫ 百千萬億 人民과로 〈月十四 15b〉

h. 一百 大臣과 ᄯᅩ 녀나ᄆᆞᆫ 百千萬億 人民과로(與一百大臣과 及餘百千萬億人民과로) 〈法華三 97b〉

(1) i. 녀나ᄆᆞᆫ 世間ᄋᆡ 能히 轉티 몯ᄒᆞᇙ 배니 〈月十四 32b〉

j. 녀나ᄆᆞᆫ 世間ᄋᆡ 能히 轉티 몯ᄒᆞᆯ 빼니(餘世間의 所不能轉이니) 〈法華三 131b〉

(1) k. 녀나ᄆᆞᆫ ᄠᅳ든 〈月十五 24b〉

l. 녀나ᄆᆞᆫ ᄠᅳ든(餘意ᄂᆞᆫ) 〈法華四 40a〉

(1) m. ᄯᅩ 나ᄆᆞᆫ 德으로 두루 저쥬미라 〈月十五 18a〉

n. ᄯᅩ 나ᄆᆞᆫ 德으로 펴 저자실 씨라(又以餘德으로 散沾也ㅣ라) 〈法華四 22a〉

〈2〉 녀느 對 다ᄅᆞᆫ

관형사 '녀느'와 상태동사 '다ᄅᆞ다'의 관형사형 '다ᄅᆞᆫ'이 [他] 즉 '다ᄅᆞᆫ'의 뜻을 가지고 동의 관계에 있다는 것은 동일 원문의 번역인 다음 예문들에서 잘 확인된다. 원문 중 '他國土'가 '녀느 나라ㅎ'로도 번역되고 '다ᄅᆞᆫ 國土'로 번역되므로 '녀느'와 '다ᄅᆞᆫ'의 동의성은 명백히 입증된다.

(2) a. 녀느 나라해셔 온 菩薩ᄃᆞᆯ콰 〈釋二十 5b〉

b. 다ᄅᆞᆫ 國土애셔 오신 菩薩ᄃᆞᆯ콰 〈月十八 23b〉
c. 다ᄅᆞᆫ 國土애셔 오신 菩薩ᄃᆞᆯ콰(他國土諸來菩薩과) 〈法華六 132b〉

〈3〉 다ᄅᆞᆫ 對 년

상태동사 '다ᄅᆞ다'의 관형사형 '다ᄅᆞᆫ'과 관형사 '년'이 [餘] 즉 '다른'의 뜻을 가지고 동의 관계에 있다는 것은 동일 원문의 번역인 다음 예문들에서 잘 확인된다. 원문 중 '餘去'가 '다ᄅᆞᆫ ᄃᆡ 가다'로도 번역되고 '년 ᄃᆡ 가다'로도 번역되므로 '다ᄅᆞᆫ'과 '년'의 동의성은 명백히 입증된다.

(3) a. 네 샹녜 이에셔 일ᄒᆞ고 다ᄅᆞᆫ ᄃᆡ 가디 말라 〈月十三 23a〉
b. 네 샹녜 이ᄅᆞᆯ 짓고 ᄂᆞ외 년 ᄃᆡ 가디 말라(汝ㅣ 常此作ᄒᆞ고 勿復餘去ᄒᆞ라) 〈法華二 211b〉

〈4〉 된 對 노ᄑᆞᆫ

관형사 '된'과 상태동사 '높다'의 관형사형 '노ᄑᆞᆫ'이 [高] 즉 '높은'의 뜻을 가지고 동의 관계에 있다는 것은 동일 원문의 번역인 다음 예문들에서 잘 확인된다. 원문 중 '高聲'이 '노ᄑᆞᆫ 소리'로도 번역되고 '된 소리'로도 번역된다. 따라서 '된'과 '노ᄑᆞᆫ'의 동의성은 명백히 입증된다.

(4) a. ᄉᆞᆫᄌᆡ 高聲으로 닐오ᄃᆡ 〈釋十九 31a〉
b. ᄉᆞᆫᄌᆡ 노ᄑᆞᆫ 소리로 닐오ᄃᆡ 〈月十七 85a〉
c. ᄉᆞᆫ지 된 소리로 닐오ᄃᆡ(猶高聲唱言호ᄃᆡ) 〈法華六 80b〉

한편 '高'가 『월인석보』와 『법화경언해』에서 모두 '된'으로도 번역되고 모두 '나ᄆᆞᆫ'으로도 번역된다는 것은 동일 원문의 번역인 다음 예문들에서 잘 확인된다. 원문 중 '高聲'이 모두 '된 소리'로 번역된다.

(4) d. 諸天이 虛空애셔 高聲으로 닐오ᄃᆡ 〈釋十九 40b〉
e. 諸天이 虛空中에 된 소리로 닐오ᄃᆡ 〈月十八 8a〉
f. 諸天이 虛空中에 된 소리로 닐오ᄃᆡ(諸天이 於虛空中에 高聲으로 唱言호ᄃᆡ) 〈法華六 105a〉

〈5〉 라온 對 즐거ᄫᅳᆫ

관형사 '라온'과 상태동사 '즐겁다'의 관형사형 '즐거ᄫᅳᆫ'이 [樂] 즉 '즐거운'의 뜻을 가지고 동의 관계에 있다는 것은 동일 원문의 번역인 다음 예문들에서 잘 확인된다. 원문 중 '樂具'가 '라온 것'으로도 번역되고 '즐거ᄫᅳᆫ 것'으로도 번역되므로 '라온'과 '즐거ᄫᅳᆫ'의 동의성은 명백히 입증된다.

(5) a. 一切 즐거ᄫᅳᆫ 거시 그 中에 ᄀᆞ득ᄒᆞ야 〈月十七 39a〉
  b. 一切 라온 거시 그 中에 ᄀᆞ득ᄒᆞ야(一切樂具ㅣ 充滿其中ᄒᆞ야) 〈法華五 202b〉

〈6〉 모ᄃᆞᆫ 對 한

관형사 '모ᄃᆞᆫ'과 상태동사 '하다'의 관형사형 '한'이 [衆] 즉 '많은'의 뜻을 가지고 동의 관계에 있다는 것은 동일 원문의 번역인 다음 예문들에서 잘 확인된다. 원문 중 '衆人'이 '모ᄃᆞᆫ 사ᄅᆞᆷ'으로도 번역되고 '한 사람'으로도 번역된다. 그리고 '衆商人'이 '모ᄃᆞᆫ 商人'으로도 번역되고 '한 商人'으로도 번역된다. 따라서 '모ᄃᆞᆫ'과 '한'의 동의성은 명백히 입증된다.

(6) a. 모ᄃᆞᆫ(30b) 사ᄅᆞ미 〈釋十九 31a〉
  b. 한 사ᄅᆞ미 〈月十七 85a〉
  c. 한 사ᄅᆞ미(衆人이) 〈法華六 80b〉

(6) d. 모ᄃᆞᆫ 商人이 〈釋二十一 6a〉
  e. 한 商人이 〈月十九 26b〉
  f. 한(58b) 商人이(衆商人이) 〈法華七 59a〉

(6) g. 모ᄃᆞᆫ ᄇᆞ라오매 ᄎᆞ디 몯ᄒᆞ리라 〈月十五 28a〉
  h. 한 ᄇᆞ라ᄆᆞᆯ ᄎᆡ오미 업스리라(則無塞衆望也ㅣ 리라) 〈法華四 49a〉

한편 '衆'이 『월인석보』와 『법화경언해』에서 모두 관형사 '모ᄃᆞᆫ'으로 번역된다는 것은 동일 원문의 번역인 다음 예문들에서 잘 확인된다. 원문 중 '衆望'이 '모든 ᄇᆞ라옴'과 '모든 ᄇᆞ람'으로 번역된다.

(6) i. 모든 ᄇᆞ라오미 足ᄒᆞ리로소이다 〈月十五 28a〉
j. 모든 ᄇᆞ람도 ᄯᅩ 足ᄒᆞ리이다(衆望도 亦足ᄒᆞ리이다) 〈法華四 48b〉

〈7〉 여러 對 한

관형사 '여러'와 상태동사 '하다'의 관형사형 '한'이 [衆] 즉 '여러, 많은'의 뜻을 가지고 동의 관계에 있다는 것은 동일 원문의 번역인 다음 예문들에서 잘 확인된다. 원문 중 '衆山'이 '여러 山'으로도 번역되고 '한 山'으로도 번역된다. 그리고 '衆怨'이 '한 怨讐'로도 번역되고 '여러 怨讐'로도 번역된다. 따라서 '여러'와 '한'의 동의성은 명백히 입증된다.

(7) a. 여러 山ㅅ 中에 〈釋二十 21b〉
b. 한 山ㅅ 中에 〈月十八 47a〉
c. 한 山ㅅ 中에(衆山之中에) 〈法華六 164a〉

(7) d. 한 怨讐ㅣ 다 믈러 가리라 〈釋二十一 15b〉
e. 여러 怨讐ㅣ 다 믈러 흐터 가리라 〈月十九 49a〉
f. 한 怨讐ㅣ 다 믈러 흐르리라(衆怨이 悉退散ᄒᆞ리라) 〈法華七 96b〉

(7) g. 여러 經ㅅ 中에 〈釋二十 22b〉
h. 한 經ㅅ 中에(於衆經中에) 〈法華六 166a〉

(7) i. 여러 德을 ᄀᆞ초 디내야 〈月十一 24a〉
j. 한 德이 다 ᄀᆞ자(歷備衆德ᄒᆞ야) 〈法華一 43b〉

〈8〉 죠고맛 對 져근

관형사 '죠고맛'과 상태동사 '젹다'의 관형사형 '져근'이 [纖]과 [小] 즉 '조그마한, 작은'의 뜻을 가지고 동의 관계에 있다는 것은 동일 원문의 번역인 다음 예문들에서 잘 확인된다. 원문 중 '纖塵'이 '죠고맛 드틀'로도 번역되고 '져근 듣글'로도 번역된다. 그리고 '小果'가 '져근 果'로도 번역되고 '죠고맛 果'로도 번역된다. 따라서 '죠고맛'과 '져근'의 동의성은 명백히 입증된다.

(8) a. 죠고맛 드틀도 업슬 씨라 〈釋二十 35b〉
b. 죠고맛 드틀도 셔디 아니호미오 〈月十八 69a〉
c. 져근 듣글도 셔디 아니ᄒᆞ샤미오(纖塵도 不立이시고) 〈法華七 9b〉

(8) d. 죠고맛 因緣이 아닐씨 〈月十一 111a〉
e. 이 져근 緣이 아닐씨(此ㅣ 非小緣故로) 〈法華一 177b〉

(8) f. ᄒᆞᆫ갓 죠고맛 利ᄅᆞᆯ 가져 〈月十三 11a〉
g. ᄒᆞᆫ갓 져근 利ᄅᆞᆯ 가지논 디라(徒取小利라) 〈法華二 191b〉

(8) h. 滅諦 져근 果ᄅᆞᆯ 가질씨 〈月十一 44a〉
i. 滅諦 죠고맛 果ᄅᆞᆯ 가질씨(取滅諦小果故로) 〈法華一 97b〉

〈9〉 한 對 여러 對 모ᄃᆞᆫ

상태동사 '하다'의 관형사형 '한' 그리고 두 관형사 '여러'와 '모ᄃᆞᆫ'이 [諸] 즉 '많은, 여러'의 뜻을 가지고 동의 관계에 있다는 것은 동일 원문의 번역인 다음 예문들에서 잘 확인된다. 원문 중 '諸暗'이 '한 어드붐'으로도 번역되고 '여러 어드붐'으로도 번역되고 '모ᄃᆞᆫ 暗'으로 번역된다. 따라서 '한', '여러' 및 '모ᄃᆞᆫ'의 동의성은 명백히 입증된다.

(9) a. 한 어드부믈 ᄒᆞ야ᄇᆞ려 〈釋二十一 14b〉
b. 여러 어드부믈 ᄒᆞ야ᄇᆞ리며 〈月十九 48a〉
c. 모ᄃᆞᆫ 暗ᄋᆞᆯ 헤ᄂᆞ니 (破諸暗ᄒᆞᄂᆞ니) 〈法華七 95a〉

3. 冠形語간의 同義

고유어의 관형어 사이에 성립되는 동의에는 [餘] 즉 '남은'의 뜻을 가진 '다ᄅᆞᆫ'과 '나ᄆᆞᆫ' 그리고 [大] 즉 '큰'의 뜻을 가진 '한'과 '큰'이 있다.

〈1〉 다ᄅᆞᆫ 對 나ᄆᆞᆫ

상태동사 '다ᄅᆞ다'의 관형사형 '다ᄅᆞᆫ'과 동작동사 '남다'의 관형사형 '나ᄆᆞᆫ'이 [餘] 즉 '남은'의 뜻을 가지고 동의 관계에 있다는 것은 동일 원문의 번역인 다음 예문들에서 잘 확인된다. 원문 중 '餘佛'이 '다ᄅᆞᆫ 부텨'로도 번역되고 '나ᄆᆞᆫ 부텨'로도 번역된다. 따라서 '다ᄅᆞᆫ'과 '나ᄆᆞᆫ'의 동의성은 명백히 입증된다.

(1) a. ᄒᆞ다가 다ᄅᆞᆫ 부텨(128a)를 맛나면 〈月十一 128b〉
  b. ᄒᆞ다가 나ᄆᆞᆫ 부텨를 맛나면(若遇餘佛ᄒᆞ면) 〈法華一 193b〉

〈2〉 한 對 큰

상태동사 '하다'의 관형사형 '한'과 상태동사 '크다'의 관형사형 '큰'이 [大] 즉 '큰'의 뜻을 가지고 동의 관계에 있다는 것은 동일 원문의 번역인 다음 예문들에서 잘 확인된다. 원문 중 '大雨'가 '한비'로도 번역되고 '큰 비'로도 번역되므로 두 관형사형 '한'과 '큰'의 동의성은 명백히 입증된다.

(2) a. 무뤼 오고 한비 븟다가도 〈釋二十一 5a〉
  b. 무뤼와 한비 브ᅀᅥ도 〈月十九 45b〉
  c. 무뤼 ᄂᆞ리오며 큰 비 브ᅀᅥ도(降雹澍大雨ㅣ라도) 〈法華七 91a〉

(2) d. 한비 오ᄂᆞ니 〈月十九 46a〉
  e. 큰 비 ᄃᆞ외ᄂᆞ니(爲大雨ᄒᆞᄂᆞ니) 〈法華七 91b〉

제3장

固有語와 漢字語 간의 同義

『석보상절』과 『월인석보』에 등장하는 固有語와 漢字語가 어떤 양상의 동의 관계를 가지고 있는지를 名詞類, 動詞類, 副詞類, 冠形詞類 및 感歎詞에서 고찰해 보고자 한다.

제 1 절

名詞類에서의 同義

명사류에서 확인되는 固有語와 漢字語 간의 동의에서 고유어가 첫째로 單一語 명사이고 둘째로 合成 명사와 명사구이고 셋째로 派生 명사이고 마지막으로 명사형이다.

1. 固有語가 單一語인 경우

명사류에서 확인되는 고유어와 한자어 간의 동의에서 고유어가 單一語 명사인 경우에는 [中] 즉 '가운데, 中'의 뜻을 가진 '가ᄫᆞᆫ듸 / 가온듸'와 '中'을 비롯하여 [女人] 즉 '성년의 여자'의 뜻을 가진 '겨집'과 '女人', [國土] 즉 '나라'의 뜻을 가진 '나라ㅎ'와 '國土', [精氣] 즉 '넋, 정기'의 뜻을 가진 '넋'과 '精氣', [頂] 즉 '정수리'의 뜻을 가진 '뎡바기'와 '頂', [山] 즉 '산'의 뜻을 가진 '뫼ㅎ'와 '山', [根] 즉 '뿌리, 根本'의 뜻을 가진 '불휘'와 '根', [人民] 즉 '백성'의 뜻을 가진 '사ᄅᆞᆷ'과 '人民', [子] 즉 '아들, 자식'의 뜻을 가진 '아ᄃᆞᆯ'과 '子息', [相] 즉 '형상, 모습'의 뜻을 가진 '얼굴'과 '相', [僧] 즉 '중'의 뜻을 가진 '즁'과 '僧' 그리고 [行] 즉 '행실, 행위'의 뜻을 가진 '힝뎍'과 '行' 등 170여 항목이 있다.

〈1〉 가ᄫᆞᆫᄃᆡ/ 가온ᄃᆡ 對 中

고유어 '가ᄫᆞᆫᄃᆡ/ 가온ᄃᆡ'와 한자어 '中'이 [中] 즉 '가운데, 中'의 뜻을 가지고 동의 관계에 있다는 것은 동일 원문의 번역인 다음 예문들에서 잘 확인된다. 원문 중 '中道'가 '깂 가ᄫᆞᆫᄃᆡ'로도 번역되고 '中道'로 번역된다. '中'이 '가운ᄃᆡ'로도 번역되고 '그 中에'로도 번역된다. 그리고 '采女中'이 '采女ㅅ 가온ᄃᆡ'로도 번역되고 '采女 中'으로도 번역된다. 따라서 '가ᄫᆞᆫᄃᆡ/ 가운ᄃᆡ'와 '中'의 동의성은 명백히 입증된다.

(1) a. 깂 가ᄫᆞᆫᄃᆡᄂᆞᆫ 大小乘ㅅ ᄉᆞᅀᅵ라 〈月十四 80a〉
b. 中道ᄂᆞᆫ 곧 大小乘ㅅ 中間이라(中道ᄂᆞᆫ 卽大小乘之中間이라) 〈法華三 181a〉

(1) c. 다 가온ᄃᆡ 現ᄒᆞ며 〈釋十九 23a〉
d. 다 그 中에 現ᄒᆞ며 〈月十七 70b〉
e. 다 가온ᄃᆡ 現ᄒᆞ며(悉於中現ᄒᆞ며) 〈法華六 57b〉

(1) f. 그 가온ᄃᆡ 가 나리이다 〈釋二十一 59a〉
g. 그 中에 나리이다 〈月十九 113b〉
h. 그 中에 나리니(於中生ᄒᆞ리니) 〈法華七 177a〉

(1) i. 가온ᄃᆡᆺ 一切 衆生과 〈釋十九 13b〉
j. 그 中엣 一切 衆生과(其中엣 一切衆生과) 〈法華六 27a〉

(1) k. 采女ㅅ 가온ᄃᆡ 〈釋二十一 58a〉
l. 采女 中에(采女中에) 〈法華七 176a〉

〈2〉 가ᄉᆡ 對 荊棘

고유어 '가ᄉᆡ'와 한자어 '荊棘'이 [荊棘] 즉 '가시'의 뜻을 가지고 동의 관계에 있다는 것은 동일 원문의 번역인 다음 예문들에서 잘 확인된다. 원문 중 '荊棘便利'가 '荊棘이며 便利'로도 번역되고 '가ᄉᆡ와 ᄯᅩᆼ오좀'으로도 번역된다. 그리고 '沙礫荊棘'이 '沙礫과 荊棘'으로도 번역되고

'몰애와 돌콰 가ᄉᆡ'로도 번역된다. 따라서 '가ᄉᆡ'와 '荊棘'의 동의성은 명백히 입증된다.

(2) a. 더러ᄫᅳᆫ 瓦礫이며 荊棘이며 便利며 조티 몯ᄒᆞᆫ 거시 업고 〈月十三 62a〉
　b. 여러 가짓 더러운 디새돌콰 가ᄉᆡ와 ᄯᅩᇰ오좀 조티 몯ᄒᆞᆫ 거시 업스며(無諸穢惡瓦礫荊棘과 便利不淨ᄒᆞ며) 〈法華三 59a〉

(2) c. 두듥과 굳과 砂(66a)과 礫과 荊棘과 便利와 더러ᄫᅮ미 잇고 〈月十三 66b〉
　d. 두듥과 굳과 몰애와 돌콰 가ᄉᆡ와(68a) 便利 더러운 것ᄃᆞᆯ히 업고(無諸丘坑沙礫荊棘便利之穢ᄒᆞ고) 〈法華三 68b〉

한편 '荊棘'이 『월인석보』와 『법화경언해』에서 모두 '荊棘'으로 번역된다는 것은 동일 원문의 번역인 다음 예문들에서 잘 확인된다. 원문 중 '瓦礫荊棘'이 '瓦礫'과 '荊棘'으로도 번역되고 '瓦礫 荊棘'으로도 번역된다.

(2) e. 瓦礫과 荊棘과ᄂᆞᆫ 〈月十三 62b〉
　f. 瓦礫 荊棘은(瓦礫荊棘은) 〈法華三 59b〉

〈3〉 갈ㅎ 對 枷

고유어 '갈ㅎ'과 한자어 '枷'가 [枷] 즉 '形具인 칼'의 뜻을 가지고 동의 관계에 있다는 것은 다음 예문들에서 잘 확인된다. 원문 중 '枷鎖'가 '갈 메며 솨줄 메다'로도 번역되고 '枷鎖ㅣ ᄒᆞ다'로도 번역된다. 그리고 '枷'의 자석이 '갈ㅎ'이다. 따라서 '갈ㅎ'와 '枷'의 동의성은 명백히 입증된다. 한자어 '枷'는 『永嘉集諺解』(1463)의 '枷와 막대와 걸경쇠와 솨줄와(枷杖鉤鎖와)'〈永嘉下 139b〉에서 발견된다.

(3) a. 시혹 가텨 갈 메며 솨줄 메며 〈月十九 44b〉
　b. 시혹 가텨 枷鎖ㅣ ᄒᆞ며(或囚禁枷鎖ᄒᆞ며) 〈法華七 89a〉
　c. 枷ᄂᆞᆫ 갈히오 鎖ᄂᆞᆫ 솨주리라 〈法華七 56b〉

〈4〉 거플 對 封蔀

고유어 '거플'과 한자어 '封蔀'가 [封蔀] 즉 '꺼풀, 껍질'의 뜻을 가지고 동의 관계에 있다는 것은 동일 원문의 번역인 다음 예문들에서 잘 확인된다. 원문 중 '無明之封蔀'가 '無明ㅅ 거플'로도 번역되고 '無明의 封蔀'로도 번역되므로 '거플'과 '封蔀'의 동의성은 명백히 입증된다.

(4) a. 여르시다 호ᄆᆞᆫ 無明ㅅ거프를 허르실 씨오 〈月十一 112b〉
b. 여르샤ᄆᆞᆫ 無明의 封蔀ᄅᆞᆯ 허르샤미오(開者ᄂᆞᆫ 破無明之封蔀ㅣ오) 〈法華一 180b〉

〈5〉 겨집 對 女人

고유어 '겨집'과 한자어 '女人'이 [女人] 즉 '성년의 여자'의 뜻을 가지고 동의 관계에 있다는 것은 동일 원문의 번역인 다음 예문들에서 잘 확인된다. 원문 중 '女人'이 '겨집'으로도 번역되고 '女人'으로도 번역된다. 그리고 '女人之所惑亂'이 '겨지븨 惑히와 어즈륨'으로도 번역되고 '女人의 惑히와 어즈륨'으로도 번역된다. 따라서 '겨집'과 '女人'의 동의성은 명백히 입증된다.

(5) a. 아뫼나 겨지비 이 藥王菩薩ㅅ 本事品을 듣고 〈釋二十 26b〉
b. ᄒᆞ다가 겨지비(53a) 이 藥王菩薩本事品 듣고 〈月十八 53b〉
c. ᄒᆞ다가 女人이 이 藥王菩薩本事品 듣고(若有女人이 聞是藥王菩薩本事品ᄒᆞ고) 〈法華六 173a〉

(5) d. 아뫼나 겨지비 아ᄃᆞᄅᆞᆯ 나코져 ᄒᆞ야 〈釋二十一 7b〉
e. ᄒᆞ다가 겨지비 아ᄃᆞᆯ 求ᄒᆞ야 〈月十九 28b〉
f. 女人이 ᄒᆞ다가 아ᄃᆞᆯ 求ᄒᆞ야(若有女人이 設欲求男ᄒᆞ야) 〈法華七 66b〉

(5) g. 비록 겨지비라도 〈釋二十 27b〉
h. 비록 女人이라도 〈月十八 54b〉
i. 비록 女人이라도(雖女人이라도) 〈法華六 174b〉

(5) j. 또 女人ᄋᆡ 어즈료미 ᄃᆞ외디 아니ᄒᆞ며 〈釋二十一 55a〉

k. 또 겨지븨 惑히와 어즈류미 드외디 아니하며 〈月十九 108a〉
l. 또 女人의 惑히와 어즈류미 드외디 아니코(亦不爲女人之所惑亂ᄒᆞ고) 〈法華七 172a〉

〈6〉 겨집 對 婦女

고유어 '겨집'과 한자어 '婦女'가 [婦女] 즉 '아내'의 뜻을 가지고 동의 관계에 있다는 것은 동일 원문의 번역인 다음 예문들에서 잘 확인된다. 원문 중 '婦女身'이 '婦女 몸'으로 번역되고 '婦女'의 字釋이 '겨집'이다. 따라서 '겨집'과 '婦女'의 동의성은 명백히 입증된다.

(6) a. 長者 居士ᄋᆡ 婦女 몸도 現ᄒᆞ며 [婦女는 겨지비라] 〈釋二十 48a〉
b. 시혹 長者 居士 婦女身을 現ᄒᆞ며(或現長者居士婦女身ᄒᆞ며) 〈法華七 28a〉

〈7〉 고롬 對 膿血

고유어 '고롬'과 한자어 '膿血'이 [膿] 즉 '고름'의 뜻을 가지고 동의 관계에 있다는 것은 동일 원문의 번역인 다음 예문들에서 잘 확인된다. 원문 중 '惡瘡膿'이 '모딘 腫氣와 膿血'로도 번역되고 '모딘 腫氣 고롬'으로도 번역된다. 따라서 '고롬'과 '膿血'의 동의성은 명백히 입증된다.

(7) a. 내 남과 모딘 腫氣와 膿血와 〈月十九 121b〉
b. 내 더러우며 모딘 腫氣 고롬과(臭惡瘡膿과) 〈法華七 186b〉

〈8〉 곶 對 華

고유어 '곶'과 한자어 '華'가 [華] 즉 '꽃'의 뜻을 가지고 동의 관계에 있다는 것은 동일 원문의 번역인 다음 예문들에서 잘 확인된다. 원문 중 '華'가 '華'로도 번역되고 '곶'으로도 번역되므로 '곶'과 '華'의 동의성은 명백히 입증된다.

(8) a. 行ᄋᆞᆯ 가즐비건댄 華ㅣ니 〈月十一 13b〉
b. 行ᄋᆞᆯ 가즐비건댄 고지니(行을 譬則華ㅣ니) 〈法華一 4b〉

(8) c. 華ᄂᆞᆫ 因行ᄋᆞᆯ 表ᄒᆞ고 〈月十二 7b〉
d. 고ᄌᆞᆫ 因行ᄋᆞᆯ 나토시고(華ᄂᆞᆫ 表因行ᄒᆞ시고) 〈法華二 33b〉

〈9〉 구리 對 銅

고유어 '구리'와 한자어 '銅'이 [銅] 즉 '구리'의 뜻을 가지고 동의 관계에 있다는 것은 다음 예문들에서 잘 확인된다. 원문 중 '銅柱'가 '구리 긷'으로 번역되고 '銅器'가 '구리 것'으로 번역된다. '非是銅'이 '銅 아니다'로 번역된다. 그리고 '洋銅'이 '洋銅'으로 번역되고 '洋銅'의 자석이 '노근 구리'이다. 따라서 '구리'와 '銅'의 동의성은 명백히 입증된다.

(9) a. 구리 기들 븕게 달와 罪人이 안게 ᄒᆞ며 〈月二十一 80a〉
b. 赤燒銅柱 便罪人抱 〈地藏菩薩本願經〉
c. 구리 거싀 다ᄆᆞ닐 香 듣고 다 能히 알며(銅器之所盛을 聞香ᄒᆞ고 悉能知ᄒᆞ며) 〈法華六 47b〉

(9) d. 銅 아니며 鐵 아니며 돌 아니며 블 아니니 업(81a)스니 〈月二十一 81b〉
e. 無非是銅 是鐵 是石 是火 〈地藏菩薩本願經〉

(9) f. ᄯᅩ 地獄이 이쇼ᄃᆡ 일후미 洋銅이오 洋銅은 노근 구리라 〈月二十一 75b〉
g. 復有地獄 名曰洋銅 〈地藏菩薩本願經〉

(9) h. 銅輪은 구리 술위오 〈月一 26a〉

〈10〉 굴헝 對 溝壑

고유어 '굴헝'과 한자어 '溝壑'이 [溝壑] 즉 '도랑'의 뜻을 가지고 동의 관계에 있다는 것은 동일 원문의 번역인 다음 예문들에서 잘 확인된다. 원문 중 '谿澗溝壑'이 '시내며 굴헝'으로도 번역되고 '谿澗 溝壑'으로도 번역된다. 따라서 '도랑'과 '溝壑'의 동의성은 명백히 입증된다.

(10) a. 뫼(13a)히며 두들기며 시내며 굴허이 업고 〈月十五 13b〉

b. 山陵 谿澗 溝壑이 업고(無有山陵谿澗溝壑ᄒᆞ고) 〈法華四 17a〉

〈11〉 귀 對 耳

고유어 '귀'와 한자어 '耳'가 [耳] 즉 '귀'의 뜻을 가지고 동의 관계에 있다는 것은 동일 원문의 번역인 다음 예문들에서 잘 확인된다. 원문 중 '耳之實相'이 '귀옛 實相'으로도 번역되고 '耳의 實相'으로도 번역된다. 그리고 '應耳'가 '귀 應ᄒᆞ다'로도 번역되고 '耳 應ᄒᆞ다'로도 번역된다. 따라서 '귀'와 '耳'의 동의성은 명백히 입증된다.

(11) a. 긔 귀옛 實相이라 〈釋十九 16a〉
b. 이 耳의 實相이라 〈月十七 62a〉
c. 이 耳의 實相이라(此ㅣ耳之實相也ㅣ라) 〈法華六 35a〉

(11) d. 眞實로 닐온 귀 應ᄒᆶ 제 〈月十七 62a〉
e. 眞實로 닐온 耳 應ᄒᆯ 쩨(信謂應耳時예) 〈法華六 35a〉

〈12〉 ᄢᅳ 對 時節

고유어 'ᄢᅳ'와 한자어 '時節'이 [時] 즉 '때, 시절'의 뜻을 가지고 동의 관계에 있다는 것은 동일 원문의 飜譯인 다음 예문들에서 잘 확인된다. 원문 중 '彼時'가 '뎌 時節'로도 번역되고 '뎌 ᄢᅳ'로도 번역되므로 'ᄢᅳ'와 '時節'의 동의성은 명백히 입증된다.

(12) a. 뎌 時節ㅅ 〈釋十九 34b〉
b. 뎌 ᄢᅴᆺ 〈月十七 91a〉
c. 뎌 젯(彼時옛) 〈法華六 88a〉

(12) d. 뎌 時節에 〈釋二十一 40a〉
e. 뎌 ᄢᅴ(彼時예) 〈法華七 139a〉

(12) f. 阿僧祇劫 時節에 〈月十一 41b〉
g. 阿僧祇劫에 그 ᄢᅴ(阿僧祇劫에 爾時예) 〈法華一 91a〉

〈13〉 그듸내 對 諸君

고유어 '그듸내'와 한자어 '諸君'이 [諸君] 즉 '그대들'의 뜻을 가지고 동의 관계에 있다는 것은 동일 원문의 번역인 다음 예문들에서 잘 확인된다. 원문 중 '諸君'이 '그듸내'로도 번역되고 '諸君'으로도 번역되므로 '그듸내'와 '諸君'의 동의성은 명백히 입증된다. '그듸내'는 대명사 '그듸'와 접미사 '-내'의 결합이다.

(13) a. 펴 닐오ᄃᆡ 그듸내 알라 〈月十三 29b〉
b. 즉재 제 펴 닐오ᄃᆡ 諸君이 반ᄃᆞ기 알라(卽自宣言호ᄃᆡ 諸君이 當知ᄒᆞ라) 〈法華二 222b〉

〈14〉 그믈 對 羅網

고유어 '그믈'과 한자어 '羅網'이 [羅網] 즉 '그물'의 뜻을 가지고 동의 관계에 있다는 것은 다음 예문들에서 잘 확인된다. 원문 중 '七重羅網'이 '七重羅網'으로 번역되고 '羅網'의 자석이 '그믈'이다. 따라서 '그믈'과 '羅網'의 동의성은 명백히 입증된다.

(14) a. 七重羅網과 [羅網ᄋᆞᆫ 그므리라] 〈月七 63b〉
b. 七重羅網과 [羅網ᄋᆞᆫ 그므리라](七重羅網과) 〈阿彌 7a〉

〈15〉 그지 對 時節

고유어 '그지'와 한자어 '時節'이 [期] 즉 '期限'의 뜻을 가지고 동의 관계에 있다는 것은 동일 원문의 번역인 다음 예문들에서 잘 확인된다. 원문 중 '有期'가 '時節 잇다'로도 번역되고 '그지 잇다'로도 번역된다. 따라서 '그지'와 '時節'의 동의성은 명백히 입증된다.

(15) a. 果 得홇 時(11b)節 이쇼믈 니ᄅ시고 〈月十九 117a〉
b. 果 得호미 그지 이(180b)쇼믈 니ᄅ시고(言得果有期ᄒ시고) 〈法華七 180b〉

〈16〉 그지 對 限

고유어 '그지'와 한자어 '限'이 [限] 즉 '한계, 끝'의 뜻을 가지고 동의 관계에 있다는 것은 동일 원문의 번역인 다음 예문들에서 잘 확인된다. 원문 중 '無限'이 '그지 없다'로도 번역되고 '限 없다'로도 번역된다. 그리고 '有限'이 '그지 잇다'로도 번역되고 '限 잇다'로도 번역된다. 따라서 '그지'와 '限'의 동의성은 명백히 입증된다.

(16) a. 그지 업슨 智悲로 〈月十八 42a〉
b. 限 업슨 智悲로(以無限智悲로) 〈法華六 157a〉

(16) c. 智悲 그지 이시면 〈月十八 42a〉
d. 智悲 限 잇ᄂ니 ᄀᆞᆮᄒ시면(如其智悲有限ᄒ시면) 〈法華六 157a〉

(16) e. 能히ᄉ랑ᄒ야 그 그짓 數를 아디 몯ᄒ리며 〈月十七 5b〉
f. 能히ᄉ랑ᄒ야 限數ᄅᆞᆯ 아디 몯ᄒ리며(不能思惟ᄒ야 知其限數ᄒ리며) 〈法華五 131b〉

〈17〉 글 對 文

고유어 '글'과 한자어 '文'이 [文] 즉 '글'의 뜻을 가지고 동의 관계에 있다는 것은 동일 원문의 번역인 다음 예문들에서 잘 확인된다. 원문 중 '文兼'이 '그리 兼ᄒ다'로도 번역되고 '文이 兼ᄒ다'로도 번역되므로 '글'과 '文'의 동의성은 명백히 입증된다.

(17) a. 이 三乘 가ᄌᆞ비신 그리 남기 兼커늘 〈月十三 38a〉
b. 이ᄂᆞᆫ 三乘 가ᄌᆞ비샤 文이 樹木이 兼ᄒ샤ᄃᆡ(此ᄂᆞᆫ 譬三乘이샤 文兼樹木ᄒ샤ᄃᆡ) 〈法華三 3b〉

〈18〉 글 對 文字

고유어 '글'과 한자어 '文字'가 [文] 즉 '글'의 뜻을 가지고 동의 관계에 있다는 것은 동일 원문의 번역인 다음 예문들에서 잘 확인된다. 원문 중 '前文'이 '前엣 文字'로도 번역되고 '알핏 글'로도 번역된다. 그리고 '說之文'이 '니르샨 文字'로도 번역되고 '니르샨 글'로도 번역된다. 따라서 '글'과 '文字'의 동의성은 명백히 입증된다.

(18) a. 이는 前엣 文字를 다시 ᄒᆞ시니 〈月十三 57b〉
b. 이는 알핏 그를 牒ᄒᆞ샤ᄃᆡ(此는 牒前文ᄒᆞ샤ᄃᆡ) 〈法華三 30b〉

(18) c. 아래 正히 니르샨 文字애 〈月十一 93b〉
d. 아래 正히 니르샨 그레(下正說之文에) 〈法華一 133a〉

한편 '文字'가 『월인석보』와 『법화경언해』에서 모두 '文字'로 번역된다는 것은 동일 원문의 번역인 다음 예문들에서 잘 확인된다. 원문 중 '語言文字'가 모두 '語言 文字'로 번역된다.

(18) e. 믈읫 語言 文字애 브튼 거시 〈月十一 94b〉
f. 믈읫 語言 文字애 브트닌(凡涉語言文字ᄂᆞᆫ) 〈法華一 133b〉

〈19〉 귿 對 乃終

고유어 '귿'과 한자어 '乃終'이 [末] 즉 '끝'의 뜻을 가지고 동의 관계에 있다는 것은 동일 원문의 번역인 다음 예문들에서 잘 확인된다. 원문 중 '偈末'이 '偈 乃終'으로도 번역되고 '偈ㅅ 귿'으로도 번역된다. 따라서 '귿'과 '乃終'의 동의성은 명백히 입증된다.

(19) a. ᄯᅩ 偈 乃終에 〈月十三 42b〉
b. ᄯᅩ 偈ㅅ 그테(又於偈末애) 〈法華三 4b〉

〈20〉 기츰 對 謦欬

고유어 '기츰'과 한자어 '謦欬'가 [謦欬] 즉 '기침'의 뜻을 가지고 동의 관계에 있다는 것은 동일 원문의 번역인 다음 예문들에서 잘 확인된다. 원문 중 '一謦欬'가 'ᄒᆞᆫ 謦欬'로도 번역되고 'ᄒᆞᆫ 기츰'으로도 번역된다. 따라서 '기츰'과 '謦欬'의 동의성은 명백히 입증된다.

(20) a. ᄒᆞᆫ 謦欬 ᄒᆞᆫ 彈指예 〈月十八 10b〉
b. ᄒᆞᆫ 기츰 ᄒᆞᆫ 彈指예(一謦欬 一彈指예) 〈法華六 107a〉

(20) c. ᄒᆞᆫ 謦欬 彈指 〈月十八 6b〉
d. ᄒᆞᆫ 기츰 彈指예(一謦欬彈指예) 〈法華六 103a〉

〈21〉 길ㅎ 對 趣

고유어 '길ㅎ'과 한자어 '趣'가 [趣] 즉 '길'의 뜻을 가지고 동의 관계에 있다는 것은 다음 예문들에서 잘 확인된다. '惡趣'의 자석이 '머즌 길ㅎ'이고 '何趣'가 '아모 趣'로 번역된다. 따라서 '길ㅎ'와 '趣'의 동의성은 명백히 입증된다.

(21) a. 惡趣는 머즌 길히니 〈釋九 10b〉

(21) b. 아모(162a) 趣에 떠러디며 아모 世界에 나며 아모 天中에 냇는 돌 몰라(不知落在何趣生何世界生何天中) 〈月二十一 162b〉
c. 魂神이 아모 趣에 잇는 디 모ᄅᆞ며(未知魂神在何趣) 〈月二十一 173a〉

〈22〉 ᄀᆞᄅᆞᆷ 對 江

고유어 'ᄀᆞᄅᆞᆷ'과 한자어 '江'이 [江] 즉 '강'의 뜻을 가지고 동의 관계에 있다는 것은 다음 예문들에서 잘 확인된다. (a)는 '月印千江'의 풀이로 '즈믄 ᄀᆞᄅᆞᆷ'이 '千江'과 同義 관계에 있다. 그리고 '江'의 자석이 'ᄀᆞᄅᆞᆷ'이다. 따라서 'ᄀᆞᄅᆞᆷ'과 '江'의 동의성은 명백히 입증된다.

(22) a. ᄃᆞ리 즈믄 ᄀᆞᄅᆞ매 비취요미 ᄀᆞᆮᄒᆞ니라 〈月一 1a〉

b. ᄀᆞᄅᆞᆷ과 우믌 므리 다 너ᄡᅵ디고 〈月二 48b〉

(22) c. 세 ᄒᆡ 도ᄃᆞ면 江이 다 여위며 〈月一 48b〉
d. 江ᄋᆞᆫ ᄀᆞᄅᆞ미라 〈月一 48b〉

〈23〉 ᄀᆞᄅᆞᆷ 對 江河

고유어 'ᄀᆞᄅᆞᆷ'과 한자어 '江河'가 [江河] 즉 '江과 하천'의 뜻을 가지고 동의 관계에 있다는 것은 동일 원문의 번역인 다음 예문들에서 잘 확인된다. 원문 중 '江河'가 'ᄀᆞᄅᆞᆷ'으로도 번역되고 '江河'로도 번역되므로 'ᄀᆞᄅᆞᆷ'과 '江河'의 동의성은 명백히 입증된다.

(23) a. 一切 내히며 ᄀᆞᄅᆞ미며 여러 믈 中에 〈釋二十 21a〉
b. 一切 川流 江河 여러 믈 中에 〈月十八 46a〉
c. 一切 川流 江河 여러 믈 中에(一切川流江河諸水之中에) 〈法華六 163a〉

〈24〉 ᄀᆞᆲ 對 疊

고유어 'ᄀᆞᆲ'과 한자어 '疊'이 [疊] 즉 '겹'의 뜻을 가지고 동의 관계에 있다는 것은 동일 원문의 번역인 다음 예문들에서 잘 확인된다. 원문 중 '三疊'이 '세 ᄀᆞᆲ'으로도 번역되고 '세 疊'으로도 번역되므로 'ᄀᆞᆲ'과 '疊'의 동의성은 명백히 입증된다. 그리고 '疊'의 字釋에서 '疊'과 '층'의 동의 관계가 확인된다.

(24) a. 세 疊에 流變ᄒᆞ야 〈月十七 56b〉
b. 세 ᄀᆞᆯ비 흘러 變ᄒᆞ야(流變三疊ᄒᆞ야) 〈法華六 26a〉

(24) c. 疊은 ᄀᆞᆯ포 싸홀 씨니 층이라 ᄒᆞ듯 ᄒᆞᆫ 마리라 〈釋十九 11b〉

〈25〉 ᄀᆞᇫ 對 境界

고유어 'ᄀᆞᇫ'과 한자어 '境界'가 [域] 즉 '땅의 경계'의 뜻을 가지고 동의 관계에 있다는 것은 동일 원문의 번역인 다음 예문들에서 잘 확인된다. 원문 중 '正遍正等之域'이 '正遍正等 境界'로도 번역되고 '正遍正等ᄒᆞᆫ ᄀᆞᇫ'으로도 번역된다. 따라서 'ᄀᆞᇫ'과 '境界'의 동의성은 명백히 입증된다.

(25) a. 다 正遍正等 境界예 마ᄌᆞᆫ 後에ᅀᅡ 〈釋十九 37a〉
b. 다 正遍正等ᄒᆞᆫ ᄀᆞᅀᅢ 어우러ᅀᅡ 〈月十七 75b〉
c. 正遍正等 ᄀᆞᅀᅢ 어울에 ᄒᆞ신 後에ᅀᅡ(使…皆泯然於正遍正等之域게 ᄒᆞ신 然後에ᅀᅡ) 〈法華六 71b〉

〈26〉 나 對 己

고유어 '나'와 한자어 '己'가 [己] 즉 '자기, 나'의 뜻을 가지고 동의 관계에 있다는 것은 동일 원문의 번역인 다음 예문들에서 잘 확인된다. 원문 중 '己'가 '나'로도 번역되고 '己'로도 번역되므로 '나'와 '己'의 동의성은 명백히 입증된다.

(26) a. 나ᄂᆞᆫ 釋迦ᄅᆞᆯ 니ᄅᆞ시고 〈月十七 11a〉
b. 己ᄂᆞᆫ 釋迦ᄅᆞᆯ 니ᄅᆞ시고(己ᄂᆞᆫ 謂釋迦ᄒᆞ시고) 〈法華五 140b〉

〈27〉 낳 對 年紀

고유어 '낳'와 한자어 '年紀'가 [年紀] 즉 '나이'의 뜻을 가지고 동의 관계에 있다는 것은 동일 원문의 번역인 다음 예문들에서 잘 확인된다. 원문 중 '年紀'가 '年紀'로도 번역되고 '낳'로도 번역된다. 따라서 '낳'와 '年紀'의 동의성은 명백히 입증된다.

(27) a. 年紀 크며 져그며 〈月十七 9b〉
b. 나히 크며 져곰 겨시며(年紀ㅣ 有大小ᄒᆞ며) 〈法華五 137b〉

한편 '年紀'가 『월인석보』와 『법화경언해』에서 모두 한자어 '年紀'로 번역된다는 것은 동일 원문의 번역인 다음 예문들에서 잘 확인된다. 원문 중 '年紀大小'가 '年紀 크며 젹다'로도 번역되고 '年紀ㅣ 크며 젹다'로도 번역된다.

(27) c. 年紀 크며 져그며 〈月十七 9a〉
d. 年紀ㅣ 크며 져그며(年紀大小ᄒᆞ며) 〈法華五 137a〉

〈28〉 나 對 我

고유어 '나'와 한자어 '我'가 [我] 즉 '나'의 뜻을 가지고 동의 관계에 있다는 것은 동일 원문의 번역인 다음 예문들에서 잘 확인된다. 원문 중 '物我'가 '物와 나'로도 번역되고 '物와 我'로도 번역되므로 '나'와 '我'의 동의성은 명백히 입증된다.

(28) a. 物와 나왜 ᄂᆞᆫ홈 업스며 녜와 이제왜 ᄒᆞᆫ가질씨 〈月十五 84b〉
b. 物와 我왜 ᄂᆞᆫ호디 아니ᄒᆞ며 녜와 이제왜 ᄒᆞᆫ가지니(物我이 不分ᄒᆞ며 古今이 一致니) 〈法華四 133a〉

(28) c. 物와 나왜 이즌 ᄃᆡ 업건마ᄅᆞᆫ 〈月十五 79a〉
d. 物와 我왜 이주미 업건마ᄅᆞᆫ(物我ㅣ 無虧ㅣ 언마ᄅᆞᆫ) 〈法華四 126a〉

〈29〉 나라ㅎ 對 國界

고유어 '나라ㅎ'와 한자어 '國界'가 [國界]의 뜻을 가지고 동의 관계에 있다는 것은 동일 원문의 번역인 다음 예문들에서 잘 확인된다. 원문 중 '國界'가 '나라ㅎ'로도 번역되고 '國界'로도 번역되므로 '나라ㅎ'와 '國界'의 동의성은 명백히 입증된다.

(29) a. 나라해 ᄀᆞᄃᆞᆨᄒᆞ며 〈釋二十 7a〉
b. 國界예 周遍ᄒᆞ고 〈月十八 25b〉
c. 國界예 두루 ᄀᆞᄃᆞᆨᄒᆞ고(周遍國界ᄒᆞ고) 〈法華六 135a〉

〈30〉 나라ㅎ 對 國土

고유어 '나라ㅎ'와 한자어 '國土'가 [國土] 즉 '나라'의 뜻을 가지고 동의 관계에 있다는 것은 동일 원문의 번역인 다음 예문들에서 잘 확인된다. 원문 중 '他國土'가 '녀느 나라ㅎ'로도 번역되고 '다른 國土'로도 번역된다. 그리고 '佛國土'가 '부텻 나라ㅎ'로도 번역되고 '부텻 國土'로도 번역된다. 따라서 '나라ㅎ'와 '國土'의 동의성은 명백히 입증된다.

(30) a. 녀느 나라해셔 온 菩薩돌콰 〈釋二十 5b〉
b. 다른 國土에셔 오신 菩薩돌콰 〈月十八 23b〉
c. 다른 國土에셔 오신 菩薩돌콰(他國土諸來菩薩과) 〈法華六 132b〉

(30) d. 아모 나라히나 衆生이 〈釋二十一 10a〉
e. 흐다가 國土 衆生이 〈月十九 33a〉
f. 흐다가 國土 衆生이(若有國土衆生이) 〈法華七 73a〉

(30) g. 그 부(12b)텻 나라토 〈月十二 13a〉
h. 그 부텻 國土ㅣ(其佛國土ㅣ) 〈法華二 38b〉

(30) i. 그 부텻 나라히 〈月十五 17b〉
j. 그 부텻 國土ㅣ(其佛國土ㅣ) 〈法華四 21a〉

(30) k. 나랏 莊嚴과 〈月十五 38b〉
l. 國土 莊嚴과(國土莊嚴과) 〈法華四 64b〉

〈31〉 나모 對 樹木

고유어 '나모'와 한자어 '樹木'이 [樹木] 즉 '나무'의 뜻을 가지고 동의 관계에 있다는 것은 동일 원문의 번역인 다음 예문들에서 잘 확인된다. 원문 중 '兼樹木'이 '남기 兼흐다'로도 번역되고 '樹木이 兼흐다'로도 번역되므로 '나모'와 '樹木'의 동의성은 명백히 입증된다.

(31) a. 이 三乘 가즐비신 그리 남기 兼커늘 〈月十三 38a〉
b. 이는 三乘 가즐비샤 文이 樹木이 兼ᄒᆞ샤ᄃᆡ(此ᄂᆞᆫ 譬三乘이샤 文兼樹木ᄒᆞ샤ᄃᆡ) 〈法華三 3b〉

〈32〉 남진 對 男人

고유어 '남진'과 한자어 '男人'이 [男] 즉 '남자'의 뜻을 가지고 동의 관계에 있다는 것은 동일 원문의 번역인 다음 예문들에서 잘 확인된다. 원문 중 '兼男'이 '남지ᄂᆞᆯ 조치다'로도 번역되고 '男人에 兼ᄒᆞ다'로도 번역된다. 따라서 '남진'과 '男人'의 동의성은 명백히 입증된다.

南豊鉉(1968:44)에 의하면 '남진'은 한자어 '男人'에서 차용된 것이다. '人'의 중국음 [zin]이 [z]→[č]의 발달에 의해 '진'으로 변한 것이다. 그러나 이 저서에서는 '남진'이란 국문 표기가 대부분이므로 '남진'을 고유어 범주에 넣어 다루었다.

(32) a. 남지ᄂᆞᆯ 조쳐 니ᄅᆞ샨 ᄠᅳ디라 〈釋二十 27b〉
b. ᄠᅳ디 男人에 兼ᄒᆞ시니라 〈月十八 54b〉
c. ᄠᅳ디 男人에 兼ᄒᆞ시니라(意兼男也 ㅣ 시니라) 〈法華六 174b〉

〈33〉 남진 對 丈夫

고유어 '남진'과 한자어 '丈夫'가 [丈夫] 즉 '남자'의 뜻을 가지고 동의 관계에 있다는 것은 다음 예문들에서 잘 확인된다. 원문 중 '丈夫調御士'가 '調御丈夫'로 번역되고 '丈夫'의 자석이 '남진'이다. 따라서 '남진'과 '丈夫'의 동의성은 명백히 입증된다.

(33) a. 丈夫는 남지니니…부텨를 女人 調御師ㅣ시다 ᄒᆞ면 尊重티 몯ᄒᆞ시릴ᄊᆡ 丈夫를 니르니 〈月九 11b〉
b. 丈夫는 게여븐 남지니니 부톄 겨지블 調御ᄒᆞ시ᄂᆞ다 ᄒᆞ면 尊重티 아니ᄒᆞ시릴ᄊᆡ 丈夫를 調御ᄒᆞ시ᄂᆞ다 ᄒᆞ니라 〈釋九 3b〉

(33) c. 부텻 일후믄(2b)…調御丈夫 天人師 佛世尊이시니(佛號…丈夫調御士天人師佛薄伽梵)

〈釋九 3a〉

d. 부텻 일훔(9a)믄…調御丈夫 天人師 佛世尊이시니(佛號…丈夫調御士天人師佛薄伽梵) 〈月九 9b〉

〈34〉 내죵 對 乃終

고유어 '내죵'과 한자어 '乃終'이 [終], [終乃], [竟] 및 [末] 즉 '나중, 마지막'의 뜻을 가지고 동의 관계에 있다는 것은 동일 원문의 번역인 다음 예문들에서 잘 확인된다. 원문 중 '始終'이 '처섬과 乃終'으로도 번역되고 '처섬과 내죵'으로도 번역된다. '終談'이 '乃終 말'로도 번역되고 '내죵 말'로도 번역된다. '終乃結'이 '乃終애 結ᄒᆞ다'로도 번역되고 '내죵애 結ᄒᆞ다'로도 번역된다. '竟何'가 '乃終애 므스기'로도 번역되고 '내죵애 므스기'로도 번역된다. 그리고 '目連記末'이 '目連記 乃終'으로도 번역되고 '目連記 내죵'으로도 번역된다. 따라서 '내죵'과 '乃終'의 동의성은 명백히 입증된다. '내죵'과 '乃終'은 [初] 즉 '처음'의 뜻을 가진 명사 '처섬'과 의미상 대립 관계에 있다.

(34) a. 서르 처섬 乃終이 ᄃᆞ외야 〈月十二 13b〉
b. 서르 처섬 내죵이 ᄃᆞ외야(互爲始終ᄒᆞ야) 〈法華二 40a〉

(34) c. 처섬과 乃終괘 서르 어긜씨 〈月十二 33b〉
d. 처섬과 내죵괘 서르 어긔요미(始終相違호미) 〈法華二 78a〉

(34) e. 오직 처서믄…乃終애 行ᄋᆞ로 德 일우메 다ᄃᆞ라ᅀᅡ 〈月十一 24a〉
f. 오직 처서믄…내죵애 行ᄋᆞ로 德 일우메 니르르샤ᅀᅡ(但初ᄂᆞᆫ…終至以行成德ᄒᆞ샤ᅀᅡ) 〈法華一 44a〉

(34) g. 妙法 乃終 마래 〈月十九 123a〉
h. 妙法 내죵 마래(妙法終談애) 〈法華七 189a〉

(34) i. 乃終엔 한 偈를 드러 디녀 〈月十七 86b〉

j. 내죵앤 能히 한 偈ᄅᆞᆯ 듣ᄌᆞ와 디니샤(終能聞持多偈ᄒᆞ샤) 〈法華六 83a〉

(34) k. 乃終에 結ᄒᆞ야 니ᄅᆞ샤ᄃᆡ 〈月十八 4b〉
l. 내죵애 結ᄒᆞ야 니ᄅᆞ샤ᄃᆡ(終乃結云ᄒᆞ샤ᄃᆡ) 〈法華六 100b〉

(34) m. 乃終에 므스기 有益ᄒᆞ리오 〈月十八 45b〉
n. 내죵애 므스기 益ᄒᆞ리오(竟何益耶ㅣ 리오) 〈法華六 161b〉

(34) o. 目連記 乃終에 니ᄅᆞ샤ᄃᆡ 〈月十五 21a〉
p. 目連記 내죵애 니ᄅᆞ샤ᄃᆡ(目連記末애 云ᄒᆞ샤ᄃᆡ) 〈法華四 31b〉

(34) q. 乃終 後에 〈月十五 38a〉
r. 내죵 後에(末後에) 〈法華四 64a〉

〈35〉 넋 對 魄

고유어 '넋'과 한자어 '魄'이 [魄] 즉 '넋, 사람의 생장을 돕는 陰의 기운'의 뜻을 가지고 동의 관계에 있다는 것은 동일 원문의 번역인 다음 예문들에서 잘 확인된다. 원문 중 '褫魄'이 '넉ᄉᆞᆯ 잃다'로도 번역되고 '魄을 잃다'로도 번역된다. 따라서 '넋'과 '魄'의 동의성은 명백히 입증된다.

(35) a. 魔ᄃᆞᆯ히 넉ᄉᆞᆯ 일케 ᄒᆞ야 바ᄅᆞ 菩提예 가…迷惑ᄒᆞ야 닶가ᄫᆞᆫ ᄠᅳᆮ 아니 내에 ᄒᆞ샤미 〈月十九 71a〉
b. 諸魔ㅣ 魄ᄋᆞᆯ 일허 바ᄅᆞ 菩提예 니르러…迷惑ᄒᆞᆫ 닶가오미 나디 아니케 ᄒᆞ시니(令…諸魔ㅣ 褫魄ᄒᆞ야 直至菩提ᄒᆞ야…不生迷悶케 ᄒᆞ시니) 〈法華七 126a〉

〈36〉 넋 對 精氣

고유어 '넋'과 한자어 '精氣'가 [精氣] 즉 '넋, 정기'의 뜻을 가지고 동의 관계에 있다는 것은 동일 원문의 번역인 다음 예문들에서 잘 확인된다. 원문 중 '奪其精氣'가 '精氣ᄅᆞᆯ 앗다'로 번역되고 '精氣'의 자석이 '넋'이다. 따라서 '넋'과 '精氣'의 동의성은 명백히 입증된다.

(36) a. 精氣ᄂᆞᆫ 넉시라 ᄒᆞᄃᆺ ᄒᆞᆫ ᄠᅳ디라 〈釋九 22a〉〈月九 40b〉
b. 모딘 귓것ᄃᆞᆯ히 精氣ᄅᆞᆯ 몯 아ᅀᆞ리니(不爲諸惡鬼神奪其精氣) 〈釋九 22a〉〈月九 40b〉

〈37〉 녁 對 方面

고유어 '녁'과 한자어 '方面'이 [方面] 즉 '녘, 方面'의 뜻을 가지고 동의 관계에 있다는 것은 다음 예문들에서 잘 확인된다. 원문 중 '方面'이 '方面'으로 번역되고 '方面'의 字釋이 '녁'이다. 따라서 '녁'과 '方面'의 동의성은 명백히 입증된다.

(37) a. 이 사ᄅᆞ미 잇ᄂᆞᆫ 方面을 〈釋十九 22a〉
b. 이 사ᄅᆞᆷ 잇논 方面에 〈月十七 69b〉
c. 이 사ᄅᆞᆷ 잇ᄂᆞᆫ 方面에(是人所在方面에) 〈法華六 54b〉

(37) d. 方面은 녀기라 ᄒᆞᄃᆺ ᄒᆞᆫ 마리라 〈釋十九 22a〉

〈38〉 노ᄅᆞᆺ 對 玩好

고유어 '노ᄅᆞᆺ'과 한자어 '玩好'가 [玩好] 즉 '놀이, 장난'의 뜻을 가지고 동의 관계에 있다는 것은 동일 원문의 번역인 다음 예문들에서 잘 확인된다. 원문 중 '玩好之具'가 '玩好앳 것'으로도 번역되고 '노ᄅᆞ샛 것'으로도 번역되므로 '노ᄅᆞᆺ'과 '玩好'의 동의성은 명백히 입증된다.

(38) a. 아ᄒᆡ 玩好앳 거시 ᄃᆞ외니 〈月十二 28a〉
b. 아ᄒᆡ 노ᄅᆞ샛 거시니(爲幼稚玩好之具ㅣ니) 〈法華二 68a〉

한편 '玩好'가 『月印釋譜』 권12와 『法華經諺解』에서 모두 '玩好'로 번역된다는 것은 동일 원문의 번역인 다음 예문들에서 잘 확인된다. 원문 중 '玩好之具'가 모두 '玩好앳 것'으로 번역된다.

(38) c. 玩好앳 것 羊車 鹿車 牛車를 〈月十二 29a〉
d. 玩好앳 것 羊車 鹿車 牛車를(玩好之具 羊車鹿車牛車ᄅᆞᆯ) 〈法華二 70b〉

(38) e. 곧 ᄒᆞ마 玩好앳 거슬 得혼ᄃᆞ니 〈月十二 34a〉
f. 곧 ᄒᆞ마 玩好앳 것 得호미 ᄃᆞ외어늘(便爲已得玩好之具ㅣ어ᄂᆞᆯ) 〈法華二 78b〉

〈39〉 놀애 對 歌頌

고유어 '놀애'와 한자어 '歌頌'이 [歌頌] 즉 '노래'의 뜻을 가지고 동의 관계에 있다는 것은 동일 원문의 번역인 다음 예문들에서 잘 확인된다. 원문 중 '伎樂歌頌'이 '伎樂과 놀애'로도 번역되고 '伎樂 歌頌'으로도 번역되므로 '놀애'와 '歌頌'의 동의성은 명백히 입증된다.

(39) a. 이 塔은 一切 華香과 瓔珞과 …과 伎樂과 놀애로 〈月十五 51a〉
b. 이 塔은 一切 華香과 瓔珞과 … 伎樂 歌頌ᄋᆞ로(此塔은 應以一切華香瓔樂…伎樂歌頌으로) 〈法華四 90a〉

〈40〉 눈 對 眼

고유어 '눈'과 한자어 '眼'이 [眼] 즉 '눈'의 뜻을 가지고 동의 관계에 있다는 것은 동일 원문의 번역인 다음 예문들에서 잘 확인된다. 원문 중 '應眼'이 '눈 應ᄒᆞ다'로도 번역되고 '眼 應ᄒᆞ다'로도 번역된다. 그리고 '在眼'이 '누네 잇다'로도 번역되고 '眼애 잇다'로도 번역된다. 따라서 '눈'과 '眼'의 동의성은 명백히 입증된다.

(40) a. 닐온 눈 應홀 저긔 〈月十七 58a〉
b. 닐온 眼 應홀 쩨(所謂應眼時예) 〈法華六 28b〉

(40) c. 眼애 이션 圓照ᄒᆞ고 〈月十七 60a〉
d. 누네 이션 圓히 비취오(在眼圓照ᄒᆞ고) 〈法華六33a〉

〈41〉 뉘 對 世

고유어 '뉘'와 한자어 '世'가 [世] 즉 '세상'의 뜻을 가지고 동의 관계에 있다는 것은 동일 원문의 번역인 다음 예문들에서 잘 확인된다. 원문 중 '佛世'가 '부텻 뉘'로도 번역되고 '부텻 世'로도 번역되므로 '뉘'와 '世'의 동의성은 명백히 입증된다.

(41) a. 뎌 부텻 뉘옛 사ᄅᆞ미 〈月十五 6b〉
b. 뎌 부텻 世옛 사ᄅᆞ미(彼佛世人이) 〈法華四 10b〉

(41) c. 부텨 업스신 뉘예 나 〈月十二 45a〉
d. 부텨 업스신 世예 나(出無佛世ᄒᆞ야) 〈法華二 95b〉

(41) e. 뉘마다 아니 나시ᄂᆞ닷 ᄠᅳ니라 〈釋二十一 40a〉
f. 世마다 나디 아니ᄒᆞ시논 젼ᄎᆡ라(不世出故也ㅣ라) 〈法華七 138b〉

〈42〉 ᄂᆞᆾ 對 色

고유어 'ᄂᆞᆾ'과 한자어 '色'이 [色] 즉 '얼굴빛'의 뜻을 가지고 동의 관계에 있다는 것은 동일 원문의 번역인 다음 예문들에서 잘 확인된다. 원문 중 '變色'이 'ᄂᆞᄎᆞᆯ 고티다'로도 번역되고 '色ᄋᆞᆯ 變ᄒᆞ다'로도 번역되므로 'ᄂᆞᆾ'과 '色'의 동의성은 명백히 입증된다.

(42) a. 公이 믄득 ᄂᆞᄎᆞᆯ 고텨 가져늘 〈月十九 23b〉
b. 公이 과ᄀᆞᆯ이 色ᄋᆞᆯ 變커늘(公이 悖然變色거늘) 〈法華七 52b〉

〈43〉 뎌ㅎ 對 笛

고유어 '뎌ㅎ'와 한자어 '笛'이 [笛] 즉 '저'의 뜻을 가지고 동의 관계에 있다는 것은 다음 예문들에서 잘 확인된다. 원문 중 '笛琴'이 '笛과 琴'으로도 번역되고 '뎌과 琴'으로도 번역된다. 그리고 '笛'의 자석이 '뎌ㅎ'이다. 따라서 '뎌ㅎ'와 '笛'의 동의성도 명백히 입증된다.

(43) a. 簫와 笛과 琴과 箜篌와 琵琶와 鐃와 銅鈸와 이러ᄐᆞᆺᄒᆞᆫ 한 貴ᄒᆞᆫ 소리로 供養(52b)ᄒᆞᅀᆞᆸ거나 〈釋十三 53a〉

b. 簫와 뎌콰 琴과 箜篌와 琵琶와 鐃와 銅鈸와 이 ᄀᆞᄐᆞᆫ 한 微妙ᄒᆞᆫ 소리ᄅᆞᆯ 다 가져 供養커나(簫笛琴箜篌와 琵琶鐃銅鈸와 如是衆妙音을 盡持以供養커나) 〈法華一 221b〉

(43) c. 笛은 뎌히라 〈釋十三 53a〉

d. 笛은 뎌히라 〈月十 62b〉

〈44〉 덩 對 輦輿

고유어 '덩'과 한자어 '輦輿'가 [輦輿] 즉 '천자가 타는 수레'의 뜻을 가지고 동의 관계에 있다는 것은 동일 원문의 번역인 다음 예문들에서 잘 확인된다. 원문 중 '珍寶輦輿'가 '보ᄇᆡ옛 덩'으로도 번역되고 '珍寶 輦輿'로도 번역되므로 '덩'과 '輦輿'의 동의성은 명백히 입증된다.

(44) a. 됴ᄒᆞᆫ 象이며 ᄆᆞ리며 술위며 보ᄇᆡ옛 더을 어드며 〈釋十九 5b〉

b. 됴ᄒᆞᆫ 上妙 象馬 車乘과 珍寶 輦輿ᄅᆞᆯ 得ᄒᆞ며(得好上妙象馬車乘과 珍寶輦輿ᄒᆞ며) 〈法華六 11a〉

〈45〉 뎔 對 伽藍

고유어 '뎔'과 범어 '伽藍'이 [伽藍] 즉 '절'의 뜻을 가지고 동의 관계에 있다는 것은 다음 예문들에서 잘 확인된다. 예문 (a)는 '或伽藍內 恣行淫欲'의 번역으로 원문 중 '伽藍內'가 '伽藍 內예'로 번역된다. 그리고 '僧伽藍'의 자석이 '뎔'이다. '伽藍'은 '僧伽藍'의 약어이고 범어 saṃgha - ārāma의 음역으로 '衆園, 僧園, 僧院'으로 漢譯된다. 후에는 寺院 또는 寺院의 건축물을 의미하게 되었다. 따라서 '뎔'과 '伽藍'의 동의성은 명백히 입증된다.

(45) a. 시혹 伽藍 內예 젼ᄎᆞᆺ 淫慾ᄋᆞᆯ 行커나 〈月二十一 39b〉

b. 僧伽藍ᄋᆞᆫ 뎌리니 한 사ᄅᆞ미 園이라 혼 마리니 〈月二十一 39b〉

〈46〉 뎡바기 對 頂

고유어 '뎡바기'와 한자어 '頂'이 [頂] 즉 '정수리'의 뜻을 가지고 동의 관계에 있다는 것은 동일 원문의 번역인 다음 예문들에서 잘 확인된다. 원문 중 '摩…頂'이 '頂 ᄆᆞ니다'로도 번역되고 '뎡바기 ᄆᆞᆫ지다'로도 번역되므로 '뎡바기'와 '頂'의 동의성은 명백히 입증된다.

(46) a. 無量菩薩摩訶薩ㅅ 頂을 ᄆᆞ니시며 〈月十八 15a〉
b. 無量菩薩摩訶薩 뎡바길 ᄆᆞᆫ지시고(摩無量菩薩摩訶薩頂ᄒᆞ시고) 〈法華六 121a〉

(46) c. 두서 번 頂 ᄆᆞ니샤ᄆᆞᆫ 〈月十八 16a〉
d. 두서 번 뎡바기 ᄆᆞᆫ지샤ᄆᆞᆫ(再三摩頂은) 〈法華六 121a〉

한편 '頂'이 『월인석보』 권18과 『法華經諺解』에서 모두 '뎡바기'로 번역된다는 것은 동일 원문의 번역인 다음 예문들에서 잘 확인된다. 원문 중 '摩其頂'이 '뎡바기 ᄆᆞ니다'와 '그 뎡바기 ᄆᆞᆫ지다'로 번역된다.

(46) e. 다 뎡바기 ᄆᆞ니샤ᄆᆞᆫ 〈月十八 16b〉
f. 다 그 뎡바기 ᄆᆞᆫ지샤ᄆᆞᆫ(皆摩其頂ᄒᆞ샤ᄆᆞᆫ) 〈法華六 121a〉

〈47〉 도ᄌᆞᆨ 對 盜賊

고유어 '도ᄌᆞᆨ'과 한자어 '盜賊'이 [賊] 즉 '도둑'의 뜻을 가지고 동의 관계에 있다는 것은 동일 원문의 번역인 다음 예문들에서 잘 확인된다. 원문 중 '寃賊'이 '怨讎ㅅ 盜賊'으로도 번역되고 '怨讎ㅅ 도ᄌᆞᆨ'으로도 번역되므로 '도ᄌᆞᆨ'과 '盜賊'의 동의성은 명백히 입증된다.

(47) a. 二乘은 煩惱ᄅᆞᆯ 怨讎ㅅ 盜賊 사ᄆᆞᆯᄊᆡ 怨讎ㅣ라 ᄒᆞ니라 〈月十三 17a〉
b. 二乘은 煩惱로 寃讎ㅅ 도ᄌᆞᆨ 사ᄆᆞᆯᄊᆡ 怨讎ㅣ여 일ᄏᆞᆮ고(二乘은 以煩惱로 爲寃賊故로 稱怨也ᄒᆞ고) 〈法華二 201b〉

〈48〉 돗가비 對 魍魎

고유어 '돗가비'와 한자어 '魍魎'이 [魍魎] 즉 '도깨비'의 뜻을 가지고 동의 관계에 있다는 것은 다음 예문들에서 잘 확인된다. 원문 중 '呼諸魍魎'이 '돗가비 請ᄒᆞ다'로 번역되고 '求諸魍魎'이 '魍魎ᄋᆡ게 求ᄒᆞ다'로 번역된다. 그리고 '魍魎'의 자석이 '돗가비'이다. 따라서 '돗가비'와 '魍魎'의 동의성은 명백히 입증된다.

(48) a. 돗가비 請ᄒᆞ야 福ᄋᆞᆯ 비러 목숨 길오져 ᄒᆞ다가(呼諸魍魎 請乞福祐 欲冀延年) 〈釋九 36b〉 〈月九 61b〉
b. 돗가비를 제 몸이 ᄃᆞ외니 〈月曲 163〉
c. 魍魎은 돗가비니 〈月二十一 105a〉

(48) d. 殺害(104b)ᄒᆞ며…魍魎ᄋᆡ게 求호ᄆᆞᆯ 잢간도 말라 ᄒᆞ노니(愼勿殺害…求諸魍魎) 〈月二十一 105a〉
e. 無數 惡鬼와 魍魎精魅 비린 피를(124b) 먹고져 컨마른(有無數惡鬼, 及魍魎精魅, 欲食腥血) 〈月二十一 125a〉

〈49〉 돗가비 對 魘魅

고유어 '돗가비'와 한자어 '魘魅'가 [魑魅]와 [魅] 즉 '도깨비'의 뜻을 가지고 동의 관계에 있다는 것은 다음 예문들에서 잘 확인됩니다. 원문 중 '多魑魅'가 '魘魅 만ᄒᆞ다'로 번역된다. 그리고 '魅'의 자석이 '돗가비'이고 고유어 '돗가비'는 한자어 '魑魅'와 동의 관계에 있다. 따라서 '돗가비'와 '魘魅'의 동의성은 명백히 입증된다.

(49) a. 시혹 魘魅 만ᄒᆞ야 〈月二十一 91a〉
b. 或多魑魅 〈地藏菩薩本願經〉

(49) c. 魅는 돗가비니(91a) 性覺이 本來 ᄇᆞᆰ(91a)거늘 ᄇᆞᆯ고ᄆᆞᆯ 여희여 어드ᄫᅳᆯ씨 魑魅라 ᄒᆞ니라 〈月二十一 91b〉

〈50〉 두드레 對 杻械

고유어 '두드레'와 한자어 '杻械'가 [杻械] 즉 '쇠고랑'의 뜻을 가지고 동의 관계에 있다는 것은 다음 예문들에서 잘 확인된다. 원문 중 '杻械枷鎖'가 '杻械 枷鎖'로 번역되고 '杻械'의 자석이 '두드레'이다. 따라서 '두드레'와 '杻械'의 동의성은 명백히 입증된다.

(50) a. 杻械 枷鎖ㅣ 모매 믹옛거든 [杻械는 소내 믹는 남기오] 〈釋二十一 5a〉
b. 杻械 枷鎖ㅣ 모매 믹옛거든 [杻械는 두드레라] 〈月十九 25a〉
c. 杻械 枷鎖ㅣ 모매 믹여셔 [杻는 소낫 두드레오 械는 바랫 두드레오](杻械枷鎖ㅣ 檢繫其身ᄒᆞ야셔) 〈法華七 56b〉

(50) d. 손바래 杻械 ᄒᆞ야도 〈月十九 44b〉
e. 손바래 杻械를 니버도(手足애 被杻械ᄒᆞ야도) 〈法華七 89a〉

〈51〉 드틀 對 塵

고유어 '드틀'과 한자어 '塵'이 [塵] 즉 '티끌'의 뜻을 가지고 동의 관계에 있다는 것은 동일 원문의 번역인 다음 예문들에서 잘 확인된다. 원문 중 '塵'이 '드틀'로도 번역되고 '塵'으로도 번역되므로 '드틀'과 '塵'의 동의성은 명백히 입증된다.

(51) a. 드틀와 ᄣᅵ와롤 머리 여희여 〈釋二十一 49a〉
b. 塵을 머리 ᄒᆞ며 ᄣᅵ롤 여희여(遠塵離垢ᄒᆞ야) 〈法華七 151b〉

〈52〉 ᄠᅳᆮ 對 義趣/意趣

고유어 'ᄠᅳᆮ'과 한자어 '義趣 / 意趣'가 [義趣] 즉 '뜻, 義趣'의 뜻을 가지고 동의 관계에 있다는 것은 동일 원문의 번역인 동일 원문의 번역인 다음 예문들에서 잘 확인된다. 원문 중 '解其義趣'가 'ᄠᅳ들 알다'로도 번역되고 '意趣를 알다'로도 번역된다. 그리고 '隨其義趣'가 '意趣를 좇다'로도 번역되고 'ᄠᅳ들 좇다'로도 번역된다. 따라서 'ᄠᅳᆮ'과 '義趣/意趣'의 동의성은 명백히 입증된다.

(52) a. ᄠᅳ들 아라 〈釋二十一 57a〉
b. 義趣를 아라 〈月十九 111a〉
c. 그 義趣ᄅᆞᆯ 아라(解其義趣ᄒᆞ야) 〈法華七 175a〉

(52) d. ᄠᅳ들 알면 〈釋二十一 58a〉
e. 義趣를 알면 〈月十九 113a〉
f. 그 義趣 알면(解其義趣ᄒᆞ면) 〈法華七 176b〉

(52) g. 意趣ᄅᆞᆯ 조차 〈釋十九 24b〉
h. ᄠᅳ들 조차 〈月十七 73a〉
i. ᄠᅳ들 조차(隨其義趣ᄒᆞ야) 〈法華六 63a〉

〈53〉 ᄠᅳᆮ 對 情

고유어 'ᄠᅳᆮ'과 한자어 '情'이 [情] 즉 '뜻, 情'의 뜻을 가지고 同義 關係에 있다는 것은 同一 原文의 飜譯인 다음 예문들에서 잘 確認된다. 원문 중 '淨情'이 '조ᄒᆞᆫ 情'으로도 번역되고 '조ᄒᆞᆫ ᄠᅳᆮ'으로도 번역된다. 그리고 '離情'이 '情을 여희다'로도 번역되고 'ᄠᅳ들 여희다'로도 번역된다. 따라서 'ᄠᅳᆮ'과 '情'의 동의성은 명백히 입증된다.

(53) a. 더러ᄫᅳ며 조ᄒᆞᆫ 情을 니ᄌᆞ면 〈月十七 35b〉
b. 더러우며 조ᄒᆞᆫ ᄠᅳ디 니즈면(穢淨情이 忘ᄒᆞ면) 〈法華五 197b〉

(53) c. 情을 여희여 ᄢᅴᄅᆞᆯ 아ᅀᅡ 〈月十一 47a〉
d. ᄠᅳ들 여희시며 버므롬 아ᅀᆞ샤ᅀᅡ(離情去累ᄒᆞ샤ᅀᅡ) 〈法華一 101b〉

(53) e. 情에 건내ᄠᅱ며 見에 여희니 아니시면 〈月十八 35b〉
f. ᄠᅳ데 건내ᄠᅱ며 보매 여희니 아니시면(非…超情離見者ㅣ 시면) 〈法華六 149b〉

(53) g. 곧 情을 조차 境을 對혼 惑業이니 〈月十八 57a〉
h. 곧 쁘들 조차 境 對혼 惑業이니(卽隨情對境之惑業이니) 〈法華六 178b〉

(53) i. 嗔은 情에 어긔요무로 닐며 境을 對호야 나누니 〈月十九 27b〉
j. 嗔은 쁘데 어긔요몰 브터 닐며 境을 對호야 나누니(蓋嗔은 由違情而起호며 對境而生호누니) 〈法華七 61a〉

〈54〉 듣글 對 塵

고유어 '듣글'과 한자어 '塵'이 [塵] 즉 '티끌'의 뜻을 가지고 동의 관계에 있다는 것은 동일 원문의 번역인 다음 예문들에서 잘 확인된다. 원문 중 '離塵'이 '塵울 여희다'로도 번역되고 '듣글 여희다'로도 번역되므로 '듣글'과 '塵'의 동의성은 명백히 입증된다.

(54) a. 塵울 여희여 性에 도라가신 觀力이 〈月十九 23b〉
b. 듣글 여희샤 性에 도라가신 觀力의(離塵復性之觀力의) 〈法華七 52a〉

한편 '塵'이 『월인석보』와 『법화경언해』에서 모두 '塵'으로 번역된다는 것은 동일 원문의 번역인 다음 예문들에서 잘 확인된다. 원문 중 '離塵'이 '塵을 여희다'와 '塵 여희다'로 번역된다.

(54) c. 믈읫 塵을 여희디 몯호야 〈月十九 23b〉
d. 믈읫 能히 塵 여희디 몯고(凡不能離塵호고) 〈法華七 52b〉

〈55〉 디위 對 帀

고유어 '디위'와 한자어 '帀'이 [帀] 즉 '번'의 뜻을 가지고 동의 관계에 있다는 것은 동일 원문의 번역인 다음 예문들에서 잘 확인된다. 원문 중 '百千帀'이 '百千 디위'로도 번역되고 '百千 帀'으로도 번역된다. 따라서 '디위'와 '帀'의 동의성은 명백히 입증된다.

(55) a. 百千 디위 값도솝(23b)고 〈月十四 24a〉

b. 百千 帀 값도솝고(遶百千帀ᄒᆞ솝고) 〈法華三 114a〉

(55) c. 百千 디위 값도솝고 〈月十四 26b〉
d. 百千 帀 값도솝고(遶百千帀ᄒᆞ솝고) 〈法華三 120a〉

(55) e. 百千 디위 값도솝고 〈月十四 29b〉
f. 百千 帀 값도솝고(遶百千帀ᄒᆞ솝고) 〈法華三 125a〉

〈56〉 디위 對 匝

고유어 '디위'와 한자어 '匝'이 [匝] 즉 '번'의 뜻을 가지고 동의 관계에 있다는 것은 동일 원문의 번역인 다음 예문들에서 잘 확인된다. 원문 중 '百千匝'이 '百千 디위'로도 번역되고 '百千匝'으로도 번역된다. 따라서 '디위'와 '匝'의 동의성은 명백히 입증된다.

(56) a. 百千 디위 값도솝고 〈月十四 20b〉
b. 百千 匝 값도솝고[匝은 두를 씨라](繞百千匝ᄒᆞ고) 〈法華三 108a〉

〈57〉 ᄃᆞᆯ 對 名月天子

고유어 'ᄃᆞᆯ'과 한자어 '名月天子'가 [名月天子] 즉 '달'의 뜻을 가지고 동의 관계에 있다는 것은 동일 원문의 번역인 다음 예문들에서 잘 확인된다. 원문 중 '名月天子'가 '名月天子'로 번역되고 '名月天子'의 자석이 'ᄃᆞᆯ'이다. 따라서 'ᄃᆞᆯ'과 '名月天子'의 동의성은 명백히 입증된다.

(57) a. ᄯᅩ 名月天子와(5b)[名月天子ᄂᆞᆫ ᄃᆞ리라] 普香天子와[普香天子ᄂᆞᆫ 벼리라] 寶光天子와[寶光天子ᄂᆞᆫ ᄒᆡ라] 〈釋十三 6a〉
b. ᄯᅩ 名月天子와[ᄃᆞ리라] 普香天子와[벼리라] 寶光天子와[ᄒᆡ라] 〈月十一 24b〉
c. ᄯᅩ 名月天子와 普香天子와 寶(45a)光天子와(復有名月天子와 普香天子와 寶光天子와) 〈法華一 45b〉

〈58〉 ᄯᆞᆯ 對 女

고유어 'ᄯᆞᆯ'과 한자어 '女'가 [女] 즉 '딸'의 뜻을 가지고 동의 관계에 있다는 것은 동일 원문의 번역인 다음 예문들에서 잘 확인된다. 원문 중 '爲女'가 'ᄯᆞᆯ 삼다'로도 번역되고 '女 삼다'로도 번역된다. 따라서 'ᄯᆞᆯ'과 '女'의 동의성은 명백히 입증된다. 'ᄯᆞᆯ'은 [男] 즉 '아들'의 뜻을 가진 명사 '아ᄃᆞᆯ'과 의미상 대립 관계에 있다.

(58) a. 淨名佛道品에 法喜로 妻 삼고 慈悲로 ᄯᆞᆯ 삼고 誠善으로 아ᄃᆞᆯ 사ᄆᆞ시다 ᄒᆞ니 〈月十五 28b〉
b. 淨名佛道品에 法喜로 妻 사ᄆᆞ시고 慈悲로 女 사ᄆᆞ시고 誠善으로 男 사ᄆᆞ시니(淨名佛道品에 以法喜로 爲妻ᄒᆞ시고 慈悲로 爲女ᄒᆞ시고 誠善으로 爲男ᄒᆞ시니) 〈法華四 49a〉

〈59〉 ᄃᆞᆯㅎ 對 等

고유어 'ᄃᆞᆯㅎ'과 한자어 '等'이 [等] 즉 '들, 等'의 뜻을 가지고 동의 관계에 있다는 것은 동일 원문의 번역인 다음 예문들에서 잘 확인된다. 원문 중 '尸棄大梵光明大梵等'이 '尸棄大梵과 光明大梵 ᄃᆞᆯㅎ'로도 번역되고 '尸棄大梵과 光明大梵 等'으로도 번역된다. 따라서 'ᄃᆞᆯㅎ'와 '等'의 동의성은 명백히 입증된다. 'ᄃᆞᆯㅎ'과 '等'은 모두 의존명사이다.

(59) a. 娑婆世界예 위두ᄒᆞᆫ 梵天王 尸棄大梵과 光明大梵 ᄃᆞᆯ히 〈釋十三 6b〉
b. 娑婆世界主 梵天王 尸棄大梵과 光明大梵 ᄃᆞᆯ히 〈月十一 25a〉
c. 娑婆世界主 梵天王 尸棄大梵과 光明大梵 等이(娑婆世界主梵天王尸棄大梵과 光明大梵 等이) 〈法華一 45b〉

(59) d. 四衆과 天龍 人非人 等을 어엿비 너기샤 〈月十九 40b〉
e. 모ᄃᆞᆫ 四衆과 ᄯᅩ 天龍 人非人 ᄃᆞᆯᄒᆞᆯ 어엿비 너기샤(愍諸四衆과 及於天龍人非人等ᄒᆞ샤) 〈法華七 83b〉

(59) f. 憍慢 嫉妬 等엣 ᄣᅵᄂᆞᆫ 〈月十八 55a〉
g. 憍嫉 ᄃᆞᆯ햇 ᄣᅵᄂᆞᆫ(憍嫉等垢ᄂᆞᆫ) 〈法華六 176a〉

(59) h. 이 等을 爲홀씨 〈月十四 74a〉
i. 이 돌 爲혼 젼ᄎ로(爲是等故로) 〈法華三 170a〉

〈60〉 돌ㅎ 對 屬

고유어 '돌ㅎ'과 한자어 '屬'이 [屬] 즉 '들, 무리'의 뜻을 가지고 동의 관계에 있다는 것은 동일 원문의 번역인 다음 예문들에서 잘 확인된다. 원문 중 '米麵鹽醋之屬'이 '米麵이며 鹽醋 돌ㅎ'로도 번역되고 '米麵 鹽 醋 屬'으로도 번역된다. 따라서 '돌ㅎ'과 '屬'의 동의성은 명백히 입증된다. 고유어 '돌ㅎ'은 의존명사이다.

(60) a. 믈(23a)읫 求ᄒᆞ논 盆器며 米麵이며 鹽醋 돌홀 네 어려비 너기디 말며 〈月十三 12b〉
b. 여러 가짓 求호맷 盆器 米麵 鹽醋 屬올 네 疑心ᄒᆞ야 어려이 너기디 말라(諸有所須엣 盆器 米麵鹽醋之屬을 莫自疑難ᄒᆞ라) 〈法華二 211b〉

〈61〉 ᄃᆡ 對 黨

고유어 'ᄃᆡ'와 한자어 '黨'이 [黨] 즉 '곳'의 뜻을 가지고 동의 관계에 있다는 것은 동일 원문의 번역인 다음 예문들에서 잘 확인된다. 원문 중 '偏黨'이 '기운 ᄃᆡ'로도 번역되고 '기운 黨'으로도 번역되므로 'ᄃᆡ'와 '黨'의 동의성은 명백히 입증된다.

(61) a. ᄉᆞ랑이 기운 ᄃᆡ 업거든 〈月十二 32b〉
b. ᄉᆞ랑호미 기운 黨이 업스니(愛無偏黨ᄒᆞ니) 〈法華二 76a〉

〈62〉 ᄃᆡ 對 刹

고유어 'ᄃᆡ'와 한자어 '刹'이 [刹] 즉 '곳, 國土'의 뜻을 가지고 동의 관계에 있다는 것은 동일 원문의 번역인 다음 예문들에서 잘 확인된다. 원문 중 '刹不現身'이 '몸 아니 現혼 ᄃᆡ'로도 번역되고 '現身 아니ᄒᆞᆫ 刹'로도 번역된다. 따라서 'ᄃᆡ'와 '刹'의 동의성은 명백히 입증된다. '刹'은 산스크리트어 kṣetra의 음역으로 '國土, 世界, 나라, 領土, 佛國土'를 뜻하는데 漢字語의 범주에 넣어 다루려 한다.

(62) a. 몸 아니 現ᄒᆞᆫ ᄃᆡ 업서 〈釋二十一 13b〉
b. 現身 아니ᄒᆞᇙ 刹이 업스며 〈月十九 46b〉
c. 現身 아니ᄒᆞᄂᆞᆫ 刹이 업스니(無刹不現身ᄒᆞᄂᆞ니) 〈法華七 92b〉

〈63〉 말밤 對 鏃鑗

고유어 '말밤'과 한자어 '鏃鑗'가 [鏃鑗] 즉 '쇠 채찍, 쇠로 만든 채찍'의 뜻을 가지고 동의 관계에 있다는 것은 다음 예문들에서 잘 확인된다. 원문 중 '飛鐵鏃鑗'가 '鐵鏃鑗를 ᄂᆞᆯ이다'로 번역된다. 그리고 '鏃鑗'의 자석이 '말밤'이다. 따라서 '말밤'과 '鏃鑗'의 동의성은 명백히 입증된다.

(63) a. 시혹 地獄이 이쇼ᄃᆡ 鐵鏃鑗를 ᄂᆞᆯ이며 〈月二十一 80b〉
b. 或有地獄 飛鐵鏃鑗 〈地藏菩薩本願經〉
c. 鏃鑗ᄂᆞᆫ 말밤미라 〈月二十一 80b〉

〈64〉 먹 對 墨

고유어 '먹'과 한자어 '墨'이 [墨] 즉 '먹'의 뜻을 가지고 동의 관계에 있다는 것은 동일 원문의 번역인 다음 예문들에서 잘 확인된다. 원문 중 '爲墨'이 '墨 ᄆᆡᇰᄀᆞᆯ다'로도 번역되고 '먹 ᄆᆡᇰᄀᆞᆯ다'로도 번역되므로 '먹'과 '墨'의 동의성은 명백히 입증된다.

(64) a. 아모 사ᄅᆞ미나 ᄀᆞ라 墨 ᄆᆡᇰᄀᆞ라 〈月十四 8a〉
b. 아마커나 사ᄅᆞ미 ᄀᆞ라 먹 ᄆᆡᇰᄀᆞ라(假使有人이 磨以爲墨ᄒᆞ야) 〈法華三 86a〉

(64) c. 地種墨(8a)을 다ᄒᆞ면 〈月十四 8b〉
d. 地種 먹을 다ᄒᆞ면(盡地種墨ᄒᆞ면) 〈法華三 86a〉

〈65〉 몸 對 體

고유어 '몸'과 한자어 '體'가 [體] 즉 '몸'의 뜻을 가지고 동의 관계에 있다는 것은 동일 원문의 번역인 다음 예문들에서 잘 확인된다. 원문 중 '全體'가 '體 오로'로도 번역되고 '온 몸'으로도 번역되므로 '몸'과 '體'의 동의성은 명백히 입증된다.

(65) a. 體 오로 무듧 저기 〈月十八 40a〉
b. 온 모ᄆᆞᆯ 무두매 富ᄒᆞ얀(全體而坑之ᄒᆞ얀) 〈法華六 154b〉

〈66〉 뫼ㅎ 對 山

고유어 '뫼ㅎ'와 한자어 '山'이 [山] 즉 '산'의 뜻을 가지고 동의 관계에 있다는 것은 동일 원문의 번역인 다음 예문들에서 잘 확인된다. 원문 중 '入山'의 '山'이 '뫼ㅎ'로도 번역되고 '山'으로도 번역된다. '石諸山'이 '돌콰 뫼ㅎ'로도 번역되고 '돌히며 山ᄃᆞᆯㅎ'로도 번역된다. 그리고 '逾於山'이 '山ᄋᆡ셔 더으다'로도 번역되고 '뫼해셔 더으다'로도 번역된다. 따라서 '뫼ㅎ'와 '山'의 동의성은 명백히 입증된다.

(66) a. 阿育王ᄋᆡ 아ᅀᆞ 善容이 뫼해 山行갯다가 〈釋二十四 25b〉
b. 阿育王의 아ᅀᆞ 일훔 善容이 山ᄋᆡ 드러 山行ᄒᆞ다가 〈月二十五 13a〉
c. 阿育王弟名善容入山遊獵 〈釋迦譜 卷3 25. 阿育王弟出家造石像記〉

(66) d. ᄒᆞᆰ과 돌콰 뫼콰 더러ᄫᅳᆫ 거시 ᄀᆞᄃᆞᆨᄒᆞ고 〈釋二十 37a〉
e. ᄒᆞᆯ기며 돌히며 山ᄃᆞᆯ히며 더러ᄫᅳᆫ 거시 ᄀᆞᄃᆞᆨᄒᆞ고 〈月十八 71a〉
f. 土石諸山애 더러운 거시 ᄀᆞᄃᆞᆨᄒᆞ고(土石諸山애 穢惡이 充滿하고) 〈法華七 11b〉

(66) g. 노포미 山ᄋᆡ셔 더으(29b)니 업고 〈月十五 30a〉
h. 노포미 뫼해셔 더으니 업스며(高莫逾於山ᄒᆞ며) 〈法華四 51a〉

〈67〉 미혹 對 愚癡

고유어 '미혹'과 한자어 '愚癡'가 [愚癡] 즉 '어리석음'의 뜻을 가지고 동의 관계에 있다는 것은 동일 원문의 번역인 다음 예문들에서 잘 확인된다. 원문 중 '多愚癡'가 '미호기 하다'로도 번역되고 '愚癡 만ᄒᆞ다' 및 '愚癡 하다'로도 번역된다. 따라서 '미혹'과 '愚癡'의 동의성은 명백히 입증된다.

(67) a. ᄒᆞ다가 미호기 하거든 〈釋二十一 7a〉
b. ᄒᆞ다가 愚癡 만(27b)ᄒᆞ야도 〈月十九 28a〉
c. ᄒᆞ다(62a)가 愚癡 하도(若多愚癡ᄒᆞ야도) 〈法華七 62b〉

〈68〉 미혹 對 癡

고유어 '미혹'과 한자어 '癡'가 [癡] 즉 '어리석음'의 뜻을 가지고 동의 관계에 있다는 것은 동일 원문의 번역인 다음 예문들에서 잘 확인된다. 원문 중 '離癡'가 '미혹 여희다'로도 번역되고 '癡 여희다'로도 번역되므로'미혹'과 '癡'의 동의성은 명백히 입증된다.

(68) a. 곧 미혹 여희요(7a)ᄆᆞᆯ 得ᄒᆞ리니 〈釋二十一 7b〉
b. 곧 癡ᄅᆞᆯ 여희리라 〈月十九 28a〉
c. 곧 癡 여희요ᄆᆞᆯ 得ᄒᆞ리니(便得離癡ᄒᆞ리니) 〈法華七 62b〉

〈69〉 밑 對 根源

고유어 '밑'과 한자어 '根源'이 [本] 즉 '밑, 근원'의 뜻을 가지고 同義 關係에 있다는 것은 同一 原文의 飜譯인 다음 예문들에서 잘 確認된다. 원문 중 '德本'이 '德ㅅ 根源'으로도 번역되고 '德 밑'으로도 번역된다. 그리고 '相本'이 '相ㅅ 根源'으로도 번역되고 '相ㅅ 밑'으로도 번역된다. 따라서 '밑'과 '根源'의 동의성은 명백히 입증된다.

(69) a. 한 德ㅅ 根源을 시(4a)므샤 〈釋十三 4b〉
b. 한 德ㅅ 根源을 시므샤 〈月十一 20b〉
c. 한 德 미틀 시므샤(植衆德本ᄒᆞ샤) 〈法華一 37b〉

(69) d. 믈읫 됴ᄒᆞᆫ 根源을 시므시니라 〈釋十三 30b〉 〈月十一 46a〉
e. 여러 가짓 善 미틀 시므니라(植諸善本ᄒᆞ니라) 〈法華一 99b〉

(69) f. 다 德 根源을 오래 심거 〈月十二 11b〉
g. 다 오래 德 미틀 심거(皆久植德本ᄒᆞ야) 〈法華二 37b〉

(69) h. 相ㅅ 根源이 性이오 〈月十一 100b〉
i. 相ㅅ 미티 性이오(相本이 爲性이오) 〈法華一 148a〉

(69) j. 한 受苦ㅅ 根源이라 〈月十二 23a〉
k. 한 苦ㅅ 미티라(爲衆苦之本이라) 〈法華二 58b〉

(69) l. 壽量ㅅ 根源이 ᄠᅳ디 기퍼 信호미 어려ᄫᅳᆯᄊᆡ 〈月十七 2b〉
m. 壽量ㅅ 미티 ᄠᅳ디 기퍼 信호미 어려울ᄊᆡ(以壽量之本이 趣深難信故로) 〈法華五 127b〉

한편 '本'이 『月印釋譜』와 『法華經諺解』에서 모두 '밑'으로도 번역되고 모두 '根源'으로도 번역된다는 것은 동일 원문의 번역인 다음 예문들에서 잘 확인된다. 원문 중 '爲本'이 모두 '미틀 삼다'로 번역되고 '煩惱之本'이 모두 '煩惱ㅅ 根源'으로 번역된다.

(69) n. 大智로 미틀 사ᄆᆞᆯᄊᆡ 〈月十二 10a〉
o. 大智로 미틀 사ᄆᆞᆫ 젼ᄎᆞ로(以大智로 爲本故로) 〈法華二 36a〉

(69) p. 모미 道ㅅ 미티라 〈月十二 34a〉
q. 모미 道ㅅ 미티라(蓋身爲道本이라) 〈法華二 79a〉

(69) r. 三界 煩惱ㅅ 根源이 ᄃᆞ외니 〈月十一 16a〉
s. 三界 煩惱ㅅ 根源이 ᄃᆞ외(24b)ᄂᆞ니라(爲三界煩惱之本ᄒᆞᄂᆞ니라) 〈法華一 25a〉

(69) t. 根源 니ᄅᆞ와ᄃᆞ샤ᄆᆞᆯ 바ᄅᆞ 뵈노라 ᄒᆞ시고 〈月十一 11b〉
u. 根源 니ᄅᆞ샨 ᄆᆞᅀᆞᄆᆞᆯ 바ᄅᆞ 뵈샤ᄆᆞᆯ 爲ᄒᆞ시고(爲直示本起ᄒᆞ시고) 〈法華一 21a〉

〈70〉 밑 對 本

고유어 '밑'과 한자어 '本'이 [本] 즉 '밑'의 뜻을 가지고 동의 관계에 있다는 것은 동일 원문의 번역인 다음 예문들에서 잘 확인된다. 원문 중 '本…不存'이 '미티 없다'로도 번역되고 '本이 잇디 아니ᄒᆞ다'로도 번역된다. 따라서 '밑'과 '本'의 동의성은 명백히 입증된다.

(70) a. 미티 ᄒᆞ마 업슬씨 〈月十四 37a〉
b. 本이 ᄒᆞ마 잇디 아니ᄒᆞᆯ씨(蓋本旣不存ᄒᆞᆯ씨) 〈法華三 139a〉

(70) c. 미튼 實엔 量 업스시리라 〈月十七 4a〉
d. 本ᄋᆞᆫ 實로 量 업스샷다(本實無量이샷다) 〈法華五 130a〉

〈71〉 ᄆᆞᄅᆞ 對 要

고유어 'ᄆᆞᄅᆞ'와 한자어 '要'가 [要] '사북, 근본'의 뜻을 가지고 동의 관계에 있다는 것은 동일 원문의 번역인 다음 예문들에서 잘 확인된다. 원문 중 '得其要'가 '그 要ᄅᆞᆯ 得ᄒᆞ다'로도 번역되고 'ᄆᆞᆯᄅᆞᆯ 得ᄒᆞ다'로도 번역되므로 'ᄆᆞᄅᆞ'와 '要'의 동의성은 명백히 입증된다.

(71) a. 그 要ᄅᆞᆯ 得디 몯ᄒᆞ야 〈月十三 23a〉
b. ᄆᆞᆯᄅᆞᆯ 得디 몯ᄒᆞ야(不得其要ᄒᆞ야) 〈法華二 210b〉

〈72〉 ᄆᆞᄉᆞᆶ 對 聚落

고유어 'ᄆᆞᄉᆞᆶ'과 한자어 '聚落'이 [聚落] 즉 '마을'의 뜻을 가지고 동의 관계에 있다는 것은 동일 원문의 번역인 다음 예문들에서 잘 확인된다. 원문 중 '聚落'이 '聚落'으로도 번역되고 'ᄆᆞᄉᆞᆶ'로도 번역되므로 'ᄆᆞᄉᆞᆶ'과 '聚落'의 동의성은 명백히 입증된다.

(72) a. 國邑 聚落애 〈月十二 20a〉
b. 나라히어나 ᄀᆞ올히어나 ᄆᆞᄉᆞᆯ해(若國邑聚落애) 〈法華二 54a〉

한편 '聚落'이 『月印釋譜』 권12와 『法華經諺解』에서 모두 'ᄆᆞᅀᆞᆯㅎ'로 번역된다는 것은 동일 원문의 번역인 다음 예문들에서 잘 확인된다. 원문 중 '有聚落'이 모두 'ᄆᆞᅀᆞᆯ히 잇다'로 번역된다.

(72) c. ᄀᆞ올해 ᄆᆞᅀᆞᆯ히 잇ᄂᆞ니 〈月十二 20b〉
d. ᄀᆞ올해 ᄆᆞᅀᆞᆯ히 잇ᄂᆞ니(邑有聚落ᄒᆞ니) 〈法華二 54b〉

〈73〉 ᄆᆞᅀᆞᆷ 對 心

고유어 'ᄆᆞᅀᆞᆷ'과 한자어 '心'이 [心] 즉 '마음'의 뜻을 가지고 동의 관계에 있다는 것은 동일 원문의 번역인 다음 예문들에서 잘 확인된다. 원문 중 '心境'이 'ᄆᆞᅀᆞᆷ과 境'으로도 번역되고 '心과 境'으로도 번역되므로 'ᄆᆞᅀᆞᆷ'과 '心'의 동의성은 명백히 입증된다.

(73) a. ᄆᆞᅀᆞᆷ과 境괘 서르 ᄉᆞᄆᆞ차 〈月十八 55b〉
b. 心과 境괘 서르 ᄉᆞᄆᆞ차(心境이 交徹ᄒᆞ야) 〈法華六 177a〉

〈74〉 ᄆᆞᅀᆞᆷ 對 心地

고유어 'ᄆᆞᅀᆞᆷ'과 '心地'가 [心地] 즉 '마음의 본바탕'의 뜻을 가지고 동의 관계에 있다는 것은 동일 원문의 번역인 다음 예문들에서 잘 입증된다. 원문 중 '糞穢心地'가 'ᄆᆞᅀᆞᄆᆞᆯ 더러ᄫᅵ다'로도 번역되고 '心地ᄅᆞᆯ 더러이다'로도 번역된다. 따라서 'ᄆᆞᅀᆞᆷ'과 '心地'의 동의성은 명백히 입증된다.

(74) a. 煩惱惑業이 ᄆᆞᅀᆞᄆᆞᆯ 더러ᄫᅧᆺ거든 〈月十三 21a〉
b. 煩惱惑業이 心地ᄅᆞᆯ 더러옛거든(煩惱惑業이 糞穢心地어든) 〈法華二 207a〉

한편 '心地'가 『월인석보』와 『법화경언해』에서 모두 '心地'로 번역된다는 것은 동일 원문의 번역인 다음 예문들에서 잘 확인된다. 원문 중 '衆生心地'가 모두 '衆生ᄋᆡ 心地'로 번역된다.

(74) c. 衆生의 心地를 莊嚴ᄒᆞ샤미라 〈月十三 14b〉
d. 衆生의 心地 싁싁게 ᄒᆞ샤미라(嚴衆生心地也ㅣ라) 〈法華二 197a〉

(74) e. 依報 感호미 다 心地를 븓ᄂᆞ니 〈月十三 62b〉
f. 依報 感호미 다 心地를 븓ᄂᆞ니(依報所感이 皆由心地니) 〈法華三 59b〉

〈75〉 ᄆᆞᆯ 對 馬

고유어 'ᄆᆞᆯ'과 한자어 '馬'가 [馬] 즉 '말'의 뜻을 가지고 동의 관계에 있다는 것은 동일 원문의 번역인 다음 예문들에서 잘 확인된다. 원문 중 '象馬'가 '象이며 ᄆᆞᆯ'로도 번역되고 '象馬'로도 번역되므로 'ᄆᆞᆯ'과 '象'의 동의성은 명백히 입증된다. 'ᄆᆞᆯ'은 몽고어 'morin'의 借用이지만 固有語로서의 확고한 지위를 얻었다.

(74) a. 됴ᄒᆞᆫ 象이며 ᄆᆞ리며 술위며 보ᄇᆡ옛 더을 어드며 〈釋十九 5b〉
b. 됴ᄒᆞᆫ 上妙ᄒᆞᆫ 象馬車乘 珍寶輦輿(50b)를 得ᄒᆞ며 〈月十七 51a〉
c. 됴ᄒᆞᆫ 上妙 象馬 車乘과 珍寶 輦輿를 得ᄒᆞ며(得好上妙象馬車乘과 珍寶輦輿ᄒᆞ며) 〈法華六 11a〉

(74) d. 象과 ᄆᆞᆯ와 술위와 七寶 宮殿 樓閣ᄃᆞᆯᄒᆞᆯ 주어 〈釋十九 3a〉
e. ᄯᅩ 象馬 車乘과 七寶로 일운 宮殿 樓閣等을 주어(與…及象馬車乘과 七寶所成宮殿樓閣等ᄒᆞ야) 〈法華六 6b〉

〈76〉 바라 對 銅鈸

고유어 '바라'와 한자어 '銅鈸'이 [銅鈸] 즉 '바라, 銅鈸'의 뜻을 가지고 동의 관계에 있다는 것은 동일 원문의 번역인 다음 예문들에서 잘 확인된다. 원문 중 '鐃銅鈸'이 '鐃와 銅鈸'로 번역된다. 그리고 '銅鈸'의 자석이 '바라'이다. 따라서 '바라'와 '銅鈸'의 동의성은 명백히 입증된다.

(76) a. 簫와 笛과 琴과 箜篌와 琵琶와 鐃와 銅鈸와 이러ᄐᆞᆺᄒᆞᆫ 한 貴ᄒᆞᆫ 소리로 供養(52b)ᄒᆞᅀᆞᆸ거

나 〈釋十三 53a〉

b. 簫와 뎌콰 琴과 箜篌와 琵琶와 鐃와 銅鈸와 이 ᄀᆞᄐᆞᆫ 한 微妙ᄒᆞᆫ 소리ᄅᆞᆯ 다 가져 供養커나(簫笛琴箜篌와 琵琶鐃銅鈸와 如是衆妙音을 盡持以供養커나) 〈法華一 221b〉

(76) c. 銅鈸ᄋᆞᆫ 바래라 〈釋十三 53a〉

〈77〉 버워리 對 瘖瘂

고유어 '버워리'와 한자어 '瘖瘂'가 [瘖瘂] 즉 '벙어리'의 뜻을 가지고 동의 관계에 있다는 것은 동일 원문의 번역인 다음 예문들에서 잘 확인된다. 원문 중 '不瘖瘂'가 '버워리 아니 ᄃᆞ외다'로도 번역되고 '瘖瘂 아니ᄒᆞ다'로도 번역되므로 '버워리'와 '瘖瘂'의 동의성은 명백히 입증된다.

(77) a. 버워리 아니 ᄃᆞ외며 〈釋十九 6b〉

b. 乃終내 버워리 아니 ᄃᆞ외며 〈月十七 52a〉

c. 내죵내 瘖瘂 아니ᄒᆞ며(終不瘖瘂ᄒᆞ며) 〈法華六 13b〉

〈78〉 별 對 普香天子

고유어 '별'과 한자어 '普香天子'가 [普香天子] 즉 '별'의 뜻을 가지고 동의 관계에 있다는 것은 동일 원문의 번역인 다음 예문들에서 잘 확인된다. 원문 중 '普香天子'가 '普香天子'로 번역되고 '普香天子'의 자석이 '별'이다. 따라서 '별'과 '普香天子'의 동의성은 명백히 입증된다.

(78) a. 또 名月天子와(5b)[名月天子ᄂᆞᆫ ᄃᆞ리라] 普香天子와[普香天子ᄂᆞᆫ 벼리라] 寶光天子와[寶光天子ᄂᆞᆫ ᄒᆡ라] 〈釋十三 6a〉

b. 또 名月天子와[ᄃᆞ리라] 普香天子와[벼리라] 寶光天子와[ᄒᆡ라] 〈月十一 24b〉

c. 또 名月天子와 普香天子와 寶(45a)光天子와(復有名月天子와 普香天子와 寶光天子와) 〈法華一 45b〉

〈79〉 보ᄇᆡ 對 珍寶

고유어 '보빅'와 한자어 '珍寶'가 [珍寶] 즉 '보배'의 뜻을 가지고 동의 관계에 있다는 것은 동일 원문의 번역인 다음 예문들에서 잘 확인된다. 원문 중 '四億萬兩珍寶'가 '四億萬兩ㅅ 보배'로도 번역되고 '四億萬兩 珍寶'로도 번역된다. '珍寶輦輿'가 '보빅옛 덩'으로도 번역되고 '珍寶 輦輿'로도 번역된다. 그리고 '珍寶物'이 '珍寶앳 것'으로도 번역되고 '보빅 것'으로도 번역된다. 따라서 '보빅'와 '珍寶'의 동의성은 명백히 입증된다.

(79) a. 袈裟(48a)와 四億萬兩ㅅ 보빅로 〈釋二十四 48b〉
b. 또 三衣와 四億萬兩 珍寶로 〈月二十五 130a〉
c. 復以三衣幷四億萬兩珍寶 〈釋迦譜 卷5 31. 阿育王造八萬四千塔記〉

(79) d. 또 四十億萬兩ㅅ 보빅로 〈釋二十四 48b〉
e. 또 四十億萬兩 珍寶로 〈月二十五 130a〉
f. 復以四十億萬兩珍寶 〈釋迦譜 卷5 31. 阿育王造八萬四千塔記〉

(79) g. 됴흔 象이며 모리며 술위며 보빅옛 더을 어드며 〈釋十九 5b〉
h. 됴흔 上妙 象馬 車乘과 珍寶 輦輿를 得ᄒᆞ며(得好上妙象馬車乘과 珍寶輦輿ᄒᆞ며) 〈法華六 11a〉

(79) i. 여러 가짓 珍寶앳 거스로 〈月十八 45a〉
j. 여러 가짓 보빅 거스로(以…諸珍寶物로) 〈法華六 160b〉

(79) k. 金銀 珍寶ㅣ 倉庫애 ᄀᆞ득ᄒᆞ야 넚듀딕 〈月十三 10a〉
l. 金銀 보빅 倉庫애 ᄀᆞ득ᄒᆞ야 넚듀딕(金銀珍寶ㅣ 倉庫애 盈溢호딕) 〈法華二 189b〉

〈80〉 보빅 對 寶

고유어 '보빅'와 한자어 '寶'가 [寶] 즉 '보배'의 뜻을 가지고 동의 관계에 있다는 것은 동일 원문의 번역인 다음 예문들에서 잘 확인된다. 원문 중 '求…寶'가 '보빅 求ᄒᆞ다'로도 번역되고 '寶 求ᄒᆞ다'로도 번역되므로 두 명사 '보빅'와 '寶'의 동의성은 명백히 입증된다.

(80) a. 百千萬億 衆生이 金 銀 瑠璃 硨磲 瑪瑙 珊瑚 琥珀 眞珠 等 보ᄇᆡ 求ᄒᆞ야 〈釋二十一 3a〉
b. ᄒᆞ다가 百千億萬(21b) 衆生이 金 銀 瑠璃 硨磲 瑪瑙 珊瑚 琥珀 眞珠 等 보배 求호ᇙ 爲ᄒᆞ야 〈月十九 22a〉
c. ᄒᆞ다가 百千億萬 衆生이 金 銀 瑠璃 硨磲 瑪瑙 珊瑚 琥珀 眞珠 等寶 求호ᇙ 爲ᄒᆞ야(若有百千萬億衆生이 爲求金銀瑠璃硨磲瑪瑙珊瑚琥珀眞珠等寶ᄒᆞ야) 〈法華七 50a〉

한편 '寶'가 『월인석보』와 『법화경언해』에서 모두 '보ᄇᆡ'로 번역된다는 것은 동일 원문의 번역인 다음 예문들에서 잘 확인된다. 원문 중 '寶飾'이 모두 '보ᄇᆡ로 ᄭᅮ미다'로 번역된다.

(80) d. 奴婢와 술위와 보ᄇᆡ로 ᄭᅮ뮨 輦과로 〈月十一 2a〉
e. 奴婢와(76b) 술위와 보ᄇᆡ로 ᄭᅮ뮨 輦輿로(奴婢車乘과 寶飾輦輿로) 〈法華一 77a〉

〈81〉 부텨 對 佛

고유어 '부텨'와 한자어 '佛'이 [佛] 즉 '부처'의 뜻을 가지고 동의 관계에 있다는 것은 동일 원문의 번역인 다음 예문들에서 잘 확인된다. 원문 중 '二千億佛'이 '二千億 부텨'로도 번역되고 '二千億 佛'로도 번역된다. 그리고 '佛世尊'이 '佛 世尊'으로도 번역되고 '부텨 世尊'으로도 번역된다. 따라서 '부처'와 '佛'의 동의성은 명백히 입증된다. '부텨'와 '佛'은 범어 'buddha'에서 온 것이지만 '부텨'가 固有語化되고 '佛'이 漢字語化된 것으로 보았다.

(81) a. 二千億 부텨를 맛나ᅀᆞᄫᆞ니 〈釋十九 33a〉 〈月十七 88b〉
b. 二千億 佛을 맛나ᅀᆞ오니(値二千億佛ᄒᆞᅀᆞ오니) 〈法華六 85b〉

(81) c. 無量百千萬億 부텨ᄭᅴ 〈月十二 11b〉
d. 無量百千萬億 佛ㅅ게(於無量百千萬億佛所애) 〈法華二 37b〉

(81) e. 오직 佛 世尊이ᅀᅡ 〈月十五 4a〉
f. 오직 부텨 世尊이ᅀᅡ(唯佛世尊이ᅀᅡ) 〈法華四 6a〉

(81) g. 뎌 某甲 佛이 ᄒᆞᆫ가지로 이 寶塔을 열오져 ᄒᆞ시ᄂᆞ이다 〈月十五 81b〉
h. 뎌 某甲 부톄 이 寶塔으로 ᄒᆞᆫ가지로 여ᅀᆸ고져 ᄒᆞ시ᄂᆞ이다 (彼某甲佛이 與欲開此寶塔ᄒᆞ시ᄂᆞ이다) 〈法華四 129b〉

한편 '佛'이 『月印釋譜』 권12와 『法華經諺解』에서 모두 '부텨'로 번역된다는 것은 동일 원문의 번역인 다음 예문들에서 잘 확인된다. 원문 중 '佛佛'이 모두 '부텨와 부텨'로 번역된다.

(81) i. 부텨와 부텨왜 〈月十二 13a〉
j. 부텨와 부텨왜(佛佛이) 〈法華二 39b〉

〈82〉 부텨 對 佛氏

고유어 '부텨'와 한자어 '佛氏'가 [佛氏] 즉 '부처'의 뜻을 가지고 동의 관계에 있다는 것은 동일 원문의 번역인 다음 예문들에서 잘 확인된다. 원문 중 '特佛氏'가 '부텨ᄲᅳᆫ'으로도 번역되고 '오직 佛氏ᄲᅳᆫ'으로도 번역된다. 따라서 '부텨'와 '佛氏'의 동의성은 명백히 입증된다.

(82) a. 부텨ᄲᅮ니 아니샤 〈月十八 32a〉
b. 오직 佛氏ᄲᅳᆫ 아니라(非特佛氏也ㅣ라) 〈法華六 144b〉

〈83〉 불휘 對 根

고유어 '불휘'와 한자어 '根'이 [根] 즉 '뿌리, 根本'의 뜻을 가지고 同義 關係에 있다는 것은 同一 原文의 飜譯인 다음 예문들에서 잘 確認된다. 원문 중 '大根'이 '큰 불휘'로도 번역되고 '큰 根'으로도 번역되므로 '불휘'와 '根'의 동의성은 명백히 입증된다.

(83) a. 큰 불휠씨 〈月十一 44a〉
b. 큰 根일씨(大根故로) 〈法華一 37b〉

(83) c. 불휘ᄂᆞᆫ 種性을 가ᄌᆞᆯ비시고 〈月十三 47a〉

d. 根은 種性을 가즐비시고(根은 譬種性ᄒᆞ시고) 〈法華三 12b〉

〈84〉 불휘 對 根源

고유어 '불휘'와 한자어 '根源'이 [根] '뿌리, 근원'의 뜻을 가지고 同義 關係에 있다는 것은 同一 原文의 飜譯인 다음 예문들에서 잘 確認된다. 원문 중 '不善根'이 '됴티 몯ᄒᆞᆫ 根源'으로도 번역되고 '됴티 아니ᄒᆞᆫ 불휘'로도 번역되므로 '불휘'와 '根源'의 동의성은 명백히 입증된다.

(84) a. 여러 가짓 됴티 몯ᄒᆞᆫ 根源을 일울씨 〈月十一 117a〉
b. 여러 가짓 됴티 아니ᄒᆞᆫ 불휘를 일울씨(成就諸不善根故로) 〈法華一 187b〉

〈85〉 빛 對 色

고유어 '빛'과 한자어 '色'이 [色] 즉 '빛'의 뜻을 가지고 동의 관계에 있다는 것은 동일 원문의 번역인 다음 예문들에서 잘 확인된다. 원문 중 '色所不劫'이 '비치 劫디 몯ᄒᆞ다'로도 번역되고 '色이 劫디 몯ᄒᆞ다'로도 번역된다. 그리고 '色香'이 '빗과 香'으로도 번역되고 '色香'으로도 번역된다. 따라서 '빛'과 '色'의 동의성은 명백히 입증된다.

(85) a. 비치 劫디 몯ᄒᆞᄂᆞᆫ 히믈 더으시니 〈月十九 27a〉
b. 色이 劫디 몯ᄒᆞᄂᆞᆫ 히므로 더으신 다시니(由…色所不劫之力으로 加之시니) 〈法華七 60a〉

(85) c. 色香美味 다 ᄀᆞ즈닐 求ᄒᆞ야 〈月十七 17b〉
d. 빗과 香과 됴ᄒᆞᆫ 마시 다 ᄀᆞ즈닐 求ᄒᆞ야(色香美味皆悉具足ᄒᆞ야) 〈法華五 153b〉

한편 '色'이 『월인석보』와 『법화경언해』에서 모두 '色'으로 번역된다는 것은 동일 원문의 번역인 다음 예문들에서 잘 확인된다. 원문 중 '色劫'이 '色ᄋᆡ 劫홈'과 '色의 劫홈'으로 번역된다.

(85) e. 色ᄋᆡ 劫호미 ᄃᆞ외ᄂᆞ니 〈月十九 27a〉
f. 色의 劫호미 ᄃᆞ외ᄂᆞ니(爲色의 劫ᄒᆞᄂᆞ니) 〈法華七 60a〉

〈86〉 비홋 對 習

고유어 '비홋'과 한자어 '習'이 [習] 즉 '익힘'의 뜻을 가지고 있다는 것은 동일 원문의 번역인 다음 예문들에서 잘 확인된다. 원문 중 '異習'이 '다른 비홋'으로도 번역되고 '다른 習'으로도 번역되므로 '비홋'과 '習'의 동의성은 명백히 입증된다.

(86) a. 다른 習을 能히 通達ᄒᆞ야 〈月十七 67a〉
b. 能히 다른 비ᄒᆞᆺ 通達ᄒᆞ야(能通達異習ᄒᆞ야) 〈法華六 44b〉

〈87〉 사름 對 百姓

고유어 '사름'과 한자어 '百姓'이 [人民] 즉 '백성'의 뜻을 가지고 동의 관계에 있다는 것은 동일 원문의 번역인 다음 예문들에서 잘 확인된다. 원문 중 '其人民'이 '그에ᄉ 百姓'으로도 번역되고 '그에ᄉ 사름'으로도 번역된다. 따라서 '사름'과 '百姓'의 동의성은 명백히 입증된다.

(87) a. 뎌 부텻 목숨과 그에ᄉ 百姓이 無量無邊 阿僧祇劫일ᄊᆡ 〈月七 68b〉
b. 뎌 부텻 목숨과 그에ᄉ 사ᄅᆞ미 無量無邊 阿僧祇劫일ᄊᆡ(彼佛壽命과 及其人民이 無量無邊 阿僧祇劫일ᄊᆡ 故) 〈阿彌 13b〉

〈88〉 사름 對 士

고유어 '사름'과 한자어 '士'가 [士] 즉 '사람'의 뜻을 가지고 동의 관계에 있다는 것은 다음 예문들에서 잘 확인된다. 원문 중 '達士'가 '通達ᄒᆞᆫ 士'로 번역되고 '고ᄫᆞᆫ 사름'은 '曲士'의 번역이다. 따라서 '사름'과 '士'의 동의성은 명백히 입증된다. 예문 (a)는 '曲士不可以語於道者束於教也'의 번역이다.

(88) a. 고ᄫᆞᆫ 사름ᄃᆞ려 道 니ᄅᆞ디 몯호ᄆᆞᆫ ᄀᆞᄅᆞ쵸매 뭇겨 이실ᄊᆡ니라 〈法華三 156b〉
b. 通達ᄒᆞᆫ 士ㅣ 아니라(非通士也ㅣ라) 〈法華三 156b〉

〈89〉 사ᄅᆞᆷ 對 人民

고유어 '사ᄅᆞᆷ'과 한자어 '人民'이 [人民] 즉 '백성'의 뜻을 가지고 동의 관계에 있다는 것은 동일 원문의 번역인 다음 예문들에서 잘 확인된다. 원문 중 '其土人民'이 '그 ᄯᅡᆺ 人民'으로도 번역되고 '그 ᄯᅡᆺ 사ᄅᆞᆷ'으로도 번역된다. 따라서 '사ᄅᆞᆷ'과 '人民'의 동의성은 명백히 입증된다.

(89) a. 그 ᄯᅡᆺ 人民이 다 寶臺와 珍妙樓閣애 이시며 〈月十三 66b〉
b. 그 ᄯᅡᆺ 사ᄅᆞ미 다 寶臺 珍妙樓閣애 이시며(其土人民이 皆處寶臺珍妙樓閣ᄒᆞ며) 〈法華三 68b〉

〈90〉 사홈 對 鬪諍

고유어 '사홈'과 한자어 '鬪諍'이 [鬪諍] 즉 '말다툼'의 뜻을 가지고 동의 관계에 있다는 것은 동일 원문의 번역인 다음 예문들에서 잘 확인된다. 원문 중 '鬪諍'이 '鬪諍'으로도 번역되고 '사홈'으로도 번역되므로 '사홈'과 '鬪諍'의 동의성은 명백히 입증된다.

(90) a. 鬪諍이 구드면 〈釋二十 27a〉
b. 鬪諍이 堅固ᄒᆞ면 〈月十八 54b〉
c. 사호미 구드면(鬪諍이 堅固ᄒᆞ면) 〈法華六 174b〉

〈91〉 새 對 鳥

고유어 '새'와 한자어 '鳥'가 [鳥] 즉 '새'의 뜻을 가지고 동의 관계에 있다는 것은 동일 원문의 번역인 다음 예문들에서 잘 확인된다. 원문 중 '雜色之鳥'가 '雜色鳥'로도 번역되고 '雜色 새'로도 번역된다. 따라서 '새'와 '鳥'의 동의성은 명백히 입증된다.

(91) a. 샹녜 갓갓 奇妙ᄒᆞᆫ 雜色鳥ㅣ…共命鳥ㅣ 〈月七 66a〉
b. 샹녜 갓갓 奇(10a)妙ᄒᆞᆫ 雜色새…共命鳥ㅣ 잇ᄂᆞ니(常有種種奇妙雜色之鳥…共命鳥ᄒᆞ니) 〈阿彌 10a〉

〈92〉 새옴 對 嫉妬

고유어 '새옴'과 한자어 '嫉妬'가 [嫉妬] 즉 '질투'의 뜻을 가지고 동의 관계에 있다는 것은 동일 원문의 번역인 다음 예문들에서 잘 확인된다. 원문 중 '嫉妬'가 '새옴'으로도 번역되고 '嫉妬'로도 번역되므로 '새옴'과 '嫉妬'의 동의성은 명백히 입증된다.

(92) a. 쁜 되며 새옴ᄃᆞᆯ히 어즈류미 아니 ᄃᆞ외야 〈釋二十 27b〉
b. 憍慢 嫉妬 여러 가짓 �의 보차미 아니 ᄃᆞ외야(不爲憍慢嫉妬諸垢의 所惱하야) 〈法華六 175a〉

(92) c. 새옴과 앗곰과 憍慢괘 업스니잇가 〈釋二十 43b〉
d. 嫉妬 憍慢이 하디 아니ᄒᆞ니잇가 아니잇가(無多…嫉妬憍慢ᄒᆞ니잇가 不ㅣ 잇가) 〈法華七 20b〉

〈93〉 세ㅎ 對 三

고유어 '세ㅎ'와 한자어 '三'이 [三] 즉 '셋, 三'의 뜻을 가지고 동의 관계에 있다는 것은 동일 원문의 번역인 다음 예문들에서 잘 확인된다. 원문 중 '會三'이 '三을 뫼호다'로도 번역되고 '세흘 모도다'로도 번역된다. 그리고 '離三'이 '三을 여희다'로도 번역되고 '세흘 여희다'로도 번역된다. 따라서 '세ㅎ'와 '三'의 동의성은 명백히 입증된다.

(93) a. 三을 뫼화 一에 가니 〈月十一 13a〉
b. 세흘 모도샤 ᄒᆞ나해 가게 ᄒᆞ시니(蓋會三歸一也ㅣ시니) 〈法華一 4b〉

(93) c. 三을 뫼화 一에 가ᄆᆞᆫ 〈月十一 13b〉
d. 세흘 모도샤 ᄒᆞ나해 가게 ᄒᆞ샤ᄆᆞᆫ(會三歸一은) 〈法華一 4b〉

(93) e. 三을 여희오 一을 니ᄅᆞᄂᆞᆫ 디 아니라 〈月十一 13a〉
f. 세흘 여희시고 ᄒᆞ나ᄒᆞᆯ 니ᄅᆞ샨 디 아니라(非離三而說一이라) 〈法華一 4b〉

〈94〉 소리 對 音

고유어 '소리'와 한자어 '音'이 [音] 즉 '소리'의 뜻을 가지고 동의 관계에 있다는 것은 동일 원문의 번역인 다음 예문들에서 잘 확인된다. 원문 중 '音聞'이 '소리와 드름'으로도 번역되고 '音과 聞'으로도 번역된다. 그리고 '觀音'이 '소리를 觀ᄒᆞ다'로도 번역되고 '音을 보다'로도 번역된다. 따라서 '소리'와 '音'의 동의성은 명백히 입증된다.

(94) a. 소리예다가 보다 니ᄅᆞ샤ᄆᆞᆫ 〈釋二十一 1b〉
b. 音에 觀이라 니ᄅᆞ샤ᄆᆞᆫ 〈月十九 19b〉
c. 音에 觀을 니ᄅᆞ샤ᄆᆞᆫ(於音에 言觀者ᄂᆞᆫ) 〈法華七 46a〉

(94) d. 소리와 드롬괘 둘히 셔면 〈月十九 26b〉
e. 音과 聞괘 둘히 셔면(蓋音聞이 兩立ᄒᆞ면) 〈法華七 59a〉

(94) f. 내 제 소리ᄅᆞᆯ 觀티 아니ᄒᆞ고 觀ᄋᆞᆯ 觀홀씨 〈月十九 22b〉
g. 내 제 音을 보디 아니ᄒᆞ야 보ᄆᆞᆯ 보ᄂᆞᆫ 거스로(由我ㅣ 不自觀音ᄒᆞ야 以觀觀者로) 〈法華七 51b〉

(94) h. ᄌᆞ개 소리ᄅᆞᆯ 觀티 아니ᄒᆞ시고 觀ᄋᆞᆯ 觀ᄒᆞ샤ᄆᆞᆫ 〈月十九 22b〉
i. ᄌᆞ개 音을 보디 아니ᄒᆞ샤 보ᄆᆞᆯ 보시ᄂᆞᆫ 거스로 ᄒᆞ샤ᄆᆞᆫ(夫不自觀音ᄒᆞ샤 以觀觀者ᄂᆞᆫ) 〈法華七 51b〉

(94) j. 音을 滅ᄒᆞ야 〈月十九 26b〉
k. 소릴 滅ᄒᆞ샤(滅音ᄒᆞ샤) 〈法華七 59a〉

(94) l. 音을 滅ᄒᆞ야 圓히 드르면 〈月十九 26b〉
m. 소릴 滅ᄒᆞ샤 두려이 드르시면(滅音圓聞ᄒᆞ시면) 〈法華七 59a〉

〈95〉 소리 對 音聲

고유어 '소리'와 한자어 '音聲'이 [音聲] 즉 '소리, 音聲'의 뜻을 가지고 동의 관계에 있다는 것은 동일 원문의 번역인 다음 예문들에서 잘 확인된다. 원문 중 '語言音聲'이 '말솜과 소리'로도 번역되고 '語言 音聲'으로도 번역되므로 '소리'와 '音聲'의 동의성은 명백히 입증된다.

(95) a. 種種 말솜과 소리를 드르리니 〈釋十九 14b〉
b. 種種 語言 音聲을 드르리니 〈月十七 60a〉
c. 種種(32b) 語言 音聲을 드르리니(聞…種種語言音聲ᄒᆞ리니) 〈法華六 33a〉

(95) d. 즉자히 그 소리를 보아 〈釋二十一 1b〉
e. 卽時예 그 音聲(19a)을 보아 〈月十九 19b〉
f. 卽時예 그 音聲을 보아(卽時예 觀其音聲ᄒᆞ야) 〈法華七 45a〉

〈96〉 손 對 客

고유어 '손'과 한자어 '客'이 [客] 즉 '손, 客'의 뜻을 가지고 동의 관계에 있다는 것은 동일 원문의 번역인 다음 예문에서 잘 확인된다. 원문 중 '客作'이 '客ᄋᆞ로 와 일ᄒᆞ다'로도 번역되고 '소ᄂᆞ로 짓다'로도 번역되므로 '손'과 '客'의 동의성은 명백히 입증된다.

(96) a. 순지 제 너교ᄃᆡ 客ᄋᆞ로 와 일ᄒᆞᄂᆞᆫ 賤人이로라 ᄒᆞ더니 〈月十三 25b〉
b. 순지 녜 ᄀᆞ티 소ᄂᆞ로 짓ᄂᆞᆫ 賤人이로라 제 너길씨(猶故自謂客作賤人이로라 홀씨) 〈法華二 214b〉

〈97〉 쇠 對 關鑰

고유어 '쇠'와 한자어 '關鑰'이 [關鑰] 즉 '자물쇠와 열쇠'의 뜻을 가지고 동의 관계에 있다는 것은 동일 원문의 번역인 다음 예문들에서 잘 확인된다. 원문 중 '却關鑰'이 '쇠 앗다'로도 번역되고 '關鑰 앗다'로도 번역되므로 '쇠'와 '關鑰'의 동의성은 명백히 입증된다.

(97) a. 큰 音聲이 나ᄃᆡ 쇠 앗고 큰 城門 여ᄂᆞᆫ ᄃᆞᆺᄒᆞ더니 〈月十五 82b〉

b. 큰 音聲이 나샤ᄃᆡ 關鑰 앗고[關은 門의 ᄀᆞᄅᆞ디ᄅᆞᄂᆞᆫ 남기오 鑰은 엸쇠라] 큰 城門 여ᄂᆞᆫ ᄃᆞᆺ ᄒᆞ더니(出大音聲ᄒᆞ샤ᄃᆡ 如却關鑰고 開大城門ᄒᆞ더니) 〈法華四 130b〉

〈98〉 쇠 對 鐵

고유어 '쇠'와 한자어 '鐵'이 [鐵] 즉 '쇠'의 뜻을 가지고 동의 관계에 있다는 것은 다음 예문들에서 잘 확인된다. 원문 중 '純鐵'이 '고ᄅᆞᆫ 쇠'로 번역되고 '鐵爲'가 '쇠로 ᄆᆡᇰᄀᆞᆯ다'로 번역된다. '鐵輪;의 자석이 '쇠 술위'이다. 그리고 '熱鐵'이 '더ᄫᅳᆫ 鐵'로 번역되고 '鐵馬'가 '鐵 ᄆᆞᆯ'로 번역된다. 따라서 '쇠'와 '鐵'의 동의성은 명백히 입증된다.

(98) a. 그 城이 고ᄅᆞᆫ 쇠오 〈月二十一 42a〉
b. 其城 純鐵 〈地藏菩薩本願經〉

c. 다 쇠로 ᄆᆡᇰᄀᆞ라 잇고 〈月二十一 42b〉
d. 悉是鐵爲 〈地藏菩薩本願經〉

e. 鐵輪은 쇠 술위니 〈月一 26a〉

(98) f. 더ᄫᅳᆫ 鐵로 모매 부스며 〈月二十一 45b〉
g. 熱鐵澆身 〈地藏菩薩本願經〉

h. 鐵 나귀와 鐵 ᄆᆞᆯ와 〈月二十一 45b〉
i. 鐵驢 鐵馬 〈地藏菩薩本願經〉

j. 銅 아니며 鐵 아니며 돌 아니며 블 아니니 업(81a)스니 〈月二十一 81b〉
k. 無非是銅 是鐵 是石 是火 〈地藏菩薩本願經〉

〈99〉 쇼ㅎ 對 白衣

고유어 '쇼ㅎ'와 한자어 '白衣'가 [白衣] 즉 '俗人'의 뜻을 가지고 동의 관계에 있다는 것은 동일 원문의 번역인 다음 예문들에서 잘 확인된다. 원문 중 '白衣舍'가 '쇼 집'으로도 번역되고 '白衣 집'으로도 번역된다. 그리고 '欺誑白衣'가 '白衣를 소기다'로 변역되고 '白衣'의 자석이 '쇼ㅎ'이다. 따라서 '쇼ㅎ'와 '白衣'의 동의성은 명백히 입증된다.

(99) a. 쇼 지비어나 〈釋十九 43b〉
b. 白衣 지비어나(若白衣舍이어나) 〈法華六 110b〉

(99) c. 白衣를 소기며 白衣는 쇼히라 〈月二十一 40a〉
d. 欺誑白衣 〈地藏菩薩本願經〉

(99) e. 白衣와 [白衣는 쇼히라] 說法ᄒᆞ야 (與白衣와 說法ᄒᆞ야) 〈法華四 195a〉

〈100〉 술위 對 車乘

고유어 '술위'와 한자어 '車乘'이 [車乘] 즉 '수레'의 뜻을 가지고 동의 관계에 있다는 것은 동일 원문의 번역인 다음 예문들에서 잘 확인된다. 원문 중 '象馬車乘'이 '象이며 ᄆᆞ리며 술위'로도 번역되고 '象馬 車乘'으로도 번역되므로 '술위'와 '車乘'의 동의성은 명백히 입증된다.

(100) a. 됴ᄒᆞᆫ 象이며 ᄆᆞ리며 술위며 보ᄇᆡ옛 더을 어드며 〈釋十九 5b〉
b. 됴ᄒᆞᆫ 上妙ᄒᆞᆫ 象馬車乘 珍寶輦輿(50b)를 得ᄒᆞ며 〈月十七 51a〉
c. 됴ᄒᆞᆫ 上妙 象馬車乘과 珍寶輦輿를 得ᄒᆞ며(得好上妙象馬車乘과 珍寶輦輿ᄒᆞ며) 〈法華六 11a〉

(100) d. 象과 ᄆᆞᆯ와 술위와 七寶 宮殿 樓閣들ᄒᆞᆯ 주어 〈釋十九 3a〉
e. 또 象馬車乘과 七寶로 일운 宮殿 樓閣等을 주어(與…及象馬車乘과 七寶所成宮殿樓閣等ᄒᆞ야) 〈法華六 6b〉

한편 '車乘'이 『월인석보』와 『법화경언해』에서 모두 '술위'로 번역된다는 것은 동일 원문의 번역인 다음 예문들에서 잘 확인된다. 원문 중 '奴婢車乘'이 모두 '奴婢와 술위'로 번역된다.

(100) f. 奴婢와 술위와 보빅로 ᄭᅮ뮨 輦과로 〈月十一 2a〉

g. 奴婢와(76b) 술위와 보빅로 ᄭᅮ뮨 輦輿로(奴婢車乘과 寶飾輦輿로) 〈法華一 77a〉

〈101〉 쉰 對 五十

고유어 '쉰'과 한자어 '五十'이 [五十] '쉰, 五十'의 뜻을 가지고 同義 關係에 있다는 것은 同一 原文의 飜譯인 다음 예문들에서 잘 確認된다. 원문 중 '五十小劫'이 '쉰 小劫'으로도 번역되고 '五十 小劫'으로도 번역된다. 따라서 '쉰'과 '五十'의 동의성은 명백히 입증된다.

(101) a. 쉰 小劫을 〈月十一 87b〉

b. 五十 小劫을(五十小劫을) 〈法華一 107a〉

(101) c. 쉰 차히 가면 〈釋十九 2a〉

d. 第五十에 니르면(至第五十ᄒᆞ면) 〈法華六 5a〉

〈102〉 시내 對 谿澗

고유어 '시내'와 한자어 '谿澗'이 [谿澗] 즉 '시내, 골짜기를 흐르는 개울'의 뜻을 가지고 동의 관계에 있다는 것은 동일 원문의 번역인 다음 예문들에서 잘 확인된다. 원문 중 '谿澗溝壑'이 '시내며 굴헝'으로도 번역되고 '谿澗 溝壑'으로도 번역된다. 따라서 '시내'와 '谿澗'의 동의성은 명백히 입증된다.

(102) a. 뫼(13a)히며 두들기며 시내며 굴헝이 업고 〈月十五 13b〉

b. 山陵 谿澗 溝壑이 업고(無有山陵谿澗溝壑ᄒᆞ고) 〈法華四 17a〉

〈103〉 시름 對 分別

고유어 '시름'과 한자어 '分別'이 [憂慮] 즉 '근심, 걱정'의 뜻을 가지고 동의 관계에 있다는 것은 동일 원문의 번역인 다음 예문들에서 잘 확인된다. 원문 중 '無…憂慮'가 '分別 없다'로도 번역되고 '시름 없다'로도 번역된다. 따라서 '시름'과 '分別'의 동의성은 명백히 입증된다.

(103) a. ᄂᆞ외야 分別 업스리로다 ᄒᆞ더니 〈月十三 10a〉
b. ᄂᆞ외야 시름 업스리로다 터니(無復憂慮ㅣ로다 터니) 〈法華二 189b〉

〈104〉 시름 對 憂惱

고유어 '시름'과 한자어 '憂惱'가 [憂惱] 즉 '시름'의 뜻을 가지고 동의 관계에 있다는 것은 동일 원문의 번역인 다음 예문들에서 잘 확인된다. 원문 중 '諸憂惱'가 '여러 가짓 시름'으로도 번역되고 '여러 가짓 憂惱'로도 번역된다. 따라서 '시름'과 '憂惱'의 동의성은 명백히 입증된다.

(104) a. 여러 가짓 시르미 날 씨니 〈月十三 33a〉
b. 여러 가짓 憂惱ㅣ 날 씨니(生諸憂惱ㅣ니) 〈法華二 228a〉

〈105〉 ᄉᆞᅀᅵ 對 中

고유어 'ᄉᆞᅀᅵ'와 한자어 '中'이 [中] 즉 '사이'의 뜻을 가지고 동의 관계에 있다는 것은 동일 원문의 번역인 다음 예문들에서 잘 확인된다. 원문 중 '難中'이 '어려ᄫᅳᆫ ᄉᆞᅀᅵ'로도 번역되고 '어려운 中'으로도 번역되므로 두 명사 'ᄉᆞᅀᅵ'와 '中'의 동의성은 명백히 입증된다.

(105) a. 두리ᄫᅳ며 어려ᄫᅳᆫ ᄉᆞᅀᅵ예 〈釋二十一 14a〉
b. 저픈 時急ᄒᆞᆫ 어려ᄫᅳᆫ ᄉᆞᅀᅵ예 〈月十九 39a〉
c. 두리운 時急ᄒᆞᆫ 어려운 中에(於怖畏急難中에) 〈法華七 81a〉

〈106〉 ᄉᆞᅀᅵ 對 中間

고유어 'ᄉᆞᅀᅵ'와 한자어 '中間'이 [中間] 즉 '사이, 中間'의 뜻을 가지고 同義 關係에 있다는 것은 同一 原文의 飜譯인 다음 예문들에서 잘 確認된다. 원문 중 '大小乘之中間'이 '大小乘ㅅ ᄉᆞᅀᅵ'로도 번역되고 '大小乘ㅅ 中間'으로도 번역된다. 그리고 '國中間'이 '나랏 ᄉᆞᅀᅵ'로도 번역되고 '나랏 中間'으로도 번역된다. 따라서 'ᄉᆞᅀᅵ'와 '中間'의 동의성은 명백히 입증된다.

(106) a. 긼 가ᄫᆞᆫᄃᆡᄂᆞᆫ 大小乘ㅅ ᄉᆞᅀᅵ라 〈月十四 80a〉
b. 中道ᄂᆞᆫ 곧 大小乘ㅅ 中間이라(中道ᄂᆞᆫ 卽大小乘之中間也ㅣ라) 〈法華三 181a〉

(106) c. 그 나랏 ᄉᆞᅀᅵ옛 어드ᄫᅳᆫ ᄯᅡ해 〈月十四 17a〉
d. 그 나랏 中間 어드운 ᄯᅡ히(其國中間幽冥之處ㅣ) 〈法華三 103b〉

(106) e. 中間앳 이리 〈月十一 14b〉
f. ᄉᆞᅀᅵ옛 자최 (中間轍迹이) 〈法華一 7a〉

한편 '中間'이 『월인석보』와 『법화경언해』에서 모두 '中間'으로 번역된다는 것은 동일 원문의 번역인 다음 예문들에서 잘 확인된다. 원문 중 '國中間'이 모두 '나랏 中間'으로 번역된다.

(106) g. 그 나랏 中間 어드ᄫᅳᆫ ᄯᅡᄒᆞᆫ 〈月十四 17b〉
h. 그 나랏 中間 어드운 ᄯᅡᄒᆞᆫ(其國中間幽冥之處ᄂᆞᆫ) 〈法華三 104b〉

〈107〉 ᄯᅡᄒᆡ 對 童子

고유어 'ᄯᅡᄒᆡ'와 한자어 '童子'가 [童子] 즉 '사내아이'의 뜻을 가지고 동의 관계에 있다는 것은 동일 원문의 번역인 다음 예문들에서 잘 확인된다. 원문 중 '童子香'이 'ᄯᅡᄒᆡ 香'으로도 번역되고 '童子香'으로도 번역된다. 그리고 '童子聲'이 'ᄯᅡᄒᆡ 소리'로도 번역되고 '童子聲'으로도 번역된다. 따라서 'ᄯᅡᄒᆡ'와 '童子'의 동의성은 명백히 입증된다.

(107) a. ᄯᅡᄒᆡ 소리 갓나ᄒᆡ 소리 〈釋十九 14b〉
b. 童子聲 童女聲 〈月十七 60b〉
c. 童子聲 童女聲(童子聲童女聲) 〈法華六 33b〉

(107) d. ᄯᅡᄒᆡ 香 갓나ᄒᆡ 香과 〈釋十九 17b〉
e. 童子香 童女香 〈月十七 64a〉

f. 童子香 童女香과(童子香童女香과) 〈法華六 41a〉

〈108〉 억 對 中

고유어 '억'과 한자어 '中'이 [中] 즉 '가운데'의 뜻을 가지고 동의 관계에 있다는 것은 동일 원문의 번역인 다음 예문들에서 잘 확인된다. 원문 중 '其中'이 '그어긧'으로도 번역되고 '그 中엣'으로도 번역된다. '於其中'이 '그어긔'로도 번역되고 '그 中에'로도 번역된다. 그리고 '是中'과 '此中'이 '이어긔'로도 번역되고 '이 中에'로도 번역된다. '그어긔'와 '이어긔'는 각각 '그#억+-의'와 '이#억+-의'로 분석될 수 있고 '그 中에' 및 '이 中에'와 대응 관계에 있다. 따라서 '억'과 '中'의 동의성은 명백히 입증된다.

(108) a. 그어긧 諸佛돌히 〈釋二十 10b〉
b. 그 中엣 諸佛이 〈月十八 30a〉
c. 그 中 諸佛이(其中諸佛이) 〈法華六 141a〉

(108) d. 百千 比丘ㅣ 그어긔 이시며 〈月十七 38b〉
e. 百千 比丘ㅣ 그 中에 이시며(百千比丘ㅣ 於其中止ᄒᆞ며) 〈法華五 202b〉

(108) f. 그어긧 衆生이 〈月十四 17a〉
g. 그 中 衆生이(其中衆生이) 〈法華三 103b〉

(108) h. 衆生ᄋᆞᆯ 여러 뵈야 그어긔 들에 ᄒᆞᄂᆞ니 〈月十四 47a〉
i. 衆生ᄋᆞᆯ 여러 뵈야 그 中 들에 ᄒᆞᄂᆞ니(開示衆生ᄒᆞ야 令入其中케 ᄒᆞᄂᆞ니) 〈法華三 151a〉

(108) j. 이어긔 다 塔 일어 供養ᄒᆞ야사 ᄒᆞ리니 〈釋十九 43b〉
k. 이 中에 다 塔 일어 供養홇디니 〈月十八 12a〉
l. 이 中에 반ᄃᆞ기 塔 셰여 供養홀띠니(是中에 皆應起塔供養이니) 〈法華六 110b〉

(108) m. 이어긔 엇뎨 믄득(17a) 衆生이 나거뇨 ᄒᆞ며 〈月十四 17b〉
n. 이 中에 엇뎨 믄득 衆生이 나거뇨 ᄒᆞ며(此中에 云何忽生衆生이어뇨 ᄒᆞ며) 〈法華三 103b〉

(108) o. 이어긔 塔 셰여 一切 天人이 다 供養호ᄃᆡ 부텻 塔 ᄀᆞ티 홇디니라 〈月十七 43b〉
p. 이 中에 곧 塔 셰오 一切 天人이 다 供養호ᄃᆡ 부텻 塔 ᄀᆞ티 홀띠니라(此中에 便應起塔ᄒᆞ고 一切天人이 皆應供養호ᄃᆡ 如佛之塔이니라) 〈法華五 207b〉

한편 '中'이 『월인석보』 권17과 『법화경언해』에서 모두 '中'으로 번역된다는 것은 동일 원문의 번역인 다음 예문들에서 잘 확인된다. 원문 중 '其中'이 모두 '그 中에'로 번역되고 '此中'이 모두 '이 中엣'으로 번역된다.

(108) q. 一切 즐거ᄫᅳᆫ 거시 그 中에 ᄀᆞᄃᆞᆨᄒᆞ야 〈月十七 39a〉
r. 一切 라온 거시 그 中에 ᄀᆞᄃᆞᆨᄒᆞ야(一切樂具ㅣ 充滿其中ᄒᆞ야) 〈法華五 202b〉

(108) s. 이 中엣 全身ᄋᆞᆯ 得ᄒᆞ야 더욿 줄 업슬 씨라 〈月十七 36b〉
t. 이 中엣 全身을 得ᄒᆞ야 더울 쭐 업수믈 니ᄅᆞ시니라(謂得此中全身ᄒᆞ야 而無以上之也ㅣ시니라) 〈法華五 200a〉

〈109〉 아ᄃᆞᆯ 對 男

고유어 '아ᄃᆞᆯ'과 한자어 '男'이 [男] 즉 '아들'의 뜻을 가지고 동의 관계에 있다는 것은 동일 원문의 번역인 다음 예문들에서 잘 확인된다. 원문 중 '爲男'이 '아ᄃᆞᆯ 삼다'로도 번역되고 '男 삼다'로도 번역되므로 '아ᄃᆞᆯ'과 '男'의 동의성은 명백히 입증된다. '아ᄃᆞᆯ'은 [女] 즉 '딸'의 뜻을 가진 명사 'ᄯᆞᆯ'과 의미상 대립 관계에 있다.

(109) a. 淨名佛道品에 法喜로 妻 삼고 慈悲로 ᄯᆞᆯ 삼고 誠善으로 아ᄃᆞᆯ 사ᄆᆞ시다 ᄒᆞ니 〈月十五 28b〉
b. 淨名佛道品에 法喜로 妻 사ᄆᆞ시고 慈悲로 女 사ᄆᆞ시고 誠善으로 男 사ᄆᆞ시니(淨名佛道品에 以法喜로 爲妻ᄒᆞ시고 慈悲로 爲女ᄒᆞ시고 誠善으로 爲男ᄒᆞ시니) 〈法華四 49a〉

〈110〉 아ᄃᆞᆯ 對 子息

고유어 '아ᄃᆞᆯ'과 한자어 '子息'이 [子] 즉 '아들, 자식'의 뜻을 가지고 동의 관계에 있다는 것은 동일 원문의 번역인 다음 예문들에서 잘 확인된다. 원문 중 '念子'가 '子息 念ᄒᆞ다'로도 번역되고 '아ᄃᆞᆯ 念ᄒᆞ다'로도 번역된다. 그리고 '子等'이 '子息ᄃᆞᆯᇂ'로도 번역되고 '아ᄃᆞᆯᄃᆞᆯᇂ'로도 번역된다. 따라서 '아ᄃᆞᆯ'과 '子息'의 동의성은 명백히 입증된다.

(110) a. 子息이 어미 어둠 ᄀᆞᆮᄒᆞ며 〈釋二十 24b〉
b. 子息이(51a) 어미 얻ᄃᆞᆺ ᄒᆞ며 〈月十八 51b〉
c. 아ᄃᆞ리 어미 어둠 ᄀᆞᆮᄒᆞ며(如子ㅣ 得母ᄒᆞ며) 〈法華六 170b〉

(110) d. 아비 每常 子息 念홈ᄃᆞᆯᄒᆞᆫ 〈月十三 10b〉
e. 아비 ᄆᆡ샹 아ᄃᆞᆯ 念홈ᄃᆞᆯᄒᆞᆫ(父ㅣ 每念子等者ᄂᆞᆫ) 〈法華二 190a〉

(110) f. 아비 子息ᄃᆞᆯᄒᆡ 苦惱ㅣ 이 ᄀᆞᆮᄒᆞᆫ ᄃᆞᆯ 보고 〈月十七 17b〉
g. 아비 아ᄃᆞᆯᄃᆞᆯᄒᆡ 苦惱ㅣ 이 ᄀᆞᆮᄒᆞᆫ ᄃᆞᆯ 보고(父見子等의 苦惱ㅣ 如是ᄒᆞ고) 〈法華 153b〉

〈111〉 아래 對 本來

고유어 '아래'와 한자어 '本來'가 [本] 즉 '本來'의 뜻을 가지고 동의 관계에 있다는 것은 동일 원문의 번역인 다음 예문들에서 잘 확인된다. 원문 중 '與本無異'가 '아래와 다ᄅᆞ디 아니ᄒᆞ다'로도 번역되고 '本來와 다ᄅᆞ디 아니ᄒᆞ다'로도 번역된다. 따라서 '아래'와 '本來'의 동의성은 명백히 입증된다.

(111) a. 오ᄂᆞᆳ날 이 祥瑞ᄅᆞᆯ 보ᅀᆞ본ᄃᆡᆫ 아래와 다ᄅᆞ디 아니ᄒᆞ시니 〈釋十三 36b〉
b. 오ᄂᆞᆳ날 이 祥瑞ᄅᆞᆯ 보ᅀᆞ본ᄃᆡᆫ 아래와 다ᄅᆞ(92b)디 아니ᄒᆞ시니 〈月十一 93a〉
c. 오ᄂᆞᆯ 이 瑞ᄅᆞᆯ 보ᅀᆞ오니 本來와 다ᄅᆞ디 아니ᄒᆞ실ᄊᆡ(今見此瑞ᄒᆞᅀᆞ오니 與本無異ᄒᆞ실ᄊᆡ) 〈法華一 114b〉

〈112〉 아ᅀᆞᆷ 對 宗親

고유어 '아ᅀᆞᆷ'과 한자어 '宗親'이 [宗親] 즉 '일가, 친척'의 뜻을 가지고 동의 관계에 있다는 것은 동일 원문의 번역인 다음 예문들에서 잘 확인된다. 원문 중 '父母宗親'이 '어버ᅀᅵ며 아ᅀᆞᆷ'으로도 번역되고 '父母 宗親'으로도 번역되므로 '아ᅀᆞᆷ'과 '宗親'의 동의성은 명백히 입증된다.

(112) a. 어버ᅀᅵ며 아ᅀᆞ미며 이든 벋ᄃᆞ려 〈釋十九 2a〉
b. 父母(4a) 宗親 善友 知識 爲ᄒᆞ야(爲父母宗親善友知識ᄒᆞ야) 〈法華六 4b〉

〈113〉 아ᅀᆞᆷ 對 親

고유어 '아ᅀᆞᆷ'과 한자어 '親'이 [親] 즉 '친척, 일가'의 뜻을 가지고 동의 관계에 있다는 것은 다음 예문들에서 잘 확인된다. 원문 중 '家親'이 '집 아ᅀᆞᆷ'으로 번역되고 '諸親'이 '녀나ᄆᆞᆫ 親'으로 번역된다. 따라서 '아ᅀᆞᆷ'과 '親'의 동의성은 명백히 입증된다.

(113) a. 시혹 밤 ᄭᅮ메 모딘 鬼와 제 집 아ᅀᆞᄅᆞᆯ 보거나(惑夜夢惡鬼 乃及家親) 〈月二十一91a〉
b. 兄弟姉妹와 녀나ᄆᆞᆫ 親ᄋᆞᆯ ᄌᆞ란 後에 다 몰라(兄弟姉妹及諸親生長以來皆不識) 〈月二十一 173a〉

〈114〉 아ᄒᆡ 對 童子

고유어 '아ᄒᆡ'과 한자어 '童子'가 [童子] 즉 '사내아이'의 뜻을 가지고 동의 관계에 있다는 것은 다음 예문들에서 잘 확인된다. 원문 중 '二童子'가 '두 아ᄒᆡ'로도 번역되고 '두 童子'로도 번역된다. '此童子'가 '요 아ᄒᆡ'로도 번역되고 '이 童子'로도 번역된다. '諸童子'가 '모ᄃᆞᆫ 아ᄒᆡ'로 번역되고 '此童子'가 '이 童子'로 번역된다. 그리고 '童子'의 자석이 '아ᄒᆡ'이다. 따라서 '아ᄒᆡ'와 '童子'의 동의성은 명백히 입증된다.

(114) a. 두 아ᄒᆡ 몰앳 가온ᄃᆡ 이셔 노다가 〈釋二十四 45b〉
b. 王과 두 童子ㅣ 몰앳 가온ᄃᆡ 이셔 노ᄅᆞ시다가 〈月二十五 122b〉
c. 王共二童子 沙士中戲 〈釋迦譜 卷5 31. 阿育王造八萬四千塔記〉

(114) d. 요 아ᄒᆡ 巴連弗邑에 王이 ᄃᆞ외야 〈釋二十四 46a〉

e. 이 童子ㅣ 巴連弗邑에 王(122b)이 ᄃᆞ외야〈月二十五 123a〉

f. 此童子於巴連弗邑 當爲王位〈釋迦譜 卷5 31. 阿育王造八萬四千塔記〉

(114) g. 즉자히 쉰 아ᄒᆡ 몯거늘〈釋六 9b〉

h. 또 ᄒᆞᆫ 눈 업서 모ᄃᆞᆫ 아ᄒᆡᄋᆡ 튜미 ᄃᆞ외야(又無一目ᄒᆞ야 爲諸童子之所擲ᄒᆞ야)〈法華二 165b〉

i. 이 童子ㅣ 巴連弗邑에 나아 ᄒᆞᆫ 天下ᄅᆞᆯ 가져 轉輪王이 ᄃᆞ외야(此童子 於巴連弗邑 統領一天下轉輪王)〈釋二十四 9b〉

j. 하ᄂᆞᆳ 童子ㅣ 自然히 그 소배 이셔〈月八 11a〉

k. 童子ᄂᆞᆫ 아ᄒᆡ라〈月八 11a〉

〈115〉 아ᄒᆡ 對 小兒

고유어 '아ᄒᆡ'과 한자어 '小兒'가 [小兒] 즉 '사내아이'의 뜻을 가지고 동의 관계에 있다는 것은 다음 예문들에서 잘 확인된다. 원문 중 '沙弥小兒'가 '沙弥 小兒'로 번역되고 '小兒'의 자석이 '아ᄒᆡ'이다 . 따라서 '아ᄒᆡ'와 '小兒'의 동의성은 명백히 입증된다.

(115) a. 나 져믄 弟子와 沙弥 小兒ᄅᆞᆯ 즐겨 치디 말며(不樂畜年少弟子와 沙弥小兒ᄒᆞ며)〈法華五 18b〉

b. 小兒ᄂᆞᆫ 아ᄒᆡ라〈法華五 18b〉

〈116〉 안ㅎ 對 內

고유어 '안ㅎ'과 한자어 '內'가 [內] 즉 '안'의 뜻을 가지고 동의 관계에 있다는 것은 동일 원문의 번역인 다음 예문들에서 잘 확인된다. 원문 중 '閻浮提內'가 '閻浮提 안ㅎ'으로도 번역되고 '閻浮提 內'로도 번역된다. 그리고 '海之內'가 '바닷 內'로도 번역되고 '바ᄅᆞᆳ 안ㅎ'으로도 번역된다. 따라서 '안ㅎ'와 '內'의 동의성은 명백히 입증된다.

(116) a. 閻浮提 안해 너비 펴디여 긋디 아니케 호리이다〈釋二十一 59b〉

b. 閻浮提 內예 너비 流布ᄒᆞ야 그처디디 아니케 호리이다 〈月十九 114b〉

c. 閻浮提 內예 너비 流布케 ᄒᆞ야 긋디 아니케 호리이다(閻浮提內예 廣令流布ᄒᆞ야 使不斷絶케 호리이다) 〈法華七 178a〉

(116) d. 큰 바닷 內예 十寶山이 이쇼ᄃᆡ 〈釋二十 21b〉

e. 큰 바ᄅᆞᆳ 안해 十寶山이 이쇼ᄃᆡ(大海之內예 有十寶山호ᄃᆡ) 〈法華六 164b〉

〈117〉 앒 對 前

고유어 '앒'과 한자어 '前'이 [前] 즉 '앞, 前'의 뜻을 가지고 동의 관계에 있다는 것은 동일 원문의 번역인 다음 예문들에서 잘 확인된다. 원문 중 '前一相'이 '前엣 ᄒᆞᆫ 相'으로도 번역되고 '알ᄑᆡᆺ 一相'으로도 번역되므로 '앒'과 '前'의 동의성은 명백히 입증된다.

(117) a. 前엣 ᄒᆞᆫ 相 ᄒᆞᆫ 맛 等文을 다시 ᄒᆞ샤 〈月十三 57a〉

b. 알ᄑᆡᆺ 一相 一(30a)味 等文을 牒ᄒᆞ샤(牒前엣 一相一味等文ᄒᆞ샤) 〈法華三 30b〉

(117) c. 前엔 正智ᄅᆞᆯ 브터 니ᄅᆞ시고 〈月十三 57b〉

d. 알ᄑᆡᆫ 正智ᄅᆞᆯ 브트샤 니ᄅᆞ시고(前은 依正智ᄒᆞ샤 言ᄒᆞ시고) 〈法華三 30b〉

〈118〉 양ᄌᆞ 對 相貌

고유어 '양ᄌᆞ'와 한자어 '相貌'가 [相貌] 즉 '모습'의 뜻을 가지고 동의 관계에 있다는 것은 동일 원문의 번역인 다음 예문들에서 잘 확인된다. 원문 중 '種種相貌'가 '種種 相貌'로도 번역되고 '種種 양ᄌᆞ'로도 번역된다. 그리고 '相貌'의 자석이 '양ᄌᆞ'이다. 따라서 '양ᄌᆞ'와 '相貌'의 동의성은 명백히 입증된다. '양ᄌᆞ'는 '樣子'라는 한자 표기도 있지만 주로 正音으로 표기되므로 고유어 범주에 넣었다.

(118) a. 種種 信解와 種種 相貌(36b)로 [相貌ᄂᆞᆫ 양ᄌᆡ라] 〈月十一 37a〉

b. 種種 信ᄒᆞ야 아롬과 種種 양ᄌᆞ로(種種信解와 種種相貌로) 〈法華一 63b〉

〈119〉 양ᄌᆞ 對 勢

고유어 '양ᄌᆞ'와 한자어 '勢'가 [勢] 즉 '모양, 상태'의 뜻을 가지고 동의 관계에 있다는 것은 동일 원문의 번역인 다음 예문들에서 잘 확인된다. 원문 중 '勢'가 '양ᄌᆞ'로도 번역되고 '勢'로도 번역되므로 '양ᄌᆞ'와 '勢'의 동의성은 명백히 입증된다.

(119) a. 제 양ᄌᆡ 모로매 힝뎌글 모도아 〈月十四 11b〉
　　 b. 勢ㅣ 모로매 行ᄋᆞᆯ 모도아(勢ㅣ 須積行ᄒᆞ야) 〈法華三 92b〉

〈120〉 양ᄌᆞ 對 形

고유어 '양ᄌᆞ'와 한자어 '形'이 [形] 즉 '모양'의 뜻을 가지고 동의 관계에 있다는 것은 동일 원문의 번역인 다음 예문들에서 잘 확인된다. 원문 중 '種種形'이 '種種 양ᄌᆞ'로도 번역되고 '種種 形'으로도 번역된다. 그리고 '聲聞形'이 '聲聞ㅅ 양ᄌᆞ'로도 번역되고 '聲聞 形'으로도 번역된다. 따라서 '양ᄌᆞ'와 '形'의 동의성은 명백히 입증된다. '양ᄌᆞ'는 '樣子'라는 한자 표기도 있지만 주로 正音으로 표기되므로 고유어 범주에 넣었다.

(120) a. 種種 양ᄌᆞ(38a) 나토시며 〈釋二十 38b〉
　　 b. 種種 形을 나토아 〈月十八 72b〉
　　 c. 種種 形을 現ᄒᆞ샤(現種種形ᄒᆞ샤) 〈法華七 13a〉

(120) d. 種種 양ᄌᆞ로 〈釋二十一 13b〉
　　 e. 種種 形으로 〈月十九 38b〉
　　 f. 種種 形으로(以種種形으로) 〈法華七 80b〉

(120) g. 聲聞ㅅ 양ᄌᆞ를 現ᄒᆞ야 說法ᄒᆞ며 〈釋二十 49b〉
　　 h. 聲聞 形을 現ᄒᆞ야 爲ᄒᆞ야 說法ᄒᆞ며(現聲聞形ᄒᆞ야 而爲說法ᄒᆞ며) 〈法華七 31a〉

〈121〉 어버ᅀᅵ 對 父母

고유어 '어버ᅀᅵ'와 한자어 '父母'가 [父母] 즉 '어버이, 父母'의 뜻을 가지고 동의 관계에 있다는 것은 동일 원문의 번역인 다음 예문들에서 잘 확인된다. 원문 중 '殺父母'가 '어버ᅀᅵ 주기다'로도 번역되고 '父母 주기다'로도 번역된다. '父母宗親'이 '어버ᅀᅵ며 아ᅀᆞᆷ'으로도 번역되고 '父母 宗親'으로도 번역된다. 따라서 '어버ᅀᅵ'와 '父母'의 동의성은 명백히 입증된다.

(121) a. 어버ᅀᅵ 주균 罪 ᄀᆞᆮᄒᆞ며 〈釋二十一 31a〉
b. 殺父母罪 ᄀᆞᆮᄒᆞ며 〈月十九 67b〉
c. 父母 주균 罪 ᄀᆞᆮᄒᆞ며(如殺父母罪ᄒᆞ며) 〈法華七 119b〉

(121) c. 어버ᅀᅵ며 아ᅀᆞ미며 이든 벋ᄃᆞ려 〈釋十九 2a〉
d. 父母(4a) 宗親 善友 知識 爲ᄒᆞ야(爲父母宗親善友知識ᄒᆞ야) 〈法華六 4b〉

〈122〉 어비ᄆᆞᆯ 對 大夫

고유어 '어버ᄆᆞᆯ'과 한자어 '大夫'가 [大夫] 즉 '옛날의 官名'의 뜻을 가지고 동의 관계에 있다는 것은 다음 예문들에서 잘 확인된다. '軒'의 자석이 '어비ᄆᆞᆯ ᄐᆞᄂᆞᆫ 술위'이고 '軒'의 註가 '大夫以上車'이다. 따라서 '어비ᄆᆞᆯ'과 '大夫'의 동의성은 명백히 입증된다.

(122) a. 軒 ᄭᆞ뮤ᄆᆞ로 布施ᄒᆞ며 〈月十一 2b〉
b. 軒飾으로 布施ᄒᆞ며(軒飾으로 布施ᄒᆞ며) 〈法華一 77a〉

(122) c. 軒은 어비ᄆᆞᆯ ᄐᆞᄂᆞᆫ 술위오 〈法華一 77a〉
d. 軒大夫以上車也 〈法華一 74b〉

〈123〉 얼굴 對 魄

고유어 '얼굴'과 한자어 '魄'이 [魄] 즉 '형체'의 뜻을 가지고 동의 관계에 있다는 것은 동일 원문의 번역인 다음 예문들에서 잘 확인된다. 원문 중 '魄'이 '魄'으로도 번역되고 '얼굴'로도 번역된다. 그리고 '魄'의 자석이 '얼굴'이다. 따라서 '얼굴'과 '魄'의 동의성은 명백히 입증된다.

(122) a. 魄이 머굴위디 아니ᄒᆞ고[魄ᄋᆞᆫ 얼구리라] 〈月十八 39b〉
b. 그 얼구리 거디 아니ᄒᆞ며(其魄이 不滯ᄒᆞ며) 〈法華六 154b〉

〈124〉 얼굴 對 相

고유어 '얼굴'과 한자어 '相'이 [相] 즉 '형상, 모습'의 뜻을 가지고 동의 관계에 있다는 것은 동일 원문의 번역인 다음 예문들에서 잘 확인된다. 원문 중 '現其相'이 '그 양ᄌᆞᄅᆞᆯ 뵈다'로도 번역되고 '그 相ᄋᆞᆯ 나토다'로도 번역된다. 그리고 '諸相'이 '믈읫 얼굴'로도 번역되고 '여러 가짓 相'으로도 번역된다. 따라서 '얼굴'과 '相'의 동의성은 명백히 입증된다.

(124) a. 그 양ᄌᆞᄅᆞᆯ 뵈시(40b)리라 〈釋二十 41a〉
b. 相ᄋᆞᆯ 나토시리라 〈月十八 76b〉
c. 그 相ᄋᆞᆯ 나토시리라(現其相ᄒᆞ시리라) 〈法華七 17a〉

(124) d. 믈읫 얼굴 보ᄆᆞᆯ 여희실씨 〈釋二十 14b〉
e. 여러 가짓 相 보ᄆᆞᆯ 여희신 다ᄉᆞ로(由離諸相見故로) 〈法華六 149a〉

한편 '相'이 『월인석보』와 『법화경언해』에서 모두 '相'으로 번역된다는 것은 동일 원문의 번역인 다음 예문들에서 잘 확인된다. 원문 중 '所轉之相'이 모두 '轉ᄒᆞ샨 相'으로 번역된다.

(124) f. 轉ᄒᆞ샨 相이 곧 四諦法인 ᄃᆞᆯ 뵈시니 〈月十四 33a〉
g. 轉ᄒᆞ샨 相ᄋᆞᆯ 뵈시니 곧 四諦法이라(示所轉之相ᄒᆞ시니 卽四諦法也ㅣ라) 〈法華三 133a〉

〈125〉 얼굴 對 形體

고유어 '얼굴'과 한자어 '形體'가 [形] 즉 '모양'의 뜻을 가지고 동의 관계에 있다는 것은 동일 원문의 번역인 다음 예문들에서 잘 확인된다. 원문 중 '現形'이 '形體 現ᄒᆞ다'로도 번역되고 '얼굴 나토다'로도 번역되므로 '얼굴'과 '形體'의 동의성은 명백히 입증된다.

(125) a. 物을 應ᄒᆞ야 形體 現호미 〈釋二十 14b〉
b. 物을 應ᄒᆞ야 얼굴 나토샤미 〈月十八 35a〉
c. 物을 應ᄒᆞ샤 形體 나토샤미(應物現形ᄒᆞ샤미) 〈法華六 149a〉

〈126〉 여쉰 對 六十

고유어 '여쉰'과 한자어 '六十'이 [六十] 즉 '예순, 六十'의 뜻을 가지고 同義 關係에 있다는 것은 同一 原文의 飜譯인 다음 예문들에서 잘 確認된다. 원문 중 '六十小劫'이 '여쉰 小劫'으로도 번역되고 '六十 小劫'으로도 번역된다. 따라서 '여쉰'과 '六十'의 동의성은 명백히 입증된다.

(126) a. 여쉰 小劫을 몸과 ᄆᆞᅀᆞᆷ괘 움즉디 아니ᄒᆞ야 〈釋十三 34a〉
b. 여쉰 小劫을 몸과 ᄆᆞᅀᆞᆷ괘 뮈디 아니ᄒᆞ야 〈月十一 87b〉
c. 六十 小劫을 身心이 뮈디 아니ᄒᆞ야(六十小劫을 身心이 不動ᄒᆞ야) 〈法華一 106b〉

(126) d. 여쉰 小劫을 座애 니디 아니ᄒᆞ시니 〈月十一 87b〉
e. 六十 小劫을 座애 니디 아니ᄒᆞ얫거시늘(六十小劫을 不起于座ㅣ어시늘) 〈法華一 106b〉

(126) f. 여쉰 小劫을 이 經 니르시고 〈釋十三 34a〉 〈月十一 88a〉
g. 六十 小劫에 이 經 니ᄅᆞ시고(於六十小劫에 說是經已ᄒᆞ시고) 〈法華一 107b〉

(126) h. 여쉰 小劫을 밥 머긇 덛만 너기고 〈月十一 87b〉
i. 六十 小劫을 밥 머글 덛만 너기며(六十小劫을 謂如食頃ᄒᆞ며) 〈法華一 107a〉

〈127〉 여슷 對 六

고유어 '여슷'과 한자어 '六'이 [六] 즉 '여섯'의 뜻을 가지고 동의 관계에 있다는 것은 동일 원문의 번역인 다음 예문들에서 잘 확인된다. 원문 중 '六波羅密'이 '여슷 波羅密'로도 번역되고 '六波羅密'로도 번역된다. 따라서 '여슷'과 '六'의 동의성은 명백히 입증된다.

(127) a. 菩薩ᄃᆞᆯ 위ᄒᆞ샨 여슷 波羅密을 니ᄅᆞ샤 〈釋十三 28b〉

b. 菩薩돌 爲ᄒᆞ샨 六波羅密ᄋᆞᆯ 니ᄅᆞ샤 〈月十一 43a〉

c. 諸菩薩 爲ᄒᆞ샤 六波羅密ᄋᆞᆯ 應ᄒᆞ야 니ᄅᆞ샤(爲諸菩薩ᄒᆞ샤 說應六波羅密ᄒᆞ샤) 〈法華一 95b〉

〈128〉 연장 對 法

고유어 '연장'과 한자어 '法'이 [法] 즉 '연장, 도구'의 뜻을 가지고 동의 관계에 있다는 것은 동일 원문의 번역인 다음 예문들에서 잘 확인된다. 원문 중 '治罪之法'이 '罪 줄 연장'으로도 번역되고 '罪 줋 法'으로도 번역된다. 따라서 '연장'과 '法'의 동의성은 명백히 입증된다.

(128) a. 그 안해 사ᄅᆞᆷ 罪 줄 연자ᇰ 地獄 ᄀᆞ티 ᄆᆡᇰᄀᆞ니라 〈釋二十四 13b〉

b. 그 소배 罪 줋 法을 地獄 ᄀᆞ티 ᄆᆡᇰᄀᆞ라ᄂᆞᆯ 〈月二十五 76b〉

c. 於其中間作治罪之法 狀如地獄 〈釋迦譜 卷5 31. 阿育王造八萬四千塔記〉

〈129〉 열 對 十

고유어 '열'과 한자어 '十'이 [十] 즉 '열, 十'의 뜻을 가지고 동의 관계에 있다는 것은 동일 원문의 번역인 다음 예문들에서 잘 확인된다. 원문 중 '十小劫'이 '열 小劫'으로도 번역되고 '十小劫'으로도 번역된다. 따라서 '열'과 '十'의 동의성은 명백히 입증된다.

(129) a. 이제 大通이 열 小劫을 디내샤ᄃᆡ 〈月十四 11b〉

b. 이제 大通이 十小劫을 디내샤ᄃᆡ(今大通이 經十小劫ᄒᆞ샤ᄃᆡ) 〈法華三 92b〉

(129) c. ᄒᆞᆫ 小劫브터 열 小劫에 니르러ᅀᅡ 〈月十四 11b〉

d. 一小劫브터 十小劫에 니르리(自一小劫으로 至十小劫히) 〈法華三 92b〉

한편 '十'이 『월인석보』와 『법화경언해』에서 모두 '열'로 번역된다는 것은 동일 원문의 번역인 다음 예문들에서 잘 확인된다. 원문 중 '十小劫'이 모두 '열 小劫'으로 번역된다.

(129) e. 이 ᄀᆞ티 ᄒᆞᆫ 小劫으로 열 小(10b)劫에 니르리 〈月十四 11a〉
f. 이 ᄀᆞ티 ᄒᆞᆫ 小劫으로 열 小劫에 니르리(如是一小劫으로 乃至十小劫히) 〈法華三 91b〉

〈130〉 열둘 對 十二

고유어 '열둘'과 한자어 '十二'가 [十二] 즉 '열둘'의 뜻을 가지고 동의 관계에 있다는 것은 다음 예문들에서 잘 확인된다. '열둘 因緣'은 '十二因緣'의 번역이고 '十二因緣法'이 '十二 因緣法'으로 번역된다. 따라서 '열둘'과 '十二'의 동의성은 명백히 입증된다.

(130) a. 열둘 因緣은 無明緣은 行이오 〈月二 20a〉

(130) b. 또 十二 因緣法을 너비 니르시니 無明緣은 行이오 〈月十四 33b〉
c. 또 十二 因緣法을 너비 니ᄅᆞ시니 無明緣은 行이오(及廣說十二因緣法ᄒᆞ시니 無明緣은 行이오) 〈法華三 134b〉

〈131〉 오ᄒᆡ양 對 馬廐

고유어 '오ᄒᆡ양'과 한자어 '馬廐'가 [廐] 즉 '마구간, 외양'의 뜻을 가지고 동의 관계에 있다는 것은 다음 예문들에서 잘 확인된다. 예문 (a)는 '八萬四千馬廐生駒'〈『釋迦譜』 券1〉의 번역이다. 원문 중 '八萬四千馬廐'가 '馬廐엣 八萬四千 ᄆᆞᆯ'로 번역되고 '馬廐'의 자석이 '오ᄒᆡ양'이다. 따라서 '오ᄒᆡ양'과 '馬廐'의 동의성은 명백히 입증된다.

(131) a. 馬廐엣 八萬四千 ᄆᆞ리 삿기를 나ᄒᆞ니 〈月二 46b〉
b. 馬廐는 오ᄒᆡ야이라 〈月二 46b〉

한자어 '馬廐'가 [廐] 즉 '마구간, 외양'의 뜻을 가지고 있다는 것은 『원각경언해』의 다음 예문에서 잘 확인된다. 원문 중 '出廐'가 '馬廐에 나다'로 번역된다.

(131) c. 그러나 馬廐에 나ᄂᆞᆫ 됴ᄒᆞᆫ ᄆᆞᄅᆞᆫ ᄒᆞ마 챗 그리메 뮈여니와(然이나 出廐良駒ᄂᆞᆫ 已搖鞭影이

어니와) 〈圓覺序 58b〉

〈132〉 온 對 百

고유어 '온'과 한자어 '百'이 [百]의 뜻을 가지고 동의 관계에 있다는 것은 동일 원문의 번역인 다음 예문들에서 잘 확인된다. 원문 중 '言百'이 '오늘 니르다'로 번역되고 '言五百人'이 '五百 사름 니르다'로 번역되므로 '온'과 '百'의 동의성은 명백히 입증된다.

(132) a. 알핏 五趣예 오늘 니르시고 〈月十二 22b〉
b. 알핏 五趣에 오늘 니르시고(前於五趣에 言百호시고) 〈法華二 58a〉

(132) c. 五百 사름 니르시고 또 아돌돌 니르샤문 〈月十二 22b〉
d. 五百 사르몰 니르시고 또 아돌돌홀 니르샤문(言五百人호시고 又言諸子者는) 〈法華二 58a〉

(132) e. 이 千 二百 모솜 自在혼 사름돌히 〈月十二 18a〉
f. 이 모든 千 二百 모솜 自在호니(是諸千二百心自在者ㅣ) 〈法華二 50b〉

〈133〉 옷 對 衣

고유어 '옷'과 한자어 '衣'가 [衣] 즉 '옷'의 뜻을 가지고 동의 관계에 있다는 것은 동일 원문의 번역인 다음 예문들에서 잘 확인된다. 원문 중 '如來衣者'가 '如來ㅅ 옷'으로도 번역되고 '如來ㅅ 衣'로도 번역되므로 '옷'과 '衣'의 동의성은 명백히 입증된다.

(133) a. 如來ㅅ 오순 柔和忍辱心이 긔오〈月十五 56b〉
b. 如來ㅅ 衣는 柔和忍辱心이 이오(如來衣者는 柔和忍辱心이 是오) 〈法華四 98a〉

한편 '衣'가 『월인석보』와 『법화경언해』에서 모두 '옷'으로 번역된다는 것은 동일 원문의 번역인 다음 예문들에서 잘 확인된다. 원문 중 '如來衣'가 모두 '如來ㅅ 옷'으로 번역된다.

(133) c. 如來ㅅ 옷 닙고 〈月十五 56a〉
d. 如來ㅅ 옷 니브며(著如來衣ᄒᆞ며) 〈法華四 98a〉

〈134〉 옷 對 衣服

고유어 '옷'과 한자어 '衣服'이 [衣服] 즉 '옷, 의복'의 뜻을 가지고 동의 관계에 있다는 것은 동일 원문의 번역인 다음 예문들에서 잘 확인된다. 원문 중 '衣服肴饌'이 '옷과 차반'으로도 번역되고 '衣服 肴饌'으로도 번역된다. 그리고 '衣服'의 자석이 '옷'이다. 따라서 '옷'과 '衣服'의 동의성은 명백히 입증된다.

(134) a. 옷과 차반과 〈月十五 47a〉
b. 衣服 肴饌과(衣服肴饌과) 〈法華四 79a〉

(134) c. 衣服伎樂과[衣服ᄋᆞᆫ 오시오 伎樂ᄋᆞᆫ 풍류ㅣ라] 〈月十五 42b〉
d. 衣服과 伎樂과(衣服과 伎樂과) 〈法華四 72b〉

〈135〉 우ㅎ 對 上

고유어 '우ㅎ'와 한자어 '上'이 [上] 즉 '위'의 뜻을 가지고 동의 관계에 있다는 것은 동일 원문의 번역인 다음 예문들에서 잘 확인된다. 원문 중 '妙法堂上'이 '妙法堂 우ㅎ'로도 번역되고 '妙法堂 上'으로도 번역되므로 '우ㅎ'와 '上'의 동의성은 명백히 입증된다.

(135) a. 妙法堂 우희 이셔 〈釋十九 19a〉
b. 妙法堂 上애 이셔 〈月十七 65b〉
c. ᄒᆞ다가 妙法堂 우희 이셔(若在妙法堂上ᄒᆞ야셔) 〈法華六 42b〉

(135) d. 우콰 아래와 안팟긧 〈釋十九 16b〉
e. 上下 內外옛(上下內外옛) 〈法華六 39b〉

〈136〉 울에 對 雷霆

고유어 '울에'와 한자어 '雷霆'이 [雷霆] 즉 '우레'의 뜻을 가지고 동의 관계에 있다는 것은 동일 원문의 번역인 다음 예문들에서 잘 확인된다. 원문 중 '雷霆'이 '울에'로도 번역되고 '雷霆'으로도 번역되므로 '울에'와 '雷霆'의 동의성은 명백히 입증된다.

(136) a. 시혹 울에 마자 죽ᄂᆞ니 〈釋二十一 31a〉
b. 시혹 雷霆의 주규미 ᄃᆞ외ᄂᆞ니(或爲雷霆震殺ᄒᆞᄂᆞ니) 〈法華七 120b〉

〈137〉 원틔 對 怨讐

고유어 '원틔'와 한자어 '怨讐'가 [怨] 즉 '원수'의 뜻을 가지고 동의 관계에 있다는 것은 동일 원문의 번역인 다음 예문들에서 잘 확인된다. 원문 중 '稱怨'이 '怨讐ㅣ라 ᄒᆞ다'로도 번역되고 '원티여 부르다'로도 번역되므로 '원틔'와 '怨讐'의 동의성은 명백히 입증된다.

(137) a. 怨讐ㅣ라 ᄒᆞ야 부텨를 疑心ᄒᆞᅀᆞᄫᆞ니 〈月十三 32a〉
b. 원티여 블러 부텨 疑心ᄒᆞᅀᆞ오니(稱怨以疑佛ᄒᆞᅀᆞ오니) 〈法華二 226a〉

한편 '怨'이 『월인석보』와 『법화경언해』에서 모두 '怨讐'로 번역된다는 것은 동일 원문의 번역인 다음 예문들에서 잘 확인된다. 원문 중 '稱怨'이 '怨讐ㅣ여 ᄒᆞ다'와 '怨讐ㅣ여 일ᄏᆞᆮ다'로 번역된다.

(137) c. 窮子ㅣ 놀라 怨讐ㅣ여 ᄒᆞ야 ᄀᆞ장 우르고 〈月十三 16a〉
d. 窮子ㅣ 놀라 怨讐ㅣ여 일ᄏᆞ라 ᄀᆞ장 울오ᄃᆡ(窮子ㅣ 驚愕ᄒᆞ야 稱怨大喚호ᄃᆡ) 〈法華二 200b〉

〈138〉 읏듬 對 體

고유어 '읏듬'과 한자어 '體'가 [體] 즉 '으뜸, 근본'의 뜻을 가지고 동의 관계에 있다는 것은 원문의 번역인 다음 예문들에서 잘 확인된다. 원문 중 '爲體'가 '읏드믈 삼다'로도 번역되고 '體 삼다'로도 번역된다. 그리고 '立體'가 '읏드믈 셰다'로도 번역되고 '體 셰다'로도 번역된다. 따라서 '읏듬'과 '體'의 동의성은 명백히 입증된다.

(138) a. 物을 옮교ᄆᆞᆫ 읏드미오 〈釋二十一 54a〉
b. 物 두르혀미 體오(轉物이 爲體오) 〈法華七 170b〉

(138) c. 읏드믈 사마 〈月十一 16a〉
d. 體 사마(爲體ᄒᆞ야) 〈法華一 24b〉

(138) e. 智로 읏드믈 셰여 〈月十一 96a〉
f. 智로 體 셰샤(以智로 立體ᄒᆞ샤) 〈法華一 136a〉

한편 '體'가 『釋譜詳節』 권21과 『法華經諺解』에서 모두 '體'로 번역된다는 것은 동일 원문의 번역인 다음 예문들에서 잘 확인된다. 원문 중 '旋體'가 '體를 도ᄅᆞ혀다'와 '體ᄅᆞᆯ 두르혀다'로 번역된다.

(138) g. 즉자히 ᄯᅩ 體를 도ᄅᆞ혀 用애 드러 〈釋二十一 53b〉
h. 즉재 ᄯᅩ 體ᄅᆞᆯ 두르혀 用애 드러(卽復旋體入用ᄒᆞ야) 〈法華七 170b〉

〈139〉 일 對 事

고유어 '일'과 한자어 '事'가 [事] 즉 '일'의 뜻을 가지고 동의 관계에 있다는 것은 동일 원문의 번역인 다음 예문들에서 잘 확인된다. 원문 중 '卽事'가 '이레 나ᅀᅡ가다'로도 번역되고 '事애 나ᅀᅡ가다'로도 번역되므로 '일'과 '事'의 동의성은 명백히 입증된다.

(139) a. 이레 나ᅀᅡ가 眞ᄒᆞ샤 〈月十九 98b〉
b. 事애 나ᅀᅡ가 眞이샤(卽事而眞이샤) 〈法華七 160b〉

〈140〉 일 對 業

고유어 '일'과 한자어 '業'이 [業] 즉 '일, 업'의 뜻을 가지고 동의 관계에 있다는 것은 동일 원문의 번역인 다음 예문들에서 잘 확인된다. 원문 중 '資生業'이 'ᄉᆡᇰ계 사ᄅᆞᆯ 일'로도 번역되고 '資生ᄒᆞᆯ 業'과 '資生ᄒᆞ욜 業'으로도 번역되므로 '일'과 '業'의 동의성은 명백히 입증된다.

(140) a. ᄉᆡᇰ계 사ᄅᆞᆯ 일ᄃᆞᆯᄒᆞᆯ 닐어도 〈釋十九 24b〉
b. 資生ᄒᆞᆯ 業ᄃᆞᆯᄒᆞᆯ 닐어도 〈月十七 73b〉
c. ᄒᆞ다가…資生ᄒᆞ욜 業ᄃᆞᆯᄒᆞᆯ 닐어도(若說…資生業等ᄒᆞ야도) 〈法華六 63a〉

〈141〉 일훔 對 名字

고유어 '일훔'과 한자어 '名字'가 [名字] 즉 '이름'의 뜻을 가지고 동의 관계에 있다는 것은 동일 원문의 번역인 다음 예문들에서 잘 확인된다. 원문 중 '名字不同'이 '名字…ᄀᆞᆮ디 아니ᄒᆞ다'로도 번역되고 '일후미 ᄀᆞᆮ디 아니ᄒᆞ다'로도 번역된다. 따라서 '일훔'과 '名字'의 동의성은 명백히 입증된다.

(141) a. 내 名字 닐오미 ᄀᆞᆮ디 아니ᄒᆞ며 〈月十七 9a〉
b. 제 닐오(136b)ᄃᆡ 일후미 ᄀᆞᆮ디 아니ᄒᆞ며(自說名字ㅣ 不同ᄒᆞ며) 〈法華五 137a〉

(141) c. 名字ㅣ ᄀᆞᆮ디 아니ᄒᆞ시며 〈月十七 9b〉
d. 일후미 ᄀᆞᆮ디 아니홈 겨시며(名字ㅣ 有不同ᄒᆞ시며) 〈法華五 137b〉

〈142〉 일훔 對 名稱

고유어 '일훔'과 한자어 '名稱'이 [名稱] 즉 '이름, 명칭'의 뜻을 가지고 同義 關係에 있다는 것은 同一 原文의 飜譯인 다음 예문들에서 잘 確認된다. 원문 중 '名稱普聞'이 '일후미 너비 들이다'로도 번역되고 '名稱이 너비 들이다'로도 번역된다. 따라서 '일훔'과 '名稱'의 동의성은 명백히 입증된다.

(142) a. 일후미 너비 들여 無量世界예 〈釋十三 4b〉
b. 名稱이 無量世界예 너비 들이샤 〈月十一 20b〉
c. 名稱이 無量世界예 너비 들이샤(名稱이 普聞無量世界ᄒᆞ샤) 〈法華一 37b〉

(142) d. 일후미 너비 들이니 〈月十一 21b〉
e. 名稱이 너비 들이시니(名稱이 普聞ᄒᆞ시니) 〈法華一 39a〉

〈143〉 일훔 對 號

고유어 '일훔'과 한자어 '號'가 [號] 즉 '이름, 호'의 뜻을 가지고 동의 관계에 있다는 것은 동일 원문의 번역인 다음 예문들에서 잘 확인된다. 원문 중 '號之爲'가 '일후믈 ~ㅣ라 ᄒᆞ다'로도 번역되고 '號ᄅᆞᆯ ~ㅣ라 ᄒᆞ다'로도 번역된다. 그리고 '號'가 '號'로도 번역되고 '일훔'으로도 번역된다. 따라서 '일훔'과 '號'의 동의성은 명백히 입증된다.

(143) a. 다 일후믈 施無畏者ㅣ라 ᄒᆞᄂᆞ니라 〈釋二十一 14b〉
b. 다 號ᄅᆞᆯ 施無畏者ㅣ라 ᄒᆞᄂᆞ니라 〈月十九 39a〉
c. 다 일훔호ᄃᆡ 施無畏者ㅣ라 ᄒᆞᄂᆞ니라(皆號之爲施無畏者ㅣ라 ᄒᆞᄂᆞ니라) 〈法華七 81a〉

(143) d. 號ㅣ 淨華宿王智如來…佛世尊이(33a)러시니 〈釋二十 33b〉
e. 일후미 淨華宿王智如來…佛世尊이러시니 〈月十八 66a〉
f. 號ㅣ 淨華宿王智如來…佛世尊이러시니(號ㅣ 淨華宿王智如來…佛世尊이러시니) 〈法華七 5a〉

(143) g. 號ㅣ 〈釋二十 6a〉
h. 號ㅣ 〈月十八 24b〉
i. 일후미(號ㅣ) 〈法華六 133b〉

(143) j. 號ᄅᆞᆯ(6b) …… 佛世尊이라 ᄒᆞ리니 〈月十二 7a〉
k. 일후믈 닐오ᄃᆡ …… 佛世尊이리니(號曰 …… 佛世尊이리니) 〈法華二 32a〉

(143) l. 일후미 妙莊嚴이러니 〈月十九 70b〉

m. 號ㅣ 妙莊嚴이러니(號ㅣ 妙莊嚴이러니) 〈法華七 125b〉

한편 '號'가 『석보상절』 권19, 『月印釋譜』 권17 및 『法華經諺解』에서 모두 '號'로 번역된다는 것은 동일 원문의 번역인 다음 예문들에서 잘 확인된다. 원문 중 '同一號'가 'ᄒᆞᆫ 가짓 號'와 'ᄒᆞᆫ가지로 ᄒᆞᆫ 號'로 번역된다.

(143) n. 다 ᄒᆞᆫ(28b) 가짓 號ㅣ러시다 〈釋十九 29a〉
o. 다 ᄒᆞᆫ가지로 ᄒᆞᆫ 號ㅣ러시니 〈月十七 82a〉
p. 다 ᄒᆞᆫ가지로 ᄒᆞᆫ 號ㅣ러시니(皆同一號ㅣ러시니) 〈法華六 76b〉

〈144〉 자최 對 迹

고유어 '자최'와 한자어 '迹'이 [迹] 즉 '자취'의 뜻을 가지고 동의 관계에 있다는 것은 동일 원문의 번역인 다음 예문들에서 잘 확인된다. 원문중 '異迹'이 '迹 다ᄅᆞ다'로도 번역되고 '자최 다ᄅᆞ다'로도 번역된다. '在跡'이 '跡에 잇다'로도 번역되고 '자최예 겨시다'로 번역된다. 그리고 '迹'의 자석이 '자최'이다. 따라서 '자최'와 '迹'의 동의성은 명백히 입증된다.

(144) a. 宿王智佛이 뎌와 이왜 迹 달오ᄆᆞᆯ 닐어시ᄂᆞᆯ 〈釋二十 38a〉
b. 宿王이 뎌와 이와 자최(72a) 달오ᄆᆞᆯ 닐어시ᄂᆞᆯ 〈月十八 72b〉
c. 宿王이 뎌와 이와 다ᄅᆞᆫ 자최로 닐어시ᄂᆞᆯ(宿王이 以彼此異迹으로 爲告ᄒᆞ야시ᄂᆞᆯ) 〈法華七 13a〉

(144) d. 根源이 跡에 잇고[跡ᄋᆞᆫ 자최라] 〈月十四 35a〉
e. 根源ᄒᆞ샤미 자최예 겨시고(所本이 在跡ᄒᆞ고) 〈法華三 138a〉

〈145〉 잣 對 城

고유어 '잣'과 한자어 '城'이 [城]의 뜻을 가지고 동의 관계에 있다는 것은 동일 원문의 번역인 다음 예문들에서 잘 확인된다. 원문 중 '城邑'이 '자시어나 ᄀᆞ올ㅎ'로도 번역되고 '城邑'으로도 번역된다. 그리고 '國城'이 '나라콰 잣'으로도 번역되고 '國城'으로도 번역된다. 따라서 '잣'과 '城'의 동의성은 명백히 입증된다.

(145) a. 자시어나 ᄀ올히어나 〈釋十九 2b〉
b. 城邑과 〈月十七 45b〉
c. 城邑(城邑) 〈法華六 4a〉

(145) d. 나라콰 잣과 妻子와로 布施ᄒ야도 〈釋二十 11a〉
e. 國城 妻子로 布施ᄒ야도 〈月十八 30b〉
f. 비록 國城 妻子로 布施ᄒ야도(假使國城妻子로 布施ᄒ야도) 〈法華六 142a〉

〈146〉 적 對 ᄣ 對 時

고유어 '적'과 'ᄣ' 그리고 한자어 '時'가[時] 즉 '때, 적'의 뜻을 가지고 동의 관계에 있다는 것은 동일 원문의 번역인 다음 예문들에서 잘 확인된다. 원문 중 '爾之時'가 '그 적'으로도 번역되고 '그 ᄣ'로도 번역되고 '뎌 時'로도 번역된다. 따라서 '적', 'ᄣ' 그리고 '時'의 동의성은 명백히 입증된다.

(146) a. 그 저긔 三千大千世界 〈釋二十 19b〉
b. 그 ᄢᅴ 當ᄒ야 三千大千世界 〈月十八 43b〉
c. 뎌 時예 三千大千世界ㅣ (當爾之時예 三千大千世界ㅣ) 〈法華六 159a〉

〈147〉 적 對 時節

고유어 '적'과 한자어 '時節'이[時] 즉 '적, 시절'의 뜻을 가지고 동의 관계에 있다는 것은 동일 원문의 번역인 다음 예문들에서 잘 확인된다. 원문 중 '現…時'가 '나토샮 時節'로도 번역되고 '나토샮 적'으로도 번역된다. 그리고 '說…時'가 '니ᄅ샮 적'으로도 번역되고 '니ᄅ시던 時節'로도 번역된다. 따라서 '적'과 '時節'의 동의성은 명백히 입증된다.

(147) a. 神力 나토시ᇙ 時節이 〈釋十九 39a〉

b. 神力 나토시ᇙ 저기 〈月十八 6a〉

c. 神力 나토실 ᄢᅴ(現神力時ㅣ) 〈法華六 102a)

(147) d. 說法 오래 ᄒᆞ시다 호ᄆᆞᆫ 마ᅀᆞᆫ ᄒᆡᄅᆞᆯ 小教 니ᄅᆞ시ᇙ 저글 니르니라 〈月十三 4b〉

e. 法 니ᄅᆞ샤미 ᄒᆞ마 오라ᄆᆞᆫ 四十年을 져근 教 니ᄅᆞ시던 時節을 ᄀᆞᄅᆞ치니라(說法旣久ᄂᆞᆫ 指 四十年을 說小教時也ᄒᆞ니라) 〈法華二 180a〉

(147) f. 뎌 부텻 時節ᄋᆞᆫ 〈月十二 9a〉

g. 뎌 부텨 난 저기(彼佛出時ㅣ) 〈法華二 35a〉

(147) h. 衆生ᄋᆡ 나ᇙ 時節와 주그ᇙ 時節(22b)와 〈釋十九 23a〉

i. 衆生의 날 쩍과 주글 쩍과(衆生의 生時死時와) 〈法華六 57b〉

한편 '時'가 『월인석보』와 『법화경언해』에서 모두 '時節'로 번역된다는 것은 동일 원문의 번역인 다음 예문들에서 잘 확인된다. 원문 중 '時雨'가 모두 '時節ㅅ 비'로 번역된다.

(147) j. 時節ㅅ 비로 萬物을 깃겨 〈月十一 26a〉

k. 時節ㅅ 비로 萬物을 깃겨(以時雨로 喜物ᄒᆞ야) 〈法華一 47b〉

(147) l. 이제 正히 이 時節이니 〈月十五 85b〉

m. 오ᄂᆞᆯ 正히 이 時節이니(今正是時니) 〈法華四 134b〉

(147) n. 五識이 色等緣ᄒᆞᇙ 時節에 〈月十二 14b〉

o. 五識이 色等緣ᄒᆞᆯ 時節에 〈法華二 41a〉

〈148〉 제 對 時節

고유어 '제'와 한자어 '時節'이〔時〕 즉 '적, 시절'의 뜻을 가지고 동의 관계에 있다는 것은 동일 원문의 번역인 다음 예문들에서 잘 확인된다. 원문 중 '說…時'가 '니르시ᇙ 時節'로도 번역되고

'니ᄅᆞ샳 제'로도 번역된다. '嬉戲時'가 '노ᄅᆞᆺ홀 쩨'로도 번역되고 '노ᄅᆞᆺ홇 時節'로도 번역된다. 그리고 '遊戲時'가 '遊戲홀 쩨'로도 번역되고 '노닗 時節'로도 번역된다. 따라서 '제'와 '時節'의 동의성은 명백히 입증된다.

(148) a. 이 말 니르샳 時節에 〈釋二十 4b〉
b. 이 말 니ᄅᆞ샳 제 〈月十八 20a〉
c. 이 말 니ᄅᆞ실 쩨(說是語時예) 〈法華六 126a〉

(148) d. 부텨 成道(31a)ᄒᆞ샳 時節에 〈釋二十 31b〉
e. 부톄 成道ᄒᆞ샳 제 〈月十八 20a〉
f. 부톄 成道ᄒᆞ실 쩨(佛이 成道時예) 〈法華六 182b〉

(148) g. 五欲 즐겨 노ᄅᆞᆺ홇 時節ㅅ 香과 〈釋十九 19a〉
h. 五欲ᄋᆞ로 즐겨 노ᄅᆞᆺ홀 쩻 香과(五欲娛樂嬉戲時옛 香과) 〈法華六 42b〉

(148) i. 여러 東山애 노닗 時節ㅅ 香과 〈釋十九 19a〉
j. 여러 東山애 遊戲홀 쩻 香과(若於諸園에 遊戲時옛 香과) 〈法華六 42b〉

(148) k. 阿耨多羅三(16b)藐三菩提 得ᄒᆞ샳 제 〈月十四 17a〉
l. 阿耨多羅三藐三菩提 得ᄒᆞ실 時節에(得阿耨多羅三藐三菩提時예) 〈法華三 103b〉

〈149〉 쥐엽쇠 對 鐃

고유어 '쥐엽쇠'와 한자어 '鐃'가 [鐃] 즉 '징, 軍中에서 쓰는 작은 징'의 뜻을 가지고 동의 관계에 있다는 것은 다음 예문들에서 잘 확인된다. 원문 중 '鐃銅鈸'이 '鐃와 銅鈸'로 번역된다. 그리고 '鐃'의 자석이 '쥐엽쇠'이다. 따라서 '쥐엽쇠'와 '鐃'의 동의성은 명백히 입증된다.

(149) a. 簫와 笛과 琴과 箜篌와 琵琶와 鐃와 銅鈸와 이러ᄐᆞᆺᄒᆞᆫ 한 貴ᄒᆞᆫ 소리로 供養(52b)ᄒᆞᅀᆞᆸ거나 〈釋十三 53a〉
b. 簫와 뎌콰 琴과 箜篌와 琵琶와 鐃와 銅鈸와 이 ᄀᆞᆮᄒᆞᆫ 한 微妙ᄒᆞᆫ 소리ᄅᆞᆯ 다 가져 供養커나

(簫笛琴箜篌와 琵琶鐃銅鈸와 如是衆妙音을 盡持以 供養커나) 〈法華一 221b〉

(149) c. 鐃는 쥐엽쇠라 〈釋十三 53a〉

〈150〉 즁 對 僧

고유어 '즁'과 한자어 '僧'이 [僧] 즉 '중'의 뜻을 가지고 동의 관계에 있다는 것은 동일 원문의 번역인 다음 예문들에서 잘 확인된다. 원문 중 '破僧'이 '즁 ᄒᆞ야ᄇᆞ리다'로도 번역되고 '僧 헐다'로도 번역된다. 그리고 '梵行僧'이 '梵行ᄒᆞᄂᆞᆫ 즁'으로도 번역되고 '梵行ᄒᆞᄂᆞᆫ 僧'으로도 번역된다. 따라서 '즁'과 '僧'의 동의성은 명백히 입증된다.

(150) a. 調達이 즁 ᄒᆞ야ᄇᆞ린 罪 곧ᄒᆞ야 〈釋二十一 31a〉
b. 調達이 僧 헌 罪 곧ᄒᆞ야 〈月十九 68a〉
c. 調達의 즁 헌 罪 곧ᄒᆞ야(如…調達의 破僧罪ᄒᆞ야) 〈法華七 119b〉

(150) d. 梵行ᄒᆞᄂᆞᆫ 즁ᄃᆞᆯ콰 ᄒᆞᆫᄃᆡ 잇노이다 〈釋二十四 46a〉
e. ᄒᆞᆫ가지로 梵行ᄒᆞᄂᆞᆫ 僧ᄃᆞᆯ콰 ᄒᆞᆫᄃᆡ 잇노이다 〈月二十五 123b〉
f. 共諸同梵行僧俱 〈釋迦譜 卷5 31. 阿育王造八萬四千塔記〉

(150) g. 즁의 坊애 안써나 〈釋十九 5b〉
h. 僧坊애 가 앉거나 〈月十七 50b〉
i. 僧坊애 가 앉거나(往詣僧坊ᄒᆞ야 若坐커나) 〈法華六 11a〉

(150) j. 衆(37a)僧 供養혼디며 〈月十七 37b〉
k. 한 즁 供養호미 ᄃᆞ외며(爲…供養衆僧이며) 〈法華五 201a〉

〈151〉 즈믄 對 一千

고유어 '즈믄'과 한자어 '一千'이 [千]의 뜻을 가지고 동의 관계에 있다는 것은 동일 원문의 번역인 다음 예문들에서 잘 확인된다. 원문 중 '千瓮'이 '一千 독'으로도 번역되고 '즈믄 독'으로도 번역된다. 따라서 '즈믄'과 '一千'의 동의성은 명백히 입증된다.

(151) a. 一千 독 香湯ᄋᆞ로 菩提樹에 믈 주시니 〈釋二十四 46b〉
b. 즈믄 독 香湯ᄋᆞ로 菩提樹를 저지시ᄂᆞ다 ᄒᆞ야 〈月二十五 124b〉
c. 千瓮香湯 漑灌菩提樹 〈釋迦譜 卷5 31. 阿育王造八萬四千塔記〉

〈152〉 즈믄 對 千

고유어 '즈믄'과 한자어 '千'이 [千]의 뜻을 가지고 동의 관계에 있다는 것은 동일 원문의 번역인 다음 예문들에서 잘 확인된다. 원문 중 '千劫'이 '즈믄 劫'으로도 번역되고 '千劫'으로도 번역된다. 그리고 '千日'이 '즈믄 ᄒᆡ'로도 번역되고 '千日'로도 번역된다. 따라서 '즈믄'과 '千'의 동의성은 명백히 입증된다.

(152) a. 즈믄 劫을 〈釋十九 34b〉
b. 千劫을 〈月十七 91a〉
c. 千劫을(千劫을) 〈法華六 88a〉

(152) d. 千日이 ᄀᆞᆮᄒᆞ야 〈月十七 58b〉
e. 즈믄 ᄒᆡ ᄀᆞᆮᄒᆞ야(如千日ᄒᆞ야) 〈法華六 28b〉

(152) f. 一聞千悟ᄒᆞ샤 〈月十七 24b〉
g. ᄒᆞ나 드르시고 즈므늘 아ᄅᆞ샤(一聞千悟ᄒᆞ샤) 〈法華五 172b〉

한편 '千'이 『월인석보』 권17과 『법화경언해』에서 모두 '즈믄'으로 번역된다는 것은 동일 원문의 번역인 다음 예문들에서 잘 확인된다. 원문 중 '千悟'가 '즈므늘 알다'와 '즈므늘 알다'로 번역되고 '千種'이 모두 '즈믄 가지'로 번역된다.

(152) h. ᄒᆞ나 듣ᄌᆞᆸ고 즈므늘 알오 〈月十七 30a〉
i. ᄒᆞᆫ 번 듣ᄌᆞᆸ고 즈므늘 알오(一聞千悟ᄒᆞ고) 〈法華三 142b〉

(152) j. ᄯᅩ 즈믄 가짓 天衣(29b)ᄅᆞᆯ 비흐며 〈月十七 30a〉
k. ᄯᅩ 즈믄 가짓 天衣(180a)ᄅᆞᆯ 비흐며(又雨千種天衣ᄒᆞ며) 〈法華五 180b〉

〈153〉 짐 對 所任

고유어 '짐'과 한자어 '所任'이 [任] 즉 '짐, 所任'의 뜻을 가지고 동의 관계에 있다는 것은 동일 원문의 번역인 다음 예문들에서 잘 확인된다. 원문 중 '勝其任'이 '그 지믈 이긔다'로도 번역되고 '所任을 이긔다'로도 번역되므로 '짐'과 '所任'의 동의성은 명백히 입증된다.

(153) a. 所任을 몯 이긔릴ᄊᆡ 〈月十七 79b〉
b. 그 지믈 이긔디 어려우실ᄊᆡ(難勝耳任이실ᄊᆡ 故로) 〈法華六 74a〉

〈154〉 집 對 舍

고유어 '집'과 한자어 '舍'가 [舍] 즉 '집'의 뜻을 가지고 동의 관계에 있다는 것은 동일 원문의 번역인 다음 예문들에서 명백히 확인된다. 원문 중 '舍'가 '집'으로도 번역되고 '舍'로도 번역되므로 '집'과 '舍'의 동의성은 잘 입증된다.

(154) a. 지븐 기피 드로ᄆᆞᆯ 가ᄌᆞᆯ비니 〈月十三 11a〉
b. 舍ᄂᆞᆫ 기피 드로ᄆᆞᆯ 가ᄌᆞᆯ비니(舍ᄂᆞᆫ 譬深入ᄒᆞ니) 〈法華二 191b〉

〈155〉 집 對 室

고유어 '집'과 한자어 '室'이 [室] 즉 '집'의 뜻을 가지고 동의 관계에 있다는 것은 동일 원문의 번역인 다음 예문들에서 잘 확인된다. 원문 중 '入室'이 '지븨 들다'로도 번역되고 '室에 들다'로도 번역된다. 그리고 '入如來室'이 '如來ㅅ 室에 들다'로도 번역되고 '如來ㅅ 지븨 들다'로도 번역된다. 따라서 '집'과 '室'의 동의성은 명백히 입증된다.

(155) a. 부텻 지븨 드르샤 〈月十四 45a〉
b. 부텻 室에 드르샤(佛이 入室ᄒᆞ샤) 〈法華三 148b〉

(155) c. 이 善男子 善女人이 如來ㅅ 室에 드러 〈月十五 56a〉
d. 이 善男子 善女人이(97b) 如來ㅅ 지븨 들며(是善男子善女人이 入如來室ᄒᆞ며) 〈法華四 98a〉

한편 '室'이 『월인석보』와 『법화경언해』에서 모두 '室'로 번역된다는 것은 동일 원문의 번역인 다음 예문들에서 잘 확인된다. 원문 중 '如來室'이 모두 '如來ㅅ 室'로 번역된다.

(155) e. 如來ㅅ 室ᄋᆞᆫ 〈月十五 56b〉
f. 如來ㅅ 室ᄋᆞᆫ(如來室者ᄂᆞᆫ) 〈法華四 98a〉

〈156〉 집 對 宅

고유어 '집'과 한자어 '宅'이 [宅] 즉 '집'의 뜻을 가지고 동의 관계에 있다는 것은 동일 원문의 번역인 다음 예문들에서 잘 확인된다. 원문 중 '宅主'가 '집 主'로도 번역되고 '宅主'로도 번역되므로 '집'과 '宅'의 동의성은 명백히 입증된다.

(156) a. 집 主ㅣ 갓가ᄫᅵ 나 니거늘 〈月十七 16b〉
b. 宅主ㅣ 갓가이 나 니거늘(宅主ㅣ 近出커늘) 〈法華五 152a〉

〈157〉 차반 對 飮食

고유어 '차반'과 한자어 '飮食'이 [飮食] 즉 '음식'의 뜻을 가지고 동의 관계에 있다는 것은 다음 예문들에서 잘 확인된다. 예문 (a)와 (e)는 '衣被飮食房舍'의 번역이다. 원문 중 '飮食房舍'가 '차반이며 집'으로도 번역되고 '飮食이며 집'으로도 번역된다. 따라서 '차반'과 '飮食'의 동의성은 명백히 입증된다.

(157) a. 오시며 차바니며 지비며 〈釋十一 22b〉
b. 王이 귓것 위ᄒᆞ야 차바ᄂᆞᆯ 만히 準備ᄒᆞ야 뒷더니 그 샹재 그런 한 차바ᄂᆞᆯ 즉자히 다 먹고 〈釋二十四 22b〉
c. 이베 됴ᄒᆞᆫ 차반 먹고져 ᄒᆞ며 〈月一 32a〉
d. 그 後로 人間앳 차바ᄂᆞᆫ ᄡᅧ 몯 좌시며 〈月二 25b〉

(157) e. 오시며 飮食이며 지비며 〈月二十一 220b〉
f. 하ᄂᆞᆯ해셔 飮食이 自然히 오나ᄃᆞᆫ 夫人이 좌시고 〈月二 25b〉
g. 飮食을 ᄇᆞ르게 足게 ᄒᆞ며(飮食을 充足게 ᄒᆞ며) 〈法華二 242b〉

〈158〉 차반 對 肴饌

고유어 '차반'과 한자어 '肴饌'이 [肴饌] 즉 '안주와 음식'의 뜻을 가지고 동의 관계에 있다는 것은 동일 원문의 번역인 다음 예문들에서 잘 확인된다. 원문 중 '衣服肴饌'이 '옷과 차반'으로도 번역되고 '衣服 肴饌'으로도 번역된다. 따라서 '차반'과 '肴饌'의 동의성은 명백히 입증된다.

(158) a. 옷과 차반과 〈月十五 47a〉
b. 衣服 肴饌과(衣服肴饌과) 〈法華四 79a〉

〈159〉 처ᅀᅥᆷ 對 始

고유어 '처ᅀᅥᆷ'과 한자어 '始'가 [始] 즉 '처음'의 뜻을 가지고 동의 관계에 있다는 것은 동일 원문의 번역인 다음 예문들에서 잘 확인된다. 원문 중 '本始之覺'이 '本來 처ᅀᅥᇝ 覺'으로도 번역되고 '本과 始왓 覺'으로도 번역되므로 '처ᅀᅥᆷ'과 '始'의 동의성은 명백히 입증된다.

(159) a. 本來 처ᅀᅥᇝ 覺이 眞實ㅅ 父子ㅣ며 〈月十三 31b〉
b. 本과 始왓 覺이 眞實ㅅ 父子ㅣ며(本始之覺이 眞父子ㅣ며) 〈法華二 225b〉

〈160〉 처ᅀᅥᆷ 對 始作

고유어 '처ᅀᅥᆷ'과 한자어 '始作'이 [始] 즉 '처음, 시작'의 뜻을 가지고 동의 관계에 있다는 것은 동일 원문의 번역인 다음 예문들에서 잘 확인된다. 원문 중 '始終'이 '始作과 ᄆᆞᄎᆞᆷ'으로도 번역되고 '처ᅀᅥᆷ과 내죵'으로도 번역된다. 그리고 '昏之始'가 '어드ᄫᅮ믜 始作'으로도 번역되고 '어드운 처ᅀᅥᆷ'으로도 번역된다. 따라서 '처ᅀᅥᆷ'과 '始作'의 동의성은 명백히 입증된다.

(160) a. 서르 始作과 ᄆᆞᄎᆞᆷ괘 ᄃᆞ외실 ᄯᆞᄅᆞ미라 그럴ᄊᆡ 〈釋二十一 20b〉
b. 서르 처ᅀᅥᆷ 내죵 ᄃᆞ외실 ᄯᆞᄅᆞ미실ᄊᆡ(相爲始終耳실ᄊᆡ 故로) 〈法華七 41b〉

(160) c. 이 서르 始作과 ᄆᆞᄎᆞᆷ괘 ᄃᆞ외샤미라 〈釋二十一 20b〉
d. 이에 서르 처ᅀᅥᆷ 내죵 ᄃᆞ외샤ᄆᆞᆯ 아ᅀᆞ오리로다(是知相爲始終也ㅣ샷다) 〈法華七 41b〉

(160) e. ᄢᅥ디여 어드ᄫᅮ믜 始作ᄋᆞᆯ ᄉᆞᄆᆞᆺ 아라 〈月十四 39b〉
f. ᄒᆞ리여 어드운 처ᅀᅥ믈 ᄉᆞᄆᆞᆺ 아라(達汨昏之始ᄒᆞ야) 〈法華三 141a〉

〈161〉 터럭 對 鬚

고유어 '터럭'과 한자어 '鬚'가〔鬚〕 즉 '식물의 수염'의 뜻을 가지고 동의 관계에 있다는 것은 동일 원문의 번역인 다음 예문들에서 잘 확인된다. 원문 중 '爲鬚'가 '鬚ㅣ ᄃᆞ외다'로도 번역되고 '터럭 ᄆᆡᇰᄀᆞᆯ다'로도 번역되므로 '터럭'과 '鬚'의 동의성은 명백히 입증된다. 그리고 '鬚'의 字釋에서 '鬚'의 문맥적 의미가 '꽃부리의 실'이라는 것을 알 수 있다.

(161) a. 白銀이 니피 ᄃᆞ외오 金剛이 鬚ㅣ (73a) ᄃᆞ외오 [鬚는 입거우지니 곳부리옛 시리라] 〈月十八 73b〉
b. 白銀으로 닙 ᄆᆡᇰᄀᆞᄅᆞ시고 金剛으로 터럭 ᄆᆡᇰᄀᆞᄅᆞ시고(白銀으로 爲葉ᄒᆞ시고 金剛으로 爲鬚ᄒᆞ시고) 〈法華七 14a〉

(161) c. 金剛이 鬚ㅣ ᄃᆞ외오 〈月十八 74a〉
d. 金剛으로 터럭 ᄆᆡᇰᄀᆞᆯ오(金剛으로 爲鬚ᄒᆞ고) 〈法華七 14b〉

〈162〉 틀 對 等

고유어 '틀'과 한자어 '等'이 [等] 즉 '들, 等'의 뜻을 가지고 同義 關係에 있다는 것은 同一 原文의 飜譯인 다음 예문들에서 잘 確認된다. 원문 중 '歌舞等'이 '놀애 춤 等'으로도 번역되고 '놀애 춤 틀'로도 번역되므로 '틀'과 '等'의 동의성은 명백히 입증된다. '틀'과 '等'은 의존명사이다.

(162) a. 樂은 풍류니 놀애 춤 等엣 직죄라 〈月十一 28a〉
b. 樂은 놀애 춤 트렛 직조를 니르고(樂은 謂歌舞等伎오) 〈法華一 49b〉

〈163〉 풍류 對 伎樂

고유어 '풍류'와 한자어 '伎樂'이 [伎樂] 즉 '풍류, 음악'의 뜻을 가지고 동의 관계에 있다는 것은 동일 원문의 번역인 다음 예문들에서 잘 확인된다. 원문 중 '十萬種伎樂'이 '十萬 가짓 풍류'로도 번역되고 '十萬 가짓 伎樂'으로도 번역된다. 그리고 '作…伎樂'이 '풍류 ᄒᆞ다'로도 번역되고 '伎樂 ᄒᆞ다'로도 번역된다. 따라서 '풍류'와 '伎樂'의 동의성은 명백히 입증된다. '풍류'는 '風流'라는 한자 표기도 있지만 正音 표기가 대부분이므로 고유어 범주에 넣었다.

(163) a. 十萬 가짓 풍류로 雲雷音王佛을 供養ᄒᆞᄉᆞᄫᆞ며 〈釋二十 46a〉
b. 十萬 가짓 伎樂ᄋᆞ로 雲雷音王佛ᄭᅴ 供養ᄒᆞᅀᆞᆸ고 〈月十八 83a〉
c. 十萬 가짓 伎樂으로 雲雷音王佛을 供養ᄒᆞᅀᆞ오며(以十萬種伎樂으로 供養雲雷音王佛ᄒᆞᅀᆞ오며) 〈法華七 25a〉

(163) d. 妙音菩薩이 풍류로 供養ᄒᆞᅀᆞᄫᆞ며 〈釋二十 46b〉
e. 妙音菩薩이 伎(83b)樂으로 供養ᄒᆞ며 〈月十八 84a〉
f. 妙音菩薩이 伎樂으로 供養ᄒᆞᅀᆞ오며(妙音菩薩이 伎樂으로 供養ᄒᆞᅀᆞ오며) 〈法華七25b〉

(163) g. 種種 풍류 ᄒᆞ더니 〈釋二十一 49b〉
h. 種種 伎樂 ᄒᆞ며 〈月十九 100a〉
i. 種種 伎樂 ᄒᆞ며(作 … 種種伎樂ᄒᆞ며) 〈法華七 161b〉

(163) j. 한 풍류(57b) ᄒᆞ야 〈釋二十一 58a〉
k. 한 풍류 ᄒᆞ야 〈月十九 112b〉
l. 한 伎樂 ᄒᆞ야(作衆伎樂ᄒᆞ야) 〈法華七 176a〉

(163) m. 여러 가짓 풍류 ᄒᆞ야 〈月十五 47a〉
n. 여러 가짓 伎樂 ᄒᆞ야(作諸伎樂ᄒᆞ야) 〈法華四 79a〉

〈164〉 하ᄂᆞᆯㅎ 對 天

고유어 '하ᄂᆞᆯㅎ'과 한자어 '天'이 [天] 즉 '하늘'의 뜻을 가지고 동의 관계에 있다는 것은 동일 원문의 번역인 다음 예문들에서 잘 확인된다. 원문 중 '餘天等'이 '녀나ᄆᆞᆫ 天ᄃᆞᆯㅎ'로도 번역되고 '녀나ᄆᆞᆫ 하ᄂᆞᆯᄃᆞᆯㅎ'로도 번역되므로 '하ᄂᆞᆯㅎ'과 '天'의 동의성은 명백히 입증된다.

(164) a. 녀나ᄆᆞᆫ 天ᄃᆞᆯ히 男女身香ᄋᆞᆯ 〈月十七 65b〉
b. 또 녀나ᄆᆞᆫ 하ᄂᆞᆯᄃᆞᆯ히 男女身香ᄋᆞᆯ(及餘天等의 男女身香ᄋᆞᆯ) 〈法華六 42b〉

한편 '天'이 『법화경언해』에서 모두 한자어 '天'으로 번역된다는 것은 다음 예문들에서 잘 확인된다. 원문 중 '此天'이 모두 '이 天'으로 번역된다.

(164) c. 이 天은 닐오ᄃᆡ(此天은 云호ᄃᆡ) 〈法華三 115b〉
d. 이 天이(此天이) 〈法華三 127a〉

〈165〉 힘 對 力

고유어 '힘'과 한자어 '力'이 [力] 즉 '힘'의 뜻을 가지고 동의 관계에 있다는 것은 다음 예문들에서 잘 확인된다. 원문 중 '同於聲聽之力'이 '聲聽과 ᄀᆞᄐᆞ신 힘'으로 번역되고 '如是力'이 '이런 힘'으로 번역된다. 그리고 '供養…力'이 '供養ᄒᆞᆫ 力'으로 번역된다. 따라서 '힘'과 '力'의 동의성은 명백히 입증된다.

(165) a. 이ᄂᆞᆫ 菩薩이…聲聽과 ᄀᆞᄐᆞ신 히믈 더으시니 〈月十九 24a〉

b. 이ᄂᆞᆫ 菩薩이…소리 드로매 ᄀᆞᄐᆞ신 히므로 더으신 다시니(此ᄂᆞᆫ 由菩薩이…同於聲聽之力으로 加之시니) 〈法華七 54a〉

(165) c. 大士ᄋᆡ 이런 히ᄆᆞᆯ 너비 펴라(廣宣大士如是力) 〈月二十一 177a〉

d. 짜ᄒᆞᆯ 從ᄒᆞ야 잇ᄂᆞᆫ 거시 다 네 히믈 브텟거늘(從地而有皆因汝力) 〈月二十一 152a〉

(165) e. 이 地藏菩薩 供養ᄒᆞᆫ 力과 功德(86b)力으로 〈月二十一 87a〉

f. 承斯供養地藏之力及功德力故 〈地藏菩薩本願經〉

g. 이 일후미 열네 施無畏ᄒᆞᄂᆞᆫ 力으로 衆生ᄋᆞᆯ ᄀᆞ초 福 주미니(18b)이다 〈月十九 19a〉

〈166〉 ᄒᆞ나ㅎ 對 一

고유어 'ᄒᆞ나ㅎ'와 한자어 '一'이 [一] 즉 '하나, 一'의 뜻을 가지고 동의 관계에 있다는 것은 동일 원문의 번역인 다음 예문들에서 잘 확인된다. 원문 중 '說一'이 '一을 니ᄅᆞ다'로도 번역되고 'ᄒᆞ나ᄒᆞᆯ 니ᄅᆞ다'로도 번역된다. 그리고 '歸一'이 '一에 가다'로도 번역되고 'ᄒᆞ나해 가게 ᄒᆞ다'로도 번역된다. 따라서 'ᄒᆞ나ㅎ'와 '一'의 동의성은 명백히 입증된다.

(166) a. 三을 여희오 一을 니ᄅᆞ논 디 아니라 〈月十一 13a〉

b. 세ᄒᆞᆯ 여희시고 ᄒᆞ나ᄒᆞᆯ 니ᄅᆞ샨 디 아니라(非離三而說一이라) 〈法華一 4b〉

(166) c. 三을 뫼화 一에 가니 〈月十一 13a〉

d. 세ᄒᆞᆯ 모도샤 ᄒᆞ나해 가게 ᄒᆞ시니(蓋會三歸一也ㅣ시니) 〈法華一 4b〉

(166) e. 三을 뫼화 一에 가ᄆᆞᆫ 〈月十一 13b〉

f. 세ᄒᆞᆯ 모도샤 ᄒᆞ나해 가게 ᄒᆞ샤ᄆᆞᆫ(會三歸一은) 〈法華一 4b〉

〈167〉 ᄒᆞᄅᆞ 對 一日

고유어 'ᄒᆞᄅᆞ'와 한자어 '一日'이 [一日] 즉 '하루'의 뜻을 가지고 동의 관계에 있다는 것은 동일 원문의 번역인 다음 예문들에서 잘 확인된다. 원문 중 '一日'이 'ᄒᆞᄅᆞ'로도 번역되고 '一日'로도 번역되므로 'ᄒᆞᄅᆞ'와 '一日'의 동의성은 명백히 입증된다.

(167) a. ᄒᆞᆯ리어나 이트리어나 사ᄋᆞ리어나 나ᄋᆞ리어나 닐웨예 니르리어나 〈釋二十一 30a〉

b. 一日이며 二日이며 三日이며 四日이며 七日에 니를며(若一日이며 若二日이며 若三日이며 若四日이며 若至七日이며) 〈法華七 118a〉

(167) c. ᄒᆞᄅᆞ 이틀둘ᄒᆞᆫ 다 熱病 귓거시라 〈釋二十一 30b〉

d. 一日둘ᄒᆞᆫ 다 熱病鬼오(若一日等은 皆熱病鬼오) 〈法華七 118b〉

〈168〉 ᄒᆡ 對 寶光天子

고유어 'ᄒᆡ'와 한자어 '寶光天子'가 [寶光天子] 즉 '해'의 뜻을 가지고 동의 관계에 있다는 것은 동일 원문의 번역인 다음 예문들에서 잘 확인된다. 원문 중 '寶光天子'가 '寶光天子'로 번역되고 '寶光天子'의 자석이 'ᄒᆡ'이다. 따라서 'ᄒᆡ'와 '寶光天子'의 동의성은 명백히 입증된다.

(168) a. ᄯᅩ 明月天子와(5b)[明月天子ᄂᆞᆫ ᄃᆞ리라] 普香天子와[普香天子ᄂᆞᆫ 벼리라] 寶光天子와[寶光天子ᄂᆞᆫ ᄒᆡ라] 〈釋十三 6a〉

b. ᄯᅩ 明月天子와[ᄃᆞ리라] 普香天子와[벼리라] 寶光天子와[ᄒᆡ라] 〈月十一 24b〉

c. ᄯᅩ 明月天子와 普香天子와 寶(45a)光天子와(復有名月天子와 普香天子와 寶光天子와) 〈法華一 45b〉

〈169〉 ᄒᆡ 對 日

고유어 'ᄒᆡ'와 한자어 '日'이 [日] 즉 '해'의 뜻을 가지고 同義 關係에 있다는 것은 同一 原文의 飜譯인 다음 예문들에서 잘 確認된다. 원문 중 '日'이 'ᄒᆡ'로도 번역되로 '日'로도 번역되므로 'ᄒᆡ'와 '日'의 동의성은 명백히 입증된다.

(169) a. ᄒᆡᄂᆞᆫ 나ᄌᆞᆯ 블기시고 〈月十一 42a〉

b. 日은 나ᄌᆞᆯ ᄇᆞᆯ기고(日은 昱晝ᄒᆞ고) 〈法華一 92b〉

〈170〉 힝뎍 對 行

고유어 '힝뎍'과 한자어 '行'이 [行] 즉 '행실, 행위'의 뜻을 가지고 동의 관계에 있다는 것은 동일 원문의 번역인 다음 예문들에서 잘 확인된다. 원문 중 '深行'이 '기픈 힝뎍'으로도 번역되고 '기픈 行'으로도 번역된다. 그리고 '觀音之行'이 '觀音 힝뎍'으로도 번역되고 '觀音ㅅ 行'으로도 번역된다. 따라서 '힝뎍'과 '行'의 동의성은 명백히 입증된다.

(170) a. 기픈 힝뎍 일우려 호미 〈釋二十一 57b〉
b. 기픈 行 일우려 호미 〈月十九 112a〉
c. 기픈 行 일우려 호미(欲成深行이) 〈法華七 175b〉

(170) d. 觀音 힝(15b)뎌기 〈釋二十一 16a〉
e. 觀音ㅅ 行이 〈月十九 49a〉
f. 觀音ㅅ 行이(觀音之行이) 〈法華七 98a〉

(170) g. 經 디뇨매 조ᄉᆞᄅᆞᄫᆡᆫ 힝뎌근 〈釋二十一 57b〉
h. 經 디뇰 조ᄉᆞᄅᆞᄫᆡᆫ 行이 〈月十九 111b〉
i. 經 디니논 조ᄉᆞᄅᆞ왼 行ᄋᆞᆫ(持經要行은) 〈法華七 175b〉

(170) j. 샹녜 조ᄒᆞᆫ 힝뎍 다ᄭᅡ 〈月十一 46a〉
k. 샹녜 조ᄒᆞᆫ 行ᄋᆞᆯ 다ᄭᅡ(常脩梵行ᄒᆞ야) 〈法華一 99a〉

(170) l. 제 양ᄌᆡ 모로매 힝뎌글 모도아 〈月十四 11b〉
m. 勢ㅣ 모로매 行ᄋᆞᆯ 모도아(勢ㅣ 須積行ᄒᆞ야) 〈法華三 92b〉

2. 固有語가 合成名詞와 名詞句인 경우

명사류에서 확인되는 고유어와 한자어 간의 동의에서 고유어가 合成名詞와 名詞句일 수 있다. 이 동의 관계는 50여 항목이 있다.

고유어가 合成名詞인 경우에는 [種種] 즉 '여러 종류, 여러 가지'의 뜻을 가진 '가지 가지'와 '種種'을 비롯하여 [童女] 즉 '계집 아이'의 뜻을 가진 '갓나희'와 '童女'를 비롯하여 [便利] 즉 '똥오줌'의 뜻을 가진 '똥오좀'과 '便利', [壽命] 즉 '목숨, 壽命'의 뜻을 가진 '목숨'과 '壽命', [波濤] 즉 '물결, 파도'의 뜻을 가진 '믌결'과 '波濤', [全身] 즉 '온전한 몸'의 뜻을 가진 '온몸'과 '全身', [衣食] 즉 '옷과 밥'의 뜻을 가진 '옷밥'과 '衣食' 그리고 [財物] 즉 '재물'의 뜻을 가진 쳔량과 '財物' 등 20항목이 있다.

고유어가 名詞句인 경우에는 [支末] 즉 '가지 끝'의 뜻을 가진 '가지 긑'과 '支末'을 비롯하여 [鼓聲] 즉 '가죽 북소리, 북 소리'의 뜻을 가진 '갓붑 소리'와 '鼓聲', [賈客] 즉 '상인'의 뜻을 가진 '당ᄉᆞᄒᆞ리'와 '賈客', [惡] 즉 '나쁜 것'의 뜻을 가진 '모딘 것'과 '惡', [鈴聲] 즉 '방울 소리'의 뜻을 가진 '바옰 소리'와 '鈴聲', [衆] 즉 '많은 사람'의 뜻을 가진 '한 사ᄅᆞᆷ'과 '衆' 그리고 [商人] 즉 '장사하는 사람, 장수'의 뜻을 가진 '흥졍ᄒᆞ리'와 '商人' 등 30여 항목이 있다.

〈1〉 가지 가지 對 種種

고유어 '가지 가지'와 한자어 '種種'이 [種種] 즉 '여러 종류, 여러 가지'의 뜻을 가지고 동의 관계에 있다는 것은 동일 원문의 번역인 다음 예문들에서 잘 확인된다. 원문 중 '有種種'이 '種種 겨시다'로도 번역되고 '가지 가지 겨시다'로도 번역된다. 따라서 '가지 가지'와 '種種'의 동의성은 명백히 입증된다. 고유어 '가지 가지'는 명사 '가지' [種]과 명사 '가지' [種]의 合成이다.

(1) a. 說法이 種種 겨샤미 〈月十七 9b〉
b. 說法이 가지 가지 겨샤미시니(說法이 有種種이시니) 〈法華五 137b〉

한편 '種種'이 『석보상절』, 『월인석보』 및 『법화경언해』에서 모두 한자어 '種種'으로 번역된다는 것은 동일 원문의 번역인 다음 예문들에서 잘 확인된다. 원문 중 '種種語言'이 모두 '種種

말ᄊᆞᆷ'으로도 번역되고 '種種 語言'으로도 번역된다.

(1) c. 種種 말ᄊᆞᆷ과 소리를 드르리니 〈釋十九 14b〉
d. 種種 語言 音聲을 드르리니 〈月十七 60a〉
e. 種種(32b) 語言 音聲을 드르리니 (聞…種種語言音聲ᄒᆞ리니) 〈法華六 33a〉

(1) f. ᄯᅩ 種種 方便(9a)으로 微妙法을 닐어 〈月十七 9b〉
g. ᄯᅩ 種種 方便으로 微妙法을 닐어(又以種種方便으로 說微妙法ᄒᆞ야) 〈法華五 137a〉

〈2〉 가지 긑 對 支末

고유어 '가지 긑'과 한자어 '支末'이 [支末] 즉 '가지 끝'의 뜻을 가지고 동의 관계에 있다는 것은 동일 원문의 번역인 다음 예문들에서 잘 확인된다. 원문 중 '爲支末'이 '支末이 ᄃᆞ외다'로도 번역되고 '가지 그티 ᄃᆞ외다'로도 번역된다. 따라서 '가지 긑'과 '支末'의 동의성은 명백히 입증된다. 고유어 '가지 긑'은 명사구로서 명사 '가지'와 명사 '긑'의 결합이다.

(2) a. 十二緣 中에 이 세히 根本이 ᄃᆞ외오 나ᄆᆞᆫ 이호ᄫᆞᆫ 支末이 ᄃᆞ외ᄂᆞ니 〈月十四 35b〉
b. 十二緣 中에 이 세히 불휘 미티 ᄃᆞ외오 나ᄆᆞᆫ 아호ᄫᆞᆫ 가지 그티 ᄃᆞ외니(十二緣中에 此三이 爲根本이오 餘九ᄂᆞᆫ 爲支末이니 〈法華三 138b〉

〈3〉 갓나ᄒᆡ 對 童女

고유어 '갓나ᄒᆡ'와 한자어 '童女'가 [童女] 즉 '계집 아이'의 뜻을 가지고 동의 관계에 있다는 것은 동일 원문의 번역인 다음 예문들에서 잘 확인된다. 원문 중 '童女香'이 '갓나ᄒᆡ 香'으로도 번역되고 '童女香'으로도 번역된다. 그리고 '童女聲'이 '갓나ᄒᆡ 소리'로도 번역되고 '童女聲'으로도 번역된다. 따라서 '갓나ᄒᆡ'와 '童女'의 동의성은 명백히 입증된다. '갓나ᄒᆡ'는 [女]를 뜻하는 명사 '갓'과 [童]을 뜻하는 명사 '아ᄒᆡ'의 합성이다.

(3) a. ᄡᅡᄒᆡ 소리 갓나ᄒᆡ 소리 〈釋十九 14b〉

b. 童子聲 童女聲 〈月十七 60b〉
c. 童子聲 童女聲(童子聲童女聲) 〈法華六 33b〉

(3) d. 싸히 香 갓나히 香과 〈釋十九 17b〉
e. 童子香 童女香 〈月十七 64a〉
f. 童子香 童女香과(童子香 童女香과) 〈法華六 41a〉

〈4〉 갓붑 소리 對 鼓聲

고유어 '갓붑 소리'와 한자어 '鼓聲'이 [鼓聲] 즉 '가죽 북 소리, 북 소리'의 뜻을 가지고 동의 관계에 있다는 것은 다음 예문들에서 잘 확인된다. 원문 중 '鼓聲'이 '갓붑 소리'로도 번역되고 '鼓聲'으로도 번역된다. 따라서 '갓붑 소리'와 '鼓聲'의 동의성은 명백히 입증된다. 고유어 '갓붑 소리'는 명사구로서 명사 '갓붑'[鼓]과 명사 '소리'[聲]의 결합이다.

(4) a. 골와랏 소리 갓붑 소리 쇠붑 소리 바옰 소리 〈釋十九 14b〉

(4) b. 螺聲 鼓聲 鍾聲 鈴聲 〈月十七 60b〉
c. 鍾鈴螺鼓聲과 (鍾鈴螺鼓聲) 〈法華六 37a〉

〈5〉 곡도 몸 對 幻質

고유어 '곡도 몸'과 한자어 '幻質'이 [幻質] 즉 '허깨비 몸, 허깨비 모양'의 뜻을 가지고 동의 관계에 있다는 것은 다음 예문들에서 잘 확인된다. 원문 중 '爲幻質'이 '幻質이 드외다'로도 번역되고 '곡도 모미 드외다'로도 번역된다. 그리고 '幻質'의 자석이 '곡도 곧흔 얼굴'이다. 따라서 '곡도 몸'과 '幻質'의 동의성은 명백히 입증된다. 고유어 '곡도 몸'은 명사구로서 명사 '곡도'[幻]와 명사 '몸'의 결합이다.

(5) a. 識 다소로 얼구리 나 幻質이 드외느니 〈月十四 36a〉
b. 識 다소로 얼굴 이러 곡도 모미 드외느니(由識故로 生하야 形爲幻質하느니) 〈法華三 138b〉

(5) c. 幻質은 곡도 곧ᄒᆞᆫ 얼구리오 〈月二 21b〉

〈6〉 귓것 對 鬼

고유어 '귓것'과 한자어 '鬼'가 [鬼] 즉 '귀신'의 뜻을 가지고 동의 관계에 있다는 것은 동일 원문의 번역인 다음 예문들에서 잘 확인된다. 원문 중 '起屍鬼'가 '주검 니르받ᄂᆞᆫ 귓것'으로도 번역되고 '주검 니ᄅᆞ왇ᄂᆞᆫ 鬼'로도 번역되므로 '귓것'와 '鬼'의 동의성은 명백히 입증된다. '귓것'은 '鬼+ㅅ#것'으로 분석될 수 있지만 正音 表記밖에 없으므로 고유어 범주에 넣었다.

(6) a. 吉蔗ᄂᆞᆫ 주검 니르받ᄂᆞᆫ 귓거시라 〈釋二十一 25b〉
b. 吉蔗ᄂᆞᆫ 起屍鬼오 〈月十九 62a〉
c. 吉蔗ᄂᆞᆫ 주검 니ᄅᆞ왇ᄂᆞᆫ 鬼오(吉蔗ᄂᆞᆫ 起屍鬼오) 〈法華七 114a〉

(6) d. 毘多羅ᄃᆞᆯᄒᆞᆫ 精氣 머거 害ᄒᆞᄂᆞᆫ 귓거시라 〈釋二十一 30b〉
e. 毗陀羅ᄃᆞᆯᄒᆞᆫ 곧 精氣 머거 殃害ᄒᆞᄂᆞᆫ 鬼오(毗陀羅等은 卽食精氣ᄒᆞ야 爲殃害鬼오) 〈法華七 118b〉

〈7〉 귓것 對 鬼子

고유어 '귓것'과 한자어 '鬼子'가 [鬼子] 즉 '귀신'의 뜻을 가지고 동의 관계에 있다는 것은 동일 원문의 번역인 다음 예문들에서 잘 확인된다. 원문 중 '鬼子母'가 '귓거싀 어미'로도 번역되고 '鬼子母'로도 번역되므로 '귓것'과 '鬼子'의 동의성은 명백히 입증된다.

(7) a. 귓거싀 어미와 아ᄃᆞᆯ와 또 眷屬과로 〈釋二十一 28b〉
b. 鬼子母와 제 아ᄃᆞᆯ와 眷屬과로 〈月十九 65a〉
c. 鬼子母와 제 아ᄃᆞᆯ와 또 眷屬과로(與鬼子母와 幷其子와 及眷屬과로) 〈法華七 117a〉

(7) d. 羅刹女 곧ᄒᆞ니 업거늘 이리 ᄒᆞ며 귓거싀 어미도 護持호리이다 盟誓ᄒᆞ니 〈釋二十一 29a〉
e. 羅刹女 鬼子母애셔 甚ᄒᆞ니 업스니 盟誓ᄒᆞ야 護持ᄒᆞ면 〈月十九 65b〉

f. 羅刹女 鬼子母애셔 甚ᄒᆞ니 업스니 ᄯᅩ 護持호리이다 盟(117a)誓ᄒᆞ면(無甚於羅刹女鬼子母ᄒᆞ니 亦誓護持ᄒᆞ면) 〈法華七 117b〉

〈8〉 기릐 너븨 對 縱廣

고유어 '기릐 너븨'와 한자어 '縱廣'이 [縱廣] 즉 '길이와 넓이'의 뜻을 가지고 동의 관계에 있다는 것은 동일 원문의 번역인 다음 예문들에서 잘 확인된다. 원문 중 '縱廣'이 '縱廣'으로도 번역되고 '기릐 너븨'로도 번역된다. 따라서 '기릐 너븨'와 '縱廣'의 동의성은 명백히 입증된다. 고유어 '기릐 너븨'는 명사 '기릐'와 명사 '너븨'의 결합으로 명사구이다.

(8) a. 縱廣이 正히 ᄀᆞ티 五百(68b) 由旬이오 〈月十三 68b〉
b. 기릐 너(74a)븨 正히 ᄀᆞ티 五百 由旬이리니(縱廣이 正等히 五百由旬이리니) 〈法華三 74b〉

한편 '縱廣'이 『월인석보』 권13과 『법화경언해』에서 모두 한자어 '縱廣'으로 번역된다는 것은 동일 원문의 번역인 다음 예문들에서 잘 확인된다. 원문 중 '縱廣…五百由旬'이 모두 '縱廣이…五百由旬이다'로 번역된다.

(8) c. 縱廣이 正히 ᄀᆞ티 五百 由旬이오 〈月十三 71a〉
d. 縱廣이 正히 ᄀᆞ티 五百 由旬이리니(縱廣이 正等히 五百由旬이리니) 〈法華三 77b〉

〈9〉 ᄀᆞᄂᆞᆫ 듣글 對 微塵

고유어 'ᄀᆞᄂᆞᆫ 듣글'과 한자어 '微塵'이 [微塵] 즉 '가는 티끌'의 뜻을 가지고 동의 관계에 있다는 것은 동일 원문의 번역인 다음 예문들에서 잘 확인된다. 원문 중 '爲微塵'이 '微塵 ᄆᆡᆼᄀᆞᄅᆞ다'로도 번역되고 'ᄀᆞᄂᆞᆫ 듣글 ᄆᆡᆼᄀᆞᆯ다'로도 번역된다. 따라서 'ᄀᆞᄂᆞᆫ 듣글'과 '微塵'의 동의성은 명백히 입증된다. 고유어 'ᄀᆞᄂᆞᆫ 듣글'은 명사구로 상태동사 'ᄀᆞᄂᆞᆯ다'의 관형사형 'ᄀᆞᄂᆞᆫ'과 명사 '듣글'[塵]의 결합이다.

(9) a. 아모 사ᄅᆞ미나 ᄇᆞᅀᅡ 微塵 ᄆᆡᇰᄀᆞ라 〈月十七 4b〉

b. 아마커나 사ᄅᆞ미 ᄇᆞᅀᅡ ᄀᆞᄂᆞᆫ 듣글 ᄆᆡᇰᄀᆞ라(假使有人이 抹爲微塵ᄒᆞ야) 〈法華五 131a〉

한편 '微塵'이 『월인석보』와 『법화경언해』에서 모두 한자어 '微塵'으로 번역된다는 것은 동일 원문의 번역인 다음 예문들에서 잘 확인된다. 원문 중 '是微塵'이 모두 '이 微塵'으로 번역된다.

(9) c. 이 微塵ᄋᆞᆯ(4b) 다ᄒᆞ면 〈月十七 5a〉

d. 이 微塵을 다ᄒᆞ면(盡是微塵ᄒᆞ면) 〈法華五 131a〉

(9) e. 이 世界ᄃᆞᆯᄒᆞᆯ 微塵이 著거나 著디 아니ᄒᆞ니ᄅᆞᆯ 〈月十七 6a〉

f. 이 모ᄃᆞᆫ 世界 ᄒᆞ다가 微塵 著거나 ᄯᅩ 著디 아니ᄒᆞ닐(是諸世界若著微塵커나 及不著者ᄅᆞᆯ) 〈法華五 132b〉

〈10〉 노근 구리 對 洋銅

고유어 '노근 구리'와 한자어 '洋銅'이 [洋銅] 즉 '녹은 구리'의 뜻을 가지고 동의 관계에 있다는 것은 다음 예문들에서 잘 확인된다. 원문 중 '洋銅'이 '洋銅'으로 번역된다. 그리고 '洋銅'의 자석이 '노근 구리'이다. 따라서 '노근 구리'와 '洋銅'의 동의성은 명백히 입증된다. 고유어 '노근 구리'는 명사구로 동작동사 '녹다'의 관사형 '노근'과 명사 '구리'[銅]의 결합이다.

(10) a. ᄯᅩ 地獄이 이쇼ᄃᆡ 일후미 佯銅이오 (佯銅은 노근 구리라) 〈月二十一 75b〉

b. 復有地獄 名曰洋銅 〈地藏菩薩本願經〉

'洋銅'이 '구리 녹이다'로 번역된다는 것은 『월인석보』 권21의 다음 예문에서 잘 확인된다.

(10) c. 구리 노겨 이베 브ᅀᅳ며 〈月二十一 44a〉

d. 洋銅灌口 〈地藏菩薩本願經〉

〈11〉 님금 옷 對 袞文

고유어 '님금 옷'과 한자어 '袞文'이 [袞文] 즉 '임금의 옷, 곤룡포'의 뜻을 가지고 동의 관계에 있다는 것은 다음 예문들에서 잘 확인된다. 원문 중 '袞文'이 '袞文'으로 번역된다. 그리고 '袞文'의 자석이 '님금 옷'이다. 따라서 '님금 옷'과 '袞文'의 동의성은 명백히 입증된다. 고유어 '님금 옷'은 명사구로 명사 '님금'과 명사 '옷'의 결합이다.

(11) a. 袞衣 니펴 石槨애 드료미 〈月十八 40a〉
b. 袞文으로 石槨애 녀호미(袞文而 納諸石槨이) 〈法華六 155a〉
c. 袞文은 님금 오시라 〈法華六 155a〉

〈12〉 놈 어엿비 너기는 사름 對 仁者

고유어 '놈 어엿비 너기는 사름'과 한자어 '仁者'가 [仁者] 즉 '어진 사람, 남을 불쌍히 여기는 사람'의 뜻을 가지고 동의 관계에 있다는 것은 다음 예문들에서 잘 확인된다. '仁者'의 자석이 '놈 어엿비 너기는 사름'이다. 원문 중 '仁者'가 '仁者'로 번역되고 '仁者問'이 '仁者人 무룸'으로 번역된다. 따라서 '놈 어엿비 너기는 사름'과 '仁者'의 동의성은 명백히 입증된다. 고유어 '놈 어엿비 너기는 사름'은 명사구로 명사 '놈'과 부사 '어엿비'와 동작동사 '너기다'의 관형사형 '너기는' 그리고 명사 '사름'의 결합이다.

(12) a. 願호돈 仁者ㅣ 請호속바 [仁者는 놈 어엿비 너기는 사르미니 鳩摩(11b)羅롤 니르니라] 어셔 누려 오시게 호쇼셔 〈釋十一 12a〉

(12) b. 仁者ㅣ 우리돌홀 어엿비 너기샤 이 瓔珞올 바드쇼셔 〈月十九 40a〉
c. 仁者ㅣ 우릴 어엿비 너기시논 젼추로 이 瓔珞을 바드쇼셔(仁者ㅣ 愍我等故로 受此瓔珞호쇼셔 〈法華七 83b〉

(12) d. 仁者ㅣ 法施 珍寶 瓔珞올 바드쇼셔 〈月十九 39b〉
e. 仁者ㅣ 法施옛 珍寶 瓔珞을 바드쇼셔(仁者ㅣ 受此法施珍寶瓔珞호쇼셔 〈法華七 81b〉

(12) f. 내 이제 부텻 威神과 仁者人 무루믈 바다 어둘 니르노니 〈月二十一 81b〉
g. 我今承佛威神及仁者問 略說如是 〈地藏菩薩本願經〉

〈13〉 다ᄅᆞ니 對 他

고유어 '다ᄅᆞ니'와 한자어 '他'가 [他] 즉 '다른 사람'의 뜻을 가지고 동의 관계에 있다는 것은 동일 원문의 번역인 다음 예문들에서 잘 확인된다. 원문 중 '他謂'가 '다ᄅᆞ니ᄂᆞᆫ…니ᄅᆞ다'로도 번역되고 '他ᄂᆞᆫ…니ᄅᆞ다'로도 번역된다. 따라서 '다ᄅᆞ니'와 '他'의 동의성은 명백히 입증된다. 고유어 '다ᄅᆞ니'는 명사구로 상태동사 '다ᄅᆞ다'의 관형사형 '다ᄅᆞᆫ'과 의존명사 '이'의 결합이고 '다ᄅᆞ-+-ㄴ#이'로 분석될 수 있다.

(13) a. 다ᄅᆞ니ᄂᆞᆫ 諸佛을 니ᄅᆞ시니라 〈月十七 11a〉
　　b. 他ᄂᆞᆫ 諸佛을 니ᄅᆞ시니라(他ᄂᆞᆫ 謂諸佛ᄒᆞ시니라) 〈法華五 140b〉

〈14〉 댱ᄉᆞᄒᆞ리 對 賈客

고유어 '댱ᄉᆞᄒᆞ리'와 한자어 '賈客'이 [賈客] 즉 '상인'의 뜻을 가지고 동의 관계에 있다는 것은 동일 원문의 번역인 다음 예문들에서 잘 확인된다. 원문 중 '賈客'이 '賈客'으로도 번역되고 '댱ᄉᆞᄒᆞ리'로도 번역된다. 그리고 '賈客'은 『석보상절』 권20의 字釋에서 알 수 있듯이 '앉아서 장사하는 사람'이다. 따라서 '댱ᄉᆞᄒᆞ리'와 '賈客'의 동의성은 명백히 입증된다. '댱ᄉᆞᄒᆞ리'는 '댱ᄉᆞᄒᆞ-+-ㄹ#이'로 분석될 수 있는 명사구이다.

(14) a. 賈客이 바ᄅᆞᆯ 어둠 ᄀᆞᆮᄒᆞ며[…賈ᄂᆞᆫ 안ᄌᆞ셔 흥졍ᄒᆞᆯ 씨라 客ᄋᆞᆫ 소니라] 〈釋二十 25a〉
　　b. 賈客이 바ᄅᆞᆯ 얻ᄃᆞᆺ ᄒᆞ며 〈月十八 51b〉
　　c. 댱ᄉᆞᄒᆞ리 바ᄅᆞᆯ 어둠 ᄀᆞᆮᄒᆞ며(如賈客이 得海ᄒᆞ며) 〈法華六 170b〉

〈15〉 뎌른 ᄃᆡ 對 短

고유어 '뎌른 ᄃᆡ'와 한자어 '短'이 [短] 즉 '부족한 데, 결점'의 뜻을 가지고 동의 관계에 있다는 것은 동일 원문의 번역인 다음 예문들에서 잘 확인된다. 원문 중 '伺求其短'이 '短ᄋᆞᆯ 엿봐 求ᄒᆞ다'로도 번역되고 '뎌른 ᄃᆡᆯ 엿ᅀᅥ 求ᄒᆞ다'로도 번역된다. 따라서 '뎌른 ᄃᆡ'와 '短'의 동의성은 명백히 입증된다. 고유어 '뎌른 ᄃᆡ'는 명사구로서 상태동사 '뎌르다' [短]의 관형사형 '뎌른'과 의존명사 'ᄃᆡ'의 결합이고 '뎌르-+-ㄴ#ᄃᆡ'로 분석될 수 있다.

(15) a. 鳩槃茶ㅣ어나 餓鬼 等이어나 短ᄋᆞᆯ 엿봐 求ᄒᆞ야도 〈月十九 60b〉
b. 鳩槃茶ㅣ며 餓鬼 等이 뎌른 ᄃᆡᆯ 여ᅀᅥ 求ᄒᆞ(112b)야도(若鳩槃茶ㅣ며 若餓鬼等이 伺求其短ᄒᆞ야도) 〈法華七 113a〉

〈16〉 뎘것 對 常住

고유어 '뎘것'과 한자어 '常住'가 [常住] 즉 '寺院의 것, 寺院의 所有物'의 뜻을 가지고 동의 관계에 있다는 것은 다음 예문들에서 잘 확인된다. 원문 중 '侵損常住'가 '常住를 侵勞ᄒᆞ야 損ᄒᆞ다'로 번역되고 '常住'의 자석이 '뎘것'이다. 그리고 '破用常住'가 '常住를 허러 ᄡᅳ다'로 번역된다. 따라서 '뎘것'과 '常住'의 동의성은 명백히 입증된다. 고유어 '뎘것'은 명사 '뎔'과 명사 '것'의 合成이다.

(16) a. ᄒᆞ다가 衆生이 常住(39a)를 侵勞ᄒᆞ야 損커나[常住는 뎘거시라] 〈月二十一 39b〉
b. 若有衆生 侵損常住 〈地藏菩薩本願經〉

(16) c. 常住를 허러 ᄡᅳ며 〈月二十一 40a〉
d. 破用常住 〈地藏菩薩本願經〉

(16) e. 常住 허러 ᄡᅳ릴 맛나ᄃᆞᆫ 億劫에 地獄애 輪廻홇 報ᄅᆞᆯ 니ᄅᆞ고 〈月二十一 66b〉
f. 若遇破用常住者 說億劫輪廻地獄報 〈地藏菩薩本願經〉

(16) g. ᄒᆞ다가 衆生이 常住ᄅᆞᆯ 일버ᅀᅳ며 〈月二十一 40b〉
h. 若有衆生 偸竊常住 〈地藏菩薩本願經〉

〈17〉 ᄯᅩᇰ오좀 對 便利

고유어 'ᄯᅩᇰ오좀'과 한자어 '便利'가 [便利] 즉 '똥오줌'의 뜻을 가지고 동의 관계에 있다는 것은 동일 원문의 번역인 다음 예문들에서 잘 확인된다. 원문 중 '荊棘便利'가 '荊棘이며 便利'로도 번역되고 '가시와 똥오좀'으로도 번역된다. 따라서 '똥오좀'과 '便利'의 동의성은 명백히 입증된다. 고유어 '똥오좀'은 명사 '똥'과 명사 '오좀'의 합성이다.

(17) a. 더러븐 瓦礫이며 荊棘이며 便利며 조티 몯ᄒᆞᆫ 거시 업고 〈月十三 62a〉
b. 여러 가짓 더러운 디새돌콰 가ᄉᆡ와 똥오좀 조티 몯ᄒᆞᆫ 거시 업스며(無諸穢惡瓦礫荊棘과 便利不淨ᄒᆞ며) 〈法華三 59a〉

한편 '便利'가 『월인석보』 권13과 『법화경언해』에서 모두 한자어 '便利'로 번역된다는 것은 동일 원문의 번역인 다음 예문들에서 잘 확인된다. 원문 중 '便利之穢'가 '便利와 더러붐' 및 '便利 더러운 것둘ㅎ'로 번역된다.

(17) c. 두듥과 굳과 砂(66a)礫과 荊棘과 便利와 더러부미 업고 〈月十三 66b〉
d. 두듥과 굳과 몰애와 돌콰 가ᄉᆡ와(68a) 便利 더러운 것둘히 업고(無諸丘坑沙礫荊棘便利之穢ᄒᆞ고) 〈法華三 68b〉

〈18〉 똥오좀 對 糞尿

고유어 '똥오좀'과 한자어 '糞尿'가 [糞尿] 즉 '똥오줌'의 뜻을 가지고 동의 관계에 있다는 것은 다음 예문들에서 잘 확인된다. 원문 중 '無限糞尿'가 '그지업슨 똥오좀'으로 번역된다. 그리고 '糞尿地獄'이 '糞尿地獄'으로 번역된다. '糞尿'의 자석이 '똥오좀'이다. 따라서 '똥오좀'과 '糞尿'의 동의성은 명백히 입증된다. 고유어 '똥오좀'은 [糞] 즉 '똥'의 뜻을 가진 명사 '똥'과 [尿] 즉 '오줌'의 뜻을 가진 명사 '오좀'의 合成이다.

(18) a. 시혹 地獄이 이쇼ᄃᆡ 그지 업슨 똥오조미며 〈月二十一 80b〉
b. 或有地獄 無限糞尿 〈地藏菩薩本願經〉

(18) c. 糞尿地獄[糞尿ᄂᆞᆫ 똥오조미라] 銅鏁地獄 〈月二十一 77a〉
d. 糞尿地獄 銅鏁地獄 〈地藏菩薩本願經〉

〈19〉 된 소리 對 高聲

고유어 '된 소리'와 한자어 '高聲'이 [高聲] 즉 '높은 소리'의 뜻을 가지고 동의 관계에 있다는 것은 동일 원문의 번역인 다음 예문들에서 잘 확인된다. 원문 중 '高聲唱言'이 '高聲으로 니ᄅᆞ다'로도 번역되고 '된 소리로 니ᄅᆞ다'로도 번역되므로 '된 소리'와 '高聲'의 동의성은 명백히 입증된다. '된 소리'는 [高] 즉 '높다'의 뜻을 가진 '된'과 명사 '소리[聲]'의 결합에 의해 생긴 명사구이다.

(19) a. 諸天이 虛空애셔 高聲으로 닐오ᄃᆡ 〈釋十九 40b〉
b. 諸天이 虛空中에 된 소리로 닐오ᄃᆡ 〈月十八 8a〉
c. 諸天이 虛空中에 된 소리로 닐오ᄃᆡ(諸天이 於虛空中에 高聲으로 唱言호ᄃᆡ) 〈法華六 105a〉

(19) d. ᄉᆞᆫ지 高聲으로 닐오ᄃᆡ 〈釋十九 31a〉
e. ᄉᆞᆫ지 노ᄑᆞᆫ 소리로 닐오ᄃᆡ 〈月十七 85a〉
f. ᄉᆞᆫ지 된 소리로 닐오ᄃᆡ(猶高聲唱言호ᄃᆡ) 〈法華六 80b〉

〈20〉 됴ᄒᆞᆫ 것 對 善

고유어 '됴ᄒᆞᆫ 것'과 한자어 '善'이 [善] 즉 '좋은 것'의 뜻을 가지고 동의 관계에 있다는 것은 다음 예문들에서 잘 확인된다. 원문 중 '生善'이 '됴ᄒᆞᆫ 거슬 내다'로도 번역되고 '善 내다'로도 번역된다. 따라서 '됴ᄒᆞᆫ 것'과 '善'의 동의성은 명백히 입증된다. 고유어 명사구 '됴ᄒᆞᆫ 것'은 상태동사 **'둏다'**의 관형사형 '됴ᄒᆞᆫ'과 명사 '것'의 결합이다.

(20) a. 모딘 거슬 업긔 ᄒᆞ고 됴ᄒᆞᆫ 거슬 내ᄂᆞ니 〈釋二十一 22b〉
b. 惡ᄋᆞᆯ 滅코 善 내샤ᄆᆞᆯ(殄惡生善을) 〈法華七 107a〉

〈21〉 됴ᄒᆞᆫ 맛 對 美味

고유어 '됴ᄒᆞᆫ 맛'과 한자어 '美味'가 [美味] 즉 '좋은 맛'의 뜻을 가지고 동의 관계에 있다는 것은 동일 원문의 번역인 다음 예문들에서 잘 확인된다. 원문 중 '美味…具足'이 '美味…ᄀᆞᆽ다'로도 번역되고 '됴ᄒᆞᆫ 마시…ᄀᆞᆽ다'로도 번역된다. 그리고 '美味'의 자석이 '됴ᄒᆞᆫ 맛'이다. 따라서 '됴ᄒᆞᆫ 맛'과 '美味'의 동의성은 명백히 입증된다. 고유어 '됴ᄒᆞᆫ 맛'은 명사구로 상태동사 '둏다' [美]의 관형사형 '됴ᄒᆞᆫ'과 명사 '맛' [味]의 결합이다.

(21) a. 됴ᄒᆞᆫ 藥草ㅣ 色香美味 다 ᄀᆞᄌᆞ닐 求ᄒᆞ야[美味ᄂᆞᆫ 됴ᄒᆞᆫ 마시라] 〈月十七 17b〉
b. 됴ᄒᆞᆫ 藥草ㅣ 빗과 香과 됴ᄒᆞᆫ 마시 다 ᄀᆞᄌᆞ닐 求ᄒᆞ야(求好藥草ㅣ 色香美味皆悉具足ᄒᆞ야) 〈法華五 153b〉

(21) c. 닐오ᄃᆡ 이 ᄀᆞ장 됴ᄒᆞᆫ 藥이니 色香美味 다 ᄀᆞᄌᆞ니 너희ᄃᆞᆯ히 머그라 〈月十七 18a〉
d. 이 마ᄅᆞᆯ 호ᄃᆡ 이 큰 됴ᄒᆞᆫ 藥이 色과 香과 됴ᄒᆞᆫ 마시 다 ᄀᆞᄌᆞ니 너희 머거ᅀᅡ ᄒᆞ리니(作是言호ᄃᆡ 此大良藥이 色香美味皆悉具足ᄒᆞ니 汝等이 可服이니) 〈法華五 154a〉

〈22〉 디새 돌ㅎ 對 瓦礫

고유어 '디새 돌ㅎ'과 한자어 '瓦礫'이 [瓦礫] 즉 '기와와 돌'의 뜻을 가지고 동의 관계에 있다는 것은 동일 원문의 번역인 다음 예문들에서 잘 확인된다. 원문 중 '瓦礫荊棘'은 '瓦礫이며 荊棘'으로도 번역되고 '디새 돌콰 가ᄉᆡ'로도 번역된다. 따라서 '디새 돌ㅎ'과 '瓦礫'의 동의성은 명백히 입증된다. 고유어 '디새 돌ㅎ'은 명사 '디새'[瓦]와 '돌ㅎ'의 결합으로 명사구이다.

(22) a. 더러ᄫᅳᆫ 瓦礫이며 荊棘이며 便利며 조티 몯ᄒᆞᆫ 거시 업고 〈月十三 62a〉
b. 여러 가짓 더러운 디새돌콰 가ᄉᆡ와 ᄯᅩᇰ오좀 조티 몯ᄒᆞᆫ 거시 업스며(無諸穢惡瓦礫荊棘과 便利不淨ᄒᆞ며) 〈法華三 59a〉

〈23〉 ᄃᆞᆺ온 ᄆᆞᅀᆞᆷ 對 愛

고유어 'ᄆᆞᅀᆞᆷ'과 한자어 '愛'가 [愛] 즉 '사랑하는 마음'의 뜻을 가지고 동의 관계에 있다는 것은 다음 예문들에서 잘 확인된다. 원문 중 '愛…據捨'가 'ᄃᆞᆺ온 ᄆᆞᅀᆞ미 믄득 ᄇᆞ룜'으로도 번역되고 '愛 믄득 ᄇᆞ룜'으로도 번역된다. 따라서 'ᄃᆞᆺ온 ᄆᆞᅀᆞ'과 '愛'의 동의성은 명백히 입증된다. 고유어 'ᄃᆞᆺ온 ᄆᆞᅀᆞᆷ'은 명사구로서 동작동사 'ᄃᆞᆺ오다'의 관형사형 'ᄃᆞᆺ온'과 명사 'ᄆᆞᅀᆞᆷ'의 결합이다.

(23) a. ᄃᆞᆺ온 ᄆᆞᅀᆞ미 믄득 ᄇᆞ료미 어려ᄫᅳᆯ씨니라 〈月十四 15a〉
b. 愛 믄득 ᄇᆞ료미 어려울씨라(以愛難遽捨也ㅣ라) 〈法華三 97b〉

〈24〉 머리 ᄂᆞᆾ 對 頭面

고유어 '머리 ᄂᆞᆾ'과 한자어 '頭面'이 [頭面] 즉 '머리 조아림'의 뜻을 가지고 동의 관계에 있다는 것은 동일 원문의 번역인 다음 예문들에서 잘 확인된다. 원문 중 '頭面禮足'이 '머리 ᄂᆞᄎᆞ로 바래 저ᅀᆞᆸ다'로 번역되고 '頭面禮佛'이 '頭面으로 부텨ᄭᅴ 禮數ᄒᆞᅀᆞᆸ다'로 번역된다. 따라서 '머리 ᄂᆞᆾ'과 '頭面'의 동의성은 명백히 입증된다. 고유어 '머리 ᄂᆞᆾ'은 명사구로서 명사 '머리'[頭]와 명사 'ᄂᆞᆾ'[面]의 결합이다.

(24) a. 머리 조ᅀᆞ 禮(15b)數ᄒᆞᅀᆞᆸ고 〈月十四 16a〉
b. 머리 ᄂᆞᄎᆞ로 바래 저ᅀᆞᆸ고(頭面禮足ᄒᆞᅀᆞᆸ고) 〈法華三 98a〉

(24) c. 머리 조ᅀᆞᄫᅡ 禮數ᄒᆞᅀᆞᆸ고 〈釋二十一 41a〉
d. 頭面으로 바래 禮數ᄒᆞᅀᆞᆸ고(頭面禮足ᄒᆞᅀᆞᆸ고) 〈法華七 141a〉

(24) e. 머리 조ᅀᆞ 부텻긔 禮數ᄒᆞᅀᆞᆸ고 〈月十四 20b〉
f. 頭面으로 부텨ᄭᅴ 저ᅀᆞᆸ고(頭面禮佛ᄒᆞᅀᆞᆸ고) 〈法華三 108a〉

한편 '頭面'이 『월인석보』와 『법화경언해』에서 모두 동작동사구 '머리 좃다'의 부사어구 '머리 조ᅀᆞ'로 번역된다는 것은 동일 원문의 번역인 다음 예문들에서 잘 확인된다. 원문 중 '頭面禮'가 '머리 조ᅀᆞ 禮數ᄒᆞᅀᆞᆸ다'와 '머리 조ᅀᆞ 저ᅀᆞᆸ다'로 번역된다.

(24) g. 머리 조ᅀᆞ 부텻긔 禮數ᄒᆞᅀᆞᆸ고 〈月十四 23b〉
h. 머리 조ᅀᆞ 부텻긔 저ᅀᆞᆸ고(頭面禮佛ᄒᆞᅀᆞᆸ고) 〈法華三 114a〉

〈25〉 머즌 일 對 災禍

고유어 '머즌 일'과 한자어 '災禍'가 [禍] 즉 '재화, 나쁜 일'의 뜻을 가지고 동의 관계에 있다는 것은 다음 예문들에서 잘 확인된다. 원문 중 '衰禍'가 '衰혼 災禍'로 번역된다. 그리고 '災禍'의 자석이 '머즌 일'이다. 따라서 '머즌 일'과 '災禍'의 동의성은 명백히 입증된다. 고유어 '머즌 일'은 명사구로서 상태동사 '멎다'의 관형사형 '머즌'과 명사 '일'의 결합이다.

(25) a. 우리 이제 衰혼 災禍ㅣ 후마 오노소니 〈釋十一 14b〉
b. 우리 이제 衰혼 災禍ㅣ 후마 오노소니 〈月二十一 206a〉
c. 我等今者衰禍將至 〈大方便佛報恩經 卷三〉

(25) d. 災禍는 머즌 이리라 〈釋十一 14b〉
e. 災禍는 머즌 이리라 〈月二十一 206a〉

〈26〉 모딘 것 對 惡

고유어 '모딘 것'과 한자어 '惡'이 [惡] 즉 '나쁜 것'의 뜻을 가지고 동의 관계에 있다는 것은 동일 원문의 번역인 다음 예문들에서 잘 확인된다. 원문 중 '殄惡'이 '모딘 거슬 업긔 후다'로도 번역되고 '惡올 滅후다'로도 번역된다. 따라서 '모딘 것'과 '惡'의 동의성은 명백히 입증된다. 고유어 명사구 '모딘 것'은 상태동사 '모딜다'의 관형사형 '모딘'과 명사 '것'의 결합이다.

(26) a. 모딘 거슬 업긔 후고 됴혼 거슬 내누니 〈釋二十一 22b〉
b. 惡올 滅코 善 내샤믈(殄惡生善을) 〈法華七 107a〉

〈27〉 모딘 놈 對 凶主

고유어 '모딘 놈'과 한자어 '凶主'가 [凶主] 즉 '흉악한 사람'의 뜻을 가지고 동의 관계에 있다는 것은 동일 원문의 번역인 다음 예문들에서 잘 확인된다. 원문 중 '凶主'가 '모딘 놈'으로도 번역되고 '凶主'로도 번역된다. 따라서 '모딘 놈'과 '凶主'의 동의성은 명백히 입증된다. 고유어 '모딘 놈'은 명사구로 상태동사 '모딜다' [凶]의 관형사형 '모딘'과 명사 '놈'의 결합이다.

(27) a. 모딘 노미 그 比丘를 자바 〈釋二十四 16a〉
b. 뎌 凶主ㅣ 比丘 자바 〈月二十五 78b〉
c. 彼凶主 執彼比丘 〈釋迦譜 卷5 31. 阿育王造八萬四千塔記〉

(27) d. 王이 罪 지슨 각시를 그 모딘 노(15a)미그에 보내야 〈釋二十四 15b〉
e. 宮內ㅅ 사ᄅᆞ미 일 지ᅀᅥ 凶主 맛뎌늘 〈月二十五 77b〉
f. 時王宮內人 有事送付凶主 〈釋迦譜 卷5 31. 阿育王造八萬四千塔記〉

〈28〉 모딘 ᄇᆡᄒᆞᆺ 對 惡習

고유어 '모딘 ᄇᆡᄒᆞᆺ'과 한자어 '惡習'이 [惡習] 즉 '나쁜 버릇'의 뜻을 가지고 동의 관계에 있다는 것은 다음 예문들에서 잘 확인된다. 원문 중 '在惡習'이 '모딘 ᄇᆡᄒᆞ시 잇다'로 번역된다. 그리고 '結惡習'이 '惡習 맺다'로 번역된다. 따라서 '모딘 ᄇᆡᄒᆞᆺ'과 '惡習'의 동의성은 명백히 입증된다. 고유어 '모딘 ᄇᆡᄒᆞᆺ'은 명사구로 상태동사 '모딜다' [惡]의 관형사형 '모딘'과 명사 'ᄇᆡᄒᆞᆺ'[習]의 결합이다.

(28) a. 열헤 ᄒᆞ둘히 ᄉᆞᆫ지 모딘 ᄇᆡᄒᆞ시 이실ᄊᆡ 〈月二十一 32a〉
b. 十有一二 尚在惡習 〈地藏菩薩本願經〉

(28) c. 제 閻浮提衆生이 惡習ᄆᆡ조미 重ᄒᆞ야 〈月二十一 117a〉
d. 自是閻浮衆生 結惡習重 〈地藏菩薩本願經〉

(28) e. 惡習으로 業을 ᄆᆡᄌᆞ며 善習으로 果를 ᄆᆡ자 〈月二十一 48b〉
f. 惡習結業 善習結果 〈地藏菩薩本願經〉

〈29〉 목숨 對 命

고유어 '목숨'과 한자어 '命'이 [命] 즉 '목숨, 命'의 뜻을 가지고 동의 관계에 있다는 것은 동일 원문의 번역인 다음 예문들에서 잘 확인된다. 원문 중 '活命'이 '목숨 사ᄅᆞ다'로도 번역되고 '命을 살오다'로도 번역되므로 '목숨'과 '命'의 동의성은 명백히 입증된다. 고유어 '목숨'은 명사 '목'과 명사 '숨'의 합성이다.

(29) a. 五道애 困ᄒᆞ야 四生애 ᄃᆞ녀 목숨 사로ᄆᆞᆯ 가졸비고 〈月十三 7a〉

b. 五道애 困ᄒᆞ며 四生애 디나 제 命을 살오ᄆᆞᆯ 가졸비고(譬困五道ᄒᆞ며 歷四生ᄒᆞ야 以自活命이오) 〈法華二 184a〉

〈30〉 목숨 對 壽命

고유어 '목숨'과 한자어 '壽命'이 [壽命] 즉 '목숨, 壽命'의 뜻을 가지고 동의 관계에 있다는 것은 동일 원문의 번역인 다음 예문들에서 잘 확인된다. 원문 중 '菩薩壽命'이 '菩薩ㅅ 목숨'으로도 번역되고 '菩薩 壽命'으로도 번역된다. 그리고 '佛壽命'이 '부텻 목숨'으로도 번역되고 '부텻 壽命'으로도 번역된다. 따라서 '목숨'과 '壽命'의 동의성은 명백히 입증된다.

(30) a. 菩薩ㅅ 목수미 ᄯᅩ ᄒᆞᆫ가지오 〈釋二十 6b〉

b. 菩薩 목숨도 ᄯᅩ ᄀᆞᆮᄒᆞ며 〈月十八 25b〉

c. 菩薩(134a) 壽命도 ᄯᅩ ᄀᆞᆮ더니(菩薩壽命도 亦等ᄒᆞ더니) 〈法華六 134b〉

(30) d. 부텻 목숨 니ᅀᅳ리 업슨 ᄃᆞᆯ 시름ᄒᆞ샤미라 〈月十三 10b〉

e. 부텻 壽命 니ᅀᅳ리 업수믈 시름ᄒᆞ실 씨라(憂其無以續佛壽命也ㅣ라) 〈法華二 190a〉

(30) f. 부텻 목수미 無量阿僧祇劫이오 〈月十五 17b〉

g. 부텻 壽命은 無量阿僧祇劫이오(佛壽命은 無量阿僧祇劫이오) 〈法華四 21b〉

(30) h. 三世ᄅᆞᆯ 說法ᄒᆞ야 부텻 목수믈 니ᅀᅩᆫ 젼ᄎᆞ로 〈月十五 18a〉

i. 三世ᄅᆞᆯ 說法ᄒᆞ야 부텻 壽命 니ᅀᅳᆫ 다ᄉᆞ로(由三世ᄅᆞᆯ 說法ᄒᆞ야 續佛壽命故로) 〈法華四 21b〉

(30) j. 제 목수믈 조차 〈月十五 6b〉

k. 제 壽命 조차(隨其壽命ᄒᆞ야) 〈法華四 10b〉

한편 '壽命'이 『월인석보』와 『법화경언해』에서 모두 '壽命'으로 번역된다는 것은 동일 원문의 번역인 다음 예문들에서 잘 확인된다. 원문 중 '倍於壽命'이 '壽命에셔 倍ᄒᆞ다'와 '壽命애 倍ᄒᆞ다'로 번역된다.

(30) l. 正法住世 壽命에셔 倍(31a)ᄒᆞ고 〈月十五 31b〉
m. 正法住世 壽命에 倍코(正法住世ㅣ 倍於壽命ᄒᆞ고) 〈法華四 52b〉

〈31〉 믌결 對 波濤

고유어 '믌결'과 한자어 '波濤'가 [波濤] 즉 '물결, 파도'의 뜻을 가지고 동의 관계에 있다는 것은 다음 예문들에서 잘 확인된다. '波濤'의 자석이 '믌결'이다. 따라서 '믌결'과 '波濤'의 동의성은 명백히 입증된다. 고유어 '믌결'은 '믈 + -ㅅ#결'로 분석될 수 있는 합성어이다.

(31) a. 聞業이 섯긔면 波濤ᄅᆞᆯ 보ᄂᆞ니 〈月十九 11a〉
b. 波濤ᄂᆞᆫ 믌겨리라 〈月十九 11a〉

〈32〉 믿나라ㅎ 對 本國

고유어 '믿나라ㅎ'와 한자어 '本國'이 [本國]의 뜻을 가지고 동의 관계에 있다는 것은 동일 원문의 번역인 다음 예문들에서 잘 확인된다. 원문 중 '本國'이 '本國'으로도 번역되고 '믿나라ㅎ'로도 번역된다. 그리고 '還本國'이 '믿나라해 도라오다'로도 번역되고 '本國에 도라오다'로도 번역된다. 따라서 '믿나라ㅎ'와 '本國'의 동의성은 명백히 입증된다. 고유어 '믿나라ㅎ'는 명사 '믿'[本]과 명사 '나라ㅎ'[國]의 합성이다.

(32) a. 本國에 다ᄃᆞ라 〈釋二十 52b〉
b. ᄒᆞ마 믿나라해 가샤(卽到本國ᄒᆞ샤) 〈法華七 35a〉

(32) c. 마초아 믿나라해 도라오니 〈釋二十四 52a〉

d. 마초아 本國에 도라와 〈月二十五 141b〉
e. 遇還本國 〈釋迦譜 卷5 31. 阿育王造八萬四千塔記〉

한편 '本國'이 『월인석보』와 『법화경언해』에서 모두 고유어 '믿나라ㅎ'로 번역되고 모두 한자어 '本國'으로 번역된다는 것은 동일 원문의 번역인 다음 예문들에서 잘 확인된다. 원문 중 '向本國'이 '믿나라ᄒᆞᆯ 向ᄒᆞ다'와 '믿나라해 向ᄒᆞ다'로 번역된다. 그리고 '向本國'이 '本國 向ᄒᆞ다'와 '本國에 向ᄒᆞ다'로 번역된다.

(32) f. 믿나라ᄒᆞᆯ 마초아 向ᄒᆞ니 〈月十三 7a〉
g. 믿나라해 마초아 向ᄒᆞ니(遇向本國ᄒᆞ샤) 〈法華二 183b〉

(32) h. 漸漸 本國 向(7a)호ᄆᆞᆫ 〈月十三 7b〉
i. 本國에 漸漸 向호ᄆᆞᆫ(漸向本國은) 〈法華三 184a〉

〈33〉 ᄆᆞᆮ아ᄃᆞᆯ 對 長子

고유어 'ᄆᆞᆮ아ᄃᆞᆯ'과 한자어 '長子'가 [長子] 즉 '맏아들, 長子'의 뜻을 가지고 동의 관계에 있다는 것은 동일 원문의 번역인 다음 예문들에서 잘 확인된다. 원문 중 '爲長子'가 'ᄆᆞᆮ아ᄃᆞᆯ 삼다'로도 번역되고 '長子 삼다'로도 번역된다. 그리고 '作長子'가 'ᄆᆞᆮ아ᄃᆞ리 ᄃᆞ외다'로도 번역되고 '長子ㅣ ᄃᆞ외다'로도 번역된다. 따라서 'ᄆᆞᆮ아ᄃᆞᆯ'과 '長子'의 동의성은 명백히 입증된다. 고유어 'ᄆᆞᆮ아ᄃᆞᆯ'은 명사 'ᄆᆞᆮ'[長]과 명사 '아ᄃᆞᆯ'[子]의 合成이다.

(33) a. 華嚴에 普賢ᄋᆞ로 ᄆᆞᆮ아ᄃᆞᆯ 사모미 ᄀᆞᆮᄒᆞ니 〈月十五 36a〉
b. 華嚴에 普賢으로 長子 사ᄆᆞ시ᄃᆺ ᄒᆞ니(如華嚴에 以普賢으로 爲長子ᄒᆞ시ᄃᆺ ᄒᆞ니) 〈法華四 61a〉

(33) c. 當來예 ᄯᅩ 阿難ᄋᆡ ᄆᆞᆮ아ᄃᆞ리 ᄃᆞ외리라 〈月十五 37a〉
d. 當來예 ᄯᅩ 阿難의 長子ㅣ ᄃᆞ외리라(當來예 亦爲阿難의 長子ᄒᆞ리라) 〈法華四 61a〉

(33) e. ᄯᅩ 이 부텻긔 ᄆᆞᆮ아ᄃᆞ리 ᄃᆞ외(36b)리니 〈月十五 37a〉

f. 또 이 부텨 爲ᄒᆞ야 長子ㅣ ᄃᆞ외리니(亦爲此佛ᄒᆞ야 而作長子ᄒᆞ리니) 〈法華四 61b〉

한편 '長子'가 『월인석보』와 『법화경언해』에서 모두 고유어 'ᄆᆞᆮ아ᄃᆞᆯ'로 번역된다는 것은 동일 원문의 번역인 다음 예문들에서 잘 확인된다. 원문 중 '作長子'가 모두 'ᄆᆞᆮ아ᄃᆞ리 ᄃᆞ외다'로 번역된다.

(33) g. 샹녜 諸佛ㅅ 거긔 ᄆᆞᆮ아ᄃᆞ리 ᄃᆞ외야 〈月十五 36a〉
h. 샹녜 諸佛 爲ᄒᆞ야 ᄆᆞᆮ아ᄃᆞ리 ᄃᆞ외요ᄃᆡ(常爲諸佛ᄒᆞ야 而作長子호ᄃᆡ) 〈法華四 60b〉

(33) i. ᄆᆞᆮ아ᄃᆞᆯ ᄃᆞ외요ᄆᆞᆫ 〈月十五 36a〉
j. ᄆᆞᆮ아ᄃᆞᆯ ᄃᆞ외ᅀᆞ오ᄆᆞᆫ(作長子者ᄂᆞᆫ) 〈法華四 61a〉

〈34〉 바옰 소리 對 鈴聲

고유어 '바옰 소리'와 한자어 '鈴聲'이 [鈴…聲] 즉 '방울 소리'의 뜻을 가지고 동의 관계에 있다는 것은 동일 원문의 번역인 다음 예문들에서 잘 확인된다. 원문 중 '鐘鈴…聲'이 '쇠붑 소리 바옰 소리'로도 번역되고 '鍾聲 鈴聲'으로도 번역된다. 그리고 '鈴'의 자석이 '방올'이다. 따라서 '바옰 소리'와 '鈴聲'의 동의성은 명백히 입증된다. 고유어 '바옰 소리'는 명사구로서 명사 '바올'[鈴]과 명사 '소리'[聲]의 결합이다.

(34) a. 골와랏 소리 갓붑 소리 쇠붑 소리 바옰 소리 〈釋十九 14b〉

(34) b. 螺聲 鼓聲 鍾聲 鈴聲 〈月十七 60b〉
c. 鐘鈴螺鼓聲과 (鐘鈴螺鼓聲) 〈法華六 37a〉
d. 鍾ᄋᆞᆫ 쇠부피오 鈴은 방오리라 〈月十七 60b〉

〈35〉 ᄲᅧ와 ᄉᆞᆯㅎ 對 骨肉

고유어 'ᄲᅧ와 ᄉᆞᆯㅎ'과 한자어 '骨肉'이 [骨肉] 즉 '뼈와 살, 父子 兄弟와 같은 至親 사이'의 뜻을 가지고 동의 관계에 있다는 것은 다음 예문들에서 잘 확인된다. 원문 중 '骨肉分離'가 '骨肉이 여희다'로 번역되고 '骨肉'의 자석이 '뼈와 술ㅎ'이다. 그리고 '告宿世骨肉'이 '宿世骨肉 더브러 니ᄅ다'로 번역된다. 따라서 '뼈와 술ㅎ'과 '骨肉'의 동의성은 명백히 입증된다. 고유어 '뼈와 술ㅎ'은 명사구로 명사 '뼈'[骨]와 '술ㅎ'[肉]의 결합이다.

(35) a. 骨肉이 여흴 報ᄅᆞᆯ 니ᄅ고[骨肉은 뼈와 ᄉᆞᆯ쾌니 어버ᅀᅵ(66a) 子息 兄弟夫妻 ᄃᆞᆯ홀 니ᄅ니라] 〈月二十一 66b〉
b. 說骨肉分離報 〈地藏菩薩本願經〉

(35) c. 宿世骨肉 더브러 닐어 〈月二十一 96a〉
d. 當告宿世骨肉 〈地藏菩薩本願經〉

〈36〉 불휘 밑 對 根本

고유어 '불휘 밑'과 한자어 '根本'이 [根本] 즉 '뿌리 밑, 根本'의 뜻을 가지고 동의 관계에 있다는 것은 동일 원문의 번역인 다음 예문들에서 잘 확인된다. 원문 중 '爲根本'이 '根本이 ᄃᆞ외다'로도 번역되고 '불휘 미티 ᄃᆞ외다'로도 번역된다. 따라서 '불휘 밑'과 '根本'의 동의성은 명백히 입증된다. 고유어 '불휘 밑'은 명사구로 명사 '불휘' [根]과 명사 '밑' [本]의 결합이다.

(36) a. 十二緣 中에 이 세히 根本이 ᄃᆞ외오 나ᄆᆞᆫ 아호ᄇᆞᆫ 支末이 ᄃᆞ외ᄂᆞ니 〈月十四 35b〉
b. 十二緣 中에 이 세히 불휘 미티 ᄃᆞ외오 나ᄆᆞᆫ 아호ᄇᆞᆫ 가지 그티 ᄃᆞ외니(十二緣中에 此三이 爲根本이오 餘九ᄂᆞᆫ 爲支末이니) 〈法華三 138b〉

〈37〉 쇠가히 對 鐵狗

고유어 '쇠가히'와 한자어 '鐵狗'가 [鐵狗] 즉 '쇠로 만든 개'의 뜻을 가지고 동의 관계에 있다는 것은 다음 예문들에서 잘 확인된다. 원문 중 '驅逐鐵狗'가 '쇠가히를 몰다'로 번역된다. 그리고 '鐵蛇鐵狗'가 '鐵蛇 鐵狗'로 번역된다. 따라서 '쇠가히'와 '鐵狗'의 동의성은 명백히 입증된다. 고유어 '쇠가히'는 합성명사로 명사 '쇠'[鐵]와 '가히'[狗]의 合成이다.

(38) a. 시혹 地獄이 이쇼딕 쇠가히를 몰며 〈月二十一 81a〉
b. 或有地獄 驅逐鐵狗 〈地藏菩薩本願經〉

(38) c. 鐵蛇 鐵狗ㅣ 블 吐ᄒᆞ며 ᄃᆞᆮ녀 [蛇ᄂᆞᆫ ᄇᆡ야미오 狗ᄂᆞᆫ 가히라] 〈月二十一 42b〉
d. 鐵蛇鐵狗 吐火馳逐 〈地藏菩薩本願經〉

〈38〉 쇠로새 對 鐵驢

고유어 '쇠로새'와 한자어 '鐵驢'가 [鐵驢] 즉 '쇠로 만든 노새'의 뜻을 가지고 동의 관계에 있다는 것은 다음 예문들에서 잘 확인된다. 원문 중 '駕鐵驢'가 '쇠로새를 ᄐᆡ오다'로 번역된다. 그리고 '鐵驢'가 '鐵驢'로 번역된다. 따라서 '쇠로새'와 '鐵驢'의 동의성은 명백히 입증된다. 고유어 '쇠로새'는 합성명사로 명사 '쇠'[鐵]와 명사 '로새'의 合成이다.

(38) a. 시혹 地獄이 이쇼딕 쇠로새를 ᄐᆡ오ᄂᆞ니 〈月二十一 81a〉
b. 或有地獄 幷駕鐵驢 〈地藏菩薩本願經〉

(38) c. ᄯᅩ 地獄이 이쇼딕 일후미 鐵驢ㅣ오 〈月二十一 75b〉
d. 復有地獄 名曰鐵驢 〈地藏菩薩本願經〉

〈39〉 쇠붑 소리 對 鍾聲

고유어 '쇠붑 소리'와 한자어 '鍾聲'이 [鐘…聲] 즉 '쇠북 소리, 종소리'의 뜻을 가지고 동의 관계에 있다는 것은 다음 예문들에서 잘 확인된다. 원문 중 '鐘鈴…聲'이 '쇠붑 소리 바옰 소리'로도 번역되고 '鍾聲 鈴聲'으로도 번역된다. 그리고 '鍾'의 자석이 '쇠붚'이다. 따라서 '쇠붑 소리'와 '鍾聲'의 동의성은 명백히 입증된다. 고유어 '쇠붑 소리'는 명사구로서 명사 '쇠붚'[鍾]과 명사 '소리'[聲]의 결합이다.

(39) a. 골와랏 소리 갓붑 소리 쇠붑 소리 바옰 소리 〈釋十九 14b〉

(39) b. 螺聲 鼓聲 鍾聲 鈴聲 〈月十七 60b〉

c. 鐘鈴螺鼓聲과 (鐘鈴螺鼓聲) 〈法華六 37a〉
d. 鍾은 쇠부피오 鈴은 방오리라 〈月十七 60b〉

〈40〉 쇠붑 對 鍾

고유어 '쇠붑'과 한자어 '鍾'이 [鍾] 즉 '종, 쇠북'의 뜻을 가지고 동의 관계에 있다는 것은 동일 원문의 번역인 다음 예문들에서 잘 확인된다. 원문 중 '鍾聲'이 '쇠붑 소리'로도 번역되고 '鍾聲'으로도 번역된다. 그리고 '鍾'의 字釋이 '쇠붑'이다. 따라서 '쇠붑'과 '鍾'의 동의성은 명백히 입증된다. '쇠붑'은 명사 '쇠'와 명사 '붑'의 합성이다.

(40) a. 쇠붑 소리 〈釋十九 14b〉
b. 鍾聲(鍾聲) 〈法華六 33a〉

(40) c. 鍾聲 鈴聲 [鍾은 쇠부피오 鈴은 방오리라] 〈月十七 60b〉
d. 鍾聲 鈴聲(鍾聲鈴聲) 〈法華六 33b〉

〈41〉 쇠비얌 對 鐵蛇

고유어 '쇠비얌'과 한자어 '鐵蛇'가 [鐵蛇] 즉 '쇠로 만든 뱀'의 뜻을 가지고 동의 관계에 있다는 것은 다음 예문들에서 잘 확인된다. 원문 중 '盤繳鐵蛇'가 '쇠비야미 감다'로 번역된다. '有鐵蛇繳'가 '鐵蛇ㅣ 감다'로 번역되고 '鐵蛇鐵狗'가 '鐵蛇 鐵拘'로 번역된다. 따라서 '쇠비얌'과 '鐵蛇'의 동의성은 명백히 입증된다. 고유어 '쇠비얌'은 합성명사로 명사 '쇠'[鐵]와 명사 '비얌'[蛇]의 合成이다.

(41) a. 시혹(80b) 地獄이 이쇼딕 쇠비야미 가므며 〈月二十一 81a〉
b. 或有地獄 盤繳鐵蛇 〈地藏菩薩本願經〉

(41) c. 또 鐵蛇ㅣ 罪人의 머리를 가므며 〈月二十一 44a〉
d. 復有鐵蛇 繳罪人首 〈地藏菩薩本願經〉

(41) e. 鐵蛇 鐵拘ㅣ 블 吐ᄒᆞ며 ᄃᆞᆮ녀[蛇ᄂᆞᆫ ᄇᆡ야미오 狗ᄂᆞᆫ 가히라] 〈月二十一 42b〉
f. 鐵蛇鐵拘 吐火馳逐 〈地藏菩薩本願經〉

〈42〉 안팕 對 內外

고유어 '안팕'과 한자어 '內外'가 [內外] 즉 '안팎'의 뜻을 가지고 동의 관계에 있다는 것은 동일 원문의 번역인 다음 예문들에서 잘 확인된다. 원문 중 '內外俱淨'이 '內外 다 좋다'로도 번역되고 '안팟기 다 좋다'로도 번역된다. 따라서 '안팕'과 '內外'의 동의성은 명백히 입증된다. '안팕'은 명사 '안ㅎ'[內]과 명사 '밝'[外]의 합성이다.

(42) a. 안팟글 다 조ᄏᆡ ᄒᆞ샤ᄆᆞᆯ 나토시고 〈釋二十 11b〉
b. 內外 다 조호ᄆᆞᆯ 表ᄒᆞ시니라 〈月十八 31b〉
c. 안팟기 다 조호ᄆᆞᆯ 表ᄒᆞ시고(表內外俱淨也ㅣ 시고) 〈法華六 144a〉

(42) d. 內外 기드류미 업슬씨 〈月十九 26b〉
e. 안팟기 기드류미 업스실씨(內外無待ᄒᆞ실씨 故로) 〈法華七 59a〉

〈43〉 열 여슷 對 十六

고유어 '열 여슷'과 한자어 '十六'이 [十六] 즉 '열 여섯'의 뜻을 가지고 동의 관계에 있다는 것은 동일 원문의 번역인 다음 예문들에서 잘 확인된다. 원문 중 '有十六'이 '열 여스시 잇다'로도 번역되고 '十六이 겨시다'로도 번역된다. 그리고 '十六子'가 '열 여슷 아ᄃᆞᆯ'로도 번역되고 '十六子'로도 번역된다. 따라서 '열 여슷'과 '十六'의 동의성은 명백히 입증된다. 고유어 '열 여슷'은 數詞句로서 수사 '열'[十]과 수사 '여슷'[六]의 결합이다.

(43) a. 열 여스시 잇ᄂᆞ니라 〈月十四 14a〉
b. 十六이 겨시니라(有十六ᄒᆞ시니라) 〈法華三 96a〉

(43) c. 열 여스시 이쇼ᄃᆡ 〈月十四 45b〉

d. 十六이 겨샤ᄆᆞᆫ(有十六者ᄂᆞᆫ) 〈法華三 149b〉

(43) e. 열 여슷 아ᄃᆞ리 겨샤ᄆᆞᆫ 〈月十四 14a〉
f. 十六子ㅣ 겨샤ᄆᆞᆫ(有十六子ᄂᆞᆫ) 〈法華三 96a〉

한편 '十六'이 『월인석보』와 『법화경언해』에서 모두 고유어 '열 여슷'으로도 번역되고 모두 '十六'으로도 번역된다는 것은 동일 원문의 번역인 다음 예문들에서 잘 확인된다. 원문 중 '十六子'가 모두 '열 여슷 아ᄃᆞᆯ'로 번역되고 '十六王子'가 모두 '十六 王子'로 번역된다.

(43) g. 열 여슷 아ᄃᆞ리(13b) 잇더니 〈月十四 14a〉
h. 열 여슷 아ᄃᆞ리 잇더니(有十六子ᄒᆞ더니) 〈法華三 95b〉

(43) i. 十六 王子ᄂᆞᆫ 〈月十四 45b〉
j. 十六 王子ᄂᆞᆫ(十六王子ᄂᆞᆫ) 〈法華三 149b〉

(43) k. 十六 菩薩ᄋᆞᆫ 〈月十四 45b〉
l. 十六 菩薩ᄋᆞᆫ(十六菩薩ᄋᆞᆫ) 〈法華三 149b〉

〈44〉 온몸 對 全身

고유어 '온몸'과 한자어 '全身'이 [全身] 즉 '온전한 몸'의 뜻을 가지고 동의 관계에 있다는 것은 동일 원문의 번역인 다음 예문들에서 잘 확인된다. 원문 중 '全身不散'이 '온모미 흗디 아니ᄒᆞ다'로도 번역되고 '全身이 흗디 아니ᄒᆞ다'로도 번역되므로 '온몸'과 '全身'의 동의성은 명백히 입증된다. 고유어 '온몸'은 상태동사 '올다'[全]의 관형사형인 '온'과 명사 '몸'[身]의 합성이다.

(44) a. 多寶ㅣ 滅度ᄒᆞ샤ᄃᆡ 온모미 흗디 아니ᄒᆞ샤 〈月十五 68a〉
b. 多寶ㅣ 滅度ᄒᆞ샤ᄃᆡ 全身이 흗디 아니ᄒᆞ샤(多寶ㅣ 滅度ᄒᆞ샤ᄃᆡ 全身이 不散ᄒᆞ야) 〈法華四 114a〉

(44) c. 全身이 흗디 아니ᄒᆞ샤 禪定에 드르신 ᄃᆞᆺᄒᆞ며 〈月十五 83a〉

d. 온모미 흗디 아니ᄒᆞ샤 禪定에 드르신 ᄃᆞᆺᄒᆞ시며(全身이 不散ᄒᆞ샤 如入禪定ᄒᆞ시며) 〈法華四 131b〉

한편 '全身'이 『월인석보』와 『법화경언해』에서 모두 '全身'으로 번역된다는 것은 동일 원문의 번역인 다음 예문들에서 잘 확인된다. 원문 중 '如來全身'이 모두 '如來ㅅ 全身'으로 번역된다.

(44) e. 如來ㅅ 全身 아니니 업스니라 〈月十五 51a〉
f. 如來ㅅ 全身 아니니 업스시니라(無非如來ㅅ 全身也ㅣ시니라) 〈法華四 89b〉

(44) g. 이 中에 ᄒᆞ마 如來ㅅ 全身이 이실씨니라 〈月十五 51a〉
h. 이 中에 ᄒᆞ마 如來ㅅ 全身이 이실씨니라(此中에 已有如來ㅅ 全身일씨니라) 〈法華四 89b〉

〈45〉 올믄 몸 對 轉身

고유어 '올믄 몸'과 한자어 '轉身'이 [轉身] 즉 '後生, 來世'의 뜻을 가지고 동의 관계에 있다는 것은 동일 원문의 다음 예문들에서 잘 확인된다. 원문 중 '轉身所生'이 '轉身의 나다'로도 번역되고 '올믄 몸 나다'로도 번역된다. 따라서 '올믄 몸'과 '轉身'의 동의성은 명백히 입증된다. 고유어 '올믄 몸'은 명사구로서 동작동사 '옮다'[轉]의 관형사형 '올믄'과 명사 '몸'[身]의 결합이다.

(45) a. 이 功德으로 後生에 〈釋十九 5b〉
b. 이 功德 젼ᄎᆞ로 轉身의 나매 〈月十七 50b〉
c. 이 功德을 緣ᄒᆞ야 올믄 몸 나매(緣是功德ᄒᆞ야 轉身所生ᄒᆞ야) 〈法華六 11a〉

〈46〉 옷밥 對 衣食

고유어 '옷밥'과 한자어 '衣食'이 [衣食] 즉 '옷과 밥, 의식'의 뜻을 가지고 동의 관계에 있다는 것은 동일 원문의 번역인 다음 예문들에서 잘 확인된다. 원문 중 '爲衣食'이 '옷밥 爲ᄒᆞ다'로도 번역되고 '衣食 爲ᄒᆞ다'로도 번역된다. 따라서 '옷밥'과 '衣食'의 동의성은 명백히 입증된다. 고유어 '옷밥'은 명사 '옷'[衣]과 '밥'[食]의 합성이다.

(46) a. 옷밥 爲ᄒᆞᆯᄊᆡ 〈月十五 23a〉
 b. 衣食 爲ᄒᆞᆫ 젼ᄎ(37b)로(爲衣食故로) 〈法華四 38a〉

(46) c. 옷밥 爲홈ᄃᆞᆯᄒᆞᆫ 〈月十五 23b〉
 d. 衣食 爲홈ᄃᆞᆯᄒᆞᆫ(爲衣食等은) 〈法華四 38b〉

한편 '衣食'이 『월인석보』와 『법화경언해』에서 모두 고유어 '옷밥'으로도 번역되고 모두 한자어 '衣食'으로도 번역된다는 것은 동일 원문의 번역인 다음 예문들에서 잘 확인된다. 원문 중 '求衣食'이 모두 '옷밥 求ᄒᆞ다'로 번역되고 '爲衣食'이 모두 '衣食 爲ᄒᆞ다'로 번역된다.

(46) e. 四方애 ᄃᆞᆫ녀 옷밥 求ᄒᆞ야 〈月十三 7a〉
 f. 四方애 ᄃᆞᆫ녀 옷밥 求ᄒᆞ다가(馳騁四方ᄒᆞ야 以求衣食ᄒᆞ다가) 〈法華二 183b〉

(46) g. 엇뎨 衣食 爲ᄒᆞ야 이러호매 니르다 〈月十五 23b〉
 h. 엇뎨 衣食 爲ᄒᆞ야 이 ᄀᆞᆮ호매 니르료(何爲衣食ᄒᆞ야 乃至如是오) 〈法華四 39b〉

〈47〉 우리 나랏말 對 方言

고유어 '우리 나랏말'과 한자어 '方言'이 [方言] 즉 '우리 나라말, 國語'의 뜻을 가지고 동의 관계에 있다는 것은 다음 예문들에서 잘 확인된다. 원문 중 '方言'이 '우리 나랏말'로 번역된다. 그리고 '方言'의 자석이 '우리 東方ㅅ 말'이다. 따라서 '우리 나랏말'과 '方言'의 동의성은 명백히 입증된다. 고유어 '우리 나랏말'은 명사구로 대명사 '우리'와 합성명사 '나랏말'의 결합이다.

(47) a. 우리 나랏말로 옮겨 써 펴면(方言이 謄布ᄒᆞ면) 〈月序 23b〉
 b. 方言은 우리 東方ㅅ 마리라 〈月序 23b〉

한자어 '方言'은 『圓覺經諺解』(1465)의 다음 예문에서 잘 확인된다. 원문 중 '得彼方言'이 '뎌 方言을 得ᄒᆞ다'로 번역된다.

(47) c. 세흔 辭ㅣ니 닐오딕 뎌 方言을 득ᄒᆞ야 地等을 니ᄅᆞ샤미오(三은 辭ㅣ니 謂得彼方言ᄒᆞ야 以說地等이오) 〈圓上二之二 99a〉

〈48〉 웃머리 對 上首

고유어 '웃머리'와 한자어'上首'가 [上首] 즉 '윗머리'의 뜻을 가지고 동의 관계에 있다는 것은 동일 원문의 번역인 다음 예문들에서 잘 확인된다. 원문 중 '羅漢上首'가 '羅漢 上首'로도 번역되고 '羅漢 웃머리'로도 번역된다. 따라서 '웃머리'와 '上首'의 동의성은 명백히 입증된다. 고유어 '웃머리'는 명사 '우'[上]와 명사 '머리'[首]의 合成이다.

(48) a. 곧 序分에 버륜 羅漢 上首ㅣ니 〈月十五 21a〉
b. 곧 序分에 버륜 羅漢 웃머리니(卽序分所列혼 羅漢上首ㅣ니) 〈法華四 31b〉

〈49〉 조ᄉᆞᄅᆞ왼 것 對 要

고유어 '조ᄉᆞᄅᆞ왼 것'과 한자어 '要'가 [要] 즉 '중요한 것'의 뜻을 가지고 동의 관계에 있다는 것은 동일 원문의 번역인 다음 예문들에서 잘 확인된다. 원문 중 '爲要'가 '조ᄉᆞᄅᆞ왼 거슬 삼다'로도 번역되고 '要를 삼다'로도 번역된다. 따라서 '조ᄉᆞᄅᆞ왼 것'과 '要'의 동의성은 명백히 입증된다. 고유어 '조ᄉᆞᄅᆞ왼 것'은 상태동사 '조ᄉᆞᄅᆞᆸ다'의 관형사형 조ᄉᆞᄅᆞ왼과 의존명사 '것'의 결합으로 생긴 명사구이다.

(49) a. 므스거스로 조ᄉᆞᄅᆞ왼 거슬 사ᄆᆞ료 〈月十四 36b〉
b. 므스그로 要를 사ᄆᆞ료(以何爲要耶오) 〈法華三 139a〉

〈50〉 조ᄉᆞᄅᆞ왼 일 對 要

고유어 '조ᄉᆞᄅᆞ왼 일'과 한자어 '要'가 [要] 즉 '중요한 일'의 뜻을 가지고 동의 관계에 있다는 것은 동일 원문의 번역인 다음 예문들에서 잘 확인된다. 원문 중 '斯要'가 '이 조ᄉᆞᄅᆞ왼 일'로도 번역되고 '이 要'로도 번역된다. 따라서 '조ᄉᆞᄅᆞ왼 일'과 '要'의 동의성은 명백히 입증된다. 고유어 '조ᄉᆞᄅᆞᄫᆡᆫ 일'은 명사구로서 상태동사 '조ᄉᆞᄅᆞᆸ다'의 관형사형 '조ᄉᆞᄅᆞᄫᆡᆫ'과 명사 '일'의 결합이다.

(50) a. 오래 이 조ᄉᆞᄅᆞᄫᆡᆫ 이ᄅᆞᆯ 줌줌ᄒᆞ야 〈月十四 43a〉
b. 오래 이 要ᄅᆞᆯ 줌줌ᄒᆞ샤(乃久嘿斯要ᄒᆞ샤) 〈法華三 146a〉

〈51〉 조ᄒᆞᆫ 믈 對 淨水

고유어 '조ᄒᆞᆫ 믈'과 한자어 '淨水'가 [淨水] 즉 '깨끗한 물'의 뜻을 가지고 동의 관계에 있다는 것은 다음 예문들에서 잘 확인된다. 원문 중 '淨水'가 '조ᄒᆞᆫ 믈'로 번역된다. 그리고 '淨水一盞'이 '淨水ᄒᆞᆫ 盞'으로 번역된다. 따라서 '조ᄒᆞᆫ 믈'과 '淨水'의 동의성은 명백히 입증된다. 고유어 '조ᄒᆞᆫ 믈'은 명사구로 상태동사 '좋다'[淨]의 관형사형 '조ᄒᆞᆫ'과 명사 '믈'[水]의 결합이다.

(50) a. 조ᄒᆞᆫ 믈로 大士ㅅ 알ᄑᆡ 노하 〈月二十一 174b〉
b. 以淨水安大士前 〈地藏菩薩本願經〉

(50) c. 淨水 ᄒᆞᆫ 盞ᄋᆞᆯ 一日 一夜ᄅᆞᆯ 디나게 菩薩ㅅ 알ᄑᆡ 노ᄒᆞᆫ 後에 合掌ᄒᆞ야 머거지이다 請ᄒᆞ야 〈月二十一 168a〉
d. 以淨水一盞 經一日一夜 安菩薩前然後 合掌請服 〈地藏菩薩本願經〉

〈52〉 쳔량 對 財物

고유어 '쳔량'과 한자어 '財物'이 [財物] 즉 '재물'의 뜻을 가지고 동의 관계에 있다는 것은 동일 원문의 번역인 다음 예문들에서 잘 확인된다. 원문 중 '付財物'이 '쳔랴ᇰ올 맛디다'로도 번역되고 '財物을 맛디다'로도 번역되므로 '쳔량'과 '財物'의 동의성은 명백히 입증된다. 고유어 '쳔량'은 명사 '쳔'과 명사 '량'의 合成이다.

(52) a. 쳔랴ᇰ올 맛디면 〈月十三 10a〉
b. 財物을 맛디면(委付財物ᄒᆞ면) 〈法華二 189b〉

(52) c. 내 쳔량 庫藏ᄋᆞᆯ 이제 맛ᄃᆞᇙ ᄃᆡ 잇거다 〈月十三 15a〉
d. 내 財物 庫藏이 이제 맛ᄃᆞᆯ ᄠᅵ 잇도다(我財物庫藏이 今有所付ㅣ로다) 〈法華二 198b〉

한편 '財物'이 『월인석보』 권13과 『법화경언해』에서 모두 '쳔량'으로 번역된다는 것은 동일 원문의 번역인 다음 예문들에서 잘 확인된다. 원문 중 '財物'이 모두 '쳔량'으로 번역된다.

(52) e. 쳔랴ᇰ이 맛ᄃᆞᇙ ᄃᆡ 이슈믄 〈月十三 15b〉
f. 쳔량이 맛ᄃᆞᆯ ᄠᅵ 이쇼ᄆᆞᆫ(財物有付ᄂᆞᆫ) 〈法華二 199a〉

〈53〉 한 사ᄅᆞᆷ 對 人衆

고유어 '한 사ᄅᆞᆷ'과 한자어 '人衆'이 [人衆] 즉 '많은 사람'의 뜻을 가지고 동의 관계에 있다는 것은 동일 원문의 번역인 다음 예문들에서 잘 확인된다. 원문 중 '所將人衆'이 'ᄃᆞ린 한 사ᄅᆞᆷ'으로도 번역되고 'ᄃᆞ룐 人衆'으로도 번역된다. 따라서 '한 사ᄅᆞᆷ'과 '人衆'의 동의성은 명백히 입증된다. 고유어 '한 사ᄅᆞᆷ'은 명사구로서 상태동사 '하다'의 관형사형 '한'과 명사 '사ᄅᆞᆷ'의 결합이다.

(53) a. ᄃᆞ린 한 사ᄅᆞ미 긼 가온ᄃᆡ 게을어 믈러 〈月十四 76a〉
b. ᄃᆞ룐 人衆이 中路애 게을어 믈러(所將人衆이 中路애 懈退ᄒᆞ야) 〈法華三 174a〉

한편 '人衆'이 『월인석보』와 『법화경언해』에서 모두 '한 사ᄅᆞᆷ'으로 번역된다는 것은 동일 원문의 번역인 다음 예문들에서 잘 확인된다. 원문 중 '此人衆'이 모두 '이 한 사ᄅᆞᆷ'으로 번역된다.

(53) c. 導師ㅣ 이 한 사ᄅᆞ미 ᄒᆞ마 쉬여 ᄀᆞᆺ봄 업순 ᄃᆞᆯ 알오 〈月十四 78a〉
d. 導師ㅣ 이 한 사ᄅᆞᄆᆡ ᄒᆞ마 쉬유믈 得ᄒᆞ야 ᄂᆞ외야 ᄀᆞᆺᄇᆞᆫ 게을움 업슨 ᄃᆞᆯ 알오(導師ㅣ 知此人衆의 卽得止息ᄒᆞ야 無復疲倦ᄒᆞᆫ ᄃᆞᆯ 코) 〈法華三 177b〉

〈54〉 한 사ᄅᆞᆷ 對 衆

고유어 '한 사ᄅᆞᆷ'과 한자어 '衆'이 [衆] 즉 '많은 사람'의 뜻을 가지고 동의 관계에 있다는 것은 동일 원문의 번역인 다음 예문들에서 잘 확인된다. 원문 중 '衆集'이 '한 사ᄅᆞ미 몯다'로도 번역되고 '衆이 몯다'로도 번역된다. 그리고 '衆中'이 '한 사ᄅᆞᆷ 中'으로도 번역되고 '衆 中'으로도 번역된다. 따라서 '한 사ᄅᆞᆷ'과 '衆'의 동의성은 명백히 입증된다. 고유어 '한 사ᄅᆞᆷ'은 명사구로서 상태동사 '하다'의 관형사형 '한'과 명사 '사ᄅᆞᆷ'의 결합이다.

(54) a. 한 사ᄅᆞ미 몯거늘 몬져 無量義經을 니ᄅᆞ시고 〈月十一 33b〉
b. 衆이 몯거늘 無量義經을 몬져 니ᄅᆞ시고(衆集거늘 先說無量義經ᄒᆞ시고) 〈法華一 55b〉

(54) c. 한 사ᄅᆞ미 親히 븓게 ᄒᆞ시니라 〈月十四 47a〉
d. 衆이 親히 븓게 ᄒᆞ시니라(使衆親附也ᄒᆞ시니라) 〈法華三 151a〉

(54) e. ᄀᆞ장 ᄀᆞᆺᄀᆞᆫ 한 사ᄅᆞ미 ᄆᆞᅀᆞ매 ᄀᆞ장 깃거 〈月十四 77a〉
f. ᄀᆞᆺ보미 至極ᄒᆞᆫ 衆이 ᄆᆞᅀᆞ매 ᄀᆞ장 깃거(疲極之衆이 心大歡喜ᄒᆞ야) 〈法華三 176a〉

(54) g. 轉輪聖王 더브러 가 겨신 한 사ᄅᆞᆷ 中에 〈月十四 42b〉
h. 轉輪聖王ㅅ ᄃᆞ리샨 衆 中에(轉輪聖王ㅅ 所將衆中에) 〈法華三 145a〉

〈55〉 흥졍ᄒᆞ리 對 商人

고유어 '흥졍ᄒᆞ리'와 한자어 '商人'이 〔商人〕 즉 '장사하는 사람, 장수'의 뜻을 가지고 동의 관계에 있다는 것은 동일 원문의 번역인 다음 예문들에서 잘 확인된다. 원문 중 '商人得主'가 '商人이 主人 얻다'로도 번역되고 '흥졍ᄒᆞ리 主人 얻다'로도 번역된다. 따라서 '흥졍ᄒᆞ리'와 '商人'의 동의성은 명백히 입증된다. 고유어 '흥졍ᄒᆞ리'는 명사구로서 동작동사 '흥졍ᄒᆞ다'의 관형사형 '흥졍ᄒᆞᆯ'과 의존명사 '이'[人]의 결합으로 '흥졍ᄒᆞ－＋－ㄹ#이'로 분석될 수 있다.

(55) a. 商人이 主人 어둠 ᄀᆞᆮᄒᆞ며 〈釋二十 24b〉
b. 흥졍바지 主人 얻듯 ᄒᆞ며 〈月十八 51a〉
c. 흥졍ᄒᆞ리 主人 어둠 ᄀᆞᆮᄒᆞ며(如商人이 得主ᄒᆞ며) 〈法華六 170b〉

3. 固有語가 派生名詞인 경우

명사류에서 확인되는 고유어와 漢字語 간의 동의에서 고유어가 派生名詞일 수 있다. 고유어가 파생명사인 경우에는 [語言] 즉 '말, 언어'의 뜻을 가진 '말쏨'과 '語言'을 비롯하여 [果] 즉 '열매, 실과'의 뜻을 가진 '여름'과 '果實' 그리고 [生死] 즉 '삶과 죽음'의 뜻을 가진 '죽사리'와 '生死' 등 10 항목이 있다.

〈1〉 말쏨 對 語言

고유어 '말쏨'과 한자어 '語言'이 [語言] 즉 '말, 언어'의 뜻을 가지고 동의 관계에 있다는 것은 동일 원문의 번역인 다음 예문들에서 잘 확인된다. 원문 중 '種種語言'이 '種種 말쏨'으로도 번역되고 '種種 語言'으로도 번역되므로 '말쏨'과 '語言'의 동의성은 명백히 입증된다. '말쏨'은 명사 '말'에서 파생된 명사이다.

(1) a. 種種 말쏨과 소리를 드르리니 〈釋十九 14b〉
b. 種種 語言 音聲을 드르리니 〈月十七 60a〉
c. 種種(32b) 語言 音聲을 드르리니(聞…種種語言音聲ᄒᆞ리니) 〈法華六 33a〉

〈2〉 말쏨 對 言辭

고유어 '말쏨'과 한자어 '言辭'가 [言辭] 즉 '말, 말씨'의 뜻을 가지고 동의 관계에 있다는 것은 동일 원문의 번역인 다음 예문들에서 잘 확인된다. 원문 중 '言辭相'이 '말쏨 相'으로도 번역되고 '言辭相'으로도 번역되므로 '말쏨'과 '言辭'의 동의성은 명백히 입증된다.

(2) a. 곧 말쏨 相이 괴외ᄒᆞᆫ 一乘妙法이라 〈月十七 26a〉
b. 곧 言辭相이 寂ᄒᆞᆫ 一乘妙法이라(卽言辭相이 寂ᄒᆞᆫ 一乘妙法也ㅣ라) 〈法華五 174b〉

〈3〉 ᄆᆞᄎᆞᆷ 對 乃終

고유어 'ᄆᆞᄎᆞᆷ'과 한자어 '乃終'이 [終]과 [究竟] 즉 '마지막, 마침'의 뜻을 가지고 同義 關係에 있다는 것은 同一 原文의 飜譯인 다음 예문들에서 잘 確認된다. 원문 중 '法會之終'이 '法會ㅅ 乃終'으로도 번역되고 '法會ㅅ ᄆᆞᄎᆞᆷ'으로도 번역된다. '成終'이 '乃終 ᄆᆡᇰᄀᆞᆯ다'로도 번역되고 'ᄆᆞᄎᆞᆷ 일우다'로도 번역된다. 그리고 '究竟皆得'이 '乃終에 다 得ᄒᆞ다'로도 번역되고 'ᄆᆞᄎᆞ매 다 得ᄒᆞ다'로도 번역된다. 따라서 'ᄆᆞᄎᆞᆷ'과 '乃終'의 동의성은 명백히 입증된다. 'ᄆᆞᄎᆞᆷ'은 語根 'ᄆᆞᆾ-'과 명사 형성 접미사 '-ᄋᆞᆷ'의 결합으로 생긴 轉成名詞이다.

(3) a. 法會ㅅ 乃終에 東方ᄋᆞᆯ 브터 오ᄆᆞᆯ 뵈샤ᄆᆞᆫ 〈月十九 99a〉
b. 法會ㅅ ᄆᆞᄎᆞ매 東方브터 오샤ᄆᆞᆯ 뵈샤ᄆᆞᆫ(且於法會之終애 示從東方來者ᄂᆞᆫ) 〈法華七 160b〉

(3) c. 華嚴法 乃終에 善財 ᄯᅩ 文殊 普賢을 보ᅀᆞᄫᅡ 〈月十九 123b〉
d. 華嚴法 ᄆᆞᄎᆞ매 善財 다시 文殊 普賢 보ᅀᆞ와(華嚴法終애 善財ㅣ 得見文殊普賢ᄒᆞᅀᆞ와) 〈法華七 189b〉

(3) e. 乃終 ᄆᆡᇰᄀᆞᄅᆞ시니 〈月十九 93b〉
f. ᄆᆞᄎᆞᆷ 일우샤미니(所以成終이시니) 〈法華七 156a〉

(3) g. 東北艮이 萬物의 비르솜 일우며 乃終 일우ᄂᆞᆫ ᄯᅡ히니 〈月十四 53a〉
h. 東北艮이 萬物의 처ᅀᅥᆷ 일며 ᄆᆞᄎᆞᆷ 이ᄂᆞᆫ ᄯᅡ히라(東北艮이 爲萬物成始成終之所ㅣ라) 〈法華三 161a〉

(3) i. 乃終에 다 一切 種智ᄅᆞᆯ 得ᄒᆞ리며 〈月十一 114a〉
j. ᄆᆞᄎᆞ매 다 一切 種智ᄅᆞᆯ 得ᄒᆞ니라(究竟皆得一切種智ᄒᆞ니라) 〈法華一 184a〉

〈4〉 여름 對 果

고유어 '여름'과 한자어 '果'가 [果] 즉 '열매'의 뜻을 가지고 동의 관계에 있다는 것은 동일 원문의 번역인 다음 예문들에서 잘 확인된다. 원문 중 '如果'가 '果 ᄀᆞᆮᄒᆞ다'로도 번역되고 '여름 ᄀᆞᆮᄒᆞ다'로도 번역되므로 '여름'과 '果'의 동의성은 명백히 입증된다. '여름'은 어근 '열-'과 명사 형성 접미사 '-음'의 결합으로 생긴 전성 명사이다.

(4) a. 八正은 果 곧ᄒᆞ니 〈月十九 74b〉
b. 八正은 여름 곧ᄒᆞ니(八正은 如果ᄒᆞ니) 〈法華七 129b〉

〈5〉 여름 對 果實

고유어 '여름'과 한자어 '果實'이 [果] 즉 '열매, 실과'의 뜻을 가지고 동의 관계에 있다는 것은 동일 원문의 번역인 다음 예문들에서 잘 확인된다. 원문 중 '華果'가 '곶과 여름'으로도 번역되고 '곶과 果實'로도 번역되므로 '여름'과 '果實'의 동의성은 명백히 입증된다. '여름'은 어근 '열-'과 명사 형성 접미사 '-음'의 결합으로 생긴 전성 명사이다.

(5) a. 샹녜 곶과 여름괘 잇거든 〈月十二 9a〉
b. 샹녜 곶과 果實왜 잇거든(常有華果커든) 〈法華二 34b〉

(5) c. 곶과 여름괘 펴디여 염그ᄂᆞ니 〈月十三 46b〉
d. 곶과 果實왜 프며 여므ᄂᆞ니(華果ㅣ 敷實ᄒᆞᄂᆞ니) 〈法華三 11b〉

한편 '果'가 『월인석보』와 『법화경언해』에서 모두 '여름'으로 번역된다는 것은 동일 원문의 번역인 다음 예문들에서 잘 확인된다. 원문 중 '爲果'가 '여름 열다'와 '여름 ᄃᆞ외다'로 번역된다.

(5) e. 여름 열리도 염글게 ᄒᆞ야 〈月十三 47a〉
f. 여름 ᄃᆞ외리도 여믈에 ᄒᆞ야(使……爲果者로 實ᄒᆞ야) 〈法華三 12b〉

〈6〉 여름 對 實

고유어 '여름'과 한자어 '實'이 [實] 즉 '열매'의 뜻을 가지고 同義 關係에 있다는 것은 同一 原文의 飜譯인 다음 예문들에서 잘 確認된다. 원문 중 '貞實'이 '正ᄒᆞᆫ 여름'으로도 번역되고 '正ᄒᆞᆫ 實'로도 번역되므로 '여름'과 '實'의 동의성은 명백히 입증된다.

(6) a. 다 正ᄒᆞᆫ 여르미 잇ᄂᆞ니 〈月十一 108b〉

b. 純히 正ᄒᆞᆫ 實이 잇다(純有貞實ᄒᆞ다) 〈法華一 173a〉

〈7〉 죽사리 對 死生

고유어 '죽사리'와 한자어 '死生'이 〔死生〕즉 '죽음과 삶'의 뜻을 가지고 동의 관계에 있다는 것은 동일 원문의 번역인 다음 예문들에서 잘 확인된다. 원문 중 '死生'이 '죽사리'로도 번역되고 '死生'으로도 번역되므로 '죽사리'와 '死生'의 동의성은 명백히 입증된다. '죽사리'는 동작동사 어간 '죽-'과 '살-'의 비통사적 합성에 명사 형성 접미사 '-이'가 결합된 것이다.

(7) a. 죽사리를 니즐씨 〈釋二十 12a〉
b. 死生ᄋᆞᆯ 니저 〈月十八 32a〉
c. 死(144b)生ᄋᆞᆯ 니저(忘死生ᄒᆞ야) 〈法華六 145a〉

〈8〉 죽사리 對 生死

고유어 '죽사리'와 한자어 '生死'가 [生死] 즉 '삶과 죽음'의 뜻을 가지고 동의 관계에 있다는 것은 동일 원문의 번역인 다음 예문들에서 잘 확인된다. 원문 중 '生死之縛'이 '죽사릿 얽ᄆᆡ욤'으로도 번역되고 '生死ㅅ ᄆᆡ욤'으로도 번역된다. '生死大恐怖'가 '죽사릿 큰 저품'으로도 번역되고 '生死 큰 저품'으로도 번역된다. 그리고 '生死險道'가 '죽사릿 險ᄒᆞᆫ 길ㅎ'로도 번역되고 '生死 險ᄒᆞᆫ 길ㅎ'로도 번역된다. 따라서 '죽사리'와 '生死'의 동의성은 명백히 입증된다.

(8) a. 一(25a)切 죽사릿 얽ᄆᆡ요ᄆᆞᆯ 버서나긔 ᄒᆞᄂᆞ니 〈釋二十 25b〉
b. 一切 生死ㅅ ᄆᆡ요ᄆᆞᆯ 그르게 ᄒᆞᄂᆞ니라 〈月十八 52b〉
c. 一切 生死 ᄆᆡ요ᄆᆞᆯ 그르ᄂᆞ니라(解一切生死之縛ᄒᆞᄂᆞ니라) 〈法華六 171a〉

(8) d. 죽사릿 큰 저푸믈 이제 다 버서나이다 〈釋二十四 16b〉
e. 生死 큰 저푸믈 이제 다 벗과이다 〈月二十五 79b〉
f. 生死大恐怖 我今悉得脫 〈釋迦譜 卷5 31. 阿育王造八萬四千塔記〉

(8) g. 죽사릿 險흔 길헤 드러 〈釋十三 57a〉
h. 生死 險흔 길헤 드러(入生死險道ᄒᆞ야) 〈法華一 231a〉

(8) i. 生死ᄅᆞᆯ 닛고 〈月十八 43b〉
j. 여러 가짓 죽사리ᄅᆞᆯ 닛고(續諸生死ᄒᆞ고) 〈法華六 158b〉

한편 '生死'가 『석보상절』 권20, 『월인석보』 권18 및 『법화경언해』에서 모두 '生死'로 번역된다는 것은 동일 원문의 번역인 다음 예문들에서 잘 확인된다. 원문 중 '生死緣'이 '生死ㅅ 緣'과 '生死緣'으로 번역된다.

(8) k. 生死ㅅ 緣이 그처 〈釋二十 31a〉
l. 生死緣이 그처 〈月十八 59b〉
m. 生死緣이 그처(生死緣이 斷ᄒᆞ야) 〈法華六 181b〉

〈9〉 풍류바지 對 女妓

고유어 '풍류바지'와 한자어 '女妓'가 [妓] 즉 '노래나 춤, 또는 풍류를 가지고 흥을 돕는 것을 業으로 삼는 여자'의 뜻을 가지고 동의 관계에 있다는 것은 동일 원문의 번역인 다음 예문들에서 잘 확인된다. 원문 중 '衆妓'가 '풍류바지'로도 번역되고 '한 女妓'로도 번역된다. 따라서 '풍류바지'와 '女妓'의 동의성은 명백히 입증된다.

(9) a. 네 내 옷 닙고 내 宮殿에 드러 내 풍류바지 ᄃᆞ리고 〈釋二十四 28b〉
b. 내 옷 닙고 내 宮殿에 드러 한 女妓로 즐기고 〈月二十五 133a〉
c. 著吾服食 入吾宮殿 衆妓自娛 〈釋迦譜 卷3 25. 阿育王弟出家造石像記〉

〈10〉 흥졍바지 對 商人

고유어 '흥졍바지'와 한자어 '商人'이 [商人] 즉 '장사하는 사람'의 뜻을 가지고 동의 관계에 있다는 것은 동일 원문의 번역인 다음 예문들에서 잘 확인된다. 원문 중 '商人得主'가 '흥졍바지

主人 얻다'로 번역되고 '將諸商人'이 '商人ᄃᆞᆯ ᄃᆞ리다'로 번역된다. 따라서 '흥졍바지'와 '商人'의 동의성은 명백히 입증된다.

(10) a. 흥졍바지 主人 얻ᄃᆞᆺ 하며 〈月十八 51a〉
b. 흥졍ᄒᆞ리 主人 어둠 ᄀᆞᆮᄒᆞ며(如商人이 得主ᄒᆞ며) 〈法華六 170b〉

(10) c. ᄒᆞᆫ 商主ㅣ 商人ᄃᆞᆯ ᄃᆞ려 重ᄒᆞᆫ 보ᄇᆡ 가져 〈月十九 25b〉
d. ᄒᆞᆫ 商主ㅣ 여러 商人 ᄃᆞ려 重寶 가져(有一商主ㅣ 將諸商人ᄒᆞ야 賫持重寶ᄒᆞ야) 〈法華七 58b〉
e. 商主ᄂᆞᆫ 흥졍바지예 爲頭ᄒᆞᆫ 사ᄅᆞ미라 〈月十九 25b〉

한편 '商人'이 『월인석보』와 『법화경언해』에서 모두 한자어 '商人'으로 번역된다는 것은 동일 원문의 번역인 다음 예문들에서 잘 확인된다. 원문 중 '衆商人'이 모두 '한 商人'으로 번역된다.

(10) f. 한 商人이 듣고 ᄒᆞᆫᄢᅴ 소리 내야 〈月十九 26a〉
g. 한(58b) 商人이 듣고 다 소리 내야 닐오ᄃᆡ(衆商人이 聞ᄒᆞ고 俱發聲言호ᄃᆡ) 〈法華七 59a〉

4. 固有語가 名詞形인 경우

명사류에서 확인되는 고유어와 漢字語 간의 동의에서 고유어가 名詞形일 수 있다. 고유어가 名詞形인 경우에는 [喩] 즉 '비유'의 뜻을 가진 '가ᄌᆞᆯ뵴'과 '譬喩'를 비롯하여 [教] 즉 '가르침'의 뜻을 가진 'ᄀᆞᄅᆞ촘'과 '教', [生] 즉 '남'의 뜻을 가진 '남'과 '生', [愛染] 즉 '사랑함'의 뜻을 가진 'ᄃᆞ솜'과 '愛染', [集] 즉 '모임'의 뜻을 가진 '모돔'과 '會集', [解脫] 즉 '속세의 속박 번뇌를 벗어남'의 뜻을 가진 '버서남'과 '解脫', [生] 즉 '삶, 生'의 뜻을 가진 '사ᄅᆞᆷ'과 '生', [勝] 즉 '뛰어남'의 뜻을 가진 '어디ᄅᆞᆷ'과 '勝' 그리고 [禮拜] 즉 '절하기, 예배'의 뜻을 가진 '절ᄒᆞ기'와 '禮拜' 등 20여 항목이 있다.

〈1〉 가ᄌᆞᆯ븀 對 譬喩

고유어 '가ᄌᆞᆯ븀'과 한자어 '譬喩'가 [喩] 즉 '비유'의 뜻을 가지고 동의 관계에 있다는 것은 동일 원문의 번역인 다음 예문들에서 잘 확인된다. 원문 중 '長者之喩'가 '長者의 가ᄌᆞᆯ븀'으로도 번역되고 '長者ᄋᆡ 譬喩'로도 번역된다. 따라서 '가ᄌᆞᆯ븀'과 '譬喩'의 동의성은 명백히 입증된다. 고유어 '가ᄌᆞᆯ븀'은 동작동사 '가ᄌᆞᆯ비다'의 명사형이다.

(1) a. 즉재 ᄀᆞ장 가ᄉᆞ면 長者의 가ᄌᆞᆯ뷰믈 펴 〈月十三 39a〉
b. 즉재 ᄀᆞ장 가ᄉᆞ면 長者ᄋᆡ 譬喩ᄅᆞᆯ 펴(即說大富長者之喩ᄒᆞ야) 〈法華三 4b〉

(1) c. 부톄 이 가ᄌᆞᆯ비샤ᄆᆞ로 다시 ᄆᆞᄌᆞ 일우샤 〈月十三 37b〉
d. 부톄 이 譬喩로 다시 述成을 주샤(佛이 以此喩로 重與述成ᄒᆞ샤) 〈法華三 3a〉

〈2〉 거츠롬 對 妄

고유어 '거츠롬'과 한자어 '妄'이 [妄] 즉 '허망함'의 뜻을 가지고 同義 關係에 있다는 것은 同一 原文의 飜譯인 다음 예문들에서 잘 確認된다. 원문 중 '無妄'이 '거츠로미 없다'로도 번역되고 '忘이 없다'로도 번역된다. 따라서 '거츠롬'과 '妄'의 동의성은 명백히 입증된다. 고유어 '거츠롬'은 상태동사 '거츨다'의 명사형이다.

(2) a. 本來 眞實ᄒᆞ야 거츠로미 업서 〈月十一 89a〉
b. 本來ㅅ 眞은 妄이 업서(本眞은 無妄ᄒᆞ야) 〈法華一 109a〉

한편 '妄'이 『월인석보』와 『법화경언해』에서 모두 '妄'으로 번역된다는 것은 동일 원문의 다음 예문들에서 잘 확인된다. 원문 중 '諸妄'이 '妄ᄃᆞᆯㅎ'과 '여러 妄'으로 번역된다.

(2) c. 聖人ᄋᆞᆫ 첫 覺애 도라가샤 妄ᄃᆞᆯ해 ᄌᆞᆷ디 아니ᄒᆞ시며 〈月十一 89a〉
d. 聖人은 根源ㅅ 覺애 도라가샤 여러 妄에 ᄃᆞᆷ디 아니(109a)ᄒᆞ시며(聖人은 復環元覺ᄒᆞ샤 不沈諸妄ᄒᆞ시며) 〈法華一 109b〉

〈3〉 ᄀᆞᄅᆞ춈 對 教

고유어 ‘ᄀᆞᄅᆞ춈’과 한자어 ‘教’가 [教] 즉 ‘가르침’의 뜻을 가지고 동의 관계에 있다는 것은 동일 원문의 번역인 다음 예문들에서 잘 확인된다. 원문 중 ‘教理’가 ‘教와 理’로도 번역되고 ‘ᄀᆞᄅᆞ춈과 理’로도 번역되므로 ‘ᄀᆞᄅᆞ춈’과 ‘教’의 동의성은 명백히 입증된다. ‘ᄀᆞᄅᆞ춈’은 동작동사 ‘ᄀᆞᄅᆞ치다’의 명사형이다.

(3) a. 正法은 教와 理와 行과 果왜 ᄀᆞᆽ고 〈月十二 15a〉
 b. 正法엔 ᄀᆞᄅᆞ춈과 理와 行과 果왜 ᄀᆞᆽ고(正法엔 教와 理와 行과 果왜 備具코) 〈法華二 41a〉

〈4〉 ᄀᆞᄅᆞ치샴 對 教法

고유어 ‘ᄀᆞᄅᆞ치샴’과 한자어 ‘教法’이 [教] 즉 ‘가르치심’의 뜻을 가지고 동의 관계에 있다는 것은 동일 원문의 번역인 다음 예문들에서 잘 확인된다. 원문 중 ‘看教’가 ‘教法 보다’로도 번역되고 ‘ᄀᆞᄅᆞ치샴 보다’로도 번역된다. 따라서 ‘ᄀᆞᄅᆞ치샴’과 ‘教法’의 동의성은 명백히 입증된다.

(4) a. 믈읫 道理 ᄒᆞ며 教法 보ᄂᆞ니ᄂᆞᆫ 〈月十四 38b〉
 b. 믈읫 道 爲ᄒᆞ야 ᄀᆞᄅᆞ치샴 보ᅀᆞ오린(凡爲道看教ᄒᆞ린) 〈法華三 140a〉

〈5〉 ᄀᆞᆯᄒᆡ욤 對 分別

고유어 ‘ᄀᆞᆯᄒᆡ욤’과 한자어 ‘分別’이 [分別] 즉 ‘가름, 分別’의 뜻을 가지고 동의 관계에 있다는 것은 동일 원문의 번역인 다음 예문들에서 잘 확인된다. 원문 중 ‘分別…解’가 ‘分別로 알다’로도 번역되고 ‘ᄀᆞᆯᄒᆡ요ᄆᆞ로 알다’로도 번역되므로 ‘ᄀᆞᆯᄒᆡ욤’과 ‘分別’의 동의성은 명백히 입증된다. 고유어 ‘ᄀᆞᆯᄒᆡ욤’은 동작동사 ‘ᄀᆞᆯᄒᆡ다’의 명사형이다.

(5) a. 分別로 아디 몯ᄒᆞᆯᄊᆡ 〈月十一 12a〉
 b. ᄀᆞᆯᄒᆡ요ᄆᆡ로 能히 아디 몯ᄒᆞᆯᄊᆡ(分別로 不能解故로) 〈法華一 4a〉

〈6〉 남 對 生

고유어 '남'과 한자어 '生'이 [生] 즉 '남'의 뜻을 가지고 동의 관계에 있다는 것은 동일 원문의 번역인 다음 예문들에서 잘 확인된다. 원문 중 '有生'이 '生올 두다'로도 번역되고 '나미 잇다'로도 번역된다. 따라서 '남'과 '生'의 동의성은 명백히 입증된다. 고유어 '남'은 동작동사 '나다'의 명사형으로 '나-[生] + -암'으로 분석될 수 있다.

(6) a. 사르미 五蘊 여러 가짓 相으로 어우러 生올 두어 〈月十四 17a〉
b. 사르미 五蘊 衆相으로 어울워 나미 이셔(夫人이 以五蘊衆相으로 和合ᄒᆞ야 有生ᄒᆞ야) 〈法華三 104b〉

한편 '生'이 『월인석보』와 『법화경언해』에서 고유어 '남'으로도 번역되고 모두 한자어 '生'으로도 번역된다는 것은 동일 원문의 번역인 다음 예문들에서 잘 확인된다. 원문 중 '無生'이 '나미 없다'와 '남 없다'로 번역된다. 그리고 '有生'이 '生곳 잇다'와 '生이 잇다'로 번역된다.

(6) c. 性이 本來 나미 업거늘 〈月十四 36a〉
d. 性이 本來 남 업거늘(性本無生커늘) 〈法華三 138b〉

(6) e. 生곳 이시면 〈月十四 36b〉
f. 生이 이시면(有生ᄒᆞ면) 〈法華三 139a〉

〈7〉 노폼 對 勝

고유어 '노폼'과 한자어 '勝'이 [勝] 즉 '높음'의 뜻을 가지고 동의 관계에 있다는 것은 동일 원문의 번역인 다음 예문들에서 잘 확인된다. 원문 중 '顯勝'이 '勝을 나토다'로도 번역되고 '노포믈 나토다'로도 번역되므로 '노폼'과 '勝'의 동의성은 명백히 입증된다. 고유어 '노폼'은 상태동사 '높다'의 명사형이다.

(7) a. 사오나ᄫᆞᆫ 그어긔 가 勝을 나토시니 〈釋二十 27b〉

b. 사오나ᄫᆞ니ᄅᆞᆯ 자바 勝을 나토시니 〈月十八 54b〉
c. 사오나온 ᄃᆡ 나ᅀᅡ가샤 노포ᄆᆞᆯ 나토시니(就劣ᄒᆞ샤 顯勝ᄒᆞ시니) 〈法華六 174b〉

〈8〉 닷곰 對 修

고유어 '닷곰'과 한자어 '修'가 [修] 즉 '닦음'의 뜻을 가지고 동의 관계에 있다는 것은 동일 원문의 번역인 다음 예문들에서 잘 확인된다. 원문 중 '無修'가 '修ㅣ 없다'로도 번역되고 '닷곰 없다'로도 번역된다. 따라서 '닷곰'과 '修'의 동의성은 명백히 입증된다. 고유어 '닷곰'은 동작동사 '닭다'의 명사형이다.

(8) a. ᄒᆞᆫ갓 修ㅣ 업다 ᄒᆞ면 〈月十九 97b〉
b. ᄒᆞᆫ갓 닷곰 업스니라 너기면(直謂無修ᄒᆞ면) 〈法華七 159a〉

〈9〉 드롬 對 聞

고유어 '드롬'과 한자어 '聞'이 [聞] 즉 '들음, 듣는 것'의 뜻을 가지고 동의 관계에 있다는 것은 동일 원문의 번역인 다음 예문들에서 잘 확인된다. 원문 중 '音聞'이 '소리와 드롬'으로도 번역되고 '音과 聞'으로도 번역된다. 따라서 '드롬'과 '聞'의 동의성은 명백히 입증된다. 고유어 '드롬'은 동작동사 '듣다'의 명사형으로 '들- + -옴'으로 분석된다.

(9) a. 소리와 드롬괘 둘히 셔면 〈月十九 26b〉
b. 音과 聞괘 둘히 셔면(蓋音聞이 兩立ᄒᆞ면) 〈法華七 59a〉

〈10〉 ᄃᆞᅀᅩᆷ 對 愛染

고유어 'ᄃᆞᅀᅩᆷ'과 한자어 '愛染'이 [愛染] 즉 '사랑함, 貪愛하여 染着하는 情'의 뜻을 가지고 同義 關係에 있다는 것은 同一 原文의 飜譯인 다음 예문들에서 잘 確認된다. 원문 중 '著愛染'이 'ᄃᆞᅀᅩ매 貪著ᄒᆞ다'로도 번역되고 '愛染에 著ᄒᆞ다'로도 번역된다. 따라서 'ᄃᆞᅀᅩᆷ'과 '愛染'의 동의성은 명백히 입증된다. 고유어 'ᄃᆞᅀᅩᆷ'은 동작동사 'ᄃᆞᆺ다'의 명사형이다.

(10) a. ᄃᆞ소매 貪著ᄒᆞ고 〈月十一 116a〉
b. 愛染에 著ᄒᆞ고(著愛染ᄒᆞ고) 〈法華一 186a〉

〈11〉 마곰 對 塞

고유어 '마곰'과 한자어 '塞'이 [塞] 즉 '막음'의 뜻을 가지고 동의 관계에 있다는 것은 동일 원문의 번역인 다음 예문들에서 잘 확인된다. 원문 중 '塞譬起障'이 '마고ᄆᆞᆫ 障 니ᄅᆞ와도ᄆᆞᆯ 가ᄌᆞᆯ비다'로도 번역되고 '塞ᄋᆞᆫ 障 니ᄅᆞ와도ᄆᆞᆯ 가ᄌᆞᆯ비다'로도 번역된다. 따라서 '마곰'과 '塞'의 동의성은 명백히 입증된다. 고유어 '마곰'은 동작동사 '막다'의 명사형으로 '막-+-옴'으로 분석된다.

(11) a. 通ᄋᆞᆫ 惑 그추믈 가ᄌᆞᆯ비시고 마고ᄆᆞᆫ 障 니ᄅᆞ와도ᄆᆞᆯ 가ᄌᆞᆯ비시니라 〈月十四 76a〉
b. 通ᄋᆞᆫ 惑 그추ᄆᆞᆯ 가ᄌᆞᆯ비시(173a)고 塞ᄋᆞᆫ 障니ᄅᆞ와도ᄆᆞᆯ 가ᄌᆞᆯ비시니라(通ᄋᆞᆫ 譬斷惑ᄒᆞ시고 塞은 譬起障ᄒᆞ시니라) 〈法華三 173b〉

〈12〉 모돔 對 摠

고유어 '모돔'과 한자어 '摠'이 [摠] 즉 '모임, 모두'의 뜻을 가지고 동의 관계에 있다는 것은 동일 원문의 번역인 다음 예문들에서 잘 확인된다. 원문 중 '從摠'이 '모도ᄆᆞᆯ 븥다'로도 번역되고 '摠ᄋᆞᆯ 從ᄒᆞ다'로도 번역된다. 따라서 '모돔'과 '摠'의 동의성은 명백히 입증된다. 고유어 '모돔'은 [摠] 즉 '모이다'의 뜻을 가진 동작동사 '몯다'의 명사형으로 '몯-+-옴'으로 분석된다.

(12) a. 摠ᄋᆞᆯ 從ᄒᆞ야 드러 니르시니 〈月十九 35a〉
b. 모도ᄆᆞᆯ 브트샤 드러 니ᄅᆞ시니(從摠ᄒᆞ샤 擧ᄒᆞ시니) 〈法華七 75b〉

한편 '摠'이 『월인석보』와 『법화경언해』에서 모두 한자어 '摠'으로 번역된다는 것은 동일 원문의 번역인 다음 예문들에서 잘 확인된다. 원문 중 '從摠'이 '摠ᄋᆞᆯ 從ᄒᆞ다'와 '摠을 븥다'로 번역된다.

(12) c. 摠ᄋᆞᆯ 從ᄒᆞ야 드러 니ᄅᆞ실씨 〈月十九 36b〉

d. 摠을 브터 드러 니ᄅ실씨(從摠擧ㅣ 실씨) 〈法華七 77b〉

〈13〉 모돔 對 會集

고유어 '모돔'과 한자어 '會集'이 [集] 즉 '모임'의 뜻을 가지고 同義 關係에 있다는 것은 同一原文의 飜譯인 다음 예문들에서 잘 確認된다. 원문 중 '勝集'이 '노ᄑᆞᆫ 會集'으로도 번역되고 '노ᄑᆞᆫ 모돔'으로도 번역된다. 따라서 '모돔'과 '會集'의 동의성은 명백히 입증된다. 고유어 '모돔'은 동작동사 '몯다'의 명사형이다.

(13) a. 靈山 노ᄑᆞᆫ 會集에 〈月十一 108b〉
b. 靈山 노ᄑᆞᆫ 모도매(靈山勝集에) 〈法華一 172b〉

〈14〉 ᄆᆡ좀 對 結

고유어 'ᄆᆡ좀'과 한자어 '結'이 [結] 즉 '맺음'의 뜻을 가지고 동의 관계에 있다는 것은 동일 원문의 번역인 다음 예문들에서 잘 확인된다. 원문 중 '有結'이 'ᄆᆡ조미 잇다'로도 번역되고 '結이 잇다'로도 번역된다. 따라서 'ᄆᆡ좀'과 '結'의 동의성은 명백히 입증된다. 고유어 'ᄆᆡ좀'은 동작동사 'ᄆᆡᆽ다'의 명사형으로 'ᄆᆡᆽ- [結]+ -옴'으로 분석된다.

(14) a. ᄆᆡ조미 잇논 다ᄉᆞ로 三界옛 나논 因이 ᄃᆞ외ᄂᆞ니 〈月十四 36b〉
b. 여(138b)러 가짓 結이 이쇼ᄆᆞᆯ 브터 三界옛 나논 因이 ᄃᆞ외ᄂᆞ니(由諸有結ᄒᆞ야 爲三界之生因ᄒᆞᄂᆞ니) 〈法華三 139a〉

〈15〉 버서남 對 解脫

고유어 '버서남'과 한자어 '解脫'이 [解脫] 즉 '속세의 속박 번뇌를 벗어남'의 뜻을 가지고 동의 관계에 있다는 것은 동일 원문의 번역인 다음 예문들에서 잘 확인된다. 원문 중 '得解脫'이 '버서나ᄆᆞᆯ 得ᄒᆞ다'로도 번역되고 '解脫ᄋᆞᆯ 得ᄒᆞ다'로도 번역된다. 따라서 '버서남'과 '解脫'의 동의성은 명백히 입증된다. 고유어 '버서남'은 동작동사 '버서나다'의 명사형이다.

(15) a. 즉재 버서나몰 得ᄒᆞ리라 〈月十九 26b〉

b. 즉재 解脫올 得ᄒᆞ리니(卽得解脫ᄒᆞ리니) 〈法華七 59a〉

(15) c. 버서나몰 得ᄒᆞ리라 〈月十九 24a〉

d. 解脫올 得ᄒᆞ며(得解脫ᄒᆞ며) 〈法華七 53b〉

(15) e. 能히 苦惱衆生이 내 眞觀을 니버 즉재 버서나몰 得게 ᄒᆞ시니라 〈月十九 23a〉

f. 能히 苦惱衆生으로 내(51b) 眞觀을 니버 즉재 解脫을 得게 ᄒᆞ샤미라(能令苦衆生으로 蒙我眞觀ᄒᆞ야 卽得解脫이시니라) 〈法華七 52a〉

〈16〉 봄 對 見

고유어 '봄'과 한자어 '見'이 [見] 즉 '봄'의 뜻을 가지고 동의 관계에 있다는 것은 동일 원문의 번역인 다음 예문들에서 잘 확인된다. 원문 중 '離見'이 '見에 여희다'로도 번역되고 '보매 여희다'로도 번역된다. 따라서 '봄'과 '見'의 동의성은 명백히 입증된다. 고유어 '봄'은 [見] 즉 '보다'의 뜻을 가진 동작동사 '보다'의 명사형으로 '보- + -옴'으로 분석된다. '봄'의 성조는 上聲이다.

(16) a. 行境을 기피 證ᄒᆞ야 情에 건내뛰며 見에 여희니 아니시면 〈月十八 35b〉

b. 行境을(149a) 기피 證ᄒᆞ샤 ᄠᅳ데 건내뛰며 보매 여희니 아니시면(非深證行境ᄒᆞ샤 超情離見者ㅣ시면) 〈法華六 149b〉

〈17〉 봄 對 觀

고유어 '봄'과 한자어 '觀'이 [觀] 즉 '봄, 보는 것'의 뜻을 가지고 동의 관계에 있다는 것은 동일 원문의 번역인 다음 예문들에서 잘 확인된다. 원문 중 '觀觀'이 '觀올 觀ᄒᆞ다'로도 번역되고 '보몰 보다'로도 번역된다. 따라서 '봄'과 '觀'의 동의성은 명백히 입증된다. 고유어 '봄'은 동작동사 '보다'의 명사형으로 '보 - + - 옴'으로 분석된다. '봄'의 성조는 上聲이다.

(17) a. 내 제 소리를 觀티 아니ᄒᆞ고 觀올 觀홀ᄊᆡ 〈月十九 22b〉

b. 내 제 音을 보디 아니ᄒᆞ야 보몰 보ᄂᆞᆫ 거스로(由我ㅣ 不自觀音ᄒᆞ야 以觀觀者로) 〈法華七

51b〉

(17) c. 즈개 소리ᄅᆞᆯ 觀티 아니ᄒᆞ시고 觀ᄋᆞᆯ 觀ᄒᆞ샤ᄆᆞᆫ 〈月十九 22b〉
d. 즈개 音을 보디 아니ᄒᆞ샤 보ᄆᆞᆯ 보시ᄂᆞᆫ 거스로 ᄒᆞ샤ᄆᆞᆫ(夫不自觀音ᄒᆞ샤 以觀觀者ᄂᆞᆫ) 〈法華七 51b〉

〈18〉 사곰 對 解

고유어 '사곰'과 한자어 '解'가 [解] 즉 '새김, 풀이'의 뜻을 가지고 동의 관계에 있다는 것은 동일 원문의 번역인 다음 예문들에서 잘 확인된다. 원문 중 '前解'가 '알퓟 사곰'으로도 번역되고 '앏 解'로도 번역되므로 '사곰'과 '解'의 동의성은 명백히 입증된다. 고유어 '사곰'은 동작동사 '사기다'의 명사형으로 '사기-+-옴'으로 분석된다.

(18) a. 알퓟 사교미 ᄀᆞᆮᄒᆞ니라 〈月十八 63a〉
b. ᄒᆞ마 앏 解 ᄀᆞᆮᄒᆞ니(已如前解ᄒᆞ니) 〈法華七 3a〉

〈19〉 사롬 對 生

고유어 '사롬'과 한자어 '生'이 [生] 즉 '삶, 生'의 뜻을 가지고 동의 관계에 있다는 것은 동일 원문의 번역인 다음 예문들에서 잘 확인된다. 원문 중 '全生'이 '사로ᄆᆞᆯ 올오다'로도 번역되고 '生ᄋᆞᆯ 올오다'로도 번역된다. 따라서 '사롬'과 '生'의 동의성은 명백히 입증된다. 고유어 '사롬'은 동작동사 '살다'의 명사형으로 '살- + -옴'으로 분석될 수 있다.

(19) a. 孫敬德이 經 一千 번 외와 魏예 사로ᄆᆞᆯ 올오니 〈月十九 20a〉
b. 孫敬德이 經 一千 번 외오ᅀᆞᆸ고 魏예 生ᄋᆞᆯ 올오미(孫敬德이 誦經千遍ᄒᆞᅀᆞᆸ고 而全生於魏ᄒᆞ니) 〈法華七 46b〉

〈20〉 ᄉᆞᄆᆞᆺ 아롬 對 了

고유어 'ᄉᆞᄆᆞᆺ 아롬'과 한자어 '了'가 [了] 즉 '철저히 이해함'의 뜻을 가지고 동의 관계에 있다는 것은 동일 원문의 번역인 다음 예문들에서 잘 확인된다. 원문 중 '無了'가 'ᄉᆞ뭇 아롬 없다'로도 번역되고 '了 없다'로도 번역되므로 'ᄉᆞ뭇 아롬'과 '了'의 동의성은 명백히 입증된다. 고유어 'ᄉᆞ뭇 아롬'은 동작동사구 'ᄉᆞ뭇 알다'의 명사형이다.

(20) a. ᄉᆞ뭇 아롬 업스며 忍 업수미 〈月十七 24b〉
 b. 了 업스며 忍 업수미(無了無忍이) 〈法華五 172a〉

〈21〉 어드봄 對 暗

고유어 '어드봄'과 한자어 '暗'이 [暗] 즉 '어두움'의 뜻을 가지고 동의 관계에 있다는 것은 동일 원문의 번역인 다음 예문들에서 잘 확인된다. 원문 중 '諸暗'이 '여러 어드봄'으로도 번역되고 '여러 暗'으로도 번역되므로 '어드봄'과 '暗'의 동의성은 명백히 입증된다. 고유어 '어드봄'은 상태동사 '어듭다'의 명사형으로 '어둡-+-움'으로 분석된다.

(21) a. 日天子ㅣ 믈읫 어드부믈 잘 더ᄂᆞ니 〈釋二十 22a〉
 b. 日天子ㅣ 여러 어드부믈 能히 더듯 ᄒᆞ야 〈月十八 48a〉
 c. 日天子ㅣ 能히 여러 暗 더듯 ᄒᆞ야(如日天子ㅣ 能除諸暗ᄐᆞᆺ ᄒᆞ야) 〈法華六 165b〉

〈22〉 어디롬 對 勝

고유어 '어디롬'과 한자어 '勝'이 [勝] 즉 '뛰어남'의 뜻을 가지고 동의 관계에 있다는 것은 동일 원문의 번역인 다음 예문들에서 잘 확인된다. 원문 중 '殊勝'이 'ᄀᆞ장 어디롬'으로도 번역되고 'ᄀᆞ장 勝'으로도 번역된다. 따라서 '어디롬'과 '勝'의 동의성은 명백히 입증된다. 고유어 '어디롬'은 상태동사 '어딜다'의 명사형이다.

(22) a. 報롤 ᄀᆞ장 어디로ᄆᆞᆯ 得ᄒᆞ야 〈月十五 32b〉
 b. 報애 ᄀᆞ장 勝을 得ᄒᆞ샤(報得殊勝ᄒᆞ샤) 〈法華四 53b〉

〈23〉 어려봄 對 難

고유어 '어려봄'과 한자어 '難'이 [難] 즉 '어려움'의 뜻을 가지고 동의 관계에 있다는 것은 동일 원문의 번역인 다음 예문들에서 잘 확인된다. 원문 중 '無難'이 '어려부미 없다'로도 번역되고 '難이 없다'로도 번역된다. 따라서 '어려봄'과 '難'의 동의성은 명백히 입증된다. 고유어 '어려봄'은 상태동사 '어렵다'의 명사형으로 '어렵 - + - 움'으로 분석된다.

(23) a. 善커든 通콕 惡거든 마가삭 어려부미 업스리라 〈月十四 76a〉
b. 善으란 通ᄒᆞ고 惡으란 마가삭 어루 難이 업스리라(善則通ᄒᆞ고 惡則塞ᄒᆞ야삭 乃可無難이리라) 〈法華三 173b〉

〈24〉 절ᄒᆞ기 對 禮拜

고유어 '절ᄒᆞ기'와 한자어 '禮拜'가 [禮拜] 즉 '절하기, 禮拜'의 뜻을 가지고 동의 관계에 있다는 것은 동일 원문의 번역인 다음 예문들에서 잘 확인된다. 원문 중 '行禮拜'가 '절ᄒᆞ기를 ᄒᆞ다'로도 번역되고 '禮拜를 行ᄒᆞ다'로도 번역되므로 '절ᄒᆞ기'와 '禮拜'의 동의성은 명백히 입증된다. 고유어 '절ᄒᆞ기'는 동작동사 '절ᄒᆞ다'의 명사형으로 '절ᄒᆞ - + - 기(명사형 어미)'로 분석된다.

(24) a. 오직 절ᄒᆞ기를 ᄒᆞ야 〈釋十九 30a〉
b. 오직 禮拜를 行ᄒᆞ야(但行禮拜ᄒᆞ야) 〈法華六 79b〉

〈25〉 주굼 對 誅滅

고유어 '주굼'과 한자어 '誅滅'이 [誅滅] 즉 '죽음'의 뜻을 가지고 동의 관계에 있다는 것은 동일 원문의 번역인 다음 예문들에서 잘 확인된다. 원문 중 '取誅滅'이 '誅滅을 얻다'로도 번역되고 '주구믈 取ᄒᆞ다'로도 번역되므로 '주굼'과 '誅滅'의 동의성은 명백히 입증된다. '주굼'은 동작동사 '죽다'의 명사형으로 '죽-+-움'으로 분석된다.

(25) a. 제 誅滅을 얻ᄃᆞᆺ다 ᄒᆞ시니 〈月十九 97a〉
b. 제 주구믈 取ᄐᆞᆺ ᄒᆞ니(如…自取誅滅ᄐᆞᆺ ᄒᆞ니) 〈法華七 159a〉

제 2 절

動詞類에서의 同義

動詞類에서 확인되는 固有語와 漢字語 간의 동의에는 動作動詞간의 同義와 狀態動詞간의 同義가 있다.

Ⅰ 動作動詞간의 同義

동작동사에서 확인되는 고유어와 한자어 간의 동의에서 고유어가 動作動詞일 수도 있고 動作動詞句와 合成 動作動詞일 수도 있다.

1. 固有語가 動作動詞인 경우

동작동사에서 확인되는 고유어와 한자어 간의 동의에서 고유어가 動作動詞인 경우에는 [觸] 즉 '가다, 닿다'의 뜻을 가진 '가다'와 '觸ᄒᆞ다'를 비롯하여 [領] 즉 '거느리다'의 뜻을 가진 '거느리다'와 '領ᄒᆞ다', [出現] 즉 '나다, 출현하다'의 뜻을 가진 '나다'와 '出現ᄒᆞ다', [頌] 즉 '기리다,

칭송하다'의 뜻을 가진 '니르다'와 '頌ᄒᆞ다', [加] 즉 '더하다'의 뜻을 가진 '더으다'와 '加ᄒᆞ다', [聞] 즉 '듣다'의 뜻을 가진 '듣다'와 '聞ᄒᆞ다', [證] 즉 '증명하다, 밝히다'의 뜻을 가진 '마기오다'와 '證ᄒᆞ다', [動] 즉 '움직이다'의 뜻을 가진 '뮈다'와 '動ᄒᆞ다', [受] 즉 '받다'의 뜻을 가진 '받다'와 '受ᄒᆞ다', [屬] 즉 '붙다, 속하다'의 뜻을 가진 '븥다'와 '屬ᄒᆞ다', [貿易] 즉 '사다'의 뜻을 가진 '사다'와 '貿易ᄒᆞ다', [思念] 즉 '생각하다'의 뜻을 가진 'ᄉᆞ랑ᄒᆞ다'와 '思念ᄒᆞ다', [領悟] 즉 '알다, 깨닫다'의 뜻을 가진 '알다'와 '領悟ᄒᆞ다', [像] 즉 '본뜨다'의 뜻을 가진 '잇내다'와 '像ᄒᆞ다', [攝] 즉 '잡다, 쥐다'의 뜻을 가진 '잡다'와 '攝ᄒᆞ다', [減] 즉 '줄다'의 뜻을 가진 '졸다'와 '減ᄒᆞ다', [施] 즉 '베풀다'의 뜻을 가진 '펴다'와 '布施ᄒᆞ다', [衒賣] 즉 '팔다'의 뜻을 가진 'ᄑᆞᆯ다'와 '衒賣ᄒᆞ다' 그리고 [害] 즉 '해치다'의 뜻을 가진 'ᄒᆞ야ᄇᆞ리다'와 '害ᄒᆞ다' 등 약 150여 항목이 있다.

〈1〉 가다 對 觸ᄒᆞ다

고유어 '가다'와 한자어 '觸ᄒᆞ다'가 [觸] 즉 '가다, 닿다'의 뜻을 가지고 동의 관계에 있다는 것은 동일 원문의 번역인 다음 예문들에서 잘 확인된다. 원문 중 '觸目'이 '눈 간 ᄃᆡ'로도 번역되고 '눈 觸ᄒᆞᆫ ᄃᆡ'로도 번역된다. 따라서 '가다'와 '觸ᄒᆞ다'의 동의성은 명백히 입증된다.

(1) a. 眞常相이 눈 간 ᄃᆡ 번득ᄒᆞ리라 〈月十七 35a〉
 b. 眞常ᄒᆞᆫ 相이 눈 觸ᄒᆞᆫ ᄃᆡ 번득ᄒᆞ(197a)리라(則眞常之相이 觸目애 宛然ᄒᆞ리라) 〈法華五 197b〉

〈2〉 가지다 對 取ᄒᆞ다

고유어 '가지다'와 한자어 '取ᄒᆞ다'가 [取] 즉 '가지다'의 뜻을 가지고 동의 관계에 있다는 것은 동일 원문의 번역인 다음 예문들에서 잘 확인된다. 원문 중 '取…機'가 '機를 取ᄒᆞ다'로도 번역되고 '機를 가지다'로도 번역된다. 그리고 '取實果'가 '眞實ㅅ 果 取ᄒᆞ다'로도 번역되고 '實果 가지다'로도 번역된다. 따라서 '가지다'와 '取ᄒᆞ다'의 동의성은 명백히 입증된다.

(2) a. 當ᄒᆞᆫ 機를 取ᄒᆞ야 〈月十三 38b〉

b. 當ᄒᆞᆫ 機ᄅᆞᆯ 가져(取當機ᄒᆞ야) 〈法華三 3b〉

(2) c. ᄉᆞᆯ펴 혜아려 眞(81a)實ㅅ 果 나ᅀᅡ가 取케 ᄒᆞ시니라 〈月十四 81b〉
d. 보아 ᄉᆞᆯ펴 혜아려 實果 나ᅀᅡ 가지게 ᄒᆞ시니라(令觀察籌量ᄒᆞ야 而進實果케 ᄒᆞ시니라) 〈法華三 182a〉

(2) e. ᄃᆞᅀᅡ 取ᄒᆞᄂᆞ니 〈月十四 36a〉
f. ᄃᆞᆺ오매 가지ᄂᆞ니(愛예 斯取之ᄒᆞᄂᆞ니) 〈法華三 138b〉

〈3〉 가ᄌᆞᆯ비다 對 譬喩ᄒᆞ다

고유어 '가ᄌᆞᆯ비다'와 한자어 '譬喩ᄒᆞ다'가 [喩] 즉 '비유하다'의 뜻을 가지고 동의 관계에 있다는 것은 동일 원문의 번역인 다음 예문들에서 잘 확인된다. 원문 중 '喩…滅惡者'가 '구즌 일 업게 호ᄆᆞᆯ 가ᄌᆞᆯ비다'로도 번역되고 '惡 滅ᄒᆞᄂᆞᆯ 譬喩ᄒᆞ다'로도 번역된다. 따라서 '가ᄌᆞᆯ비다'와 '譬喩ᄒᆞ다'의 동의성은 명백히 입증된다.

(3) a. 人天 善ᄒᆞᆫ ᄡᅵ와 三乘智因이 能히 害를 머리ᄒᆞ며 구즌 일 업게 호ᄆᆞᆯ 가ᄌᆞᆯ비니 〈月十三 38a〉
b. 人天 善種과 三乘智因의 能히 害를 머리ᄒᆞ며 惡 滅ᄒᆞᄂᆞᆯ 譬喩ᄒᆞ시니(以喩人天善種과 三乘智因의 能遠害滅惡者ᄒᆞ시니) 〈法華三 3a〉

(3) c. ᅘᅧ 佛慧예 들의 ᄒᆞ샤ᄆᆞᆯ 가ᄌᆞᆯ비시니라 〈月十三 73b〉
d. ᅘᅧ샤 佛慧예 들에 ᄒᆞ샤ᄆᆞᆯ 譬喩ᄒᆞ시니라(喩……而引之ᄒᆞ샤 令入佛慧케 ᄒᆞ시니라) 〈法華三 83a〉

한편 『월인석보』와 『법화경언해』에서 '喩'와 '譬'가 모두 '가ᄌᆞᆯ비다'로 번역된다는 것은 동일 원문의 번역인 다음 예문들에서 잘 확인된다. 원문 중 '喩…自遂'가 '제 이루믈 가ᄌᆞᆯ비다'와 '제 이로ᄆᆞᆯ 가ᄌᆞᆯ비다'로 번역되고 '譬覺皇'이 모두 '覺皇ᄋᆞᆯ 가ᄌᆞᆯ비다'로 번역된다.

(3) e. 眞知로 그ᅀᅳ기 化ᄒᆞ샤매 物마다 제 이루믈 가ᄌᆞᆯ비시니라 〈月十三 46b〉
f. 眞知로 그ᅀᅳ기 化ᄒᆞ샤매 物物이 제 이로ᄆᆞᆯ 가ᄌᆞᆯ비시니라(喩眞知로 冥化ᄒᆞ샤매 物物이 自遂

也ᄒᆞ시니라) 〈法華三 12a〉

(3) g. 그 아비ᄂᆞᆫ 覺皇ᄋᆞᆯ 가ᄌᆞᆯ비고 〈月十二 8a〉
h. 그 아비ᄂᆞᆫ 覺皇ᄋᆞᆯ 가ᄌᆞᆯ비ᅀᆞ오니라(其父ᄂᆞᆫ 譬覺皇也ㅣ라) 〈法華二 183a〉

(3) i. 아비 ᄇᆞ료ᄆᆞᆫ 本覺 ᄇᆞ료ᄆᆞᆯ 가ᄌᆞᆯ비고 〈月十三 7a〉
j. 아비 ᄇᆞ료ᄆᆞᆫ 本覺 ᄇᆞ려 背叛호ᄆᆞᆯ 가ᄌᆞᆯ비니라(捨父ᄂᆞᆫ 譬棄背本覺이라) 〈法華二 183a〉

〈4〉 간슈ᄒᆞ다 對 衛護ᄒᆞ다

고유어 '간슈ᄒᆞ다'와 한자어 '衛護ᄒᆞ다'가 [衛] 즉 '지키다, 衛護하다'의 뜻을 가지고 동의 관계에 있다는 것은 동일 원문의 번역인 다음 예문들에서 잘 확인된다. 원문 중 '自衛'가 '제 衛護ᄒᆞ다'로도 번역되고 '제 간슈ᄒᆞ다'로도 번역된다. 따라서 '간슈ᄒᆞ다'와 '衛護ᄒᆞ다'의 동의성은 명백히 입증된다.

(4) a. 행ᄒᆞᇙ 사ᄅᆞ미 道로 제 衛護ᄒᆞ야…佛知見에 들에 코져 ᄒᆞ실ᄊᆡ 〈月十九 71a〉
b. 행ᄒᆞᆯ 싸ᄅᆞ미 道로 제 간슈ᄒᆞ야…부텨 知見에 들에 코져 ᄒᆞ실ᄊᆡ(欲使行人이 以道로 自衛ᄒᆞ야…入佛知見ᄒᆞ실ᄉᆡ) 〈法華七 125b〉

〈5〉 간슈ᄒᆞ다 對 護念ᄒᆞ다

고유어 '간슈ᄒᆞ다'와 한자어 '護念ᄒᆞ다'가 [護] 즉 '간수하다'의 뜻을 가지고 동의 관계에 있다는 것은 동일 원문의 번역인 다음 예문들에서 잘 확인된다. 원문 중 '善護'가 '이대 護念ᄒᆞ다'로도 번역되고 '이대 간슈ᄒᆞ다'로도 번역된다. 따라서 '간슈ᄒᆞ다'와 '護念ᄒᆞ다'의 동의성은 명백히 확인된다.

(5) a. 正見을 이대 護念ᄒᆞ시고 〈月十一 23b〉
b. 正ᄒᆞᆫ 보ᄆᆞᆯ 이대 간슈ᄒᆞ시고(善護正見ᄒᆞ시고) 〈法華一 43b〉

〈6〉 간슈ᄒᆞ다 對 護持ᄒᆞ다

고유어 '간슈ᄒᆞ다'와 한자어 '護持ᄒᆞ다'가 [護] 즉 '간수하다, 보호하다'의 뜻을 가지고 동의 관계에 있다는 것은 다음 예문들에서 잘 확인된다. 원문 중 '善護'가 '이대 간슈ᄒᆞ다'로 번역되고 '守護'가 '딕ᄒᆞ야 護持ᄒᆞ다'로 번역된다. 따라서 '간슈ᄒᆞ다'와 '護持ᄒᆞ다'의 동의성은 명백히 입증된다. 고유어 '간슈ᄒᆞ다'의 용례는 『圓覺經諺解』(1465)의 '念은 能히 딕희여 간슈ᄒᆞ시ᄂᆞ니(念能守護)'〈圓覺上 二之二 106a〉에서 발견된다.

(6) a. 正ᄒᆞᆫ 보ᄆᆞᆯ 이대 간슈ᄒᆞ시고(善護正見ᄒᆞ시고) 〈法華一 43b〉

(6) b. 내 딕ᄒᆞ야 護持ᄒᆞ야 〈釋二十一 51b〉
c. 百千諸佛이 神通力으로 너를 모다 딕ᄒᆞ야 護持ᄒᆞᄂᆞ니 〈月十八 57a〉
d. 百千諸佛이 神通力으로 너를 모다 딕ᄒᆞ야 護持ᄒᆞᄂᆞ니(百千諸佛이 以神通力으로 共守護如ᄒᆞᄂᆞ니) 〈法華六 178b〉
e. 샹녜 念ᄒᆞ야 딕ᄒᆞ야 護持ᄒᆞ야(常念而守護ᄒᆞ야) 〈法華六 56b〉

〈7〉 거느리다 對 領ᄒᆞ다

고유어 '거느리다'와 한자어 '領ᄒᆞ다'가 [領] 즉 '거느리다'의 뜻을 가지고 동의 관계에 있다는 것은 동일 원문의 번역인 다음 예문들에서 잘 확인된다. 원문 중 '領四天下'는 '四天下 거느리다'로도 번역되고 '四天下 領ᄒᆞ다'로도 번역된다. 따라서 '거느리다'와 '領ᄒᆞ다'의 동의성은 명백히 입증된다.

(7) a. 各各 네 天下ᄅᆞᆯ 거느렛더니 〈月十一 45b〉
b. 各各 四天下ᄅᆞᆯ 領ᄒᆞ더니(各領四天下ᄒᆞ더니) 〈法華一 99a〉

(7) c. 四天下 거느리샤ᄆᆞᆫ 〈月十一 47a〉
d. 四天下 領ᄒᆞ샤ᄆᆞᆫ(領四天下者ᄂᆞᆫ) 〈法華一 101b〉

(7) e. 天大將軍은 鬼神을 統領ᄒᆞ고 [統領은 모도 거느릴 씨라] 〈月十九 35a〉
 f. 天大將軍은 鬼神을 모도 領코(天大將軍은 統領鬼神ᄒᆞ고) 〈法華七 75b〉

한편 '領'이 『월인석보』와 『법화경언해』에서 모두 '領ᄒᆞ다'로 번역된다는 것은 동일 원문의 번역인 다음 예문들에서 잘 확인된다. 원문 중 '領四天下'가 '四天下를 領ᄒᆞ다'와 '四天下 領ᄒᆞ다'로 번역된다.

(7) g. 다ᄆᆞᆫ 四天下ᄅᆞᆯ 領ᄒᆞ다 니ᄅᆞ샤ᄆᆞᆫ 〈月十四 15a〉
 h. 다ᄆᆞᆫ 四天下 領타 니ᄅᆞ샤ᄆᆞᆫ(止言領四天下ᄂᆞᆫ) 〈法華三 97a〉

〈8〉 거리다 對 濟度ᄒᆞ다

고유어 '거리다'와 한자어 '濟度ᄒᆞ다'가 [濟] 즉 '건지다, 구제하다'의 뜻을 가지고 동의 관계에 있다는 것은 동일 원문의 번역인 다음 예문들에서 잘 확인된다. 원문 중 '拔濟'가 'ᄲᅢᅘᅧ 濟度ᄒᆞ다'로도 번역되고 'ᄲᅢᅘᅧ 거리다'로도 번역된다. 따라서 '거리다'와 '濟度ᄒᆞ다'의 동의성은 명백히 입증된다.

(8) a. ᄒᆞᄆᆞᆯ며 ᄯᅩ 方便으로 뎌 火宅애 ᄲᅢᅘᅧ 濟度호미ᄯᆞ니잇가 〈月十二 34a〉
 b. ᄒᆞᄆᆞᆯ며 ᄯᅩ 方便ᄒᆞ야 뎌 火宅애 ᄲᅢᅘᅧ 거류미ᄯᆞ니잇가(況復方便ᄒᆞ야 於被火宅애 而拔濟之ᄯᆞ니잇가) 〈法華二 78b〉

한편 '濟'가 『月印釋譜』 권12와 『法華經諺解』에서 모두 '濟度ᄒᆞ다'로 번역된다는 것은 동일 원문의 번역인 다음 예문들에서 잘 확인된다. 원문 중 '拔濟'가 모두 'ᄲᅢᅘᅧ 濟度ᄒᆞ다'로 번역된다.

(8) c. ᄲᅢᅘᅧ 濟度ᄒᆞ시ᄂᆞ니라 〈月十二 25b〉
 d. ᄲᅢᅘᅧ 濟度(62b)ᄒᆞ노라 ᄒᆞ시ᄂᆞ니라(拔濟之也ㅣ라 ᄒᆞ시니라) 〈法華二 63a〉

〈9〉 거리츠다 對 濟度ᄒᆞ다/濟渡ᄒᆞ다

고유어 '거리츠다'와 한자어 '濟度ᄒᆞ다/濟渡ᄒᆞ다'가 [濟] 즉 '건지다, 구제하다'의 뜻을 가지고 동의 관계에 있다는 것은 동일 원문의 번역인 다음 예문들에서 잘 확인된다. 원문 중 '勉濟'가 '힘뻐 거리츠다'로도 번역되고 '힘뻐 濟度ᄒᆞ다'로도 번역된다. 그리고 '濟…人'이 '사ᄅᆞᄆᆞᆯ 濟渡ᄒᆞ다'로도 번역되고 '사ᄅᆞᄆᆞᆯ 거리츠다'로도 번역된다. 따라서 '거리츠다'와 '濟度ᄒᆞ다/濟渡ᄒᆞ다'의 동의성은 명백히 입증된다.

(9) a. 아ᄃᆞᆯᄃᆞᆯᄒᆞᆯ 火宅難애 힘뻐 거리츤 後에ᅀᅡ 〈月十二 40b〉
b. 諸子ᄋᆡ 火宅難ᄋᆞᆯ 힘뻐 濟度ᄒᆞᆫ 後에ᅀᅡ(勉濟諸子ᄋᆡ 火宅之難ᄒᆞᆫ 然後에ᅀᅡ) 〈法華二 88a〉

(9) c. 平等히 거리츠실 씨오 〈月十八 17a〉
d. 平等 利益게 濟度ᄒᆞ샤미오(平等滋濟시고) 〈法華六 123a〉

(9) e. 져근 法 즐겨 證 求ᄒᆞᄂᆞᆫ 사ᄅᆞᄆᆞᆯ 濟渡ᄒᆞ샤 혀 佛慧예 들의 ᄒᆞ샤ᄆᆞᆯ 가ᄌᆞᆯ비시니라 〈月十三 73b〉
f. 져근 法 즐겨 證 求ᄒᆞᄂᆞᆫ 사ᄅᆞᄆᆞᆯ 거리츠샤 혀샤 佛慧예 들에 ᄒᆞ샤ᄆᆞᆯ 譬喩ᄒᆞ시니라(喩…以濟樂小求證之人ᄒᆞ샤 而引之ᄒᆞ샤 令入佛慧也케 ᄒᆞ시니라) 〈法華三 83a〉

한편 '濟'가 『월인석보』와 『법화경언해』에서 모두 '거리츠다'로 번역된다는 것은 동일 원문의 번역인 다음 예문들에서 잘 확인된다. 원문 중 '濟…人'이 모두 '사ᄅᆞᄆᆞᆯ 거리츠다'로 번역된다.

(9) g. 먼 길헤 마켜 쉬오져 ᄒᆞᄂᆞᆫ 사ᄅᆞᄆᆞᆯ 거리처 〈月十三 73a〉
h. 먼 ᄃᆡ 마켜 쉬오져 願ᄒᆞᄂᆞᆫ 사ᄅᆞᄆᆞᆯ 거리처(以濟阻願息之人ᄒᆞ야) 〈法華三 83a〉

〈10〉 거리치다 對 濟度ᄒᆞ다

고유어 '거리치다'와 한자어 '濟度ᄒᆞ다'가 [濟] 즉 '건지다, 제도하다'의 뜻을 가지고 동의 관계에 있다는 것은 동일 원문의 번역인 다음 예문들에서 잘 확인된다. 원문 중 '權濟'가 '權으로 거리치다'로도 번역되고 '權으로 濟度ᄒᆞ다'로도 번역된다. 그리고 '接濟'가 '자바 濟度ᄒᆞ다'로도 번역되고 '接濟'의 자석이 '자바 거리치다'이다. 따라서 '거리치다'와 '濟度ᄒᆞ다'의 동의성은 명백히 입증된다.

(10) a. ᄒᆞ다가 오직 一乘을 듣ᄌᆞᆸ고 權으로 거리츄미 업스시면 〈月十四 79a〉
b. ᄒᆞ다가 오직 一乘을 듣ᄌᆞᆸ고 權으로 濟度ᄒᆞ샤미 업스시면(若但聞一乘ᄒᆞᅀᆞᆸ고 而無權濟ᄒᆞ시면) 〈法華三 179b〉

(10) c. 모로매 權으로 거리치시ᄂᆞ니라 〈月十四 79a〉
d. 모로매 權으로 濟(179b)度ᄒᆞ샤미라(須權濟也ㅣ 시니라) 〈法華三 180a〉

(10) e. 淨臧ㅅ 德은 이대 能히 接濟ᄒᆞ시거[接濟ᄂᆞᆫ 자바 거리칠 씨라] 〈月十九 82a〉
f. 淨臧ㅅ 德은 이대 能히 자바 濟度ᄒᆞ시고(淨臧之德은 善能接濟ᄒᆞ시고) 〈法華七 140a〉

〈11〉 건너다 對 度ᄒᆞ다

고유어 '건너다'와 한자어 '度ᄒᆞ다'가 [度] 즉 '건너다'의 뜻을 가지고 동의 관계에 있다는 것은 동일 원문의 번역인 다음 예문들에서 잘 확인된다. 원문 중 '應度'가 '度ᄒᆞ얌 직ᄒᆞ다'로도 번역되고 '건넘 직ᄒᆞ다'로도 번역된다. 따라서 '건너다'와 '度ᄒᆞ다'의 동의성은 명백히 입증된다.

(11) a. 生死 煩惱 惡道ㅣ 險難長遠ᄒᆞᆫ ᄃᆡ 감 직ᄒᆞ며 度ᄒᆞ얌 직ᄒᆞ니롤 아노니 〈月十四 78b〉
b. 여러 가짓 生死 煩惱 惡道의 險難長遠에 감 직ᄒᆞ며 건넘 직호ᄆᆞᆯ 아노니(知諸生死煩惱惡道의 險難長遠에 應去應度ᄒᆞ노니) 〈法華三 178b〉

〈12〉 건디다 對 濟度ᄒᆞ다

고유어 '건디다'와 한자어 '濟度ᄒᆞ다'가 [濟] 즉 '건지다, 제도하다'의 뜻을 가지고 동의 관계에 있다는 것은 동일 원문의 번역인 다음 예문들에서 잘 확인된다. 원문 중 '救濟'가 '救ᄒᆞ야 濟度ᄒᆞ다'로도 번역되고 '救ᄒᆞ야 건디다'로도 번역된다. 따라서 '건디다'와 '濟度ᄒᆞ다'의 동의성은 명백히 입증된다.

(12) a. 오직 神力으로 救ᄒᆞ야 濟度ᄒᆞ실 ᄯᆞᄅᆞ미라 〈月十八 87a〉
b. 오직 神力으로 救ᄒᆞ야 건디실 ᄲᅮ니시니라(但以神力으로 救濟而已시니라) 〈法華七 29a〉

〈13〉 건나다 對 度脫ᄒᆞ다

고유어 '건나다'와 한자어 '度脫ᄒᆞ다'가 [度] 즉 '건너다'의 뜻을 가지고 동의 관계에 있다는 것은 동일 원문의 번역인 다음 예문들에서 잘 확인된다. 원문 중 '度生老病死'가 '生老病死ᄅᆞᆯ 건나다'로도 번역되고 '生老病死ᄅᆞᆯ 度脫ᄒᆞ다'로 번역된다. 따라서 '건너다'와 '度脫ᄒᆞ다'의 동의성은 명백히 입증된다.

(13) a. 生老病死ᄅᆞᆯ 건나아 〈釋十九 27b〉
b. 生老病死ᄅᆞᆯ 度脫하샤 〈月十七 80b〉
c. 生老病死ᄅᆞᆯ 건나(度生老病死ᄒᆞ샤) 〈法華六 75a〉

〈14〉 고티다 對 改ᄒᆞ다

고유어 '고티다'와 한자어 '改ᄒᆞ다'가 [改] 즉 '고치다'의 뜻을 가지고 동의 관계에 있다는 것은 동일 원문의 번역인 다음 예문들에서 잘 확인된다. 원문 중 '改預流'가 '預流ᄅᆞᆯ 改ᄒᆞ다'로도 번역되고 '預流ᄅᆞᆯ 고티다'로도 번역되므로 '고티다'와 '改ᄒᆞ다'의 동의성은 명백히 입증된다.

(14) a. 預(25a)流ᄅᆞᆯ 改ᄒᆞ야 後果애 나소샤ᄆᆞᆯ 가ᄌᆞᆯ비니라 〈月十三 25b〉
b. 預流ᄅᆞᆯ 고티샤 後果애 나소샤ᄆᆞᆯ 가ᄌᆞᆯ비니라(譬改預流ᄒᆞ야 而進後果ㅣ니라) 〈法華二 214a〉

〈15〉 고티다 對 變ᄒᆞ다

고유어 '고티다'와 한자어 '變ᄒᆞ다'가 [變] 즉 '고치다, 바꾸다'의 뜻을 가지고 동의 관계에 있다는 것은 동일 원문의 번역인 다음 예문들에서 잘 확인된다. 원문 중 '變色'이 'ᄂᆞᄎᆞᆯ 고티다'로도 번역되고 '色ᄋᆞᆯ 變ᄒᆞ다'로도 번역되므로 '고티다'와 '變ᄒᆞ다'의 동의성은 명백히 입증된다.

(15) a. 公이 믄득 ᄂᆞᄎᆞᆯ 고텨 가져늘 〈月十九 23b〉
b. 公이 과ᄀᆞᆯ이 色ᄋᆞᆯ 變커늘(公이 悖然變色거늘) 〈法華七 52b〉

〈16〉 곱다 對 倍ᄒᆞ다

고유어 '곱다'와 한자어 '倍ᄒᆞ다'가 [倍] 즉 '배가 되다'의 뜻을 가지고 동의 관계에 있다는 것은 다음 예문들에서 잘 확인된다. 원문 중 '千萬…倍'가 '千萬이 곱다'로 번역된다. '倍於壽命'이 '壽命에셔 倍ᄒᆞ다'로 번역된다. '百千倍'가 '百千 ᄇᆞ리 倍ᄒᆞ다'로 번역된다. 그리고 '倍'의 자석이 '곱다'이다. 따라서 '곱다'와 '倍ᄒᆞ다'로 번역된다.

(16) a. 봇그며 구버 젼ᄌ 먹더니 數를 헤면 千萬이 고ᄫᆞ니이다 〈月二十一 54a〉
b. 或炒或炙 恣情食噉 計其命數 千萬復倍 〈地藏菩薩本願經〉

(16) c. 正法住世 壽命에셔 倍(31a)ᄒᆞ고 〈月十五 61b〉
d. 正法住世 壽命에 倍코 (正法住世ㅣ 倍於壽命ᄒᆞ고) 〈法華四 52b〉

(16) e. 네 功德과 神通괘 常分地神에셔 百千 ᄇᆞ리 倍ᄒᆞ니라 〈月二十一 152a〉
f. 汝之功德及以神通 百千倍於常分地神 〈地藏菩薩本願經〉

(16) g. ᄒᆡᆺ 光이 倍倍히 더버 [倍ᄂᆞᆫ 고ᄫᆞᆯ 씨라] 〈月一 48a〉

〈17〉 ᄭᅮ미다 對 莊嚴ᄒᆞ다

고유어 'ᄭᅮ미다'와 한자어 '莊嚴ᄒᆞ다'가 [嚴] 즉 '치장하다'의 뜻을 가지고 동의 관계에 있다는 것은 동일 원문의 번역인 다음 예문들에서 잘 확인된다. 원문 중 '嚴慈悲'가 '慈悲 ᄭᅮ미다'로도 번역되고 '慈悲 莊嚴ᄒᆞ다'로도 번역되므로 두 동작동사 'ᄭᅮ미다'와 '莊嚴ᄒᆞ다'의 동의성은 명백히 입증된다. 두 동작동사는 [-구체물]인 '慈悲'를 목적어로 공유한다.

(17) a. 雜寶ᄂᆞᆫ 한 善ᄋᆞ로 慈悲 ᄉᆞ뮤ᄆᆞᆯ 가ᄌᆞᆯ비시고 〈月十二 31a〉
b. 雜寶ᄂᆞᆫ 한 善ᄋᆞᆯ 가ᄌᆞᆯ비시니 慈悲 莊嚴호미오(雜寶ᄂᆞᆫ 譬衆善ᄒᆞ시니 所以嚴慈悲也ㅣ오) 〈法華二 74a〉

〈18〉 구짖다 對 剋責ᄒᆞ다

고유어 '구짖다'와 한자어 '剋責ᄒᆞ다'가 [剋責] 즉 '꾸짖다'의 뜻을 가지고 동의 관계에 있다는 것은 동일 원문의 번역인 다음 예문들에서 잘 확인된다. 원문 중 '自剋責'이 '내 모ᄆᆞᆯ 구짖다'로도 번역되고 '내 剋責ᄒᆞ다'로도 번역된다. 따라서 '구짖다'와 '剋責ᄒᆞ다'의 동의성은 명백히 입증된다.

(18) a. 내 모ᄆᆞᆯ 구짓다니 〈月十二 4b〉
b. ᄆᆡ샹 내 剋責ᄒᆞ다니(每自剋責ᄒᆞ다니) 〈法華二 7b〉

〈19〉 굿블이다 對 降服히다

고유어 '굿블이다'와 한자어 '降服히다'가 [伏] 즉 '굴복시키다'의 뜻을 가지고 동의 관계에 있다는 것은 동일 원문의 번역인 다음 예문들에서 잘 확인된다. 원문 중 '伏災風火'가 '災變엣 ᄇᆞᄅᆞᆷ과 블와ᄅᆞᆯ 降服히다'로도 번역되고 '災風火ᄅᆞᆯ 굿블이다'로도 번역된다. 그리고 '伏八邪'가 '八邪 降服히다'로도 번역되고 '八邪 굿블이다'로도 번역된다. 따라서 두 동작동사 '굿블이다'와 '降服히다'의 동의성은 명백히 입증된다. '굿블이다'는 '굿블다'의 사동형으로 '굿블 - + - 이(사동 접사)+ - 다'로 분석될 수 있고 '降服히다'는 '降服ᄒᆞ다'의 사동형으로 '降服ᄒᆞ - + - ㅣ(사동 접사) + - 다'로 분석될 수 있다.

(19) a. 災變엣 ᄇᆞᄅᆞᆷ과 블와ᄅᆞᆯ(14b) 降服히며 〈釋二十一 15a〉
b. 災風火ᄅᆞᆯ 굿블여 〈月十九 48a〉
c. 災風火ᄅᆞᆯ 굿블이며(伏災風火ᄒᆞ며) 〈法華七 95a〉

(19) d. 八正ᄋᆞ로 八邪(45b) 降服히요ᄆᆞᆯ 뵈시니라 〈月十四 46a〉

e. 八正으로 八邪 굿블요믈 뵈시니라(示以八正伏八邪也ㅣ시니라) 〈法華三 149b〉

〈20〉 굿블이다 對 降服히오다

고유어 '굿블이다'와 한자어 '降服히오다' [伏] 즉 '항복시키다'의 뜻을 가지고 동의 관계에 있다는 것은 동일 원문의 번역인 다음 예문들에서 잘 확인된다. 원문 중 '伏…煩惱'가 '煩惱를 降服히오다'로도 번역되고 '煩惱 굿블이다'로도 번역된다. 따라서 '굿블이다'와 '降服히오다'의 동의성은 명백히 입증된다.

(20) a. 二乘이 煩惱를 降服히(22b)와 그초딕 〈月十三 23a〉
b. 二乘의 煩惱 굿블여 그추딕(二乘의 伏斷煩惱호딕) 〈法華二 210b〉

〈21〉 그릇다 對 錯ᄒᆞ다

고유어 '그릇다'와 한자어 '錯ᄒᆞ다'가 [錯] 즉 '잘못하다, 틀리다'의 뜻을 가지고 동의 관계에 있다는 것은 동일 원문의 번역인 다음 예문들에서 잘 확인된다. 원문 중 '不錯'이 '그릇디 아니ᄒᆞ다'로도 번역되고 '錯디 아니ᄒᆞ다'로도 번역되므로 '그릇다'와 '錯ᄒᆞ다'의 동의성은 명백히 입증된다.

(21) a. ᄀᆞᆯ히야 그릇디(17b) 아니ᄒᆞ며 〈釋十九 18a〉
b. ᄀᆞᆯ히요믈 錯디 아니ᄒᆞ리라 〈月十七 64a〉
c. ᄀᆞᆯ히요딕 외디 아니ᄒᆞ며(分別不錯ᄒᆞ며) 〈法華六 41a〉

(21) d. 허디 아니ᄒᆞ며 錯디 아니ᄒᆞ리니 〈月十七 66a〉
e. 허디 아니ᄒᆞ며 외디 아니ᄒᆞ리니(不壞不錯ᄒᆞ리니) 〈法華六 43a〉

〈22〉 ᄢᅳ리다 對 封ᄒᆞ다

고유어 'ᄢᅳ리다'와 한자어 '封ᄒᆞ다'가 [封] 즉 '싸다'의 뜻을 가지고 동의 관계에 있다는 것은 동일 원문의 번역인 다음 예문들에서 잘 확인된다. 원문 중 '封…無明'이 '無明에 ᄢᅵ리다'로도 번역되고 '無明에 封ᄒᆞ다'로도 번역된다. 따라서 'ᄢᅵ리다'와 '封ᄒᆞ다'의 동의성은 명백히 입증된다.

(22) a. 無(17b)明에 ᄢᅵ리여 이실씨 〈月十四 18a〉
b. 無明에 封ᄒᆞ야 ᄀᆞ룐 디라(封蔀無明이라) 〈法華三 104b〉

〈23〉 긏다 對 斷ᄒᆞ다

고유어 '긏다'와 한자어 '斷ᄒᆞ다'가 [斷] 즉 '끊다'의 뜻을 가지고 동의 관계에 있다는 것은 동일 원문의 번역인 다음 예문들에서 잘 확인된다. 원문 중 '斷惑'이 '惑ᄋᆞᆯ 斷ᄒᆞ다'로도 번역되고 '惑 긏다'로도 번역되므로 '긏다'와 '斷ᄒᆞ다'의 동의성은 명백히 입증된다.

(23) a. 己利ᄂᆞᆫ 智ᄅᆞᆯ 證ᄒᆞ고 惑ᄋᆞᆯ 斷ᄒᆞᆫ 이리니 〈月十一 16b〉
b. 己利ᄂᆞᆫ 곧 智ᄅᆞᆯ 證ᄒᆞ고 惑 그츤 이리니(己利ᄂᆞᆫ 卽證智斷惑之事ㅣ니) 〈法華一 25b〉

〈24〉 긔걸ᄒᆞ다 對 勅ᄒᆞ다

고유어 '긔걸ᄒᆞ다'와 한자어 '勅ᄒᆞ다'가 [勅] 즉 '타일러 경계하다'의 뜻을 가지고 동의 관계에 있다는 것은 동일 원문의 번역인 다음 예문들에서 잘 확인된다. 원문 중 '勅大臣'이 '大臣ᄋᆞᆯ 긔걸ᄒᆞ다'로도 번역되고 '大臣ᄋᆞᆯ 勅ᄒᆞ다'로도 번역된다. 따라서 '긔걸ᄒᆞ다'와 '勅ᄒᆞ다'의 동의성은 명백히 입증된다.

(24) a. 大臣ᄋᆞᆯ 미리 긔걸ᄒᆞ요ᄃᆡ 〈釋二十四 27a〉
b. 미리 大臣ᄋᆞᆯ 勅호ᄃᆡ 〈月二十五 132a〉
c. 預勅大臣 〈釋迦譜 卷3 25. 阿育王弟出家造石像記〉

〈25〉 기리다 對 讚嘆ᄒᆞ다/讚歎ᄒᆞ다

고유어 '기리다'와 한자어 '讚嘆ᄒᆞ다/讚歎ᄒᆞ다'가 [讚] 즉 '기리다, 찬탄하다'의 뜻을 가지고 동의 관계에 있다는 것은 동일 원문의 번역인 다음 예문들에서 잘 확인된다. 원문 중 '讚…菩薩'이 '菩薩ᄋᆞᆯ 讚嘆ᄒᆞ다/讚歎ᄒᆞ다'로도 번역되고 '菩薩을 기리다'로도 번역된다. 그리고 '讚經德'이 '經ㅅ 德을 讚歎ᄒᆞ다'로도 번역되고 '經ㅅ 德을 기리다'로도 번역된다. 따라서 '기리다'와 '讚嘆ᄒᆞ다/讚歎ᄒᆞ다'의 동의성은 명백히 입증된다.

(25) a. 宿王華菩薩ᄋᆞᆯ 讚嘆ᄒᆞ야 니ᄅᆞ샤ᄃᆡ 〈釋二十 32a〉
b. 宿王華菩薩ᄋᆞᆯ 讚歎ᄒᆞ야 니ᄅᆞ샤ᄃᆡ 〈月十八 61b〉
c. 宿王華菩薩을 기려 니ᄅᆞ샤ᄃᆡ(讚宿王華菩薩言ᄒᆞ샤ᄃᆡ) 〈法華六 184b〉

(25) d. 經ㅅ 德을 讚歎호리라 ᄒᆞ샤 〈月十八 4b〉
e. 經ㅅ 德을 기류려 ᄒᆞ샤(讚經德ᄒᆞ샤) 〈法華六 100b〉

(25) f. ᄒᆞ다가 내 다ᄆᆞᆫ 神力과 智慧力으로 如來ㅅ 知見과 力과 無所畏ᄅᆞᆯ 讚歎ᄒᆞ면 〈月十二 25a〉
g. ᄒᆞ다가 내 오직 神力과 智慧力으로 如來ㅅ 知見과 力과 無所畏ᄅᆞᆯ 기리면(若我ㅣ 但以神力과 及智慧力으로 讚如來知見力無所畏者ㅣ면) 〈法華二 62b〉

(25) h. 그 法을 讚歎ᄒᆞ샤 〈月十二 42b〉
i. 法을 기리샤(讚其法ᄒᆞ샤) 〈法華二 91a〉

한편 '歎'이 『月印釋譜』 권12와 『法華經諺解』에서 모두 '讚歎ᄒᆞ다'로 번역된다는 것은 동일 원문의 번역인 다음 예문들에서 잘 확인된다. 원문 중 '稱歎'이 모두 '일ᄏᆞ라 讚歎ᄒᆞ다'로 번역된다.

(25) j. 다 聖人ㅅ 일ᄏᆞ라 讚歎ᄒᆞ시논 거시라 〈月十二 42a〉
k. 다 이 聖人ㅅ 일ᄏᆞ라 讚歎ᄒᆞ시논 거시라(皆是聖所稱歎이라) 〈法華二 90b〉

〈26〉 기춤ᄒᆞ다 對 謦欬ᄒᆞ다

고유어 '기춤ᄒᆞ다'와 한자어 '謦欬ᄒᆞ다'가 [謦欬] 즉 '기침하다'의 뜻을 가지고 동의 관계에 있다는 것은 동일 원문의 번역인 다음 예문들에서 잘 확인된다. 원문 중 '謦欬'가 '기춤ᄒᆞ다'로도 번역되고 '謦欬ᄒᆞ다'로도 번역된다. 따라서 '기춤ᄒᆞ다'와 '謦欬ᄒᆞ다'의 동의성은 명백히 입증된다.

(26) a. 기춤ᄒᆞ시며 〈釋十九 33a〉
b. 謦欬ᄒᆞ시고[謦欬ᄂᆞᆫ 기추미라] 〈月十八 6a〉
c. 기츰ᄒᆞ시고(謦欬ᄒᆞ시고) 〈法華六 102b〉

〈27〉 깃다 對 歡喜ᄒᆞ다

고유어 '깃다'와 한자어 '歡喜ᄒᆞ다'가 [歡喜] 즉 '기뻐하다'의 뜻을 가지고 동의 관계에 있다는 것은 동일 원문의 번역인 다음 예문들에서 잘 확인된다. 원문 중 '大歡喜'가 'ᄀᆞ장 깃다'로도 번역되고 'ᄀᆞ장 歡喜ᄒᆞ다'로도 번역된다. 그리고 '歡喜問訊'이 '歡喜ᄒᆞ야 問訊ᄒᆞ다'로도 번역되고 '깃거 묻다'로도 번역된다. 따라서 '깃다'와 '歡喜ᄒᆞ다'의 동의성은 명백히 입증된다.

(27) a. ᄆᆞᅀᆞ매 ᄀᆞ장 깃거 〈釋二十 8b〉
b. ᄆᆞᅀᆞ매 ᄀᆞ장 歡喜ᄒᆞ야 〈月十八 28a〉
c. ᄆᆞᅀᆞ매 ᄀᆞ장 깃거(心大歡喜ᄒᆞ야) 〈法華六 138b〉

(27) d. 다 ᄀᆞ장 깃거 〈釋十九 40b〉
e. 다 ᄀᆞ장 歡喜ᄒᆞ야 〈月十八 7b〉
f. 다 ᄀᆞ장 歡喜ᄒᆞ야(皆大歡喜ᄒᆞ야) 〈法華六 104a〉

(27) g. 봃 사ᄅᆞ미 歡喜ᄒᆞ며 〈月十三 69b〉
h. 볼 싸ᄅᆞ미 깃그며(見者ㅣ 歡喜ᄒᆞ며) 〈法華三 74b〉

(27) i. 이트렛 布施 歡喜ᄒᆞ야 슬믜디 아니ᄒᆞ야 〈月十一 3a〉
j. 이러틋ᄒᆞᆫ 布施ㅣ 깃거 슬호미 업서(如是等施ㅣ 歡喜無厭ᄒᆞ야) 〈法華一 83a〉

(27) k. 비록 또 歡喜ᄒᆞ야 問訊ᄒᆞ야 〈月十七 20a〉
l. 비록 깃거 무러(雖亦歡喜問訊ᄒᆞ야) 〈法華五 156a〉

(27) m. ᄆᆞᅀᆞ매 ᄀᆞ(34b)장 歡喜ᄒᆞ야 〈月十五 35a〉
n. ᄆᆞᅀᆞ매 ᄀᆞ장 깃거(心大歡喜ᄒᆞ야) 〈法華四 58b〉

한편 '歡喜'가 『석보상절』, 『월인석보』 및 『법화경언해』에서 모두 '歡喜ᄒᆞ다'로도 번역되고 모두 '즶다'로도 번역된다는 것은 동일 원문의 번역인 다음 예문들에서 잘 확인된다. 원문 중 '皆歡喜'가 모두 '다 歡喜ᄒᆞ다'로 번역된다. 그리고 '大歡喜'가 모두 'ᄀᆞ장 즶다'로 번역된다.

(27) o. 다 歡喜ᄒᆞ리이다 〈釋二十 6a〉
p. 다 歡喜ᄒᆞᅀᆞᄫᆞ리이다 〈月十八 23b〉
q. 다 歡喜ᄒᆞᅀᆞ오리이다(皆歡喜ᄒᆞᅀᆞ오리이다) 〈法華六 132b〉

(27) r. 봃 사ᄅᆞ미 歡喜ᄒᆞ며 〈月十三 72a〉
s. 볼 싸ᄅᆞ미 歡喜ᄒᆞ며(見者ㅣ 歡喜ᄒᆞ며) 〈法華三 78a〉

(27) t. ᄆᆞᅀᆞ매 ᄀᆞ장 깃거 〈月十三 34a〉
u. ᄆᆞᅀᆞ매 ᄀᆞ장 깃거(心大歡喜ᄒᆞ야) 〈法華二 229a〉

〈28〉 ᄀᆞ리다 對 隔ᄒᆞ다

고유어 'ᄀᆞ리다'와 한자어 '隔ᄒᆞ다'가 [隔] 즉 '가리다, 막다'의 뜻을 가지고 동의 관계에 있다는 것은 동일 원문의 번역인 다음 예문들에서 잘 확인된다. 원문 중 '隔塵墨劫'이 '塵墨劫을 ᄀᆞ리다'로도 번역되고 '塵墨劫이 隔ᄒᆞ다'로도 번역된다. 따라서 'ᄀᆞ리다'와 '隔ᄒᆞ다'의 동의성은 명백히 입증된다.

(28) a. 智勝佛이 塵墨劫을 ᄀᆞ리옛고 〈月十四 10a〉
b. 智勝佛이 塵墨劫이 隔거시니와(智勝之佛이 隔塵墨劫이어시니와) 〈法華三 88a〉

〈29〉 ᄀᆞᄅᆞ치다 對 敎化ᄒᆞ다

고유어 'ᄀᆞᄅᆞ치다'와 한자어 '敎化ᄒᆞ다'가 [敎化]와 [敎] 즉 '가르치다, 교화하다'의 뜻을 가지고 동의 관계에 있다는 것은 동일 원문의 번역인 다음 예문들에서 잘 확인된다. 원문 중 '妙光敎化'가 '妙光이 ᄀᆞᄅᆞ치다'로도 번역되고 '妙光이 敎化ᄒᆞ다'로도 번역된다. 그리고 '遍敎'가 '마초 敎化ᄒᆞ다'로도 번역되고 '마초 ᄀᆞᄅᆞ치다'로도 번역된다. 따라서 'ᄀᆞᄅᆞ치다'와 '敎化ᄒᆞ다'의 동의성은 명백히 입증된다.

(29) a. 妙光이 ᄀᆞᄅᆞ쳐 〈釋十三 35a〉
b. 妙光이 ᄀᆞ(90b)ᄅᆞ쳐 〈月十一 91a〉
c. 妙光이 敎化ᄒᆞ야(妙光이 敎化ᄒᆞ야) 〈法華一 112a〉

(29) d. 根을 보샤 마초 敎化ᄒᆞ샤 〈月十三 55a〉
e. 根ᄋᆞᆯ 보샤 마초 ᄀᆞᄅᆞ치샤(觀根遍敎ᄒᆞ샤) 〈法華三 27a〉

〈30〉 ᄀᆞ장ᄒᆞ다 對 鼓掣ᄒᆞ다

고유어 'ᄀᆞ장ᄒᆞ다'와 한자어 '鼓掣ᄒᆞ다'가 [鼓掣] 즉 '너무 하다'의 뜻을 가지고 동의 관계에 있다는 것은 동일 원문의 번역인 다음 예문들에서 잘 확인된다. 원문 중 '鼓掣'가 'ᄀᆞ장ᄒᆞ다'로도 번역되고 '鼓掣ᄒᆞ다'로도 번역된다. 따라서 'ᄀᆞ장ᄒᆞ다'와 '鼓掣ᄒᆞ다'의 동의성은 명백히 입증된다. 'ᄀᆞ장ᄒᆞ다'와 '鼓掣ᄒᆞ다'는 '울에'를 主語로 공유한다.

(30) a. 구루메 울에 번게 ᄀᆞ장ᄒᆞ며 〈月十九 45b〉
b. 구루메 울에 번게 鼓掣ᄒᆞ며[鼓ᄂᆞᆫ 뮐 씨오 掣ᄂᆞᆫ ᄭᅳ슬 씨라](雲雷鼓掣電) 〈法華七 91a〉

〈31〉 ᄀᆞᆯᄒᆞ다/ᄀᆞᆯ히다 對 分別ᄒᆞ다

고유어 'ᄀᆞᆯᄒᆞ다/ᄀᆞᆯ히다'와 한자어 '分別ᄒᆞ다'가 [分別] 즉 '분별하다'의 뜻을 가지고 동의 관계에 있다는 것은 동일 원문의 번역인 다음 예문들에서 잘 확인된다. 원문 중 '分別種種'이 '種

種ᄋᆞᆯ ᄀᆞᆯᄒᆞ다'와 '種種ᄋᆞᆯ ᄀᆞᆯ히다'로도 번역되고 '種種ᄋᆞ로 分別ᄒᆞ다'로도 번역된다. 그리고 '分別…功德'이 '功德을 分別ᄒᆞ다'로도 번역되고 '功德을 ᄀᆞᆯ히다'로도 번역된다. 따라서 'ᄀᆞᆯᄒᆞ다/ᄀᆞᆯ히다'와 '分別ᄒᆞ다'의 동의성은 명백히 입증된다. 'ᄀᆞᆯ히다'와 '分別ᄒᆞ다'는 '功德'을 목적어로 공유하고 'ᄆᆞᅀᆞᆷ'을 피수식어로 공유한다.

(31) a. 비록 種種ᄋᆞᆯ ᄀᆞᆯᄒᆞ야 드러도 〈釋十九 16a〉
b. 비록 種種ᄋᆞ로 分別ᄒᆞ야도 〈月十七 62a〉
c. 비록 種種ᄋᆞᆯ ᄀᆞᆯ히나(雖分別種種ᄒᆞ나) 〈法華六 35a〉

(31) d. 壽量 니ᄅᆞ시거늘 듣ᄌᆞ본 功德을 分別ᄒᆞ시고 〈月十七 44a〉
e. 壽量 니ᄅᆞ샴 듣ᄌᆞ온 功德을 ᄀᆞᆯ히시고(分別聞說壽量功德ᄒᆞ시고) 〈法華六 35a〉

(31) f. 戱論은 分(73b)別ᄒᆞᄂᆞᆫ ᄆᆞᅀᆞ미라 〈月十七 74a〉
g. 戱論ᄋᆞᆫ 곧 ᄀᆞᆯ히ᄂᆞᆫ ᄆᆞᅀᆞ미라(戱論은 卽分別心也ㅣ라) 〈法華六 64a〉

〈32〉 ᄀᆞᆯ히다 對 分揀ᄒᆞ다

고유어 'ᄀᆞᆯ히다'와 한자어 '分揀ᄒᆞ다'가 [揀] 즉 '가리다, 분간하다'의 뜻을 가지고 동의 관계에 있다는 것은 동일 원문의 번역인 다음 예문들에서 잘 확인된다. 원문 중 '揀非'가 '아닌 고ᄃᆞᆯ 分揀ᄒᆞ다'로도 번역되고 '아닌 곧 ᄀᆞᆯ히다'로도 번역된다. 따라서 'ᄀᆞᆯ히다'와 '分揀ᄒᆞ다'의 동의성은 명백히 입증된다.

(32) a. 闡提 아닌 고ᄃᆞᆯ 分揀ᄒᆞ시니라 〈月十二 44a〉
b. 闡提 아닌 곧 ᄀᆞᆯ히시니라(揀非闡提也ᄒᆞ시니라) 〈法華二 94a〉

〈33〉 ᄀᆞᆲ다 對 等ᄒᆞ다

고유어 'ᄀᆞᆲ다'와 한자어 '等ᄒᆞ다'가 [等] 즉 '나란히 하다, 견주다'의 뜻을 가지고 동의 관계에 있다는 것은 동일 원문의 번역인 다음 예문들에서 잘 확인된다. 원문 중 '與諸佛等'이 '諸佛와

等ᄒᆞ다'로도 번역되고 '諸佛와 ᄀᆞᆲ다'로도 번역된다. 따라서 'ᄀᆞᆲ다'와 '等ᄒᆞ다'의 동의성은 명백히 입증된다.

(33) a. 善財(124a)…普賢과 等ᄒᆞ며 諸佛와 等타 ᄒᆞ니 〈月十九 124b〉
b. 善財…普賢과 ᄀᆞᆯ오며 諸佛와 ᄀᆞᆲᄉᆞ오니라 ᄒᆞ시니(善財ㅣ…與普賢과 等ᄒᆞ며 與諸佛와 等이라 ᄒᆞ시니) 〈法華七 190a〉

〈34〉 나다 對 出現ᄒᆞ다

고유어 '나다'와 한자어 '出現ᄒᆞ다'가 [出現] 즉 '나다, 출현하다'의 뜻을 가지고 동의 관계에 있다는 것은 동일 원문의 번역인 다음 예문들에서 잘 확인된다. 원문 중 '出現'이 '나다'로도 번역되고 '出現ᄒᆞ다'로도 번역된다. 따라서 '나다'와 '出現ᄒᆞ다'의 동의성은 명백히 입증된다.

(34) a. 世間애 나샤미라 〈月十一 112b〉
b. 世間애 出現ᄒᆞ샤미라(出現於世시니라) 〈法華一 181a〉

한편 '出現'이 『月印釋譜』에서는 '나다'로 번역되고 『法華經諺解』에서는 '나 現ᄒᆞ다'로 번역된다는 것은 동일 원문의 번역인 다음 예문들에서 잘 확인된다.

(34) c. 世間애 나시ᄂᆞ니라 〈月十一 110b〉
d. 世間애 나 現ᄒᆞ시ᄂᆞ니라(出現於世ᄒᆞ시ᄂᆞ니라) 〈法華一 177b〉

〈35〉 나다 對 現露ᄒᆞ다

고유어 '나다'와 한자어 '現露ᄒᆞ다'가 [泄] 즉 '겉으로 드러나다'의 뜻을 가지고 동의 관계에 있다는 것은 동일 원문의 번역인 다음 예문들에서 잘 확인된다. 원문 중 '事泄'이 '이리 現露ᄒᆞ다'로도 번역되고 '제 이리 나다'로도 번역된다. 따라서 '나다'와 '現露ᄒᆞ다'의 동의성은 명백히 입증된다.

(35) a. 그 夫人이 怨望ᄒᆞ고 이리 現露ᄒᆞᇙ가 ᄒᆞ야 [現露ᄂᆞᆫ 나다날 씨라] 〈釋二十四 49b〉

b. 夫人이 怨ᄒᆞ고 제 이리 낪가 저허 〈月二十五 140b〉
c. 夫人懷恨旣深 又恐事泄 〈釋迦譜 卷5 31. 阿育王造八萬四千塔記〉

〈36〉 나토다 對 表ᄒᆞ다

고유어 '나토다'와 한자어 '表ᄒᆞ다'가 [表] 즉 '나타내다'의 뜻을 가지고 동의 관계에 있다는 것은 동일 원문의 번역인 다음 예문들에서 잘 확인된다. 원문 중 '表正'이 '正을 나토다'로도 번역되고 '正을 表ᄒᆞ다'로도 번역된다. 그리고 '表因行'이 '因行ᄋᆞᆯ 表ᄒᆞ다'로도 번역되고 '因行ᄋᆞᆯ 나토다'로도 번역된다. 따라서 '나토다'와 '表ᄒᆞ다'의 동의성은 명백히 입증된다. '나토다'는 자동사 '낟다'의 使動形이다.

(36) a. 邪曲ᄋᆞᆯ 것고 正을 나토ᄂᆞᆫ ᄠᅳ디라 〈釋二十 35a〉
b. 邪ᄅᆞᆯ 것거 正을 表ᄒᆞ야 〈月十八 68b〉
c. 邪ᄅᆞᆯ 것고 正을 나토ᄃᆡ(摧邪表正호ᄃᆡ) 〈法華七 9a〉

(36) d. 法寶 莊嚴을 나토실ᄊᆡ 〈釋二十一 17a〉
e. 法寶 莊嚴을 表ᄒᆞ실ᄊᆡ 〈月十九 40a〉
f. 法寶 莊嚴을 表ᄒᆞ시니 그럴ᄊᆡ(表法寶莊嚴이시니 故로) 〈法華七 82b〉

(36) g. 法界 비취샤ᄆᆞᆯ 나토시니 〈釋二十 11b〉
h. 法界ᄅᆞᆯ 비취여 ᄇᆞᆯ기샤ᄆᆞᆯ 表ᄒᆞ시니 〈月十八 31b〉
i. 法界ᄅᆞᆯ 비취여 ᄇᆞᆯ기샤ᄆᆞᆯ 表ᄒᆞ시니(表…照明法界시니) 〈法華七 144b〉

(36) j. 華ᄂᆞᆫ 因行ᄋᆞᆯ 表ᄒᆞ고 〈月十二 7b〉
k. 고ᄌᆞᆫ 因行ᄋᆞᆯ 나토시고(華ᄂᆞᆫ 表因行ᄒᆞ시고) 〈法華二 33b〉

한편 '表'가 『월인석보』와 『법화경언해』에서 모두 '表ᄒᆞ다'로 번역된다는 것은 동일 원문의 번역인 다음 예문들에서 잘 확인된다. 원문 중 '表…德'이 모두 '德을 表ᄒᆞ다'로 번역된다.

(36) l. 幡은 尊勝ᄒᆞᆫ 德을 表ᄒᆞ니 〈月十五 30b〉

m. 幡은 尊勝혼 德을 表ᄒᆞ시니(幡은 表尊勝之德ᄒᆞ시니) 〈法華四 52a〉

〈37〉 나토다 對 現ᄒᆞ다

고유어 '나토다'와 한자어 '現ᄒᆞ다'가 [現]과 [顯] 즉 '나타내다'의 뜻을 가지고 동의 관계에 있다는 것은 동일 원문의 번역인 다음 예문들에서 잘 확인된다. 원문 중 '現種種形'이 '種種形을 나토다'로도 번역되고 '種種形을 現ᄒᆞ다'로도 번역된다. 그리고 '顯妙'가 '妙를 現ᄒᆞ다'로도 번역되고 '妙 나토다'로도 번역된다. 따라서 '나토다'와 '現ᄒᆞ다'의 동의성은 명백히 입증된다.

(37) a. 種種 양ᄌᆞ(38a) 나토시며 〈釋二十 38b〉
b. 種種 形을 나토아 〈月十八 72b〉
c. 種種 形을 現ᄒᆞ샤(現種種形ᄒᆞ샤) 〈法華七 13a〉

(37) d. 威德 神通力을 내야 〈釋二十一 50a〉
e. 威德 神通力을 나토아 〈月十九 100b〉
f. 威德 神通力을 現ᄒᆞ샤(現威德神通之力ᄒᆞ샤) 〈法華七 162b〉

(37) g. 物을 應ᄒᆞ야 形體 現호미 〈釋二十 14b〉
h. 物을 應ᄒᆞ야 얼굴 나토샤미 〈月十八 35a〉
i. 物을 應하샤 形體 나토샤미(應物現形ᄒᆞ샤미) 〈法華六 149a〉

(37) j. 全身을 나토시리니 〈月十五 69b〉
k. 반ᄃᆞ기 全身을 現ᄒᆞ샬띠니(當現全身이시니) 〈法華四 116b〉

(37) l. 十界ㅅ 모ᄆᆞᆯ 現ᄒᆞ시ᄂᆞ니 〈月十八 84b〉
m. 十界(26b)옛 모ᄆᆞᆯ 나토시ᄂᆞ니(現十界身ᄒᆞ시ᄂᆞ니) 〈法華七 27a〉

(37) n. 衆生 諸佛의 처ᅀᅥᆷ(37a) 乃終ᄋᆞᆯ 나토니라 〈月十一 37a〉
o. 이ᄂᆞᆫ 衆生 諸佛의 처ᅀᅥᆷ 내죵ᄋᆞᆯ 現ᄒᆞ샤미라(是ᄂᆞᆫ 現衆生諸佛之始終ㅣ라) 〈法華一 64b〉

(37) p. 佛國의 조흔 相올 나토시고 〈月十五 73b〉
q. 佛國의 조흔 相올 現ᄒᆞ시고(現佛國之淨相이시고) 〈法華四 120b〉

(37) r. 妙ᄅᆞᆯ 現ᄒᆞ시며 디뉴믈 勸ᄒᆞ샤미 〈月十五 86b〉
s. 妙 나토샤 디뇸 勸ᄒᆞ샤ᄆᆞᆫ(顯妙勸持ᄂᆞᆫ) 〈法華四 135b〉

한편 '顯'이 『월인석보』와 『법화경언해』에서 모두 고유어 '나토다'로 번역된다는 것은 동일 원문의 번역인 다음 예문들에서 잘 확인된다. 원문 중 '顯法妙利'가 모두 '法의 妙利를 나토다'로 번역된다.

(37) t. 法의 妙利ᄅᆞᆯ 나토고져 ᄒᆞ실ᄊᆡ 〈月十五 87a〉
u. 法의 妙利ᄅᆞᆯ 나토려 ᄒᆞ실ᄊᆡ(欲…而顯法妙利ᄒᆞ실ᄊᆡ 故로) 〈法華四 152a〉

(37) v. 녀나ᄆᆞᆫ ᄠᅳ든 아래 마초아 나토오미 ᄀᆞᆮᄒᆞ니라 〈月十五 24b〉
w. 녀나ᄆᆞᆫ ᄠᅳ든 아래 어울워 나토미 ᄀᆞᆮᄒᆞ니라(餘意ᄂᆞᆫ 如下合顯ᄒᆞ니라) 〈法華四 40a〉

〈38〉 낟다 對 顯ᄒᆞ다

고유어 '낟다'와 한자어 '顯ᄒᆞ다'가 [顯] 즉 '나타나다'의 뜻을 가지고 동의 관계에 있다는 것은 동일 원문의 번역인 다음 예문들에서 잘 확인된다. 원문 중 '所顯'이 '顯혼 ᄃᆡ'로도 번역되고 '나ᄃᆞ신 ᄃᆡ'로도 번역되므로 '낟다'와 '顯ᄒᆞ다'의 동의성은 명백히 입증된다.

(38) a. 淨眼ᄋᆞᆫ 妙智의 顯혼 ᄃᆡ니 〈月十九 73a〉
b. 淨眼은 妙智의 나ᄃᆞ신 ᄃᆡ니(淨眼者ᄂᆞᆫ 妙智之所顯이시니) 〈法華七 127a〉

〈39〉 낱다 對 顯ᄒᆞ다

고유어 '낱다'와 한자어 '顯ᄒᆞ다'가 [顯] 즉 '나타나다'의 뜻을 가지고 동의 관계에 있다는 동일 원문의 번역인 다음 예문들에서 잘 확인된다. 원문 중 '名實…顯'이 '일훔과 實왜 顯ᄒᆞ다'로도 번역되고 '일훔과 實왜 낱다'로도 번역되므로 '낱다'와 '顯ᄒᆞ다'의 동의성은 명백히 입증된다.

(39) a. 일훔과 實왜 다 顯ᄒᆞᆯᄊᆡ 〈月十一 13b〉
　　b. 일훔과 實왜 ᄀᆞᆯ와 나ᄐᆞᆫ 젼ᄎᆞ로(名實이 並顯故로) 〈法華一 4b〉

〈40〉 내다 對 發ᄒᆞ다

고유어 '내다'와 한자어 '發ᄒᆞ다'가 [發] 즉 '내다, 발하다'의 뜻을 가지고 동의 관계에 있다는 것은 동일 원문의 번역인 다음 예문들에서 잘 확인된다. 원문 중 '發…心'이 'ᄆᆞᅀᆞᄆᆞᆯ 내다'로도 번역되고 'ᄆᆞᅀᆞᆷ 發ᄒᆞ다'로도 번역된다. 그리고 '發是音聲'이 '이 音聲을 發ᄒᆞ다'로도 번역되고 '이 音聲을 내다'로도 번역된다. 따라서 '내다'와 '發ᄒᆞ다'의 동의성은 명백히 입증된다.

(40) a. 一切 衆生 救ᄒᆞᆯ ᄆᆞᅀᆞᄆᆞᆯ 낼 씨니 〈釋二十一 51a〉
　　b. 一切 衆生 救ᄒᆞᆯ ᄆᆞᅀᆞᆷ 發호미라(發救一切衆生之心이라) 〈法華七 166a〉

(40) c. 希有心을 내야 〈月十三 3a〉
　　d. 希有心을 發ᄒᆞ야(發希有心ᄒᆞ야) 〈法華二 176a〉

(40) e. ᄯᅩ 그 中에 이 音聲을 發ᄒᆞ시ᄂᆞ니잇고 〈月十五 67a〉
　　f. ᄯᅩ 그 中에 이 音聲을 내시ᄂᆞ니잇고(又於其中에 發是音聲이시니잇고) 〈法華四 113a〉

(40) g. 이 무루믈 發ᄒᆞ시니라 〈月十八 82a〉
　　h. 이 묻ᄌᆞ오ᄆᆞᆯ 내시니라(發此問ᄒᆞ시니라) 〈法華七 24a〉

〈41〉 내다 對 現ᄒᆞ다

고유어 '내다'와 한자어 '現ᄒᆞ다'가 [現] 즉 '나타내다'의 뜻을 가지고 동의 관계에 있다는 것은 동일 원문의 번역인 다음 예문들에서 잘 확인된다. 원문 중 '現…神通之力'이 '神通力을 내다'로도 번역되고 '神通力을 現ᄒᆞ다'로도 번역된다. 따라서 '내다'와 '現ᄒᆞ다'의 동의성은 명백히 입증된다.

(41) a. 威德 神通力을 내야 〈釋二十一 50a〉
b. 威德 神通力을 나토아 〈月十九 100b〉
c. 威德 神通力을 現ᄒᆞ샤(現威德神通之力ᄒᆞ샤) 〈法華七 162b〉

한편 '現'이 『석보상절』, 『월인석보』 및 『법화경언해』에서 모두 '現ᄒᆞ다'로 번역된다는 것은 동일 원문의 번역인 다음 예문들에서 잘 확인된다. 원문 중 '現大身'이 모두 '큰 모ᄆᆞᆯ 現ᄒᆞ다'로 번역된다.

(41) d. 큰 모ᄆᆞᆯ 現ᄒᆞ면 〈釋二十一 37a〉
e. 시혹 큰 모ᄆᆞᆯ 現ᄒᆞ면 〈月十九 77b〉
f. 시혹 큰 모ᄆᆞᆯ 現ᄒᆞ야(或現大身ᄒᆞ야) 〈法華七 134a〉

〈42〉 너기다 對 念ᄒᆞ다

고유어 '너기다'와 한자어 '念ᄒᆞ다'가 [念] 즉 '여기다, 생각하다'의 뜻을 가지고 동의 관계에 있다는 것은 동일 원문의 번역인 다음 예문들에서 잘 확인된다. 원문 중 '復…念'이 'ᄯᅩ 너기다'로도 번역되고 'ᄯᅩ 念ᄒᆞ다'로도 번역된다. 따라서 '너기다'와 '念ᄒᆞ다'의 동의성은 명백히 입증된다.

(42) a. 그 저긔 一切衆生喜見菩薩이 ᄯᅩ 너교ᄃᆡ 〈釋二十 17b〉
b. 그 ᄢᅴ 一切衆生喜見菩薩이 ᄯᅩ 念호ᄃᆡ 〈月十八 40b〉
c. 그 ᄢᅴ 一切衆生喜見菩薩이 ᄯᅩ 제 念ᄒᆞ야 닐오ᄃᆡ(爾時一切衆生喜見菩薩이 復自念言호ᄃᆡ) 〈法華六 155b〉

(42) d. 善容이 너교ᄃᆡ 〈釋二十四 26b〉
e. 善容이 念호ᄃᆡ 〈月二十五 131b〉

f. 王子聞已尋生惡念 〈釋迦譜 卷3 25. 阿育王弟出家造石像記〉

〈43〉 누리다 對 受ᄒᆞ다

고유어 '누리다'와 한자어 '受ᄒᆞ다'가 [受] 즉 '얻다, 누리다'의 뜻을 가지고 동의 관계에 있다는 것은 동일 원문의 번역인 다음 예문들에서 잘 확인된다. 원문 중 '受諸樂'이 '여러 가짓 快樂ᄋᆞᆯ 누리다'로도 번역되고 '여러 가짓 快樂ᄋᆞᆯ 受ᄒᆞ다'로도 번역된다. 따라서 '누리다'와 '受ᄒᆞ다'의 동의성은 명백히 입증된다.

(43) a. 한 受苦ㅣ 업고 오직 여러 가짓 快樂ᄋᆞᆯ 누리ᄊᆡ 〈月七 63b〉

b. 한 受苦ㅣ 업고 오직 여러 가짓 快樂ᄋᆞᆯ(6a) 受ᄒᆞᆯᄊᆡ(無有衆苦ᄒᆞ고 但受諸樂ᄒᆞᆯᄊᆡ) 〈阿彌 6b〉

〈44〉 니ᄅᆞ다 對 頌ᄒᆞ다

고유어 '니ᄅᆞ다'와 한자어 '頌ᄒᆞ다'가 [頌] 즉 '기리다, 칭송하다'의 뜻을 가지고 동의 관계에 있다는 것은 동일 원문의 번역인 다음 예문들에서 잘 확인된다. 원문 중 '頌…德'이 '德을 니ᄅᆞ다'로도 번역되고 '德 頌ᄒᆞ다'로도 번역되므로 두 동작동사 '니ᄅᆞ다'와 '頌ᄒᆞ다'의 동의성은 명백히 입증된다. 두 동작동사는 '德'을 목적어로 공유한다.

(44) a. 觀音ㅅ 德을 니ᄅᆞ샤ᄃᆡ 〈釋二十一 20b〉

b. 觀音ㅅ 德 頌ᄒᆞ샤ᄃᆡ(頌觀音之德ᄒᆞ샤ᄃᆡ) 〈法華七 41b〉

〈45〉 니ᄅᆞ다 對 勑ᄒᆞ다

고유어 '니ᄅᆞ다'와 한자어 '勑ᄒᆞ다'가 [勑] 즉 '타이르다'의 뜻을 가지고 동의 관계에 있다는 것은 동일 원문의 번역인 다음 예문들에서 잘 확인된다. 원문 중 '勑…菩薩'이 '菩薩ᄃᆞ려 니ᄅᆞ다'로도 번역되고 '菩薩을 勑ᄒᆞ다'로도 번역된다. 따라서 '니ᄅᆞ다'와 '勑ᄒᆞ다'의 동의성은 명백히 입증된다.

(45) a. 一切衆生(15b)喜見菩薩ᄃᆞ려 니ᄅᆞ샤ᄃᆡ 〈釋二十 16a〉
b. 一切衆生喜見菩薩ᄋᆞᆯ 勅ᄒᆞ샤ᄃᆡ 〈月十八 37a〉
c. 一切衆生喜見菩薩을 勅ᄒᆞ샤ᄃᆡ(勅一切衆生喜見菩薩ᄒᆞ샤ᄃᆡ) 〈法華六 151a〉

〈46〉 니ᄅᆞ왇다 對 發ᄒᆞ다

고유어 '니ᄅᆞ왇다'와 한자어 '發ᄒᆞ다'가 [發] 즉 '일으키다'의 뜻을 가지고 동의 관계에 있다는 것은 동일 원문의 번역인 다음 예문들에서 잘 확인된다. 원문 중 '再三發'이 '두ᅀᅥ 번 發ᄒᆞ다'로도 번역되고 '두ᅀᅥ 번 니ᄅᆞ왇다'로도 번역된다. 따라서 '니ᄅᆞ왇다'와 '發ᄒᆞ다'의 동의성은 명백히 입증된다.

(46) a. 壽量ㅅ 根源이 ᄠᅳ디 기퍼 信호미 어려ᄫᅳᆯᄊᆡ 두ᅀᅥ 번 發ᄒᆞ시니라 〈月十七 2b〉
b. 壽量ㅅ 미티 ᄠᅳ디 기퍼 信호미 어려울ᄊᆡ 두ᅀᅥ 번 니ᄅᆞ와ᄃᆞ시니라(以壽量之本이 趣深難信故로 再三發之ᄒᆞ시니라) 〈法華五 127b〉

〈47〉 니피다 對 加被ᄒᆞ다

고유어 '니피다'와 한자어 '加被ᄒᆞ다'가 [加被] 즉 '입히다'의 뜻을 가지고 동의 관계에 있다는 것은 동일 원문의 번역인 다음 예문들에서 잘 확인된다. 원문 중 '加被'가 '加被ᄒᆞ다'로도 번역되고 '니피다'로도 번역되므로 '니피다'와 '加被ᄒᆞ다'의 동의성은 명백히 입증된다.

(47) a. 加被ᄒᆞ샨 젼ᄎᆞ라 〈釋二十一 2a〉
b. 加被ᄒᆞ시논 젼ᄎᆞ라 〈月十九 20a〉
c. 니피시논 젼ᄎᆞ라(加被故也ㅣ시니라) 〈法華七 46b〉

(47) d. 이 五觀ᄋᆞ로 羣迷예 加被ᄒᆞ실ᄊᆡ 〈月十九 47b〉
e. 이 五觀ᄋᆞ로 믈읫 迷惑ᄋᆞᆯ 니피실ᄊᆡ(以是五觀ᄋᆞ로 加被群迷ᄒᆞ실ᄊᆡ 故로) 〈法華七 94b〉

〈48〉 다ᄃᆞᆮ다 對 觸ᄒᆞ다

고유어 '다돋다'와 한자어 '觸ᄒᆞ다'가 [觸] 즉 '다다르다, 닿다'의 뜻을 가지고 동의 관계에 있다는 것은 동일 원문의 번역인 다음 예문들에서 잘 확인된다. 원문 중 '觸處'가 '다ᄃᆞ른 ᄯᅡᄒᆞ'로도 번역되고 '觸ᄒᆞᆫ 곧'으로도 번역되므로 '다돋다'와 '觸ᄒᆞ다'의 동의성은 명백히 입증된다.

(48) a. 眞常相과 勝妙境이 다ᄃᆞ른 ᄯᅡ해 알ᄑᆡ 現ᄒᆞ리니 〈月十七 36a〉
b. 眞常ᄒᆞᆫ 相과 勝妙ᄒᆞᆫ 境이 觸ᄒᆞᆫ 고대 알ᄑᆡ 現ᄒᆞ리니(眞常之相과 勝妙之境이 觸處에 現前ᄒᆞ리니) 〈法華五 198b〉

〈49〉 닭다 對 窮究ᄒᆞ다

고유어 '닭다'와 한자어 '窮究ᄒᆞ다'가 [研] 즉 '궁구하다, 연구하다'의 뜻을 가지고 동의 관계에 있다는 것은 동일 원문의 번역인 다음 예문들에서 잘 확인된다. 원문 중 '研眞'이 '眞ᄋᆞᆯ 닭다'로도 번역되고 '眞을 窮究ᄒᆞ다'로도 번역된다. 따라서 '닭다'와 '窮究ᄒᆞ다'의 동의성은 명백히 입증된다.

(49) a. 眞ᄋᆞᆯ 닷가 惑 그추미 學이오 〈月十五 26b〉
b. 眞을 窮究ᄒᆞ야 惑 그추미 일후미 學이오(研眞斷惑이 名學이오) 〈法華四 46b〉

〈50〉 더으다 對 加ᄒᆞ다

고유어 '더으다'와 한자어 '加ᄒᆞ다'가 [加] 즉 '더하다'의 뜻을 가지고 동의 관계에 있다는 것은 동일 원문의 번역인 다음 예문들에서 잘 확인된다. 원문 중 '冥加'가 '그ᄉᆞ기 더으다'로도 번역되고 '그ᄉᆞ기 加ᄒᆞ다'로도 번역되므로 '더으다'와 '加ᄒᆞ다'의 동의성은 명백히 입증된다.

(50) a. 奇妙ᄒᆞᆫ 用ᄋᆞᆯ 그ᄉᆞ기 加ᄒᆞ시논 功이 〈釋二十一 22b〉
b. 妙用으로 그ᄉᆞ기 더으시논 功ᄋᆞᆯ(妙用冥加之功을) 〈法華七 107b〉

〈51〉 더으다 對 勝ᄒᆞ다

고유어 '더으다'와 한자어 '勝ᄒᆞ다'가 [勝] 즉 '넘치다'의 뜻을 가지고 동의 관계에 있다는 것은 동일 원문의 번역인 다음 예문들에서 잘 확인된다. 원문 중 '復勝'이 '또 더으다'로도 번역되고 '또 勝ᄒᆞ다'로 번역된다. 그리고 '倍勝'이 '倍히 더으다'로도 번역되고 '倍히 勝ᄒᆞ다'로도 번역된다. 따라서 '더으다'와 '勝ᄒᆞ다'의 동의성은 명백히 입증된다. '더으다'와 '勝ᄒᆞ다'는 '福'과 '報'를 주어로 공유한다.

(51) a. 그 福이 ᄯᅩ 더우미 〈釋十九 5b〉
b. 그 福이 ᄯᅩ 勝호미 〈月十七 50b〉
c. 그 福이 ᄯᅩ 더어(其福이 復勝ᄒᆞ야) 〈法華六 10b〉

(51) d. 報ㅣ 倍히 勝ᄒᆞ니라 〈月十七 52a〉
e. 報ㅣ 倍히 더으니라(報ㅣ 倍勝也ᄒᆞ니라) 〈法華六 12b〉

한편 '勝'이 『월인석보』와 『법화경언해』에서 모두 '더으다'로 번역된다는 것은 동일 원문의 번역인 다음 예문들에서 잘 확인된다. 원문 중 '報…勝'이 모두 '報ㅣ…더으다'로 번역되고 '倍勝'이 모두 '倍히 더으다'로 번역된다.

(51) f. 報ㅣ ᄯᅩ 알퓌셔 더으리라 〈月十七 51b〉
g. 報ㅣ ᄯᅩ 알퓌셔 더으니라(報又勝前ᄒᆞ니라) 〈法華六 12a〉

(51) h. 그 福이 倍히 더어 〈月十九 113a〉
i. 그 福이 倍히 더어(其福이 倍勝ᄒᆞ야) 〈法華七 176b〉

(51) j. 倍히 더은 福ᄋᆞᆯ 니ᄅᆞ시니라 〈月十九 113b〉
k. 倍히 더은 福ᄋᆞᆯ ᄇᆞᆯ기시니라(明倍勝之福也ᄒᆞ시니라) 〈法華七 177a〉

〈52〉 돕다 對 將ᄒᆞ다

고유어 '돕다'와 한자어 '將ᄒᆞ다'가 [將] 즉 '돕다'의 뜻을 가지고 동의 관계에 있다는 것은 동일 원문의 번역인 다음 예문들에서 잘 확인된다. 원문 중 '且將'이 '안족 將ᄒᆞ다'로도 번역되고 '안족 돕다'로도 번역된다. 따라서 '돕다'와 '將ᄒᆞ다'의 동의성은 명백히 입증된다.

(52) a. 안족 將ᄒᆞ며 護ᄒᆞ샤 〈月十三 57a〉
b. 안족 도ᄋᆞ시며 護持ᄒᆞ샤(且將之護之ᄒᆞ야) 〈法華三 30b〉

〈53〉 됴다 對 差ᄒᆞ다

고유어 '됴다'와 한자어 '差ᄒᆞ다'가 [得差] 즉 '병이 낫다'의 뜻을 가지고 동의 관계에 있다는 것은 동일 원문의 번역인 다음 예문들에서 잘 확인된다. 원문 중 '子…得差'가 '아ᄃᆞ리…됴다'로도 번역되고 '아ᄃᆞ릐…差ᄒᆞ다'로도 번역되므로 '됴다'와 '差ᄒᆞ다'의 동의성은 명백히 입증된다.

(53) a. 그 아비 아ᄃᆞ리 다 ᄒᆞ마 됴타 듣고 〈月十七 21b〉
b. 그 아비 아ᄃᆞ릐 다 ᄒᆞ마 差ᄒᆞᆫ 돌 듣고(其父ㅣ 聞子의 悉已得差ᄒᆞ고) 〈法華五 158b〉

〈54〉 두르혀다 對 轉ᄒᆞ다

고유어 '두르혀다'와 한자어 '轉ᄒᆞ다'가 [轉] 즉 '옮기다'의 뜻을 가지고 동의 관계에 있다는 것은 동일 원문의 번역인 다음 예문들에서 잘 확인된다. 원문 중 '轉物'이 '物을 轉ᄒᆞ다'로도 번역되고 '物 두르혀다'로도 번역된다. 따라서 '두르혀다'와 '轉ᄒᆞ다'의 동의성은 명백히 입증된다.

(54) a. ᄒᆞ다가 能히 物을 轉티 몯ᄒᆞ고셔 믄득 物을 應ᄒᆞ면 物의 轉호미 ᄃᆞ외(106b)리라 〈月十九 107a〉
b. ᄒᆞ다가 能히 物 두르혀디 몯고 믄득 物 應ᄒᆞ면 物의 두르혀미 ᄃᆞ외리니(若未能轉物ᄒᆞ고 而遽然應物ᄒᆞ면 則爲物의 所轉矣리라) 〈法華七 170b〉

(54) c. 物 轉호미 體오 〈月十九 106b〉
d. 物 두르혀미 體오(轉物이 爲體오) 〈法華七 170b〉

〈55〉 두르혀다 對 旋復ᄒᆞ다

고유어 '두르혀다'와 한자어 '旋復ᄒᆞ다'가 [旋復] 즉 '돌이키다'의 뜻을 가지고 동의 관계에 있다는 것은 동일 원문의 번역인 다음 예문들에서 잘 확인된다. 원문 중 '知見旋復'이 '知見을 旋復ᄒᆞ다'로도 번역되고 '知見을 두르혀다'로도 번역된다. 따라서 '두르혀다'와 '旋復ᄒᆞ다'의 동의성은 명백히 입증된다.

(55) a. 知見을 旋復ᄒᆞ면 〈月十九 23a〉
b. 知見을 두르혀(知見을 旋復ᄒᆞ야) 〈法華七 52a〉

(55) c. 觀聽을 旋復ᄒᆞ면 〈月十九 23a〉
d. 觀聽을 두르혀(觀聽을 旋復ᄒᆞ야) 〈法華七 52a〉

〈56〉 드듸다 對 牒ᄒᆞ다

고유어 '드듸다'와 한자어 '牒ᄒᆞ다'가 [牒] 즉 '포개다'의 뜻을 가지고 동의 관계에 있다는 것은 동일 원문의 번역인 다음 예문들에서 잘 확인된다. 원문 중 '牒上文'이 '우흘 드듸다'로도 번역되고 '上文을 牒ᄒᆞ다'로도 번역된다. 따라서 '드듸다'와 '牒ᄒᆞ다'의 동의성은 명백히 입증된다.

(56) a. 이ᄂᆞᆫ 우흘 드듸여 倍히 더은 福ᄋᆞᆯ 니ᄅᆞ시니라 〈月十九 113b〉
b. 이ᄂᆞᆫ 上文을 牒ᄒᆞ샤 倍히 더은 福ᄋᆞᆯ ᄇᆞᆯ기시니라(此ᄂᆞᆫ 牒上文ᄒᆞ샤 明倍勝之福也ᄒᆞ시니라) 〈法華七 177a〉

〈57〉 듣다 對 聞ᄒᆞ다

고유어 '듣다'와 한자어 '聞ᄒᆞ다'가 [聞] 즉 '듣다'의 뜻을 가지고 동의 관계에 있다는 것은 동일 원문의 번역인 다음 예문들에서 잘 확인된다. 원문 중 '圓聞'이 '두려비 듣다'로도 번역되고 '圓히 聞ᄒᆞ다'로도 번역된다. 따라서 '듣다'와 '聞ᄒᆞ다'의 동의성은 명백히 입증된다.

(57) a. 音을 滅ᄒᆞ야 두려비 드르시면 〈月十九 13b〉
b. 音을 滅ᄒᆞ야 圓히 聞ᄒᆞ야 〈月十九 13a〉

한편 '聞'이 『월인석보』와 『법화경언해』에서 모두 '듣다'로도 번역되고 모두 '聞ᄒᆞ다'로도 번역된다는 것은 동일 원문의 번역인 다음 예문들에서 잘 확인된다. 원문 중 '不…聞'이 모두 '듣디 몯ᄒᆞ다'로 번역되고 '聞聞'이 모두 '聞을 聞ᄒᆞ다'로 번역된다.

(57) c. 音을 滅ᄒᆞ야 圓히 드르면 〈月十九 26b〉
d. 소릴 滅ᄒᆞ야 두려이 드르시면(滅音圓聞ᄒᆞ시면) 〈法華七 59a〉

(57) e. 衆生이 能히 도ᄅᆞ혀 듣디 몯ᄒᆞ야 〈月十九 19b〉
f. 衆生이 能히 두르혀 듣디 몯고(衆生이 不能返聞ᄒᆞ고) 〈法華七 46a〉

(57) g. 觀ᄋᆞᆯ 觀ᄒᆞ시ᄂᆞᆫ 體와 聞을 聞ᄒᆞ시ᄂᆞᆫ 性이 〈月十九 19b〉
h. 觀을 觀ᄒᆞ시논 體와 聞을 聞ᄒᆞ시논 性괘(觀觀之體와 聞聞之性괘) 〈法華七 46b〉

〈58〉 듣다 對 聽受ᄒᆞ다

고유어 '듣다'와 한자어 '聽受ᄒᆞ다'가 [聽受] 즉 '듣다'의 뜻을 가지고 동의 관계에 있다는 것은 동일 원문의 번역인 다음 예문들에서 잘 확인된다. 원문 중 '來聽受'가 '와 듣다'로도 번역되고 '와 聽受ᄒᆞ다'로도 번역되므로 '듣다'와 '聽受ᄒᆞ다'의 동의성은 명백히 입증된다.

(58) a. 모다 와 듣ᄌᆞᆸ노니 〈釋二十一 50b〉
b. 모다 와 聽受ᄒᆞᅀᆞᆸ노니 〈月十九 101a〉
c. 모다 와 聽受ᄒᆞᅀᆞᆸ노니(共來聽受ᄒᆞᅀᆞᆸ노니) 〈法華七 163a〉

〈59〉 들다 對 涉ᄒᆞ다

고유어 '들다'와 한자어 '涉ᄒᆞ다'가 [涉] 즉 '걸리다, 들다, 관계하다'의 뜻을 가지고 동의 관계에 있다는 것은 동일 원문의 번역인 다음 예문들에서 잘 확인된다. 원문 중 '相涉'이 '서르 涉ᄒᆞ다'로도 번역되고 '서르 들다'로도 번역된다. 따라서 '들다'와 '涉ᄒᆞ다'의 동의성은 명백히 입증된다.

(59) a. 世와 界와 두 가짓 거시 서르 涉ᄒᆞ야 〈釋十九 10a〉
b. 世와 界와 둘히 서르 버므러 〈月十七 56b〉
c. 世와 界왜 둘히 서르 드러(惟世與界ㅣ 二者ㅣ 相涉ᄒᆞ야) 〈法華六 26a〉

〈60〉 디니다 對 護持ᄒᆞ다

고유어 '디니다'와 한자어 '護持ᄒᆞ다'가 [持] 즉 '가지다, 지니다'의 뜻을 가지고 동의 관계에 있다는 것은 동일 원문의 번역인 다음 예문들에서 잘 확인된다. 원문 중 '願持'가 '願ᄒᆞ야 護持ᄒᆞ다'로도 번역되고 '디뉴려 願ᄒᆞ다'로도 번역된다. 따라서 '디니다'와 '護持ᄒᆞ다'의 동의성은 명백히 입증된다.

(60) a. 또 녯 願ᄒᆞ야 護持ᄒᆞ면 因ᄋᆞᆯ 아니라 〈月十五 35b〉
b. 또 本來 녯 디뉴려 願턴 因을 아니라(又識本昔願持之因也ᄒᆞ니라) 〈法華四 59a〉

한편 '持'가 『월인석보』와 『법화경언해』에서 모두 '디니다'로 번역된다는 것은 동일 원문의 번역인 다음 예문들에서 잘 확인된다. 원문 중 '能持'가 모두 '能히 디니다'로 번역된다.

(60) c. 能히 正法을 디녀 〈月十五 39b〉
d. 能히 正法 디녀(能持正法ᄒᆞ야) 〈法華四 68a〉

〈61〉 디다 對 損ᄒᆞ다

고유어 '디다'와 한자어 '損ᄒᆞ다'가 [損] 즉 '덜다'의 뜻을 가지고 동의 관계에 있다는 것은 동일 원문의 번역인 다음 예문들에서 잘 확인된다. 원문 중 '加損'이 '더으며 디다'로도 번역되고 '더으며 損ᄒᆞ다'로도 번역되므로 '디다'와 '損ᄒᆞ다'의 동의성은 명백히 입증된다. '디다'와 '損ᄒᆞ

다'는 [加]의 뜻을 가진 '더으다'와 의미상 對立 關係에 있다.

(61) a. 本來 그 ᄉᆞᅀᅵ예 더으며 듀미 업스니라 〈月十三 62a〉
b. 本來 그 ᄉᆞᅀᅵ예 더으며 損호미 업스시니라(固無加損於其間ᄒᆞ시니라) 〈法華三 59a〉

(61) c. 時와 劫과로 더으며 損티 아니ᄒᆞᇙ 씨니라 〈月十一 88a〉
d. 時와 劫과의 더으며 듀미 ᄃᆞ외디 아니ᄒᆞᄂᆞᆫ 젼ᄎᆞ라(不爲時劫의 加損故也ㅣ라) 〈法華一 107a〉

〈62〉 ᄃᆞ리다 對 引導ᄒᆞ다

고유어 'ᄃᆞ리다'와 한자어 '引導ᄒᆞ다'가 [將導] 즉 '거느리다, 데리다'의 뜻을 가지고 동의 관계에 있다는 것은 동일 원문의 번역인 다음 예문들에서 잘 확인된다. 원문 중 '將導衆人'이 '한 사ᄅᆞᆷ 引導ᄒᆞ다'로도 번역되고 '한 사람 ᄃᆞ리다'로도 번역된다. 따라서 'ᄃᆞ리다'와 '引導ᄒᆞ다'의 동의성은 명백히 입증된다.

(62) a. 한 사ᄅᆞᆷ 引導ᄒᆞ야 이 어려ᄫᅳᆫ ᄃᆡ 디나가고져 ᄒᆞ더니 〈月十四 75b〉
b. 한 사ᄅᆞᆷ ᄃᆞ려 이 어려운 ᄃᆡ 디나고져 터니(將導衆人ᄒᆞ야 欲過此難ᄒᆞ더니) 〈法華三 173a〉

〈63〉 ᄃᆞ리다 對 向ᄒᆞ다

고유어 'ᄃᆞ리다'와 한자어 '向ᄒᆞ다'가 [向] 즉 '向하다'의 뜻을 가지고 동의 관계에 있다는 것은 동일 원문의 번역인 다음 예문들에서 잘 확인된다. 원문 중 '向人'이 'ᄂᆞᆷ ᄃᆞ리다'로도 번역되고 'ᄂᆞᆷ 向ᄒᆞ다'로도 번역되므로 'ᄃᆞ리다'와 '向ᄒᆞ다'의 동의성은 명백히 입증된다.

(63) a. ᄂᆞᆷ ᄃᆞ려 이런 이ᄅᆞᆯ 잢간도 니르디 아니ᄒᆞ고 〈月十三 9b〉
b. 잢간도 ᄂᆞᆷ 向ᄒᆞ야 이 ᄀᆞᆮᄒᆞᆫ 이ᄅᆞᆯ 니ᄅᆞ디 아니코(未曾向人ᄒᆞ야 說如此事ᄒᆞ고) 〈法華二 189b〉

〈64〉 마기오다 對 證ᄒᆞ다

고유어 '마기오다'와 한자어 '證ᄒᆞ다'가 [證] 즉 '증명하다, 밝히다'의 뜻을 가지고 동의 관계에 있다는 것은 동일 원문의 번역인 다음 예문들에서 잘 확인된다. 원문 중 '證…的'이 '明白호ᄆᆞᆯ 마기오다'로도 번역되고 '올호ᄆᆞᆯ 證ᄒᆞ다'로도 번역되므로 '마기오다'와 '證ᄒᆞ다'의 동의성은 명백히 입증된다.

(64) a. 父子ᄋᆡ 明白호ᄆᆞᆯ 마기오니라 〈月十三 31a〉
b. 父子ᄋᆡ 올호ᄆᆞᆯ 證ᄒᆞ니(以證父子之的也ㅣ니) 〈法華二 225a〉

한편 '證'이 『월인석보』와 『법화경언해』에서 모두 '證ᄒᆞ다'로 번역된다는 것은 동일 원문의 번역인 다음 예문들에서 잘 확인된다. 원문 중 '修證'이 모두 '닷가 證ᄒᆞ다'로 번역된다.

(64) c. 一乘 닷가 證ᄒᆞ논 法이라 〈月十三 37a〉
d. 一乘 닷가 證홇 法이라(一乘修證之法也ㅣ라) 〈法華二 233a〉

(64) e. 空ᄋᆞᆯ 브터 아라 空ᄋᆞᆯ 브터 實 證케 호ᄆᆞᆯ 뵈샤미라 〈月十三 67b〉
f. 空ᄋᆞᆯ 因ᄒᆞ야 아ᄅᆞ샤ᄆᆞᆯ 뵈샤 空ᄋᆞᆯ 브터 實을 證케 ᄒᆞ샤미라 (示因空悟解ᄒᆞ샤 使由空證實也ㅣ라) 〈法華三 69a〉

〈65〉 말이다 對 諫ᄒᆞ다

고유어 '말이다'와 한자어 '諫ᄒᆞ다'가 [諫] 즉 '남이 하고자 하는 짓을 못하게 하다, 어른이나 임금께 잘못을 고치도록 말하다'의 뜻을 가지고 동의 관계에 있다는 것은 동일 원문의 번역인 다음 예문들에서 잘 확인된다. 원문 중 '諸臣諫'이 '臣下ᄃᆞᆯ히 말이다'로도 번역되고 '臣下ᄃᆞᆯ히 諫ᄒᆞ다'로도 번역된다. 따라서 '말이다'와 '諫ᄒᆞ다'의 동의성은 명백히 입증된다.

(65) a. 臣下ᄃᆞᆯ히 모다 말인대 〈釋二十四 27b〉
b. 臣下ᄃᆞᆯ히 諫호ᄃᆡ 〈月二十五 132b〉

c. 諸臣諫曰 〈釋迦譜 卷3 25. 阿育王弟出家造石像記〉

〈66〉 맛곫다 對 應ᄒᆞ다

고유어 '맛곫다'와 한자어 '應ᄒᆞ다'가 [應] 즉 '대답하다'의 뜻을 가지고 동의 관계에 있다는 것은 동일 원문의 번역인 다음 예문들에서 잘 확인된다. 원문 중 '應'이 '맛곫다'로도 번역되고 '應ᄒᆞ다'로도 번역된다. 그리고 '應'의 자석이 '맛곫다'이다. 따라서 '맛곫다'와 '應ᄒᆞ다'의 동의성은 명백히 입증된다.

(66) a. 맛ᄀᆞᆯᄆᆞ샤ᄆᆞᆯ 時節 일티 아니ᄒᆞ샤미 〈釋二十一 16a〉
b. 應호ᄆᆞᆯ 時節 일티 아니하샤ᄆᆞᆫ 〈月十九 49b〉
c. 應ᄒᆞ샤ᄆᆞᆯ 時節 일티 아니ᄒᆞ샤ᄆᆞ로(應不失時로) 〈法華七 98a〉

(66) d. 應은 맛ᄀᆞᆯᄆᆞᆯ 씨라 〈月十五 36a〉

〈67〉 맛디다 對 付囑ᄒᆞ다

고유어 '맛디다'와 한자어 '付囑ᄒᆞ다'가 [付囑] 즉 '제 할 일을 남에게 부탁하여 위임하다'의 뜻을 가지고 동의 관계에 있다는 것은 동일 원문의 번역인 다음 예문들에서 잘 확인된다. 원문 중 '付囑於汝'가 '阿難이 맛디다'로 의역되고 '네게 付囑ᄒᆞ다'로 직역된다. 따라서 '맛디다'와 '付囑ᄒᆞ다'의 동의성은 명백히 입증된다.

(67) a. 初祖 迦葉尊者ㅣ 正法으로 阿難이 맛디고 〈釋二十四 4a〉
b. 初祖 迦葉尊者ㅣ 阿難이ᄃᆞ려 닐오ᄃᆡ(12a)…이제 正法으로 네게 付囑ᄒᆞ노니 〈月二十五 13b〉
c. 迦葉乃告阿難言 我今年不久留 今將正法付囑於汝 〈景德傳錄 卷1〉

〈68〉 맏다 對 領ᄒᆞ다

고유어 '맜다'와 한자어 '領ᄒᆞ다'가 [領] 즉 '맡다'의 뜻을 가지고 동의 관계에 있다는 것은 동일 원문의 번역인 다음 예문들에서 잘 확인된다. 원문 중 '領寶藏'이 '寶藏ᄋᆞᆯ 맜다'로도 번역되고 '寶藏ᄋᆞᆯ 領ᄒᆞ다'로도 번역되므로 '맜다'와 '領ᄒᆞ다'의 동의성은 명백히 입증된다.

(68) a. 疑心이 업서 寶藏ᄋᆞᆯ 즐겨 맛게 ᄒᆞ니라 〈月十三 28a〉
b. 疑心ㅅ ᄉᆞᅀᅵ 업게 ᄒᆞ야 寶藏ᄋᆞᆯ 즐겨 領케 ᄒᆞ니라(使無疑間ᄒᆞ야 而欣領寶藏也케 ᄒᆞ니라) 〈法華二 219a〉

〈69〉 머믈다 對 住ᄒᆞ다

고유어 '머믈다'와 한자어 '住ᄒᆞ다'가 [住] 즉 '머무르다'의 뜻을 가지고 동의 관계에 있다는 것은 동일 원문의 번역인 다음 예문들에서 잘 확인된다. 원문 중 '虛空住'가 '虛空애 머믈다'로도 번역되고 '虛空애 住ᄒᆞ다'로도 번역된다. 그리고 '安住'가 '便安히 머믈다'로도 번역되고 '便安히 住ᄒᆞ다'로도 번역된다. 따라서 '머믈다'와 '住ᄒᆞ다'의 동의성은 명백히 입증된다. '머믈다'와 '住ᄒᆞ다'는 'ᄒᆡ'를 주어로 공유한다.

(69) a. 虛空애 ᄒᆡ 머므러 잇돗 ᄒᆞ리어며 〈釋二十一 3b〉
b. ᄒᆡ 虛空애 住톳 ᄒᆞ며(如日이 虛空住ᄒᆞ며) 〈法華七 88a〉

(69) c. 비훈 하(16a)ᄂᆞᆳ 오시 虛空中에 머므러 〈月十二 16b〉
d. ᄒᆞ툰 天衣ㅣ 虛空中에 住ᄒᆞ야(所散天衣ㅣ 住虛空中ᄒᆞ야) 〈法華二 46b〉

(69) e. 오시 空中에 머므러 〈月十二 17a〉
f. 오시 空中에 住ᄒᆞ야(衣住空中ᄒᆞ야) 〈法華二 46b〉

(69) g. 큰 寶塔이 空中에 住ᄒᆞ얫거늘 보며 〈月十五 66a〉
h. 큰 寶塔이 空中에 머므러 잇거늘 보며(見大寶塔이 住在空中ᄒᆞ며) 〈法華四 112a〉

(69) i. 부텻 法中에 便安히 머므러 〈釋二十一 44b〉

j. 佛法中에 便安히 住호ᄆᆞᆯ 得ᄒᆞ야(得安住於佛法中ᄒᆞ야) 〈法華七 145b〉

한편 '住'가 『월인석보』 권15와 『법화경언해』에서 모두 '住ᄒᆞ다'로 번역된다는 것은 동일 원문의 번역인 다음 예문들에서 잘 확인된다. 원문 중 '却住'가 모두 '믈러 住ᄒᆞ다'로 번역된다.

(69) k. ᄒᆞᆫ 面에 믈러 住ᄒᆞ니라 〈月十五 66b〉
l. ᄒᆞᆫ 面에 믈러 住ᄒᆞ니라(却住一面ᄒᆞ니라) 〈法華四 112a〉

〈70〉 모ᄅᆞ다 對 迷惑ᄒᆞ다

고유어 '모ᄅᆞ다'와 한자어 '迷惑ᄒᆞ다'가 [迷] 즉 '모르다'의 뜻을 가지고 동의 관계에 있다는 것은 동일 원문의 번역인 다음 예문들에서 잘 확인된다. 원문 중 '迷失'이 '몰라 잃다'로도 번역되고 '迷惑ᄒᆞ야 잃다'로도 번역된다. 그리고 '迷淪'이 '迷惑ᄒᆞ야 ᄡᅥ디다'로도 번역되고 '몰라 ᄡᅥ디다'로도 번역된다. 따라서 '모ᄅᆞ다'와 '迷惑ᄒᆞ다'의 동의성은 명백히 입증된다.

(70) a. 제 몰라 일흘ᄊᆡ 〈月十一 112a〉
b. 제 迷惑ᄒᆞ야 일흘ᄊᆡ(自迷失故로) 〈法華一 180b〉

(70) c. ᄂᆞ외야 몰라 일티 아(112a)니케 ᄒᆞ시ᄂᆞ니라 〈月十一 112b〉
d. 다시 迷惑ᄒᆞ야 일티 아니케 ᄒᆞ시ᄂᆞ니라(不復迷失也케 ᄒᆞ시ᄂᆞ니라) 〈法華一 180b〉

(70) e. 六趣의 迷惑ᄒᆞ야 ᄡᅥ듀믄 이ᄅᆞᆯ 모ᄅᆞᆯ ᄊᆡ오 〈月十一 12b〉
f. 六趣의 몰라 ᄡᅥ듀믄 이ᄅᆞᆯ 모ᄅᆞ고(六趣之所迷淪은 蓋迷此也ㅣ오) 〈法華一 4a〉

(70) g. 녜 迷惑ᄒᆞ야 ᄡᅥ디여 잇다가 〈月十三 9b〉
h. 녜 몰라 ᄡᅥ디옛다가(在昔迷淪ᄒᆞ얫다가) 〈法華二 188b〉

〈71〉 모ᄅᆞ다 對 迷ᄒᆞ다

고유어 '모ᄅᆞ다'와 한자어 '迷ᄒᆞ다'가 [迷] 즉 '모르다'의 뜻을 가지고 동의 관계에 있다는 것은 동일 원문의 번역인 다음 예문들에서 잘 확인된다. 원문 중 '迷眞智가 眞智ᄅᆞᆯ 모ᄅᆞ다'로도 번역되고 '眞智ᄅᆞᆯ 迷ᄒᆞ다"로도 번역되므로 '모ᄅᆞ다'와 '迷ᄒᆞ다'의 동의성은 명백히 입증된다.

(71) a. 오직 眞智ᄅᆞᆯ 모ᄅᆞᆯᄊᆡ 〈月十七 6b〉
b. 오직 眞智 迷ᄒᆞᆯᄊᆡ(但迷眞智故로) 〈法華五 133a〉

(71) c. 엇더콴ᄃᆡ 뒤ᄒᆞ로 ᄃᆞᆯ요매 제 일흐며 밧 物에 제 모ᄅᆞ거뇨 〈月十三 32a〉
d. 엇뎨 背叛ᄒᆞ야 ᄃᆞ로매 제 일흐며 밧 物에 제 迷커뇨(奈何自失於背馳하며 自迷於外物오) 〈法華二 226a〉

한편 '迷'가 『월인석보』 권11과 『법화경언해』 권1에서 모두 '모ᄅᆞ다'로 번역된다는 것은 동일 원문의 번역인 다음 예문들에서 잘 확인된다. 원문 중 '迷此'가 모두 '이ᄅᆞᆯ 모ᄅᆞ다'로 번역된다.

(71) e. 六趣의 迷惑ᄒᆞ야 ᄲᅥ듀믄 이ᄅᆞᆯ 모ᄅᆞᆯ ᄊᆡ오 〈月十一 12b〉
f. 六趣의 몰라 ᄲᅥ듀믄 이ᄅᆞᆯ 모ᄅᆞ고(六趣之所迷淪은 蓋迷此也ㅣ오) 〈法華一 4a〉

(71) g. 眞實로 몰라 ᄠᅥ러디디 아니ᄒᆞ면 〈月十七 6b〉
h. 眞實로 몰라 ᄠᅥ디디 아니ᄒᆞ면(苟不迷墮ᄒᆞ면) 〈法華五 133a〉

〈72〉 몯다 對 會ᄒᆞ다

고유어 '몯다'와 한자어 '會ᄒᆞ다'가 [會] 즉 '모이다'의 뜻을 가지고 동의 관계에 있다는 것은 동일 원문의 번역인 다음 예문들에서 잘 확인된다. 원문 중 '圓會'가 '圓히 會ᄒᆞ다'로도 번역되고 '두려이 몯다'로도 번역된다. 따라서 '몯다'와 '會ᄒᆞ다'의 동의성은 명백히 입증된다.

(72) a. 圓히 會ᄒᆞ시며 圓히 證ᄒᆞ시니 〈月十五 59b〉
b. 두려이 모ᄃᆞ시며 두려이 證ᄒᆞ시니(圓會ᄒᆞ시며 圓證ᄒᆞ시니) 〈法華四 107b〉

〈73〉 묻다 對 問訊ᄒᆞ다

고유어 '묻다'와 한자어 '問訊ᄒᆞ다'가 [問訊] 즉 '묻다'의 뜻을 가지고 동의 관계에 있다는 것은 동일 원문의 번역인 다음 예문들에서 잘 확인된다. 원문 중 '問訊世尊'이 '世尊ᄭᅴ 問訊ᄒᆞ다'로도 번역되고 '世尊ᄭᅴ 묻다'로도 번역된다. 그리고 '歡喜問訊'이 '歡喜ᄒᆞ야 問訊ᄒᆞ다'로도 번역되고 '깃거 묻다'로도 번역된다. 따라서 '묻다'와 '問訊ᄒᆞ다'의 동의성은 명백히 입증된다.

(73) a. 世尊ᄭᅴ 問訊ᄒᆞ샤ᄃᆡ 〈釋二十 42b〉
b. 世尊ᄭᅴ 問訊ᄒᆞ샤ᄃᆡ 〈月十八 79a〉
c. 世尊ᄭᅴ 묻ᄌᆞ오샤ᄃᆡ(問訊世尊ᄒᆞ샤ᄃᆡ) 〈法華七 20b〉

(73) d. 다 뫼ᅀᆞᄫᆞ니 브리샤 釋迦牟尼佛ᄭᅴ 問訊ᄒᆞ샤 〈月十五 81a〉
e. 다 뫼ᅀᆞᄫᆞ니 브리샤 釋迦牟尼佛ᄭᅦ 묻ᄌᆞ오샤ᄃᆡ(皆遣侍者ᄒᆞ샤 問訊釋迦牟尼佛ᄒᆞ샤ᄃᆡ) 〈法華四 129b〉

(73) f. 多寶如來ᄭᅴ 問訊ᄒᆞ샤ᄃᆡ 〈釋二十 44a〉
g. 多寶如來ᄭᅴ 묻ᄌᆞ오샤ᄃᆡ(問訊多寶如來ᄒᆞᅀᆞ오샤ᄃᆡ) 〈法華七 21b〉

(73) h. 절ᄒᆞ고 ᄭᅮ러 問訊호ᄃᆡ 〈月十七 17a〉
i. 절ᄒᆞ야 ᄭᅮ러 무로ᄃᆡ(拜跪問訊호ᄃᆡ) 〈法華五 153b〉

(73) j. 비록 ᄯᅩ 歡喜ᄒᆞ야 問訊ᄒᆞ야 〈月十七 20a〉
k. 비록 깃거 무러(雖亦歡喜問訊ᄒᆞ야) 〈法華五 156a〉

〈74〉 묻다 對 請問ᄒᆞ다

고유어 '묻다'와 한자어 '請問ᄒᆞ다'가 [請問] 즉 '묻다'의 뜻을 가지고 동의 관계에 있다는 것은 동일 원문의 번역인 다음 예문들에서 잘 확인된다. 원문 중 '請問難行苦行'이 '難行 苦行 묻ᄌᆞᄫᅩᆷ'으로도 번역되고 '請問ᄒᆞ샨 難行 苦行'으로도 번역되므로 '묻다'와 '請問ᄒᆞ다'의 동의성은 명백히 입증된다.

(74) a. 宿王이 難行 苦行 묻ᄌᆞ보미 〈月十八 21a〉
b. 宿王이 請問ᄒᆞ샨 難行 苦行이(宿王이 請問ᄒᆞ샨 難行苦行이) 〈法華六 130b〉

〈75〉 뮈다 對 動ᄒᆞ다

고유어 '뮈다'와 한자어 '動ᄒᆞ다'가 [動] 즉 '움직이다'의 뜻을 가지고 동의 관계에 있다는 것은 동일 원문의 번역인 다음 예문들에서 잘 확인된다. 원문 중 '不動'이 '뮈디 아니ᄒᆞ다'로도 번역되고 '動티 아니ᄒᆞ다'로도 번역된다. 따라서 '뮈다'와 '動ᄒᆞ다'의 동의성은 명백히 입증된다.

(75) a. 괴외히 뮈디 아니ᄒᆞ야셔 感ᄒᆞ야 通ᄒᆞᄂᆞ리라 〈月十四 52b〉
b. 괴외히 動티 아니ᄒᆞ샤ᄃᆡ 感ᄒᆞ야 通ᄒᆞ시놋다(寂然不動ᄒᆞ샤ᄃᆡ 感而遂通이샷다) 〈法華三 159b〉

〈76〉 뮈우다 對 動ᄒᆞ다

고유어 '뮈우다'와 한자어 '動ᄒᆞ다'가 [動] 즉 '움직이다'(타동사)의 뜻을 가지고 동의 관계에 있다는 것은 동일 원문의 번역인 다음 예문들에서 잘 확인된다. 원문 중 '不動'이 '뮈우디 몯ᄒᆞ다'로도 번역되고 '動티 아니ᄒᆞ다'로도 번역된다. 따라서 '뮈우다'와 '動ᄒᆞ다'의 동의성은 명백히 입증된다.

(76) a. 헐며 기류미 뮈우디 몯호미 〈月十四 50a〉
b. 헐며 기류매 動티 아니ᄒᆞ샤마(毁譽不動이) 〈法華三 156a〉

〈77〉 므르다 對 退轉ᄒᆞ다

고유어 '므르다'와 한자어 '退轉ᄒᆞ다'가 [退轉] 즉 '물러나다, 불도를 닦던 사람이 중도에서 수업을 게을리 하다'의 뜻을 가지고 동의 관계에 있다는 것은 동일 원문의 번역인 다음 예문들에서 잘 확인된다. 원문 중 '不退轉'이 'ᄆᆞ르디 아니ᄒᆞ다'로도 번역되고 '退轉티 아니ᄒᆞ다'로도 번역된다. 따라서 'ᄆᆞ르다'와 '退轉ᄒᆞ다'의 동의성은 명백히 입증된다.

(77) a. ᄆᆞ르디 아니ᄒᆞᄂᆞᆫ 사ᄅᆞ미 〈釋十九 35b〉
b. 退轉티 아니ᄒᆞ니(不退轉者 ㅣ) 〈法華六 89b〉

〈78〉 미리왇다 對 推排ᄒᆞ다

고유어 '미리왇다'와 한자어 '推排ᄒᆞ다'가 [推] 즉 '밀치다'의 뜻을 가지고 동의 관계에 있다는 것은 동일 원문의 번역인 다음 예문들에서 잘 확인된다. 원문 중 '互相推排'가 '서르 미리왇다'로도 번역되고 '서르 推排ᄒᆞ다'로도 번역된다. 그리고 字釋 '推ᄂᆞᆫ 미리와ᄃᆞᆯ 씨오〈法華二 6a〉'에서 '미리왇다'가 [推] 즉 '밀치다'의 뜻을 가진다는 것을 알 수 있다. 따라서 '미리왇다'와 '推排ᄒᆞ다'의 동의성은 명백히 입증된다.

(78) a. 서르 미리왇고 〈月十二 28b〉
b. 서르 推排ᄒᆞ야(互相推排ᄒᆞ야) 〈法華二 69a〉

〈79〉 및다 對 參預ᄒᆞ다

고유어 '및다'와 한자어 '參預ᄒᆞ다'가 [與] 즉 '참여하다'의 뜻을 가지고 동의 관계에 있다는 것은 다음 예문들에서 잘 확인된다. 원문 중 '與此'가 '이에 및다'로도 번역되고 '이에 參預ᄒᆞ다'로도 번역된다. 따라서 '및다'와 '參預ᄒᆞ다'의 동의성은 명백히 입증된다.

(79) a. 無上正道 일우시니 아니시면 어드리 이ᄅᆞᆯ ᄒᆞ시료 〈月十四 54b〉
b. 無上正道 일우시니 아니시면 엇뎨 이에 미츠시료(非成無上正道 ㅣ 시면 何以與此ᄒᆞ시리오) 〈法華三 163a〉

(79) c. 行境을 기피 證ᄒᆞ야 情에 건내쀠며 見에 여희니 아니시면 어드리 이에 隨參ᄒᆞ리오 〈月十八 35b〉

d. 行境을(149a) 기피 證ᄒᆞ샤 ᄠᅳ데 건내ᄢᅧ며 보매 여희니 아니시면 엇데 이에 參預ᄒᆞ시리오 (非深證行境ᄒᆞ샤 超情離見者ㅣ시면 何以與此ᄒᆞ시리오) 〈法華三 149a〉

〈80〉 ᄆᆞᆽ다 對 究竟ᄒᆞ다

고유어 'ᄆᆞᆽ다'와 한자어 '究竟ᄒᆞ다'가 [究竟] 즉 '마치다'의 뜻을 가지고 동의 관계에 있다는 것은 동일 원문의 번역인 다음 예문들에서 잘 확인된다. 원문 중 '究竟永寂'이 '究竟ᄒᆞ야 기리 寂滅ᄒᆞ다'로도 번역되고 'ᄆᆞ차 기리 괴외ᄒᆞ다'로도 번역된다. 따라서 'ᄆᆞᆽ다'와 '究竟ᄒᆞ다'의 동의성은 명백히 입증된다.

(80) a. 究竟ᄒᆞ야 기리 寂滅호미 涅槃이라 〈月十三 49b〉
b. ᄆᆞ차 기리 괴외홀 씨 니ᄅᆞ샨 涅槃이라(究竟永寂曰涅槃이라) 〈法華三 16b〉

한편 '究竟'이 『월인석보』와 『법화경언해』에서 모두 '究竟ᄒᆞ다'로 번역된다는 것은 동일 원문의 번역인 다음 예문들에서 잘 확인된다. 원문 중 '究竟至'가 모두 '究竟ᄒᆞ야 니를다'로 번역된다.

(80) c. 究竟ᄒᆞ야 常寂滅相애 니를면 〈月十三 57b〉
d. 究竟ᄒᆞ야 常寂滅相애 니를면(究竟至於常寂滅相ᄒᆞ면) 〈法華三 31a〉

〈81〉 ᄆᆡᇰᄀᆞᆯ다 對 化ᄒᆞ다

고유어 'ᄆᆡᇰᄀᆞᆯ다'와 한자어 '化ᄒᆞ다'가 [化] 즉 '만들다'의 뜻을 가지고 동의 관계에 있다는 것은 동일 원문의 번역인 다음 예문들에서 잘 확인된다. 원문 중 '化火'가 '브를 化ᄒᆞ다'로도 번역되고 '브를 ᄆᆡᇰᄀᆞᆯ다'로도 번역되므로 'ᄆᆡᇰᄀᆞᆯ다'와 '化ᄒᆞ다'의 동의성은 명백히 입증된다.

(81) a. 神力으로 ᄆᆡᇰᄀᆞᄅᆞ샨 거시 〈月十八 31a〉
b. 神力의 化ᄒᆞ샨 거슨(神力所化ᄂᆞᆫ) 〈法華六 144a〉

(81) c. 神通力으로 브를 化ᄒᆞ야 ᄌᆞ개 ᄉᆞᄅᆞ샤 〈月十八 45b〉
　　d. 神通力으로 브를 ᄆᆡᆼᄀᆞ라 ᄌᆞ개 ᄉᆞᄅᆞ샤(以神通力으로 化火自焚ᄒᆞ샤) 〈法華六 161b〉

〈82〉 ᄆᆡᆽ다 對 結ᄒᆞ다

고유어 'ᄆᆡᆽ다'와 한자어 '結ᄒᆞ다'가 [結] 즉 '끝내다, 완성하다'의 뜻을 가지고 동의 관계에 있다는 것은 동일 원문의 번역인 다음 예문들에서 잘 확인된다. 원문 중 '結經'이 '經을 ᄆᆡᆽ다'로도 번역되고 '經을 結ᄒᆞ다'로도 번역된다. 따라서 'ᄆᆡᆽ다'와 結ᄒᆞ다'의 동의성은 명백히 입증된다.

(82) a. 비록 滅度ᄅᆞᆯ 니ᄅᆞ샤 經을 ᄆᆡᄌᆞ샤도 〈月十五 86b〉
　　b. 비록 滅호려 니ᄅᆞ샤 經을 結ᄒᆞ시나(雖唱滅結經ᄒᆞ시나) 〈法華四 135b〉

〈83〉 받다 對 受ᄒᆞ다

고유어 '받다'와 한자어 '受ᄒᆞ다'가 [受] 즉 '받다'의 뜻을 가지고 동의 관계에 있다는 것은 동일 원문의 번역인 다음 예문들에서 잘 확인된다. 원문 중 '受敎勅'이 '敎勅 받다'로도 번역되고 '敎勅 受ᄒᆞ다'로도 번역되므로 '받다'와 '受ᄒᆞ다'의 동의성은 명백히 입증된다.

(83) a. 그 ᄢᅴ 窮子ㅣ 즉재 敎勅 바다 〈月十三 28b〉
　　b. 그 ᄢᅴ 窮子ㅣ 즉재 敎勅 受ᄒᆞ야(爾時窮子ㅣ 卽受敎勅ᄒᆞ야) 〈法華二 219b〉

한편 '受'가 『월인석보』와 『법화경언해』에서 모두 '받다'로도 번역되고 모두 '受ᄒᆞ다'로도 번역된다는 것은 동일 원문의 번역인 다음 예문들에서 잘 확인된다. 원문 중 '受此瓔珞'이 '이 瓔珞ᄋᆞᆯ 받다'와 '이 瓔珞을 받다'로 번역된다. 그리고 '受諸熱惱'가 '여러 가짓 熱惱ᄅᆞᆯ 受ᄒᆞ다'와 '여러 熱惱ᄅᆞᆯ 受ᄒᆞ다'로 번역된다.

(83) c. 仁者ㅣ 우리ᄃᆞᆯᄒᆞᆯ 어엿비 너기샤 이 瓔珞ᄋᆞᆯ 바ᄃᆞ쇼셔 〈月十九 40a〉
　　d. 仁者ㅣ 우릴 어엿비 너기시논 젼ᄎᆞ로 이 瓔珞을 바ᄃᆞ쇼셔(仁者이 愍我等故로 受此瓔珞ᄒᆞ쇼셔) 〈法華七 83b〉

(83) e. 仁者ㅣ 이 法施 珍寶 瓔珞ᄋᆞᆯ 바ᄃᆞ쇼셔 〈月十九 39b〉
f. 仁者ㅣ 이 法施엣 珍寶 瓔珞을 바ᄃᆞ쇼셔(仁者ㅣ 受此法施珍寶瓔珞ᄒᆞ쇼셔) 〈法華七 81b〉

(83) g. 여러 가짓 熱惱ᄅᆞᆯ 受ᄒᆞ야 〈月十三 33a〉
h. 여러 熱惱ᄅᆞᆯ 受ᄒᆞ야(受諸熱惱ᄒᆞ야) 〈法華二 227b〉

(83) i. 간대로 그우로ᄆᆞᆯ 受ᄒᆞᄂᆞ니라 〈月十九 97a〉
j. 간대로 그우뉴ᄆᆞᆯ 受ᄒᆞᄂᆞ니(枉受輪轉ᄒᆞᄂᆞ니) 〈法華七 159a〉

〈84〉 받잡다 對 奉獻ᄒᆞ다

고유어 '받잡다'와 한자어 '奉獻ᄒᆞ다'가 [奉獻] 즉 '받들다, 삼가 바치다'의 뜻을 가지고 동의 관계에 있다는 것은 동일 원문의 번역인 다음 예문들에서 잘 확인된다. 원문 중 '奉獻'이 '奉獻ᄒᆞ다'로 번역되고 '奉獻'의 자석이 '받잡다'이다. 따라서 '받잡다'와 '奉獻ᄒᆞ다'의 동의성은 명백히 입증된다.

(84) a. 天上寶聚로 奉獻홇디니라[奉獻은 받ᄌᆞᄫᆞᆯ 씨라] 〈月十五 46b〉
b. 天上寶聚로 奉獻호미 맛당ᄒᆞ니(天上寶聚로 應以奉獻이니) 〈法華四 79a〉

〈85〉 버믈다 對 涉ᄒᆞ다

고유어 '버믈다'와 한자어 '涉ᄒᆞ다'가 [涉] 즉 '걸리다, 들다, 관계하다'의 뜻을 가지고 동의 관계에 있다는 것은 동일 원문의 번역인 다음 예문들에서 잘 확인된다. 원문 중 '相涉'이 '서르 涉ᄒᆞ다'로도 번역되고 '서르 버믈다'로도 번역된다. 따라서 '버믈다'와 '涉ᄒᆞ다'의 동의성은 명백히 입증된다.

(85) a. 世와 界와 두 가짓 거시 서르 涉ᄒᆞ야 〈釋十九 10a〉
b. 世와 界와 둘히 서르 버므러 〈月十七 56b〉
c. 世와 界왜 둘히 서르 드러(惟世與界ㅣ 二者ㅣ 相涉ᄒᆞ야) 〈法華六 26a〉

〈86〉 벗기다 對 度脫ᄒᆞ다

고유어 '벗기다'와 한자어 '度脫ᄒᆞ다'가 [度] 즉 '度脫하다'의 뜻을 가지고 동의 관계에 있다는 것은 동일 원문의 번역인 다음 예문들에서 잘 확인된다. 원문 중 '度生老病死'가 '生老病死ᄅᆞᆯ 벗기다'로도 번역되고 '나며 늘그며 病ᄒᆞ며 주구믈 度脫ᄒᆞ다'로도 번역된다. 따라서 '벗기다'와 '度脫ᄒᆞ다'의 동의성은 명백히 입증된다.

(86) a. 生老病死ᄅᆞᆯ 벗기샤 〈釋十三 28b〉 〈月十一 43a〉
b. 나며 늘그며 病ᄒᆞ며 주구믈 度脫ᄒᆞ샤(度生老病死ᄒᆞ샤) 〈法華一 95b〉

〈87〉 보다 對 觀ᄒᆞ다

고유어 '보다'와 한자어 '觀ᄒᆞ다'가 [觀] 즉 '보다'의 뜻을 가지고 동의 관계에 있다는 것은 동일 원문의 번역인 다음 예문들에서 잘 확인된다. 원문 중 '觀音'이 '소리ᄅᆞᆯ 觀ᄒᆞ다'로도 번역되고 '音을 보다'로도 번역된다. 그리고 '觀觀'이 '觀ᄋᆞᆯ '觀ᄒᆞ다'로도 번역되고 '보ᄆᆞᆯ 보다'로도 번역된다. 따라서 '보다'와 '觀ᄒᆞ다'의 동의성은 명백히 입증된다.

(87) a. 제 소리ᄅᆞᆯ 觀티 아니ᄒᆞ고 觀ᄋᆞᆯ 觀홀씨 〈月十九 22b〉
b. 제 音을 보디 아니ᄒᆞ야 보ᄆᆞᆯ 보시ᄂᆞᆫ 거스로 (不自觀音ᄒᆞ야 以觀觀者로) 〈法華七 51b〉

(87) c. ᄌᆞ개 소리ᄅᆞᆯ 觀티 아니ᄒᆞ시고 觀ᄋᆞᆯ 觀ᄒᆞ샤ᄆᆞᆫ 〈月十九 22b〉
d. ᄌᆞ개 音을 보디 아니ᄒᆞ샤 보ᄆᆞᆯ 보시ᄂᆞᆫ 거스로 ᄒᆞ샤ᄆᆞᆫ (夫不自觀音ᄒᆞ샤 以觀觀者ᄂᆞᆫ) 〈法華七 51b〉

한편 '觀'이 『월인석보』와 『법화경언해』에서 모두 '보다'로도 번역되고 모두 '觀ᄒᆞ다'로도 번역된다는 것은 동일 원문의 번역인 다음 예문들에서 잘 확인된다. 원문 중 '觀其音聲'이 모두 '音聲을 보다'로 번역되고 '觀觀'이 '觀ᄋᆞᆯ 觀ᄒᆞ다'와 '觀을 觀ᄒᆞ다'로 번역된다.

(87) e. 音聲을 보아 〈月十九 22b〉

f. 音聲을 보아(觀其音聲ᄒᆞ야) 〈法華七 51b〉

(87) g. 한ᄢᅴ 보아 ᄒᆞᆫᄢᅴ 求ᄒᆞ샤미라 〈月十九 19b〉
h. ᄀᆞᄌᆞ기 보샤 다 求ᄒᆞ샤미라(齊觀並求也ㅣ시니라) 〈法華七 46a〉

(87) i. 觀ᄋᆞᆯ 觀ᄒᆞ시ᄂᆞᆫ 體와 聞을 聞ᄒᆞ시ᄂᆞᆫ 性이 〈月十九 19b〉
j. 觀을 觀ᄒᆞ시논 體와 聞을 聞ᄒᆞ시논 性괘(觀觀之體와 聞聞之性괘) 〈法華七 46a〉

〈88〉 뵈다 對 現ᄒᆞ다

고유어 '뵈다'와 한자어 '現ᄒᆞ다'가 [現] 즉 '보이다, 나타나다'의 뜻을 가지고 동의 관계에 있다는 것은 동일 원문의 번역인 다음 예문들에서 잘 확인된다. 원문 중 '現…前'이 '알ᄑᆡ 뵈다'로도 번역되고 '알ᄑᆡ 現ᄒᆞ다'로도 번역되므로 '뵈다'와 '現ᄒᆞ다'의 동의성은 명백히 입증된다. '뵈다'는 '보다'의 피동형이다.

(88) a. 그 사ᄅᆞᄆᆡ 알ᄑᆡ 뵈여 〈釋二十一 55a〉
b. 그 사ᄅᆞᄆᆡ 알ᄑᆡ 現ᄒᆞ야 〈月十九 107b〉
c. 그 사ᄅᆞᄆᆡ 알ᄑᆡ 現ᄒᆞ야(現其人前ᄒᆞ야) 〈法華七 172a〉

(88) d. 내…그 사ᄅᆞᄆᆡ 알ᄑᆡ 뵈여 〈釋二十一 53b〉
e. 내…그 사ᄅᆞᄆᆡ 알ᄑᆡ 現호리니(我ㅣ…現其人前호리니) 〈法華七 168b〉

〈89〉 붇다 對 脹滿ᄒᆞ다

고유어 '붇다'와 한자어 '脹滿ᄒᆞ다'가 [水腹] 즉 '배가 부르다, 배가 불룩해지다'의 뜻을 가지고 동의 관계에 있다는 것은 다음 예문들에서 잘 확인된다. '水腹'의 자석이 'ᄇᆡ 脹滿ᄒᆞ다'와 'ᄇᆡ 붇다'이다. 따라서 '붇다'와 '脹滿ᄒᆞ다'의 동의성은 명백히 입증된다.

(89) a. 水腹ᄋᆞᆫ ᄇᆡ 脹滿ᄒᆞᆯ 씨라 〈月十九 121a〉
b. 水腹ᄋᆞᆫ ᄇᆡ 부를 씨오 〈法華七 185a〉

〈90〉 뷔다 對 虛ᄒᆞ다

고유어 '뷔다'와 한자어 '虛ᄒᆞ다'가 [虛] 즉 '비다'의 뜻을 가지고 동의 관계에 있다는 것은 동일 원문의 번역인 다음 예문들에서 잘 확인된다. 원문 중 '至虛'가 '至極 뷔다'로도 번역되고 '至極 虛ᄒᆞ다'로도 번역된다. 따라서 '뷔다'와 '虛ᄒᆞ다'의 동의성은 명백히 입증된다.

(90) a. 體 至極 뷔여 〈月十四 51a〉
b. 體 至極 虛ᄒᆞ샤(體至虛ᄒᆞ샤) 〈法華三 158a〉

〈91〉 뷔듣니다 對 竛竮ᄒᆞ다

고유어 '뷔듣니다'와 한자어 '竛竮ᄒᆞ다'가 [竛竮] 즉 '비틀거리다'의 뜻을 가지고 동의 관계에 있다는 것은 동일 원문의 번역인 다음 예문들에서 잘 확인된다. 원문 중 '終則竛竮'이 '乃終내 뷔듣니다'로도 번역되고 '내죵애 竛竮ᄒᆞ다'로도 번역된다. 따라서 '뷔듣니다'와 '竛竮ᄒᆞ다'의 동의성은 명백히 입증된다.

(91) a. 乃終내 四生五道애 뷔듣녀 窮因ᄒᆞ리니 〈月十三 32a〉
b. 내죵애 竛竮ᄒᆞ야 四生五道애 窮因ᄒᆞ리러니(終則竛竮ᄒᆞ야 窮困於四生 五道ᄒᆞ리러니) 〈法華二 226a〉

한편 '竛竮'이 『월인석보』와 『법화경언해』에서 모두 '뷔듣니다'로 번역된다는 것은 동일 원문의 번역인 다음 예문들에서 잘 확인된다. 원문 중 '竛竮辛苦'가 '뷔듣녀 辛苦ᄒᆞ다'와 '뷔듣녀 辛苦'로 번역된다.

(91) c. 뷔듣녀 辛苦호미 쉬나ᄆᆞᆫ ᄒᆡ러니 〈月十三 29b〉
d. 뷔듣녀 辛苦ㅣ 쉬나ᄆᆞᆫ ᄒᆡ러니(竛竮辛苦ㅣ 五十餘年이러니) 〈法華二 222b〉

〈92〉 븥다 對 屬ᄒᆞ다

고유어 '븥다'와 한자어 '屬ᄒᆞ다'가 [屬] 즉 '붙다, 속하다'의 뜻을 가지고 동의 관계에 있다는 것은 동일 원문의 번역인 다음 예문들에서 잘 확인된다. 원문 중 '屬後果'가 '後果애 븥다'로도 번역되고 '後果애 屬ᄒᆞ다'로도 번역된다. 그리고 '屬前因'이 '前因에 븥다'로도 번역되고 '前因에 屬ᄒᆞ다'로도 번역된다. 따라서 '븥다'와 '屬ᄒᆞ다'의 동의성은 명백히 입증된다.

(92) a. 業이 後果애 브트니 〈月十二 38b〉
b. 業이 後果애 屬ᄒᆞ니(業이 屬後果ᄒᆞ니) 〈法華二 85b〉

(92) c. 業이 前因에 븓고 〈月十二 38b〉
d. 業이 前因에 屬고(業이 屬前因ᄒᆞ고) 〈法華二 85b〉

(92) e. 好醜苦澁이 다 妄塵에 브트니 〈月十七 67b〉
f. 好醜苦澁은 다 거즛 듣그레 屬ᄒᆞ니(好醜苦澁은 皆屬妄塵ᄒᆞ니) 〈法華六 52a〉

〈93〉 븥다 對 因ᄒᆞ다

고유어 '븥다'와 한자어 '因ᄒᆞ다'가 [因] 즉 '의거하다, 말미암다'의 뜻을 가지고 동의 관계에 있다는 것은 동일 원문의 번역인 다음 예문들에서 잘 확인된다. 원문 중 '因文殊'가 '文殊를 븥다'로도 번역되고 '文殊를 因ᄒᆞ다'로도 번역된다. 그리고 '因空'이 '空ᄋᆞᆯ 븥다'로도 번역되고 '空ᄋᆞᆯ 因ᄒᆞ다'로도 번역된다. 따라서 '븥다'와 '因ᄒᆞ다'의 동의성은 명백히 입증된다.

(93) a. 文殊를 브트시고 〈月十一 96a〉
b. ᄒᆞ오ᅀᅡ 文殊를 因ᄒᆞ시고(獨因文殊ᄒᆞ시고) 〈法華一 136a〉

(93) c. 空ᄋᆞᆯ 브터 아라 空ᄋᆞᆯ 브터 實 證케 호ᄆᆞᆯ 뵈샤미라 〈月十三 67b〉
d. 空ᄋᆞᆯ 因ᄒᆞ야 아ᄅᆞ샤ᄆᆞᆯ 뵈샤 空ᄋᆞᆯ 브터 實을 證케 ᄒᆞ샤미라(示因空悟解ᄒᆞ샤 使由空證實也ㅣ라) 〈法華三 59a〉

(93) e. 즐거부미 變ᄒᆞ야 달오ᄆᆞᆯ 브터 〈月十三 33a〉
f. 즐거우믜 變ᄒᆞ야 달오ᄆᆞᆯ 因ᄒᆞ야(因樂變異ᄒᆞ야) 〈法華二 228a〉

(93) g. 부텨 記를 주시며 또 아랫 因 니르샤믈 브터 〈月十五 35a〉
h. 부텨 記 주시며 또 디나건 因 펴샤믈 因ᄒᆞ야(因佛이 與記ᄒᆞ시며 又叙往因ᄒᆞ야) 〈法華四 59a〉

한편 '因'이 『월인석보』와 『법화경언해』에서 모두 '因ᄒᆞ다'로 번역된다는 것은 동일 원문의 번역인 다음 예문들에서 잘 확인된다. 원문 중 '因…智慧'가 '智慧를 因ᄒᆞ다'와 '智慧ㄹ 因ᄒᆞ다'로 번역된다.

(93) i. 우리 또 如來ㅅ 智慧를 因ᄒᆞ야 〈月十三 35b〉
j. 우리 또 如來ㅅ 智慧ㄹ 因ᄒᆞ야(我等이 又因如來ㅅ 智慧ᄒᆞ야) 〈法華二 231a〉

〈94〉 븥다 對 從ᄒᆞ다

고유어 '븥다'와 한자어 '從ᄒᆞ다'가 [從] 즉 '말미암다'의 뜻을 가지고 동의 관계에 있다는 것은 동일 원문의 번역인 다음 예문들에서 잘 확인된다. 원문 중 '從芒芴間'이 '芒芴 ᄊᆞᅀᅵ를 븥다'로도 번역되고 '죠고맛 ᄉᆞᅀᅵ를 從ᄒᆞ다'로도 번역된다. 그리고 '從妙'가 '妙를 從ᄒᆞ다'로도 번역되고 '妙를 븥다'로도 번역된다. 따라서 '븥다'와 '從ᄒᆞ다'의 동의성은 명백히 입증된다.

(94) a. 衆生ᄋᆡ 相이 芒芴 ᄊᆞᅀᅵ를 브터 믄득 곡도 ᄀᆞ티 잇는 ᄃᆞᆯ 아로미 〈月十四 18a〉
b. 衆生 相이 죠고맛 ᄉᆞᅀᅵ를 從ᄒᆞ야 믄득 곡도 ᄀᆞ티 잇는 ᄃᆞᆯ 아로미(乃知衆生之相이 從芒芴間ᄒᆞ야 忽然幻有ᄂᆞᆫᄃᆞᆯ 호미) 〈法華三 104b〉

(94) c. 擦ᄋᆞᆯ 從ᄒᆞ야 드러 니ᄅᆞ실ᄊᆡ 〈月十九 36b〉
d. 擦을 브터 드러 니ᄅᆞ실ᄊᆡ(從擦擧ㅣ 실ᄊᆡ) 〈法華七 77b〉

(94) e. 能히 妙를 從(49a)ᄒᆞ야셔 너브실ᄊᆡ 〈月十九 49b〉
f. 能히 妙를 브터 너브신 다ᄉᆞ로 (由能從妙而普ᄒᆞ실ᄊᆡ) 〈法華七 98a〉

(94) g. 菩薩 從ᄒᆞ야 오신 나라ᄒᆞᆯ 드르샤ᄆᆞᆫ 〈月十八 66b〉

h. 菩薩 브터 오신 나라홀 드러 니ᄅ샤ᄆ(擧菩薩所從來國은) 〈法華七 5b〉

〈95〉 븥다 對 資ᄒ다

고유어 '븥다'와 한자어 '資ᄒ다'가 [資] 즉 '의지하다, 힘입다'의 뜻을 가지고 동의 관계에 있다는 것은 동일 원문의 번역인 다음 예문들에서 잘 확인된다. 원문 중 '資妙光智體'가 '妙光智體를 資ᄒ다'로도 번역되고 '妙光智體를 븥다'로도 번역되므로 '븥다'와 '資ᄒ다'의 동의성은 명백히 입증된다.

(95) a. 상녜 妙光智體를 資ᄒ야[資는 힘 니블 씨라] 〈月十一 92b〉
b. 상녜 妙光智體를 브터(常資妙光智體ᄒ야) 〈法華一 113a〉

〈96〉 비릇다 對 始作ᄒ다

고유어 '비릇다'와 한자어 '始作ᄒ다'가 [始] 즉 '비롯하다, 始作하다'의 뜻을 가지고 동의 관계에 있다는 것은 동일 원문의 번역인 다음 예문들에서 잘 확인된다. 원문 중 '始於苦行'이 '苦行애 始作ᄒ다'로도 번역되고 '苦行애 비릇다'로도 번역되므로 '비릇다'와 '苦行ᄒ다'의 동의성은 명백히 입증된다. 그리고 '始'가 『법화경언해』에서 '始作ᄒ다'로 번역된다는 것은 예문 '일로브터 始作ᄒ샷다(自此로 始샷다) 〈法華六 136a〉'에서 잘 확인된다.

(96) a. 苦行애 始作ᄒ샤 常行애 ᄆᄎ샤ᄆ 〈月十八 22b〉
b. 苦行애 비르스샤 常行애 ᄆᄎ샤ᄆ(始於苦行ᄒ샤 終於常行者는) 〈法華六 131b〉

(96) c. 文殊問答애 始作ᄒ샤 〈月十九 93b〉
d. 文殊問答애 비르스시고 (始於文殊問答ᄒ시고) 〈法華七 156a〉

(96) e. ᄒᆫ 光이 東 녀그로 비취샤매 始作ᄒ야 〈月十一 13b〉
f. ᄒᆫ 光이 東 녀그로 비취샤매 비르스샤(始於一光東照ᄒ샤) 〈法華一 4b〉

한편 '始'가 『월인석보』와 『법화경언해』에서 모두 '비릇다'로 번역된다는 것은 동일 원문의 번역인 다음 예문들에서 잘 확인된다. 원문 중 '始於佛之知見'이 모두 '부텻 知見에 비릇다'로 번역된다.

(96) g. 부텻 知見에 비르서 普賢常行애 ᄆᆞᄎᆞ시니 〈月十九 97b〉
h. 부텻 知見에 비르스시고 普賢常行애 ᄆᆞᄎᆞ샤미(始於佛之知見ᄒᆞ시고 終於普賢常行ᄒᆞ샤미) 〈法華七 159a〉

〈97〉 비취다 對 照ᄒᆞ다

고유어 '비취다'와 한자어 '照ᄒᆞ다'가 [照] 즉 '비추다'의 뜻을 가지고 동의 관계에 있다는 것은 동일 원문의 번역인 다음 예문들에서 잘 확인된다. 원문 중 '照'가 '비취다'로도 번역되고 '照ᄒᆞ다'로도 번역되므로 '비취다'와 '照ᄒᆞ다'의 동의성은 명백히 입증된다.

(97) a. 비취여 샹녜 괴외ᄒᆞ니라 〈釋二十 35a〉
b. 照ᄒᆞᄃᆡ 샹녜 寂ᄒᆞ미오 〈月十八 69a〉
c. 비취샤ᄃᆡ 샹녜 괴외홀 씨오(照而常寂이시고) 〈法華七 9a〉

〈98〉 ᄇᆞᅀᆞ다 對 末ᄒᆞ다

고유어 'ᄇᆞᅀᆞ다'와 한자어 '末ᄒᆞ다'가 [抹] 즉 '바수다, 가루로 만들다'의 뜻을 가지고 동의 관계에 있다는 것은 동일 원문의 번역인 다음 예문들에서 잘 확인된다. 원문 중 '細抹'이 'ᄀᆞᄂᆞ리 末ᄒᆞ다'로도 번역되고 'ᄀᆞᄂᆞ리 ᄇᆞᅀᆞ다'로도 번역되므로 'ᄇᆞᅀᆞ다'와 '末ᄒᆞ다'의 동의성은 명백히 입증된다.

(98) a. ᄀᆞᄂᆞ리 末ᄒᆞᆫ 굳고 거믄 梅檀香ᄋᆞᆯ 비ᄒᆞ니 〈月十八 28b〉
b. ᄀᆞᄂᆞ리 ᄇᆞᇫᄋᆞᆫ 굳고 거믄 梅檀ᄋᆞᆯ 비허(雨…細抹堅黑梅檀ᄒᆞ야) 〈法華六 138b〉

〈99〉 사다 對 貿易ᄒᆞ다

고유어 '사다'와 한자어 '貿易ᄒᆞ다'가 [貿易] 즉 '사다'의 뜻을 가지고 동의 관계에 있다는 것은 동일 원문의 번역인 다음 예문들에서 잘 확인된다. 원문 중 '貿易所須'가 '求ᄒᆞ논 거슬 사다'로도 번역되고 '求ᄒᆞ논 거슬 貿易ᄒᆞ다'로도 번역된다. 따라서 '사다'와 '貿易ᄒᆞ다'의 동의성은 명백히 입증된다.

(99) a. 네 이제 이 보ᄇᆡ로 求ᄒᆞ논 거슬 사면 〈月十五 24a〉
b. 네 오ᄂᆞᆯ 어루 이 보ᄇᆡ로 求ᄒᆞ논 거슬 貿易홀띠니(汝ㅣ 今에 可以此寶로 貿易所須ㅣ니) 〈法華四 39b〉

(99) c. 求ᄒᆞ논 것 사ᄆᆞᆫ 〈月十五 24b〉
d. 求ᄒᆞ논 것 貿易호ᄆᆞᆫ(貿易所須ᄂᆞᆫ) 〈法華四 40a〉

〈100〉 섞다 對 雜ᄒᆞ다

고유어 '섞다'와 한자어 '雜ᄒᆞ다'가 [雜] 즉 '섞다'의 뜻을 가지고 동의 관계에 있다는 것은 동일 원문의 번역인 다음 예문들에서 잘 확인된다. 원문 중 '無雜'이 '雜디 아니ᄒᆞ다'로도 번역되고 '섯굼 없다'로도 번역되므로 '섞다'와 '雜ᄒᆞ다'의 동의성은 명백히 입증된다.

(100) a. 허루미 업스며 섯근 거시 업스니 〈釋十九 16a〉
b. 허디 아니ᄒᆞ며 雜디 아니ᄒᆞ니 〈月十七 62a〉
c. 허롬 업스며 섯굼 업스니(無壞無雜ᄒᆞ니) 〈法華六 35a〉

〈101〉 셰다 對 定ᄒᆞ다

고유어 '셰다'와 한자어 '定ᄒᆞ다'가 [立] 즉 '세우다, 정하다'의 뜻을 가지고 동의 관계에 있다는 것은 동일 원문의 번역인 다음 예문들에서 잘 확인된다. 원문 중 '立屠殺之人'이 '사ᄅᆞᆷ 주귫 官員을 定ᄒᆞ다'로도 번역되고 '주귫 사ᄅᆞᄆᆞᆯ 셰다'로도 번역된다. 따라서 '셰다'와 '定ᄒᆞ다'의 동의성은 명백히 입증된다.

(101) a. 사름 주긿 官員을 定ᄒᆞ야 두쇼셔 〈釋二十四 13a〉
b. 주긿 사ᄅᆞᆷ 세(75b)쇼셔 〈月二十五 76a〉
c. 當立屠殺之人 〈釋迦譜 卷5 31. 阿育王造八萬四千塔記〉

〈102〉 숨다 對 沒ᄒᆞ다

고유어 '숨다'와 한자어 '沒ᄒᆞ다'가 [沒] 즉 '숨다'의 뜻을 가지고 동의 관계에 있다는 것은 동일 원문의 번역인 다음 예문들에서 잘 확인된다. 원문 중 '於彼國沒'이 '뎌 나라해 숨다'로도 번역되고 '뎌 나라해 沒ᄒᆞ다'로도 번역된다. 그리고 '沒'의 자석이 '업서 숨다'이다. 따라서 '숨다'와 '沒ᄒᆞ다'의 동의성은 명백히 입증된다.

(102) a. 妙音菩薩이 뎌 나라해 수머 〈釋二十 41a〉
b. 妙音菩薩이 뎌 나라해 沒ᄒᆞ샤 [沒ᄋᆞᆫ 업서 수믈 씨라] 〈月十八 77a〉
c. 妙音菩薩이 뎌 나라해 업스샤(妙音菩薩이 於彼國에 沒ᄒᆞ샤) 〈法華七 17b〉

〈103〉 쓰다 對 書寫ᄒᆞ다

고유어 '쓰다'와 한자어 '書寫ᄒᆞ다'가 [書寫] 즉 '쓰다'의 뜻을 가지고 있다는 것은 동일 원문의 번역인 다음 예문들에서 잘 확인된다. 원문 중 '書寫者'가 '쓰ᄂᆞ니'로도 번역되고 '書寫ᄒᆞᄂᆞ니'로도 번역된다. 그리고 '解說書寫'가 '사겨 니ᄅᆞ며 쓰다'로도 번역되고 '解說 書寫ᄒᆞ다'로도 번역된다. 따라서 '쓰다'와 '書寫ᄒᆞ다'의 동의성은 명백히 입증된다.

(103) a. 닐그며 외오ᄂᆞ니와 쓰ᄂᆞ니왜 〈釋二十一 54b〉
b. 讀誦者 書寫者(107a) ㅣ 〈月十九 107b〉
c. 讀誦ᄒᆞᄂᆞ니와 書寫ᄒᆞᄂᆞ니(讀誦者와 書寫者 ㅣ) 〈法華七 171b〉

(103) d. 사겨 니ᄅᆞ며 쓰며 〈釋十九 43a〉
e. 解說書寫ᄒᆞ며 〈月十八 11b〉
f. 解說書寫ᄒᆞ야(解說書寫ᄒᆞ야) 〈法華六 110b〉

(103) g. 妙法華經을…解說 書寫호믈[書寫(42a)는 쓸 씨라] 〈月十五 42b〉
h. 妙法華經을…사겨 니르며 쑤딕(解說ᄒᆞ며 書寫妙法華經호딕) 〈法華四 72b〉

한편 '書寫'가 『석보상절』 권21과 『법화경언해』에서 모두 '쓰다'로 번역된다는 것은 동일 원문의 번역인 다음 예문들에서 잘 확인된다. 원문 중 '但書寫'가 '다믄 쓰다'로도 번역되고 '오직 쓰다'로도 번역된다.

(103) i. 다믄 쓸 만ᄒᆞ야도 〈釋二十一 57b〉
j. ᄒᆞ다가 쓸 만ᄒᆞ야도 〈月十九 112a〉
k. ᄒᆞ다가 오직 써도(若但書寫ᄒᆞ야도) 〈法華七 176a〉

〈104〉 슬다 對 消ᄒᆞ다

고유어 '슬다'와 한자어 '消ᄒᆞ다'가 [消] 즉 '없어지게 하다, 없애다'의 뜻을 가지고 동의 관계에 있다는 것은 동일 원문의 번역인 다음 예문들에서 잘 확인된다. 원문 중 '消塵'이 '塵ᄋᆞᆯ 消ᄒᆞ다'로도 번역되고 '塵을 슬다'로도 번역된다. 따라서 '슬다'와 '消ᄒᆞ다'의 동의성은 명백히 입증된다.

(104) a. 塵ᄋᆞᆯ 消ᄒᆞ야 〈月十九 28a〉
b. 塵을 스러 (消塵ᄒᆞ샤) 〈法華七 63a〉

〈105〉 심기다 對 授ᄒᆞ다

고유어 '심기다'와 한자어 '授ᄒᆞ다'가 [授] 즉 '주다'의 뜻을 가지고 동의 관계에 있다는 것은 동일 원문의 번역인 다음 예문들에서 잘 확인된다. 원문 중 '授一生記'가 '一生記 授ᄒᆞ다'로도 번역되고 '一生記 심기다'로도 번역되므로 '심기다'와 '授ᄒᆞ다'의 동의성은 명백히 입증된다.

(105) a. 淨名이 彌勒이 一生記 授호믈 荒唐히 너교딕 〈月十三 58b〉
b. 淨名이 아릭 彌勒의 一生記 심기샤믈 荒唐히 너기샤딕(淨名이 嘗怪彌勒의 授一生記ᄒᆞ샤

ᄃᆡ) 〈法華三 55a〉

(105) c. 堅滿菩薩ᄋᆞᆯ 阿耨多羅三藐三菩提記ᄅᆞᆯ 授ᄒᆞ야 〈月十二 12b〉
d. 堅滿菩薩ᄋᆞᆯ 阿耨多羅三藐三菩提記ᄅᆞᆯ 심겨(授堅滿菩薩阿耨多羅三藐三菩提記ᄒᆞ야) 〈法華二 38b〉

한편 '授'가 『月印釋譜』 권12와 『法華經諺解』에서 모두 '심기다'로 번역된다는 것은 동일 원문의 번역인 다음 예문들에서 잘 확인된다. 원문 중 '授手'가 모두 '소ᄂᆞᆯ 심기다'로 번역된다.

(105) e. 부텨와 부텨왜 소ᄂᆞᆯ 심기시며 〈月十二 13a〉
f. 부텨와 부텨왜 소ᄂᆞᆯ 심기시며(佛佛이 授手ᄒᆞ시며) 〈法華二 39b〉

(105) g. 千佛이 소ᄂᆞᆯ 심기샤 〈月十九 113a〉
h. 千佛이 소ᄂᆞᆯ 심기샤(爲千佛이 授手ᄒᆞ샤) 〈法華七 176b〉

(105) i. 三根記ᄅᆞᆯ 심기시나 〈月十五 39b〉
j. 三根記ᄅᆞᆯ 심기시나(授三根記ᄒᆞ시나) 〈法華四 68b〉

〈106〉 ᄉᆞ랑ᄒᆞ다 對 思念ᄒᆞ다

고유어 'ᄉᆞ랑ᄒᆞ다'와 한자어 '思念ᄒᆞ다'가 [思念] 즉 '생각하다'의 뜻을 가지고 동의 관계에 있다는 것은 동일 원문의 번역인 다음 예문들에서 잘 확인된다. 원문 중 '善思念'이 '이대 思念ᄒᆞ다'로도 번역되고 '이대 ᄉᆞ랑ᄒᆞ다'로도 번역된다. 따라서 'ᄉᆞ랑ᄒᆞ다'와 '思念ᄒᆞ다'의 동의성은 명백히 입증된다.

(106) a. 이대 思念ᄒᆞ라 〈月十一 107b〉
b. 이대 ᄉᆞ랑ᄒᆞ라(善思念之) 〈法華一 171a〉

〈107〉 ᄉᆞ랑ᄒᆞ다 對 思慕ᄒᆞ다

고유어 'ᄉᆞ랑ᄒᆞ다'와 한자어 '思慕ᄒᆞ다'가 [慕] 즉 '생각하고 그리워하다, 사모하다'의 뜻을 가지고 동의 관계에 있다는 것은 동일 원문의 번역인 다음 예문들에서 잘 확인된다. 원문 중 '跂慕'가 '고초 드듸여 思慕ᄒᆞ다'로도 번역되고 '고초 드듸여 ᄉᆞ랑ᄒᆞ다'로도 번역된다. 따라서 'ᄉᆞ랑ᄒᆞ다'와 '思慕ᄒᆞ다'의 동의성은 명백히 입증된다.

(107) a. 고초 드듸여 思慕ᄒᆞ야 〈月十八 21a〉
b. 고초 드듸여 ᄉᆞ랑ᄒᆞᅀᆞ와(跂慕ᄒᆞ야) 〈法華六 130b〉

〈108〉 ᄉᆞ랑ᄒᆞ다 對 玩ᄒᆞ다

고유어 'ᄉᆞ랑ᄒᆞ다'와 한자어 '玩ᄒᆞ다'가 [玩] 즉 '사랑하다'의 뜻을 가지고 동의 관계에 있다는 것은 동일 원문의 번역인 다음 예문들에서 잘 확인된다. 원문 중 '物之玩'이 '物을 ᄉᆞ랑ᄒᆞ다' 로도 번역되고 '物을 玩ᄒᆞ다'로도 번역되므로 'ᄉᆞ랑ᄒᆞ다'와 '玩ᄒᆞ다'의 동의성은 명백히 입증된다.

(108) a. 火宅앳 사ᄅᆞᄆᆞᆫ 오직 物을 ᄉᆞ랑ᄒᆞ야 〈月十二 34a〉
b. 火宅앳 사ᄅᆞᄆᆞᆫ 오직 物을 玩코(火宅之人은 唯物之玩이오) 〈法華二 79a〉

〈109〉 ᄉᆞᄆᆞᆾ다 對 通達ᄒᆞ다

고유어 'ᄉᆞᄆᆞᆾ다'와 한자어 '通達ᄒᆞ다'가 [通達]과 [達] 즉 '通達ᄒᆞ다'의 뜻을 가지고 동의 관계에 있다는 것은 동일 원문의 번역인 다음 예문들에서 잘 확인된다. 원문 중 '通達'이 'ᄉᆞᄆᆞᆾ다'로도 번역되고 '通達ᄒᆞ다'로도 번역된다. '博達'이 '너비 ᄉᆞᄆᆞᆾ다'로도 번역되고 '너비 通達ᄒᆞ다'로도 번역된다. 그리고 '通達'의 자석이 'ᄉᆞᄆᆞᆾ다'이다. 따라서 'ᄉᆞᄆᆞᆾ다'와 '通達ᄒᆞ다'의 동의성은 명백히 입증된다.

(109) a. 通達ᄒᆞ야 마ᄀᆞᆫ ᄃᆡ 업서 〈月十五 35a〉
b. ᄉᆞᄆᆞ차 마ᄀᆞᆫ ᄃᆡ 업서(通達無礙ᄒᆞ야) 〈法華四 58b〉

(109) c. 만히 드러 너비 ᄉᆞᄆᆞ차 〈月十五 30a〉
d. 해 드러 너비 通達ᄒᆞ야(多聞博達ᄒᆞ야) 〈法華四 51a〉

(109) e. 큰 智慧 通達ᄒᆞ샤[通達ᄋᆞᆫ ᄉᆞᄆᆞᆺ출 씨라] 〈釋十三 4b〉
f. 大智예 通達ᄒᆞ샤[通達ᄋᆞᆫ ᄉᆞᄆᆞᆺ출 씨라] 〈月十一 20b〉
g. 큰 智慧를 通達ᄒᆞ샤(通達大智ᄒᆞ샤) 〈法華一 37b〉

한편 '通達'과 '達'이 『월인석보』와 『법화경언해』에서 모두 '通達ᄒᆞ다'로 번역된다는 것은 동일 원문의 번역인 다음 예문들에서 잘 확인된다. 원문 중 '通達'이 모두 '通達ᄒᆞ다'로 번역되고 '博達'이 모두 '너비 通達ᄒᆞ다'로 번역된다.

(109) h. 大智예 通達호ᄆᆞᆫ 證호미 ᄇᆞᆰ고 〈月十一 21b〉
i. 大智ᄅᆞᆯ 通達ᄒᆞ샤ᄆᆞᆫ 證ᄒᆞ샤미 ᄇᆞᆯᄀᆞ샤미오(通達大智ᄂᆞᆫ 則所證者ㅣ 明이시고) 〈法華一 39a〉

(109) j. 阿難이 多聞ᄒᆞ고 너비 通達ᄒᆞᆯᄊᆡ 〈月十五 37b〉
k. 阿難이 해 드러 너비 通達ᄒᆞᆯᄊᆡ(阿難이 多聞博達ᄒᆞᆯᄊᆡ) 〈法華四 63b〉

〈110〉 ᄉᆞᄆᆞᆾ다 對 通ᄒᆞ다

고유어 'ᄉᆞᄆᆞᆾ다'와 한자어 '通ᄒᆞ다'가 [通] 즉 '通하다, 꿰뚫다'의 뜻을 가지고 동의 관계에 있다는 것은 동일 원문의 번역인 다른 예문들에서 잘 확인된다. 원문 중 '通乎萬境'이 '萬境에 ᄉᆞᄆᆞᆾ다'로도 번역되고 '萬境에 通ᄒᆞ다'로도 번역된다. 그리고 '他心通'이 '他心 通ᄒᆞ다'로도 번역되고 'ᄂᆞᄆᆡ ᄆᆞᅀᆞᄆᆞᆯ ᄉᆞᄆᆞᆾ다'로도 번역된다. 따라서 'ᄉᆞᄆᆞᆾ다'와 '通ᄒᆞ다'의 동의성은 명백히 입증된다. 여기서 'ᄉᆞᄆᆞᆾ다'와 '通ᄒᆞ다'는 自動詞 구실도 하고 타동사 구실도 한다.

(110) a. 萬境에 너비 ᄉᆞᄆᆞᄎᆞ니 〈月十一 11b〉
b. 萬境에 ᄀᆞ초 通ᄒᆞ시니(該通乎萬境ᄒᆞ시니) 〈法華一 3b〉

(110) c. 마가 ᄉᆞᄆᆞᆺ디 몯ᄒᆞ며 〈月十四 7b〉
d. 마가 通티 몯ᄒᆞ며(礙而不通ᄒᆞ며) 〈法華三 85a〉

(110) e. ᄒᆞᆫ 導師ㅣ 이쇼ᄃᆡ…險ᄒᆞᆫ 길헤 ᄉᆞᄆᆞᄎᆞ며 마근 相ᄋᆞᆯ 이대 아더니 〈月十四 75b〉
f. ᄒᆞᆫ 導師ㅣ…險道의 通ᄒᆞ며 마근 相ᄋᆞᆯ 이대 아라(有一導師ㅣ…善知險道의 通塞之相ᄒᆞ야) 〈法華三 173a〉

(110) g. 他心 通ᄒᆞ니라 〈月十七 73b〉
h. ᄂᆞᄆᆡ ᄆᆞᅀᆞᄆᆞᆯ ᄉᆞᄆᆞᄎᆞ니라(他心ᄋᆞᆯ 通也ㅣ니라) 〈法華六 64a〉

〈111〉 ᄢᅵ이다 對 封ᄒᆞ다

고유어 'ᄢᅵ이다'와 한자어 '封ᄒᆞ다'가 [封] 즉 '싸이다'의 뜻을 가지고 동의 관계에 있다는 것은 동일 원문의 번역인 다음 예문들에서 잘 확인된다. 원문 중 '封…殼'이 '대가리예 ᄢᅵ이다'로도 번역되고 '대가리예 封ᄒᆞ다'로도 번역된다. 따라서 'ᄢᅵ이다'와 '封ᄒᆞ다'의 동의성은 명백히 입증된다.

(111) a. 無明(7a)ㅅ 대가리예 ᄢᅵ일ᄊᆡ 〈月十四 7b〉
b. 無明 대가리예 封ᄒᆞ야 걸일ᄊᆡ(封滯無明之殼故로) 〈法華三 85a〉

〈112〉 ᄉᆡᆼ각ᄒᆞ다 對 憶念ᄒᆞ다

고유어 'ᄉᆡᆼ각ᄒᆞ다'와 한자어 '憶念ᄒᆞ다'가 [憶念] 즉 '생각하다'의 뜻을 가지고 동의 관계에 있다는 것은 동일 원문의 번역인 다음 예문들에서 잘 확인된다. 원문 중 '憶念…慇懃付囑'이 '브즈러니 付屬ᄒᆞ단 이ᄅᆞᆯ ᄉᆡᆼ각ᄒᆞ다'로도 번역되고 '브즈러니 付屬호ᄆᆞᆯ 憶念ᄒᆞ다'로도 번역된다. 그리고 '憶念…道'가 '道ᄅᆞᆯ ᄉᆡᆼ각게 ᄒᆞ다'로도 번역되고 '道ᄅᆞᆯ 憶念케 ᄒᆞ다'로도 번역되므로 'ᄉᆡᆼ각ᄒᆞ다'와 '憶念ᄒᆞ다'의 동의성은 명백히 입증된다.

(112) a. 네 모로매 내의 忉利天宮에 이셔 브즈러니 付屬ᄒᆞ단 이ᄅᆞᆯ ᄉᆡᆼ각ᄒᆞ야 〈釋十一 8a〉

b. 네 반ᄃᆞ기 내 忉利天宮에 이셔 브즈러니 付屬호ᄆᆞᆯ 憶念ᄒᆞ야 〈月二十一 34b〉

c. 汝當憶念吾在忉利天宮 慇懃付囑 〈地藏菩薩本願經〉

(112) d. 네 本願에 行ᄒᆞ던 道ᄅᆞᆯ ᄉᆡᇰ각게 호려 ᄒᆞ야 〈月十二 6a〉

e. 내 이제 도로 널로 本來ㅅ 願에 行ᄒᆞ던 道ᄅᆞᆯ 憶念케 코져 ᄒᆞᆯᄊᆡ(我ㅣ 今에 還欲令汝로 憶念本願行道故로) 〈法華二 31a〉

한편 '憶念'이 『월인석보』와 『법화경언해』에서 모두 'ᄉᆡᇰ각ᄒᆞ다'로 번역된다는 것은 동일 원문의 번역인 다음 예문들에서 잘 확인된다. 원문 중 '憶念…法藏'이 '法藏을 ᄉᆡᇰ각ᄒᆞ다'와 '法藏ᄋᆞᆯ ᄉᆡᇰ각ᄒᆞ다'로 번역된다.

(112) e. 卽時예 過去無量千萬億諸佛法藏을 ᄉᆡᇰ각ᄒᆞ야 〈月十五 35a〉

f. 즉재 過去無量千萬億諸佛法藏ᄋᆞᆯ ᄉᆡᇰ각ᄒᆞ야(卽時예 憶念過去無量千萬億諸佛法藏ᄒᆞ야) 〈法華四 58b〉

(112) g. 卽時예 ᄉᆡᇰ각홈ᄃᆞᆯ ᄒᆞᆫ 〈月十五 35a〉

h. 卽時예 ᄉᆡᇰ각홈ᄃᆞᆯ ᄒᆞᆫ(卽時憶念等者ᄂᆞᆫ) 〈法華四 59a〉

〈113〉 알다 對 覺ᄒᆞ다

고유어 '알다'와 한자어 '覺ᄒᆞ다'가 [覺] 즉 '알다'의 뜻을 가지고 동의 관계에 있다는 것은 동일 원문의 번역인 다음 예문들에서 잘 확인된다. 원문 중 '不覺'이 '아디 몯ᄒᆞ다'로도 번역되고 '覺디 몯ᄒᆞ다'로도 번역되므로 '알다'와 '覺ᄒᆞ다'의 동의성은 명백히 입증된다.

(113) a. 아ᄃᆞᆯᄃᆞᆯ히 즐겨 아디 몯ᄒᆞ며 두리디 아니호ᄆᆞᆫ 〈月十二 23b〉

b. 아ᄃᆞᆯᄃᆞᆯ히 즐겨 著ᄒᆞ야 覺디 몯ᄒᆞ며 두리디 아니호ᄆᆞᆫ(諸子ㅣ 樂著ᄒᆞ야 不覺不怖ᄂᆞᆫ) 〈法華二 60b〉

(113) c. 아디 몯ᄒᆞ며 두리디 아니ᄒᆞ며 〈月十二 38a〉

d. 覺디 몯ᄒᆞ며 知티 몯ᄒᆞ며 놀라디 아니ᄒᆞ며 저티 아니ᄒᆞ며(不覺不知ᄒᆞ며 不驚不怖ᄒᆞ며)

〈法華二 84b〉

한편 '覺'이 『월인석보』와 『법화경언해』에서 모두 '알다'로 번역된다는 것은 동일 원문의 번역인 다음 예문들에서 잘 확인된다. 원문 중 '不覺'이 모두 '아디 몯ᄒᆞ다'로 번역된다.

(113) e. ᄇᆞ려 니저 아디 몯호ᄆᆞᆫ 〈月十五 25a〉
f. 니저 아디 몯호ᄆᆞᆫ(廢忘不覺은) 〈法華四 41a〉

〈114〉 알다 對 領悟ᄒᆞ다

고유어 '알다'와 한자어 '領悟ᄒᆞ다'가 [領悟] 즉 '알다, 깨닫다'의 뜻을 가지고 동의 관계에 있다는 것은 동일 원문의 번역인 다음 예문들에서 잘 확인된다. 원문 중 '先領悟'가 '몬져 알다'로도 번역되고 '몬져 領悟ᄒᆞ다'로도 번역되므로 '알다'와 '領悟ᄒᆞ다'의 동의성은 명백히 입증된다.

(114) a. 舍利佛이 當ᄒᆞᆫ 機ㄹ씨 몬져 아니라 〈月十二 51a〉
b. 身子ㅣ 當機ㄹ씨 몬져 領悟ᄒᆞ고(身子ㅣ 當機故로 先領悟也ᄒᆞ고) 〈法華二175a〉

(114) c. 이 品은 中根 爲ᄒᆞ샤 안 ᄠᅳ들 ᄆᆞᄌᆞ 일우시니 〈月十三 37a〉
d. 이 品은 中根 爲ᄒᆞ샤 領悟ᄒᆞᆫ ᄠᅳ들 述成ᄒᆞ시니라(此品은 爲中根ᄒᆞ샤 述成領悟之意也ᄒᆞ시니라) 〈法華三 2b〉

한편 '領悟'가 『月印釋譜』 권12와 『法華經諺解』에서 모두 '領悟ᄒᆞ다'로 번역된다는 것은 동일 원문의 번역인 다음 예문들에서 잘 확인된다. 원문 중 '最初領悟'가 'ᄆᆞᆺ 처ᅀᅥᆷ 領悟ᄒᆞ다'와 'ᄆᆞᆺ 처ᅀᅥ메 領悟ᄒᆞ다'로 번역된다.

(114) e. ᄆᆞᆺ 처ᅀᅥᆷ 領悟ᄒᆞ야 이 道ᄅᆞᆯ 發明ᄒᆞᆯ 씨니라 〈月十二 7b〉
f. ᄆᆞᆺ 처ᅀᅥ메 領悟ᄒᆞ야 이 道ᄅᆞᆯ 發明ᄒᆞᆫ 다시라(由最初애 領悟ᄒᆞ야 發明是道故也ㅣ라) 〈法華二 33b〉

〈115〉 알다 對 通達ᄒᆞ다

고유어 '알다'와 한자어 '通達ᄒᆞ다'가 [達] 즉 '알다, 통달하다'의 뜻을 가지고 동의 관계에 있다는 것은 동일 원문의 번역인 다음 예문들에서 잘 확인된다. 원문 중 '了達'이 'ᄉᆞᄆᆞᆺ 알다'로도 번역되고 'ᄉᆞᄆᆞᆺ 通達ᄒᆞ다'로도 번역되므로 '알다'와 '通達ᄒᆞ다'의 동의성은 명백히 입증된다.

(115) a. 다 ᄉᆞᄆᆞᆺ 아라 〈月十七 66b〉
b. 다 ᄉᆞᄆᆞᆺ 通達ᄒᆞ야(悉皆了達ᄒᆞ야) 〈法華六 44a〉

〈116〉 알다 對 解ᄒᆞ다

고유어 '알다'와 한자어 '解ᄒᆞ다'가 [解] 즉 '알다'의 뜻을 가지고 동의 관계에 있다는 것은 동일 원문의 번역인 다음 예문들에서 잘 확인된다. 원문 중 '令解'가 '解케 ᄒᆞ다'로도 번역되고 '알에 ᄒᆞ다'로도 번역되므로 '알다'와 '解ᄒᆞ다'의 동의성은 명백히 입증된다.

(116) a. 解 몯ᄒᆞ니ᄅᆞᆯ 解케 ᄒᆞ며 〈月十三 49a〉
b. 아디 몯ᄒᆞᆫ 사ᄅᆞᄆᆞᆯ 알에 ᄒᆞ며(未解者ᄅᆞᆯ 令解ᄒᆞ며) 〈法華三 16a〉

〈117〉 애ᄃᆞᆯ다 對 感傷ᄒᆞ다

고유어 '애ᄃᆞᆯ다'와 한자어 '感傷ᄒᆞ다'가 [感傷] 즉 '애달파하다, 마음에 느끼어 슬퍼하다'의 뜻을 가지고 동의 관계에 있다는 것은 동일 원문의 번역인 다음 예문들에서 잘 확인된다. 원문 중 '甚自感傷'이 '甚히 애ᄃᆞᆯ다'로도 번역되고 '甚히 내 感傷ᄒᆞ다'로도 번역된다. 따라서 '애ᄃᆞᆯ다'와 '感傷ᄒᆞ다'의 동의성은 명백히 입증된다. 여기서 '애ᄃᆞᆯ다'는 타동사 구실을 한다.

(117) a. 如來ㅅ 無量知見 일ᄊᆞᄫᅩᄆᆞᆯ 甚히 애ᄃᆞᅀᆞᄫᅡ ᄒᆞ다이다 〈月十二 3a〉
b. 甚히 내 感傷호ᄃᆡ 如來ㅅ 無量知見을 일호라 ᄒᆞ다이다(甚自感傷호ᄃᆡ 失於如來ㅅ 無量 知見호라 ᄒᆞ다이다) 〈法華二 4b〉

〈118〉 어리오다 對 迷惑히다

고유어 '어리오다'와 한자어 '迷惑히다'가 [迷] 즉 '홀리게 하다, 迷惑하게 하다'의 뜻을 가지고 동의 관계에 있다는 것은 동일 원문의 번역인 다음 예문들에서 잘 확인된다. 원문 중 '爲…所迷'가 '어리오미 ᄃᆞ외다'로도 번역되고 '迷惑히요미 ᄃᆞ외다'로도 번역된다. 따라서 '어리오다'와 '迷惑히다'의 동의성은 명백히 입증된다. '어리오다'는 '어리다'의 使動形이고 '迷惑히다'는 '迷惑ᄒᆞ다'의 사동형이다.

(118) a. 衆生이 貪慾ᄋᆡ 어리오미 ᄃᆞ외야 〈月十二 26a〉
b. 가ᄌᆞᆯ비샤ᄃᆡ 衆生이 貪慾ᄋᆡ 迷惑히요미 ᄃᆞ외야(譬衆生이 爲貪慾의 所迷ᄒᆞ야) 〈法華二 65a〉

〈119〉 어울우다 對 和合ᄒᆞ다

고유어 '어울우다'와 한자어 '和合ᄒᆞ다'가 [和合] 즉 '어우르다, 합치다'의 뜻을 가지고 동의 관계에 있다는 것은 동일 원문의 번역인 다음 예문들에서 잘 확인된다. 원문 중 '天香和合'이 '天香 어울우다'로도 번역되고 '天香ᄋᆞ로 和合ᄒᆞ다'로도 번역되므로 '어울우다'와 '和合ᄒᆞ다'의 동의성은 명백히 입증된다. '어울우다'는 '어울다'의 使動形이다.

(119) a. 이러틋ᄒᆞᆫ 天香 어울운 香ᄋᆞᆯ 〈釋十九 18b〉
b. 이트렛 天香ᄋᆞ로 和合ᄒᆞ야 내욘 香ᄋᆞᆯ 〈月十七 65a〉
c. 이러틋ᄒᆞᆫ 天香 어울워 내욘 香ᄋᆞᆯ(如是等天香和合所出之香을) 〈法華六 42a〉

(119) d. 디허 처 和合(17b)ᄒᆞ야 〈月十七 18a〉
e. 디허(153b) 처 어울워(擣篩和合ᄒᆞ야) 〈法華五 154a〉

(119) f. 和合ᄒᆞ야 먹게 호ᄆᆞᆫ 〈月十七 19a〉
g. 어울워 먹게 ᄒᆞ면(和合令服ᄒᆞ면) 〈法華五 155b〉

〈120〉 얻다 對 得ᄒᆞ다

고유어 '얻다'와 한자어 '得ᄒᆞ다'가 [得]과 [獲] 즉 '얻다'의 뜻을 가지고 동의 관계에 있다는 것은 동일 원문의 번역인 다음 예문들에서 잘 확인된다. 원문 중 '得罪'가 '罪ᄅᆞᆯ 얻다'로도 번역되고 '罪ᄅᆞᆯ 得ᄒᆞ다'로도 번역된다. '得…珍寶輦輿'가 '보ᄇᆡ옛 더을 얻다'로도 번역되고 '珍寶輦輿를 得ᄒᆞ다'로도 번역된다. 그리고 '獲勝福'이 '勝福ᄋᆞᆯ 얻다'로도 번역되고 '勝福ᄋᆞᆯ 得ᄒᆞ다'로도 번역된다. 따라서 '얻다'와 '得ᄒᆞ다'의 동의성은 명백히 입증된다. '얻다'와 '得ᄒᆞ다'는 [+유정물]인 '象'과 'ᄆᆞᆯ'을 비롯하여 [+구체물]인 '술위'와 '덩' 그리고 [-구체물]인 '罪'와 '勝福'을 목적어로 공유한다.

(120) a. 녜 업던 이ᄅᆞᆯ 얻과라 ᄒᆞ더니 〈釋十九 40b〉
b. 녜 업던 이ᄅᆞᆯ 得과라 ᄒᆞ야 〈月十八 7b〉
c. 未曾有를 得ᄒᆞ얫더니(得未曾有ㅣ러니) 〈法華六 104a〉

(120) d. 다 罪ᄅᆞᆯ 얻ᄂᆞᆫ 거시로ᄃᆡ 〈釋二十 13a〉
e. 다 罪ᄅᆞᆯ 得ᄒᆞᄂᆞ니 〈月十八 33a〉
f. 다 罪ᄅᆞᆯ 得호ᄃᆡ(悉皆得罪호ᄃᆡ) 〈法華六 145b〉

(120) g. 善根 어두미 어려ᄫᅳᆯᄊᆡ 〈釋二十 27b〉
h. 善根 得호미 어려ᄫᅳᆯᄊᆡ 〈月十八 54b〉
i. 善根을 得호미 어려울ᄊᆡ(善根을 難得일ᄊᆡ) 〈法華六 174b〉

(120) j. 善知識ᄋᆞᆯ 어더 〈釋二十一 45a〉
k. 善知識ᄋᆞᆯ 얻ᄂᆞ니 〈月十九 88a〉
l. 善知識을 得ᄒᆞᄂᆞ니(得善知識ᄒᆞᄂᆞ니) 〈法華七 146b〉

(120) m. 됴ᄒᆞᆫ 象이며 ᄆᆞ리며 술위며 보ᄇᆡ옛 더을 어드며 〈釋十九 5b〉
n. 됴ᄒᆞᆫ 上妙 象馬車乘과 珍寶輦輿ᄅᆞᆯ 得ᄒᆞ며(得好上妙象馬車乘과 珍寶輦輿ᄒᆞ며) 〈法華六 11a〉

(120) o. 그지업슨 보비롤 아니 求ᄒᆞ야셔 얻즈과이다 〈月十三 6b〉
p. 그지업슨 보비롤 求티 아니ᄒᆞ야 제 得과이다(無量珍寶ᄅᆞᆯ 不求自得괘이다) 〈法華二 181b〉

(120) q. 現ᄒᆞᆫ 果報롤 얻고 〈月十九 121b〉
r. 現ᄒᆞᆫ 果報롤 得고(得現果報ᄒᆞ고) 〈法華七 186b〉

(120) s. ᄯᅩ 勝福ᄋᆞᆯ 得ᄒᆞᆯᄊᆡ 〈釋十九 8b〉
t. ᄯᅩ 勝福ᄋᆞᆯ 어들ᄊᆡ 〈月十七 44a〉
u. ᄯᅩ 勝福ᄋᆞᆯ 어드릴ᄊᆡ(亦獲勝福ᄒᆞ릴ᄊᆡ 故로) 〈法華六 3a〉

한편 '得'이 『월인석보』와 『법화경언해』에서 모두 '얻다'로 번역된다는 것은 동일 원문의 번역인 다음 예문들에서 잘 확인된다. 원문 중 '得惡疾'이 모두 '모딘 病을 얻다'로 번역된다.

(120) v. 그 거부비 나못 굼글 어더ᅀᅡ 〈釋二十一 40a〉
w. 거부비 나못 굼글 어드면(龜ㅣ 得木孔ᄒᆞ면) 〈法華七 38a〉

(120) x. 허므를 내면 모딘 病을 얻고 〈月十九 121b〉
y. 그 허므를 내면 모딘 病을 얻고(出其過惡ᄒᆞ면 則得惡疾ᄒᆞ고) 〈法華七 186b〉

〈121〉 얻다 對 取ᄒᆞ다

고유어 '얻다'와 한자어 '取ᄒᆞ다'가 [取] 즉 '얻다, 取하다'의 뜻을 가지고 동의 관계에 있다는 것은 동일 원문의 번역인 다음 예문들에서 잘 확인된다. 원문 중 '取誅滅'이 '誅滅을 얻다'로도 번역되고 '주구믈 取ᄒᆞ다'로도 번역되므로 '얻다'와 '取ᄒᆞ다'의 동의성은 명백히 입증된다.

(121) a. 제 誅滅을 얻ᄃᆞᆺ다 ᄒᆞ시니 〈月十九 97a〉
b. 제 주구믈 取ᄐᆞᆺ ᄒᆞ니(如…自取誅滅ᄐᆞᆺ ᄒᆞ니) 〈法華七 159a〉

〈122〉 없다 對 歇ᄒᆞ다

고유어 '없다'와 한자어 '歇ᄒᆞ다'가 [歇] 즉 '있던 것이 다 없어지다'의 뜻을 가지고 동의 관계에 있다는 것은 동일 원문의 번역인 다음 예문들에서 잘 확인된다. 원문 중 '臭歇'이 '내 없다'로도 번역되고 '내 歇ᄒᆞ다'로도 번역된다. 따라서 '없다'와 '歇ᄒᆞ다'의 동의성은 명백히 입증된다.

(122) a. 그 벌에 죽고 그 내 즉자히 업거늘 〈釋二十四 50b〉
b. 벌에 죽고 내 歇커늘 〈月二十五 141a〉
c. 虫死而臭歇 〈釋迦譜 卷5 31. 阿育王造八萬四千塔記〉

〈123〉 없다 對 滅ᄒᆞ다

고유어 '없다'와 한자어 '滅ᄒᆞ다'가 [滅] 즉 '멸하다, 없어지다'의 뜻을 가지고 동의 관계에 있다는 것은 동일 원문의 번역인 다음 예문들에서 잘 확인된다. 원문 중 '正法滅'이 '正法 없다'로도 번역되고 '正法이 滅ᄒᆞ다'로도 번역되므로 '없다'와 '滅ᄒᆞ다'의 동의성은 명백히 입증된다. '없다'와 '滅ᄒᆞ다'는 '正法'을 주어로 공유한다.

(123) a. 正法 업슨 後 〈釋十九 29a〉
b. 正法이 滅ᄒᆞᆫ 후에 〈月十七 82b〉
c. 正法 滅後에(正法滅後에) 〈法華六 77a〉

(123) d. 生老病死ᄒᆞᄂᆞᆫ 受苦ᄅᆞᆯ 漸漸 다 업긔 ᄒᆞᄂᆞ니 〈釋二十一 14a〉
e. 生老病死ᄅᆞᆯ 漸漸 다 滅케 ᄒᆞᄂᆞ니라(生老病死苦ᄅᆞᆯ 以漸悉令滅ᄒᆞᄂᆞ니라) 〈法華七 92b〉

(123) f. 正法 像法이 各各 스믈 劫 後에 업수믄 〈月十三 61b〉
g. 正像法이 各各 二十劫 後에ᅀᅡ 滅호ᄆᆞᆫ(正像之法이 各二十劫而後에ᅀᅡ 滅者ᄂᆞᆫ) 〈法華三 58b〉

(123) h. 世間ㅅ 두리ᄫᅮ미 ᄒᆞ야디여 업스니라 〈月十四 53b〉
i. 世間 저푸미 허러 滅토다(世間怖畏ㅣ 壞滅矣로다) 〈法華三 161a〉

〈124〉 없다 對 命終ᄒᆞ다

고유어 '없다'와 한자어 '命終ᄒᆞ다'가 [命終] 즉 '목숨이 끊어지다, 죽다'의 뜻을 가지고 동의 관계에 있다는 것은 동일 원문의 번역인 다음 예문들에서 잘 확인된다. 원문 중 '王…命終'이 '頻頭婆羅王이 없다'로도 번역되고 '王이 命終ᄒᆞ다'로도 번역된다. 따라서 '없다'와 '命終ᄒᆞ다'의 동의성은 명백히 입증된다.

(124) a. 頻頭婆羅王이 업거늘 〈釋二十四 12b〉

b. 王이 命(73a)終커늘 〈月二十五 73b〉

c. 王…卽便命終 〈釋迦譜 卷5 31. 阿育王造八萬四千塔記〉

〈125〉 없다 對 沒ᄒᆞ다

고유어 '없다'와 한자어 '沒ᄒᆞ다'가 [沒] 즉 '숨다'의 뜻을 가지고 동의 관계에 있다는 것은 동일 원문의 번역인 다음 예문들에서 잘 확인된다. 원문 중 '於彼國沒'이 '뎌 나라해 沒ᄒᆞ다'로도 번역되고 '뎌 나라해 없다'로도 번역된다. 따라서 '없다'와 '沒ᄒᆞ다'의 동의성은 명백히 입증된다.

(125) a. 妙音菩薩이 뎌 나라해 沒ᄒᆞ샤[沒은 업서 수믈 씨라] 〈月十八 77a〉

b. 妙音菩薩이 뎌 나래해 업스샤(妙音菩薩이 於彼國에 沒ᄒᆞ샤) 〈法華七 17b〉

〈126〉 옮기다 對 轉ᄒᆞ다

고유어 '옮기다'와 한자어 '轉ᄒᆞ다'가 [轉] 즉 '옮기다'의 뜻을 가지고 동의 관계에 있다는 것은 동일 원문의 번역인 다음 예문들에서 잘 확인된다. 원문 중 '轉物'이 '物을 옮기다'로도 번역되고 '物을 轉ᄒᆞ다'로도 번역된다. 그리고 '轉法輪'이 '法輪을 轉ᄒᆞ다'로도 번역되고 '法輪 옮기다'로도 번역된다. 따라서 '옮기다'와 '轉ᄒᆞ다'의 동의성은 명백히 입증된다.

(126) a. ᄒᆞ다가 物을 옮기디 몯ᄒᆞ야셔 믄득 物을 應호려 ᄒᆞ면 物을 옮굘 배 ᄃᆞ외리니 〈釋二十一 54a〉

b. ᄒᆞ다가 能히 物을 轉티 몯ᄒᆞ고셔 믄득 物을 應ᄒᆞ면 物의 轉호미 ᄃᆞ외(106b)리라 〈月十九 107a〉

c. ᄒᆞ다가 能히 物 두르혀디 몯고 믄득 物 應ᄒᆞ면 物의 두르혀미 ᄃᆞ외리니(若未能轉物ᄒᆞ고 爲物의 所轉矣리니) 〈法華七 170b〉

(126) d. 物을 옮교ᄆᆞᆫ 읏드미오 〈釋二十一 54a〉

e. 物 轉호미 體오 〈月十九 106b〉

f. 物 두르혀미 體오(轉物이 爲體오) 〈法華七 170b〉

(126) g. 처ᅀᅥᆷ 法輪을 轉ᄒᆞ시고 〈月十二 17b〉

h. 처ᅀᅥᆷ 法輪 옮기시고(初轉法輪ᄒᆞ시고) 〈法華二 47a〉

(126) i. 世尊이 法輪을 轉ᄒᆞ샤 〈月十四 21b〉

j. 世尊이 法輪 옮기샤(世尊이 轉於法輪ᄒᆞ샤) 〈法華三 110b〉

(126) k. 法輪을 轉ᄒᆞ며 〈月十九 119a〉

l. 法輪 옮기며(轉法輪ᄒᆞ며) 〈法華七 183a〉

(126) m. 世尊ᄭᅴ 法輪 轉ᄒᆞ샤ᄆᆞᆯ 勸(16a)請ᄒᆞᅀᆞᄫᅡ 〈月十四 16b〉

n. 世尊ᄭᅴ 法輪 옮기쇼셔 勸ᄒᆞ야 請ᄒᆞᅀᆞ와(勸請世尊轉於法輪ᄒᆞᅀᆞ와) 〈法華三 101a〉

(126) o. 不退轉을 轉호ᄆᆞᆫ 〈月十一 21a〉

p. 不退轉을 옮기샤ᄆᆞᆫ(轉不退轉者ᄂᆞᆫ) 〈法華一 39a〉

한편 '轉'이 『월인석보』와 『법화경언해』에서 모두 '轉ᄒᆞ다'로 번역된다는 것은 동일 원문의 번역인 다음 예문들에서 잘 확인된다. 원문 중 '轉無上輪'이 모두 '無上輪을 轉ᄒᆞ다'로 번역된다.

(126) q. 알ᄑᆡ 請ᄒᆞᅀᆞᄫᅩ미 다 無上輪을 轉ᄒᆞ쇼셔 願커늘 〈月十四 40b〉

r. 알ᄑᆡ 請ᄒᆞᅀᆞ오미 다 無上輪을 轉ᄒᆞ쇼셔 願커늘(前所請이 皆願轉無上輪이어늘) 〈法華三 143a〉

〈127〉 외오다 對 諷誦ᄒᆞ다

고유어 '외오다'와 한자어 '諷誦ᄒᆞ다'가 [諷誦] 즉 '외우다'의 뜻을 가지고 동의 관계에 있다는 것은 동일 원문의 번역인 다음 예문들에서 잘 확인된다. 원문 중 '諷誦通利'가 '외오며 通利ᄒᆞ다'로도 번역되고 '諷誦通利ᄒᆞ다'로도 번역된다. 따라서 '외오다'와 '諷誦ᄒᆞ다'의 동의성은 명백히 입증된다.

(127) a. 다 受持ᄒᆞ야 외오며 通利ᄒᆞ니라 〈月十四 44a〉
b. 다 受持ᄒᆞ야 諷誦通利ᄒᆞ니라(皆共受持ᄒᆞ야 諷誦通利ᄒᆞ니라) 〈法華三 146b〉

〈128〉 이르다 對 成就ᄒᆞ다

고유어 '이르다'와 한자어 '成就ᄒᆞ다'가 [成就] 즉 '이루다, 成就ᄒᆞ다'의 뜻을 가지고 동의 관계에 있다는 것은 동일 원문의 번역인 다음 예문들에서 잘 확인된다. 원문 중 '自在成就'가 '自在成就ᄒᆞ다'로도 번역되고 '自在히 이르다'로도 번역되므로 '이르다'와 '成就ᄒᆞ다'의 동의성은 명백히 입증된다.

(128) a. 다 無作妙力으로 自在成就ᄒᆞ샤미라 〈月十九 32b〉
b. 다 지솜 업스신 妙力으로 自在히 이르샤미니(皆以無力妙力으로 自在成就시니) 〈法華七 71b〉

〈129〉 잇내다 對 像ᄒᆞ다

고유어 '잇내다'와 한자어 '像ᄒᆞ다'가 [像] 즉 '본뜨다'의 뜻을 가지고 동의 관계에 있다는 것은 동일 원문의 번역인 다음 예문들에서 잘 확인된다. 원문 중 '像牛'가 '쇼롤 잇내다'로도 번역되고 '쇼롤 像ᄒᆞ다'로도 번역되므로 '잇내다'와 '像ᄒᆞ다'의 동의성은 명백히 입증된다.

(129) a. ᄒᆞᆫ갓 쇼롤 잇내야 〈月十二 28a〉
b. ᄒᆞᆫ갓 쇼롤 像ᄒᆞ야(徒以像牛ᄒᆞ야) 〈法華二 68a〉

〈130〉 잘ᄒᆞ다 對 能ᄒᆞ다

고유어 '잘ᄒᆞ다'와 한자어 '能ᄒᆞ다'가 [能] 즉 '잘하다, 能하다'의 뜻을 가지고 동의 관계에 있다는 것은 동일 원문의 번역인 다음 예문들에서 잘 확인된다. 원문 중 '能事'가 '잘ᄒᆞ시논 일'로도 번역되고 '能ᄒᆞ신 일'로도 번역된다. 따라서 '잘ᄒᆞ다'와 '能ᄒᆞ다'의 동의성은 명백히 입증된다.

(130) a. 諸佛ㅅ 잘ᄒᆞ시논 이리 이어긔 ᄆᆞᄎᆞ니라 〈月十一 13a〉
b. 諸佛ㅅ 能ᄒᆞ신 이리 이에 ᄆᆞᄎᆞ시니라(諸佛能事ㅣ 終畢於是也ㅣ시니라) 〈法華一 4a〉

〈131〉 잡다 對 攝ᄒᆞ다

고유어 '잡다'와 한자어 '攝ᄒᆞ다'가 [攝] 즉 '잡다, 쥐다'의 뜻을 가지고 동의 관계에 있다는 것은 동일 원문의 번역인 다음 예문들에서 잘 확인된다. 원문 중 '攝五情'이 '五情을 攝ᄒᆞ다'로도 번역되고 '五情을 잡다'로도 번역되므로 '잡다'와 '攝ᄒᆞ다'의 동의성은 명백히 입증된다.

(131) a. 五情을 攝ᄒᆞᄂᆞ니잇가[…攝은 자바 치누를 씨라] 〈釋二十 43b〉
b. 五情을 잡ᄂᆞ니잇가 아니잇가(攝五情ᄒᆞᄂᆞ니잇가 不ㅣ잇가) 〈法華七 21a〉

(131) c. 서르 攝디 몯거니와 〈月十八 49a〉
d. 서르 잡디 몯거시니와(不能相攝거시니와) 〈法華六 166b〉

(131) e. 서르 ᄉᆞᄆᆞᄎᆞ며 노가 攝ᄒᆞ야 〈月十八 69b〉
f. 서르 ᄉᆞᄆᆞ차 노겨 자ᄇᆞ샤(交徹融攝ᄒᆞ샤) 〈法華七 9b〉

(131) g. 萬行이 圓히 攝호미 無盡호ᄆᆞᆯ 뵈시니라 〈月十九 99b〉
h. 萬行ᄋᆞᆯ 두려이 자ᄇᆞ샤 無盡ᄒᆞ샤ᄆᆞᆯ 뵈시니라(示萬行ᄋᆞᆯ 圓攝無盡也 ᄒᆞ시니라) 〈法華七 161a〉

〈132〉 저ᅀᆞᆸ다 對 禮數ᄒᆞ다

고유어 '저숩다'와 한자어 '禮數ᄒᆞ다'가 [禮拜]와 [禮] 즉 '절하다'의 뜻을 가지고 동의 관계에 있다는 것은 동일 원문의 번역인 다음 예문들에서 잘 확인된다. 원문 중 '禮佛'이 '부텻긔 禮數ᄒᆞ숩다'로도 번역되고 '부텨씌 저숩다'로도 번역되므로 '저숩다'와 '禮數ᄒᆞ다'의 동의성은 명백히 입증된다.

(132) a. 禮數ᄒᆞ야 供養ᄒᆞ숩고 〈釋二十 52b〉
b. 저ᅀᆞ와 供養ᄒᆞ숩고(禮拜供養ᄒᆞ숩고) 〈法華七 35a〉

(132) c. 머리 조ᅀᅡ 부텻긔 禮數ᄒᆞ숩고 〈月十四 20b〉
d. 頭面으로 부텻긔 저숩고(頭面禮佛ᄒᆞ숩고) 〈法華三 108a〉

(132) e. 머리 조ᅀᅡ 禮(15)數ᄒᆞ숩고 〈月十四 16a〉
f. 머리 ᄂᆞᄎᆞ로 바래 저숩고(頭面禮足ᄒᆞ숩고) 〈法華三 98a〉

한편 '禮'가 『월인석보』 권15와 『법화경언해』에서 모두 '禮數ᄒᆞ다'로 번역된다는 것은 동일 원문의 번역인 다음 예문들에서 잘 확인된다. 원문 중 '向禮'가 모두 '向ᄒᆞ야 禮數ᄒᆞ다'로 번역된다.

(132) g. 그 니른 方애(46b) 조차 向ᄒᆞ야 禮數ᄒᆞ야 〈月十五 47b〉
h. 다ᄃᆞ른 方애 조차 向ᄒᆞ야 禮數ᄒᆞ야(其所至方애 應隨向禮ᄒᆞ야) 〈法華四 78b〉

〈133〉 저허ᄒᆞ다 對 恐怖ᄒᆞ다

고유어 '저허ᄒᆞ다'와 한자어 '恐怖ᄒᆞ다'가 [恐怖] 즉 '두려워하다'의 뜻을 가지고 동의 관계에 있다는 것은 다음 예문들에서 잘 확인된다. 원문 중 '或恐或怖'가 '恐怖ᄒᆞ다'로 번역되고 '恐怖'의 자석이 '저허ᄒᆞ다'이다. 따라서 '저허ᄒᆞ다'와 '恐怖ᄒᆞ다'의 동의성은 명백히 입증된다.

(133) a. 시혹 恐怖커나 ᄒᆞ면 [恐怖는 저허홀 씨라] 〈月二十一 95a〉
b. 或恐或怖 〈地藏菩薩本願經〉

〈134〉 저히다 對 刦ᄒᆞ다

고유어 '저히다'와 한자어 '刦ᄒᆞ다'가 [刦] 즉 '위협하다'의 뜻을 가지고 동의 관계에 있다는 것은 다음 예문들에서 잘 확인된다. 예문 (a)의 '刦디 몯ᄒᆞ다'의 '刦'의 자석이 '저히다'이다. 따라서 '저히다'와 '刦ᄒᆞ다'의 동의성은 명백히 입증된다.

(134) a. 도ᄌᆞ기 能히 刦디 몯게 ᄒᆞ며 〈月十九 13b〉
b. 色이 刦디 몯ᄒᆞ릴ᄊᆡ 〈月十九 13b〉
c. 色ᄋᆡ 刦호미 ᄃᆞ외ᄂᆞ니 〈月十九 13b〉
d. 能히 刦ᄒᆞ야 뮈우디 몯ᄒᆞ리라 〈月十九 14a〉

(134) e. 刦은 저힐 ᄊᆞ라 〈月十九 13b〉

〈135〉 절ᄒᆞ다 對 禮拜ᄒᆞ다

고유어 '절ᄒᆞ다'와 한자어 '禮拜ᄒᆞ다'가 [禮拜] 즉 '절하다'의 뜻을 가지고 동의 관계에 있다는 것은 동일 원문의 번역인 다음 예문들에서 잘 확인된다. 원문 중 '親近禮拜'가 '親近히 절ᄒᆞ다'로도 번역되고 '親近ᄒᆞ야 禮拜ᄒᆞ다'로도 번역된다. 그리고 '禮拜讚歎'이 '절ᄒᆞ야 讚歎ᄒᆞ다'로도 번역되고 '禮拜讚歎ᄒᆞ다'로도 번역된다. 따라서 '절ᄒᆞ다'와 '禮拜ᄒᆞ다'의 동의성은 명백히 입증된다.

(135) a. 나를 供養ᄒᆞ야 親近히 절ᄒᆞ며 〈釋二十 39b〉
b. 내게 供養 親近ᄒᆞ야 禮拜ᄒᆞ며 〈月十八 74b〉
c. 내게 供養 親近 禮拜코져 ᄒᆞ며(欲…供養親近禮拜於我ᄒᆞ며) 〈法華七 15b〉

(135) d. ᄯᅩ 부러 가 절ᄒᆞ고 讚嘆ᄒᆞ야 닐오ᄃᆡ 〈釋十九 30a〉
e. ᄯᅩ 부러 가 절ᄒᆞ야 讚歎ᄒᆞ야 닐오ᄃᆡ 〈月十七 84a〉
f. ᄯᅩ 부러 가 禮拜讚歎ᄒᆞ야 이 말 호ᄃᆡ(亦復故往ᄒᆞ야 禮拜讚歎ᄒᆞ야 而作是言호ᄃᆡ) 〈法華六 79b〉

(135) g. 아뫼나 衆生이 觀世音菩薩올 恭敬ᄒᆞ야 절ᄒᆞ면 〈釋二十一 8a〉

h. ᄒᆞ다가 衆生이 觀世音菩薩을 恭敬禮拜ᄒᆞ면(若有衆生이 恭敬禮拜觀世音菩薩ᄒᆞ면) 〈法華七 68a〉

〈136〉 절ᄒᆞ다 對 禮數ᄒᆞ다

고유어 '절ᄒᆞ다'와 한자어 '禮數ᄒᆞ다'가 [作禮]와 [禮] 즉 '절하다'의 뜻을 가지고 동의 관계에 있다는 것은 다음 예문들에서 잘 확인된다. 원문 중 '作禮而退'가 '절ᄒᆞ고 므르다'로도 번역되고 '禮數ᄒᆞᅀᆞᆸ고 므르시다'로도 번역된다. 그리고 '瞻禮'가 '울워러 절ᄒᆞ다'로 번역되고 '敬禮'가 '恭敬ᄒᆞ야 禮數ᄒᆞ다'로 번역된다. 따라서 '절ᄒᆞ다'와 '禮數ᄒᆞ다'의 동의성은 명백히 입증된다.

(136) a. 大辯長者ㅣ 歡喜ᄒᆞ야 ᄀᆞᄅᆞ치샤ᄆᆞᆯ 받ᄌᆞ바 절ᄒᆞ고 므르니라(大辯長者, 歡喜奉教, 作禮而退) 〈月二十一 112a〉

b. 울워러 절ᄒᆞ며 讚歎ᄒᆞ(60b)며(瞻禮讚歎) 〈月二十一 61a〉

c. 다 地藏像ᄋᆞᆯ ᄇᆞ라 절ᄒᆞ며 이 本願經 닐곤 젼ᄎᆞ로(皆由瞻禮地藏形像, 及轉讀是本願經故) 〈月二十一 153a〉

d. 地藏菩薩ㅅ 像ᄋᆞᆯ 절커나(禮地藏菩薩形) 〈月二十一 186b〉

(136) e. 定自(62a)在王菩薩이 世尊ᄭᅴ ᄉᆞᆯᄫᆞ시고 合掌恭敬ᄒᆞᅀᆞ바 禮數ᄒᆞᅀᆞᆸ고 므르시니라(定自在王菩薩白世尊已, 合掌恭敬, 作禮而退) 〈月二十一 62b〉

f. 우리 鬼王이 이 사ᄅᆞᄆᆞᆯ 恭敬ᄒᆞ야 禮數호ᄃᆡ(我等鬼王, 敬禮是人) 〈月二十一 122a〉

g. 摩耶夫人이(47a) 드르시고 시름ᄒᆞ샤 合掌ᄒᆞ야 머리 조사 禮數ᄒᆞ시고 므르시니라(摩耶夫人聞已, 愁憂合掌, 頂禮而退) 〈月二十一 47b〉

〈137〉 조치다 對 兼ᄒᆞ다

고유어 '조치다'와 한자어 '兼ᄒᆞ다'가 [兼] 즉 '겸하다, 합치다'의 뜻을 가지고 동의 관계에 있다는 것은 동일 원문의 번역인 다음 예문들에서 잘 확인된다. 원문 중 '兼男'이 '남지ᄂᆞᆯ 조치다'로도 번역되고 '男人에 兼ᄒᆞ다'로도 번역되므로 '조치다'와 '兼ᄒᆞ다'의 동의성은 명백히 입증된다.

(137) a. 남지ᄂᆞᆯ 조쳐 니ᄅᆞ샨 ᄠᅳ디라 〈釋二十 27b〉
b. ᄠᅳ디 男人에 兼ᄒᆞ시니라 〈月十八 54b〉
c. ᄠᅳ디 男人에 兼ᄒᆞ시니라(意兼男也ㅣ시니라) 〈法華六 174b〉

한편 '兼'이 『월인석보』와 『법화경언해』에서 모두 '조치다'로 번역된다는 것은 동일 원문의 번역인 다음 예문들에서 잘 확인된다. 원문 중 '兼放'이 모두 '조쳐 펴다'로 번역된다.

(137) d. 肉髻光ᄋᆞᆯ 조쳐 펴샤ᄆᆞᆫ 〈月十八 65a〉
e. 肉(3b)髻光ᄋᆞᆯ 조쳐 펴샤ᄆᆞᆫ(兼放肉髻光者ᄂᆞᆫ) 〈法華七 4a〉

〈138〉 졸다 對 滅ᄒᆞ다

고유어 '졸다'와 한자어 '滅ᄒᆞ다'가 [減] 즉 '줄다'의 뜻을 가지고 동의 관계에 있다는 것은 동일 원문의 번역인 다음 예문들에서 잘 확인된다. 원문 중 '減壽'가 '목수미 滅ᄒᆞ다'로도 번역되고 '목숨 졸다'로도 번역되므로 '졸다'와 '滅ᄒᆞ다'의 동의성은 명백히 입증된다.

(138) a. 劫으로 목수미 滅ᄒᆞ야 百歲ㅅ 時節이라 〈月十一 126b〉
b. 劫의 목숨 百歲예 존 時節에 當ᄒᆞ샤(當劫減壽百歲時ᄒᆞ샤) 〈法華一 190a〉

〈139〉 좇다 對 應ᄒᆞ다

고유어 '좇다'와 한자어 '應ᄒᆞ다'가 [應] 즉 '좇다'의 뜻을 가지고 동의 관계에 있다는 것은 동일 원문의 번역인 다음 예문들에서 잘 확인된다. 원문 중 '應機'가 '機ᄅᆞᆯ 좇다'로도 번역되고 '機ᄅᆞᆯ 應ᄒᆞ다'로도 번역되므로 '좇다'와 '應ᄒᆞ다'의 동의성은 명백히 입증된다.

(139) a. 藥王은 機ᄅᆞᆯ 조차 藥ᄋᆞᆯ 내시고 〈月十一 23b〉
b. 藥王ᄋᆞᆫ 機ᄅᆞᆯ 應ᄒᆞ샤 藥ᄋᆞᆯ 내시고(藥王은 應機ᄒᆞ샤 發藥ᄒᆞ시고) 〈法華一 43a〉

〈140〉 좇다 對 從ᄒᆞ다

고유어 '좇다'와 한자어 '從ᄒᆞ다'가 [從] 즉 '좇다'의 뜻을 가지고 동의 관계에 있다는 것은 동일 원문의 번역인 다음 예문들에서 잘 확인된다. 원문 중 '從其化'가 '그 敎化 좇다'로도 번역되고 '그 化 從ᄒᆞ다'로도 번역된다. 그리고 '從佛口'가 '부텻 이블 從ᄒᆞ다'로도 번역되고 '부텻 이블 좇다'로도 번역된다. 따라서 '좇다'와 '從ᄒᆞ다'의 동의성은 명백히 입증된다.

(140) a. 그 敎化 조ᄎᆞᆶ 사ᄅᆞ미 〈月十二 13a〉
b. 그 化 從ᄒᆞᆯ 싸ᄅᆞ미(從其化者ㅣ) 〈法華二 39b〉

(140) c. 부(4b)텻 이블 從ᄒᆞ야 나며 〈月十二 5a〉
d. 부텻 이블 좇ᄌᆞ와 나며(從佛口ᄒᆞᅀᆞ와 生ᄒᆞ며) 〈法華二 8a〉

(140) e. 法을 從ᄒᆞ야 化生ᄒᆞ야 〈月十二 5a〉
f. 法을 조차 化生ᄒᆞ야(從法ᄒᆞ야 化生ᄒᆞ야) 〈法華二 8a〉

(140) g. 顯을 從ᄒᆞ야 드러 니르시니 〈月十九 35a〉
h. 顯호ᄆᆞᆯ 조ᄎᆞ샤 드러 니ᄅᆞ시니(從顯ᄒᆞ샤 擧ᄒᆞ시니) 〈法華七 75b〉

(140) i. 從티 아니커늘 구틔여 ᄃᆞ리샤ᄆᆞᆯ 가ᄌᆞᆯ비니라 〈月十三 17a〉
j. 좇ᄌᆞᆸ디 아니커늘 긋 ᄃᆞ리샤ᄆᆞᆯ 가ᄌᆞᆯ비니라(譬不從而强率也ㅣ라) 〈法華二 202a〉

한편 '從'이 『月印釋譜』와 『法華經諺解』에서 모두 '좇다'로 번역된다는 것은 동일 원문의 번역인 다음 예문들에서 잘 확인된다. 원문 중 '從其化'가 '敎化ᄅᆞᆯ 좇다'와 '그 化ᄅᆞᆯ 좇다'로 번역된다.

(140) k. 敎化ᄅᆞᆯ 조ᄌᆞᆸ디 아니ᄒᆞ야 〈月十二 26b〉
l. 그 化ᄅᆞᆯ 좇ᄌᆞᆸ디 아니ᄒᆞᅀᆞᆸ고(不從其化ᄒᆞᅀᆞᆸ고) 〈法華二 65b〉

〈141〉 주다 對 布施ᄒᆞ다

고유어 '주다'와 한자어 '布施ᄒᆞ다'가 [施]와 [施與] 즉 '주다, 布施하다'의 뜻을 가지고 동의 관계에 있다는 것은 동일 원문의 번역인 다음 예문들에서 잘 확인된다. 원문 중 '施…樂具'가 '즐거ᄫᅳᆫ 것 布施ᄒᆞ다'로도 번역되고 '즐거ᄫᅳᆫ 것만 주다'와 '즐거운 거슬 주다'로도 번역된다. 그리고 '欣樂施與'가 '즐겨 布施ᄒᆞ다'로도 번역되고 '즐겨 주다'로도 번역된다. 따라서 '주다'와 '布施ᄒᆞ다'의 동의성은 명백히 입증된다.

(141) a. 衆生ᄋᆡ그에 一切 즐거ᄫᅳᆫ 것 布施ᄒᆞᆯ 만ᄒᆞ(4a)야도 〈釋十九 4b〉
b. 오직 衆生의게 一切 즐거ᄫᅳᆫ 것만 주어도 〈月十七 48b〉
c. 오직 衆生의게 一切 즐거운 거슬 주어도(但施衆生의게 一切樂具ᄒᆞ야도) 〈法華六 9a〉

(141) d. 머리와 눈과 몸과ᄅᆞᆯ 즐겨 布施ᄒᆞ야 〈月十一 2b〉
e. 머리와 눈과 모ᄆᆞᆯ 즐겨 주어(頭目身體ᄅᆞᆯ 欣樂施與ᄒᆞ야) 〈法華一 77a〉

〈142〉 주다 對 許ᄒᆞ다

고유어 '주다'와 한자어 '許ᄒᆞ다'가 [許] 즉 '주다, 許하다'의 뜻을 가지고 동의 관계에 있다는 것은 동일 원문의 번역인 다음 예문들에서 잘 확인된다. 원문 중 '許三'이 '세 가지ᄅᆞᆯ 주다'로도 번역되고 '세ᄒᆞᆯ 許ᄒᆞ다'로도 번역되므로 '주다'와 '許ᄒᆞ다'의 동의성은 명백히 입증된다.

(142) a. 세 가(33a)지ᄅᆞᆯ 주리라 ᄒᆞ고 ᄒᆞᆫ 가지ᄅᆞᆯ 주미 〈月十二 33b〉
b. 세ᄒᆞᆯ 許코 ᄒᆞ나 주미(許三而賜一이) 〈法華二 78a〉

〈143〉 죽다 對 命終ᄒᆞ다

고유어 '죽다'와 한자어 '命終ᄒᆞ다'가 [終] 즉 '죽다'의 뜻을 가지고 동의 관계에 있다는 것은 동일 원문의 번역인 다음 예문들에서 잘 확인된다. 원문 중 '臨欲終時'가 '주긇 時節'로도 번역되고 'ᄒᆞ마 命終ᄒᆞᆯ 쩨'로도 번역되므로 '죽다'와 '命終ᄒᆞ다'의 동의성은 명백히 입증된다.

(143) a. 이 比丘ㅣ 주긇 時節에 〈釋十九 31b〉
b. 이 比丘ㅣ ᄒᆞ마 命終ᄒᆞᆯ 쩨(是比丘ㅣ 臨欲終時예) 〈法華六 82a〉

한편 '命終'이 『석보상절』 권19, 『월인석보』 권17 및 『법화경언해』에서 모두 '命終ᄒᆞ다'로 번역된다는 것은 동일 원문의 번역인 다음 예문들에서 잘 확인된다.

(143) c. 命終ᄒᆞᆫ 後에 〈釋十九 32b〉 〈月十七 88a〉
d. 命終ᄒᆞᆫ 後에(命終之後에) 〈法華六 85b〉

〈144〉 즐기다 對 娛樂ᄒᆞ다

고유어 '즐기다'와 한자어 '娛樂ᄒᆞ다'가 [娛樂] 즉 '즐기다'의 뜻을 가지고 동의 관계에 있다는 것은 동일 원문의 번역인 다음 예문들에서 잘 확인된다. 원문 중 '娛樂之具'가 '娛樂ᄒᆞᆯ 것'으로도 번역되고 '즐길 껏'으로도 번역되므로 '즐기다'와 '娛樂ᄒᆞ다'의 동의성은 명백히 입증된다.

(144) a. 娛樂ᄒᆞᆯ 거시 ᄒᆞᆫ 想이며 ᄒᆞᆫ 가짓 조코 微妙ᄒᆞᆫ 樂(31b)이라 ᄒᆞ샤미라 〈月十二 32a〉
b. 즐길 껏 ᄒᆞᆫ 想 ᄒᆞᆫ 가지 조ᄒᆞᆫ 微妙ᄒᆞᆫ 樂이라(娛樂之具一相一種淨妙之樂也ㅣ라) 〈法華二 75a〉

한편 '娛樂'이 『月印釋譜』 권12와 『法華經諺解』에서 모두 '즐기다'로 번역된다는 것은 동일 원문의 번역인 다음 예문들에서 잘 확인된다. 원문 중 '自娛樂'이 모두 '제 즐기다'로 번역된다.

(144) c. 제 즐겨 〈月十二 42b〉
d. 제 즐겨(自娛樂ᄒᆞ야) 〈法華二 90b〉

(144) e. 足히 즐겨 三界苦ᄅᆞᆯ 버스리라 〈月十二 43a〉
f. 足히 즐겨 三界苦ᄅᆞᆯ 버스리라(足以娛樂ᄒᆞ야 脫三界苦ᄒᆞ리라) 〈法華二 92b〉

(144) g. 다 諸佛ㅅ 禪定 解脫等 즐긿 거슬 주시니 〈月十二 48b〉
h. 다 諸佛ㅅ 禪定 解脫等 즐길 ᄀᆞᄉᆞᆯ 주ᄂᆞ니(悉與諸佛ㅅ解脫等娛樂之具ᄒᆞᄂᆞ니) 〈法華二 99b〉

〈145〉 즐기다 對 歡喜ᄒᆞ다

고유어 '즐기다'와 한자어 '歡喜ᄒᆞ다'가 [歡喜] 즉 '즐기다'의 뜻을 가지고 동의 관계에 있다는 것은 동일 원문의 번역인 다음 예문들에서 잘 확인된다. 원문 중 '歡喜說法'이 '즐겨 說法ᄒᆞ다'로도 번역되고 '歡喜ᄒᆞ야 說法ᄒᆞ다'로도 번역된다. 따라서 '즐기다'와 '歡喜ᄒᆞ다'의 동의성은 명백히 입증된다.

(145) a. 이 사ᄅᆞ미 歡喜ᄒᆞ야 說法ᄒᆞ거든 〈月十五 47b〉
b. 이 사ᄅᆞ미 즐겨 說法거든(是人이 歡喜說法거든) 〈法華四 79b〉

〈146〉 지다 對 充實ᄒᆞ다

고유어 '지다'와 한자어 '充實ᄒᆞ다'가 [充] 즉 '살이 찌다'의 뜻을 가지고 동의 관계에 있다는 것은 동일 원문의 번역인 다음 예문들에서 잘 확인된다. 원문 중 '充潔'이 '지고 좋다'로도 번역되고 '充實코 좋다'로도 번역되므로 '지다'와 '充實ᄒᆞ다'의 동의성은 명백히 입증된다.

(146) a. ᄉᆞᆶ 지고 비치 조코 〈月十二 30a〉
b. ᄉᆞᆳ 비치 充實코 조ᄒᆞ며(膚色이 充潔ᄒᆞ며) 〈法華二 73a〉

(146) c. ᄉᆞᆯ히 지고 비치 조호ᄆᆞᆫ 〈月十二 31b〉
d. ᄉᆞᆳ 비치 充實코 조호ᄆᆞᆫ(膚色이 充潔은) 〈法華二 74b〉

〈147〉 ᄌᆞ라다 對 長大ᄒᆞ다

고유어 'ᄌᆞ라다'와 한자어 '長大ᄒᆞ다'가 [長大] 즉 '자라다'의 뜻을 가지고 동의 관계에 있다는 것은 동일 원문의 번역인 다음 예문들에서 잘 확인된다. 원문 중 '旣長大'가 'ᄒᆞ마 ᄌᆞ라다'로도 번역되고 'ᄒᆞ마 長大ᄒᆞ다'로도 번역된다. 따라서 'ᄌᆞ라다'와 '長大ᄒᆞ다'의 동의성은 명백히 입증된다.

(147) a. 나히 ᄒᆞ마 ᄌᆞ라 〈月十三 7a〉
b. 나히 ᄒᆞ마 長大ᄒᆞ야(年旣長大ᄒᆞ야) 〈法華二 183b〉

한편 '長'이 『월인석보』와 『법화경언해』에서 모두 'ᄌᆞ라다'로 번역된다는 것은 동일 원문의 번역인 다음 예문들에서 잘 확인된다. 원문 중 '年長'이 모두 '나히 ᄌᆞ라다'로 번역된다.

(147) c. 나히 ᄌᆞ라 窮困ᄒᆞ야 〈月十三 7a〉
d. 나히 ᄌᆞ라 窮困ᄒᆞ야(年長窮困ᄒᆞ야) 〈法華二 184a〉

〈148〉 즘탁ᄒᆞ다 對 著ᄒᆞ다

고유어 '즘탁ᄒᆞ다'와 한자어 '著ᄒᆞ다'가 [著] 즉 '貪着하다'의 뜻을 가지고 동의 관계에 있다는 것은 동일 원문의 번역인 다음 예문들에서 잘 확인된다. 원문 중 '深著'이 '기피 즘탁ᄒᆞ다'로도 번역되고 '기피 著ᄒᆞ다'로도 번역되므로 '즘탁ᄒᆞ다'와 '著ᄒᆞ다'의 동의성은 명백히 입증된다. '즘탁ᄒᆞ다'는 正音 표기만 있기 때문에 고유어 범주에 넣었다.

(148) a. 婆羅門ㅅ 法에 기피 즘탁ᄒᆞ야 겨시니 〈釋二十一 36a〉
b. 婆羅門 法에 기피 著ᄒᆞ얫ᄂᆞ니 〈月十九 76b〉
c. 婆羅(132b)門 法에 기피 著ᄒᆞ얫ᄂᆞ니(深著婆羅門法ᄒᆞ얫ᄂᆞ니) 〈法華七 133a〉

(148) d. 미혹호매 즘탁ᄒᆞ야 잇ᄂᆞ니 〈釋十三 57b〉
e. 迷惑 즐교미 눈 멀유메 著ᄒᆞ얫ᄂᆞ니(著樂癡所盲이니) 〈法華一 233b〉

〈149〉 펴다 對 布施ᄒᆞ다

고유어 '펴다'와 한자어 '布施ᄒᆞ다'가 [施] 즉 '베풀다'의 뜻을 가지고 동의 관계에 있다는 것은 동일 원문의 번역인 다음 예문들에서 잘 확인된다. 원문 중 '廣施'가 '너비 布施ᄒᆞ다'로도 번역되고 '너비 펴다'로도 번역되므로 '펴다'와 '布施ᄒᆞ다'의 동의성은 명백히 입증된다.

(149) a. 너비 布施ᄒᆞ야 利益게 引導ᄒᆞ샨 이리라 〈釋十九 36a〉
b. 너비 施ᄒᆞ야 利히 引導ᄒᆞ샨 자최라 〈月十七 74b〉
c. 利導ᄅᆞᆯ 너비 펴신 자최시니(廣施利道導之迹也ㅣ시니) 〈法華六 71a〉

〈150〉 펴다 對 施ᄒᆞ다

고유어 '펴다'와 한자어 '施ᄒᆞ다'가 [施] 즉 '베풀다'의 뜻을 가지고 동의 관계에 있다는 것은 동일 원문의 번역인 다음 예문들에서 잘 확인된다. 원문 중 '廣施'가 '너비 施ᄒᆞ다'로도 번역되고 '너비 펴다'로도 번역된다. 따라서 '펴다'와 '施ᄒᆞ다'의 동의성은 명백히 입증된다.

(150) a. 너비 施ᄒᆞ야 利히 引導ᄒᆞ샨 자최라 〈月十七 74b〉
b. 利導ᄅᆞᆯ 너비 펴신 자최시니(廣施利導之迹也 ㅣ 시니) 〈法華六 71a〉

〈151〉 펴디다 對 流布ᄒᆞ다

고유어 '펴디다'와 한자어 '流布ᄒᆞ다'가 [流布] 즉 '퍼지다'의 뜻을 가지고 동의 관계에 있다는 것은 동일 원문의 번역인 다음 예문들에서 잘 확인된다. 원문 중 '廣令流布'가 '너비 펴디다'로도 번역되고 '너비 流布ᄒᆞ다'로도 번역된다. 따라서 '펴디다'와 '流布ᄒᆞ다'의 동의성은 명백히 입증된다.

(151) a. 閻浮提 안해 너비 펴디여 긋디 아니케 호리이다 〈釋二十一 59b〉
b. 閻浮提 內예 너비 流布ᄒᆞ야 그처디디 아니케 호리이다 〈月十九 114b〉
c. 閻浮提 內예 너비 流布케 ᄒᆞ야 긋디 아니케 호리이다(閻浮提內예 廣令流布ᄒᆞ야 使不斷絶케 호리이다) 〈法華七 178a〉

〈152〉 ᄑᆞᆯ다 對 衒賣ᄒᆞ다

고유어 'ᄑᆞᆯ다'와 한자어 '衒賣ᄒᆞ다'가 [衒賣] 즉 '팔다'의 뜻을 가지고 동의 관계에 있다는 것은 동일 원문의 번역인 다음 예문들에서 잘 확인된다. 원문 중 '衒賣女色'이 '女色 ᄑᆞᆯ다'로도 번역되고 '女色 衒賣ᄒᆞ다'로도 번역된다. 따라서 'ᄑᆞᆯ다'와 '衒賣ᄒᆞ다'의 동의성은 명백히 입증된다. 『석보상절』 권21에서 '衒賣女色'의 자석이 '衒賣女色ᄋᆞᆫ 겨지븨 ᄂᆞ출 빙여 빋ᄉᆞ게 ᄒᆞ야 ᄑᆞᆯ 씨라'〈61b〉이다. 여기서 '衒賣'의 의미는 '비싸게 하여 파는 것'이다.

(152) a. 女色 ᄑᆞᄂᆞᆫ 사ᄅᆞᄆᆞᆯ 親近히 호ᄆᆞᆯ 즐기디 아니ᄒᆞ야 〈月十九 117b〉
b. 女色 衒賣ᄒᆞᄂᆞ닐 親近호ᄆᆞᆯ 깃디 아니ᄒᆞ야(不喜親近…若衒賣女色ᄒᆞ야) 〈法華七 181b〉

〈153〉 헐다 對 損ᄒᆞ다

고유어 '헐다'와 한자어 '損ᄒᆞ다'가 [損] 즉 '헐어 버리다, 상하게 하다'의 뜻을 가지고 동의 관계에 있다는 것은 다음 예문들에서 잘 확인된다. 원문 중 '損一毛'가 'ᄒᆞᆫ 터럭도 損ᄒᆞ다'로 번역되고 『월인천강지곡』에서는 'ᄒᆞᆫ낱 터럭도 헐다'로 되어 있다. 그리고 '헐다'와 '損ᄒᆞ다'가 [+구체물]인 '터럭'을 목적어로 共有하고 있다. 따라서 '헐다'와 '損ᄒᆞ다'의 동의성은 명백히 입증된다.

(153) a. 金剛山애 디여도 ᄒᆞᆫ낱 터럭도 아니 헐리니 〈月曲 327〉 〈月十九 2a〉

(153) b. 金剛山애 ᄣᅥ러디여도(43b)…ᄒᆞᆫ 터럭도 損티 아니ᄒᆞ며 〈月十九 44a〉
c. 金剛山애 ᄣᅥ러디여도…能히 ᄒᆞᆫ 터럭도 損티 몯ᄒᆞ며(墮落金剛山ᄒᆞ야도…不能損一毛ᄒᆞ며) 〈法華七 88a〉

〈154〉 헤ᄃᆞᆮ다 對 逃亡ᄒᆞ다

고유어 '헤ᄃᆞᆮ다'와 한자어 '逃亡ᄒᆞ다'가 [竄] 즉 '달아나다, 도망하다'의 뜻을 가지고 동의 관계에 있다는 것은 동일 원문의 번역인 다음 예문들에서 잘 확인된다. 원문 중 '竄伏'이 '헤ᄃᆞ라 굿블다'로도 번역되고 '逃亡ᄒᆞ야 굿블다'로도 번역되므로 '헤ᄃᆞᆮ다'와 '逃亡ᄒᆞ다'의 동의성은 명백히 입증된다.

(154) a. 妖怪옛 귓거시 헤ᄃᆞ라 굿브리도 잇ᄂᆞ니 〈釋二十一 22b〉
b. 妖魅ㅣ 逃亡ᄒᆞ야 굿브ᄂᆞ니라(妖魅ㅣ 竄伏ᄒᆞᄂᆞ니라) 〈法華七 107b〉

〈155〉 ᅘᅧ다 對 引導ᄒᆞ다

고유어 'ᅘᅧ다'와 한자어 '引導ᄒᆞ다'가 [導] 즉 '인도하다'의 뜻을 가지고 동의 관계에 있다는 것은 동일 원문의 번역인 다음 예문들에서 잘 확인된다. 원문 중 '導邪'가 '邪를 혀다'로도 번역되고 '邪를 引導ᄒᆞ다'로도 번역된다. 따라서 '혀다'와 '引導ᄒᆞ다'의 동의성은 명백히 입증된다.

(155) a. 導師ᄂᆞᆫ 邪를 혀 正에 드리시니 〈月十一 24a〉
b. 導師ᄂᆞᆫ 邪를 引導ᄒᆞ샤 正에 드리시ᄂᆞ니(導師ᄂᆞᆫ 導邪ᄒᆞ샤 入正ᄒᆞ시ᄂᆞ니) 〈法華一 43b〉

(155) c. 邪를 혀 正에 드료매 니를면 〈月十一 24a〉
d. 邪를 引導ᄒᆞ야 正에 드료매 니르르시면(乃至導邪入正ᄒᆞ시면) 〈法華一 43b〉

한편 '導'가 『석보상절』, 『월인석보』 및 『법화경언해』에서 모두 '引導ᄒᆞ다'로 번역된다는 것은 동일 원문의 번역인 다음 예문들에서 잘 확인된다. 원문 중 '化導'가 '教化ᄒᆞ야 引導ᄒᆞ다'와 '化ᄒᆞ야 引導ᄒᆞ다'로 번역된다.

(155) e. 教化ᄒᆞ야 引導ᄒᆞ야 〈釋二十一 45b〉
f. 닐온 教化ᄒᆞ야 引導ᄒᆞ야 〈月十九 88b〉
g. 닐온 化ᄒᆞ야 引導ᄒᆞ야(所謂化導ᄒᆞ야) 〈法華七 146b〉

〈156〉 ᄒᆞ야ᄇᆞ리다 對 害ᄒᆞ다

고유어 'ᄒᆞ야ᄇᆞ리다'와 한자어 '害ᄒᆞ다'가 [害] 즉 '해치다'의 뜻을 가지고 동의 관계에 있다는 것은 동일 원문의 번역인 다음 예문들에서 잘 확인된다. 원문 중 '侵害'가 '침노ᄒᆞ야 害ᄒᆞ다'로도 번역되고 '侵勞ᄒᆞ야 ᄒᆞ야ᄇᆞ리다'로도 번역되므로 'ᄒᆞ야ᄇᆞ리다'와 '害ᄒᆞ다'의 동의성은 명백히 입증된다.

(156) a. 침노ᄒᆞ야 害ᄒᆞᄂᆞᆫ 고ᄃᆞ로 니ᄅᆞᆯᄊᆡ 賊이라 ᄒᆞ고 〈釋二十 29a〉
b. 賊은 侵勞ᄒᆞ야 ᄒᆞ야ᄇᆞ료ᄆᆞᆯ 니ᄅᆞ시고(賊은 言侵害ᄒᆞ시고) 〈法華六 178a〉

2. 固有語가 動作動詞句와 合成 動作動詞인 경우

동사류에서 확인되는 고유어와 한자어 간의 동의에서 고유어가 動作動詞句와 合成 動作動詞일 수 있다.

고유어가 動作動詞句인 경우에는 [親近] 즉 '가까이 하다'의 뜻을 가진 '갓가ᄫᅵ ᄒᆞ다'와 '親近ᄒᆞ다'를 비롯하여 [給侍] 즉 '시중 들다'의 뜻을 가진 '날 좇다'와 '給侍ᄒᆞ다', [牒] 즉 '포개다'의 뜻을 가진 '다시 ᄒᆞ다'와 '牒ᄒᆞ다', [統領] 즉 '모아 거느리다'의 뜻을 가진 '모도 거느리다'와 '統領ᄒᆞ다', [消復] 즉 '스러져 돌아가다'의 뜻을 가진 '스러 도라가다'와 '消復ᄒᆞ다', [領悟] 즉 '알아 듣다'의 뜻을 가진 '아라 듣다'와 '領悟ᄒᆞ다', [提接] 즉 '잡아 잇다'의 뜻을 가진 '자바 낫다'와 '提接ᄒᆞ다', [範圍] 즉 '테두리 끼다'의 뜻을 가진 '테 씨다'와 '範圍ᄒᆞ다' 그리고 [汩擾] 즉 '흐리게 하여 어지럽히다'의 뜻을 가진 '흐리워 어즈리다'와 '汩擾ᄒᆞ다' 등 30여 항목이 있다.

고유어가 合成 動作動詞인 경우에는 [遊戱] 즉 '놀다'의 뜻을 가진 '노니다'와 '遊戱ᄒᆞ다'를 비롯하여 [行] 즉 '다니다'의 뜻을 가진 'ᄃᆞ니다'와 '行ᄒᆞ다', [摠] 즉 '합치다, 거느리다'의 뜻을 가진 '모도잡다'와 '摠ᄒᆞ다', [免] 즉 '벗어나다, 免하다'의 뜻을 가진 '버서나다'와 '免ᄒᆞ다', [求索] 즉 '구하여 찾다'의 뜻을 가진 '얻니다'와 '求ᄒᆞ다', [夭閼] 즉 '젊어서 죽다'의 뜻을 가진 '즐어디다'와 '夭閼ᄒᆞ다' 그리고 [引導] 즉 '인도하다'의 뜻을 가진 'ᅘᅧ내다'와 '引導ᄒᆞ다' 등 10여 항목이 있다.

〈1〉 갓가ᄫᅵ ᄒᆞ다 對 親近ᄒᆞ다

고유어 '갓가ᄫᅵ ᄒᆞ다'와 한자어 '親近ᄒᆞ다'가 [親近] 즉 '가까이 하다'의 뜻을 가지고 동의 관계에 있다는 것은 동일 원문의 번역인 다음 예문들에서 잘 확인된다. 원문 중 '親近…無數諸佛'이 '無數諸佛씌 갓가ᄫᅵ ᄒᆞ다'로도 번역되고 '無數諸佛을 親近ᄒᆞ다'로도 번역된다. 따라서 '갓가ᄫᅵ ᄒᆞ다'와 '親近ᄒᆞ다'의 동의성은 명백히 입증된다. 고유어 '갓가ᄫᅵ ᄒᆞ다'는 동작동사구로서 부사 '갓가ᄫᅵ'와 동작동사 'ᄒᆞ다'의 결합이다. 여기서 '親近ᄒᆞ다'는 他動詞로서 '百千萬億 無數諸佛'을 目的語로 취한다.

(1) a. 아래 百千萬億 無數諸佛씌 갓가ᄫᅵ ᄒᆞ야 〈月十一 96b〉

b. 아릭 百千萬億 無數諸佛을 親近ᄒᆞ야(曾親近百千萬億無數諸佛ᄒᆞ야) 〈法華一 136b〉

〈2〉 갓가비 ᄒᆞ다 對 親ᄒᆞ다

고유어 '갓가비 ᄒᆞ다'와 한자어 '親ᄒᆞ다'가 [親] 즉 '가까이 하다'의 뜻을 가지고 동의 관계에 있다는 것은 동일 원문의 번역인 다음 예문들에서 잘 확인된다. 원문 중 '親無數佛'이 '無數佛을 갓가비 ᄒᆞ다'로도 번역되고 '無數佛을 親ᄒᆞ다'로도 번역된다. 따라서 '갓가비 ᄒᆞ다'와 '親ᄒᆞ다'의 동의성은 명백히 입증된다. '親ᄒᆞ다'는 他動詞로서 '無數佛'을 목적어로 취한다.

(2) a. 無數佛을 갓가비 ᄒᆞ샤ᄆᆞᆫ 〈月十一 97a〉
b. 無數佛을 親ᄒᆞ시면(親無數佛則) 〈法華一 137b〉

〈3〉 날 졷다 對 給侍ᄒᆞ다

고유어 '날 졷다'와 한자어 '給侍ᄒᆞ다'가 [給侍] 즉 '시중 들다'의 뜻을 가지고 동의 관계에 있다는 것은 동일 원문의 번역인 다음 예문들에서 잘 확인된다. 원문 중 '給侍諸天'이 '날 조ᄎᆞᆫ 諸天'으로도 번역되고 '給侍ᄒᆞᄂᆞᆫ 諸天'으로도 번역된다. 따라서 '날 졷다'와 '給侍ᄒᆞ다'의 동의성은 명백히 입증된다. 고유어 '날 졷다'는 동작동사구로서 대명사 '나'와 동작동사 '졷다'의 결합이다.

(3) a. 날 조ᄎᆞᆫ 諸天을 다 네그에 付屬ᄒᆞ며 〈釋二十 16b〉
b. 給侍ᄒᆞᄂᆞᆫ 諸天을 다 네게 付屬ᄒᆞ며 〈月十八 37b〉
c. 給侍ᄒᆞᄂᆞᆫ 諸天을 다 네게 付屬ᄒᆞ며(給侍ᄒᆞᄂᆞᆫ 諸天을 悉付於汝ᄒᆞ며) 〈法華六 151a〉

(3) d. 給侍ᄂᆞᆫ 뫼ᅀᆞ바 ᄃᆞᆫ녀 죵들 씨라 〈月十八 37b〉

〈4〉 노니다 對 遊戲ᄒᆞ다

고유어 '노니다'와 한자어 '遊戲ᄒᆞ다'가 [遊戲] 즉 '놀다'의 뜻을 가지고 있다는 것은 동일 원문의 번역인 다음 예문들에서 잘 확인된다. 원문 중 '遊戱時'가 '노닗 時節'로도 번역되고 '遊戱홇 쩨'로도 번역되므로 '노니다'와 '遊戱ᄒᆞ다'의 동의성은 명백히 입증된다. 고유어 '노니다'는 어간 '노-'와 동작동사 '니다'의 비통사적 합성이다.

(4) a. 여러 東山애 노닗 時節ㅅ 香과 〈釋十九 19a〉
b. 여러 東山애 遊戱홇 쩻 香과(若於諸園에 遊戱時옛 香과) 〈法華六 42b〉

〈5〉 ᄂᆞ솟다 對 踊躍ᄒᆞ다

고유어 'ᄂᆞ솟다'와 한자어 '踊躍ᄒᆞ다'가 [踊躍] 즉 '날아 솟다, 뛰어 오르다'의 뜻을 가지고 동의 관계에 있다는 것은 동일 원문의 번역인 다음 예문들에서 잘 확인된다. 원문 중 '踊躍'이 '踊躍ᄒᆞ다'로도 번역되고 'ᄂᆞ솟다'로도 번역된다. 그리고 '歡喜踊躍'이 '깃거 ᄂᆞ솟다'로도 번역되고 '歡喜踊躍ᄒᆞ다'로도 번역된다. 따라서 'ᄂᆞ솟다'와 '踊躍ᄒᆞ다'의 동의성은 명백히 입증된다. 고유어 'ᄂᆞ솟다'는 어간 'ᄂᆞ-'와 동작동사 '솟다'의 비통사적 합성이다.

(5) a. 踊躍ᄒᆞ야 니러 〈月十二 2b〉
b. ᄂᆞ소사 니러(踊躍而作ᄒᆞ야) 〈法華二 4a〉

(5) c. ᄆᆞᅀᆞ미 踊躍ᄒᆞ야 〈月十二 2b〉
d. ᄆᆞᅀᆞ매 ᄂᆞ소소ᄆᆞᆯ 머거(心懷踊躍ᄒᆞ야) 〈法華二 3b〉

(5) e. 希有心을 내야 깃거 ᄂᆞ소사 〈月十三 3a〉
f. 希有心을 發ᄒᆞ야 歡喜踊躍ᄒᆞ야(發希有心ᄒᆞ야 歡喜踊躍ᄒᆞ야) 〈法華二 176a〉

한편 '踊躍'이 『月印釋譜』 권12와 『法華經諺解』에서 모두 'ᄂᆞ솟다'로 번역된다는 것은 동일 원문의 번역인 다음 예문들에서 잘 확인된다. 원문 중 '踊躍歡喜'가 모두 'ᄂᆞ소사 깄다'로 번역된다.

(5) g. ᄂᆞ소사 기껴 〈月十二 2a〉

h. 누소사 깃거(踊躍歡喜ᄒᆞ야) 〈法華二 3b〉

(5) i. ᄀᆞ장 깃거 누소사 〈月十二 16a〉
j. ᄆᆞᅀᆞ매 ᄀᆞ장 깃거 누소소ᄆᆞᆯ 그지 업시 ᄒᆞ야(心大歡喜ᄒᆞ야 踊躍無量ᄒᆞ야) 〈法華二 45a〉

〈6〉 다시 ᄒᆞ다 對 牒ᄒᆞ다

고유어 '다시 ᄒᆞ다'와 한자어 '牒ᄒᆞ다'가 [牒] 즉 '포개다'의 뜻을 가지고 동의 관계에 있다는 것은 동일 원문의 번역인 다음 예문들에서 잘 확인된다. 원문 중 '牒…等文'이 '等文을 다시 ᄒᆞ다'로도 번역되고 '等文을 牒ᄒᆞ다'로도 번역되므로 '다시 ᄒᆞ다'와 '牒ᄒᆞ다'의 동의성은 명백히 입증된다. '다시 ᄒᆞ다'는 부사 '다시'와 동작동사 'ᄒᆞ다'의 결합에 의한 동작동사구이다.

(6) a. 前엣 ᄒᆞᆫ 相 ᄒᆞᆫ 맛 等文을 다시 ᄒᆞ샤 〈月十三 57a〉
b. 알핏 一相 一(30a)味 等文을 牒ᄒᆞ샤(牒前엣 一相一味等文ᄒᆞ샤) 〈法華三 30b〉

(6) c. 이ᄂᆞᆫ 前엣 文字ᄅᆞᆯ 다시 ᄒᆞ시니 〈月十三 57b〉
d. 이ᄂᆞᆫ 알핏 그를 牒ᄒᆞ샤ᄃᆡ(此ᄂᆞᆫ 牒前文ᄒᆞ샤ᄃᆡ) 〈法華三 30b〉

〈7〉 다 알다 對 頓悟ᄒᆞ다

고유어 '다 알다'와 한자어 '頓悟ᄒᆞ다'가 [頓悟] 즉 '다 알다'의 뜻을 가지고 동의 관계에 있다는 것은 동일 원문의 번역인 다음 예문들에서 잘 확인된다. 원문 중 '頓悟卽成'이 '頓悟ᄒᆞ야 즉재 일우다'로도 번역되고 '다 아라 즉재 일우다'로도 번역된다. 따라서 '다 알다'와 '頓悟ᄒᆞ다'의 동의성은 명백히 입증된다. 고유어 '다 알다'는 부사 '다'와 동작동사 '알다'의 결합에 의한 동작동사구이다.

(7) a. 上根은 頓悟ᄒᆞ야 즉재 佛道ᄅᆞᆯ 일우고 〈月十四 11a〉
b. 上根은 다(92a) 아라 즉재 佛道 일우거니와(上根은 頓悟ᄒᆞ야 卽成佛道커니와) 〈法華三 92b〉

〈8〉 뎡바기로 받다 對 頂受ᄒᆞ다

고유어 '뎡바기로 받다'와 한자어 '頂受ᄒᆞ다'가 [頂受] 즉 '정수리고 받다'의 뜻을 가지고 동의 관계에 있다는 것은 다음 예문들에서 잘 확인된다. 원문 중 '設使頂受'가 '비록 頂受ᄒᆞ다'로 번역되고 '頂受'의 자석이 '뎡바기로 받다'이다. 그리고 '頂受'가 '頂受ᄒᆞ다'로 번역된다. 따라서 '뎡바기로 받다'와 '頂受ᄒᆞ다'의 동의성은 명백히 입증된다. 고유어 '뎡바기로 받다'는 동작동사구로 명사 '뎡바기' [頂]와 동작동사구 '받다' [受]의 결합이고 '뎡바기+ - 로 #받다'로 분석된다.

(8) a. 비록 頂受ᄒᆞᅀᆞ바도 [頂受ᄂᆞᆫ 뎡바기로 바ᄃᆞᆯ 씨라] 비우ᇫ믈 免티 몯ᄒᆞ리니 〈月二十一 15a〉
b. 設使頂受 未免興謗 〈地藏菩薩本願經〉

(8) c. 唯然(100b) 頂受ᄒᆞᅀᆞᆸᄂᆞ니 〈月二十一 101a〉
d. 唯然頂受 〈地藏菩薩本願經〉

〈9〉 두루 ᄉᆞᄆᆾ다 對 周亘ᄒᆞ다

고유어 '두루 ᄉᆞᄆᆾ다'와 한자어 '周亘ᄒᆞ다'가 [周亘] 즉 '두루 통하다'의 뜻을 가지고 동의 관계에 있다는 것은 동일 원문의 번역인 다음 예문들에서 잘 확인된다. 원문 중 '周亘圓現'이 '周亘ᄒᆞ야 두려비 現ᄒᆞ다'로도 번역되고 '두루 ᄉᆞᄆᆞ차 두려이 現ᄒᆞ다'로도 번역된다. 따라서 '두루 ᄉᆞᄆᆾ다'와 '周亘ᄒᆞ다'의 동의성은 명백히 입증된다. 고유어 '두루 ᄉᆞᄆᆾ다'는 부사 '두루'와 동작동사 'ᄉᆞᄆᆾ다'의 결합에 의한 동작동사구이다.

(9) a. ᄒᆞᆫ 光이 東녀그로 비취샤 周亘ᄒᆞ야 두려비 現ᄒᆞ샤미 〈月十一 37b〉
b. ᄒᆞᆫ 光이 東녀그로 비취샤 두루 ᄉᆞᄆᆞ차 두려이 現ᄒᆞ샤미(一光이 東照ᄒᆞ샤 周亘圓現이) 〈法華一 64b〉

(9) c. ᄒᆞᆫ 光이 周亘ᄒᆞ샤믄[亘은 ᄉᆞᄆᆞᄎᆞᆯ 씨라] 〈月十一 35b〉
d. 한 光明이 두루 ᄉᆞᄆᆞ초ᄆᆞᆫ(一光이 周亘은) 〈法華一 60b〉

〈10〉 둘어 ᄡᆞ다 對 圍遶ᄒᆞ다

고유어 '둘어 ᄡᆞ다'와 한자어 '圍遶ᄒᆞ다'가 [圍遶] 즉 '둘러싸다'의 뜻을 가지고 동의 관계에 있다는 것은 동일 원문의 번역인 다음 예문들에서 잘 확인된다. 원문 중 '圍遶'가 '둘어 ᄡᆞ다'로도 번역되고 '圍遶ᄒᆞ다'로도 번역되므로 '둘어 ᄡᆞ다'와 '圍遶ᄒᆞ다'의 동의성은 명백히 입증된다. '둘어 ᄡᆞ다'와 '圍遶ᄒᆞ다'는 '즁ᄉᆡᆼ'을 主語로 공유한다. 고유어 '둘어 ᄡᆞ다'는 동작동사구로 동작동사 '두르다'의 부사형 '둘어'와 동작동사 'ᄡᆞ다'의 결합이다.

(10)a. ᄒᆞ다가 모딘 즁ᄉᆡᆼ이 둘어 ᄡᅡ 이셔 〈釋二十一 4b〉
b. ᄒᆞ다가 모딘 즁ᄉᆡᆼ이 圍遶ᄒᆞ야(若惡獸ㅣ 圍遶ᄒᆞ야) 〈法華七 90a〉

〈11〉 ᄃᆞᆮ니다 對 行ᄒᆞ다

고유어 'ᄃᆞᆮ니다'와 한자어 '行ᄒᆞ다'가 [行] 즉 '다니다'의 뜻을 가지고 동의 관계에 있다는 것은 동일 원문의 번역인 다음 예문들에서 잘 확인된다. 원문 중 '若行若立'이 'ᄃᆞᆮ니거나 셔거나 ᄒᆞ다'로도 번역되고 '行커나 셔다'로 번역되므로 'ᄃᆞᆮ니다'와 '行ᄒᆞ다'의 동의성은 명백히 입증된다. 고유어 합성 동작동사 'ᄃᆞᆮ니다'의 어간 'ᄃᆞᆮ니-'는 어간 'ᄃᆞᆮ-'과 어간 '니-'의 비통사적 合成이다.

(11) a. 이 사ᄅᆞ미 ᄃᆞᆮ니거나 셔거나 ᄒᆞ야 〈釋二十一 52b〉
b. 이 사ᄅᆞ미 行커나 셔거나(是人이 若行커나 若立에) 〈法華七 168b〉

〈12〉 모도 거느리다 對 統領ᄒᆞ다

고유어 '모도 거느리다'와 한자어 '統領ᄒᆞ다'가 [統領] 즉 '모아 거느리다'의 뜻을 가지고 동의 관계에 있다는 것은 다음 예문들에서 잘 확인된다. 원문 중 '統領鬼神'이 '鬼神을 統領ᄒᆞ다'로도 번역되고 '鬼神을 모도 領ᄒᆞ다'로도 번역된다. 그리고 '統領'의 자석이 '모도 거느리다'이다. 따라서 '모도 거느리다'와 '統領ᄒᆞ다'의 동의성은 명백히 입증된다. 고유어 '모도 거느리다'는 동작동사구로서 부사 '모도'와 동작동사 '거느리다'의 결합이다.

(12) a. 天大將軍은 鬼神을 統領하고[統領은 모도 거느릴 씨라] 〈月十九 35a〉
b. 天大將軍은 鬼神을 모도 領코(天大將軍은 統領鬼神ᄒᆞ고) 〈法華七 75b〉

(12) c. 四天王은 世界ᄅᆞᆯ 統領ᄒᆞ고 〈月十九 35a〉
d. 四天王은 世界ᄅᆞᆯ 모도 領ᄒᆞᄂᆞ니(四天王은 統領世界ᄒᆞᄂᆞ니) 〈法華七 75b〉

〈13〉 모도잡다 對 摠ᄒᆞ다

고유어 '모도잡다'와 한자어 '摠ᄒᆞ다'가 [摠] 즉 '합치다, 거느리다'의 뜻을 가지고 동의 관계에 있다는 것은 동일 원문의 번역인 다음 예문들에서 잘 확인된다. 원문 중 '以二師摠'이 '二師로 摠ᄒᆞ다'로도 번역되고 '二師로 모도잡다'로도 번역된다. 따라서 '모도잡다'와 '摠ᄒᆞ다'의 동의성은 명백히 입증된다. 고유어 '모도잡다'는 어간 '모도-'와 동작동사 '잡다'의 비통사적 합성이다.

(13) a. 二師로 摠ᄒᆞ시니라 〈月十五 27a〉
b. 二師로 모도자ᄫᆞ시니라(以二師로 摠之ᄒᆞ시니라) 〈法華四 47b〉

〈14〉 모도잡다 對 統ᄒᆞ다

고유어 '모도잡다'와 한자어 '統ᄒᆞ다'가 [統] 즉 '거느리다, 다스리다'의 뜻을 가지고 동의 관계에 있다는 것은 동일 원문의 번역인 다음 예문들에서 잘 확인된다. 원문 중 '統事法界'가 '事法界ᄅᆞᆯ 統ᄒᆞ다'로도 번역되고 '事法界ᄅᆞᆯ 모도잡다'로도 번역되므로 '모도잡다'와 '統ᄒᆞ다'의 동의성은 명백히 입증된다. 고유어 '모도잡다'는 어간 '모도-'와 동작동사 '잡다'의 비통사적 합성이다.

(14) a. 普賢이 事法界ᄅᆞᆯ 統ᄒᆞ샤 〈月十九 98b〉
b. 普賢이 事法界ᄅᆞᆯ 모도자ᄫᆞ샤(普賢이 事法界ᄒᆞ샤) 〈法華七 160b〉

〈15〉 목ᄆᆞᄅᆞ다 對 渴ᄒᆞ다

고유어 '목ᄆᆞᄅᆞ다'와 한자어 '渴ᄒᆞ다'가 [渴] 즉 '목마르다'의 뜻을 가지고 동의 관계에 있다는 것은 동일 원문의 번역인 다음 예문들에서 잘 확인된다. 원문 중 '渴之者'가 '목ᄆᆞᄅᆞᆫ 사ᄅᆞᆷ'으로도 번역되고 '渴ᄒᆞᆫ 사ᄅᆞᆷ'으로도 번역되므로 '목ᄆᆞᄅᆞ다'와 '渴ᄒᆞ다'의 동의성은 명백히 입증된다. 고유어 '목ᄆᆞᄅᆞ다'는 명사 '목'과 상태동사 'ᄆᆞᄅᆞ다'의 合成이다.

(15) a. 清凉ᄒᆞᆫ 모시 一切 목ᄆᆞᄅᆞᆫ 사ᄅᆞᄆᆡ ᄠᅳ데 能히 ᄎᆞ게 호미 ᄀᆞᆮᄒᆞ며〈釋二十 24b〉
b. 清凉ᄒᆞᆫ 모ᄉᆡ 能히 一切 渴ᄒᆞᆫ 사ᄅᆞᄆᆞᆯ ᄎᆞ게 홈 ᄀᆞᆮᄒᆞ며(如清凉池의 能滿一切諸渴之者ᄒᆞ며)〈法華六 170b〉

(15) c. 목ᄆᆞᆯ라 므를 求ᄒᆞ야 노ᄑᆞᆫ 두들게 우믈 파 求호ᄃᆡ〈月十五 53a〉
d. 渴ᄒᆞ야 믈 求ᄒᆞ야 뎌 노ᄑᆞᆫ 두들게 파 求호ᄃᆡ(渴乏須水ᄒᆞ야 於彼高原에 穿鑿求之호ᄃᆡ)〈法華四 92b〉

한편 '渴'이 『월인석보』 권15와 『법화경언해』에서 모두 '목ᄆᆞᄅᆞ다'로 번역된다는 것은 동일 원문의 번역인 다음 예문들에서 잘 확인된다. 원문 중 '濟渴'이 '목ᄆᆞᆯ로ᄆᆞᆯ 업게 ᄒᆞ다'로도 번역되고 '목ᄆᆞᆯ롬 거릿다'로도 번역된다.

(15) e. 목ᄆᆞᆯ로ᄆᆞᆯ 업게 코져 호ᄃᆡ〈月十五 52a〉
f. 목ᄆᆞᆯ롬 거릿고져 호ᄃᆡ(欲濟渴호ᄃᆡ)〈法華四 91a〉

〈16〉 뮈여 짓다 對 動作ᄒᆞ다

고유어 '뮈여 짓다'와 한자어 '動作ᄒᆞ다'가 [動作] 즉 '움직여 짓다'의 뜻을 가지고 동의 관계에 있다는 것은 동일 원문의 번역인 다음 예문들에서 잘 확인된다. 원문 중 '動作'이 '動作ᄒᆞ다'로도 번역되고 '뮈여 짓다'로도 번역되므로 '뮈여 짓다'와 '動作ᄒᆞ다'의 동의성은 명백히 입증된다. 고유어 '뮈여 짓다'는 동작동사구로 동작동사 '뮈다'[動]의 부사형 '뮈여'와 동작동사 '짓다'[作]의 결합이다.

(16) a. ᄆᆞᅀᆞ맷 動作ᄒᆞ욤과〈釋十九 24b〉

b. ᄆᆞᅀᆞᄆᆡ 뮈윰과 〈月十七 73b〉

c. ᄆᆞᅀᆞᄆᆡ 뮈여 지ᅀᅮᆷ과(心所動作과) 〈法華六 64a〉

〈17〉 믿 삼다 對 根源ᄒᆞ다

고유어 '믿 삼다'와 한자어 '根源ᄒᆞ다'가 [本] 즉 '근본으로 삼다, 근거하다'의 뜻을 가지고 동의 관계에 있다는 것은 동일 원문의 번역인 다음 예문들에서 잘 확인된다. 원문 중 '所本'이 '믿 삼ᄂᆞᆫ 바'로도 번역되고 '根源ᄒᆞ샨 ᄃᆡ'로도 번역된다. 따라서 '믿 삼다'와 '根源ᄒᆞ다'의 동의성은 명백히 입증된다. 고유어 '믿 삼다'는 동작동사구로서 명사 '믿'과 동작동사 '삼다'의 결합이다.

(17) a. 淨三昧ᄂᆞᆫ 淨藏 淨眼ᄋᆡ 믿 삼ᄂᆞᆫ 배오 〈釋二十一 35a〉

b. 淨三昧ᄂᆞᆫ 淨藏 淨眼 根源ᄒᆞ샨 ᄃᆡ시고(淨三昧者ᄂᆞᆫ 淨藏淨眼之所本也ㅣ시고) 〈法華七 131a〉

〈18〉 ᄆᆞᄌᆞ 일우다 對 述成ᄒᆞ다

고유어 'ᄆᆞᄌᆞ 일우다'와 한자어 '述成ᄒᆞ다'가 [述成] 즉 '마저 이루다'의 뜻을 가지고 동의 관계에 있다는 것은 동일 원문의 번역인 다음 예문들에서 잘 확인된다. 원문 중 '述成'이 'ᄆᆞᄌᆞ 일우다'로도 번역되고 '述成ᄒᆞ다'로도 번역된다. 따라서 'ᄆᆞᄌᆞ 일우다'와 '述成ᄒᆞ다'의 동의성은 명백히 입증된다. 고유어 'ᄆᆞᄌᆞ 일우다'는 동작동사구로서 [畢] 즉 '죄다, 모두'의 뜻을 가진 부사 'ᄆᆞᄌᆞ'와 동작동사 '일우다'의 결합이다.

(18) a. 부톄 藥草品에 ᄆᆞᄌᆞ 일우샤 〈月十二 51a〉

b. 부톄 藥草品에 述成ᄒᆞ시고(佛이 於藥草品에 述成ᄒᆞ시고) 〈法華二 175a〉

(18) c. 기픈 ᄆᆞᅀᆞ미 本願을 ᄆᆞᄌᆞ 일우시니라 〈月十五 5b〉

d. 그 深心本願을 述成ᄒᆞ시니라(述成其深心本願也ᄒᆞ시니라) 〈法華四 8b〉

(18) e. 부톄 ᄆᆞᄌᆞ 일워 記ᄅᆞᆯ 주실ᄊᆡ 〈月十四 81b〉

f. 부톄 爲ᄒᆞ샤 述成ᄒᆞ샤 記 주실씨(佛이 爲述成ᄒᆞ샤 與記ᄒᆞ실씨 故로) 〈法華四 2b〉

한편 '述成'이 『月印釋譜』 권12와 『法華經諺解』에서 모두 '述成ᄒᆞ다'로 번역된다는 것은 동일 원문의 번역인 다음 예문들에서 잘 확인된다. 원문 중 '述成'이 모두 '述成ᄒᆞ다'로 번역된다.

(18) g. 부톄 譬喩品에 述成ᄒᆞ야[述成은 니ᅀᅥ ᄆᆞᄌᆞ 일울 씨라]〈月十二 50b〉
h. 부톄 喩品에 述成ᄒᆞ야(佛이 於喩品에 述成ᄒᆞ야) 〈法華二 175a〉

〈19〉 바다 디니다 對 受持ᄒᆞ다

고유어 '바다 디니다'와 한자어 '受持ᄒᆞ다'가 [受持] 즉 '받아 지니다'의 뜻을 가지고 동의 관계에 있다는 것은 동일 원문의 번역인 다음 예문들에서 잘 확인된다. 원문 중 '受持是經'이 '이 經을 바다 디니다'로도 번역되고 '이 經 受持ᄒᆞ다'로도 번역된다. 따라서 '바다 디니다'와 '受持ᄒᆞ다'의 동의성은 명백히 입증된다. 고유어 '바다 디니다'는 동작동사구로 동작동사 '받다' [受]의 부사형과 동작동사 '디니다' [持]의 결합이다.

(19) a. 善男子 善女人이 이 經을 바다 디녀 〈釋十九 20a〉
b. ᄒᆞ다가 善男子 善女人이 이 經 受持ᄒᆞ야 〈月十七 67a〉
c. ᄒᆞ다가 善男子 善女人이 이 經 受持ᄒᆞ야(若善男子善女人이 受持是經ᄒᆞ야) 〈法華六 51b〉

〈20〉 버서나다 對 免ᄒᆞ다

고유어 '버서나다'와 한자어 '免ᄒᆞ다'가 [免] 즉 '벗어나다, 免하다'의 뜻을 가지고 동의 관계에 있다는 것은 동일 원문의 번역인 다음 예문들에서 잘 확인된다. 원문 중 '免斯害'가 '이 害ᄅᆞᆯ 버서나다'로도 번역되고 '이 害ᄅᆞᆯ 免ᄒᆞ다'로도 번역되므로 '버서나다'와 '免ᄒᆞ다'의 동의성은 명백히 입증된다. 고유어 '버서나다'는 동작동사 '벗다'의 부사형인 '버서'와 동작동사 '나다'의 合成이다.

(20) a. 아ᄃᆞᆯᄃᆞᆯ히 이 害ᄅᆞᆯ 버서나긔 호리라 〈月十二 26b〉

b. 諸子ᄃᆞᆯᄒᆞ로 이 害ᄅᆞᆯ 免케 호리라 코(令諸子等으로 得免斯害케 호리라 코) 〈法華二 66b〉

한편 '免'이 『月印釋譜』 권12와 『法華經諺解』에서 모두 '免ᄒᆞ다'로 번역된다는 것은 동일 원문의 번역인 다음 예문들에서 잘 확인된다. 원문 중 '免火難'이 '火難ᄋᆞᆯ 免ᄒᆞ다'와 '火難을 免ᄒᆞ다'로 번역된다.

(20) c. 火難ᄋᆞᆯ 免ᄒᆞ야 〈月十二 33b〉
d. 火難을 시러 免ᄒᆞ야(得免火難ᄒᆞ야) 〈法華二 78b〉

〈21〉 븓들이다 對 著ᄒᆞ다

고유어 '븓들이다'와 한자어 '著ᄒᆞ다'가 [著] 즉 '붙들리다'의 뜻을 가지고 동의 관계에 있다는 것은 동일 원문의 번역인 다음 예문들에서 잘 확인된다. 원문 중 '滯著'이 '거리ᄶᅧ 븓들이다'로도 번역되고 '걸여 著ᄒᆞ다'로도 번역되므로 '븓들이다'와 '著ᄒᆞ다'의 동의성은 명백히 입증된다. 고유어 '븓들이다'는 어간 '븥-'과 '들-'의 결합에 의해 생긴 합성 동작동사 '븓들다'의 被動形이다.

(21) a. 거리ᄶᅧ 븓들윤 줄 업슬 씨라 〈釋二十 35a〉
b. 걸여 著ᄒᆞᆫ ᄃᆡ 업스실 씨오(無所滯著이시고) 〈法華七 9a〉

〈22〉 빌먹다 對 乞食ᄒᆞ다

고유어 '빌먹다'와 한자어 '乞食ᄒᆞ다'가 [乞食] 즉 '남에게 구걸하여 거저 얻어 먹다'의 뜻을 가지고 동의 관계에 있다는 것은 동일 원문의 번역인 다음 예문들에서 잘 확인된다. 원문 중 '乞食'이 '빌먹다'로도 번역되고 '乞食ᄒᆞ다'로도 번역된다. 따라서 '빌먹다'와 '乞食ᄒᆞ다'의 동의성은 명백히 입증된다. 고유어 '빌먹다'는 어간 '빌-' [乞]과 동작동사 '먹다' [食]의 비통사적 합성이다.

(22) a. 太(51b)子ㅣ 깃바ᅀᅵ ᄃᆞ외야 빌머거 사니다가 〈釋二十四 52a〉
b. 乞食ᄒᆞ야 두루 ᄃᆞᆮ녀 〈月二十五 141b〉
c. 乞食流迸 〈釋迦譜 卷5 31. 阿育王造八萬四千塔記〉

〈23〉 스러 도라가다 對 消復ᄒᆞ다

고유어 '스러 도라가다'와 한자어 '消復ᄒᆞ다'가 [消復] 즉 '스러져 돌아가다'의 뜻을 가지고 동의 관계에 있다는 것은 다음 예문들에서 잘 확인된다. 원문 중 '六根消復'이 '六根이 消復ᄒᆞ다'로도 번역되고 '六根이 스러 도라가다'로도 번역된다. 그리고 '消復'의 자석이 '스러 도라가다'이다. 따라서 '스러 도라가다'와 '消復ᄒᆞ다'의 동의성은 명백히 입증된다. 동작동사구 '스러 도라가다'는 [消] 즉 '스러지다'의 뜻을 가진 동작동사 '슬다'의 부사형 '스러'와 [復] 즉 '돌아가다'의 뜻을 가진 동작동사 '도라가다'의 결합이다.

(23) a. 六根이 消復ᄒᆞ야 〈月十九 24a〉
b. 六根이 스러 도라가샤(六根이 消復ᄒᆞ샤) 〈法華七 54a〉

(23) c. 다 六根 消復호ᄆᆞᆯ 브터 〈月十九 11b〉
d. 消復ᄋᆞᆫ 스러 도라갈 씨라 〈月十九 11b〉

〈24〉 ᄉᆡᆨᄉᆡᆨ게 ᄒᆞ다 對 莊嚴ᄒᆞ다

고유어 'ᄉᆡᆨᄉᆡᆨ게 ᄒᆞ다'와 한자어 '莊嚴ᄒᆞ다'가 [嚴] 즉 '엄숙하게 하다'의 뜻을 가지고 동의 관계에 있다는 것은 동일 원문의 번역인 다음 예문들에서 잘 확인된다. 원문 중 '嚴…心地'가 '心地ᄅᆞᆯ 莊嚴ᄒᆞ다'로도 번역되고 '心地 ᄉᆡᆨᄉᆡᆨ게 ᄒᆞ다'로도 번역되므로 'ᄉᆡᆨᄉᆡᆨ게 ᄒᆞ다'와 '莊嚴ᄒᆞ다'의 동의성은 명백히 입증된다. 동작동사구 'ᄉᆡᆨᄉᆡᆨ게 ᄒᆞ다'는 상태동사 'ᄉᆡᆨᄉᆡᆨᄒᆞ다'의 부사형 'ᄉᆡᆨᄉᆡᆨ게'와 동작동사 'ᄒᆞ다'의 결합이다.

(24) a. 衆生ᄋᆡ 心地ᄅᆞᆯ 莊嚴ᄒᆞ샤미라 〈月十三 14b〉
b. 衆生ᄋᆡ 心地 ᄉᆡᆨᄉᆡᆨ게 ᄒᆞ샤미라(嚴衆生心地也ㅣ라) 〈法華二 197a〉

한편 '莊嚴'이 『월인석보』와 『법화경언해』에서 모두 '莊嚴ᄒᆞ다'로 번역된다는 것은 동일 원문의 번역인 다음 예문들에서 잘 확인된다. 원문 중 '莊嚴其國'이 모두 '그 나라ᄒᆞᆯ 莊嚴ᄒᆞ다'로 번역된다.

(24) c. 그 나라ᄒᆞᆯ 莊嚴ᄒᆞ며 〈月十三 70a〉
d. 그 나라ᄒᆞᆯ 莊嚴ᄒᆞ리라(莊嚴其國ᄒᆞ리라) 〈法華三 75a〉

〈25〉 ᄉᆞᄆᆞᆺ긔 ᄒᆞ다 對 通達히다

고유어 동사구 'ᄉᆞᄆᆞᆺ긔 ᄒᆞ다'와 한자어 '通達히다'가 [達] 즉 '미치게 하다'의 뜻을 가지고 동의 관계에 있다는 것은 동일 원문의 번역인 다음 예문들에서 잘 확인된다. 원문 중 '達人'이 'ᄂᆞᄆᆞᆯ ᄉᆞᄆᆞᆺ긔 ᄒᆞ다'로도 번역되고 '사ᄅᆞᄆᆞᆯ 通達히다'로도 번역되므로 'ᄉᆞᄆᆞᆺ긔 ᄒᆞ다'와 '通達히다'의 동의성은 명백히 입증된다. 동작동사구 'ᄉᆞᄆᆞᆾ긔 ᄒᆞ다'는 동작동사 'ᄉᆞᄆᆞᆾ다'의 長形 使動이다. 그리고 '通達히다'는 '通達ᄒᆞ다'의 사동형이다.

(25) a. 모미 브튼 ᄃᆡ 이셔ᅀᅡ 能히 ᄂᆞᄆᆞᆯ ᄉᆞᄆᆞᆺ긔 ᄒᆞᄂᆞ니 〈月十五 57a〉
b. 모미 브튼 ᄃᆡ 이신 後에ᅀᅡ 能히 사ᄅᆞᄆᆞᆯ 通達히ᄂᆞ니(己有所據然後에ᅀᅡ 能達人ᄒᆞᄂᆞ니) 〈法華四 99a〉

〈26〉 ᄉᆡᆼ계 살다 對 資生ᄒᆞ다

고유어 'ᄉᆡᆼ계 살다'와 한자어 '資生ᄒᆞ다'가 [資生] 즉 '어떠한 직업을 가지고 생계를 유지하다'의 뜻을 가지고 동의 관계에 있다는 것은 동일 원문의 번역인 다음 예문들에서 잘 확인된다. 원문 중 '資生業'이 'ᄉᆡᆼ계 사롤 일'로도 번역되고 '資生ᄒᆞᆯ 業'과 '資生ᄒᆞᅀᆞᆯ 業'으로도 번역된다. 따라서 'ᄉᆡᆼ계 살다'와 '資生ᄒᆞ다'의 동의성은 명백히 입증된다. 동작동사구 'ᄉᆡᆼ계 살다'는 명사 'ᄉᆡᆼ계'와 동작동사 '살다'의 결합이다.

(26) a. ᄉᆡᆼ계 사롤 일ᄃᆞᆯᄒᆞᆯ 닐어도 〈釋十九 24b〉
b. 資生ᄒᆞᆯ 業ᄃᆞᆯᄒᆞᆯ 닐어도 〈月十七 73a〉

c. ᄒᆞ다가…資生ᄒᆞᇙ 業ᄃᆞᆯᄒᆞᆯ 닐어도(若說…資生業等ᄒᆞ야도) 〈法華六 63a〉

〈27〉 아기 낳다 對 産生ᄒᆞ다

고유어 '아기 낳다'와 한자어 '産生ᄒᆞ다'가 [産生]과 [生産] 즉 '아기 낳다'의 뜻을 가지고 동의 관계에 있다는 것은 다음 예문들에서 잘 확인된다. 원문 중 '産生'이 '産生ᄒᆞ다'로 번역되고 '産生'의 자석이 '아기 낳다'이다. 그리고 '生産婦女'가 '아기 나ᄒᆞᆫ 겨집'으로 번역된다. 따라서 '아기 낳다'와 '産生ᄒᆞ다'의 동의성은 명백히 입증된다. 고유어 '아기 낳다'는 동작동사구로 명사 '아기'와 동작동사 '낳다'의 결합이다.

(27) a. ᄃᆞ리 ᄎᆞ거늘 産(30b)生ᄒᆞ샤ᄃᆡ [産生ᄋᆞᆫ 아기 나ᄒᆞᆯ 씨라]ᄒᆞᆫ 蓮花ᄅᆞᆯ 나ᄒᆞ신대 〈釋十一 31a>
b. 月滿産生 生一蓮華 <大方便佛報恩經 卷三>

(27) c. 늘그며 病ᄒᆞ며 아기 나ᄒᆞᆫ 겨집ᄃᆞᆯᄒᆞᆯ 보고 〈月十一 31a〉
d. 見諸老病 及生産婦女 〈地藏菩薩本願經〉

〈28〉 아라 듣다 對 領悟ᄒᆞ다

고유어 '아라 듣다'와 한자어 '領悟ᄒᆞ다'가 [領悟] 즉 '알아 듣다'의 뜻을 가지고 동의 관계에 있다는 것은 동일 원문의 번역인 다음 예문들에서 잘 확인된다. 원문 중 '隨機領悟'가 '機ᄅᆞᆯ 조차 아라 듣다'로도 번역되고 '機ᄅᆞᆯ 조차 領悟ᄒᆞ다'로도 번역된다. 따라서 '아라 듣다'와 '領悟ᄒᆞ다'의 동의성은 명백히 입증된다. 동작동사구 '아라 듣다'는 동작동사 '알다'의 부사형 '아라'와 동작동사 '듣다'의 결합이다.

(28) a. 三周說法에 各各 機ᄅᆞᆯ 조차 아라 듣ᄌᆞ바ᄂᆞᆯ 〈月十四 81b〉
b. 三周說法에 各各 機ᄅᆞᆯ 조차 領悟ᄒᆞᅀᆞ와ᄂᆞᆯ(三周說法에 各機領悟ᄒᆞᅀᆞ와ᄂᆞᆯ) 〈法華四 2a〉

(28) c. 萬慈ㅣ 五百 羅漢ᄃᆞᆯ콰로 그에 아라 듣ᄌᆞ바ᄂᆞᆯ 〈月十四 81b〉
d. 萬慈ㅣ 五百 羅漢ᄃᆞᆯ콰(2a) 이에 領悟ᄒᆞᅀᆞ와ᄂᆞᆯ(萬慈ㅣ 與五百羅漢等과로 於此애 領悟ᄒᆞᅀᆞ

와늘) 〈法華四 2b〉

〈29〉 아라 보다 對 知見ᄒᆞ다

고유어 '아라 보다'와 한자어 '知見ᄒᆞ다'가 [知見] 즉 '알아 보다'의 뜻을 가지고 동의 관계에 있다는 것은 동일 원문의 번역인 다음 예문들에서 잘 확인된다. 원문 중 '如實知見'이 '實다ᄫᅵ 아라 보다'로도 번역되고 '實다이 知見ᄒᆞ다'로도 번역된다. 따라서 '아라 보다'와 '知見ᄒᆞ다'의 동의성은 명백히 입증된다. 고유어 '아라 보다'는 동작동사구로 동작동사 '알다' [知]의 부사형 '아라'와 동작동사 '보다' [見]의 결합이다.

(29) a. 如來 三界相ᄋᆞᆯ 實다ᄫᅵ 아라 보아 〈月十七 11a〉
 b. 如來ㅣ 三界相ᄋᆞᆯ 實다이 知見ᄒᆞ야(如來ㅣ 如實知見三界之相ᄒᆞ야) 〈法華五 143a〉

〈30〉 어엿비 너기다 對 慈愍ᄒᆞ다

고유어 '어엿비 너기다'와 한자어 '慈愍ᄒᆞ다'가 [慈愍] 즉 '불쌍히 여기다'의 뜻을 가지고 동의 관계에 있다는 것은 다음 예문들에서 잘 확인된다. 원문 중 '慈愍 … 罪苦衆生'이 '罪苦衆生ᄋᆞᆯ 어엿비 너기다'로 번역되고 '尊者慈愍'이 '尊者ㅣ 어엿비 너기다'로 번역된다. 그리고 如是慈愍'이 '이 ᄀᆞ티 慈愍ᄒᆞ다'로 번역된다. 따라서 '어엿비 너기다와 '慈愍ᄒᆞ다'의 동의성은 명백히 입증된다. 고유어 '어엿비 너기다'는 동작동사구로 부사 '어엿비'와 동작동사 '너기다'의 결합이다.

(30) a. 이 世옛 罪苦衆生ᄋᆞᆯ 어엿비 너기며 〈月二十一 64a〉
 b. 慈愍此世罪苦衆生 〈地藏菩薩本願經〉

(30) c. 尊者ㅣ 어엿비 너기샤 엇뎨 救ᄒᆞ시리잇고 〈月二十一 54a〉
 d. 尊者慈愍 如何哀救 〈地藏菩薩本願經〉

(30) e. 디나건 오란 劫 中에 이 ᄀᆞ티 慈愍ᄒᆞ야 〈月二十一 59b〉
 f. 過去久遠劫中 如是慈愍 〈地藏菩薩本願經〉

〈31〉 얻니다 對 求ᄒᆞ다

고유어 '얻니다'와 한자어 '求ᄒᆞ다'가 [求索] 즉 '구하여 찾다'의 뜻을 가지고 동의 관계에 있다는 것은 동일 원문의 번역인 다음 예문들에서 잘 확인된다. 원문 중 '力求索'이 '힘뻐 얻니다'로도 번역되고 '힘뻐 求索ᄒᆞ다'로도 번역된다. 따라서 '얻니다'와 '求索ᄒᆞ다'의 동의성은 명백히 입증된다. 고유어 '얻니다'는 동작동사 '얻다'의 어간 '얻-'과 동작동사 '니다'의 비통사적 합성이다.

(31) a. 브즈러니 힘뻐 얻녀 〈月十五 23a〉
b. 브즈러니 힘뻐 求ᄒᆞ야(勤力求索ᄒᆞ야) 〈法華四 38a〉

〈32〉 업긔 ᄒᆞ다 對 滅ᄒᆞ다

고유어 '업긔 ᄒᆞ다'와 한자어 '滅ᄒᆞ다'가 [殄] 즉 '없게 하다, 없애버리다'의 뜻을 가지고 동의 관계에 있다는 것은 동일 원문의 번역인 다음 예문들에서 잘 확인된다. 원문 중 '殄惡'이 '모딘 거슬 업긔 ᄒᆞ다'로도 번역되고 '惡ᄋᆞᆯ 滅ᄒᆞ다'로도 번역된다. 따라서 '업긔 ᄒᆞ다'와 '滅ᄒᆞ다'의 동의성은 명백히 입증된다. 고유어 '업긔 ᄒᆞ다'는 동작동사구로서 '없다'의 長形 使動이다.

(32) a. 모딘 거슬 업긔 ᄒᆞ고 됴ᄒᆞᆫ 거슬 내ᄂᆞ니 〈釋二十一 22b〉
b. 惡ᄋᆞᆯ 滅코 善 내샤ᄆᆞᆯ(殄惡生善을) 〈法華七 107a〉

〈33〉 오로 ᄒᆞ다 對 專主ᄒᆞ다

고유어 '오로 ᄒᆞ다'와 한자어 '專主ᄒᆞ다'가 [專] 즉 '오로지 하다'의 뜻을 가지고 동의 관계에 있다는 것은 동일 원문의 번역인 다음 예문들에서 잘 확인된다. 원문 중 '所專'이 '專主ᄒᆞᇙ 줄'로도 번역되고 '오로 ᄒᆞ샴'으로도 번역된다. 따라서 '오로 ᄒᆞ다'와 '專主ᄒᆞ다'의 동의성은 명백히 입증된다. 고유어 '오로 ᄒᆞ다'는 동작동사구로서 부사 '오로'와 동작동사 'ᄒᆞ다'의 결합이다.

(33) a. 專主ᄒᆞᇙ 줄 모ᄅᆞ며 〈釋十九 36b〉
b. 오로 ᄒᆞ샤ᄆᆞᆯ 아디 몯ᄒᆞ시며(不知所專ᄒᆞ시며) 〈法華六 71b〉

그리고 字釋 '專主는 오ᄋᆞ로 爲主홀 씨라 〈釋十九 30a〉'에서 '專主'의 뜻이 '오ᄋᆞ로 爲主ᄒᆞ다' 이고 '專主ᄒᆞ다'와 '오로 ᄒᆞ다'가 동의 관계에 있으므로 '오ᄋᆞ로 爲主ᄒᆞ다'와 '오로 ᄒᆞ다'의 동의 관계도 성립한다.

〈34〉 올ᄆᆞ며 옮다 對 展轉ᄒᆞ다

고유어 '올ᄆᆞ며 옮다'와 한자어 '展轉ᄒᆞ다'가 [展轉] 즉 '옮으며 옮다, 구르다'의 뜻을 가지고 동의 관계에 있다는 것은 동일 원문의 번역인 다음 예문들에서 잘 확인된다. 원문 중 '展轉'이 '올ᄆᆞ며 옮다'로도 번역되고 '展轉ᄒᆞ다'로도 번역된다. 그리고 '展轉'의 자석이 '올ᄆᆞ며 옮다'이다. 따라서 '올마며 옮다'와 '展轉ᄒᆞ다'의 동의성은 명백히 입증된다. 동작동사구 '올ᄆᆞ며 옮다'는 동작동사 '옮다'의 부사형 '올ᄆᆞ며'와 동작동사 '옮다'의 결합이다.

(34) a. 이 양ᄌᆞ로 展轉ᄒᆞ야[前前은 올ᄆᆞ며 올ᄆᆞᆯ 씨라] 〈月十五 74b〉
b. 이 ᄀᆞ티 올ᄆᆞ며 올ᄆᆞ샤(如是展轉ᄒᆞ샤) 〈法華四 121b〉

〈35〉 외다 ᄒᆞ다 對 責ᄒᆞ다

고유어 '외다 ᄒᆞ다'와 한자어 '責ᄒᆞ다'가 [責] 즉 '남의 허물을 들어 꾸짖다'의 뜻을 가지고 동의 관계에 있다는 것은 동일 원문의 번역인 다음 예문들에서 잘 확인된다. 원문 중 '責我'가 '나ᄅᆞᆯ 외다 ᄒᆞ다'로도 번역되고 '나ᄅᆞᆯ 責ᄒᆞ다'로도 번역된다. 따라서 '외다 ᄒᆞ다'와 '責ᄒᆞ다'의 동의성은 명백히 입증된다. 고유어 '외다 ᄒᆞ다'는 동작동사구로서 상태동사 '외다'와 동작동사 'ᄒᆞ다'의 결합이다.

(35) a. 世尊이 나ᄅᆞᆯ 외다 ᄒᆞ샤 엇뎨 神足ᄋᆞᆯ 내야 뵈ᄂᆞ다 〈釋二十四 45a〉
b. 世尊이 나ᄅᆞᆯ 責ᄒᆞ샤ᄃᆡ 엇뎨 神足ᄋᆞᆯ 이리 나토ᄂᆞ다 〈月二十五 122a〉
c. 世尊責我正法那得現神足如是 〈釋迦譜 卷5 31. 阿育王造八萬四千塔記〉

〈36〉 외요이다 ᄒᆞ다 對 責ᄒᆞ다

고유어 '외요이다 ᄒᆞ다'와 한자어 '責ᄒᆞ다'가 [責] 즉 '꾸짖다'의 뜻을 가지고 동의 관계에 있다는 것은 동일 원문의 번역인 다음 예문들에서 잘 확인된다. 원문 중 '自責'이 '제 외요이다 ᄒᆞ다'로도 번역되고 '제 責ᄒᆞ다'로도 번역된다. 그리고 '悔責'이 '뉘으처 외요이다 ᄒᆞ다'로도 번역되고 '뉘으처 責ᄒᆞ다'로도 번역된다. 따라서 '외요이다 ᄒᆞ다'와 '責ᄒᆞ다'의 동의성은 명백히 입증된다.

(36) a. 허믈 뉘으처 제 외요이다 ᄒᆞ야 〈月十五 21b〉
b. 허믈 뉘으처 제 責호ᄃᆡ(悔過自責호ᄃᆡ) 〈法華四 36a〉

(36) c. 뉘으처 외요이다 호ᄆᆞᆫ 녜 그르 ᄒᆞ단 이ᄅᆞᆯ 뉘읏고 이제 得ᄒᆞᆫ 이ᄅᆞᆯ 慶賀ᄒᆞ니라 〈月十五 22a〉
d. 뉘으처 責호ᄆᆞᆫ 녯 일후믈 뉘읏고 오ᄂᆞᆯ 어두ᄆᆞᆯ 慶賀호미라(悔責者ᄂᆞᆫ 悔昔之失ᄒᆞ고 慶今之得也ㅣ라) 〈法華四 36b〉

〈37〉 자바 닛다 對 提接ᄒᆞ다

고유어 '자바 닛다'와 한자어 '提接ᄒᆞ다'가 [提接] 즉 '잡아 잇다'의 뜻을 가지고 동의 관계에 있다는 것은 동일 원문의 번역인 다음 예문들에서 잘 확인된다. 원문 중 '提接'이 '提接ᄒᆞ다'로도 번역되고 '자바 닛다'로도 번역된다. 따라서 '자바 닛다'와 '提接ᄒᆞ다'의 동의성은 명백히 입증된다. 고유어 '자바 닛다'는 동작동사구로서 동작동사 '잡다'의 부사형 '자바'와 동작동사 '닛다'의 결합이다.

(37) a. 손 심기샤ᄆᆞᆫ 提接ᄒᆞ시논 ᄠᅳ디라[提接은 자ᄇᆞᆯ 씨라] 〈月十九 114a〉
b. 손 심기샤ᄆᆞᆫ 자바 니ᅀᅳ시논 ᄠᅳ디라(授手ᄂᆞᆫ 提接義也ㅣ라) 〈法華七 177b〉

〈38〉 조차 들다 對 隨參ᄒᆞ다

고유어 '조차 들다'와 한자어 '隨參ᄒᆞ다'가 [預] 즉 '참여하다'의 뜻을 가지고 동의 관계에 있다는 것은 동일 원문의 번역인 다음 예문들에서 잘 확인된다. 원문 중 '預佛記'가 '부텻 記예 조차 들다'로도 번역되고 '佛記예 隨參ᄒᆞ다'로도 번역된다. 따라서 '조차 들다'와 '隨參ᄒᆞ다'의 동의성은 명백히 입증된다. 고유어 '조차 들다'는 동작동사구로서 동작동사 '좇다'의 부사형 '조차'와 동작동사 '들다'의 결합이다.

(38) a. 또 부텻 記예 조차 드로ᄆᆞᆫ 〈月十五 26b〉
b. 또 佛記예 隨參호ᄆᆞᆫ(亦預佛記者ᄂᆞᆫ) 〈法華四 46b〉

〈39〉 즐어디다 對 夭閼ᄒᆞ다

고유어 '즐어디다'와 한자어 '夭閼ᄒᆞ다'가 [夭閼] 즉 '젊어서 죽다'의 뜻을 가지고 있다는 것은 동일 원문의 번역인 다음 예문들에서 잘 확인된다. 원문 중 '不夭閼'이 '즐어디디 말다'로도 번역되고 '夭閼티 말다'로도 번역되므로 '즐어디다'와 '夭閼ᄒᆞ다'의 동의성은 명백히 입증된다. 고유어 '즐어디다'는 동작동사 '즈르다'의 부사형 '즐어'와 동작동사 '디다'의 통사적 합성이다.

(39) a. 橫邪애 夭閼티 말오져 ᄇᆞ랄 씨라[夭閼ᄋᆞᆫ 그처딜 씨라] 〈月十七 18b〉
b. 곧 橫邪애 즐어디디 마오져 ᄇᆞ라미오(卽冀不夭閼於橫邪也ㅣ오) 〈法華五 155a〉

〈40〉 테 �다 對 範圍ᄒᆞ다

고유어 '테 ᄢᅵ다'와 한자어 '範圍ᄒᆞ다'가 [範圍] 즉 '테두리 끼다'의 뜻을 가지고 동의 관계에 있다는 것은 동일 원문의 번역인 다음 예문들에서 잘 확인된다. 원문 중 '範圍天地'가 '天地ᄅᆞᆯ 範圍ᄒᆞ다'로도 번역되고 '天地ᄅᆞᆯ 테 ᄢᅵ다'로도 번역된다. 따라서 '테 ᄢᅵ다'와 '範圍ᄒᆞ다'의 동의성은 명백히 입증된다. 고유어 '테 ᄢᅵ다'는 명사 '테'와 동작동사 'ᄢᅵ다'의 결합이다.

(40) a. 이 天地ᄅᆞᆯ 範圍ᄒᆞ며 〈月十四 54b〉
b. 이 天地ᄅᆞᆯ 테 ᄢᅵ샤(斯乃範圍天地ᄒᆞ샤) 〈法華三 163a〉

〈41〉 ᅘᅧ내다 對 引導ᄒᆞ다

고유어 'ᅘᅧ내다'와 한자어 '引導ᄒᆞ다'가 [引導] 즉 '인도하다'의 뜻을 가지고 동의 관계에 있다는 것은 동일 원문의 번역인 다음 예문들에서 잘 확인된다. 원문 중 '引導'가 'ᅘᅧ내다'로도 번역되고 '引導ᄒᆞ다'로도 번역되므로 'ᅘᅧ내다'와 '引導ᄒᆞ다'의 동의성은 명백히 입증된다. 고유어 'ᅘᅧ내다'는 동작동사 'ᅘᅧ다'의 어간 'ᅘᅧ-'와 동작동사 '내다'의 합성이다.

(37) a. 거즛 일후므로 ᅘᅧ내실ᄊᆡ 〈月十一 12b〉
b. 일후믈 비러 引導ᄒᆞ시논 젼ᄎᆞ로(假名引導故로) 〈法華一 4a〉

〈38〉 흐리워 어즈리다 對 汩擾ᄒᆞ다

고유어 '흐리워 어즈리다'와 한자어 '汩擾ᄒᆞ다'가 [汩擾] 즉 '흐리게 하여 어지럽히다'의 뜻을 가지고 동의 관계에 있다는 것은 동일 원문의 번역인 다음 예문들에서 잘 확인된다. 원문 중 '邪習汩擾'가 '邪習이 汩擾ᄒᆞ다'로도 번역되고 '邪ᄒᆞᆫ 비ᄒᆞ시 흐리워 어즈리다'로도 번역된다. 따라서 '흐르워 어즈리다'와 '汩擾ᄒᆞ다'의 동의성은 명백히 입증된다. 고유어 '흐리워 어즈리다'는 동작동사 '흐리우다'의 부사형 '흐리워'와 동작동사 '어즈리다'의 결합이다.

(38) a. 念이 正티 몯ᄒᆞ면 邪習이 汩擾ᄒᆞ야(111b) 기픈 行 일우려 호미 어려ᄫᅳ니라 〈月十九 112a〉
b. 念이 正티 몯ᄒᆞ면 邪ᄒᆞᆫ 비ᄒᆞ시 흐리워 어즈려 기픈 行 일우려 호미 어려울ᄊᆡ(念이 不正ᄒᆞ면 則邪習이 汩擾ᄒᆞ야 欲成深行이 難矣ㄹᄊᆡ) 〈法華七 175b〉

2 狀態動詞간의 同義

상태동사에서 확인되는 고유어와 한자어 간의 동의에서 고유어가 狀態動詞일 수도 있고 狀態動詞句와 合成 狀態動詞일 수도 있다.

1. 固有語가 狀態動詞인 경우

상태동사에서 확인되는 고유어와 한자어 간의 동의에서 고유어가 狀態動詞인 경우에는 [質直] 즉 '고지식하다, 질박하고 정직하다'의 뜻을 가진 '고디식다'와 '質直ᄒᆞ다'를 비롯하여 [醜]

즉 '나쁘다, 추하다'의 뜻을 가진 '궂다'와 '醜ᄒᆞ다', [廣] 즉 '넓다'의 뜻을 가진 '넙다'와 '廣ᄒᆞ다', [賤] 즉 '천하다'의 뜻을 가진 '놀압다'와 '賤ᄒᆞ다', [善] 즉 '좋다'의 뜻을 가진 '둏다'와 '善ᄒᆞ다', [圓] 즉 '둥글다'의 뜻을 가진 '두렵다'와 '圓ᄒᆞ다', [麁] 즉 '거칠다, 麤하다'의 뜻을 가진 '멀텁다'와 '麁ᄒᆞ다', [昭昭] 즉 '밝다'의 뜻을 가진 'ᄇᆞᆰ다'와 '昭昭ᄒᆞ다', [玩] 즉 '사랑스럽다'의 뜻을 가진 'ᄉᆞ랑ᄒᆞᄇᆞ다'와 '玩ᄒᆞ다', [痴] 즉 '어리석다'의 뜻을 가진 '어리다'와 '迷惑ᄒᆞ다', [純] 즉 '온전하다'의 뜻을 가진 '올다'와 '純ᄒᆞ다', [微] 즉 '적다'의 뜻을 가진 '젹다'와 '微ᄒᆞ다', [淸淨] 즉 '깨끗하다, 淸淨하다'의 뜻을 가진 '좋다'와 '淸淨ᄒᆞ다' 그리고 [密] 즉 '빽빽하다'의 뜻을 가진 '특특ᄒᆞ다'와 '密ᄒᆞ다' 등 50여 항목이 있다.

〈1〉 고디식다 對 質直ᄒᆞ다

고유어 '고디식다'와 한자어 '質直ᄒᆞ다'가 [質直] 즉 '고지식하다, 질박하고 정직하다'의 뜻을 가지고 동의 관계에 있다는 것은 동일 원문의 번역인 다음 예문들에서 잘 확인된다. 원문 중 '心意質直'이 'ᄆᆞᅀᆞ미 고디식다'로도 번역되고 'ᄆᆞᅀᆞᆷ ᄠᅳ디 質直ᄒᆞ다'로도 번역된다. 따라서 '고디식다'와 '質直ᄒᆞ다'의 동의성은 명백히 입증된다. 『법화경언해』에서도 '質直'이 '고디식다'로 번역되는 예문 '모든 功德 닷가 부드러이 和코 고디시그닌(諸有修功德ᄒᆞ야 柔和質直者ᄂᆞᆫ) 〈五 166a〉'을 발견할 수 있다.

(1) a. 이 사ᄅᆞᄆᆞᆫ ᄆᆞᅀᆞ미 고디식고 〈釋二十一 61b〉
b. 이 사ᄅᆞ미 心意 質直ᄒᆞ야 〈月十九 117b〉
c. 이 사ᄅᆞ미 ᄆᆞᅀᆞᆷ ᄠᅳ디 質直ᄒᆞ야(是人이 心意質直ᄒᆞ야) 〈法華七 181b〉

〈2〉 괴외ᄒᆞ다 對 寂滅ᄒᆞ다

고유어 '괴외ᄒᆞ다'와 한자어 '寂滅ᄒᆞ다'가 [寂] 즉 '고요하다, 번뇌에서 벗어나 생사를 초월하다'의 뜻을 가지고 동의 관계에 있다는 것은 동일 원문의 번역인 다음 예문들에서 잘 확인된다. 원문 중 '永寂'이 '기리 寂滅ᄒᆞ다'로도 번역되고 '기리 괴외ᄒᆞ다'로도 번역된다. 따라서 '괴외ᄒᆞ다'와 '寂滅ᄒᆞ다'의 동의성은 명백히 입증된다.

(2) a. 究竟ᄒᆞ야 기리 寂滅호미 涅槃이라 〈月十三 49b〉
b. ᄆᆞ차 기리 괴외ᄒᆞᆯ 씨 니ᄅᆞ샨 涅槃이라(究竟永寂曰涅槃이라) 〈法華三 16b〉

〈3〉 괴외ᄒᆞ다 對 寂靜ᄒᆞ다

고유어 '괴외ᄒᆞ다'와 한자어 '寂靜ᄒᆞ다'가 [寂靜] 즉 '고요하다, 번뇌에서 벗어나 모든 고통이나 어려움이 없어지다'의 뜻을 가지고 동의 관계에 있다는 것은 다음 예문들에서 잘 확인된다. '禪'의 자석이 '寂靜ᄒᆞ다'이다. 그리고 '寂靜'의 자석이 '괴외ᄒᆞ다'이다. 따라서 '괴외ᄒᆞ다'와 '寂靜ᄒᆞ다'의 동의성은 명백히 입증된다.

(3) a. 禪은 寂靜ᄒᆞᆯ 씨니 〈月一 32b〉
b. 寂靜은 괴외ᄒᆞᆯ 씨라 〈月一 32b〉

〈4〉 괴외ᄒᆞ다 對 寂ᄒᆞ다

고유어 '괴외ᄒᆞ다'와 한자어 '寂ᄒᆞ다'가 [寂] 즉 '고요하다'의 뜻을 가지고 동의 관계에 있다는 것은 동일 원문의 번역인 다음 예문들에서 잘 확인된다. 원문 중 '常寂'이 '상녜 괴외ᄒᆞ다'로도 번역되고 '상녜 寂ᄒᆞ다'로도 번역된다. 따라서 '괴외ᄒᆞ다'와 '寂ᄒᆞ다'의 동의성은 명백히 입증된다.

(4) a. 비취여 상녜 괴외ᄒᆞ니라 〈釋二十 35a〉
b. 照호ᄃᆡ 상녜 寂호미오 〈月十八 69a〉
c. 비취샤ᄃᆡ 상녜 괴외ᄒᆞᆯ 씨오(照而常寂이시고) 〈法華七 9a〉

(4) d. 곧 말ᄊᆞᆷ 相이 괴외ᄒᆞᆫ 一乘妙法이라 〈月十七 26a〉
e. 곧 言辭相이 寂ᄒᆞᆫ 一乘妙法이라(卽言辭相이 寂ᄒᆞᆫ 一乘妙法也ㅣ라) 〈法華五 174b〉

(4) f. 얼의여 時常 寂ᄒᆞ야 〈月十一 89b〉
g. 얼의여 상녜 괴외ᄒᆞ야(凝然常寂ᄒᆞ야) 〈法華一 109b〉

한편 '寂'이 『월인석보』 권18과 『법화경언해』에서 모두 '괴외ᄒᆞ다'로 번역된다는 것은 동일 원문의 번역인 다음 예문들에서 잘 확인된다. 원문 중 '心寂'이 모두 'ᄆᆞᅀᆞ미 괴외ᄒᆞ다'로 번역된다.

(4) h. ᄆᆞᅀᆞ미 괴외ᄒᆞ야 〈月十八 55b〉
　i. ᄆᆞᅀᆞ미 괴외ᄒᆞ시고(心寂ᄒᆞ시고) 〈法華六 177a〉

〈5〉 굳다 對 堅固ᄒᆞ다

고유어 '굳다'와 한자어 '堅固ᄒᆞ다'가 [堅固] 즉 '굳다, 견고하다'의 뜻을 가지고 동의 관계에 있다는 것은 동일 원문의 번역인 다음 예문들에서 잘 확인된다. 원문 중 '解說堅固'가 '解說이 굳다'로도 번역되고 '解說이 堅固ᄒᆞ다'로도 번역된다. 따라서 '굳다'와 '堅固ᄒᆞ다'의 동의성은 명백히 입증된다.

(5) a. 解說이 굳고 〈釋二十 27a〉
　b. 解說이 堅固ᄒᆞ고 〈月十八 69a〉
　c. 解說 굳고(解說이 堅固ᄒᆞ고) 〈法華六 174b〉

(5) d. 세차힌 多聞이 굳고 네차힌 福德이 굳고 〈釋二十 27a〉
　e. 第三ᄋᆞᆫ 多聞이 堅固ᄒᆞ고 第四ᄂᆞᆫ 福德이 堅固ᄒᆞ고 〈月十八 54a〉
　f. 第三은 多聞이 굳고 第四ᄂᆞᆫ 福德이 굳고(第三은 多聞이 堅固ᄒᆞ고 第四ᄂᆞᆫ 福德이 堅固ᄒᆞ고) 〈法華六 174b〉

〈6〉 궂다 對 醜ᄒᆞ다

고유어 '궂다'와 한자어 '醜ᄒᆞ다'가 [醜] 즉 '나쁘다, 추하다'의 뜻을 가지고 동의 관계에 있다는 것은 동일 원문의 번역인 다음 예문들에서 잘 확인되다. 원문 중 '醜'가 '궂다'로도 번역되고 '醜ᄒᆞ다'로도 번역되므로 '궂다'와 '醜ᄒᆞ다'의 동의성은 명백히 입증된다.

(6) a. 됴커나 궂거나 〈釋十九 20a〉
b. 好(67a)커나 醜커나[醜는 골업슬 씨라] 〈月十七 67b〉
c. 됴커나 골업거나(若好커나 若醜커나) 〈法華六 51b〉

〈7〉 ᄀᆞᄂᆞᆯ다 對 微細ᄒᆞ다

고유어 'ᄀᆞᄂᆞᆯ다'와 한자어 '微細ᄒᆞ다'가 [微細] 즉 '가늘다'의 뜻을 가지고 동의 관계에 있다는 것은 동일 원문의 번역인 다음 예문들에서 잘 확인된다. 원문 중 '微細執著'이 '微細ᄒᆞᆫ 執着'으로도 번역되고 'ᄀᆞᄂᆞᆫ 執着'으로도 번역된다. 따라서 'ᄀᆞᄂᆞᆯ다'와 '微細ᄒᆞ다'의 동의성은 명백히 입증된다.

(7) a. 손발 가라ᄅᆞᆫ 微細ᄒᆞᆫ 執着ᄋᆞᆯ 가ᄌᆞᆯ비시니 〈月十八 45a〉
b. 손밠 가라ᄅᆞᆫ ᄀᆞᄂᆞᆫ 執着ᄋᆞᆯ 가ᄌᆞᆯ비시니(手足之指ᄂᆞᆫ 譬微細執著ᄒᆞ시니) 〈法華六 161a〉

〈8〉 ᄀᆞᄃᆞᆨᄒᆞ다 對 滿足ᄒᆞ다

고유어 'ᄀᆞᄃᆞᆨᄒᆞ다'와 한자어 '滿足ᄒᆞ다'가 [滿足] 즉 '가득하다'의 뜻을 가지고 동의 관계에 있다는 것은 동일 원문의 번역인 다음 예문들에서 잘 확인된다. 원문 중 '滿足一切佛功德海'가 '一切佛功德海 ᄀᆞᄃᆞᆨᄒᆞ다'로도 번역되고 '一切佛功德海 滿足ᄒᆞ다'로도 번역된다. 따라서 'ᄀᆞᄃᆞᆨᄒᆞ다'와 '滿足ᄒᆞ다'의 동의성은 명백히 입증된다.

(8) a. 一切佛功德海(95a) ᄀᆞᄃᆞᆨᄒᆞᆫ 後에 〈月十九 95b〉
b. 一切佛功德海 滿足ᄒᆞ신 後에(滿足一切佛功德海然後에) 〈法華七 157b〉

한편 '滿足'이 『월인석보』 권19와 『법화경언해』에서 모두 한자어 '滿足ᄒᆞ다'로 번역된다는 것은 동일 원문의 번역인 다음 예문들에서 잘 확인된다. 원문 중 '一切滿足'이 모두 '一切 滿足ᄒᆞ다'로 번역된다.

(8) c. 佛功德海 一切 滿(94b)足ᄒᆞᆫ 後에 〈月十九 95a〉

d. 佛功德海 一切 滿足ᄒᆞ신 後에사(佛功德海ㅣ 一切滿足ᄒᆞ신 然後에) 〈法華七 157a〉

〈9〉 ᄀᆞ득ᄒᆞ다 對 遍하다

고유어 'ᄀᆞ득ᄒᆞ다'와 한자어 '遍ᄒᆞ다'가 [遍] 즉 '가득ᄒᆞ다'의 뜻을 가지고 동의 관계에 있다는 것은 동일 원문의 번역인 다음 예문들에서 잘 확인된다. 원문 중 '不遍'이 '遍티 아니ᄒᆞ다'로도 번역되고 'ᄀᆞ득디 몯ᄒᆞ다'로도 번역되므로 두 상태동사 'ᄀᆞ득ᄒᆞ다'와 '遍ᄒᆞ다'의 동의성은 명백히 입증된다. 두 상태동사는 [－구체물]인 '德'을 主語로 공유한다.

(9) a. 德이 遍티 아니ᄒᆞᆫ ᄃᆡ 업스실 ᄊᆡ 普ㅣ오 〈月十九 94a〉
　b. 德이 ᄀᆞ득디 몯ᄒᆞᆫ ᄃᆡ 업스샤미 니ᄅᆞ샨 普ㅣ시고(德無不遍曰普ㅣ시고) 〈法華七 156b〉

(9) c. 德이 遍티 몯ᄒᆞᆫ ᄃᆡ 업스시며 〈月十九 99b〉
　d. 德이 ᄀᆞ득디 몯ᄒᆞᆫ ᄃᆡ 업스시며(以德無不遍ᄒᆞ시며) 〈法華七 161a〉

(9) e. 萬億旋陁羅尼ᄂᆞᆫ 곧 一切處에 遍ᄒᆞᆫ 行이오 〈月十九 123a〉
　f. 萬億旋陀羅尼ᄂᆞᆫ 곧 一切處에 ᄀᆞ득ᄒᆞ신 行이시고(萬億旋陀羅尼ᄂᆞᆫ 卽遍一切處之行也ㅣ시고) 〈法華七 189a〉

(9) g. 普賢道ᄂᆞᆫ 곧 一切處에 遍ᄒᆞᆫ 體라 〈月十九 123a〉
　h. 普賢道ᄂᆞᆫ 곧 一切處에 ᄀᆞ득ᄒᆞ신 體시니라(普賢道ᄂᆞᆫ 卽遍一切之體ㅣ시니라) 〈法華七 189a〉

〈10〉 ᄀᆞᆮᄒᆞ다 對 同ᄒᆞ다

고유어 'ᄀᆞᆮᄒᆞ다'와 한자어 '同ᄒᆞ다'가 [同] 즉 '같다'의 뜻을 가지고 동의 관계에 있다는 것은 동일 원문의 번역인 다음 예문들에서 잘 확인된다. 원문 중 '體同'이 '體 同ᄒᆞ다'로도 번역되고 '體 ᄀᆞᆮᄒᆞ다'로도 번역되므로 'ᄀᆞᆮᄒᆞ다'와 '同ᄒᆞ다'의 동의성은 명백히 입증된다.

(10) a. 모미 부텨 뵈ᅀᆞᆸ디 아니ᄒᆞ샤ᄆᆞᆫ 体 同ᄒᆞ실 ᄊᆡ니라 〈月十五 82a〉
　b. 모미 부텻긔 뵈ᅀᆞᆸ디 아니ᄒᆞ샤ᄆᆞᆫ 體 ᄀᆞᆮᄒᆞ신 젼ᄎᆡ시고(不躬覲佛者ᄂᆞᆫ 體同故也시ㅣ고) 〈法

華四 130a〉

(10) c. 願이 同ᄒᆞ실 ᄊᆡ니라 〈月十五 82a〉
d. 願이 ᄀᆞᆮᄒᆞ신 젼ᄎᆡ시니라(願同故也ㅣ 시니라) 〈法華四 130a〉

〈11〉 ᄀᆞᆮᄒᆞ다 對 等ᄒᆞ다

고유어 'ᄀᆞᆮᄒᆞ다'와 한자어 '等ᄒᆞ다'가 [等] 즉 '같다, 동일하다'의 뜻을 가지고 동의 관계에 있다는 것은 동일 원문의 번역인 다음 예문들에서 잘 확인된다. 원문 중 '等'이 'ᄀᆞᆮᄒᆞ다'로도 번역되고 '等ᄒᆞ다'로도 번역되므로 'ᄀᆞᆮᄒᆞ다'와 '等ᄒᆞ다'의 동의성은 명백히 입증된다.

(11) a. 佛性이 等ᄒᆞᆫ 젼ᄎᆞ로 〈月十七 83b〉
b. 佛性ᄋᆞ로 ᄀᆞᆮ게 ᄒᆞ실ᄊᆡ(以佛性ᄋᆞ로 等之故로) 〈法華六 78a〉

〈12〉 ᄀᆞᆮᄒᆞ다 對 如ᄒᆞ다

고유어 'ᄀᆞᆮᄒᆞ다'와 한자어 '如ᄒᆞ다'가 [如] 즉 '같다'의 뜻을 가지고 동의 관계에 있다는 것은 다음 예문들에서 잘 확인된다. 원문 중 '如妙藥'이 '妙藥이 ᄀᆞᆮᄒᆞ다'와 '妙藥 ᄀᆞᆮᄒᆞ다'로 번역된다. '如是'가 '이 ᄀᆞᆮᄒᆞ다'로 번역된다. 그리고 '非如'가 '如티 아니ᄒᆞ다'로 번역된다. 따라서 'ᄀᆞᆮᄒᆞ다'와 '如ᄒᆞ다'의 동의성은 명백히 입증된다.

(11) a. 부텨는 醫師ㅣ ᄀᆞᆮᄒᆞ시고 敎ᄂᆞᆫ 醫方이 ᄀᆞᆮᄒᆞ시고 理ᄂᆞᆫ 妙藥이 ᄀᆞᆮᄒᆞ시고 〈月十七 16a〉
b. 佛ᄋᆞᆫ 毉師 ᄀᆞᆮᄒᆞ시고 敎ᄂᆞᆫ 毉方 ᄀᆞᆮᄒᆞ시고 理ᄂᆞᆫ 妙藥 ᄀᆞᆮᄒᆞ니(佛ᄋᆞᆫ 如毉師ᄒᆞ시고 敎ᄂᆞᆫ 如毉方ᄒᆞ고 理ᄂᆞᆫ 如妙藥ᄒᆞ니) 〈法華五 150a〉

(12) c. 諸佛如來 法이 다 이 ᄀᆞᆮᄒᆞ야 〈月十七 15b〉
d. 諸佛如來 法이 다 이 ᄀᆞᆮᄒᆞ시니(諸佛如來ㅣ 法皆如是ᄒᆞ시니) 〈法華五 148b

(12) e. 如티 아니ᄒᆞ며 異티 아니ᄒᆞ야 〈月十七 11b〉

f. 如티 아니ᄒᆞ며 異티 아니ᄒᆞ야(非如非異ᄒᆞ야) 〈法華五 143a〉

〈13〉 넙다 對 廣ᄒᆞ다

고유어 '넙다'와 한자어 '廣ᄒᆞ다'가 [廣] 즉 '넓다'의 뜻을 가지고 동의 관계에 있다는 것은 동일 원문의 번역인 다음 예문들에서 잘 확인된다. 원문 중 '精廣'이 '精ᄒᆞ며 넙다'로도 번역되고 '精코 廣ᄒᆞ다'로도 번역되므로 '넙다'와 '廣ᄒᆞ다'의 동의성은 명백히 입증된다.

(13 a. 精ᄒᆞ며 너부미 ᄃᆞ외리니 〈釋十九 37a〉
b. 精코 廣호미 ᄃᆞ외ᄂᆞ니 〈月十七 75b〉
c. 精廣이 ᄃᆞ외시니(爲精廣이시니) 〈法華六 71b〉

한편 '廣'이 『석보상절』 권19, 『월인석보』 권17 및 『법화경언해』에서 모두 '넙다'로 번역된다는 것은 동일 원문의 번역인 다음 예문들에서 잘 확인된다. 원문 중 '未廣'이 모두 '넙디 몯ᄒᆞ다'로 번역된다.

(13) d. 비록 勝ᄒᆞ야도 넙디 몯ᄒᆞ니 〈釋十九 36b〉
e. 비록 勝코도 넙디 몯ᄒᆞ니 〈月十七 75a〉
f. 비록 勝ᄒᆞ야도 넙디 몯ᄒᆞ니(雖勝而未廣ᄒᆞ니) 〈法華六 71b〉

〈14〉 넙다 對 普ᄒᆞ다

고유어 '넙다'와 한자어 '普ᄒᆞ다'가 [普] 즉 '넓다'의 뜻을 가지고 동의 관계에 있다는 것은 동일 원문의 번역인 다음 예문들에서 잘 확인된다. 원문 중 '未普'가 '普티 몯ᄒᆞ다'로도 번역되고 '넙디 몯ᄒᆞ다'로도 번역되므로 '넙다'와 '普ᄒᆞ다'의 동의성은 명백히 입증된다.

(14) a. 오직 젹고 普티 몯ᄒᆞ며 〈釋二十一 20a〉
b. 오직(41a) 略고 넙디 몯ᄒᆞ시며(但略而未普ᄒᆞ시며) 〈法華七 41b〉

〈15〉 높다 對 爲頭ᄒᆞ다

고유어 '높다'와 한자어 '爲頭ᄒᆞ다'가 [上]과 [爲其上] 즉 '높다'의 뜻을 가지고 동의 관계에 있다는 것은 동일 원문의 번역인 다음 예문들에서 잘 확인된다. 원문 중 '最上'이 'ᄆᆞᆺ 높다'로도 번역되고 'ᄆᆞᆺ 爲頭ᄒᆞ다'로도 번역된다. 그리고 '最爲其上'이 'ᄆᆞᆺ 높다'로도 번역되고 'ᄆᆞᆺ 爲頭ᄒᆞ다'로도 번역된다. 따라서 '높다'와 '爲頭ᄒᆞ다'의 동의성은 명백히 입증된다.

(15) a. ᄆᆞᆺ 尊ᄒᆞ며 ᄆᆞᆺ 노ᄑᆞ니 〈釋二十 11a〉
b. ᄆᆞᆺ 尊코 ᄆᆞᆺ 爲頭ᄒᆞ니 〈月十八 31a〉
c. ᄆᆞᆺ 尊ᄒᆞ며 ᄆᆞᆺ 우히니(最尊最上ᄒᆞ니) 〈法華六 142a〉

(15) d. 여러 經ㅅ 中에 ᄆᆞᆺ 노ᄑᆞ며 〈釋二十 22a〉
e. 諸經 中에 ᄆᆞᆺ 爲頭ᄒᆞ니라 〈月十八 47a〉
f. 諸經ㅅ 中에 ᄆᆞᆺ 우히 ᄃᆞ외니라(於諸經中에 最爲其上이니라) 〈法華六 164a〉

〈16〉 늙다 對 衰老ᄒᆞ다

고유어 '늙다'와 한자어 '衰老ᄒᆞ다'가 [衰老] 즉 '늙다, 늙어서 쇠약해지다'의 뜻을 가지고 동의 관계에 있다는 것은 동일 원문의 번역인 다음 예문들에서 잘 확인된다. 원문 중 '衰老'가 '늙다'로도 번역되고 '衰老ᄒᆞ다'로도 번역된다. 따라서 두 상태동사 '늙다'와 '衰老ᄒᆞ다'의 동의성은 명백히 입증된다. 두 상태동사는 '衆生'을 주어로 공유한다.

(16) a. 이 衆生이 다 늘거 〈釋十九 3b〉
b. 그러나 이 衆生이 다 ᄒᆞ마 衰老ᄒᆞ야 〈月十七 47b〉
c. 그러나 이 衆生이 다 ᄒᆞ마 衰老ᄒᆞ야(然이나 此衆生이 皆已衰老ᄒᆞ야) 〈法華六 8a〉

〈17〉 늙다 對 衰邁ᄒᆞ다

고유어 '늙다'와 한자어 '衰邁ᄒᆞ다'가 [衰邁] 즉 '늙다'의 뜻을 가지고 동의 관계에 있다는 것은 동일 원문의 번역인 다음 예문들에서 잘 확인된다. 원문 중 '年衰邁'가 '나히 늙다'로도 번역되고 '나히 衰邁ᄒᆞ다'로도 번역되므로 '늙다'와 '衰邁ᄒᆞ다'의 동의성은 명백히 입증된다.

(17) a. 나히 늙고 〈月十二 20a〉
b. 그 나히 衰邁코(其年이 衰邁ᄒᆞ고) 〈法華二 54a〉

(17) c. 나 늘구믄 〈月十二 20b〉
d. 그 나히 衰邁호ᄆᆞᆫ(其年衰邁ᄂᆞᆫ) 〈法華二 54b〉

〈18〉 늘압다 對 賤ᄒᆞ다

고유어 '늘압다'와 한자어 '賤ᄒᆞ다'가 [賤] 즉 '천하다'의 뜻을 가지고 동의 관계에 있다는 것은 동일 원문의 번역인 다음 예문들에서 잘 확인된다. 원문 중 '貴賤'이 '貴ᄒᆞ며 賤ᄒᆞ다'로도 번역되고 '貴ᄒᆞ며 늘압다'로도 번역된다. 따라서 두 상태동사 '늘압다'와 '賤ᄒᆞ다'의 동의성은 명백히 입증된다. 두 상태동사는 [貴] 즉 '귀하다'의 뜻을 가진 상태동사 '貴ᄒᆞ다'와 의미상 대립 관계에 있다.

(18) a. 世間앳 艱難ᄒᆞ며 가ᄉᆞ멸며 貴ᄒᆞ며 賤ᄒᆞ며 기리 살며 뎔이 살며 受苦ᄅᆞᄫᆡ며 즐거부미 〈月十二 59b〉
b. 世間앳 艱難ᄒᆞ며 가ᅀᆞ멸며 貴ᄒᆞ며 늘아오며 길며 뎌르며 受苦ᄅᆞ외며 즐거우미(若世之貧富貴賤脩短苦樂이) 〈法華三 56a〉

〈19〉 다ᄅᆞ다 對 異ᄒᆞ다

고유어 '다ᄅᆞ다'와 한자어 '異ᄒᆞ다'가 [異] 즉 '다르다'의 뜻을 가지고 동의 관계에 있다는 것은 다음 예문들에서 잘 확인된다. 원문 중 '異說'이 '다ᄅᆞᆫ 말'로 번역되고 '有異同'이 '다ᄅᆞ며 ᄀᆞᄐᆞᆷ 겨시다'로 번역된다. 그리고 '非異'가 '異티 아니ᄒᆞ다'로 번역된다. 따라서 '다ᄅᆞ다'와 '異ᄒᆞ다'의 동의성은 명백히 입증된다.

(19) a. 다른 마리 업스샤사 올컨마른 〈月十七 12b〉
b. 다른 말 업스샤미 맛당커신마른(則宜異說이언마른) 〈法華五 144a〉
c. 니르샤미 다르며 ᄀᆞ톰 겨샤ᄆᆞᆯ 사기시니라(釋…而說有異同也ᄒᆞ시니라) 〈法華五 144a〉

(19) d. 如티 아니ᄒᆞ며 異티 아니ᄒᆞ야 〈月十七 11b〉
e. 如티 아니ᄒᆞ며 異티 아니ᄒᆞ야(非如非異ᄒᆞ야) 〈法華五 143a〉

〈20〉 다ᄋᆞ다 對 至極ᄒᆞ다

고유어 '다ᄋᆞ다'와 한자어 '至極ᄒᆞ다'가 [盡] 즉 '지극하다'의 뜻을 가지고 동의 관계에 있다는 것은 동일 원문의 번역인 다음 예문들에서 잘 확인된다. 원문 중 '盡道'가 '다ᄋᆞᆫ 道'로도 번역되고 '至極ᄒᆞᆫ 道'로도 번역되므로 두 상태동사 '다ᄋᆞ다'와 '至極ᄒᆞ다'의 동의성은 명백히 입증된다. 두 상태동사는 '道'를 피수식어로 공유한다.

(20) a. 이 眞實ㅅ 持經호맷 至極ᄒᆞᆫ 道ㅣ라 〈釋十九 37a〉
b. 이 實로 經 디노맷 다ᄋᆞᆫ 道ㅣ시니(玆實持經之盡道也ㅣ시니) 〈法華六 71b〉

〈21〉 더럽다 對 醜陋ᄒᆞ다

고유어 '더럽다'와 한자어 '醜陋ᄒᆞ다'가 [醜陋] 즉 '더럽다, 추하고 천하다'의 뜻을 가지고 동의 관계에 있다는 것은 동일 원문의 번역인 다음 예문들에서 잘 확인된다. 원문 중 '艱窮醜陋'가 '艱窮ᄒᆞ며 醜陋ᄒᆞ다'로도 번역되고 '艱難ᄒᆞ며 窮ᄒᆞ며 더럽다'로도 번역된다. 따라서 '더럽다'와 '醜陋ᄒᆞ다'의 동의성은 명백히 입증된다.

(21) a. 世間앳 艱窮ᄒᆞ며 醜陋ᄒᆞ며 癃殘白疾이 〈月十九 122a〉
b. 世예 艱難ᄒᆞ며 窮ᄒᆞ며 더러우며 癃殘白疾ᄒᆞᆫ 사ᄅᆞ미(世之艱窮醜陋癃殘白疾者ㅣ) 〈法華七 186b〉

〈22〉 둏다 對 美ᄒᆞ다

고유어 '둏다'와 한자어 '美ᄒᆞ다'가 [美] 즉 '좋다'의 뜻을 가지고 동의 관계에 있다는 것은 동일 원문의 번역인 다음 예문들에서 잘 확인된다. 원문 중 '香美'가 '香이 둏다'로도 번역되고 '香美ᄒᆞ다'로도 번역되므로 '둏다'와 '美ᄒᆞ다'의 동의성은 명백히 입증된다.

(22) a. 色味香美ᄒᆞ면 〈月十七 19a〉
b. 色과 味와 香괘 됴ᄒᆞ면(色味香美ᄒᆞ면) 〈法華五 155b〉

(22) c. 이 藥이 色味香美ᄒᆞᆫ ᄃᆞᆯ 아라 〈月十七 21b〉
d. 이 藥이 色과 맛과 香괘 됴ᄒᆞᆫ ᄃᆞᆯ 아라(乃知此藥이 色味香美ㄴ ᄃᆞᆯ ᄒᆞ야) 〈法華五 158a〉

한편 '美'가 『월인석보』 권17과 『법화경언해』에서 모두 '둏다'로 번역된다는 것은 동일 원문의 번역인 다음 예문들에서 잘 확인된다. 원문 중 '不美'가 모두 '됴티 몯ᄒᆞ다'로 번역된다.

(22) e. 됴티 몯다 ᄒᆞ니라 〈月十七 20a〉
f. 됴티 몯다 너기니라(謂不美ᄒᆞ니라) 〈法華五 156a〉

〈23〉 둏다 對 善ᄒᆞ다

고유어 '둏다'와 한자어 '善ᄒᆞ다'가 [善] 즉 '좋다'의 뜻을 가지고 동의 관계에 있다는 것은 동일 원문의 번역인 다음 예문들에서 잘 확인된다. 원문 중 '善根'이 '됴ᄒᆞᆫ 果報'로도 번역되고 '善ᄒᆞᆫ 報'로도 번역된다. 그리고 '善處'가 '善ᄒᆞᆫ 곧'으로도 번역되고 '됴ᄒᆞᆫ 곧'으로도 번역된다. 따라서 '둏다'와 '善ᄒᆞ다'의 동의성은 명백히 입증된다.

(23) a. 어듸썬 受苦호ᄆᆞ로 됴ᄒᆞᆫ 果報ᄅᆞᆯ 求(12b)홀따 ᄒᆞ니 〈釋二十 13a〉
b. 엇뎨 苦惱애 善ᄒᆞᆫ 報ᄅᆞᆯ 求ᄒᆞ리오 ᄒᆞ니(何於苦惱애 欲求善報ㅣ리오 ᄒᆞ니) 〈法華六 145b〉

(23) c. 後에 善ᄒᆞᆫ 고대 나 〈月十三 51b〉
d. 後에 됴ᄒᆞᆫ 고대 나(後生善處ᄒᆞ야) 〈法華三 20b〉

(23) e. 後에 善ᄒᆞᆫ 고대 나ᄆᆞᆫ 〈月十三 52b〉
f. 後에 됴ᄒᆞᆫ 고대 나ᄆᆞᆫ(後生善處ᄂᆞᆫ) 〈法華三 22a〉

〈24〉 둏다 對 爲頭ᄒᆞ다

고유어 '둏다'와 한자어 '爲頭ᄒᆞ다'가 [上] 즉 '맛이 좋다'의 뜻을 가지고 동의 관계에 있다는 것은 동일 원문의 번역인 다음 예문들에서 잘 확인된다. 원문 중 '上味'가 '됴ᄒᆞᆫ 맛'으로도 번역되고 '爲頭ᄒᆞᆫ 맛'으로도 번역되므로 두 상태동사 '둏다'와 '爲頭ᄒᆞ다'의 동의성은 명백히 입증된다. 두 상태동사는 '맛'을 피수식어로 공유한다.

(24) a. 다 變ᄒᆞ(20a)야 됴ᄒᆞᆫ 마시 ᄃᆞ외야 〈釋十九 20b〉
b. 다 變ᄒᆞ야 爲頭ᄒᆞᆫ 마시 ᄃᆞ외야 〈月十七 67b〉
c. 다 爲頭ᄒᆞᆫ 마시 變ᄒᆞ야 ᄃᆞ외야(皆變成上味ᄒᆞ야) 〈法華六 51b〉

〈25〉 둏다 對 賢ᄒᆞ다

고유어 '둏다'와 한자어 '賢ᄒᆞ다'가 [賢] 즉 '어질다, 착하다'의 뜻을 가지고 동의 관계에 있다는 것은 동일 원문의 번역인 다음 예문들에서 잘 확인된다. 원문 중 '賢無垢'가 '됴하 ᄣᅵ 없다'로도 번역되고 '賢ᄒᆞ야 ᄣᅵ 없다'로도 번역된다. 따라서 '둏다'와 '賢ᄒᆞ다'의 동의성은 명백히 입증된다.

(25) a. 多摩羅跋ᄋᆞᆫ 됴하 ᄣᅵ 업슨 香이라 ᄒᆞᄂᆞᆫ 마리라 〈釋十九 17a〉
b. 多摩羅跋ᄋᆞᆫ 賢ᄒᆞ야 ᄣᅵ 업슨 香이라 혼 마리오 〈月十七 63b〉
c. 多摩羅跋ᄋᆞᆫ 닐오매 어디러 ᄣᅵ 업슨 香이오(多摩羅跋ᄋᆞᆫ 云賢無垢香이오) 〈法華六 41a〉

〈26〉 둏다 對 好ᄒᆞ다

고유어 '둏다'와 한자어 '好ᄒᆞ다'가 [好] 즉 '좋다'의 뜻을 가지고 동의 관계에 있다는 것은 동일 원문의 번역인 다음 예문들에서 잘 확인된다. 원문 중 '好'가 '둏다'로도 번역되고 '好ᄒᆞ다'로도 번역되므로 '둏다'와 '好ᄒᆞ다'의 동의성은 명백히 입증된다.

(26) a. 됴커나 궂거나 〈釋十九 20a〉
b. 好(67a)커나 醜커나 〈月十七 67b〉
c. 됴커나 골업거나(若好커나 若醜커나) 〈法華六 51b〉

〈27〉 두렵다 對 圓ᄒᆞ다

고유어 '두렵다'와 한자어 '圓ᄒᆞ다'가 [圓] 즉 '둥글다'의 뜻을 가지고 동의 관계에 있다는 것은 동일 원문의 번역인 다음 예문들에서 잘 확인된다. 원문 중 '功圓'이 '功이 두렵다'로도 번역되고 '功이 圓ᄒᆞ다'로도 번역된다. 그리고 '德…圓'이 '德이 두렵다'로도 번역되고 '德이 圓ᄒᆞ다'로도 번역된다. 따라서 두 상태동사 '두렵다'와 '圓ᄒᆞ다'의 동의성은 명백히 입증된다. 두 상태동사는 [－구체물]인 '功'과 '德'을 주어로 공유한다.

(27) a. 功이 圓코 智 ᄀᆞᄃᆞᆨᄒᆞ야 〈月十八 55b〉
b. 功이 두렵고 智 차(功圓智滿ᄒᆞ야) 〈法華六 177a〉

(27) c. 功이 圓티 몯고 〈月十七 54b〉
d. 功이 두렵디 몯ᄒᆞ며(功이 未圓也ㅣ며) 〈法華六 22b〉

(27) e. 德이 圓티 몯ᄒᆞ거니와 〈月十七 54b〉
f. 德이 두렵디 몯거니와(德이 未圓也ㅣ어니와) 〈法華六 22b〉

(27) g. 六千德이 圓ᄒᆞ야 〈月十七 54b〉
h. 六千德이 두려워(六千德이 圓ᄒᆞ야) 〈法華六 22b〉

(27) i. 四衆記 圓ᄒᆞ야 法身이 ᄒᆞ마 올며 〈月十五 59a〉
j. 四衆記은 두려우샤 法身이 ᄒᆞ마 오ᄅᆞ시며(四衆記ㅣ 圓ᄒᆞ샤 法身이 已全ᄒᆞ시며) 〈法華四 100b〉

(27) k. 니ᄅᆞ시며 證ᄒᆞ시논 이리 圓ᄒᆞᆯᄊᆡ 〈月十五 86a〉
l. 니ᄅᆞ샴과 證괏 이리 두려우실ᄊᆡ(說證事圓ᄒᆞ실ᄊᆡ) 〈法華四 135b〉

한편 원문 중 '圓'이 『월인석보』와 『법화경언해』에서 모두 고유어 '두렵다'로도 번역되고 모두 '圓ᄒᆞ다'로도 번역된다는 것은 동일 원문의 번역인 다음 예문들에서 잘 확인된다. 원문 중 '不圓'이 '아니 두렵다'와 '두렵디 아니ᄒᆞ다'로 번역된다. 그리고 '能圓'이 모두 '能히 圓ᄒᆞ다'로 번역된다.

(27) m. 아니 두려본 ᄃᆡ 업스며 〈月十五 42a〉
n. 두렵디 몯ᄒᆞᆫ ᄃᆡ 업스시며(無所不圓ᄒᆞ시며) 〈法華四 71b〉

(27) o. 妙애 나ᅀᅡ간 後에ᅀᅡ 能히 圓ᄒᆞ고 〈月十八 63a〉
p. 妙애 나ᅀᅡ가신 後에ᅀᅡ 能히 圓ᄒᆞ시며(造妙然後에ᅀᅡ 能圓ᄒᆞ시며) 〈法華七 3a〉

〈28〉 두텁다 對 淳厚ᄒᆞ다

고유어 '두텁다'와 한자어 '淳厚ᄒᆞ다'가 [淳厚] 즉 '두텁다'의 뜻을 가지고 동의 관계에 있다는 것은 동일 원문의 번역인 다음 예문들에서 잘 확인된다. 원문 중 '智慧淳厚'가 '智慧 두텁다'로도 번역되고 '智慧 淳厚ᄒᆞ다'로도 번역된다. 따라서 '두텁다'와 '淳厚ᄒᆞ다'의 동의성은 명백히 입증된다.

(28) a. 이 菩薩ᄋᆡ 福德智慧 두터본 젼ᄎᆞ라 〈釋二十 19b〉
b. 이 菩薩 福德智慧 淳厚ᄒᆞᆫ 다시라 〈月十八 43a〉
c. 이 菩薩의 福德智慧 淳厚의 닐위요미라(由斯菩薩의 福德智慧淳厚所致니라) 〈法華六 158a〉

〈29〉 만ᄒᆞ다 對 滔滔ᄒᆞ다

고유어 '만ᄒᆞ다'와 한자어 '滔滔ᄒᆞ다'가 [滔滔] 즉 '많다'의 뜻을 가지고 동의 관계에 있다는 것은 동일 원문의 번역인 다음 예문들에서 잘 확인된다. 원문 중 '浪滔滔'가 '믌겨리 滔滔ᄒᆞ다'로 번역되고 '滔滔'의 자석이 '만ᄒᆞ다'이다. 따라서 '만ᄒᆞ다'와 '滔滔ᄒᆞ다'의 동의성은 명백히 입증된다.

(29) a. 愛河이 믿 업서 믌겨리 滔滔ᄒᆞ니(8b) [滔滔ᄂᆞᆫ 만ᄒᆞᆯ 씨라] 〈月十九 9a〉
b. 愛河이 믿 업서 믌겨리 滔滔ᄒᆞᆯᄊᆡ(愛河이 無底ᄒᆞ야 浪滔滔ᄒᆞᆯᄊᆡ) 〈法華七 43b〉

〈30〉 멀텁다 對 麁ᄒᆞ다

고유어 '멀텁다'와 한자어 '麁ᄒᆞ다'가 [麁] 즉 '거칠다, 麤하다'의 뜻을 가지고 동의 관계에 있다는 것은 다음 예문들에서 잘 확인된다. 원문 중 '麁濁'이 '멀텁고 흐리다'로 번역되고 '現陰은 麁ᄒᆞᆯᄊᆡ'에서 한자어 '麁ᄒᆞ다'가 발견된다. 따라서 '멀텁다'와 '麁ᄒᆞ다'의 동의성은 명백히 입증된다.

(30) a. 欲氣韻이 멀텁고 흐리여 〈月十五 14b〉
b. 欲氣ᄂᆞᆫ 멀텁고 흐리여(欲氣ᄂᆞᆫ 麁濁ᄒᆞ야) 〈法華四 18b〉

(30) c. 現陰은 麁ᄒᆞᆯᄊᆡ 段食ᄋᆞᆯ 만히 먹고 〈月十五 16b〉

〈31〉 모딜다 對 凶惡ᄒᆞ다

고유어 '모딜다'와 한자어 '凶惡ᄒᆞ다'가 [凶惡] 즉 '성질이 거칠고 사납다'의 뜻을 가지고 동의 관계에 있다는 것은 동일 원문의 번역인 다음 예문들에서 잘 확인된다. 원문 중 '凶惡人'이 '모딘 놈'으로도 번역되고 '凶惡ᄒᆞᆫ 놈'으로도 번역된다. 따라서 '모딜다'와 '凶惡ᄒᆞ다'의 동의성은 명백히 입증된다.

(31) a. 그 ᄢᅴ 모딘 노미…比丘ᄃᆞ려 닐오ᄃᆡ 〈釋二十四 15b〉
b. 그 제 뎌 凶惡ᄒᆞᆫ 노미 比丘ᄃᆞ려 닐오ᄃᆡ 〈月二十五 78a〉
c. 時後凶惡人語此比丘 〈釋迦譜 卷5 31. 阿育王造八萬四千塔記〉

〈32〉 무듸다 對 鈍ᄒᆞ다

고유어 '무듸다'와 '鈍ᄒᆞ다'가 [鈍] 즉 '무디다'의 뜻을 가지고 동의 관계에 있다는 것은 동일 원문의 번역인 다음 예문들에서 잘 확인된다. 원문 중 '利鈍'이 'ᄂᆞᆯ카ᄫᆞ니 무듸니'로도 번역되고 'ᄂᆞᆯ카오며 鈍홈'으로도 번역되므로 '무듸다'와 '鈍ᄒᆞ다'의 동의성은 명백히 입증된다. 고유어 '무듸다'는 [利] 즉 '날카롭다'의 뜻을 가진 상태동사 'ᄂᆞᆯ캅다'와 의미상 대립 관계를 가진다.

(32) a. 機 ᄂᆞᆯ카ᄫᆞ니 무듸니 이실ᄊᆡ 〈月十三 38a〉
b. 機ㅣ ᄂᆞᆯ카오며 鈍호미 이실ᄊᆡ(機有利鈍故로) 〈法華三 3a〉

〈33〉 므겁다 對 重ᄒᆞ다

고유어 '므겁다'와 한자어 '重ᄒᆞ다'가 [重] 즉 '무겁다'의 뜻을 가지고 동의 관계에 있다는 것은 동일 원문의 번역인 다음 예문들에서 잘 확인된다. 원문 중 '障重'이 '障이 重ᄒᆞ다'로도 번역되고 '障이 므겁다'로도 번역된다. 따라서 '므겁다'와 '重ᄒᆞ다'의 동의성은 명백히 입증된다.

(33) a. 세 구즌 길 아니 니ᄅᆞ샤ᄆᆞᆫ 障이 重ᄒᆞ야 機 아닐 ᄊᆡ니라 〈月十三 48b〉
b. 三惡道ᄅᆞᆯ 아니 니ᄅᆞ샤ᄆᆞᆫ 障이 므거워 機 아닌 ᄃᆞᆯ 爲ᄒᆞ시니라(不言三惡道ᄂᆞᆫ 爲障重ᄒᆞ야 非機也ㅣ라) 〈法華三 15a〉

(33) c. 不根은 障 重ᄒᆞ야 모로매 漸漸 닷고(11a)ᄆᆞᆯ 비ᄂᆞ니 〈月十四 11b〉
d. 不根은 障이 므거워 모로매 漸漸 닷고ᄆᆞᆯ 븓ᄂᆞ니(不根은 障重ᄒᆞ야 必假漸脩ᄒᆞᄂᆞ니) 〈法華三 92b〉

〈34〉 ᄆᆡᆸ다 對 勇猛ᄒᆞ다

고유어 'ᄆᆡᆸ다'와 한자어 '勇猛ᄒᆞ다'가 [猛] 즉 '용맹ᄒᆞ다'의 뜻을 가지고 동의 관계에 있다는 것은 동일 원문의 번역인 다음 예문들에서 잘 확인된다. 원문 중 '雄猛'이 '게여ᄫᅵ 勇猛ᄒᆞ다'로도 번역되고 '게엽고 ᄆᆡᆸ다'로도 번역되므로 'ᄆᆡᆸ다'와 '勇猛ᄒᆞ다'의 동의성은 명백히 입증된다.

(34) a. 뜯과 힘괘 게여ᄫᅵ 勇猛ᄒᆞ니라 〈釋二十 42a〉
b. 뜯과 힘괘 게엽고 ᄆᆡᄫᆞ니라 〈月十八 78a〉
c. 뜯과 힘괘 게엽고 ᄆᆡᆸ다 ᄒᆞ니라(志力이 雄猛이라 ᄒᆞ니라) 〈法華七 19a〉

〈35〉 ᄇᆞᆰ다 對 昭昭ᄒᆞ다

고유어 'ᄇᆞᆰ다'와 한자어 '昭昭ᄒᆞ다'가 [昭昭] 즉 '밝다'의 뜻을 가지고 동의 관계에 있다는 것은 동일 원문의 번역인 다음 예문들에서 잘 확인된다. 원문 중 '昭昭心目'이 '心目에 昭昭ᄒᆞ다'로도 번역되고 'ᄆᆞᅀᆞᆷ과 누네 ᄇᆞᆰ다'로도 번역된다. 따라서 'ᄇᆞᆰ다'와 '昭昭ᄒᆞ다'의 동의성은 명백히 입증된다.

(35) a. 心目애 昭昭ᄒᆞ리라 [昭ᄂᆞᆫ ᄇᆞᆯᄀᆞᆯ 씨라] 〈月十一 38a〉
b. ᄆᆞᅀᆞᆷ과 누네 ᄇᆞᆯᄀᆞ리니(昭昭心目矣리니) 〈法華一 64b〉

〈36〉 세다 對 剛ᄒᆞ다

고유어 '세다'와 한자어 '剛ᄒᆞ다'가 [剛] 즉 '굳세다'의 뜻을 가지고 동의 관계에 있다는 것은 동일 원문의 번역인 다음 예문들에서 잘 확인된다. 원문 중 '能剛'이 '能히 剛ᄒᆞ다'로도 번역되고 '能히 세다'로도 번역된다. 따라서 '세다'와 '剛ᄒᆞ다'의 동의성은 명백히 입증된다. '세다'와 '剛ᄒᆞ다'는 [柔] 즉 '부드럽다'의 뜻을 가진 상태동사 '부드럽다'와 의미상 대립 관계에 있다.

(36) a. 能히 부드러우며 能히 剛ᄒᆞ샤 〈月十四 54a〉
b. 能(162b)히 부드러우시며 能히 세시며(能柔能剛ᄒᆞ시며) 〈法華三 163a〉

〈37〉 ᄉᆞ랑ᄒᆞᆸ다 對 玩ᄒᆞ다

고유어 'ᄉᆞ랑ᄒᆞᆸ다'와 한자어 '玩ᄒᆞ다'가 [玩] 즉 '사랑스럽다'의 뜻을 가지고 동의 관계에 있다는 것은 동일 원문의 번역인 다음 예문들에서 잘 확인된다. 원문 중 '身之…玩'이 '모ᄆᆡ ᄉᆞ랑ᄒᆞᆸ'으로도 번역되고 '모ᄆᆡ 玩홈'으로 번역되므로 'ᄉᆞ랑ᄒᆞᆸ다'와 '玩ᄒᆞ다'의 동의성은 명백히 입증된다. 고유어 'ᄉᆞ랑홉다'는 동작동사 'ᄉᆞ랑ᄒᆞ다'에서 파생된 상태동사이다.

(37) a. 모ᄆᆡ ᄉᆞ랑ᄒᆞ보미 物두고 甚ᄒᆞ니라 〈月十二 34a〉
b. 모ᄆᆡ 어루 玩호미 物에셔 本來 甚ᄒᆞᆯ ᄊᆡ니(身之可玩이 固甚於物일ᄊᆡ니) 〈法華二 79a〉

〈38〉 아ᄅᆞᆷ답다 對 美ᄒᆞ다

고유어 '아ᄅᆞᆷ답다'와 한자어 '美ᄒᆞ다'가 [美] 즉 '아름답다'의 뜻을 가지고 동의 관계에 있다는 것은 동일 원문의 번역인 다음 예문들에서 잘 확인된다. 원문 중 '美'가 '아ᄅᆞᆷ답다'로도 번역되고 '美ᄒᆞ다'로도 번역된다. 그리고 '不美'가 '아ᄅᆞᆷ답디 아니ᄒᆞ다'로도 번역되고 '美티 아니ᄒᆞ다'와 '美티 몯ᄒᆞ다'로도 번역된다. 따라서 '아ᄅᆞᆷ답다'와 '美ᄒᆞ다'의 동의성은 명백히 입증된다.

(38) a. 아ᄅᆞᆷ답거나 아ᄅᆞᆷ답디 아니커나 〈釋十九 20a〉
b. 美커나 美티 아니커나 〈月十七 67b〉
c. 美커나 美티 몯거나(若美커나 不美커나) 〈法華六 51b〉

(38) d. 아ᄅᆞᆷ답디 아니ᄒᆞᆫ 거시 업스며 〈釋十九 20b〉
e. 美티 아니ᄒᆞ니 업스리라 〈月十七 67b〉
f. 美티 몯ᄒᆞ니 업스리라(無不美者ᄒᆞ리라) 〈法華六 52a〉

〈39〉 어딜다 對 善ᄒᆞ다

고유어 '어딜다'와 한자어 '善ᄒᆞ다'가 [良] 즉 '어질다, 善하다'의 뜻을 가지고 동의 관계에 있다는 것은 동일 원문의 번역인 다음 예문들에서 잘 확인된다. 원문 중 '良醫'가 '어딘 醫員'으로 번역되고 '良'의 字釋이 '善ᄒᆞ다'이다. 따라서 '어딜다'와 '善ᄒᆞ다'의 동의성은 명백히 입증된다. 그런데 현대국어에서 '良醫'는 '의술이 뛰어난 의사'이므로 '良'은 '의술이 뛰어나다'의 뜻을 가진다.

(39) a. 가ᄌᆞᆯ비건댄 良醫 智慧 聰達ᄒᆞ야[良ᄋᆞᆫ 善ᄒᆞᆯ 씨니 良醫ᄂᆞᆫ 어딘 醫員이라] 〈月十七 15b〉

b. 가줄비건댄 어딘 醫員이 智慧 聰達ᄒᆞ야(譬如良醫ㅣ 智慧聰達ᄒᆞ야) 〈法華五 150a〉

〈40〉 어딜다 對 賢ᄒᆞ다

고유어 '어딜다'와 한자어 '賢ᄒᆞ다'가 [賢] 즉 '어질다, 착하다'의 뜻을 가지고 동의 관계에 있다는 것은 다음 예문들에서 잘 확인된다. 원문 중 '賢無垢'가 '賢ᄒᆞ야 ᄠᅴ 없다'로도 번역되고 '어디러 ᄠᅴ 없다'로도 번역된다. 따라서 '어딜다'와 '賢ᄒᆞ다'의 동의성은 명백히 입증된다.

(40) a. 多摩羅跋ᄋᆞᆫ 賢ᄒᆞ야 ᄠᅴ 업슨 香이라 ᄒᆞᆫ 마리오 〈月十七 63b〉
b. 多摩羅跋ᄋᆞᆫ 닐오매 어디러 ᄠᅴ 업슨 香이오(多摩羅跋ᄋᆞᆫ 云賢無垢香이오) 〈法華六 41a〉

〈41〉 어렵다 對 險ᄒᆞ다/嶮ᄒᆞ다

고유어 '어렵다'와 한자어 '險ᄒᆞ다/嶮ᄒᆞ다'가 [嶮] 즉 '험하다'의 뜻을 가지고 동의 관계에 있다는 것은 동일 원문의 번역인 다음 예문들에서 잘 확인된다. 원문 중 '嶮路'가 '어려ᄫᅳᆫ 길ㅎ'로도 번역되고 '險ᄒᆞᆫ 길ㅎ'과 '嶮ᄒᆞᆫ 길ㅎ'로도 번역된다. 따라서 '어렵다'와 '險ᄒᆞ다/嶮ᄒᆞ다'의 동의성은 명백히 입증된다. '어렵다'와 '險ᄒᆞ다'는 '길'을 피수식어로 공유한다.

(41) a. 어려ᄫᅳᆫ 길흘 디나가며 〈釋二十一 6a〉
b. 險ᄒᆞᆫ 길흘 디낧 제 〈月十九 25b〉
c. 嶮ᄒᆞᆫ 길헤 디날 쩨(經過嶮路ᄒᆞᆯ 제) 〈法華七 58b〉

〈42〉 어리다 對 迷惑ᄒᆞ다

고유어 '어리다'와 한자어 '迷惑ᄒᆞ다'가 [癡] 즉 '어리석다'의 뜻을 가지고 동의 관계에 있다는 것은 동일 원문의 번역인 다음 예문들에서 잘 확인된다. 원문 중 '癡闇'이 '어린 어두봄'으로도 번역되고 '迷惑ᄒᆞᆫ 어드움'으로도 번역되므로 '어리다'와 '迷惑ᄒᆞ다'의 동의성은 명백히 입증된다.

(42) a. 月光ᄋᆞᆫ 어린 어두ᄫᅮᄆᆞᆯ 잘 더ᄅᆞ시고 〈月十一 23b〉
b. 月光ᄋᆞᆫ 迷惑ᄒᆞᆫ 어드우믈 能히 더르시고(月光은 能除癡闇ᄒᆞ시고) 〈法華一 43b〉

(42) c. 어리여 어드ᄫᅮᄆᆡ ᄀᆞ리요미라 〈月十二 39a〉
d. 實로 迷惑ᄒᆞᆫ 어드우믜 ᄀᆞ료미라(實癡暗의 所蔽也ㅣ라) 〈法華二 85b〉

(42) e. 甚히 어리도다 〈月十五 24a〉
f. 甚히 迷惑도다(甚爲癡也ㅣ로다) 〈法華四 39b〉

한편 '癡'가 『월인석보』와 『법화경언해』에서 모두 '迷惑ᄒᆞ다'로 번역된다는 것은 동일 원문의 번역인 다음 예문들에서 잘 확인된다. 원문 중 '癡暗'이 '迷惑ᄒᆞ고 어득홈'과 '迷惑ᄒᆞᆫ 어드움'으로 번역된다.

(42) g. 迷惑ᄒᆞ고 어득호ᄆᆞᆯ ᄒᆞ야ᄇᆞ려 〈月十五 20a〉
h. 여러 迷惑ᄒᆞᆫ 어드우믈 허러(破諸癡暗ᄒᆞ야) 〈法華四 30a〉

〈43〉 어즈럽다 對 擾擾ᄒᆞ다

고유어 '어즈럽다'와 한자어 '擾擾ᄒᆞ다'가 [擾擾] 즉 '어지럽다'의 뜻을 가지고 동의 관계에 있다는 것은 동일 원문의 번역인 다음 예문들에서 잘 확인된다. 원문 중 '塵擾擾'가 '드트리 擾擾ᄒᆞ다'와 '듣그리 擾擾ᄒᆞ다'로 번역된다. 그리고 '擾擾'의 자석이 '어즈럽다'이다. 따라서 '어즈럽다'와 '擾擾ᄒᆞ다'의 동의성은 명백히 입증된다.

(43) a. 世界 無邊ᄒᆞ며 드트리 擾擾ᄒᆞ며[擾擾ᄂᆞᆫ 어즈러ᄫᅳᆯ 씨라] 〈月十九 8b〉
b. 世界 ᄀᆞᆺ 업서 듣그리 擾擾ᄒᆞ며[擾擾ᄂᆞᆫ 어즈러울 씨라](世界無邊ᄒᆞ야 塵擾擾ᄒᆞ며) 〈法華七 43b〉

〈44〉 없다 對 闕ᄒᆞ다

고유어 '없다'와 한자어 '闕ᄒᆞ다'가 [闕] 즉 '없다, 부족하다'의 뜻을 가지고 동의 관계에 있다는 것은 동일 원문의 번역인 다음 예문들에서 잘 확인된다. 원문 중 '闕一'이 'ᄒᆞ나히 없다'로도 번역되고 'ᄒᆞ나히 闕ᄒᆞ다'로도 번역되므로 '없다'와 '闕ᄒᆞ다'의 동의성은 명백히 입증된다.

(44) a. ᄒᆞ나히 업(10a)슬씨 〈釋十九 10b〉
b. ᄒᆞᆫ 分 闕홀씨 〈月十七 57a〉
c. ᄒᆞ나히 闕홀씨(闕一홀씨) 〈法華六 26b〉

〈45〉 에굳다 對 剛强ᄒᆞ다

고유어 '에굳다'와 한자어 '剛强ᄒᆞ다'가 [剛彊] 즉 '굳세다'의 뜻을 가지고 동의 관계에 있다는 것은 동일 원문의 번역인 다음 예문들에서 잘 확인된다. 원문 중 '剛彊衆生'이 '에구든 衆生'으로도 번역되고 '剛强ᄒᆞᆫ 衆生'으로도 번역된다. 그리고 '剛彊罪苦衆生'이 '에구든 衆生'으로도 번역되고 '剛彊ᄒᆞᆫ 罪苦衆生'으로도 번역된다. 따라서 '에굳다'와 '剛强ᄒᆞ다'의 동의성은 명백히 입증된다.

(45) a. 내 五濁惡世예 에구든 衆生ᄋᆞᆯ 敎化ᄒᆞ야 〈釋十一 5b〉
b. 내 五濁惡世예 이 ᄀᆞ티 剛强ᄒᆞᆫ 衆生ᄋᆞᆯ 敎化ᄒᆞ야 〈月二十一 32a〉
c. 吾於五濁惡世 教化如是剛彊衆生 〈地藏菩薩本願經〉

(45) d. 네 내ᄋᆡ 여러 劫에 이트랫 에구든 衆生ᄋᆞᆯ 受苦ᄅᆞ(7b)ᄫᅵ 度脫ᄒᆞ논 이ᄅᆞᆯ 보ᄂᆞ니 〈釋十一 8b〉
e. 네 내ᄋᆡ 여러 劫에 勤苦ᄒᆞ야 이르틋ᄒᆞᆫ 化티 어려ᄫᅳᆫ 剛强ᄒᆞᆫ 罪苦衆生ᄋᆞᆯ 度脫ᄒᆞ(34a)거든 보ᄂᆞ니 〈月二十一 34b〉
f. 汝觀吾累劫勤苦 度脫如是等難化剛彊罪苦衆生 〈地藏菩薩本願經〉

한자어 '剛彊ᄒᆞ다'가 [剛彊] 즉 '굳세다'의 뜻을 가지고 있는 것은 다음 예문들에서 잘 확인된다. 원문 중 '其性剛彊'이 '性이 剛彊ᄒᆞ다'로 번역된다.

(45) g. 南閻浮提 衆生이 性이 剛彊ᄒᆞ야 질드려 降伏ᄒᆞ디 어렵거늘 〈月二十一 116b〉
h. 南閻浮提衆生 其性剛彊 難調難伏 〈地藏菩薩本願經〉

〈46〉 오라다 對 久遠ᄒᆞ다

고유어 '오라다'와 한자어 '久遠ᄒᆞ다'가 [久遠] 즉 '오래다, 久遠하다'의 뜻을 가지고 동의 관계에 있다는 것은 동일 원문의 번역인 다음 예문들에서 잘 확인된다. 원문 중 '如是久遠'이 '이 ᄀᆞ티 오라다'로도 번역되고 '이 ᄀᆞ티 久遠ᄒᆞ다'로도 번역되므로 '오라다'와 '久遠ᄒᆞ다'의 동의성은 명백히 입증된다.

(46) a. 뎌 부텻 滅度ㅣ 이 ᄀᆞ티 오라ᄆᆞᆫ 〈月十四 9a〉
b. 뎌 부텻 滅度ㅣ 이 ᄀᆞ티 久遠ᄒᆞ샤ᄆᆞᆫ(而彼佛滅度ㅣ 如是久遠者ᄂᆞᆫ) 〈法華三 87b〉

(46) c. 勝智ᄅᆞᆯ 일허 업긔 호미 ᄀᆞ장 오랄씨 〈月十四 11b〉
d. 勝智ᄅᆞᆯ 일컨 디 甚히 키 久遠ᄒᆞᆯ씨(失滅勝智컨디 甚大久遠ᄒᆞᆯ씨) 〈法華三 92b〉

(46) e. 내 成佛ᄒᆞ건 디 甚大 久遠(12b)ᄒᆞ야 〈月十七 13a〉
f. 내 成佛컨 디 甚히 ᄀᆞ장 오라(我ㅣ 成佛已來ㅣ 甚大久遠ᄒᆞ야) 〈法華五 144b〉

〈47〉 올다 對 純ᄒᆞ다

고유어 '올다'와 한자어 '純ᄒᆞ다'가 [純] 즉 '온전하다'의 뜻을 가지고 동의 관계에 있다는 것은 동일 원문의 번역인 다음 예문들에서 잘 확인된다. 원문 중 '未純'이 '오디 몯ᄒᆞ다'로도 번역되고 '純티 몯ᄒᆞ다'로도 번역되므로 '올다'와 '純ᄒᆞ다'의 동의성은 명백히 입증된다.

(47) a. 根器 오디 몯ᄒᆞᆯ씨 〈月十一 12b〉
b. 根器ㅣ 純티 몯ᄒᆞᆯ씨[純은 섯근 것 업슬 씨라](根器ㅣ 未純ᄒᆞᆯ씨) 〈法華一 4a〉

〈48〉 올ᄒᆞ다 對 明白ᄒᆞ다

고유어 '올ᄒᆞ다'와 한자어 '明白ᄒᆞ다'가 [的] 즉 '옳다, 明白하다'의 뜻을 가지고 동의 관계에 있다는 것은 동일 원문의 번역인 다음 예문들에서 잘 확인된다. 원문 중 '父子之的'이 '父子의

明白홈'으로도 번역되고 '父子ᄋᆡ 올홈'으로도 번역되므로 '올ᄒᆞ다'와 '明白ᄒᆞ다'의 동의성은 명백히 입증된다.

(48) a. 父子ᄋᆡ 明白호ᄆᆞᆯ 마ᄀᆡ오니라 〈月十三 31a〉
b. 父子ᄋᆡ 올호ᄆᆞᆯ 證ᄒᆞ니(以證父子之的也ㅣ니) 〈法華二 225a〉

〈49〉 외다 對 錯ᄒᆞ다

고유어 '외다'와 한자어 '錯ᄒᆞ다'가 [錯] 즉 '그르다, 어긋나다'의 뜻을 가지고 동의 관계에 있다는 것은 동일 원문의 번역인 다음 예문들에서 잘 확인된다. 원문 중 '不錯'이 '錯디 아니ᄒᆞ다'로도 번역되고 '외디 아니ᄒᆞ다'로도 번역된다. 따라서 '외다'와 '錯ᄒᆞ다'의 동의성은 명백히 입증된다.

(49) a. ᄀᆞᆯᄒᆡ요ᄆᆞᆯ 錯디 아니ᄒᆞ리라 〈月十七 64a〉
b. ᄀᆞᆯᄒᆡ요ᄃᆡ 외디 아니ᄒᆞ며(分別不錯ᄒᆞ며) 〈法華六 41a〉

(49) c. 허디 아니ᄒᆞ며 錯디 아니ᄒᆞ리니 〈月十七 66a〉
d. 허디 아니ᄒᆞ며 외디 아니ᄒᆞ리니(不壞不錯ᄒᆞ리니) 〈法華六 43a〉

〈50〉 잇다 對 住ᄒᆞ다

고유어 '잇다'와 한자어 '住ᄒᆞ다'가 [住] 즉 '있다'의 뜻을 가지고 동의 관계에 있다는 것은 동일 원문의 번역인 다음 예문들에서 잘 확인된다. 원문 중 '住於此'가 '예 잇다'로도 번역되고 '이에 住ᄒᆞ다'로도 번역된다. 그리고 '却住'가 '믈러 잇다'로도 번역되고 '믈러 住ᄒᆞ다'로도 번역된다. 따라서 '잇다'와 '住ᄒᆞ다'의 동의성은 명백히 입증된다.

(50) a. 이어긔 이셔도 〈釋十九 17b〉
b. 이 ᄉᆞᅀᅵ예 住ᄒᆞ야셔 〈月十七 63b〉
c. 이 ᄉᆞᅀᅵ예 住ᄒᆞ야셔(於此間애 住ᄒᆞ야셔) 〈法華六 40b〉

(50) d. 비록 예 이셔도 〈釋十九 18a〉
e. 비록 이에 住ᄒᆞ야도 〈月十七 64a〉
f. 비록 이에 住ᄒᆞ야도(雖住於此ᄒᆞ야도) 〈法華六 41b〉

(50) g. ᄒᆞ녁 面에(41b) 믈러 잇더니 〈釋二十一 42a〉
h. ᄒᆞᆫ 面에(83a)믈러 住ᄒᆞ니라 〈月十九 83b〉
i. ᄒᆞᆫ 面에 믈러 住ᄒᆞ니라(却住一面ᄒᆞ니라) 〈法華七 141a〉

(50) j. ᄒᆞᆫ 面에 믈러 이셔 〈月十五 2b〉
k. 믈러 ᄒᆞᆫ 面에 住ᄒᆞ야(却住一面ᄒᆞ야) 〈法華四 4a〉

(50) l. 다ᄅᆞᆫ 나라해 오래 이셔 〈月十三 6b〉
m. 다ᄅᆞᆫ 나라해 오래 住호ᄃᆡ(久住他國호ᄃᆡ) 〈法華二 182b〉

(50) n. ᄒᆞ다가 이에 오래 이시면 〈月十三 13a〉
o. ᄒᆞ다가 이에 오래 住ᄒᆞ면(若久住此ᄒᆞ면) 〈法華二 194b〉

〈51〉 잇다 對 處ᄒᆞ다

고유어 '잇다'와 한자어 '處ᄒᆞ다'가 [處] 즉 '있다'의 뜻을 가지고 동의 관계에 있다는 것은 동일 원문의 번역인 다음 예문들에서 잘 확인된다. 원문 중 '默處'가 'ᄌᆞᆷᄌᆞᆷ히 잇다'로도 번역되고 'ᄌᆞᆷᄌᆞᆷ코 處ᄒᆞ다'로도 번역된다. 그리고 '所處'가 '잇ᄂᆞᆫ ᄃᆡ'로도 번역되고 '處ᄒᆞᆫ ᄃᆡ'로도 번역된다. 따라서 '잇다'와 '處ᄒᆞ다'의 동의성은 명백히 입증된다.

(51) a. 이 道애 ᄌᆞᆷᄌᆞᆷ히 이슈미오 〈月十二 31a〉
b. 이 道애 ᄌᆞᆷᄌᆞᆷ코 處호미오(默處是道也 ㅣ 오) 〈法華二 74b〉

(51) c. 모로매 모미 잇ᄂᆞᆫ ᄃᆡ 이셔사 〈月十五 57a〉
d. 모로매 모미 處ᄒᆞᆫ ᄃᆡ 이신 後에사(必己有所處然後에사) 〈法華四 99a〉

〈52〉 젹다 對 略ᄒᆞ다

고유어 '젹다'와 한자어 '畧ᄒᆞ다'가 [畧] 즉 '적다, 간략하다'의 뜻을 가지고 동의 관계에 있다는 것은 동일 원문의 번역인 다음 예문들에서 잘 확인된다. 원문 중 '略而未普'가 '젹고 普티 몯ᄒᆞ다'로도 번역되고 '畧고 넙디 몯ᄒᆞ다'로도 번역된다. 따라서 '젹다'와 '畧ᄒᆞ다'의 동의성은 명백히 입증된다.

(52) a. 오직 젹고 普티 몯ᄒᆞ며 〈釋二十一 20a〉
b. 오직(41a) 畧고 넙디 몯ᄒᆞ시며(但略而未普ᄒᆞ시며) 〈法華七 41b〉

〈53〉 젹다 對 微ᄒᆞ다

고유어 '젹다'와 한자어 '微ᄒᆞ다'가 [微] 즉 '적다'의 뜻을 가지고 동의 관계에 있다는 것은 동일 원문의 번역인 다음 예문들에서 잘 확인된다. 원문 중 '性命之微'가 '性命의 微홈'으로도 번역되고 '性命의 져근 ᄃᆡ'로도 번역된다. 따라서 '젹다'와 '微ᄒᆞ다'의 동의성은 명백히ㅣ 입증된다.

(53) a. 報應理 性命의 微호매셔 나ᄂᆞ니 〈月十九 121a〉
b. 報應理ᄂᆞᆫ 性命의 져근 ᄃᆡ셔 나ᄂᆞ니(報應之理ᄂᆞᆫ 出乎性命之微ᄒᆞᄂᆞ니) 〈法華七 186a〉

〈54〉 젹다 對 小ᄒᆞ다

고유어 '젹다'와 한자어 '小ᄒᆞ다'가 [小] 즉 '작다'의 뜻을 가지고 동의 관계에 있다는 것은 동일 원문의 번역인 다음 예문들에서 잘 확인된다. 원문 중 '小'가 '젹다'로도 번역되고 '小ᄒᆞ다'로도 번역되므로 '젹다'와 '小ᄒᆞ다'의 동의성은 명백히 입증된다.

(54) a. 져겟다가(37a) ᄯᅩ 큰 모ᄆᆞᆯ 現ᄒᆞ며 〈釋二十一 37b〉
b. 小ᄒᆞ얫다가 ᄯᅩ 大(134a)ᄅᆞᆯ 現ᄒᆞ며(小復現大ᄒᆞ며) 〈法華七 134b〉

〈55〉 좋다 對 淸淨ᄒᆞ다

고유어 '좋다'와 한자어 '淸淨ᄒᆞ다'가 [淸淨] 즉 '깨끗하다, 淸淨하다'의 뜻을 가지고 동의 관계에 있다는 것은 동일 원문의 번역인 다음 예문들에서 잘 확인된다. 원문 중 '淸淨身'이 '조ᄒᆞᆫ 몸'으로 번역되고 '淸淨…體'가 '淸淨ᄒᆞᆫ…몸'으로 번역된다. 따라서 두 상태동사 '좋다'와 '淸淨ᄒᆞ다'의 동의성은 명백히 입증된다. 두 상태동사는 '몸'을 피수식어로 공유한다.

(55) a. 조ᄒᆞᆫ 모미 〈釋十九 22b〉
　　b. 淸淨身이(淸淨身이) 〈法華六 57a〉

(55) c. 淸淨ᄒᆞᆫ 샹녯 모매 〈釋十九 23b〉
　　d. 淸淨常體로(以淸淨常體로) 〈法華六 61a〉

〈56〉 측ᄒᆞ다 對 衰ᄒᆞ다

고유어 '측ᄒᆞ다'와 한자어 '衰ᄒᆞ다'가 [衰] 즉 '한스럽다'의 뜻을 가지고 동의 관계에 있다는 것은 동일 원문의 번역인 다음 예문들에서 잘 확인된다. 원문 중 '衰患'이 '측ᄒᆞᆫ 일'로도 번역되고 '衰ᄒᆞᆫ 시름'으로도 번역된다. 그리고 '衰禍'가 '衰ᄒᆞᆫ 災禍'로 번역된다. 따라서 '측ᄒᆞ다'와 '衰ᄒᆞ다'의 동의성은 명백히 입증된다.

(56) a. 믈읫 측ᄒᆞᆫ 일 업게 호리이다 〈釋二十一 27a〉
　　b. 여러 가짓 衰患이 없게 호리이다 〈月十九 63a〉
　　c. 여러 가짓 衰ᄒᆞᆫ 시르미 업게 호리이다(令…無諸衰患케 호리이다) 〈法華七 115a〉

(56) d. 내 딕ᄒᆞ야 護持ᄒᆞ야 측ᄒᆞᆫ 이ᄅᆞᆯ 더러 측ᄒᆞᆫ 이ᄅᆞᆯ 더러 〈釋二十一 51b〉
　　e. 내 반ᄃᆞ기 守護ᄒᆞ야 衰患ᄋᆞᆯ 더러 〈月十九 103b〉
　　f. 내 반ᄃᆞ기 守護ᄒᆞ야 그 衰ᄒᆞᆫ 시르믈 더러(我ㅣ 當守護ᄒᆞ야 除其衰患ᄒᆞ야) 〈法華七 167a〉

(56) g. 우리 이제 衰ᄒᆞᆫ 災禍ㅣ ᄒᆞ마 오노소니 〈釋十一 14a〉
　　h. 우리 이제 衰ᄒᆞᆫ 災禍ㅣ ᄒᆞ마 오노소니 〈月二十一 206a〉
　　i. 我等今者 衰禍將至 〈大方便佛報恩經 卷三〉

〈57〉 크다 對 爲頭ᄒᆞ다

고유어 '크다'와 한자어 '爲頭ᄒᆞ다'가 '크다, 으뜸가다'의 뜻을 가지고 동의 관계에 있다는 것은 동일 원문의 번역인 다음 예문들에서 잘 확인된다. 원문 중 '爲最'가 '뭇 爲頭ᄒᆞ다'로도 번역되고 '뭇 크다'로도 번역되므로 '크다'와 '爲頭ᄒᆞ다'의 동의성은 명백히 입증된다.

(57) a. 그 機 뭇 爲頭홀씨 〈月十二 47a〉
b. 그 機ㅣ 뭇 크실씨(其機ㅣ 爲最故로) 〈法華二 97a〉

〈58〉 특특ᄒᆞ다 對 密ᄒᆞ다

고유어 '특특ᄒᆞ다'와 한자어 '密ᄒᆞ다'가 [密] 즉 '빽빽하다'의 뜻을 가지고 동의 관계에 있다는 것은 동일 원문의 번역인 다음 예문들에서 잘 확인된다. 원문 중 '雲…密'이 '구루미 密ᄒᆞ다'로도 번역되고 '구루미 특특ᄒᆞ다'로도 번역된다. 그리고 '慈…密'이 '慈ㅣ 密ᄒᆞ다'로도 번역되고 '慈ㅣ 특특ᄒᆞ다'로도 번역된다. 따라서 '특특ᄒᆞ다'와 '密ᄒᆞ다'의 동의성은 명백히 입증된다.

(58) a. 구루미 密티 아니ᄒᆞ면 〈月十三 45b〉
b. 구루미 특특디 아니ᄒᆞ면(雲이 不密ᄒᆞ시면) 〈法華三 10b〉

(58) c. 慈ㅣ 密티(45b) 아니ᄒᆞ면 〈月十三 46a〉
d. 慈ㅣ 특특디 아니ᄒᆞ시면(慈ㅣ 不密ᄒᆞ시면) 〈法華三 10b〉

2. 固有語가 狀態動詞句와 合成 狀態動詞인 경우

상태동사에서 확인되는 고유어와 한자어 간의 동의에서 고유어가 狀態動詞句와 合成 狀態動詞일 수 있다.

고유어가 狀態動詞句인 경우에는 [巍巍] 즉 '높고 크다'의 뜻을 가진 '놉고 크다'와 '巍巍ᄒᆞ다'를 비롯하여 [憍慢]과 [憍] 즉 '교만하다'의 뜻을 가진 '쁟 되다'와 '憍慢ᄒᆞ다', [苦澁] 즉 '쓰며 떫다'의 뜻을 가진 '쓰며 ᄠᅥᆲ다'와 '苦澁ᄒᆞ다' 그리고 [凝滑] 즉 '엉기어 미끈미끈하다'의 뜻을 가진 '얼의여 믯믯ᄒᆞ다'와 '凝滑ᄒᆞ다'가 있다.

고유어가 合成 狀態動詞인 경우에는 [醜] 즉 '추하다'의 뜻을 가진 '골없다'와 '醜ᄒᆞ다' 그리고 [愚癡] 즉 '어리석다'의 뜻을 가진 '어리미혹ᄒᆞ다'와 '愚癡ᄒᆞ다'가 있다.

〈1〉 골없다 對 醜ᄒᆞ다

고유어 '골없다'와 한자어 '醜ᄒᆞ다'가 [醜] 즉 '추하다'의 뜻을 가지고 동의 관계에 있다는 것은 동일 원문의 번역인 다음 예문들에서 잘 확인된다. 원문 중 '醜'가 '醜ᄒᆞ다'로도 번역되고 '골없다'로도 번역된다. 그리고 '醜'의 자석이 '골없다'이다. 따라서 '골없다'와 '醜ᄒᆞ다'의 동의성은 명백히 입증된다. 상태동사 '골없다'는 [好] 즉 '좋다'의 뜻을 가진 상태동사 '둏다'와 의미상 대립 관계에 있다. 고유어 '골없다'는 [狀] 즉 '꼴, 모양'의 뜻을 가진 명사 '골'과 상태동사 '없다'[無]의 合成이다.

(1) a. 好(67a)커나 醜커나[醜는 골업슬 씨라] 〈月十七 67b〉
    b. 됴커나 골업거나(若好커나 若醜커나) 〈法華六 51b〉

〈2〉 놉고 크다 對 巍巍ᄒᆞ다

고유어 '놉고 크다'와 한자어 '巍巍ᄒᆞ다'가 [巍巍] 즉 '높고 크다'의 뜻을 가지고 동의 관계에 있다는 것은 동일 원문의 번역인 다음 예문들에서 잘 확인된다. '威神之力巍巍'가 '威神力이 巍巍ᄒᆞ다'로 번역되고 '巍巍'의 자석이 '놉고 크다'이다. 따라서 '놉고 크다'와 '巍巍ᄒᆞ다'의 동의성은 명백히 입증된다. 고유어 '놉고 크다'는 상태동사구로서 상태동사 '높다'의 부사형 '놉고'와 상태동사 '크다'의 결합이다.

(2) a. 觀世音菩薩摩訶薩ㅅ 威神力의 巍巍호미 이러ᄒᆞ니라[巍巍ᄂᆞᆫ 놉고 큰 양지라] 〈釋二十一 6b〉
    b. 觀世音菩薩摩訶薩ㅅ 威神力이 巍巍(26b)호미 이 ᄀᆞᄐᆞ니라 〈月十九 27a〉
    c. 觀世音菩薩摩訶薩의 威神力이 巍巍호미 이 ᄀᆞᄐᆞ니라[巍巍ᄂᆞᆫ 놉고 크실 씨라](觀世音菩薩摩訶薩의 威神之力이 巍巍如是ᄒᆞ니라) 〈法華七 59b〉

〈3〉 ᄠᅳᆮ 되다 對 憍慢ᄒᆞ다

고유어 'ᄠᅳᆮ 되다'와 한자어 '憍慢ᄒᆞ다'가 [憍慢]과 [憍] 즉 '교만하다'의 뜻을 가지고 동의 관계에 있다는 것은 동일 원문의 번역인 다음 예문들에서 잘 확인된다. 원문 중 '憍慢'이 'ᄠᅳᆮ 되다'로도 번역되고 '憍慢'으로도 번역된다. 그리고 '慢'이 '憍慢ᄒᆞ다'로 번역된다. 따라서 'ᄠᅳᆮ 되다'와 '憍慢ᄒᆞ다'의 동의성은 명백히 입증된다. 고유어 'ᄠᅳᆮ 되다'는 상태동사구로서 명사 'ᄠᅳᆮ'과 상태동사 '되다'의 결합이다.

(3) a. ᄠᅳᆮ 되며 새옴ᄃᆞᆯ히 어즈류미 아니 ᄃᆞ외며 〈釋二十 27b〉
b. 憍慢 嫉妬 여러 가짓 ᄣᅴ의 보차미 아니 ᄃᆞ외야(不爲憍慢嫉妬諸垢의 所惱ᄒᆞ야) 〈法華六 175a〉

(3) c. 貪ᄒᆞ며 嗔(43b)心ᄒᆞ며 憍慢호미 〈釋二十 44a〉
d. 貪恚癡慢等은(貪恚癡慢等은) 〈法華七 21a〉

〈4〉 세여 에굳다 對 剛强ᄒᆞ다

고유어 '세여 에굳다'와 한자어 '剛强ᄒᆞ다'가 [剛强] 즉 '굳세다'의 뜻을 가지고 동의 관계에 있다는 것은 다음 예문들에서 잘 확인된다. 원문 중 '剛强衆生'이 '剛强ᄒᆞᆫ 衆生'으로 번역되고 '剛强罪苦衆生'이 '剛强ᄒᆞᆫ 罪苦衆生'으로 번역된다. 그리고 '剛强衆生'이 '剛强衆生'으로 번역되고 '剛强'의 자석이 '세여 에굳다'이다. 따라서 '세여 에굳다'와 '剛强ᄒᆞ다'의 동의성은 명백히 입증된다. 고유어 '세여 에굳다'는 상태동사구로서 상태동사 '세다'의 부사형 '세여'와 상태동사 '에굳다'의 결합이다.

(4) a. 내 五濁惡世예 이 ᄀᆞ티 剛强ᄒᆞᆫ 衆生ᄋᆞᆯ 教化ᄒᆞ야 〈月二十一 32a〉
b. 吾於五濁惡世 教化如是剛彊衆生 〈地藏菩薩本願經〉

(4) c. 네 내ᄋᆡ 여러 劫에 勤苦ᄒᆞ야 이러틋ᄒᆞᆫ 化티 어려ᄫᅳᆫ 剛强ᄒᆞᆫ 罪苦衆生ᄋᆞᆯ 度脫ᄒᆞ(34a)거든 보ᄂᆞ니 〈月二十一 34b〉

d. 汝觀吾累劫 勤苦度脫如是等難化剛彊 罪苦衆生 〈地藏菩薩本願經〉

(4) e. 釋迦牟尼佛이(8b) … 剛彊衆生을 질드리샤[剛彊ᄋᆞᆫ 세여 에구들 씨라] 〈月二十一 9a〉
f. 釋迦牟尼佛 … 調伏剛彊衆生 〈地藏菩薩本願經〉

〈5〉 ᄡᅳ며 ᄠᅥᆲ다 對 苦澁ᄒᆞ다

고유어 'ᄡᅳ며 ᄠᅥᆲ다'와 한자어 '苦澁ᄒᆞ다'가 [苦澁] 즉 '쓰며 떫다'의 뜻을 가지고 동의 관계에 있다는 것은 동일 원문의 번역인 다음 예문들에서 잘 확인된다. 원문 중 '苦澁物'이 'ᄡᅳ며 ᄠᅥᆯ븐 것'으로도 번역되고 '苦澁ᄒᆞᆫ 것'으로도 번역된다. 그리고 '苦'의 자석이 'ᄡᅳ다'이고 '澁'의 자석이 'ᄠᅥᆲ다'이다. 따라서 'ᄡᅳ며 ᄠᅥᆲ다'와 '苦澁ᄒᆞ다'의 동의성은 명백히 입증된다. 고유어 'ᄡᅳ며 ᄠᅥᆲ다'는 동작동사구로서 동작동사 'ᄡᅳ다' [苦]와 'ᄠᅥᆲ다' [澁]의 결합이다.

(5) a. 여러 가짓 ᄡᅳ며 ᄠᅥᆯ븐 거시 舌根애 이셔 〈釋十九 20a〉
b. 여러 가짓 苦澁ᄒᆞᆫ 거시 舌根애 이셔 〈月十七 67b〉
c. 여러 가짓 ᄡᅳ며 ᄠᅥᆯ운 거시 舌根에 이셔(諸苦澁物이 在其舌根ᄒᆞ야) 〈法華六 51b〉

(5) d. 苦ᄂᆞᆫ ᄡᅳᆯ 씨오 澁은 ᄠᅥᆯᄫᅳᆯ 씨라 〈月十七 67b〉

〈6〉 어리미혹ᄒᆞ다 對 愚癡ᄒᆞ다

고유어 '어리미혹ᄒᆞ다'와 한자어 '愚癡ᄒᆞ다'가 [愚癡] 즉 '어리석다'의 뜻을 가지고 동의 관계에 있다는 것은 동일 원문의 번역인 다음 예문들에서 잘 확인된다. 원문 중 '愚癡'가 '어리미혹ᄒᆞ다'로도 번역되고 '愚癡ᄒᆞ다'로도 번역되므로 '어리미혹ᄒᆞ다'와 '愚癡ᄒᆞ다'의 동의성은 명백히 입증된다. 고유어 '어리미혹ᄒᆞ다'는 상태동사 '어리다'의 어간 '어리-'와 상태동사 '미혹ᄒᆞ다'의 비통사적 합성이다.

(6) a. 貪欲과 嗔心과 어(43a)리미혹ᄒᆞᆷ과 새옴과 앗곰과 憍慢괘 업스니잇가 〈釋二十 43b〉
b. 貪欲ᄒᆞ며 嗔恚ᄒᆞ며 愚癡ᄒᆞ며 嫉妬ᄒᆞ며 앗기며 ᄂᆞᆷ 업시우리 업스니잇가 〈月十八 79b〉

c. 貪欲 嗔恚 愚癡 嫉妬 慳慢이 하디 아니ᄒᆞ니잇가 아니잇가(無多貪欲嗔恚愚癡嫉妬慳慢ᄒᆞ니잇가 不ㅣ잇가) 〈法華七 20b〉

한편 '愚癡'가 『월인석보』와 『법화경언해』에서 모두 '어리迷惑ᄒᆞ다'로 번역된다는 것은 동일 원문의 번역인 다음 예문들에서 잘 확인된다. 원문 중 '我等愚癡'가 '우리ᄃᆞᆯ히 어리迷惑ᄒᆞ다'와 '우리 어리迷惑ᄒᆞ다'로 번역된다.

(6) d. 우리ᄃᆞᆯ히 어리迷惑ᄒᆞ야 毒藥ᄋᆞᆯ 그르 머구니 〈月十七 17b〉

e. 우리 어리迷惑ᄒᆞ야 毒ᄒᆞᆫ 藥ᄋᆞᆯ 외오 머구니(我等이 愚癡ᄒᆞ야 誤服毒藥ᄒᆞ야) 〈法華五 153b〉

〈7〉 얼의여 믯믯ᄒᆞ다 對 凝滑ᄒᆞ다

고유어 '얼의여 믯믯ᄒᆞ다'와 한자어 '凝滑ᄒᆞ다'가 [凝滑] 즉 '엉기어 미끈미끈하다'의 뜻을 가지고 동의 관계에 있다는 것은 동일 원문의 번역인 다음 예문들에서 잘 확인된다. 원문 중 '凝滑'이 '凝滑ᄒᆞ다'로도 번역되고 '얼의여 믯믯ᄒᆞ다'로도 번역된다. 따라서 '얼의여 믯믯ᄒᆞ다'와 '凝滑ᄒᆞ다'의 동의성은 명백히 입증된다. 고유어 '얼의여 믯믯ᄒᆞ다'는 동작동사 '얼의다'의 부사형인 '얼의여'와 상태동사 '믯믯ᄒᆞ다'의 결합에 의한 상태동사구이다.

(7) a. 凝滑ᄒᆞᆯᄊᆡ 六根이 ᄀᆞᆺᄂᆞ니 〈月十四 36a〉

b. 얼의여 믯믯호ᄆᆞᆯ 브터 六根이 ᄀᆞᆺᄂᆞ니(由凝滑ᄒᆞ야 而具六根ᄒᆞᄂᆞ니) 〈法華三 138b〉

(7) c. 凝滑ᄒᆞᄂᆞᆫ 相이니 〈月十四 36a〉

d. 얼윈 믯믯ᄒᆞᆫ 相이라(凝滑之相也ㅣ라) 〈法華三 138b〉

〈8〉 오라며 멀다 對 久遠ᄒᆞ다

고유어 '오라며 멀다'와 한자어 '久遠ᄒᆞ다'가 [久遠] 즉 '오래며 멀다'의 뜻을 가지고 동의 관계에 있다는 것은 동일 원문의 번역인 다음 예문들에서 잘 확인된다. 원문 중 '久遠'이 '오라며 멀다'로 번역된다. '甚大久遠'이 '甚大 久遠ᄒᆞ다'로 번역된다. 그리고 '久遠'의 자석이 '오라고 멀다'이다. 따라서 '오라며 멀다'와 '久遠ᄒᆞ다'의 동의성은 명백히 입증된다. 고유어 '오라며 멀다'는 상태동사구로 상태동사 '오라다' [久]의 부사형 '오라며'와 상태동사 '멀다' [遠]의 결합이다.

(8) a. 내 實로 性佛컨 디 오라며 머루미 이 ᄀᆞᆮ건마ᄅᆞᆫ 〈月十七 10a〉
b. 내 實은 成佛로 옴 오라미 이 ᄀᆞᆮ건마ᄅᆞᆫ(我ㅣ 實成佛已來久遠이 若斯컨마ᄅᆞᆫ) 〈法華五 139a〉

(8) c. 내 成佛ᄒᆞ건 디 甚大 久遠(12b)ᄒᆞ야[久遠은 오라고 멀 씨라] 〈月十七 13a〉
d. 내 成佛컨 디 甚히 ᄀᆞ장 오라(我ㅣ 成佛已來ㅣ 甚大久遠ᄒᆞ야) 〈法華五 144b〉

〈9〉 ᄒᆞᆫᄃᆡ 잇다 對 俱ᄒᆞ다

고유어 'ᄒᆞᆫᄃᆡ 잇다'와 한자어 '俱ᄒᆞ다'가 [俱] 즉 '함께 있다'의 뜻을 가지고 동의 관계에 있다는 것은 다음 예문들에서 잘 확인된다. 원문 중 '與大比丘衆萬二千人俱'가 '굴근 比丘衆 萬二千 사ᄅᆞᆷ과 ᄒᆞᆫᄃᆡ 잇다'로도 번역되고 '큰 比丘衆 萬二千人과 ᄒᆞᆫᄃᆡ 잇다'로도 번역된다. 그리고 '與四萬二千人俱'가 '四萬二千人과 俱ᄒᆞ다'로 번역된다. 따라서 'ᄒᆞᆫᄃᆡ 잇다'와 '俱ᄒᆞ다'의 동의성은 명백히 입증된다. 고유어 'ᄒᆞᆫᄃᆡ 잇다'는 상태동사구로 부사 'ᄒᆞᆫᄃᆡ'와 상태동사 '잇다'의 결합이다.

(9) a. 부톄 王舍城 耆闍崛山 中에 겨샤(11a)…굴근 比丘衆 萬二千 사ᄅᆞᆷ과 ᄒᆞᆫᄃᆡ 잇더시니 〈月十一 15a〉
b. 부톄 王舍城 耆闍崛山 中에 住ᄒᆞ샤(19b)…큰 比丘衆 萬二千人과 ᄒᆞᆫᄃᆡ 잇더시니(佛이 住王舍城耆闍崛山中ᄒᆞ샤 與大比丘衆萬二千人과 俱ᄒᆞ얫더시니) 〈法華一 22a〉

(9) c. 釋堤桓因이 眷屬 二萬 天子 ᄃᆞ려 와 이시며 〈月十一 24b〉
d. 釋堤桓因이 眷屬 二萬 天子와 ᄒᆞᆫᄃᆡ 와시며(釋堤桓因이 與眷屬二萬天子와 俱ᄒᆞ며) 〈法華一 45a〉

(9) e. 王ㅅ 두 아ᄃᆞ리 四萬二千人 ᄃᆞ려 ᄒᆞᆫᄢᅴ 부텨ᄭᅴ 가 〈月十九 83a〉
f. 그 王ㅅ 두 아ᄃᆞᄅᆞᆫ 四萬二千人과(140b) 俱ᄒᆞ야 一時예 모다 부텻긔 가(其王二子ᄂᆞᆫ 與四萬二千人과 俱ᄒᆞ야 一時예 共詣佛所ᄒᆞ야) 〈法華七 141a〉

3 動作動詞와 狀態動詞 간의 同義

고유어 동작동사와 한자어 상태동사가 동의 관계를 가질 수 있다. 고유어 동작동사와 한자어 상태동사 간에 동의 관계를 보여 주는 것에는 [憍]와 [慢] 즉 '업신여기다, 교만하다'의 뜻을 가진 '업시우다'와 '憍慢ᄒᆞ다'가 있다.

〈1〉 업시우다 對 憍慢ᄒᆞ다

고유어 '업시우다'와 한자어 '憍慢ᄒᆞ다'가 [憍]와 [慢] 즉 '업신여기다, 교만하다'의 뜻을 가지고 동의 관계에 있다는 것은 동일 원문의 번역인 다음 예문들에서 잘 확인된다. 원문 중 '憍'가 '憍慢ᄒᆞ다'로도 번역되고 '업시우다'로도 번역된다. 그리고 '慢之心'이 '憍慢ᄒᆞᆫ ᄆᆞᅀᆞᆷ'으로도 번역되고 '업시우ᄂᆞᆫ ᄆᆞᅀᆞᆷ'으로도 번역된다. 따라서 '업시우다'와 '憍慢ᄒᆞ다'의 동의성은 명백히 입증된다.

(1) a. 곧 憍慢ᄒᆞ며 밠대ᄒᆞᆫ ᄆᆞᅀᆞᄆᆞᆯ 니ᄅᆞ와다 〈月十七 14a〉
b. 곧 업시우며 밠대ᄅᆞᆯ 니(146b)ᄅᆞ와ᄃᆞ며(便起憍恣ᄒᆞ며) 〈法華五 147a〉

(1) c. 恭敬ᄒᆞ며 憍慢ᄒᆞᆫ ᄆᆞᅀᆞᆷ과 〈釋十九 37a〉
d. 恭敬ᄒᆞ며 업시우ᄂᆞᆫ ᄆᆞᅀᆞᆷ과(敬慢之心과) 〈法華六 71b〉

한편 '慢'이 『석보상절』 권19, 『월인석보』 권17 및 『법화경언해』에서 모두 '업시우다'로 번역된다는 것은 동일 원문의 번역인 다음 예문들에서 잘 확인된다. 원문 중 '所慢'이 '업시욿 줄'과 '업시움'으로 번역된다.

(1) e. 업시욿 줄 몰라 〈釋十九 37a〉
f. 업시우믈 아디 몯ᄒᆞ야 〈月十七 75a〉
g. 업시우믈 아디 몯ᄒᆞ샤(不知所慢ᄒᆞ샤) 〈法華六 71b〉

〈2〉 셟다 對 受苦ᄒᆞ다

고유어 상태동사 '셟다'와 한자어 동작동사 '受苦ᄒᆞ다'가 [苦楚] 즉 '괴롭다, 受苦ᄒᆞ다'의 뜻을 가지고 동의 관계에 있다는 것은 다음 예문들에서 잘 확인된다. 원문 중 '苦楚'가 '苦楚'로 번역되고 '苦楚'의 자석이 '셟다'이다. 그리고 '苦楚報'가 '受苦ᄒᆞᆯ 報'로 번역된다. 따라서 '셟다'와 '受苦ᄒᆞ다'의 동의성은 명백히 입증된다.

(2) a. 苦楚ㅣ 서르 니(45b)ᅀᅥ [苦楚ᄂᆞᆫ 셜ᄫᅳᆯ 씨라] 〈月二十一 46a〉
  b. 苦楚相連 〈地藏菩薩本願經〉

(2) c. 艱(64b)難ᄒᆞ며 受苦ᄒᆞᆯ 報ᄅᆞᆯ 니ᄅᆞ고 〈月二十一 65a〉
  d. 說貧窮苦楚報 〈地藏菩薩本願經〉

제 3 절

副詞類에서의 同義

副詞類에서 확인되는 固有語와 漢字語 간의 동의에서 한자어가 첫째로 副詞일 수도 있고 둘째로 副詞語일 수도 있다.

1. 漢字語가 副詞인 경우

부사류에서 확인되는 고유어와 한자어 간의 동의에서 漢字語가 副詞인 경우에는 [曲] 즉 '자세하게'의 뜻을 가진 '고비'와 '子細히'를 비롯하여 [强] 즉 '강제로'의 뜻을 가진 '긋'과 '强히', [通] 즉 '다, 모두'의 뜻을 가진 '다'와 '通히', [圓] 즉 '둥글게'의 뜻을 가진 '두려이'와 '圓히', [忽然] 즉 '갑자기, 문득'의 뜻을 가진 '믄득'과 '忽然히', [顯] 즉 '빛나게'의 뜻을 가진 '빗내'와 '顯히', [審] 즉 '자세히'의 뜻을 가진 'ᄉᆞ외'와 '仔細히', [足] 즉 '족히'의 뜻을 가진 '어루'와 '足히', [安] 즉 '편안히'의 뜻을 가진 '이대'와 '便安히', [當] 즉 '장차'의 뜻을 가진 '쟝ᄎᆞ'와 '當來예', [卽時] 즉 '즉시에'의 뜻을 가진 '즉자히'와 '卽時예', [快] 즉 '쾌히, 시원하게'의 뜻을 가진 '훤히'와 '快히' 그리고 [一時] 즉 '일시에, 동시에'의 뜻을 가진 'ᄒᆞᆫ ᄢᅴ'와 '一時예' 등 30여 항목이 있다.

〈1〉 고비 對 子細히

고유어 '고비'와 한자어 '子細히'가 [曲] 즉 '자세하게'의 뜻을 가지고 동의 관계에 있다는 것은 동일 원문의 번역인 다음 예문들에서 잘 확인된다. 원문 중 '曲成'이 '子細히 일우다'로도 번역되고 '고비 일우다'로도 번역된다. 따라서 '고비'와 '子細히'의 동의성은 명백히 입증된다. 고유어 '고비'는 [曲] 즉 '자세하다, 상세하다'의 뜻을 가진 상태동사 '곱다'에서 파생된 부사로 '곱-+-이'로 분석될 수 있다.

(1) a. 萬物을 子細히 일우샤 〈月十四 54b〉
b. 萬物을 고비 일우시논(曲成萬物ᄒᆞ시논) 〈法華三 163a〉

〈2〉 그ᅀᅳ기 對 秘密히

고유어 '그ᅀᅳ기'와 한자어 '秘密히'가 [密] 즉 '그윽히, 비밀히'의 뜻을 가지고 동의 관계에 있다는 것은 동일 원문의 번역인 다음 예문들에서 잘 확인된다. 원문 중 '密闡'이 '秘密히 불기다'로도 번역되고 '그ᅀᅳ기 불기다'로도 번역되므로 '그ᅀᅳ기'와 '秘密히'의 동의성은 명백히 입증된다.

(2) a. ᄒᆞᆫ 소리로 秘密히 불기시며 〈月十三 37b〉
b. ᄒᆞᆫ 소리로 그ᅀᅳ기 불기시며(一音으로 密闡ᄒᆞ시며) 〈法華三 2b〉

(2) c. ᄒᆞᆫ 소리로 秘密히 불기샤매 〈月十三 46a〉
d. ᄒᆞᆫ 소리로 그ᅀᅳ기 불기샤매(一音으로 密闡ᄒᆞ샤매) 〈法華三 46a〉

〈3〉 긋 對 强히

고유어 '긋'과 한자어 '强히'가 [强] 즉 '강제로'의 뜻을 가지고 동의 관계에 있다는 것은 동일 원문의 번역인 다음 예문들에서 잘 확인된다. 원문 중 '强將'이 '强히 ᄃᆞ리다'로도 번역되고 '긋 ᄃᆞ리다'로도 번역되므로 '긋'과 '强히'의 동의성은 명백히 입증된다.

(3) a. 强히 ᄃᆞ려 오디 말라 ᄒᆞ고 <月十三 18b>
b. 굿 ᄃᆞ려 오디 말오(勿强將來ᄒᆞ고) <法華二 203a>

〈4〉 기리 對 永히

고유어 '기리'와 한자어 '永히'가 [永] 즉 '길이'의 뜻을 가지고 동의 관계에 있다는 것은 동일 원문의 번역인 다음 예문들에서 잘 확인된다. 원문 중 '永寂'이 '기리 寂滅ᄒᆞ다'로도 번역되고 '기리 괴외ᄒᆞ다'로도 번역된다. 그리고 '永盡'이 '永히 다ᄋᆞ다'로 번역된다. 따라서 '기리'와 '永히'의 동의성은 명백히 입증된다. 고유어 '기리'는 상태동사 '길다'에서 파생된 부사로 '길-+-이(부사 형성 접미사)'로 분석된다.

(4) a. 究竟ᄒᆞ야 기리 寂滅호미 涅槃이라 <月十三 49b>
b. ᄆᆞ차 기리 괴외홀 씨 니ᄅᆞ샨 涅槃이라(究竟永寂曰涅槃이라) <法華三 16b>

(4) c. 滅相은 生死ㅣ 永히 다ᄋᆞᆯ 씨니 <月十三 54a>
d. 滅相은 生死ㅣ 永히 다ᄋᆞᆯ 씨니(滅相은 則生死ㅣ 永盡이니) <法華三 25a>

〈5〉 ᄀᆞ장 對 至極

고유어 'ᄀᆞ장'과 한자어 '至極'이 [極] 즉 '매우, 지극히'의 뜻을 가지고 동의 관계에 있다는 것은 동일 원문의 번역인 다음 예문들에서 잘 확인된다. 원문 중 '極顯'이 '至極 나토다'로도 번역되고 'ᄀᆞ장 나토다'로도 번역되므로 'ᄀᆞ장'과 '至極'의 동의성은 명백히 입증된다.

(5) a. 이 經에 勝妙를 至極 나토시니라 <釋二十 12b>
b. 이 經의 勝妙를 ᄀᆞ장(100b) 나토시니라(極顯斯經勝妙也ᄒᆞ시니라) <法華六 101a>

한편 '極'이 『월인석보』와 『법화경언해』에서 모두 '至極'으로 번역된다는 것은 동일 원문의 번역인 다음 예문들에서 잘 확인된다. 원문 중 '極多'가 모두 '至極 하다'로 번역된다.

(5) c. 쟝ᄎᆞ 至極 한 싸홀 블교리라 ᄒᆞ샤 〈月十四 8a〉
d. 쟝ᄎᆞ 至極 한 싸홀 블교려 ᄒᆞ샤(將明極多之地호려 ᄒᆞ샤) 〈法華三 85b〉

(5) e. 이ᄂᆞᆫ 至極 한 劫을 혜시니라 〈月十四 9a〉
f. 이ᄂᆞᆫ 至極 한 劫을 혜시니라(此ᄂᆞᆫ 數極多之劫ᄒᆞ시니라) 〈法華三 85b〉

〈6〉 ᄀᆞ장 對 至極히

고유어 'ᄀᆞ장'과 한자어 '至極히'가 [極] 즉 '매우, 지극히'의 뜻을 가지고 동의 관계에 있다는 것은 동일 원문의 번역인 다음 예문들에서 잘 확인된다. 원문 중 '極而示'가 '至極히 뵈다'로도 번역되고 'ᄀᆞ장 뵈다'로도 번역되므로 'ᄀᆞ장'과 '至極히'의 동의성은 명백히 입증된다.

(6) a. 至極히 뵈샤ᄆᆞᆫ 教애 겨시고 〈月十七 97b〉
b. ᄀᆞ장 뵈샤ᄆᆞᆫ 教애 겨시고(極而示之ᄂᆞᆫ 存乎教ᄒᆞ시고) 〈法華七 159a〉

〈7〉 ᄀᆞ초 對 圓히

고유어 'ᄀᆞ초'와 한자어 '圓히'가 [圓] 즉 '갖추어, 원만히'의 뜻을 가지고 동의 관계에 있다는 것은 동일 원문의 번역인 다음 예문들에서 잘 확인된다. 원문 중 '圓照'가 'ᄀᆞ초 비취다'로도 번역되고 '圓히 비취다'로도 번역되므로 'ᄀᆞ초'와 '圓히'의 동의성은 명백히 입증된다.

(7) a. 大千(35b) 世界ᄅᆞᆯ ᄀᆞ초 비취ᄂᆞ니라 〈釋二十 36a〉
b. 大千을 圓히 비취유미라 〈月十八 69b〉
c. 大千을 圓히 비취샤미니(大千을 圓照ㅣ시니) 〈法華七 9b〉

〈8〉 니르리 對 至히

고유어 '니르리'와 한자어 '至히'가 [至] 즉 '장소시간에 닿게, 다른 데에 미치게'의 뜻을 가지고 동의 관계에 있다는 것은 동일 원문의 번역인 다음 예문들에서 잘 확인된다. 원문 중 '至下'

가 '아래 니르리'로도 번역되고 '아래 至히'로도 번역된다. 따라서 '니르리'와 '至히'의 동의성은 명백히 입증된다. '니르리'는 동작동사 '니를다'에서 파생된 부사이다.

(8) a. 王이 즁님내의 우브터 아래 니르리 〈釋二十四 48a〉
  b. 王이 우브터 아래 至히 〈月二十五 127b〉
  c. 王從上至下 〈釋迦譜 卷5 31. 阿育王造八萬四千塔記〉

〈9〉 ᄂᆞᆾ 바ᄅᆞ 對 親히

고유어 'ᄂᆞᆾ 바ᄅᆞ'와 한자어 '親히'가 [面] 즉 '親히'의 뜻을 가지고 동의 관계에 있다는 것은 동일 원문의 번역인 다음 예문들에서 잘 확인된다. 원문 중 '面…聞'이 '親히…듣다'로도 번역되고 'ᄂᆞᆾ 바ᄅᆞ…듣다'로도 번역된다. 따라서 'ᄂᆞᆾ 바ᄅᆞ'와 '親히'의 동의성은 명백히 입증된다. 부사구 'ᄂᆞᆾ 바ᄅᆞ'는 명사 'ᄂᆞᆾ'과 부사 '바ᄅᆞ'의 合成이다.

(9) a. 阿難이 親히 부텻 알ᄑᆡ 授記와 國土莊嚴을 듣ᄌᆞᆸ고 〈月十五 34b〉
  b. 阿難이 ᄂᆞᆾ 바ᄅᆞ 부텻 알ᄑᆡ 제 授記와 國土莊嚴 듣ᄌᆞᆸ고(阿難이 面於佛前에 自聞授記와 及國土莊嚴ᄒᆞᅀᆞᆸ고) 〈法華四 58b〉

〈10〉 다 對 通히

고유어 '다'와 한자어 '通히'가 [通] 즉 '다, 모두'의 뜻을 가지고 동의 관계에 있다는 것은 동일 원문의 번역인 다음 예문들에서 잘 확인된다. 원문 중 '通謂'가 '다…ᄒᆞ다'로도 번역되고 '通히 니ᄅᆞ다'로도 번역된다. 따라서 '다'와 '通히'의 동의성은 명백히 입증된다.

(10) a. 心境엣 萬類ᄅᆞᆯ 다 法이라 ᄒᆞᄂᆞ니 〈月十一 12a〉
  b. 心과 境과 萬類ᄅᆞᆯ 通히 닐오ᄃᆡ 法이니(心境萬類ᄅᆞᆯ 通謂之法이니) 〈法華一 3b〉

〈11〉 다폴다폴 對 重重

고유어 '다폴다폴'과 한자어 '重重'이 [重重] 즉 '겹겹이'의 뜻을 가지고 동의 관계에 있다는 것은 동일 원문의 번역인 다음 예문들에서 잘 확인된다. 원문 중 '重重無盡'이 '重重 無盡ᄒᆞ다'로도 번역되고 '다폴다폴 다옴 없다'로도 번역되므로 '다폴다폴'과 '重重'의 동의성은 명백히 입증된다.

(11) a. 서르 ᄉᆞᄆᆞᄎᆞ며 노가 攝ᄒᆞ야 重重 無盡ᄒᆞ니 〈月十八 69b〉
b. 서르 ᄉᆞᄆᆞ차 노겨 자ᄇᆞ샤 다폴다폴 다옴 업수믈 니ᄅᆞ시니(謂交徹融攝ᄒᆞ샤 重重無盡ᄒᆞ시니) 〈法華七 9b〉

〈12〉 다ᄑᆞᆯ다ᄑᆞᆯ 對 重重

고유어 '다ᄑᆞᆯ다ᄑᆞᆯ'과 한자어 '重重'이 [重重] 즉 '겹겹이'의 뜻을 가지고 동일 관계에 있다는 것은 동일 원문의 번역인 다음 예문들에서 잘 확인된다. 원문 중 '重重無盡'이 '重重 無盡ᄒᆞ다'로도 번역되고 '다ᄑᆞᆯ다ᄑᆞᆯ 다오미 없다'로도 번역되므로 '다ᄑᆞᆯ다ᄑᆞᆯ'과 '重重'의 동의성은 명백히 입증된다.

(12) a. 서르 ᄉᆞᄆᆞ차 어울워 자바 重重 無盡ᄒᆞ시니 〈月十八 27b〉
b. 서르 ᄉᆞᄆᆞ차 노겨 자ᄇᆞ샤 다ᄑᆞᆯ다ᄑᆞᆯ 다오미 업스시니(交徹融攝ᄒᆞ샤 重重無盡ᄒᆞ시니) 〈法華六 137b〉

〈13〉 두려이 對 圓히

고유어 '두려이'와 한자어 '圓히'가 [圓] 즉 '둥글게'의 뜻을 가지고 있다는 것은 동일 원문의 번역인 다음 예문들에서 잘 확인된다. 원문 중 '圓照'가 '圓히 비취다'로도 번역되고 '두려이 비취다'로도 번역된다. 그리고 '圓備'가 '圓히 ᄀᆞᆽ다'로도 번역되고 '두려이 ᄀᆞᆽ다'로도 번역된다. 따라서 '두려이'와 '圓히'의 동의성은 명백히 입증된다. '두려이'는 상태동사 '두렵다'에서 파생된 부사이다.

(13) a. 大千을 圓히 비취면 〈月十七 57b〉

b. 大千을 두려이 비취리니(大千을 圓照ᄒᆞ리니) 〈法華六 26b〉

(13) c. 分身諸佛을 다 모도샤 圓히 會ᄒᆞ시며 圓히 證ᄒᆞ시니 〈月十五 59a〉

d. 分身諸佛을 다 뫼호샤 두려이 證ᄒᆞ시니 (分身諸佛ᄒᆞ샤 圓會ᄒᆞ시며 圓證ᄒᆞ시니) 〈法華四 100b〉

(13) e. 音을 滅ᄒᆞ야 圓히 드르면 〈月十九 26b〉

f. 소릴 滅ᄒᆞ야 두려이 드르시면(滅音圓聞ᄒᆞ면) 〈法華七 59a〉

(13) g. 圓히 드러〈月十九 26b〉

h. 두려이 드르샤(圓聞ᄒᆞ샤) 〈法華七 59a〉

(13) i. 萬德이 圓히 ᄀᆞ조미오 〈月十八 69a〉

j. 萬德이 두려이 ᄀᆞᄌᆞ샤ᄆᆞᆯ 니ᄅᆞ시고(謂萬德이 圓備ᄒᆞ시고) 〈法華七 9b〉

(13) k. 萬行이 圓히 攝호미 無盡호ᄆᆞᆯ 뵈시니라 〈月十九 99b〉

l. 萬行ᄋᆞᆯ 두려이 자ᄇᆞ샤 無盡ᄒᆞ샤ᄆᆞᆯ 뵈시니라(示萬法ᄋᆞᆯ 圓攝無盡也ᄒᆞ시니라) 〈法華七 161a〉

한편 '圓'이 『월인석보』에서는 '두려ᄫᅵ'로 번역되고 『법화경언해』에서는 '두려이'로 번역된다는 것은 동일 원문의 번역인 다음 예문들에서 잘 확인된다. 원문 중 '圓該'가 '두려ᄫᅵ ᄢᅳ리다'와 '두려이 ᄢᅳ리다'로 번역된다.

(13) m. 알ᄑᆡᆺ 記ᄅᆞᆯ 두려ᄫᅵ ᄢᅳ려시ᄂᆞᆯ 〈月十五 39b〉

n. 알ᄑᆡᆺ 記ᄅᆞᆯ 두려이 ᄢᅳ리샤ᄃᆡ(以圓該前記ᄒᆞ샤ᄃᆡ) 〈法華四 68a〉

(13) o. 萬行이 두려ᄫᅵ ᄀᆞᄌᆞ샤 〈月十九 98b〉

p. 萬行이 두려이 ᄀᆞᄌᆞ샤(圓具萬行ᄒᆞ샤) 〈法華七 160b〉

〈14〉 두루 對 周遍히

고유어 '두루'와 한자어 '周遍히'가 [周遍] 즉 '두루'의 뜻을 가지고 동의 관계에 있다는 것은 동일 원문의 번역인 다음 예문들에서 잘 확인된다. 원문 중 '周遍清淨'이 '周遍히 清淨ᄒᆞ다'와 '두루 清淨ᄒᆞ다'로 번역되므로 '두루'와 '周遍히'의 동의성은 명백히 입증된다.

(14) a. 여러 가짓 寶華ᄅᆞᆯ 비허 周遍히 清淨ᄒᆞ리니 〈月十三 62b〉
b. 여러 寶華ᄅᆞᆯ 흐터 두루 清淨ᄒᆞ리라(散諸寶華ᄒᆞ야 周遍清淨ᄒᆞ리라) 〈法華三 59a〉

〈15〉 믄득 對 忽然히

고유어 '믄득'과 한자어 '忽然히'가 [忽然] 즉 '갑자기, 문득'의 뜻을 가지고 동의 관계에 있다는 것은 동일 원문의 번역인 다음 예문들에서 잘 확인된다. 원문 중 '忽然化生'이 '믄득 化生ᄒᆞ다'로도 번역되고 '忽然히 化生ᄒᆞ다'로도 번역된다. 따라서 '믄득'과 '忽然히'의 동의성은 명백히 입증된다.

(15) a. 믄득 化生ᄒᆞ야 〈釋二十 13b〉
b. 忽然히 化生ᄒᆞ야 〈月十八 33b〉
c. 믄득 化生ᄒᆞ야(忽然化生ᄒᆞ야) 〈法華六 146b〉

한편 '忽然'이 『월인석보』와 『법화경언해』에서 모두 '믄득'으로 번역된다는 것은 동일 원문의 번역인 다음 예문들에서 잘 확인된다. 원문 중 '忽然有'가 모두 '믄득 잇다'로 번역된다.

(15) d. 衆生ᄋᆡ 相이 芒芴 ᄊᆞᅀᅵᄅᆞᆯ 브터 믄득 곡도 ᄀᆞ티 잇ᄂᆞᆫ ᄃᆞᆯ 아로미 〈月十四 18a〉
e. 衆生 相이 죠고맛 ᄉᆞᅀᅵᄅᆞᆯ 從ᄒᆞ야 믄득 곡도 ᄀᆞ티 잇ᄂᆞᆫ ᄃᆞᆯ 아로미(乃知衆生之相이 從芒芴閒ᄒᆞ야 忽然幻有ㄴ들 호미) 〈法華三 104b〉

〈16〉 ᄆᆡ샹 對 長常

고유어 'ᄆᆡ샹'과 한자어 '長常'이 [每] 즉 '매양, 늘, 언제나'의 뜻을 가지고 동의 관계에 있다는 것은 동일 원문의 번역인 다음 예문들에서 잘 확인된다. 원문 중 '每作是念'이 '長常 너기다'로도 번역되고 'ᄆᆡ샹 이 念을 ᄒᆞ다'로도 번역된다. 따라서 'ᄆᆡ샹'과 '長常'의 동의성은 명백히 입증된다.

(16) a. 長常 너(3a)교ᄃᆡ 〈月十二 3b〉
b. ᄆᆡ샹 이 念을 호ᄃᆡ(每作是念호ᄃᆡ) 〈法華二 5b〉

〈17〉 ᄆᆡ샹 對 每常

고유어 'ᄆᆡ샹'과 한자어 '每常'이 [每] 즉 '매양, 늘'의 뜻을 가지고 동의 관계에 있다는 것은 동일 원문의 번역인 다음 예문들에서 잘 확인된다. 원문 중 '每念'이 '每常 念ᄒᆞ다'로도 번역되고 'ᄆᆡ샹 念ᄒᆞ다'로 번역된다. 그리고 '每憶'이 '每常 ᄉᆡᇰ각ᄒᆞ다'로도 변역되고 'ᄆᆡ샹 ᄉᆡᇰ각ᄒᆞ다'로도 번역된다. 따라서 'ᄆᆡ샹'과 '每常'의 동의성은 명백히 입증된다. '每常'에서 '常'의 한자음은 '쌍'이다.

(17) a. 아비 每常 아ᄃᆞᄅᆞᆯ 念호ᄃᆡ 〈月十三 9b〉
b. 아비 ᄆᆡ샹 아ᄃᆞᆯ 念호ᄃᆡ(父ㅣ 每念子호ᄃᆡ) 〈法華二 189b〉

(17) c. 每常 아ᄃᆞᄅᆞᆯ ᄉᆡᇰ각ᄒᆞ야 〈月十三 10a〉
d. ᄆᆡ샹 제 아ᄃᆞᄅᆞᆯ ᄉᆡᇰ각ᄒᆞ며(每憶其子ᄒᆞ며) 〈法華二 189b〉

〈18〉 빗내 對 顯히

고유어 '빗내'와 한자어 '顯히'가 [顯] 즉 '빛나게'의 뜻을 가지고 동의 관계에 있다는 것은 동일 원문의 번역인 다음 예문들에서 잘 확인된다. 원문 중 '顯照'가 '빗내 비취다'로도 번역되고 '顯히 비취다'로도 번역되므로 '빗내'와 '顯히'의 동의성은 명백히 입증된다. '빗내'는 동작동사 '빗나다'에서 파생된 부사로 '빗나-[顯]+-ㅣ(부사 형성 접미사)'로 분석될 수 있다.

(18) a. 頂上肉髻옛 光明이 빗내 비취시며 〈釋二十一 46b〉
b. 頂上肉髻 光明이 顯히 비취시며 〈月十九 89b〉
c. 頂上肉髻 光明이 顯히 비취시며(頂上肉髻ㅣ 光明이 顯照ᄒᆞ시며) 〈法華七 148a〉

한편 '顯'이 『월인석보』와 『법화경언해』에서 모두 한자어 '顯히'로 번역된다는 것은 동일 원문의 번역인 다음 예문들에서 잘 확인된다. 원문 중 '顯說'이 모두 '顯히 니ᄅᆞ다'로 번역된다.

(18) d. 잠ᄭᅡᆫ도 顯히 니ᄅᆞ디 아니ᄒᆞᄂᆞ니 〈月十五 44a〉
e. 잠ᄭᅡᆫ도 顯히 니ᄅᆞ디 아니ᄒᆞ얫다니(未曾顯說ᄒᆞ얫더니) 〈法華四 86b〉

〈19〉 섈리 對 時急히

고유어 '섈리'와 한자어 '時急히'가 [急] 즉 '빨리, 시급히'의 뜻을 가지고 동의 관계에 있다는 것은 동일 원문의 번역인 다음 예문들에서 잘 확인된다. 원문 중 '急使追'가 '섈리 잡다'로 의역되고 '時急히 브려 좇다'로 직역되므로 '섈리'와 '時急히'의 동의성은 명백히 입증된다.

(19) a. 섈리 자바 도라오라 ᄒᆞ시니 〈月十三 32a〉
b. 時急히 브려 조차 도ᄅᆞ시니(急使追復ᄒᆞ시니) 〈法華二 226a〉

한편 '急'이 『월인석보』와 『법화경언해』에서 모두 '時急히'로 번역된다는 것은 동일 원문의 번역인 다음 예문들에서 잘 확인된다. 원문 중 '急執'이 모두 '時急히 잡다'로 번역된다.

(19) c. 時急히 자바 구틔여 잇구ᄆᆞᆫ 〈月十三 17a〉
d. 時急히 자바 ᄀᆞᆺ 그ᇫ오ᄆᆞᆫ(急執而强牽은) 〈法華二 202a〉

〈20〉 샹녜 對 長常

고유어 '샹녜'와 한자어 '長常'이 [恒] 즉 '항상, 늘, 언제나'의 뜻을 가지고 동의 관계에 있다는 것은 동일 원문의 번역인 다음 예문들에서 잘 확인된다. 원문 중 '恒爲'가 '長常 ᄃᆞ외다'로도 번역되고 '샹녜 ᄃᆞ외다'로도 번역되므로 '샹녜'와 '長常'의 동의성은 명백히 입증된다.

(20) a. 長常 諸佛이 일ᄏᆞ라 讚嘆ᄒᆞ샤미 ᄃᆞ외야 〈月十二 11b〉
b. 샹녜 諸佛ㅅ 일ᄏᆞ라 讚嘆호미 ᄃᆞ외며(恒爲諸佛之所稱歎ᄒᆞ며) 〈法華二 3b〉

〈21〉 샹녜 對 時常

고유어 '샹녜'와 한자어 '時常'이 [常] 즉 '늘, 항상'의 뜻을 가지고 동의 관계에 있다는 것은 동일 원문의 번역인 다음 예문들에서 잘 확인된다. 원문 중 '常…需'가 '時常 기드리다'로도 번역되고 '샹네 기드리다'로도 번역된다. 그리고 '常寂'이 '時常 寂ᄒᆞ다'로도 번역되고 '샹네 괴외ᄒᆞ다'로도 번역된다. 따라서 '샹네'와 '時常'의 동의성은 명백히 입증된다.

(21) a. 둘히 時常 서르 기드리ᄂᆞ니 〈月十八 61b〉
b. 둘히 샹녜 서르 기드리며(二者ㅣ 蓋常相需ᄒᆞ며) 〈法華六 184a〉

(21) c. 얼의며 時常 寂ᄒᆞ야 〈月十一 89b〉
d. 얼의며 샹녜 괴외ᄒᆞ야(凝然常寂ᄒᆞ야) 〈法華一 109b〉

한편 '常'이 『석보상절』, 『월인석보』 및 『법화경언해』에서 모두 '샹녜'로 번역된다는 것은 동일 원문의 번역인 다음 예문들에서 잘 확인된다. 원문 중 '常寂'이 '샹녜 괴외ᄒᆞ다'와 '샹녜 寂ᄒᆞ다'로 번역된다.

(21) e. 비취여 샹녜 괴외ᄒᆞ니라 〈釋二十 35a〉
f. 照호ᄃᆡ 샹녜 寂호미오 〈月十八 69a〉
g. 비취샤ᄃᆡ 샹녜 괴외ᄒᆞᆯ 씨오(照而常寂이시고) 〈法華七 9a〉

(21) h. 샹녜 조ᄒᆞᆫ 힝뎍 다까 〈月十一 46a〉
i. 샹녜 조ᄒᆞᆫ 行ᄋᆞᆯ 닷가(常脩梵行ᄒᆞ야) 〈法華一 99a〉

(21) j. 샹녜 物을 ᄇᆞ리고 道ᄅᆞᆯ 아나 〈月十二 34a〉

k. 샹녜 物을 ᄇᆞ리고 道ᄅᆞᆯ 아나(常遺物抱道ᄒᆞ야) 〈法華二 79a〉

〈22〉 ᄉᆞ외 對 仔細히

고유어 'ᄉᆞ외'와 한자어 '仔細히'가 [審] 즉 '자세히'의 뜻을 가지고 동의 관계에 있다는 것은 동일 원문의 번역인 다음 예문에서 잘 확인된다. 원문 중 '審知'가 'ᄉᆞ외 알다'로도 번역되고 '仔細히 알다'로도 번역되므로 'ᄉᆞ외'와 '仔細히'의 동의성은 명백히 입증된다.

(22) a. 아ᄃᆞ린 고ᄃᆞᆯ ᄉᆞ외 아로ᄃᆡ 〈月十三 19a〉

b. 이 아ᄃᆞᄅᆞᆯ 仔細히 아로ᄃᆡ(審知是子호ᄃᆡ) 〈法華二 204a〉

〈23〉 ᄉᆞᆯ펴 對 仔細히

고유어 'ᄉᆞᆯ펴'와 한자어 '仔細히'가 [諦] 즉 '살펴, 자세히'의 뜻을 가지고 동의 관계에 있다는 것은 동일 원문의 번역인 다음 예문들에서 잘 확인된다. 원문 중 '諦聽'이 '仔細히 듣다'로도 번역되고 'ᄉᆞᆯ펴 듣다'로도 번역된다. 따라서 'ᄉᆞᆯ펴'와 '仔細히'의 동의성은 명백히 입증된다. 고유어 'ᄉᆞᆯ펴'는 동작동사 'ᄉᆞᆯ피다'의 부사형으로 'ᄉᆞᆯ피 - + - 어'로 분석된다.

(23) a. 너희ᄃᆞᆯ히 如來ㅅ 秘密神通力을 仔細히 드르라 〈月十七 3b〉

b. 너희 如來ㅅ 祕密神通力을 ᄉᆞᆯ펴 드르라(汝等이 諦聽如來ㅅ 祕密神通之力ᄒᆞ라) 〈法華五 128b〉

〈24〉 어려이 對 難히

고유어 '어려이'와 한자어 '難히'가 [難] 즉 '어렵게'의 뜻을 가지고 동의 관계에 있다는 다음 예문들에서 잘 확인된다. 원문 중 '難進'이 '어려이 낫다'로 번역된다. 그리고 '難遭'가 '難히 맛나다'로 번역된다. 따라서 '어려이'와 '難히'의 동의성은 명백히 입증된다.

(24) a. 二乘이 道 求호ᄃᆡ 나ᅀᅡ가미 어렵고 믈로미 쉬ᄫᅳᆫ ᄃᆞᆯ 가ᄌᆞᆯ비시니라 〈月十四 76b〉
b. 二乘의 道 求호미 어려이 낫고 수이 믈루믈 가ᄌᆞᆯ비시니라(譬二乘의 求道호미 難進易退ᄒᆞ시니라) 〈法華三 174b〉

(24) c. 難히 맛낧 想과 恭敬 ᄆᆞᅀᆞᄆᆞᆯ 能히 몯 내릴ᄊᆡ 〈月十七 14a〉
d. 難히 맛날 想과 恭敬 ᄆᆞᅀᆞᄆᆞᆯ 能히 내디 몯ᄒᆞ릴ᄊᆡ(不能生難遭之想과 恭敬之心ᄒᆞ릴ᄊᆡ) 〈法華五 147a〉

(24) e. 諸佛이 世間애 나미 맛나미 어려ᄫᅳ니 〈月十七 15a〉
f. 諸佛이 出世호미 難히ᅀᅡ 맛나ᄂᆞ니(諸佛出世ㅣ 難可値遇ㅣ니) 〈法華五 148a〉

〈25〉 어루 對 足히

고유어 '어루'와 한자어 '足히'가 [足] 즉 '족히'의 뜻을 가지고 동의 관계에 있다는 것은 동일 원문의 번역인 다음 예문들에서 잘 확인된다. 원문 중 '足滌'가 '어루 싯다'로도 번역되고 '足히 싯다'로도 번역되므로 '어루'와 '足히'의 동의성은 명백히 입증된다.

(25) a. 이 法 듣ᄌᆞᄫᆞ니ᄂᆞᆫ 어루 塵勞ᄅᆞᆯ 시스며 〈月十三 52a〉
b. 이 法 듣ᄌᆞ오니 足히 塵勞ᄅᆞᆯ 시스며(聞是法者ㅣ 足以滌塵勞ᄒᆞ며) 〈法華三 22a〉

〈26〉 오로 對 專히

고유어 '오로'와 한자어 '專히'가 [專] 즉 '오로지'의 뜻을 가지고 동의 관계에 있다는 것은 동일 원문의 번역인 다음 예문들에서 잘 확인된다. 원문 중 '專讀誦'이 '오로 讀誦ᄒᆞ다'로도 번역되고 '專히 讀誦ᄒᆞ다'로도 번역되므로 '오로'와 '專히'의 동의성은 명백히 입증된다. 고유어 '오로'는 상태동사 '올다'에서 파생된 부사로 '올-+-오'로 분석된다.

(26) a. ᄒᆞᆫ갓 닐거나 외올 ᄲᅮᆫ 아니샤 〈釋十九 36a〉
b. 專히 讀誦티 아니ᄒᆞ샤 〈月十七 74b〉

c. 오로 讀誦티 아니ᄒᆞ샤(不專讀誦ᄒᆞ샤) 〈法華六 71a〉

(26) d. 經典을 專히 讀誦(83b) 아니ᄒᆞ고 〈月十七 84a〉
e. 오로 經典을 讀誦 아니코(不專讀誦經典ᄒᆞ고) 〈法華六 79b〉

(26) f. 專히 호ᄆᆞᆯ 아디 몯ᄒᆞ며 〈月十七 84a〉
g. 오로 ᄒᆞ샤ᄆᆞᆯ 아디 몯ᄒᆞ시며(不知所專ᄒᆞ시며) 〈法華六 71b〉

〈27〉 오직 對 特別히

고유어 '오직'과 한자어 '特別히'가 [特] 즉 '특별히'의 뜻을 가지고 동의 관계에 있다는 것은 동일 원문의 번역인 다음 예문들에서 잘 확인된다. 원문 중 '特…明'이 '오직 ᄇᆞᆯ기다'로도 번역되고 '特別히 ᄇᆞᆯ기다'로도 번역된다. 그리고 '特擧'가 '오직 드러 니ᄅᆞ다'로도 번역되고 '特別히 드러 니ᄅᆞ다'로도 번역된다. 따라서 '오직'과 '特別히'의 동의성은 명백히 입증된다.

(27) a. 오직 업디 아니ᄒᆞᄂᆞᆫ 理ᄅᆞᆯ 도바 ᄇᆞᆯ기샤 〈月十三 59b〉
b. 特別히 업디 아니ᄒᆞᄂᆞᆫ 理ᄅᆞᆯ 도아 ᄇᆞᆯ기샤(特以助明不亡之理ᄒᆞ야) 〈法華三 56a〉

(27) c. 오직 大略ᄋᆞᆯ 드러 니ᄅᆞ시디ᄫᅵ 〈月十九 43b〉
d. 特別히 大略ᄋᆞᆯ 드러 니ᄅᆞ시니(特擧大略ᄒᆞ시니) 〈法華七 87b〉

〈28〉 이대 對 便安히

고유어 '이대'와 한자어 '便安히'가 [安] 즉 '편안히'의 뜻을 가지고 동의 관계에 있다는 것은 동일 원문의 번역인 다음 예문들에서 잘 확인된다. 원문 중 '安施'가 '이대 놓다'로도 번역되고 '便安히 놓다'로도 번역되므로 '이대'와 '便安히'의 동의성은 명백히 입증된다. 고유어 '이대'는 [好] 즉 '좋다'의 뜻을 가진 상태동사 '읻다'에서 파생된 부사이다.

(28) a. 네 床座ᄅᆞᆯ 이대 노ᄒᆞ라 〈釋二十 15b〉

b. 네 床座를 便安히 노ᄒᆞ라 〈月十八 36b〉
c. 네 床座를 便安히 펴라(汝可安施床座ᄒᆞ라) 〈法華六 151a〉

〈29〉 잘 對 能히

고유어 '잘'과 한자어 '能히'가 [能] 즉 '잘, 능히'의 뜻을 가지고 동의 관계에 있다는 것은 동일 원문의 번역인 다음 예문들에서 잘 확인된다. 원문 중 '能除'가 '잘 덜다'로도 번역되고 '能히 덜다'로도 번역된다. 그리고 '能破'가 '잘 ᄒᆞ야ᄇᆞ리다'로도 번역되고 '能히 ᄒᆞ야ᄇᆞ리다'로도 번역된다. 따라서 '잘'과 '能히'의 동의성은 명백히 입증된다.

(29) a. 日天子ㅣ 믈읫 어드ᄫᅳ믈 잘 더ᄂᆞ니 〈釋二十 22a〉
b. 日天子ㅣ 여러 어드ᄫᅮ믈 能히 더ᄃᆞᆺ ᄒᆞ야 〈月十八 48a〉
c. 日天子ㅣ 能히 여러 暗 더ᄃᆞᆺ ᄒᆞ야(如日天子ㅣ 能除諸暗ᄐᆞᆺ ᄒᆞ야) 〈法華六 165b〉

(29) d. 一切 됴(22a)티 몯ᄒᆞᆫ 어드ᄫᅳ믈 잘 ᄒᆞ야ᄇᆞ리며 〈釋二十 22b〉
e. 一切 됴티 몯ᄒᆞᆫ 어드ᄫᅮ믈 能히 ᄒᆞ야ᄇᆞ리ᄂᆞ니라 〈月十八 48a〉
f. 能히 一切 됴티 몯ᄒᆞᆫ 어드우믈 허ᄂᆞ니라(能破一切不善之暗ᄒᆞ니라) 〈法華六 165b〉

(29) g. 月光ᄋᆞᆫ 어린 어두ᄫᅮ믈 잘 더ᄅᆞ시고 〈月十一 23b〉
h. 月光ᄋᆞᆫ 迷惑ᄒᆞᆫ 어드우믈 能히 더르시고(月光ᄋᆞᆫ 能除癡闇ᄒᆞ시고) 〈法華一 43b〉

(29) i. 無數ᄒᆞᆫ 百千衆(20b)生ᄋᆞᆯ 잘 濟渡ᄒᆞ시ᄂᆞᆫ 분내러시니 〈月十一 21a〉
j. 無數百千衆生ᄋᆞᆯ 能히 濟渡ᄒᆞ시ᄂᆞ니러니(能度無數百千衆生ᄒᆞ시ᄂᆞ니러니) 〈法華一 37a〉

(29) k. 業苦ᄅᆞᆯ 잘(41a) 니ᄅᆞ왇ᄂᆞ니 〈月十二 41b〉
l. 能히 業苦 니ᄅᆞ와도ᄆᆞᆯ 爲ᄒᆞ시니(爲...能發業苦ㅣ니) 〈法華二 89a〉

한편 '能'이 『月印釋譜』와 『法華經諺解』에서 모두 '能히'로 번역된다는 것은 동일 원문의 번역인 다음 예문들에서 잘 확인된다. 원문 중 '能捨'가 모두 '能히 ᄇᆞ리다'로 번역된다.

(29) m. 勇施ᄂᆞᆫ 一切를 能히 ᄇᆞ리시고 〈月十一 23b〉
n. 勇施ᄂᆞᆫ 一切를 能히 ᄇᆞ리시고(勇施ᄂᆞᆫ 一切를 能捨ᄒᆞ시고) 〈法華一 43a〉

(29) o. 能히 生死를 여흴ᄊᆡ 〈月十二 42b〉
p. 能히 生死를 여흴ᄊᆡ(能離生死故로) 〈法華二 91a〉

〈30〉 쟝ᄎᆞ 對 當來예

고유어 '쟝ᄎᆞ'와 한자어 '當來예'가 [當] 즉 '장차'의 뜻을 가지고 동의 관계에 있다는 것은 동일 원문의 번역인 다음 예문들에서 잘 확인된다. 원문 중 '當說'이 '쟝ᄎᆞ 니ᄅᆞ다'로도 번역되고 '當來예 니ᄅᆞ다'로도 번역된다. 따라서 '쟝ᄎᆞ'와 '當來예'의 동의성은 명백히 입증된다.

(30) a. ᄒᆞ마 니ᄅᆞ며 이제 니ᄅᆞ며 當來예 닐올 그 中에 〈月十五 48a〉
b. ᄒᆞ마 니ᄅᆞ니와 이제 니ᄅᆞᄂᆞ니와 쟝ᄎᆞ 니ᄅᆞ니예 그 中에(已說와 今說와 當說에 而於其中에) 〈法華四 85b〉

(30) c. 當來예 니ᄅᆞ샤ᄆᆞᆫ 곧 涅槃이니 〈月十五 48b〉
d. 쟝ᄎᆞ 니ᄅᆞ샤ᄆᆞᆫ 곧 涅槃이니(當說은 卽涅槃이니) 〈法華四 85b〉

한편 '當來'가 『월인석보』와 『법화경언해』에서 모두 '當來예'로 번역된다는 것은 동일 원문의 번역인 다음 예문들에서 잘 확인된다. 원문 중 '當來作'이 모두 '當來예 짓다'로 번역된다.

(30) e. 阿難이 當來예 지ᅀᅥ 일오미 〈月十五 30b〉
f. 阿難이 當來예 지ᅀᅥ 일우미(阿難이 當來作成이) 〈法華四 51b〉

〈31〉 제여곰 對 各各

고유어 '제여곰'과 한자어 '各各'이 [各] 즉 '제각기, 각각'의 뜻을 가지고 동의 관계에 있다는 것은 동일 원문의 번역인 다음 예문들에서 잘 확인된다. 원문 중 '各…好'가 '제여곰 맛들다'로도 번역되고 '各各 즐기다'로도 번역된다. 그리고 '各遂'가 '제여곰 일우다'로도 번역되고 '各各 일우다'로도 번역된다. 따라서 '제여곰'과 '各各'의 동의성은 명백히 입증된다.

(31) a. 아비 아ᄃᆞᆯᄃᆞᆯ히 ᄆᆞᅀᆞ매 제여곰 맛드논 거슬 아라 〈月十二 26b〉
b. 아비 諸子ᄋᆡ 몬져 ᄆᆞᅀᆞ매 各各 즐규미 잇는 ᄃᆞᆯ 아라(父ㅣ 知諸子의 先心에 各有所好ᄒᆞ야) 〈法華二 66b〉

(31) c. 제여곰 ᄌᆡ조ᄅᆞᆯ 일우니 〈月十三 53a〉
d. 各各 그 ᄌᆡ조ᄅᆞᆯ 일우ᄂᆞ니(各遂其才也ㅣ니) 〈法華三 22a〉

한편 '各'이 『月印釋譜』와 『法華經諺解』에서 모두 '各各'으로 번역된다는 것은 동일 원문의 번역인 다음 예문들에서 잘 확인된다. 원문 중 '各乘'이 모두 '各各 ᄐᆞ다'로 번역된다.

(31) e. 그 제 아ᄃᆞᆯᄃᆞᆯ히 各各 아비게 닐오ᄃᆡ 〈月十二 29a〉
f. 그 제 諸子ᄃᆞᆯ히 各各 아비ᄃᆞ려 닐오ᄃᆡ(時諸子等이 各曰父言호ᄃᆡ) 〈法華二 70b〉

(31) g. 各各 큰 술위 ᄐᆞ고 〈月十二 33a〉
h. 各各 大車 타(各乘大車ᄒᆞ야) 〈法華二 77a〉

(31) i. 各各 願緣을 조ᄎᆞ며 〈月十三 61a〉
j. 各各 그 願緣을 좃고(各隨其願緣也ㅣ오) 〈法華三 57b〉

〈32〉 젼혀 對 全히

고유어 '젼혀'와 한자어 '全히'가 [全] 즉 '완전히'의 뜻을 가지고 동의 관계에 있다는 것은 동일 원문의 번역인 다음 예문들에서 잘 확인된다. 원문 중 '全顯'이 '젼혀 나토다'로도 번역되고 '全히 나토다'로도 번역되므로 '젼혀'와 '全히'의 동의성은 명백히 입증된다.

(32) a. 젼혀 이 ᄠᅳ들 나토실ᄊᆡ 〈月十一 38a〉

b. 全히 이 ᄠᅳ들 나토실ᄊᆡ(全顯斯旨故로) 〈法華一 65a〉

〈33〉 젼혀 對 專히

고유어 '젼혀'와 한자어 '專히'가 [專] 즉 '오로지'의 뜻을 가지고 동의 관계에 있다는 것은 동일 원문의 번역인 다음 예문들에서 잘 확인된다. 원문 중 '專事'가 '專히 일삼다'로도 번역되고 '젼혀 일삼다'로도 번역되므로 '젼혀'와 '專히'의 동의성은 명백히 입증된다.

(33) a. 專히 구지즈며 허루믈 일ᅀᆞ마 〈月十九 97a〉
b. 허루믈 젼혀 일ᅀᆞ마(專事呵毁ᄒᆞ야) 〈法華七 159a〉

〈34〉 즉자히 對 卽時예

고유어 '즉자히'와 한자어 '卽時예'가 [卽時] 곧 '즉시에'의 뜻을 가지고 동의 관계에 있다는 것은 동일 원문의 번역인 다음 예문들에서 잘 확인된다. 원문 중 '卽時觀'이 '즉자히 보다'로도 번역되고 '卽時예 보다'로도 번역된다. 그리고 '卽時…付'가 '즉자히 맛디다'로도 번역되고 '卽時예 맛디다'로도 번역된다. 따라서 '즉자히'와 '卽時예'의 동의성은 명백히 입증된다.

(34) a. 즉자히 그 소리ᄅᆞᆯ 보아 〈釋二十一1b〉
b. 卽時예 그 音聲(19a)을 보아 〈月十九 19b〉
c. 卽時예 그 音聲을 보아(卽時예 觀其音聲ᄒᆞ야) 〈法華七 45a〉

(34) d. 즉자히 나라ᄒᆞᆯ 아ᅀᆞ 맛디고 〈釋二十一 43b〉
e. 卽時예 나라ᄒᆞᆯ 아ᅀᆞ 맛디고 〈月十九 86a〉
f. 卽時예 나라ᄒᆞ로 아ᅀᆞ 맛디고(卽時예 以國으로 付弟ᄒᆞ고) 〈法華七 144b〉

〈35〉 즉재 對 卽時예

고유어 '즉재'와 한자어 '卽時예'가 [卽時] 즉 '즉시에'의 뜻을 가지고 동의 관계에 있다는 것은 동일 원문의 번역인 다음 예문들에서 잘 확인된다. 원문 중 '卽時…轉'이 '즉재 轉ᄒᆞ다'로도 번역되고 '卽時예 옮기다'로도 번역된다. 그리고 '卽時…見'이 '卽時예 보다'로도 번역되고 '즉재 보다'로도 번역된다. 따라서 '즉재'와 '卽時예'의 동의성은 명백히 입증된다.

(35) a. 즉재 十二行 法輪을 세 가지로 轉ᄒᆞ시니 〈月十四 30b〉
b. 卽時예 十二行 法輪을 세 가지로 옮기시니(卽時예 三轉十三行法輪ᄒᆞ시니) 〈法華三 129a〉

(35) c. 즉재 … 어엿비 너기샤 〈月十九 40b〉
d. 卽時예 … 어엿비 너기샤(卽時 … 愍 … ᄒᆞ샤) 〈法華七 83b〉

(35) e. 卽時예 長者ㅣ 고텨 일훔 지허 〈月十三 25a〉
f. 즉재 長者ㅣ 다시 일훔 지석(卽時長者ㅣ 更與作字ᄒᆞ야) 〈法華二 213b〉

(35) g. 卽時예 一切衆會 다 보ᅀᆞᄫᅌᅴ 多寶如來 寶塔中에 獅子座애 안ᄌᆞ샤 〈月十五 83a〉
h. 즉재 一切衆會 多寶如來ᄅᆞᆯ 보ᅀᆞ오니 寶塔中에 獅子座애 안ᄌᆞ샤 (卽時예 一切衆會ㅣ 皆見多寶如來 ᄒᆞᅀᆞ오니 於寶塔中에 坐獅子座ᄒᆞ샤) 〈法華四 131b〉

(35) i. 卽時예 過去 無量千萬億 諸佛法藏을 ᄉᆡᇰ각ᄒᆞ야 〈月十五 35a〉
j. 즉재 過去 無量千萬億 諸佛法藏ᄋᆞᆯ ᄉᆡᇰ각ᄒᆞ야(卽時예 憶念過去無量千萬億諸佛法藏ᄒᆞ야) 〈法華四 58b〉

한편 '卽時'가 『월인석보』와 『법화경언해』에서 모두 한자어 '卽時예'로 번역된다는 것은 동일 원문의 번역인 다음 예문들에서 잘 확인된다. 원문 중 '卽時憶念'이 모두 '卽時예 ᄉᆡᇰ각ᄒᆞ다'로 번역된다.

(35) k. 卽時예 ᄉᆡᇰ각홈ᄃᆞᆯᄒᆞᆫ 〈月十五 35a〉
l. 卽時예 ᄉᆡᇰ각홈ᄃᆞᆯᄒᆞᆫ(卽時憶念等者ᄂᆞᆫ) 〈法華四 59a〉

(35) m. 卽時예 釋迦牟尼佛이 塔 中에 드르샤 〈月十五 84a〉
n. 卽時예 釋迦牟尼佛이 그 塔中에 드르샤(卽時예 釋迦牟尼佛이 入其塔中ᄒᆞ샤) 〈法華四

132b〉

〈36〉 훤히 對 快히

고유어 '훤히'와 한자어 '快히'가 [快] 즉 '쾌히, 시원하게'의 뜻을 가지고 동의 관계에 있다는 것은 동일 원문의 번역인 다음 예문들에서 잘 확인된다. 원문 중 '快得'이 '快히 得ᄒᆞ다'로도 번역되고 '훤히 得ᄒᆞ다'로도 번역되므로 '훤히'와 '快히'의 동의성은 명백히 입증된다.

(36) a. 種種無量이 다 歡喜ᄒᆞ야 善利ᄅᆞᆯ 快히 得게 ᄒᆞ니 〈月十三 51a〉
b. 種種無量을 다 깃게 ᄒᆞ야 훤히 善利ᄅᆞᆯ 得게 ᄒᆞᄂᆞ니(種種無量을 皆令歡喜ᄒᆞ야 快得善利케 ᄒᆞᄂᆞ니) 〈法華三 19a〉

〈37〉 ᄒᆞᆫ갓 對 專히

고유어 'ᄒᆞᆫ갓'과 한자어 '專히'가 [專] 즉 '오로지'의 뜻을 가지고 동의 관계에 있다는 것은 동일 원문의 번역인 다음 예문들에서 잘 확인된다. 워눈 중 '專讀誦'이 'ᄒᆞᆫ갓 닐거나 외오다'로도 번역되고 '專히 讀誦ᄒᆞ다'로도 번역된다. 따라서 'ᄒᆞᆫ갓'과 '專히'의 동의성은 명백히 입증된다.

(37) a. ᄒᆞᆫ갓 닐거나 외올 ᄲᅮᆫ 아니샤 〈釋十九 36a〉
b. 專히 讀誦티 아니ᄒᆞ샤 〈月十七 74b〉
c. 오로 讀誦티 아니ᄒᆞ샤(不專讀誦ᄒᆞ샤) 〈法華六 71a〉

〈38〉 ᄒᆞᆫᄢᅴ 對 一時예

고유어 'ᄒᆞᆫᄢᅴ'와 한자어 '一時예'가 [一時] 즉 '일시에, 동시에'의 뜻을 가지고 동의 관계에 있다는 것은 동일 원문의 번역인 다음 예문들에서 잘 확인된다. 원문 중 '一時…得'이 'ᄒᆞᆫᄢᅴ 得긔 ᄒᆞ다'로도 번역되고 '一時예 得ᄒᆞ다'로도 번역된다. 그리고 '一時…澍'가 '一時예 븟다'로도 번역되고 'ᄒᆞᆫᄢᅴ 븟다'로도 번역된다. 따라서 'ᄒᆞᆫᄢᅴ'와 '一時예'의 동의성은 명백히 입증된다. 'ᄒᆞᆫᄢᅴ'는 'ᄒᆞᆫ[一]#ᄢᅳ[時] + -의'로 분석될 수 있다.

(38) a. ᄒᆞᆫᄢᅴ 다 … 阿羅漢道ᄅᆞᆯ 得긔 ᄒᆞ면 〈釋十九 4a〉
b. 一時예 다 … 阿羅漢道ᄅᆞᆯ 得ᄒᆞ야 〈月十七 48a〉
c. 一時(8a)예 다 … 阿羅漢道ᄅᆞᆯ 得ᄒᆞ야(一時예 皆得 … 阿羅漢道ᄒᆞ야) 〈法華六 8b〉

(38) d. 一時예 ᄒᆞᆫ가지로 브ᅀᅥ 〈月十三 45b〉
e. ᄒᆞᆫᄢᅴ ᄀᆞ티 브ᅀᅥ(一時예 等澍ᄒᆞ야) 〈法華三 10a〉

(38) f. 王ㅅ 두 아ᄃᆞ리 四萬二千人 ᄃᆞ려 ᄒᆞᆫᄢᅴ 부텨ᄭᅴ 가 〈月十九 83a〉
g. 그 王ㅅ 두 아ᄃᆞ른 四萬二千人과(140b) 俱ᄒᆞ야 一時예 모다 부텻긔 가(其王二子ᄂᆞᆫ 與四萬二千人과 俱ᄒᆞ야 一時예 共詣佛所ᄒᆞ야) 〈法華七 141a〉

한편 '一時'가 『月印釋譜』 권12와 『法華經諺解』에서 모두 'ᄒᆞᆫᄢᅴ'로도 번역되고 모두 '一時예'로도 번역된다는 것은 동일 원문의 번역인 다음 예문들에서 잘 확인된다. 원문 중 '一時…作'이 모두 'ᄒᆞᆫᄢᅴ ᄒᆞ다'로 번역된다. 그리고 '一時…滅'이 '一時예 없다'와 '一時예 滅ᄒᆞ다'로 번역된다.

(38) h. ᄒᆞᆫᄢᅴ 모다 ᄒᆞ며 〈月十二 16b〉
i. ᄒᆞᆫᄢᅴ 다 ᄒᆞ며(一時俱作ᄒᆞ며) 〈法華二 46b〉

(38) j. 一時(8a)예 다 업스리니 〈月十二 8b〉
k. 一時예 다 滅ᄒᆞᄂᆞ니(一時예 頓滅ᄒᆞᄂᆞ니) 〈法華二 34a〉

(38) l. 一時예 ᄉᆞᄆᆞᆺ ᄇᆞᆯ가 〈月十五 12b〉
m. 一時예 ᄇᆞᆯ기 ᄉᆞᄆᆞ차(一時明達ᄒᆞ야) 〈法華四 16a〉

〈39〉 ᄒᆞᆫᄃᆡ 對 俱

고유어 'ᄒᆞᆫᄃᆡ'와 한자어 '俱'가 [俱] 즉 '함께'의 뜻을 가지고 동의 관계에 있다는 것은 동일 원문의 번역인 다음 예문들에서 잘 확인된다. 원문 중 '與宮殿俱'가 '宮殿과 ᄒᆞᆫᄃᆡ'로도 번역되고 '宮殿과 俱'로도 번역된다. 따라서 'ᄒᆞᆫᄃᆡ'와 '俱'의 동의성은 명백히 입증된다.

(39) a. 닐오듸 宮殿과 훈듸라 ᄒᆞ시니라 〈月十四 20b〉
b. 니ᄅᆞ샤듸 宮殿과 俱ㅣ라 ᄒᆞ시니라(云與宮殿俱ㅣ라 ᄒᆞ시니라) 〈法華三 107b〉

2. 漢字語가 副詞語인 경우

부사류에서 확인되는 고유어와 한자어 간의 동의에서 漢字語가 副詞語인 경우에는 [妄] 즉 '망령되이, 헛되이'의 뜻을 가진 '거츠리'와 '妄量ᄋᆞ로'를 비롯하여 [終] 즉 '마침내, 종국에는'의 뜻을 가진 '내중'과 '乃終에', [兼] 즉 '다, 겸하여'의 뜻을 가진 '다'와 '兼ᄒᆞ야', [後] 즉 '아래, 뒤에'의 뜻을 가진 '아래'와 '後에', [體] 즉 '몸소, 친히'의 뜻을 가진 '오로'와 '體得ᄒᆞ야' 그리고 [兼] 즉 '함께, 겸하여'의 뜻을 가진 'ᄒᆞᆫ쁴'와 '兼ᄒᆞ야'가 있다.

〈1〉 거츠리 對 妄量ᄋᆞ로

고유어 '거츠리'와 한자어 '妄量ᄋᆞ로'가 [妄] 즉 '망령되이, 헛되이'의 뜻을 가지고 동의 관계에 있다는 것은 동일 원문의 번역인 다음 예문들에서 잘 확인된다. 원문 중 '妄起'가 '妄量ᄋᆞ로 니ᄅᆞ받다'로도 번역되고 '거츠리 니ᄅᆞ왇다'로도 번역되므로 '거츠리'와 '妄量ᄋᆞ로'의 동의성은 명백히 입증된다. '거츠리'는 상태동사 '거츨다'에서 파생된 부사이고 '妄量ᄋᆞ로'는 명사 '妄量'과 조사 '-ᄋᆞ로'의 결합으로 부사어이다.

(1) a. 妄量ᄋᆞ로 知見 니ᄅᆞ바도ᄆᆞᆯ 아니ᄒᆞ실씨 〈釋二十一 2a〉
b. 거츠리 知見을 니ᄅᆞ왇디 아니ᄒᆞ실씨 〈月十九 19b〉
c. 妄量ᄋᆞ로 知見을 니ᄅᆞ왇디 아니ᄒᆞ실씨(不…妄起知見故로) 〈法華七 46a〉

(1) d. 生死애 妄量ᄋᆞ로 조차 ᄃᆞᆫ니ᄂᆞ니 〈月十七 6b〉
e. 生死애 거츠리 좃ᄂᆞ니(妄逐生死ᄒᆞᄂᆞ니) 〈法華五 133a〉

한편 '妄'이 『월인석보』와 『법화경언해』에서 모두 '妄量ᄋᆞ로'로 번역된다는 것은 동일 원문의 번역인 다음 예문들에서 잘 확인된다. 원문 중 '妄稱'이 모두 '妄量ᄋᆞ로 일ᄏᆞᆮ다'로 번역된다.

(1) f. 샹녯 사ᄅᆞ미 妄量ᄋᆞ로 帝王이로라 일ᄏᆞᆮ다가 〈月十九 97a〉
g. 平人이 妄量ᄋᆞ로 帝王이로라 일ᄏᆞᆮ다가(平人이 妄稱帝王ᄒᆞ다가) 〈法華七 159a〉

(1) h. 곡도 受苦애 妄量ᄋᆞ로 ᄌᆞ마 〈月十一 89a〉
i. 곡도 ᄀᆞᆮᄒᆞᆫ 受苦애 妄量ᄋᆞ로 ᄃᆞ마(妄沉幻苦ᄒᆞ야) 〈法華一 109a〉

〈2〉 내죵 對 乃終에

고유어 '내죵'과 한자어 '乃終에'가 [終] 즉 '마침내, 종국에는'의 뜻을 가지고 동의 관계에 있다는 것은 동일 원문의 번역인 다음 예문들에서 잘 확인된다. 원문 중 '終窮'이 '내죵 다ᄋᆞ다'로도 번역되고 '乃終에 다ᄋᆞ다'로도 번역된다. 따라서 '내죵'과 '乃終에'의 동의성은 명백히 입증된다. 한자어 '乃終에'는 부사어로서 명사 '乃終'과 조사 '-에'의 결합이다.

(2) a. 목수미 乃終에 다오미 이시려 〈月十五 31b〉
b. 목수미 내죵 다오미 이시려(壽有終窮乎아) 〈法華四 53a〉

(2) c. 劫이 乃終에 다오(31b)미 이시려 〈月十五 32a〉
d. 劫이 내죵 다오미 이시려(劫有終窮乎아) 〈法華四 53a〉

〈3〉 다 對 兼ᄒᆞ야

고유어 '다'와 한자어 '兼ᄒᆞ야'가 [兼] 즉 '다, 겸하여'의 뜻을 가지고 동의 관계에 있다는 것은 동일 원문의 번역인 다음 예문들에서 잘 확인된다. 원문 중 '兼擧'가 '다 드러 니ᄅᆞ다'로도 번역되고 '兼ᄒᆞ야 드러 니ᄅᆞ다'로도 번역되므로 '다'와 '兼ᄒᆞ야'의 동의성은 명백히 입증된다. '兼ᄒᆞ야'는 동작동사 '兼ᄒᆞ다'의 부사형이다.

(3) a. 摠과 別와를 다 드(36a)러 니ᄅᆞ시니 〈月十九 36b〉
b. 摠別을 兼ᄒᆞ(77a)야 드러 니ᄅᆞ시니(乃摠別을 兼擧ㅣ시니) 〈法華七 77b〉

〈4〉 아래 對 後에

고유어 '아래'와 한자어 '後에'가 [後] 즉 '아래, 뒤에'의 뜻을 가지고 동의 관계에 있다는 것은 동일 원문의 번역인 다음 예문들에서 잘 확인된다. 원문 중 '後所謂'가 '아래 니ᄅᆞ다'로도 번역되고 '後에 니ᄅᆞ다'로도 번역되므로 '아래'와 '後에'의 동의성은 명백히 입증된다. 고유어 '아래'는 명사로서 부사어 구실을 하고 한자어 '後에'는 명사 '後'와 조사 '-에'의 결합으로 부사어 구실을 한다.

(4) a. 아래 니ᄅᆞ샨 〈月十二 32a〉
b. 곧 後에 니ᄅᆞ샨(卽後所謂ᄒᆞ샨) 〈法華二 75a〉

〈5〉 오로 對 體得ᄒᆞ야

고유어 '오로'와 한자어 '體得ᄒᆞ야'가 [體] 즉 '몸소, 친히'의 뜻을 가지고 동의 관계에 있다는 것은 동일 원문의 번역인 다음 예문들에서 잘 확인된다. 원문 중 '體悟'가 『월인석보』 권12에서는 '體得ᄒᆞ야 알다'로 번역되고 『법화경언해』의 字釋에서는 '오로 알다'이므로 '오로'와 '體得ᄒᆞ야'의 同義性은 명백히 입증된다. '오로'는 상태동사 '올다'에서 파생된 부사이고 '體得ᄒᆞ야'는 동작동사 '體得ᄒᆞ다'의 부사형이다.

(5) a. 體得ᄒᆞ야 아로미 正이오 〈月十二 14a〉
b. 體悟호미 正이(40b)오(體悟호미 爲正이오) [體悟ᄂᆞᆫ 오로 알 씨라]〈法華二 41a〉

〈6〉 ᄒᆞᆫᄢᅴ 對 兼ᄒᆞ야

고유어 'ᄒᆞᆫᄢᅴ'와 한자어 '兼ᄒᆞ야'가 [兼] 즉 '함께, 겸하여'의 뜻을 가지고 동의 관계에 있다는 것은 동일 원문의 번역인 다음 예문들에서 잘 확인된다. 원문 중 '兼明'이 'ᄒᆞᆫᄢᅴ ᄇᆞᆰ다'로도 번역되고 '兼ᄒᆞ야 ᄇᆞᆯ기다'로도 번역되므로 'ᄒᆞᆫᄢᅴ'와 '兼ᄒᆞ야'의 동의성은 명백히 입증된다. 'ᄒᆞᆫᄢᅴ'는 부사로 'ᄒᆞᆫ#ᄢᅳ+ -의'로 분석될 수 있고 '兼ᄒᆞ야'는 동작동사 '兼ᄒᆞ다'의 부사형이다.

(6) a. 體用이 ᄒᆞᆫᄢᅴ ᄇᆞᆯ가 〈月十一 14b〉

b. 體用ᄋᆞᆯ 兼ᄒᆞ야 ᄇᆞᆯ기샤(體用을 兼明ᄒᆞ샤) 〈法華一 7a〉

제 4 절

冠形詞類에서의 同義

冠形詞類에서 확인되는 固有語와 漢字語 간의 동의에는 [若干] 즉 '여러'를 뜻하는 고유어 '여러'와 한자어 '若干' 그리고 [芒芴] 즉 '조그마한'의 뜻을 가진 고유어 '죠고맛'과 한자어 '芒芴'이 있다.

〈1〉 여러 對 若干

고유어 '여러'와 한자어 '若干'이 [若干] 즉 '여러'의 뜻을 가지고 동의 관계에 있다는 것은 동일 원문의 번역인 다음 예문들에서 잘 확인된다. 원문 중 '若干智慧'가 '여러 智慧'로도 번역되고 '若干 智慧'로도 번역되므로 '여러'와 '若干'의 동의성은 명백히 입증된다. '若干'은 명사로서 수식어 구실을 한다.

(1) a. 이 菩薩이 여러 知慧로 〈釋二十 49a〉
 b. 이 菩薩이 若干 知慧로(是菩薩이 以若干知慧로) 〈法華七 29b〉

한편 '若干'이 『석보상절』, 『월인석보』 및 『법화경언해』에서 모두 '若干'으로 번역된다는 것은 동일 원문의 번역인 다음 예문들에서 잘 확인된다. 원문 중 '若干千塔'이 모두 '若干 千塔'으로 번역된다.

(1) d. 若干 千塔올 일어사 ᄒᆞ리라 ᄒᆞ시고 [若干은 一定티 아니ᄒᆞᆫ 數ㅣ라] 〈釋二十 16b〉
e. 若干 千塔올 셰라 〈月十八 38a〉
f. 若干 千塔올 셰욜디니라(應起若干千塔이니라) 〈法華六 151b〉

〈2〉 죠고맛 對 芒芴

고유어 '죠고맛'과 한자어 '芒芴'이 [芒芴] 즉 '조그마한'의 뜻을 가지고 동의 관계에 있다는 것은 동일 원문이 번역인 다음 예문들에서 잘 확인된다. 원문 중 '芒芴間'이 '芒芴 ᄊᆞᅀᅵ'로도 번역되고 '죠고맛 ᄉᆞᅀᅵ'로도 번역되므로 '죠고맛'과 '芒芴'의 동의성은 명백히 입증된다. '芒芴'은 명사로서 수식어 수실을 한다.

(2) a. 芒芴 ᄊᆞᅀᅵ롤 브터 [⋯芒芴은 죠고맛 ᄉᆞᅀᅵ라] 〈月十四 18a〉
b. 죠고맛 ᄉᆞᅀᅵ롤 從ᄒᆞ야(從芒芴間ᄒᆞ야) 〈法華三 104b〉

제 5 절

感歎詞에서의 同義

感歎詞에서 확인되는 고유어와 한자어 간의 동의에는 [唯然] 즉 '예(공손의 대답)'의 뜻을 가진 고유어 '엥'과 한자어 '唯然' 그리고 [咄] 즉 '어이'의 뜻을 가진 고유어 '이'와 한자어 '咄'이 있다.

〈1〉 엥 對 唯然

고유어 '엥'과 한자어 '唯然'이 [唯然] 즉 '예(공손의 대답)'의 뜻을 가지고 동의 관계에 있다는 것은 동일 원문의 번역인 다음 예문들에서 잘 확인된다. 원문 중 '唯然…見'이 '엥 보다'로도 번역되고 '唯然 보다'로도 번역된다. 따라서 '엥'과 '唯然'의 동의성은 명백히 입증된다.

(1) a. 네 이 學 無學 二千 사ᄅᆞᄆᆞᆯ 보ᄂᆞᆫ다 아니 보ᄂᆞᆫ다 엥 보노이다 〈月十五 37b〉
 b. 네 이 學 無學 二千 사ᄅᆞᄆᆞᆯ 보ᄂᆞᆫ다 몯 보ᄂᆞᆫ다 唯然 ᄒᆞ마 보(63a)노이다(汝ㅣ 見是學無學二千人가 不아 唯然已見ᄒᆞ노이다) 〈法華四 63b〉

(1) c. 舍利佛아…네 이대 드르라 너 위ᄒᆞ야 닐오리라 舍利佛이 ᄉᆞᆯ보ᄃᆡ 엥 올ᄒᆞ시이다 世尊하 願

ᄒᆞᆫᄃᆞᆫ 듣ᄌᆞᆸ(47a)고져 ᄒᆞ노이다 〈釋十三 47b〉

d. 舍利佛아…네 이제 이대 드르라 반ᄃᆞ기 너 위ᄒᆞ야 닐오리라(173a) 舍利佛이 ᄉᆞᆯ오ᄃᆡ 唯然 世尊하 願ᄒᆞᅀᆞ오ᄃᆡ 즐겨 듣ᄌᆞᆸ고져 ᄒᆞ노이다(舍利佛아…汝今善聽ᄒᆞ라 舍利佛이 言ᄒᆞᅀᆞ오ᄃᆡ 唯然世尊하 願樂欲聞ᄒᆞ노이다) 〈法華一 173b〉

〈2〉 ᄋᆡ 對 咄

고유어 'ᄋᆡ'와 한자어 '咄'이 [咄] 즉 '어이'의 뜻을 가지고 동의 관계에 있다는 것은 동일 원문의 번역인 다음 예문들에서 잘 확인된다. 원문 중 '咄男子'가 '咄 男子아'로도 번역되고 'ᄋᆡ 男子아'로도 번역된다. 그리고 '咄哉丈夫'가 '咄 丈夫ㅣ여'로도 번역되고 'ᄋᆡ 丈夫ㅣ여'로도 번역된다. 따라서 'ᄋᆡ'와 '咄'의 동의성은 명백히 입증된다.

(2) a. 咄 男子아 네 샹녜 이에셔 일ᄒᆞ고 다ᄅᆞᆫ ᄃᆡ 가디 말라 〈月十三 23a〉

b. ᄋᆡ 男子아 네 샹녜 이ᄅᆞᆯ 짓고 ᄂᆞ외 년 ᄃᆡ 가디 말라(咄男子아 汝ㅣ 常此作ᄒᆞ고 勿復餘去ᄒᆞ라) 〈法華二 211b〉

(2) c. 咄 丈夫ㅣ여 엇뎨 衣食 爲ᄒᆞ야 이러호매 니르니다 〈月十五 23b〉

d. ᄋᆡ 丈夫ㅣ여 엇뎨 衣食 爲ᄒᆞ야 이 ᄀᆞᆮ호매 니르료(咄哉丈夫ㅣ여 何爲衣食ᄒᆞ야 乃至如是오) 〈法華四 39b〉

(2) e. ᄋᆡ 迷人(118b)아 오ᄂᆞᆯ록 後에 이 길ᄒᆞᆯ ᄇᆞᆲ디 말라 〈月二十一 119a〉

f. 咄哉迷人 自今以後 勿履此道 〈地藏菩薩本願經〉

제4장

漢字語간의 同義

한자어들이 『석보상절』과 『월인석보』에서 어떤 양상의 동의 관계를 가지고 있는지를 名詞類, 動詞類 및 副詞類에서 고찰할 수 있다.

제 1 절

名詞類에서의 同義

명사류에서 확인되는 漢字語간의 동의는 크게 두 경우로 나누어 고찰할 수 있다. 첫째는 동의 관계에 있는 한자어들이 모두 1자 한자어인 경우이고 둘째는 동의 관계에 있는 한자어들 중의 적어도 하나가 2자 이상인 경우이다.

1. 모두 1자 漢字語인 경우

명사류에서 확인되는 漢字語간의 동의에서 한자어들이 모두 1자 한자어인 경우에는 [方] 즉 '法, 道, 길'의 뜻을 가진 '道'와 '術'를 비롯하여 [幔] 즉 '휘장, 천막'의 뜻을 가진 '幔'과 '帳', [方] 즉 '法, 道, 길'의 뜻을 가진 '方'과 '法', [方] 즉 '法, 道, 길'의 뜻을 가진 '術'과 '法' 그리고 [勳] 즉 '공'의 뜻을 가진 '勳'과 '功'이 있다.

〈1〉 道 對 術

두 명사가 [方] 즉 '法, 道, 길'의 뜻을 가지고 동의 관계에 있다는 것은 동일 원문의 번역인 다음 예문들에서 잘 확인된다. 원문 중 '救…之方'이 '救ᄒᆞᇙ 道'로도 번역되고 '救ᄒᆞᇙ 術'로도 번역되므로 '道'와 '術'의 동의성은 명백히 입증된다.

(1) a. 블 救ᄒᆞᇙ 道ᄅᆞᆯ 기피 ᄉᆞ랑ᄒᆞ니 〈月十二 24a〉
    b. 블 브툼 救ᄒᆞᆯ 術을 ᄌᆞᆷᄌᆞᆷ히 ᄉᆞ랑ᄒᆞᇙ 씨라(沈思救焚之方也ㅣ라) 〈法華二 62a〉

한편 '方'이 『月印釋譜』 권12와 『法華經諺解』에서 모두 '道'로 번역된다는 것은 동일 원문의 번역인 다음 예문들에서 잘 확인된다. 원문 중 '大方'이 모두 '큰 道'로 번역된다.

(1) c. 큰 道ᄅᆞᆯ 眞實로 ᄇᆞᆯ보ᄆᆞᆯ 가ᄌᆞᆯ비시고 〈月十二 31b〉
    d. 큰 道ᄅᆞᆯ 眞實로 ᄇᆞᆯ오ᄆᆞᆯ 가(74b)ᄌᆞᆯ비시고(譬允蹈大方ᄒᆞ시고) 〈法華二 75a〉

〈2〉 幔 對 帳

두 명사가 [幔] 즉 '휘장, 천막'의 뜻을 가지고 동의 관계에 있다는 것은 동일 원문의 번역인 다음 예문들에서 잘 확인된다. 원문 중 '寶幔'이 '寶幔'으로도 번역되고 '보ᄇᆡ 帳'으로도 번역된다. 그리고 '幔'의 字釋이 '帳'이다. 따라서 '幔'과 '帳'의 동의성은 명백히 입증된다.

(2) a. 寶幔ᄋᆞᆯ 차 두르고[幔은 帳이라] 〈月十五 71b〉
    b. 보ᄇᆡ 帳 차 두르고(遍張寶幔ᄒᆞ고) 〈法華四 118b〉

한편 '幔'이 『월인석보』 권15에서는 '댱'으로 번역되고 『법화경언해』에서는 '帳'으로 번역된다는 것은 동일 원문의 번역인 다음 예문들에서 잘 확인된다. 원문 중 '寶網帳'이 '보ᄇᆡ 그믈 댱'으로도 번역되고 '보ᄇᆡ 그믈 帳'으로도 번역된다.

(2) c. 보ᄇᆡ 그믈 댱으로 우희 둡고 〈月十五 73b〉
    d. 보ᄇᆡ 그믈 帳으로 우희 펴 둡고(以寶網幔으로 彌覆其上ᄒᆞ고) 〈法華四 119b〉

(2) e. 보ᄇᆡ 섯바곤 댱이 그 우희 차 두피고 〈月十五 76b〉

f. 보ᄇᆡ 섯바곤 帳이 그 우희 차 둡고(寶交露幔이 遍覆其上ᄒᆞ고) 〈法華四 123b〉

〈3〉方 對 法

두 명사가 [方] 즉 '法, 道, 길'의 뜻을 가지고 동의 관계에 있다는 것은 동일 원문의 번역인 다음 예문들에서 잘 확인된다. 원문 중 '向方'이 '向홇 方'으로도 번역되고 '向홇 法'으로도 번역되므로 '方'과 '法'의 동의성은 명백히 입증된다.

(3) a. 向홇 方ᄋᆞᆯ 알에 ᄒᆞ시니 〈月十四 31a〉
b. 向홇 法을 알에 ᄒᆞ시니(使知向方케 ᄒᆞ시니) 〈法華三 130b〉

〈4〉術 對 法

두 명사가 [方] 즉 '法, 道, 길'의 뜻을 가지고 동의 관계에 있다는 것은 동일 원문의 번역인 다음 예문들에서 잘 확인된다. 원문 중 '有方'이 '術 잇다'로도 번역되고 '法 잇다'로도 번역되므로 '術'과 '法'의 동의성은 명백히 입증된다.

(4) a. 나ᅀᅡ 닷곯 術 이슈믈 가ᄌᆞᆯ비고 〈月十三 15a〉
b. 나ᅀᅡ 닷곯 法 이슈믈 가ᄌᆞᆯ비고(譬進修有方ᄒᆞ고) 〈法華二 197b〉

〈5〉勳 對 功

두 명사가 [勳] 즉 '공'의 뜻을 가지고 동의 관계에 있다는 것은 동일 원문의 번역인 다음 예문들에서 잘 확인된다. 원문 중 '餘勳'이 '나ᄆᆞᆫ 勳'으로도 번역되고 '나ᄆᆞᆫ 功'으로도 번역되므로 '勳'과 '功'의 동의성은 명백히 입증된다.

(5) a. 戒定 나ᄆᆞᆫ 勳으로 〈月十八 38a〉
b. 戒定 나ᄆᆞᆫ 功으로(戒定餘勳으로) 〈法華六 152a〉

2. 적어도 하나가 2자 이상의 漢字語인 경우

명사류에서 확인되는 漢字語간의 동의에서 적어도 하나가 2자 이상의 漢字語인 경우에는 [威儀] 즉 '擧動'의 뜻을 가진 '擧動'과 '威儀'를 비롯하여 [化] 즉 '敎化'의 뜻을 가진 '敎化'와 '化', [道] 즉 '도리, 도'의 뜻을 가진 '道理'와 '道', [利] 즉 '이익'의 뜻을 가진 '利益'과 '利', [虛妄] 즉 '허망'의 뜻을 가진 '妄量'과 '虛妄', [人民] 즉 '백성, 인민'의 뜻을 가진 '百姓'과 '人民', [邪] 즉 '妖邪, 바르지 못함'의 뜻을 가진 '邪曲'과 '邪', [時] 즉 '때'의 뜻을 가진 '時節'과 '時', [牢獄] 즉 '죄인을 가두는 옥'의 뜻을 가진 '獄'과 '牢獄', [所因] 즉 '因, 원인을 이루는 근본'의 뜻을 가진 '因'과 '所因', [瘡] 즉 '부스럼, 종기'의 뜻을 가진 '腫氣'와 '瘡', [眞] 즉 '참'의 뜻을 가진 '眞實'과 '眞', [序] 즉 '차례, 차서'의 뜻을 가진 '次第'와 '次序', [欲] 즉 '탐욕, 욕심'의 뜻을 가진 '貪欲'과 '欲', [便] 즉 '편안'의 뜻을 가진 '便'과 '便安' 그리고 [驗] 즉 '효험, 효능'의 뜻을 가진 '效驗'과 '驗' 등 90여 항목이 있다.

〈1〉 擧動 對 威儀

두 명사가 [威儀] 즉 '擧動'의 뜻을 가지고 동의 관계에 있다는 것은 동일 원문의 번역인 다음 예문들에서 잘 확인된다. 원문 중 '威儀進止'가 '擧動ᄋᆡ 나ᅀᆞ며 머므롬'으로도 번역되고 '威儀進止'로도 번역된다. 그리고 '威儀'의 자석이 '擧動'이다. 따라서 '威儀'와 '擧動'의 동의성은 명백히 입증된다.

(1) a. 擧動ᄋᆡ 나ᅀᆞ며 머므로ᄆᆞᆯ … 보리니 〈釋二十 40b〉
b. 威儀進止ᄅᆞᆯ 보리이다 [威儀ᄂᆞᆫ 擧動이오 …] 〈月十八 75b〉
c. 威儀進止ᄅᆞᆯ 보리로소이다 […威儀進止ᄂᆞᆫ 擧動이라](見…威儀進止로소이다) 〈法華七 16a〉

〈2〉 境界 對 境

두 명사가 [境] 즉 '경계'의 뜻을 가지고 동의 관계에 있다는 것은 동일 원문의 번역인 다음 예문들에서 잘 확인된다. 원문 중 '眞境'이 '眞實ㅅ 境界'로도 번역되고 '眞實ㅅ 境'으로도 번역되므로 '境界'와 '境'의 동의성은 명백히 입증된다.

(2) a. ᄒᆞᆫ 眞實ㅅ 境界옛 三界옛 여러 趣ㅣ 달옴 이쇼ᄆᆞᆯ 가ᄌᆞᆯ비시니라 〈月十三 45a〉
b. ᄒᆞᆫ 眞實ㅅ 境이로ᄃᆡ 三界 諸趣의 달옴 이쇼ᄆᆞᆯ 가ᄌᆞᆯ비시고(譬一眞境이로ᄃᆡ 而有三界諸趣之別也ᄒᆞ시고) 〈法華三 9b〉

〈3〉 苦惱 對 苦

두 명사가 [苦] 즉 '고뇌'의 뜻을 가지고 동의 관계에 있다는 것은 동일 원문의 번역인 다음 예문들에서 잘 확인된다. 원문 중 '苦衆生'이 '苦惱 衆生'으로도 번역되고 '苦衆生'으로도 번역되므로 '苦惱'와 '苦'의 동의성은 명백히 입증된다.

(3) a. 苦惱 衆生이… 즉재 버서나ᄆᆞᆯ 得게 ᄒᆞ시ᄂᆞ니라 〈月十九 23a〉
b. 苦衆生으로(51b) …즉재 解脫을 得게 ᄒᆞ샤미라(令苦衆生으로 … 卽得解脫이시니라) 〈法華七 52a〉

〈4〉 庫房 對 倉

두 명사가 [倉] 즉 '곡식 같은 것을 저장하는 창고'의 뜻을 가지고 동의 관계에 있다는 것은 동일 원문의 번역인 다음 예문들에서 잘 확인된다. 원문 중 '倉中'의 '倉'이 '庫房'으로도 번역되고 '倉'으로도 번역된다. 따라서 '庫房'과 '倉'의 동의성은 명백히 입증된다.

(4) a. 제 庫房애 ᄡᅳ리라 ᄒᆞ야 뒷던(7b) ᄒᆞᆯᄀᆞᄅᆞ 우희여 〈釋二十四 8a〉
b. 倉앳 穀食이라 ᄒᆞᆫ ᄒᆞᆯᄀᆞᄅᆞ 우희여 〈月二十五 65a〉
c. 卽取倉中土爲穀者 便以手探 〈釋迦譜 卷5 32. 釋迦獲八萬四千塔宿緣記〉

〈5〉 袞衣 對 袞文

두 명사가 [袞文] 즉 '곤룡포, 임금의 예복'의 뜻을 가지고 동의 관계에 있다는 것은 동일 원문의 번역인 다음 예문들에서 잘 확인된다. 원문 중 '袞文'이 '袞衣 니피다'로 의역되고 '袞文으로'로 직역된다. 따라서 '袞衣'와 '袞文'의 동의성은 명백히 입증된다.

(5) a. 袞衣 니펴 石槨애 드료미 〈月十八 40a〉
b. 袞文으로 [袞文은 님그ᇝ 오시라] 石槨애 녀호미(袞文而納諸石槨이) 〈法華六 155a〉

〈6〉 功德 對 功

두 명사가 [功] 즉 '功, 功德'의 뜻을 가지고 동의 관계에 있다는 것은 동일 원문의 번역인 다음 예문들에서 잘 확인된다. 원문 중 '八百功'이 '八百 功德'으로도 번역되고 '八百 功'으로도 번역되므로 '功德'과 '功'의 동의성은 명백히 입증된다.

(6) a. 千二百 八百 功德이ᅀᅡ 〈釋十九 10b〉
b. 千二八百 功ᄋᆞᆫ(千二八百功은) 〈法華六 26b〉

(6) c. 功德을 몯 다 니ᄅᆞᄂᆞᆫ 고디라 〈月十八 11b〉
d. 功ᄋᆞᆯ 다 니ᄅᆞ디 몯ᄒᆞ샤미라(所以功莫盡說也ㅣ시니라) 〈法華六 109a〉

〈7〉 果報 對 報

두 명사가 [報] 즉 '果報'의 뜻을 가지고 동의 관계에 있다는 것은 동일 원문의 번역인 다음 예문들에서 잘 확인된다. 원문 중 '善報'가 '됴ᄒᆞᆫ 果報'로도 번역되고 '善ᄒᆞᆫ 報'로도 번역되므로 '果報'와 '報'의 동의성은 명백히 입증된다.

(7) a. 어듸쩐 受苦호ᄆᆞ로 됴ᄒᆞᆫ 果報ᄅᆞᆯ 求(12b) ᄒᆞᇙ따 ᄒᆞ니 〈釋二十 13a〉
b. 엇뎨 苦惱애 善ᄒᆞᆫ 報ᄅᆞᆯ 求ᄒᆞ리오 ᄒᆞ니(何於苦惱애 欲求善報ㅣ리오 ᄒᆞ니) 〈法華六 145b〉

〈8〉 光明 對 光

두 명사가 [光] 즉 '빛, 光明'의 뜻을 가지고 동의 관계에 있다는 것은 동일 원문의 번역인 다음 예문들에서 잘 확인된다. 원문 중 '釋迦牟尼佛光'이 '釋迦牟尼佛ㅅ 光明'으로도 번역되고 '釋迦牟尼佛ㅅ 光'으로도 번역된다. 그리고 '大光'이 '큰 光明'으로도 번역되고 '큰 光'으로도 번역된다. 따라서 '光明'과 '光'의 동의성은 명백히 입증된다.

(8) a. 釋迦牟尼佛ㅅ 光明이 자내 모매 비취어시ᄂᆞᆯ 〈釋二十 36a〉
b. 釋迦牟尼佛ㅅ 光이 모매 비취여시ᄂᆞᆯ 〈月十八 70a〉
c. 釋迦牟尼佛ㅅ 光이 그 모매 비취어시ᄂᆞᆯ(釋迦牟尼佛人光이 照其身커시ᄂᆞᆯ) 〈法華七 10a〉

(8) d. 큰 光明이 너비 비취여 〈月十四 18b〉
e. 큰 光이 너비 비취여(大光이 普照ᄒᆞ야) 〈法華三 105a〉

(8) f. 비록 샹녯 光明이 이셔도 〈月十四 18b〉
g. 비록 샹녯 光이 이시나(雖有常光ᄒᆞ나) 〈法華三 105a〉

(8) h. 그 光明이 河沙佛界ᄅᆞᆯ 能히 비취시니 〈月十八 45b〉
i. 그 光이 能히 河沙佛界예 비취시니(其光이 能照河沙佛界ᄒᆞ시니) 〈法華六 161b〉

(8) j. ᄒᆞᆫ 光이 東 녀그로 비취샤매 始作ᄒᆞ야 〈月十一 13b〉
k. ᄒᆞᆫ 光明이 東 녀그로 비취샤매 비르스샤(始於一光東照ᄒᆞ샤) 〈法華一 4b〉

(8) l. ᄒᆞᆫ 光이 周亙ᄒᆞ샤ᄆᆞᆫ 〈月十一 35b〉
m. ᄒᆞᆫ 光明이 두루 ᄉᆞᄆᆞ초ᄆᆞᆫ(一光이 周亙은) 〈法華一 60b〉

한편 '光'이 『석보상절』과 『법화경언해』에서 모두 '光明'으로도 번역되고 모두 '光'으로도 번역된다는 것은 동일 원문의 번역인 다음 예문들에서 잘 확인된다. 원문 중 '斯光'이 '이런 光明'과 '이 光明'으로 번역되고 '一光'이 모두 'ᄒᆞᆫ 光'으로 번역된다.

(8) n. 이런 光明을 펴시면 큰 法을 니르시더니 〈釋十三 27a〉 〈月十一 41a〉
o. 이 光明을 펴시면 즉재 큰 法을 니ᄅᆞ시더니(放斯光已ᄒᆞ시면 卽說大法ᄒᆞ시더니) 〈法華一

90a〉

(8) p. 이제 부톄 光明 뵈샴도 이 ᄀᆞᆮᄒᆞ시니 〈釋十三 27a〉
q. 이젯 부텨 光明 나토샴도 이 ᄀᆞᆮ하샤(今佛現光도 亦復如是ᄒᆞ샤) 〈法華一 90a〉

(8) r. ᄒᆞᆫ 光이 東 녀그로 비취샤 〈月十一 37b〉
s. ᄒᆞᆫ 光이 東 녀그로 비취샤(一光이 東照ᄒᆞ샤) 〈法華一 64b〉

(8) t. 이 光 이 法이 〈月十一 42a〉
u. 이 光 이 法이(此光此法이) 〈法華一 92b〉

〈9〉 教 對 教法

두 명사가 [教] 즉 '가르침, 부처가 말한 가르침'의 뜻을 가지고 동의 관계에 있다는 것은 동일 원문의 번역인 다음 예문들에서 잘 확인된다. 원문 중 '呵教'가 '教를 구짖다'로도 번역되고 '教法 구짖다'로도 번역된다. 따라서 '教'와 '教法'의 동의성은 명백히 입증된다.

(9) a. 教ᄅᆞᆯ 구지ᄌᆞ며 俗ᄋᆞᆯ 자바 〈月十九 97b〉
b. 教法 구짓고 世俗 자바(呵教執俗ᄒᆞ야) 〈法華七 159a〉

한편 '教'가 『월인석보』와 『법화경언해』에서 모두 '教'로 번역된다는 것은 동일 원문의 번역인 다음 예문들에서 잘 확인된다. 원문 중 '存乎教'가 모두 '教애 겨시다'로 번역된다.

(9) c. 至極히 뵈샤ᄆᆞᆫ 教애 겨시고 〈月十九 97b〉
d. ᄀᆞ장 뵈샤ᄆᆞᆫ 教애 겨시고(極而示之ᄂᆞᆫ 存乎教ᄒᆞ시고) 〈法華七 159a〉

〈10〉 教化 對 化

두 명사가 [化] 즉 '教化'의 뜻을 가지고 동의 관계에 있다는 것은 동일 원문의 번역인 다음 예문들에서 잘 확인된다. 원문 중 '密化'가 '秘密훈 教化'로도 번역되고 '秘密훈 化'로도 번역된다. 그리고 ''設化'가 '教化를 펴다'로도 번역되고 '化를 펴다'로도 번역된다. 따라서 '教化'와 '化'의 동의성은 명백히 입증된다.

(10) a. 秘密훈 教化를 ᄀᆞᄆᆞ니 펴샤 〈月十三 22b〉

b. 秘密훈 化를 ᄀᆞᄆᆞ니 펴샤(潛施密化ᄒᆞ샤) 〈法華二 210b〉

(10) c. 그 教化 조ᄎᆞᆯ 사ᄅᆞ미 〈月十二 13a〉

d. 그 化 從홀 ᄡᅡᄅᆞ미(從其化者ㅣ) 〈法華二 39b〉

(10) e. 生올 托ᄒᆞ야 教化를 펴 〈月十九 71a〉

f. 생올 托ᄒᆞ야 化를 펴(托生設化ᄒᆞ야) 〈法華七 125b〉

(10) g. 녜 本性을 브터 教化 불기시니 〈月十三 31b〉

h. 녜 本性을 브트샤 化 불기실씨(昔依本性ᄒᆞ샤 闡化ᄒᆞ실씨) 〈法華二 225b〉

(10) i. 四辯才ᄋᆡ 教化 ᄂᆞ리오몰 가ᄌᆞᆯ비시고 〈月十二 31a〉

j. 四辯의 化 ᄂᆞ리오몰 가ᄌᆞᆯ비시고(譬四辯之下化ᄒᆞ시고) 〈法華二 74a〉

(10) k. 그윗 일로 나갏저근 곧 부톄 教化 쟝ᄎᆞ ᄆᆞᄎᆞ샤 녀느 고대 가 衆(23a)生 利히샤미니 〈月十五 23b〉

l. 그윗 일로 녀 當호ᄆᆞᆫ 곧 부톄 化를 쟝ᄎᆞ ᄆᆞᄎᆞ실 쩨 녀나ᄆᆞᆫ 고대 衆生 利ᄒᆞ샤미니(官事當行ᄋᆞᆫ 卽佛이 化를 將畢ᄒᆞ실제 餘處에 利生이시니) 〈法華四 38b〉

한편 '化'가 『月印釋譜』와 『法華經諺解』에서 모두 '教化'로 번역된다는 것은 동일 원문의 번역인 다음 예문들에서 잘 확인된다. 원문 중 '從化'가 모두 '教化 좇다'로 번역된다.

(10) m. 아ᄃᆞ른 教化 조ᄍᆞᄫᆞ니를 特別히 드러 니ᄅᆞ시니라 〈月十二 22b〉

n. 아ᄃᆞ른 特別히 教化 졷ᄌᆞᄫᆞ닐 드러 니ᄅᆞ시니(子則特擧從化者ᄒᆞ시니) 〈法華二 58a〉

(10) o. 華幡은 한 善으로 敎化 ᄂᆞ리오샤ᄆᆞᆯ 가ᄌᆞᆯ빌씨 〈月十三 14a〉
p. 華幡은 한 善으로 敎化 ᄂᆞ리오샤ᄆᆞᆯ 가ᄌᆞᆯ빌씨(華幡은 譬衆善下化故로) 〈法華二197a〉

〈11〉 鬼神 對 神

두 명사가 [神] 즉 '귀신, 신'의 뜻을 가지고 동의 관계에 있다는 것은 동일 원문의 번역인 다음 예문들에서 잘 확인된다. 원문 중 '神名'이 '鬼神ㅅ 일훔'으로도 번역되고 '神 일훔'으로도 번역되므로 '鬼神'과 '神'의 동의성은 명백히 입증된다.

(11) a. 녀나ᄆᆞᆫ 鬼神ᄋᆞᆯ 아롤띠니라 〈釋二十一 29a〉
b. 녀나ᄆᆞᆫ 神ᄋᆞᆯ 어루 알리로다 〈月十九 65b〉
c. 녀느 神ᄋᆞᆫ 어루 알리로다(餘神은 可知로다) 〈法華七 117b〉

(11) d. 秘密ᄒᆞ신 말ᄊᆞ미며 鬼神ㅅ 일후미라 〈釋二十一 22b〉
e. 密語와 神 일후믄(以密語神名은) 〈法華七 107b〉

한편 '鬼神'이 『석보상절』과 『법화경언해』에서 모두 '鬼神'으로 번역된다는 것은 동일 원문의 번역인 다음 예문들에서 잘 확인된다. 원문 중 '鬼神之名'이 '鬼神ㅅ 일훔'과 '鬼神 일훔'으로 번역된다.

(11) f. 이 呪는 鬼神ㅅ 일후미라 〈釋二十一 30b〉
g. 이 呪ᄂᆞᆫ 鬼神 일후미니(此呪ᄂᆞᆫ 皆鬼神之名이니) 〈法華七 118b〉

〈12〉 根源 對 根

두 명사가 [根] 즉 '근본'의 뜻을 가지고 동의 관계에 있다는 것은 동일 원문의 번역인 다음 예문들에서도 잘 확인된다. 원문 중 '利根'이 '根源이 ᄂᆞᆯ캅다'로도 번역되고 '根이 ᄂᆞᆯ캅다'로도 번역되므로 '根源'과 '根'의 동의성은 명백히 입증된다.

(12) a. 根源이 놀카바 智慧ᄒᆞ야 〈釋十九 6b〉
b. 根이 놀카바 智慧ᄒᆞ야 〈月十七 52a〉
c. 利根智慧ᄒᆞ야(利根智慧ᄒᆞ야) 〈法華六 13b〉

〈13〉 根源 對 本

두 명사가 [本] 즉 '근원'의 뜻을 가지고 동의 관계에 있다는 것은 동일 원문의 번역인 다음 예문들에서 잘 확인된다. 원문 중 '本盡'이 '根源이 다ᄋᆞ다'로도 번역되고 '本이 다ᄋᆞ다'로도 번역된다. 그리고 '返本'이 '根源에 도라가다'로도 번역되고 '本에 도라가다'로도 번역된다. 따라서 '根源'과 '本'의 동의성은 명백히 입증된다.

(13) a. ᄒᆞ마 한 德 根源(33b)을 오래 심거 〈釋二十 34a〉
b. 오래 ᄒᆞ마 한 德 根源을 심거 〈月十八 67a〉
c. 오래 ᄒᆞ마 한 德本을 시므샤(久已植衆德本ᄒᆞ샤) 〈法華七 6a〉

(13) d. 根源에 도라가고 〈釋二十一 53b〉
e. 本애 도라가고(返本ᄒᆞ고) 〈法華七 170b〉

(13) f. 根源이 다올ᄊᆡ 〈月十一 16b〉
g. 本이 다온 젼ᄎᆞ로(以本盡故로) 〈法華一 25b〉

한편 '本'이 『월인석보』와 『법화경언해』에서 모두 '根源'으로 번역된다는 것은 동일 원문의 번역인 다음 예문들에서 잘 확인된다. 원문 중 '煩惱之本'이 모두 '煩惱ㅅ 根源'으로 번역된다.

(13) h. 三界 煩惱ㅅ 根源이 ᄃᆞ외니 〈月十一 16a〉
i. 三界 煩惱ㅅ 根源이 ᄃᆞ외(24b)ᄂᆞ니라(爲三界煩惱之本ᄒᆞᄂᆞ니라) 〈法華一 25a〉

(13) j. 根源 니ᄅᆞ와ᄃᆞ샤ᄆᆞᆯ 바ᄅᆞ 뵈노라 ᄒᆞ시고 〈月十一 11b〉
k. 根源 니ᄅᆞ와다샨 ᄆᆞᅀᆞᄆᆞᆯ 바ᄅᆞ 뵈샤ᄆᆞᆯ 爲ᄒᆞ시고(爲直示本起ᄒᆞ시고) 〈法華一 21a〉

〈14〉 伎樂 對 伎

두 명사가 [伎] 즉 '伎樂'의 뜻을 가지고 동의 관계에 있다는 것은 동일 원문의 번역인 다음 예문들에서 잘 확인된다. 원문 중 '十萬種伎'가 '十萬 가짓 伎樂'으로도 번역되고 '十萬 가짓 伎'로도 번역되므로 '伎樂'과 '伎'의 동의성은 명백히 입증된다.

(14) a. 풍류에 十萬 가짓 伎樂 받ᄌᆞᄫᆞ샤ᄆᆞᆫ 〈月十八 83b〉
b. 十萬 가짓 伎ᄅᆞᆯ 받ᄌᆞ오샤ᄆᆞᆫ(樂獻十萬種伎者ᄂᆞᆫ) 〈法華七 25b〉

〈15〉 氣韻 對 氣分

두 명사가 [氣] 즉 '기운'의 뜻을 가지고 동의 관계에 있다는 것은 동일 원문의 번역인 다음 예문들에서 잘 확인된다. 원문 중 '氣毒'이 '毒ᄒᆞᆫ 氣韻'으로도 번역되고 '氣韻이 毒ᄒᆞ다'로도 번역되고 '氣分이 毒ᄒᆞ다'로도 번역된다. 그리고 '精華之氣'가 '精華ᄒᆞᆫ 氣韻'으로도 번역되고 '精華ᄒᆞᆫ 氣分'으로도 번역된다. 따라서 '氣韻'과 '氣分'의 동의성은 명백히 입증된다.

(15) a. 毒ᄒᆞᆫ 氣韻이 블 ᄀᆞᆮᄒᆞ야도 〈釋二十一 4b〉
b. 氣韻이 毒ᄒᆞ야 ᄇᆞ리 ᄇᆞ터도 〈月十九 45b〉
c. 氣分이 毒ᄒᆞ야 ᄂᆡ ᄇᆞ리 ᄇᆞ터도(氣毒ᄒᆞ야 烟火ㅣ 然ᄒᆞ야도) 〈法華七 90b〉

(15) d. 精華ᄒᆞᆫ 氣韻이 시혹 버리 ᄃᆞ외며 〈月十五 15a〉
e. 精華ᄒᆞᆫ 氣分이 시혹 列星이 ᄃᆞ외며(精華之氣ㅣ 惑化列星ᄒᆞ며) 〈法華四 19a〉

그리고 명사 '氣分'의 용례는 『월인석보』 권14와 『법화경언해』의 다음 예문들에서 발견할 수 있다.

(15) f. 見思ㅅ 氣分을 더위자바실씨 〈月十四 67b〉
g. 殘習은 나ᄆᆞᆫ 習이니 正使의 나ᄆᆞᆫ 氣分이라 〈月十四 68a〉
h. 導引ᄒᆞᄂᆞᆫ 사ᄅᆞ미 녯 氣分으로 吐ᄒᆞ고 生氣ᄅᆞᆯ 드리ᄂᆞ니라 〈法華四 19a〉

〈16〉 短氣 對 喘滿

두 명사가 [短氣] 즉 '喘滿'의 뜻을 가지고 동의 관계에 있다는 것은 다음 예문들에서 잘 확인된다. 원문 중 '水腹短氣'가 '水腹이며 短氣'로 번역되고 '短氣'의 자석이 '喘滿'이다. 따라서 '短氣'와 '喘滿'의 동의성은 명백히 입증된다.

(16) a. 水腹이며 短氣며 〈月十九 121a〉
b. 水腹短氣ᄒᆞ며(水腹短氣ᄒᆞ며) 〈法華七 185a〉

(16) c. 短氣ᄂᆞᆫ 氣韻이 뎌를 씨니 喘滿이라 〈月十九 121a〉

〈17〉 轉身 對 後身

두 명사가 [轉身] 즉 '來世의 몸'의 뜻을 가지고 동의 관계에 있다는 것은 동일 원문의 번역인 다음 예문들에서 잘 확인된다. 원문 중 '轉身謂後身也'가 '轉身은 後身을 니ᄅᆞ다'로 직역되고 '轉身은 後身이라'로 의역된다. 따라서 '轉身'과 '後身'의 동의성은 명백히 입증된다.

(17) a. 轉身은 後身이라 〈月十七 50b〉
b. 轉身은 後身을 니ᄅᆞ시니라(轉身은 謂後身也)ᄒᆞ시니라 〈法華六 11b〉

〈18〉 道理 對 道

두 명사가 [道] 즉 '도리, 도'의 뜻을 가지고 동의 관계에 있다는 것은 동일 원문의 번역인 다음 예문들에서 잘 확인된다. 원문 중 '菩薩所行之道'가 '菩薩 行ᄒᆞ논 道理'로도 번역되고 '菩薩 行ᄒᆞ논 道'로도 번역된다. 그리고 '一道'가 'ᄒᆞᆫ 道理'로도 번역되고 'ᄒᆞᆫ 道'로도 번역된다. 따라서 '道理'와 '道'의 동의성은 명백히 입증된다.

(18) a. 菩薩 行ᄒᆞ논 道理를 오래 닷ᄀᆞ니 〈釋二十一 34a〉
b. 菩薩 行ᄒᆞ논 道를 오래 닷ᄀᆞ니 〈月十九 73a〉

c. 菩薩 行ᄒᆞ논 道ᄅᆞᆯ 오래 닷ᄀᆞ니(久脩菩薩所行之道ᄒᆞ니) 〈法華七 127b〉

(18) d. 두 聖人이 ᄒᆞᆫ 道理샤 〈釋二十一 20b〉
e. 二聖이 ᄒᆞᆫ 道ㅣ샤(二聖이 一道ㅣ샤) 〈法華七 41b〉

(18) f. 一乘 여희여 나ᇙ 道理ᄅᆞᆯ 가ᄌᆞᆯ비시고 〈月十二 21b〉
g. 一(55b)乘 나 여흴 道ᄅᆞᆯ 가ᄌᆞᆯ비시고(譬一乘出離之道ᄒᆞ시고) 〈法華二 56a〉

(18) h. 祖述ᄒᆞ야 燈明 道理ᄅᆞᆯ 니ᅀᅳ샤ᄆᆞᆯ 뵈시니라 〈月十一 11b〉
i. 祖述ᄒᆞ샤 燈明ㅅ 道 니ᅀᅳ샤ᄆᆞᆯ 뵈실 ᄯᆞᄅᆞ미시니라(示祖述ᄒᆞ샤 以繼燈明之道耳시니라) 〈法華一 21a〉

(18) j. 出家ᄒᆞ샤 道理 닷(9b)ᄀᆞ싫 제 〈月十五 10a〉
k. 出家ᄒᆞ샤 道 닷ᄀᆞ시다가(出家脩道ᄒᆞ시다가) 〈法華四 14b〉

(18) l. 믈읫 道理 ᄒᆞ며 教法 보ᄂᆞ니ᄂᆞᆫ 〈月十四 38b〉
m. 믈읫 道 爲ᄒᆞ야 ᄀᆞᄅᆞ치샴 보ᅀᆞ오린(凡爲看教린) 〈法華三 140a〉

한편 '道'가 『月印釋譜』와 『法華經諺解』에서 모두 '道'로 번역된다는 것은 동일 원문의 번역인 다음 예문들에서 잘 확인된다. 원문 중 '道本'이 모두 '道ㅅ 밑'으로 번역된다.

(18) n. 소리 듣고 道ᄅᆞᆯ 아니 〈月十二 44b〉
o. 소리 듣고 道 알씨(聞聲悟道ᄒᆞᆯ씨) 〈法華二 94a〉

(18) p. 모미 道ㅅ 미티라 〈月十二 34a〉
q. 모미 道ㅅ 미티라(蓋身爲道本이라) 〈法華二 79a〉

(18) r. 道 니ᄅᆞᄂᆞᆫ 사ᄅᆞ미로니 〈月十三 49b〉
s. 道 니ᄅᆞ니로니(說道者ㅣ로니) 〈法華三 17a〉

〈19〉 毒藥 對 毒

두 명사가 [毒] 즉 '독, 독약'의 뜻을 가지고 동의 관계에 있다는 것은 동일 원문의 번역인 다음 예문들에서 잘 확인된다. 원문 중 '飮毒'이 '毒藥 마시다'로도 번역되고 '毒 마시다'로도 번역되므로 '毒藥'과 '毒'의 동의성은 명백히 입증된다.

(19) a. 子息돌히 毒藥 마쇼믄 〈月十七 16b〉
b. 諸子ㅣ 毒 마쇼믄(諸子ㅣ 飮毒은) 〈法華五 152a〉

(19) c. 子息돌히 毒藥 마셔 〈月十七 17a〉
d. 諸子ㅣ 毒 마셔(諸子ㅣ 飮毒ᄒᆞ야) 〈法華五 153b〉

〈20〉 東山 對 園中

두 명사가 [園中] 즉 '동산'의 뜻을 가지고 동의 관계에 있다는 것은 동일 원문의 번역인 다음 예문들에서 잘 확인된다. 원문 중 '園中'이 '東山'으로도 번역되고 '園中'으로도 번역되므로 '東山'과 '園中'의 동의성은 명백히 입증된다.

(20) a. 東山이어나 수프리어나 〈釋十九 43b〉
b. 園中이어나 林中이어나 〈月十八 12a〉
c. 園中이어나 林中이어나(若於園中이어나 若於林中이어나) 〈法華六 110b〉

〈21〉 中後 對 後分

두 명사가 [後分] 즉 '끝 부분'의 뜻을 가지고 동의 관계에 있다는 것은 동일 원문의 번역인 다음 예문들에서 잘 확인된다. 원문 중 '夜後分'이 '밦 中後'로도 번역되고 '밦 後分'으로도 번역되므로 '中後'와 '後分'의 동의성은 명백히 입증된다.

(21) a. 밦 中後에 涅槃애 들어시ᄂᆞᆯ 〈釋二十 16b〉
b. 밦 後分에 涅槃애 들어시ᄂᆞᆯ 〈月十八 38a〉
c. 夜後分에 涅槃애 들어시ᄂᆞᆯ(於夜後分에 入於涅槃커시ᄂᆞᆯ) 〈法華六 152a〉

〈22〉 智慧 對 智

두 명사가 [智] 즉 '슬기, 지혜'의 뜻을 가지고 동의 관계에 있다는 것은 동일 원문의 번역인 다음 예문들에서 잘 확인된다. 원문 중 '方便智'가 '方便 智慧'로도 번역되고 '方便과 智'로도 번역된다. 그리고 '智方便'이 '智慧 方便'으로도 번역되고 '智 方便'으로도 번역된다. 따라서 '智慧'와 '智'의 동의성은 명백히 입증된다.

(22) a. 方便 智慧 波羅蜜ᄋᆞᆫ 權智라 〈月十二 36a〉
b. 方便과 智왓 度ᄂᆞᆫ 權智시니(方便智度ᄂᆞᆫ 權智也ㅣ시니) 〈法華二 82a〉

(22) c. 智慧 方便으로 너펴 니ᄅᆞ나 〈月十三 43b〉
d. 智 方便으로 불어 니ᄅᆞ나(以智方便으로 而演說之ᄒᆞ나) 〈法華三 6a〉

한편 '智'가 『月印釋譜』와 『法華經諺解』에서 모두 '智慧'로 번역되기도 하고 모두 '智'로 번역되기도 한다는 것은 동일 원문의 번역인 다음 예문들에서 잘 확인된다. 원문 중 '有智'가 모두 '智慧 뒷다'로 번역된다. 그리고 '由智'가 모두 '智ᄅᆞᆯ 븓다'로 번역된다.

(22) e. 智慧 뒷ᄂᆞ니ᄃᆞᆯ히 〈月十二 20a〉
f. 智慧 잇ᄂᆞ니ᄃᆞᆯᄒᆞᆫ(諸有智者ᄂᆞᆫ) 〈法華二 52b〉

(22) g. 成佛호ᄆᆞᆫ 智ᄅᆞᆯ 븓고 〈月十二 7b〉
h. 成佛은 智ᄅᆞᆯ 븓고(成佛은 由智ᄒᆞ고) 〈法華二 33b〉

〈23〉 智慧 對 慧

두 명사가 [慧] 즉 '지혜'의 뜻을 가지고 동의 관계에 있다는 것은 동일 원문의 번역인 다음 예문들에서 잘 확인된다. 원문 중 '佛慧'가 '부텻 智慧'로도 번역되고 '부텻 慧'로도 번역된다. 따라서 '智慧'와 '慧'의 동의성은 명백히 입증된다.

(23) a. 부텻 智慧예 잘 드르샤 〈釋十三 4b〉
b. 부텻 慧예 잘 드르샤 〈月十一 20b〉
c. 佛慧예 이대 드르샤(善入佛慧ᄒᆞ샤) 〈法華一 37b〉

〈24〉 輦 對 輦輿

두 명사가 [輦輿] 즉 '임금이나 왕후가 타는 수레'의 뜻을 가지고 동의 관계에 있다는 것은 동일 원문의 번역인 다음 예문들에서 잘 확인된다. 원문 중 '寶飾輦輿'가 '보ᄇᆡ로 ᄭᅮ뮨 輦'으로도 번역되고 '보ᄇᆡ로 ᄭᅮ뮨 輦輿'로도 번역되므로 '輦'과 '輦輿'의 동의성은 명백히 입증된다.

(24) a. 여러 가짓 보ᄇᆡ와 奴婢와 술위와 보ᄇᆡ로 ᄭᅮ뮨 輦과로 〈月十一 2a〉
b. 여러 보ᄇᆡ와 奴婢와 술위와 보ᄇᆡ로 ᄭᅮ뮨 輦輿로(諸珍과 奴婢車乘과 寶飾輦輿로) 〈法華一 77a〉

〈25〉 六賊 對 六根

두 명사가 [六賊]과 [六根] 즉 '여섯 개의 感覺器官. 眼 · 耳 · 鼻 · 舌 · 身 · 意'의 뜻을 가지고 동의 관계에 있다는 것은 다음 예문들에서 잘 확인된다. 원문 중 '六賊之主'가 '六賊의 主'로 번역되고 '具六根'이 '六根이 ᄀᆞᆽ다'로 번역된다. 그리고 '六賊'의 자석이 '六根'이다. 따라서 '六賊'과 '六根'의 동의성은 명백히 입증된다.

(25) a. 名이라 ᄒᆞᄂᆞ니 六賊의 主人이라 〈月十四 36a〉
b. 니ᄅᆞ샨 名이니 六賊의 主ㅣ라(謂之名이니 乃六賊之主也ㅣ라) 〈法華三 138b〉
c. 六賊은 여슷 도ᄌᆞ기니 六根을 니ᄅᆞ니라 〈月二 21b〉

(25) d. 凝滑홀씩 六根이 곳ᄂᆞ니 〈月十四 36a〉
e. 얼의여 믯믯호ᄆᆞᆯ 브터 六根이 곳나니(由凝滑ᄒᆞ야 而具六根ᄒᆞᄂᆞ니) 〈法華三 138b〉

〈26〉 利益 對 利

두 명사가 [利] 즉 '이익'의 뜻을 가지고 동의 관계에 있다는 것은 동일 원문의 번역인 다음 예문들에서 잘 확인된다. 원문 중 '蒙利'가 '利益 얻다'로도 번역되고 '利 닙다'로도 번역된다. 그리고 '作…利'가 '利益을 짓다'로도 번역되고 '利를 짓다'로도 번역된다. 따라서 '利益'과 '利'의 동의성은 명백히 입증된다.

(26) a. 몬졔 利益 어두미 〈釋十九 36b〉
b. 알핏 利 닙ᄉᆞ보ᄆᆞᆫ 〈月十七 75a〉
c. 알핏 利 니보ᄆᆞᆫ(前之蒙利ᄂᆞᆫ) 〈法華六 71b〉

(26) d. 當來옛 利益을 짓고져 ᄒᆞ실씨 〈月十一 40a〉
e. 當來옛 利를 짓고져 ᄒᆞ실씨(欲作當來之利故로) 〈法華一 67a〉

(26) f. 지ᅀᅥ 일우신 利益을 ᄇᆞᆯ기시니라 〈月十三 52a〉
g. 지ᅀᅥ 일우시논 利를 ᄇᆞᆯ기시니라(明作成之利也ᄒᆞ시니라) 〈法華三 21b〉

〈27〉 萬 對 一萬

두 수사가 [萬] 즉 '일만'의 뜻을 가지고 동의 관계에 있다는 것은 동일 원문의 번역인 다음 예문들에서 잘 확인된다. 원문 중 '萬天子'가 '萬 天子'로도 번역되고 '一萬 天子'로도 번역된다. 그리고 '萬八千佛土'가 '萬八千 佛土'로도 번역되고 '一萬八千 佛土'로도 번역된다. 따라서 '萬'과 '一萬'의 동의성은 명백히 입증된다.

(27) a. 四大天王이 眷屬 一萬 天子 ᄃᆞ려와 이시며 〈釋十三 6a〉
b. 四大天王이 眷屬 萬 天子 ᄃᆞ려와 이시며 〈月十一 24b〉

c. 四大天王이 眷屬 萬 天子와 ᄒᆞᆫᄃᆡ 와 이시며(四大天王이 與其眷屬萬天子와 俱ᄒᆞ며) 〈法華一 45b〉

(27) d. 娑婆世界예 위두ᄒᆞᆫ 梵天王 尸棄大梵과 光明大梵 ᄃᆞᆯ히 眷屬 一萬二(6b)千 天子 ᄃᆞ려 와 이시며 〈釋十三 7a〉

e. 娑婆世界主 梵天王 尸棄大梵과 光明大梵 ᄃᆞᆯ히(25a) 眷屬 萬二千 天子 ᄃᆞ려 와 이시며 〈月十一 25b〉

f. 娑婆世界主 梵天王 尸棄大梵과 光明大梵 等이 眷屬 萬二千 天子와 ᄒᆞᆫᄃᆡ 와 이시며(娑婆世界主梵天王尸棄大梵과 光明大梵等이 與其眷屬萬二千天子와 俱ᄒᆞ며) 〈法華一 45b〉

(27) g. 東方앳 一萬八千 佛土ᄅᆞᆯ 비취샤ᄃᆡ 〈釋十三 32b〉

h. 東方 萬八千 佛土ᄅᆞᆯ 비취샤ᄃᆡ 〈月十一 86a〉

i. 東方 萬八千 佛土ᄅᆞᆯ 비취샤(照東方萬八千佛土ᄒᆞ샤) 〈法華一 104a〉

〈28〉 萬物 對 物

두 명사가 [物] 즉 ‘만물’의 뜻을 가지고 동의 관계에 있다는 것은 동일 원문의 번역인 다음 예문들에서 잘 확인된다. 원문 중 ‘應物’이 ‘萬物 應ᄒᆞ다’로도 번역되고 ‘物 應ᄒᆞ다’로도 번역된다. 그리고 ‘喜物’이 ‘萬物을 깃기다’로도 번역되고 ‘物을 깃기다’로도 번역된다. 따라서 ‘萬物’과 ‘物’의 동의성은 명백히 입증된다.

(28) a. 萬物 應ᄒᆞ샤ᄆᆞᆯ 니르시니 〈釋二十一1b〉

b. 物 應ᄒᆞ샤ᄆᆞᆯ 니ᄅᆞ시니 〈月十九 19b〉

c. 物 應ᄒᆞ샤ᄆᆞᆯ 니ᄅᆞ시니(應物之謂시니) 〈法華七 46a〉

(28) d. 能히 萬物와 ᄀᆞᆮᄒᆞ실 씨니 〈釋二十一 19b〉

e. 能히 物와 ᄀᆞᆯ오샤미(能與物와 爲等ᄒᆞ샤미) 〈法華七 104a〉

(28) f. 時節ㅅ 비로 萬物을 깃겨 〈月十一 26a〉

g. 時節ㅅ 비로 物을 깃겨(以時雨로 喜物ᄒᆞ야) 〈法華一 47b〉

한편 '物'이 『월인석보』와 『법화경언해』에서 모두 '物'로 번역된다는 것은 동일 원문의 번역인 다음 예문들에서 잘 확인된다. 원문 중 '應物'이 '物을 應ᄒᆞ다'와 '物 應ᄒᆞ다'로 번역된다.

(28) h. 物을 應호ᄃᆡ 뫼사리 ᄀᆞᆮ홀씨 〈月十一 47a〉
　　i. 物 應호미 뫼사리 ᄀᆞᆮᄒᆞ샤미(應物如響이) 〈法華一 101b〉

〈29〉 妄量 對 虛妄

두 명사가 [虛妄] 즉 '허망'의 뜻을 가지고 동의 관계에 있다는 것은 동일 원문의 번역인 다음 예문들에서 잘 확인된다. 원문 중 '虛妄授記'가 '妄量앳 授記'로도 번역되고 '虛妄앳 授記'로도 번역되므로 '妄量'과 '虛妄'의 동의성은 명백히 입증된다.

(29) a. 우리ᄃᆞᆯ히 이러ᄐᆞᆺᄒᆞᆫ 妄量앳 授記ᅀᅡ 쓰디 아니호리라 ᄒᆞ더니 〈釋十九 30b〉
　　b. 우리 이런 虛妄앳 授記ᄅᆞᆯ 쓰디 아니호리라 〈月十七 84b〉
　　c. 우리 이 ᄀᆞᄐᆞᆫ 虛妄앳 授記ᄅᆞᆯ 쓰디 아니호리라(我等이 不用如是虛妄授記호리라) 〈法華六 80b〉

〈30〉 滅度 對 度

두 명사가 [度] 즉 '滅度'의 뜻을 가지고 동의 관계에 있다는 것은 동일 원문의 번역인 다음 예문들에서 잘 확인된다. 원문 중 '得度'가 '滅度ᄅᆞᆯ 得ᄒᆞ다'로도 번역되고 '度ᄅᆞᆯ 得ᄒᆞ다'로도 번역된다. 따라서 '滅度'와 '度'의 동의성은 명백히 입증된다.

(30) a. 그 因緣이 올ᄆᆞ며 올마 乃終에 당다이 부텨를 맛나ᅀᆞᄫᅡ 一乘ᄋᆞᆯ 브터 滅度ᄅᆞᆯ 得ᄒᆞ리라 〈月十四 58a〉
　　b. 그 因緣이 올ᄆᆞ며 올마 내죵애 반ᄃᆞ기 부텨 맛나ᅀᆞ와 一乘을 브터 度ᄅᆞᆯ 得ᄒᆞ리로다(其因緣이 展轉ᄒᆞ야 終當遇佛ᄒᆞᅀᆞ와 而依一乘ᄒᆞ야 得度也ㅣ로다) 〈法華三 167b〉

〈31〉 滅度 對 滅

두 명사가 [滅] 즉 '滅度'의 뜻을 가지고 동의 관계에 있다는 것은 동일 원문의 번역인 다음 예문들에서 잘 확인된다. 원문 중 '眞滅'이 '眞實ㅅ 滅度'로도 번역되고 '眞實ㅅ 滅'로도 번역되므로 '滅道'와 '滅'의 동의성은 명백히 입증된다.

(31) a. 이제 비록 涅槃올 닐어도 眞實ㅅ 滅度ㅣ 아(18a)니라 ᄒᆞ샤ᄆᆞᆯ 듣ᄌᆞᄫᆞᆯᄊᆡ 疑惑올 ᄒᆞ니라 〈月十二 19a〉
b. 오ᄂᆞᆯ 비록 涅槃올 니ᄅᆞ나 ᄯᅩ 眞實ㅅ 滅이 아니라 ᄒᆞ샤ᄆᆞᆯ 듣ᄌᆞᆸ고 이런ᄃᆞ로 疑惑ᄒᆞ니라(今聞雖說涅槃ᄒᆞ나 亦非眞滅을 ᄒᆞ습고 是以疑惑也ᄒᆞ니라) 〈法華二 51a〉

(31) c. 如來 滅度 後에 〈月十五 49b〉
d. 如來 滅後에(如來滅後에) 〈法華四 88a〉

(31) e. 滅度 後엣 사ᄅᆞᄆᆞᆫ 〈月十五 42a〉
f. 滅後에 사ᄅᆞᆷ 이쇼ᄆᆞᆯ 니ᄅᆞ시니(言滅後有人ᄒᆞ시니) 〈法華四 71b〉

〈32〉 模範 對 法

두 명사가 [模範] 즉 '법, 본'의 뜻을 가지고 동의 관계에 있다는 것은 동일 원문의 번역인 다음 예문들에서 잘 확인된다. 원문 중 '爲模範'이 '模範 ᄃᆞ외다'로도 번역되고 '法 ᄃᆞ외다'로도 번역되므로 '模範'과 '法'의 동의성은 명백히 입증된다.

(32) a. 模範 ᄃᆞ외얌직ᄒᆞᆯᄊᆡ [模ᄂᆞᆫ 法이니 남ᄀᆞ로 본 ᄆᆡᆼᄀᆞᆯ 씨라] 〈月十七 54b〉
b. 法 ᄃᆞ외얌직ᄒᆞᆯᄊᆡ(堪爲模範故로) 〈法華六 22b〉

〈33〉 妙 對 微妙

두 명사가 [妙] 즉 '微妙'의 뜻을 가지고 동의 관계에 있다는 것은 동일 원문의 번역인 다음 예문들에서 잘 확인된다. 원문 중 '非妙'가 '妙ㅣ 아니다'로도 번역되고 '微妙ㅣ 아니다'로도 번역되므로 '妙'와 '微妙'의 동의성은 명백히 입증된다.

(33) a. 空有ㅣ 어우디 몯ᄒᆞ니 妙ㅣ 아니라 그럴ᄊᆡ 〈月十二 49a〉

b. 空有를 노기디 몯ᄒᆞ니 微妙ㅣ 아닐ᄊᆡ(空有를 未融ᄒᆞ니 非妙也ㄹᄊᆡ 故로) 〈法華二 100b〉

〈34〉 方所 對 方

두 명사가 [方] 즉 '方位, 方向'의 뜻을 가지고 동의 관계에 있다는 것은 동일 원문의 번역인 다음 예문들에서 잘 확인된다. 원문 중 '無方'이 '方所 없다'로도 번역되고 '方 없다'로도 번역된다. 따라서 '方所'와 '方'의 동의성은 명백히 입증된다.

(34) a. 萬物을 子細히 일우샤 方所 업스며 體 업슨 至德이시니라 〈月十四 54b〉

b. 萬物을 고비 일우시논 方 업스시며 體 업스신 至極ᄒᆞᆫ 德이시니(曲成萬物ᄒᆞ시논 無方無體之至德也ㅣ시니) 〈法華三 163a〉

한편 '方'이 『월인석보』와 『법화경언해』에서 모두 '方'으로 번역된다는 것은 동일 원문의 번역인 다음 예문들에서 잘 확인된다. 원문 중 '依一方'이 'ᄒᆞᆫ 方ᄋᆞᆯ 븥다'와 'ᄒᆞᆫ 方을 븥다'로 번역된다.

(34) c. 八方(49b)ㅅ 부톄 各各 ᄒᆞᆫ 方ᄋᆞᆯ 브터 ᄒᆞᆫ 德을 뵈시니 〈月十四 50a〉

d. 八方ㅅ 부톄 各各 ᄒᆞᆫ 方을 브트샤 ᄒᆞᆫ 德을 뵈시니(八方之佛이 各依一方ᄒᆞ샤 而示一德ᄒᆞ시니 〈法華三 155b〉

〈35〉 方隅 對 方所

두 명사가 [方隅] 즉 '四方의 모'의 뜻을 가지고 동의 관계에 있다는 것은 동일 원문의 번역인 다음 예문들에서 잘 확인된다. 원문 중 '滯方隅'가 '方所에 걸다'로도 번역되고 '方隅에 걸다'로도 번역된다. 따라서 '方隅'와 '方所'의 동의성은 명백히 입증된다.

(35) a. 그 道ㅣ 두려ᄫᅵ 應ᄒᆞ야 方所애 거디 아니ᄒᆞ야 〈月十四 54a〉

b. 그 道ㅣ 두려이 應ᄒᆞ샤 方隅에 거디 아니ᄒᆞ시며(其道ㅣ 圓應ᄒᆞ샤 不滯方隅ᄒᆞ시며) 〈法華

三 162b〉
c. 隅는 모히라 〈法華三 162b〉

〈36〉法 對 律制

두 명사가 [律制] 즉 '法'의 뜻을 가지고 동의 관계에 있다는 것은 동일 원문의 번역인 다음 예문들에서 잘 확인된다. 원문 중 '律制'가 '法'으로도 번역되고 '律制'로도 번역되므로 '法'과 '律制'의 동의성은 명백히 입증된다.

(36) a. 法에 몸 술며 볼 亽로미 〈釋二十 13a〉
b. 律制에 몸 술며 솑가락 亽로미 〈月十八 33a〉
c. 律制에 몸 술며 솑가락 亽로미(律制에 燒身然指 ㅣ) 〈法華六 145b〉

〈37〉兵甲 對 軍

두 명사가 [軍丈] 즉 '무장한 병정'의 뜻을 가지고 동의 관계에 있다는 것은 동일 원문의 번역인 다음 예문들에서 잘 확인된다. 원문 중 '無有軍丈'이 '兵甲이 젹다'로도 번역되고 '軍이 없다'로도 번역된다. 따라서 '兵甲'과 '軍'의 동의성은 명백히 입증된다.

(37) a. 조초ㄴ 사ᄅᆞ미 닐오ᄃᆡ 나라홀 티라 가ᄃᆡ 兵(11b)甲이 져거니 므슷 이를 일우리잇고 〈釋二十四 12a〉
b. 조초ㄴ 사ᄅᆞ미 阿育이ᄃᆞ려 닐오ᄃᆡ 軍이 업거니 어드리 平히오료 〈月二十五 71b〉
c. 從者 白王子言 今無有軍丈 云何得平 〈釋迦譜 卷5 31. 阿育王造八萬四千塔記〉

한편 '兵甲'이 『석보상절』 권 24와 『월인석보』 권 25에서 모두 '兵甲'으로 번역된다는 것은 동일 원문의 번역인 다음 예문들에서 잘 확인된다. 원문 중 '與…兵甲'이 모두 '兵甲ᄋᆞᆯ 주다'로 번역된다.

(37) d. 兵甲ᄋᆞᆯ 져기 주어늘 〈釋二十四 11b〉

e. 兵甲올 져기 주어늘 〈月二十五 71b〉
f. 與少兵甲 〈釋迦譜 卷5 31. 阿育王造八萬四千塔記〉

〈38〉 布施 對 施

두 명사가 [施] 즉 '布施'의 뜻을 가지고 동의 관계에 있다는 것은 동일 원문의 번역인 다음 예문들에서 잘 확인된다. 원문 중 '諸施'가 '여러 布施'로도 번역되고 '여러 施'로도 번역되므로 '布施'와 '施'의 동의성은 명백히 입증된다.

(38) a. 여러 布施ㅅ 中에 〈釋二十 11a〉
b. 여러 施ㅅ 中에 〈月十八 31a〉
c. 여러 施 中에(於諸施中에) 〈法華六 142a〉

한편 '施'가 『월인석보』와 『법화경언해』에서 모두 '布施'로 번역된다는 것은 동일 원문의 번역인 다음 예문들에서 잘 확인된다. 원문 중 '如是等施'가 '이트렛 布施'와 '이러틋 ᄒᆞᆫ 布施'로 번역된다.

(38) d. 이트렛 布施 種種 微妙로 〈月十一 3a〉
e. 이러틋 ᄒᆞᆫ 布施ㅣ 種種 微妙로(如是等施ㅣ 種種微妙로) 〈法華一 83a〉

〈39〉 百 對 一百

두 수사가 [百] 즉 '百, 一百'의 뜻을 가지고 동의 관계에 있다는 것은 동일 원문의 번역인 다음 예문들에서 잘 확인된다. 원문 중 '百由旬'이 '一百 由旬'으로도 번역되고 '百 由旬'으로도 번역된다. 따라서 '百'과 '一百'의 동의성은 명백히 입증된다.

(39) a. 一百 由旬 안홀 믈읫 측ᄒᆞᆫ 일 업게 호리이다 〈釋二十一 27a〉
b. 百 由旬內예 여러 가짓 衰ᄒᆞᆫ 시르미 업게(114b) 호리이다(令百由旬內예 無諸衰患케 호리이다) 〈法華七 115a〉

〈40〉 百姓 對 人民

두 명사가 [人民] 즉 '백성, 인민'의 뜻을 가지고 동의 관계에 있다는 것은 동일 원문의 번역인 다음 예문들에서 잘 확인된다. 원문 중 '國內人民'이 '나랏 百姓'으로도 번역되고 '國內 人民'과 '國內옛 人民'으로도 번역된다. 따라서 '百姓'과 '人民'의 동의성은 명백히 입증된다.

(40) a. 나랏 百姓ᄃᆞᆯ히 〈釋十九 21b〉
b. 國內 人民이 〈月十七 69b〉
c. 國內옛 人民이(國內人民이) 〈法華六 53b〉

한편 '人民'이 『월인석보』와 『법화경언해』에서 모두 '人民'으로 번역된다는 것은 동일 원문의 번역인 다음 예문들에서 잘 확인된다. 원문 중 '諸天人民'이 모두 '諸天 人民'으로 번역된다.

(40) d. 諸天 人民ᄋᆞᆯ 어엿비 너겨 饒益ᄒᆞ쇼셔 ᄒᆞ니라 〈月十四 16b〉
e. 諸天 人民ᄋᆞᆯ 어엿비 너겨 饒益ᄒᆞ쇼셔 코(憐愍饒益諸天人民ᄒᆞ쇼셔 코) 〈法華三 101a〉

(40) f. 一百 大臣과 녀나ᄆᆞᆫ 百千萬億 人民과로 〈月十四 15b〉
g. 一百 大臣과 ᄯᅩ 녀나ᄆᆞᆫ 百千萬億 人民과로(與一百大臣과 及餘百千萬億人民과로) 〈法華三 97b〉

〈41〉 邪曲 對 邪

두 명사가 [邪] 즉 '妖邪, 바르지 못함'의 뜻을 가지고 동의 관계에 있다는 것은 동일 원문의 번역인 다음 예문들에서 잘 확인된다. 원문 중 '摧邪'가 '邪曲ᄋᆞᆯ 겻다'로도 번역되고 '邪ᄅᆞᆯ 겻다'로도 번역되므로 두 명사 '邪曲'과 '邪'의 동의성은 명백히 입증된다. 두 명사는 의미상 명사 '正'과 대립 관계에 있다.

(41) a. 邪曲ᄋᆞᆯ 것고 正을 나토ᄂᆞᆫ ᄠᅳ디라 〈釋二十 35a〉
b. 邪ᄅᆞᆯ 것거 正을 表ᄒᆞ야 〈月十八 68b〉

c. 邪를 것고 正을 나토딕(摧邪表正호딕) 〈法華七 9a〉

〈42〉 祥瑞 對 瑞

두 명사가 [瑞] 즉 '祥瑞'의 뜻을 가지고 동의 관계에 있다는 것은 동일 원문의 번역인 다음 예문들에서 잘 확인된다. 원문 중 '現此瑞'가 '이런 祥瑞를 現ᄒᆞ다'로도 번역되고 '이 瑞를 나토다'로도 번역되므로 '祥瑞'와 '瑞'의 동의성은 명백히 입증된다.

(42) a. 엇던 因緣으로 이런 祥瑞 몬져 現ᄒᆞ시니잇고 〈釋二十 39a〉
b. 이 엇던 因緣으로 몬져 이 瑞(73b)를 나토샤 〈月十八 74a〉
c. 이 엇던 因緣으로 이 祥瑞 몬져 現호딕(是何因緣으로 先現此瑞호딕) 〈法華七 14b〉

(42) d. 이런 祥瑞를 뵈시ᄂᆞ니라 〈釋十三 27a〉
e. 이 祥瑞를 뵈시ᄂᆞ니라 〈月十一 41b〉
f. 이 瑞를 나토시ᄂᆞ니라(現斯瑞ᄒᆞ시니라) 〈法華一 90a〉

(42) g. 오ᄂᆞᆳ날 이 祥瑞를 보ᅀᆞ본딘 〈釋十三 36b〉 〈月十一 92b〉
h. 오ᄂᆞᆯ 이 瑞를 보ᅀᆞ오니(今見此瑞ᄒᆞᅀᆞ오니) 〈法華一 114b〉

한편 '瑞'가 『월인석보』와 『법화경언해』에서 모두 '祥瑞'로 번역된다는 것은 동일 원문의 번역인 다음 예문들에서 잘 확인된다. 원문 중 '此瑞'가 '이런 祥瑞'와 '이 祥瑞'로 번역된다.

(42) i. 이런 祥瑞 잇거시뇨 〈釋十三 15a〉
j. 이 祥瑞 잇거시뇨 〈月十一 38b〉
k. 이 祥瑞 겨신고(有此瑞신고) 〈法華一 66a〉

(42) l. 몬져 이 祥瑞를 나토시니라 〈月十八 73b〉
m. 몬져 이 祥瑞를 나토시니라(先現此瑞ᄒᆞ시니라) 〈法華七 14a〉

〈43〉 商人 對 商佔

두 명사가 [商人]과 [商佔] 즉 '상인'의 뜻을 가지고 동의 관계에 있다는 것은 다음 예문들에서 잘 확인된다. 원문 중 '商人'이 '商人'으로 번역되고 '商佔'가 '商佔'로 번역된다. 그리고 '商佔'의 자석에서 '商佔'와 '商人'이 같은 뜻을 가진다. 따라서 '商人'과 '商佔'의 동의성은 명백히 입증된다.

(43) a. 여러 商人(5b) ᄃᆞ리고 〈釋二十一 6a〉
b. 商人ᄃᆞᆯ ᄃᆞ려 〈月十九 25b〉
c. 여러 商人 ᄃᆞ려(將諸商人ᄒᆞ야) 〈法華七 58b〉

(43) d. 모ᄃᆞᆫ 商人이 ᄒᆞᆫᄢᅴ 소리ᄅᆞᆯ 내야 〈釋二十一 6b〉
e. 한 商人이 듣고 ᄒᆞᆫᄢᅴ 소리 내야 南無觀世音(26a)菩薩 ᄒᆞ면 〈月十九 26b〉
f. 한(58b) 商人이 듣고 다 소리 내야 닐오ᄃᆡ 南無觀世音菩薩 ᄒᆞ면(衆商人이 聞ᄒᆞ고 俱發聲言호ᄃᆡ 南無觀世音菩薩ᄒᆞ면) 〈法華七 59a〉

(43) g. 商佔 賈客이 ᄯᅩ 甚히 하더니 〈月十三 8a〉
h. 商佔와 賈客이 ᄯᅩ 甚히 만터니(商佔賈客이 亦甚衆多ᄒᆞ더니) 〈法華二 186a〉

(43) i. 商佔ᄂᆞᆫ 商人이라 닐오미 ᄀᆞᆮᄒᆞ니라(商佔ᄂᆞᆫ 猶商人也ㅣ라) 〈法華二 187b〉

〈44〉 聖人 對 聖

두 명사가 [聖] 즉 '성인'의 뜻을 가지고 동의 관계에 있다는 것은 동일 원문의 번역인 다음 예문들에서 잘 확인된다. 원문 중 '二聖'이 '두 聖人'으로도 번역되고 '두 聖'으로도 번역되므로 '聖人'과 '聖'의 동의성은 명백히 입증된다.

(44) a. 긔 두 聖人이 ᄒᆞᆫ 道理샨 주리오 〈釋二十一 20b〉
b. 이에 두 聖이 ᄒᆞᆫ 道ㅣ신 ᄃᆞᆯ 아ᅀᆞ오리로다(是知二聖이 一道ㅣ샷다) 〈法華七 41b〉

〈45〉 世間 對 世

두 명사가 [世] 즉 '세상'의 뜻을 가지고 동의 관계에 있다는 것은 동일 원문의 번역인 다음 예문들에서 잘 확인된다. 원문 중 '在世'가 '世間애 잇다'로도 번역되고 '世예 잇다'로도 번역된다. 그리고 '世之聞持'가 '世間애 드르며 디니리'로도 번역되고 '世옛 듣ᄌᆞ와 디니리'로도 번역된다. 따라서 '世間'과 '世'의 동의성은 명백히 입증된다.

(45) a. 또 世間애 이시며 滅度ᄒᆞ니 업스며 〈月十五 84b〉
b. 또 世예 이숌과 滅度 업스며(亦無在世와 及滅度者ᄒᆞ며) 〈法華四133a〉

(45) c. 世間애 드르며 디니리 혜디 몯ᄒᆞ리로ᄃᆡ 〈月十七 34b〉
d. 世옛 듣ᄌᆞ와 디니리 혜디 몯ᄒᆞ리로ᄃᆡ(世之聞持ㅣ 不計로ᄃᆡ) 〈法華五 196b〉

(45) e. 世間애 名理ᄅᆞᆯ ᄒᆞᆫᄀᆞᆺ 니ᄅᆞ고 〈月十七 42b〉
f. 世예 ᄒᆞᆫᄀᆞᆺ 名理 니ᄅᆞ고(世之空談名理ᄒᆞ고) 〈法華五 207a〉

(45) g. 世間앳 艱窮ᄒᆞ며 醜陋ᄒᆞ며 癃殘百疾이 〈月十九 122a〉
h. 世예 艱難ᄒᆞ며 窮ᄒᆞ며 더러우며 癃殘百疾ᄒᆞᆫ 사ᄅᆞ미(世之艱窮醜陋癃殘百疾者ㅣ) 〈法華七 186b〉

(45) i. 곧 이제 世間애 住ᄒᆞᆫ 應眞엣 머리라 〈月十五 20a〉
j. 곧 이젯 世예 住ᄒᆞᆫ 應眞의 머리라(卽今住世應眞之者也ㅣ라) 〈法華四 30a〉

한편 '世'가 『월인석보』 권17과 『법화경언해』에서 모두 '世間'으로 번역된다는 것은 동일 원문의 번역인 다음 예문들에서 잘 확인된다. 원문 중 '在世'가 모두 '世間애 잇다'로 번역되고 '住於世'가 모두 '世間애 住ᄒᆞ다'로 번역된다.

(45) k. 또 世間(11a)애 이시며 滅度호미 업스며 〈月十七 11b〉
l. 또 世間애 이숌과 滅度ᄒᆞ리 업스며(亦無在世와 及滅度者ᄒᆞ며) 〈法華五 143a〉

(45) m. ᄒᆞ다가 부톄 世間에 오래 住ᄒᆞ면 〈月十七 13b〉
n. ᄒᆞ다가 부톄 世間에 오래 住ᄒᆞ면(若佛이 久住於世ᄒᆞ면) 〈法華五 146b〉

〈46〉 世間 對 世論

두 명사가 [世論] 즉 '世間'의 뜻을 가지고 동의 관계에 있다는 것은 동일 원문의 번역인 다음 예문들에서 잘 확인된다. 원문 중 '世論數量'이 '世間앳 數'와 '世間ㅅ 數量'으로도 번역되고 '世論 數量'으로도 번역되므로 '世間'과 '世論'의 동의성은 명백히 입증된다.

(46) a. 權으로 世間앳 數를 브터 〈釋十九 10b〉
b. 權으로 世間ㅅ 數量ᄋᆞᆯ 브터 〈月十七 57a〉
c. 權으로 世論 數量ᄋᆞᆯ 브트샤(乃權依世論數量ᄒᆞ샤) 〈法華六 26b〉

〈47〉 世俗 對 世間

두 명사가 [世俗] 즉 '世俗, 世上'의 뜻을 가지고 동의 관계에 있다는 것은 동일 원문의 번역인 다음 예문들에서 잘 확인된다. 원문 중 '世俗妻子'가 '世俗 妻子'로도 번역되고 '世間 妻子'로도 번역된다. 따라서 '世俗'과 '世間'의 동의성은 명백히 입증된다.

(47) a. 世俗 妻子ㅣ ᄀᆞᆮ디 아니ᄒᆞ시니라 〈月十五 28b〉
b. 世間 妻子ㅣ ᄀᆞᆮ디 아니ᄒᆞ시니라(非同世俗妻子也ㅣ시니라) 〈法華四 49b〉

〈48〉 世俗 對 俗

두 명사가 [俗] 즉 '世俗, 世上'의 뜻을 가지고 동의 관계에 있다는 것은 동일 원문의 번역인 다음 예문들에서 잘 확인된다. 원문 중 '執俗'이 '俗ᄋᆞᆯ 잡다'로도 번역되고 '世俗 잡다'로도 번역된다. 그리고 '俗'이 '世俗'으로도 번역되고 '俗'으로도 번역된다. 따라서 '世俗'과 '俗'의 동의성은 명백히 입증된다.

(48) a. 敎ᄅᆞᆯ 구지ᄌᆞ며 俗ᄋᆞᆯ 자바 〈月十九 97b〉
b. 敎法 구짓고 世俗 자바(呵敎執俗ᄒᆞ야) 〈法華七 159a〉

(48) c. 色等五欲ᄋᆞᆯ 世俗이 보ᄃᆞ랍고 이든 것만 너기건마ᄅᆞᆫ 〈月十二 41a〉
d. 色等五欲을 俗ᄋᆞᆫ 보ᄃᆞ랍고 고ᄋᆞᆫ 것만 삼거늘(色等五欲을 俗은 以爲軟美어늘) 〈法華二 89a〉

〈49〉 世俗 對 俗間

두 명사가 [俗間] 즉 '세속, 속간'의 뜻을 가지고 동의 관계에 있다는 것은 동일 원문의 번역인 다음 예문들에서 잘 확인된다. 원문 중 '俗間經書'가 '世俗 經書'로도 번역되고 '俗間 經書'로도 번역되므로 '世俗'과 '俗間'의 동의성은 명백히 입증된다.

(49) a. 世俗 經書ㅣ며 世間 다ᄉᆞ룔 마리며 〈釋十九 24b〉
b. 俗間 經書 世間 다ᄉᆞ룔 말와 〈月十七 73a〉
c. 俗間 經書 世間 다ᄉᆞ룔 말와(俗間經書治世語言과) 〈法華六 63a〉

〈50〉 數 對 數量

두 명사가 [數量] 즉 '수량'의 뜻을 가지고 동의 관계에 있다는 것은 동일 원문의 번역인 다음 예문들에서 잘 확인된다. 원문 중 '世論數量'이 '世間앳 數'로도 번역되고 '世間ㅅ 數量'으로도 번역된다. 그리고 '絶數量'이 '數 없다'로도 번역되고 '數量 긋다'로도 번역된다. 따라서 '數'와 '數量'의 동의성은 명백히 입증된다.

(50) a. 權으로 世間앳 數를 브터 〈釋十九 10b〉
b. 權으로 世間ㅅ 數量ᄋᆞᆯ 브터 〈月十七 57a〉
c. 權으로 世論 數量ᄋᆞᆯ 브트샤(乃權依世論數量ᄒᆞ샤) 〈法華六 26b〉

(50) d. 이 體는 本來 數 업슨 ᄃᆞᆯ 아ᄅᆞᇙ디니라 〈釋十九 10b〉

e. 이 體 本來 數量 그츤 둘 아릃디로다 〈月十七 57b〉
f. 이 體는 本來 數量 그츤 둘 알리로다(知此體는 本絶數量也ㅣ로다) 〈法華六 26b〉

〈51〉 受苦 對 苦

두 명사가 [苦] 즉 '受苦, 괴로움'의 뜻을 가지고 동의 관계에 있다는 것은 동일 원문의 번역인 다음 예문들에서 잘 확인된다. 원문 중 '苦逼'이 '受苦ㅣ 다왇다'로도 번역되고 '苦ㅣ 다왇다'로도 번역된다. 그리고 '大苦'가 '큰 受苦'로도 번역되고 '큰 苦'로도 번역된다. 따라서 '受苦'와 '苦'의 동의성은 명백히 입증된다.

(51) a. 受苦ㅣ 니어 긋디 몯ᄒᆞ야 〈釋十三 57a〉
b. 서르 니어 苦ㅣ 긋디 아니ᄒᆞ며(相續ᄒᆞ야 苦ㅣ 不斷ᄒᆞ며) 〈法華一 231a〉

(51) c. 모미 늘거 受苦ㅣ 다와도ᄆᆞᆯ 가ᄌᆞᆯ비시니라 〈月十二 21b〉
d. 모미 늘거 苦ㅣ 다와도ᄆᆞᆯ 가ᄌᆞᆯ비시니라(譬身老ᄒᆞ야 苦ㅣ 逼也ᄒᆞ시니라) 〈法華二 57a〉

(51) e. 한 受苦ㅅ 根源이라 〈月十二 23a〉
f. 한 苦ㅅ 미티라(爲衆苦之本이라) 〈法華二 58b〉

(51) g. 비록 큰 受苦ᄅᆞᆯ 맛나도 〈月十二 26a〉
h. 비록 큰 苦ᄅᆞᆯ 맛나나(雖遭大苦ᄒᆞ나) 〈法華二 65a〉

(51) i. 觀音이 受苦 벗기샤 能히 無畏ᄅᆞᆯ 施ᄒᆞ샤 얼굴 現ᄒᆞ샤 衆生 濟度ᄒᆞ샤미 〈月十九 47a〉
j. 觀音ㅅ 苦 벗기샤 能히 無畏 施ᄒᆞ시며 얼굴 現ᄒᆞ샤 衆生 度脫ᄒᆞ샤미(其所以觀音ㅅ 脫苦ᄒᆞ샤 能施無畏ᄒᆞ시며 現形度生ᄒᆞ샤미) 〈法華七 94a〉

한편 '苦'가 『月印釋譜』와 『法華經諺解』에서 모두 '受苦'로도 번역되고 모두 '苦'로도 번역된다는 것은 동일 원문의 번역인 다음 예문들에서 잘 확인된다. 원문 중 '苦狀'이 모두 '受苦ㅅ 양ᄌᆞ'로 번역된다. 그리고 '脫苦'가 모두 '苦 벗기다'로 번역된다.

(51) k. 三界火宅ᄋᆡ 受苦ㅅ 양ᄌᆞᄅᆞᆯ ᄀᆞ초 드러 니ᄅᆞ샤 〈月十二 38b〉
l. 이ᄂᆞᆫ 三界火宅의 受苦ㅅ 양ᄌᆞᄅᆞᆯ ᄀᆞ초 드러 니ᄅᆞ샤(此ᄂᆞᆫ 備擧三界火宅의 苦狀ᄒᆞ샤) 〈法華二 85a〉

(51) m. 아ᄃᆞᆯ ᄃᆞᆯ히 受苦(28b) 버수믈 잢간 깃거ᄒᆞ니라 〈月十二 29a〉
n. 잢간 諸子ᄋᆡ 受苦 버수믈 깃그니라(乍喜諸子이 脫苦也ㅣ라) 〈法華二 70a〉

(51) o. 곡도 受苦애 妄量ᄋᆞ로 ᄌᆞ마 〈月十一 89a〉
p. 곡도 ᄀᆞᆮᄒᆞᆫ 受苦애 妄量ᄋᆞ로 ᄃᆞ마(妄沉幻苦ᄒᆞ야) 〈法華一 109a〉

(51) q. 受苦衆生이 일후믈 디녀 觀ᄋᆞᆯ 닙ᄉᆞᄫᆞᆫ 사ᄅᆞ미 다 버서나게 ᄒᆞ시니 〈月十九 20a〉
r. 受苦衆生(46a)ᄋᆞ로 일훔 디니ᅀᆞ오며 觀 닙ᄉᆞ오니 다 解脫ᄋᆞᆯ 得게 ᄒᆞ시니(令苦衆生으로 持其名ᄒᆞᅀᆞ오며 蒙其觀者ㅣ 亦得解脫케 ᄒᆞ시ᄂᆞ니) 〈法華七 46a〉

(51) s. 災ᄅᆞᆯ 굿블이샤ᄆᆞᆫ 苦 벗교ᄆᆞᆯ 니ᄅᆞ시고 〈月十九 48a〉
t. 伏災ᄂᆞᆫ 苦 벗기샤ᄆᆞᆯ 니ᄅᆞ시고(伏災ᄂᆞᆫ 言脫苦ᄒᆞ시고) 〈法華七 95b〉

〈52〉 受苦 對 苦惱

두 명사가 [苦惱] 즉 '수고, 고뇌'의 뜻을 가지고 동의 관계에 있다는 것은 동일 원문의 번역인 다음 예문들에서 잘 확인된다. 원문 중 '諸苦惱'가 '한 受苦'로도 번역되고 '여러 가짓 苦惱'로도 번역되므로 '受苦'와 '苦惱'의 동의성은 명백히 입증된다.

(52) a. 한 受苦ᄅᆞᆯ 受ᄒᆞ거든 〈釋二十一 2a〉
b. 여러 가짓 苦惱ᄅᆞᆯ 受ᄒᆞᄂᆞ니 〈月十九 19b〉
c. 여러 가짓 苦惱ᄅᆞᆯ 受ᄒᆞᄂᆞ니(受諸苦惱ᄒᆞᄂᆞ니) 〈法華七 46a〉

(52) d. 이 經이 能히 一切 衆生ᄋᆞᆯ 여러 가짓 受苦 여희에 ᄒᆞ며 〈釋二十 24a〉
e. 이 經은 能히 一切 衆生으로 여러 가짓 苦惱 여희에 ᄒᆞ며(比經은 能令一切衆으로 離諸苦惱케 ᄒᆞ며) 〈法華六 170a〉

〈53〉 須彌山 對 妙高山

두 명사가 [妙高山] 즉 '須彌山'의 뜻을 가지고 동의 관계에 있다는 것은 동일 원문의 번역인 다음 예문들에서 잘 확인된다. 원문 중 '妙高山下'가 '須彌山 아래'로도 번역되고 '妙高山 아래'로도 번역된다. 따라서 '須彌山'과 '妙高山'의 동의성은 명백히 입증된다. '須彌山'의 '須彌'는 梵語 Sumeru의 음역으로 '妙高山'으로 漢譯된다. 이 저서에서 '須彌山'을 한자어의 범주에 넣어 다루었다.

(53) a. 須彌山 아래 바ᄅᆞᆳ 가온ᄃᆡ 〈釋二十一 40a〉
b. 妙高山下 海中에 〈月十九 81a〉
c. 妙高山 아래 海中에(妙高山下海中에) 〈法華七 138a〉

한편 '須弥'가 『석보상절』과 『법화경언해』에서는 '須彌山'으로 번역되고 『법화경언해』에서는 '須弥'로 번역된다는 것은 동일 원문의 번역인 다음 예문들에서 잘 확인된다.

(53) d. 그 남기 須彌山ᄋᆞᆯ 흘러 갌도라 〈釋二十一 40a〉
e. 그 남기 須彌山애 흘러 갌도로ᄃᆡ 〈月十九 81a〉
f. 그 남기 須弥ᄅᆞᆯ 흘러 갌도라(其木이 流遶須弥ᄒᆞ야) 〈法華七 138b〉

〈54〉 隨參 對 參預

두 명사가 [預] 즉 '參與'의 뜻을 가지고 동의 관계에 있다는 것은 동일 원문의 번역인 다음 예문들에서 잘 확인된다. 원문 중 '不預'가 '隨參 몯ᄒᆞ다'로도 번역되고 '參預 몯ᄒᆞ다'로도 번역되므로 '隨參'과 '參預'의 동의성은 명백히 입증된다.

(54) a. 우리ᄂᆞᆫ 이 이레 隨參 몯ᄒᆞᅀᆞ바 〈月十二 3a〉
b. 우린 이 이레 參預 몯ᄒᆞ야(我等은 不預斯事ᄒᆞ야) 〈法華二 4b〉

〈55〉 時節 對 時

두 명사가 [時] 즉 '때'의 뜻을 가지고 동의 관계에 있다는 것은 동일 원문의 번역인 다음 예문들에서 잘 확인된다. 원문 중 '死時'가 '주긇 時節'로도 번역되고 '주긇 時'로도 번역된다. 그리고 '彼時'가 '뎌 時節'로도 번역되고 '뎌 時'로도 번역된다. 따라서 '時節'과 '時'의 동의성은 명백히 입증된다.

(55) a. 주긇 時節이 다ᄅᆞ랫ᄂᆞ니 〈月十七 20b〉
　　b. 주긇 時 ᄒᆞ마 다ᄃᆞᄅᆞ니(死時已至ᄒᆞ니) 〈法華五 157a〉

(55) c. 뎌 時節에 根性이 一定티 몯ᄒᆞ야 〈月十三 31a〉
　　d. 뎌 時예 根性이 一定 몯ᄒᆞ야(蓋彼時예 根性이 未定ᄒᆞ야) 〈法華二 225a〉

(55) e. 第三 第四 時節에 니르러ᅀᅡ 〈月十四 40b〉
　　f. 第三 第四 時예 니르러ᅀᅡ(至於第三第四時ᄒᆞ야ᅀᅡ) 〈法華三 142b〉

(55) g. 時節도 맛나미 어려ᄫᅳ니이다 〈月十九 80b〉
　　h. 時도 ᄯᅩ 맛나미 어려울씨니이다 (時亦難遇ᄒᆞᆯ씨니이다) 〈法華七 138a〉

(55) i. 劫은 時節이니 〈月十一 117b〉
　　j. 劫은 時라 닐우미니(劫은 言時也ㅣ니) 〈法華一 189a〉

한편 '時'가 『월인석보』와 『법화경언해』에서 모두 '時節'로 번역된다는 것은 동일 원문의 번역인 다음 예문들에서 잘 확인된다. 원문 중 '時…至'가 '時節이 다ᄃᆞᆮ다'와 '時節이 니르다'로 번역된다.

(55) k. 부톄 時節이 다ᄃᆞᆮ디 몯ᄒᆞᆫ ᄃᆞᆯ 아ᄅᆞ샤 〈月十四 22a〉
　　l. 부톄 時節이 니르디 몯호ᄆᆞᆯ 아ᄅᆞ샤(佛知時未至ᄒᆞ샤) 〈法華三 111a〉

(55) m. 時節에 모딘 이리 만ᄒᆞ야 〈月十一 117b〉
n. 時節에 모딘 이리 하(時多惡事ᄒᆞ야) 〈法華一 189a〉

〈56〉 神通 對 神

두 명사가 [神] 즉 '神通'의 뜻을 가지고 동의 관계에 있다는 것은 동일 원문의 번역인 다음 예문들에서 잘 확인된다. 원문 중 '隨應之神'이 '조차 應ᄒᆞ시논 神通'으로도 번역되고 '조차 應ᄒᆞ시논 神'으로도 번역된다. 그리고 '運神'이 '神을 뮈우다'로도 번역되고 '神通 뮈우다'로도 번역된다. 따라서 '神通'과 '神'의 동의성은 명백히 입증된다.

(56) a. 이젯 果애 妙音이 조차 應ᄒᆞ시논 神通이 겨시니라 〈月十八 83b〉
b. 오ᄂᆞᆯ 果然 妙音으로 조차 應ᄒᆞ시논 神이 겨시니라(今에 果有妙音으로 隨應之神ᄒᆞ시니라) 〈法華七 25b〉

(56) c. 神을 뮈우샤 〈月十四 54b〉
d. 神通 뮈우시며(運神ᄒᆞ시며) 〈法華三 163a〉

〈57〉 臣下 對 臣佐

두 명사가 [臣佐] 즉 '臣下'의 뜻을 가지고 동의 관계에 있다는 것은 동일 원문의 번역인 다음 예문들에서 잘 확인된다. 원문 중 '僮僕臣佐가 '죵이며 臣下'로도 번역되고 '죵과 臣佐'로도 번역된다. 그리고 '臣佐'가 '臣下'로도 번역되고 '臣佐'로도 번역된다. 따라서 '臣下'와 '臣佐'의 동의성은 명백히 입증된다.

(57) a. 죠이며 臣(7b)下ㅣ며 百姓이 만ᄒᆞ며 〈月十三 8a〉
b. 죵과 臣佐 吏民이 만ᄒᆞ며(多有僮僕과 臣佐吏民ᄒᆞ며) 〈法華二 186a〉

(57) c. 臣下ᄂᆞᆫ 百姓 다ᄉᆞ리ᄂᆞᆫ 거시니 〈月十三 8b〉
d. 臣佐ᄂᆞᆫ 百姓 다ᄉᆞ리ᄂᆞᆫ 거시니(臣佐ᄂᆞᆫ 所以治民이니) 〈法華二 187a〉

〈58〉 四辯 對 四辯才

두 명사가 [四辯] 즉 '四無礙辯의 줄임, 네 가지 自由自在하고 거리낌 없는 理解 表現 能力'의 뜻을 가지고 동의 관계에 있다는 것은 동일 원문의 번역인 다음 예문들에서 잘 확인된다. 원문 중 '四辯之下化'가 '四辯才의 教化 ᄂᆞ리오다'로도 번역되고 '四辯의 化 ᄂᆞ리오다'로도 번역되므로 '四辯'와 '四辯才'의 동의성은 명백히 입증된다.

(58) a. 방올 ᄃᆞ로ᄆᆞᆫ 四辯才의 教化 ᄂᆞ리오ᄆᆞᆯ 가ᄌᆞᆯ비시고 〈月十二 30b〉
b. 방올 ᄃᆞ로ᄆᆞᆫ 四辯의 化 ᄂᆞ리오ᄆᆞᆯ 가ᄌᆞᆯ비시고(縣鈴은 譬四辯之下化ᄒᆞ시고) 〈法華二 74a〉

〈59〉 私情 對 黨

두 명사가 [黨] 즉 '私情, 개인적인 정'의 뜻을 가지고 동의 관계에 있다는 것은 동일 원문의 번역인 다음 예문들에서 잘 확인된다. 원문 중 '不黨'이 '私情 없다'로도 번역되고 '黨 아니다'로도 번역된다. 따라서 '私情'과 '黨'의 동의성은 명백히 입증된다.

(59) a. 공번ᄒᆞ야 私情 업스실 ᄊᆡ 〈月十五 23b〉
b. 공번ᄒᆞ야 黨 아니실 ᄊᆡ(公而不黨故로) 〈法華四 38b〉

한편 '私'가 『월인석보』와 『법화경언해』에서 모두 '私情'으로 번역된다는 것은 동일 원문의 번역인 다음 예문들에서 잘 확인된다. 원문 중 '無私'가 모두 '私情 없다'로 번역된다.

(59) c. 聖人ㅅ 平等慈ㅣ 天地ㅅ 私情 업수미 ᄀᆞᆮ거시ᄂᆞᆯ 萬物이 제 私情호ᄆᆞᆯ 나토실ᄊᆡ 〈月十三 37a〉
d. 聖人ㅅ 平等ᄒᆞ신 慈ㅣ 天地ㅅ 私情 업수미 ᄀᆞᆮ거시ᄂᆞᆯ 萬物이 제 私情ᄒᆞᄂᆞᆫ 다신 ᄃᆞᆯ 나토시니 그럴ᄊᆡ(以顯聖人ㅅ 平等之慈ㅣ 若天地之無私ㅣ어시ᄂᆞᆯ 由萬物之自私ㄴ ᄃᆞᆯ ᄒᆞ시니 故로) 〈法華三 3a〉

〈60〉 四弘誓 對 四誓

두 명사가 [四誓] 즉 '四弘誓願'의 뜻을 가지고 동의 관계에 있다는 것은 동일 원문의 번역인 다음 예문들에서 잘 확인된다. 원문 중 '四誓'가 '四弘誓'로도 번역되고 '四誓'로도 번역되므로 '四弘誓와' '四誓'의 동의성은 명백히 입증된다.

(60) a. 보ᄇᆡ옛 노ᄒᆞᆫ 四弘誓로 慈悲 구튜ᄆᆞᆯ 가ᄌᆞᆯ비시고 〈月十二 31a〉
b. 보ᄇᆡ 노ᄒᆞᆫ 四誓ᄅᆞᆯ 가ᄌᆞᆯ비시니 慈悲 구튜미라(寶繩은 譬四誓ᄒᆞ시니 所以固慈悲也ㅣ라) 〈法華二 74a〉

〈61〉 生死 對 死生

두 명사가 [生死]와 [死生] 즉 '삶과 죽음, 죽음과 삶'의 뜻을 가지고 동의 관계에 있다는 것은 동일 원문의 번역인 다음 예문들에서 잘 확인된다. 원문 중 '生死'가 '죽사리'로도 번역되고 '生死'로도 번역된다. '忘死生'이 '죽사리ᄅᆞᆯ 닞다'로도 번역되고 '死生ᄋᆞᆯ 닞다'로도 번역된다. 그리고 '離死生'이 '生死ᄅᆞᆯ 여희다'로도 번역되고 '死生ᄋᆞᆯ 여희다'로도 번역된다. 따라서 '生死'와 '死生'의 동의성은 명백히 입증된다.

(61) a. 一(25a)切 죽사릿 얽ᄆᆡᅇᅭᄆᆞᆯ 버서나긔 ᄒᆞᄂᆞ니 〈釋二十 25b〉
b. 一切 生死ㅅ ᄆᆡᅇᅭᄆᆞᆯ 그르게 ᄒᆞᄂᆞ니라 〈月十八 52b〉
c. 一切 生死 ᄆᆡ요ᄆᆞᆯ 그르ᄂᆞ니라(解一切生死之縛ᄒᆞᄂᆞ니라) 〈法華六 171a〉

(61) d. 죽사리ᄅᆞᆯ 니ᄌᆞᆯ씨 〈釋二十 12a〉
e. 死生ᄋᆞᆯ 니저 〈月十八 32a〉
f. 死(144b)生ᄋᆞᆯ 니저(忘死生ᄒᆞ야) 〈法華六 145a〉

(61) g. 聖人이 生死ᄅᆞᆯ 여희시며 〈月十五 32a〉
h. 聖人ᄋᆞᆫ 私生ᄋᆞᆯ 여희시고(聖人ᄋᆞᆫ 離死生ᄒᆞ시고) 〈法華四 53a〉

〈62〉 殃 對 殃孽

두 명사가 [殃] 즉 '재앙'의 뜻을 가지고 동의 관계에 있다는 것은 다음 예문들에서 잘 확인된다. 원문 중 '宿殃'이 '아릿 殃'으로 번역된다. 그리고 '殃累'가 '殃孼에 버믈다'로 번역된다. 따라서 '殃'과 '殃孼'의 동의성은 명백히 입증된다.

(62) a. 地藏菩薩이 殺生ᄒᆞ릴 맛나ᄃᆞᆫ 아릿 殃으로 短命報ᄅᆞᆯ 니ᄅᆞ고 〈月二十一 64b〉
b. 地藏菩薩 若遇殺生者 說宿殃短命報 〈地藏菩薩本願經〉

(62) c. 이 사ᄅᆞ미 命終ᄒᆞᆫ 後에 아릿 殃앳 重ᄒᆞᆫ 罪 五無間罪예 니르리 永히 버서 〈月二十一 93a〉
d. 是人 命終之後 宿殃重罪 至于五無間罪 永得解脫 〈地藏菩薩本願經〉

(62) e. 이 다ᄉᆞ로 殃ᄋᆞᆯ 犯ᄒᆞ야 〈月二十一 125a〉
f. 以是之故 犯殃自受 〈地藏菩薩本願經〉

(62) g. ᄯᅩ 이 命終ᄒᆞᆫ 사ᄅᆞ미 殃孼에 버므러 對ᄒᆞ야 마초� 됴ᄒᆞᆫ ᄣᅡ해(105b) 느지 나게 ᄒᆞ리니 〈月二十一 106a〉
h. 亦令是命終人 殃累對辨 晩生善處 〈地藏菩薩本願經〉

〈63〉 獄 對 牢獄

두 명사가 [牢獄] 즉 '죄인을 가두는 옥'의 뜻을 가지고 동의 관계에 있다는 것은 동일 원문의 번역인 다음 예문들에서 잘 확인된다. 원문 중 '爲牢獄'이 '獄ᄋᆞᆯ 삼다'로도 번역되고 '牢獄ᄋᆞᆯ 삼다'로도 번역되므로 '獄'과 '牢獄'의 동의성은 명백히 입증된다.

(63) a. 二乘은 三界로 獄ᄋᆞᆯ 사ᄆᆞᆯᄊᆡ 〈月十三 17a〉
b. 二乘은 三界로 牢獄ᄋᆞᆯ 사ᄆᆞᆯᄊᆡ(二乘은 以三界로 爲牢獄故로) 〈法華二 202a〉

〈64〉 欲氣 對 欲氣韻

두 명사가 [欲氣] 즉 '욕심'의 뜻을 가지고 동의 관계에 있다는 것은 동일 원문의 번역인 다음 예문들에서 잘 확인된다. 원문 중 '欲氣麁濁'이 '欲氣韻이 멀텁고 흐리다'로도 번역되고 '欲氣ᄂᆞᆫ

멀텁고 흐리다'로도 번역된다. 따라서 '欲氣'와 '欲氣韻'의 동의성은 명백히 입증된다.

(64) a. 欲氣韻이 멀텁고 흐리여 〈月十五 14b〉
b. 欲氣는 멀텁고 흐리여(欲氣는 麁濁ᄒᆞ야) 〈法華四 18b〉

한편 '欲氣'가 『능엄경언해』(1462)에서는 모두 '欲氣'로 번역된다는 것은 다음 예문들에서 잘 확인된다. 원문 중 '欲氣麁濁'이 '欲氣는 멀텁고 흐리다'로 번역된다.

(64) c. 欲氣는 멀텁고 흐리여(蓋欲氣는 麁濁ᄒᆞ야) 〈楞六 88b〉
d. 欲氣는 멀텁고 흐리여(欲氣는 麤濁ᄒᆞ야) 〈楞一 42a〉

〈65〉 欲心 對 欲

두 명사가 [欲] 즉 '욕심'의 뜻을 가지고 동의 관계에 있다는 것은 동일 원문의 번역인 다음 예문들에서 잘 확인된다. 원문 중 '少欲'이 '欲心이 젹다'로도 번역되고 '欲 젹다'로도 번역되므로 '欲心'과 '欲'의 동의성은 명백히 입증된다.

(65) a. 이 사ᄅᆞ미 欲心이 젹고 足ᄒᆞᆫ 고ᄃᆞᆯ 아라 〈釋二十一 62a〉
b. 이 사ᄅᆞ미 欲이 져거 足ᄋᆞᆯ 아라 〈月十九 118a〉
c. 이 사ᄅᆞ미 欲 젹고 足 아라(是人이 少欲知足ᄒᆞ야) 〈法華七 181b〉

한편 '欲'이 『월인석보』와 『법화경언해』에서 모두 '欲'으로 번역된다는 것은 동일 원문의 번역인 다음 예문들에서 잘 확인된다. 원문 중 '欲深心'이 모두 '欲 기픈 ᄆᆞᅀᆞᆷ'으로 번역된다.

(65) d. 下根이 種種 欲 기픈 ᄆᆞᅀᆞ미 著ᄒᆞ야 싸ᄒᆞᆫ 것 잇ᄂᆞᆫ ᄃᆞᆯ 表ᄒᆞ시니라 〈月十四 15a〉
e. 下根은 種種 欲 기픈 ᄆᆞᅀᆞ미 著ᄒᆞᆫ 모도미 잇ᄂᆞᆫ ᄃᆞᆯ 表ᄒᆞ시니라(表下根은 有種種欲深心所著之積ᄒᆞ시니라) 〈法華三 97a〉

〈66〉 雨澤 對 恩澤

두 명사가 [澤] 즉 '雨澤, 恩澤'의 뜻을 가지고 동의 관계에 있다는 것은 동일 원문의 번역인 다음 예문들에서 잘 확인된다. 원문 중 '悅澤'이 '깃븐 恩澤'으로 번역되고 '悅澤'의 字釋이 '깃븐 雨澤'이다. 따라서 '雨澤'과 '恩澤'의 동의성은 명백히 입증된다.

(66) a. 悅澤이 天下애 ᄀᆞᄃᆞᆨᄒᆞᄂᆞ니[悅澤ᄋᆞᆫ 깃븐 雨澤이라] 〈月十八 5a〉
b. 깃븐 恩澤이 天下애 ᄀᆞᄃᆞᆨᄒᆞᄂᆞ니(悅澤이 遍天下ᄒᆞᄂᆞ니)〈法華六 101a〉

〈67〉 園林 對 東山

두 명사가 [園林] 즉 '집터에 딸린 숲'의 뜻을 가지고 동의 관계에 있다는 것은 동일 원문의 번역인 다음 예문들에서 잘 확인된다. 원문 중 '淸淨園林'이 '淸淨ᄒᆞᆫ 園林'으로도 번역되고 '淸淨ᄒᆞᆫ 東山'으로도 번역되므로 '園林'과 '東山'의 동의성은 명백히 입증된다.

(67) a. 淸淨ᄒᆞᆫ 園林애 곳과 菓實왜 盛ᄒᆞ며 〈月十一 3a〉
b. 淸淨ᄒᆞᆫ 東山애 곳과 果實왜 盛ᄒᆞ며(淸淨園林애 花果ㅣ 茂盛ᄒᆞ며) 〈法華一 83a〉

〈68〉 恩德 對 恩

두 명사가 [恩] 즉 '은혜, 은덕'의 뜻을 가지고 동의 관계에 있다는 것은 동일 원문의 번역인 다음 예문들에서 잘 확인된다. 원문 중 '大恩'이 '큰 恩德'으로도 번역되고 '큰 恩'으로도 번역되므로 '恩德'과 '恩'의 동의성은 명백히 입증된다.

(68) a. 慈悲 方便의 큰 恩德을 感動ᄒᆞ야 讚歎ᄒᆞ니 〈月十三 42b〉
b. 慈悲 方便ㅅ 큰 恩을 感動ᄒᆞᅀᆞ와 讚歎ᄒᆞᅀᆞ오니(感嘆慈悲方便之大恩ᄒᆞᅀᆞ오니) 〈法華三 4b〉

〈69〉 음담 對 飮食

두 명사 '음담(飮啖)'과 '飮食'이 [飮食] 즉 '먹고 마시는 물건'의 뜻을 가지고 동의 관계에 있다는 것은 동일 원문의 번역인 다음 예문들에서 잘 확인된다. 원문 중 '飮食甘美'가 '됴흔 음담 먹다'로도 번역되고 '飮食이 둏다'로도 번역된다. 따라서 '음담'과 '飮食'의 동의성은 명백히 입증된다.

(69) a. 沙門이 됴흔 음담 먹고 됴흔 平床 우희 〈釋二十四 26b〉
b. 釋子沙門이 飮食이 됴코 됴흔 床座애 이셔 〈月二十五 131b〉
c. 釋子沙門 飮食甘美 在好床座 〈釋迦譜 卷3 25. 阿育王弟出家造石像記〉

〈70〉 婬欲 對 欲

두 명사가 [欲] 즉 '음욕, 음탕한 짓을 하고 싶은 욕구'의 뜻을 가지고 동의 관계에 있다는 것은 동일 원문의 번역인 다음 예문들에서 잘 확인된다. 원문 중 '得離欲'이 '婬欲올 여희다'로도 번역되고 '欲 여희요믈 得ᄒᆞ다'로도 번역된다. 따라서 '婬欲'과 '欲'의 동의성은 명백히 입증된다.

(70) a. 곧 婬欲올 여희리라 〈月十九 27a〉
b. 곧 欲 여희요믈 得ᄒᆞ며(便得離欲ᄒᆞ며) 〈法華七 60a〉

〈71〉 婬欲 對 婬亂ᄒᆞᆫ 貪欲

명사 '婬欲'과 명사구 '婬亂ᄒᆞᆫ 貪欲'이 [婬欲] 즉 '음탕한 짓을 하고 싶은 욕구, 色欲'의 뜻을 가지고 동의 관계에 있다는 것은 동일 원문의 번역인 다음 예문들에서 잘 확인된다. 원문 중 '婬欲'이 '婬亂ᄒᆞᆫ 貪欲'으로도 번역되고 '婬欲'으로도 번역된다. 따라서 '婬欲'과 '婬亂ᄒᆞᆫ 貪欲'의 동의성은 명백히 입증된다.

(71) a. 婬亂ᄒᆞᆫ 貪欲이 하거든 〈釋二十一 7a〉
b. 婬欲이 만ᄒᆞ야도 〈月十七 27a〉
c. 婬欲이 하도(多於婬欲ᄒᆞ야도) 〈法華七 60a〉

〈72〉 疑心 對 疑難

두 명사가 [疑難] 즉 '의심, 몹시 의심스러움'의 뜻을 가지고 동의 관계에 있다는 것은 동일 원문의 번역인 다음 예문들에서 잘 확인된다. 원문 중 '搆疑難'이 '疑心을 밍ᄀᆞᆯ다'로도 번역되고 '疑難ᄋᆞᆯ 밍ᄀᆞᆯ다'로도 번역되므로 '疑心'과 '疑難'의 동의성은 명백히 입증된다.

(72) a. ᄒᆞᆫ갓 疑心을 밍ᄀᆞᆳ ᄃᆞᄅᆞ미라 〈釋二十 44b〉
b. 疑心을 밍ᄀᆞᆯ ᄯᆞᄅᆞ미라 〈月十八 81a〉
c. ᄒᆞᆫ갓 疑難ᄋᆞᆯ 밍ᄀᆞ도다(徒搆疑難토다) 〈法華七 22b〉

〈73〉 因 對 所因

두 명사가 [所因] 즉 '因, 원인을 이루는 근본'의 뜻을 가지고 동의 관계에 있다는 것은 동일 원문의 번역인 다음 예문들에서 잘 확인된다. 원문 중 '所因'이 '因'으로도 번역되고 '所因'으로도 번역되므로 '因'과 '所因'의 동의성은 명백히 입증된다.

(73) a. 因은 〈月十二 4a〉
b. 所(6b)因ᄋᆞᆫ(所因은) 〈法華二 7a〉

〈74〉 因緣 對 緣

두 명사가 [緣] 즉 '인연'의 뜻을 가지고 동의 관계에 있다는 것은 동일 원문의 번역인 다음 예문들에서 잘 확인된다. 원문 '小緣'이 '죠고맛 因緣'으로도 번역되고 '져근 緣'으로도 번역되므로 '因緣'과 '緣'의 동의성은 명백히 입증된다.

(74) a. 죠고맛 因緣이 아닐ᄊᆡ 〈月十一 111a〉
b. 이 져근 緣이 아닐ᄊᆡ(此ㅣ 非小緣故로) 〈法華一 177b〉

(74) c. 十二 因緣을 브르고 〈月十一 27b〉

d. 十二緣을 브르고(歌十二緣ᄒᆞ고) 〈法華一 49a〉

〈75〉 宗要 對 要

두 명사가 [要] 즉 '종요로운 것'의 뜻을 가지고 동의 관계에 있다는 것은 동일 원문의 번역인 다음 예문들에서 잘 확인된다. 원문 중 '其要'가 '그 宗要'로도 번역되고 '그 要'로도 번역되므로 '宗要'와 '要'의 동의성은 명백히 입증된다.

(75) a. 그 宗要ᄂᆞᆫ 다 生死ㅅ 本ᄋᆞᆯ 그처…本來 ᄇᆞᆯᄀᆞᆫ 妙性에 도라가긔 홀 ᄯᆞᄅᆞ미니 〈月十四 38b〉

b. 그 要ᄂᆞᆫ 다 生死本ᄋᆞᆯ 그츠며…本來 ᄇᆞᆯᄀᆞᆫ 微妙ᄒᆞᆫ 性에 도라가게 ᄒᆞ샤ᄆᆞᆯ 爲ᄒᆞ실 ᄯᆞᄅᆞ미시니(其要ᄂᆞᆫ 皆爲斷生死本ᄒᆞ며…便復還本明妙性而已시니) 〈法華三 140a〉

(75) c. 宗要 몯 得호ᄆᆞᆯ 가ᄌᆞᆯ비시고 〈月十五 53a〉

d. 그 要 得디 몯호ᄆᆞᆯ 가ᄌᆞᆯ비시고(譬…不得其要ᄒᆞ시고) 〈法華四 93a〉

〈76〉 腫氣 對 瘡

두 명사가 [瘡] 즉 '부스럼, 종기'의 뜻을 가지고 동의 관계에 있다는 것은 동일 원문의 번역인 다음 예문들에서 잘 확인된다. 원문 중 '惡瘡'이 '모딘 腫氣'로도 번역되고 '모딘 瘡'으로도 번역된다. 따라서 '腫氣'와 '瘡'의 동의성은 명백히 입증된다.

(76) a. 모딘 腫氣며 膿血이며 〈月十九 121a〉

b. 모딘 瘡 膿血ᄒᆞ며(惡瘡膿血ᄒᆞ며) 〈法華七 185a〉

한편 '瘡'이 『월인석보』와 『법화경언해』에서 모두 '腫氣'로 번역된다는 것은 동일 원문의 번역인 다음 예문들에서 잘 확인된다. 원문 중 '惡瘡'이 모두 '모딘 腫氣'로 번역된다.

(76) c. 내 남과 모딘 腫氣와 膿血와 〈月十九 121b〉

d. 또 더 내 더러우며 모딘 腫氣 고롬과(又加之臭惡瘡膿과) 〈法華七 186b〉

〈77〉 主人 對 主

두 명사가 [主] 즉 '主人'의 뜻을 가지고 동의 관계에 있다는 것은 동일 원문의 번역인 다음 예문들에서 잘 확인된다. 원문 중 '六賊之主'가 '六賊의 主人'으로도 번역되고 '六賊의 主'로도 번역되므로 '主人'과 '主'의 동의성은 명백히 입증된다.

(77) a. 六賊의 主人이라 〈月十四 36a〉
b. 六賊의 主ㅣ라(乃六賊之主也ㅣ라) 〈法華三 138b〉

〈78〉 衆生 對 衆

두 명사가 [衆] 즉 '중생'의 뜻을 가지고 동의 관계에 있다는 것은 동일 원문의 번역인 다음 예문들에서 잘 확인된다. 원문 중 '度衆'이 '衆生 濟度ᄒᆞ다'로도 번역되고 '衆 度脫ᄒᆞ다'로도 번역되므로 '衆生'과 '衆'의 동의성은 명백히 입증된다.

(78) a. 各各 能히 衆生(46a) 濟度호ᄃᆡ 〈月十四 46b〉
b. 各各 能히 衆 度脫ᄒᆞ샤ᄃᆡ(各能度衆ᄒᆞ샤ᄃᆡ) 〈法華三 150a〉

한편 '衆'이 『월인석보』와 『법화경언해』에서 모두 '衆'으로 번역된다는 것은 동일 원문의 번역인 다음 예문들에서 잘 확인된다. 원문 중 '所化之衆'이 '敎化ᄒᆞ샨 衆'과 '化ᄒᆞ샨 衆'으로 번역된다.

(78) c. 敎化ᄒᆞ샨 衆이 샹녜 스승과 ᄒᆞᆫᄃᆡ 나ᄆᆞᆫ 〈月十四 153a〉
d. 化ᄒᆞ샨 衆이 샹녜 스승님과 ᄒᆞᆫᄃᆡ 나ᄆᆞᆫ(所化之衆이 常與師와 俱者ᄂᆞᆫ) 〈法華三 153a〉

(78) e. 疑惑ᄒᆞᆫ 衆 爲ᄒᆞ야 子細히 講ᄒᆞ니라 〈月十四 45b〉
f. 疑惑ᄒᆞᆫ 衆 爲ᄒᆞ야 委曲히 講ᄒᆞ시니라(爲疑惑之衆ᄒᆞ야 曲講也ㅣ시니라) 〈法華三 149b〉

〈79〉 眞實 對 實

두 명사가 [實] 즉 '진실, 참'의 뜻을 가지고 동의 관계에 있다는 것은 동일 원문의 번역인 다음 예문들에서 잘 확인된다. 원문 중 '非實'이 '眞實이 아니다'로도 번역되고 '實 아니다'로도 번역된다. 그리고 '實果'가 '眞實ㅅ 果'로도 번역되고 '實果'로도 번역된다. 따라서 '眞實'과 '實'의 동의성은 명백히 입증된다.

(79) a. 이 城이 眞實이 아니라 〈月十四 81a〉
b. 이 城은 實 아니라(此城은 非實이라) 〈法華三 182a〉

(79) c. 솔펴 혜아려 眞(81a)實ㅅ 果 나사가 取케 ᄒᆞ시니라 〈月十四 81b〉
d. 보아 솔펴 혜아려 實果 나사 가지게 ᄒᆞ시니라(令觀察籌量ᄒᆞ야 而進取實果케 ᄒᆞ시니라) 〈法華三 182a〉

〈80〉 眞實 對 眞

두 명사가 [眞] 즉 '참'의 뜻을 가지고 동의 관계에 있다는 것은 동일 원문의 번역인 다음 예문들에서 잘 확인된다. 원문 중 '無非實'의 '眞'이 '眞實'로도 번역되고 '眞'으로도 번역되므로 '眞實'과 '眞'의 동의성은 명백히 입증된다.

(80) a. 말ᄊᆞ미 다 眞實이면 〈釋二十 14b〉
b. 마리 眞 아니니 업스시면 〈月十八 35b〉
c. 마리 眞 아니니 업스시면(說이 無非眞이시면) 〈法華六 149a〉

〈81〉 嗔心 對 嗔

두 명사가 [嗔] 즉 '진심, 성냄'의 뜻을 가지고 동의 관계에 있다는 것은 동일 원문의 번역인 다음 예문들에서 잘 확인된다. 원문 중 '離嗔'이 '嗔心 여희다'와 '嗔心을 여희다'로도 번역되고 '嗔 여희다'로도 번역되므로 '嗔心'과 '嗔'의 동의성은 명백히 입증된다.

(81) a. 곧 嗔心 여희요ᄆᆞᆯ 得ᄒᆞ리어며 〈釋二十一 7a〉
b. 곧 嗔心을 여희리라 〈月十九 27b〉
c. 곧 嗔 여희요ᄆᆞᆯ 得ᄒᆞ며(便得離嗔ᄒᆞ며) 〈法華七 60b〉

(81) d. 對 업스면 嗔心 아니ᄒᆞ리라 〈月十九 27b〉
e. 對 업스시면 嗔 아니ᄒᆞ시리로다(無對ᄒᆞ시면 則不嗔矣샷다) 〈法華七 61a〉

한편 '嗔'이 『월인석보』 권19와 『법화경언해』에서 모두 '嗔'으로 번역된다는 것은 동일 원문의 번역인 다음 예문들에서 잘 확인된다. 원문 중 '嗔'이 모두 '嗔'으로 번역된다.

(81) f. 嗔ᄋᆞᆫ 情에 어긔요ᄆᆞ로 닐며 境을 對ᄒᆞ야 나ᄂᆞ니 〈月十九 27b〉
g. 嗔은 ᄠᅳ데 어긔요ᄆᆞᆯ 브터 닐며 境을 對ᄒᆞ야 나ᄂᆞ니(蓋嗔은 由違情而起ᄒᆞ며 對境而生ᄒᆞᄂᆞ니) 〈法華七 61a〉

〈82〉 嗔心 對 嗔恚/瞋恚

두 명사가 [嗔恚]와 [瞋恚] 즉 '진심, 진에'의 뜻을 가지고 동의 관계에 있다는 것은 동일 원문의 번역인 다음 예문들에서 잘 확인된다. 원문 중 '多嗔恚'가 '嗔心이 하다'로도 번역되고 '嗔恚 하다'로도 번역된다. 그리고 '瞋恚愚癡'가 '嗔心과 미혹홈'으로도 번역되고 '瞋恚 愚癡'로도 번역된다. 따라서 '嗔心'과 '嗔恚/瞋恚'의 동의성은 명백히 입증된다.

(82) a. ᄒᆞ다가 嗔心이 하거든 〈釋二十一 7a〉
b. ᄒᆞ다가 嗔恚 하도(若多嗔恚ᄒᆞ야도) 〈法華七 60b〉

(82) c. 貪慾과 嗔心과 어(43a)리미혹홈과 새옴과 앗굠과 憍慢괘 업스니잇가 〈釋二十 43b〉
d. 貪慾 嗔恚 愚癡 嫉妬 慳慢이 하디 아니ᄒᆞ니잇가 아니잇가(無多貪欲嗔恚愚癡嫉妬慳 慢ᄒᆞ니잇가 不ㅣ잇가) 〈法華七 20b〉

(82) e. 嗔心과 미혹호미 어즈류미 아니 ᄃᆞ외며 〈釋二十 27b〉
f. 瞋恚 愚癡의 보차요미 아니 ᄃᆞ외며 〈月十八 54b〉

g. 瞋恚 愚癡의 보차미 아니 드외며(不爲瞋恚愚癡의 所惱ᄒᆞ며) 〈法華六 175a〉

〈83〉 磁毛石 對 指南石

두 명사가 [磁毛石] 즉 '磁石'의 뜻을 가지고 동의 관계에 있다는 것은 다음 예문들에서 잘 확인된다. '磁毛石'의 자석이 '指南石'이므로 '磁毛石'과 '指南石'의 동의성은 명백히 입증된다.

(83) a. 磁毛石이 鐵 ᄲᆞᆯ듯 ᄒᆞ니[磁毛石은 指南石이라] 〈月十一 52b〉
b. 第八識은 磁毛石이 ᄀᆞᆮᄒᆞ야 〈月十一 52b〉

〈84〉 窓 對 窓牖

두 명사가 [窓牖] 즉 '창'의 뜻을 가지고 동의 관계에 있다는 것은 동일 원문의 번역인 다음 예문들에서 잘 확인된다. 원문 중 '窓牖中'이 '窓'으로도 번역되고 '窓牖 中'으로도 번역된다. 따라서 '窓'과 '窓牖'의 동의성은 명백히 입증된다.

(84) a. ᄯᅩ 다ᄅᆞᆫ 나래 窓애셔 〈月十三 21b〉
b. ᄯᅩ 다ᄅᆞᆫ 나래 窓牖 中에셔(又以他日에 於窓牖中에셔) 〈法華二 209b〉

〈85〉 次第 對 次序

두 명사가 [序] 즉 '차례, 차서'의 뜻을 가지고 동의 관계에 있다는 것은 동일 원문의 번역인 다음 예문들에서 잘 확인된다. 원문 중 '有…序'가 '次第 잇다'로도 번역되고 '次序 잇다'로도 번역된다. 그리고 '進修之序'가 '進修ᄒᆞᇙ 次第'로도 번역되고 '나ᅀᅡ 닷ᄀᆞᆯ 次序'로도 번역된다. 따라서 '次第'와 '次序'의 동의성은 명백히 입증된다.

(85) a. 暫持ᄒᆞ며 圓持ᄒᆞ며 精持ᄒᆞ논 次第 잇ᄂᆞ니라 〈釋十九 8b〉
b. 暫持 圓持 精持 次第 잇ᄂᆞ니 〈月十七 44a〉
c. 잢간 디니며 ᄀᆞ초 디니며 精히 디닌 次序ㅣ 잇ᄂᆞ니(有暫持圓持精持之序ᄒᆞ니) 〈法華六

2b〉

(85) d. 進修홀 次第를 여르시고 〈月十九 94a〉
e. 나사 닷골 次序를 여르시고(以開進修之序ᄒᆞ시고) 〈法華七 156b〉

〈86〉 貪欲 對 欲

두 명사가 [欲] 즉 '탐욕, 욕심'의 뜻을 가지고 동의 관계에 있다는 것은 동일 원문의 번역인 다음 예문들에서 잘 확인된다. 원문 중 '離欲'이 '貪欲 여희다'로도 번역되고 '欲 여희다'로도 번역된다. 그리고 '無欲'이 '貪欲이 없다'로도 번역되고 '欲이 없다'로도 번역된다. 따라서 '貪欲'과 '欲'의 동의성은 명백히 입증된다.

(86) a. 곧 貪欲 여희요믈 得ᄒᆞ리어며 〈釋二十一 7a〉
b. 곧 欲 여희요믈 得ᄒᆞ며(便得離欲ᄒᆞ며) 〈法華七 60a〉

(86) c. 貪欲이 언제 업스료 〈釋二十四 26b〉
d. 엇뎨 欲이 업스리오 〈月二十五 131b〉
e. 豈得無欲 〈釋迦譜 卷3 25. 阿育王弟出家造石像記〉

〈87〉 胎 對 胎藏

두 명사가 [胎藏] 즉 '胎兒'의 뜻을 가지고 동의 관계에 있다는 것은 동일 원문의 번역인 다음 예문들에서 잘 확인된다. 원문 중 '由胎藏'이 '胎를 븓다'로도 번역되고 '胎藏ᄋᆞᆯ 븓다'로도 번역된다. 따라서 '胎'와 '胎藏'의 동의성은 명백히 입증된다.

(87) a. 胎를 븓디 아니홀씨 〈月十五 15b〉
b. 胎藏ᄋᆞᆯ 븓디 아니홀씨(不由胎藏故로) 〈法華四 19b〉

〈88〉 便 對 便安

두 명사가 [便] 즉 '편안'의 뜻을 가지고 동의 관계에 있다는 것은 동일 원문의 번역인 다음 예문들에서 잘 확인된다. 원문 중 '得便'이 '便을 得ᄒᆞ다'로도 번역되고 '便安 得ᄒᆞ다'로도 번역된다. 따라서 '便'과 '便安'의 동의성은 명백히 입증된다.

(88) a. 便을 得디 몯ᄒᆞ리이다 ᄒᆞ시고 〈釋二十一 25b〉
　　b. 能(60b)히 便을 得디 몯ᄒᆞ리이다 ᄒᆞ시고 〈月十九 61a〉
　　c. 能히 便安 得디 몯ᄒᆞ리이다 ᄒᆞ시고(無能得便ᄒᆞ리이다 ᄒᆞ시고) 〈法華七 113a〉

한편 '便'이 『석보상절』, 『월인석보』 및 『법화경언해』에서 모두 '便'으로 번역된다는 것은 동일 원문의 번역인 다음 예문들에서 잘 확인된다. 원문 중 '得便'이 모두 '便을 得ᄒᆞ다'로 번역된다.

(88) d. 便을 得디 몯게 ᄒᆞ고져 ᄒᆞ노이다 ᄒᆞ고 〈釋二十一 29a〉
　　e. 便을 得디 몯게 호리이다 ᄒᆞ고 〈月十九 65b〉
　　f. 便을 得디 몯게 코져 ᄒᆞ노이다 코(令不得便ᄒᆞ노이다 코) 〈法華七 117a〉

〈89〉 形像 對 像

두 명사가 [形像] 즉 '形像, 像'의 뜻을 가지고 동의 관계에 있다는 것은 다음 예문들에서 잘 확인된다. 원문 중 '地藏菩薩形像'이 '地藏菩薩ㅅ 形像'으로도 번역되고 '地藏菩薩ㅅ 像'으로도 번역된다. 그리고 '彩畵 … 形像'이 '像ᄋᆞᆯ 彩色ᄋᆞ로 그리다'로 번역된다. 따라서 '形像'과 '像'의 동의성은 명백히 입증된다.

(89) a. 시(159a)혹 地藏菩薩ㅅ 形像ᄋᆞᆯ 보거나 〈月二十一 159b〉
　　b. 或見地藏菩薩形像 〈地藏菩薩本願經〉

(89) c. 이 사ᄅᆞ미 ᄒᆞ다가 能히 地藏菩薩ㅅ 像ᄋᆞᆯ 塑畫커나 〈月二十一 162b〉
　　d. 是人 若能塑畫地藏菩薩形像 〈地藏菩薩本願經〉

(89) e. 像올 彩色으로 그리며 刻鏤塑漆호매 니를면 〈月二十一 17a〉
f. 乃至彩畫刻鏤塑漆形像 〈地藏菩薩本願經〉

〈90〉 或者 對 惑

두 명사가 [或者] 즉 '혹자, 어떤 사람'의 뜻을 가지고 동의 관계에 있다는 것은 동일 원문의 번역인 다음 예문들에서 잘 확인된다. 원문 중 '或者之非'가 '或者의 외다 홈'으로 번역되고 '或者非之'가 '或이 외다 ᄒᆞ다'로 번역된다. 따라서 '或者'와 '或'의 동의성은 명백히 입증된다.

(90) a. 내 오직 이를 자바 或者의 외다 호ᄆᆞᆯ 當ᄒᆞ노라(吾唯守此ᄒᆞ야 以當或者之作ᄒᆞ노라) 〈法華三 157a〉
b. 呂觀文이 ᄡᅧ 이 章올 사겨늘 或이 와다 ᄒᆞ니(呂觀文이 用釋此章ᄒᆞ야늘 或者ㅣ 非之ᄒᆞ니) 〈法華三 156a〉

〈91〉 效驗 對 驗

두 명사가 [驗] 즉 '效驗, 효능'의 뜻을 가지고 동의 관계에 있다는 것은 동일 원문의 번역인 다음 예문들에서 잘 확인된다. 원문 중 '脫…驗'이 '벗논 效驗'으로도 번역되고 '벗논 驗'으로도 번역된다. 따라서 '效驗'과 '驗'의 동의성은 명백히 입증된다.

(91) a. 魏예 사로ᄆᆞᆯ 올오니(20a)…곧 여러 가짓 苦惱 벗논 效驗이라 〈月十九 21b〉
b. 魏예 生올 올오미 곧 여러 가짓 苦惱 벗논 驗이라(全生於魏ᄒᆞ니 卽脫諸苦惱之驗也ㅣ라) 〈法華七 46b〉

〈92〉 後 對 乃終

두 명사가 [後] 즉 '뒤, 나중'의 뜻을 가지고 동의 관계에 있다는 것은 동일 원문의 번역인 다음 예문들에서 잘 확인된다. 원문 중 '最後'가 'ᄆᆞᆺ 乃終'으로도 번역되고 'ᄆᆞᆺ 後'로도 번역된다. 따라서 '後'와 '乃終'의 동의성은 명백히 입증된다.

(92) a. 뭇 乃終ㅅ 부텨 出家 아니ᄒᆞ야 겨싫 저긔 여듧 王子를 두겨샤ᄃᆡ 〈釋十三 29b〉
b. 뭇 後ㅅ 부텨 出家 아니ᄒᆞ야 겨싫 저긔 여듧 王子를 두겨샤ᄃᆡ 〈月十一 45a〉
c. 뭇 後ㅅ 부텨 出家 아니ᄒᆞ야 겨신 제 여듧 王子ㅣ 잇더니(其最後佛이 未出家時예 有八王子ᄒᆞ더니) 〈法華一 99a〉

한편 '後'가 『석보상절』, 『월인석보』 및 『법화경언해』에서 모두 '後'로 번역된다는 것은 동일 원문의 번역인 다음 예문들에서 잘 확인된다. 원문 중 '後佛'이 모두 '後ㅅ 부텨'로 번역된다.

(92) d. 첫 부텨 後ㅅ 부텨 다 ᄒᆞᆫ 가짓 字로 〈釋十三 29b〉
e. 첫 부텨 後ㅅ 부텨 다 ᄒᆞᆫ 가짓 字로 〈月十一 44b〉
f. 첫 부텨 後ㅅ 부텨 다 ᄒᆞᆫ가지로 ᄒᆞᆫ 字ㅣ샤(初佛後佛이 皆同一字ᄒᆞ샤) 〈法華一 99a〉

〈93〉 後生 對 轉身

두 명사가 [轉身] 즉 '후생, 來世'의 뜻을 가지고 동의 관계에 있다는 것은 동일 원문의 번역인 다음 예문들에서 잘 확인된다. 원문 중 '轉身'이 '後生'으로도 번역되고 '轉身'으로도 번역된다. 그리고 '轉身'의 字釋이 '後身'이다. 따라서 '後生'과 '轉身'의 동의성은 명백히 입증된다.

(93) a. 이 功德으로 後生애 〈釋十九 5b〉
b. 이 功德 젼ᄎᆞ로 轉身의 나매 〈月十七 50b〉
c. 이 功德을 緣ᄒᆞ야 올ᄆᆞᆫ 몸 나매(緣是功德ᄒᆞ야 轉身所生애) 〈法華六 11a〉

(93) d. 이 사ᄅᆞᄆᆡ 功德이 後生애…轉輪聖王 앗ᄂᆞᆫ 싸ᄒᆞᆯ 得ᄒᆞ리라 〈釋十九 6a〉
e. 이 사ᄅᆞᄆᆡ 功德이 轉身에…轉輪聖王 안ᄂᆞᆫ ᄃᆡᆯ 得ᄒᆞ리라(是人功德이 轉身에 得…轉輪聖王所坐之處ᄒᆞ리라) 〈法華六 12a〉

(93) f. 後生애…ᄒᆞᆫ 고대 나리니 〈釋十九 6b〉
g. 轉身애…ᄒᆞᆫ 고대 ᄒᆞᆫᄃᆡ 나ᄆᆞᆯ 得ᄒᆞ리니(轉身에 得 … 共生一處ᄒᆞ리니) 〈法華六 12b〉

제 2 절

動詞類에서의 同義

動詞類에서 확인되는 漢字語간의 동의는 動作動詞간의 동의와 狀態動詞간의 동의로 나누어 고찰할 수 있다.

1. 動作動詞간의 同義

동작동사간의 동의에는 [渴] 즉 '갈망하다'의 뜻을 가진 '渴望ᄒᆞ다'와 '渴ᄒᆞ다'를 비롯하여 [化] 즉 '敎化하다, 가르치다'의 뜻을 가진 '敎化ᄒᆞ다'와 '化ᄒᆞ다', [瞋恚] 즉 '성내다, 노하다'를 뜻하는 '怒ᄒᆞ다'와 '瞋恚ᄒᆞ다', [犯] 즉 '범하다'의 뜻을 가진 '犯觸ᄒᆞ다'와 '犯ᄒᆞ다', [囑累] 즉 '부탁하다, 맡기다'의 뜻을 가진 '付屬ᄒᆞ다'와 '囑累ᄒᆞ다', [與] 즉 '참여하다'의 뜻을 가진 '隨參ᄒᆞ다'와 '參預ᄒᆞ다'. [論] 즉 '의논하다, 논하다'의 뜻을 가진 '論議ᄒᆞ다'와 '論ᄒᆞ다', [度] 즉 '濟度하다'의 뜻을 가진 '濟度ᄒᆞ다'와 '度脫ᄒᆞ다', [上慢] 즉 '업신여기다, 거만하다'의 뜻을 가진 '增上慢ᄒᆞ다'와 '上慢ᄒᆞ다', [讚善] 즉 '찬탄하다'의 뜻을 가진 '讚歎ᄒᆞ다'와 '讚善ᄒᆞ다', [著] 즉 '탐착하다'의 뜻을 가진 '貪著ᄒᆞ다'와 '著ᄒᆞ다', [統] 즉 '거느리다, 다스리다'의 뜻을 가진 '統ᄒᆞ다'와 '統領ᄒᆞ다' 그리고 [護] 즉 '護持하다, 擁護하다'의 뜻을 가진 '護持ᄒᆞ다'와 '擁護ᄒᆞ다' 등 30여 항목이 있다.

〈1〉 渴望ᄒᆞ다 對 渴ᄒᆞ다

두 동작동사가 [渴] 즉 '갈망하다'의 뜻을 가지고 동의 관계에 있다는 것은 동일 원문의 번역인 다음 예문들에서 잘 확인된다. 원문 중 '渴仰'이 '渴望ᄒᆞ야 울월다'로도 번역되고 '渴ᄒᆞ야 울월다'로도 번역되므로 '渴望ᄒᆞ다'와 '渴ᄒᆞ다'의 동의성은 명백히 입증된다.

(1) a. 부텨ᄭᅴ 渴望ᄒᆞ야 울워러 〈月十七 15a〉
b. 부텨ᄭᅴ 渴ᄒᆞ야 울워러(渴仰於佛ᄒᆞ야) 〈法華五 148a〉

〈2〉 乞食ᄒᆞ다 對 分衛ᄒᆞ다

두 동작동사가 [分衛] 즉 '乞食하다'의 뜻을 가지고 동의 관계에 있다는 것은 동일 원문의 번역인 다음 예문들에서 잘 확인된다. 원문 중 '一人分衛'가 'ᄒᆞᆫ 사ᄅᆞ미 乞食ᄒᆞ다'로도 번역되고 'ᄒᆞᆫ 사ᄅᆞ미 分衛ᄒᆞ다'로도 번역된다. 그리고 '分衛'의 자석이 '乞食'이다. 따라서 '乞食ᄒᆞ다'와 '分衛ᄒᆞ다'의 동의성은 명백히 입증된다.

(2) a. ᄒᆞᆫ 사ᄅᆞ미 乞食ᄒᆞ라 가 王ㅅ 威伏ᄋᆞᆯ 보고 〈月十九 70b〉
b. ᄒᆞᆫ 사ᄅᆞ미 分衛ᄒᆞ다가[分衛ᄂᆞᆫ 예셔(125a) 닐오매 乞食이라] 王의 威伏ᄋᆞᆯ 보고(一人이 分衛ᄒᆞ다가 見王의 威伏ᄒᆞ고) 〈法華七 125b〉

〈3〉 教化ᄒᆞ다 對 化ᄒᆞ다

두 동작동사가 [化] 즉 '教化하다, 가르치다'의 뜻을 가지고 동의 관계에 있다는 것은 동일 원문의 번역인 다음 예문들에서 잘 확인된다. 원문 중 '化導'가 '教化ᄒᆞ야 引導ᄒᆞ다'로도 번역되고 '化ᄒᆞ야 引導ᄒᆞ다'로도 번역된다. 그리고 '化無數無量之人'이 '無數無量人ᄋᆞᆯ 教化ᄒᆞ다'로도 번역되고 '無數無量ᄒᆞᆫ 사ᄅᆞᄆᆞᆯ 化ᄒᆞ다'로도 번역된다. 따라서 '教化ᄒᆞ다'와 '化ᄒᆞ다'의 동의성은 명백히 입증된다.

(3) a. 敎化ᄒᆞ야 引導ᄒᆞ야 〈釋二十一 45b〉
b. 닐온 敎化ᄒᆞ야 引導ᄒᆞ야 〈月十九 88b〉
c. 닐온 化ᄒᆞ야 引導ᄒᆞ야(所謂化導ᄒᆞ야) 〈法華七 146b〉

(3) d. 萬億衆을 敎化ᄒᆞ샤 〈釋十九 36b〉
e. 萬億衆을 敎化ᄒᆞ샤 〈月十七 74b〉
f. 萬億衆을 化ᄒᆞ샤(化萬億衆ᄒᆞ샤) 〈法華六 71a〉

(3) g. ᄯᅩ 千萬億 사ᄅᆞᄆᆞᆯ 化ᄒᆞ야 〈釋十九 32b〉
h. ᄯᅩ 千萬億衆(87b)을 敎化ᄒᆞ야 〈月十七 88a〉
i. ᄯᅩ 千萬億衆 化ᄒᆞ야(復化千萬億衆ᄒᆞ야) 〈法華六 84a〉

(3) j. 어드리 無數無量人ᄋᆞᆯ 敎化ᄒᆞ료 〈月十八 42a〉
k. 엇뎨 足히 無數無量ᄒᆞᆫ 사ᄅᆞᄆᆞᆯ 化ᄒᆞ시리오(何足以化無數無量之人ᄒᆞ시리오) 〈法華 六 156b〉

(3) l. ᄯᅩ 無量 阿僧祇 사ᄅᆞᄆᆞᆯ 敎化ᄒᆞ야 〈月十五 7a〉
m. ᄯᅩ 無量 阿僧祇 사ᄅᆞᄆᆞᆯ 化ᄒᆞ야(又化無量阿僧祇人ᄒᆞ야) 〈法華四 10b〉

(3) n. 菩薩이 敎化ᄒᆞᆫ 衆生ᄋᆞᆯ 조차 佛土ᄅᆞᆯ 가지ᄂᆞ다 ᄒᆞ니 〈月十五 8a〉
o. 菩薩이 化ᄒᆞᆫ 衆生을 조차 佛土ᄅᆞᆯ 가지ᄂᆞ다 ᄒᆞ시니(菩薩이 隨所化衆生ᄒᆞ야 而取佛土ㅣ라 ᄒᆞ시니) 〈法華四 12a〉

(3) p. 三界 지비 부텻 오래 敎化ᄒᆞ시ᄂᆞᆫ ᄯᅡ힐ᄊᆡ 〈月十七 18a〉
q. 三界 지븐 부텻 녜브터 化ᄒᆞ시논 ᄃᆡᆯᄊᆡ(三界之家ᄂᆞᆫ 佛所舊化ㅣ실ᄊᆡ 故로) 〈法華五 154b〉

(3) r. 敎化ᄒᆞ샨 衆이 샹녜 스승과 ᄒᆞᆫᄃᆡ 나ᄆᆞᆫ 〈月十四 48b〉
s. 化ᄒᆞ샨 衆이 샹녜 스승과 ᄒᆞᆫᄃᆡ 나ᄆᆞᆫ(所化之衆이 常與師와 俱者ᄂᆞᆫ) 〈法華三 153a〉

한편 '化'가 『월인석보』와 『법화경언해』에서 모두 '敎化ᄒᆞ다'로도 번역되고 모두 '化ᄒᆞ다'로도 번역된다는 것은 동일 원문의 번역인 다음 예문들에서 잘 확인된다. 원문 중 '化衆生'이 모두 '衆生 敎化ᄒᆞ다'로 번역된다. '化他人'이 '다ᄅᆞᆫ 사ᄅᆞᄆᆞᆯ 化ᄒᆞ다'와 '다ᄅᆞᆫ 사ᄅᆞᆷ 化ᄒᆞ다'로 번역된다.

그리고 '冥化'가 모두 '그스기 化ᄒᆞ다'로 번역된다.

(3) t. 衆生 敎化ᄒᆞ믄 〈月十五 7b〉
u. 衆生 敎化ᄒᆞ믄(化衆生者ᄂᆞᆫ) 〈法華四 12a〉

(3) v. 또 다른 사ᄅᆞᄆᆞᆯ 化ᄒᆞ샤 〈月十五 11b〉
w. 또 다른 사ᄅᆞ 化ᄒᆞ샤(復化他人ᄒᆞ샤)) 〈法華四 15a〉

(3) x. 眞知로 그스기 化ᄒᆞ샤매 〈月十三 46b〉
y. 眞知로 그스기 化ᄒᆞ샤매(眞知로 冥化ᄒᆞ샤매) 〈法華三 12a〉

〈4〉 究竟ᄒᆞ다 對 窮盡ᄒᆞ다

두 동작동사가 [窮盡] 즉 '끝에 다다르다'의 뜻을 가지고 동의 관계에 있다는 것은 동일 원문의 번역인 다음 예문들에서 잘 확인된다. 원문 중 '至…窮盡'이 '究竟호매 니르리'로도 번역되고 '窮盡호매 니르리'로도 번역되므로 '究竟ᄒᆞ다'와 '窮盡ᄒᆞ다'의 동의성은 명백히 입증된다.

(4) a. 이 ᄀᆞ티 究竟호매 니르리 〈月十一 101a〉
b. 이 ᄀᆞ티 始終ᄒᆞ며 이 ᄀᆞ티 窮盡호매 니르리(乃至如是而始終ᄒᆞ며 如是而窮盡히) 〈法華一 148b〉

〈5〉 期約ᄒᆞ다 對 期限ᄒᆞ다

두 동작동사가 [爲期] 즉 '期約하다, 期限하다'의 뜻을 가지고 동의 관계에 있다는 것은 동일 원문의 번역인 다음 예문들에서 잘 확인된다. 원문 중 '爲期'가 '期約ᄒᆞ다'로도 번역되고 '期限ᄒᆞ다'로도 번역된다. 따라서 '期約ᄒᆞ다'와 '期限ᄒᆞ다'의 동의성은 명백히 입증된다.

(5) a. 다 三七日로 期約ᄒᆞ야 〈月十九 108b〉
b. 다 三七(172b)日로 期限ᄒᆞ야(凡以三七日로 爲期ᄒᆞ야)〈法華七 173a〉

〈6〉 根原ᄒᆞ다 對 根源ᄒᆞ다

두 동작동사가 [原] 즉 '찾다, 추구하다'의 뜻을 가지고 동의 관계에 있다는 것은 동일 원문의 번역인 다음 예문들에서 잘 확인된다. 원문 중 '原始'가 '처ᅀᅥ믈 根原ᄒᆞ다'로도 번역되고 '처ᅀᅥ믈 根源ᄒᆞ다'로도 번역된다. 따라서 '根原ᄒᆞ다'와 '根源ᄒᆞ다'의 동의성은 명백히 입증된다.

(6) a. 처ᅀᅥ믈 根原ᄒᆞ야 乃終내 혜여 보면 〈月十四 50a〉
b. 처ᅀᅥ믈 根源ᄒᆞ야 내죵을 求컨댄(原始要終컨댄) 〈法華三 155b〉

〈7〉 怒ᄒᆞ다 對 瞋恚ᄒᆞ다

두 동작동사가 [瞋恚] 즉 '성내다, 노하다'의 뜻을 가지고 동의 관계에 있다는 것은 동일 원문의 번역인 다음 예문들에서 잘 확인된다. 원문 중 '瞋恚意'가 '怒ᄒᆞᆫ ᄠᅳᆮ'으로도 번역되고 '瞋恚ᄒᆞᆫ ᄠᅳᆮ'으로도 번역되므로 '怒ᄒᆞ다'와 '瞋恚ᄒᆞ다'의 동의성은 명백히 입증된다.

(7) a. 怒ᄒᆞᆫ ᄠᅳ드로 날 므더니 너기던 젼ᄎᆞ로 〈釋十九 34a〉
b. 瞋恚ᄒᆞᆫ ᄠᅳ드로 나ᄅᆞᆯ 업시운 젼ᄎᆞ로 〈月十七 91a〉
c. 怒ᄒᆞᆫ ᄠᅳ드로 나ᄅᆞᆯ 놀아이 너곤 젼ᄎᆞ로(以瞋恚意로 輕賤我故로) 〈法華六 88a〉

〈8〉 傳持ᄒᆞ다 對 傳ᄒᆞ다

두 동작동사가 [傳] 즉 '傳하다'의 뜻을 가지고 동의 관계에 있다는 것은 동일 원문의 번역인 다음 예문들에서 잘 확인된다. 원문 중 '傳續'이 '傳持ᄒᆞ야 닛다'로도 번역되고 '傳ᄒᆞ야 닛다'로도 번역되므로 '傳持ᄒᆞ다'와 '傳ᄒᆞ다'의 동의성은 명백히 입증된다.

(8) a. 傳持ᄒᆞ야 니ᅀᅥ 다ᄋᆞ디 아니호미 〈月十一 91b〉
b. 傳ᄒᆞ야 니수미 다ᄋᆞ디 아니호미(傳續不窮호미) 〈法華一 113a〉

한편 '傳'이 『월인석보』와 『법화경언해』에서 모두 '傳持ᄒᆞ다'로 번역된다는 것은 동일 원문의 번역인 다음 예문들에서 잘 확인된다. 원문 중 '宣傳'이 모두 '펴 傳持ᄒᆞ다'로 번역된다.

(8) c. 法藏ᄋᆞᆯ 펴 傳持ᄒᆞᆯᄊᆡ 〈月十五 31a〉
d. 法藏ᄋᆞᆯ 펴 傳持ᄒᆞᆯᄊᆡ(宣傳法藏故로) 〈法華四 52a〉

(8) e. 法藏ᄋᆞᆯ 펴 傳持ᄒᆞ욘 因力이 멀 ᄊᆡ니라 〈月十五 31b〉
f. 法藏 펴 傳持ᄒᆞ야 因力이 니ᅀᅥ 먼 다시라(由其宣傳法藏ᄒᆞ야 因力이 緜遠也ㅣ라) 〈法華四 53a〉

〈9〉 利케 ᄒᆞ다 對 利澤ᄒᆞ다

동작동사구 '利케 ᄒᆞ다'와 동작동사 '利澤ᄒᆞ다'가 [利澤] 즉 '이롭게 하다'의 뜻을 가지고 동의 관계에 있다는 것은 동일 원문의 번역인 다음 예문들에서 잘 확인된다. 원문 중 '利澤萬世'가 '萬世ᄅᆞᆯ 利케 ᄒᆞ다'로도 번역되고 '萬世ᄅᆞᆯ 利澤ᄒᆞ다'로도 번역된다. 따라서 '利케 ᄒᆞ다'와 '利澤ᄒᆞ다'의 동의성은 명백히 입증된다.

(9) a. 萬世ᄅᆞᆯ 利케 코져 ᄒᆞ실ᄊᆡ 〈月十七 93a〉
b. 萬世ᄅᆞᆯ 利澤호려 머그실ᄊᆡ(意…利澤萬世ᄒᆞ실ᄊᆡ) 〈法華六 97a〉

〈10〉 利ᄒᆡ다 對 利ᄒᆞ다

두 동작동사가 [利] 즉 '이롭게 하다'의 뜻을 가지고 동의 관계에 있다는 것은 동일 원문의 번역인 다음 예문들에서 잘 확인된다. 원문 중 '利生'이 '衆生 利ᄒᆡ다'로도 번역되고 '衆生 利ᄒᆞ다'로도 번역된다. 따라서 두 동작동사 '利ᄒᆡ다'와 '利ᄒᆞ다'의 동의성은 명백히 입증된다. 두 동작동사는 他動詞 구실을 한다.

(10) a. 衆(23a)生 利ᄒᆡ샤미니 〈月十五 23b〉
b. 衆生 利ᄒᆞ샤미니(利生이시니) 〈法華四 38b〉

〈11〉 滅度ᄒᆞ다 對 滅ᄒᆞ다

두 동작동사가 [滅] 즉 '滅度하다, 入滅하다'의 뜻을 가지고 동의 관계에 있다는 것은 동일 원문의 번역인 다음 예문들에서 잘 확인된다. 원문 중 '唱滅'이 '滅度호려 니ᄅᆞ다'로도 번역되고 '滅호려 니ᄅᆞ다'로도 번역된다. 따라서 '滅度ᄒᆞ다'와 '滅ᄒᆞ다'의 동의성은 명백히 입증된다.

(11) a. 日月燈明이 이 經 니ᄅᆞ시고 한 사ᄅᆞᄆᆡ게 滅度호려 니ᄅᆞ샤 〈月十五 86a〉
b. 日月燈明이 이 經 니ᄅᆞ시고 즉재 衆의게 滅호려 니ᄅᆞ샤(日月燈明이 說是經已ᄒᆞ시고 卽於衆에 唱滅ᄒᆞ샤) 〈法華四 135b〉

〈12〉 滅度ᄒᆞ다 對 涅槃ᄒᆞ다

두 동작동사가 [滅度] 즉 '滅度하다, 入滅하다'의 뜻을 가지고 동의 관계에 있다는 것은 동일 원문의 번역인 다음 예문들에서 잘 확인된다. 원문 중 '我滅度'가 '나 滅度ᄒᆞ다'로도 번역되고 '나 涅槃ᄒᆞ다'로도 번역된다. 따라서 '滅度ᄒᆞ다'와 '涅槃ᄒᆞ다'의 동의성은 명백히 입증된다. '涅槃'은 梵語 'nirvāṇa'의 음역이지만 이 저서에서는 漢字語로 다루었다.

(12) a. 나 滅度ᄒᆞᆫ 百年 後에〈釋二十四 9a〉
b. 나 涅槃ᄒᆞᆫ 百歲 後에 〈月二十五 65a〉
c. 我滅度 百年之後 〈釋迦譜 卷5 31. 阿育王造八萬四千塔記〉

〈13〉 迷ᄒᆞ다 對 迷惑ᄒᆞ다

두 동작동사가 [迷] 즉 '미혹하다'의 뜻을 가지고 동의 관계에 있다는 것은 동일 원문의 번역인 다음 예문들에서 잘 확인된다. 원문 중 '自迷'가 '제 迷ᄒᆞ다'로도 번역되고 '제 迷惑ᄒᆞ다'로도 번역되므로 '迷ᄒᆞ다'와 '迷惑ᄒᆞ다'의 동의성은 명백히 입증된다.

(13) a. 오직 제 色心 안해 迷ᄒᆞᆯᄊᆡ 〈月十四 7a〉
b. 오직 色心 안해 제 迷惑호미 ᄃᆞ욀ᄊᆡ(但爲自迷色心之內故로) 〈法華三 85a〉

한편 '迷'가 『월인석보』와 『법화경언해』에서 모두 '迷惑ᄒᆞ다'로 번역된다는 것은 동일 원문의 번역인 다음 예문들에서 잘 확인된다. 원문 중 '迷淪'이 '迷惑ᄒᆞ야 �디다'로도 번역되고 '迷惑ᄒᆞ야 ᄢᅥ디다'로도 번역된다.

(13) c. 迷惑ᄒᆞ야 ᄡᅥ디건 디 〈月十四 9b〉
d. 迷惑ᄒᆞ야 ᄢᅥ디여 오미(迷淪已來ㅣ) 〈法華三 87b〉

(13) e. 거츤 혜메 迷惑ᄒᆞ야 ᄡᅥ딜ᄊᆡ 〈月十四 10a〉
f. 迷惑ᄒᆞ야 ᄢᅥ디여 간대로 혤ᄊᆡ(迷淪妄計故로) 〈法華三 88a〉

(13) g. 下根 迷惑ᄒᆞᆫ ᄠᅳ들 對ᄒᆞ야 〈月十四 9a〉
h. 下根 迷惑ᄒᆞᆫ ᄠᅳ들 對ᄒᆞ야(對下根迷情ᄒᆞ야) 〈法華三 87b〉

(13) i. 能히 色心ᄋᆡ 迷惑ᄒᆞ야 거로ᄆᆞᆯ ᄉᆞᄆᆞᆺ 아라 〈月十四 7b〉
j. 色心ᄋᆡ 迷惑ᄒᆞᆫ 걸유ᄆᆞᆯ 能히 ᄉᆞᄆᆞᆺ 아라(夫能了色心之迷滯ᄒᆞ야) 〈法華三 85a〉

(13) k. 니러 노녀 ᄃᆞᆫ뇨ᄆᆞᆫ 더 迷惑호미오 〈月十五 23b〉
l. 니러 ᄃᆞᆫ뇨ᄆᆞᆫ 더 迷惑호미오(起已遊行은 轉迷也ㅣ오) 〈法華四 38b〉

〈14〉 犯觸ᄒᆞ다 對 犯ᄒᆞ다

두 동작동사가 [犯] 즉 '범하다'의 뜻을 가지고 동의 관계에 있다는 것은 동일 원문의 번역인 다음 예문들에서 잘 확인된다. 원문 중 '犯此法師'가 '이 法師 犯觸ᄒᆞ다'로도 번역되고 '이 法師 ᄅᆞᆯ 犯ᄒᆞ다'로도 번역되므로 두 동작동사 '犯觸ᄒᆞ다'와 '犯ᄒᆞ다'의 동의성은 명백히 입증된다. 두 동작동사는 '法師'를 목적어로 공유한다.

(14) a. 이 法師 犯觸ᄒᆞᆫ 거시 〈釋二十一 31a〉
b. 이 法師 犯ᄒᆞ리ᄂᆞᆫ 〈月十九 68a〉
c. 이 法(119b)師ᄅᆞᆯ 犯ᄒᆞᄂᆞ닌(犯此法師者ᄂᆞᆫ) 〈法華七 120a〉

〈15〉 布施ᄒᆞ다 對 施ᄒᆞ다

두 동작동사가 [施] 즉 '주다, 布施하다'의 뜻을 가지고 동의 관계에 있다는 것은 동일 원문의 번역인 다음 예문들에서 잘 확인된다. 원문 중 '施衆生'이 '衆生ᄋᆡ그에 布施ᄒᆞ다'로도 번역되고 '衆生의게 施ᄒᆞ다'로도 번역된다. 그리고 '施無畏'가 '無畏ᄅᆞᆯ 布施ᄒᆞ다'로도 번역되고 '無畏ᄅᆞᆯ 施ᄒᆞ다'로도 번역된다. 따라서 두 동작동사 '布施ᄒᆞ다'와 '施ᄒᆞ다'의 동의성은 명백히 입증된다. 두 동작동사는 '無畏'를 목적어로 공유한다.

(15) a. 내 ᄒᆞ마 衆生ᄋᆡ그에 즐거ᄫᅳᆫ 거슬 布施호ᄃᆡ 〈釋十九 3b〉
b. 내 ᄒᆞ마 衆(47a)生ᄋᆡ게 즐긿 거슬 施호ᄃᆡ 〈月十七 47b〉
c. 내 ᄒᆞ마 衆生의게 즐길 꺼슬 施호ᄃᆡ(我ㅣ 已施衆生의게 娛樂之具호ᄃᆡ) 〈法華六 8a〉

(15) d. 衆生ᄋᆞᆯ 布施ᄒᆞ시ᄂᆞ니 〈釋二十一 6a〉
e. 衆生ᄋᆡ게 施ᄒᆞ시ᄂᆞ니 〈月十九 26a〉
f. 衆生ᄋᆡ게 施ᄒᆞ시ᄂᆞ니(施於衆生ᄒᆞ시ᄂᆞ니) 〈法華七 58b〉

(15) g. 能히 無畏ᄅᆞᆯ 布施ᄒᆞᆯᄊᆡ 〈釋二十一 14a〉
h. 能히 無畏ᄅᆞᆯ 施ᄒᆞᄂᆞ니 〈月十九 39a〉
i. 能히 無畏ᄅᆞᆯ 施ᄒᆞᆯᄊᆡ(能施無畏ᄒᆞᆯᄊᆡ) 〈法華七 81a〉

한편 '施'가 『월인석보』와 『법화경언해』에서 모두 '布施ᄒᆞ다'로 번역된다는 것은 동일 원문의 번역인 다음 예문들에서 잘 확인된다. 원문 중 '妻子施'가 모두 '妻子로 布施ᄒᆞ다'로 번역된다.

(15) j. 妻子로 布施ᄒᆞ야 〈月十一 2b〉
k. 妻子로 布施ᄒᆞ야(妻子로 施ᄒᆞ야) 〈法華一 77a〉

(15) l. 시혹 菩薩이…부텻긔와 즁의게 布施ᄒᆞ리도 보며 〈月十一 2b〉
m. ᄯᅩ 보ᄃᆡ 菩薩이…부텻긔와 즁의게 布施ᄒᆞ며(或見菩薩이…施佛及僧ᄒᆞ며) 〈法華一 92b〉

〈16〉 付屬ᄒᆞ다 對 囑累ᄒᆞ다

두 동작동사가 [囑累] 즉 '부탁하다, 맡기다'의 뜻을 가지고 동의 관계에 있다는 것은 동일 원문의 번역인 다음 예문들에서 잘 확인된다. 원문 중 '囑累於汝'가 '네그에 付屬ᄒᆞ다'로도 번역되고 '네게 囑累ᄒᆞ다'로도 번역되므로 '付屬ᄒᆞ다'와 '囑累ᄒᆞ다'의 동의성은 명백히 입증된다.

(16) a. 宿王華아 이 藥王菩薩人本事品으로 네그에 付屬ᄒᆞ노니 〈釋二十 30a〉
b. 宿王華야 이 藥王菩薩本事品으로 네게 囑累ᄒᆞ노니 〈月十八 58b〉
c. 宿王華야 이 藥王菩薩本事品으로 네게 囑累ᄒᆞ노니(宿王華야 以比藥王菩薩本事品으로 囑累於汝ᄒᆞ노니) 〈法華七 180b〉

(16) d. 내 佛法으로 너와 諸菩薩 大弟子ᄋᆡ그에 付屬호ᄃᆡ 〈釋二十 16a〉
e. 내 佛法으로 네게 囑累ᄒᆞ며 ᄯᅩ 諸菩薩大弟子와 〈月十八 37a〉
f. 내 佛法으로 네게 囑累ᄒᆞ며 ᄯᅩ 諸菩薩大弟子와(我以佛法으로 囑累於汝ᄒᆞ며 及諸菩薩大弟子와) 〈法華六 151a〉

〈17〉 隨參ᄒᆞ다 對 參預ᄒᆞ다

두 동작동사가 [與] 즉 '참여하다'의 뜻을 가지고 동의 관계에 있다는 것은 동일 원문의 번역인 다음 예문들에서 잘 확인된다. 원문 중 '與此'가 '이에 隨參ᄒᆞ다'로도 번역되고 '이에 參預ᄒᆞ다'로도 번역되므로 '隨參ᄒᆞ다'와 '參預ᄒᆞ다'의 동의성은 명백히 입증된다.

(17) a. 어드리 이에 隨參ᄒᆞ리오 〈月十八 35b〉
b. 엇뎨 이에 參預ᄒᆞ시리오(何以與此ᄒᆞ시리오) 〈法華六 149b〉

〈18〉 饒益ᄒᆞ다 對 饒益게 ᄒᆞ다

동작동사 '饒益ᄒᆞ다'와 동작동사구 '饒益게 ᄒᆞ다'가 [饒益] 즉 '넉넉하게 하다, 부유하게 하다'의 뜻을 가지고 동의 관계에 있다는 것은 동일 원문의 번역인 다음 예문들에서 잘 확인된다. 원문 중 '饒益無量衆生'이 '無量衆生ᄋᆞᆯ 饒益ᄒᆞ다'로도 번역되고 '無量衆生ᄋᆞᆯ 饒益게 ᄒᆞ다'로도 번역된다. 따라서 '饒益ᄒᆞ다'와 '饒益게 ᄒᆞ다'의 동의성은 명백히 입증된다.

(18) a. ᄒᆞᆫᄃᆡ 梵行ᄒᆞᄂᆞᆫ 사ᄅᆞᄆᆞᆯ ᄀᆞ장 饒益(5a)ᄒᆞᄂᆞ니 〈月十五 5b〉
b. ᄒᆞᆫ가지로 梵行ᄒᆞᄂᆞ닐 ᄀᆞ장 饒益게 ᄒᆞᄂᆞ니(大饒益同梵行者ᄒᆞᄂᆞ니) 〈法華四 8a〉

(18) c. 無量衆生ᄋᆞᆯ 敎化ᄒᆞ야 饒益게 ᄒᆞ야 〈月十五 9a〉
d. 無量衆生ᄋᆞᆯ 敎化ᄒᆞ야 饒益ᄒᆞ야(敎化饒益無量衆生ᄒᆞ야) 〈法華四 13b〉

한편 '饒益'이 『월인석보』와 『법화경언해』에서 모두 '饒益ᄒᆞ다'로 번역된다는 것은 동일 원문의 번역인 다음 예문들에서 잘 확인된다. 원문 중 '饒益…衆生'이 모두 '衆生ᄋᆞᆯ 饒益ᄒᆞ다'로 번역된다.

(18) e. 無量百千衆生ᄋᆞᆯ 饒益ᄒᆞ며 〈月十五 7a〉
f. 無量百千衆生ᄋᆞᆯ 饒益ᄒᆞ며(饒益無量百千衆生ᄒᆞ며) 〈法華四 10b〉

〈19〉 議論ᄒᆞ다 對 論ᄒᆞ다

두 동작동사가 [論] 즉 '의논하다, 논하다'의 뜻을 가지고 동의 관계에 있다는 것은 동일 원문의 번역인 다음 예문들에서 잘 확인된다. 원문 중 '足論'이 '議論ᄒᆞᇙ 줄'로도 번역되고 '足히 論ᄒᆞᆯ 쭐'로도 번역된다. 따라서 '議論ᄒᆞ다'와 '論ᄒᆞ다'의 동의성은 명백히 입증된다.

(19) a. 議論ᄒᆞᇙ 줄 업스리라 〈釋十九 10b〉 〈月十七 57b〉
b. 足히 論ᄒᆞᆯ 쭐 업스리라(無足論矣리라) 〈法華六 26b〉

〈20〉 一定ᄒᆞ다 對 定ᄒᆞ다

두 동작동사가 [定] 즉 '정해지다'의 뜻을 가지고 동의 관계에 있다는 것은 동일 원문의 번역인 다음 예문들에서 잘 확인된다. 원문 중 '性…定'이 '性이 一定ᄒᆞ다'로도 번역되고 '性은 定ᄒᆞ다'로도 번역되므로 '一定ᄒᆞ다'와 '定ᄒᆞ다'의 동의성은 명백히 입증된다.

(20) a. 性이 本來 ᄇᆞᆯ기 一定커늘 〈月十四 39a〉

b. 性은 本來 ᄇᆞᆯ기 定커늘(性은 本明定커ᄂᆞᆯ) 〈法華三 141a〉

〈21〉 濟度ᄒᆞ다 對 度脫ᄒᆞ다

두 동작동사가 [度] 즉 '濟度하다'의 뜻을 가지고 동의 관계에 있다는 것은 동일 원문의 번역인 다음 예문들에서 잘 확인된다. 원문 중 '度…衆生'이 '衆生ᄋᆞᆯ 濟度ᄒᆞ다'로도 번역되고 '衆生ᄋᆞᆯ 度脫ᄒᆞ다'로도 번역된다. 그리고 '度生'이 '衆生 濟度ᄒᆞ다'로도 번역되고 '衆生 度脫ᄒᆞ다'로도 번역된다. 따라서 '濟度ᄒᆞ다'와 '度脫ᄒᆞ다'의 동의성은 명백히 입증된다.

(21) a. 저마다 다(45a)…衆生ᄋᆞᆯ 濟度ᄒᆞ야 〈月十四 45b〉
b. 낫나치 다…衆生ᄋᆞᆯ 度脫ᄒᆞ야(一一皆度…衆生ᄒᆞ야) 〈法華三 149a〉

(21) c. 觀音이…얼굴 現ᄒᆞ샤 衆生 濟度ᄒᆞ샤미 〈月十九 47a〉
d. 觀音ㅅ…얼굴 現ᄒᆞ샤 衆生 度脫ᄒᆞ샤미(其所以觀音ㅅ…現形度生ᄒᆞ샤미) 〈法華七 94a〉

(21) e. 各各 能히 衆生(46a) 濟度호ᄃᆡ 〈月十四 46b〉
f. 各各 能히 衆 度脫ᄒᆞ샤ᄃᆡ(各能度衆ᄒᆞ샤ᄃᆡ) 〈法華三 150a〉

(21) g. 八萬劫에 各各 한 사ᄅᆞᆷ 濟度호ᄆᆞᆫ 〈月十四 46a〉
h. 八萬劫에 各各(149b) 한 衆을 度脫ᄒᆞ샤ᄆᆞᆫ(於八萬劫에 各度多衆者ᄂᆞᆫ) 〈法華三 150a〉

(21) i. 八正이 能히 濟度ᄒᆞᆯ ᄲᅮᆫ 아니라 〈月十四 46a〉
j. 八正이 能히 度脫ᄒᆞᆯ ᄲᅮᆫ 아니라(非唯八正之能度ㅣ라) 〈法華三 150a〉

〈22〉 濟度ᄒᆞ다 對 度ᄒᆞ다

두 동작동사가 [度] 즉 '제도하다'의 뜻을 가지고 동의 관계에 있다는 것은 동일 원문의 번역인 다음 예문들에서 잘 확인된다. 원문 중 '所應度'가 '濟度ᄒᆞ욜 양'으로도 번역되고 '度ᄒᆞ얌직홈'으로도 번역된다. 따라서 '濟度ᄒᆞ다'와 '度ᄒᆞ다'의 동의성은 명백히 입증된다.

(22) a. 濟度ᄒᆞ욜 야ᄋᆞᆯ 조차 〈釋二十 50a〉

b. 度ᄒᆞ얌직호ᄆᆞᆯ(31a) 조차(隨所應度ᄒᆞ야) 〈法華七 31b〉

〈23〉 增上慢ᄒᆞ다 對 上慢ᄒᆞ다

두 동작동사가 [上慢] 즉 '거만하다, 업신여기다'의 뜻을 가지고 동의 관계에 있다는 것은 동일 원문의 번역인 다음 예문들에서 잘 확인된다. 원문 중 '上慢者'가 '增上慢ᄒᆞᄂᆞᆫ 사ᄅᆞᆷ'으로도 번역되고 '上慢홇 사ᄅᆞᆷ'으로도 번역되므로 '增上慢ᄒᆞ다'와 '上慢ᄒᆞ다'의 동의성은 명백히 입증된다.

(23) a. 增上慢ᄒᆞᄂᆞᆫ 사ᄅᆞ미 信伏ᄒᆞ야 좇긔 ᄒᆞ시고 〈釋十九 36b〉

b. 上慢홇 사ᄅᆞ미 信ᄒᆞ야 降服ᄒᆞ야 좇ᄌᆞᄫᆞ며 〈月十七 75a〉

c. 上慢홀 ᄡᆞᄅᆞᄆᆞ로 信ᄒᆞ야 降服ᄒᆞ야 좇ᄌᆞᆸ게 ᄒᆞ시며(使上慢者로 信伏隨從케 ᄒᆞ시며) 〈法華六 71a〉

〈24〉 震動ᄒᆞ다 對 震ᄒᆞ다

두 동작동사가 [震] 즉 '震動하다'의 뜻을 가지고 동의 관계에 있다는 것은 동일 원문의 번역인 다음 예문들에서 잘 확인된다. 원문 중 '六震'이 '六種 震動ᄒᆞ다'로도 번역되고 '여슷 가지로 震ᄒᆞ다'로도 번역되므로 '震動ᄒᆞ다'와 '震ᄒᆞ다'의 동의성은 명백히 입증된다.

(24) a. 六種 震動(34a)호ᄆᆞᆫ 〈月十一 34b〉

b. 여슷 가지로 震호ᄆᆞᆫ(所以六震者ᄂᆞᆫ) 〈法華一 58a〉

〈25〉 嗔心ᄒᆞ다 對 怒ᄒᆞ다

두 동작동사가 [瞋] 즉 '성내다'의 뜻을 가지고 동의 관계에 있다는 것은 동일 원문의 번역인 다음 예문들에서 잘 확인된다. 원문 중 '怠瞋'이 '게으르며 嗔心ᄒᆞ다'로도 번역되고 '게으르며 怒ᄒᆞ다'로도 번역되므로 '嗔心ᄒᆞ다'와 '怒ᄒᆞ다'의 동의성은 명백히 입증된다.

(25) a. 네 샹녜 일훓 저긔 소기며 게으르며 嗔心ᄒᆞ며 怨歎앳 마리 업서 〈月十三 24b〉

b. 네 샹녜 지슬 쩨 소(213a)기며 게으르며 怒ᄒᆞ며 怨歎앳 말 업서(汝ㅣ 常作時예 無有欺怠 瞋恨怨言ᄒᆞ야) 〈法華二 213b〉

〈26〉 讚歎ᄒᆞ다 對 讚善ᄒᆞ다

두 동작동사가 [讚善] 즉 '찬탄하다'의 뜻을 가지고 동의 관계에 있다는 것은 동일 원문의 번역인 다음 예문들에서 잘 확인된다. 원문 중 '讚善'이 '讚歎ᄒᆞ다'로도 번역되고 '讚善ᄒᆞ다'로도 번역되므로 '讚歎ᄒᆞ다'와 '讚善ᄒᆞ다'의 동의성은 명백히 입증된다.

(26) a. 能히 隨喜ᄒᆞ야 讚歎ᄒᆞ면 〈釋二十 29b〉

b. 能히 隨喜ᄒᆞ야 讚歎ᄒᆞ면 〈月十八 58a〉

c. 能히 隨喜ᄒᆞ야 讚善ᄒᆞ닌(能隨喜讚善者ᄂᆞᆫ) 〈法華六 179b〉

〈27〉 懺悔ᄒᆞ다 對 懺ᄒᆞ다

두 동작동사가 [懺] 즉 '뉘우치다, 참회하다'의 뜻을 가지고 동의 관계에 있다는 것은 동일 원문의 번역인 다음 예문들에서 잘 확인된다. 원문 중 '勤心懺'이 '브즈런ᄒᆞᆫ ᄆᆞᅀᆞᄆᆞ로 懺悔ᄒᆞ다'로도 번역되고 '브즈런ᄒᆞᆫ ᄆᆞᅀᆞᄆᆞ로 懺ᄒᆞ다'로도 번역된다. 따라서 '懺悔ᄒᆞ다'와 '懺ᄒᆞ다'의 동의성은 명백히 입증된다.

(27) a. 鈍根이 일우디 몯ᄒᆞᄂᆞᆫ 사ᄅᆞᄆᆞᆫ 샹녜 반ᄃᆞ기 브즈런ᄒᆞᆫ ᄆᆞᅀᆞᄆᆞ로 懺悔홇디니 〈月十九 109a〉

b. 鈍根이 이디 몯ᄒᆞ닌 샹녜 반ᄃᆞ기 브즈런ᄒᆞᆫ ᄆᆞᅀᆞᄆᆞ로 懺홀띠(173a)니(鈍根未成者ᄂᆞᆫ 常富 勤心으로 懺이니) 〈法華七 173b〉

〈28〉 出令ᄒᆞ다 對 號令ᄒᆞ다

두 동작동사가 [号令] 즉 '號令하다'의 뜻을 가지고 동의 관계에 있다는 것은 동일 원문의 번역인 다음 예문들에서 잘 확인된다. 원문 중 '号令群衆'이 '한 사ᄅᆞᄆᆞᆯ 出令ᄒᆞ다'로도 번역되고

'한 사ᄅᆞᄆᆞᆯ 號令ᄒᆞ다'로도 번역되므로 '出令ᄒᆞ다'와 '號令ᄒᆞ다'의 동의성은 명백히 입증된다.

(28) a. 부픈 한 사ᄅᆞᄆᆞᆯ 出令ᄒᆞ고 〈月十一 41a〉
b. 부픈 한 사ᄅᆞᄆᆞᆯ 號令호ᄆᆞᆯ 쓰고(鼓ᄂᆞᆫ 以號令群衆이오) 〈法華一 90b〉

〈29〉 親近히 ᄒᆞ다 對 親近ᄒᆞ다

동작동사구 '親近히 ᄒᆞ다'와 동작동사 '親近ᄒᆞ다'가 [親近] 즉 '親近히 하다'의 뜻을 가지고 동의 관계에 있다는 것은 동일 원문의 번역인 다음 예문들에서 잘 확인된다. 원문 중 '親近…衒賣女色'이 '女色 ᄑᆞᄂᆞᆫ 사ᄅᆞᄆᆞᆯ 親近히 ᄒᆞ다'로도 번역되고 '女色 衒賣ᄒᆞᄂᆞ닐 親近ᄒᆞ다'로도 번역된다. 따라서 '親近히 ᄒᆞ다'와 '親近ᄒᆞ다'의 동의성은 명백히 입증된다.

(29) a. 女色 ᄑᆞᄂᆞᆫ 사ᄅᆞᄆᆞᆯ 親近히 호ᄆᆞᆯ 즐기디 아니ᄒᆞ야 〈月十九 117b〉
b. 女色 衒賣ᄒᆞᄂᆞ닐 親近호ᄆᆞᆯ 깃디 아니ᄒᆞ야(不喜親近…若衒賣女色ᄒᆞ야) 〈法華七 181b〉

〈30〉 親近ᄒᆞ다 對 親ᄒᆞ다

두 동작동사가 [親近]과 [親] 즉 '친근히 하다'의 뜻을 가지고 동의 관계에 있다는 것은 다음 예문들에서 잘 확인된다. '親近'이 고유어 '갓가ᄫᅵ ᄒᆞ다'와 한자어 '親近ᄒᆞ다'로 번역된다. 그리고 '親無數佛'이 '無數佛을 갓가ᄫᅵ ᄒᆞ다'로도 번역되고 '無數佛을 親ᄒᆞ다'로도 번역된다. 여기서 한자어 '親近ᄒᆞ다'와 '親ᄒᆞ다'가 고유어 '갓가ᄫᅵ ᄒᆞ다'와 동의 관계에 있다는 것이 확인된다. 따라서 '親近ᄒᆞ다'와 '親ᄒᆞ다'의 同義性은 명백히 입증된다.

(30) a. 아래 百千萬億 無數諸佛ᄭᅴ 갓가ᄫᅵ ᄒᆞ야 〈月十一 96b〉
b. 아ᄅᆡ 百千萬億 無數諸佛을 親近ᄒᆞ야(曾親近百千萬億無數諸佛ᄒᆞ야) 〈法華一 136b〉

(30) c. 無數佛을 갓가ᄫᅵ ᄒᆞ샤ᄆᆞᆫ 〈月十一 97a〉
d. 無數佛을 親ᄒᆞ시면(親無數佛則) 〈法華一 137b〉

〈31〉 貪著ᄒᆞ다 對 著ᄒᆞ다

두 동작동사가 [著] 즉 '탐착하다'의 뜻을 가지고 동의 관계에 있다는 것은 동일 원문의 번역인 다음 예문들에서 잘 확인된다. 원문 중 '著愛染'이 'ᄃᆞ소매 貪著ᄒᆞ다'로도 번역되고 '愛染에 著ᄒᆞ다'로도 번역된다. 따라서 '貪著ᄒᆞ다'와 '著ᄒᆞ다'의 동의성은 명백히 입증된다.

(31) a. ᄃᆞ소매 貪著ᄒᆞ고 〈月十一 116a〉
b. 愛染에 著ᄒᆞ고(著愛染ᄒᆞ고) 〈法華一 186a〉

〈32〉 體得ᄒᆞ다 對 體ᄒᆞ다

두 동작동사가 [體] 즉 '체득하다'의 뜻을 가지고 동의 관계에 있다는 것은 동일 원문의 번역인 다음 예문들에서 잘 확인된다. 원문 중 '體此'가 '이ᄅᆞᆯ 體得ᄒᆞ다'로도 번역되고 '이ᄅᆞᆯ 體ᄒᆞ다'로도 번역되므로 '體得ᄒᆞ다'와 '體ᄒᆞ다'의 동의성은 명백히 입증된다.

(32) a. 이ᄅᆞᆯ 體得디 몯ᄒᆞ면 제 主正이 업거니 엇뎨 ᄂᆞ ᄆᆞᆯ 爲ᄒᆞ리오 〈月十五 57b〉
b. 眞實로 이ᄅᆞᆯ 體티 몯ᄒᆞ면 제 正에 主호미 업거니 엇뎨 사ᄅᆞᆷ 爲ᄒᆞ리오(苟未體此ᄒᆞ면 自無主正이어니 何以爲人哉리오) 〈法華四 99a〉

〈33〉 通利ᄒᆞ다 對 通達ᄒᆞ다

두 동작동사가 [通利] 즉 '通利하다, 通達하다'의 뜻을 가지고 동의 관계에 있다는 것은 동일 원문의 번역인 다음 예문들에서 잘 확인된다. 원문 중 '不通利'가 '通達티 몯ᄒᆞ다'로도 번역되고 '通利티 몯ᄒᆞ다'로도 번역된다. 따라서 '通利ᄒᆞ다'와 '通達ᄒᆞ다'의 동의성은 명백히 입증된다.

(33) a. 한 經을 닐거도 通達티 몯ᄒᆞ야 〈釋十三 36a〉
b. 비록 한 經을 讀誦ᄒᆞ야도 通利티 몯ᄒᆞ야 〈月十一 92a〉
c. 비록 ᄯᅩ 한 經을 닐거 외와도 通利티 몯ᄒᆞ야(雖復讀誦衆經ᄒᆞ야도 而不通利ᄒᆞ야) 〈法華一 113b〉

〈34〉 統ᄒᆞ다 對 統領ᄒᆞ다

두 동작동사가 [統] 즉 '거느리다, 다스리다'의 뜻을 가지고 동의 관계에 있다는 것은 동일 원문의 번역인 다음 예문들에서 잘 확인된다. 원문 중 '統四天下'가 '四天下ᄅᆞᆯ 統ᄒᆞ다'로도 번역되고 '四天下ᄅᆞᆯ 統領ᄒᆞ다'로도 번역되므로 '統ᄒᆞ다'와 '統領ᄒᆞ다'의 동의성은 명백히 확인된다.

(34) a. 輪王ᄋᆞᆫ 四天下ᄅᆞᆯ 統ᄒᆞ고 〈月十九 36b〉
b. 輪王은 四天下ᄅᆞᆯ 統領ᄒᆞ고(輪王은 統四天下ᄒᆞ고) 〈法華七 77b〉

〈35〉 護持ᄒᆞ다 對 擁護ᄒᆞ다

두 동작동사가 [護] 즉 '護持하다, 擁護하다'의 뜻을 가지고 동의 관계에 있다는 것은 동일 원문의 번역인 다음 예문들에서 잘 확인된다. 원문 중 '護是人'이 '이 사ᄅᆞᄆᆞᆯ 護持ᄒᆞ다'로도 번역되고 '이 사ᄅᆞᄆᆞᆯ 擁護ᄒᆞ다'로도 번역된다. 그리고 '護世'가 '世間 護持ᄒᆞ다'로도 번역되고 '世間 擁護ᄒᆞ다'로도 번역된다. 따라서 두 동작동사 '護持ᄒᆞ다'와 '擁護ᄒᆞ다'의 동의성은 명백히 입증된다. 두 동작동사는 '사ᄅᆞᆷ'을 목적어로 공유한다.

(35) a. 내 몸도 샹녜(55a) 이 사ᄅᆞᄆᆞᆯ 護持호리니 〈釋二十一 55b〉
b. 내 몸도 ᄯᅩ 샹녜 이 사ᄅᆞᄆᆞᆯ 擁護호리이다 〈月十九 108a〉
c. 내 모미 ᄯᅩ 이 사ᄅᆞᄆᆞᆯ 샹녜 擁護호리니(我身이 亦自常護是人호리니) 〈法華七 172b〉

(35) d. 世間 護持ᄒᆞᄂᆞᆫ 毗沙門天王이 〈釋二十一 26b〉
e. 毗沙門天王 世間 護持ᄒᆞᄂᆞ니 〈月十九 62a〉
f. 毗沙門天王 世間 擁護ᄒᆞᄂᆞ니(毗沙門天王護世者ㅣ) 〈法華七 114b〉

〈36〉 護持ᄒᆞ다 對 護念ᄒᆞ다

두 동작동사가 [護] 즉 '護持하다, 보호하다'의 뜻을 가지고 동의 관계에 있다는 것은 동일 원문의 번역인 다음 예문들에서 잘 확인된다. 원문 중 '守護'가 '디ᄒᆞ야 護持ᄒᆞ다'로 번역되고 '善

護'가 '이대 護念ᄒᆞ다'로 번역된다. 따라서 '護持ᄒᆞ다'와 '護念ᄒᆞ다'의 동의성은 명백히 입증된다.

(36) a. 百千諸佛이 神通力으로 너를 모다 딕ᄒᆞ야 護持ᄒᆞᄂᆞ니 〈月十八 57a〉
b. 百千諸佛이 神通力으로 너를 모다 딕ᄒᆞ야 護持ᄒᆞᄂᆞ니(百千諸佛이 以神通力으로 共守護汝ᄒᆞᄂᆞ니) 〈法華六 178b〉
c. 샹녜 念ᄒᆞ야 딕ᄒᆞ야 護持ᄒᆞ야(常念而守護ᄒᆞ야) 〈法華六 56b〉

(36) d. 正見을 이대 護念ᄒᆞ시고 〈月十一 23b〉
e. 正ᄒᆞᆫ 보ᄆᆞᆯ 이대 간슈ᄒᆞ시고(善護正見ᄒᆞ시고) 〈法華一 43b〉

〈37〉 護ᄒᆞ다 對 護持ᄒᆞ다

두 동작동사가 [護] 즉 '옹호하다, 호지하다'의 뜻을 가지고 동의 관계에 있다는 것은 동일 원문의 번역인 다음 예문들에서 잘 확인된다. 원문 중 '將之護之'가 '將ᄒᆞ며 護ᄒᆞ시다'로도 번역되고 '도ᄋᆞ시며 護持ᄒᆞ시다'로도 번역된다. 따라서 '護ᄒᆞ다'와 '護持ᄒᆞ다'의 동의성은 명백히 입증된다.

(37) a. 안ᄌᆞ 將ᄒᆞ며 護ᄒᆞ샤 〈月十三 57a〉
b. 안ᄌᆞ 도ᄋᆞ시며 護持ᄒᆞ샤(且將之護之ᄒᆞ샤) 〈法華三 30b〉

한편 '護'가 『월인석보』와 『법화경언해』에서 모두 '護持ᄒᆞ다'로 번역된다는 것은 동일 원문의 번역인 다음 예문들에서 잘 확인된다. 원문 중 '護佛法'이 모두 '佛法을 護持ᄒᆞ다'로 번역된다.

(37) c. 비록 魔ㅣ 이셔도 다 佛法을 護持ᄒᆞ리라 〈月十三 64a〉
d. 비록 魔ㅣ 이셔도 다 佛法 護持호미라(雖有魔ᄒᆞ야도 皆護佛法이니라) 〈法華三 61a〉

(37) e. 비록 魔와 魔民왜 이셔도 다 佛法을 護持ᄒᆞ리라 〈月十三 63a〉
f. 비록 魔와 魔民이 이셔도 다 佛法을 護持ᄒᆞ리라(雖有魔及魔民ᄒᆞ야도 皆護佛法ᄒᆞ리라) 〈法華三 60b〉

(37) g. 또 將來옛 諸佛法藏을 護(33b)持ᄒᆞ야 〈月十五 34a〉
h. 또 將來옛 諸佛法藏을 護持ᄒᆞ야(亦護將來옛 諸佛法藏ᄒᆞ야)〈法華四 57a〉

(37) i. 護持ᄒᆞ야 펴 먼 因ᄋᆞᆯ 너비 니ᄅᆞ시니라 〈月十五 7b〉
j. 곧 護持ᄒᆞ야 펴던 먼 因ᄋᆞᆯ 너비 니ᄅᆞ시니라(卽廣陳護宣遠因也ㅣ시니라) 〈法華四 11b〉

〈38〉 害ᄒᆞ다 對 殃害ᄒᆞ다

두 동작동사가 [爲殃害] 즉 '害하다'의 뜻을 가지고 동의 관계에 있다는 것은 동일 원문의 번역인 다음 예문들에서 잘 확인된다. 원문 중 '爲殃害鬼'가 '害ᄒᆞᄂᆞᆫ 귓것'으로도 번역되고 '殃害ᄒᆞᄂᆞᆫ 鬼'로도 번역되므로 '害ᄒᆞ다'와 '殃害ᄒᆞ다'의 동의성은 명백히 입증된다.

(38) a. 毘多羅ᄃᆞᆯ흔 精氣 머거 害ᄒᆞᄂᆞᆫ 귓거시라 〈釋二十一 30b〉
b. 毗陀羅ᄃᆞᆯ흔 곧 精氣 머거 殃害ᄒᆞᄂᆞᆫ 鬼오(毗陀羅等은 卽食精氣ᄒᆞ야 爲殃害鬼오) 〈法華七 118b〉

2. 狀態動詞간의 同義

상태동사간의 동의에는 [苦] 즉 '일을 처리하기에 괴롭고 힘이 들다'의 뜻을 가진 '苦ᄅᆞᆸ다'와 '受苦ᄅᆞᆸ다'를 비롯하여 [妙] 즉 '묘하다'의 뜻을 가진 '奇妙ᄒᆞ다'와 '妙ᄒᆞ다'와 '微妙ᄒᆞ다', [貧窮] 즉 '빈궁하다, 가난하다'의 뜻을 가진 '貧窮ᄒᆞ다'와 '艱難ᄒᆞ다', [安] 즉 '편안하다'의 뜻을 가진 '安ᄒᆞ다'와 '便安ᄒᆞ다', [勝] 즉 '으뜸 가다, 뛰어나다'를 뜻하는 '爲頭ᄒᆞ다'와 '勝ᄒᆞ다', [益] 즉 '유익하다'의 뜻을 가진 '有益ᄒᆞ다'와 '益ᄒᆞ다', [精了] 즉 '자세하다, 곱다'의 뜻을 가진 '精ᄒᆞ다'와 '精了ᄒᆞ다' 그리고 [眞] 즉 '진실하다'의 뜻을 가진 '眞實ᄒᆞ다'와 '眞ᄒᆞ다' 등 10여 항목이 있다.

〈1〉 苦ᄅᆞᆸ다 對 受苦ᄅᆞᆸ다

두 상태동사가 [苦] 즉 '일을 처리하기에 괴롭고 힘이 들다'의 뜻을 가지고 동의 관계에 있다는 것은 동일 원문의 번역인 다음 예문들에서 잘 확인된다. 원문 중 '苦'가 '苦릅다'로도 번역되고 '受苦릅다'로도 번역된다. 따라서 '苦릅 다'와 '受苦릅다'의 동의성은 명백히 입증된다.

(1) a. 比丘ㅣ 보고 너교ᄃᆡ 苦릅도 苦ᄅᆞᄫᆡᆯ쎠 〈釋二十四 15b〉
b. 比丘ㅣ 보고 이 모ᄆᆞᆯ ᄀᆞ장 슬히(77b) 너겨 受苦ᄅᆞᄫᆡᆯ쎠 〈月二十五 78a〉
c. 時比丘見是事 極厭惡此身 嗚呼苦哉 〈釋迦譜 卷5 31. 阿育王造八萬四千塔記〉

〈2〉 奇妙ᄒᆞ다 對 妙ᄒᆞ다 對 微妙ᄒᆞ다

세 상태동사가 [妙] 즉 '묘하다'의 뜻을 가지고 동의 관계에 있다는 것은 동일 원문의 번역인 다음 예문들에서 잘 확인된다. 원문 중 '殊妙'가 'ᄠᅳ로 奇妙ᄒᆞ다'로도 번역되고 'ᄠᅳ로 妙ᄒᆞ다'로도 번역되고 'ᄠᅳ로 微妙ᄒᆞ다'로도 번역된다. 따라서 '奇妙ᄒᆞ다', '妙ᄒᆞ다' 및 '微妙ᄒᆞ다'의 동의성은 명백히 입증된다.

(2) a. 百千萬福 光明이 ᄠᅳ로 奇妙ᄒᆞ니 〈釋二十 37a〉
b. 百千萬福 光明이 ᄠᅳ로 妙ᄒᆞ니 〈月十八 71b〉
c. 百千萬福 光明이 ᄠᅳ로 微妙ᄒᆞ니(百千萬福光明이 殊妙ᄒᆞ니) 〈法華七 12a〉

(2) d. 端正호ᄆᆡ ᄠᅳ로 妙코 〈月十八 78a〉
e. 端正이 ᄠᅳ로 微妙코(端正殊妙ᄒᆞ고) 〈法華七 19a〉

〈3〉 重ᄒᆞ다 對 貴ᄒᆞ다

두 상태동사가 [重] 즉 '소중하다, 귀중하다'의 뜻을 가지고 동의 관계에 있다는 것은 동일 원문의 번역인 다음 예문들에서 잘 확인된다. 원문 중 '賫持重寶'가 '貴ᄒᆞᆫ 보ᄇᆡ 가지다'로도 번역되고 '重ᄒᆞᆫ 보ᄇᆡ 가지다'로도 번역된다. 따라서 '重ᄒᆞ다'와 '貴ᄒᆞ다'의 동의성은 명백히 입증된다.

(3) a. ᄒᆞᆫ 商人이 여러 商人(5b) ᄃᆞ리고 貴ᄒᆞᆫ 보ᄇᆡ 가져 〈釋二十一 6a〉

b. ᄒᆞᆫ 商主ㅣ 商人ᄃᆞᆯ ᄃᆞ려 重ᄒᆞᆫ 보ᄇᆡ 가져 〈月十九 25b〉

c. ᄒᆞᆫ 商主ㅣ 여러 商人 ᄃᆞ려 重寶 가져(有一商主ㅣ 將諸商人ᄒᆞ야 賷持重寶ᄒᆞ야) 〈法華七 58b〉

〈4〉 貧窮ᄒᆞ다 對 艱難ᄒᆞ다

두 상태동사가 [貧窮] 즉 '빈궁하다, 가난하다'의 뜻을 가지고 동의 관계에 있다는 것은 동일 원문의 번역인 다음 예문들에서 잘 확인된다. 원문 중 '貧窮'이 '貧窮ᄒᆞ다'로도 번역되고 '艱難ᄒᆞ다'로도 번역되므로 '貧窮ᄒᆞ다'와 '艱艱ᄒᆞ다'의 동의성은 명백히 입증된다.

(4) a. 貧窮ᄒᆞ며 ᄂᆞ아ᄇᆞ며 〈月十七 13b〉

b. 艱難ᄒᆞ며 ᄂᆞ아오며(貧窮下賤ᄒᆞ며) 〈法華五 146b〉

한편 '貧窮'이 『월인석보』 권17에서 '貧窮ᄒᆞ다'로 번역되고 『법화경언해』에서 '貧窮'으로 번역된다는 것은 동일 원문의 번역인 다음 예문들에서 잘 확인된다.

(4) c. 貧窮ᄒᆞ며 ᄂᆞ아ᄇᆞᆫ 〈月十七 14a〉

d. 貧窮下賤은(貧窮下賤은) 〈法華五 147a〉

〈5〉 邪曲ᄒᆞ다 對 邪ᄒᆞ다

두 상태동사가 [邪] 즉 '邪曲하다, 바르지 아니하다'의 뜻을 가지고 동의 관계에 있다는 것은 동일 원문의 번역인 다음 예문들에서 잘 확인된다. 원문 중 '邪習'이 '邪曲ᄒᆞᆫ ᄇᆡᄒᆞᆺ'으로도 번역되고 '邪ᄒᆞᆫ ᄇᆡᄒᆞᆺ'으로도 번역된다. 따라서 '邪曲ᄒᆞ다'와 '邪ᄒᆞ다'의 동의성은 명백히 입증된다.

(5) a. 邪曲ᄒᆞᆫ ᄇᆡᄒᆞ시 어즈러ᄇᆞ리니 〈釋二十一 57b〉

b. 邪習이 汨擾ᄒᆞ야 〈月十九 111b〉

c. 邪ᄒᆞᆫ ᄇᆡᄒᆞ시 흐리워 어즈려(邪習이 汨擾ᄒᆞ야) 〈法華七 175b〉

〈6〉 安隱ᄒᆞ다 對 便安ᄒᆞ다

두 상태동사가 [安隱] 즉 '便安하다'의 뜻을 가지고 동의 관계에 있다는 것은 동일 원문의 번역인 다음 예문들에서 잘 확인된다. 원문 중 '安隱快善'이 '安隱快善ᄒᆞ다'로도 번역되고 '便安코 훤히 둏다'로도 번역된다. 따라서 '安隱ᄒᆞ다'와 '便安ᄒᆞ다'의 동의성은 명백히 입증된다.

(6) a. 教戒 行ᄒᆞ시논 배 安隱快善ᄒᆞ도소이다 〈月十九 90b〉
b. 教戒 行ᄒᆞ샤미 便安코 훤히 됴ᄒᆞ시니(教戒所行이 安隱快善ᄒᆞ시니) 〈法華七 149a〉

(6) c. 教戒 行ᄒᆞ시논 배 安隱快善타 ᄒᆞ샤ᄆᆞᆫ 〈月十九 91a〉
d. 教戒 行ᄒᆞ호미 便安코 훤히 됴ᄒᆞ시다 니ᄅᆞ샤ᄆᆞᆫ(言教戒所行이 安隱快善者ᄂᆞᆫ) 〈法華七 149b〉

〈7〉 安ᄒᆞ다 對 便安ᄒᆞ다

두 상태동사가 [安] 즉 '편안하다'의 뜻을 가지고 동의 관계에 있다는 것은 동일 원문의 번역인 다음 예문들에서 잘 확인된다. 원문 중 '令安'이 '安케 ᄒᆞ다'로도 번역되고 '便安케 ᄒᆞ다'로도 번역되므로 '安ᄒᆞ다'와 '便安ᄒᆞ다'의 동의성은 명백히 입증된다.

(7) a. 安 몯ᄒᆞ니ᄅᆞᆯ 安케 ᄒᆞ며 〈月十三 49a〉
b. 便安티 몯ᄒᆞᆫ 사ᄅᆞᄆᆞᆯ 便安케 ᄒᆞ며(未安者ᄅᆞᆯ 令安ᄒᆞ며) 〈法華三 16a〉

〈8〉 爲頭ᄒᆞ다 對 勝ᄒᆞ다

두 상태동사가 [勝] 즉 '으뜸 가다, 뛰어나다'의 뜻을 가지고 동의 관계에 있다는 것은 동일 원문의 번역인 다음 예문들에서 잘 확인된다. 원문 중 '法供養勝'이 '法 供養이 爲頭ᄒᆞ다'로도 번역되고 '法 供養이 勝ᄒᆞ다'로도 번역되므로 두 상태동사 '爲頭ᄒᆞ다'와 '勝ᄒᆞ다'의 동의성은 명백히 입증된다. 두 상태동사는 '法 供養'을 주어로 공유한다.

(8) a. 供養ㅅ中에 法 供養이 爲頭홀 씨니라 〈月十七 38a〉
b. 諸供養 中에 法 供養이 勝혼 젼치라(諸供養中에 法供養이 勝故也ㅣ라) 〈法華 201b〉

한편 '勝'이 『월인석보』 권17과 『법화경언해』에서 모두 '勝ᄒᆞ다'로 번역된다는 것은 동일 원문의 번역인 다음 예문들에서 잘 확인된다. 원문 중 '法供養勝'이 '法 供養ᄋᆡ 勝홈'과 '法 供養의 勝홈'으로 번역된다.

(8) c. 法 供養ᄋᆡ 勝호ᄆᆞᆯ 나토시니라 〈月十七 39b〉
d. 法 供養의 勝호ᄆᆞᆯ 나토시니라(以顯法供養의 勝ᄒᆞ시니라) 〈法華五 203a〉

〈9〉 有益ᄒᆞ다 對 益ᄒᆞ다

두 상태동사가 [益] 즉 '유익하다'의 뜻을 가지고 동의 관계에 있다는 것은 동일 원문의 번역인 다음 예문들에서 잘 확인된다. 원문 중 '何益'이 'ᄆᆞᄉᆞ기 有益ᄒᆞ리오'로도 번역되고 'ᄆᆞᄉᆞ기 益ᄒᆞ리오'로도 번역되므로 '有益ᄒᆞ다'와 '益ᄒᆞ다'의 동의성은 명백히 입증된다.

(9) a. 乃終에 ᄆᆞᄉᆞ기 有益ᄒᆞ리오 〈月十八 45b〉
b. 내죵애 ᄆᆞᄉᆞ기 益ᄒᆞ리오(竟何益耶ㅣ리오) 〈法華六 161b〉

〈10〉 精ᄒᆞ다 對 精了ᄒᆞ다

두 상태동사가 [精了] 즉 '자세하다, 곱다'의 뜻을 가지고 동의 관계에 있다는 것은 동일 원문의 번역인 다음 예문들에서 잘 확인된다. 원문 중 '洞徹精了'가 'ᄉᆞᄆᆞᆺ 精ᄒᆞ다'로도 번역되고 'ᄉᆞᄆᆞᆺ 精了ᄒᆞ다'로도 번역된다. 따라서 '精ᄒᆞ다'와 '精了ᄒᆞ다'의 동의성은 명백히 입증된다.

(10) a. 智性이 眞淨ᄒᆞ야 微妙히 ᄆᆞᆰ고매 도라가 ᄉᆞᄆᆞᆺ 精ᄒᆞ리니 〈月十四 36b〉
b. 智性이 眞淨ᄒᆞ야 妙湛애 도라가 ᄉᆞᄆᆞᆺ 精了ᄒᆞ리니(智性이 眞淨ᄒᆞ야 復還妙湛ᄒᆞ야 通徹精了ᄒᆞ리니) 〈法華三 139a〉

〈11〉 眞實ᄒᆞ다 對 眞ᄒᆞ다

두 상태동사가 [眞] 즉 '진실하다'의 뜻을 가지고 동의 관계에 있다는 것은 동일 원문의 번역인 다음 예문들에서 잘 확인된다. 원문 중 '萬行…眞'이 '萬行이 眞實ᄒᆞ다'로도 번역되고 '萬行ᄋᆞᆫ 眞ᄒᆞ다'로도 번역되므로 '眞實ᄒᆞ다'와 '眞ᄒᆞ다'의 동의성은 명백히 입증된다.

(11) a. 萬行이 本來 眞實호ᄃᆡ 〈月十三 13a〉
b. 萬行ᄋᆞᆫ 本來 眞호ᄃᆡ(萬行은 本眞호ᄃᆡ) 〈法華二 196b〉

제 3 절

副詞類에서의 同義

副詞類에서 확인되는 漢字語간의 동의에서 두 한자어가 모두 副詞일 수도 있고 두 한자어 중 어느 하나가 副詞語일 수도 있다.

1. 副詞인 경우

부사류에서 확인되는 漢字語간의 동의에서 두 한자어가 모두 副詞인 경우에는 [特] 즉 '특별히'의 뜻을 가진 '各別히'와 '特別히'를 비롯하여 [第一] 즉 '제일, 가장'의 뜻을 가진 '第一로'와 '第一', [曲] 즉 '자세히, 상세하게'의 뜻을 가진 '子細히'와 '委曲히', [親近] 즉 '친근히'의 뜻을 가진 '親近히'와 '親近' 그리고 [虛] 즉 '공허하게, 허황되게, 헛되이'의 뜻을 가진 '虛히'와 '空히' 등 10여 항목이 있다.

〈1〉 各別히 對 特別히

두 부사가 [特] 즉 '특별히'의 뜻을 가지고 동의 관계에 있다는 것은 동일 원문의 번역인 다음 예문들에서 잘 확인된다. 원문 중 '特授'가 '各別히 심기다'로도 번역되고 '特別히 심기다'로도 번역된다. 그리고 '特奉'이 '各別히 받즙다'로도 번역되고 '特別히 받즙다'로도 번역된다. 따라서 '各別히'와 '特別히'와 동의성은 명백히 입증된다.

(1) a. 이에 各別히 迦葉上首를 심기시니 〈月十三 64b〉
    b. 이에 特別히 迦葉上首룰 심기시니(於此애 特授迦葉上首ᄒᆞ시니) 〈法華三 64a〉

(1) c. 各別히 瓔珞 받ᄌᆞᄫᆞ시며 〈月十九 39a〉
    d. 特別히 瓔珞 받ᄌᆞ오시고(特奉瓔珞ᄒᆞ시고) 〈法華七 82a〉

(1) e. 各別히 正憶念行ᄋᆞᆯ 뵐기시고 〈月十九 112a〉
    f. 正憶念行ᄋᆞᆯ 特別히 뵐기시고(特明正憶念行ᄒᆞ시고) 〈法華七 175b〉

(1) g. 各別히 記ᄒᆞ시니라 〈月十五 19b〉
    h. 特別히 記ᄒᆞ시니라(特記之ᄒᆞ시니라) 〈法華四 29b〉

한편 '特'이 『월인석보』와 『법화경언해』에서 모두 '特別히'로 번역된다는 것은 동일 원문의 번역인 다음 예문들에서 잘 확인된다. 원문 중 '特尊'이 모두 '特別히 尊ᄒᆞ다'로 번역된다.

(1) i. 威德(12a)이 特別히 尊터니 〈月十三 12b〉
    j. 威德이 特別히 尊커늘(威德이 特尊커늘) 〈法華二 194b〉

(1) k. 한 記예셔 特別히 다ᄅᆞᆯ씨 〈月十五 33a〉
    l. 한 記예셔 特別히 다ᄅᆞ실씨(特異衆記ᄒᆞ실씨) 〈法華四 56a〉

〈2〉 急히 對 時急히

두 부사가 [急] 즉 '급히'의 뜻을 가지고 동의 관계에 있다는 것은 동일 원문의 번역인 다음 예문들에서 잘 확인된다. 원문 중 즉 '執之…急'이 '急히 잡다'로 번역되고 '急執'이 '時急히 잡다'로 번역되므로 '急히'와 '時急히'의 동의성은 명백히 입증된다.

(2) a. 더욱 急히 자바 〈月十三 16b〉
b. 자보ᄃᆡ 더 急히 ᄒᆞ야(執之逾急ᄒᆞ야) 〈法華二 200b〉

(2) c. 時急히 자바 구틔여 잇구믄 〈月十三 17a〉
d. 時急히 자바 ᄀᆞᆺ 긄오믄(急執而强牽은) 〈法華二 202a〉

〈3〉 第一로 對 第一

두 부사가 [第一] 즉 '제일, 가장'의 뜻을 가지고 동의 관계에 있다는 것은 동일 원문의 번역인 다음 예문들에서 잘 확인된다. 원문 중 '第一端正'이 '第一로 端正ᄒᆞ다'로도 번역되고 '第一端正ᄒᆞ다'로도 번역되므로 '第一로'와 '第一'의 동의성은 명백히 입증된다.

(3) a. 네 모미 第一로 端正ᄒᆞ야 〈釋二十 37a〉
b. 네 모미 第一 端正ᄒᆞ야 〈月十八 71b〉
c. 네 모미 第一 端正ᄒᆞ야(汝身이 第一端正ᄒᆞ야) 〈法華七 12a〉

〈4〉 倍倍히 對 倍히

두 부사가 [倍] 즉 '倍로'의 뜻을 가지고 동의 관계에 있다는 것은 동일 원문의 번역인 다음 예문들에서 잘 확인된다. 원문 중 '倍復嚴好'가 '倍倍히 싁싁ᄒᆞ다'로도 번역되고 '倍히 싁싁ᄒᆞ다'로도 번역된다. 따라서 '倍倍히'와 '倍히'의 동의성은 명백히 입증된다.

(4) a. 그 남기 倍倍히 싁싁ᄒᆞ고 길어늘 〈釋二十四 48a〉
b. 菩提樹ㅣ 倍(126b)히 싁싁고 퍼디거늘 〈月二十五 127a〉
c. 菩提樹倍復嚴好 增長茂盛 〈釋迦譜 卷5 31. 阿育王造八萬四千塔記〉

〈5〉 精微히 對 精히

두 부사가 [精] 즉 '精하게'의 뜻을 가지고 동의 관계에 있다는 것은 동일 원문의 번역인 다음 예문들에서 잘 확인된다. 원문 중 '精持'가 '精微히 디니다'로도 번역되고 '精히 디니다'로도 번역되므로 '精微히'와 '精히'의 동의성은 명백히 입증된다.

(5) a. 妙法을 精微히 디니샤 〈釋十九 36a〉
b. 妙法을 精히 디니샤 〈月十七 74b〉
c. 妙法을 精히 디니샤(精持妙法ᄒᆞ샤) 〈法華六 71a〉

(5) d. 無相과 無我왜 긔 精微히 디니샤미라 〈釋十九 36b〉
e. 無相無我ᄒᆞ샤미 精히 디니샤미라 〈月十七 74b〉
f. 無相無我ㅣ 닐온 精持ㅣ시니라(無相無我ㅣ 所謂精持也ㅣ시니라) 〈法華六 71a〉

〈6〉 至極 對 至極히

두 부사가 [極] 즉 '지극히'의 뜻을 가지고 동의 관계에 있다는 것은 동일 원문의 번역인 다음 예문들에서 잘 확인된다. 원문 중 '極多'가 '至極 하다'로 번역되고 '極而示'가 '至極히 뵈다'로 번역된다. 따라서 '至極'과 '至極히'의 동의성은 명백히 입증된다.

(6) a. 장ᄎᆞ 至極 한 ᄡᅡ호ᄆᆞᆯ ᄇᆞᆯ교리라 ᄒᆞ샤 〈月十四 8a〉
b. 장ᄎᆞ 至極 한 ᄡᅡ호ᄆᆞᆯ ᄇᆞᆯ교려 ᄒᆞ샤(將明極多之地호려 ᄒᆞ샤) 〈法華三 85b〉

(6) c. 이ᄂᆞᆫ 至極 한 劫을 혜시니라 〈月十四 9a〉
d. 이ᄂᆞᆫ 至極 한 劫을 혜시니라(此ᄂᆞᆫ 數極多之劫ᄒᆞ시니라) 〈法華三 86b〉

(6) e. 至極히 뵈샤ᄆᆞᆫ 教애 겨시고 〈月十七 97b〉
f. ᄀᆞ장 뵈샤ᄆᆞᆫ 教애 겨시고(極而示之ᄂᆞᆫ 存乎教ᄒᆞ시고) 〈法華七 159a〉

〈7〉 眞實로 對 實로

두 부사가 [實] 즉 '진실로, 실로'의 뜻을 가지고 동의 관계에 있다는 것은 동일 원문의 번역인 다음 예문들에서 잘 확인된다. 원문 중 '實得'이 '眞實로 得ᄒᆞ다'로도 번역되고 '實로 得ᄒᆞ다'

로도 번역되므로 '眞實로'와 '實로'의 동의성은 명백히 입증된다.

(7) a. 比丘ㅣ(127b) 眞實로 阿羅漢올 得ᄒᆞ고 〈月十一 128a〉
b. ᄒᆞ다가 比丘ㅣ 實로 阿羅漢 得ᄒᆞ고(若有比丘ㅣ 實得阿羅漢ᄒᆞ고) 〈法華一 192a〉

(7) c. 諸佛이 비록 眞實로 滅度 아니ᄒᆞ샤도 滅度 니ᄅᆞ샤ᄆᆞᆯ 眞實로 알리로다 〈月十五 83b〉
d. 諸佛이 비록 實로 滅티 아니ᄒᆞ시나 滅度 니ᄅᆞ샤ᄆᆞᆯ 眞實로 아ᅀᆞ오리로다(信知諸佛이 雖不實滅ᄒᆞ시나 而言滅度ㅣ샷다) 〈法華四 131b〉

(7) e. 뎌 부텻 뉘옛 사ᄅᆞ미 다 너교ᄃᆡ 實로 聲聞이라 ᄒᆞ건마ᄅᆞᆫ 〈月十五 6b〉
f. 뎌 부텻 世옛 사ᄅᆞ미 다 너교ᄃᆡ 眞實로 聲聞이라 ᄒᆞ더니(彼佛世人이 咸皆謂之實是聲聞이라 ᄒᆞ더니) 〈法華四 10b〉

한편 '實'이 『월인석보』와 『법화경언해』에서 모두 '實로'로 번역된다는 것은 동일 원문의 번역인 다음 예문들에서 잘 확인된다. 원문 중 '實得滅度'가 '實로 滅度ᄅᆞᆯ 得ᄒᆞ다'와 '實로 滅度 得ᄒᆞ다'로 번역된다.

(7) g. 네 너교ᄃᆡ 實로 滅度ᄅᆞᆯ 得호라 ᄒᆞᄂᆞ다(25b) ᄒᆞ시ᄂᆞ니 〈月十五 26a〉
h. 네 實로 滅度 得호라 너기ᄂᆞ다 ᄒᆞ시ᄂᆞ니(汝ㅣ 謂爲實得滅度ㅣ라 ᄒᆞ시ᄂᆞ니) 〈法華四 41b〉

〈8〉 子細히 對 委曲히

두 부사가 [曲] 즉 '자세히, 상세하게'의 뜻을 가지고 동의 관계에 있다는 것은 동일 원문의 번역인 다음 예문들에서 잘 확인된다. 원문 중 '曲講'이 '子細히 講ᄒᆞ다'로도 번역되고 '委曲히 講ᄒᆞ다'로도 번역되므로 '子細히'와 '委曲히'의 동의성은 명백히 입증된다.

(8) a. 疑惑ᄒᆞᆫ 衆 爲ᄒᆞ야 子細히 講ᄒᆞ시니라 〈月十四 45b〉
b. 疑惑ᄒᆞᆫ 衆 爲ᄒᆞ야 委曲히 講ᄒᆞ시니라(爲疑惑之衆ᄒᆞ야 曲講也ㅣ시니라) 〈法華三 149b〉

〈9〉 自在히 對 自在

두 부사가 [自在] 즉 '自在히, 구속이나 방해가 없이 마음대로'의 뜻을 가지고 동의 관계에 있다는 것은 동일 원문의 번역인 다음 예문들에서 잘 확인된다. 원문 중 '自在成就'가 '自在 成就ᄒᆞ다'로도 번역되고 '自在히 이르다'로도 번역된다. 따라서 '自在히'와 '自在'의 동의성은 명백히 입증된다.

(9) a. 다 無作妙力으로 自在 成就ᄒᆞ샤미라[緣을 조차 너비 應ᄒᆞ샤미 일후미 自在히 일우샤미라] 〈月十九 32b〉
　b. 다 지숨 업스신 妙力으로 自在히 이르샤미니(皆以無作妙力으로 自在成就시니) 〈法華七 71b〉

〈10〉 親近히 對 親近

두 부사가 [親近] 즉 '친근히'의 뜻을 가지고 동의 관계에 있다는 것은 동일 원문의 번역인 다음 예문들에서 잘 확인된다. 원문 중 '親近供養'이 '親近히 供養ᄒᆞ다'로도 번역되고 '親近 供養ᄒᆞ다'로도 번역되므로 '親近히'와 '親近'의 동의성은 명백히 입증된다.

(10) a. 親近히 供養ᄒᆞᅀᆞ바 저ᅀᆞᄫᅡ지이(35b)다 〈釋二十一 36a〉
　b. 親近 供養ᄒᆞᅀᆞᄫᅡ 저ᅀᆞᄫᅡ지이다 〈月十九 76a〉
　c. 親近히 供養ᄒᆞᅀᆞᄫᅡ 저ᅀᆞ와지이다(親近供養禮 ᄒᆞᅀᆞ와지이다) 〈法華七 132b〉

(10) d. 親近히 供養ᄒᆞ쇼셔 〈釋二十一 39b〉
　e. 親近 供養ᄒᆞ쇼셔 〈月十九 80a〉
　f. 親近 供養ᄒᆞ쇼셔(親近供養ᄒᆞ쇼셔) 〈法華七 137b〉

(10) g. 親近히 恭敬ᄒᆞᅀᆞᄫᅡ 〈釋二十一 46a〉
　h. 親近 恭敬ᄒᆞᅀᆞ와(親近恭敬ᄒᆞᅀᆞ와) 〈法華七 147a〉

〈11〉 虛히 對 空히

두 부사가 [唐] 즉 '공허하게, 허황되게, 헛되이'의 뜻을 가지고 동의 관계에 있다는 것은 동일 원문의 번역인 다음 예문들에서 잘 확인된다. 원문 중 '唐損'이 '虛히 ᄇᆞ리다'로도 번역되고 '空히 ᄇᆞ리다'로도 번역되므로 '虛히'와 '空히'의 동의성은 명백히 입증된다.

(11) a. 福ᄋᆞᆯ 虛히 ᄇᆞ리디 아니ᄒᆞ리니 〈月十九 29b〉
b. 福이 空히 ᄇᆞ리디 아니(68a)ᄒᆞ리니(福不唐損ᄒᆞ리니) 〈法華七 68b〉

2. 副詞語인 경우

부사류에서 확인되는 漢字語간의 동의에서 두 한자어 중 어느 하나가 副詞語인 경우에는 [六種] 즉 '六種으로, 여섯 가지로'의 뜻을 가진 '六種ᄋᆞ로'와 '六種'을 비롯하여 [實] 즉 '사실은, 실로'의 뜻을 가진 '實엔'과 '實로' 그리고 [一心] 즉 '한 마음으로, 一心으로'의 뜻을 가진 '一心ᄋᆞ로'와 '一心' 등 6 항목이 있다.

〈1〉 六種ᄋᆞ로 對 六種

두 부사어가 [六種] 즉 '六種으로, 여섯 가지로'의 뜻을 가지고 동의 관계에 있다는 것은 동일 원문의 번역인 다음 예문들에서 잘 확인된다. 원문 중 '六種震動'이 '六種ᄋᆞ로 震動ᄒᆞ다'로도 번역되고 '六種 震動ᄒᆞ다'로도 번역되므로 '六種ᄋᆞ로'와 '六種'의 동의성은 명백히 입증된다. '六種ᄋᆞ로'는 '六種+ - ᄋᆞ로'로 분석될 수 있고 부사어 구실을 한다.

(1) a. 디나시ᄂᆞᆫ 나라ᄃᆞᆯ히 六種ᄋᆞ로 震動ᄒᆞ며 〈釋二十 52a〉
b. 디나시논 諸國이 六種 震動ᄒᆞ고(所經諸國이 六種震動ᄒᆞ고) 〈法華七 34a〉

〈2〉 實로 對 實은

부사 '實로'와 부사어 '實은'이 [實] 즉 '참으로, 진실로'의 뜻을 가지고 동의 관계에 있다는 것은 동일 원문의 번역인 다음 예문들에서 잘 확인된다. 원문 중 '實成佛已來'가 '實로 成佛컨 디'로 의역되고 '實은 成佛로 옴'으로 직역된다. 따라서 '實로'와 '實은'의 동의성은 명백히 입증된다.

(3) a. 내 實로 成佛컨 디 오라며 머루미 이 ᄀᆞᆮ건마ᄅᆞᆫ 〈月十七 10a〉
　b. 내 實은 成佛로 옴 오래미 이 ᄀᆞᆮ건 마ᄅᆞᆫ(我ㅣ實成佛已來久遠이 若斯컨마ᄅᆞᆫ) 〈法華五 139a〉

〈3〉 實엔 對 그 實은

부사어 '實엔'과 부사어구 '그 實은'이 [其實] 즉 '실은'의 뜻을 가지고 동의 관계에 있다는 것은 동일 원문의 번역인 다음 예문들에서 잘 확인된다. 원문 중 '其實'이 '實엔'으로도 번역되고 '그 實은'으로도 번역되므로 '實엔'과 '그 實은'의 동의성은 명백히 입증된다. '實엔'은 '實+-에+-ㄴ'으로 분석될 수 있고 '그 實은'은 '그#實+-은'으로 분석될 수 있다.

(3) a. 實엔 ᄒᆞ나ᄲᅮᆫ니라 〈釋二十一 19a〉
　b. 그 實은 ᄒᆞ나ᄯᆞᄅᆞ미시니(其實은 一而已시니) 〈法華七 103a〉

(3) c. 實엔 두 聖人이 ᄒᆞᆫ 道理샤 〈釋二十一 20b〉
　d. 實은 二聖이 ᄒᆞᆫ 道ㅣ샤(其實은 二聖이 一道ㅣ샤) 〈法華七 41b〉

(3) e. 實엔 一切解脫ᄋᆞᆯ 몯 得ᄒᆞᆫ ᄃᆞᆯ 모ᄅᆞ니라 〈月十一 104a〉
　f. 그 實은 一切(160b) 解脫 得디 몯ᄒᆞᆫ ᄃᆞᆯ 아디 몯ᄒᆞ니라(不知…其實은 未得一切解脫也ᄒᆞ니라) 法華一161a〉

한편 '其實'이 『월인석보』와 『법화경언해』에서 모두 '그 實은'으로 번역된다는 것은 동일 원문의 번역인 다음 예문들에서 잘 확인된다. 원문 중 '其實'이 모두 '그 實은'으로 번역된다.

(3) g. 그 實은 ᄒᆞᆫ 乘이라 〈月十一 115b〉

h. 그 實은 一乘을 爲ᄒᆞ샤미라(其實은 爲一乘이시니라) 〈法華一 184b〉

〈4〉 實엔 對 實로

부사어 '實엔'과 부사 '實로'가 [實] 즉 '사실은, 실로'의 뜻을 가지고 동의 관계에 있다는 것은 동일 원문의 번역인 다음 예문들에서 잘 확인된다. 원문 중 '實通'이 '實엔 通ᄒᆞ다'로도 번역되고 '實로 通ᄒᆞ다'로도 번역되므로 '實엔'과 '實로'의 동의성은 명백히 입증된다. '實엔'은 '實+-에+-ㄴ'으로 분석될 수 있고 부사어 구실을 한다.

(4) a. 諦緣ㅅ 法이 비록 二乘에 屬ᄒᆞ나 實엔 大乘에 通ᄒᆞ니 〈月十四 38b〉
 b. 諦緣法이 비록 二乘에 屬ᄒᆞ나 實로(139b) 大乘에 通ᄒᆞ니(諦緣之法이 雖屬二乘ᄒᆞ나 實通大乘ᄒᆞ니) 〈法華三 140a〉

(4) c. 미튼 實엔 量 업스리라 〈月十七 4a〉
 d. 本ᄋᆞᆫ 實로 量 업스샷다(本實無量이샷다) 〈法華五 130a〉

한편 '實'이 『월인석보』와 『법화경언해』에서 모두 '實엔'으로도 번역되고 '實로'로도 번역된다는 것은 동일 원문의 번역인 다음 예문들에서 잘 확인된다. 원문 중 '實成佛'의 '實'이 '實엔'으로 번역되고 '非實'이 모두 '實로 아니다'로 번역된다.

(4) e. 내 實엔 成佛ᄒᆞ건 디 〈月十七 4a〉
 f. 내 實엔 成佛로 오미(我實成佛已來ㅣ) 〈法華五 130a〉

(4) g. 實로 體 잇논 디 아니라 〈月十四 36b〉
 h. 實로 體 잇논 디 아니라(非實有體라) 〈法華三 139a〉

〈5〉 實은 對 實엔

두 부사어가 [實] 즉 '실은, 사실은'의 뜻을 가지고 동의 관계에 있다는 것은 동일 원문의 번역인 다음 예문들에서 잘 확인된다. 원문 중 '實則一相一味'가 '實은 ᄒᆞᆫ 相 ᄒᆞᆫ 마시로미'로도 번역되고 '實엔 一相一味샨디'로도 번역된다. 따라서 '實은'과 '實엔'의 동의성은 명백히 입증된다.

(5) a. 實은 ᄒᆞᆫ 相 ᄒᆞᆫ 마시로미 ᄒᆞᆫ 구룸 ᄒᆞᆫ 비 ᄀᆞᆮᄒᆞ니라 〈月十三 53b〉
b. 實엔 一相一味샨디 一雲一雨ㅣ ᄀᆞᆮᄒᆞ샤ᄆᆞᆯ 니ᄅᆞ시니라(謂……實則一相一味샨디 如一雲一雨而已시니라) 〈法華三 24b〉

〈6〉 一心ᄋᆞ로 對 一心

두 부사어가 [一心] 즉 '한 마음으로, 一心으로'의 뜻을 가지고 동의 관계에 있다는 것은 동일 원문의 번역인 다음 예문들에서 잘 확인된다. 원문 중 '一心合掌'이 '一心ᄋᆞ로 合掌ᄒᆞ다'로도 번역되고 '一心 合掌ᄒᆞ다'로도 번역된다. 그리고 '一心精進'이 '一心ᄋᆞ로 精進ᄒᆞ다'로도 번역되고 '一心 精進ᄒᆞ다'로도 번역된다. 따라서 '一心ᄋᆞ로'와 '一心'의 동의성은 명백히 입증된다. '一心ᄋᆞ로'는 '一心+-ᄋᆞ로'로 분석된다.

(6) a. 一心ᄋᆞ로 合掌ᄒᆞ야 〈月十五 47b〉
b. 一心 合掌ᄒᆞ야(一心合掌ᄒᆞ야) 〈法華四 78b〉

(6) c. 一心ᄋᆞ로 精進ᄒᆞᇙ디니 〈月十九 107b〉
d. 一心 精進ᄒᆞᆯ띠니(應一心精進이니) 〈法華七 171b〉

제5장

結 論

지금까지 『석보상절』과 『월인석보』에서 확인되는 동의어들을 고찰해 왔다.

同義 關係는 크게 두 개의 관점에서 논의될 수 있다. 첫째는 形式的 觀點이고 둘째는 內容的 觀點이다. 形式的 觀點에서 동의 관계에 있는 단어들이 相異한지 아니면 相似한지를 判別할 수 있고 內容的 觀點에서 동의 관계에 있는 단어들이 完全 同義인지 部分 同義인지를 확인할 수 있다.

형식적 관점에서 동의 관계에 있는 단어들은 크게 相異型과 相似型으로 나눌 수 있다. 相似型은 音韻論的 觀點과 形態論的 觀點에서 분류될 수 있는데 음운론적 관점에 따르면 音韻 交替, 音韻 脫落, 音韻 添加 그리고 音韻 縮約이 있고 형태론적 관점에 따르면 合成과 派生이 있다.

내용적 관점에서 동의 관계에 있는 단어들이 完全 同義일 수도 있고 部分 同義일 수도 있다. 完全 同義는 경쟁 관계에 있는 동의어들의 意味 範圍가 완전히 일치하는 경우이다. 다시 말하면 둘 또는 그 이상의 단어들이 주어진 文脈에서 認識的 또는 感情的 意味를 조금도 변화시키지 않고 서로 교체될 수 있을 때 完全 同義가 성립된다. 部分 同義는 동의 관계에 있는 단어들의 意味 範圍가 部分的으로 일치하는 경우이다. 部分 同義에는 包含과 重疊이 있다. 포함은 동의 관계에 있는 단어들 중의 하나가 다른 것에 포함되는 것이고 중첩은 동의 관계에 있는 단어들의 意味 範圍의 일부분이 중첩되는 것이다. 이론상 중첩 관계는 중첩의 정도에 따라 여러 경우가 있을 수 있으나 실제에 있어서 중첩의 정도를 판별하기란 쉬운 일이 아니다.

제2장은 『석보상절』과 『월인석보』에 등장하는 固有語들이 어떤 양상의 同義 關係를 형성하고 있는지를 名詞類, 動詞類, 副詞類 그리고 冠形詞類에서 고찰하고 있다.

첫째, 固有語의 名詞類에서 발견되는 동의 관계는 크게 두 개의 관점에서 고찰할 수 있다. 첫째는 形式的 관점이고 둘째는 內容的 관점이다. 形式的 觀點에서 동의 관계에 있는 고유어들이 相異한지 아니면 相似한지를 판별할 수 있고 內容的 관점에서 동의 관계에는 고유어들이 完全同義인지 部分 同義인지를 확인할 수 있다.

形式的 관점에서 同義語들은 相異型과 相似型으로 크게 나눌 수 있다. 相似型은 음운론적 관점과 형태론적 관점에서 분류될 수 있는데 음운론적 관점에 따르면 音韻 交替, 音韻 脫落 및 音韻 添加가 있고 형태론적 관점에 따르면 合成과 派生이 있다.

서로 다른 形式을 가진 둘 또 그 이상의 名詞類들이 同義 關係를 가질 수 있다. 이 경우가 곧 相異型이다.

고유어의 名詞類에서 확인되는 相異型에는 [所]와 [處] 즉 '곧, 데'의 뜻을 가진 '곧'과 'ᄃᆡ'를 비롯하여 [時] 즉 '때, 적'의 뜻을 가진 'ᄣᅢ'와 '제', [人] 즉 '남, 사람'의 뜻을 가진 'ᄂᆞᆷ'과 '사ᄅᆞᆷ', [頂] 즉 '정수리, 머리'의 뜻을 가진 '뎡바기'와 '머리', [頷] 즉 '턱'의 뜻을 가진 '며개'와 'ᄐᆞᆨ', [海] 즉 '바다'의 뜻을 가진 '바다'와 '바ᄅᆞᆯ', [中] 즉 '속, 안'의 뜻을 가진 'ᄉᆞᆸ'과 '안ㅎ', [牙] 즉 '어금니'의 뜻을 가진 '엄'과 '니', [故]와 [由] 즉 '까닭, 탓'의 뜻을 가진 '젼ᄎᆞ'와 '닷' 그리고 [疣] 즉 '혹, 사마귀'의 뜻을 가진 '혹'과 '보도롯' 등 100여 항목이 있다.

音韻의 交替에 의해 생긴 명사들이 同義 關係를 가질 수 있다. 이런 경우가 音韻 交替型이다. 음운 교체에는 母音 交替와 子音 交替가 있다. 통계상 모음 교체가 자음 교체보다 많다.

동의 관계가 모음 교체를 보여 주는 명사들 사이에 성립된다. 모음 교체에는 陽母音과 陰母音 간의 교체가 있고 陰母音과 陽母音 간의 교체가 있고 양모음간의 교체와 음모음간의 교체가 있다. 그리고 음모음과 中立 母音 간의 교체가 있고 中立 母音과 양모음 간의 교체가 있다.

陽母音과 陰母音 간의 교체에는 '아~어'의 교체가 있다. '아~어'의 교체를 보여 주는 명사에는 [頭髮]과 [髮] 즉 '머리털'의 뜻을 가진 '마리'와 '머리'가 있다.

陰母音과 陽母音 간의 교체에는 '어~아'의 교체와 '우~오'의 교체가 있다. '어~아'의 교체를 보여 주는 명사에는 [罵詈] 즉 '꾸지람, 야단'의 뜻을 가진 '구지럼'과 '구지람'이 있고 '우~오'의 교체를 보여 주는 명사에는 [烏] 즉 '까마귀'의 뜻을 가진 '가마귀'와 '가마괴'가 있다.

陽母音간의 교체에는 '아~ᄋᆞ'의 교체와 '오~외'의 교체가 있다. '아~ᄋᆞ'의 교체를 보여 주는 명사에는 [宿]과 [先] 즉 '이전, 옛날'의 뜻을 가진 '아래'와 'ᄋᆞ래'가 있고 '오~외'의 교체를 보여 주는 명사에는 [夕] 즉 '저녁'의 뜻을 가진 '나조ㅎ'와 '나죄'가 있다.

陰母音간의 교체에는 '우~으'의 교체가 있다. '우~으'의 교체를 보여 주는 명사에는 [謦欬] 즉 '기침'의 뜻을 가진 '기춤'과 '기츰'이 있다.

음모음과 中立 母音 간의 교체에는 '으~이'의 교체가 있다. '으~이'의 교체를 보여 주는 명사에는 [影] 즉 '그림자'의 뜻을 가진 '그르메'와 '그리메'가 있다.

中立 母音과 양모음 간의 교체에는 '이~ᄋᆡ'의 교체가 있다. '이~ᄋᆡ'의 교체를 보여 주는 명사에는 [聲] 즉 '소리'의 뜻을 가진 '소리'와 '소ᄅᆡ'가 있다.

동의 관계가 자음 교체를 보여 주는 명사들 사이에 성립된다. 자음 교체에는 'ㅅ~ㅿ'의 교체가 있다. 'ㅅ~ㅿ'의 교체를 보여 주는 명사에는 [滓] 즉 '찌꺼기'의 뜻을 가진 'ᄌᆞᆺ의'와 'ᄌᆞᇫ의'가 있다.

어떤 명사가 그것 중의 한 음운의 탈락으로 생긴 명사와 동의 관계를 가질 수가 있는데 이 경우가 음운 탈락형이다. 음운 탈락에는 모음 탈락과 자음 탈락이 있다. 그리고 자음과 모음의 탈락이 있다.

母音 脫落에는 [酒] 즉 '술'의 뜻을 가진 '수을'과 '술'이 있다.

자음 탈락에는 [杖] 즉 '막대'의 뜻을 가진 '막다히 막대'가 있고 [於此]와 [此] 즉 '여기에'의 뜻을 가진 '이에'와 '예'가 있다.

자음과 모음의 탈락에는 [於此], [於是] 및 [此] 즉 '여기에'의 뜻을 가진 '이어긔'와 '이에'가 있다.

어떤 명사가 그것 중에 한 음운을 첨가하여 만들어진 명사와 동의 관계를 가질 수 있다. 이 경우가 음운 첨가형이다.

音韻 添加에는 [塵] 즉 '티끌'의 뜻을 가진 '드틀'과 '듣글'이 있다.

합성은 단일어인 명사가 合成에 의한 명사와 동의 관계를 가지는 경우이다. 합성(Compounding)은 어간의 직접 구성 요소(Immediate Constituent)가 모두 語基이거나 어기보다 큰 단위로 이루어진 단어인 경우이다.

합성에는 [水波]와 [波] 즉 '물결'의 뜻을 가진 '믌결'과 '결'을 비롯하여 [牙] 즉 '어금니'의 뜻을 가진 '엄'과 '엄니' 그리고 [樹] 즉 '큰 나무'의 뜻을 가진 '즘게 나모'와 '나모' 등이 있다.

파생은 기어인 명사가 그것에서 파생된 명사와 동의 관계를 가지는 경우이다. 예를 들면, [書] 즉 '책'의 뜻을 가진 '글, 글왈'을 비롯하여 [言], [語], [說], [語言], [言辭] 및 [言詮] 즉 '말'의 뜻을 가진 '말, 말솜' 그리고 [教] 즉 '왕의 명령'의 뜻을 가진 '말, 말솜'이 있다.

둘째, 고유어의 動詞類에서 확인되는 동의 관계에는 動作動詞간의 同義 관계, 狀態動詞간의 동의 관계 그리고 동작동사와 상태동사 간의 동의 관계가 있다.

고유어의 動作動詞에서 발견되는 동의 관계는 相異型과 相似型으로 나눌 수 있다. 相異型은 음운론적 관점과 형태론적 관점으로 분류될 수 있는데 음운론적 관점에 따르면 音韻 交替, 音韻 脫落, 音韻 添加 및 音節 縮約이 있다. 형태론적 관점에 따르면 合成과 派生이 있다.

서로 다른 形式을 가진 둘 또는 그 이상의 動詞類들이 同義 關係를 가질 수 있다. 이 경우가 곧 相異型이다.

고유어의 動作動詞에서 확인되는 상이형에는 [到] 즉 '다다르다, 이르다'의 뜻을 가진 '가다'와 '다돋다'를 비롯하여 [裂] 즉 '가르다, 깨다'의 뜻을 가진 '가른다'와 '빼다', [憔悴] 즉 '파리하고 쇠약하다'의 뜻을 가진 '가싀다'와 '시들다', [慕] 즉 '그리워하다'의 뜻을 가진 '과ᄒᆞ다'와 'ᄉᆞ랑ᄒᆞ다', [分別] 즉 '가리다'의 뜻을 가진 'ᄀᆞᆯᄒᆞ다'와 'ᄂᆞᆫ호다', [警] 즉 '깨우다'의 뜻을 가진 'ᄭᆡ오다'와 '알외다', [生起] 즉 '일어나다'의 뜻을 가진 '나닐다'와 '니러나다', [著現] 즉 '나타나다'의 뜻을 가진 '나다나다'와 '낱다', [演] 즉 '자세히 설명하다'의 뜻을 가진 '너피다'와 '부르다', [稱數] 즉 '말하여 세다'의 뜻을 가진 '니르혜다'와 'ᄃᆞ라 혜다', [敍]와 [陳] 즉 '펴다, 진술하다, 말하다'의 뜻을 가진 '니르다'와 '펴다', [卽] 즉 '나아가다'의 뜻을 가진 '다돋다'와 '나ᅀᅡ가다', [盡]과 [窮] 즉 '다하다'의 뜻을 가진 '다ᄒᆞ다'와 '다ᄋᆞ다', [墮]와 [墜] 즉 '떨어지다'의 뜻을 가진 'ᄠᅥ러디다'와 'ᄠᅥ디다', [尋] 즉 '좇다'의 뜻을 가진 '듣닥다'와 '미좇다'와 '좇다' 그리고 [行] 즉 '다니다'의 뜻을 가진 'ᄃᆞᆮ니다'와 'ᄒᆞ니다'가 있다.

[合] 즉 '맞추다, 합치다'의 뜻을 가진 '마초다'와 '어울우다'를 비롯하여 [直] 즉 '값어치가 있다, 상당하다'의 뜻을 가진 '맞다'와 '쓰다', [滯] 즉 '막히다, 걸리다'의 뜻을 가진 '머굴위다'와 '걸이다', [合] 즉 '합치다'의 뜻을 가진 '모도다'와 '어울다', [會]와 [集] 즉 '모으다'의 뜻을 가진 '뫼호다'와 '모도다', [隕落] 즉 '무너지다'의 뜻을 가진 '므르듣다'와 '믈어디다', [作]나 [化作] 즉 '만들다, 짓다'의 뜻을 가진 'ᄆᆡᇰᄀᆞᆯ다'와 '짓다', [決] 즉 '도려내다'의 뜻을 가진 '바히다'와 '헤티다', [憂] 즉 '근심하다, 걱정하다'의 뜻을 가진 '분별ᄒᆞ다'와 '시름ᄒᆞ다', [嫉妬] 즉 '시새움

하다, 시기하다'의 뜻을 가진 '새오다'와 'ᄭᅴ다', [慕] 즉 '사랑하다'의 뜻을 가진 'ᄉᆞ랑ᄒᆞ다'와 'ᄃᆞᆺ다', [動] 즉 '움직이다'의 뜻을 가진 '움즉ᄒᆞ다'와 '뮈다', [息] 즉 '그치다'의 뜻을 가진 '잔치다'와 '그치다' 그리고 [散] 즉 '흩다, 뿌리다'의 뜻을 가진 '흩다'와 '빟다' 등 210여 항목이 있다.

音韻의 交替를 보여 주는 동작동사들이 동의 관계를 가질 수 있다. 이 경우가 음운 교체형이다. 음운 교체에는 母音 交替와 子音 交替가 있다. 통계상 母音 交替가 자음 교체보다 많다.

동의 관계가 모음 교체에 의한 동사들 사이에 성립될 수 있다. 모음 교체에는 陽母音과 陰母音 간의 교체도 있고 음모음과 양모음 간의 교체도 있으며 陽母音간의 교체와 陰母音간의 교체도 있다.

陽母音과 陰母音 간의 교체로 'ᄋᆞ~으'의 교체를 보여 주고 [養] 즉 '기르다'의 뜻을 가진 '기ᄅᆞ다, 기르다'를 비롯하여 '오~우'와 'ᄋᆞ~으'의 교체를 보여 주고 [旋], [返] 및 [反] 즉 '돌리다, 돌이키다'의 뜻을 가진 '도ᄅᆞᅘᅧ다, 두르ᅘᅧ다'가 있다. 그리고 '오~우'의 교체를 보여 주고 [輕慢] 즉 '업신여기다'의 뜻을 가진 '업시오다, 업시우다'가 있다.

음모음과 양모음 간의 교체로 '어~아'의 교체를 보여 주고 [過] 즉 '넘다'의 뜻을 가진 '넘다, 남다'를 비롯하여 '우~오'의 교체를 보여 주고 [曲] 즉 '굽다'의 뜻을 가진 '굽다, 곱다' 그리고 '으~ᄋᆞ'의 교체를 보여 주고 [說], [言] 및 [謂] 즉 '이르다, 말하다'의 뜻을 가진 '니르다, 니ᄅᆞ다' 등이 있다.

陽母音간의 교체로 'ᄋᆞ~ᄋᆡ'의 교체를 보여 주고 [分別]과 [別] 즉 '분별하다'의 뜻을 가진 'ᄀᆞᆯᄒᆞ다, ᄀᆞᆯᄒᆡ다'가 있다. 그리고 陽母音간의 교체로 '우~으'의 교체를 보여 주고 [謦欬] 즉 '기침하다'의 뜻을 가진 '기춤ᄒᆞ다, 기츰ᄒᆞ다'가 있다.

자음 교체를 보여 주는 동작동사들이 동의 관계를 가질 수 있다. 자음 교체에는 語頭 子音의 交替와 語中 子音의 교체가 있다.

어두 자음의 교체로 제1 음절에서 'ㅈ~ㅶ' 교체를 보여 주고 [逐] 즉 '좇다'의 뜻을 가진 '좇다, ᄧᅩᆾ다'가 있다. 제1 음절에서 자음군 'ㅺ~ㅴ'의 교체를 보여 주고 [淪]과 [汨沒] 즉 '빠지다'의 뜻을 가진 'ᄭᅥ디다, ᄢᅥ디다'가 있다. 그리고 제2 음절에 'ㅿ~ㅅ'의 교체를 보여 주고 [抹] 즉 '바수다, 가루로 만들다'의 뜻을 가진 'ᄇᆞᅀᆞ다, ᄇᆞᄉᆞ다'가 있다.

어말 자음의 교체로 제1 음절에서 'ㄷ~ㄴ'의 교체를 보여 주고 [濟] 즉 '건너다'의 뜻을 가진 '걷나다, 건나다' 그리고 제2 음절에서 'ㅈ~ㄷ'의 교체를 보여 주고 [罵詈] 즉 '꾸짖다'의 뜻을 가진 '구짖다, 구짇다'가 있다.

모음 탈락의 예로 'ᄋᆞᄋᆞᆯ오다, 올오다'와 '이긔다, 이기다'를 들 수 있다. 'ᄋᆞᄋᆞᆯ오다'는 그것의 제2 음절의 모음 'ᄋᆞ' 탈락에 의한 '올오다'와 [全] 즉 '온전하게 하다'의 뜻을 가지고 동의 관계에 있다. 그리고 '이긔다'는 제2 음절의 모음 '으' 탈락에 의한 '이기다'와 [堪] 즉 '이기다'의 뜻을 가지고 동의 관계에 있다.

자음 탈락의 예로 '염글다, 여믈다' 및 '니를다, 니르다'를 들 수 있다. '염글다'는 제2 음절의 어두 자음 'ㄱ' 탈락에 의한 '여믈다'와 [實] 즉 '여물다'의 뜻을 가지고 동의 관계에 있다. 그리고 '니를다'는 제2 음절의 어말 자음 'ㄹ' 탈락에 의한 '니르다'와 [至] 즉 '이르다'의 뜻을 가지고 동의 관계에 있다.

어떤 동작동사가 한 음운의 첨가에 의해 생긴 동작동사와 동의 관계를 가질 수 있다. 이 경우가 음운 첨가형이다. 음운 첨가에는 모음 첨가와 자음 첨가가 있다. 모음 첨가의 예로 '누이다, 뉘이다'가 있는데 '누이다'는 반모음 [y]의 첨가에 의한 '뉘이다'와 [臥] 즉 '누이다'의 뜻을 가지고 동의 관계에 있다.

자음 첨가의 예로 '버믈다, 범글다'와 'ᄆᆞ니다, ᄆᆞᆫ지다'를 들 수 있다. '버믈다'는 자음 'ㄱ' 첨가에 의한 '범글다'와 [累] 즉 '동여매다, 얽매다'의 뜻을 가지고 동의 관계에 있다. 'ᄆᆞ니다'와 'ᄆᆞᆫ지다'를 들 수 있는데, 'ᄆᆞ니다'는 자음 'ㅈ'의 첨가에 의한 'ᄆᆞᆫ지다'와 [摩] 즉 '만지다'의 뜻을 가지고 동의 관계에 있다.

어떤 동작동사가 그것 중의 두 음절이 한 음절로 축약된 동작동사와 동의 관계를 가질 수 있다. 예를 들면, [亡] 즉 '망하다'의 뜻을 가진 '바이다, 배다'가 있다. '배다'는 '바이다'의 첫 음절의 '아'와 둘째 음절의 '이'가 한 음절 '애'로 축약되어 생긴 어형이다.

단일어인 動作動詞가 合成에 의한 동작동사와 동의 관계를 가질 수 있다. 이 경우가 合成型이다. 합성에는 비통사적 합성과 통사적 합성이 있다. 비통사적 합성의 예를 들면, [繞] 즉 '감돌다, 돌다'의 뜻을 가진 '값돌다, 돌다'를 비롯하여 [黑暗] 즉 '어둡다'의 뜻을 가진 '검어듭다, 어듭다', [輪轉] 즉 '구르다, 굴러가다'의 뜻을 가진 '그울다, 그우니다' 그리고 [攝] 즉 '모으다, 모아 가지다'의 뜻을 가진 '모도다, 모도잡다' 등이 있다.

통사적 합성의 예를 들면 '[斷絶]' 즉 '끊어지다'의 뜻을 가진 '그처디다, 긏다'를 비롯하여 [彰] 즉 '나타나다'의 뜻을 가진 '나다나다, 낟다', [脫] 즉 '벗어지다'의 뜻을 가진 '버서디다, 벗다'[消] 즉 '없어지다, 사라지다'의 뜻을 가진 '슬다, 스러디다' 그리고 [瘡胗] 즉 '(입술이) 트고 상처나다'의 뜻을 가진 '헐믓다, 헐다' 등 20여 항목이 있다.

그리고 동작동사구 '펴 내다'와 동작동사 '펴다'가 [發揮] 즉 '펴 내다'의 뜻을 가지고 동의 관계에 있다. 동작동사구 '섯거 어울다'와 합성 동작동사 '섯몯다'가 [交遘] 즉 '섞이어 합쳐지다, 섞이어 모이다'의 뜻을 가지고 동의 관계에 있다.

基語인 동작동사가 그것에서 파생된 동작동사와 동의 관계를 가질 수도 있고 파생된 동작동사들이 동의 관계를 가질 수 있다. 이 경우가 派生型이다. 기어인 동작동사와 파생된 동작동사 사이에서 확인되는 동의 관계의 예를 들면, [滯] 즉 '걸리다'의 뜻을 가진 '걸이다, 걸다' 그리고 [過]와 [經] 즉 '지나다'의 뜻을 가진 '디내다, 디나다' 등이 있다. 파생된 동작동사 사이에 성립되는 동의 관계의 예를 들면, [令坐] 즉 '앉히다, 앉게 하다'의 뜻을 가진 '안치다, 앉긔 ᄒᆞ다' 그리고 [悟] 즉 '알리다, 알게 하다'의 뜻을 가진 '알외다, 알에 ᄒᆞ다'가 있다.

고유어의 狀態動詞에서 발견되는 동의 관계는 相異型과 相似型으로 나눌 수 있다. 相異型은 음운론적 관점과 형태론적 관점으로 분류될 수 있는데 음운론적 관점에 의하면 音韻 交替와 音韻 脫落이 있고 형태론적 관점에 의하면 合成과 派生이 있다.

서로 다른 형식을 가진 둘 또는 그 이상의 狀態動詞들이 동의 관계를 가질 수 있다. 이 경우가 상이형이다.

고유어의 狀態動詞에서 확인되는 상이형에는 [質直] 즉 '고지식하다'의 뜻을 가진 '고디식다'와 '곧다'를 비롯하여 [優] 즉 '낫다, 뛰어나다'의 뜻을 가진 '늘다'와 '더으다', [染] 즉 '더럽다'의 뜻을 가진 '덞다'와 '더럽다', [惡] 즉 '나쁘다'의 뜻을 가진 '멎다'와 '궂다', [快] 즉 '시원하다, 상쾌하다'의 뜻을 가진 '시훤ᄒᆞ다'와 '훤ᄒᆞ다', [恨] 즉 '恨스럽다'의 뜻을 가진 '애왇브다'와 '측ᄒᆞ다' 그리고 [小] 즉 '작다'의 뜻을 가진 '혁다'와 '젹다' 등 40여 항목이 있다.

音韻의 교체를 보여 주는 상태동사들이 동의 관계를 가질 수 있다. 이 경우가 음운 교체형이다. 음운 교체에는 母音 交替가 있다.

동의 관계가 모음 교체를 보여 주는 상태동사들 사이에 성립된다. 모음 교체에는 陽母音과 陰母音 간의 교체가 있고 음모음과 양모음 간의 교체가 있고 음모음간의 교체가 있다.

양모음과 음모음 간의 교체에는 '오~우'의 교체와 '아~어'의 교체가 있다. 모음 '오~우'의 교체를 보여 주는 상태동사에는 [柔軟] 즉 '부드럽다'의 뜻을 가진 '보드랍다'와 '부드럽다'가 있다. 모음 '아~어'의 교체를 보여 주는 상태동사에는 [小] 즉 '작다'의 뜻을 가진 '쟉다'와 '젹다'가 있다.

음모음과 양모음 간의 교체에는 '으~ᄋᆞ'의 교체와 '우~오'의 교체가 있다. 모음 '으~ᄋᆞ'의 교체를 보여 주는 상태동사에는 [短]과 [矬短] 즉 '짧다'의 뜻을 가진 '뎌르다'와 '뎌ᄅᆞ다'가 있다. 모음 '우~오'의 교체를 보여 주는 상태동사에는 [黃] 즉 '누르다'의 뜻을 가진 '누르다'와 '노ᄅᆞ다'가 있다.

음모음간의 교체에는 '우~으'의 교체가 있다. 모음 '우~으'의 교체를 보여 주는 상태동사에는 [闇] 즉 '어둡다'의 뜻을 가진 '어둡다'와 '어듭다'가 있다.

어떤 상태동사가 그것 중의 한 音韻의 탈락에 의해 생긴 상태동사와 동의 관계를 가질 수 있다. 이 경우가 음운 탈락형이다. 음운 탈락에는 母音 탈락이 있다.

모음 'ᄋᆞ'의 탈락을 보여 주는 상태동사에는 [如]와 [同] 즉 '같다'의 뜻을 가진 'ᄀᆞᄐᆞ다'와 'ᄀᆞᆮ다', [遍] 즉 '흠결이 없이 온전하다'의 뜻을 가진 '오ᄋᆞᆯ다'와 '올다' 그리고 [淨] 즉 '깨끗하다'의 뜻을 가진 '조ᄒᆞ다'와 '좋다'가 있다.

單一 상태동사와 合成 상태동사가 동의 관계를 가질 수 있다. [黑暗] 즉 '어둡다'의 뜻을 가진 '검어듭다'와 '어듭다'가 동의 관계를 가진다. 그리고 [愚癡] 즉 '어리석다'의 뜻을 가진 '미혹ᄒᆞ다'와 '어리미혹ᄒᆞ다'가 동의 관계에 있다.

두 상태동사가 [黑暗] 즉 '어듭다'의 뜻을 가지고 동의 관계에 있다는 것은 동일 원문의 번역인 다음 예문들에서 잘 확인된다. 원문 중 '黑暗之間'이 '검어드븐 ᄉᆞᅀᅵ'로도 번역되고 '어드운 ᄉᆞᅀᅵ'로도 번역되므로 '검어듭다'와 '어듭다'의 동의성은 명백히 입증된다. '검어듭다'의 어간 '검어듭-'은 어간 '검-'과 어간 '어듭-'의 비통사적 합성이다.

基語인 상태동사가 그것에서 파생된 상태동사와 동의 관계를 가질 수 있다. 이 경우가 파생형이다. 파생에는 [淺] 즉 '얕다'의 뜻을 가진 '녇다'와 '녇갑다'가 있다.

동작동사와 상태동사가 동의 관계를 가질 수 있다. 동작동사와 상태동사 간에 동의 관계를 보여 주는 것에는 [喘] 즉 '헐떡이다, 숨이 차다'의 뜻을 가진 '숨힐후다'와 '숨하다'가 있다. 상태동사와 동작동사 간에 동의 관계를 보여 주는 것에는 [憔悴]와 [瘐悴] 즉 '초췌하다, 수척하다'의 뜻을 가진 '셩가싀다'와 '시들다'가 있다.

셋째, 固有語의 부사류에서 발견되는 동의 관계는 크게 두 개의 觀點에서 고찰될 수 있다. 첫째는 形式的 관점이고 둘째는 內容的 관점이다. 形式的 관점에서 동의 관계에 있는 副詞類가 相異한지 아니면 相似한지를 판별할 수 있고 內容的 觀點에서 동의 관계에 있는 부사류가 完全同義인지 部分 同義인지를 확인할 수 있다.

형식적 관점에서 同義 관계에 있는 副詞類들은 相異型과 相似型으로 크게 나누어질 수 있다.

相似型은 音韻論的 觀點과 形態論的 觀點에서 분류될 수 있는데 음운론적 관점에 따르면 音韻交替, 音韻 脫落 및 音韻 添加가 있고 형태론적 관점에 따르면 合成과 派生이 있다.

서로 다른 形式을 가진 둘 또 그 이상의 副詞類들이 同義 關係를 가질 수 있다. 이 경우가 곧 相異型이다.

고유어의 副詞類에서 확인되는 상이형에는 [空] 즉 '헛되이, 부질없이'의 뜻을 가진 '간대로'와 'ᄒᆞᆫ갓'을 비롯하여 [直下] 즉 '곧, 바로'의 뜻을 가진 '고대'와 '바ᄅᆞ', [誤] 즉 '그릇, 잘못'의 뜻을 가진 '그르'와 '외오', [競] 즉 '다투어, 겨루어'의 뜻을 가진 '난겻'과 'ᄃᆞ토와', [勝] 즉 '모두, 죄다'의 뜻을 가진 '다'와 '니ᄅᆞ', [或] 즉 '또'의 뜻을 가진 '쏘'와 '시혹' 그리고 [應當]과 [必]의 즉 '반드시'의 뜻을 가진 '모로매'와 '반ᄃᆞ기'가 있다.

[已] 즉 '벌써'의 뜻을 가진 '볼셔'와 'ᄒᆞ마'를 비롯하여 [猶]와 [尙] 즉 '오히려'의 뜻을 가진 'ᄉᆞ지'와 '오히려', [向] 즉 '먼저, 전에'의 뜻을 가진 '앳가'와 '몬져', [專] 즉 '온전히, 오로지'의 뜻을 가진 '오로'와 'ᄒᆞ오ᄌᆞ로', [善] 즉 '잘, 좋게'의 뜻을 가진 '잘'과 '이대', [適] 즉 '마침'의 뜻을 가진 '처섬'과 '마치' 그리고 [共] 즉 '함께'라는 뜻을 가진 'ᄒᆞᆫᄃᆡ'와 '어울어' 등 90여 항목이 있다.

音韻의 교체에 의한 부사들이 동의 관계를 가질 수 있다. 이런 경우가 음운 교체형이다. 음운 교체에는 모음 교체가 있다.

동의 관계가 모음 교체를 보여 주는 부사들 사이에 성립된다. 모음 교체에는 陰母音과 陽母音 간의 교체가 있다. 그리고 陽母音간의 교체가 있다.

음모음과 양모음 간의 교체에는 '으~ᄋᆞ'의 교체, '어~아'의 교체 및 '우~오'의 교체가 있다. 양모음간의 교체에는 '아~ᄋᆞ'의 교체와 'ᄋᆞ~오'의 교체가 있다.

모음 '으~ᄋᆞ'의 교체를 보여 주는 부사에는 [勝] 즉 '모두, 죄다'의 뜻을 가진 '니르'와 '니ᄅᆞ'가 있다. 모음 '어~아'의 교체를 보여 주는 부사에는 [昏昏] 즉 '어즐어즐하게'의 뜻을 가진 '어즐히'와 '아즐히'가 있다. 모음 '우~오'의 교체를 보여 주는 부사에는 [可]와 [堪] 즉 '可히'의 뜻을 가진 '어루'와 '어로'가 있고 [偏] 즉 '기울게'의 뜻을 가진 '기우루'와 '기우로'가 있다. 모음 '아~ᄋᆞ'의 교체를 보여 주는 부사에는 [曾], [宿曾] 및 [先] 즉 '일찌이, 이전에'의 뜻을 가진 '아래'와 '아ᄅᆡ'가 있다. 모음 'ᄋᆞ~오'의 교체를 보여 주는 부사에는 [重重] 즉 '겹겹이'의 뜻을 가진 '다ᄑᆞᆯ다ᄑᆞᆯ'과 '다폴다폴'이 있다.

어떤 부사가 그것 중의 한 음운의 탈락으로 생긴 부사와 동의 관계를 가질 수 있는데 이 경우가 음운 탈락형이다. 음운 탈락에는 자음 탈락과 모음 탈락이 있다. 자음 탈락의 예로는 [卽] 즉 '곧, 즉시'의 뜻을 가진 '즉자히'와 '즉재'가 있고 모음 탈락의 예로는 [易] 즉 '쉬이, 쉽게'의 뜻을 가진 '쉬ᄫᅵ'와 '수이'가 있다.

어떤 부사가 그것 중에 한 음운을 첨가하여 만들어진 부사와 동의 관계를 가질 수 있다. 이 경우가 음운 첨가형이다. 음운 첨가에는 모음 첨가와 자음 첨가가 있다. 모음 첨가의 예로는 [止] 즉 '다만, 오직'의 뜻을 가진 '다ᄆᆞᆫ'과 '다ᄆᆡᆫ', [前] 즉 '먼저'의 뜻을 가진 '몬져, 몬졔' 그리고 [方] 즉 '바야흐로, 이제 막'의 뜻을 가진 '보야ᄒᆞ로', '뵈야ᄒᆞ로' 등이 있다. 자음 첨가의 예를 들면, [且] 즉 '아직, 또한'의 뜻을 가진 '아직, 안직'이 있다.

단일어인 副詞가 合成에 의한 부사와 동의 관계를 가질 수 있다. 예를 들면, [今]과 [今者] 즉 '이제, 지금'의 뜻을 가진 '오ᄂᆞᆳ날, 오늘' 그리고 [今日] 즉 '오늘'의 뜻을 가진 '오ᄂᆞᆳ날, 오ᄂᆞᆯ'이 있다. '오ᄂᆞᆳ날'은 '오ᄂᆞᆯ+ㅅ#날'로 분석될 수 있는 합성어이다.

동일한 어근에서 파생된 두 부사가 동의 관계를 가질 수 있는데 이 경우가 파생형이다. 파생의 예로 [復] 즉 '다시'의 뜻을 가진 'ᄂᆞ외야'와 'ᄂᆞ외' 등이 있다.

넷째, 고유어의 冠形詞類에서 확인되는 동의 관계는 크게 셋으로 나누어 고찰할 수 있다. 첫째는 冠形詞간의 동의 관계이고 둘째는 관형사와 冠形語 간의 동의 관계이고 셋째는 관형어간의 동의 관계이다.

고유어의 관형사들 사이에 성립되는 동의에는 [餘] 즉 '다른 남은, 그 밖의 다른'의 뜻을 가진 '녀느'와 '녀나ᄆᆞᆫ'을 비롯하여 [何] 즉 '무슨, 어떤'의 뜻을 가진 '므슴'과 '엇던', [諸] 즉 '여러'의 뜻을 가진 '믈읫'과 '여러', [諸] 즉 '여러'의 뜻을 가진 '여러'와 '모ᄃᆞᆫ' 그리고 [若干] 즉 '몇'의 뜻을 가진 '현맛'과 '몃' 등이 있다.

고유어의 관형사와 관형어 사이에 성립되는 동의에는 [餘] 즉 '남은'의 뜻을 가진 '녀나ᄆᆞᆫ'과 '나ᄆᆞᆫ'을 비롯하여 [高] 즉 '높은'의 뜻을 가진 '된'과 '노ᄑᆞᆫ', [樂] 즉 '즐거운'의 뜻을 가진 '라온'과 '즐거ᄫᅳᆫ', [衆] 즉 '많은'의 뜻을 가진 '모ᄃᆞᆫ'과 '한' 그리고 [纖]과 [小] 즉 '조그마한, 작은'의 뜻을 가진 '죠고맛'과 '져근' 등 9 항목이 있다.

고유어의 관형어 사이에 성립되는 동의에는 [餘] 즉 '남은'의 뜻을 가진 '다ᄅᆞᆫ'과 '나ᄆᆞᆫ' 그리고 [大] 즉 '큰'의 뜻을 가진 '한'과 '큰'이 있다.

관형어간의 동의에는 [餘] 즉 '남은'의 뜻을 가진 '다ᄅᆞᆫ'과 '나ᄆᆞᆫ' 그리고 [大] 즉 '큰'의 뜻을 가진 '한'과 '큰'이 있다.

제3장에서는 固有語와 漢字語 간의 同義 關係가 名詞類, 動詞類, 副詞類, 冠形詞類 및 感歎詞에서 어떻게 일어나고 있는지가 논의된다.

첫째, 名詞類에서 확인되는 固有語와 漢字語 간의 동의에서 고유어가 첫째로 單一語 명사이고 둘째로 合成 명사와 명사구이고 셋째로 派生 명사이고 마지막으로 명사형이다.

명사류에서 확인되는 고유어와 한자어 간의 동의에서 고유어가 單一語 명사인 경우에는 [中] 즉 '가운데, 中'의 뜻을 가진 '가ᄫᆞᆫᄃᆡ / 가온ᄃᆡ'와 '中'을 비롯하여 [女人] 즉 '성년의 여자'의 뜻을 가진 '겨집'과 '女人', [國土] 즉 '나라'의 뜻을 가진 '나라ㅎ'와 '國土', [精氣] 즉 '넋, 정기'의 뜻을 가진 '넋'과 '精氣', [頂] 즉 '정수리'의 뜻을 가진 '뎡바기'와 '頂', [山] 즉 '산'의 뜻을 가진 '뫼ㅎ'와 '山', [根] 즉 '뿌리, 根本'의 뜻을 가진 '불휘'와 '根', [人民] 즉 '백성'의 뜻을 가진 '사ᄅᆞᆷ'과 '人民', [子] 즉 '아들, 자식'의 뜻을 가진 '아ᄃᆞᆯ'과 '子息', [相] 즉 '형상, 모습'의 뜻을 가진 '얼굴'과 '相', [僧] 즉 '중'의 뜻을 가진 '즁'과 '僧' 그리고 [行] 즉 '행실, 행위'의 뜻을 가진 'ᄒᆡᆼ뎍'과 '行' 등 170여 항목이 있다.

명사류에서 확인되는 고유어와 한자어 간의 동의에서 고유어가 合成名詞와 名詞句일 수 있다. 이 동의 관계는 50여 항목이 있다.

고유어가 合成名詞인 경우에는 [種種] 즉 '여러 종류, 여러 가지'의 뜻을 가진 '가지 가지'와 '種種'을 비롯하여 [童女] 즉 '계집 아이'의 뜻을 가진 '갓나ᄒᆡ'와 '童女', [便利] 즉 '똥오줌'의 뜻을 가진 'ᄯᅩᆼ오좀'과 '便利', [壽命] 즉 '목숨, 壽命'의 뜻을 가진 '목숨'과 '壽命', [波濤] 즉 '물결, 파도'의 뜻을 가진 '믌결'과 '波濤', [全身] 즉 '온전한 몸'의 뜻을 가진 '온몸'과 '全身', [衣食] 즉 '옷과 밥'의 뜻을 가진 '옷밥'과 '衣食' 그리고 [財物] 즉 '재물'의 뜻을 가진 쳔량과 '財物' 등 20여 항목이 있다.

고유어가 名詞句인 경우에는 [支末] 즉 '가지 끝'의 뜻을 가진 '가지 긑'과 '支末'을 비롯하여 [鼓聲] 즉 '가죽 북소리, 북 소리'의 뜻을 가진 '갓붑 소리'와 '鼓聲', [賈客] 즉 '상인'의 뜻을 가진 '댱ᄉᆞᄒᆞ리'와 '賈客', [惡] 즉 '나쁜 것'의 뜻을 가진 '모딘 것'과 '惡', [鈴聲] 즉 '방울 소리'의 뜻을 가진 '바옰 소리'와 '鈴聲', [衆] 즉 '많은 사람'의 뜻을 가진 '한 사ᄅᆞᆷ'과 '衆' 그리고 [商人] 즉 '장사하는 사람, 장수'의 뜻을 가진 '흥졍ᄒᆞ리'와 '商人' 등 30 항목이 있다.

명사류에서 확인되는 고유어와 漢字語 간의 동의에서 고유어가 派生名詞일 수 있다. 고유어가 파생명사인 경우에는 [語言] 즉 '말, 언어'의 뜻을 가진 '말ᄊᆞᆷ'과 '語言'을 비롯하여 [果] 즉 '열매, 실과'의 뜻을 가진 '여름'과 '果實' 그리고 [生死] 즉 '삶과 죽음'의 뜻을 가진 '죽사리'와

'生死' 등 10 항목이 있다.

명사류에서 확인되는 고유어와 漢字語 간의 동의에서 고유어가 名詞形일 수 있다. 고유어가 名詞形인 경우에는 [喩] 즉 '비유'의 뜻을 가진 '가줄븀'과 '譬喩'를 비롯하여 [教] 즉 '가르침'의 뜻을 가진 'ᄀᆞᄅᆞ촘'과 '教', [生] 즉 '남'의 뜻을 가진 '남'과 '生', [愛染] 즉 '사랑함'의 뜻을 가진 'ᄃᆞᅀᅩᆷ'과 '愛染', [集] 즉 '모임'의 뜻을 가진 '모돔'과 '會集', [解脫] 즉 '속세의 속박 번뇌를 벗어남'의 뜻을 가진 '버서남'과 '解脫', [生] 즉 '삶, 生'의 뜻을 가진 '사롬'과 '生', [勝] 즉 '뛰어남'의 뜻을 가진 '어디롬'과 '勝' 그리고 [禮拜] 즉 '절하기, 예배'의 뜻을 가진 '절ᄒᆞ기'와 '禮拜' 등 20여 항목이 있다.

둘째, 動詞類에서 확인되는 固有語와 漢字語 간의 동의에는 動作動詞간의 同義, 狀態動詞간의 同義 그리고 動作動詞와 狀態動詞 간의 同義가 있다.

동작동사에서 확인되는 고유어와 한자어 간의 동의에서 고유어가 動作動詞일 수도 있고 動作動詞句와 合成 動作動詞일 수도 있다.

동작동사에서 확인되는 고유어와 한자어 간의 동의에서 고유어가 動作動詞인 경우에는 [觸] 즉 '가다, 닿다'의 뜻을 가진 '가다'와 '觸ᄒᆞ다'를 비롯하여 [領] 즉 '거느리다'의 뜻을 가진 '거느리다'와 '領ᄒᆞ다', [出現] 즉 '나다, 출현하다'의 뜻을 가진 '나다'와 '出現ᄒᆞ다', [頌] 즉 '기리다, 칭송하다'의 뜻을 가진 '니ᄅᆞ다'와 '頌ᄒᆞ다', [加] 즉 '더하다'의 뜻을 가진 '더으다'와 '加ᄒᆞ다', [聞] 즉 '듣다'의 뜻을 가진 '듣다'와 '聞ᄒᆞ다', [證] 즉 '증명하다, 밝히다'의 뜻을 가진 '마기오다'와 '證ᄒᆞ다', [動] 즉 '움직이다'의 뜻을 가진 '뮈다'와 '動ᄒᆞ다', [受] 즉 '받다'의 뜻을 가진 '받다'와 '受ᄒᆞ다', [屬] 즉 '붙다, 속하다'의 뜻을 가진 '븥다'와 '屬ᄒᆞ다', [貿易] 즉 '사다'의 뜻을 가진 '사다'와 '貿易ᄒᆞ다', [思念] 즉 '생각하다'의 뜻을 가진 'ᄉᆞ랑ᄒᆞ다'와 '思念ᄒᆞ다', [領悟] 즉 '알다, 깨닫다'의 뜻을 가진 '알다'와 '領悟ᄒᆞ다', [像] 즉 '본뜨다'의 뜻을 가진 '잇내다'와 '像ᄒᆞ다', [攝] 즉 '잡다, 쥐다'의 뜻을 가진 '잡다'와 '攝ᄒᆞ다', [減] 즉 '줄다'의 뜻을 가진 '졸다'와 '減ᄒᆞ다', [施] 즉 '베풀다'의 뜻을 가진 '펴다'와 '布施ᄒᆞ다', [衒賣] 즉 '팔다'의 뜻을 가진 'ᄑᆞᆯ다'와 '衒賣ᄒᆞ다' 그리고 [害] 즉 '해치다'의 뜻을 가진 'ᄒᆞ야ᄇᆞ리다'와 '害ᄒᆞ다' 등 약 150여 항목이 있다.

동사류에서 확인되는 고유어와 한자어 간의 동의에서 고유어가 動作動詞句와 合成 動作動詞일 수 있다.

고유어가 動作動詞句인 경우에는 [親近] 즉 '가까이 하다'의 뜻을 가진 '갓가ᄫᅵ ᄒᆞ다'와 '親近ᄒᆞ다'를 비롯하여 [給侍] 즉 '시중 들다'의 뜻을 가진 '날 좇다'와 '給侍ᄒᆞ다', [牒] 즉 '포개다'의 뜻을 가진 '다시 ᄒᆞ다'와 '牒ᄒᆞ다', [統領] 즉 '모아 거느리다'의 뜻을 가진 '모도 거느리다'와 '統領ᄒᆞ다', [消復] 즉 '스러져 돌아가다'의 뜻을 가진 '스러 도라가다'와 '消復ᄒᆞ다', [領悟] 즉 '알아 듣다'의 뜻을 가진 '아라 듣다'와 '領悟ᄒᆞ다', [提接] 즉 '잡아 잇다'의 뜻을 가진 '자바 낫다'와 '提接ᄒᆞ다', [範圍] 즉 '테두리 끼다'의 뜻을 가진 '테 씨다'와 '範圍ᄒᆞ다' 그리고 [汩擾] 즉 '흐리게 하여 어지럽히다'의 뜻을 가진 '흐리워 어즈리다'와 '汩擾ᄒᆞ다' 등 30여 항목이 있다.

고유어가 合成 動作動詞인 경우에는 [遊戲] 즉 '놀다'의 뜻을 가진 '노니다'와 '遊戲ᄒᆞ다'를 비롯하여 [行] 즉 '다니다'의 뜻을 가진 'ᄃᆞ니다'와 '行ᄒᆞ다', [摠] 즉 '합치다, 거느리다'의 뜻을 가진 '모도잡다'와 '摠ᄒᆞ다', [免] 즉 '벗어나다, 免하다'의 뜻을 가진 '버서나다'와 '免ᄒᆞ다', [求索] 즉 '구하여 찾다'의 뜻을 가진 '얻니다'와 '求ᄒᆞ다', [夭闕] 즉 '젊어서 죽다'의 뜻을 가진 '즐어디다'와 '夭闕ᄒᆞ다' 그리고 [引導] 즉 '인도하다'의 뜻을 가진 'ᅘᅧ내다'와 '引導ᄒᆞ다' 등 10여 항목이 있다.

상태동사에서 확인되는 고유어와 한자어 간의 동의에서 고유어가 狀態動詞일 수도 있고 狀態動詞句와 合成 狀態動詞일 수도 있다.

상태동사에서 확인되는 고유어와 한자어 간의 동의에서 고유어가 狀態動詞인 경우에는 [質直] 즉 '고지식하다, 질박하고 정직하다'의 뜻을 가진 '고디식다'와 '質直ᄒᆞ다'를 비롯하여 [醜] 즉 '나쁘다, 추하다'의 뜻을 가진 '궂다'와 '醜ᄒᆞ다', [廣] 즉 '넓다'의 뜻을 가진 '넙다'와 '廣ᄒᆞ다', [賤] 즉 '천하다'의 뜻을 가진 'ᄂᆞ잡다'와 '賤ᄒᆞ다', [善] 즉 '좋다'의 뜻을 가진 '둏다'와 '善ᄒᆞ다', [圓] 즉 '둥글다'의 뜻을 가진 '두렵다'와 '圓ᄒᆞ다', [麁] 즉 '거칠다, 麤하다'의 뜻을 가진 '멀텁다'와 '麁ᄒᆞ다', [昭昭] 즉 '밝다'의 뜻을 가진 'ᄇᆞᆰ다'와 '昭昭ᄒᆞ다', [玩] 즉 '사랑스럽다'의 뜻을 가진 'ᄉᆞ랑ᄒᆞᆸ다'와 '玩ᄒᆞ다', [痴] 즉 '어리석다'의 뜻을 가진 '어리다'와 '迷惑ᄒᆞ다', [純] 즉 '온전하다'의 뜻을 가진 '올다'와 '純ᄒᆞ다', [微] 즉 '적다'의 뜻을 가진 '젹다'와 '微ᄒᆞ다', [淸淨] 즉 '깨끗하다, 淸淨하다'의 뜻을 가진 '좋다'와 '淸淨ᄒᆞ다' 그리고 [密] 즉 '빽빽하다'의 뜻을 가진 '특특ᄒᆞ다'와 '密ᄒᆞ다' 등 50여 항목이 있다.

상태동사에서 확인되는 고유어와 한자어 간의 동의에서 고유어가 狀態動詞句와 合成 狀態動詞일 수 있다.

고유어가 狀態動詞句인 경우에는 [巍巍] 즉 '높고 크다'의 뜻을 가진 '놉고 크다'와 '巍巍ᄒᆞ다'를 비롯하여 [憍慢]과 [憍] 즉 '교만하다'의 뜻을 가진 'ᄠᅳᆮ 되다'와 '憍慢ᄒᆞ다', [苦澁] 즉 '쓰며 떫다'의 뜻을 가진 '쓰며 ᄠᅥᆲ다'와 '苦澁ᄒᆞ다' 그리고 [凝滑] 즉 '엉기어 미끈미끈하다'의 뜻을 가진 '얼의여 밋밋ᄒᆞ다'와 '凝滑ᄒᆞ다'가 있다.

고유어가 合成 狀態動詞인 경우에는 [醜] 즉 '추하다'의 뜻을 가진 '골없다'와 '醜ᄒᆞ다' 그리고 [愚癡] 즉 '어리석다'의 뜻을 가진 '어리미혹ᄒᆞ다'와 '愚癡ᄒᆞ다'가 있다.

고유어 動作動詞와 한자어 狀態動詞가 동의 관계를 가질 수 있다. 고유어 동작동사와 한자어 상태동사 간에 동의 관계를 보여 주는 것에는 [憍]와 [慢] 즉 '업신여기다, 교만하다'의 뜻을 가진 '업시우다'와 '憍慢ᄒᆞ다'가 있다.

셋째, 副詞類에서 확인되는 固有語와 漢字語 간의 동의에서 한자어가 첫째로 副詞일 수도 있고 둘째로 副詞語일 수도 있다.

부사류에서 확인되는 고유어와 한자어 간의 동의에서 漢字語가 副詞인 경우에는 [曲] 즉 '자세하게'의 뜻을 가진 '고비'와 '子細히'를 비롯하여 [强] 즉 '강제로'의 뜻을 가진 '긋'과 '强히', [通] 즉 '다, 모두'의 뜻을 가진 '다'와 '通히', [圓] 즉 '둥글게'의 뜻을 가진 '두려이'와 '圓히', [忽然] 즉 '갑자기, 문득'의 뜻을 가진 '믄득'과 '忽然히', [顯] 즉 '빛나게'의 뜻을 가진 '빗내'와 '顯히', [審] 즉 '자세히'의 뜻을 가진 'ᄉᆞ외'와 '仔細히', [足] 즉 '족히'의 뜻을 가진 '어루'와 '足히', [安] 즉 '편안히'의 뜻을 가진 '이대'와 '便安히', [當] 즉 '장차'의 뜻을 가진 '쟝ᄎᆞ'와 '當來예', [卽時] 즉 '즉시에'의 뜻을 가진 '즉자히'와 '卽時예', [快] 즉 '쾌히, 시원하게'의 뜻을 가진 '훤히'와 '快히' 그리고 [一時] 즉 '일시에, 동시에'의 뜻을 가진 'ᄒᆞᆫ ᄢᅴ'와 '一時예' 등 30여 항목이 있다.

부사류에서 확인되는 고유어와 한자어 간의 동의에서 漢字語가 副詞語인 경우에는 [妄] 즉 '망령되이, 헛되이'의 뜻을 가진 '거츠리'와 '妄量ᄋᆞ로'를 비롯하여 [終] 즉 '마침내, 종국에는'의 뜻을 가진 '내죵'과 '乃終에', [兼] 즉 '다, 겸하여'의 뜻을 가진 '다'와 '兼ᄒᆞ야', [後] 즉 '아래, 뒤에'의 뜻을 가진 '아래'와 '後에', [體] 즉 '몸소, 친히'의 뜻을 가진 '오로'와 '體得ᄒᆞ야' 그리고 [兼] 즉 '함께, 겸하여'의 뜻을 가진 'ᄒᆞᆫᄢᅴ'와 '兼ᄒᆞ야'가 있다.

넷째, 冠形詞類에서 확인되는 固有語와 漢字語 간의 동의에는 [若干] 즉 '여러'를 뜻하는 고유어 '여러'와 한자어 '若干' 그리고 [芒芴] 즉 '조그마한'의 뜻을 가진 고유어 '죠고맛'과 한자어 '芒芴'이 있다.

다섯째, 感歎詞에서 확인되는 고유어와 한자어 간의 동의에는 [唯然] 즉 '예(공손의 대답)'의 뜻을 가진 고유어 '엥'과 한자어 '唯然' 그리고 [咄] 즉 '어이'의 뜻을 가진 고유어 'ᄋᆡ'와 한자어 '咄'이 있다.

제4장에서는 漢字語간의 同義 關係가 名詞類, 動詞類 및 副詞類에서 어떻게 일어나고 있는지가 논의된다.

첫째, 명사류에서 확인되는 漢字語간의 동의는 크게 두 경우로 나누어 고찰할 수 있다. 첫째는 동의 관계에 있는 한자어들이 모두 1자 한자어인 경우이고 둘째는 동의 관계에 있는 한자어들 중의 적어도 하나가 2자 이상인 경우이다.

명사류에서 확인되는 漢字語간의 동의에서 한자어들이 모두 1자 한자어인 경우에는 [方] 즉 '法, 道, 길'의 뜻을 가진 '道'와 '術'를 비롯하여 [幔] 즉 '휘장, 천막'의 뜻을 가진 '幔'과 '帳', [方] 즉 '法, 道, 길'의 뜻을 가진 '方'과 '法', [方] 즉 '法, 道, 길'의 뜻을 가진 '術'과 '法' 그리고 [勳] 즉 '공'의 뜻을 가진 '勳'과 '功'이 있다.

명사류에서 확인되는 漢字語간의 동의에서 적어도 하나가 2자 이상의 漢字語인 경우에는 [威儀] 즉 '擧動'의 뜻을 가진 '擧動'과 '威儀'를 비롯하여 [化] 즉 '教化'의 뜻을 가진 '教化'와 '化', [道] 즉 '도리, 도'의 뜻을 가진 '道理'와 '道', [利] 즉 '이익'의 뜻을 가진 '利益'과 '利', [虛妄] 즉 '허망'의 뜻을 가진 '妄量'과 '虛妄', [人民] 즉 '백성, 인민'의 뜻을 가진 '百姓'과 '人民', [邪] 즉 '妖邪, 바르지 못함'의 뜻을 가진 '邪曲'과 '邪', [時] 즉 '때'의 뜻을 가진 '時節'과 '時', [牢獄] 즉 '죄인을 가두는 옥'의 뜻을 가진 '獄'과 '牢獄', [所因] 즉 '因, 원인을 이루는 근본'의 뜻을 가진 '因'과 '所因', [瘡] 즉 '부스럼, 종기'의 뜻을 가진 '腫氣'와 '瘡', [眞] 즉 '참'의 뜻을 가진 '眞實'과 '眞', [序] 즉 '차례, 차서'의 뜻을 가진 '次第'와 '次序', [欲] 즉 '탐욕, 욕심'의 뜻을 가진 '貪欲'과 '欲', [便] 즉 '편안'의 뜻을 가진 '便'과 '便安' 그리고 [驗] 즉 '효험, 효능'의 뜻을 가진 '效驗'과 '驗' 등 90여 항목이 있다.

둘째, 動詞類에서 확인되는 漢字語간의 동의는 動作動詞간의 동의와 狀態動詞간의 동의로 나누어 고찰할 수 있다.

동작동사간의 동의에는 [渴] 즉 '갈망하다'의 뜻을 가진 '渴望ᄒᆞ다'와 '渴ᄒᆞ다'를 비롯하여 [化] 즉 '教化하다, 가르치다'의 뜻을 가진 '教化ᄒᆞ다'와 '化ᄒᆞ다', [瞋恚] 즉 '성내다, 노하다'를 뜻하는 '怒ᄒᆞ다'와 '瞋恚ᄒᆞ다', [犯] 즉 '범하다'의 뜻을 가진 '犯觸ᄒᆞ다'와 '犯ᄒᆞ다', [囑累] 즉 '부탁하다, 맡기다'의 뜻을 가진 '付屬ᄒᆞ다'와 '囑累ᄒᆞ다', [與] 즉 '참여하다'의 뜻을 가진 '隨參ᄒᆞ다'와 '參預ᄒᆞ다'. [論] 즉 '의논하다, 논하다'의 뜻을 가진 '論議ᄒᆞ다'와 '論ᄒᆞ다', [度] 즉 '濟度하다'의 뜻을 가진 '濟度ᄒᆞ다'와 '度脫ᄒᆞ다', [上慢] 즉 '업신여기다, 거만하다'의 뜻을 가진 '增上慢ᄒᆞ다'와 '上慢ᄒᆞ다', [讚善] 즉 '찬탄하다'의 뜻을 가진 '讚嘆ᄒᆞ다'와 '讚善ᄒᆞ다', [著] 즉 '탐착하다'의 뜻을 가진 '貪著ᄒᆞ다'와 '著ᄒᆞ다', [統] 즉 '거느리다, 다스리다'의 뜻을 가진 '統ᄒᆞ다'와 '統領ᄒᆞ다' 그리고 [護] 즉 '護持하다, 擁護하다'의 뜻을 가진 '護持ᄒᆞ다'와 '擁護ᄒᆞ다' 등 30여 항목이 있다.

상태동사간의 동의에는 [苦] 즉 '일을 처리하기에 괴롭고 힘들다'의 뜻을 가진 '苦ᄅᆞᆸ다'와 '受苦ᄅᆞᆸ다'를 비롯하여 [妙] 즉 '묘하다'의 뜻을 가진 '奇妙ᄒᆞ다'와 '妙ᄒᆞ다'와 '微妙ᄒᆞ다', [貧窮] 즉 '빈궁하다, 가난하다'의 뜻을 가진 '貧窮ᄒᆞ다'와 '艱難ᄒᆞ다', [安] 즉 '편안하다'의 뜻을 가진 '安ᄒᆞ다'와 '便安ᄒᆞ다', [勝] 즉 '으뜸 가다, 뛰어나다'를 뜻하는 '爲頭ᄒᆞ다'와 '勝ᄒᆞ다', [益] 즉 '유익하다'의 뜻을 가진 '有益ᄒᆞ다'와 '益ᄒᆞ다', [精了] 즉 '자세하다, 곱다'의 뜻을 가진 '精ᄒᆞ다'와 '精了ᄒᆞ다' 그리고 [眞] 즉 '진실하다'의 뜻을 가진 '眞實ᄒᆞ다'와 '眞ᄒᆞ다' 등 10여 항목이 있다.

셋째, 副詞類에서 확인되는 漢字語간의 동의에서 두 한자어가 모두 副詞일 수도 있고 두 한자어 중 어느 하나가 副詞語일 수도 있다.

부사류에서 확인되는 漢字語간의 동의에서 두 한자어가 모두 副詞인 경우에는 [特] 즉 '특별히'의 뜻을 가진 '各別히'와 '特別히'를 비롯하여 [第一] 즉 '제일, 가장'의 뜻을 가진 '第一로'와 '第一', [曲] 즉 '자세히, 상세하게'의 뜻을 가진 '子細히'와 '委曲히', [親近] 즉 '친근히'의 뜻을 가진 '親近히'와 '親近' 그리고 [虛] 즉 '공허하게, 허황되게, 헛되이'의 뜻을 가진 '虛히'와 '空히' 등 10여 항목이 있다.

부사류에서 확인되는 漢字語간의 동의에서 두 한자어 중 어느 하나가 副詞語인 경우에는 [六種] 즉 '六種으로, 여섯 가지로'의 뜻을 가진 '六種ᄋᆞ로'와 '六種'을 비롯하여 [實] 즉 '사실은, 실로'의 뜻을 가진 '實엔'과 '實로' 그리고 [一心] 즉 '한 마음으로, 一心으로'의 뜻을 가진 '一心ᄋᆞ로'와 '一心' 등 6 항목이 있다.

參/考/文/獻

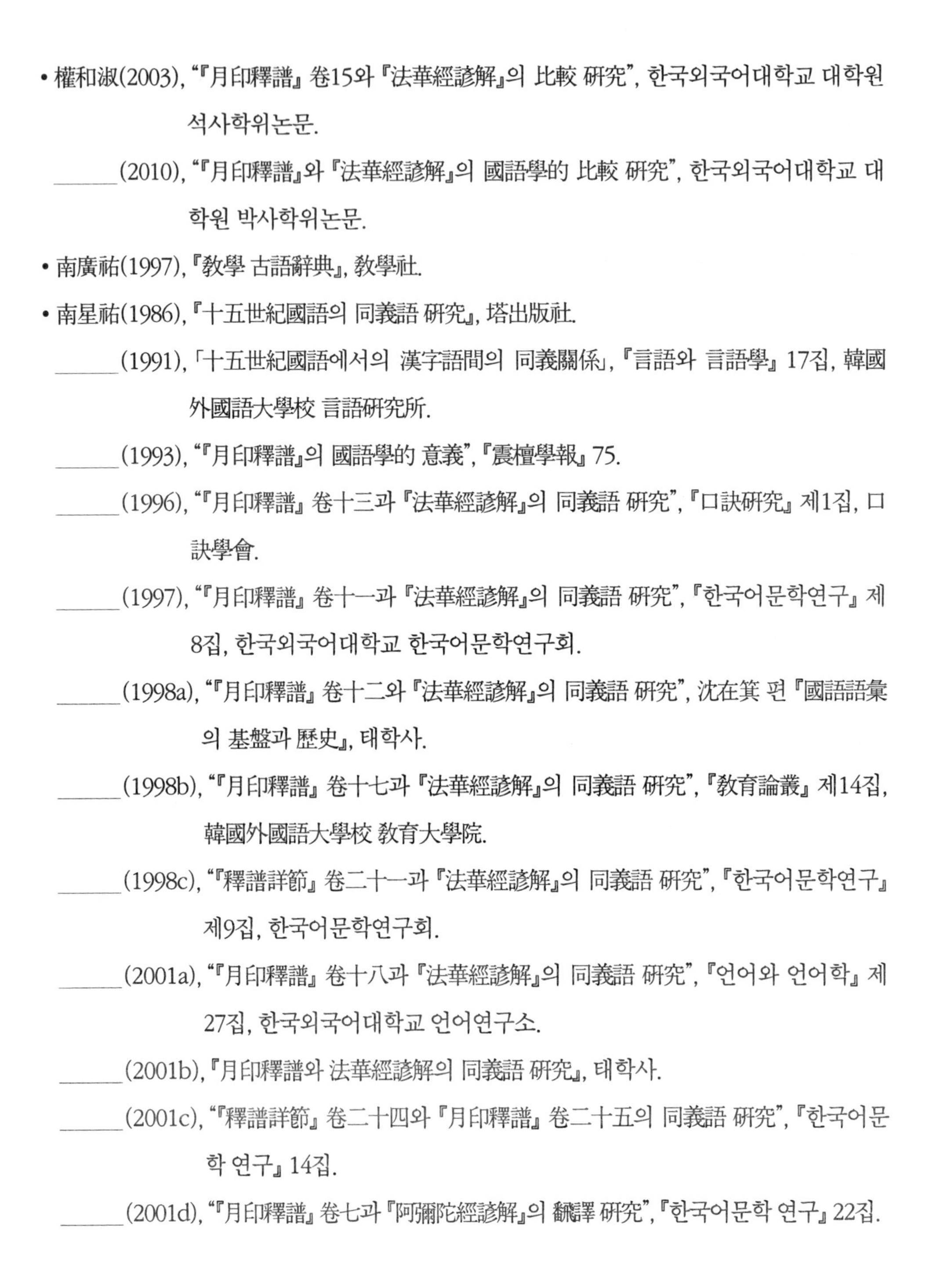

- 權和淑(2003), “『月印釋譜』 卷15와 『法華經諺解』의 比較 研究”, 한국외국어대학교 대학원 석사학위논문.

  ______(2010), “『月印釋譜』와 『法華經諺解』의 國語學的 比較 研究”, 한국외국어대학교 대학원 박사학위논문.

- 南廣祐(1997), 『敎學 古語辭典』, 敎學社.
- 南星祐(1986), 『十五世紀國語의 同義語 研究』, 塔出版社.

  ______(1991), 「十五世紀國語에서의 漢字語間의 同義關係」, 『言語와 言語學』 17집, 韓國外國語大學校 言語研究所.

  ______(1993), “『月印釋譜』의 國語學的 意義”, 『震檀學報』 75.

  ______(1996), “『月印釋譜』 卷十三과 『法華經諺解』의 同義語 研究”, 『口訣研究』 제1집, 口訣學會.

  ______(1997), “『月印釋譜』 卷十一과 『法華經諺解』의 同義語 研究”, 『한국어문학연구』 제8집, 한국외국어대학교 한국어문학연구회.

  ______(1998a), “『月印釋譜』 卷十二와 『法華經諺解』의 同義語 研究”, 沈在箕 편 『國語語彙의 基盤과 歷史』, 태학사.

  ______(1998b), “『月印釋譜』 卷十七과 『法華經諺解』의 同義語 研究”, 『敎育論叢』 제14집, 韓國外國語大學校 敎育大學院.

  ______(1998c), “『釋譜詳節』 卷二十一과 『法華經諺解』의 同義語 研究”, 『한국어문학연구』 제9집, 한국어문학연구회.

  ______(2001a), “『月印釋譜』 卷十八과 『法華經諺解』의 同義語 研究”, 『언어와 언어학』 제27집, 한국외국어대학교 언어연구소.

  ______(2001b), 『月印釋譜와 法華經諺解의 同義語 研究』, 태학사.

  ______(2001c), “『釋譜詳節』 卷二十四와 『月印釋譜』 卷二十五의 同義語 研究”, 『한국어문학 연구』 14집.

  ______(2001d), “『月印釋譜』 卷七과 『阿彌陀經諺解』의 飜譯 研究”, 『한국어문학 연구』 22집.

• 南豊鉉(1968), "15世紀 諺解文獻에 나타난 正音表記의 中國系 借用語辭 考察", 『국어국문학』 39~40, 국어국문학회.

• 盧銀朱(1990), "『法華經』의 飜譯에 대한 研究 - 특히 語彙 및 統辭를 中心으로", 曉星女大 碩士學位論文.

• 朴杞璿(1998), "『月印釋譜』 卷15와 『法華經諺解』 卷4의 文體 比較 研究", 韓國外國語大學校 大學院 碩士學位論文.

• 申景澈(1993), 『國語 字釋 研究』, 太學社.

• 李奉奎(1995), "『釋譜詳節』 권20과 『月印釋譜』 권18의 對比 研究", 韓國外國語大學校 教育大學院 碩士學位論文.

• 李錫祿(1992), "『月印釋譜』 卷11·12와 『法華經諺解』의 對比 研究", 韓國外國語大學校 大學院 碩士學位論文.

• 李崇寧(1971), "국어의 Synonymy의 研究", 『同大語文』 1, 同德女大 國語國文學科.

• 李浩權(2001), 『석보상절의 서지와 언어』, 國語學叢書 39, 國語學會.

• 홍윤표(1993), 『15세기 한자어 조사 연구』, 국립국어연구원.

• Baldinger, K.(1980), *Semantic Theory*, Oxford: Basil Blackwell.

• Harris, R.(1973), *Synonymy and Linguistic Analysis*, Oxford: Basil Blackwell.

• Leech, G. N.(1974), *Semantics,* Harmondsworth: Penguin.

• Lyons, J.(1968), *Introduction to Theoretical Linguistics*, Cambridge: Cambridge University Press.

______(1977), *Semantics* I , Cambridge: Cambridge University Press.

• Nida, E.(1975), *Componential Analysis of Meaning*, The Hague: Mouton.

• Palmer, F. R.(1976), *Semantics*, Cambridge: Cambridge University Press.

• Ullmann, S.(1957), *The Principles of Semantics*, Glasgow: Jackson & Oxford: Basil Blackwell. 南星祐 역(1981), 『意味論의 原理』, 탑출판사.

______(1962), *Semantics: An Introduction to the Science of Meaning*, Oxford: Basil Blackwell. 南星祐 역(1992), 『意味論: 意味科學 入門』, 탑출판사.

______(1969), *Précis de Sémantique Fraçaise*, Berne: Francke.

______(1973), *Meaning and Style*, Oxford: Basil Blackwell.

同義語 찾아보기

ㄱ

ㄷ

ㄹ

ㅁ

ㅂ

ㅅ

ㅈ

ㅊ

ㅋ

ㅌ

ㅍ

ㅎ

저자 | 南星祐

1963년 서울대학교 문리과대학 국어국문학과 졸업
1969년 서울대학교 대학원 국어국문학과 문학석사
1986년 서울대학교 대학원 국어국문학과 문학박사
1975년~2006년 한국외국어대학교 사범대학 한국어교육과 교수 역임
現 한국외국어대학교 사범대학 한국어교육과 명예교수

- **저서** 『國語意味論』, 『十五世紀 國語의 同義語 硏究』, 『月印釋譜와 法華經諺解의 同義語 硏究』
  『16세기 국어의 동의어 연구』, 『中世國語 文獻의 飜譯 硏究』, 『救急方諺解와 救急簡易方의 同義語 硏究』
- **역서** 『意味論의 原理』, 『意味論: 意味科學 入門』

釋譜詳節과 月印釋譜의 同義語 研究

초판 인쇄 | 2017년 10월 25일
초판 발행 | 2017년 10월 25일

저　　자 南星祐

책임편집 윤수경

발 행 처 도서출판 지식과교양
등록번호 제 2010-19호
주　　소 서울시 도봉구 삼양로142길 7-6 (쌍문동) 백상 102호
전　　화 (02) 900-4520 (대표) / 편집부 (02) 996-0041
팩　　스 (02) 996-0043
전자우편 kncbook@hanmail.net

ISBN 978-89-6764-092-7 93710　　　　**정가** 60,000원

저자와 협의하여 인지는 생략합니다. 잘못된 책은 바꾸어 드립니다.